JOSEPH PRINZ · GREVEN AN DER EMS

Redaktionelle Betreuung dieses Reprints: Stadtarchiv Greven

Bibliographische Information Der Deutschen Bibliothek

Die Deutsche Bibliothek verzeichnet diese Publikation in der
Deutschen Nationalbibliographie; detaillierte bibliographische Daten
sind im Internet über <http://dnb.ddb.de> abrufbar.

Impressum:
Stadt Greven
Rathausstr. 6
D-48268 Greven
info@stadt-greven.de

Herstellung: Books on Demand GmbH, Norderstedt
Printed in Germany
Dieses Buch wurde im On-Demand-Verfahren hergestellt.

ISBN 3-928372-15-7

Vorwort zum unveränderten Nachdruck
der Ausgabe von 1950

Die Bedeutung des vorliegenden Werkes zur Geschichte Grevens kann nicht hoch genug eingeschätzt werden. In den allgemeinen Grevener Sprachschatz ist es als „der Prinz" eingegangen. Dies verdeutlicht nicht zuletzt auch seine Verbreitung. Seit Anfang der 1970er-Jahre ist das vorliegende Werk nicht mehr im Buchhandel erhältlich. Seine erweiterte, zweibändige zweite Auflage von 1976/77 ist seit Anfang der 1980er-Jahre ebenfalls vergriffen. Neue Forschungen über Greven sind seitdem vor allem über die Zeit nach 1918 erschienen. Für die Zeit davor bleibt das vorliegende Werk weiterhin maßgeblich.

Daher hat die Stadt Greven den Wunsch des Heimatvereins Greven von 1982 e.V. gerne aufgegriffen, einen Neudruck der Ausgabe von 1950 vorzunehmen. Ein besonderer Dank gilt an dieser Stelle Frau Elisabeth Rößler, Darmstadt, für ihre Druckgenehmigung. Das vorliegende Werk enthält die Höfematrikel, die in der zweiten Auflage ausgespart wurde in der Hoffnung, einen neuen dritten Band speziell über die Grevener Bauernhöfe erstellen zu können. Der Tod von Joseph Prinz im Jahr 2000 hat dieser Hoffnung trotz langjähriger Sammlungs- und Forschungstätigkeit zur Geschichte Grevens ein Ende bereitet.

Seit Jahrzehnten wächst die Zahl der Bürgerinnen und Bürger Grevens kontinuierlich. All jenen, die bislang nicht die Möglichkeit hatten, das vorliegende Werk zu erwerben, möchte die Stadt Greven wieder die Möglichkeit bieten, sich mit Bezug auf ihre Heimatstadt „in der Zeit zu orientieren". Der Lauf der Zeit bringt es mit sich, dass neue Forschungen zur Grevener Geschichte veröffentlicht werden. Doch es ist sicher, dass die Forschungen von Joseph Prinz, die sich in diesem Werk niedergeschlagen haben, dauerhaft ihren Wert behalten werden.

Greven, im August 2005

Dr. Olaf Gericke
(Bürgermeister)

Tafel I. Greven an der Ems 1856. Lithographie von Schlüter (zu S. 108)

GREVEN
AN DER EMS

DIE GESCHICHTE

DER STADT UND DES AMTES GREVEN

VON

JOSEPH PRINZ

Verlag: Buch und Druck Theodor Cramer, Greven/Ems

4. Greven l. d. Ems   2. Stadt Greven   1. Amt Greven   3. Gimbte   5. Greven r. d. Ems

Vorwort

Das Fehlen einer Heimatgeschichte wurde im Amte Greven seit langem als Mangel empfunden. Zwar sind in den letzten 125 Jahren eine Reihe meist volkstümlicher Abhandlungen erschienen, die jedoch, zeitlich verstreut und auf einzelne Stoffgebiete beschränkt, den Heimatfreunden schwer erreichbar waren. Daher hatte das Amt Greven bereits vor dem 2. Weltkrieg Herrn Staatsarchivrat Dr. habil. Joseph Prinz, Münster, beauftragt, sich der Erforschung der Literatur und des sonstigen Quellenmaterials zu widmen, um die Grundlagen für eine umfassende Geschichte des Amtes Greven zu schaffen. Die durch den Krieg unterbrochene Arbeit hat nun trotz mancher Behinderung durch die Nachkriegszeit ihren Abschluß gefunden; das Ergebnis wird hiermit allen Freunden der Grevener Heimat vorgelegt.

Das Werk faßt keineswegs nur das vorhandene Schrifttum zusammen, sondern wertet bisher unbekannte archivalische Quellen selbständig aus und stellt sie in einen großen, übersichtlichen Rahmen. Der Quellenstoff hat sich als so reichhaltig erwiesen, daß zur weiteren Ausschöpfung künftiger Forschung noch viel Raum bleibt.

Die Rückschau auf die Vergangenheit unserer Heimat soll nicht schwächliche und lebensmüde Sehnsucht nach der, ach, so guten, alten Zeit wachrufen – die war gar nicht immer so gut –, sondern uns aus der Besinnung auf die unvergänglichen Werte der Vergangenheit neue Kraft geben zum Aufbau einer, wie wir zuversichtlich hoffen, besseren und glücklicheren Zukunft unserer Heimat und unseres deutschen Vaterlandes.

Die Bevölkerung des Amtes Greven, die mit der Stadt Greven, den Gemeinden Greven links der Ems, Greven rechts der Ems und Gimbte 20000 Einwohner umfaßt, und alle westfälischen Heimatfreunde werden daher das Erscheinen der Grevener Geschichte dankbar begrüßen.

Greven, den 22. Mai 1950

Minnebusch
(Amtsbürgermeister)

Dr. Drost
(Amtsdirektor)

Erläuterungen der umstehenden Wappenleiste

1. **Amt Greven.** Im von Blau und Silber geteilten Schild oben ein Brustbild des Hl. Martin, des Patrons von Greven, der mit dem Schwert seinen Mantel zerteilt. Unten ein blauer Wellenbalken, der die Ems versinnbildlicht. Verliehen 1950.

2. **Stadt Greven.** Im blauen Feld ein silbernes Schiff. Das Wappen knüpft an ein älteres, um 1800 geführtes Wappenbild an (s. u. S. 252 f.). Es weist auf die Bedeutung der Emsschiffahrt für die Geschichte Grevens hin. Verliehen 1950.

3. **Gem. Gimbte.** Im goldenen Feld ein von drei, zwei zu eins gestellten schwarzen Lilien begleiteter blauer Wellenbalken. Der Wellenbalken weist wieder auf die Ems hin. Die drei Lilien waren das Wappen der Herren von Gimbte, die von hier ihren Ausgang nahmen (s. u. S. 494). Die Farben Gold–Rot wurden dem alten Wappen des Fürstentums Münster entnommen. Verliehen 1939.

4. **Gem. Greven links der Ems.** Der durch einen Wellenschnitt gespaltene Schild ist vorne blau und hinten fünfmal silber-rot geteilt. Auch hier weist der Wellenschnitt auf die Lage der Gemeinde zur Ems hin. Die Schildteilung entspricht dem Wappen der einst auf der Burg Schöneflieth gesessenen Familie von Schönebeck (s. u. S. 397 ff.). Verliehen 1939.

5. **Gem. Greven rechts der Ems.** In einem durch einen Wellenschnitt silber-blau gespaltenen Schild vorne ein roter Sparren. Der Wellenschnitt deutet auf die Lage der Gemeinde zur Ems hin. Der Sparren war das Wappen des aus dieser Gemeinde stammenden Rittergeschlechtes von Bönstrup (s. u. S. 464). Verliehen 1939.

Inhalt

Verzeichnis der für die Literatur- und Quellenhinweise verwendeten Abkürzungen

A.   = Archiv
AAG   = Amtsarchiv Greven
Bl.   = Blatt
CTW   = Codex traditionum Westfalicarum

    Bd. 1 E. Friedländer, Das Kloster Freckenhorst (Münster 1872)

    Bd. 2 Fr. Darpe, Die ältesten Verzeichnisse der Einkünfte des Münsterschen Domkapitels (Münster 1886).

    Bd. 3 Fr. Darpe, Die Heberegister des Klosters Überwasser und des Stiftes St. Mauritz (Münster 1888).

    Bd. 5 Fr. Darpe, Verzeichnisse der Güter, Einkünfte und Einnahmen des Ägidiklosters, der Kapitel an St. Ludgeri und Martini, sowie der St. Georgs-Kommende in Münster, ferner der Klöster Vinnenberg, Marienfeld und Liesborn (Münster 1900).

    Bd. 7 Fr. Darpe, Güter- und Einkünfte-Verzeichnisse der Stifter Langenhorst, Metelen, Borghorst, sowie der Klöster Groß- und Klein Burlo (Münster 1914).

DAM   = Diözesanarchiv Münster
Dep.   = Depositum
DK   = Domkapitel Münster
DKelln.   = Domkellnerei
Fst.   = Fürstentum
Gr.   = Groschen
GV   = Generalvikariat
H.   = Haus
Hdschr.   = Handschrift
Jht.   = Jahrhundert
INA   = Inventare der nichtstaatlichen Archive der Provinz Westfalen

    Bd. I, 4 Kreis Steinfurt (Münster 1907)

    Bd. II, 1 Kreis Tecklenburg (Münster 1903)

    Bd. II, 2 Kreis Warendorf (Münster 1908),

    Bd. III, 1 Kreis Büren (Münster 1915)

    Beiband III, Bischöfliches Diözesanarchiv in Münster (Münster 1937)

LA   = Landratsamt
M.   = Morgen
MGQu.   = Die Geschichtsquellen des Bistums Münster

    Bd. 1 J. Ficker, Die Münsterischen Chroniken des Mittelalters (Münster 1851)

    Bd. 3 J. Janssen, Die Münsterischen Chroniken von Röchel, Stevermann und Corfey (Münster 1856)

Msc.   = Manuscript
o.   = oben
PfA   = Pfarrarchiv
Pr. (pr.)   = Protokoll(e)
R.   = Rute
Reg.(-reg.)   = Registratur
Rtl.   = Reichstaler
s.   = siehe

S.	=	Seite
Sch	=	Schillinge
Scotti	=	Sammlung der Gesetze und Verordnungen (des Fürstentums Münster), hrgbn. von Scotti Bd. I (Münster 1842).
StAM	=	Staatsarchiv Münster
StFA	=	Studienfondsarchiv
u.	=	unten
Urk.	=	Urkunde
WUB	=	Westfälisches Urkundenbuch

    Bd. I und II = H. A. Erhard, Regesta Historiae Westfaliae, accedit Codex diplomaticus (bis 1200), Münster 1847 und 1851

    Bd. III R. Wilmans, Die Urkunden Westfalens I, Die Urkunden des Bistums Münster von 1201–1300 (Münster 1859/1877)

    Bd. VIII = R. Krumbholtz, Die Urkunden des Bistums Münster von 1301–1325 (Münster 1913)

WZ	=	Zeitschrift für vaterländische Geschichte und Alterthumskunde (Westfalens), Bd. 1 ff. (Münster 1838), seit Bd. 87 (1930) mit dem Obertitel Westfälische Zeitschrift.

X

Verzeichnis der Tafeln

Die Vorlagen zu den Tafeln stellten zur Verfügung

XIII, 1	Dr. E. Hövel, Greven
XIII, 2	Wwe. Amtmann Hueske, Greven
XV, 1 XVI	Denkmalamt der Provinz Westfalen, Münster
XIX, 1 und 2	Baupflegeamt der Provinz Westfalen, Münster

Neu aufgenommen wurden:

II, 2 und 3 VII, 1, 2 und 3 XIV, 3 XV, 2 XVII, 1 und 2 XVIII, 2 XIX, 3 und 4 XX, 1 XXII, 1 und 2 XXIV, 1 und 2 XXV, 1, 4 und 5	Overkamp, Greven
VIII, 1 und 2 XXI, 1 und 2	W. Mölleney, Greven
XIV, 1 XVIII, 1 und 3	C. Schumacher, Greven

Verzeichnis der Abbildungen im Text

Einleitung

„Of wat ik schrieven, Ju geföllt,
Well kann vörut dat seggen?
. . . Man dat ik Waohres blot vertell
Dat drüef Ji driste glaiwen!
Carl Pröbsting, geb. Greven 1853.

Als im Jahre 1843 der damalige Amtmann von Greven, Tümler, an den Landrat berichten mußte, ob seine Vorgänger bzw. er selbst die durch eine königliche Verordnung von 1817 vorgeschriebene Amtschronik angelegt und geführt hätten, mußte er zugeben, daß dies bislang unterblieben sei, „wohl," wie er schreibt, „weil aller Anfang schwer ist, dann aber hauptsächlich auch, weil die Ausführung gewiß sehr schwierig und höchst zu besorgen, daß bei ernster Bemühung, das Material zu sammeln und zu ordnen, dennoch Lücken in dem Werke bleiben werden, was bei dem Mangel an Archiven und aufzubringenden Materials, namentlich aber bei der Geschichte der Vorzeit unvermeidlich ist."[1]

Das von Tümler zitierte Sprichwort hat, auf die Fertigstellung dieser Heimatgeschichte bezogen, nichts von seiner Gültigkeit verloren, denn was bislang über Greven geschrieben und gedruckt worden ist, steht in keinem Verhältnis zu der dem Chronisten gestellten Aufgabe. Es gibt nur einige wenige größere Arbeiten zur Grevener Geschichte von Wilkens,[2] Weskamp,[3] Brinkmann[4] und Brune.[5] die zum Teil von einander abhängig, nur kurze Überblicke geben oder aber nur Einzelfragen aus der Geschichte des Dorfes und des Amtsgebietes behandeln. Einzig die Wirtschaftsgeschichte Grevens hat aus berufener Feder eine ausgezeichnete Darstellung gefunden,[6] die durch eine Monographie über Johann Christoph Biederlack[7] und die Familiengeschichten der beiden führenden Industriellenfamilien Biederlack und Schründer wertvoll ergänzt wird.[8]

---

[1] AAG Ie Nr. 24.

[2] A. Wilkens, Beiträge zur Münsterischen Geschichte. Der Emszoll bei Greven: Westphalia, Ztschr. für Geschichte und Altertumskunde Westphalens und Rheinlands, herausgegeben von L. Troß (Hamm 1826) S. 374–375.

[3] A. Weskamp, Beiträge zur Geschichte Grevens: Westfälische Geschichtsblätter, herausgegeben von A. Hettler, 2. Bd. (Münster 1896) Nr. 1 S. 1–8, ders., Geschichtliche Einleitung zu A. Ludorf, Die Bau- und Kunstdenkmäler des Kreises Münster-Land (Münster 1897) S. 53 ff. und S. 57 ff.

[4] B. Brinkmann, Geschichte des Amtes Greven: Adreßbuch für den Amtsbezirk Greven (Greven o. J. [1911]) S. I – XXVII, ders., Der Markengang in Greven: Unsere Heimat (Münster 1914) Nr. 18, S. 209–211., ders., Die Burg Schöneflieth: ebd. S. 258–260 (auch im Heimatkalender für den Landkreis Münster 1925 S. 32 f.).

[5] Fr. Brune, Die Evangelischen Kirchengemeinden Emsdetten und Greven (Essen o. J. [1932]).

[6] W. Herrmann und H. Schründer, Greven an der Ems. Wirtschaftsgeschichte eines westfälischen Dorfes (Münster 1938).

[7] E. Hövel, Johann Christoph Biederlack: Rheinisch-Westfälische Wirtschaftsbiographien Bd. IV (Münster 1941) S. 23 ff.

[8] E. Hövel, Die Nachfahren des Johann Christoph Biederlack (Münster o. J. [1926]), ders., Geschichte der Stammlinie Biederlack in Greven von ihren ersten Anfängen bis zu Johann Christoph Biederlack (1796), Münster 1936, M. Schründer und P. Fahle, Beiträge zur Geschichte des Geschlechts Schründer (Münster 1931).

Der verheißungsvolle Anlauf, den Fr. Möller 1929 mit seiner Beilage für „Die Nachrichten": „Heimatklänge" zur Sammlung heimatgeschichtlicher Beiträge machte, kam nach wenigen Nummern (9) im Jahre 1931 durch den vorzeitigen Tod des Herausgebers wieder zum Erliegen. In dieser Heimatbeilage sind eine Reihe recht brauchbarer (meist anonymer) Aufsätze erschienen, so vor allem die Erinnerungen des Amtmanns Tümlers an die Franzosenzeit (Nr. 2–6), ein Aufsatz über die alte Emsflößerei „Auf dem Floß von Greven bis Papenburg 1847" (Nr. 6) und „Die Geißel des münsterschen Landrats Lambertus Hammer über Greven" (Nr. 7) nach Erinnerungen des Pfarrers Reckvers von Greven (gest. 1832).[1]

Nicht vergessen werden dürfen hier die Grevener Mundartdichter Ludwig Terfloth und Anton Rieke. Ersterer, geboren in Greven 1796 (gest. ebd. 1887) war zwar kein echter Dichter, hat aber in seinen plattdeutschen Reimereien zum Tagesgeschehen soviel Heimatgeschichtliches eingefangen und besungen, daß er uns trotz seiner holprigen Verse lieb und wert bleibt.[2] Anton Rieke (geb. Greven 1826) blieb nicht wie Terfloth zeit seines Lebens in Greven. Er zog aus beruflichen Gründen 1850 nach Rheine, wo er schon 1875 gestorben ist. Sein nicht unbedeutendes lyrisches Talent wandte sich mehr allgemein menschlichen Dingen zu.[3] Von einzigartiger Bedeutung für Greven ist aber sein (oft nachgedrucktes) Gedicht „Markengank oder de Männertaufe in Greiwen", in dem er mit lebhaften Farben den merkwürdigen und einmaligen Brauch schildert, der sich vordem im Dorf bei dem sich alle sechs Jahre wiederholenden Markengang abspielte (s. u. S. 230).

Für das vorliegende Heimatbuch, dessen Darstellung von vereinzelten Ausblicken abgesehen, nicht über 1933 hinausführt, mußte so in wesentlichen Teilen völliges Neuland betreten werden. Daß dabei bislang unberücksichtigt gebliebene Quellen ausgeschöpft werden konnten, machte diese Arbeit besonders reizvoll. Es enthüllten sich dabei zugleich aber auch in vielfältiger Fragestellung manch schwierige Probleme der älteren Geschichte Grevens. Diese in allen Einzelheiten immer richtig erkannt und gedeutet zu haben, wage ich nicht zu behaupten. Es bedarf gewiß noch mancher eingehender Untersuchung zu einzelnen Fragen, besonders der Siedlungsgeschichte, die in einem Heimatbuch, das sich an weiteste Kreise der Bevölkerung wendet, nur gestreift werden konnten. Die Fülle

---

[1] Von den in Zeitungen begrabenen heimatgeschichtlichen Aufsätzen nenne ich, soweit sie mir bekannt geworden sind, nur die inhaltlich und quellenkundlich bedeutungsvollen: H. Cordes, Der Hoek und seine Bewohner: Münsterischer Anzeiger, Mai 1937 (mit zwei Abbildungen), ders., Anton Rieke und die bäuerliche Kultur vor 80 Jahren: Münsterländische Nachrichten 1934 Nr. 63, 64 und 65, ders., Greven – dreimal vom „Suerbrink" aus betrachtet: ebd. 25. 12. 1937 (mit drei Abbildungen), o. V., Greven oder Steinfurt. Der Streit um die Linienführung der Bahnstrecke Münster–Emden: Die Nachrichten 6. 3.–22. 5. 1932 (8 Folgen), o. V., Münsterländer beim Sturm auf die Düppeler Schanzen: Münsterl. Nachrichten 13. 2. 1938, H. Hammerschmidt, Das alte Grevener Dorfrecht: Westfälische Tageszeitung (Münsterl. Nachr.) 10. 1. 1943, ders., Die Brandfackel über Greven: ebd. 27. 9. 1942, ders., Aus Grevens Not- und Drangzeit: ebd. 29. 11. 1942.
Recht annehmbar ist auch der Beitrag von H. Pottmeyer: Das Reckenfeld: Unsere Heimat, Beilage zum Münsterischen Anzeiger 1. Jg. (Münster 1926) Nr. 2, S. 12ff.

[2] Die zunächst im Westfälischen Merkur laufend veröffentlichten Gedichte Terfloths erschienen erstmalig gesammelt als: Locales und Provinzielles in plattdeutschen Reimen (Münster 1845), eine zweite Sammlung unter dem Titel: Plattdütske Rieme (Münster 1858, Neuauflage 1878). Eine heimatgeschichtliche Würdigung seiner Reimereien brachte H. Cordes, Ludwig Terfloth (Die wirtschaftliche und kulturelle Entwicklung Grevens im 19. Jahrhundert) = Use Greiwen, Broschürenfolge zur Pflege des Heimatgedankens, Heft 1 (Greven 1934).

[3] Seine Gedichte erschienen unter dem Titel: Schnurrige Geschichten in plattdeutschen Gedichten (Münster 1865, 2. Aufl. Rheine 1893). Eine Würdigung Riekes bietet H. Wibbe, Anton Rieke, ein vergessener Rheiner Dichter: Auf Roter Erde 9. Jg. (Münster 1934) Nr. 7 bis 9, S. 54 ff.

XVI

des vorhandenen Quellenstoffes ladet zur weiteren Arbeit alle Heimatfreunde ein. Der noch von Tümler beklagte Mangel „an Archiven und aufzubringendem Material" besteht heute glücklicherweise nicht mehr. Im Gegenteil, der Quellstrom der Vergangenheit fließt heute in solch, fast möchte man sagen, uferlosen Breite dahin, daß es unmöglich erscheint, ihn voll und ganz auszuschöpfen. Ein kurzer Überblick über diesen Quellenstoff ist daher wohl angebracht.[1])

An erster Stelle ist das Amtsarchiv in Greven zu nennen, das mit seinen reichen, bis in die Franzosenzeit zurückreichenden Beständen die Grundlage für die Geschichte des 19. Jahrhunderts bildet. Ergänzt wird dieses Material durch Akten des Landratsamtes, des Landeskulturamtes und der Regierung in Münster. Die älteren Akten dieser letztgenannten Behörde ruhen heute im Staatsarchiv zu Münster. Die für die siedlungsgeschichtliche Erforschung der Heimat grundlegenden Karten des preußischen Urkatasters, also der ersten genauen Vermessung des gesamten Amtsgebietes von 1828 liegen im Katasterarchiv der Kreisverwaltung, zusammen mit den Mutterrollen und Flurbüchern, die über jedes Grundstück erschöpfend Auskunft erteilen. Aus älterer Zeit besitzt das Staatsarchiv einige Karten, darunter wertvolle und genaue Katasteraufnahmen einzelner, dem Domkapitel (Domkellnerei) gehörenden Höfe in Dorf und Kirchspiel von 1671, die eine Vergleichung der damaligen Verhältnisse mit dem im preußischen Urkataster festgelegten Zustand ermöglichen. Ebendort findet sich dann auch umfassendes Aktenmaterial für die Geschichte der älteren Zeit vor 1800, so besonders zahlreiche Steuerlisten seit 1498, die für die Erforschung von Hof- und Dorfgeschichte den unentbehrlichen Leitfaden bilden, mit dessen Hilfe die jeweiligen Besitzverhältnisse geklärt und bis in die Höfeakten der einzelnen grundherrlichen Archive hinein verfolgt werden können.[2]) Auch die hier liegenden Protokolle des Gogerichts tor Meest[1]) und des

---

[1]) Die Behandlung Grevener Verhältnisse in Werken mit größerer und gesamtwestfälischer Fragestellung wie beispielsweise bei Tibus u. a. bleibt hier unberücksichtigt. Im Text wird nötigenfalls auf sie verwiesen.

[2]) Die für Kirchspiel und Dorf Greven sowie für das Kirchspiel Gimbte in Frage kommenden Steuerlisten (Schatzungsregister usw.) stelle ich hier in zeitlicher Folge zusammen. Im Text werden sie wie auch die sonstigen, in den folgenden Anmerkungen aufgeführten Protokolle, Register und Rechnungen dann jeweils nur noch nach dem Jahrgang zitiert:

1498 StAM, Fst. Münster, Landesarchiv 487 I Bd. 1,
1499　　„　　　　„　　　　„　　　　„　　487 I Bd. 2,
1536}
1538}　　„　　　　„　　　　„　　　　„　　361 Nr. 1 a,
1542　　„　　　　„　　　　„　　　　„　　487 Nr. 5,
1547 (?) „　　　„　　　　„　　　　„　　361 Nr. 2,
1553　　„　　　　„　　　　„　　　　„　　361 Nr. 3,
1568　　„　Dep. Altertumsverein Münster, Msc. Nr. 107 c,
1589　　„　Fst. Münster, Landesarchiv 361 Nr. 13,
um 1600 „　DK Münster III C Nr. 6, 2,
1618　　„　　　　„　　　　„　　III C Nr. 6, 2,
1655　im Besitz des Schulten Gronover, Westerode,
1664 StaM, Fst. Münster, Landesarchiv 361 Nr. 44,
1665　　„　　　　„　　　　„　　　　„　　361 Nr. 69 II,
1668　　„　　　　„　　　　„　　　　„　　361 Nr. 44 a,
1669}
1670}　　„　　　　„　　　　„　　Kirchspielsrechnungen B I Nr. 2 Bd. 1,
1676 StAM, Fst. Münster, Landesarchiv 361 Nr. 68,
1677　　„　　　　„　　　　„　　　　„　　361 Nr. 69 I,
1698 DA Münster, GV, Greven A Nr. 3/4,

Beifangs Schöneflieth,[2]) sowie die Kirchspiels- und Dorfsrechnungen von Greven[3]) und Gimbte[4]) bilden eine schier unausschöpfliche Fundquelle für das Leben unserer Vorfahren in dieser Zeit, für die Wirtschafts- und Kulturgeschichte ebenso gut wie für die äußeren Geschehnisse seit dem 16. Jahrhundert.

Die Protokolle der Domkellnerei[5]), die als Obrigkeit im Dorf fungierte, enthalten viele Nachrichten zur Ortsgeschichte, die es ermöglichen, das Wachsen Grevens bis zur Schwelle des 19. Jahrhunderts durch drei Jahrhunderte in allen Einzelheiten zu verfolgen. Letztlich wird dieses reiche Material noch ergänzt durch die wertvollen Lagerbücher des Pfarrarchivs in Greven (seit 1605) und die dort und im Pfarrarchiv zu Gimbte (leider nur trümmerhaft) überlieferten weiteren Akten, sowie besonders durch die meist die kirchlichen Verhältnisse berührenden Archivalien des Diözesanarchivs zu Münster. Als wichtigste Quelle haben sich dort die Kirchenrechnungen von Greven[6]) und Gimbte[7]) erhalten. Hier wird auch der berühmte status animarum aufbewahrt, jene detaillierte Bevölkerungsaufnahme aus der Mitte des 18. Jahrhunderts, die für die berufständische

1702 ⎫
1703 ⎭ DA Münster, GV, Greven A Nr. 3/4 und StAM, DK Münster III C Nr. 25,

1704 StAM, DK Münster III C Nr. 25,

1715 ⎫
1719 ⎬ DA Münster, GV, Greven A Nr. 3/4,
1721 ⎭

1723–25 ⎫
1728   ⎪
1730–39 ⎬ StAM, DK Münster III C Nr. 25
1742–55 ⎭

1787 StAM, Fst. Münster, Kirchspielsrechnungen B I Nr. 2 Bd. 4,
1790 (Renov. Brandsocietäts-Catastrum) AAG IV h Nr. 10,
1800 StAM, Fst. Münster, Kirchspielsrechnungen B I Nr. 2 Bd. 4,
1810 (französ. Kataster) AAG IIIa Nr. 8 Bd. 1,
1828 (preuß. Urkataster) LA Münster, Katasterarchiv.

¹) Brüchtenprotokolle von 1563/64–1568/69, 1580/81, 1582/83–1584/85, 1588/89, 1590/91–1604/05, 1607/08 (StAM, DK Münster III C Nr. 26), 1608/09–1612/13, 1614/15–1619/20, 1659/60–1663/64 (ebd. III B Nr. 17), 1700 (ebd. III C Nr. 27), 1724/25 (ebd. Nr. 26). Dazu Extrakte (Niederschläge) 1597–1602 (ebd. Nr. 5).

²) Brüchtenprotokolle von 1574–79, 1582–83, 1614–1618, 1620–1622, 1625–1635, 1637–1641, 1643, 1649–1651, 1653, 1655, 1656, 1702/03–1706/07 (StAM, DK Münster, H. Schöneflieth B Nr. 9). Dazu Protokolle der Godinge von 1582, 1642, 1644, 1646 und 1652 (ebd. B Nr. 13 und 6).

³) Kirchspielsrechnungen Grevens von:
    1647–1656 StAM, Dep. H. Hemer, Akten Nr. 2051,
    1670–1677 StAM, Fst. Münster, Kirchspielsrechnungen B I Nr. 2 Bd. 2,
    1692–1698 StAM, StFA, Universität X E Nr. 1c,
    1701–1760 StAM, Fst. Münster, Kirchspielsrechnungen B I Nr. 2 Bd. 3,
    1761–1803 StAM, Fst. Münster, Kirchspielsrechnungen B I Nr. 2 Bd. 4.
    Dorfrechnungen Grevens von 1701–1803 (mit Lücken) StAM, Fst. Münster, Kirchspiels-rechnungen B I Nr. 2 Bd. 5; einzelne Jahrgänge (1769–1809 mit Lücken) auch im AAG II f Nr. 31.

⁴) Kirchspielsrechnungen von Gimbte von 1704, 1739/40–1771/72, 1803–1809 StAM, Fst. Münster, Kirchspielsrechnungen B I Nr. 1.

⁵) 1613–1809 im StAM, DK, DKelln. Protokolle Nr. 2 aff.

⁶) 1605–1618, 1627–1631, 1654, 1689–1712, 1715, 1722–1750, 1761–1762, 1765–1804 im DA Münster, GV, Greven A Nr. 7. Dazu ein Rechnungsband von 1690–1702 im StAM, DK Münster III C Nr. 25 und im Register der Kirche von Pfarrer Holstein Abschriften der Kirchenrechnungen von 1672–1689 sowie weiteres ungeordnetes Material im PfA Greven.

⁷) 1696–1709 und 1736–1807 im DA Münster, GV, Gimbte A Nr. 6.

XVIII

Gliederung der Bevölkerung wie auch für die rein familiengeschichtlichen Zusammenhänge von größter Wichtigkeit ist.[1]) Nicht vergessen seien schließlich noch die in den Truhen unserer Bauern treulich gehüteten Urkunden und Akten, denen die Heimatgeschichte manch wertvolle Einzelheit verdankt, sowie das Archiv der Familie Biederlack in Greven, das für die Geschichte Grevens vor allem in der ersten Hälfte des 19. Jahrhunderts von größter Bedeutung ist.

Es ist mir eine angenehme Pflicht, allen denen zu danken, die zum Gelingen des vorliegenden Werkes beigetragen haben. Zu danken habe ich Herrn Prof. A. Stieren, dem Leiter des Museums für Vor- und Frühgeschichte in Münster, für die Bereitwilligkeit, mit der er mir die Benutzung der Fundakten und der von Dr. Gollup entworfenen Fundkarte zur Vor- und Frühgeschichte des Amtes Greven gestattete, desgleichen auch dem Denkmalamt und dem Landesbaupflegeamt der Provinz Westfalen für die Überlassung von Bildmaterial. Unmöglich ist es mir, alle Beamte öffentlicher und Besitzer privater Archive im einzelnen zu nennen, denen ich für ihr freundliches Entgegenkommen und ihre stete Hilfsbereitschaft zu Dank verpflichtet bin. Dieser Dank gilt auch all den andern Helfern in Stadt und Land, die mich mit ihrem Wissen unterstützten. Auch ihre Reihe ist viel zu lang, als daß ich sie hier alle anführen könnte, ohne mich der Gefahr auszusetzen, den einen oder andern durch seine Nichterwähnung zu kränken. Nennen muß ich aber Frau Marianne Schründer-Povel, die durch ihre unermüdliche Hilfe, besonders durch das Aufspüren entlegenen und fast verschollenen Bildmaterials wesentlich zur Bereicherung und Ausstattung des Werkes beigetragen hat. Die Strichzeichnungen und Karten fertigte, soweit nichts anderes bemerkt ist, Herr A. Ketteler, Greven. Den Einband und die Wappenleiste entwarf der Graphiker und Heraldiker Waldemar Mallek, Münster.

Ohne das großzügige und verständnisvolle Entgegenkommen der Amtsverwaltung in Greven, in deren Auftrag diese Geschichte von Stadt und Amt Greven geschrieben wurde, wäre es nicht möglich gewesen, das Werk in der vorliegenden umfassenden Form, reichen Ausstattung und niedrigen Preisgestaltung zu schaffen. Mit mir werden alle Heimatfreunde ihr dafür Dank wissen. Wurde es doch erst dadurch möglich, die lang entbehrte Heimatgeschichte noch im Jahre der Stadtwerdung Grevens herauszubringen.

Münster, am Tage der Überreichung des Stadtbriefes an Greven, den 22. Januar 1950.

Joseph Prinz

---

[1]) DAM, GV, Msc. Nr. 149–152. Die Gimbte und Greven betreffenden Abschnitte finden sich in Msc. Nr. 150 Bl. 225 ff. und 304 ff.

Aus grauer Vorzeit

Eine zusammenhängende Darstellung der Uranfänge menschlicher Siedlung im mittleren Emstal und damit auch in unserer engeren Heimat läßt sich bis heute wegen der großen Lückenhaftigkeit der Bodenfunde noch nicht geben. Immerhin hat die Vorgeschichtsforschung doch schon manche wichtige Erkenntnis und manch' wertvollen Anhaltspunkt für die Urgeschichte unserer Heimat gewonnen.[1])

Der früheste Abschnitt jener drei großen, nach dem Stoff der in ihr gebrauchten Waffen und Werkzeuge Stein-, Bronze- und Eisenzeit bezeichneten Vorgeschichtsepochen ist die Altsteinzeit, der die Jahrtausende und Jahrzehntausende bis etwa 12000 oder 10000 vor Chr. zugezählt werden. Aus ihr hat sich in diesen Gegenden noch kein Zeugnis menschlicher Anwesenheit gefunden. Die ältesten Spuren des Menschen in ganz Westfalen bergen die Höhlen des Sauerlandes. Die am weitesten nach Norden vorgeschobene Fundstelle altsteinzeitlichen Geräts hat sich nördlich der Lippe bislang erst bei Selm nachweisen lassen. Die Besitzer dieses Gerätes waren aber keine seßhaften Bauern, sondern herumziehende Jäger (Nomaden), die einmal hier, einmal dort ihr Lager aufschlugen, deren eigentliche Wohnplätze aber die Höhlen am Südrande des altsteinzeitlichen Vereisungsgebietes im Sauerland blieben.

Überreste dieser ersten Menschen sind in Westfalen bislang noch nicht gefunden worden. Man nimmt wohl an, das sie zunächst der Neandertalrasse angehört haben, also jenem Menschen geglichen haben, dessen Schädel und sonstige Knochenreste man 1856 in einer Höhle im Neandertal bei Düsseldorf gefunden hat. Die entscheidenden Merkmale dieser Rasse waren die fliehende Stirn, die auf eine geringe Ausbildung der Gehirnzentren für das geistige Leben schließen läßt, und die starke Entwicklung der Gehirnteile für das Beobachtungsvermögen. Dieser nur etwa 1,60 m große Mensch war also ein auf primitiver Stufe stehender Jäger. Seine gelegentliche Anwesenheit im Münsterland läßt sich nur an Hand der von ihm verlorenen oder als unbrauchbar weggeworfenen Geräte feststellen. Es sind dies sogenannte Faustkeile, Knochengeräte, Feuersteinklingen usw., die erst gegen Ende der Altsteinzeit etwas kunstvollere Formen annehmen und brauchbarere Gestalt gewinnen. In den letzten Jahrtausenden dieser Epoche lebten in Westfalen auch schon andere, körperlich besser und geistig höher entwickelte Menschen.

Ihnen folgten in der mittleren Steinzeit, die etwa die Jahrtausende zwischen 10000 und 3000 (nach anderen 4000) vor Chr. umfaßte, andere Stämme und Völker, die sich von den Altsteinzeitlern stark unterschieden. Sie wohnten nicht mehr in Höhlen, sondern siedelten in Freilandstationen auf hochwasserfreien, sandigen Horsten an Flüssen und Bachläufen. Auch sie waren in der Hauptsache noch herumstreifende Jäger und Fischer, doch lassen zahlreiche Funde von zu Hacken verarbeiteten Geweihstücken aus dieser Zeit erkennen, daß ein primitiver Ackerbau in der ältesten Form des Hackbaues damals schon ziemlich weit, sicher auch in unserer Gegend verbreitet gewesen sein muß. Mit anderen Worten, diese Menschengruppen der mittleren Steinzeit sind die Vorläufer der seßhaften, ackerbautreibenden Bauernbevölkerung Westfalens in der jüngeren Steinzeit. Umso bedauerlicher ist es, daß wir von ihnen eben nur die mehr oder weniger zahlreichen Reste ihrer Werkzeuge und Waffen kennen, die bei gelegentlichen Bodenfunden zutagegetreten sind. Es sind das wie in den letzten Jahrtausenden der Altsteinzeit in der Hauptsache Flintabschläge aus Feuerstein, die zu Messerchen, Schabern, Pfeilspitzen usw. bearbeitet sind, Geräte aus Knochen oder Horn, die zum Teil schon große Kunstfertigkeit verraten. Solche Hirschhornhacken bzw. -äxte wurden bereits im 19. Jahrhundert in der Alten Ems zwischen Greven und Schöneflieth, im Glanebach und in Fuestrup gefunden, das Bruchstück einer solchen noch letztlich (1934) im Emsdurchstich bei Hellmann. Ob diese Stücke wirklich alle schon der mittleren Steinzeit angehören, muß allerdings fraglich bleiben, da auch in der nächsten Kulturepoche, der jüngeren Steinzeit, noch derartige Geräte aus Horn und Feuerstein benutzt wurden.*)

Erst für die jüngere Steinzeit, also für die Zeit bis etwa 1800 vor Chr. bekommen wir etwas festeren Boden unter die Füße. Damals war Westfalen wie fast ganz Europa von seßhaften Bauern besiedelt, die in festen Häusern aus Holz und Fachwerk und nicht mehr in Höhlen und Schilfhütten wohnten. Aus Skelettfunden ergab sich, daß diese Bevölkerung Westfalens schon keine reinrassige mehr war. Lang- und Kurzschädel, hoch- und breitgesichtige Menschen lebten neben- und miteinander. Die Jungsteinzeit ist für die Vorgeschichte so besonders wichtig, weil sich in ihr, wie man heute annimmt, aus der Vermischung eines in Thüringen beheimateten, langschädeligen Volkes mit einer im Norden ansässigen Rasse jene Rasse entwickelte, die man die urnordische nennt, und aus der man die indogermanische ableitet. Der Anteil Westfalens an dieser völkisch-rassischen Entwicklung der Jungsteinzeit ist im einzelnen noch nicht erkannt. An Hand der Bodenfunde lassen sich hier aber doch schon deutlich zwei große, ganz verschiedenartige Siedlungsgruppen unterscheiden. Die eine von ihnen bestattete ihre Toten in riesigen Steingräbern, im Volksmund Hünengräber genannt. Das waren mächtige, aus Findlingen gebildete, längliche Steinkammern, mit gewaltigen Deckplatten verschlossen.**) Leider sind in Westfalen nur noch ganz wenige dieser Großsteingräber erhalten geblieben, da man sie von jeher, besonders aber seit dem großen Steinbedarf für den Straßenbau im 19. Jahrhundert, rücksichtslos zertrümmert und zerschlagen hat. Ein sehr schönes Beispiel, das dem Steinhunger der Straßenbauer wenigstens zum größten Teil entgangen ist, sind die sogenannten Sloopsteene bei Westerkappeln in der Grafschaft Tecklenburg, im nördlichsten Winkel der Provinz. Überhaupt erstreckt sich das Verbreitungsgebiet dieser Riesensteingräber in Westfalen in der Hauptsache auf die nördlichen Kreise Tecklenburg und Steinfurt, darüber hinaus finden sie sich im Münsterland nur noch gelegentlich.

Im südöstlichen Westfalen, besonders im Paderborner Land und an der oberen Lippe bis nach Soest und Hamm hinunter, findet sich eine ähnliche, wahrscheinlich aus dem westeuropäischen Raum übergekommene Bestattungsweise in großen, langgestreckten

---

*) Die mit frdl. Hilfe von Dr. Gollup vom Museum für Vor- und Frühgeschichte in Münster zusammengestellte Karte über die prähistorischen Funde im Amt Greven (Abb. 1) enthält nur die örtlich genau festgelegten Funde. Andere, meist ältere, deren Fundumstände nur mangelhaft bekannt sind, fehlen auf ihr.

**) Den Bau dieser großen Grabkammern, in denen ganze Geschlechterfolgen bestattet wurden, muß man sich wohl so vorstellen, daß nach Aufrichtung der Seitenwände zunächst ringsum der Erdhügel aufgeschüttet wurde, der ja ursprünglich alle diese Steingräber umgeben und überdeckt hat, und daß erst dann auf dieser schiefen Ebene die großen Deckplatten auf Rundhölzern heraufgerollt wurden. Im Laufe der Jahrtausende sind dann die Erdaufschüttungen durch Fuchs und Kaninchen losgewühlt, von Wind und Sturm verweht, so daß heute die Steine frei sichtbar und das Innere der Grabkammern jedem räuberischen Schatzgräber zugänglich geworden ist.

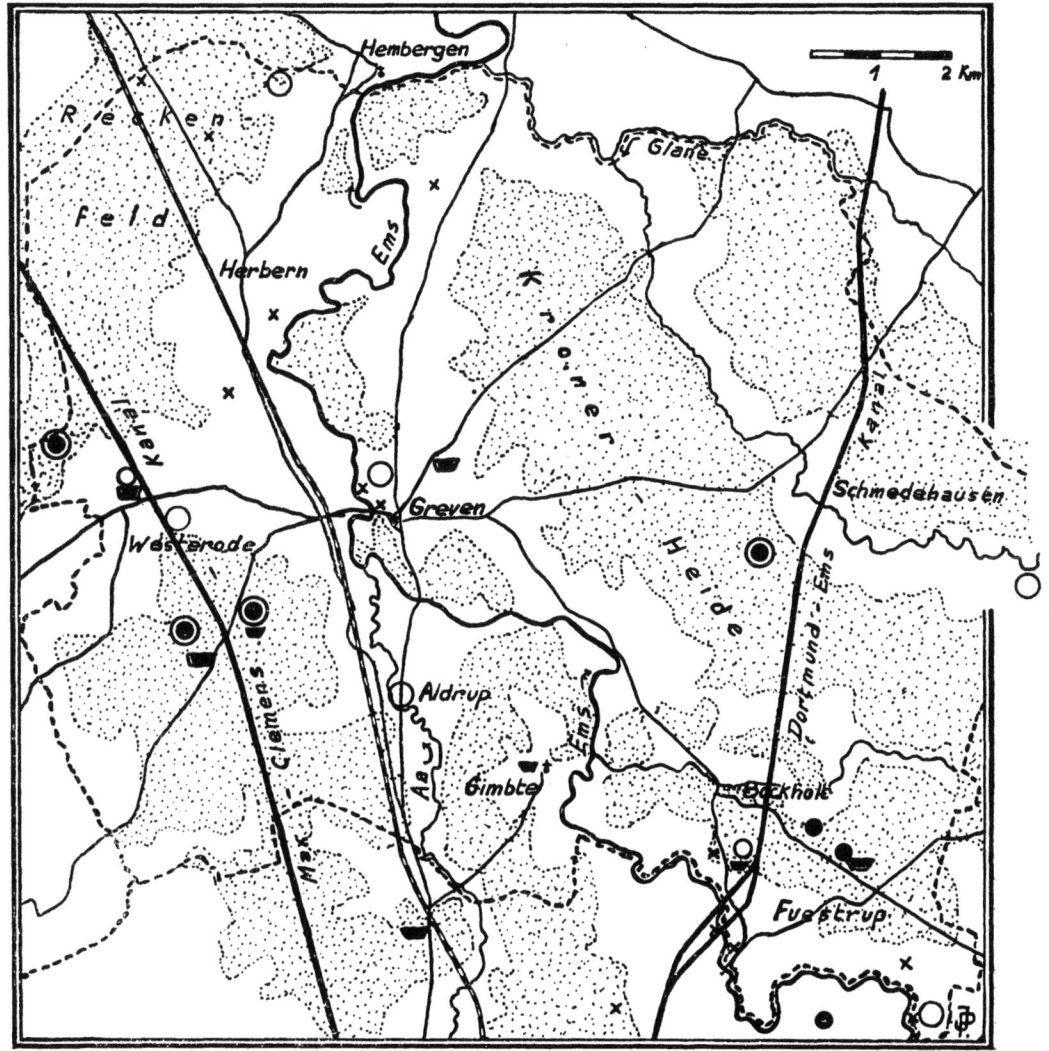

Abb. 1. Vor- und frühgeschichtliche Funde im Amt Greven

⊚	Grabhügelfeld	◎ desgl. nicht mehr vorhanden	
●	einzelner Grabhügel	○ „ „ „ „	
⏆	Urnengräberfeld		
▼	einzelnes Urnengrab		
×	Einzelfund		
○	vor- bzw. frühgeschichtliche Befestigung		
---	Grenze des Amtes Greven		
⁖⁖	die ungeteilten Marken (im Umriß) nach dem Zustand von 1828		

und zum Teil in den Boden eingelassenen Steinkisten. Gehören nun die Riesensteingräber Nordwestfalens unmittelbar zum sogenannten nordischen Kulturkreis, als dessen jüngere Ausstrahlung sie zu gelten haben – sie reichen ja, wie die Kupferfunde in den Westerkappelner Gräbern zeigen, zeitlich in das Ende der Jungsteinzeit hinab –, so ist die Beziehung der südöstlichen Steinkisten zum Norden, zum nordischen Kulturkreis, nur eine indirekte, da sie, wie glaubhaft nachgewiesen werden konnte, ihre direkten Vorläufer in Nordfrankreich und Belgien haben. Sind diese Beziehungen der beiden Grabarten zueinander und ihre Beeinflussung aus Norden und Westen auch noch nicht in allen Einzelheiten geklärt, so ist das für unsre Heimat auch nicht von so wesentlicher Bedeutung, da hier weder die eine noch die andere Kulturgruppe wesentliche Spuren hinterlassen hat.

Erst die dritte, jungsteinzeitliche Kulturgruppe der sogenannten Hügelgräberleute hat nachweislich auch an den Ufern der Ems gesiedelt. Woher diese gekommen sind, läßt sich heute noch nicht eindeutig sagen, da sie sich nicht nur in Westfalen, sondern auch im Hannöverschen, in Schleswig-Holstein, in Mitteldeutschland und Hessen, ja auch im Rheingebiet nachweisen lassen. Benannt sind sie nach ihrer typischen Bestattungsweise. Sie bauten ihren Toten nicht mehr riesige Steinkammern oder -kisten, sondern setzten sie in Einzelgräbern unter großen Hügeln bei, die oft einen Durchmesser bis zu 18 m erreichten und bis zu 3 m hoch waren.

Auch diese Hügel sind nicht unversehrt durch die Jahrtausende auf uns gekommen. Auch an ihnen haben Wind und Wetter und der Zahn der Zeit genagt. Zwar waren sie zur Festigung des Erdreiches vielfach mit einem Steinkranz und einem Graben, manchmal auch nur mit einem Pallisadenzaun umgeben; das hat aber nicht verhindern können, daß auch diese Hügelaufschüttungen zum guten Teil vom Winde verweht wurden. Die Steinmauern verfielen – zum Teil wurde das willkommene Material gewiß auch für andere (Bau-)Zwecke in späteren Jahrhunderten entwendet –, die Pallisaden verfaulten und der Hügel floß im wahrsten Sinne des Wortes bei Sturm und Regen auseinander! Was heute noch vor uns steht, ist nur ein kümmerlicher, manchmal nur noch eben im Gelände wahrnehmbarer Rest eines ursprünglich hohen und mächtigen Grabbaues.*)

Ein sehr schönes Beispiel dieser jüngeren Bestattungsweise hat sich auch im Kirchspiel Greven in der Bauerschaft Fuestrup gefunden, das im Jahre 1923 untersucht werden konnte. Auf dem gewachsenen Boden – häufig wurde dafür noch eine Grube ausgehoben – lag der Tote, wie fast immer, in Ost-West-Richtung unter der 3 m hohen Hügelschüttung. Spuren einer inneren Holzkonstruktion, einer Grabkammer, die sich sonst, vor allem bei älteren Anlagen, wohl nachweisen läßt, haben sich hier nicht gefunden. An Beigaben, die eine zeitliche Einordnung der ganzen Anlage ermöglichen, fanden sich neben mehreren Steinwerkzeugen die Bruchstücke eines Tongefäßes, eines geschweiften Bechers, der von oben bis unten mit waagerecht verlaufenden Linien verziert war.[2] Da diese Linien durch Auflegen und Eindrücken einer Schnur entstanden sind, gehört der Becher zur sogenannten Schnurkeramik (Keramik = Töpferware), deren Entstehung man in Jütland vermutet, die aber ihr Hauptverbreitungsgebiet in Mitteldeutschland, in Thüringen, hat. Die Träger dieser „Becher"-Kultur, die „Schnurkeramiker", sollen jenes Volk sein, aus dessen Verschmelzung mit der urnordischen Rasse der Steingräberleute die Indogermanen und speziell die Germanen hervorgegangen sind. Die Einzelheiten dieses Jahrhunderte dauernden Vorganges sind noch wenig bekannt, zumal er sich auch nicht in so einfacher Form vollzogen hat, wie es nach obigen Worten den Anschein

---

*) Ein noch unversehrtes und nicht ausgegrabenes Hügelgrab in der Bauerschaft Bockholt (an der Chaussee nach Westbevern südl. Holtmann) zeigt Tafel II, 3.

hat. Im Kulturnachlaß der Jungsteinzeitleute in Westfalen laufen noch manch andere fremdartige Einflüsse mit unter, so die aus dem Donauraum stammende Bandkeramik, so genannt, weil in dieser Kulturgruppe die Urnen im Gegensatz zur nordischen Kultur, deren Urnen durch tief eingestochene Ornamente verziert sind, mit bandartigen Mustern geschmückt wurden, oder die Glockenbecherkultur, die aus Südwesteuropa zu stammen scheint, und nach der Hauptform ihrer Keramik, einem glockenförmigen Becher, so bezeichnet wird. Wie weit die westfälischen Schnurkeramiker bzw. Hügelgräberleute nun auch rassisch und völkisch von diesen fremden Kulturen beeinflußt und befruchtet worden sind, steht noch nicht fest. Mit Sicherheit läßt sich zur Zeit erst sagen, daß die Kultur der Hügelgräberbevölkerung Westfalens zwar nordisch bestimmt ist, sich aber aus verschiedenen Bestandteilen zusammensetzt.[3]) Aus der verschiedenartigen Zusammensetzung der Gräberfunde dieser Übergangszeit läßt sich aber gut ablesen, wie die Kulturgüter der verschiedenen Bevölkerungsgruppen sich aneinander angeglichen haben, und wie die Großsteingräberleute gegen Ende der Steinzeit von den Hügelgräberleuten zunächst überlagert und dann schließlich ganz aufgesogen worden sind. Auch unser Fuestruper Hügelgrab ist ein gutes Beispiel für das Überschneiden bzw. Durcheinanderlaufen dieser verschiedenen Kulturen (Abb. 2). Die Reste des Tongefäßes weisen, wie schon gesagt wurde, auf die Schnurkeramiker hin, eins der beiden gefundenen Steinbeile ist nordischen Ursprungs. Es ist aus einem nordischen Feuerstein angefertigt (14,3 cm lang) und hat auch die typisch nordische Form, bei der nur die Schneide scharf geschliffen ist, während der Nacken rechteckig stumpf und gerade abgeschnitten ist. Anders das zweite Beil. Es ist kleiner (nur 9,2 cm lang) und besteht aus dunklem Felsgestein, Diabas genannt. Es hat zwar auch wie das nordische einen rechteckigen Querschnitt, ist aber allseitig geschliffen. Aus dem westischen Kulturkreis, aus Frankreich, stammt dem Material, einem französischen Flint, nach ein weiteres Fundstück aus dem Fuestruper

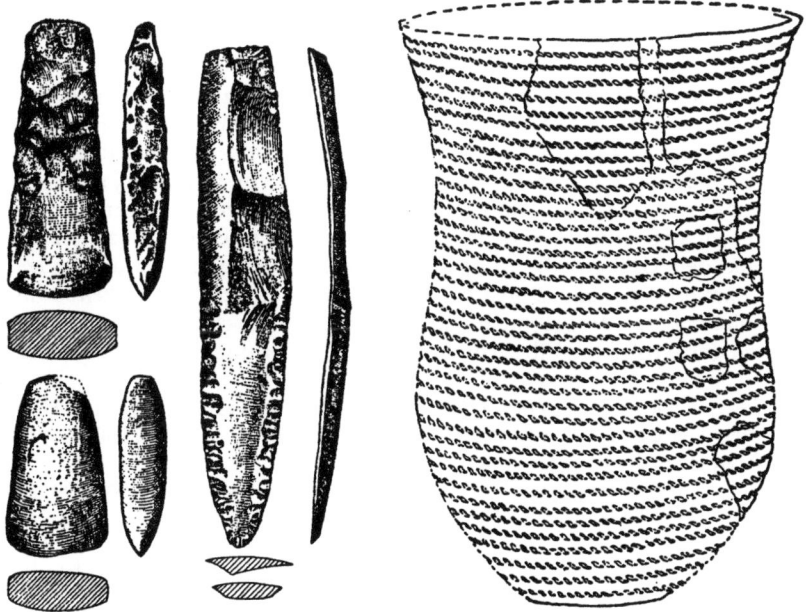

Abb. 2. Funde aus dem jungsteinzeitlichen Hügelgrab in Fuestrup ($^1/_4$ bzw. $^1/_3$ nat. Größe)

Hügelgrab. Es ist dies ein 26 cm langes, leicht gebogenes Messer aus gelbbraunem Feuerstein. Also westisches und nordisches Kulturgut in einem Grabe friedlich vereint! Drei (?) andere Hügelgräber, die vielleicht der gleichen Zeit angehören, liegen auf dem Grundstück des Bauern Meiermann, Westerode, hart am alten Max-Clemens-Kanal. Hier waren früher schon einmal ein (inzwischen verschollener) Feuersteindolch und zwei Steinbeile gefunden worden, die den jungsteinzeitlichen Ansatz der Hügelgruppe rechtfertigen. Die hier 1933 zutagegetretene Urne (mit Beigefäß) ist dagegen wohl jünger. Einer der Hügel wurde mittlerweile 1938/39 gelegentlich eines Hausbaues abgetragen, ohne daß jungsteinzeitliche Funde bekannt geworden sind. Auch am Puchhügel in der gleichen Bauerschaft hart an der Amtsgrenze nach Nordwalde liegt ein Rest eines solchen jungsteinzeitlichen Hügelgrabes, der im Jahre 1936 angeschnitten und durchforscht worden ist. Dabei stellte es sich heraus, daß hier offenbar ein ganzer Friedhof von sogenannten Kreisgrabengräbern aus der Zeit um 1800 vor Chr. gelegen hat. Zwei Grabhügel waren noch auf der langgestreckten Düne erkennbar, der eine noch 2 m hoch und 16 m im Durchmesser haltend, der andere nur noch 50/60 cm hoch und 10 m im Durchmesser. Außer einer gut erhaltenen Urne und Resten von wesentlich jüngeren Nachbestattungen wurden leider keinerlei Reste von Grabbeigaben usw. gefunden, vor allem nicht der goldene Wagen des Königs, der nach der Sage hier bestattet worden sein soll! Heute sind die Hügelreste bis auf ganz geringe Randstücke völlig abgefahren. Für die Kenntnis der jungsteinzeitlichen Kultur in unserer Heimat bleibt so das Fuestruper Hügelgrab mit seinen schönen Funden vorerst noch das einzige Zeugnis. Von den beiden in ihm gefundenen Beilen und dem schönen Messer war schon die Rede. Eine charakteristische Waffe des Jungsteinzeitlers fehlt aber im Fuestruper Grab. Das ist der Feuersteindolch. Ein paar wunderschöne Beispiele einer solchen, kunstvoll aus dem glasharten Feuerstein geschlagenen Waffe besitzt das Landesmuseum in Münster aus Funden in Rhede, Krs. Borken, Dreierwalde, Krs. Tecklenburg, usw. Ein weiteres, an der Spitze leider beschädigtes Stück wurde ganz in der Nähe auf der Mauritzheide bei Münster gefunden. Griff und Klinge dieser Waffe ist in gleichmäßig schöner Form und symmetrischer Genauigkeit gearbeitet, eine Kunst und handwerkliche Geschicklichkeit, die heute wohl kaum einer aufbrächte! Ferner gehörte zur Ausstattung eines Kriegers und Jägers der Hügelgräberzeit eine Streitaxt, die, auch aus Felsgestein mühsam gearbeitet, im Gegensatz zu den rechteckigen Beilen ein säuberlich ausgebohrtes Schaftloch für den Stiel haben mußte. Eine solche schön facettierte Streitaxt ist vor wenigen Jahren (1936) auf der Straße von Greven nach Hembergen gefunden worden.*) Gegenüber den noch plumpen und roh geformten Geräten und Waffen der mittleren Steinzeit, zeigen diese Fundstücke aus den Gräbern der Jungsteinzeitler Formen von überraschender Schönheit und Zweckmäßigkeit. Sie zeugen so zugleich auch von der entwickelten und hochstehenden Kultur dieser Hügelgräberleute, aus deren Verschmelzung mit den älteren Kulturgruppen der Großsteingräberleute sich im Laufe der nun folgenden älteren Bronze-

*) Vgl. Tafel II, 1. Nicht weit von dieser Fundstelle, in der Bauerschaft Herbern beim Hof Gillhaus, wurde im gleichen Jahr eine ähnliche Streitaxt aus Quarzit gefunden, letztlich (1948) auch eine solche auf dem Hof Wiggering-Althoff in Fuestrup (Schultenhoek).
Steinbeile aus der jüngeren Steinzeit sind im Amtsbereich bereits eine ganze Reihe zutage getreten, so 1874 ein Rechteckbeil aus Diorit zwischen Greven und Gimbte, ein ähnliches in der Kroner Heide, wo auch ein spitznackiges Beil aus Nephrit gefunden worden ist. Aus Herbern stammt ein solches aus Feuerstein, zwei unbekannter Art und Formgebung aus einem der Hügel am Voßkotten. Das Bruchstück eines Feuersteinbeiles wurde 1934 in Pentrup aufgelesen. Schließlich verzeichnet die Fundkartei des Museums in Münster noch je ein Beil aus Horn- und Feuerstein aus dem Kirchspiel Greven, über die genauere Fundangaben nicht mehr vorliegen.

zeit ein neues Volkselement bildete, das für Jahrhunderte und, wenn wir von den nicht sehr großen Stammesverschiebungen der Römer- und Völkerwanderungszeit absehen, bis in die Gegenwart mit dem Boden Westfalens untrennbar verbunden bleibt.

Der Übergang von der jüngeren Steinzeit zur nächsten, von einem anderen, neuen Werkstoff, dem Metall, beherrschten Zeitalter, der sogenannten Bronzezeit, vollzog sich nur ganz allmählich. Das erste Metall, das der Mensch fand und verarbeiten lernte, war das Kupfer, doch bewährten sich die daraus verfertigten Geräte und Waffen nicht. Der Werkstoff war zu weich. Erst als der Mensch lernte, das Kupfer durch einen Zusatz von Zinn zu härten, begann der Siegeszug des Metalls oder besser gesagt der Bronze, wie wir diese Verbindung von Kupfer und Zinn im Verhältnis 9 : 1 nennen. Diese „Bronzezeit" kann nach dem heutigen Stand der Wissenschaft ziemlich genau auf die Jahrhunderte von etwa 1800 bis 800 vor Chr. festgelegt werden. Sie wird nach den verschiedenen nacheinander auftauchenden Stilformen und besonderen Geräten und Gefäßen in fünf Perioden untergeteilt, deren jede ungefähr 200 Jahre umfaßt.

Über die Verhältnisse im Münsterland und oberen Emsgebiet während der älteren Bronzezeit wissen wir nur erst sehr wenig. Zeitweise hat man sogar angenommen, daß in den ersten Jahrhunderten derselben infolge einer Klimaverschlechterung hier eine gewisse Siedlungsleere geherrscht habe, weil man gar keine Funde aus dieser Zeit machte, neuerdings hat man aber doch auf Grund einzelner, neu entdeckter Friedhöfe, die eine beständige, durchgehende Belegung von der jüngeren Steinzeit bis in die jüngere Bronzezeit hinein zeigten, die Erkenntnis gewonnen, daß davon doch wohl nicht die Rede sein kann. Tatsächlich reichen ja auch die jungsteinzeitlichen Hügelgräber, wenn auch in technisch weiter entwickelten Formen bis tief in die Bronzezeit hinein. Auch die ältere Bronzezeit bildet kulturell noch keine Einheit. Wie in der jüngeren Steinzeit begegnen sich hier in der Gestaltung und Formgebung der Bronzegeräte und auch der Keramik nordische Einflüsse mit süddeutschen, letztere besonders im Paderborner Land, mit Ausläufern aber tief ins Münsterland (Haskenau) hineinreichend, ja sogar noch an der Porta Westfalica bei Minden spürbar! Da sich indes die Tonware offenbar doch aus dem jungsteinzeitlichen Kulturschatz entwickelte, also bodenständige Formen zeigt, wird doch wohl mit Recht bezweifelt, daß aus den im Bronzegerät und auch sonst spürbar werdenden „ausländischen" Einflüssen zugleich auch auf einen rassisch-fremden Bevölkerungszustrom in Westfalen geschlossen werden müsse. Der aus den Bodenfunden geborgene Nachlaß dieser bodenständigen Bauernbevölkerung unserer Heimat ist noch sehr gering, doch läßt sich immerhin erkennen, daß auch hier die Siedlung in dieser Zeit nicht abriß. Mögen auch die schon erwähnten, noch unerforschten Einzelgrabhügel am Max-Clemens-Kanal auf der Wende zwischen der jüngeren Stein- zur Bronzezeit hin stehen, vielleicht aber auch schon ganz der letzteren angehören, so müssen die beim Voßkotten, bei Wierlemann, Schmiemann und Melchers in Westerode, bei Wilp in Guntrup, am alten Postdamm in Schmedehausen usw. gefundenen, sogenannten doppelkonischen Urnen (s. u.) schon der jüngeren Bronzezeit, zum Teil sogar schon der älteren Eisenzeit, also etwa der Mitte des 1. Jahrtausends vor Chr. zugerechnet werden. Der älteren Zeit gehört dagegen wieder der 1938 untersuchte Kreisgrabenfriedhof auf der Grenze der beiden Bauerschaften Westerode (bei Schmiemann und Melchers) aus der Zeit um 1800 vor Chr. an, der noch weit über 1000 Jahre später zu Nachbestattungen benutzt worden ist.

Die Geräte der Bronzezeit sind weitgehend aus dem neuen Stoff, der Bronze, hergestellt worden. Man kann noch gut verfolgen, wie sie zunächst einfach den Steingeräten nachgeformt worden sind. Bald jedoch entwickelten sich, durch den Werkstoff bedingt, neue Formen. Aus den ursprünglich ganz glatten Stein- und Kupferbeilen entstand so zunächst das sogenannte Randbeil, dessen Ränder leicht aufgebogen waren, damit sich das

7

Beil in der Schäftung nicht seitlich verschieben konnte. Das war aber auch noch nicht die endgültige, ideale Form. Die Schäftung nämlich bildete das aufgespaltene kürzere Ende eines rechtwinklig gewachsenen Holzes. Bei starker Inanspruchnahme sprengte die Axt leicht den Schaft ganz auseinander. Um das zu verhindern, gab man der Axt schließlich eine andere Gestalt. In der Mitte der Klinge brachte man einen parallel zur Schneide verlaufenden Steg an, gegen den der Schaft vorstieß, also nun nicht weiter

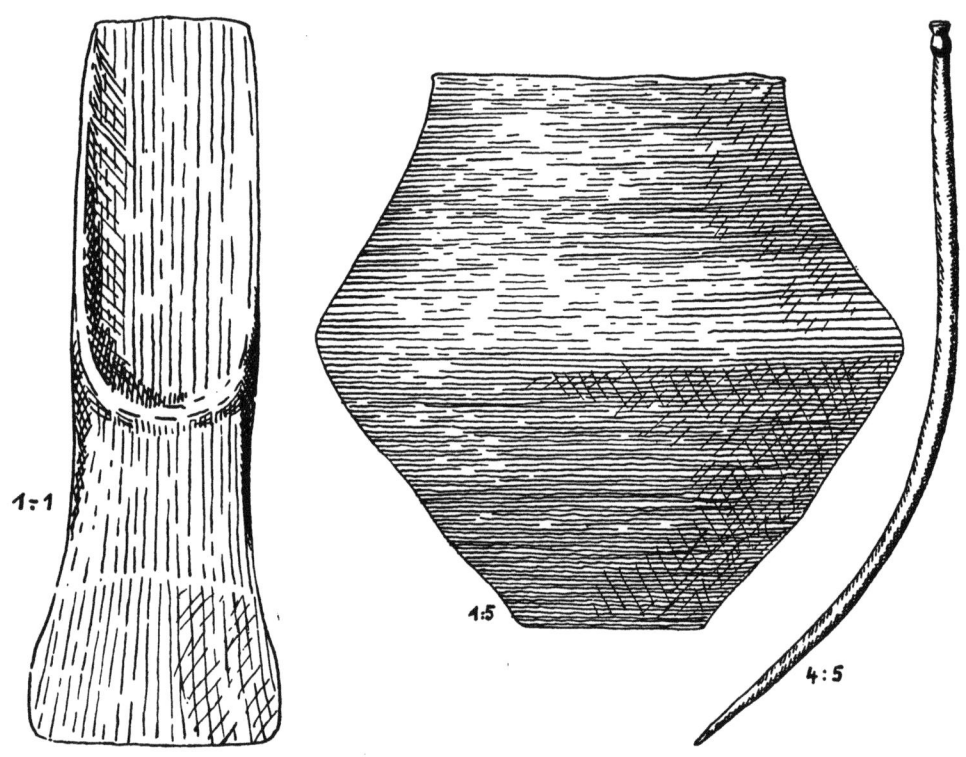

Abb. 3. 1) Bronzenes Absatzbeil aus der Kroner Heide
2) Urne und Bronzenadel aus dem Urnengräberfeld am Marktesch in Greven bei Topphoff-Kaup

aufreißen konnte. Das war das sogenannte „Absatzbeil", wie ein solches auf der Kroner Heide vorlängst gefunden worden ist (Abb. 3, 1).

Alle Bronzegeräte wurden gegossen in bronzenen oder tönernen Formen, die man vereinzelt auch noch gefunden hat. Sogar die Schwerter, die neuen in der Metallzeit aufkommenden Großwaffen, wurden so geformt. Bislang die einzige derartige Waffe aus unserer engeren Heimat ist das Bronzeschwert aus Greffen (Kr. Warendorf), das wie alle älteren Bronzeschwerter nur knapp 60 cm lang ist. Aus dem neuen Stoff machte man nun nicht nur Waffen (Schwerter, Dolche, Lanzen- und Pfeilspitzen) und Geräte (Beile, Rasiermesser!), sondern auch Schmuckstücke, wie Hals- und Armspangen, große und kleine Ringe, Nadeln, Schnallen und Beschläge. Für Schmuck- und Prunkgeräte, für Opfer- und Kultgeräte taucht schon in der älteren Bronzezeit auch das Gold auf.

Auffallend gering sind zur Zeit noch die Funde von Tongefäßen aus der älteren

Bronzezeit, da in diesen Jahrhunderten den Toten nicht mehr wie in der Jungsteinzeit derartige Gefäße ins Grab mitgegeben wurden, und andererseits bis jetzt noch kaum Siedlungsplätze dieser Zeit untersucht werden konnten. Man vermutet aber aus den bisher bekannt gewordenen Formen, daß sich die jungsteinzeitliche Keramik ohne große Störungen durch fremde Kultureinflüsse bodenständig weiter entwickelt habe. Andrerseits verkümmern in den Hügelgräbern die ursprünglich wohl steinernen, dann hölzernen Grabkammern immer mehr – der Fuestruper Hügel hatte angeblich schon gar keine mehr –, um schließlich einer ganz neuen Bestattungsart Platz zu machen. Es bahnte sich ein großer Kulturumbruch an. Seit dem Ende der dritten Bronzeepoche, also seit etwa 1200 vor Chr. wurde in Westfalen die Leichenbestattung durch die Leichenverbrennung abgelöst. Über die Herkunft dieser Sitte hat man schon viele Vermutungen aufgestellt, so besonders den Grund für diese umstürzende Neuerung in hygienischen Maßnahmen gesucht, hervorgerufen durch die im westischen Kulturkreis schon seit der Steinzeit übliche Bestattung der Toten im Hause, für die wir noch bei den altgriechischen und römischen Schriftstellern, ja sogar in der Bibel (2. Buch d. Chron. 33, 20) Belege finden. Schnell hat sich diese Sitte in ganz Europa verbreitet und so auch in Westfalen Eingang gefunden. Da sich zur gleichen Zeit auch die Formen der Geräte wandeln, hat man schon an ein Eindringen und Einströmen neuer Völker nach Westfalen gedacht. Zeigen die Funde der beiden ersten bronzezeitlichen Perioden in westfälischen Orten noch vorwiegend süddeutschen Einfluß, so überwiegt seit etwa 1500 vor Chr. der nordische Einfluß. Im Westen überwiegt dagegen der Einfluß eines nordwestlichen Kulturkreises. Gegen Ende der Bronzezeit dringt aber in Westfalen auch eine aus dem Westen herkommende Kulturwelle, die sogenannte „Urnenfelderkultur" ein, so genannt nach der von ihren Trägern geübten Sitte, die verbrannten Gebeine in Urnen auf großen Gräberfeldern ohne erkennbare Hügelaufschüttung beizusetzen. Derartige Urnenfelder finden sich anscheinend in Westfalen erst jenseits einer von Gronau über Coesfeld nach Dortmund verlaufenden Linie. Das Gebiet diesseits dieser Linie wird von der nordischen Kulturgruppe beherrscht, der also auch unsere Heimat angehört. Darauf deuten auch die schon erwähnten bronzezeitlichen Urnenfunde im Kirchspiel Greven hin, denn die hier gefundenen doppelkonischen Urnen von gelbbrauner Färbung gehören in diesen Kreis. Auch die am alten Postdamm in der Bauerschaft Schmedehausen, an der alten Landeskrone gefundene Urne aus der späten Bronzezeit (um 800 vor Chr.) und ebenso die in der Bauerschaft Westerode ausgegrabenen Urnen aus der Mitte des ersten Jahrtausends (s. o.) haben noch diese Form.*) Doppelkonisch heißen sie, weil sie in der Mitte einen scharfen Knick in der Bauchwandung haben. Bei dem angeblich aus Mitteldeutschland

---

*) Ein Exemplar aus einem Hügel beim Voßkotten bewahrt die Knabenschule in Greven, ein anderes vom Puchhügel befindet sich im Amtshaus zu Nordwalde, ein drittes gleichfalls vom Gräberfeld beim Voßkotten in Privatbesitz (Blomberg zu Westerode). Nach Mitteilung der Bauern wurden bereits vor 100 Jahren nach der Markenteilung an dieser Stelle die ersten Urnen gefunden, von denen sich aber offenbar keine erhalten hat. Von Urnenfunden bei Kolon Wierlemann im Jahre 1889, die an Prof. Landois und Domkap. Tibus übergingen, berichtet 1890 der Amtmann (AAG II p Nr. 22). Auch über den Verbleib dieser Stücke ist nichts bekannt. Weitere Urnen und Urnenscherben aus der Bronzezeit sind nachgewiesen in Gimbte, auf dem Marktesch in Greven bei Topphoff-Kaup (1891), in Wentrup bei Theismann (1934), in Fuestrup am Kanal (1932) und beim Hof Westrup (1948), in Herbern bei Gerbert (1947) und nach Mitteilung von Dr. Börsting letzthin wieder in Gimbte auf der Hofweide des Bauern Wesselmann (1945/46). Unbestimmbar, weil verschollen, bleiben die in den Bockholter Bergen auf dem Hünenberg (!) um 1810 gefundenen „Töpfe mit Gebein" und zwei beim Kemperskötter (Böhmer) ausgegrabene Gefäße. Bei allen diesen Funden handelt es sich wohl meist um Reste bronzezeitlicher Urnenfelder.

stammenden Urtyp dieser Urnen sitzt dieser Knick genau in der Mitte, später verschiebt er sich immer mehr nach oben und wird auch stets weicher, bis schließlich das Gefäß fast tonnenförmig wird.

Als Träger dieser seit der jüngeren Bronzezeit in unserer Heimat nachweisbaren nordischen Kultur dürfen wir heute die Germanen bezeichnen, die seit der Jahrtausendwende, verursacht wohl durch eine Klimaverschlechterung in ihrer Heimat, immer weiter nach Westen vorrückten und die Träger der oben genannten Urnenfelderkultur, denen wir auch schon einen geschichtlichen Namen beilegen und die wir als Kelten bzw. Illyrier bezeichnen dürfen, immer weiter, bis an den Rhein zurückdrängten. Bis zum Ende der Bronzezeit, also bis etwa ins 8. Jahrhundert vor Chr., haben sie fast ganz Westfalen in Besitz genommen und die einheimische Bevölkerung überlagert. Es dauerte aber noch Jahrhunderte, bis die Germanisierung überall bis ins Letzte durchgedrungen war.

Der Bronzezeit folgte seit dem 8. Jahrhundert v. Chr. die Eisenzeit. Der Übergang von der einen zur anderen Periode vollzog sich natürlich nicht von heute auf morgen. Da die Grabbeigaben immer spärlicher werden, und da besonders die meisten der bislang aufgedeckten Urnengrabfelder durch beide Perioden hindurch belegt und benutzt worden sind, und da schließlich die Formen der Tongefäße, der Urnen, sich in diesen Jahrhunderten kaum oder gar nicht veränderten, läßt sich eine scharfe Grenze nicht ziehen.*) Der neue Werkstoff, das Eisen, ist zudem viel weniger zeitbeständig, und so ist nur selten einmal und nur dort, wo die Bodenverhältnisse besonders günstig waren, und Luft und Wasser ihr zerstörendes, rostfressendes Werk nicht vollbringen konnten, Eisengerät der älteren Eisenzeit in Westfalen gefunden worden. Doch wird man auch für unsere weitere Heimat sagen dürfen, daß seit dem 8. Jahrhundert Waffen und Geräte nur noch aus Eisen verfertigt wurden. Schmuckstücke wurden natürlich auch weiterhin aus Bronze, Gold, weniger aus Silber hergestellt. Bei den Tongefäßen taucht jetzt auch ein neuer Typ auf, der sogenannte Rauhtopf. Die Außenwand dieser Gefäße ist durch Schlickbewurf aufgerauht. Ein weiteres Kennzeichen ist der durch Fingereindrücke eingekerbte oder gewellte Topfrand. Dieses Gefäß will man mit der Verbreitung und dem Vordringen der Germanen nach Westen in Zusammenhang bringen, ebenso auch die jetzt aufkommende neue Bestattungsweise der sogenannten Brandgrubengräber, in denen der Leichenbrand ohne Urne in kleinen Gruben beigesetzt wurde. Gräber dieser Art sind in Westfalen noch nicht allzuviel gefunden worden, nicht weil es hier solche nicht gegeben hat, sondern weil die geringen Spuren, die diese Brandgruben im Erdboden hinterlassen, gar zu oft unbeachtet bleiben und übersehen werden. Daß unsere Heimat seit dem Beginn der Eisenzeit von Germanen bewohnt wurde, steht trotz der wenigen Bodenfunde fest, und man darf auch wohl annehmen, daß sie die alten Siedlungsplätze weiter innegehabt haben, die seit der Jungsteinzeit und der Bronzezeit bewohnt waren, in erster Linie also die trockenen, sandigen Höhen zu beiden Seiten der Ems.

Daß zu diesen ersten Siedlungsplätzen auch bereits das heutige Greven gehört habe, ist durch eindeutige vor- und frühgeschichtliche Funde nicht zu erweisen. Es ist auch nicht gut möglich, da das Dorf, wie im folgenden Kapitel dargelegt werden soll, eine fränkische Neusiedlung ist. Das bronzezeitliche Urnenfeld beim Hof Kaup-Topphoff am östlichen Rande des Marktesches gehörte zweifellos zu der Siedlung Bönstrup (Funde davon s. Abb. 3, 2 u. Tafel II, 2). Ein auf dem Grundkamp nördlich des Dorfes 1924/25

---

*) Solche Urnen, die entweder jungbronzezeitlich oder eisenzeitlich sind, konnten ganz oder in Scherben aus Funden in Herbern (bei Gillhaus) und auf dem Urnenfeld zwischen Semesdiek und dem Voßkotten in Westerode nachgewiesen werden. Rein eisenzeitlich sind dagegen die bei Gerbert in Herbern 1947 gefundenen Scherben, ebenso die 1939 in dem Hügelgrab am Postdamm in Schmedehausen und die 1948 an der Emsterrasse in Fuestrup gefundenen Urnenreste.

gefundenes Feuersteinmesser bedeutet für die Vorgeschichte des heutigen Greven nichts. Übrig bleibt so nur das 1938 an der Martinikirchstraße im Niederort bei Kanalisationsarbeiten gefundene Bruchstück eines Bronzeschwertes, das nach seinem dachförmigen Querschnitt etwa der mittleren Bronzezeit (um 1200 vor Chr.?) angehören mag.*) Die Fundumstände weisen darauf hin, daß es in der einst den Niederort erfassenden alten Schleife (Menningslake) gelegen hat. Es war also keine Bestattungsbeigabe, sondern ein im Schwemmsand der Ems angetriebener Fund, der nicht als Beleg für eine bronzezeitliche – wegen der ständigen Überschwemmungsgefahr auch undenkbare – Siedlung an der Fundstelle im heutigen Niederort Grevens gewertet werden kann.**)

In das Ende der Eisenzeit fällt durch die Geschichte der römischen Feldzüge gegen die Germanen plötzlich das helle Licht der Weltgeschichte, das nun unvermittelt das bisherige Dunkel der westfälischen Stammesgeschichte aufhellt, so daß von jetzt an sich feste Namen mit den in unserer Heimat siedelnden Germanen verbinden lassen. Im Gegensatz zur vorgeschichtlichen Zeit, deren Entwicklung und Geschehnisse nur aus den mehr oder weniger spärlichen Bodenfunden zu enträtseln sind, und als Einleitung zu der folgenden geschichtlichen Zeit Deutschlands, die mit der bodenständigen literarischen Zeit, also dem Zeitalter der Frankenkönige, d. h. mit Karl dem Großen beginnt, nennen wir die Zeitspanne von Christi Geburt bis auf Karl den Großen die frühgeschichtliche Zeit, aus der zwar eine ganze Anzahl guter schriftlicher Quellen zur Geschichte unserer Heimat vorliegen, die aber alle außerhalb, d. h. im römischen Reich entstanden sind, bei Griechen und Römern. Die Schriften des römischen Feldherrn Caesar (gest. 44 vor Chr.) und des Tacitus (gest. um 120 nach Chr.) sind die wichtigsten Quellen zur germanischen Frühgeschichte. In der münsterländischen Bucht, also auch in unserer engeren Heimat, saßen nach diesen Schriftstellern die Brukterer, südlich von ihnen (südl. der Ruhr) die Sugambrer, jenseits des Teutoburger Waldes die Cherusker, im Norden im Hasetalgebiet die Chasuaren und im Emstal die Amsivarier.

Das Jahr 11 vor Chr. sah zum erstenmal die römischen Legionen in Westfalen, als der Feldherr Drusus auf dem Rückmarsch von einer Strafexpedition gegen die Cherusker von der Weser her dem Standort bei Xanten zustrebte. Die Römer erlitten damals bei „Arbalo" eine böse Schlappe, die fast zur Vernichtung der ganzen Armee geführt hätte, wenn die Germanen damals schon einen Führer von der überragenden Qualität des Arminius gehabt hätten. Wo dieses Arbalo lag, ist unbekannt. Manche Forscher suchen das Schlachtfeld in der Dörenschlucht bei Bielefeld. Stimmt das, dann hätten die zurückweichenden Römer quer durch das Münsterland ziehen müssen, um auf der großen Heerstraße, die längs der Lippe tief ins Land führte und später die wichtigste Anmarschstraße der römischen Legionen wurde, den Rhein zu erreichen. Vielleicht drang damals zum erstenmal die Kunde von dem mächtigen Feind der germanischen Stämme in die stillen, etwas abseits gelegenen Siedlungen unserer Heimat an der Ems. Die nächsten Jahre blieb es noch ruhig in Westfalen. Der mißlungene Zug des Drusus im Jahre 9 vor Chr. an die Elbe berührte diese Gegenden nicht. Doch setzten sich die Römer jetzt end-

---

*) Es ist leider dem letzten Krieg zum Opfer gefallen.

**) Wo der Goldfund zutage kam, den im Jahre 1619 Schulte Gronover zusammen mit Zeller Naendorf (aus dem Dorfe) machte, läßt sich nicht mehr sagen, vermutlich nicht unmittelbar im Dorf, da die hier gelegenen Grundstücke des Schulten fast ausnahmslos an Einwohner des Dorfes verpachtet waren. Auch ist völlig ungewiß, ob es sich bei dem Fund um antike oder mittelalterliche Münzen oder andere Gegenstände von Gold handelte. Aus der Höhe der Strafe von 50 bzw. 25 Talern, die beide Bauern dem Gografen wegen Nichtabgabe des Fundes zahlen mußten (StAM, DK III B Nr. 17 Jg. 1618/19), läßt sich allenfalls der Schluß ziehen, daß der Wert des Fundes nicht gerade gering gewesen sein kann.

gültig an der oberen Lippe fest, wo sie statt eines nur auf wenige Jahre berechneten vorläufigen Lagers bei Oberaden jetzt ein festes Lager in Haltern bezogen, das der Ausgangspunkt für alle späteren Unternehmungen werden sollte. Das von den Brukterern bewohnte Münsterland unterstand jetzt den Römern, und die im Lande herumstreifenden römischen Reitertrupps werden von jetzt an oft genug auch in der Grevener Gegend aufgetaucht sein. Daß die Brukterer sich gegen die Einverleibung in das römische Reich zur Wehr gesetzt hätten, ist nicht überliefert, es ist auch nicht wahrscheinlich, da der Stamm zu schwach war, um sich allein gegen die überlegene Kriegskunst der Römer wehren zu können, und die Stunde für eine Einigung aller betroffenen germanischen Stämme noch nicht gekommen war. Erst als Arminius die Führung der Cherusker übernahm und den germanischen Block gegen die verhaßten Unterdrücker zusammenschweißte, konnte der Widerstand und die Erhebung erfolgversprechend werden. Wieweit unsere Heimat an dem Freiheitskampf gegen die Legionen des Varus im Jahre 9 nach Chr. beteiligt war, steht dahin. Doch hatten sich die Brukterer den Cheruskern, die die Hauptlast des Kampfes trugen, angeschlossen, und einen der drei in der Vernichtungsschlacht im Teutoburger Wald erbeuteten goldenen Legionsadler fanden die Römer später im Besitz der Brukterer wieder, er war ihnen also als Kriegsbeute zugefallen. So wird auch das Münsterland zum Sieg beigetragen haben. Ein törichtes Wortspiel ist es aber, wenn man den Namen der benachbarten Stadt Warendorf mit dem unglücklichen römischen Feldherrn Varus in Zusammenhang zu bringen versucht. Weder er selbst noch die Germanen haben diese Stadt, die damals noch gar keine Stadt, allenfalls ein kleines Dorf war, auf seinen Namen getauft! Das mittlere Emstal und somit auch Greven hat zur Römerzeit sicherlich keine Rolle gespielt, denn die durch das Dorf führende Straße, die im Spätmittelalter zwar „Hellweg" hieß, hatte keinerlei überörtliche Bedeutung. Der große Strom des Lebens ließ unsere Emstalsiedlungen links des Weges liegen. Das wird ihnen manchen Raub- und Brandzug der plündernden römischen Legionäre und ihrer Hilfstruppen erspart haben. Diese Abseitslage ist aber zugleich auch schuld daran, daß Näheres über unsere Heimat aus diesen, für die weitere Entwicklung der germanischen Stämme und schließlich unseres Deutschen Volkes grundlegenden und entscheidenden Jahrhunderten und Jahrzehnten nicht überliefert ist, so daß erst aus der mit den Eroberungszügen Karls des Großen einsetzenden christlichen Zeit Westfalens wieder einiges Licht auf das Münsterland fällt.

Über die sächsischen Verhältnisse Westfalens, besonders über die staatliche Organisation des Landes berichten uns die Lebensgeschichten einzelner Missionare und die Urkunden immerhin doch so viel, daß sich ein einigermaßen klares Bild jener Zeit entwerfen läßt. Das Land der Brukterer war ums Jahr 700 nach Chr. von den aus dem Nordosten (aus Jütland?) hereinbrechenden Sachsen ihrem großen sächsischen Reich einverleibt worden, ob durch Kampf oder friedlichen Anschluß, ist freilich ungewiß. Der germanischen Art entsprechender war der Kampf. Die sächsische Herrenschicht, die ganz Nordwestdeutschland beherrschte, war nur dünn, und man nimmt an, daß nur die Edelgeschlechter der späteren Zeit auf diese sächsischen Eroberer zurückgehen, das eigentliche Bauernvolk aber noch die Nachkommen der alteingesessenen Brukterer sind.

Das ganze Land war von alters her in Gaue eingeteilt. Das waren von sich aus ursprüngliche Siedlungsgemeinschaften in einem von der Natur bestimmten Lebensraum, begrenzt durch unwegsame Wälder, Sümpfe, durch Berge und Höhenzüge, die nur kleinere offene Landrücken zur Siedlung frei ließen: Die hier siedelnden Menschen bildeten eine politische Gemeinschaft, die sie selbst „Gau" nannten, und die auch von einem Gaufürsten geführt wurde. Den Mittelpunkt eines solchen Gaues bildete die Gerichtsstätte, verbunden mit einem Heiligtum. Den Kern des Münsterlandes, dem unsere beiden Kirchspiele angehörten, bildete der Dreingau (pagus Dragini), dessen Mittelpunkt und Gauheiligtum auf dem Horsteberg gesucht wird, an derselben Stelle, an der die christlichen Missionare in den achtziger Jahren des 8. Jahrhunderts das erste Kirchlein des Münsterlandes erbauten, aus dem dann später der große, herrliche Dom zu Münster geworden ist. Ganz in der Nähe lag im Mittelalter und bis in die Neuzeit hinein in der Bauerschaft Gievenbeck die Malstätte des Gogerichtes auf dem Bakenfeld. Im Mittelalter war dieses alte Gaugericht aber bereits seit langem in mehrere Gogerichte aufgeteilt, von denen das Gericht „up der Meest" im Kirchspiel Greven eins der bedeutendsten war. Die Aufteilung des alten Gerichtsbezirkes war zweifellos eine Folge der Bevölkerungszunahme, die es unmöglich machte, alle Volksgenossen an einer Dingstätte zu vereinen, und sie wird gewiß auch schon lange vor dem Eindringen der Franken in das Münsterland vollzogen worden sein.

So versammelten sich dann seitdem die Bauern aus dem Bereich der beiden späteren großen Kirchspiele Altenberge und Greven alljährlich mehrere Male auf der Heide, ziemlich genau in der Mitte des weiten Bezirkes, um Recht zu sprechen und alle Fragen des öffentlichen Lebens zusammen zu bereden. Das Heidegrundstück, auf dem dieses ehrwürdige, altgermanische Gericht abgehalten wurde, heißt noch heute „up der Meest" (zwischen Schulte Homoet und Venschott). In der Nähe werden die Bauern gewiß auch ein Waldheiligtum gehabt haben, in dem sie ihren altgermanischen Göttern ehrfürchtig dienten. Leider weiß man nicht, wo dieser heilige Hain gestanden hat, die christlichen Missionare werden ihn gründlich genug zerstört und die Erinnerung an ihn in langer mühsamer Arbeit ausgelöscht haben. Daß er an der Stelle einer der beiden Dorfkirchen in Greven oder in Altenberge gestanden habe, ist wenig wahrscheinlich. Manche Heimatforscher haben an das alte Gräberfeld beim Voßkotten gedacht. Ist es auch noch nicht erwiesen, daß die alten Germanen ihre Toten in oder in der Nähe ihrer alten heiligen Haine unter dem Schutze der Götter bestatteten, so scheint doch der großen Heide auf dem linken Emsufer eine besondere Bedeutung zuzukommen. Ringsum an den Hauptzugangswegen zu ihr lagen nämlich fünf große Schultenhöfe, Ostenfelde, Temming, Gronover, Aldrup und tor Tilt, die in ihrer befestigten Anlage als das Werk der Franken angesprochen werden. So liegt es nahe, in diesen Höfen bzw. in ihren Schulten fränkische Posten zu sehen, die den Zugang zum alten Götterhain absperren sollten. Ob nicht auch der Name des Kötters Dansenbörger noch irgendwie an den mit dieser Kultstätte verbundenen Festplatz erinnert, auf dem sich unsere Vorfahren zu Spiel und Tanz zusammenfanden?*)

Stumme Zeugen uralter Vergangenheit sind auch die Wallburgen unserer Heimat. Im Amt Greven liegt eine noch sehr gut erhaltene in der Nähe des Schultenhofes Haschhof in der Bauerschaft Hembergen, hart an der Grenze des Amtes gegen Emsdetten zu. Auf einer von zwei Wasserläufen im Süden und Norden gebildeten Terrasse liegt ein Rundling von etwa 70 m Durchmesser, dessen Wall von der Grabensohle gemessen z. T. noch 4 bis 5 m hoch ist. Nur der Südrand ist vor langer Zeit schon durch Sandabfahren teilweise zerstört, sonst ist die ganze Anlage mit einem schmalen Zugang (Erdbrücke) von der Nordseite her, mitten im schützenden Walde gelegen, noch sehr gut erhalten.**)

---

*) Der Kotten fehlt zwar in dem ältesten Schatzungsregister von 1498 noch unter diesem Namen, scheint also später in der gemeinen Mark angesetzt zu sein, der Name aber, der kaum anders als von danzen = tanzen abgeleitet werden kann, wird der Flur von alters her angehaftet haben.

**) Auf einer Karte des Kirchspiels Hembergen von 1785 ist „Haschofs Borg" noch mit dem vollständigen Südwall eingetragen (Kartensammlung Reg. Bez. Münster Nr. 54). Diese Karte führte zur Wiederentdeckung der Burg im Gelände. Von einer zweiten vorgeschichtlichen (?) Befestigungsanlage auf dem Holtwall bei Sch. Pellengahr-Höping in Aldrup sind die letzten Reste vor mehr als 100 Jahren

Schwer ist es, die schöne Anlage zeitlich festzulegen, da in oder bei derselben Funde von Scherben oder anderen Siedlungsresten bislang noch nicht gemacht worden sind. Für eine Wegesperre liegt die Burg zu weit ab von der alten rheineschen Landstraße durchs Reckenfeld ebenso wie von der Hemberger Landstraße und für eine altsächsische Volks- bzw. Fliehburg ist sie zu klein. Der Typ dieser Rundlinge ist in Westfalen und anderwärts nicht unbekannt und die Funde in ihnen reichen durchweg nicht in die altsächsische Zeit zurück. In Niedersachsen hat man derartige Anlagen gerne für die von König Heinrich I. gegen die Einfälle der räuberischen Hunnen (Ungarn) in den zwanziger Jahren des 10. Jahrhunderts befohlenen Burgenbauten in Anspruch genommen, doch müßte erst noch (durch Bodenfunde) erwiesen werden, daß auch unser Rundling dieser Zeit angehört, ehe man behaupten dürfte, auch er sei als eine solche Wehranlage des frühen 10. Jahrhunderts von den umliegenden Bauern auf des Königs Befehl errichtet worden. Als frühmittelalterlich wird man ihn wohl aber auf jeden Fall ansprechen dürfen.*)

Die vielen Landwehren, die man früher gerne bis in die graue Vorzeit, zumindestens bis in die Römerzeit zurückverlegte, gehören dagegen meist erst dem hohen oder späten Mittelalter an, aus dem wir noch verschiedene urkundliche Nachrichten über die Anlage solcher Grenzsperren kennen. Auch das Kirchspiel Greven war auf weite Strecken durch eine solche, aus doppeltem Wall und Graben bestehende Landwehr geschützt. Die lebende Hecke auf diesen Wällen, die alljährlich neu geknickt und gepflegt werden mußte, ge- stattete dem Wandersmann und vor allem dem Reiter den Durchgang nur an den offenen Durchlässen im Zuge der Landstraßen, die aber noch besonders durch einen Schlagbaum geschlossen waren und von einem eigens dazu bestellten „Bäumer" bewacht wurden. Im Reckenfeld ist diese alte Kirchspielslandwehr noch auf weite Strecken erhalten, aber auch an anderen Stellen noch kenntlich oder aus Flurnamen bekannt.[4] Neben der Kirch- spielslandwehr gab es aber auch noch Bauerschaftslandwehren, die das Kulturland der Bauerschaften umgaben und an besonders offenen Stellen gegen das Überlaufen durch Wild und Vieh schützen sollten. Auch von diesen Landwehren haben sich im Gelände und als Flurnamen noch manche Reste erhalten. Als Zeugen für die Früh- und Vor- geschichte unserer Heimat haben die Landwehren im allgemeinen auszuscheiden, es sei denn, daß es im Einzelfall gelingt, ihr Alter durch sichere Bodenfunde für diese Zeit festzulegen.

Es wurde bereits gesagt, daß wir aus der altsächsischen Zeit nichts Weiteres aus der Geschichte unserer Heimat wissen, als was die spärlichen Bodenfunde erkennen lassen. Und doch gibt es noch Zeugnisse, und sogar sehr beredte Zeugnisse jener längst ver-

---

beim Chausseebau verschwunden (s. u. S. 37), dagegen sind die Überbleibsel einer dritten alten Wall- burg beim Schultenhof Terborg in der Bauerschaft Fuestrup (im Schultenhook) hart an der Ems im Gelände noch erkennbar. Eine vierte, rechteckige Anlage von 25 mal 50 m lag vordem im äußersten Winkel der Bauerschaft Schmedehausen unmittelbar am Bach südlich des Hofes Austrup (Spieker), deren Wälle (nach Westen zu waren es gar zwei) leider 1924 eingeebnet wurden. Da Funde nicht bekannt geworden sind, bleibt die zeitliche Einstufung des Walles ungewiß, doch darf er wohl mit „Haschhofs Borg" auf eine Stufe gestellt werden. Dagegen birgt der 25 m im Durchmesser haltende und von einem 1 m breiten Graben umgebene Hügel in der Bauerschaft Westerode, 450 m südlich Sutthoff, wohl eine mittelalterliche Anlage. Was es mit dem kreisrunden, 10 ha fassenden „Pankokenkamp" in der Kroner Heide (Bsch. Wentrup, Punkt 48,6 des Meßtischblattes 3811) für eine Bewandtnis hat, müßte erst noch durch eine Grabung ausgemacht werden. Angeblich war es nur eine Pferdekoppel für den Grevener Markt.

*) Ehe nicht Ausgrabungen Klarheit über etwaige Innenbauten innerhalb der Wallanlage erbringen, läßt sich auch nichts darüber aussagen, ob die Burg im frühen Mittelalter etwa ständig oder auch nur vorübergehend bewohnt war und als Sitz eines edlen Dynastengeschlechtes gedient hat.

schollenen Zeit, auch wenn sie erst in zum Teil sehr viel jüngeren Quellen überliefert sind. Es sind dies die Namen der Bauerschaften und Siedlungen. Sie verraten dem Kundigen weit mehr als nur die Tatsache, daß in dem und dem Jahre das Dorf Greven oder die Bauerschaft Pentrup bereits existierte, und daß dieser oder jener Hof damals schon vorhanden war. Die Form und Zusammensetzung dieser Namen geben wertvolle Aufschlüsse über das Alter und die Entstehung der betreffenden Siedlung. Deshalb sollen sie hier zusammengestellt und soweit dies heute noch möglich ist, erklärt werden.

Allgemein gelten die auf -trup (= dorf) endenden Siedlungsnamen als die ältesten altsächsischen neben solchen, die keine erkennbare Endsilbe mehr haben wie etwa Greven, das nur aus einem Stammwort besteht. Man rechnet damit, daß solche einstämmigen Siedlungsnamen mindestens der altsächsischen Zeit oder möglicherweise gar noch älteren Jahrhunderten, etwa der Zeit um Christi Geburt angehören können. Ob die -trup-Orte auch schon alle dieser Urzeit angehören, muß fraglich bleiben. Es wäre gut denkbar, daß manche von ihnen, in deren Stammsilbe sich ein Personenname verbirgt, jünger sind. Jüngeren Ursprungs sind vor allem jene auf -holt und -rode endenden Ortsnamen, wie Bockholt und Westerode, und ebenso auch das -hausen in Schmedehausen, das vermutlich erst gegen Ende der altsächsischen Zeit, wenn nicht gar erst in fränkischer Zeit in der Heide entstanden ist.*) Diese Namensformen besagen, das darf nicht vergessen werden, zunächst noch nichts Entscheidendes für das Alter der betreffenden Siedlung, da damit zu rechnen ist, daß der eine oder andere Name in jüngerer Zeit gegen einen neuen ausgewechselt worden ist. Das gilt im Amt Greven beispielsweise sicher für den Namen der Bauerschaft Westerode, der ursprünglich keineswegs sich über die ganze heutige Bauerschaft dieses Namens erstreckt hat, da für Teile derselben noch die älteren Namen bekannt sind, wie Bergdorf, Holtrup, Stumpendorpe, Nette (s. u.). Das Alter einer Siedlung bestimmt sich wesentlich durch seine Flurform, doch wird darüber im nächsten Kapitel noch zu sprechen sein. Hier sollen uns nur die Namen der Grevener Siedlungen beschäftigen.

Die ältesten Nachrichten über Höfe und Bauerschaften in den beiden Kirchspielen Greven und Gimbte enthalten die zugleich frühesten Schriftdenkmäler des Münsterlandes überhaupt, einmal das sogenannte Werdener Urbar, ein Güterverzeichnis des Klosters Werden an der Ruhr, einer Stiftung des Hl. Liudger, des ersten Bischofs von Münster, aus dem Ende des 9. Jahrhunderts, und ein ganz ähnliches, für unsere engere Heimat noch weit wichtigeres Register des Klosters Freckenhorst, die berühmte sogenannte Freckenhorster Heberolle, das älteste Schriftdenkmal Westfalens in deutscher Sprache aus der Mitte des 11. Jahrhunderts. Diese ist zudem nur eine Abschrift eines noch älteren, vor gut hundert Jahren teilweise noch vorhandenen, heute aber leider verschollenen, dem 10. Jahrhundert zuzuschreibenden Verzeichnisses der Höfe und Einkünfte des gedachten Klosters. In diesen Registern – von dem Aussehen der jüngeren Freckenhorster Heberolle gibt die Abbildung Tafel III, 1 Vorstellung – werden die meisten Bauerschaften des Kirchspiels Greven bereits genannt und zwar in einer so urtümlichen Form, daß man Mühe hat, die Übereinstimmung mit der heutigen Namensform noch zu erkennen. Wer würde beispielsweise in dem alten Namen Gumoroding-

---

*) Ganz jung und neuzeitlich ist die heute beliebte Namensendung – hook (hoek, in der Bedeutung Winkel, Ecke), die aus dem Niederländischen Raum seit dem 17. (?) Jht. immer weiter nach Osten vordringt. Der Hoek im Dorf, Rüenhoek (Maestrup), Wievel- bzw. Gummelhoek (Eistrup), Wesselshoek (Hüttrup), Achterhoek (Schmedehausen), Schultenhoek (Fuestrup), und Bergtorperhoek (Westerode) sind Beispiele für das Vordringen dieser Namensform. Vor dem 19. Jht. ist sie bei uns nicht zu belegen. Sie trat wohl an die Stelle eines in älterer Zeit beliebten Bestimmungswortes — ort.

tharpa unser heutiges Guntrup erkennen? Oder wer würde ohne genaue Kenntnis der Zusammenhänge das alte Vuclastharpa mit Fuestrup gleichsetzen?

In die folgende Aufstellung sind außer den Dorf- und Bauerschaftsnamen des Amtes auch alle Bauerschaftsteilnamen und dazu solche Höfenamen aufgenommen, die als Namen alter Kernsiedlungen anzusprechen sind, so alle auf -trup endenden Namen und einige andere, nicht dagegen die Namen der sonstigen alten Höfe.[5])

Albachten. Dieser erstmalig 1372 als Albachte bezeugte Name[6]) eines der im Dorf Greven gelegenen Höfe hält ganz offensichtlich die Erinnerung wach an eine altsächsische Siedlung, die der fränkischen Dorfanlage zum Opfer fiel (s. u. S. 7 8ff.). Der Name entzieht sich der Erklärung. Das sw von Münster gelegene Dorf gleichen Namens wird im 11. Jahrhundert Albagthon genannt.[7]) Es steckt also wohl ein alter Dativ Plur. -on darin = zu den . . . Mit Albrecht hat aber die Stammsilbe gewiß nichts zu tun.

Aldrup. Der bereits im Werdener Urbar als Alathorpe überlieferte Name[8]) bedarf keiner weiterer Erklärung: das alte Dorf im Gegensatz zu den jüngeren Siedlungen ringsum.

Austrup. Der 1339 erstmalig in der Form Ostendorpe überlieferte Name des in der Bauerschaft Schmedehausen gelegenen Hofes[9]) bezeichnet möglicherweise den ganzen östlichen Teil derselben (heute Achterhook genannt), vielleicht aber auch nur den Hof selbst (als im Osten der Bauerschaft gelegen), da für diese Höfegruppe im 16. Jahrhundert auch der Name Vifhusen vorkommt (s. u.).

Bergtorp. Die Höfe Friedag und Hermeler (heute Jervers in der Bauerschaft Westerode) werden im 14. Jht. als in Bergtorpe gelegen bezeichnet.[10]) Das ist das Bergtharpa der Freckenhorster Heberolle aus dem 11. Jht. Noch 1647 rechneten die Erben Westmann, Austmann, Friedag und Hermeler zum „Bergtrupperort".[11]) Die Bauern kennen den alten Namen noch heute in der Form Berghorn bzw. -hook. Von einem Berg kann allerdings bei der Lage der Höfe nur sehr bedingt die Rede sein, oder sollte hier das Stammwort mit unserem „bergen" (verbergen) zusammenzustellen sein? Als eine Siedlung im bergenden Waldwinkel könnte Bergtorpe allerdings mit gutem Recht bezeichnet werden.

Bestrup. Dieser 1022/32 in der Form Bettisthorp vorkommende Name[12]) wird in den Schatzungsregistern des 16. und 17. Jhts. noch unterschiedslos für die ganze Bauerschaft Fuestrup gebraucht,[13]) bezog sich ursprünglich aber nur auf den Ostteil dieser Bauerschaft, wie aus dem Nebeneinander beider Namen in der genannten Urkunde von 1022/32 hervorgeht. Es verbirgt sich in dem Stammwort des Siedlungsnamens wohl ein Personennamen, wie er in der Freckenhorster Heberolle in der Form Bettikin (= Hof Bettmann, Bsch. Schmedehausen) vorkommt.

Bockholt. Der erstmalig im ältesten Güterverzeichnis des Überwasserstiftes zu Münster aus dem Ende des 11. Jahrhunderts als Bocholte überlieferte Bauerschaftsname[14]) bereitet der Erklärung keine Schwierigkeiten. Es ist die Siedlung am Buchengehölz! Der Name gehört nicht der ältesten Siedlungsschicht, sondern einer jüngeren Waldrodungsepoche der altsächsischen Zeit an.

Bönstrup. Die villa Bunestorpe (1217) kommt in der Freckenhorster Heberolle bereits als Bunistharpa vor.[15]) Ob die Stammsilbe von einem Personennamen Buno o. ä. oder von bune = flacher Hügel abzuleiten ist,[16]) steht dahin. Die Geländeform stände letzterer Ableitung nicht entgegen.

Brintrup. Dieser Teilname für die Bauerschaft Aldrup kommt im 13. Jahrhundert noch in der alten Form Brinctorpe vor,[17]) ist also auf die Lage der Siedlung am Brink zurückzuführen.

16

Denkeldorp. Dieser alte Siedlungsname für die Höfe Wessel, Huesmann und Flerkotten, also für den westlichen Teil der Bauerschaft Hüttrup, hat sich heute ganz verloren. Er kommt aber bereits in der Freckenhorster Heberolle aus dem 11. Jahrhundert als Thankilingtharpa, in den Heberegistern des Domkapitels aus dem 14. Jahrhundert als Denkelinktorpe und noch in den Schatzungsregistern des 16. Jahrhunderts zuletzt als Denken- bzw. Denkeldorpe vor.[18]) Es steckt vermutlich wieder ein Personenname darin: Tankila (vgl. unser „denken" und den noch heute gebräuchlichen Vornamen Dankwart).

Drentrup. Dieser Name für den östlichen Teil der Bauerschaft Pentrup erscheint urkundlich erstmalig 1276 bereits in der heutigen Form Drentorpe.[19]) Tibus hat die erste Silbe dieses Namens mit dem Namen des Dreingaues zusammengebracht, um zu beweisen, daß dieser Gau sich bis hierher erstreckt habe,[20]) doch ist es wohl eher so, daß beide Namen auf die gleiche Wurzel zurückgehen, auf das nordische Wort drag, drav für schmaler Landstrich, oder auf dragan (= tragen) für fruchtbares Land.[21]) Welche Ableitung mehr für sich hat, sei dahingestellt.

Drieling. Es liegt nahe, diesen Namen, der am nördlichsten Ende der Bauerschaft Hüttrup gelegenen Höfe, der bereits im Güterverzeichnis des Überwasserstiftes zu Münster aus dem Ende des 12. Jahrhunderts als Thrilincgen vorkommt,[22]) auf die Zahl Drei zurückzuführen, auch wenn die Siedlung heute nur noch aus zwei Höfen besteht. Der dritte mag schon früh untergegangen sein (s. u. S. 472).

Eistrup. Dieser Name des nördlichen Teils der Bauerschaft Maestrup kommt bereits in der Freckenhorster Heberolle aus dem 11. Jahrhundert in der urtümlichen Form Adistharpa vor.[23]) Das Stammwort ist vielleicht der Personenname Ado.

Fuestrup. Die älteste Form dieses Siedlungsnamens in der Freckenhorster Heberolle lautet Vuclastharpa.[24]) Die Hecken und der Wald in dieser Bauerschaft müssen wohl besonders vogelreich gewesen sein, daß man danach die Siedlung als das Vogeldorf bezeichnete.

Gimbte. Die ältestüberlieferte Namensform dieses Dorfes in dem ersten Güterverzeichnis des Überwasserstiftes zu Münster aus dem Ende des 11. Jahrhunderts lautet Gimmethe, eine Form, die noch lange in Gebrauch geblieben ist.[25]) In dem zweiten Teil des Namens steckt gewiß das altniederfränkische mad, altniederdeutsch meth = Mahd, Matte, Grasland. Ob die erste Silbe mit Kimme (Rand, Horizont) zusammengestellt werden darf? Das ganze würde dann Grasland am Rand, d. h. am Ufer des Flusses bedeuten.

Glane. Der gleichnamige Bach hat der kleinen, aus drei Höfen bestehenden Siedlung im äußersten Winkel der Bauerschaft Pentrup den Namen gegeben. Glane soll ein keltisches Wort sein und soviel wie der helle, glänzende Bach bedeuten.[26]) Der Name wird um 1330 erwähnt.[27])

Greven. Die älteste Form dieses Siedlungsnamens im Werdener Urbar aus dem Ende des 9. Jahrhunderts Grevaon[28]) zeigt, daß in ihm ein alter Dativ Plur. -on steckt. Das Stammwort ist allen Zweiflern zum Trotz doch wohl unser heutiger Graben und ist gewiß auf die zahlreichen vor- und frühgeschichtlichen Emsarme, früher Laken genannt, zurückzuführen. Mit einer Gräfin (von Tecklenburg), die der Sage nach dem Ort den Namen gegeben haben soll, hat der Name bestimmt nichts zu tun, da dies alt grevinne lauten müßte. Also: zu (bei) den Gräben.

Guntrup. Die Erklärung dieses Siedlungsnamens, dessen älteste in der Freckenhorster Heberolle überlieferte Form Hgumorodingtharpa lautet,[29]) wäre leicht, wenn man sie, der heutigen Form entsprechend als gun, gunne deuten dürfte. Das wäre dann das im Niederrheinischen und im Niederländischen noch wohl bekannte gunne = overkant, also die Siedlung am anderen Ufer (von Gimbte aus gesehen). Diese Ableitung scheitert aber an der angegebenen alten Namensform. Wie bei allen Namen auf -ing steckt daher wohl ein Personenname in dem Stammwort!

Hembergen. Das Grundwort dieses erstmalig 1245 als Hemberge bezeugten Namens[30]) ist gewiß das niederdeutsche Wort -ham = Winkel, Bucht. Hembergen ist also die Siedlung auf der Höhe an der Flußkrümme, was ja auch auf die Lage der Bauerschaft zutrifft.

Herbern. Die älteste Form dieses Namens im Werdener Urbar aus dem Ende des 9. Jahrhunderts ist Heribeddiun.[31]) Beddi ist unser Bett, so daß Jellinghaus in dem Siedlungsnamen den Hinweis auf ein altes Heerlager sieht.[32]) ‚Her‘ braucht aber nicht unbedingt = unser „Heer" zu sein, sondern kann auch von ‚here, hari‘ = scharfer, länglicher und kleiner Höhenzug abgeleitet sein. Das würde zu der geographischen Lage der Kernbauerschaft am Sellhövelesch ausgezeichnet passen.

Holtrup. Der Name dieser Kleinsiedlung am südlichen Rande der großen Heide auf dem linken Emsufer, urkundlich erstmalig[33]) zum Jahre 1367 als Holtedorpe bezeugt und noch im 15. und 16. Jahrhundert als „Bauerschaft" bezeichnet,[34]) bedarf keiner Erklärung: das Dorf am bzw. im Walde, Holz.

Hüttrup. Daß dieser Siedlungsname, mit unserer Hütte nichts zu tun hat, ist angesichts der ältestüberlieferten Form in der Freckenhorster Heberolle:[35]) Huntingtharpa klar. Was sich aber wirklich dahinter verbirgt, ist nicht sicher, vermutlich auch wieder ein Personenname: Hunding, der ja aus der germanischen Mythologie genugsam bekannt ist.

Laxen. Der Name, dessen älteste Form aus dem Anfang des 11. Jahrhunderts als Legsetin überliefert ist,[36]) kann nichts anderes bedeuten als: die an der Lake (einer Schlinge der Aa) Gesessenen.

Maestrup. Die Stammsilbe dieser ursprünglich Marastharpe genannten Siedlung[37]) ist ‚mar‘ = stehendes, seichtes Gewässer, und ist dann von der feuchten Niederung hinter den beiden Schultenhöfen Gr. und Lütke Maestrup hergenommen. Möglich wäre auch die Ableitung von einem Personennamen Mari (?).[38])

Nette. In diesem 1219 als Nethe bezeugten Siedlungsnamen[39]) verbirgt sich nach unserem Gewährsmann Jellinghaus[40]) das Wort ‚nithan‘ = geneigt sein. Nette wäre demnach eine Siedlung am (Bach-)Hang.

Pentrup. Die ältesten Formen dieses Namens in der Freckenhorster Heberolle und in den Urkunden des 13. Jahrhunderts: Peingtharpa bzw. Pedincthorpe[41]) weisen wieder auf einen alten Personennamen Pedo, Peding hin, für den Jellinghaus in Westfalen nicht weniger als 11 Ortsnamenbildungen kennt.[42]) Der Name bezog sich zunächst nur auf die kleine Kernsiedlung unmittelbar an der Ems (Kokenbrink, Markfort usw.).

Reckenfeld. Die heutige Siedlung Reckenfeld, gegründet nach dem ersten Weltkrieg (s. u. S. 389 f.) hat einen Vorläufer in dem Hof Reckenvelde (im Ksp. Emsdetten), der 1395 erstmalig genannt wird.[43]) Mit Recken (= Helden) hat der Name kaum etwas zu tun, eher schon mit recke = Reihe, länglicher Waldstreifen,[44]) hier also = ausgedehnter, weit gereckter Waldstreifen. Das paßt auf die große Heide vorzüglich.

Schmedehausen. Den Namen, der in der Freckenhorster Heberolle noch Smithehuson lautet,[45]) verdankt die Bauerschaft gewiß einer uralten, am Hellweg gelegenen Schmiede, die nach der jungen -hausen Endung vielleicht erst der fränkischen Zeit angehört.

18

Sundrup. Der südlichste Teil der Bauerschaft Hüttrup hieß ursprünglich Sudendorpe,[46] welcher Name an den beiden Höfen Gr. und Kl. Sundrup hängengeblieben ist. Die Wahl des Namens von der Lage im Süden der älteren (?) Kernsiedlung Hüttrup bedarf keiner weiteren Erläuterung.

Stumpendorp. Nur ein einziges Mal wird der Hof Howest als in Stumpendorpe gelegen erwähnt (1297/98).[47] Stumpel bedeutet: Überrest eines Gehölzes.[48] In dem Rodungsgebiet der Bauerschaft Westerode kein unpassender Name. Man darf in ihm wohl den ursprünglichen Namen der Kernsiedlung westlich Schulze Gronover sehen, der die Höfe Howest, Beuligmann, Lehmkuhle und Stumpe umfaßte.

Vifhusen. Die Mark der fünf im äußersten Winkel der Bauerschaft Schmedehausen gelegenen Höfe Wichmar, Rehorst, Weiligmann, Brüggemann und Austrup wird 1570 in der Grenzbeschreibung der Borglinger Mark als Vifhuser Mark bezeichnet.[48a] Ist das wirklich der alte Name dieser Nachbarschaft, dann bezeichnete Austrup nur den östlichsten Hof dieser Siedlung und nicht diese selbst. Der Name Vifhusen begegnet sonst nicht mehr.

Wentrup. Ebenso wie die anderen auf -ing ausgehenden Siedlungsnamen wird auch dieser Name, dessen alte Form in der Freckenhorster Heberolle als Winikingtharpa überliefert ist,[49] auf einen Personennamen Winniko o. ä. zurückgehen. Er bezog sich zunächst nur auf die kleine Kernsiedlung am alten Hellweg von Greven nach Saerbeck (Höfe Tegeder, Feddermann, Brüning und Brinkmann) und hat sich erst später auch auf die umliegenden Kleinsiedlungen Bönstrup, Winkel, ausgedehnt.

Westerode. Dieser Siedlungsname ist in seiner Ausdehnung über ein großes Gebiet der beiden Kirchspiele Greven und Nordwalde jung, jünger jedenfalls als ein Gutteil der in ihm zusammengeschlossenen Kernsiedlungen, von denen wir allein für die Bauerschaft Westerode im Kirchspiel Greven drei, deren Namen auf -trup enden, kennen (Holtrup, Bergtorpe und Stumpendorpe). Zunächst beschränkte er sich wohl auf die Kernsiedlung um den Schultenhof Westerode am Nordwestrand des alten Waldgebietes. Urkundlich überliefert ist der Name dieser Bauerschaft seit 1246.[50]

Westrup. Der Hof Westrup (Westendorpe)[51] liegt noch heute in der Mitte der Höfe der Bauerschaft Herbern, nicht etwa am äußersten Westrand derselben. So kann sich ursprünglich der Name wohl nur auf die ganze westliche, um den Brockesch gescharte Hälfte der Bauerschaft bezogen haben und ist später an dem einen Hofe, der aber am Ostrande dieses Bauerschaftsteiles liegt, hängengeblieben.[52]

Wichtrup. Ob in dem Stammwort dieses erstmalig zu 1267 in der Form Wichthorpe überlieferten Siedlungsnamens[53] sich unser „Wicht" = schlechter Kerl, Bösewicht verbirgt oder ob er auf Wichel = Weide zurückzuführen ist, bleibt ungewiß.

Winkel. Der Winkel, im 11. Jahrhundert in der vollen Form der Freckenhorster Heberolle noch Winkila genannt,[54] in dem die beiden Höfe Jan bzw. Herm to Winkel (Winkelmann) und Heckmann liegen, bedarf keiner weiteren Erklärung.

Aus der Siedlungsgeschichte unserer Heimat

Seit Tausenden von Jahren haben in unserer Heimat Menschen gesiedelt. Wir kennen aus hiesigen, zum Teil aus benachbarten Funden ihr Haus- und Ackergerät, wir wissen aus Funden der gleichen Zeit in anderen Gegenden, in denen der Boden, besonders das Moor, die ihm anvertrauten Überreste menschlicher Kultur unversehrt aufbewahrt hat, wie sich unsere Vorfahren kleideten und schmückten. Wir kennen zahlreiche vor- und frühgeschichtliche Gräber, ja ganze Friedhöfe, wir kennen aber noch nicht im einzelnen oder doch nur erst ganz selten Wohnstätten und Siedlungen, soweit sich Spuren davon im Erdboden erhalten haben.

Die oben aus den frühesten Schriftdenkmälern des Münsterlandes, aus den Güterverzeichnissen der Klöster und Kirchen des Landes und aus anderen urkundlichen Quellen ermittelten ältesten Namensformen unserer Bauerschaften und Siedlungen ergaben bereits, daß viele von ihnen, vor allem die an der Ems gelegenen in der Mehrzahl ihrer alten Höfe bis weit in die frühgeschichtliche Zeit (vor 800 nach Chr. Geburt), vielleicht gar bis in die ersten Jahrhunderte unserer christlichen Zeitrechnung zurückreichen.

Bei dem Versuch, ein Bild von der Entwicklung der heimatlichen Siedlungslandschaft und ihrer ältesten Siedelstätten und Wohnplätze zu entwerfen, bleibt zu beachten, daß nur der Zustand der wenigen letzten Jahrhunderte unserer Zeitrechnung wirklich in allen Einzelheiten in den zur Verfügung stehenden Quellen greifbar ist. Die Jahrtausende dauernde, voraufgehende Entwicklung dagegen ist zum größten Teil auf Rückschlüssen aus den jüngeren Verhältnissen aufgebaut, so daß das so gewonnene Bild immer mit zahlreichen Unsicherheiten belastet bleibt. Es ist dieses Bild einem alten schadhaften Gemälde vergleichbar, dessen rohe Umrißzeichnung zwar noch ganz gut erkennbar ist, während die Feinheiten der Zeichnung durch die Länge der Zeit verdunkelt und unscharf geworden sind.

Bei der Besitzergreifung unserer Heimat durch unsere Vorfahren vor vielen, vielen Hunderten von Jahren, haben sich zunächst kleine Gemeinschaften von Menschen, vielfach vielleicht noch Angehörige einer Sippe, einer Großfamilie, inmitten der weiten Wälder und Heiden (Steppen) auf und an den leichten, trockenen Böden angesiedelt. Der Zusammenhalt dieser ersten Siedlergemeinschaften blieb auch dann noch gewahrt, als im Laufe der Jahrhunderte sich die Bande der Sippe immer mehr lockerten und aus ihnen Nachbarschaften wurden, als aus dem gemeinschaftlichen Besitz des ersten Ackerlandes, wie ihn die römischen Schriftsteller vor 2000 Jahren bei den Germanen ihrer Zeit noch kannten, längst Privateigentum der einzelnen Nachbarn geworden war. Erhalten blieb dieser Zusammenhalt deshalb, weil er naturbedingt war durch die gemeinsame Bestellung des Esches und durch die gemeinsame Nutzung der Allmende, d. h. des nicht in Kultur genommenen, umliegenden Wald- und Ödlandes, durch die Mitglieder einer Nachbarschaft.

Diese Nachbarschaften haben mit den heute auf dem Lande noch bekannten und lebendigen Nachbarschaften kaum mehr als den Namen gemein, obwohl letztere zweifellos als die letzten verkümmerten Reste der ursprünglichen altgermanischen Nachbarschaften anzusprechen sind. Diese haben indes schon früh und vielerorts derartig starke Umwandlungen erlitten, daß sie in ihrem Erstzustand kaum noch zu fassen sind. Die ältesten Spuren finden sich bereits in den germanischen Volksrechten des 6. und 7. Jahrhunderts. Zu einer Zeit, als man von Bauerschaften und Kirchspielen, von Gemeinden und Markgenossenschaften noch nichts wußte, war die Nachbarschaft der Kreis, in dem sich das Gemeinschaftsleben der Bauern abspielte, nicht nur nach der werktätigen, sondern zweifellos auch nach der religiösen Seite hin, in der gemeinsamen Verehrung der heimischen Wald- und Feldgötter im Jahreslauf der Sonnenwenden, Frühlingsfeuer und Erntedankfeste. Karl der Große und die Kirche sind mit strengen Gesetzen gegen diese heidnischen „Gilden" der Landbevölkerung vorgegangen, weil sie in ihnen die Wurzeln des Widerstandes gegen das Christentum zu treffen hofften. Es ist ihnen aber nicht gelungen, sie völlig auszurotten, weil sie eben nicht nur Kultgemeinschaften, sondern viel mehr noch landwirtschaftliche Nutzungsgemeinschaften waren. So liegen denn auch aus dem Mittelalter bis in die Neuzeit hinein Zeugnisse genug für das Fortbestehen dieser alten Nachbarschaften und bäuerlichen Gilden auch in unserer Heimat vor. Das Gildebier wurde in allen Bauerschaften im 16. und zum Teil auch noch im 17. Jahrhundert eifrig und regelmäßig getrunken, zwar nur noch selten nachbarschaftsweise, sondern meist von der ganzen Bauerschaft gemeinsam, und dann auch nicht jedes Jahr, sondern in gleichmäßigem Wechsel von 4, 6 oder gar 12 Jahren.*) Dabei mußte einer oder zwei Bauern der Gemeinschaft als Schaffner (Kanzler) dienen. Dieses Amt ging bei den Altbauern reihum. Vereinzelt ist für diese Zusammenkünfte in der Bauerschaft ein eigenes Gildehaus vorhanden gewesen oder ein Bauer ist auf dem Amt hängengeblieben und hieß seitdem Gildehaus (Herbern). Bei diesen Zusammenkünften wurden die in den letzten Jahren vereinnahmten Pachtgelder der Kötter (für Nutzung der gemeinen Mark usw.) in einem großen Schmaus verzehrt. Der bei diesen Gildebieren getriebene Aufwand gab der Obrigkeit im 16. Jahrhundert Anlaß, noch einmal mit scharfen Verboten gegen den Brauch vorzugehen, ohne daß es ihr auch diesmal gelungen wäre, ihn auszurotten.**) Im 17. Jahrhundert, nach dem Dreißigjährigen Krieg lebten die alten Gilden in den Bauerschaftsschützenvereinen wieder auf.

Aber wir haben der Entwicklung vorgegriffen und müssen noch einmal zurück zu den Nachbarschaften der Frühzeit. Als die Besiedlung des Landes immer größere Fortschritte machte, die Zahl der Höfe zunahm und die Nachbarschaften mit ihrer sich immer weiter ausdehnenden Nutzung des unbebauten Landes auf die Interessen anderer Nachbarschaften jenseits des Wald- und Ödlandes stießen, ergab sich gar bald die Notwendigkeit, die eigenen Nutzungsansprüche gegen die der anderen Siedler abzugrenzen. So kam es zur Bildung der Markgenossenschaften, in denen sich je nach der Größe der „gemeinen Mark" (Gemeinheit), wie man jetzt Wald- und Ödland nannte, mehrere Nachbarschaften

---

*) In Greven wurde das Gildebier alle vier Jahre getrunken, ebenso schon zu Beginn des 16. Jahrhunderts in der Bauerschaft Westerode, wo beispielsweise 1500 Schulte Temming und 1504 Blomberg „dienten" (StAM, StFA, Rechnungen A I Bl. 345v). In Herbern und Aldrup mußten die Kötter alle 6 bzw. 12 Jahre das Bauerschaftsland neu gewinnen, im Kirchspiel Hembergen alle 9 Jahre zweimal. Bei dieser Gelegenheit wurde dann ein Gildebier gehalten.

**) In der Landordnung von 1571 heißt es ausdrücklich: „alle Gildenbiere und dergleichen Gesellschaften, darauf ein mannichfältiger großer Unrhat gehet, sollen nit mehr gehalten, sondern hiemit gantz und gar abgethan sein, und da etwa hierzu jharliche Einkommen und Renten gemacht werden, dieselben sollen zu anderm gemeinen Nutz des Kerspels oder Bawrschaften mit gemeinen Rhat derselben angewendet werden. Die Vastelabent-Bier und Geselschaften sollen nur in der Nachbarschaft zu einer Maltzeit auf gemeine Unkosten und pilliche Beilage eines jeden geschehen und dabei gelassen."

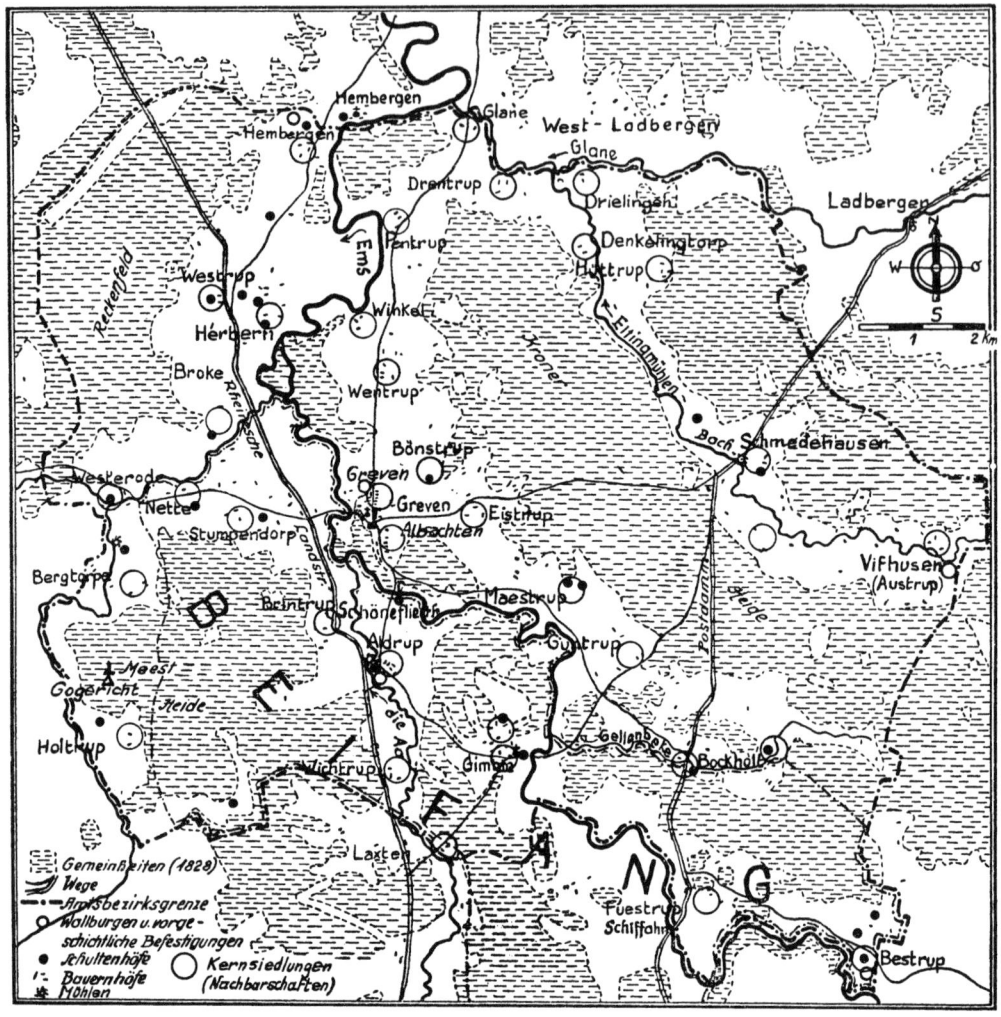

Abb. 4. Siedlungen und gemeine Marken im Amt Greven etwa 1 : 120 000

zusammenschlossen. Fremde wurden zur Nutzung dieser Marken, die naturgemäß von ganz unterschiedlicher Größe waren, nicht zugelassen (Abb. 4).[55]

Neben großen, meilenweiten Marken wie beispielsweise das Reckenfeld und die Kroner Heide gab es viele kleinere Gemeinheiten, an denen immer nur wenige Nachbarschaften bzw. Bauerschaften „interessiert" waren.[56] Die großen Marken lagen meist am Rande der Siedlungsgemeinschaften, es waren alte Grenzmarken, die in Vorzeiten als breiter Saum das Siedlungsland umschlossen. Auch sie wurden zunächst von beiden Seiten in vollem Umfange genutzt, und erst später unter die angrenzenden Siedlungen aufgeteilt. Beispielsweise beanspruchten noch 1547 die Hemberger Bauern das Nutzungsrecht im ganzen Reckenfeld und nicht nur (wie später) innerhalb der linearen Grenzen des Kirchspiels und Gogerichts Greven.[57] Diese linearen Grenzen von Stein zu Stein, von Kreuzkuhle zu Kreuzkuhle, von Malbaum zu Malbaum sind erst im Laufe des Mittelalters entstanden, als sich immer mehr das Bedürfnis nach klarer Absetzung von Kirchspielen und Gerichten als Grundlagen der staatlichen Organisation entwickelte.

Schon in altsächsischer Zeit waren die Nachbarschaften zweifellos auch politisch verbunden und geeint, denn sie bildeten zusammen in einem weiteren Rahmen das Gebiet eines altgermanischen Volksstammes im Münsterland, wie man allgemein annimmt, der Brukterer. Doch waren sie nicht selbst Träger dieser politischen Einung, sondern zwischen ihnen und dem Stamm standen die Gaue (Goe), von denen jeweils eine Anzahl das Gebiet eines Volksstammes ausmachten. Der Gau schlug um eine mehr oder weniger große Anzahl von Nachbarschaften im gemeinsamen Gerichts- und Kultverband das einigende Band. Wie der Name Gau (Go) = Geäu, Aue, also das offene Land (am Wasserlauf) schon besagt, war der Gau geographisch, landschaftlich in seinem räumlichen Rahmen abgesteckt, durch gemeinsames Gericht und Heiligtum aber auch eindeutig als politische Siedlungsgemeinschaft bestimmt.

Für die weitere siedlungsgeschichtliche Entwicklung wie aller Gaue, so auch unserer Go up der Meest ist es nun wichtig, daß sich zwischen die Gaugemeinde und die Nachbarschaften später die Bauerschaften und Kirchspiele einschoben, wobei vermutlich die Kirchspielsorganisation (seit etwa 800) das ältere waren, jedenfalls lassen sich die Bauerschaften erst sehr viel später – kaum vor dem 12. Jahrhundert – nachweisen. Wie und warum es zu dieser politischen Zusammenfassung mehrerer Nachbarschaften zu einer Bauerschaft innerhalb der Kirchspiele gekommen ist, ist noch ungeklärt, jedenfalls sind diese Bauerschaften dann weitgehend die Träger der alten Nachbarschaften und auch der Marken geworden. Das zeigt sich vor allem in dem aus dem freiwilligen (?) Zusammenschluß der Nachbarschaften erwachsenen Bauerschaftsgericht, in dem der Bauerrichter als Führer der Bauerschaft Recht sprach und zwar ausschließlich in Angelegenheiten und Streitigkeiten der Nachbarschaften.*) Auch die Gildebiere und gemeinsamen Fastnachtsfeiern und später ebenso die Schützenbruderschaften wurden von den Bauerschaften getragen, ja diese selbst werden gelegentlich noch in der Neuzeit als Nachbarschaften bezeichnet,[58]) wodurch der alte Zusammenhang sinnfällig bekundet wird. Auch im Brauchtum zeigt sich dieser alte Zusammenhang, wenn beispielsweise bei Hochzeiten (bis in die Gegenwart hinein) noch die ganze Bauerschaft geladen wird! Da das Verfahren im Bauerschaftsgericht stets nur mündlich geführt wurde, hört man immer nur gelegentlich einmal von der Bauerschaft und ihrem politischen Eigenleben. Der Burbrink, auch Thie oder Gildekamp genannt, an dem sich die Bauern zu ihrer Versammlung, auch „Burriekung" (= Bauerrechnung) genannt, zusammenfanden, ist nur noch hier und da in Flurnamen bekannt geblieben. Daß es solcher Versammlungsplätze in einer Bauerschaft, beispielsweise in Westerode, mehrere gab (Burbrink beim Hof Sutthoff, Gildekamp bei Schulte Temming), bezeugt einmal mehr, daß die Wurzeln dieser Organisation wirklich bei den alten Nachbarschaften lagen!

Am deutlichsten erkennbar werden diese alten Zusammenhänge in Nachbarschaft und Bauerschaft in den alten Gemeinschaftsackerfluren, den „Eschen", in jenen Ackerfluren also, die von den ersten Siedlern gemeinsam unter den Pflug genommen worden sind. Ursprünglich, so berichten uns die römischen Schriftsteller schon vor rund 2000

---

*) „Vor diesem Baurgericht und seinen zugeordneten Baurgenossen oder Cürgenossen sowoll, alß vor den übergesetzten Gograffen oder Richter mögen alle Possessori (= Besitz)-Sachen von Stegen, Wrechten, Zeunen, Wegen, Wasserflussen, Frontirungen und Bepalungen der Lendereien, auch was in oder zu einem andern Gutt gepraucht und gehörig zu sein erachtet werden und dergleichen Veltsachen, darin allein des bloeßen Besitz oder Prauchs halben, wie obgemelt, gehandelt würdt, doch allein zwischen Bawrsleuten, getrieben und ventilirt werden." (Landgerichtsordnung von 1571, S. 85f.)

Jahren, wurden diese Äcker durch das Los unter die „Nachbarn" verteilt. Später sind sie dann in den Eigenbesitz dieser Bauern übergegangen, aber auch weiterhin unter Flurzwang gemeinsam und gleichmäßig bewirtschaftet worden. Erst durch die Verkoppelungen des 19./20. Jahrhunderts sind die langen schmalen Streifen, von alters her „Stücke" genannt, auf diesen Eschen verschwunden. Nach welchen Gesichtspunkten und in welcher Reihenfolge diese Langstreifenfluren unter die beteiligten Bauern aufgeteilt worden sind, läßt sich nicht mehr sagen, da das ursprüngliche Bild sich im Laufe der vielen Jahrhunderte, die seit dieser Aufteilung vergangen sind, gar zu sehr verschoben hat.

Bei manchen Eschen hat man durch Nachmessung der durch die früher übliche Plaggendüngung erfolgten Erhöhung des Bodens, die in 10 Jahren etwa 1 cm betragen haben soll, eine Benutzungsdauer des Esches von etwa 1000 Jahren errechnen wollen. Man hat hierbei allerdings eine jährlich erfolgende Plaggendüngung zugrundegelegt, was für unsere Gegend aber nicht zutraf. Hier düngte man auf den besten Böden, also auf den Eschen, nur alle 2 bis 3 Jahre einmal. Das würde bedeuten, daß unsere Esche, wenn sie wirklich einen Plaggenauftrag von etwa 1 m hätten, nicht 1000, sondern sogar 2 bis 3000 Jahre in Benutzung waren, also bis in die Römerzeit zurückreichen würden. Ob die „Esche" wirklich so alt sind, läßt sich mit Sicherheit nicht entscheiden. Zur altsächsischen Zeit waren indes die meisten von ihnen sicher unter dem Pflug. Manche Esche geben aber auch durch ihre Namen zu erkennen, daß sie jünger sind als die benachbarten anderen Esche, so beispielsweise der „Niee Esch" neben dem „Olden Esch" in der Bauerschaft Wentrup oder der Brockesch neben dem Sellhövelesch in der Bauerschaft Herbern usw.

Dabei darf nicht vergessen werden, daß der Flurname „Esch" weniger eine bestimmte Flurform als vielmehr das Dauerackerland bedeutet, das dem ewigen Roggenbau diente. So kann auch der Kamp eines Einzelhofes – also keine Gemeinschaftsackerflur – als Dauerackerland Esch heißen (Eschkamp!).*) Für das Alter dieser Fluren und damit der zu ihnen gehörigen Höfe und Siedlungen besagt also die Bezeichnung als Esch zunächst noch sehr wenig. Darüber sagen die Flurformen sehr viel mehr und eindeutigeres aus.

Wenn die oben gegebene Schilderung des Werdens und der Entwicklung der ältesten Siedlungen im Bereiche des Amtes Greven richtig ist, dann muß auch zu jedem Esch (Langstreifenflur) mindestens eine alte Siedlung, eine Nachbarschaft gehört haben. In der Tat lassen sich diese Ursiedlungen allerorts noch nachweisen, allerdings nur auf den trockenen Geestrücken am Ufer der Ems. Weiter ab von diesem ältesten Siedlungsstreifen, der das Amt Greven von Süden nach Norden durchzieht, finden sich zwar auch noch Langstreifen und verwandte Flurformen, die sich aber doch von den Ur-Eschen unterscheiden lassen.

Die südlichste dieser Ursiedlungen ist Gimbte. Die Bauern dieses Dorfes hatten drei Langstreifenfluren, den Niederesch, den Oberesch und die „lange Wahnt", im ältesten Kirchenregister von 1497 „dat grote lange Waen" genannt (Abb. 5).[59] Kennzeichnend für das hohe Alter des Dorfes ist, daß die meisten Höfe (seit dem 15. Jahrhundert noch 13 an der Zahl) an allen drei Eschen beteiligt waren, wiewohl noch deutlich aus der Karte zu erkennen ist, daß das Dorf aus zwei voneinander getrennten Siedlungen zusammengewachsen ist, von denen die eine zum Overesch, die andere zum Niederesch gehört hat. Der Schultenhof Bisping war ursprünglich offenbar an den Eschen gar nicht beteiligt. Sein Land liegt teilweise jenseits der Ems. Er gehört demnach gar nicht zu den Althöfen, sondern ist sicherlich erst in jüngerer Zeit durch die Franken (?) angesetzt worden.[60]

---

*) Schulte Tertilt hatte beispielsweise im 17. Jht. „ein kleines Kämpken", genannt der „Streiler Esch", von etwa $2^3/_4$ Scheffelsaat (StAM, DK, DKelln. Heberegister 1, Bd. 2, S. 530).

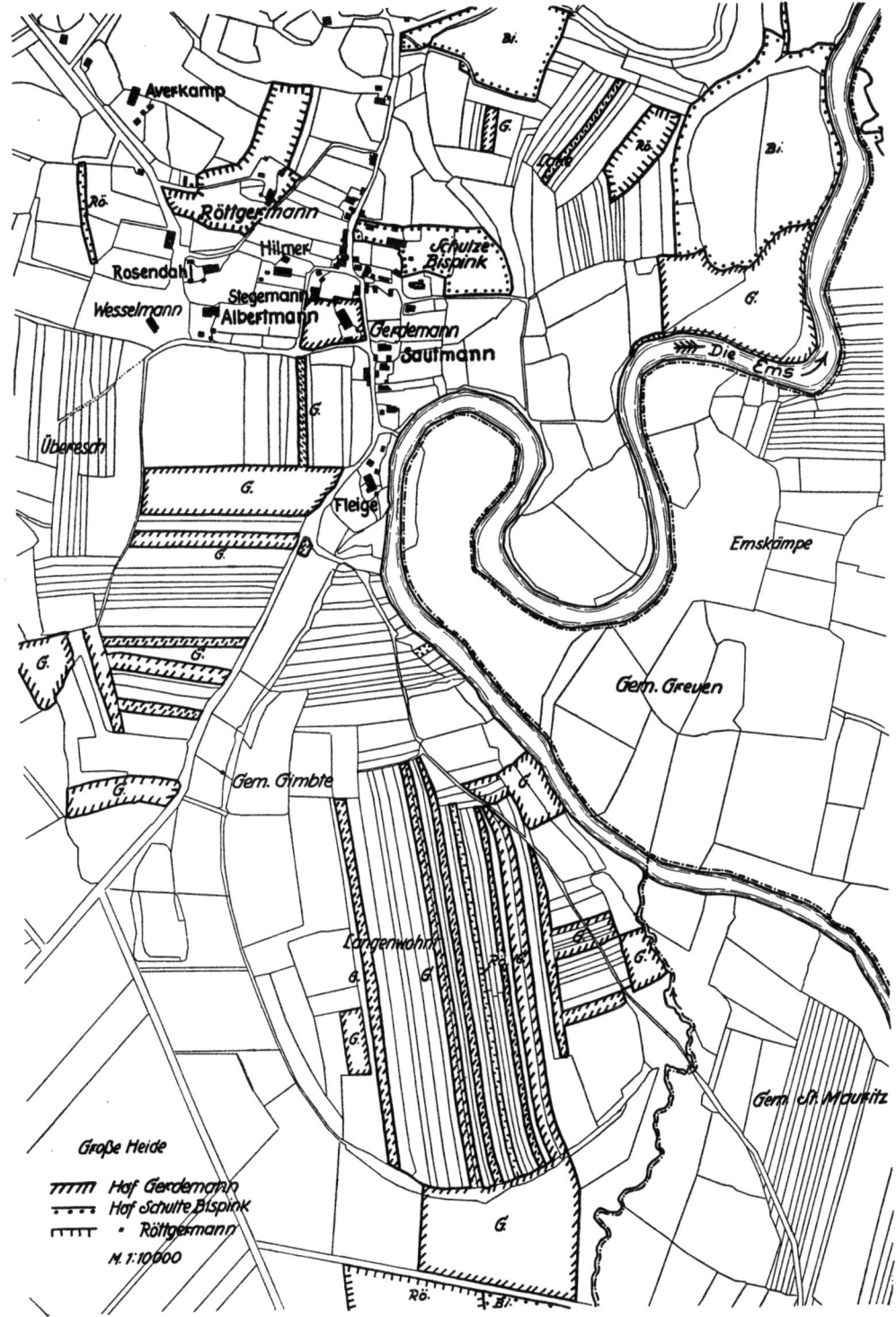

Abb. 5. Das Dorf Gimbte und der Esch, „die Langewohnt", nach dem Urkataster von 1828. Der Besitz der drei Höfe Schulte Bisping, Röttgermann und Gerdemann ist hervorgehoben. 1 : 10 000

Man wird das für reinen Zufall halten können. Es kann sich darin aber auch eine letzte Spur eines ursprünglichen Zustandes erhalten haben, in dem zu jedem Esch nur erst ein Teil der 13 Höfe gehörte! Auf jeden Fall ist der dritte Esch auf der schmalen Emszunge, an dem nun alle Höfe beteiligt waren, ein jüngerer Ausbau des Siedlungslandes, wenn auch aus alter Zeit. Der Name der einen Eschsiedlung ist verloren gegangen. Wollte man sich daran halten, daß die Kirche auf dem Grund und Boden des Bispinghofes steht, den Bischof Hermann von Münster im Jahre 1040 dem von ihm gegründeten Überwasserstift in Münster schenkte,[61]) und daß dieser Bispinghof am Overesch nicht beteiligt war, dann könnte man glauben, die Ursiedlung am Niederesch habe den Namen Gimbte zuerst geführt. Das wäre auch deshalb gut denkbar, weil der Nordhof am Niederesch, den der Edle Berner von Elen dem Kloster Clarholz nach westfälischem Recht im Jahre 1195 verkaufte,[62]) damals nur als curia in Gimmete bezeichnet wird, seinen späteren Namen also erst nachher von seiner Lage zu dem im Mittelalter erwachsenen „Dorf" erhalten hat.

Eine kleine Siedlung für sich bildeten die beiden Höfe Große und Lütke Laxen an der Aa. Beide Höfe (ursprünglich vielleicht aus einem Althof durch Teilung entstanden) haben nur Kämpe, gehören also nicht einer alten Eschsiedlung an.

Die nächste alte Siedlung links der Ems ist Aldrup. Wenn die Deutung des Namens als „altes Dorf" richtig ist, dann stellt schon dieser Name die Siedlung in Gegensatz zu den umliegenden Nachbarschaften. Auch zu dieser Eschsiedlung gehörten drei Langstreifenfluren, der Over-, Middel- und Niederesch, doch sind die beiden letztgenannten sicherlich nur Erweiterungen des ursprünglichen Overesches. Es gehörten dazu die vier Erben Frede, Rickermann, Holländer und Stienemann, dazu das Halberbe Thünemann, während die anderen Höfe Vegesack (eine alte Wirtschaft an der Rheineschen Landstraße), Rottmann und Laumann jenseits dieser uralten Straße jünger sind und ihren eigenen Rottesch, also den durch Rodung entstandenen Esch, hatten. Ebenso bilden die Höfe Wichtrup eine kleine, vielleicht doch etwas jüngere Eschsiedlung für sich. Eine kleine Eschsiedlung schließt sich dann nördlich an Aldrup an, Brintrup, bestehend aus zwei Voll- und drei (ursprünglich vier) Halberben. Der Esch ist nur klein. Das meiste Land hatten die Höfe in Kämpen an der Aa und zur Ems hin liegen.

Eine Sonderstellung nahm zwischen den beiden Eschsiedlungen der Schultenhof Aldrup ein. Die Befestigung (vgl. Abb. 11) im Verein mit der Lage an der alten Aabrücke und der Mühle unterstreichen diese Sonderstellung ebenso wie seine Funktion als Amtshof des Domkapitels, dem alle domkapitularischen Höfe des Beifangs Schöneflieth unterstanden. Diese Vorrangstellung im Beifang, also in einem aus der gemeinen Mark herausgelösten Sonderbezirk, diese enge Verbindung mit der Burg Schöneflieth, dessen Wirtschafter Schulte Aldrup geradezu gewesen ist, läßt erkennen, daß der Schultenhof vor der Aufführung der Burg im 13. Jahrhundert (s. u. S. 397) der Mittelpunkt dieses Beifanges bzw. Sonderbezirkes in verwaltungsmäßiger und auch gerichtlicher Beziehung gewesen ist. Nun ist es zwar ungewiß, wie alt der Beifang Schöneflieth ist. Gemeinhin reichen die „Sundern" bis in die fränkische Zeit zurück. Die Franken schufen sich gerne solche Bezirke, in denen sie durch keinerlei Rechte anderer Grundherren behindert waren. So darf angenommen werden, daß die curtis Alethorpe (mit ihren vierzig Unterhöfen) auch in die karolingische Zeit, in das 9. Jahrhundert zurückreicht. Daß ein solcher Oberhof befestigt wurde, liegt nahe, wie denn auch sein Amtsschulte sich schon früh dem Ritterstand zuwandte und ein gehobener grundherrlicher Beamter wurde, der die eigentliche Schultenarbeit einem Eigenbehörigen überließ, selbst nur die Einkünfte bezog und als ritterlicher Dienstmann (Ministeriale) seinem Herrn, in diesem Falle also dem Domkapitel zu Münster diente. Diese Schaffung des Schultenhofes und seine Be-

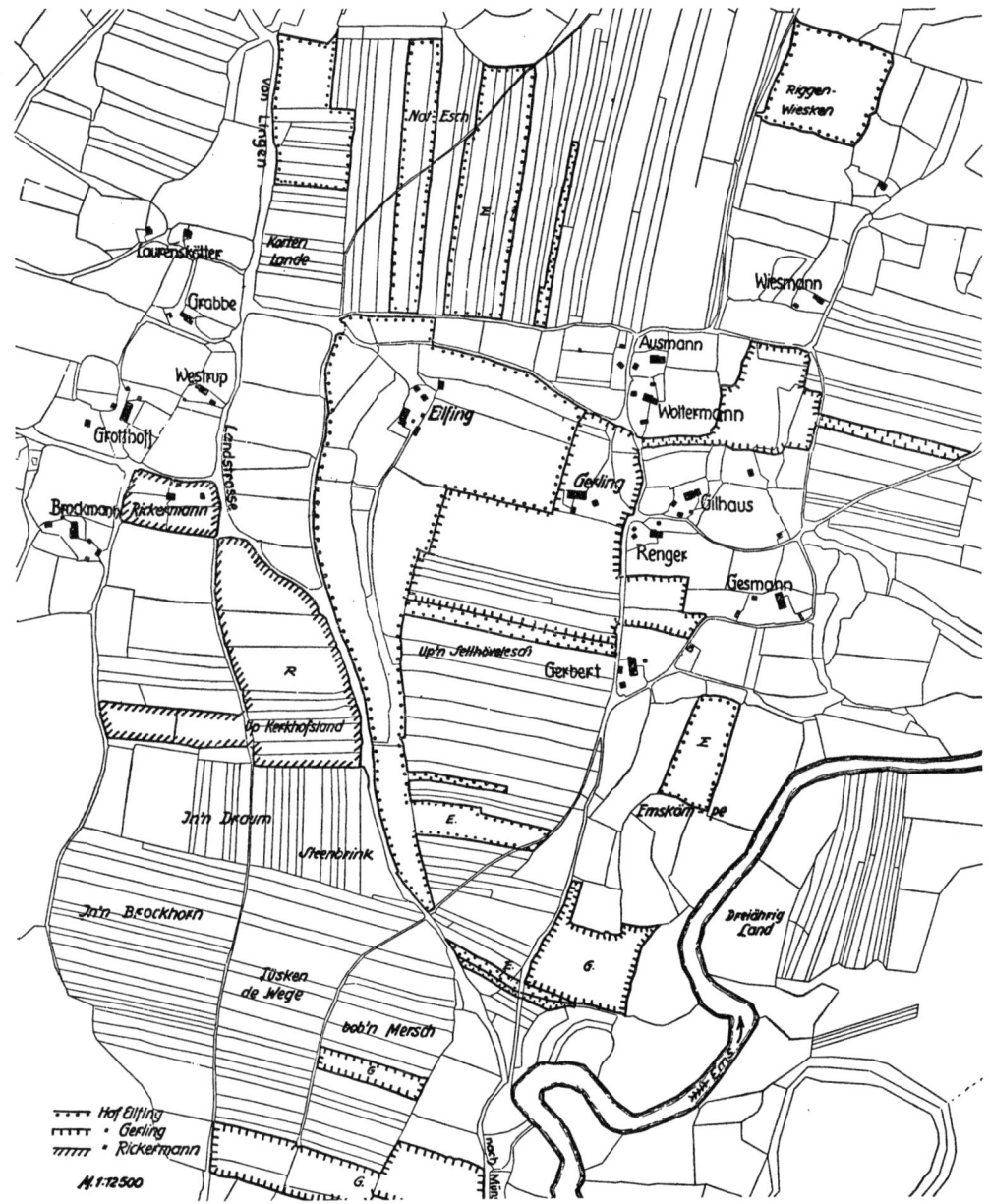

Abb. 6. Die Bauerschaft Herbern nach dem Urkataster von 1828.
Der Besitz der Höfe Eilfing, Gerling und Rickermann ist hervorgehoben. 1 : 12 500

festigung braucht aber noch nicht zu besagen, daß er von vornherein als solcher neu angelegt wurde. Dagegen spricht im Falle des Schulten Aldrup die Tatsache, daß er an den drei Aldruper Eschen wie die andern Bauern beteiligt war. Er wird also schon vor dieser fränkischen Zeit, d. h. bevor er Schultenhof wurde, als „Erbenhof" bestanden haben, nur wahrscheinlich nicht an seiner jetzigen Stelle, die einzig und allein gewählt worden ist, um ihn gut befestigen zu können.*)

Die nächste alte Eschsiedlung am linken Emsufer findet sich erst wieder bei Herbern (Abb. 6). Auch zu dieser Bauerschaft gehörten mehrere alte Langstreifenfluren, der Sellhövelesch, der Brockesch, der Not- (= Nord-) Esch und der Hellesch. Es ist auch hier nicht schwer, mehrere alte Siedlungskerne bzw. Nachbarschaften aus dem heutigen Siedlungsbild herauszuschälen. Als solche läßt sich im Süden erkennen die Siedlung im Brook, wie sie noch heute im Volksmunde heißt, gebildet von den beiden Höfen Schulte Hanhoff und Scherphues mit ihren Kotten Walterskotten und Jervertskotten (Knaup). Die zweite Kernsiedlung bildet das eigentliche Herbern um die beiden Schultenhöfe Gerling und Eilfing mit den Höfen Gerbert, Gesmann, Gildehaus, Waltermann, Ansmann und Mersmann. Schließlich liegt westlich von dieser Dorfsiedlung um den Schultenhof Grotthoff noch eine kleinere Siedlung, gebildet aus den Höfen Brockmann, Grabbe, Rickermann und Westrup. Vielleicht darf man sie nach dem letztgenannten Hof Westrup nennen?

Auch hier sind die meisten Höfe an allen drei Langstreifenfluren beteiligt gewesen und zwar seit alter Zeit, wie einzelne Höfekataster des 17. Jahrhunderts bereits erkennen lassen. Dafür nur zwei Beispiele. 1630 hatte Schulte Grotthoff 6 Stücke Land auf dem Nortesch, 4 auf der Selhove, 21 auf dem Brockesch und 1 auf dem Hellesch.[63]) Ähnlich besaß nach der gleichen Quelle Zeller Brockmann 4 Stücke auf dem Nortesch, 4 auf der Selhove und 11 auf dem Brockesch. Immerhin läßt der größere Besitz der beiden Höfe der von uns Westrup genannten Siedlung auf dem Esch dieser Siedlung noch erkennen, daß ihr ältestes Ackerland hier gelegen hat! Bei den andern Höfen war es nicht anders.

Der Sellhövelesch (1630 ufr Selhove) stellt etwas Besonderes dar. Die selihova war nach mittelalterlichem Sprachgebrauch ein Herrenhof, ein Fron- oder Haupthof, der wie der Schultenhof in Aldrup an der Spitze eines größeren Wirtschaftsverbandes stand. Unmittelbare Zeugnisse für einen solchen Wirtschaftsverband mit einem Haupthof in Herbern haben sich nicht erhalten. Schuld daran ist die betrübliche Tatsache, daß aus der Frühzeit des Bistums Münster keinerlei Aufzeichnungen über den Grundbesitz des Bischofs und seiner Kirche erhalten sind. Wohl wird in den Urkunden des 12. und 13. Jahrhunderts mehrfach eine curia in Herbede erwähnt, doch ist es ungewiß, welche von den vier Schultenhöfen der Bauerschaft jedesmal gemeint ist. Schulte Hanhoff, ursprünglich Besitz der Grafen von Cappenberg, war noch 1282 Eigentum des Grafen Otto von Dale (s. u. S. 454), Schulte Eilfing gehörte offenbar von jeher dem Domkapitel (s. u. S. 456). Die beiden Schultenhöfe Grotthoff und Gerling waren dagegen Lehnshöfe des Bischofs von Münster (s. u. S. 454 und S. 455). Beide könnten also die alte bischöfliche selihova gewesen sein. Angesichts der Tatsache, daß Schulte Grotthoff weitab vom Sellhövelesch

---

*) Beim Bau der Chaussee vor 100 Jahren wurde der vor dem Hofe gelegene Hügel (im Hofkataster von 1708 der „Sandhügel" genannt, StAM, Kartensammlung Reg.Bez. Münster Nr. 400) abgetragen. Dabei wurde auch (nach den Akten des Hofes Sch. Aldrup, jetzt Pellengahr-Höping) die „Schwedenschanze" durchschnitten und abgetragen. Solche Schwedenschanzen erinnern vielfach gar nicht an den Dreißigjährigen Krieg (wiewohl das hier durchaus der Fall sein könnte), sondern an weit ältere, zum Teil vorgeschichtliche Anlagen. Das Hofeskataster von 1708 kennt diese Bezeichnung aber noch nicht. So ist es nicht ausgeschlossen, daß die Befestigungsanlage wirklich weit älter und bereits eine Vorläuferin des befestigten Amtshofes gewesen ist.

liegt, Schulte Gerling dagegen unmittelbar daran, wird man lieber letzteren dafür halten, zumal er einen großen, blockartigen Teil des Esches bei seinem Hofe sein Eigen nennt. Im 14. Jahrhundert war der Hof noch bischöfliches Lehen der Familie von Rheine, eines der bedeutendsten Geschlechter des nördlichen Münsterlandes (s. u. S. 455). Das älteste erhaltene Lehnregister eines Bischofs von Münster, des Florenz von Wevelinghoven, aus der Zeit um 1370, verzeichnet nun noch eine ganze Reihe von Höfen in der Umgegend, die offensichtlich einmal zur curtis (selihova) in Herbede gehört haben und mit derselben schon früh zu Lehen ausgetan worden sind. Es sind dies Brockmann, Gildehaus, Grabbe, Horstmann und Scherphues in Herbern, dann noch Sch. Tomdiek und Focke (?) in Hembergen. Es hat also in Herbern im hohen Mittelalter einmal einen ausgedehnten Grundbesitz des Bischofs von Münster gegeben, und nichts liegt näher, als in der selihova, an die nur noch der Sellhövelesch erinnert, den einstigen Mittelpunkt dieses Grundbesitzes zu sehen.

Mit seinen großen Eschen gehört die Bauerschaft Herbern zu der allerältesten Schicht von Siedlungen im Amt Greven, wobei man den Kern der Siedlung in den Höfen um den Schultenhof Gerling, der selbst möglicherweise an der Stelle der alten selihova steht, suchen wird.

Das kleine Hembergen hatte zwei Langstreifenfluren, den Wiedacker im Nordwesten und den „Nien Esch" im Süden der Siedlung. Durch seinen Namen gibt sich letzterer ohne weiteres als jüngeren Ausbau der Altsiedlung zu erkennen. In den Schatzungsregistern des 17. Jahrhunderts werden die zwölf Höfe der Bauerschaft mit Ausnahme der beiden Schultenhöfe Tomdiek und Haschhoff sowie des Hofes Eßmann alle nur als Halberben bezeichnet. So darf angenommen werden, daß eine ganze Reihe von ihnen durch Teilung alter Vollerben entstanden sind, worauf auch die unterschiedliche Größe einzelner Hofesgründe hinweist.*) Vielleicht geht aber auch die Zunahme der Höfe mit der Ausweitung des Ackerlandes auf dem „Nien Esch" parallel. Dann wären auch diese Halberben alle schon sehr alt. Im Kern ist Hembergen jedenfalls eine Siedlung, die zur ältesten Schicht der Grevener Bauerschaften gehört.

Auf der anderen Seite der Ems sind die alten Eschsiedlungen nicht so groß. Bei den Glaner Höfen gab es eine kleine Langstreifenflur, ebenso bei den Drielingshöfen, die aber schon jüngere Erweiterungen zeigt, dann wieder eine im Wesselshoek, dem alten Denkelingtorpe. Alle diese Esche wurden nur von zwei, drei oder bestenfalls von vier alten Vollerben bebaut. Sie unterscheiden sich dadurch von den großen Langstreifenfluren an der Ems. Ob man sie deshalb aber für wesentlich jünger halten darf, erscheint doch fraglich. Von den Pentruper Eschen ist zweifellos der den alten Höfen am nächsten gelegene „vörnste Esch" der ältere, die anderen weiter abgelegenen sind sicherlich nur Ausweitungen dieser ersten Langstreifenflur. Auch die Pentruper Höfe werden 1664 mit alleiniger Ausnahme des Hofes Drentrup alle als Halberben eingeschätzt. Einzelne von ihnen, die der gleichen Grundherrschaft angehörten, wie beispielsweise Theismann und Lobbertmann, könnten aus einem alten Vollhof durch Teilung entstanden sein.

Eine große, den alten Eschen auf der linken Emsseite entsprechende Langstreifenflur findet sich erst wieder in Wentrup. Es ist das der „olde Esch" nordwestlich der Wentruper Höfe, dem sich weiter südlich der „Niee Esch" anschließt. Dieser ist natürlich jünger, ebenso wie die anderen Gemeinschaftsfluren, der Hagenesch, Breienesch, Lindesch und Schlautmannsesch. Alle diese Ackerfluren sind gewiß nur Ausweitungen des ersten und ältesten Ackerlandes auf dem „Olden Esch", wie denn auch in den am südöstlichen

---

*) Brinkmann, Hesselmann, Reismann und Overmann hatten 1828 nur rund 50 Morgen Land, die anderen Höfe zwischen 70 und 100 Morgen.

Rande desselben gelegenen Höfen der Kern, die erste „Nachbarschaft" in Wentrup zu erkennen ist.

Einer besonderen Betrachtung wert sind die beiden großen Esche des Dorfes Greven (Abb. 7 u. S. 78 ff.). So groß, wie das Urkataster von 1828 den Marktesch und den Albachtenesch zeigt, waren sie nicht von jeher. Wie sich noch an den alten Flurnamen (Flaskampsacker, Meer, Meeracker, Meerkuhle usw.) ablesen läßt, ist der östliche Rand erst später, wohl erst im Mittelalter durch Rodung aus Wald und Heide dazugewonnen worden, so daß erst allmählich jene große und breite zusammenhängende Eschflur entstand, die von der Wöste im Süden bis zu den Wentruper Bergen im Norden reichte. Ursprünglich waren der Albachtenesch und der Markt- bzw. Große Esch nicht etwa ein zusammenhängendes Ganze, sondern zwei ganz selbständige Langstreifenfluren, zwischen denen entlang der Bakenstiege seit etwa dem 13. Jahrhundert eine große Landwehr herlief, deren letzten Reste erst im vorigen Jahrhundert verschwunden sind (s. u. S. 84).

Zu jedem dieser beiden Esche hat eine alte Nachbarschaft gehört, die vermutlich erst von den Franken zu dem Dorf Greven zusammengelegt worden sind.[64]) Die südliche von ihnen hieß vermutlich Albachten. Ihre Höfe werden am Südwestrand des Albachtenesches (hier der Flurname „Kammer") gelegen haben, möglicherweise aber auch, wenigstens zum Teil, dort, wo seit dem Mittelalter die Höfe Bövemann, Wrede und Voß lagen. Die zum Großen Esch gehörende Urnachbarschaft, die vielleicht schon vor der Frankenzeit Greven hieß, lag ursprünglich gewiß auch schon am West- und Südwestrand des Esches, also nicht weit von der Stelle, wohin die fränkischen Dorfgründer sie verlegt haben. Über die Zahl der Höfe der beiden alten Eschsiedlungen lassen sich nur Vermutungen aufstellen. Es werden gewiß nicht mehr gewesen sein, als sich später im Dorf Greven finden.

Was heute als östlicher Ausläufer des Albachtenesches erscheint, ist erst später mit ihm zusammengewachsen, jedenfalls ist es der alte Gemeinschaftsacker der Siedlung Eistrup, die heute nur noch in dem Namen des gleichnamigen Hofes weiterlebt, ursprünglich aber aus den fünf alten Höfen Alberting (später Eistrup), Busch, Wigger, Rickermann und Becker bestand. Der Esch hieß der „Steggeacker". Der Brockesch südlich der Höfe muß als jüngerer Siedlungsausbau gewertet werden.

Auch der Maestruper Esch zeigt nur noch zum Teil wirklich alte Langstreifenformen und ist zum mindesten in jüngerer Zeit wesentlich erweitert worden. Immerhin mag der Kern der Siedlung alt sein, doch liegen seine Höfe weiter auseinander, als sonst bei den alten Nachbarschaften üblich war.

Eine wirklich alte Langstreifenflur findet sich erst wieder in Guntrup (up den Esch), an dessen westlichen Rand sich die Höfe Werning, Elverich, Waulichmann und Richter schmiegen. Der nördlich anschließende Lauesch ist eine jüngere, bei der weiteren Landnahme dazu gewonnene neue Ackerflur.

Der letzte, typische Esch ist der Bockholter (Abb. 8). Eigenartigerweise liegen die an ihm teilhabenden sieben Höfe, Schulte Bockholt, Henrichmann, Johanning, Wesselmann, Gerdemann, Schmiemann und Wiesmann, nicht unmittelbar an seinem Rande, sondern etwas nördlich von ihm entfernt, durch eine Dünenkette getrennt, an der Gehlenbecke. Das ist zwar ungewöhnlich, aber durch die Natur bedingt. Ob man daraus ableiten darf, die alte Nachbarschaft Bockholt sei deswegen jünger als die anderen Eschsiedlungen, erscheint ungewiß, doch gehört der Siedlungsname nicht mehr zur ältesten Gruppe. Er weist vielmehr auf eine Waldrodung hin, die aber wohl doch noch in die frühgeschichtliche, vorfränkische Zeit gesetzt werden darf. Einzelne Höfe der Bauerschaft sind noch jünger. Dazu gehört der Schultenhof am Ostrand der Bauerschaft (s. u. S. 37), der nur in den Bockholter Bergen, nicht aber in den anderen umliegenden Marken berechtigt

Abb. 7. Das Dorf Greven und seine beiden Esche nach dem Urkataster von 1828.
Der Besitz der drei Höfe Albacht, Voß und Beckermann ist hervorgehoben. 1 : 12 500

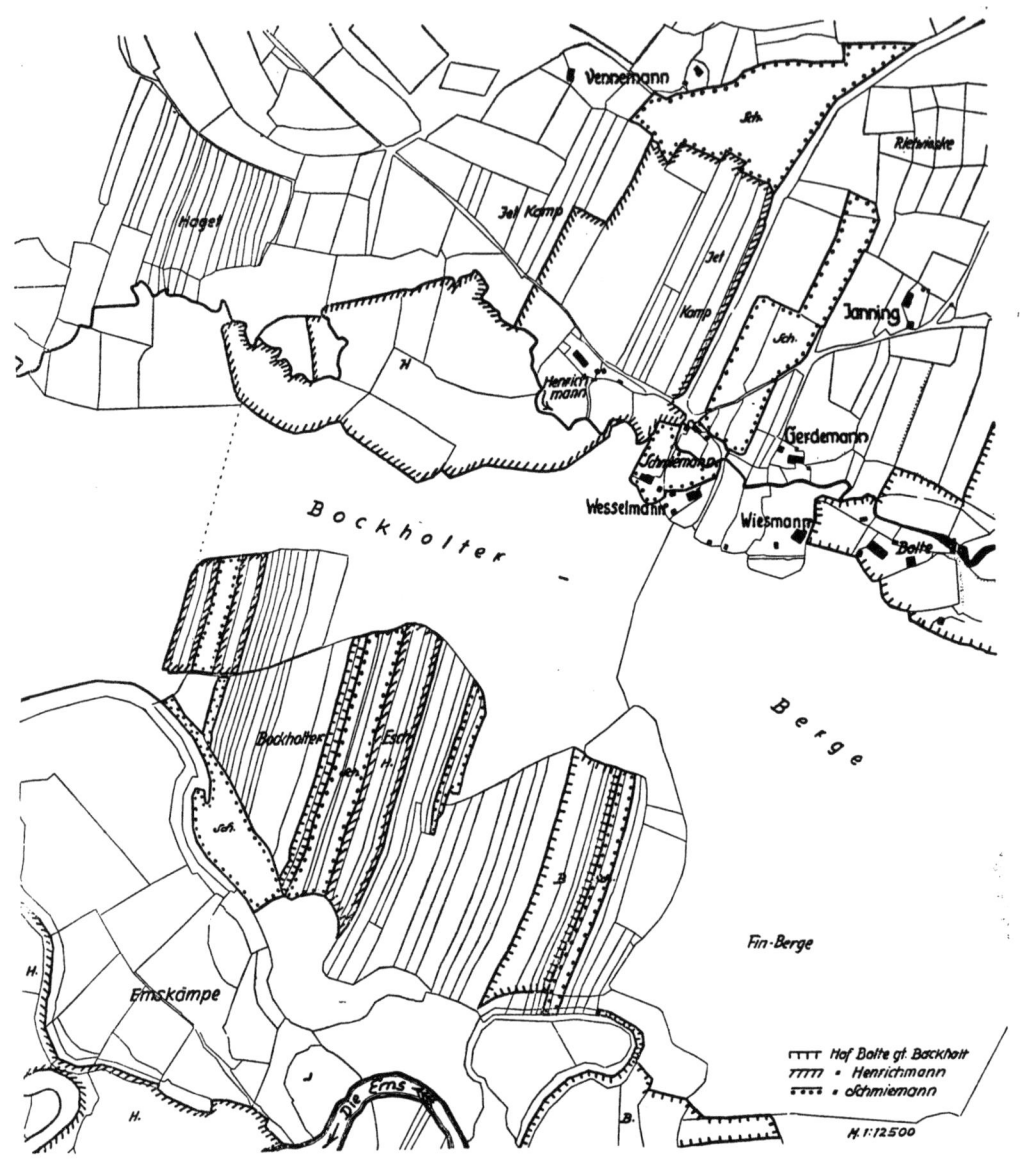

Abb. 8. Der Bockholter Esch nach dem Urkataster von 1828. Der Besitz der Höfe Sch. Bockholt (Bolte, Schmiemann und Henrichmann) ist hervorgehoben. 1 : 12 500

war, und Horstmann, dem die anderen Bauern noch 1650 keine Rechte zur Plaggenmath und Weide im Esch und „in den Bergen" zubilligen wollten.[65]

In der weitgezogenen Bauerschaft Fuestrup hatte nur der Schultenhoek, das alte Bestrup, einen kleinen Esch, der seinen alten Langstreifencharakter offenbar durch Verkampung und Zusammenlegung einzelner „Stücke" teilweise schon früh eingebüßt hat.

Der in oder an eine frühgeschichtliche Wallburg gesetzte Schultenhof Terborg ist ein jüngerer (fränkischer?) Einzelhof.

Damit sind die ältesten „Esch"-Siedlungen im Amt Greven bereits erfaßt. Gewiß finden sich auch sonst noch zahlreiche als „Esch" bezeichnete Fluren, aber niemals handelt es sich bei ihnen um gemeinschaftlich genutzte Langstreifenfluren, sondern stets nur um Kämpe und Blockfluren, die als Daueruckerland dienten. Das Besondere der ältesten Eschsiedlungen liegt darin, daß sie fast immer aus mehreren alten Nachbarschaften bestehen, wie Gimbte, Aldrup, Herbern, Wentrup, Greven, die ausnahmslos auf den hohen Geestrücken am Rand der Emstalaue liegen. Daß sich unter ihnen auch

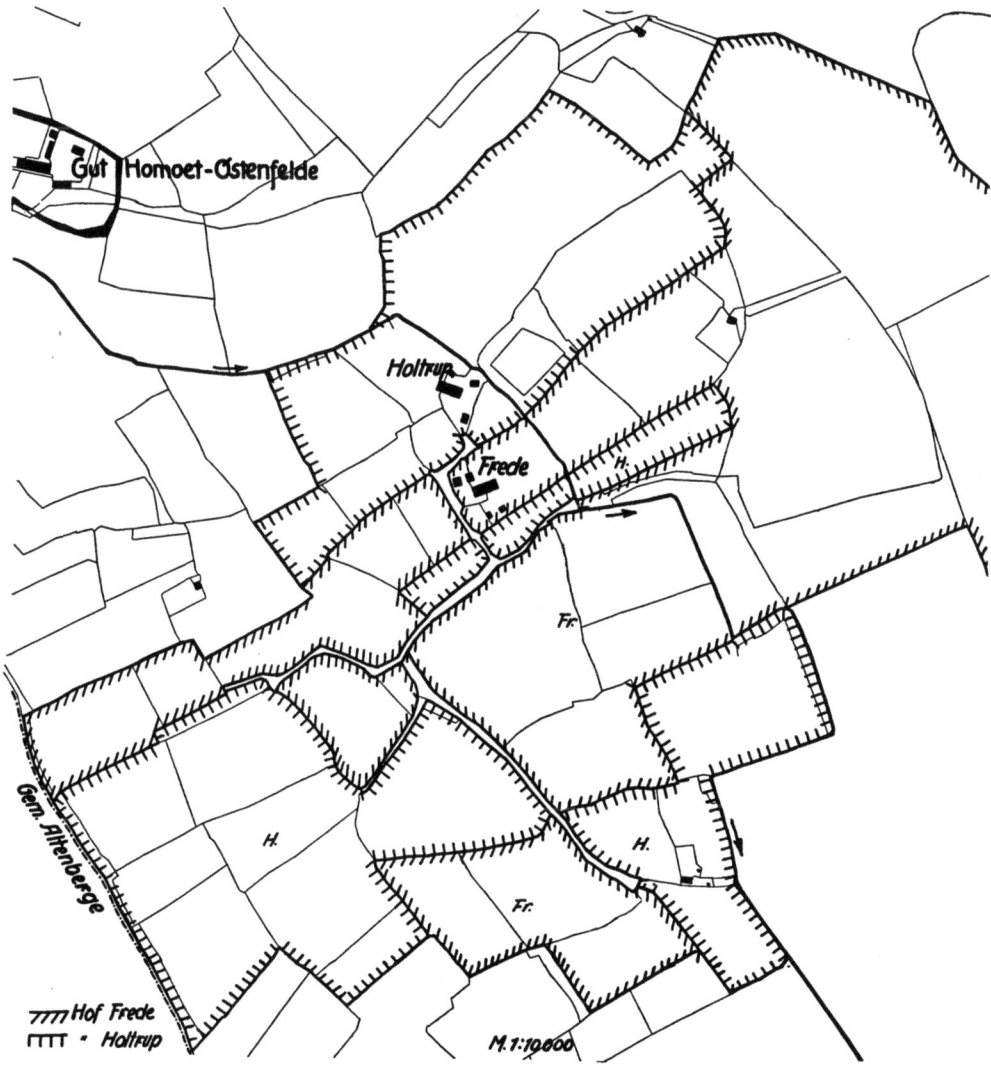

Abb. 9. Die Nachbarschaft Holtrup nach dem Urkataster von 1828.
Typische Kampsiedlung. 1 : 10 000

gerade die befinden, deren Namen am urtümlichsten anmuten wie Greven, Gimbte, Herbern, verstärkt zweifellos die Beweiskraft und die Richtigkeit dieser Deutung.

Um diese Ursiedlungen legten sich wie ein Kranz eine ganze Reihe jüngerer Nachbarschaften entlang den Bachtälern, hineingerodet in den das Flußtal auf beiden Seiten begleitenden Wald- und Heidegürtel. Diese jüngere Schicht von Siedlungen besteht selten aus mehr als zwei oder drei Höfen, deren Ackerland nur vereinzelt auf eschartigen Streifenfluren, meist dagegen in lockeren Blockfluren gemengt liegt. Die Namen dieser kleinen Nachbarschaften haben sich nur noch zum Teil erhalten, da sie im Mittelalter vielfach zu größeren Bauerschaften zusammengefaßt worden sind. Daß dies im Zuge einer verstärkten verwaltungsmäßigen Erfassung und Zusammenfassung der Bevölkerung für gerichtliche (?), kirchliche und steuerliche Bedürfnisse erfolgte, wurde bereits erwähnt, gleichfalls daß es spätestens im 12./13. Jahrhundert geschah. Ein gutes Beispiel einer solchen Zusammenfassung einer Anzahl kleiner Nachbarschaften zu einer großen Bauerschaft bietet die Bauerschaft Westerode links der Ems. In ihr lassen sich nicht weniger als fünf alte Nachbarschaften nachweisen, die unter dem Sammelnamen Westerode ihren alten Siedlungsnamen verloren haben: im Süden zunächst die noch im 16. Jahrhundert als „Bauerschaft" bezeichnete Siedlung Holtrup, bestehend aus den zwei Höfen Holtrup und (Große) Vrede, mitten in Wald und Heide gelegen, und ohne Gemeinschaftsesch, nur mit Kämpen ausgestattet (Abb. 9). Weiter nördlich am (Temmings-) Mühlenbach lag die alte Siedlung Bergtorpe, zu der die Höfe Brüggemann, Friedag, Westmann, Ausmann und Hermeler gehörten. Hermeler war nur ein Halberbe, das vom Nachbarhof Westmann abgespalten sein dürfte. So bestand auch diese Siedlung zunächst nur aus drei alten Höfen, denn auch Brüggemann war offensichtlich ein jüngerer Hof; wollten ihm doch noch 1672 seine Nachbarn in der gemeinen Mark keine Hude und Weide zubilligen![66] An der alten Landstraße nach Nordwalde lag dann die Siedlung, die später der ganzen Bauerschaft den Namen gegeben hat, Westerode (Abb. 10). In dem Namen des Schultenhofes Westerode ist dieser Name auch für die ältere Zeit eindeutig lokalisiert. Das Halberbe Naber ist nur ein Ableger des Schultenhofes gewesen. Außer diesen beiden Höfen gehörten zur Kernsiedlung noch die Erben Lengermann und Wierlemann. Das Halberbe (?) Blomberg ist jünger. Weiter östlich liegen die beiden Höfe Nettmann und Schulte Sutthoff, von denen letzterer durch seinen Namen (er liegt genau südlich von Nettmann) seine Zugehörigkeit bzw. Beziehung zum Hof „in Netthe" dartut; zudem wird er 1284 ausdrücklich als in Nette gelegen bezeichnet,[67] so daß man auch hier an eine eigene kleine Nachbarschaft denken darf. Ganz sicher darf man dieses bei den am weitesten nach Osten gelegenen Höfen der Bauerschaft Westerode, für die der alte Name Stumpendorpe überliefert ist. Außer der alten curtis Stumpendorpe, die schon im Mittelalter wüst geworden ist – an ihrer Stelle steht seit dem Ende des 17. Jahrhunderts der Kotten Stumpe – gehörten zu dieser Siedlung die Höfe Meiermann, Hark, Low, Beuligmann und Hawest,*) lauter Halberben, möglicherweise auch geteilte Alterben, so daß man auch für Stumpendorpe nicht mehr als drei bis vier alte Vollerben anzunehmen braucht. Der Schulte Gronover innerhalb seiner Gräften ist dagegen wohl eine fränkische Anlage, vielleicht zur Deckung der alten Wege und Straßen hierher gelegt. Einen alten gemeinsamen Esch haben alle diese Höfe nicht gehabt, auch wenn es hier mehr als einen „Esch" gab. Auch darin tut sich der jüngere Charakter dieser Waldsiedlung kund.

Einige der kleinen Nachbarschaften auf dem rechten Emsufer wurden bei der Besprechung der alten Eschsiedlungen bereits genannt, sofern sie noch einen alten, wenn

---

*) Sie bildeten noch 1647 zusammen mit Schulte Gronover eine Nachbar- und Markgenossenschaft (StAM, DK, Markensachen Nr. 24).

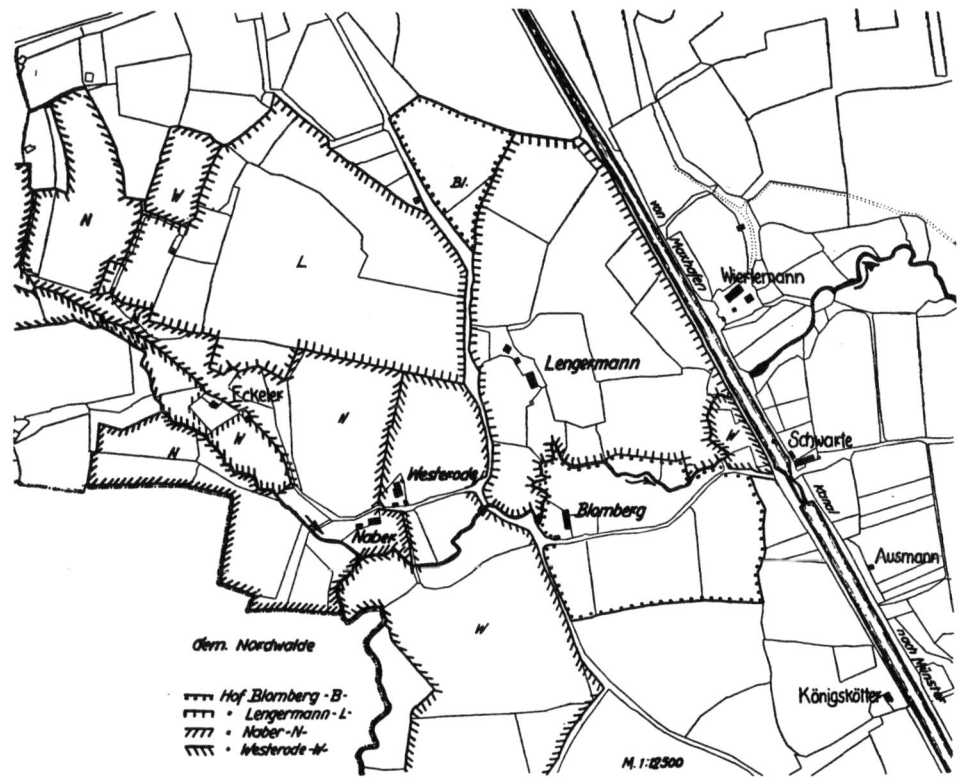

Abb. 10. Die Nachbarschaft Westerode nach dem Urkataster von 1828.
Teilung eines Althofes. 1 : 12 500

auch nur sehr kleinen oder später erweiterten Esch (als Gemeinschaftsflur) besaßen, wie etwa die Glaner Höfe, die Drielinger Höfe und der Wesselshoek, das alte Denkelinktorpe. Daneben gab es in diesem Teil des Kirchspiels Greven noch eine Reihe anderer, auch sehr kleiner Nachbarschaften, die keine Gemeinschaftsflur mehr hatten, deren Land vielmehr durchgehend von zahlreichen Kämpen und kampähnlichen Fluren gebildet wurde. Hierher gehören Drentrup, das noch zur Bauerschaft Pentrup gerechnet wird, sowie die Kernsiedlung von Hüttrup, gebildet von den Höfen Lütke Jochmaring, Oenichmann, Reismann und Baumann, die mit den Siedlungen Denkelingtorpe und Drieling zusammen die Bauerschaft Hüttrup bildete, deren Bauern sich noch Ende des vergangenen Jahrhunderts als „die armseligsten von Greven" bekannten.[68] Sie hatten ja auch mit den schlechtesten Boden im ganzen Amt (darüber unten mehr) und hatten, was in diesem Zusammenhange wichtiger ist, keine alten Gemeinschaftsackerfluren, sondern nur Kämpe, bestenfalls Blockfluren, durch die alle diese Nachbarschaften als jüngere, entlang den Bächen in die Wald- und Heidewildnis vorgetriebene Rodungen gekennzeichnet sind.

Das gilt noch mehr von den Siedlungen der Bauerschaft Schmedehausen. Können die Hüttruper Kleinsiedlungen immerhin noch in die altsächsische Zeit, also vielleicht in die Jahrhunderte zwischen 500 und 800 nach Chr. gesetzt werden, so wird man von den Schmedehausener Höfen allenfalls den einen oder anderen noch in diese Zeit datieren dürfen. Die meisten verdanken ihre Entstehung wohl erst der in fränkischer Zeit verstärkt einsetzenden Rodetätigkeit. Und wenn gerade von den 17 alten Voll- und Halberben dieser Bauerschaft allein neun dem Stift Freckenhorst gehörten, das um 860 vermutlich von einem Franken gegründet und mit diesen Höfen ausgestattet worden ist, so liegt es nahe, in diesen Höfen die von diesem Franken oder seinem Vorfahren hier angesetzte Neurodungen zu sehen! Zu den Freckenhorster Höfen gehören bezeichnenderweise alle Erben des Achterhoeks: Rehorst, Brüggemann, Austrup, Weilichmann und Bethmann (mit alleiniger Ausnahme des Hofes Wichmar), dazu weiter westlich noch Baumhove und Hovelmann, so daß von der östlichen Hälfte der Bauerschaft Schmedehausen, der noch im 16. Jahrhundert der Name Vifhusen anhaftete, nur Forsthove und Wichmar nicht zu der Freckenhorster Grundherrschaft gehörten. Die Höfe Forsthove, Wichmann und Baumhove (und Gunnigmann?) bildeten ursprünglich wohl auch eine eigene Nachbarschaft, da sie mit den andern Höfen keine gemeinsame Markennutzung hatten. Ebenso natürlich auch die Höfegruppe an der Eltingmühle, die allein in der Borchardinger Mark berechtigt war. Natürlich nannten alle diese Höfe ihr Dauerackerland Esch. Es waren aber Kämpe und keine alten Gemeinschaftsfluren. Alles weist also darauf hin, daß es sich bei einem Großteil der Schmedehausener Höfe um fränkische Waldrodungen aus dem frühen 9. Jahrhundert handelt. Da die Bauerschaft ihren Namen zweifellos von einer alten Schmiede ableiten kann, die naturgemäß an einer ebenso alten oder noch älteren Landstraße gestanden haben muß, die nur der alte Osnabrücker Postdamm gewesen sein kann (s. u. S. 265), so lag gewiß der älteste Kern der Streusiedlung hier im Westen, wo die alte Straße über den Schmedehausener Bach (Eltingmühlenbach) führte.

Noch ein paar alte Nachbarschaften bleiben übrig. Einmal das alte Bunistorpe, beim alten, heute nicht mehr bestehenden Schultenhof Bönstrup, aus den Höfen Sch. Bönstrup, Steggemann, Kaup und einem bereits im 15. Jahrhundert wüsten Hof tor Wechle (s. u. S. 466) gebildet. Diese Höfe hatten keinen alten Gemeinschaftsacker, sondern ihr meistes Land in Kämpen um den Hof herum gerodet, dazu aber auch im Laufe der Jahrhunderte manches „Stück" auf den angrenzenden Grevener Eschen erworben.

Die kleine Höfegruppe um den Schultenhof Topphoff gehört einem jüngeren Siedlungsausbau an, wahrscheinlich einem kleinen frühmittelalterlichen Beifang bzw. Sundern. Die Höfe hatten keinen gemeinsamen Esch alter Prägung, wenn auch ihr Dauerackerland Esch hieß. Ebenso stellen auch die Esche in der Bauerschaft Fuestrup (westlicher Teil) keinen ursprünglichen Typ dar. Auch hier haben die Höfe ihr Land fast durchweg in jüngeren Kämpen zusammenliegen.

Neben den großen und ältesten Eschsiedlungen, sowie den vielen kleineren und etwas jüngeren Nachbarschaften gab es dann aber noch eine dritte Gruppe von Siedlungen, die Einzelhöfe, die meist abseits von den älteren Siedlungen in Wald und Heide angetroffen werden. Zu ihnen gehören in erster Linie die Schultenhöfe oder wie sie in den lateinischen Urkunden des Mittelalters genannt werden, die curtes bzw. curiae. Zwar keineswegs alle 25, die in den beiden Kirchspielen Greven und Gimbte im 17. Jahrhundert gezählt wurden,[69] aber doch eine ganze Reihe.

Manche Forscher sehen in den Schultenhöfen gerne fränkische Ansiedlungen, also Höfe, die in der Zeit der Eingliederung Altsachsens in das fränkische Reich Karls des Großen an wichtigen Straßen- und Verkehrspunkten angesetzt wurden, um von hier aus die noch keineswegs ganz befriedeten und unterjochten Sachsen kontrollieren und überwachen zu können. So sicher es solche Stützpunkte der fränkischen Machthaber gegeben hat, so falsch wäre es, ganz allgemein jeden Schultenhof für eine solche Anlage zu halten. Die meisten von ihnen lassen sich als alte Amtshöfe einer Grundherrschaft erweisen, also als solche Höfe, die – teilweise sicher schon seit dem 9. Jahrhundert – an der Spitze einer kleineren oder größeren Zahl von Höfen standen, die einem Grundbesitzer gehörten.[70] Der amtsherrliche Charakter dieser Schultenhöfe ist dort besonders ausgeprägt, wo sich mit ihnen ein Sundern oder Beifang verband. Von dem großen Beifang der Burg Schöneflieth war schon die Rede (o. S. 26 f.). Er erstreckte sich über mehrere Bauerschaften und bildete einen eigenen Gogerichtsbezirk. Es gab auch aber sehr viel kleinere Beifänge, die in den Quellen keine anderen Spuren hinterlassen haben, als daß zu ihrem Amtshof bis in die Neuzeit hinein eine eigene Mark gehörte, wie beispielsweise zu den Schultenhöfen Borgling und Topphoff (hier ist noch der Name Sundern erhalten!).[71] Auch solche Schultenhöfe wie etwa Aldrup, Gronover und Westerode, die mit den benachbarten Höfen eine geschlossene Grundherrschaft gebildet haben, stellten einstmals einen kleinen Sundern dar, ohne indes je die rechtliche Stellung des großen Schönefliether Beifangs oder auch nur der Eigenmarken von Schulte Topphoff oder Borgling erreicht zu haben. Ja, sie sind wie das Beispiel der Schulten Gronover und Aldrup lehrt, in einem echten Beifang aufgegangen.

Daß manche dieser alten Schultenhöfe bzw. Amtshöfe dann an eine verkehrs- und befestigungstechnisch günstige Stelle verlegt wurden, braucht nicht wunderzunehmen. Das Aufsteigen der Schulten zu Dienstmannen und Rittern beförderte das Bestreben nach Befestigung der Schultenhöfe. So unterscheiden sich einige von ihnen, wie beispielsweise die Höfe Aldrup, Tertilt, Ostenfelde, Temming, Gronover, Nordhoff u. a. mit ihren Wällen und Gräften kaum von einem mittelalterlichen Burgsitz! Manche dieser Schultenhöfe werden wirklich in die Zeit Karls des Großen zurückreichen, da sie an wichtigen

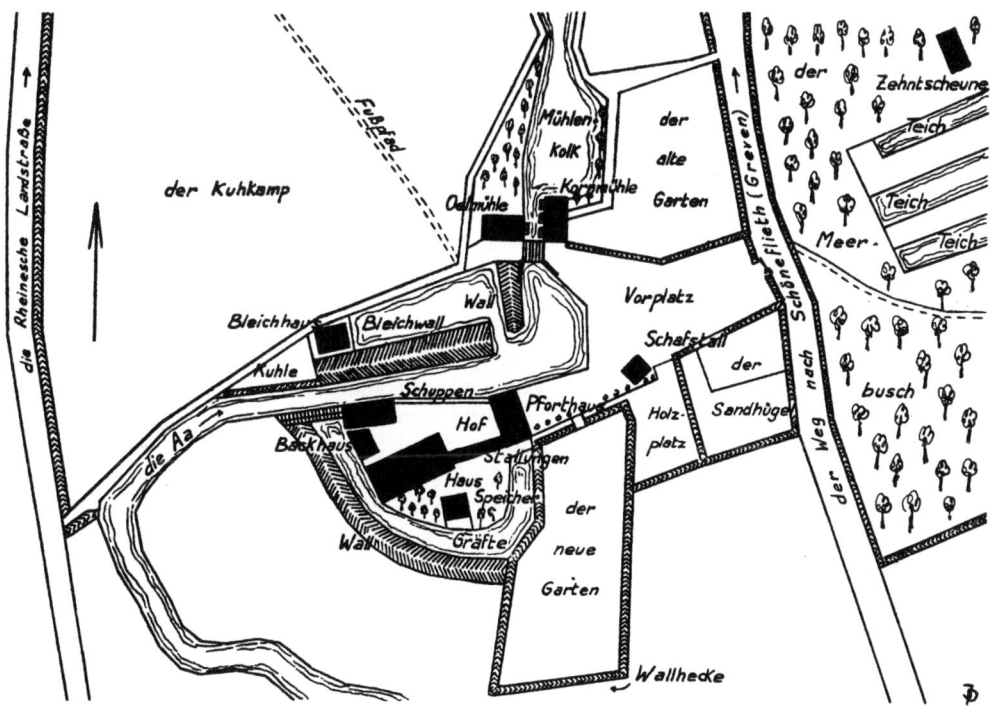

Abb. 11. Der befestigte Schultenhof in Aldrup (Schulte Pellengahr-Höping) nach einer Katasteraufnahme von 1708. Etwa 1 : 1800

Straßen liegen, so Schulte Gronover an der vom Westen her in das Emstal bei Greven führenden Straße, vielleicht sogar ehedem an der Kreuzung dieser Straße mit der wichtigen von Münster über Rheine nach Friesland hinaufführenden Straße, so Schulte Aldrup an der Gabelung der Rheineschen Landstraße und der Straße über Schöneflieth nach Greven, so Schulte Bockholt und Schulte Borgling an der nicht minder wichtigen Osnabrücker Landstraße. Manche von ihnen liegen auch unmittelbar an bzw. bei einer frühgeschichtlichen Wallburg (Aldrup, Haschhoff, Terborg, vgl. o. S. 13). Andere liegen dagegen so abseits von allen alten Straßen, daß es völlig unmöglich ist, sie mit einem solchen fränkischen „strategischen" Ansatz in Verbindung zu bringen. Ihr Charakter als Schultenhof ist rein grundherrlicher Natur. Zu dieser Gruppe gehören im Kirchspiel Greven Sch. Ostenfelde, Temming, Westerode, Gerling, Farwick, Jochmaring, Bockholt, Topphoff, Gr. und Kl. Maestrup und Bisping in Gimbte. Neben der grundherrlichen Stellung als Amtsschulte übten eine Reihe von Schulten zugleich auch das Amt des Bauerrichters aus. Wir wissen leider nicht, ob diese Bauerrichter ursprünglich gewählt oder vom Inhaber des Gogerichtes gesetzt und bestimmt wurden. Bereits im 16. Jahrhundert war das Amt offensichtlich erblich. Vermutlich war es zunächst aber doch ein Wahlamt (wie das des Gografen), und als es dann in mehrfacher Richterfolge in einer bewährten Familie erblich wurde, stieg dieser Bauer auch zum Schulten auf. So könnten beispielsweise die Höfe Grotthoff und Tomdiek in Herbern bzw. Hembergen zu Schulten geworden sein. Als Amtshöfe einer Grundherrschaft sind diese Höfe jedenfalls nicht nachzuweisen.

Bei manchen Schultenhöfen (Aldrup, Gronover) trafen alle drei oben genannten Entstehungsmöglichkeiten zusammen. Sie waren sowohl fränkische Sperranlagen als auch grundherrliche Amtshöfe, als auch Bauerrichter in ihrer Bauerschaft. Doch es gab daneben noch andere, auf die keins dieser Kriterien paßt. Die Höfe Sutthoff, Hanhoff, Borgling, Elting, Nordhoff und vermutlich auch Brüning und Terborg waren alte Freigüter, die keinem Grundherrn untertan waren. Sie lassen sich auch nicht als alte Amtshöfe nachweisen. So bleibt es ungewiß, wie sie zur Schultenwürde aufgestiegen sind. Das gilt auch für die beiden bischöflichen Lehngüter Haschhoff und Wiggering. Bei den Höfen Eilfing, Borgling, Berning, Terborg, Wiggering und Tertilt schwankt zudem die Bezeichnung als Schultenhof noch bis ins 16. Jahrhundert hinein. Manche von ihnen sind wohl nur durch die Auffahrt eines Schultensohnes oder durch Angleichung an benachbarte Schultenhöfe (so besonders bei den Höfen in Herbern und im Schultenhoek) zu Schulten geworden. Schulte Bönstrup ist aus einem einfachen Freckenhorster eigenbehörigen Hof zum Schultenhof geworden, da ein Sohn der Stätte es offenbar im Dienst des Klosters zum Dienstmann und Ritter gebracht hat und es dann verstanden hat, seinen väterlichen Hof in ein Lehngut umzuwandeln, mit dem er und seine Nachkommen von der Äbtissin belehnt wurden. Aus dem Lehngut ist dann ein Schultenhof geworden! Schulte Farwick in Hüttrup fällt ganz aus dem Rahmen. Er gehört eigentlich gar nicht zu den Grevener Höfen, sondern zum Dorf Ladbergen. Wann er ins Kirchspiel Greven umgepfarrt worden ist, weiß man nicht eigentlich, jedenfalls hängt es kaum mit der Reformation zusammen, wie die Tradition auf dem Schultenhof selbst es wahrhaben will, denn der Hof wurde nach Auskunft des ältesten Schatzungsregisters von 1498 bereits damals zum Kirchspiel Greven gerechnet.*) Seinem Namen nach war der Hof ein alter Amtshof (Vorwerk).

Über das Alter der Schultenhöfe ist mit der hier versuchten Aufgliederung noch

---

*) Auch in den Akten über den Streit des Domkapitels zu Münster mit dem Grafen von Tecklenburg um den Hof (StAM, DK III T Nr. 13,2) wird dieser münsterischerseits als von altersher im Kirchspiel Greven gelegen bezeichnet.

nichts Entscheidendes gesagt. Manche von ihnen, besonders jene, die ganz für sich mitten in Wald und Heide lagen, wie etwa die Höfe Tertilt, Ostenfelde, Temming, Hanhoff und Jochmaring werden sicherlich erst in jüngerer Zeit entstanden sein und sind vielleicht wirklich von den Franken angelegt worden. Andere dagegen, deren Land mit dem der anderen Höfe auf den Eschen im Gemenge lag, wie etwa in Herbern und Aldrup, sind aus alten Erbhöfen zur Würde eines Schultenhofes aufgestiegen. Manche von ihnen mögen dabei an eine günstigere oder beherrschende Stelle verlegt worden sein.

Auch andere Einzelhöfe wird man einer jüngeren Zeit zurechnen müssen. Wie das Freckenhorster Beispiel der Schmedehausener Einzelhöfe lehrt, gehören sie vielfach erst dem fränkischen Siedlungsausbau an, wie denn auch manche alte Kernsiedlung in dieser Zeit um den einen oder anderen Hof vermehrt worden ist. Solche Einzelhöfe finden sich im Amt Greven eine ganze Reihe. Zu nennen wären etwa Rottmann und Laumann in Aldrup, Brüggemann und Raumann in Westerode, Merschmann in Herbern, Feldhove und Howest in Wentrup, Overmann und Laumann in Guntrup, Horstmann und Wedemhove in Bockholt, Eilichmann und Lippmann in Guntrup.

Gerne hält man auch die Halberben für solche im späteren Siedlungsausbau, also im 9. bis 12. Jahrhundert entstandene Höfe. So allgemein wird man dies aber doch wohl nicht sagen dürfen, da es keineswegs feststeht, wie jedes Halberbe entstanden bzw. wie es zu der Einstufung als solches gekommen ist. Die älteren Schatzungsregister unterscheiden leider noch nicht genau zwischen Voll- und Halberben bzw. Pferdeköttern usw. und die späteren weisen in der Bewertung der Höfe große Unterschiede auf, da diese Bewertung nicht mehr wie ihrem Ursprung gemäß nach dem Anteil des Hofes in der gemeinen Mark geschah – bei der eben ein Halberbe nur einen halben Anteil hatte –, sondern nach der augenblicklichen Steuerkraft des Hofes. So sind beispielsweise fast alle Höfe, die im Schatzungsregister von 1664 als Halberben gewertet werden, im Feuerstättenschatz von 1589 zu den Erben gerechnet worden. Leider fehlen ganz die Markenprotokolle, aus denen wir mit Sicherheit erfahren könnten, welche Höfe einen vollen, welche nur einen halben bzw. gar keinen Anteil an der Mark hatten. Die Einstufung von 1589 entspricht sicherlich mehr dem ursprünglichen Wert der Höfe. Wer in dieser Liste als Halberbe angesetzt worden ist, wird auch vorher kein Vollerbe gewesen sein. Andererseits werden die Höfe, die 1589 als Halberben gewertet wurden, ein Menschenalter vorher, im Schatzungsregister von 1553, vielfach zu den Köttern gerechnet, während sie später 1664 als Pferdekötter eingestuft wurden! Da in Westfalen bereits im 9. Jahrhundert halbe Hufen, also Halberben begegnen, so mag mancher derartiger Hof im Kirchspiel Greven schon älter sein, die große Masse wird man allerdings wohl für jünger halten dürfen, besonders dann, wenn ihr Grundbesitz erheblich geringer als der der anderen Erben ist.

Dem Mittelalter gehören meist auch die Pferdekötter an, anderwärts auch Erbkötter genannt, weil sie von einem der Alterben auf eigenem Grund und Boden angesetzt worden sind. Bei uns nannte man sie Pferdekötter, weil sie wenigstens mit einem oder, wenn's hoch kam, auch mit zwei Pferden pflügten. Auch bei ihnen fällt die Unterscheidung und Absetzung gegen die Halberben, sowohl wie gegen die Markkötter und Brinksitzer nicht leicht, weil die Register so oft sich widersprechende Angaben machen. Aber nicht nur die schwankende Bewertung erschwert die richtige Einstufung dieser alten Kotten, es ist auch mehrfach vorgekommen, daß die Kötter durch Fleiß und angespannte Arbeit sich emporarbeiteten und eine Qualitätsverbesserung erreichten. Vom Kötter Heukenkamp in Herbern (heute Schwering) heißt es beispielsweise, daß er gegen Ende des 16. Jahrhunderts dazu übergehen wollte, Pferde zu halten. Als ihm die Beerbten der Bauerschaft dies nicht gestatten wollten, zog er ab und übernahm Rosendahls Erbe in

Gimbte.[72]) Gelang es diesem nicht, vom Kötter (Markkötter) zum Pferdekötter aufzusteigen, so wissen wir doch nicht, wie vielen dies wohl gelungen ist.

Ist die Zahl dieser älteren Kotten noch verhältnismäßig gering, so stieg sie seit dem Ende des Mittelalters schnell an. In den Einkünfteverzeichnissen des Domkapitels zu Münster aus dem 14. Jahrhundert wird von den späteren domkapitularischen Kotten in den Kirchspielen Greven und Gimbte noch kein einziger genannt. Um 1370 gab es in der Bauerschaft Herbern nur einen Kotten, der schlicht der Kotten in Herbern genannt wurde. Um 1500 waren es bereits fünf! Das Schatzungsregister von 1498/99 verzeichnet nur erst wenige Kotten, jenes von 1589 dagegen im Kirchspiel Greven schon 35, dazu 2 Brinksitzer. Im Beifang Schöneflieth waren nach einem Vermerk im Gerichtsprotokoll von 1578 seit wenigen Jahren 12 bis 20 neue Kötter in der Mark angesetzt worden. Bis zur Mitte des 17. Jahrhunderts sind es dann bereits rund 60 Neubauerstellen geworden, obwohl längst nicht alle Neusiedlungen Bestand hatten. Schon gegen Ende des 16. Jahrhunderts klagten die Bauern über die rasche und unkontrollierbare Zunahme von Kotten, die durch ihre Viehhaltung und sonstige Nutzung, besonders durch die starke Plaggenmath die Marken zusehends verschlechterten und in ihrem Holzbestand und sonstigen Werten schädigten. Als die „Erbleute" (also die Inhaber der alten Höfe) im Kirchspiel Gimbte im Jahre 1701 den Gemeindewald Haselbusch zuschlagen, d. h. einzäunen wollten, um eine weitere Verwüstung des Jungholzes durch das einlaufende Vieh zu verhüten, richteten die acht Kötter des Kirchspiels eine bewegte Klage an die Ortsobrigkeit, den Domkellner zu Münster,

verhoffend, Ihre Hochw. Gnaden werden die eigenhörigen Köttere nicht ganß und gahr zu Grunde gehen lassen, denn wenn uns die Ausdrift (in den Haselbusch) besperet wirdt; woh sollen wir unße Biester lassen, woh sollen wier dan die monatliche Schatzung von bezahlen, ja woh sollen wier dan von leben, dan wier haben anders nicht(s) als die bloße Hausstette, wahr auf wier wohnen; was wier mehr haben willen oder haben müssen, (müssen wier) vor unse Gelt kauffen und heuern, ja die Biester, wan eine große Hitze wehr, liefen sie zum Busche hinein von Felde umb sich aldah zu beschützen, ja auch in der Kälte . . . [73])

Ob ihnen dieser Notschrei genutzt hat, steht dahin, er zeigt jedenfalls, wie schwer es geworden war, die Bedürfnisse der vielen kleinen Siedler mit den Erfordernissen einer vernünftigen Pflege von Wald und Heide in Einklang zu bringen. Das führte dann seit dem 17. Jahrhundert dazu, daß man von der Ansetzung von neuen Kotten nach Möglichkeit ganz absah und statt dessen das Heuerlingssystem einführte, dessen erste Ansätze in den Schatzungsregistern von 1664 und 1672 erkennbar werden. Die dort erst noch vereinzelt aufgeführten „Einwohner" sind die Heuerlinge der späteren Zeit!

Ganz kam aber auch im 17., ja selbst noch im 18. Jahrhundert die Gründung neuer Kotten nicht zum Erliegen, wie einzelne Beispiele zeigen mögen. Das Land des alten Stumpendorfer Hofes in Westerode war vom Martinistift in Münster seit Jahrhunderten dem Blomberg zur Erbpacht eingetan gewesen. Gegen Ende des 17. Jahrhunderts nahm das Kapitel diesem das Land wieder ab und setzte 1689 darauf einen neuen Kotten, Stumpe genannt, an.[74]) Noch um 1780 siedelte sich der domkapitularische Jäger Soest in der Herberner Mark an. Ein Beispiel aus dem 18. Jahrhundert zeigt, wie schwer es diesen Neubauern aber von den Altbeerbten gemacht wurde, hochzukommen. Im Jahre 1768 hatte Johann Heinrich Decker auf des Schulten Tertilt Kleykamp, der „ganz in Ohnstand" und fast zu Unland geworden war, einen Kotten gebaut, für den er dem Schulten eine jährliche Pacht von 24 Talern zahlen mußte. In einem Gesuch an den Domkellner (als Grundherrn des Schulten Tertilt) vom 26. Januar 1782 schildert er mit bewegten Worten seine Schwierigkeiten:

Ewer Hochwürden, Hochwohlgebohren, freyherrlichen Gnaden mus unterthänigst vorstellen, daß ich vor einigen Jahren auf einen zum Schulten Tertilts Erbe gehörigen und an der Floth gelegenen Kampf mit Bewilligung eines Hochw. Dom-Capituls mein Wohnhauß gebauet und solches seiter 13 Jahren bewohnet habe, ... Zudem habe auch für wenig Jahren von einen zur Tertilts Erbe wilden Grund, Kley genandt, 11 Stück Land zugekauft. Wie nun, um dieses und obigen Lande zu misten, auch zu meiner Nahrung einiges Vieh nötig habe, so habe selbiges Vieh gleich anderen Kotteren ihr Vieh allezeit ruhig auf der Floth zur Weide getrieben, habe aber in vorigen Sommer leider zu zween Mahlen erfahren müßen, daß mein Vieh durch Schulte Hansell, Zeller Frede und Holtrup ist aufgeschüttet worden. Um aber mein Vieh wieder vom Schüttstall zu erlangen, habe ein gantz ungwohnliches Weide- und Schütt-Geld zahlen müßen, da doch der Schulte Tertilt mit allen Vieh, was auf seinen Erbe ausgefüttert wird, in der Floth berechtiget ist, und ich keine mehrere Ländereyen als von Tertilts Erbe unter habe, dahero vermeine, gantz sicher in den Genus der Weide auf der Floth mit berechtiget zu sein und zwaren um demehr, weilen die in der Anlage sub B*) bemerckte Kötter und Einwohner ihr Rind- vieh, Schweine und Gänse auf der Floth ohnentgeldlich und ohngestöhret allzeit geweidet und auch darin weiden laßen ... [75])

Ob die Grundherrschaft dem bekümmerten Neubauer geholfen hat, ist nicht über- liefert. Man darf es bezweifeln, denn man sah wie gesagt diese ungehemmte Ausdehnung dieser kleinen und kleinsten Siedlerstellen nicht gern, da sie selbst kaum lebensfähig waren und dazu die Leistungskraft der Alterben zu bedrohen schienen. Diese suchten sich auf ihre Art gegen das Überhandnehmen der Neubauern und Heuerleute zu schützen. Als nach dem Siebenjährigen Krieg auch die Bauerschaften zur Abtragung der Kriegs- schulden wieder einmal Land aus der gemeinen Mark verkaufen mußten, knüpften sie daran die Bedingung, daß auf diesem Neuland keine neuen Kotten und Häuser gebaut werden dürften.[76]) Auch die unselbständigen Neubauer, die Heuerleute, die kein eigenes Land besaßen, wollten natürlich etwas Vieh halten und entsprechend auch dieses mit dem Vieh ihres Bauern in die Mark treiben, wie das oben mitgeteilte Schreiben lehrt, so daß sich die Bauern zuletzt auch selbst gegen die weitere Ausdehnung des Heuerlings- wesens wandten, vor allem deshalb, weil sich offenbar manche Bauern Heuerleute oder besser gesagt Wanderarbeiter aus benachbarten Bauerschaften heranzuziehen suchten.**) Da die Neubauer und Heuerleute bei den Markenteilungen nicht berücksichtigt wurden, gerieten manche von ihnen in eine wirtschaftlich mißliche Lage, da ihnen nun die Grund- lage für ihre Viehhaltung entzogen wurde, die ja doch ganz wesentlich auf eine mehr oder minder starke Mitnutzung dieser Gemeinheit aufgebaut gewesen war. Es sind aber in der Folgezeit trotzdem nur wenige Kotten eingegangen, da es ihren Inhabern meist gelang, durch Ankauf von Markengrund bei den Altbeerbten, die vielfach noch nichts Rechtes mit ihrem reichen Zuwachs anzufangen wußten und daher gerne bereit waren, von ihrem Reichtum, besonders im abgelegenen Winkel der weiten Heiden abzugeben, sich und ihrer Wirtschaft eine neue ausreichende Grundlage zu schaffen. Die Abgabe- freudigkeit der Altbeerbten nach den Markenteilungen haben sich manche Neubauer zunutze gemacht. Bis 1859 sind durch Landkauf oder auch durch Zersplitterung größerer Höfe etwa 20–30 neue Stellen entstanden. Nach außen hin ist die starke Zunahme an kleinen und kleinsten Siedlerstellen seit dem 16. und 17. Jahrhundert kaum in Erscheinung

---

*) In der Anlage B werden folgende Kötter aus der Bauerschaft Westerode genannt, die ins Floth eintrieben: Zeller Holtrup 2 Kötter, Zeller Frede 1 Kötter, Schulte Ostenfelde 3, Schulte Tertilt 1, Semans-Dieck, Weßmans Kötter, Ausmans Kötter, Laumanns Kötter usw. Sie zahlten für Pferde einen halben Taler und für einjährige Fohlen $1/_4$ Taler. Die sonstige Nutzung war frei.

**) In Herbern beschloß daher die Bauerschaft 1805, „daß in Zukunft keiner solte ein Heuermann in seine Heuer nehmen, welcher nicht in die Bauerschaft würcklich ist. Er solte es vorher den Baurrichter und seine Nachbahren anzeigen, damit diese sich darüber können berahten, ob es dienlig ist oder nicht" (Bauerschaftsbuch von Herbern im Besitz des Schulten Eilfing, Herbern).

getreten. Das Schatzungsregister von 1664 gibt für Greven und Gimbte 281 schatzungspflichtige Höfe an, der Generalstatus von 1763/64[77]) 286, also nur 5 mehr, davon 262
im Kirchspiel Greven, dessen letzterhaltenes Schatzungsregister von 1800 schließlich
263 abgabepflichtige Höfe zählt. Und doch hatte die Zahl der Wohnstätten in der Zwischenzeit beträchtlich zugenommen, wie der status animarum, jene erste, einigermaßen zuver-
lässige Volkszählung aus den Jahren 1749/50 lehrt. In der Bauerschaft Westerode beispielsweise zählte das Schatzungsregister von 1664 39, das von 1800 40 schatzpflichtige Erben
und Kotten, der status animarum dagegen 62, also um genau ein Drittel mehr! Im Kirchspiel Gimbte gab es 1704 neben 24 Erben und Köttern noch 10 „unschatzbare" Heuerleute und Leibzüchter, die in keiner Steuerliste erscheinen. Später waren es ständig 9.[78])
Die Zahl der mittelalterlichen Höfe betrug im Kirchspiel Greven 187, von denen bis
1500 bereits 15 wüst geworden waren, dazu im Kirchspiel Gimbte 17, abzüglich 2 bis
um 1500 eingegangene Höfe, im ganzen also gegen Ende des Mittelalters noch 188 Erben
und Halberben, ferner etwa 18 Pferdekötter und vielleicht 16 jüngere Markkötter. Eine
erste neuzeitliche Zusammenstellung von 1837 zählt für den Amtsbezirk 216 spannfähige
Höfe (das sind also die alten Erben, Halberben und Pferdekötter zusammen) und 146
kleinere Stellen, zu deren Bewirtschaftung kein Gespann gehalten zu werden brauchte.
Die Zahl der größeren Höfe hat also in den drei Jahrhunderten durch das Aufrücken
einiger Kotten zu Pferdekotten nur unwesentlich von 208 auf 216 zugenommen. Die
kleineren Stellen dagegen von 16 auf 146, bis 1851 sogar auf 158.*)
Betrachten wir die Siedlungslandschaft des Amtes Greven als Ganzes, so ist vorab
zu bedenken, daß sich das ursprüngliche Bild seit den Markenteilungen des vorigen
Jahrhunderts ganz gewaltig verändert hat. Das meiste Ödland ist seitdem kultiviert oder
wieder aufgeforstet worden, viele neue Bauernhöfe und Siedlerstellen sind seitdem in den
weiten Markengebieten angesetzt worden, denen man es heute kaum noch ansieht, daß
ihre Äcker, Wiesen und Weiden vor einem Jahrhundert und mehr noch Heide und Ödland
waren! Eine Vorstellung dieser ehemaligen Heidelandschaft gibt heute nur noch das
Naturschutzgebiet, wie etwa jenes in der Hüttruper Heide am Kanal gegenüber Schulte
Farwick und auf seinen Gründen, das mit seinen krüppeligen Föhren, seinen bis zu drei
Meter hohen Wacholderbüschen, seiner weiten Heide und den grundlosen Sandwegen
den alten Landschaftscharakter unberührt bis in unsere Tage hinübergerettet hat. Der
Naturfreund wird es bedauern, daß sich die unverfälschte Natur mit all ihren Schönheiten
und Kostbarkeiten an seltenen Tieren, Nachtschwalben, Pflanzen und Blumen auf solch
kleine Fleckchen Erde zurückziehen mußte; das Leben verlangt indes sein Recht.
Schon von altersher hat der steigende Bedarf an landwirtschaftlichen Gütern zur
Ausweitung der Ackerfläche und der Viehweiden gezwungen, und doch bestand vor
rund hundert Jahren die Grundfläche des Amtes Greven noch zu über 60 % aus Ödland
und Heide! Eine gute Vorstellung von der Ausdehnung der alten Marken kann uns heute
nur noch die Karte vermitteln (Abb. 4). Auf ihr sind die großen, zusammenhängenden
Heideflächen noch gut zu erkennen, von denen heute nur noch geringe Reste vorhanden
sind, während das meiste wieder zu Gemischt- oder Nadelholzwäldern aufgeforstet worden
ist, soweit es nicht zu Kulturland gerodet wurde. Auch vorher schon waren im Laufe

---

*) In dem Zeitraum von 1816—28 wurden im Kirchspiel Greven 15 neue Hausstellen, davon
5 Heuerlingshäuser und im Kirchspiel Gimbte eine Neubauerstelle errichtet, während in der gleichen
Zeitspanne ein Heuerhaus niedergerissen wurde (AAG II 1 Nr. 5). Die Angaben von 1837 und 1851
im AAG II p Nr. 3,1. Ebd. eine jüngere Aufstellung, die für 1816 224 und für 1859 219 spannfähige
Höfe im Amtsbereich zählt, dazu für 1859 im Kirchspiel Greven 127, im Dorf 65 und im Kirchspiel
Gimbte 24 kleinere Stellen angibt. Nach den gleichen Akten sind bis 1879 hierin keine weiteren Veränderungen eingetreten.

vieler Jahrhunderte immer wieder Grundstücke am Rande oder auch mitten in der Mark von einzelnen Bauern gerodet worden. Wollte ein Bauer einen solchen Zuschlag, d. h. ein Grundstück, das er für sich mit Zäunen und Hecken „zuschlagen" durfte, in der gemeinen Mark erwerben, um es allein zu nutzen und vor dem Zutritt des fremden Viehes zu bewahren, so mußte er hierzu die Zustimmung aller Beerbten der Mark gewinnen, die meist in der Form einer Erbpacht erteilt wurde, für die an die Bauerschaftskasse eine gewisse Summe entrichtet werden mußte. Wie ein solcher Vertrag aussah, zeigt ein Beispiel aus dem Jahre 1621:[79])

In Gotts Nahmen Amen. Kund und zu wissen sey hiemit Allen und Jedermennichlichen, denen gegenwärtiges Instrumentum zusehen, lesen oder hören lesen vorkommen wirt, daß nach Christi unsers Herren und Erlösers heilsamen Gepuert im thausend sechshundert und ein und zwanzigsten Jahr in der vierten Indiction, Römerzinßzahl genandt, am Sontagh, den achtzehnten lauffenden Monatz Aprilis sein vor mich offenen gemeinen, dazu sonderlich requirirten Notario, in nach ernenter Gezeugen Gegenwertigkeit erschienen die erbaren Georg Schulte zum Dyke, Johan Herder, Johan Hesselman, Johan Engelberdingk, Johan Heitman und Hermann Schulte Haßkehof, Kirspels Greven und Hemberger Pauwerschafts eingeseßene Menner, und haben alda offen freiwilichlich und eindrechtiglich zuerkennen gieben für sich, ihrer Pawerschaft Hembergen Miteingeseßene und alle ihre Erbfolgere, weßgestalt sie mit guttem freien Willen und woll vorbedechtes Gemuhtes dem auch erbaren Johan Schulte Oithmaringk und Hermen Hilmer daselbsten in der gemeinen Hemberger Marcke auff der breiden Wisch genandt einen Platz, in maeßen derselbe abgepelet, eingethan, zwantzig Jahr langk, davon das Jahr zwantzigh sechse das irste sein soll, für die Sumb von virtzigh Reichsthallern (diewelche die Kauffere Oitmaringk und Hilmer der Gemeinheit zu Hembergen verrichtet und bezahlet). Auch sollen die Kauffere jahrlichs ein Pundt Wachses in die Kirche zu Hembergen gieben und bezahlen, und nach Verlauf der zwanzigh Jahren, davon das Jahr sechszehnhundert viertzigh funffe das leste sein soll, sollen und wollen die Kauffere oder ihre Erbfolgere Jahrs das gte. Pundt Wachses in die Kirche zu Hembergen verrichten und bezahlen, wie auch den gemeinen Bauwermenner jehrlichs und alle Jahr auf den Vastensendt einen halben Reichsthaller oder viertzehn Munster Schillinge gieben und bezahlen, und sollen dagegen sie die Kauffere und alle ihre Erbfolgere zu allen Zeiten sothanen Platz zu genießen haben, auch die jahrlichs verscheinende Pundt Wachses und halben Rthlr. unweigerlichs verrichten und bezahlen, wielches sie die Kauffere für sich und alle ihre midtbeschriebene und die Verkeuffere für sich und alle ihre Mitbeschriebene selbigen Kauff zu halten sich verpflichtet bei Verunderpfandung ihrer allinger und semptlicher Haabschaft, auch mit Begiebungh alles Behilfs, wodurch dieser Kauff und respective Verpfachtungh einigergestalt hindertrieben werden mughte, wie daßelbe auch erdacht werden oder einen Namen haben konte, alles getreuwlich und ohne Gefehrde. Geschehen sein diese Dinge ihm Dorpfe Greven in meines Notarii gewondtlicher Behausung, dabei an und über gewesen sein die erbare Johan Schulte Grotehof, Johan Schulte Gerlingk, Gerhard Scharpehaus und Johan Rickeringk, Kirspels Greven und Herbender Pawerschafts Eingesessene, als gelaubhafte Gezeugen hiezu sonderlich beruffen und erpetten.

Häufig genug versuchten die Bauern auch, ohne die Zustimmung ihrer Markgenossen vorher eingeholt zu haben, sich Zuschläge in der Mark zu schaffen. Das führte dann vielfach zu den größten Streitigkeiten, von denen die Markengerichtsprotokolle fast auf jeder Seite berichten. Ein Beispiel aus dem Protokoll des Gogerichtes tor Meest statt vieler:[80]) Im Jahre 1603 wurde Johann Markfort in Pentrup vom Fiskus angeklagt,

das er ungefehr vor ein halb Jahr aus dem Pentrupschen Mersche, darin er vor anderen interessirten gemeinen Marckgenossen specialiter nit previlegirt, einen gueten und weit sich erstreckenden Theil Grundes ohn obgedachter Marckgenossen Furwißen und Bewilligungh propria auctoritate et de facto (aus eigener Machtvollkommenheit) ab und in seinen dabei angrentzenden Kampe eingeschlagen, auch als ihme bei Poen (Strafe) (von) 20 Goldgulden verboten worden, obgedachten Zuschlagh innerhalb dreien Tagen abzuschaffen und in pristinum statum zu restituiren (in den früheren Zustand bringen), daß er gleichwoll dem ungeachtet denselben also, wie er innen (ihn) unfueglich gemachet, bestehen lassen, also inhibitioni notorie contravenirt (dem Einspruch offenkundig zuwider gehandelt).

Ein weiteres Beispiel aus wenig späterer Zeit:[81]) Schulte Jochmaring hatte ohne Erlaubnis der Gutsherren und der nächst beteiligten Bauern, nur mit Zustimmung der Dörfer, denen er einige Fuder Bollen zur Straßen dafür gegeben hatte, in der Kroner Heide zwei Zuschläge gemacht, einen Kamp (den Nienkamp) von etwa 10 Scheffel und einen vor der Straße aus der Heide am Schlagbaum linker Hand zu seinem Hof hin von zwei Scheffelsaat. Ferner hatte er an der Sunderbeek, an seiner Wiese, Planken gesetzt, um das Wasser zur Heide hinzutreiben, damit es dort Land abbreche und an seiner Wiese ansetze. Der Anwachs betrug bereits ein Fuder Heuwachs. 1650 (Jan. 22) einigten sich die Eingesessenen von Wentrup und Maestrup: Rotgermann, Tegeder, Gripeskamp, Bruning, Fedderman, Schloetman, Steggeman, Konerman, Mennichman, Bonstrup, Busch, Rickerman, Eistrup, Becker und Kaup mit Sch. Jochmaring. Für die Zuschläge und den Zuwachs zahlte dieser jährlich an die Kirche in Greven 2 Pf. Wachs, ablösbar mit 10 Rtl., dann alle sieben Jahre, „wan die marck umbgangen wirt", 2 Rtl. zu einer Tonne Bier (ablösbar mit 10 Rtl.).

Das Verkaufen von Zuschlägen aus der Mark war für die Bauerschaft ein beliebtes Mittel, zu Gelde zu kommen, um fällige Kontributionen und Steuern oder sonstige Sonderausgaben davon zu bestreiten. Hatte man schon während des Dreißigjährigen Krieges mehrfach zu diesem Mittel gegriffen, drückende Schuldenlasten abzutragen, so geschah dies im 18. Jahrhundert, nach dem Siebenjährigen Kriege in ganz großem Ausmaße. Zur Tilgung der während dieses Krieges gemachten Schulden wurden für viele Tausende Taler Land aus den gemeinen Marken an die verschiedensten Interessenten verkauft. Über einzelne dieser Verkäufe liegen genaue Zahlen vor. So verkaufte das Dorf Greven aus der Lindersheide und an anderen Stellen in den Jahren 1763 und 1767 für 2502 Taler, 21 Gr. wüsten Grund.[82]) Da für einen Scheffelsaat 10 Taler gezahlt werden mußten, waren es also genau 250 Scheffelsaat bzw. nach unserer Rechnung 100 Morgen oder 25 Hektar Neuland, das in wenigen Jahren allein auf der Feldflur des Dorfes Greven der Kultur gewonnen wurde. Im ganzen Kirchspiel wurden aus den gleichen Gründen in den Jahren 1775, 1777, 1778 und 1782 sogar 1236 Scheffelsaat, das sind fast 500 Morgen, Markengründe verkauft; an den rund 30000 Morgen Heide und Ödland, die das Kirchspiel noch 1828 zählte, gemessen, also etwa 2 %.[83]) Auch in der Folge, besonders in der Franzosenzeit, konnte Greven nur durch umfangreiche Verkäufe aus der Mark wenigstens einen Teil seiner Schulden abbezahlen. 1793 wurden (laut Kirchspielsrechnung) rund 110 Scheffel Markengrund verkauft, um einen Kapitalsfonds für eine geplante Gehaltszulage von 40 Tlr. für den Dorfschulmeister zu schaffen. Seit 1802 wurden in der Greven-Wentruper Mark 356 Scheffelsaat Land für 2185 Taler und in der Besatzungszeit gar für 3676 Taler, davon allein im Jahre 1813 für mehr als 2971 Taler Land verkauft, also wieder fast 100 Hektar Land zur Kultur gebracht.[84]) Der Generalstatus von 1763/64 gibt das gesamte Saatland im Kirchspiel Greven mit 10115 Scheffelsaat und im Kirchspiel Gimbte mit 1111 Scheffelsaat an. Das wären in Morgen umgerechnet 4046 Morgen im Kirchspiel Greven und 444 Morgen im Kirchspiel Gimbte. Stimmen diese Angaben auch nur ungefähr,*) so zeigen sie doch, welche Fortschritte die Landeskultur gerade seit etwa 1760 gemacht hat.

Bestand das Amt Greven um 1830 noch zu fast 60 % aus Heide und Wald, so betrug dieser Anteil um die Mitte des 18. Jahrhunderts, wenn man die Angaben des Generalstatus von 1763/64 zugrunde legt, noch rund 85 %! Berücksichtigt man, daß bei dieser

---

*) Der Unterschied zwischen den 4046 Morgen des Grevener Kulturlandes von 1763 zu den 18402 von 1828 ist unglaubwürdig, der von 444 zu 500 beim Gimbtener Ackerland schon eher. Die Auslassung der nicht schatzpflichtigen Neuwohner kann den gewaltigen Unterschied allein nicht erklären.

44

Aufstellung nur die schatzpflichtigen Höfe mit ihrem Grundbesitz gezählt, dagegen die zahlreichen kleinen Neusiedlungen des 18. Jahrhunderts ausgelassen worden sind, wird man der Wahrheit näher kommen, wenn man den Anteil des Kulturlandes unter weiterer Berücksichtigung des durch die stets zu niedrige Selbsteinschätzung der Bauern entstehenden Minus um mindestens 10 % heraufsetzt, so daß damals etwa Dreiviertel der Gesamtfläche des Amtes Greven noch aus Heide und Ödland bestanden haben werden. Im Mittelalter war der Anteil der von den Bauern noch nicht irgendwie in Kultur genommenen Fläche gewiß größer, und in der altsächsischen Zeit wird der Anteil des kultivierten Landes noch keine 10 % betragen haben.*) Zu einem ähnlichen Ansatz gelangt man auch, wenn man den durchschnittlichen Anteil eines jeden Althofes an den Eschen der Berechnung zugrundelegt. Nach einer Übersicht über die größeren Esche im Amt von 1856[85]) läßt sich dieser Anteil auf etwa 10 Morgen = 25 Scheffel errechnen. Nimmt man an, daß entsprechend jeder Althof ursprünglich 10 Morgen Ackerland gehabt hat, so ergäbe dies für die Urzeit eine Gesamtackerfläche von rund 2000 Morgen = knapp 4 % der Oberfläche des Amtsgebietes! Auch unter Hinzurechnung von Gartenland, Wiesen und sonstigen, teilweise gewiß uralten Einzelkämpen würde der Anteil des gesamten Kulturlandes in altsächsischer Zeit gewiß nicht über 6 % betragen haben.

Über den Zustand des Kulturlandes in älterer Zeit fehlen genauere Nachrichten. Für einzelne Höfe gibt es zwar schon seit dem Ende des 16. Jahrhunderts mehr oder weniger genaue, grundbuchartige Aufzeichnungen des Kulturlandes, zum Teil sogar mit katastermäßigen Zeichnungen desselben,[86]) doch vermitteln sie nur ein unvollkommenes Bild der allgemeinen Verhältnisse. Das französische Kataster von 1809 verzeichnet zwar auch die Ländereien eines jeden Hofes nach den Angaben des Besitzers; über den Wert und die Bearbeitung, und vor allem über die Erträge des Landes gibt es gleichfalls keine Auskunft. Wie ungenau zudem diese Selbsteinschätzungen der Bauern waren, zeigt ein Vergleich dieser Aufnahme von 1809 mit dem preußischen Urkataster von 1828. Im Jahre 1809 sollte die Grundfläche des Kirchspiels Gimbte 1068 $\frac{1}{8}$ Münsterländische Morgen groß sein, also etwa 1230 Preußische Morgen. Das preußische Urkataster berechnet dagegen die Fläche des Kirchspiels auf 1444 $\frac{1}{8}$ Morgen!**)

Erst ein wertvoller und trefflicher Bericht des Maire Schründer aus der Zeit um

---

*) Aus älterer Zeit fehlen alle statistisch verwertbaren Angaben über die Ausweitung des Kulturlandes. Wie groß sie auch schon damals war, lehrt eine Notiz aus dem Jahre 1664, derzufolge „vor lengst und vielen Jahren" Schulte Tertilt im Hanseller Floeth drei Malter Saatland zugeschlagen hatte, während Schulte Hansell, Wilmer, Vrede, Holtrup und Loißing zusammen etwa 9 Maltersaat abzukämpen begehrten (StAM, DK, H. Schöneflieth E Nr. 11).

**) Die Bauern machten natürlich ihre falschen Angaben mit Absicht, um an der Grundsteuer zu sparen, und auch die scharfen Edikte, die 1810 und 1811 gegen diese falschen Deklarationen ergingen, halfen nicht allzuviel, dagegen brachte die im März 1811 eingesetzte Cantonversammlung unter der „Präsidentschaft" des Maire Schründer, deren Hauptaufgabe die Berichtigung und Ausgleichung der Grundsteuermutterrollen war, die größten Schwindeleien notgedrungen an den Tag, da sie die einzelnen Grundstücke abschreiten lassen mußte! Mogeln konnte man natürlich auch bei dieser Methode, aber doch nicht mehr in dem Maße wie bisher. Die so ausgemessenen Grundstücke erreichten jetzt vielfach die doppelte Größe der früheren Selbsteinschätzung! Zu ihrer Entschuldigung führten die Bauern an, daß sie mit dem Maß- und Rechnungswesen wenig vertraut und nicht gewohnt seien, die Einsaat vorher zu messen, zumal jedes Stück ein anderes Maß erfordere und dünner oder dichter zu besäen sei (AAG III a Nr. 7 zum Jahre 1810). Schon im Jahre 1600 wird von einem Kamp des Hofes Gerbert in Herbern gesagt: „darauf wird kein Roggen geseyet, helt aber drittehalb Scheffelsath, sonsten aber vier Scheffel Haversath" (StAM, Dep. Bentlage 1 II B Nr. 33). Und im Kataster des Hofes Gr. Sundrup (um 1670) heißt es: „man mues dieser Scheffel 3 jegen 2 rechnen, weils uffm Sande dünner geseiet wirdt" (StAM, DK, DKelln. Heberegister Nr. 45 Bl. 61).

45

1810[87]) gibt über das Kulturland seiner Bürgermeisterei – die damals allerdings nur das Kirchspiel Greven rechts der Ems, also ohne die Bauerschaften Westerode, Herbern und Hembergen, umfaßte – folgende Einzelheiten:

Der Boden besteht aus leichtem Sande, worauf nur Roggen, Buchweizen und leichter brauner Hafer verbaut werden können. Wiesen gibt es wenig; an der Ems der hohen und sandigen Ufer wegen sieht man fast keine einzige, am Eltingmühlenbach wenige; was man hat, sind Feldwiesen von geringem Ertrag, und auch ihre Zahl ist nicht groß und steht mit dem Ackerbau in gar keinem Verhältnis. Holz fehlt gleichfalls. Die meisten Bauern haben kein anders, als was die Wallhecken hervorbringen. Kaum der zehnte ist in der Lage, Holz verkaufen zu können, und derer, die geschlossene Büsche haben, gibt es in der ganzen Commune nur sechs. Das Dorf (Greven) ist daher genötigt, seinen Holzbedarf fast ganz aus dem Lippedepartement (jenseits Warendorfs) zu beziehen. Torfgruben gibt es nicht.

Vergleichen wir damit die statistischen Angaben, die der Bürgermeister Tümmler auf Grund des Urkatasters von 1828 macht (die Zahlen sind abgerundet):

	Greven		Gimbte	
	Morgen	in %	Morgen	in %
Acker	18 402	35	500	35
Wiesen	1 341	2	13	1
Weiden	1 877	$3^1/_2$	27	2
Holz	5 937	11	93	$6^1/_2$
Heide	23 690	45	758	52
Gärten	304	1	5	$1/_2$
Gebäude	261	$1/_2$	2	–
Wege, Flüsse usw.	1 172	2	45	3
insgesamt*)	52 984	100	1443	100

und was er dazu über die landwirtschaftlichen Verhältnisse seines Amtes sagt:[88])

In der Bürgermeisterei Greven werden fast in der Regel auf einem Kolonate von 70/80 Morgen 2 Pferde, 4 Kühe, 4—6 Rinder und Kälber gehalten. Der Fruchtwechsel wird bei der bedeutenden Verschiedenheit des Bodens auf dem obigen sehr ausgedehnten Flächenraum ebensosehr verschieden, und hierüber ist keine bestimmte Regel anzugeben; dies um so weniger, da noch vor 20—25 Jahren fast sämtliche Kolonen ein Hauptdüngungsmittel in den Heide-Plaggen zu haben wähnten, wovon solche aber allmählich abgekommen sind, nunmehr andere Mittel als Sand, Erdmaterial etc., welches durch Abtragen hochgelegener Grundstücke gewonnen worden, anwenden, was auf die Fruchtfolge einwirkt.

*) Dazu zum Vergleich die Nutzungsflächen in den Kirchspielen Greven und Gimbte von 1900 und 1931 in %. (Die reinen ha-Flächen schwanken bei den einzelnen Erhebungen. Die Gesamtfläche nach der letzten Berechnung für 1942: Greven 13540, Gimbte 776 ha, das ganze Amt 14316 ha):

Nutzungsart	Greven		Gimbte	
	1900	1931	1900	1931
Ackerland	39	40	$47^1/_2$	$51^1/_2$
Wiesen	4	$4^1/_2$	3	$7^1/_2$
Weiden	10	11	4	9
Forsten	$34^1/_2$	26	38	$25^1/_2$
Haus und Hof	$—1/_2$	1	$—1/_2$	$—1/_2$
Wege und Gewässer	$3^1/_2$	$4^1/_2$	5	$4^1/_2$
Ödland	$7^1/_2$	12	1	$—1/_2$
Gärten	1	1	1	1
	100	100	100	100

(Grundlage der Berechnung: AAG I e Nr. 11).

An Wiesen ist die Bürgermeisterei wirklich arm zu nennen, die vorhandenen sind durchschnittlich schlecht, geringen Ertrags, zweischurige selten. Der Holzwuchs gedeiht hier schlecht, nur wenige und dann noch kleine Büsche, die hartes Holz tragen, sind hier vorhanden. Die gewöhnlichen Holzarten sind Eichen, Birken, Erlen. Hochwaldbestände sind nicht vorhanden, und das Eichen-Nutzholz ist infolge dafür erzielter hohen Preise sehr gemindert.

In beiden Gemeinden (Greven und Gimbte) ist Sandboden vorherrschend, theilweise kommt Sanckelboden vor, und nur in der Bauerschaft Westerode, Gemeinde Greven, haben einige Kolonate großenteils Kleiboden.

Die Qualität des Sandbodens war sehr unterschiedlich. Das liegt nicht nur in der Natur des Bodens begründet, fast mehr noch in der Pflege, die von den Bauern auf ihr Land, je nach dem es näher oder weiter vom Hofe entfernt lag, aufgewendet werden konnte. Sehr aufschlußreich über den Zustand und die Bewirtschaftung des Landes sind die Klassifikationsprotokolle, die im Jahre 1809 als Grundlage für die französische Steuermutterrollen ausgearbeitet wurden. Für jede Gemeinde (Bauerschaft) wurden sie gesondert aufgestellt, doch sind sie sich in der Klassifikation des Bodens, also in der Einstufung des Landes in verschiedene Güteklassen, alle gleich, und es zeigt sich, daß auch die Bewirtschaftung und Pflege des Bodens in allen Bauerschaften dieselbe war. Das Protokoll der Sektion Dorf Greven, das als Beispiel für alle anderen Sektionen mit gelten mag, lautet:[89])

Im Jahre 1809 am 27. Tag Monaths Juny haben wir Endesunterschriebene, Mathias Terfloth als Vorsteher und Henrich Deipenbrock, Gerhard Frede und Henrich Beckermann Landwirte, von dem Herrn Praefecten zur Classification der Gesammtflure der Gemeinde Dorf Greven ernannte Commissarien nach unseren Kentnissen über die Natur des Bodens und dessen Ertragsfähigkeit folgende Klassen für die einzelne Culturarten nach unseren reinsten Gewissen festgesetzt.

Die Ackergründe dieser Gemeinde müssen wegen drey darinn vorkommenden Hauptverschiedenheiten des Bodens in drey Klasen eingetheilt werden.

Ackergründe
Natur des Bodens

Der Boden der ersten Klasse besteht aus Sandboden, welcher durch seine nähere Lage an dem Dorfe eine sorgfältigere und bessere Verpflegung genossen und dadurch in einen besseren Zustand gesetzt ist.

Der Boden der 2. Klasse besteht ebenfalls aus Sandboden, der in der Natur des Bodens selbst dem der ersten Klasse nachsteht, wie auch wegen seiner mehreren Entlegenheit vom Dorf nicht so guth verpflegt ist und deshalb in einem geringeren Zustande sich befindet.

Der Boden der 3. Klasse ist ein magerer, zum Theill mit Oen untersetzter Sandboden, wovon ein Großentheill wegen seiner nahen Lage am Sandberge mit Wehesand bedeckt wird, unter dieser letzten Klasse gehört der Kalverkamps- und Brückenmersch, desgleichen die aus der Lindersheiyde zugeschlagenen Grundstücke.

Was hierauf gezogen wird

Der Boden der ersten Klasse kann, wenn er einmal zum vollen gedünget wird, zwey Jahren Roggen und ein Jahr leichten braunen Hafer tragen. Der Boden der zweyten Klasse nach einmahligem Düngen das erste Jahr Roggen und das zweyte Jahr leichten Hafer tragen. Der Boden der 3. Klasse muß jedes Jahr gedünget werden und trägt abwechselnd Roggen und Hafer, die unter dieser Klasse gehörenden Kalverkamps- und Brückenmersch werden drey Jahre gesahet und bleiben dann wieder so lange braak liegen.*)

---

*) Eine Beschreibung der landwirtschaftlichen Verhältnisse im Amt Wolbeck aus dem Jahre 1803 (StAM, Fst. Münster Hofkammer III Nr. 9) sagt über die Behandlung des Sandbodens folgendes aus: Der Sandboden wird järlich um die Zeit Michaelis gedünget und mit Roggen besaamet. Nach der Roggenernte gleich wieder umgebauet, gedünget und wieder mit Roggen besaamet, wann aber statt des Roggens Buchweitzen oder Haber gesäet wird, so bleibt solches den Winter hindurch ohngebaut

Culturkosten

Zum Pflügen sind zwey Pferde und ein Mann erforderlich. Gleich nach der Ärnte wird das Land einmahl gestrichen und geegget, zur Zeit der Einsaath einmahl gepflüget und darauf geegget. Das Land wird mit Stallmist, so mit Heydplaggen vermischet, gedungen, welche wegen Entfernung der Heyde mühesam herbey zu schaffen sind und dahero außerordentliche Kosten verursachen. (Ein Scheffelsaat Landes erfordert ein Fuder Stallmist und fünf Fuder Plaggen zum Düngen; ersteres wird hier willig mit einem Reichstaler in Conv. Müntze bezahlt, ein Fuder Plaggen kostet mit Einschluß des Stechens neun gute Groschen.)*)

Auf der Scheffelsaath Landes, welches 62^1/$_2$ (nach preußischer Rechnung 72) Ruthen enthält, wird etwas über ein Scheffel Roggen gesähet, man kann annehmen, daß auf einen rheinländischen Morgen, welcher 2^1/$_2$ Scheffelsaat groß ist, 2^3/$_4$ Scheffel Roggen gesähet wird; Hafer wird auf ein Scheffelsaat zwey Scheffel gesähet, macht fünf Scheffel pro Morgen.

Ertrag in gewöhnlichen Jahren

Die Ländereyen der 1. Klasse geben brutto fünf Scheffel Roggen oder zehn Scheffel Hafer pro Scheffelsaath, die der 2. Klasse geben pro Scheffelsaat vier Scheffel Roggen oder acht Scheffel Hafer, die der 3. Klasse geben pro Scheffelsaat drei Scheffel Roggen oder sechs Scheffel Hafer.**)

Gärten

Diese werden in 2 Klassen getheilt. Die 1. Klasse begreift diejenige, welche unmittelbar an den Häusern liegen. In der 2. Klasse werden jene Gärten begriffen, welche außerhalb dem Dorfe liegen.

Wiesen

Sind wenig vorhanden und giebt es nur eine Klasse, welche je Morgen 600 Pfund Heu liefert.***)

Weiden

Diese werden in zwey Klassen eingetheilt. Die erste Klasse zu 8 Scheffel auf eine milchgebende Kuhweyde, die zweyte Klasse zu zehn Scheffelsaat auf eine milchgebende Kuhweyde. Fettweyden sind nicht vorhanden.****)

Holz

Sind zwey Klassen. Die der ersten Klasse besteht in den in der Schönefliethschen Hovesaath befindtlichen zwey Büschen, bestehen in einigen Eichen und Schlagholz.

Die der zweiten Klasse besteht in die zwischen den Albachten- und Marktesch belegene Landwehr, welche mit Reisholz besetzt und ist meistbietend für 2 Reichstaler verheuert, sodann einige andere mit Reisholz besetzte Plätze. Das Schlagholz bringt in 30 Jahren ... Das Reisholz der Landwehr jährlich 2 Rtl. Miethe, das übrige Reisholz liefert jährlich auf den Morgen 20 Büsche.

---

liegen, und das Land wird kurz vor der Einsaat umgepflügt und der Haber Anfangs May, der Buchweizen aber gegen Ende May nach Beschaffenheit der Witterung eingesäet.

*) Nach einer Prozeßakte im Besitz des Schulten Pellengahr-Höping in Aldrup aus dem Jahre 1824 rechnete man damals 10 Fuder Plaggen zu 2 Taler, 12 gute Groschen!

**) In der oben genannten Beschreibung von 1803 heißt es über den durchschnittlichen Ertrag auf dem Sandboden, daß er in guten Jahren „die beste Art das achtfache, die mittlere das sechsfache, die schlechtere Art das vierfache Korn" gebe.

***) 1803 rechnete man als durchschnittlichen Ertrag der
1. Klasse auf 6 Berl. Scheffel Einsaat (= 972 rheinl. Quadratruten) 2^1/$_2$ Fuder (zu 10 Zentner) 1. Schnitt um Johannis
   2. Schnitt vor Michaelis bringt 1^1/$_2$ Fuder
2. Klasse geschnitten um Jakobi bringt 2 Fuder, hinterher nur mit dem Vieh betrieben
3. Klasse geschnitten nach Anwuchs.

****) Im Jahre 1803 rechnete man auf eine Weide von 6 Scheffeln (Berliner Maß) in der ersten Klasse 2 Kühe, in der zweiten anderthalb Kühe, während die Weiden dritter Klasse nur zur Rinder- und Kälberweide genutzt werden können.

Nach geschehener Classification der Gesamtflure der Gemeinde haben wir gegenwärtiges Protocoll geschlossen und unterschrieben.

Greven den 27, Juni 1809

Terfloth   Bröcker als Proto(kollant).

Die Angaben über die Bodenverhältnisse in den anderen Bauerschaften decken sich zum Teil wörtlich mit denen dieses Protokolls. Die Einstufung der 1. und 2. Klasse des Ackerlandes ist überall die gleiche, ebenso die der dritten Klasse. Bei den unmittelbar an der Ems gelegenen Bauerschaften werden die der Überschwemmung und Versandung durch die Ems ausgesetzten Fluren stets zur dritten, schlechtesten Klasse gerechnet, desgleichen die in der Nähe von Sandbergen der Verwehung ausgesetzten Äcker. Fast allgemein werden diese Grundstücke nur drei Jahre lang besät, um dann mehrere Jahre, meist drei, in Hüttrup sogar fünf Jahre lang brach liegen zu bleiben.*) Bemerkenswert ist noch, daß in Pentrup sogar ein Teil des Esches zur Klasse 3 gerechnet wird, wohl weil er der Emsüberschwemmung ausgesetzt war.

Ein Bericht aus dem November des Jahres 1810 gibt über das Ackerland in den einzelnen Bauerschaften noch folgende Einzelheiten: In der Bauernschaft Pentrup liegen die Höfe Holscher, Suverlacke, Drentrup und Hovest auf dem schlechtesten Boden, mittelmäßig ist das Land von Glanemann, die übrigen haben besseres Land. Der Boden in der Bauerschaft Hüttrup ist im Durchschnitt nicht so gut wie in Pentrup, während er in Schmedehausen wieder etwas besser ist (dazu stimmen die Ergebnisse der Bewirtschaftung in diesen Bauerschaften nach dem Protokoll von 1809 nicht, vgl. unten!). In Maestrup sei der Boden etwas besser als in Guntrup und Bockholt, noch besser in Wentrup und in Greven selbst, während Hembergen mehr Westerode gleiche, in der Qualität des besten Bodens aber Maestrup gleichkomme. Die Bauerschaft Herbern habe wieder etwas besseres Land als das rechte Emsufer, während in Brintrup und Wichtrup die gleichen Bedingungen wie in Westerode herrschten und das Land nicht so gut sei wie in Aldrup. Die Bauerschaft Fuestrup endlich gleiche wieder mehr der Bauerschaft Bockholt. Aufs Ganze gesehen, sei das „Emsland" der beste Strich im ganzen Kirchspiel.

Die Bemerkungen in den Protokollen von 1809 über die Bewirtschaftung des Ackerlandes in den einzelnen Bauerschaften lassen erkennen, daß die etwas summarischen Angaben über die Güteklassen des Bodens den tatsächlichen Verhältnissen nicht ganz gerecht werden, worüber bereits 1809 die von dieser Schätzung betroffenen Bauern klagten.[90])

Es zeigt sich nämlich, daß die beiden nicht unmittelbar an der Ems gelegenen Bauerschaften Hüttrup und Schmedehausen sowohl in der Bebauungsmöglichkeit als auch in der Ertragsfähigkeit hinter den anderen Bauerschaften zurückstanden. In der Regel

---

*) Ein sehr altes Zeugnis für eine noch längere Dreischung enthält ein Vertrag, den die Bauerschaften Aldrup und Gimbte im Jahre 1576 abschlossen: ... erstlichen damit ein jeder Theil nicht ahn dem Seinen verkurtzet, sondern befurdert würde, mit Uffziehung der Bieste ist verabschiedet, daß Einer gen den Andern, de Aldorpschen das Rhebrock, und die Gimbtschen den Rheutermersch nuhn furn erst neuhn Jahr dreisch und unbeseiet liggen lassen söllen und nach Umbgang deren Jahren als dan drey Jahr besehen möggen, uf das einen jedern sein dazuhabend Land nicht entfrömbt oder verwildet werde. Und da dan sulche drey Jahr dero Sathzeit ferflossen, sollen beide Partheien hinfurt und zu ewigen Tagen sulche streitige Länderei zwölf Jahr nacheinander hinwieder dreischen und mit ihren Beisten betreiben. Und wan solche zwölf Jahr dan umblaufen, mügen sie weiters wie furgemelt solche Länderei drei Jahr nacheinander besehmen ... (Schlechte Abschrift im StAM, DK Münster, Markensachen Nr. 23).

brauchte der Acker erster Güte nur einmal gedüngt zu werden, um zwei Jahre hintereinander Roggen zu tragen; in Hüttrup mußte, um das gleiche Ergebnis zu erzielen, im zweiten Jahre wenigstens eine halbe Düngung erfolgen, und in Schmedehausen konnte nur einmal Roggen, das nächste Jahr dann nur noch Buchweizen ohne eine zweite Düngung gesät werden. Auf den weniger guten Äckern der Klasse 2 ließ sich mit einmaligem Düngen in zwei Jahren nur das erste Jahr Roggen, im zweiten aber nur noch leichter Hafer oder Buchweizen erzielen, nur in den Bauerschaften Aldrup, Fuestrup und Bockholt konnte man auch im zweiten Jahre noch Roggen säen, mußte dann aber wenigstens eine halbe Düngung auffahren. In Hüttrup mußte man, um dieses Ergebnis zu erreichen, auch das zweite Mal voll düngen; es ließ sich dann aber in einem dritten Jahre ohne neue Düngung noch einmal leichter Hafen oder Buchweizen anbauen. In Schmedehausen schließlich lagen die Verhältnisse am ungünstigsten. Hier war selbst mit anderthalbfacher Düngung nur im ersten Jahr Roggen, im zweiten nur noch Hafer bzw. Buchweizen zu gewinnen. Die Behandlung der Fluren dritter Güte ist überall die gleiche. Sie mußten, um nur einigermaßen ausreichende Erträge zu liefern, vor jeder Einsaat gedüngt werden und trugen dann abwechselnd Roggen, Hafer oder Buchweizen. Manche Grundstücke dieser Klasse waren aber für den Roggenbau überhaupt nicht geeignet. Besonders zahlreich scheinen derartige kärgliche Äcker wieder in der Bauerschaft Schmedehausen gewesen zu sein.

Ergänzt werden diese Angaben durch die Zahlen über die Ertragsfähigkeit der drei Bodenklassen. Ganz allgemein rechnete man auf einen Scheffelsaat Landes (von denen $2^1/_2$ auf einen Morgen gehen) in der ersten Klasse einen Ertrag, brutto gerechnet, d. h. mit Einrechnung des ausgesäten Saatgutes, 5 Scheffel Roggen, 10 Scheffel leichten Hafer oder 6 Scheffel Buchweizen (ein Scheffel = rund 55 Liter!). Die Einsaat betrug nun durchschnittlich $1^1/_4$ Scheffel Roggen je Scheffelsaat oder 3 Scheffel je Morgen, 2 Scheffel Hafer je Scheffelsaat oder $4^2/_3$ Scheffel je Morgen und $^3/_4$ Scheffel Buchweizen je Scheffelsaat bzw. $1^3/_4$ Scheffel je Morgen. Der Ertrag war also an unsern heutigen Maßstäben gemessen, ein ganz minimaler, rechnen wir doch heute mit Erträgen bis zum 18fachen der Einsaat beim Roggen, bis zum 15fachen beim Hafer usw. Auf den schlechten Böden erzielte man noch geringere Erträge. Auf den Böden zweiter Klasse erntete man je Scheffelsaat nur 4 Scheffel Roggen, 5 bis 6 Scheffel Buchweizen und 7 bis 8 Scheffel Hafer, auf denen der dritten und schlechtesten Klasse sogar nur 3 Scheffel Roggen, 4, im Höchstfalle 5 Scheffel Buchweizen und 6 Scheffel Hafer, vereinzelt sogar nur 5 Scheffel! Eine statistische Erhebung von 1898 gibt dagegen folgende Durchschnittserträge in kg je ha an:[91])

für	Greven-Dorf	Greven r. d. Ems	Greven l. d. Ems	Gimbte
Weizen	1800	1400	1700	1800
Roggen	1800	1550	1600	1600
Gerste	1200	1000	1000	1000
Hafer	800	1000	1200	700
Kartoffeln	15000	13500	13500	13500

Der Lohn für die Mühen des Landmannes war also ein unverhältnismäßig geringer, sein Kampf ums tägliche Brot ein weit schwererer als heute, wo seine Arbeit durch vielfältige Frucht belohnt wird.

Leider liegen für die früheren Zeiten keine solch eingehenden und aufschlußreichen Erhebungen vor. Die Angaben über die Bewirtschaftung des Landes von 1809 lassen aber erkennen, daß der Bauer damals noch genau so arbeitete wie sein Vater und

Großvater, ja schließlich wie seine Ahnen vor hundert und mehr Jahren. Die Plaggendüngung, die in allen Bauerschaften genau so gehandhabt wurde, wie es das Protokoll des Dorfes Greven beschreibt, ist ja uralt,*) so darf man zweifellos die Klassifikationsprotokolle vom Jahre 1809 auch für die verflossenen Jahrhunderte zugrunde legen, mit anderen Worten, auch der mittelalterliche Bauer in den Kirchspielen Greven und Gimbte wird genau so oder doch ganz ähnlich gewirtschaftet haben, wie sein Nachfahre zu Beginn des 19. Jahrhunderts. Mit einzelnen Zeugnissen läßt sich beispielsweise der ewige Roggenbau auf den Eschen aus den Einkünfteverzeichnissen der Grevener Pfarrländereien für den Anfang des 17. Jahrhunderts erweisen, ebenso der dreijährige Wechsel zwischen Fruchtbau und Brachliegen für die minderwertigen Grundstücke des Pastoratlandes an der Ems (Kalverkamp und Brückenmersch, s. o.!). Aus den bis ins 14. Jahrhundert zurückreichenden Pachtkornregistern des Stiftes Überwasser in Münster, dem ja der Schultenhof Maestrup und mehrere andere Höfe in und um Greven gehörten, läßt sich darüber hinaus unschwer der Brauch des ewigen Roggenanbaues bereits für diese frühe Zeit herauslesen. Dieser ewige Roggenanbau auf den Gemeinschaftsfluren wurde durch den Flurzwang, der einzig eine ertragswürdige Bebauung der schmalen Eschparzellen ermöglichte, begünstigt. Es dachte so leicht niemand daran, sich dem ungeschriebenen Gesetz dieser gleichmäßigen Fruchtfolge zu entziehen. Als dies 1775 Bauer Steggemann in Aldrup aus irgendwelchen zwingenden Gründen erstmalig doch tat, erregte dies nicht nur allgemeines Aufsehen, sondern sogleich auch Zank und Streit, da seine Mäher, um zu dem wohl mit Gerste bestellten Stück auf dem Rottesch gelangen zu können, über das noch nicht abgeerntete Roggenstück seines Nachbarn Thiemann gehen mußten, was ohne Flurschäden nicht abgehen konnte.[92])

Bemerkenswert ist, daß sich im Laufe der Jahrhunderte das Quantum der benötigten Einsaat für einen Scheffel nicht unwesentlich erhöht hat. Ein Scheffelsaat oder richtiger ein Scheffel Einsaat war ursprünglich die Fläche, die mit einem Scheffel Roggen besät werden konnte, es war dies also nur mittelbar ein Flächenmaß, da ja die Einsaatfläche bei verschiedenen Böden stets etwas schwankte (vgl. o. S. 45 Anm. **). Die Gleichung ein Scheffelsaat = $62^1/_2$ Münstersche bzw. 72 Rheinländische (Preußische) Ruthen ist erst eine Erfindung der Landmesser, die seit dem 16. Jahrhundert in steigendem Maße, vor allem, wenn der Grundherr befürchtete, in seinen nach Scheffelsaat berechneten Einkünften betrogen zu werden, zur Vermessung der Ländereien herangezogen wurden. Gebrauchte also der Bauer im Mittelalter einen Scheffel Roggen, um einen Scheffelsaat Landes ausreichend zu besäen, so erfahren wir aus den Klassifikationsprotokollen von 1809, daß hierzu damals bereits $1^1/_4$ Scheffel benötigt wurden.

Mit den inhaltsschweren und aufschlußreichen Klassifikationsprotokollen sind wir aber noch nicht fertig. Sie wissen noch manches mehr zu berichten. Wiesen gab es im ganzen späteren Amt, allerdings ohne Westerode, Herbern und Hembergen nur wenige, die besten in der Bauerschaft Aldrup an der Aa und in Hüttrup und Schmedehausen im Überschwemmungsgebiet des Eltingmühlenbaches. Diese erbrachten jährlich 900 bis

---

*) Wie man vor rund dreihundert Jahren die Plaggendüngung handhabe, lehrt ein Aktenstück über einen Streit, der im Jahre 1650 zwischen den Bauern von Bockholt und dem Zeller Horstmann der gleichen Bauerschaft vor dem Schönefliether Gogericht ausgetragen wurde (StAM, DK, H. Schöneflieth E Nr. 2 und 10). Die Bauern von Bockholt wollten dem Horstmann das Plaggenmähen in den Bockholter Bergen am Esch nicht gestatten. Einer der Zeugen sagte dabei aus, daß Horstmann „(weil er) solcher Plaggen in (den) Esch, sein Land damit zu bedungen, bedurftig gewesen, dahin gefuhrt, die ubrigen aus dem Berge uf Horstmans Grund, geheißen „im Diek", uff einen Platz zusammen gefuhrt und bringen lassen, wozwischen dan auch einiges Holzlauff (= laub) mit Harken zusammen und bei einander gebragt, mit Mist vermischet und gelegt worden wehre."

1000 Pfund Heu je Morgen. Die schlechteren Wiesen hier und in den anderen Bauerschaften brachten es wegen Wassermangels nur auf 300 bis 600 Pfund je Morgen. Viel Winterfutter war also im Durchschnitt nicht zu gewinnen, so daß auch die Viehzahlen im Durchschnitt nicht hoch waren mit Ausnahme von Hüttrup und Schmedehausen, wo auch nach der Statistik von 1813 der Viehbestand am größten war. Er betrug in den beiden Bauerschaften mehr als ein Drittel der für das ganze Kirchspiel Greven errechneten Menge! Das gleiche Bild ergibt sich aus den Angaben der Klassifikationsprotokolle über die Weiden. In den meisten Bauerschaften gab es solche überhaupt nicht, in Guntrup, Maestrup und Schmedehausen wenige, die aber nur für milchgebende Kühe benutzt wurden. Dabei rechnete man durchschnittlich 10 Scheffelsaat Weide auf eine Kuh.*) Ersatz für die fehlenden Weiden mußten die Stoppelweide und die gemeine Mark bieten. Nach der Aberntung der Esche und Feldkämpe durfte das Vieh zur Stoppelweide aufgetrieben werden, doch nur für kurze Zeit, die allgemein festlag oder von der Bauerschaft eigens festgesetzt wurde, wie folgende Stelle aus dem Bauerschaftsbuch von Herbern[94]) beispielhaft belegen mag:

„1819, den 12. April gemeinschaftlig beschlossen, daß hinführo die gemeine Schaffweide in die Bauerschaftsesche nicht länger als wan das Land von Korn und Futterkreuter rein loß ist, und dan nicht länger als bis Michgely (29. Sept.), sobald die Roge wieder grün, so ist es wieder auß, und ein jeder bleibt auf sein Eigen, weil man allen Schaden meiden muß."

Nur zu leicht und gern verstießen die Bauern gegen diese Auftriebszeiten. Die Protokolle der Markengerichte sind voll von Strafverfügungen gegen solche Sünder. (Vgl. u. S. 58 f.) Während der anderen Wochen und Monate, in denen die Weiden zur Ernährung des Viehes nicht ausreichten und die Stoppelweide gesperrt war, wurden Rinder, Pferde und Schafe in die gemeine Mark, in Busch und Heide getrieben, wo sie sich kümmerlich durchschlagen mußten.

Die Viehzucht lag daher bis weit ins 19. Jahrhundert hinein sehr im argen. Aus älterer Zeit liegt nur ein Viehschatzregister vor, zwar ohne genaueres Datum, aber wohl der Zeit um 1540 angehörend. [95]) Damals wurde eine Steuer auf alles Vieh gelegt und bei jedem Bauer die Menge der vorhandenen Pferde, Ochsen, Kühe, Rinder, fetten und mageren Schweine, Schafe und Bienenvölker aufgenommen, um danach die Höhe der jeweiligen Abgabe festzustellen. Vorweg sei aber gesagt, daß die in diesem Register vorliegenden Zahlen nicht in allem glaubwürdig sind. Um der verhältnismäßig hohen Steuer zu entgehen, wurde dem Steuererheber manches Stück Vieh vorenthalten und verschwiegen. Das ist wohl immer so gewesen. Zur Zeit Christoph Bernhards schickte man sogar Kontrollkommissionen unter militärischer Bedeckung los, um bei einzelnen Bauern in frühester Morgenstunde Bestandsaufnahmen durchzuführen! Auch damals gab es schon eine „Unnaer Kommission"! Aus unserer engeren Heimat sind zwar keine entsprechenden Nachrichten erhalten, aber in benachbarten Ämtern ergab sich bei solchen Kontrollen, daß stellenweise bis zu $2/5$ des vorhandenen Viehbestandes verschwiegen worden war. Ob man allerdings berechtigt ist, diese Verhältnisse des späten 17. Jahrhunderts auf das Viehschatzregister von 1540 zu übertragen, steht dahin. Manche seiner Angaben sind allerdings unglaubwürdig. Wenn beispielsweise Thienemann in Aldrup vorgab, nur 3 Pferde und 2 Kühe, aber kein Schwein und kein Schaf im Stall zu haben, so klingt das wenig glaubhaft. Auch Reismann in Hüttrup wollte nur 2 Pferde, 1 Kuh und 2 magere Schweine haben, für ein Vollerbe wirklich etwas wenig! Die Beispiele

---

*) Um 1670 rechnete man dagegen 300 Quadratruten bei gutem, 400 bei schlechtem Weidegrund (StAM, DK, DKelln. Heberegister Nr. 1, Bd. 2 S. 532).

ließen sich leicht vermehren. Trotzdem bleibt das Gesamtbild der Statistik doch wohl richtig.*) Dabei fällt auf, daß die Zahl der Pferde die der Kühe (unter Ausschluß der Rinder) übertrifft.**) Stellt man dann noch die Kleinheit der damaligen Rinderrasse in Rechnung – noch im 18. Jahrhundert wog eine Kuh der besten Sorte nicht über 4 Zentner! – so erkennt man leicht, daß bei einem Bestand von 846 Kühen in rund 230 Haushaltungen von einer Milchwirtschaft damals noch keineswegs die Rede sein kann. Es wurde in der Hauptsache nur für den eigenen Bedarf erzeugt. Zudem fehlte es an Futtermitteln, um eine größere Zahl von Vieh durch den Winter zu bringen. Die im Verhältnis zu den Milchkühen große Zahl der Rinder von 527 (einschließlich der Kälber) weist auf einen höheren Rindfleischverbrauch hin, dem dann ja auch der geringe Schweinebestand von 972 Mastschweinen entsprach, das sind gerade 4 Schweine je viehhaltendem Haushalt! Eine weit größere Rolle als heute spielte früher die Schafhaltung. Allerdings, um 1540 betrug die Zahl der Schafe im Kirchspiel Greven nur 1469 (davon allein 278 bei 21 Bauern in Schmedehausen), in Gimbte 89, das sind durchschnittlich 6 je Haushalt. Vermutlich reichte die anfallende Wolle gerade zur Deckung des eigenen Bedarfes. Im 17. und 18. Jahrhundert hielt sich jeder Bauer 12 bis 15 Schafe. Im Jahre 1680 durften nach Angabe des Drosten zu Wolbeck (als Holzgraf der Grevener Mark) jedes Erbe im Dorf 15 Schafe halten, alle anderen Einwohner, auch diejenigen, die kein Stück Land hatten, bis zu 5.⁹⁶) Doch gab es vereinzelt auch Bauern, die größere Schafherden hielten, so Zeller Naendorf im Dorf, der nach einem Protokoll von 1667 schon vor dem Dreißig- jährigen Krieg eine Herde von 60 bis 70 Schafen hielt.⁹⁷) Kann man bei den Haushaltungen mit 12 bis 15 Schafen noch zweifeln, ob bei ihnen nach Deckung des im Laufe der Zeit zweifellos gestiegenen Eigenbedarfes noch Wolle für den Handel abfiel, so hat ein Schaf- halter wie Naendorf ganz gewiß seine Wolle auf den Markt gebracht, ob in Greven oder gar nach Münster, steht dahin. Auch sonst werden Wollaufkäufer gelegentlich genannt. Um die Mitte des 18. Jahrhunderts war die Schafhaltung im Kirchspiel Greven sehr beachtlich und betrug 1763/64 4502 Stück, dazu im Kirchspiel Gimbte noch 435 Stück.⁹⁸) Infolge des Siebenjährigen Krieges ging die Zahl auf 1594 bzw. 154 zurück! Das war zweifellos nur kriegsbedingt, denn sie betrug 1816 in beiden Kirchspielen zusammen noch gut 5000 Stück (4846 und 208).⁹⁹) Erst infolge der Markenteilung und der dadurch hervorgerufenen Weideminderung sank sie schnell. So betrug sie im Jahre 1831 nur noch 2610, zu Ende des Jahrhunderts gar nur noch 663 Stück (1892).***) Die landläufige Heid- schnuckenart war klein und anspruchslos. Schafe von 40 Pfund rechneten bereits zur 1. Klasse, solche von 30 zur 2. und solche von 24 zur 3.

Die Qualität des Rindviehes in früheren Zeiten war im Vergleich zu heute sehr gering. Nach einer Aufstellung aus dem Jahre 1803¹⁰⁰) wog beispielsweise eine Kuh bzw. ein Ochse der 1. Klasse im Durchschnitt 400 Pfund, solche der 2. 250 bis 300 und solche der 3. Klasse gar nur 160 bis 200 Pfund!

Heute schütteln wir darüber den Kopf, aber wenn man bedenkt, daß das Rindvieh damals durchschnittlich zweimal im Jahre eine Hungerkur durchmachen mußte, nimmt diese Gewichtsklassifizierung nicht wunder. Die erste Hungerkur begann im Winter.

---

*) Weiter ist zu berücksichtigen, daß offenbar — jedenfalls war es später so — die kleinen Kötter eine Kuh frei hatten! Das waren damals aber nach dem Schatzregister nur 28.

**) Die 113 Ochsen (51 davon standen bei 15 Schulten im Stall) dienten zweifellos als Zugtiere, da sie stets paarweise auftreten. Nur Schulte Aldrup hatte 5 Ochsen. Um 1800 pflügte man im Münsterland aber schon ausschließlich mit Pferden.

***) 1875 hatten nur noch 10 bis 15 Bauern im Amt Schafherden von 40—80 Stück, deren Wolle teils selbst verbraucht, teils mit den Tieren verkauft wurde (AAG IV o Nr. 14,1).

Da der Bauer nur wenig Heu hatte und es Kraftfutter noch nicht gab, mußte er meist zusätzlich Stroh füttern. So bestanden die Tiere gegen Wintersende nur noch aus Haut und Knochen. Konnte die Kuh im Frühjahr das Auflegen eines nassen Sackes vertragen ohne zusammenzubrechen, dann war sie nach landläufiger Meinung gut durch den Winter gekommen! Mehr als einmal aber mußten die Knechte morgens als erstes in den Stall, um die Kühe „uptobören", die es aus eigener Kraft nicht mehr konnten. Am 1. Mai kam das Vieh auf die Weide, ob Gras gewachsen war oder nicht. Kaum hatte es wieder etwas Fleisch angesetzt, begann im Juni/Juli vielfach schon die zweite Hungerkur, wenn die schlechten Wiesen und Weiden von der Sonne verdorrt und verbrannt waren. Bis zum Spätherbst (November) mußte das Rindvieh sich auf jeden Fall so herausgefuttert haben, daß es die neuerliche Winterhungerkur durchstehen konnte. Daß bei einer solchen „Pflege" das Vieh nicht seuchenfest und widerstandsfähig war, liegt auf der Hand. Das große Viehsterben im Kriegswinter 1761/62 ist ein drastisches Zeugnis dafür (s. u. S. 244).

Die Schweine waren besser daran, da für sie die Bäuerin immer noch etwas Futter auf dem Herd bereiten konnte. Trotzdem kamen auch sie nur schwer auf Mastgewicht, und um 1800 rechnete ein Schwein von 180–250 Pfund bereits zur ersten Klasse. Solche der 2. wogen durchschnittlich 130–150 und die geringste Sorte nur 80–100 Pfund. Welch ein Unterschied zu den Zuchtergebnissen unserer Zeit, die Schwergewichte bis zu 500 Pfund und darüber keineswegs zu den Seltenheiten rechnet. Der Weg bis zu diesen Zuchterfolgen, der um 1830 mit der Einfuhr englischer Zuchttiere begann, aber erst seit den achtziger Jahren zur Züchtung des „veredelten Landschweines" führte, war lang und nicht leicht.

Von einer ausgesprochenen Schweinezucht in unserer Gegend in früherer Zeit kann, wie die Statistik ausweist, nicht die Rede sein. Zum Verkauf in die Stadt werden wohl nur wenige Speckseiten und Schinken gelangt sein, dagegen gingen um die Mitte des vorigen Jahrhunderts nach einer Notiz des Amtmannes[101] die Dorfbewohner, die Handwerker und Arbeiter in zunehmendem Maße zur Haltung von Schweinen über.

Auch die Pferdezucht lag sehr im argen. Der Grevener Markt hat zweifellos schon früh eine große Bedeutung für den Pferdehandel gehabt, – so kaufte um 1600 der Rat der Stadt Münster hier den Großteil der für den städtischen „reisigen Stall" benötigten Pferde –.[102] Wieweit aber diese Pferde aus inländischer Zucht stammten, läßt sich nicht sagen. Die Viehstatistik des 16. Jahrhunderts weist aber einen im Vergleich zum Rindviehbestand unverhältnismäßig hohen Besitz an Pferden nach (s. u.), der eine ausgesprochene Zucht für den Verkauf möglich erscheinen läßt. Noch die Statistiken des Grevener Marktes aus dem 19. Jahrhundert (s. u. S. 287 f) lassen die Bedeutung Grevens für die Pferdezucht erkennen, zumal es 1855 ausdrücklich heißt, daß nur inländisches Material auf den Grevener Markt käme (s. u. S. 287). Nach der schon genannten Aufstellung von 1803 benutzte man bis dahin eine zwar feste und dauerhafte, aber sonst schlechte und unansehnliche Rasse, die zum Verkauf ungeeignet war, also ein ausgesprochenes Gebrauchs- und Arbeitspferd – man pflügte ja auch nur mit Pferden –. Im Jahre 1777 machte man zwar Versuche, die inländische Zucht durch eine Blutauffrischung durch holsteinische und jütländische Beschäler zu heben, da man aber versäumte, rechtzeitig für Nachschub und Ersatz der altgewordenen Hengste zu sorgen, blieb ein dauernder Erfolg aus, und das Unternehmen ging 1787 wieder ein. Erst im 19. Jahrhundert ging es mit der münsterländischen Pferdezucht wieder aufwärts.

Eine statistische Tabelle mag über die Entwicklung der Viehhaltung in großen Zügen Auskunft geben:[103]

		um 1540	1756	1764	1816	1831	1852	1873	1892	1912
Pferde	Greven	864	579	286	447	517	580	697	721	852
	Gimbte	54	38	21	31	31	35	38	45	59
Füllen	Greven		61	65	133	103	122			
	Gimbte		5	12	12	7	9			
Bullen	Greven				39	14	22			
	Gimbte				1	1	1			
Ochsen	Greven	111			1	3				
	Gimbte	2								
Kühe	Greven	799	842	497	1245	1097	1474	2761	2742	3866
	Gimbte	47	65	45	79	81	105	211	196	349
Rinder	Greven	490	566	372						
	Gimbte	37	55	40						
Kälber	Greven				962	913	1185			
	Gimbte				53	57	80			
Schafe	Greven	1469	4502	1594	4846	2610	1960	1387	663	130
	Gimbte	89	435	154	208	123	110			1
Ziegen	Greven				29	40	196	392	577	570
	Gimbte				1	2	3	23	30	27
Schweine	Greven	914			858	387	1250	1206	2723	7307
	Gimbte	58			45	38	92	80	176	553
Bienen	Greven	34						830	421	510
	Gimbte	3						66	37	17

Ein Vergleich der Viehzahlen des 16. Jahrhunderts mit denen des 18. zeigt nur bei den Schafen eine starke Zunahme, die auf einen grundlegenden Wandel in der Schafhaltung schließen läßt. Die Zahlen bei den anderen Viehgattungen sind so niedrig, daß es nicht berechtigt erscheint, für diese Zeiten von einer ausgesprochenen Viehwirtschaft in unserer Heimat zu sprechen. Davon kann erst im 19. Jahrhundert die Rede sein. Bis dahin fehlen auch alle Zeugnisse dafür, daß die Grevener Bauern mit den „Produkten" ihrer Viehwirtschaft den Markt in Münster oder auch nur in Greven beliefert hätten.*)

Um das Bild der Kulturlandschaft abzurunden, fehlt noch Wald und Heide. Über letztere machen die Klassifikationsprotokolle keine Angabe – wir werden sie uns aus den Markenteilungsakten holen müssen –, über das „Holz" wußten die Kommissare nicht viel Erfreuliches zu berichten. Fast in allen Bauerschaften, heißt es, sei nur wenig hochstämmiges Holz vorhanden, das je Morgen in 30 Jahren bestenfalls etwa 160 Kubikfuß (= etwa 4,95 Festmeter!) Schlagholz ergäbe. Eichen wollten nirgends gedeihen, weil der Boden zu schlecht sei. Am besten wachse noch das Reis(-ig)holz in Hecken und Landwehren, aber auch in einzelnen Büschen. Man errechnete dafür bei mittlerer Qualität ein jährliches Aufkommen je Morgen von etwa 10—15 Büschen. Aus diesen betrüblichen Statistiken ergibt sich mit aller Klarheit, daß von den ursprünglich vorhanden gewesenen

---

*) Das eine Zeugnis von 1594, daß der Bauer Gr. Sundrup aus Hüttrup in der Stadt Münster ein Fäßchen Honig verkaufte und wegen grober Verunreinigung desselben dort am Kaak ausgestäupt wurde (MGQ III, S. 123), genügt nicht, um einen regelmäßigen und umfangreichen Absatz von Viehprodukten über den eigenen Bedarf der Bauern hinaus glaubhaft zu machen. Die Städter bezogen ihr Schlachtvieh zudem (auf dem Grevener Markt) aus Friesland und Dänemark (s. u. S. 279). Nach den Hofspracheartikeln des Überwasserstiftes von 1647 rechnete die Äbtissin nur bei den in der Nähe der Stadt gesessenen Bauern mit der Möglichkeit, daß sie einmal ein junges Kalb zum Verkauf in die Stadt brachten (StAM, StFA, Universität XIV A Nr. 1 § 34).

Wäldern nichts mehr übriggeblieben war. Die Freiheit im Holzschlag, die jedem an der gemeinen Mark voll berechtigten Bauer anfangs zugestanden hatte, mußte bei dem steigenden Holzbedarf für Bau- und Brandzwecke zu einem Raubbau führen, dem auf die Dauer jeder Wald zum Opfer fiel. Der durch den Weidegang des Viehes in der Mark verhinderte Nachwuchs des Jungholzes machte alle Versuche, durch Zügelung und Lenkung des Holzverbrauches dem Waldsterben Einhalt zu gebieten, zuschanden. Das Ergebnis, das sich in den vielfältigen Klagen des 16. und 17. Jahrhunderts schon ankündigt, liegt in den Berichten von 1809 vor: jeglicher Hochwald war verschwunden, nur kümmerliches Krüppelholz und hier und da ein alter, überständiger Eichbaum erinnerte an den ehemaligen Waldreichtum unserer Heimat. Einzelheiten über die Verbreitung des Waldes im Mittelalter gibt es kaum, und auch aus späterer Zeit liegen nur wenige Nachrichten vor. Aber abgesehen davon, daß viele Flurnamen noch an ehemalige Wälder erinnern und etwa auch noch der eine oder andere Orts- und Siedlungsname, wie beispielsweise Bockholt oder Westerode, an die große Bedeutung der Eichelmast, die in guten Jahren vielen Schweinen den Herbst hindurch zur Nahrung und Mästung diente, weist auf einen zahlreichen und ausgedehnten Waldbestand hin. Gelegentlich ergeben die Akten auch einmal eine genauere Einzelheit, so wenn es in den Registern des Pfarrarchivs von Greven heißt, daß gegenüber der Schöneflieth auf dem andern Ufer der Ems rechts der Straße noch im 17. Jahrhundert ein größeres, zum Teil noch mit guten Eichen bestandenes Wäldchen vorhanden war, aus dem noch in den Jahren 1776, 1787 und 1788 113 große Bäume, darunter 63 Eichen verkauft wurden.[104]) 1582 hatte Schulte Autmaring in Hembergen gar auf seinem Hof noch 260, meist junge Eichen stehen und weitere 140 auf seines Hofes Gründen.[105]) Der Jürkenstall, eine Weide unterhalb Grevens an der Ems von etwa 3 ha Größe, trug 1775 noch 130 Eichen und rund 200 Weiden.[106]) Das alles waren aber nur noch spärliche Reste des einst vorhanden gewesenen Waldreichtums unserer Heimat. Erst die von einigen tatkräftigen Bauern seit dem Ende des 18. Jahrhunderts in Gang gebrachte Forstplanwirtschaft hat für diesen Verlust Ersatz geschaffen. Nicht nur größere Mischlaubwälder sind seitdem wieder entstanden wie beispielsweise in den Bockholter Bergen durch Schulte Bockholt und Schulte Topphoff, in der Bauerschaft Westerode durch Schulte Gronover und Kolon Wierlemann, in Schmedehausen durch Schulte Jochmaring, um nur einige Beispiele zu nennen, die gleichen Bauern haben auch erstmalig Tanne und Fichte hier heimisch gemacht. 1725 kannte man hierzulande Nadelhölzer noch nicht. Als damals die Borchardinger und Hüttruper Marken durch Sandverwehungen besonders litten, empfahl die Behörde noch die Bepflanzung mit Pappeln, Erlen und Bevereschen.[107]) Bei den Verkäufen von Markengrund im Jahre 1773 wurden erstmalig auch eineinhalb Maltersaat zur Tannenaussaat hergerichtet,[108]) doch hatten nach dem Urkataster von 1828 damals allein Schulte Jochmaring 64 Morgen und Schulte Gronover 14 Morgen Nadelholzungen. Schulte Topphoff hatte gerade begonnen, auf einem Stück von 95 Quadratruten Nadelholzpflänzlinge hochzuziehen. Im Jahre 1900 gab es dann im Bereich des Amtes Greven bereits 3600 ha Nadelholzwaldungen neben 1150 ha Laubwald.

Mehr ist über die vielen und großen Heiden, die den weitaus größten Teil der beiden Kirchspiele ausmachten, überliefert. Sie bildeten die gemeinen Marken (zusammen mit den nicht privaten Wiesen, Weiden und Holzungen). Wie es in einem Bericht von 1806 heißt, war der Boden in ihnen durchweg schlecht und dürre, daher zum Ackerbau nicht tauglich. Benutzt wurden sie von alters her zur Plaggenmahd und als Schaftrift, doch trieb man gelegentlich auch Pferde und Rinder in die Heide. Jeder alte Hof war in der gemeinen Mark, die ja ursprünglich weitgehend aus Wald bestanden hatte, mit einem vollen Anteil berechtigt, d. h. er durfte sich für seinen Bedarf Bau- und Brandholz daraus holen, soviel er wollte, er durfte, zunächst auch unbegrenzt, seine Schweine zur Mastzeit in den Wald treiben, konnte Plaggen zur Düngung nach Bedarf mähen lassen, kurz, er durfte die Mark nutzen, soweit und soviel er wollte. Erst als die Zahl der Höfe stieg und damit auch die Nutzung der gemeinen Mark (Allmende) in der alten raubbaumäßigen Form das Holz immer mehr verknappte, mußte der Bauer sich Beschränkungen zum Wohl der Gemeinheit gefallen lassen. Die Zahl der Mastschweine wurde auf die Tiere, die der Bauer an eigenen Trögen durchwintern konnte, beschränkt. Zuschläge aus der gemeinen Mark mußten spätestens seit dem 15. Jahrhundert von der Markgenossenschaft genehmigt werden. Noch rigoroser wurden die Strafmaßnahmen gegen Holzfrevler aller Art. Jeder Baum zum Hausbau oder zu sonstiger Verwendung mußte vom Markenrichter eigens genehmigt und vom Vogt angewiesen werden. Hohe Geldbußen drohten jedem, der gegen diese Vorschrift verstieß und eigenmächtig sich aus der Mark holte, was er nötig zu haben glaubte. Ja, nicht einmal eine der Eichen, die den Hofplatz umsäumten, durfte er schlagen, ohne die Herrschaft um Erlaubnis gefragt zu haben. Im Jahre 1722 hatte beispielsweise Schulte Topphoff „in Verhauung des Gehöltz" sich dergestalt vergriffen, daß er durch Urthel und Recht zur Refusion (= Wiedergutmachung) verursachten Schadens und dabeneben des Hofs und seines Gewins verlüstig erklähret, auch sogar mandatum ad expellendum (= Befehl zur Vertreibung von Haus und Hof!) gegen ihm erkandt worden". Nur auf Bitten des Pastors in Greven und seiner Freunde wurde von der Vollstreckung dieses harten Urteils abgesehen und dasselbe in eine Geldstrafe von 300 Talern umgewandelt.[109])

Die Protokolle der Markengerichte, die meist ein- oder zweimal im Jahre, mancherorts aber auch nur alle zwei Jahre einmal, gehalten wurden, sind voll von derartigen Vergehen. Leider haben sich aus den beiden Kirchspielen Greven und Gimbte keine Markenprotokollbücher erhalten. Nur vom Grevener Markengericht fanden sich im Amtsarchiv einige Auszüge aus älteren Markenakten, denen die folgenden Einzelheiten, die aber für die allgemeinen Verhältnisse beispielhaft sind, entnommen sind:[110])

Markenrichter war der Landesherr und als sein Stellvertreter der Drost zu Wolbeck, zu dessen Amtsbezirk ja das Kirchspiel Greven in fürstbischöflicher Zeit gehörte. Als Polizeiorgan hatte dieser in Greven einen Markenvogt (Fußknecht) zur Verfügung, der die eigentliche Aufsicht in der Mark führte und alle „Markenkontraventionen" (= Straffälle) im Markengericht zur Anzeige zu bringen hatte.*) Dieses Markengericht, vereinzelt auch „Höfegericht" genannt, weil ursprünglich nur die Höfe (Erbe) an der Mark und ihrem Gericht teilhatten,[111]) wurde einmal im Jahre, am Dienstag nach Grevener Mark auf der gewohnten Gerichtsstätte beim Dorf achter der Lake unter den Weiden gehalten.**) Es wurde dazu durch dreimaliges Anschlagen der Glocke geladen

---

*) In den Akten begegnen folgende Markenvögte in Greven:
1547 (?)—1581 Philipp Toppeshof († 1581 an der Pest)

1582—1622 Johann Provesting gnt. Nießman	1730—1735 Heinrich Dankbar
1622—1636 Gerhard Recke	1736—1743 Bernd Berteling
1636—1670 Bernd Heukenkamp	1743—1757 Johann Bernd Pelck
1672—1721 Bernd Heiler (Heiling)	1757—1770 Anton Kleine
1723—1726 Hermann Edelbrock	1772—1792 Johann Georg Berlage

**) An der gleichen Stelle wurde seit alters auch das „Gosegericht" (Gänsegericht) des Schulten Bisping-Nordwalde gehalten (StAM, Fst. Münster, Hofkammer VII Nr. 97 von 1608), bei dem von dem landesherrlichen Schulten alle Verstöße gegen die Hude auf den Grever Eschen durch Gänse (und Schafe) geahndet wurden. Da diese Verstöße später im Markengericht gestraft wurden (s. o.), ist das Gänsegericht des Schulten Bisping wohl im Markengericht aufgegangen. Oder sind beide gar identisch gewesen?

und alle Berechtigten aus dem Dorfe und der Bauerschaft Wentrup mußten dann bei Strafe von einem Schilling erscheinen. So heißt es beispielsweise zum Jahre 1666:

Anno 1666 am Dienstag den 31. August hat der wohlgeborener Herr Diederich Hermann von Merveld, ... hochfürstlich Münsterischer Droste und Borgmann zur Wolbeck, auch Marckrichter des Hohegerichts zu Greven, jetzigen hochfürstlichen Hohegerichts daselbsten, nachdem auf heut dreimalen die Glocke alten Gebrauchs nach geläutet worden, durch mich E. Wilhelm Oestermann, hochfürstlich Münsterischen Gerichts fiscum respiciren (= wahrnehmen) lassen.

Und also ich Everhard Wilhelm Oestermann das Gericht im Dorf Greven an der Emse unter der Wieden um den Schlag von 10 Uhr vormittags bekleidet, anfänglich die Gerichtsangehörige abgelesen, welche sich dann eingestellt und gefolgt, außerhalb der Vogt Claves Warborg, dessen Knecht sich verantwortete, Peter Nientidt, so krank, der Küster Blome, welcher deshalben ad d. Satrapam (Drosten) verwiesen. Demnächst der Markknecht Bernd Heukenkamp und der Eidschwörer Gerdt Heilers sammt den Amtsdienern Johann Tillmans und Johansen Lasthaus ihrer Eid und Pflichten erinnert und gefragt worden, was für Mängeln bei gestriger Visitierung der Vroge und Probe befunden und sonsten seit erlebten (d. h. letztvergangenen) Gerichts observirt.

1) Welche dann referirt (berichtet), daß Johann Rötger zu Wentrup und Veldhove zu Wentrup ihrer Bauzeit aufm Grever Esche unbefestigt der eine seine Kühebeister, der ander seine Schaafe gehütet.

2) Kaup zu Wentrup hat gleichfalls zweimal seine Schweine aufm Esche getrieben, welche, als der Eidschwörer dieselben geschüttet (beschlagnahmt zwecks Beitreibung einer Buße), hat er denselben für einen Juden ausgescholten.

3) Schulte Bönstrup hat gleichfalls um St. Jakobi (25. Juli) seine Schweine gehütet aufm Greiver Esche.

4) Schulte Wiren hat den ganzen Sommer seine Pferde im Grever Esche hüten lassen und dadurch anderen Schaden zugefügt.

5) Haben die Dörfer ihre gemachten neuen Zuschläge noch nicht anbefohlenermaßen weggeräumet. Welche obige durch den Mark-Vogt und Eidschwörern denuncirt worden.

6) Philipp Becker 4 Roggen, jeden zu 3 Loth zu leicht gebacken, und eine zinnerne Kanne zu klein gehabt, welche bei gestriger Visitation gefunden.

7) Ist derhalben auf 3 Taler (Buße) angeschlagen.

1) Rötger erschienen und angehört, wird dem Eidschwörer selbiges zu bescheinen auferlegt. Veldhove gestanden, daß er seine Schaafe gehütet, selbiges aber wäre ihm (von) Konermann, der aufm Esche berechtigt, erlaubt. Weilen ferner keine Klage darüber eingekommen, ad 1 Reichstaler, 14 Schillinge, weilen es den Führer concernirt (veranschlagt).

3) Sch. Bönstrup gestanden, daß seine Schweine darauf gehütet, vermeint aber nicht, daß anderen zu Schaden selbiges geschehen sei, habe sie nur über seinen Grund getrieben.

2) Kaup gestanden, daß seine Schweine aufm Esche gewesen, daß er aber denselben für einen Juden ausgescholten, negavit (leugnete er).

4) Schulte Wiren gestanden, daß er die Pferde gehütet hätte, aber keinen Schaden gethan. Noch ist Schulte Wiren durch die Dörfer angeklagt, daß er über seine Zahl mehr (Schafe?) dies Jahr durch aufm gemeinen Grunde getrieben. Über dies Wesen der Führer bezahlen muß ad 1 Rthl. solvit (hat bezahlt) 7 Schill.

2) Kaup wegen dessen, daß er seine Schweine im Esche gehütet, ist angeschlagen auf 1 Rthl., weilen sie auf ihren eigenen Grund getrieben, solvit 7 Schill. Wegen der Schelterei aber solle der Eidschwörer beweisen und demnächst darinne was Rechtens, ergehen.

3) Schulte Bönstrup ist deswegen angeschlagen, weilen er nur über seine Gründe dieselbe getriben, ad 1 Rthl., solvit 7 Schill. Ex perceptis (aus den Einnahmen) habe bezahlet: dem Markvogten 14 Schill., dem Eidschwörer 14 Schill.

4) Schulte Wieren dieser Excessen halber angeschlagen auf 1 Rthl., ob paupertatem (wegen seiner Armut) solvit 14 Schill., als (nämlich) 7 für den Fußknecht und 7 für den Gerichtsdiener.

Wegen der durch die Dörfer gemachten neue Zuschläge, weilen der Bürgermeister (!) und Dörfer beredet, daß dieses Wesen bei Ihrer Hochw. Herrn Thumbdechanten dahin abgemacht und abgeredet, daß weilen Herr Thumbdechant dagegen soviel Landes zum Garten abzuzäunen vorhabens, also daß eine gegen das andere passiren solle.

Als ist daher dem Markvogten abermahlen anbefohlen, den Dörfern anzudeuten bei Strafe von 15 Mark, vorigen Jahres decreto (d. h. dem Erlaß des vergangenen Jahres) nachzuleben oder aber bei Herrn Drosten zur Wolbeck innerhalb 14 Tagen die Sache völlig zu informiren und zu bescheinen, daß sie dazu nicht angehalten werden können, widrigenfalls sollen sie jeder fürhaupts (= einzeln!) in die communicirte Strafe deren 15 Mark erkläret sein. Weilen auch denn die Dörfer bald der eine, bald der andere hin und wieder zu klagen anfangen, gleichwohl nicht eigentlich die Sache sobald ausgeforscht werden kann, als ist dem Markvogt und Eidschwörer bei Verlust ihres Dienstes und sonsten anderwärtigen arbitrari Strafe auferlegt, sich wegen der Schaftrift und sonsten durch andere Excesse begangene Fehler halber besser als vorher geschehen zu erkundigen.

Die Gerichtsverhandlung wurde mit einer Mahlzeit beschlossen, deren Kosten aus den einkommenden Strafgeldern bestritten wurden. Wenn nötig, mußte die Hofkammer zuschießen. Wie in der Grevener Mark, so ging es in allen anderen Marken der beiden Kirchspiele auch zu. Das Eigenartige ist nur, daß mit Ausnahme der Grevener Dorfmark und der beiden Marken in Herbern und Hembergen keine der Bauerschaftsmarken einen Markenrichter besaß, sondern, wie es in einem Bericht aus dem 18. Jahrhundert heißt, „gebühret die Mark allein der Gemeinheit."[112] Das lag wohl daran, daß es im Kirchspiel Greven außer der Burg Schöneflieth keinen einzigen Gutsbesitzer gab, der sich, wie es meist sonst im Laufe des Mittelalters geschah, dieses Amt aneignen konnte. Zugleich ist dies auch der Grund dafür, daß uns von allen diesen freien Marken keine Gerichtsprotokolle erhalten sind. Vermutlich hat es sie nie gegeben, denn den Bauern unter sich genügte gewiß das mündliche Verfahren!

Über die einzelnen Bauerschaftsmarken liegt ein Bericht des Amtmanns Tümmler in seinem 1843 geschriebenen Entwurf seiner Grevener Amtschronik vor.[113] Als er ihn machte, bestanden noch eine Anzahl Marken, die er zunächst beschreibt:

1. Der Pentruper Mersch in der Bauerschaft Pentrup, bestehend aus etwa 400 M. Heidegrund und 87 M. Weideland, die von den Interessenten, d. h. allen neun Einwohnern der Bauerschaft (aber ohne die südab gelegenen Kötter) gemeinschaftlich genutzt wird.

2. Die Pentruper und Hüttruper Mark, in der Kronerheide belegen, deren Größe 1809 auf rund 340 M. angegeben wurde, bei der Teilung im Jahre 1850 dann aber mit gut 1202 M. ermittelt wurde.

3. Die Strumps- oder Hüttruper Heide, östlich und nördlich an der Grenze von Ladbergen und Saerbeck gelegen, groß 4122 M., zur Hälfte aus Heide und zur Hälfte aus geringem Holz (3. Klasse) bestehend. Wie die vorigen Marken, so wurde auch diese zur Schafhude, aber auch zur Weide für die Rinder benutzt, denen sie aber nur „eine höchst kärgliche Nahrung gewährten". Interessenten der Strumpsheide waren die beiden Bauerschaften Hüttrup und Schmedehausen.

4. Die Kortkesheide, Venneheide, Cloppenborg- oder Janningsberge genannt, in der Bauerschaft Fuestrup gelegen, zusammen 156 M. groß, wurde von der Bauerschaft Fuestrup genutzt.

5. Die Bockholter Berge zwischen den Bauerschaften Bockholt und Fuestrup belegen, 348 M. groß, gehörte der Bauerschaft Bockholt und wurde von ihr zur Hude (2. Klasse) genutzt.

Die meisten Bauerschaftsmarken waren damals aber bereits geteilt. Es waren dies:

1. Die Westruper Wiese.

Sie war auf Antrag der Interessenten im Jahre 1824 geteilt worden. Die Aufmessung hatte eine Größe von 1304 M. ergeben, von denen nach Abzug der Wege usw. 1260 M. unter die 23 Teilhaber zur Verteilung gelangten.

2. Die Pott- und Ladberger Heide.

Der am 30. Dezember 1830 vollzogene Rezeß brachte von den 1353 M. nach Abzug der für Wege, Gräben usw. verwandten Flächen noch 1295 M. unter 17 Interessenten zur Verteilung.

3. Die Gemeinheit Reckenfeld.

Das Reckenfeld, dessen Größe bei der Teilung mit 4019 M. ermittelt wurde, war von jeher für die umliegenden Bauerschaften ein wertvolles Hude- und Weideland gewesen. Um die Berechtigung zur Nutzung desselben hatte es schon im 16. Jahrhundert große Streitigkeiten zwischen der Bauerschaft Hembergen und dem Schulten Lintel und seinen Genossen, dem Schulten Depenhof und Rolink, kurz der ganzen Bauerschaft Nordwalde gegeben, da letztere Teile des Reckenfeldes, z. B. das Lintels Brook und das Rohlingsvenn für sich allein beanspruchten, wogegen die Hemberger im Jahre 1547 geltend machten, daß auch sie diese Teile des Reckenfeldes mitzunutzen berechtigt seien. Was im 19. Jahrhundert zur Teilung kam, erfaßte nur den im Kirchspiel Greven liegenden Teil des Reckenfeldes. Im Rezeß vom 9. 5. 1831 wurden nach Abzug von 190 M. Land für Wege usw. und nach Verkauf von 424 M. an Wiedemann (Bäcker in Münster) und Sandfort der Rest unter nicht weniger als 120 Interessenten aus den drei Kirchspielen Greven, Emsdetten und Saerbeck verteilt.

4. Das Hanseller Floeth, die Meest-, Danzenborger- und Aldruper Heide.

Diese vier, aneinander anstoßenden und ein Ganzes bildenden Marken wurden 1827 auf 4592 M. vermessen, von denen nach Abzug der für Gräben, Wege, Bäche und Sandgruben benötigten Grundstücke durch den Rezeß vom 31. Dez. 1832 noch 4362 M. unter 78 Interessenten aus den Gemeinden Greven, Altenberge und Überwasser zur Verteilung kamen.

5. Die Guntruper Privative Mark.

Von dieser, zu 1226 M. ermittelten Mark wurden durch den Rezeß vom 24. 6. 1833 noch 1167 M. unter 18 Teilhaber der Bauerschaften Schmedehausen und Guntrup verteilt.

6. Gemeinheit Woeste.

Der Teilungsrezeß dieser Gemeinheit, datiert vom 31. 12. 1832. Die Mark war nur 61 M. groß, an der acht Erben und 2 Kötter beteiligt waren.

7. Die Topphoffer Privative Mark.

Diese 823 M. große Privatmark wurde laut Rezeß am 10. Juli 1829 unter 21 Interessenten (12 Erben und 9 Kötter) geteilt.

8. Die Wemhover Privative Mark.

Die Teilung dieser Mark beantragte der Grevener Kaufmann Terfloth als Besitzer des Hofes Horstmann in der Bauerschaft Bockholt am 2. 7. 1835. Die Mark, etwa 220 M. groß, wurde nicht vermessen, vielmehr geschah die Ablösung der Lasten derart, daß der Kolon Wemhoff den 8 Berechtigten (den Bauern Horstmann, Johanning, Gerdemann, Henrichmann, Schmiemann, Wesselmann, Wiesmann und dem Kötter Wiemeler) 320 Tlr. ausbezahlte und nur dem Terfloth statt einer Geldabfindung ein Grundstück von $^9/_{10}$ Scheffelsaat abtrat. Dadurch wurde er alleiniger Besitzer des Markengrundes. Der Rezeß wurde am 6. 8. 1836 vollzogen.

9. Die Schmedehausener Mark.

Die Größe dieser Mark wurde zu 444 M. ermittelt, die nach Abzug der für Wege usw. benötigten Grundstücke durch den Rezeß vom 12. 9. 1839 unter 8 Interessenten, vier Bauern und vier Kötter, verteilt wurden.

10. Der Hemberger Mersch und Schubrink.

Diese kleine Gemeinheit war nur 52 M. groß und wurde laut Rezeß am 12. 4. 1842 geteilt.

11. Die Maestruper Mark.

Diese Mark umfaßte Teile der Kroner Heide (853 M. groß) und die Overmanns Berge von 168 M. an der Ems, ferner das Maestruper Brook (158 M.) und die Privativen der Kolonen Lütke Maestrup und Overmann zu 130 bzw. 39 M., war im ganzen also 1349 M. groß. Unter 17 Teilhaber wurden nach Abzug der üblichen, öffentlichen Grundstücke 1274 M. verteilt, und der Rezeß am 27. 12. 1838 vollzogen.

12. Die Kronerheide.

Der Rest der Kroner Heide nach Abzug des Maestrupschen Anteils, in Größe von 3909 M., an dem das Dorf Greven und die Bauerschaften Wentrup und Schmedehausen beteiligt waren, wurde laut Rezeß am 11. 4. 1842 geteilt. Es wurden dazu auch die Wentruper Berge, die Woeste und Lindersheide, der Kalverkamps- und Brüggenmersch genommen. Die Rechte der Regierung, die besonders in der Kronerheide und in den Wentruper Bergen die markenrichterliche Gerechtsame in Anspruch nahm, wurden mit 225 Talern abgelöst. Das Dorf Greven erhielt aus dieser Teilung die sogenannte Bleiche an der Ems und mehrere Grundstücke in der Lindersheide von 12 M., dann den Arresthausplatz und das nicht der Kirche gehörende Stück des Kirchplatzes. So verblieben für die Interessenten noch 3663 M. zur Verteilung übrig.

13. Die Guntruper Binnenmark.

Der am 3. 10. 1843 vollzogene Rezeß brachte unter die Teilhaber 252 M. zur Verteilung.

14. Bockholter Berge.

Aus dieser Mark wurde 1837 eine Fläche von 138 M. zur Teilung gebracht.

Im kleinen Kirchspiel Gimbte gab es nur die eine Gimbter Gemeindemark, deren 1836 angebahnte Teilung durch den Rezeß vom 21. 4. 1841 vollzogen wurde, Die 42 Interessenten erhielten nach Abzug der üblichen für Wege, Bäche usw. vorgesehenen Grundstücke zusammen 1543 M. Heideland zugeteilt.[114]

Von einigen kleineren und unbedeutenden Gemeinheiten abgesehen, kamen so in einem Zeitraum von gut 10 Jahren fast 20000 M. Heideland zur Aufteilung, das war mehr, als nach dem Urkataster von 1830 im Amt Greven bis dahin an Ackerland vorhanden war (18902 M.). Dieser Vergleich läßt erst erkennen, welch ungeheure Veränderung die Markenteilungen in das Landschaftsbild gebracht haben, wenngleich diese nicht schlagartig mit dem Tage des Rezesses in die Erscheinung trat.

Die Teilung der gemeinen Marken hatte schon eine fürstbischöfliche Markenteilungsordnung aus dem Jahre 1763 vorgesehen[115] in der Hoffnung, dadurch der ständig wachsenden Bevölkerung neue Siedlungsmöglichkeiten zu schaffen. Weil man es damals aber den beteiligten Bauern selbst überließ, die Initiative zu ergreifen, so ist es zunächst kaum zu einer Teilung gekommen. Erst die preußische Regierung nahm das Problem energisch in Angriff und schuf 1821 eine Generalkommission, die überall die Teilung der Marken in die Wege leitete. Die Bauern waren keineswegs alle sehr begeistert von dieser umstürzenden Neuerung, die sie zu zahlreichen Umstellungen in ihrer Wirtschaft zwang. Die Gewinnung neuen Ackerlandes mochte manchem noch recht sein, besonders den Köttern, die bislang kaum eine ausreichende Ackernahrung gehabt hatten. Einige Heuerleute, die bei der Markenteilung generell unberücksichtigt geblieben waren, versuchten zwar, sich auf gepachtetem Lande selbständig zu machen, doch kamen sie auf dem mageren Heideboden nur schlecht voran. In den vor 1836 geteilten Marken hatten sich bis dahin vier Neubauer angesiedelt. Von ihnen hatte einer den Versuch bereits wieder aufgegeben, der zweite hatte von vier M. erst einen und der dritte von 21 erst 5 urbar gemacht, beide mußten 1836 aber aus Armenmitteln unterstützt werden. Der vierte konnte gleichfalls ohne Hilfe seines Pachtbauern nicht bestehen![116]) Bis zum Jahre 1850 waren von den 20118 M. geteilter Markengründe erst 1693, das waren 8,4 %, urbar gemacht. Von einem großen Fortschritt kann bis zur Mitte des Jahrhunderts noch nicht die Rede sein.

Die gleichzeitig durchgeführte Ablösung der Hutungsgerechtigkeiten auf den Eschen und in der gemeinen Mark hatte den meisten Bauern zudem die Grundlage für ihre Viehhaltung in der bisherigen Form entzogen, was beispielsweise zur Folge hatte, daß die Schafhaltung ganz erheblich zurückging. Die großen Bauern, die genug eigenes Land schon vorher besessen hatten, ließen allerdings ihre Markenanteile zunächst noch wüst liegen und versuchten sie in der bisherigen Weise als Plaggenmark und Viehtriften weiter zu nutzen.*) Erst das Aufkommen des Kunstdüngers und die dadurch bedingte Erleichterung der Ackerbewirtschaftung ermutigte viele Bauern, das Brachland jetzt auch unter den Pflug zu nehmen. Von den Forstversuchen mancher Bauern war schon die Rede.

Die Generalkommission blieb aber bei der Teilung der Marken nicht stehen. Hatte sie durch diese Teilung den Bauern zunächst eine Erschwerung ihrer Arbeit gebracht, so sollte die andere große Reform, die Zusammenlegung des Landbesitzes in den einzelnen Fluren und Gemeinden ihnen eine große Erleichterung bringen. Die alten Esche hatten mit ihren oft Hunderte von Metern langen, dagegen vielfach nur wenige Meter breiten Parzellen dem Bauern viele zeitraubende Mehrarbeit gekostet. Seit etwa 1880 wurden in vielen Gemeinden die Grundstücke und Kämpe eines jeden Hofes durch Austausch mit den Nachbarn untereinander näher zusammengebracht und dadurch wirtschaftlicher gestaltet. Eine Aufstellung der größeren, über 100 M. großen Esche im Amt Greven von 1856 zeigt, wie zersplittert diese alten Gemeinschaftsäcker waren:[117])

Bauerschaft	Flur	Größe nach M.	Zahl der Parzellen	Zahl der Interessenten
Greven-Dorf	Albachtenesch	252	225	150
Greven-Dorf und Wentrup	Marktesch	364	214	160
Herbern	Nortesch	140	59	15
Herbern	Brockesch	125	74	12
Hüttrup	Hüttruper Esch	140	68	10
Wentrup	Olde Esch	198	95	20
Guntrup	Lau-Esch	182	62	20
Bockholt	Bockholter Esch	132	84	10
Gimbte	Niederesch	170	111	25
Gimbte	Oberesch	115	64	20
Gimbte	Langewohnt	110	76	25

Die Verhältnisse auf den beiden Grevener Eschen können allerdings nicht als allgemeingültige Beispiele gelten, da hier die Zersplitterung andere Ursachen hatte. Das Bestreben der kleinen Handwerker und Häuslinge im Dorf nach einem eigenen Stück Land, nach einer eigenen Ackernahrung bestimmte noch um 1800 das Bild.**) Aber auch in den

---

*) Kolon Wedemhof löste gar 1836 die Hudegerechtigkeit der acht Nachbarn in seiner privativen Mark ab, um sie zur Viehhaltung in altgewohnter Weise allein weiter zu nutzen (AAG II 1 Nr. 6).

**) Nach einem Bericht von 1803 wurde damals in Greven von jedem Ackerbau betrieben, „soviel

Bauerschaften haben es die Kötter durchweg verstanden, sich das eine oder andere Stück Land auf dem Esch zu erwerben, wie ein Vergleich der Zahl der Interessenten mit der Zahl der Althöfe erweist. Im Durchschnitt läßt sich für jeden Hof ein Anteil am Esch von etwa 10 M. in 5 „Stücken" zu je 2 M. errechnen. Es gab aber auch wesentlich kleinere Stücke, bis zu einem und einem halben Scheffel hinab. Die unwirtschaftliche Bearbeitung solch zersplitterter Äcker suchte die Verkoppelung durch Austausch und Zusammenlegung zu verbessern. In welchem Maße dies erreicht werden konnte, lehrt das Beispiel der drei Gimbter Esche, deren Verkoppelung 1888 infolge des verständnisvollen und allen Interessen seiner Gemeinde aufgeschlossenen Mitwirkens des Gemeindevorstehers Gerdemann durchgeführt werden konnte.[118] Die Karte (Abb. 12) zeigt besser als viele

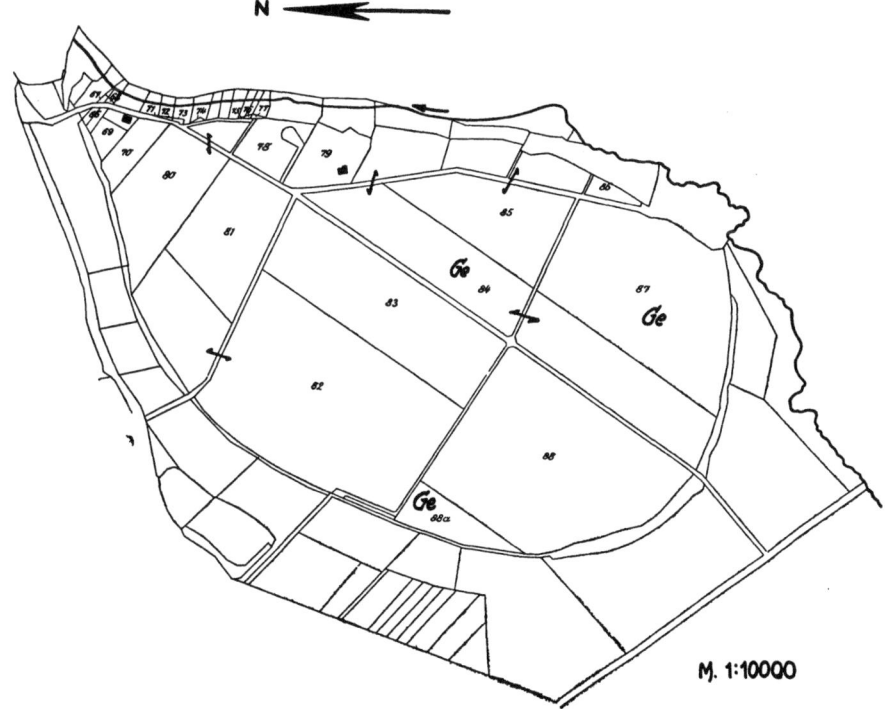

Abb. 12. Der Gimbter Esch „Langewohnt" nach der Verkoppelung von 1888 (Vgl. o. Abb. 5)

Worte den Fortschritt und die große Erleichterung der landwirtschaftlichen Arbeit, die dem Bauern aus dieser Zusammenlegung erwuchsen. Es war aber nicht immer leicht, das Einverständnis der beteiligten Grundbesitzer zu erreichen, wenn nicht wie im Falle Gimbte verständnisvolle Führer das Mißtrauen der Bauern gegen alle Neuerungen zu überwinden wußten. In Greven gelang es erst 1910 dem Fabrikanten J. Becker, den Widerstand seiner bäuerlichen Dorfgenossen gegen die Verkoppelung des Albachtenesches zu überwinden. So konnte auch hier die Zusammenlegung, allerdings nur eines Teiles der großen Grevener Esche zwischen König- und Bakenstraße (1912/15) durchgeführt werden.[119] Dadurch wurde nicht nur eine rationellere Aufteilung des Grundes

nur an Länderey zu erhalten stehet, indem es Bedürfnis für jeden wird, da man ohne Ackerbau nicht fertig werden kann" (StAM, Reg. Münster, Dom. Reg. A I Fach 7 Nr. 5).

und Bodens erreicht, sondern auch eine Erschließung des Geländes für die Ausweitung des Bebauungsplanes von Greven ermöglicht.

Trotz der gewaltigen Vorteile, die eine Zusammenlegung der zersplitterten Esche dem Bauer bietet, sind im Amt Greven die meisten Esche noch nicht verkoppelt worden Dort allerdings, wo es in den weitläufigen Bauerschaften wie beispielsweise Schmedehausen keinen gemeinsamen Esch gegeben hatte, waren die Übelstände des Streubesitzes nie derart in die Erscheinung getreten wie in den Bauerschaften, die neben dem großen gemeinsamen Esch nur wenige Kampfluren hatten. Die Verbesserung der Vorflutverhältnisse und die Regulierung der sonstigen Wasserläufe ermöglichte schließlich die Nutzung vieler, bis dahin als Unland liegengebliebener Flächen und seit dem Ende des vorigen Jahrhunderts die Ansiedlung vieler kleiner und kleinster Grundbesitzer.

Parallel all diesen Bestrebungen des Staates um Hebung und Förderung der Landwirtschaft gingen seine Bemühungen um die Befreiung des Bauern von allen persönlichen Lasten und dinglichen Verpflichtungen. Den Grund dazu gelegt hatte die französische Gesetzgebung. Im Jahre 1808 hob Napoleon in allen von ihm eroberten Ländern, so auch im Münsterland, jegliche Leibeigenschaft auf (s. u. S. 359.). Die Regelung und Ablösung der den Eigenbehörigen bis dahin obliegenden Lasten verursachte noch viele Streitigkeiten zwischen den bisherigen Grundherren und den jetzt über Nacht zu selbständigen Besitzern ihrer Höfe gewordenen Bauern, mit denen die Franzosen in der kurzen Zeit ihrer Herrschaft nicht mehr fertig geworden sind. Erst die preußische Gesetzgebung, die alle französischen Bauerngesetze als zu Recht erlassen bestehen ließ, hat 1820 eine endgültige Regelung der gutsherrlich-bäuerlichen Verhältnisse geschaffen. Durch Gesetz vom 25. September 1820 wurden die mit der persönlichen Leibeigenschaft verbunden gewesenen Lasten und Abgaben gänzlich aufgehoben, dagegen alle den Boden und Besitz belastenden dinglichen Abgaben zwar als zu Recht bestehend, aber für ablöslich erklärt. Die Regelung wurde der neu errichteten Generalkommission übertragen. Um das Ablösungsgeschäft zu erleichtern, richtete man zunächst genossenschaftliche Kassen, die dann im Jahre 1850 in staatliche Rentenbanken umgewandelt wurden, ein, die dem Bauer das vielfach fehlende Geld zur Abfindung der gutsherrlichen Lasten vorschossen. Nicht jeder von ihnen hatte 800 oder gar 1000 Taler im Sparstrumpf! Ein paar Beispiele mögen die Art und Weise der Umrechnung der Naturalabgaben bzw. der Ermittlung der Ablösesumme dartun: Im Jahre 1840 wurden die Domanial-Gefälle der ehemals domkapitularischen Eigenbehörigen in Geldrenten umgewandelt, die dann von diesen mit dem 25fachen Betrag – was einem Kapitalertrag von 4 % gleichkam – abgelöst werden konnten und dann auch meist abgelöst wurden.[120]

Kol. Becker, Bsch. Maestrup (Domkellnerei) bisherige Gefälle:

I. Eigenbehörigkeitsgefälle.
   1. Ursprüngliche Pacht:
      a) 22 münst. oder neun preuß. Scheffel, 8,7 Metzen Roggen
      b) 6 münst. oder zwei preuß. Scheffel, 9,7 Metzen Gerste.
   2. Mehrpacht:
      c) in Geld 1 Reichstl.
II. Zehnten vom Kapitel St. Martini/Münster:
      d) in Geld 2 Rtl. 29 Sgr.
      e) 13 münst. oder 5 preuß. Scheffel 10,3 Metzen Roggen,

außerdem das gutsherrliche Recht an den Kolonatsholzungen und an der Mast, umgewandelt in 28 Rtl. 20 Sgr. fällig auf Martini.
Ablösbar mit 100 Rtl. für jede 4 Rtl. (25fache) = 716 Taler 20 Silbergroschen.

Kol. Voß, Dorf Greven Nr. 62:
Jährliche Gefälle.
a) Ursprüngliche Pacht:
   1. 60 münst. oder 26 preuß. Scheffel 0,6 Metzen Roggen,
   2. 12 münst. oder 5 preuß. Scheffel 3,3 Metzen Hafer.
b) Mehrpacht für die ungewissen Gefälle:
   3. in Geld 2 Reichstaler,
ferner Teilnahmerecht des Gutsherrn an Mast und Holzung,
verwandelt in eine Geldrente von 43 Rtl., fällig auf Martini, ablösbar mit dem 25fachen
Betrag = 1075 Taler.
Kol. Waulichmann, Bsch. Guntrup.
   I. Eigenbehörigkeitsgefälle.
      1. Ursprüngliche Pacht:
         a) Dienstgeld   = 6 Tlr.
         b) Schweinegeld   =   15 Sgr.
         c) Jagdgeld   =   8 Sgr. 7 Pf.
         d) Hofgeld   =   17 Sgr. 3 Pf.
         e) 20 münst. oder 8 preuß. Scheffel und 10,9 Metzen Roggen.
      2. Mehrpacht für die ungewissen Eigentumsgefälle:
         f) in Geld   4 Sgr. 1 Pf.
         g) 2 münst. Scheffel oder 13,9 preuß. Metzen Roggen.
   II. Grundrente von der Obedienz Sommersell.
         h) 24 münst. oder 10 preuß. Scheffel und 6,6 Metzen Roggen
            und Holz- und Mastberechtigung,
umgewandelt in eine Geldrente von 36 Rtl., 5 Sgr., fällig auf Martini, ablösbar mit
dem 25fachen Betrag = 904 Taler, 5 Silbergroschen.
Für die Ablösung der kirchlichen Abgaben wie Meßkorn usw. wurden in den Jahren
1857 und 1872 Gesetze erlassen, nach denen diese Lasten, je nachdem, ob der Berechtigte
(die Kirche) oder der Verpflichtete den Antrag stellte, zum 22fachen oder 25fachen Betrage
erfolgen konnte.
Durch die Ablösung aller auf seinem Hofe ruhenden Lasten und Abgaben war der
Bauer unumschränkter Herr auf eigenem Grund und Boden geworden. Um nun zu verhüten, daß die Bauern aus Mißverstand ihre so gewonnene Freiheit zur Verzettelung
und Zersplitterung ihres Besitzes durch den Verkauf von Grund und Boden mißbrauchten,
setzten in Westfalen bereits um 1823 die behördlichen Maßnahmen zur Aufrechterhaltung
der sich in den vergangenen Jahrhunderten als so überaus segensreich erwiesenen Unteil-
barkeit der Bauerngüter ein, die dann in der Anerbengesetzgebung von 1882 und 1898
ihre Krönung und abschließende Festlegung fanden. Solche Maßnahmen waren in der
Tat sehr nötig, denn nach einer im Jahre 1860 aufgestellten Statistik gingen in Westfalen
in der Zeit von 1816 bis 1859 nicht weniger als 810 Bauernhöfe ein, ohne daß ein hinreichender Ersatz durch Neuansetzung von Siedelstellen gewonnen wurde. Im Zeitraum von 1860 bis 1880 nahm dieser Zerfallsprozeß immer größere Ausmaße an, so daß
in diesen zwanzig Jahren nicht weniger als 1910 Höfe verlorengingen. In den folgenden
dreißig Jahren betrug die absolute Verlustziffer allein im Regierungsbezirk Münster
immer noch 520 Höfe, davon 48 im Landkreis Münster.[121]) Auch im Amt Greven sind
seit der Bauernbefreiung eine ganze Anzahl von Höfen durch Auflassung und Parzellierung vom Erdboden verschwunden, in dem Zeitraum von 1816 bis 1859 fünf und bis

1879 weitere zwei, später noch einige mehr, darunter gerade eine Reihe der schönsten und geschichtlich bedeutsamsten Schultenhöfe, wie die Höfe Schulte Temming (um 1900) und Schulte Homoet-Ostenfelde (1907) in Westerode, Schulte Gr. Maestrup in Maestrup (etwa 1895) und Schulte Bönstrup in Wentrup (1870).[122]) Die Gründe für das Höfesterben waren ganz verschieden. Den einen Bauer trieb die Auswanderungslust davon, den anderen die durch leichtsinnige Spekulationen hervorgerufenen Schulden. Die kleineren Leute vor allem lockte die Industrie mit ihren hohen Löhnen. Erst durch die Rentengutsgesetzgebung von 1890 und 1891, mit deren Hilfe zahlreiche kleine Anwesen (Rentengüter) finanziert wurden, gelang es, in etwa einen Ausgleich für das Höfesterben zu schaffen. Freilich, die Landflucht hat bis in die Gegenwart angehalten.[123]) Seit 1897 sind im Amt Greven außerhalb der geschlossenen Orte aber doch bis zum Jahre 1931 im ganzen 61 Neusiedlungen angesetzt worden, davon seit 1926 zwölf mit Hilfe der nach dem ersten Weltkrieg gegründeten wertschaffenden Arbeitslosenfürsorge. Immerhin schätzte der Amtmann 1929 den Bestand an Köttern in seinem Amt auf etwa 4–500, an Heuerlingen auf etwa 50–60 und an sonstigen kleinen Handwerkern (auf dem Lande) und Landarbeitern auf 60–80.

Das 19. Jahrhundert hat dem Bauernstand nicht nur die Zerreißung der jahrhundertealten Fesseln und Bindungen der Leibeigenschaft und Hörigkeit beschert, es brachte ihm auch den wirtschaftlichen Fortschritt in der oben (S. 61 ff.) geschilderten Teilung der gemeinen Marken und der dadurch hervorgerufenen Umstellung der Betriebsweise, in der Verkoppelung der unrentablen Gemeinschaftsackerfluren auf den Eschen und der dadurch geförderten Rationalisierung der Landeskultur (s. o. S. 63 ff.), letztlich aber auch durch die Naturwissenschaft, die mit der Erfindung des Kunstdüngers dem Bauern überreichen Ersatz für die immer dürftiger gewordene Plaggendüngung brachte. Erstmalig kam dieser 1861 in der Form von Peru-Guano ins Land, in größeren Mengen dann später als Thomasschlacke und Kainit, die zur Verbesserung des leichten Sandbodens wesentlich beitrugen, wodurch die Ernten auf diesem Boden besser und stetiger wurden. Die seit der Mitte der sechziger Jahre immer mehr abnehmende Plaggendüngung hielt sich in entlegenen Heidewinkeln aber noch bis kurz vor dem ersten Weltkrieg!

Die Ausdehnung des Futteranbaus durch Klee- und Hackfrucht ermöglichte eine Steigerung und Intensivierung der Viehhaltung und -zucht. Allerdings hatten die ersten Jahrzehnte des 19. Jahrhunderts mit ihren vielfachen Kriegsnöten und den niedrigen Preisen, besonders für das Getreide, dem Bauer wenig Zeit und Gelegenheit gelassen, sich um Neuerungen und Fortschritt zu kümmern. Erst seit 1840 besserten sich die Getreidepreise und damit auch die Möglichkeiten zu einer fortschrittlicheren Bewirtschaftung der heimischen Scholle. Durch steigende Verwendung von Kunstdünger, durch Einführung landwirtschaftlicher Maschinen, – seit den sechziger Jahren kamen die ersten Mäh- und Dreschmaschinen nach Westfalen*) – durch tieferes Pflügen wurden Steigerungen der Ernteerträge erreicht, die man vorher für unmöglich gehalten hätte. Das wirkte sich natürlich auch auf die Viehhaltung und Viehzucht aus. Durch eine planmäßige Züchtung und Auslese wurden die bis dahin geringwertigen und leistungsschwachen Pferde- und Rinderrassen verbessert. Einzig die Schafhaltung ging zurück, einmal weil die Teilung der gemeinen Marken vielen Bauern die Möglichkeit nahm, eine größere Herde auszutreiben, dann aber auch, weil die Preise für die Schafwolle sehr nachließen und die Schafzucht nicht mehr lohnend genug war. Die Haltung von größeren Rinder- und Schweinebeständen wurde dagegen sehr viel rentabler, als um die Mitte des Jahrhunderts die Fleischpreise anzogen, zumal die Ausdehnung des Futterbaues auf dem

---

*) Die erste weit und breit soll Große Wichtrup in Aldrup angeschafft haben.

Ackerland dies ermöglichte. Zwar stiegen die Betriebskosten durch den Übergang vom Körnerbau zur Viehhaltung nicht wenig, denn neue Gebäude wurden notwendig, mehr Dienstpersonal mußte eingestellt werden, Futtermittel mußten gekauft werden, kurz eine Intensivierung des Bodens war erforderlich, um diese Kosten aus dem eigenen Betrieb herauszuholen.*) Da die wachsende Industrie der Landwirtschaft diese Dienstkräfte wieder entzog, weil sie bessere Löhne zahlen konnte, mußten diese durch teure landwirtschaftliche Maschinen ersetzt werden. Diese höheren Gestehungskosten waren für den Landwirt aber nur so lange tragbar, als er für seine Erzeugnisse an Korn und Vieh auch hohe Preise erzielte. Das war in der Zeit von 1850 bis etwa 1870 der Fall. Diese Jahrzehnte waren für unsere Bauern die besten und glücklichsten Jahre. Den fetten Jahren folgten aber eine lange Reihe magerer. Jedes Jahr brachte eine schlechtere Ernte als das vorherige, die Preise sanken immer tiefer, der Arbeitermangel wurde immer größer. In den Vierteljahrsberichten des Amtmannes tauchen seit 1887 die Bauern auf, die zu erwähnen er seit Jahrzehnten keine Veranlassung gehabt hatte. „Der Bauernstand muß sich kärglich ernähren," schreibt er im Herbst 1887. Im Frühjahr 1888 hat der Wohlstand des Bauernstandes „entschieden" abgenommen, im Herbst wegen der schlechten Ernte noch mehr. Auch im nächsten Jahr ist der Wohlstand beim Bauernstand wegen der mehrjährigen schlechten Ernten „nicht besonders", dagegen im nächsten Jahr (1890) wieder „gut". Tatsächlich hatte das Jahr 1889 eine Wendung zum Besseren gebracht. Die Ernte war gut gewesen und vor allem, die Preise für landwirtschaftliche Produkte stiegen dank der Schutzzollpolitik des Reiches wieder an!

In diesen Jahren blühten auch allerwärts die Bauernvereine auf, die sehr wesentlich zur Hebung unseres Bauernstandes beigetragen haben. Neben den staatlichen Bemühungen um Förderung und Hebung desselben war dem eigenen, privaten Unternehmungsgeist ja doch weiter Spielraum gelassen, aber der Einzelne braucht doch immer wieder Führung und Belehrung. Die Erkenntnis, daß nur das Beispiel nachdrücklich auf den Einzelnen zu wirken vermag, hatte in Westfalen schon früh, nämlich im Jahre 1819, zur Gründung von landwirtschaftlichen Vereinen geführt, die ihren Mitgliedern auf allen Gebieten der bäuerlichen Wirtschaft reiche Anregung zur fortschrittlichen Bewirtschaftung des Landes sowohl, wie auch für eine Entwicklung der Viehzucht zu bieten vermochten. Der Ortsverein (für Altenberge, Nordwalde und Greven) des landwirtschaftlichen Hauptvereins wurde 1886 mit 40 Mitgliedern gegründet. 1918 zählte er deren bereits 163. Er vermittelte seinen Mitgliedern die neuesten Erkenntnisse der wissenschaftlichen Forschung, stellte neue Maschinenmodelle zur Erprobung bereit und machte sie mit neuen Landbaumethoden vertraut.[124] Nicht zuletzt hat auch der sehr viel jüngere Bauernverein in dieser Hinsicht segensreich gewirkt. Die zuerst kreisweise seit 1862 gegründeten Bauernvereine hatten sich im Jahre 1871 wieder aufgelöst, um dem einen, großen westfälischen Bauernverein Platz zu machen, an dessen Spitze lange Jahre der allbekannte „Bauernkönig", Frhr. von Schorlemer-Alst (gest. 1895) stand. Aus dem Amt Greven nahm Schulze Wiggering-Althoff an der Gründungsversammlung am 30. November teil. Die ersten Jahre des Vereins verliefen nicht ohne Schwierigkeiten, da die Regierung in ihm zunächst (bis das Gegenteil erwiesen war) einen politischen Verein argwöhnte.

Sein Kampf galt zunächst dem schon oben geschilderten, immer mehr um sich greifenden Schwund der alten Bauernhöfe, von denen gerade damals fast hundert jährlich

---

*) Bereits 1845 machte Schulte Aldrup erste Versuche zur Verbesserung seiner Weiden. Heinrich Ahlers (aus Schöppingen) richtete ihm damals den Kuhkamp (Weide) als Wiese (nach Siegerländer Art) „zum Beflößen" ein mit in der Mitte hochliegender Wasserführung, die dann seitwärts absickerte. Die Verbesserung des Landes durch Drainierung bürgerte sich hierzulande erst wesentlich später ein.

vom Erdboden verschwanden, ohne daß durch Neusiedlung genügend Ersatz geschaffen wurde. Des weiteren bemühte er sich um die Organisation eines verbilligten Massenbezuges von Kunstdünger, Sämereien und Kraftfuttermitteln.*) Durch die Gründung von Zentralgenossenschaften für den Ein- und Verkauf landwirtschaftlicher Bedarfsartikel und Wirtschaftserzeugnisse im Jahre 1899 sowie der Bäuerlichen Bezugs- und Absatzgenossenschaften werden diese Bestrebungen, die Wirtschaft des einzelnen Bauern rentabler zu gestalten, noch gesteigert und intensiviert.**) Die Schaffung ländlicher Kreditinstitute und Zentralkassen – in Greven wurde eine solche im Jahre 1887 gegründet – ergänzte diese Bestrebungen nach der finanziellen Seite.

---

*) So wurden beispielsweise bezogen:

im Jahre	Kunstdünger (in Ztr.)	Futtermittel (in Ztr.)
1884	20 570	9 026
1890	147 963	42 570
1897	410 000	37 870

**) Die Grevener Molkereigenossenschaft wurde bereits 1890 gegründet, zunächst auf freiwilliger Grundlage (1934 wurde die Milchabgabe zur Pflicht).

Abb. 13 *)

3

Werden und Wachsen des Dorfes Greven

Seit vorgeschichtlichen Zeiten haben an der so günstig gelegenen Höhe auf dem rechten Ufer der Ems an der Stelle des heutigen Greven Menschen gesiedelt. Aus den kleinsten Anfängen heraus hat sich diese Siedlung im Laufe der Jahrhunderte bis auf den heutigen Tag zu einem Ort entwickelt, der, obwohl er bislang immer noch „Dorf" hieß, es seit langem mit mancher Stadt des Münsterlandes an Größe und Einwohnerzahl gar wohl aufnehmen kann, viele von ihnen durch seinen Handel und seine Industrie an Bedeutung weit überragt. Das war natürlich nicht immer so. Aber auch abgesehen von der industriellen Entwicklung Grevens seit der Mitte des 19. Jahrhunderts, hat das Dorf doch schon lange Jahrhunderte vorher als Marktplatz eine große Rolle im Münsterland gespielt, die es über alle Dörfer ringsum weit hinaushob. Vorher aber, d. h. bis ins 12. und 13. Jahrhundert hinein, ist auch von diesem Marktplatz Greven noch nicht die Rede, und es bedarf schon einer eingehenden Beschäftigung mit der Entwicklung des Dorfes, um auch für diese frühe Zeit Besonderheiten zu entdecken, die Greven eine Sonderstellung im Münsterland verschaffen.

Jeder Grevener weiß, und jedes Hochwasser der Ems lehrt es ihn aufs neue, daß sein Heimatdorf auf einem hohen Uferrand der Ems liegt, dessen alte Steilkante ziemlich genau parallel zur Münsterstraße – etwa 10 bis 20 m westlich von ihr – um die Kirche herum, entlang der rechten Seite der Martini-Kirchstraße bis oberhalb des Wilhelm-Platzes verläuft und von hier im Bogen etwa im Zuge der (neuen) Emsstraße und Sonnenstraße zum Friedhof sich hinzieht. Der rechts von dieser Linie - es ist ziemlich genau die 45 m-Linie über NN – gelegene Geestrücken war und ist stets hochwasserfrei, hat also von jeher dem Siedler eine sichere Siedelstätte geboten. Am linken Ufer der Ems beginnt dieser hochwasserfreie Geestrücken erst sehr viel weiter westlich (vgl. Abb. 14).

Das letzte Hochwasser von 1946 ließ die alte Uferlinie der Emstalaue deutlich wieder in Erscheinung treten, als alles Land bis zu Schulte Gronover und Deipenbrock hin unter Wasser stand.

---

*) Ausschnitt aus einer alten Bildkarte der fürstlichen Kammer zu Wolbeck von Heinrich von Trier vom Jahre 1603 (StAM, Kartensammlung Regierungsbezirk Münster Nr. 821).

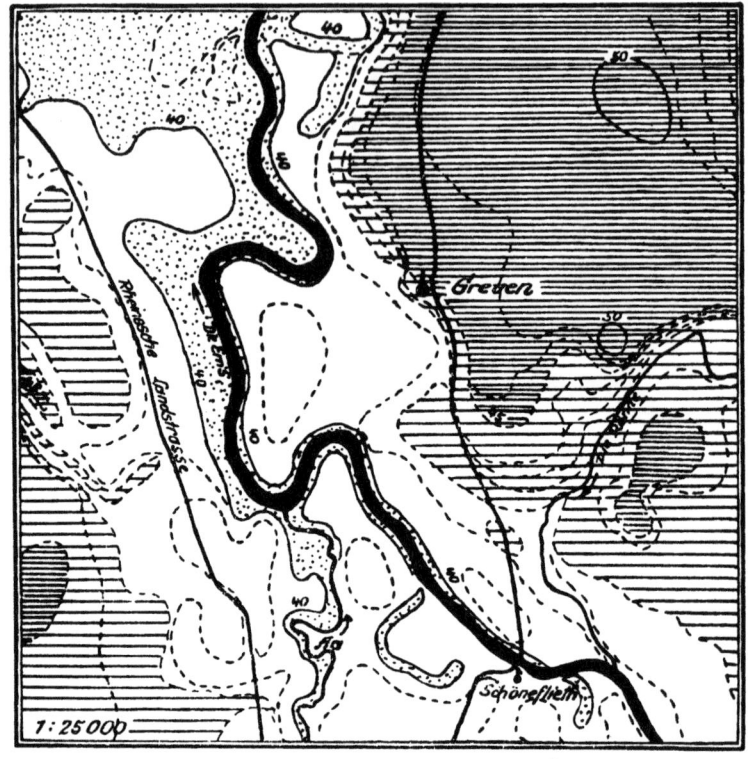

Abb. 14. Die Talaue der Ems bei Greven

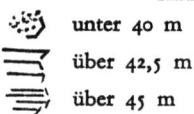 unter 40 m

über 42,5 m

über 45 m

In dieser breiten Talaue hat sich die Ems seit Tausenden von Jahren ihr Bett gesucht und immer wieder neu gewühlt, oft es verlassend und ebenso oft wieder in die alte Rinne zurückströmend. Es ist nicht leicht, das Gewirr dieser alten Rinnsale zu enträtseln, zumal aus geschichtlicher Zeit nur wenige und dazu keineswegs immer eindeutige Nachrichten über derartige Strombettverlagerungen überliefert sind. Dazu kommt noch, daß durch Menschenhand, durch künstliche Aufschüttungen und Abgrabungen manch altes Emsbett völlig umgestaltet worden ist. Und doch ist es für die richtige Erkenntnis der Frühgeschichte Grevens äußerst wichtig, die Stromverhältnisse der Ems wenigstens für die letzten tausend Jahre einigermaßen genau verfolgen und festlegen zu können.

In etwa ist dies auch möglich. Zu der Zeit, als das Dorf Greven gegründet wurde, muß die Ems unmittelbar am Hang des Geestrückens, auf dem das Dorf liegt, im sanften Bogen entlang geflossen sein, etwa so, wie es auf der nachfolgenden Skizze der Zustand I zeigt (Abb. 15).

Die große Schleife nördlich des Dorfes ist erst in neuerer Zeit, d. h. zwischen 1673 und 1804 abgeschnitten worden.*) Auch in dem toten Arm, der sich von der Fabrik der Ge-

---

*) In der Beschreibung der Hofesgründe des Kolon Bövemann aus dem Jahre 1673 heißt es, daß

brüder Schründer entlang der Sonnenstraße bis zur alten Emsschleife hinzieht, stand im Jahre 1673 stellenweise noch Wasser. Es ist nicht ganz klar, ob es sich bei dieser Lake um einen alten Emsarm handelt, da eine Verbindung derselben nach Süden zur Ems hin nicht mehr erkennbar ist. Vielleicht handelt es sich nur um eine natürliche oder auch künstliche (?) Senke bzw. Rinne, die das Wasser bis an den Schoppenplatz heranführte.

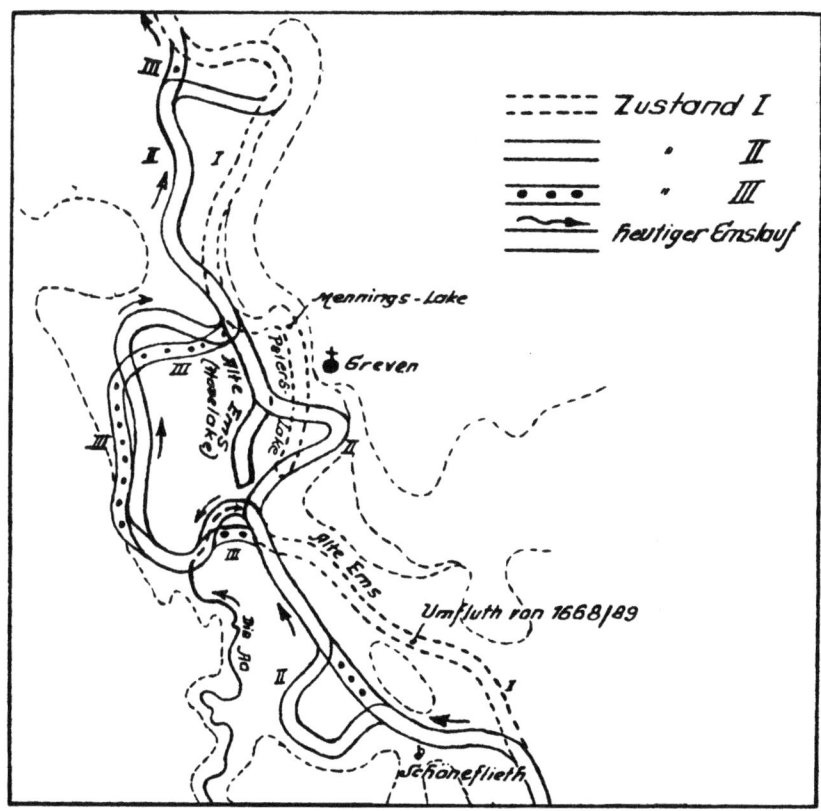

Abb. 15. Das Flußband der Ems und seine Verlagerungen

Diese „alte" Ems hat im Laufe des Mittelalters immer weiter „gearbeitet", d. h. sie hat an der einen Seite, dem „Prallhang" Land abgebrochen und es an der anderen Seite, dem „Gleithang" wieder abgesetzt. Ein solcher Prallhang lag in der Krümme bei Böve-manns Hof, dort, wo sich der Fluß immer näher an die Steilkante des Geestrückens herangefressen hatte. Eines guten Tages ist dabei die immer spitzer werdende Kehre ab- bzw. durchgebrochen, und der Fluß hat sich um den Kalverkamp und um Blombergs Kamp herum ein neues Bett gewühlt, damit erstmalig vom Dorf abrückend.

die Ems damals hier am Nordufer noch ständig Land abbreche (StAM, DK, DKelln. Heberegister I Bd. 1 S. 174). Schon Pfarrer Schmedding klagte 1637 über den Abbruch des Emsufers in der Krümme „boven dem witten over" (PfA Greven, Lagerbuch von 1637). Im Jahre 1804 führte diese alte Ems-schleife dagegen schon kein Wasser mehr (AAG II i Nr. 60). Der Durchbruch der Ems wird damals also schon länger zurückliegen. Er ist wohl um 1700 anzusetzen.

Die sogenannte „Alte Ems" vor der Lindersheide benutzte man 1666/68 als Umleitung der Ems, um das Abfließen des Wassers bei der damals neu erbauten Schönefliether Mühle an der Brücke vor dem Hause Schöneflieth zu regeln. Da diese Mühle 1689 einem Hochwasser zum Opfer fiel und nicht wieder aufgebaut wurde, verfiel auch die Umflut wieder, zumal sie damals durch einen statt der gleichfalls zerstörten Umflutbrücke aufgeworfenen Damm von 100 Fuß Länge und 80 Fuß Breite abgeriegelt wurde, der in der Folgezeit den Grevenern noch manchen Kummer bereiten sollte.

Eine Katastrophe größten Ausmaßes brachte ein zeitlich leider nicht genau festlegbares Hochwasser, das die Ems in ein ganz neues Fahrwasser drängte und in einem großen Bogen westlich um die Kälberkampsmersch herumführte. Wahrscheinlich ist die Ems dabei entweder ganz oder doch wenigstens in der ersten Strecke dem alten Bett der Aa gefolgt, das sie wohl schon vorher in zahlreichen Hochwassern immer tiefer aufgewühlt und ausgewaschen hatte, bis sie dann eines Tages nicht mehr in ihr eigenes, altes Bett zurückfand, sondern den neuen Lauf beibehielt. Für das Dorf Greven sollte das nicht ohne Folgen bleiben. Auch dieses neue Flußbett war im 17. und 18. Jahrhundert noch in ständiger Bewegung, ein Beweis dafür, daß es damals noch nicht „uralt" war. Auch hier hat der Fluß den Prallhang unterhalb Möllmann, wo im Mittelalter eine Mühle gelegen hatte, wahrscheinlich seit dem 17. Jahrhundert immer weiter nach Norden vorgetrieben und dadurch sogar die Verlegung des Westeroder Kirchweges um fast 500 m erzwungen! Auch am Voskamp setzte die Ems vom linken Ufer ständig Land auf das rechte Ufer über.[125]) Die Bewegungen des Flußbettes sind in diesem Abschnitt erst im Laufe des 19. Jahrhunderts durch die künstlichen Uferbefestigungen und andere Maßnahmen der preußischen Behörden zum endgültigen Stillstand gekommen.[126])

Die zahlreichen toten Emsarme nannte man meist Lake. Außer der sogenannten „Alten Ems", auch „Hoven-Lake" genannt, lagen bei dem Dorf Greven noch die „Peters-Lake" und „Mennings Schluse" (oder -Lake) bzw. „Luiken-Lake". Alle liefen bei Hochwasser über und zwar derart, daß man mit den Kähnen und Fischerbooten mit Leichtigkeit über die Zäune und Hecken hinwegfahren konnte. Aber im Laufe der Jahrhunderte landeten sie doch langsam zu. Um 1560 hatte man noch die ganze „Alte Ems" bis zum Ende des Kälberkampes und die Peterslake sogar noch bis jenseits dieses Kampes bis fast an das neue Bett der Ems hin befahren und abfischen können.*) 1673 stand in der Peterslake hinter dem Hof des Bövemann noch ständig Wasser. Um die Mitte des 18. Jahrhunderts dagegen bot nach einem Bericht aus dem Jahre 1746 nur noch die „Alte Ems" und „Mennings Schluse" am Niederort, so genannt nach dem damaligen Bewohner des allerletzten Hauses an der Emsstraße Nr. 70 – heute Martini-Kirchstraße Nr. 35/37 –, also das letzte Stück der alten Peterslake kurz vor dem Schemm am heutigen Wilhelm-Platz eine letzte Möglichkeit zum Fischen.[127]) Auch diese schwand dahin, als im Jahre 1767 der Krämer Goldschmidt an der Emsstraße – Alte Hausnummer Nr. 74, jetzt Martini-Kirchstraße Nr. 53 – einen Damm quer durch die Lake schütten ließ, damit die schweren Lastwagen vom Dorf her besser bis an sein Geschäftshaus heranfahren konnten.[128])

---

*) StAM, DK, H. Schöneflieth D (1562): „aus der itzigen Prinzipal-Emse sei ein Ausganck, genant die olde Emse, die gha neben und ahm ende durch des Pastors Kalverkamp nha Schoenfleite . . ." Zur gleichen Zeit sagen Martin Holscher, Johann Reimenschneider, Kerstien Becker und Johann (de) Wrede als Vertreter des Dorfes aus, daß „die Peterslake sich erstrecke vom Ende des dorpes ahn hinderumb die weiden langes den kalverkamp bis uff zwei alde weidenboume nach der Emse beinach (beinahe) ahm ende vorgenannten Kalverkamps baven dem vorgenannten damme buten dem thune (Zaun) ghemelten kamps uf ein groin pletzchen, dar man plege die Segen up to trecken, recht gegen den zwei weiden aver ahn der heiden (= Lindersheide) nach Schonefleith."

Die Entwicklungsgeschichte des Dorfes geht von der Geschichte seiner alten Bauernhöfe aus. Zu Beginn des 19. Jahrhunderts gab es in Greven fünf Vollerben, nämlich Bövemann, Wrede, Voß, Naendorf, Albachten und das Halberbe Beckermann, dazu noch einige als Kötter bezeichnete Stellen. Ursprünglich waren es mehr. Aus den mittelalterlichen Grundbesitzverhältnissen lassen sich noch einige, heute längst verschwundene Höfe ermitteln, die zusammen mit den oben genannten einmal das Dorf Greven gebildet haben.

Die Grundherren des Dorfes, denen die einzelnen Höfe mit Land und aufsitzenden Leuten eigentümlich gehörten, waren bis zu Beginn des 19. Jahrhunderts: 1. das Domkapitel zu Münster, 2. der Landesherr, der Bischof von Münster, 3. das Stift Metelen, 4. das Stift Überwasser in Münster und schließlich 5. die Kirche bzw. das Pastorat in Greven selbst. Daneben gab es freilich noch eine ganze Anzahl freier Hausstätten in Greven, die auf freiem Dorfs- bzw. gemeinem Markengrund standen und deren Besitzer persönlich freie, nicht eigenbehörige Leute waren. Aber diese sind alle jüngeren Ursprungs, d. h. sie sind erst seit dem 16. und 17. Jahrhundert entstanden. Sie können also bei der Betrachtung der älteren Verhältnisse zunächst noch außer Betracht bleiben.

Der Grundbesitz des Domkapitels verteilte sich auf das Oblegium (= Wirtschaftsverband) Gronover, die Domkellnerei und das Oblegium Averholthusen (= Borgholzhausen in der Grafschaft Ravensberg). Das Oblegium Gronover, der Amts- und Schultenhof Gronover mit seinem Zubehör, bildete eins der ältesten Besitztümer der Münsterer Kirche, dessen Erwerb sich im Dunkel der Jahrhunderte verliert. Das der Zeit um 1340 angehörende, inhaltlich aber weit ältere Güterverzeichnis des Domkapitels*) nennt unter den zum Amt Gronover gehörenden Höfen auch zwei damals bereits wüste Hufen im Dorf Greven (duo mansi deserti in villa Greven).[129] Nur von einem von ihnen ist der Name überliefert. In einem Zusatz zu dem genannten Güterverzeichnis von etwa 1340 wird es domus Johannis, zu deutsch also „Johanning" genannt. Nach einer genauen Aufmessung aus dem Jahre 1671 besaß das Amt Gronover damals allein auf dem Albachten-Esch 178 Scheffelsaat Land und auf dem Marktesch weitere 136 Scheffelsaat, ungerechnet die sonstigen Kämpe, Gärten und Wiesen.[130] Im Jahre 1673 wird der gesamte Landbesitz des Hofes Bövemann mit 188 und der des Zellers Voß mit 196 Scheffelsaat angegeben.[131] Auf den beiden Eschen hatten sie durchschnittlich etwa 140 bis 150 Scheffelsaat. Auch der Pfarrhof hatte damals noch rund 111 Scheffelsaat Eschland, wobei zu berücksichtigen ist, daß er erhebliche Teile seines Grundbesitzes an Kirche und Küster abgegeben hatte.[132] Die beiden im 14. Jahrhundert bereits wüsten Höfe des Amtes Gronover im Dorf hatten also mit den 314 Scheffelsaat Land auf den beiden Eschen im Durchschnitt die gleiche Größe wie die anderen Höfe des Dorfes.

Aus der Verteilung des zum Amt Gronover gehörenden Grundes und Bodens im Dorf läßt sich mit hinreichender Sicherheit die Lage der beiden nun schon seit 600 Jahren verschwundenen Höfe ermitteln. Wie die Karte (Abb. 16) zeigt, besaß das Oblegium Gronover mitten zwischen den anderen Hofgrundstücken ähnlich zusammenhängende Fluren. Auf diesen müssen die beiden Höfe gelegen haben, der eine also südlich der Kirche zwischen den Hofesgründen von Voß und Wrede, dort, wo das Amt Gronover später noch die beiden Häuser Nr. 59 und 60 besaß.[133] Die Stiege längs Wredes Grundstück ist von diesem alten Hofesgrund genommen, wie aus der Breite des jenseits der Münsterstraße liegenden Teiles des Gronover-Grundstückes geschlossen werden kann.

---

*) Wenigstens der Absatz über das Oblegium Gronover scheint inhaltlich älter zu sein, da der Hof Klostermann (Bsch. Bockholt), der dem Kapitel 1280 geschenkt wurde, dem Verzeichnis als Nachtrag angehängt ist (CTW II, S. 123 ff. und 127).

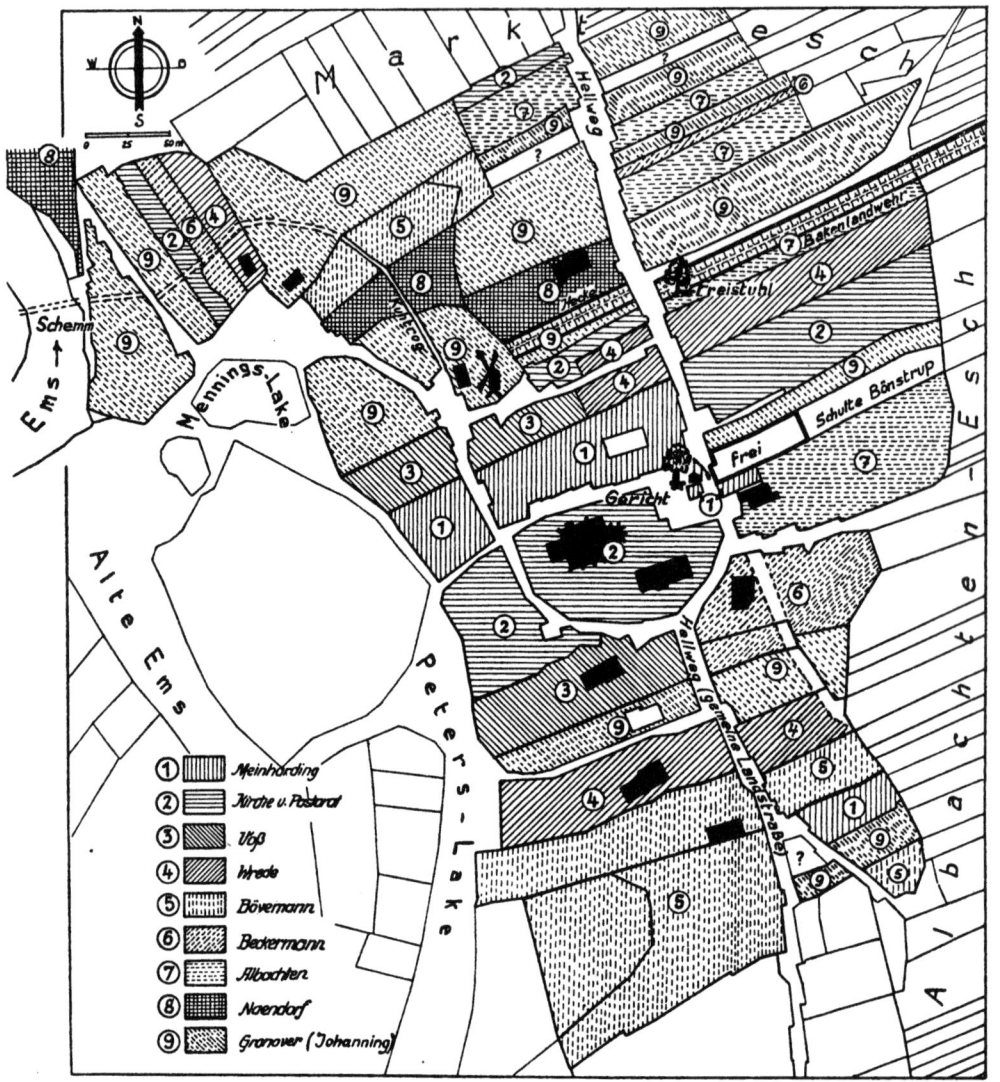

Abb. 16. Die Bauernhöfe Grevens und ihr Grundbesitz als Grundlage der dörflichen
Entwicklung. Etwa 1 : 2500

- ■ 1828 noch bestehende Höfe und Kotten
- □ im Mittelalter untergegangene Höfe

Situation nach dem Urkataster von 1828
Ergänzungen gestrichelt

Da der Hof ja schon früh wüst wurde, werden sich die Nachbarn auf seine Kosten verbreitert haben. Der zweite Gronover-Hof muß im nördlichen Teil des Dorfes gelegen haben, da dort das Amt bis in die Neuzeit hinein sehr viel Grund und Boden besessen hat. Die genaue Lage dieses Hofes wird sich im weiteren Verlauf der Darstellung noch ergeben. Hier sei schon vorweg genommen, daß er nicht nördlich von Naendorfs Hof gelegen haben kann, da der Name dieses Hofes, der in den ältesten Quellen Nordendorp gelautet hat, andeutet, daß dies der nördlichste Hof im Dorf gewesen ist, mit anderen Worten also, daß nördlich von ihm keine Höfe mehr gelegen haben. Die hier gelegenen Häuser an der Marktstraße sind insgesamt auch erst seit etwa 1600 errichtet worden.

Außer den beiden Höfen gehörte zum Amt Gronover auch noch eine Mühle im Dorf, vielleicht die gleiche, die bereits 1498 als die „olde mole" bezeichnet wird,[134]) und die vermutlich vorne am Eingang der Bergstraße beim Ostkotten gelegen hat. Beim großen Brand von 1622 ging sie mit fast dem ganzen Dorf zugrunde und ist anscheinend an dieser Stelle nicht wieder aufgebaut worden, da sie in den Akten des Amtes Gronover nicht mehr begegnet.*)

Das kleine Oblegium Averholthusen besaß im Dorf Greven nur das Halberbe Beckermann an der Ecke der alten Esch-(jetzt Königs-)straße und Münsterstraße. Weit größer war der Besitz der Domkellnerei, dem die drei Höfe Bövemann, Voß und Albachten gehörten. Der Domkellner war ursprünglich der Stellvertreter des Domprobstes, für den er die Verwaltung der diesem zustehenden Kapitelsgüter führte. Der Dompropst war also der eigentliche Besitzer dieser drei Grevener Höfe. Da er nun aber auch das kleine Oblegium Averholthusen an einen der Domherren zu vergeben hatte, so ist also ursprünglich auch der Hof Beckermann ein dompropsteilicher Hof gewesen.

Der Landesherr, der Bischof von Münster, besaß in Greven später nur den einen Hof Naendorf am nördlichen Ausgang des Dorfes, das Stift Metelen schließlich den Hof Vrede zwischen Voß und Bövemann.

Der interessanteste und für die Entwicklung des Dorfes bei weitem wichtigste von allen Höfen ist der alte Meinhardinghof, der dem Stift Überwasser in Münster gehörte, ursprünglich jedoch wohl auch Bischofsgut war, mit dem Bischof Hermann I. im Jahre 1040 das damals von ihm gegründete Stift begabt hat. Der Hof Meinharding, der unter diesem Namen erstmalig 1384 im ältesten Zehntregister des Stiftes erscheint, bildete bereits im 12. Jahrhundert zusammen mit den Höfen Busch in Eistrup, Niehus in Schmedehausen und Untied in Nordwalde ein Zubehör des Amtshofes Maestrup (= Schulte Lütke Maestrup).[135]) Spätestens zu Beginn des 13. Jahrhunderts ist die Hofstätte des Meinhardinghofes parzelliert und in eine ganze Anzahl von Hausstätten aufgeteilt worden, während das Land verpachtet wurde.**) Die aus dem Hofgrundstück gemachten 11 Haus-

---

*) Vielleicht ist aber auch die „olde mole" von 1498 identisch mit der alten Wassermühle am Einfluß der Aa in die Ems bei Möllmanns Kotten, die bereits um 1560 längst in Trümmern lag (vgl. u. S. 409) und die vermutlich einem der zahlreichen Emshochwasser zum Opfer gefallen ist. Denn auch Mollmanns Kotten, der zweifellos den Rest dieser alten Mühle darstellt, gehörte der Domkellnerei und zum Oblegium Gronover.

Eine ganz neue Windmühle wurde in den dreißiger Jahren des vorigen Jahrhunderts auf dem Spielkämpchen beim Schuppenplatz am nördlichen Dorfrand errichtet. Sie hat aber nicht lange Bestand gehabt.

**) Als solche Pächter erscheinen in den älteren Registern des Überwasserstiftes (vgl. Anm. 135) im 14. und 15. Jahrhundert Einwohner des Dorfes Greven, seit dem 16. dann ständig der Zeller Busch in Maestrup, der ja auch dem Amtshof Maestrup unterstand. Das Land, das dieser nach dem Urkataster von 1828 auf den beiden Grevener Eschen besaß bzw. noch heute besitzt, rührt also von dem alten Meinhardinghof her.

plätze mußten dem Stift einen jährlichen Wurtzins (= Hauszins) in Höhe von 1 Schilling entrichten.[136]) Aus den seit dem 14. Jahrhundert bis ins 19. Jahrhundert hinein erhaltenen Registern des Überwasser-Stiftes lassen sich diese Wurtstätten noch heute mühelos feststellen.[137]) Dabei zeigt sich überraschend, daß sie einen geschlossenen Block nördlich der Kirche formten. Hier also hat ohne Zweifel der alte Meinhardinghof gelegen. Das Eckhaus zur Marktstraße hin hieß noch bis in die Gegenwart der „Wurtkotten", hält also in seinem Namen die Erinnerung an die alte „Wurt", die Hausstätte des Meinhardinghofes wach.[138])

Es bleibt noch der Grundbesitz der Pfarrkirche in Greven selbst. Nach uralter, auf Kaiser Karl den Großen zurückgehender Satzung mußte jede Kirche im Sachsenland mit einem Hof und zwei Hufen Land ausgestattet werden; der Hof wurde dann meist der Wedemhof genannt, weil mit ihm der Pfarrer „bewedemet" (= bewidmet), d. h. ausgestattet wurde. Haus und Hof des Grevener Wedemhofes lag, wie aus der Bezeichnung des Pastorates im Jahre 1580 als des „Pfarrers Gehöfte" eindeutig hervorgeht, an der Stelle des Pastorates selbst und umfaßte ursprünglich wohl die ganze Kircheninsel mit dem Friedhof um die Kirche herum.[139])

Damit wären 9 Vollerben und 1 Halberbe für das alte Dorf Greven zurückgewonnen. Für die ältere Zeit müssen von dieser Zahl allerdings einige Abstriche gemacht werden. Da wäre zunächst das Halberbe Beckermann. Die Halberben sind allgemein jüngeren Ursprungs als die Vollerben. Beckermann wird in den älteren Schatzungsregistern des 17. Jahrhunderts sogar nur als Pferdekötter bezeichnet. Nun kam es gewiß in schlechten Zeiten vor, daß ein Hof steuerlich geringer eingestuft wurde, als ihm eigentlich seiner Hofesqualität nach zukam – so wurden nach dem Dreißigjährigen Krieg alle Grevener Vollerben zeitweise als Halbspänner bewertet! –, Beckermann ist aber gewiß nie mehr als ein Halberbe gewesen. Dafür spricht auch sein geringer Landbesitz, der 1828 nur knapp 35 Morgen groß war.

Halberben sind oft durch Teilung eines alten Vollhofes, vielfach aber auch nur durch Absplitterung von einem großen Hof entstanden, so daß dieser selbst doch seine Qualität als Vollerbe behielt. Die unmittelbare Nachbarschaft der beiden Höfe Albachten und Beckermann macht es wahrscheinlich, daß Beckermanns Hof nur ein Ableger des Albachtenhofes ist. Dafür spricht auch die Tatsache, daß beide Höfe zusammen genau so viel Land besaßen, wie eines der anderen Vollerben im Dorfe.*) Eine letzte Beobachtung erhebt diese Annahme zur Gewißheit: die Grundstücke der beiden Höfe auf den Grevener Eschen lagen noch zu Beginn des 19. Jahrhunderts stets nebeneinander oder doch so, daß unschwer zu erkennen ist, daß sie einst zusammengehört haben. Dazu paßt schließlich vorzüglich die oben gewonnene Erkenntnis, daß auch Beckermann ursprünglich einmal dem Dompropst, dem Herrn des Albachtenhofes, gehört haben muß.

Auch der Hof Naendorf ist jünger. 1574 und noch zu Beginn des 17. Jahrhunderts war der Hof in keiner Mark berechtigt, hatte keinen Heugrund und kein Holzgewachs und mußte alle Feuerung kaufen. Noch 1778 hatte er „weder Wiese noch Weide, noch den geringsten Holzwuchs, dagegen den schlechtesten Saatgrund in hiesiger Gemeinheit."[140]) Auch besaß er wesentlich weniger Land als die alten Höfe im Dorf (1828: 66 Morgen).[141]) Alles das berechtigt zu der Annahme, daß der Hof Naendorf am Nordrand des Dorfes wesentlich später angesetzt worden ist als die anderen Vollerben.

Für die Frühzeit Grevens, d. h. also etwa für die Jahrhunderte nach der Einverleibung Altsachsens in das fränkische Reich Karls des Großen, bleiben nach diesen Abstrichen

---

*) 1828 besaß Albachten 49 Morgen Land, Beckermann 35, beide zusammen also 84 M. Bövemann hatte 83 und Voß 84, Wrede dagegen 112 M.!

8 alte Höfe übrig, in der Reihenfolge von Süden nach Norden links der Straße: Bövemann, Wrede, Gronover I (Johanning?), Voß, Pfarrhof, Meinharding, Gronover II und
als einziger auf der rechten Straßenseite Albachten.

Aus den Besitzverhältnissen des Dorfes im 17. und 18. Jahrhundert lassen sich nun
recht eindeutig noch die Grundstücke und Hofesbreiten der Grevener Althöfe rekon-
struieren. Es zeigt sich, daß diese Höfe alle auf mehr oder weniger gleich langen und
gleich breiten Streifen zwischen dem Fluß und den beiden Eschen nebeneinander lagen,
so daß man unwillkürlich versucht ist, von einer ganz regelmäßigen und geradezu plan-
mäßigen Dorfsiedlung zu sprechen (Abb. 16). Diese Streifen reichen südlich der Kirche
über die Münsterstraße hinaus und haben auf dieser Straßenseite die alten Grundstücksgrenzen offenbar besser gewahrt. Die Zerschneidung dieser Streifen durch die Münsterstraße ist erst jüngeren Datums. Nach dem Lagerbuch. der Kirche von 1672 (S. 176)
wußte man noch im 17. Jahrhundert, „daß vorzeytz kein Weg durch dem Dorpfe geweßt,
sondern ein Thun zwischen Pastorey undt Beckermans, und der Weg von Pastorey Landt
genohmen worden". Die Straße ist also ursprünglich in geradliniger Verlängerung
der Marktstraße am östlichen Rande der Hofgrundstücke entlang verlaufen (etwa im
Zuge der heutigen Pulverturmstraße). Wenn das Grundstück des Bövemann sich auf
der Karte, die ja doch bestenfalls den Zustand von etwa 1650 wiedergibt, so unverhältnismäßig breit ausnimmt, so ist diese Störung der Streifenflur nur eine scheinbare, jedenfalls
nicht ursprünglich, denn was hier als Hof- und Gartengrundstück des Bövemann erscheint, ist zum größten Teil ein toter Emsarm, eine Lake (s. o.). Nachdem sich der Fluß
ein anderes Bett gewühlt hatte und die Lake halbwegs zugelandet war, hat sich Zeller
Bövemann das wertvolle Wiesenland nutzbar gemacht und seinem Grundstück zugeschlagen.*) Die einstige Breite seines Grundstückes ist aus den Grundstücksgrenzen auf
der anderen Straßenseite noch gut zu erkennen.

Vielleicht darf man sogar den Versuch wagen, aus den Maßen dieser alten Grund
stücke das dieser Einteilung zugrunde liegende Breitenmaß und damit auch den Gesamt-
plan der Dorfsiedlung wiederzufinden. Auszugehen wäre dabei von dem Grundstück
des Meinhardinghofes, der ja seit dem 12. und 13. Jahrhundert parzelliert war und seitdem in seiner Größe unverändert geblieben sein muß, zumal er auch an drei Seiten von
Straßen bzw. Wegen begrenzt wird. Die gemeinsame gerade Flucht der rückseitigen Grenze
aller Hausstätten zeigt in der Tat, daß dieses Grundstück durch alle Jahrhunderte hindurch
seine Größe unverrückt bewahrt hat, abgesehen davon, daß manche Anwohner
beim Wiederaufbau ihrer Häuser nach einem der zahlreichen Brände im Dorf diese
vielfach ein wenig weiter vorgeschoben haben, bis jene Zickzackstraßenfront entstand,
die auch die moderne Straßenbau-Polizeiordnung noch nicht ganz hat beseitigen können.
An der engsten Stelle des alten Meinhardinggrundstückes bei der alten Apotheke, deren
Maß zweifellos als das ursprüngliche angesehen werden darf, beträgt die Tiefe des alten
Grundstückes etwa 37,5 m, also nach altem Rutenmaß, die Rute zu 3,76 m gerechnet
(à 12 Fuß zu 31,38 cm) genau 10 Ruten bzw. 120 Fuß! Das mag in der Tat das Breitenmaß der Hofesgrundstücke im ganzen Dorf gewesen sein, denn es paßt überraschend
genau auch für die Gesamtheit der Grevener Höfezeile von Bövemanns alter Grundstücks-
grenze (an der Südseite seines Hofes) bis zur Nordgrenze des Meinhardinghofes. Die
Entfernung dieser beiden, seit dem frühen Mittelalter zweifellos unverrückbar festliegen-

---

*) Nach dem im Pfarrarchiv befindlichen Rechnungsband des Pfarrers Holstein (S. 19) mußte
Bövemann „wegen seines ausgesetzten Gehoffts an der Straßen, von gemeinen Marckgrund bei seinem
Gehofft gelegen" der Kirche eine Abgabe zahlen (als Entschädigung für diesen „Zuschlag", wie es
stets bei Zuschlagung eines Markengrundes üblich war. Im ältesten Kirchenregister von 1605 findet
sich ein entsprechender Vermerk noch nicht!

den Grenzlinien voneinander beträgt in der Luftlinie, ungerechnet den Straßenknick südlich der Kirche, ziemlich genau 264 m oder 70 Ruten, d. h. also, das Kirchen- bzw. Pastoratsgrundstück doppelt gerechnet, genau 120 Fuß für jeden der von uns in dieser Zeile nachgewiesenen alten Höfe Bövemann, Wrede, Gronover I, Voß südlich und Meinharding nördlich der Kirche. Auch der von uns nördlich von Meinharding gesuchte und angesetzte Hof Gronover II hat einst die gleiche Breite gehabt, wie aus den Grundstücksgrenzen noch erschlossen werden kann.

Diese Planmäßigkeit in der Anlage der Siedlung wird gestört durch den Hof Albachten, der als einziger – von den alten Höfen – auf der rechten Straßenseite liegt. Ursprünglich hat aber dieser Hof gewiß auch in der Reihe der anderen Höfe gelegen. Es ist in dieser Reihe ja auch noch ein Platz frei und zwar zwischen dem zweiten Gronover-Hof und Naendorf. Man hätte dann auch gleich eine gute Erklärung für die Verlegung des Albachtenhofes von dieser Stelle, denn hier wurde später eine Landwehr angelegt! Doch darüber unten mehr.

Das „Urdorf" Greven hatte also folgendes Aussehen: Zwischen der Ems und den beiden Eschen lagen auf einer regelmäßigen, fast rechteckigen Flur von Süden nach Norden an einem Wege wie Perlen auf die Schnur gereiht sieben Höfe, mitten zwischen ihnen als achter der Pfarrhof mit der Kirche, jedes Hofgrundstück 10 Ruten breit, Pfarrhof und Kirche aber 20. Betrachtet man diese regelmäßige Anlage unvoreingenommen, so drängt sich mit Macht die Vermutung auf, diese Dorfgründung sei zur gleichen Zeit mit der Kirchengründung durch die Franken erfolgt, entweder durch Umsiedlung bereits vorhandener altsächsischer Höfe oder durch völlige Neuansetzung fränkischer (?) Bauern. Dadurch, daß die Kirche mit ihrem doppelten Grundstück mit den übrigen Höfen in einer Reihe liegt, ist die zeitliche Ansetzung der ganzen Reihe tatsächlich gegeben, wenn wir wissen, aus welcher Zeit die Kirche des Dorfes stammt. Die Martinskirche in Greven reicht nun zweifellos in die fränkische Zeit zurück (s. u. S. 131 ff.). Die königlichen Eigenkirchen der Franken sind sehr oft diesem Heiligen geweiht. Sollte etwa Greven zunächst auch königlicher Besitz gewesen und erst später an die Kirche gefallen sein? Die Regelmäßigkeit der Dorfanlage spricht sehr für eine fiskalische Gründung. Aber was war dann vorher?

Aus der Einbeziehung der beiden großen Esche in die Dorfflur des fränkischen Dorfes Greven wird man auf zwei zugunsten dieses Dorfes aufgelassene altsächsische Siedlungen schließen dürfen. Die eine von ihnen, am Albachtenesch, trug wohl auch den Namen Albachten. Ihre Höfe haben vielleicht einmal am Südwestrand dieses Esches gelegen, dort, wo sich der Flurname Kammer erhalten hat.*) Welche der späteren Grevener Höfe das waren, läßt sich nicht mehr sagen. Daß der Hof Albachten unter ihnen gewesen sei, ist aus seinem Namen keineswegs zu erschließen, denn den hat er sicher erst von seiner späteren Lage am Rande des Albachtenesches bekommen. Die Höfe der nördlichen, zum Großen oder Marktesch gehörigen Siedlung — sie hieß vielleicht seit Urzeiten Greven — haben vermutlich auch am Westrand desselben gelegen, ohne daß sich auch hier sagen ließe, wie viele es einst waren und ob dies gerade die später nördlich der Kirche gelegenen Höfe gewesen sind, wie es denn überhaupt fraglich bleiben muß, ob aus den 8 Höfen des Dorfes Greven auf ebenso viele altsächsische Höfe der

---

*) Der Flurname Wöste am Südrande des Albachtenesches darf dagegen kaum mit der Ursiedlung Albachten in Zusammenhang gebracht werden, da „Wöste" nicht auf eine Siedlung, sondern auf Wald und Heide hinzielt. Vgl. A. Gregorius, Der Name „Wöste": WZ 91 (Münster 1935), S. 280 ff., bes. S. 286 ff. Auch der Flurname Höfte südlich von Bövemann weist weniger auf eine alte Siedlung (Gehöft) hin als auf „Höft", eine künstliche Uferbefestigung, mit der man in der hier gelegenen alten Emsschleife das weitere Abbrechen des Ufers zu verhindern gesucht hat.

beiden altsächsischen Siedlungen geschlossen werden darf. Die Größe der beiden Esche in der Neuzeit besagt für die Frühzeit nichts. Die östlichen Randstücke sind erst durch spätere, mittelalterliche Rodung der Kultur gewonnen worden. Die blockartigen Querstücke auf dem Marktesch deuten die alte Ostgrenze desselben an. Ebenso gehört auch die Osthälfte des Albachtenesches nicht mehr zur Dorfflur, sondern zu den alten Siedlungen Eistrup und Bönstrup. Fast sieht es so aus, als ob die scharfe Trennungslinie quer über den Albachtenesch auch noch das Werk der fränkischen Markscheider gewesen ist, denn es ist nicht einzusehen, wie der natürliche Zusammenhang des Esches anders als durch eine künstliche Teilung hätte unterbrochen werden können!

Der Beweis, das Dorf Greven sei durch königliche Schenkung an die Kirche von Münster gefallen, läßt sich nicht mehr eindeutig führen. Wohl sind sämtliche Höfe des Dorfes später im Besitz der Kirche gewesen. Die Höfe Bövemann, Voß und Albachten (mit Beckermann) gehörten dem Dompropst bzw. dessen Vertreter dem Domkellner die beiden Gronover-Höfe dem Domkapitel, der Hof Meinharding dem Überwasserstift in Münster, dem er offensichtlich bei der Gründung durch Bischof Hermann I. im Jahre 1040 überwiesen worden ist. Einzig bei dem Hofe Wrede tappt man im Dunkeln. Er gehörte später dem Stift Metelen, ohne daß sich ermitteln ließ, seit wann. Möglicherweise ist auch dieser Hof durch einen Münsterer Bischof in den Besitz des Stiftes gekommen, von dem wir wissen, daß es von den Bischöfen reich beschenkt worden ist.[142] Eine zweite Möglichkeit wäre die, daß der Hof aus dem Besitz der Grafen von Tecklenburg stammte, die ja bekanntlich Vögte, d. h. weltliche Vertreter des Bischofs von Münster waren und nun zur Bestreitung ihrer „Unkosten" mit Teilen des Stiftsgutes vom Bischof belehnt worden waren. Wrede wäre dann ursprünglich einmal Lehngut des Stiftsvogtes gewesen und von diesem dann dem Kloster Metelen geschenkt worden. In beiden Fällen wäre auch der Hof Wrede als altes Münsterer Kirchengut anzusprechen, und zwar als Besitz des Bischofs.

Aus dieser Zusammenstellung ergibt sich, daß Bischof, Dompropst und Kapitel im 13. und 14. Jahrhundert – so weit reichen etwa die Nachrichten über die einzelnen Höfe durchschnittlich zurück – gemeinsam die Grundherren des Dorfes Greven gewesen sind. Aber damit ist für die fränkische Zeit noch nichts gewonnen. Die Teilung des Kirchenvermögens, in erster Linie also des Grundbesitzes, zwischen dem Bischof und dem Domkapitel einmal und dann zwischen dem Propst und den anderen Mitgliedern des Domkapitels zum anderen Male, ist im Laufe des 10. und 11. Jahrhunderts durchgeführt worden. Vor diesem Zeitpunkt also würde das Dorf Greven eine geschlossene Grundherrschaft der Münsterer Kirche gebildet haben. Man hat wohl angenommen, daß einer der frühen Bischöfe von Münster das Dorf Greven seiner Domkirche geschenkt habe. Doch geht es nicht an, dafür eine Stelle im Domtotenbuch zu zitieren, nach welcher Bischof Ruotbert (1042–1063) neben Hiddingsel auch Greven dem Domkapitel zu seinem Gedächtnis überlassen habe.[143] Denn das hier genannte Grevene ist gar nicht unser Greven, sondern Greffen bei Harsewinkel. Damit fällt natürlich auch die daran geknüpfte Vermutung, dieser Bischof habe auf der Burg Schöneflieth gehaust und dann als Letzter seines Geschlechtes seinen ganzen Besitz, darunter eben auch unser Greven, der Kirche von Münster vermacht. Das erscheint auch deshalb als unmöglich, weil bereits gegen Ende des 9. Jahrhunderts drei der Grevener Höfe als Besitz der Abtei Werden an der Ruhr genannt werden. Im ältesten Urbar dieses Klosters aus den Jahren um 890 werden die Bauern Frethuward, Bolo und Northeri in Greven als zinspflichtig aufgeführt.[144] Es ist nicht überliefert, wie und wann das Kloster in den Besitz dieser drei Höfe und zwei weiterer in Herbern und Aldrup gelangt ist, ebensowenig aber auch, wann es sie wieder verloren hat. In den jüngeren Registern Werdens aus dem 10., 11. oder 12. Jahrhundert werden die Grevener Höfe nicht mehr erwähnt. Dürfte angenommen werden, daß Liudger selbst, der ja wie noch seine nächsten drei Nachfolger als Bischof von Münster zugleich auch Abt von Werden war, die Höfe in Greven der Abtei, etwa als Entgelt für den aus dem Kloster ins Bistum strömenden Priesternachwuchs und die damit verbundenen Aufwendungen, überlassen habe, so wäre dann auch der Schluß erlaubt, das fränkische Dorf Greven sei als geschlossener königlicher Besitz an den Bischof von Münster übergegangen. Nach der Lockerung der Bindungen Münsters an Werden, die bereits Ende des 9. Jahrhunderts einsetzte, spätestens also im 10. Jahrhundert, müßten dann die drei Grevener Höfe an die Münsterer Kirche zurückgefallen sein. Seitdem hätte dann das Dorf Greven wieder eine geschlossene Großgrundherrschaft der Bischofskirche in Münster gebildet.

An der Spitze dieser Grundherrschaft, die nach unserer Annahme aus einem fränkischen Fiskus des ausgehenden 8. Jahrhunderts erwachsen ist, stand ein Beamter, zunächst also ein königlicher Fiskalbeamter (ein Graf?), der gewiß auch in Greven seinen Sitz hatte. Die Erinnerung an seine Residenz hat sich im Dorf nicht ganz verloren. Die Annahme allerdings, dies sei der spätere domkapitularische Oberhof Gronover gewesen, trifft kaum das richtige. In Greven selbst erinnert aber offenbar noch ein Flurname an diese fränkische Burg. Es ist „Bövemanns Burgbreite", die im Pfarregister von 1605 und in den späteren Höfebeschreibungen noch mehrfach genannt wird.*) Ihre Lage ließ sich aus dem Urkataster noch genau am Nordrand des Schoppenplatzes ermitteln. Dieser Platz wurde von den Grevenern seit dem 16. Jahrhundert als Lagerstelle für Futtermittel und andere Waren zur Zeit des Grevener Marktes genutzt. Auf dem angrenzenden „Spielkämpken" stand zu Beginn des 19. Jahrhunderts eine Bockmühle. Der Name dieser Flur klingt merkwürdig an die mittelalterlichen Spielberge, d. h. Gerichtsstätten (!) an. Sollte sich auch in diesem Namen noch eine Erinnerung an die einstige Bedeutung der Örtlichkeit erhalten haben?**) Die südlich vom Schoppenplatz gelegene Meerkuhle hieß im 16. Jahrhundert noch „Ludgersmehr".[145] Ob man diesen Flurnamen auf den Hl. Liudger beziehen darf? Auch darin ließe sich dann ein Hinweis auf die einstige Bedeutung der Gegend um den Schoppenplatz finden. Eine letzte Spur an den fränkischen Verwalter hat sich vielleicht auch in der Gründungssage der Grevener Kirche erhalten. Diese Sage berichtet bekanntlich, daß eine Gräfin von Tecklenburg einst im Streite mit dem Bischof von Münster unterlag und fliehen mußte. Auf der Flucht gelangte sie mit ihren Knappen dorthin, wo heute Greven liegt. Zum Dank für die Errettung aus höchster Not ließ sie hier eine Kapelle erbauen. Um diese entstand das Dorf Greven, das nach der Gräfin benannt wurde, da Kapelle und Dorf auf ihrem Eigentum standen.[146] Das einzig Brauchbare an dieser Sage ist wohl der Hinweis auf einstige Hoheitsrechte des Grafen von Tecklenburg über Greven, Rechte, in denen er als oberster Vogt des Stiftes Münster dem königlichen Fiskalbeamten in Greven gefolgt sein mag.

Es erhebt sich die Frage, was könnte die Franken veranlaßt haben, hier am Ufer der Ems eine Art fränkischer Mustersiedlung zu schaffen? Der Hauptgrund wird die verkehrs-

*) „Bufings (= Bövemanns) borgbrey" im Einkünfteverzeichnis der Pfarrländereien von Pfarrer Viktor Reismann (1605) im PfA Greven. Auch im Lagerbuch von 1672 (ebd.) und in der Beschreibung aller Gronover Ländereien von 1671 (StAM, DK, Obl. Gronover maius Nr. 3) wird Bövemans „borgbreyde" mehrfach erwähnt.

**) Was aus dieser „Burg" später geworden ist, entzieht sich der Feststellung. Im späteren Mittelalter hat es einen Burgsitz eines adeligen Geschlechtes in Greven nicht gegeben. Die von „Grevene", die in Freckenhorster und Marienfelder Urkunden des 13. und 14. Jahrhunderts viel genannt werden, stammten aus Greffen.

technisch günstige Lage dieses Punktes gewesen sein. Von hier aus war nämlich die Ems für die flachen Pünten schiffbar, mit denen man in früheren Jahrhunderten die friesischen Waren ins Münsterland brachte. Ein wichtiger Punkt also für den Verkehr nach Friesland, zur Küste hin, der Seehafen des Münsterlandes sozusagen, zugleich von der Höhe der Burgbreite und des „Witten Overs" aus gut zu überblicken und zu überwachen. Ein Punkt fürwahr, der den Franken bedeutsam genug erscheinen mochte, um ihn in ihr Verkehrsnetz und Verteidigungssystem einzubauen, um ihn zu einem Stützpunkt der königlichen Macht zu machen.

Läßt sich auch nicht sagen, so ist es gewesen, so muß es gewesen sein, so erlauben die hier zusammengetragenen Gründe und die daraus gezogenen Schlußfolgerungen doch wohl die Annahme: so wird es gewesen sein! Die fehlenden unmittelbaren Zeugnisse kann auch ein schlüssiger Indizienbeweis ersetzen.[*])

Solch unmittelbaren Zeugnisse fehlen gleichermaßen auch für all das, was sich in dieser Frühzeit an großen und kleinen Ereignissen hier an den Ufern der Ems zugetragen hat. Erst nachdem die Franken und die christlichen Missionare Greven zum Mittelpunkt einer weiteren Umgebung gemacht hatten, trat das neue Dorf aus dem bisherigen Dunkel der altsächsischen Anonymität heraus. Nach dem verhältnismäßig kurzen Zwischenspiel als königlicher Fiskalbesitz beruhte die Bedeutung des Ortes in der Folgezeit zunächst hauptsächlich in seiner Stellung als kirchlicher Mittelpunkt eines weiten Kirchspiels. Auf dieses Zentrum zu hat sich dann auch das Verkehrsnetz der Umgebung eingestellt. Ursprünglich lagen die beiden altsächsischen Siedlungen an den beiden Grevener Eschen abseits der großen Straßen. Das Verlangen nach Sicherheit im Verborgenen war anfangs größer als das Bedürfnis nach der bequemen Verbindung mit der weiten Welt da draußen. Die große Südnord-Straße die Ems hinab nach Rheine und weiter nach Meppen-Friesland, die „Rheinische Landstraße", lief am linken Ufer des Flusses an Greven vorbei. Ebenso die zweite große Fernstraße von Münster über Osnabrück nach Bremen und Hamburg, die die Ems an der Schiffahrt überquerte und dann durch die Kronerheide nach Ladbergen zu, führte. Die Furt durch die Ems an der Stelle des Schems bei Greven hat nie mehr als örtliche Bedeutung im Verkehr der linksemsischen Bauerschaften mit dem Dorf gehabt. Erst im 18. Jahrhundert zog sie den Fernverkehr aus dem Westen über Nordwalde an sich, wodurch dann die Erbauung einer festen Brücke notwendig wurde (s. u. S. 272 ff.). Deshalb kann auch die Lage Grevens im Straßennetz für die Franken nicht die Veranlassung gewesen sein, hier einen Stützpunkt zu schaffen. Allein der Endpunkt der Emsschiffahrt war hierfür maßgebend. Von ihm aus haben dann die Franken, vielleicht einen sächsischen Feldweg benutzend, eine direkte Verbindung nach der Bischofsstadt Münster über die Schöneflieth geschaffen.

Im übrigen ist das mittelalterliche Wegenetz in und um Greven zunächst ganz ausschließlich von der Kirche des Dorfes her bestimmt. Das ältere, altsächsische Wegenetz war gewiß auf die alte Kult- und Dingstätte in der Meestheide ausgerichtet gewesen. Noch heute führen von allen Seiten die Wege dorthin (vgl. die Karte). Nach der Erbauung der Martinskirche in Greven durch die Franken, liefen von allen Seiten die Kirchwege der umliegenden Bauerschaften auf diesen neuen Mittelpunkt der Landschaft zu. Aus dem Kirchweg der Bauerschaften Maestrup, Bockholt, Fuestrup und Schmedehausen quer über den Albachtenesch wurde die Eschstraße, die heutige Königstraße. Eine altsächsische

---

[*]) Was dagegen A. von Hofmann, Westfalenland (Stuttgart und Berlin 1938) S. 110 über Greven in seinem Verhältnis zu Münster und seinen besseren verkehrstechnischen Voraussetzungen für eine Bistumsgründung schreibt, entbehrt jeder sachlichen Grundlage und sollte, wie so viele der phantastischen Behauptungen des Verfassers, besser nicht zur Diskussion gestellt werden.

Landstraße ist das gewiß nie gewesen, das sieht man schon daran, daß er quer über den Albachtenesch führte, also jedes Jahr nach dem Pflügen neu getreten werden mußte. Erst im 19. Jahrhundert hat er einen straßenmäßigen Ausbau erfahren. Ähnlich traten sich auch die Bauern von Westerode, Herbern und Hembergen ihren „Kirchpat" quer über die Ländereien in schnurgerader Richtung auf die Kirche zu. Aus den alten Grundstücksgrenzen zu beiden Seiten der Ems läßt sich die alte Richtung des Westeroder Weges noch gut erkennen. Er weist in gerader Richtung auf die Kirche. Zur Zeit, als die Ems noch nahe unterhalb des Dorfes herfloß, führte der Weg wohl unmittelbar gegenüber der Kirche durch den Fluß. Das schmale, zwischen Winnighof und Biederlack einmündende Gäßchen ist der letzte Rest dieses ältesten Westeroder Kirchpats! Als dann der Fluß beim Kälberkampsmersch durchbrach und sich ein neues Bett westlich um den Blombergskamp herum wühlte, mußten sich die Bauern aus Westerode, Herbern und Hembergen einen neuen Weg suchen. Sie fanden ihn etwas weiter unterhalb. Aus diesem neuen Kirchpat wurde dann im Laufe der Jahrhunderte die Emsstraße, im 19. Jahrhundert nach der Anlage des Bahnhofs (1856) Bahnhofstraße genannt, bis dann der obere Teil, von der Emsbrücke bis zur Münsterstraße in Hindenburgstraße und nach 1945 in Martini-Kirchstraße umgetauft wurde. Wann diese Verlegung des Westeroder Kirchweges stattfand, bzw. wann die Ems sich ihr neues Bett gesucht hat, ist ungewiß, zweifellos noch im hohen Mittelalter, denn bereits zu Beginn des 16. Jahrhunderts wird die Lake am Dorfrand erwähnt, ja schon 1440 zahlten die Provisoren der Kirche dem Überwasserstift zu Münster jährlich 2 Schillinge für die Erlaubnis, den Weg über das Meinhardinggrundstück, eben das Stück der Emsstraße von Winninghof bis hinunter zur Bergstraße, benutzen zu dürfen.[147]) Spätestens also zu Beginn des 15. Jahrhunderts hat sich die Ems ihr neues Bett gewühlt. Zu Beginn des 17. Jahrhunderts, ja bis ins 19. Jahrhundert hinein, war der Fluß in der großen Schleife noch in Bewegung. Pfarrer Holstein schildert im Lagerbuch der Kirche von 1672 sehr anschaulich, wie sich die Ems in dem Bogen zwischen dem heutigen Bahnhof und der Emsbrücke am Eingang des alten Dorfes immer tiefer in die nördliche Uferwand hineinfraß und, was sie dort abspülte, an der anderen Seite wieder absetzte:

Als das Land der Embse, nacher Gronover gelegen, wie auch der wüste Platz, so vor Jahren vor Flüten Hause (= Kröger) gelegen und an den Ackeren auf den Mersch der Embsen entlangs für (= vor) Flüten Hause durchgeschossen, von welchem Platze der Flütenkötter, ehe der Grundt übergesetzt, wegen dieses wüsten Grundes dem zeitlichen Pastori etliche Hühner geben müssen, nun aber nicht mehr, weil der Grundt an der anderen Seite abgetrieben und wenig mehr übrig ist, so ist der Grundt mechtig von Jahren zu Jahren abgebrochen und an dieser Zeit (= Seite) des Flusses an Voß' Kampf übergesettet, ist endlich ein Hövell oder Leymenbanck (= Lehmbank) von der Pastoreyen Grundt in der Embsen stehen plieben, welchen die Embse in den folgenden Jahren mehr zugesettet, also der Herr Pastor Reißmann (1605—35) den Grundt verfolget und incampirt (= zu einem Kamp gemacht), mit Widen (Weiden) abscheiden und abzäunen lassen, hernacher dem Voß erga locagium (= gegen Pacht) eingethan.

Zunächst ist also die Ems vom Kälberkampsmersch in einem wesentlich flacheren Bogen auf den Niederort zu geflossen. Um 1600 hat sie sich dann immer weiter nach Norden vorgeschoben und am rechten Ufer so viel Grund abgesetzt, daß der Pfarrer daraus einen Kamp machen konnte, der wegen seiner Weiden der Wiedenspiek genannt wurde und noch heute so heißt.

Unterhalb dieses Weidenspieks führte ein Fußsteg, ein Funder oder Schem (Scheven) über die Ems, etwa 20 m oberhalb der heutigen Brücke. Schon im ältesten Schatzungsregister des Hochstifts Münster von 1498 kommt in Greven der Familienname tor Bruggen vor, also bereits damals wird die Fußbrücke bestanden haben. Sie diente stets nur für den Fußverkehr, d. h. Last- und Erntewagen, Viehtransporte, soweit sie bei niedrigem Wasserstand nicht durch den Fluß waten konnten, mußten bis tief ins 18. Jahrhundert hinein den Umweg über die Schöneflieth-Brücke machen. Erst der aufblühende Frachtfernverkehr der Grevener Kaufmannschaft ließ den Wunsch wach werden, diesen weiten Umweg, der immerhin 1 bis 2 Stunden verschlang, durch den Bau einer Fahrbrücke an Stelle der kleinen Fußbrücke zu verkürzen. Der bereits 1770 auftauchende Plan konnte aber erst im Jahre 1777 verwirklicht werden (s. u. S. 272). Etwas unterhalb des Schems wurde diese Brücke gebaut und zugleich der alte Westeroder Weg ein Stück von dem immer weiter abbröckelnden Ufer der Ems zurückverlegt, so daß er in den Zug der heutigen Bahnhofstraße zu liegen kam. Damit war aber auch die Emsstraße im Dorf eine Durchgangsstraße geworden und hörte auf, nur ein Kirchpfad und Totenweg der Bauern links der Ems und ein Ackerweg zu den Ländereien auf dem rechten Ufer des Flusses unterhalb des Dorfes zu sein. Wenige Jahre vorher erst hatte der Kaufmann Goldschmidt (alte Hausnummer Nr. 74, jetzt Martini-Kirchstr. 53) das untere Ende der Straße durch Aufschüttung eines Dammes quer durch Mennings Lake auch für schwere Lastwagen befahrbar gemacht. Zur hochwasserfreien Heranführung derselben an die neue Brücke mußte die Gemeinde von Zeller Naendorf erst dessen Emskamp durch Tausch gegen anderes Land erwerben.[148]) Erst jetzt gewann der „Niederort" das Aussehen, das ihn noch heute kennzeichnet.

Auch am Schem bröckelte das rechte Ufer der Ems infolge des Wasserdruckes ständig ab, worüber bereits 1631 der am meisten davon betroffene Zeller Naendorf lebhafte Klage führte.[149]) Wie sehr sich das Flußbett auch hier in der Kehre zum Dorf hin verlagert hat, konnte man seit dem letzten Hochwasser vom Februar 1946 erkennen, da jetzt unter dem weggebrochenen linken Ufer die Grundpfähle eines der früheren Schembauten im Sande sichtbar geworden sind.

Von den anderen Straßen und Wegen des Dorfes in älterer Zeit ist nicht so viel zu berichten. Der Lauf der Münsterstraße und der sie durch das Dorf nach Norden fortsetzenden Marktstraße, kurz die „gemeine Landstraße" oder auch der „Hellweg" genannt, war von jeher durch ihre Höhenlage am Rande des Geestrückens und der großen Esche bedingt. Noch im 17. Jahrhundert wußte man, daß die Münsterstraße vordem nicht zwischen Pastorat und Beckermann hergegangen sei (s. o. S. 77). Ursprünglich muß sie in geradliniger Verlängerung der Marktstraße hinter Beckermanns Hof hergeführt haben (im Zuge der heutigen Pulverturmstraße). Wann die heutige Linienführung entstanden ist, läßt sich nicht mit Bestimmtheit sagen, sicherlich schon vor dem 16. Jahrhundert, als die ersten Häuser an der Münsterstraße entstanden (s. u.). Ursprünglich fiel auch an der Westseite der Kirche der natürliche Hang des Geländes ziemlich steil zur alten Emslake hin ab. Erst im Jahre 1791 wurde an dieser Seite erstmalig eine Mauer gezogen, um das Abfließen des Erdbodens rund um den Kirchturm und damit die Gefährdung seiner Fundamente zu verhüten.[150]) Dadurch entstand das unschöne Straßenbild entlang der hohen Mauer, die allerdings in der jetzigen Form erst gegen Ende des vorigen Jahrhunderts aufgeführt wurde.[151]) Die kleinen Gäßchen, die Fredenstiege, die Stiege an Voß' Grundstück entlang, folgen seit jeher den Grenzen der Hofesgrundstücke, denen sie auch ihre Namen verdanken.

Eine besondere Bewandtnis hat es mit der Bergstraße. Sie führt nicht wie die anderen Stiegen hinter dem Zaun eines Hofes oder genauer gesagt zwischen zwei Höfen hindurch, sondern erst ein Stück hinter dem alten Meinhardinghof entlang. Der Grund dafür ist folgender: Als Fortsetzung der großen Landwehr entlang der Bakenstiege lief hier eine Hecke her, die im 15. und 16. Jahrhundert noch vorhanden gewesen ist.[152]) Diese Hecke wird ursprünglich genau wie die Bakenlandwehr selbst aus einem mit einer dichten Hecke bestandenen Wall und einem davor liegenden Graben bestanden haben. Am Fuß des Walles zog sich ein Weg hin, die spätere Bergstraße. Für die Anlage dieses Walles hat ganz offensichtlich einer der beiden Gronover-Höfe im Dorf Platz machen müssen. Da diese zu Beginn des 14. Jahrhunderts bereits wüst waren, muß also die Landwehr spätestens um das Jahr 1300 herum angelegt worden sein. Doch darüber unten mehr. Von der Ecke der Bergstraße führte ein schmaler Weg, der Kuhtrog genannt, zu den Wiesen und Äckern der Grevener Bauern im Nierodde. Es ist offenbar der Rest eines mittelalterlichen Feldweges in der Verlängerung der alten Emsstraße (Martini-Kirch-straße) aus der Zeit, bevor diese zum Schem über die Ems abbog. Der Eckplatz vor der Bergstraße (vor Martini-Kirchstraße Nr. 16) hieß um 1800 „Käufers Hügel" nach dem damaligen Besitzer des alten Ostkottens.[152a]

Durch die Anlage der Bakenlandwehr*) hat sich auch der Kirchweg der Hüttruper Bauern eine Verlegung gefallen lassen müssen. Seine Richtung quer über den Marktesch zeigt geradeswegs auf die Grevener Kirche. Erst die Anlage der Landwehr zwang die Bauern, an dieser entlang bis auf die Saerbecker Landstraße zu zu gehen, denn es war ja nicht statthaft, an jeder beliebigen Stelle einen Durchgang durch die Landwehr zu schlagen. Je weniger Durchlässe eine solche Landwehr hatte, um so besser war es, um so leichter konnte sie bewacht und verteidigt werden. Die Bakenlandwehr hatte nur einen Durchlaß im Zuge der „gemeinen Landstraße", oder „Hellweges". Diese „Saerbecker" Landstraße, die geradlinige Verlängerung der Marktstraße, ist in ihrer Richtung natürlich nie verändert worden. Allerdings war sie früher nicht so gerade wie mit dem Lineal gezogen wie heute. Erst als sie vor rund 100 Jahren zur Chaussee ausgebaut wurde, erhielt sie diese, jede Krümmung vermeidende Linienführung. Die alte, leichtgewundene Land-straße ist noch heute auf mehrere km Länge rechts neben der heutigen Chaussee als Feldweg vorhanden, beispielsweise vom Friedhof an bis Rohmann-Brinkmann in Wentrup.

Alle diese Wege und Straßen führten auf den Mittelpunkt des Dorfes, auf den Kirch-platz hin.*) Dieser hat nun nicht immer so ausgesehen, wie er sich heute darbietet. Er hat die gleiche lange Entwicklung durchgemacht wie die auf ihn zuführenden Straßen und Wege.

Unverrückbar durch alle Jahrhunderte hat allein die alte Kirche ihren Platz behauptet. Nur gewachsen ist sie im Laufe der Zeit. Die romanische Kirche, die vermutlich im 12. Jahrhundert einen älteren Holzbau (?) ablöste und von der einzig der massige Turm wenigstens in seinen unteren Teilen allen Stürmen und Bränden der Zeit getrotzt hat, war gewiß nicht so groß wie die gegen Ende des Mittelalters an den alten Turm angebaute neue gotische Kirchenhalle, die ja im wesentlichen mit Ausnahme des Chores und der alten Sakristei beim letzten Erweiterungsbau erhalten geblieben ist (s. u. S. 418 f.). Der

---

*) Heute ist keine Spur der Landwehr im Gelände mehr zu erkennen. Glücklicherweise hat sich in den Akten über den Verkauf derselben im Jahre 1816 eine Beschreibung und Skizze erhalten (AAG II i Nr. 47). Der Wall war etwa 15 Fuß breit, der Graben damals noch 3 Fuß tief. Das ganze damals noch vorhandene Stück 524 Fuß, also etwa 170 m lang.

Den Namen trug die Landwehr von einem alten Wegekreuz an der Ecke der Saerbecker Land-straße, dem Bakenkreuz, das bis um die Mitte des vorigen Jahrhunderts gestanden hat. An seine Stelle trat 1861 ein vom Kolon Albachten gestifteter Bildstock (AAG II i Nr. 47). Bake = Land- (oder See-) zeichen. Der Name weist sicherlich auf das alte Freigerichtszeichen unter der Linde auf der Ecke des Weges zur Saerbecker Landstraße hin. Die Verballhornung zu „Barkenstraße" ist wohl erst ein Produkt des traditionslosen 20. Jahrhunderts.

*) Die Bezeichnung „Markt(-platz)" findet sich erstmalig 1776 (Schründer-Fahle S. XIII). Zum folgenden vgl. den Ausschnitt aus dem Ortsplan von 1828 (Abb. 17).

84

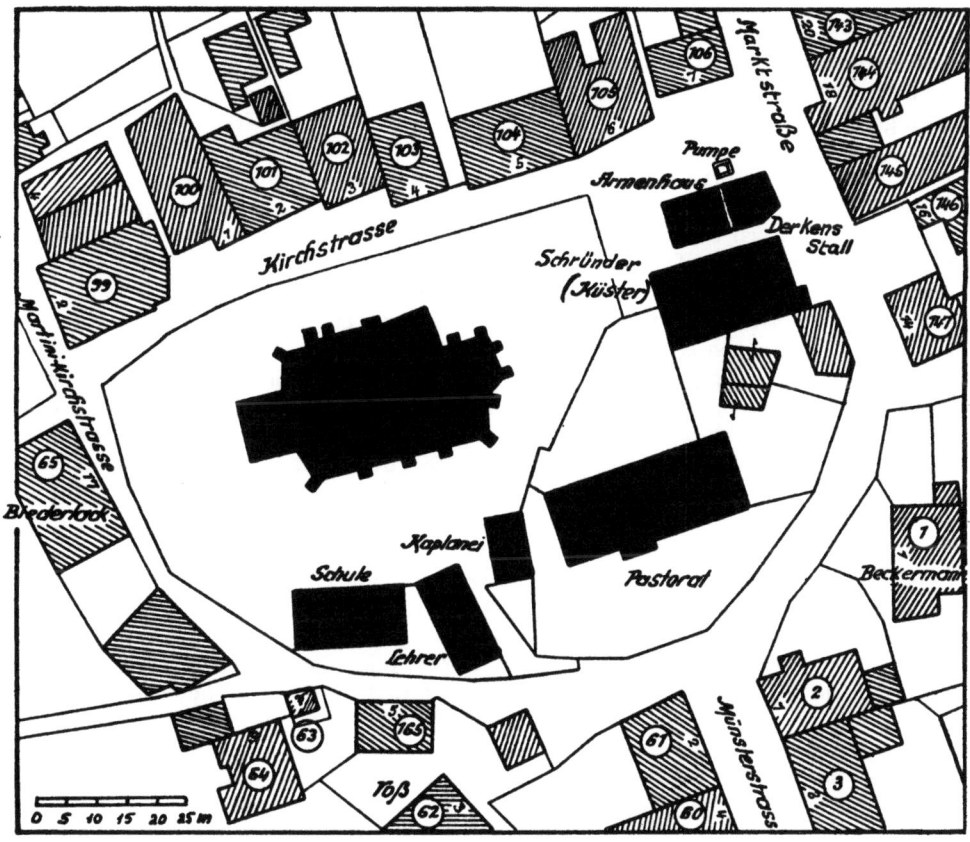

Abb. 17. Der Kirchplatz (Markt) Grevens nach dem Urkataster von 1828

an sich nicht übermäßig große Kirchhof rund um die Kirche ist durch diesen gotischen Neubau nicht wenig eingeengt worden, so daß man sich verwundert fragt, wie es möglich war, auf dem engen verbliebenen Raum alle Toten des weitläufigen Kirchspiels zur letzten Ruhe zu bestatten, wenn schon gegen Ende des 18. Jahrhunderts die Zahl der jährlich Sterbenden durchschnittlich etwa 40 Personen betrug! Aber die Toten brauchen nicht viel Platz, und dann erfolgte früher eine Neubelegung eines Grabes wohl wesentlich schneller als heute. Fand der Totengräber beim Aufgraben eines alten Grabes noch nicht vergangenes Totengebein, so sammelte er dies nach altem Brauch im Beinhaus, das dem Kirchturm an der Nordseite angebaut war.*) Der Kirchhof war bauerschaftsweise aufgeteilt. Eigene Begräbnisstätten hatten nur die Schultenhöfe, alle anderen wurden in der Reihe begraben. Der den Kirchhof umgebende Zaun mußte von den Bauerschaften in ihren Abschnitten, die durch Buchstaben und Kreuze kenntlich gemacht waren, unterhalten werden.[153] Die Nordseite des Kirchhofes war unbebaut, ebenso wie der zur alten Emsstraße abfallende Hang an der Westseite des Kirchturmes. Das machte sich im Laufe der Zeit unangenehm bemerkbar, da so dem bei starken Regengüssen abfließenden

---

*) Bereits 1685 wurde das „alte" Beinhaus nach der Kirchenrechnung durch einen Neubau ersetzt.

Erdreich nirgends Halt geboten wurde. Zunächst war ja auch der Kirchhof nur durch einen Plankenzaun gegen die Straße abgesperrt und erst 1791 wurde dieser erstmalig durch eine Mauer ersetzt.*) Dadurch war die Form des Platzes und auch der Lauf der ihn umgebenden Straßen festgelegt. Wie der Ausschnitt aus dem Urkataster zeigt, waren die Straßen durch die neue Friedhofsmauer sehr beengt. So war die Emsstraße (Martini-Kirchstraße) in der Kurve vor Biederlacks Schuppen nur knapp 4 m breit!

Der Südrand der Kircheninsel war von jeher von einer ganzen Reihe von Gebäuden eingenommen. Da war zunächst dem Kirchturm die Mädchenschule. Sie war das jüngste Bauwerk auf dem Kirchhof, denn sie ist erst im Jahre 1705 an dieser Stelle neu errichtet worden, nachdem die Lehrerin bis dahin ihre Kinder in einem Raum des Warburgschen Armenhauses unterrichtet hatte (s. u. S. 318). Es war nur ein winziges Gebäude von etwa 20 mal 11 Fuß, also von etwa 7 mal 4 m Länge bzw. Breite. Da der Schulraum bei der steigenden Kinderzahl gegen Ende des 18. Jahrhunderts zu klein geworden war, wurde die Schule im Jahre 1792 neu gebaut. Von diesem Bau hat sich in den Akten eine Zeichnung erhalten (vgl. Abb. 27), die eine gute Vorstellung von der einfachen und sparsamen Bauweise unserer Vorfahren vermittelt. Die alte Mädchenschule stand mit der Schmalseite zur Kirche hin, etwa 3 m von der Kirchhofsmauer entfernt. Der Erweiterung zum Kirchturm hin mußte eine der Kirchhofslinden weichen. Bis zum Jahre 1825 hat diese Schule gestanden. Da sie damals schon wieder zu klein geworden war, wurde sie abgerissen und nun mit der Knabenschule unter einem Dache in einem größeren Neubau vereinigt, den das Urkataster von 1828 bereits zeigt und der, von einigen Um- und Anbauten abgesehen, noch heute steht.

Neben der Mädchenschule stand die Knabenschule. Sie war wesentlich älter als diese, denn sie läßt sich an dieser Stelle bis mindestens in die erste Hälfte des 17. Jahrhunderts zurückverfolgen, ja vermutlich stand sie hier schon im 16. Jahrhundert (vgl. u. S. 317). Allerdings sah sie in früherer Zeit nicht so aus, wie sie das Urkataster von 1828 zeigt, denn der hier gezeichnete Grundriß ist ja der des Neubaues von 1824. Das alte Schulhaus war nur 16 mal 22²/₃ Fuß, also etwa 5 mal 7¹/₂ m groß gewesen, also nur wenig größer als die Mädchenschule und nur knapp von der gleichen Größe wie die nebenan liegende Kaplanei auf dem Auszug des Urkatasters von 1828! Auch diese kleine Schule stand mit der Schmalseite zur Kirche hin, denn es heißt 1791 bzw. 1792 ausdrücklich, daß sie um 2 Fach (= etwa 9 Fuß) zum Kirchhof hin erweitert werden sollte.[154])

Neben der Knabenschule war die Lehrerwohnung. Ursprünglich wohnte der Magister allerdings im Dorfe zur Miete. Schon 1627 zahlte die Gemeinde laut Kirchenrechnung dazu einen Zuschuß von 3¹/₂ Talern. Noch der 1654 neu angenommene Lehrer Hermann Verheide war bei der „moder Kosterschen" untergebracht,[155]) sein Nachfolger Friedrich Deyck dagegen hatte 1664 seine Wohnung bereits auf dem Kirchhof, und zwar in einem „Spiker", der im Weimarischen Brand von 1642 mit verbrannt, dann aber von der Gemeinde mit Pastorat und Schule wieder aufgebaut worden war. In der Kirchenrechnung von 1674 wird dieses „Speichers" hinter der Kaplanei und seines Wiederaufbaues nach dem Brande von 1642 ausdrücklich Erwähnung getan. Die Geschichte des Hauses läßt sich aber noch weiter zurückverfolgen. War dieser Spiker 1642 Besitz der Gemeinde, so ist er sicherlich identisch mit jenem kleinen Häuschen, über das bei der Visitation des Jahres 1571 der Pfarrer Klage führte. Danach hatte die Gemeinde bzw. die Dorfsbewohner

---

*) Da die Abspülungen nicht nachließen, zog man 1832 eine zweite Mauer um die Kirche im Abstand von 10 bis 12 Fuß von der äußeren (AAG I d 15,1 und 3). Im Jahre 1884 stürzte ein Teil der Mauer gegenüber Biederlack infolge eines Orkans ein. Meister Lindenbaum baute sie für 1200 Taler wieder auf (ebd. I d 17). Im Jahre 1897 schließlich wurde die Mauer zum Marktplatz hin niedergelegt (ebd. I d 1,2).

dasselbe errichtet, aber nicht zur Wohnung, sondern damit es Fremden und Gästen als Aufenthalt und Unterkunft dienen sollte; ohne Genehmigung des Pfarrers und des Kirchspiels hätten zwei Dörfler, Kaspar Wedemhove und Heinrich Jonas das Häuschen gemietet, um es zu bewohnen. Und dabei läge es auf dem Kirchhof, fügte der Pfarrer entrüstet hinzu![156])

Der nächste Spieker war die Kaplanei. Auch seine Geschichte läßt sich weit zurückverfolgen. Im Jahre 1529 überließ Bischof Friedrich von Münster (1522–1532) dem damaligen Pfarrer Wessel Kemnade von Greven ein „klein hues eder spiker", das er mit dessen Zustimmung vordem „yn sinen hoff und by syner wonunge" auf seine eigene Kosten „to uns selves gemacke" gebaut hatte.[157]) Das kann wieder nur die spätere Kaplanei gewesen sein, da an der anderen Seite der Pastorat erst gegen Ende des 16. Jahrhunderts die Küsterei im Hof des Pfarrers erbaut wurde (s. u.). Was Bischof Friedrich mit dem kleinen Bau bezweckt hatte, wissen wir nicht. Zu seiner eigenen Bequemlichkeit? Man fragt sich erstaunt, was Münsters Bischof an Bequemlichkeit und an den dazu gehörenden Genüssen in Greven suchen und finden mochte! War Greven damals etwa doch nicht das Dorf schlechthin, wie die umliegenden anderen Kirchdörfer? Bei den vielen Bränden des Dorfes im 16. Jahrhundert und während des Dreißigjährigen Krieges wird auch dieser Bischofsbau nicht verschont geblieben sein. Als das Kirchspiel das Haus, das jetzt als Kaplanei diente, im Jahre 1654 neu baute, wurde bei der Rechnungslegung bemängelt, daß der Bau viel zu kostspielig geworden sei. Und das wenige Jahre nach Beendigung des Dreißigjährigen Krieges! Wie lange das kleine und bescheidene Häuschen gestanden hat, steht dahin. Sicherlich war der bei der Erweiterung der Kirche zu Ende des vorigen Jahrhunderts abgerissene Fachwerkbau nicht mehr der „Luxusbau" von 1654, sondern der an dessen Stelle von Meister B. H. Horstmann unter Verwendung des alten Materials, diesmal sparsamst für nur 85 Taler (!), errichtete Neubau aus dem Ende des 18. Jahrhunderts.[158])

Zwischen Schulmeisterei und Kaplanei war der einzige Aufgang auf den Kirchhof und damit auch der einzige Zugang zur Kirche selbst. Mit voller Absicht beschränkte man früher den Zugang zu Kirchhof und Kirche auf das Mindestmaß, um sowohl dem frei herumlaufenden Vieh als auch Dieben und sonstigen unerwünschten Strolchen den Zutritt zu erschweren. Erst 1674 ließ der damalige Pfarrer Holstein zu seiner eigenen Bequemlichkeit eine Tür durch die Sakristeiwand nach außen brechen und gleichzeitig eine Treppe dazu nach seinem Hause hin anlegen. Bis dahin konnte er nur vom Kircheninnern her in die Sakristei gelangen! Die Treppe und der Aufgang zum Kirchhof zwischen der Kaplanei und der Schulmeisterei werden an dieser Stelle schon in den Kirchenrechnungen des 17. Jahrhunderts erwähnt. So wurden Reparaturen des „uffgancks" in den Jahren 1679 und 1721 ausgeführt.[159])

Von dem nun folgenden Pastoratsgebäude ist naturgemäß in den Akten, Kirchen- und Kirchspielsrechnungen oft genug die Rede, doch erfährt man leider nichts Wesentliches über das Aussehen desselben. Es wird aber wohl von jeher die Größe gehabt haben, die noch der Urkatasterplan zeigt. Offenbar ist es noch lange ein richtiges Bauernhaus mit Tenne und Stallung gewesen, denn nach den Pfarrlagerbüchern des 17. Jahrhunderts und auch noch der späteren Zeit war der Pfarrer durchaus „Selbstversorger". Dem Wirtschaftsbau war ein Wohnbau angefügt, 1372 im Testament des Pfarrers Johann Ule keminate genannt, für die Amtsstube und die Schlafkammer des Pfarrers, den das Kirchspiel in baulichem Stand zu halten verpflichtet war.[160]) Für seine Wirtschaftsgebäude mußte der Pfarrherr offenbar selbst aufkommen.

Genau unterrichtet sind wir über das Werden und Wachsen des Küstergrundstückes (Markt Nr. 1, alte Nr. 152). Das Urkataster gibt leider keine Vorstellung mehr von dem älteren Zustand des Hauses und Grundstückes, da kurz zuvor der damalige Besitzer desselben, Kaufmann Schründer das Wohnhaus neu und wohl auch größer als zuvor aufgebaut hatte. Es ist das noch heute stehende Gebäude. Das Häuschen, das im Jahre 1580 der damals vom Pfarrer neu angenommene Küster Heinrich Blome hier errichtete, war wesentlich kleiner und bescheidener. Am 10. Oktober dieses Jahres hatte der Pfarrer Hüsing ihm „eine geringe steddeken" von 25 × 50 Fuß „negst seins des pastoris gehöfft nedderscheitende" zu einem Hausplatz abgetreten, wozu die Gemeinde „buten den ge- hoffte nach den richtstoel hin" ein gleich großes Stück Grund und Boden hinzufügte, „nebst einen glind (= Zaun), einen druppenfall besiedene (= neben) und vor dem mestvalle (Misthaufen) neben einem kleinen ordeken (= Eckchen) vor des pastoris gehoffte tho befriedigen bes ahn die gemeine strate".[161] Das von Pfarrer Hüsing ab- getretene Stück seines Pfarrhofes entspricht wohl in etwa dem Hof hinter dem Schründer- schen Haus (mit den beiden Schuppen), während das von der Gemeinde dazu gegebene Grundstück offenbar – zum Teil wenigstens – von dem Schründerschen Haus eingenom- men wird. Im einzelnen stimmen die Grenzen und Größenangaben von 1580 mit dem Bild des Urkatasters kaum noch überein, da sich die Situation infolge der vielen Brände, denen auch dieses Haus und Grundstück ausgesetzt gewesen ist, zu sehr verschoben hat. Als Ganzes liegt aber die Entwicklung dieses östlichen Teiles des Kirchplatzes doch klar. Nördlich an das spätere Küstereigrundstück grenzte ein Speicher, der in den Urkunden schon 1530 begegnet.[162] Er gehörte damals dem auf der gegenüberliegenden Seite der Marktstraße wohnenden Wessel tor Putte (alte Nr. 144, jetzt Marktstraße Nr. 18). Später muß einer der Nachkommen des Wessel den Speicher oder Schuppen an seinen Nachbar Holscher (alte Nr. 145, heute Amtsverwaltung) verkauft haben, denn nach dem großen Brande vom 4. März 1673 wurde das im Jahre 1660 von dem damaligen Vogt in Greven, Nikolaus Warburg, testamentarisch gestiftete Armenhaus aus dem Erbhaus des Stiftes an der heutigen Kirchstraße Nr. 1 (alte Nr. 100) auf Holschers Schuppenplatz vor dem Kirchhof verlegt.[163] Der damalige Pfarrer Holstein kaufte in Telgte ein Haus auf Abbruch, das er dann hier für das Armenhaus neu wieder aufsetzen ließ. In diesem Armenhaus war zunächst auch die nach 1675 gegründete Mädchenschule untergebracht, bis diese 1705 in den oben erwähnten Neubau auf dem Kirchhof umzog. Bis über die Mitte des 19. Jahrhunderts hinaus hat das Warburger Armenhaus am Kirchplatz seinem karitativen Zweck gedient, bis es dann in das von dem Ehepaar Holtrup 1853 erworbene Haus Nr. 95 an der Ecke der Bergstraße verlegt wurde. Die Gemeinde kaufte das Armen- haus für 1282 und den Derckenschen Stall für 600 Taler und ließ nun beide zusammen mit dem kleinen danebenstehenden Spritzenhäuschen abbrechen.[164]

Unmittelbar neben Derckens Stall stand der alte Dorf- bzw. Kirchspielsbrunnen, der in dem Namen des gegenüber (Nr. 143, Marktstraße 20) wohnenden Wessel „ton Putte" bereits für das Jahr 1530 bezeugt ist.[165] Nach dem alten Kirchenlagerbuch war der „putte vor dem kirchoff uff kirchengrundt gelegen ... und wegen feuersgefahr behuff der kirchen von dem kirchspiel in vorzeiten gelegt, daher auch der kirchspelsputte genannt."[166] Gegen eine geringfügige Abgabe durften außer dem Pfarrer, der Schule und dem Küster auch die nächsten Anwohner des Kirchplatzes den Brunnen benutzen. Im Jahre 1790 übernahm dann die Gemeinde den „Pütz", doch blieb Pfarrer und Kirche das Recht, denselben weiter zu nutzen, gewahrt.[167] Der Brunnen, der eine viereckige, massive aus Steinen gebaute Einfassung besaß, war bereits im Jahre 1708 von einem Schöpfbrunnen zu einer Pumpe umgebaut worden, die um die Mitte des vorigen Jahr- hunderts derart verfallen war, daß die Gemeinde sie im Jahre 1852 völlig erneuern mußte, bis sie dann 1883 in einen Rohrbrunnen umgewandelt wurde.[168] Erst im 20. Jahrhundert verschwand das altehrwürdige Denkmal Grevener Ortsgeschichte völlig von der Bildfläche.

Nach dem Abbruch des Armenhauses und des ihm angebauten Derkenschen Stalles wurde im Jahre 1861 der so geräumiger gewordene Kirchplatz geebnet und gepflastert.[169]) Damit hat er dann das Gesicht bekommen, das ihm bis heute eignet.*) Unnötig zu sagen, daß dieser Platz wie auch der eigentliche Kirchhof von jeher mit Lindenbäumen bestanden war. Noch im Jahre 1784 bedurfte es eigens der Genehmigung durch den Archidiakon, um einige dem Neubau der Mädchenschule im Wege stehende Linden fällen zu dürfen.[170])

In der oben (S. 88) angezogenen Urkunde vom Jahre 1580, in der Pfarrer Hüsing seinem Küster ein Stück seines Grundes und Bodens für ein neues Küsterhaus abtrat, heißt es ausdrücklich, daß die Gemeinde dem Küster neben dem Pfarrgehöft ein Stück „Land nach den Richtstoel hin" dazugab. Es unterliegt demnach keinem Zweifel, daß in der Nordostecke des Kirchplatzes der Gerichtsstuhl, sicherlich unter einer alten Linde, stand. Mit ihm verbunden war auch der Kaek, der Schandpfahl, an dem, wie es 1616 heißt, seit „undencklichen Zeiten" die zur öffentlichen Schaustellung verurteilten Sünder ihre Schuld und Strafe durch ein mehrstündiges „An dem Pranger stehen" abbüßten. Wann diese Gerichtsbank (1607 sogar als Gerichtshaus bezeichnet) mit dem zu Beginn des 17. Jahrhunderts neu errichteten Schandpfahl vom Kirchplatz verschwunden ist, ließ sich leider nicht mehr ermitteln (s. u. S. 128). Vielleicht hielt die berühmte Männertaufe beim Grevener Markengang, die an dieser Stelle bis um die Mitte des vorigen Jahrhunderts abgehalten wurde, eine letzte Erinnerung an die alte Gerichtsstätte wach, denn im Mittelalter wurden ja die Fälscher mit unrichtigem Maß und Gewicht auch mit der Wippe ins Wasser untergetaucht!

Es erübrigt sich noch, den rings um die Kircheninsel liegenden Straßensaum in seiner alten Bebauung zu betrachten. Von den Grundstücken an der Kirchstraße wurden seit dem Anfang des 13. Jahrhunderts alljährlich 11 Schillinge als „Wurtpenninge" an die Äbtissin von Überwasser als Eigentümerin des Meinhardinghofes gezahlt, d. h. von jedem Hausplatz ein Schilling. Es standen also bereits zu Beginn des 13. Jahrhunderts 11 Häuser oder, genauer gesagt, Marktbuden hier am Nordrand des Kirchplatzes. Diese Elfzahl läßt eine ganz regelmäßige Aufteilung des alten Hofgrundstückes erkennen, die im Ausschnitt des Urkatasters trotz aller im Laufe der Jahrhunderte eingetretenen Verschiebungen noch durchschimmert (Abb. 18):

Die Breite eines jeden Grundstückes, einer jeden „wort", betrug offenbar eine alte Rute (zu 16 Fuß), also etwa 5,30 m, doch waren die vier am Rande gelegenen Grundstücke etwas breiter, dafür aber auch kürzer, da die erste und letzte „wort" ihnen

1						11		
2	3	4	5	6	7	8	9	10

quer vorgelagert waren. Im Laufe der Jahrhunderte wurden manche dieser Grundstücke geteilt, manches der Häuser über die ursprüngliche Fluchtlinie hinausgebaut, bis jene ausgezackte und ausgefranste Straßenfront entstand, wie sie das Urkataster von 1828 zeigt. Durch Teilungen sind aus den 11 ursprünglichen Hausstätten im Laufe der Zeit 14 geworden.[171]) Aus Nr. 1 der rekonstruierten Urteilung wurden Ende des 17. Jahrhunderts zwei Häuser (Martini-Kirchstraße Nr. 4 und ein Teil von Nr. 2; alte Nr. 98). Ebenso war bereits im 15. Jahrhundert Nr. 9 ein Doppelhaus, das damals zusammengelegt war, 1660 aber wieder geteilt und um 1800 nochmals zusammengelegt wurde (alte Nr. 105, heute Kirchstraße Nr. 6). Vom Wortkotten (Nr. 10 des rekonstruierten Teilungsplanes, alte Nr. 106, Kirchstraße Nr. 7) wurde im Jahre 1696 ein kleines Nebenhaus abgetrennt (alte Nr. 107, Marktstraße 5), und schließlich wurde zu Beginn des 17. Jahr-

---

*) Vgl. Tafel V, 1. Das pompöse, im Jahre 1896 errichtete Kriegerdenkmal auf dem Marktplatz, dessen Krieger im Volksmund „Kleibolt" hieß, ist 1935 beseitigt worden.

hunderts Nr. 11 in zwei Häuser zerteilt (alte Nr. 109 und 108, Marktstraße Nr. 7 und 9).
Die Häuserzeile an der Kirchstraße hat also seit dem 17. Jahrhundert ihre Form nicht
wesentlich mehr geändert, wenn auch ihr Gesicht durch den ständigen Neubau der
einzelnen Häuser stetem Wechsel unterworfen blieb. Die Ecke zur alten Emsstraße
(Martini-Kirchstraße) nahm der „Goldene Stern" ein, seit dem Beginn des vorigen
Jahrhunderts im Besitz der Familie Winninghof (vorher Prinz 1765/66). Es war das
Stammhaus der seit 1472 hier nachweisbaren alten Grevener Familie Becker. Das Nachbarhaus, die alte Nr. 100 (Kirchstraße Nr. 1), stiftete der Grevener Vogt Nikolaus Warburg,
der im Jahre 1672 als fast Hundertjähriger starb, zu einem Armenhaus, doch nahm bereits
1673 die Äbtissin von Überwasser als Grundherrin das Haus zurück und gab es der
Familie Hüsing in Erbpacht. Das Haus Nr. 103 (Kirchstraße Nr. 4) beherbergte die Rektoratschule, der es Johann Friedrich Biederlack testamentarisch vermacht hatte (1870),
bis zum Neubau der Schule an seiner jetzigen Stelle, dem rückwärtigen Grundstück des
Hauses Nr. 104 an der Bergstraße Nr. 4 im Jahre 1897.

Das Nachbarhaus Nr. 104 (Kirchstraße Nr. 5) war im 18. Jahrhundert gleichfalls
eine Gastwirtschaft, die nach einem Verzeichnis von 1765/66 den Namen „Zum weißen
Pferd" trug[172]) und von der Familie Arkenoe betrieben wurde.

An der Emsstraße, dem Kirchturm gegenüber, wohnte von ihrem ersten Auftreten
in Greven bis auf den heutigen Tag, d. h. seit über 400 Jahren die Familie Biederlack,
gewiß ein überaus seltener Fall steten Besitzes und bürgerlicher Wohnbeständigkeit!
Zu Beginn des 16. Jahrhunderts kam der junge Heinrich Naber, ein nachgeborener Sohn
vom Nabershof in der Bauerschaft Westerode, ins Dorf und ließ sich hier am Fuße der
Kircheninsel „bi der Lake", d. h. hinter dem toten Emsarm, nieder. In den Schatzungsregistern von 1536, 1538, 1542 und 1553 schwankt die Benennung dieses Neusiedlers
im Dorfe noch. 1536 heißt er noch Heinrich Naber – doch kommt er in den Registern
des Überwasserstiftes in Münster bereits zum Jahre 1532 als Hinrik bi der Lake vor![173]) –
1538 heißt er dann Hinrik by der Laeke, 1542 und 1553 wieder Hinrik Nabers bzw.
Nabershinrik. Erst seine Witwe Anneke (1568) und deren Sohn Johann bi (up) der Lake
führen nur noch den neuen, vom Hause hinter der Lake genommenen Namen. Ob
das Haus Nr. 65 (Martini-Kirchstraße Nr. 17) bereits vor Hinrik Nabers einen Bewohner
gehabt hat, oder ob dieser es an bislang noch unbebauter Stelle neu errichtet hat, steht
dahin. Die Familie Biederlack betrieb darin zunächst eine Gastwirtschaft, die um 1600
in den Strafregistern des Gogerichtes tor Meest häufig genannt wird (vgl. u. S. 123),
und damit wohl schon früh verbunden einen nicht minder florierenden Kramladen,
aus dem sich bereits im 17. Jahrhundert dank der Tüchtigkeit und des gewerblichen
Sinnes der führenden Mitglieder der Familie rasch die „Kaufmannschaft" entwickelte,
die gesunde Grundlage, auf der dann seit 1797 die Industrieunternehmungen der
Familie aufbauen konnten. Für den ausgedehnten Handel und zum Aufstapeln der zahlreichen Waren hatten die Biederlacks auf dem großen Grundstück hinreichend Platz.
Neben dem Wohnhaus nach Süden erbaute wohl schon Johann Biederlack im 17. Jahrhundert einen geräumigen Schuppen.*)

Als Grundherr des Biederlackschen Grundstückes wird im Schatzungsregister von
1664 merkwürdigerweise der Pfarrer in Nienberge angegeben.[174]) Wie mag dieser in
den Besitz des Grundstückes gelangt sein? Man könnte glauben, der Pfarrer Johann
Rothaus in Nienberge (zu Beginn des 17. Jahrhunderts), wohl ein Sohn des Grevener

---

*) Das Bild des Biederlackschen Hauses (Tafel XX, 1, gebaut in der zweiten Hälfte des 17. Jhts.)
nach einer Aufnahme von etwa 1890 (vgl. Hövel S. 10). Es zeigt im Hintergrund auch noch den
„Schoppe".

Küsters Eberhard Rothaus (gest. 1580; vgl. u. S. 169), habe das einstmals etwa der Küsterei gehörende Haus von seinem Vater geerbt und dann seiner Kirche vermacht. Aber bereits lange vor dieser Zeit, im 16. Jahrhundert (1574) zahlte die Witwe by der Lake dem Pfarrer zu Nienberge einen Scheffel Roggen auf Martini vom Lande und Zehnten, dazu auf Grever Markt einen „Rydergulden" (eine besondere Münze) für die Hausstätte.*) Vielleicht geht der Besitz des Pfarrers von Nienberge im Dorf Greven auf jene Stiftung des Pfarrers Johann Ule zurück, in der dieser 1372 dem Nienberger Kaland eine Rente aus dem Hof Albertinck in Eistrup vermachte, die später dann gegen das Grundstück an der Lake ausgetauscht worden sein mag.[175])

Auch die nächsten Häuser am Südrand der Emsstraße auf Pastoratsland sind alt (s. u. S. 143). Nr. 64 (Martini-Kirchstraße Nr. 9) ist erst um 1550 errichtet. Im Schatzungs-register von 1542 werden zwischen den beiden Häusern des Voß und Naber (Biederlack) nur zwei, 1553 dagegen drei Einwohner genannt. In der Zwischenzeit muß sich also der neue Ansiedler (Michel) hier angebaut haben. Das Nachbarhaus Nr. 63 (Martini-Kirchstraße Nr. 7), dessen Bewohner nach der Lage des Hauses an einem alten Abzugs-graben (Sloet) tom Sloet oder Sloetmann hießen, stand bereits 1536 (Hinrik ton Slote). Es grenzte unmittelbar an den Hof des Zellers Voß, dessen Hofesgründe von hier bis an die Münsterstraße reichten. Über das Aussehen dieses Grundstückes im 17. Jahrhundert gibt eine alte Katasteraufnahme des Jahres 1673 Aufschluß (Abb. 19).[176]) Der große Garten hinter dem Wohnhause entspricht genau dem heutigen Umfang. Auch der Hof steht noch an der gleichen Stelle wie vor fast dreihundert Jahren. Die Leibzucht lag dagegen damals wohl etwas mehr zur Münsterstraße hin. Von dem alten Ziehbrunnen ist heute auch keine Spur mehr zu finden. Ein Jahr nach dieser Katasteraufnahme, im Jahre 1674 durften sich mit Genehmigung des Domkellners als Grundherrn des Zellers Voß auf dessen Leibzuchtplatz Daniel Bergfeld und der Postmeier ansiedeln und jeder von ihnen ein Haus von vier Fach darauf setzen.[177]) Sie mußten jährlich auf Michaelis 2^1/$_2$ Reichstaler Pacht und jedes 8. Jahr darüber hinaus noch 1 Taler pro recognitione

*) Diese alte, heute noch blühende Grevener Familie verdient es wohl, daß wir hier ihre Anfänge (in Ergänzung zu der von E. H ö v e l , Geschichte der Stammlinie Biederlack in Greven gegebenen Stammfolge) aufzeichnen:

Johann Naber (in Westerode)
1537 (1556 tot) oo Ghese (1556 Witwe)

Gertrud	Bernhard	Hinrik
1537 verwechselt	1556 verwechselt	zieht nach Greven und heißt hier 1532 Hinrik by der Lake, 1536 Hinrik Naber, 1538 Hinrik by der Lake, 1553 Nabershinrik, 1565 Hinrik ahn der Lake (1568 tot) oo Anna, 1568–1574 (oo II Winholt NN(by der Lake), 1574 tot)

1) Else	2) Johann	3) Hermann	6) Anna	7) Heinrich
oo 1565	1568–94	4) Gertrud	1568	1568 noch
Kerstien ton	1595 tot	5) Grete	noch keine	keine 12 Jahre alt
Hugenrodde	oo Aleke (Recke?)	1568	12 Jahre alt	wird 1587 Bürger
in Greven	1595–1616/17		oo 1586 Heinrich	in Münster † 1608
			Tuninck in Münster	oo Catharina Bruning

Heinrich	Dietrich	Johann		
1597	1607–45	1614–19		
	↓			↓
	Linie in Greven			Linie in Münster

(als Anerkennungsgebühr) entrichten. Dafür sollten sie dann ihre persönliche Freiheit behalten und den Pütz des Zellers mitbenutzen.

Nach Ausweis der Schatzungsregister war bis dahin die Ecke der Münsterstraße unbebaut gewesen, bis auf die alte Voßsche Leibzucht, die nach Ausweis der Zeichnung von 1673 hier, aber etwas weiter zurück von der späteren Straßenecke, gelegen hatte. Die Leibzucht ist mehrfach an nicht unmittelbar zum Hofe gehörende Mieter verpachtet gewesen. So werden 1536 und 1568 Else Tegederink und Walter Niesink genannt. Zwischen der alten Nr. 60 (Münsterstraße Nr. 4) und Zeller Voß wohnte in dieser Zeit niemand mehr. Später sind die beiden Häuschen von Bergfeld und Post zusammengelegt worden. Im Jahre 1755 werden sie noch getrennt aufgeführt, 1782 dagegen unter einer Nummer (61) und einem Besitzer (Bröker) zusammengefaßt.[178] Offenbar hat dieser neu gebaut. Es ist heute das Eckhaus an der Münsterstraße (Nr. 2). 1790 finden wir für dieses Haus auch erstmalig die Bezeichnung „Voßkotten", den das Kataster von 1673 noch nicht kannte. In Wahrheit war es ja auch nur die alte Voßsche Leibzucht.

A   Voß' Leibzucht
B   Garten dazu
C   Voß' Haus
D   Achter de Lake
E   Emsstraße (= Martinikirchstraße)
F   Münsterstraße

Abb, 19. Der Hof Voß in Greven nach einer Katasteraufnahme von 1673. Etwa 1 : 1250

Auf der anderen Seite der Münsterstraße lagen zunächst nur die beiden Höfe Beckermann und Albachten, die durch Teilung, spätestens um 1300 entstanden sind. Bevor die Münsterstraße ihre heute noch gültige Linienführung erhielt, muß Beckermanns Hof etwas weiter zurück gelegen haben, da er später mitten in der alten Straßenführung stand. Aus den alten Grundstücksgrenzen (s. den Ortsplan) läßt sich diese, parallel zur heutigen Straße, noch gut erkennen (heute Pulverturmstraße). Auf Beckermanns Grund standen um 1600 zwei Häuschen (Nr. 2 und 3, heute Münsterstraße 1 und 3), über deren Ansetzung nichts Sicheres bekannt ist. Nr. 1 war aber die alte Leibzucht zu Beckermanns Hof, deren Einwohner erstmalig im Schatzungsregister von 1676 genannt wird. Später wohnten hier Nachkommen des Vogtes Warburg, zu Beginndes 19. Jahrhunderts dann Mathias Terfloth.

Die andere Straßenecke ist erst im Laufe des 17. Jahrhunderts ausgebaut worden. Eine Katasteraufnahme aus dem Jahre 1673 (Abb. 20) zeigt den alten Zustand der Südostecke des Kirchplatzes zu dieser Zeit.[179] Nach dieser Zeichnung gehörte das ganze Eckgrundstück zum Albachtenhof, und es standen damals auf ihm mit Ausnahme dieses Hofes selbst nur erst zwei Häuser, das Eckhaus des Dankbar und daneben das des Vrede. Das Eckhaus Nr. 147 (Marktstraße Nr. 14) war das älteste. Bereits im Jahre 1636 gestattete der Domkellner dem damaligen Zeller Bernd Albachten und seiner Frau Christine, um die Mittel zum Neubau ihres in kurzer Zeit zum zweiten Mal abgebrannten Hofes zu beschaffen, ein Stück des Hofgrundes „negst der Straeßen nach Beckermans Pforten belegen", 42 Fuß lang und 40 Fuß breit, dem Hermann Schraendt, genannt Molners, zu einer Hausstätte zu verkaufen.[180] Lange scheint dieses Haus allerdings nicht gestanden zu haben, denn im Jahre 1652 wurde das gleiche Grundstück bereits wieder verkauft an Bernd Dankbar und seine Frau Christine Blomberg, wieder mit der ausdrücklichen

Genehmigung, ein Haus darauf zu bauen.[181]) Das erste Haus ist möglicherweise im Weimarischen Brand von 1642 zugrunde gegangen, ohne daß es wieder aufgebaut worden wäre. Dankbars Nachbar, Johann Vrede, hatte am 21. Januar 1644 vom Domkellner die Erlaubnis bekommen, vom Albachtenhof ein kleines, 36 × 35 Fuß messendes Grundstück zu erwerben und darauf ein Häuschen zu errichten.[182]) Im alten Kataster trug es die Nr. 148 (heute Königstraße Nr. 1).

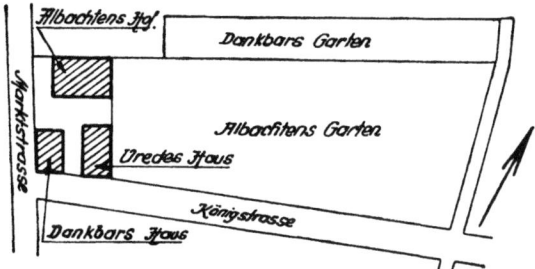

Abb. 20. Der Hof Albachten in Greven nach einer Katasteraufnahme von 1673. Etwa 1 : 1250

Das dritte Häuschen in der Reihe, Nr. 149 (Königstraße Nr. 3) erbaute im Jahre 1674 das Ehepaar Klaus Kotter und Elisabeth Vrede.[183]) Es war wohl das kleinste von allen, denn es war nur 30 Fuß breit und 43 Fuß lang. Nach dem Besitzer des Hauses im 18. Jahrhundert, Perick, hieß das Haus der Perickskotten. Das vierte und letzte Haus an dieser Straßenseite (Nr. 149, Königstraße Nr. 5), durften im Jahre 1688 mit Genehmigung der Domkellnerei Heinrich Menning und seine Frau Elisabeth Holscher bauen. Sie bekamen dazu ein kleines Stückchen von Albachtens Hofgrund von 40 × 30 Fuß zugewiesen.[184]) Aus einem Vertrag von 1705 erfahren wir, wo Menning und seine Nachbarn sich das Wasser holten. Es heißt darin,[185]) daß im Jahre 1683 Elisabeth die Albachtesche, Klaus Kötter, jetzt Börding genannt, Johann Vrede, jetzt Gerd Fledder genannt, und Heinrich Dankbar zusammen auf Albachtens Grund gesessen, sich gemeinsam einen Brunnen gegraben hätten zwischen Albachtens Haus und ihren Häusern. Heinrich Menning, der jetzt nahebei an Albachtens Garten ein Haus gezimmert und bislang kein eigenes Wasser gehabt habe, wurde nun (1705) als ein „membrum" (= Glied, Teilhaber) zu genanntem Brunnen aufgenommen, mußte aber dafür den andern Teilnehmern 10 Reichstaler entrichten. Vor 1683 hat also nicht einmal der Hof Albachten selbst einen eigenen Brunnen gehabt, sondern hat offensichtlich bis dahin den Dorfbrunnen am Kirchplatz mitbenutzt. Der Katasterplan von 1673 zeigt auch tatsächlich keinen Brunnen auf dem Hof!

Mennings Haus war bis tief ins 19. Jahrhundert hinein das letzte an der Königstraße. Auch auf der anderen Straßenseite standen 1828 nur erst zwei Häuser neben Beckermanns Hof: die Nr. 151 (Königstraße Nr. 4) und ein zweites Haus, das damals zu der gegenüberliegenden Nr. 150 gehörte, also offenbar nur eine Scheune oder Schuppen war. Heute steht dieses Gebäude nicht mehr. Nr. 151 erscheint erstmalig im Schatzungsregister von 1698, ist also kurz vorher (von Heinrich Hüsing) auf Beckermanns Grund und Boden gebaut worden.

Es bleibt im Straßenring um den Kirchplatz noch die Ostseite desselben, die heute Marktstraße heißt. Ehedem sprang die Straße neben dem Eckhaus (Nr. 14) ein ganzes Stück zurück, so die Einfahrt des Albachtenhofes freigebend. Durch den Neubau des Hotels Dercken, in den das Nachbarhaus (alte Nr. 145) mit einbezogen wurde, verschwand dieses Loch in der Häuserzeile der Marktstraße. Dieses Nachbarhaus gehörte seit dem 15. Jahrhundert zu den Häusern des Überwasserstiftes in Münster, obwohl es – wie ein Blick auf das Urkataster lehrt – sicherlich auf Albachtens Grund und Boden errichtet worden ist. Schon sehr früh muß das Überwasserstift dieses Grundstück erworben haben, denn bereits im Jahre 1440 gehört es zu den „wurtstätten", die das Stift in Greven zu vergeben hatte.[186]) Damals bewohnte es ein gewisser Arnd Wulle, von 1449–1469

Otto Schomaker, dem dann Johann Blome, genannt de Holscher, also der Holzschuh-macher, folgte. Die Familie Holscher hat das Haus bis um die Mitte des 17. Jahrhunderts innegehabt. Hundert Jahre später betrieb hier die Familie Finger eine Gastwirtschaft, die den stolzen Namen „Zum Schwan" trug.[187]) Gegen Ende des 18. Jahrhunderts ging dieses Gasthaus in den Besitz der Familie Dercken über, die aus ihm ein ansehnliches Hotel machte. Als solches hat es bekanntlich bis 1925 gedient, in welchem Jahre die Amtsverwaltung aus den ihr inzwischen zu klein gewordenen Räumen bei Winninghof hierhin übersiedelte. Zu dem alten Holscherschen Haus gehörte die gegenüberliegende Scheune, später Derckens Stall genannt (o. S. 88). Ursprünglich war dieser Schuppen oder Speicher ein Zubehör des Nachbarhauses Nr. 144 (Marktstraße Nr. 18) gewesen. Daß einer der Dorfbewohner einen eigenen Speicher auf dem Kirchplatz hatte, ist so ungewöhnlich, daß man nach einer Erklärung dafür sucht. Leider ist das Ortsbild im Kern des Dorfes durch die zahlreichen Brände, die Greven vom 15. bis 17. Jahrhundert heimgesucht haben, nicht unverändert geblieben. Ob es mit dem Haus Nr. 144 und seinem Speicher eine besondere Bewandtnis auf sich hat? Es ist das einzige Haus im ganzen Rund um den Kirchplatz, das keinen Grundherrn hatte, sondern stets frei war! Sollte sich in dieser Freiheit etwa eine letzte Spur aus der Frühzeit Grevens erhalten haben, die darauf hindeutet, daß dieses Haus einmal so etwas wie ein Rathaus oder bescheidener ausgedrückt, ein Gemeindehaus (Gildehaus) gewesen ist? Dafür spräche auch der Um-stand, daß vor ihm der Marktbrunnen lag, daß vor ihm zugleich auch unter der Dorflinde das Gericht gehalten wurde! Der Speicher auf dem Kirchplatz neben dem Brunnen könnte dabei geradezu die Rolle des Gerichtshauses gespielt haben, dessen ja noch 1607 aus-drücklich gedacht wird! Aus dem Namen des Wessel ton Putte, den auch noch die Schatzungsregister von 1536 und 1538 kennen, wurde bald der Familienname Wessels. Das Haus blieb bis um die Mitte des 18. Jahrhunderts im Besitz dieser Familie, die wie ihre Nachbarn hier schon im 17. Jahrhundert eine sicherlich gutgehende Gastwirtschaft betrieb. Der neue Besitzer Gerhard Fleddermann nannte sie 1765 „Das Lamm".[188])

Das dem Wortkotten gegenüberliegende Haus Nr. 143 (Marktstraße Nr. 20), läßt sich gleichfalls sehr weit zurück verfolgen. 1530 nennt Wessel ton Putte als seine Nachbarn Martin Holscher und Gerd Schroder. Da die Familie Holscher das Haus Nr. 145 seit dem letzten Drittel des 15. Jahrhunderts bewohnte, war Gerhard Schroder also der Nachbar an der anderen Seite, mithin Inhaber des Hauses 143, das auf Gronovers Grund und Boden stand. Als Grundsteuer zahlte der Hausbewohner an den Schulten jährlich 2 Hühner (oder statt deren 7 Schillinge) und 1 Schilling an Geld.[189]) Der Familie Schroder folgte nach dem Brande von 1573 Hermann Feldwisch (1576), dessen Nachkommen bis gegen Ende des 18. Jahrhunderts im Besitz des Hauses blieben.

Damit wäre der Rundgang um den Kirchplatz beendet. Zusammenfassend läßt sich sagen, daß das Straßenrund um den Kirchplatz nur im Norden (Kirchstraße) und Osten (Marktstraße) schon im ausgehenden Mittelalter voll bebaut war, während die Ems-(Martini-Kirch)straße und der Anfang der Marktstraße erst im Laufe des 17. Jahrhunderts ausgebaut worden sind. Wie hier auf dieser Seite das Bild im 15. Jahrhundert ausgesehen hat, bleibt ungewiß. Sind die Schatzungsregister des 16. Jahrhunderts verläßlich, dann ist tatsächlich in diesem Jahrhundert die Bebauung dieser Straßenteile immer nur eine sehr lockere gewesen. Der erste große Brand, der nach unserm Wissen Greven im Jahre 1453 heimgesucht hat (s. u. S. 98), kann zweifellos die Entwicklung des Dorfes sehr gehemmt und unterbrochen haben, doch lehrt die Geschichte der späteren Brände des 16. und 17. Jahrhunderts, daß es immer nur kurze Zeit gedauert hat, bis das Dorf wieder aus Schutt und Asche erstanden war, und nur selten haben einzelne Hausplätze mehr als ein paar Jahre lang wüst gelegen. Die Ansiedlung an der oberen Emsstraße mag zu der

Zeit, als die Ems noch unmittelbar unterhalb des Dorfes entlang floß, wegen der Hochwasserbedrohung noch nicht möglich gewesen sein. Im Laufe des 15. Jahrhunderts wird mit der zunehmenden Verlandung der Lake diese Gefahr immer kleiner geworden sein, so daß um 1500 eine Ansiedlung hier möglich wurde. Am Eingang der Münster- und der Königstraße wird das Bedürfnis der Höfe Voß, Beckermann und Albachten nach ungehinderter Bewegungsfreiheit auf ihren Hofesgrundstücken einer frühen und engen Bebauung der Straßenränder lange entgegengestanden haben. Erst die Not des 17. Jahrhunderts zwang den Bauer zum Verkauf von Grund und Boden. Die guten Bauplätze an den Dorfstraßen wurden jetzt für die geldbedürftigen Bauern eine gute und ständige Einnahmequelle.

Die Entwicklung des Dorfes selbst ist in der Geschichte seiner Straßen und des Kirchplatzes zu einem guten Teil vorweggenommen. Es läßt sich darüber aber doch noch mehr aus den alten Akten entnehmen. Nachdem die Stürme des sächsischen Freiheitskampfes vorüber waren und in der Einordnung unserer Heimat in das große germanische Reich Karls des Großen ihren Abschluß gefunden hatten, nachdem die Franken hier am Ufer der Ems aus den zerstreut liegenden altsächsischen Kleinsiedlungen ein Dorf geschaffen hatten, in dem sie auch der Kirche eine Heimstatt gaben, ist es in den nächsten Jahrhunderten zunächst wohl still und friedlich in Greven zugegangen. Während dreier Jahrhunderte hören wir von dem Dorf und seinen Bewohnern nichts.*) Völliges Dunkel liegt über dieser langen Zeit. Aber auch ohne die direkten Zeugnisse aus Urkunden und Chroniken ließen sich bereits eine ganze Reihe von Tatsachen und Geschehnissen durch Rückschlüsse aus den Verhältnissen späterer Zeiten gewinnen, die doch recht wesentliche Aufschlüsse über Greven in dieser an direkten Nachrichten noch so armen Zeit gewähren.

Da war einmal die Parzellierung des alten Meinhardingshofes an der Nordseite des Kirchplatzes bald nach 1200 (?) oder wenig später, da war die Errichtung der großen Bakenlandwehr am Nordrand des Dorfes, der wenigstens einer der beiden Gronoverhöfe hatte weichen müssen, vor 1280, da war die Verlegung des Hofes Albachten aus der Höfezeile an der linken Straßenseite hinüber auf den Albachtenesch rechts der Straße und die Abspaltung des Halberbes Beckermann von ihm, da war vor allem das gleichfalls seit etwa 1200 nachweisbare macellum, der Markt im Dorf, der zum Amt Maestrup des Stiftes Überwasser in Münster gehörte, der zweifellos mit der Parzellierung des Meinhardinghofes in Verbindung gesetzt werden darf. Es zeigt sich, daß alle diese Geschehnisse zeitlich nicht weit auseinander liegen, soweit es die indirekte Beweisführung erkennen ließ. Es liegt nahe, sie alle in eine direkte Verbindung zueinander zu setzen und sie auf ein bestimmtes Ereignis zurückzuführen. Es drängt sich bei unvoreingenommener Betrachtung die Vermutung auf, daß zu einem gewissen Zeitpunkt, wahrscheinlich zu Beginn des 13. Jahrhunderts die Absicht bestanden hat, aus dem Dorf Greven einen Markt, einen Marktflecken, ein Wichbold, wie man im mittelalterlichen Sprachgebrauch sagte, zu machen. In der Tat, ein Weichbild, wie es damals Ahlen, Beckum, Telgte wurden, das scheint das Stichwort zu sein, unter dem alle die merkwürdigen Veränderungen im Ortsbild des Dorfes sich mühelos zusammenfügen lassen.

Die Grundlage für eine solche Entwicklung Grevens zu einem Weichbild (Wichbold), aus dem möglicherweise eines Tages nach dem Vorbild der vorgenannten anderen

---

*) 1126/27 wird einmal das Dorf Greven (pagus in Greven) bei der Festsetzung der Fischereirechte des Stiftes Cappenberg in der Ems (von Greven bis Saerbeck) erwähnt (WUB II Nr. 200). 1137 stiftete Bischof Werner von Münster sein Gedächtnis im hohen Dom mit Renten von zwei Pfund Silbers, von denen 5 Schillinge aus dem Dorf Greven (in villa, que nomen Greven habet) gezahlt werden mußten (WUB II Nr. 224); von welchem Hof ist nicht mehr bekannt. Für die Geschichte des Dorfes ergeben diese beiden spärlichen Notizen nichts.

einmal eine Stadt hätte werden können, mußte der Markt sein. Von diesem Markt hören wir tatsächlich auch schon im 13. Jahrhundert. Am 6. Februar des Jahres 1294 mußte ein gewisser Gerhard von Landersum das Schultenamt Maestrup, das er von der Äbtissin Adala von Überwasser in Münster zu Lehen trug, wegen seiner schlechten Amtsführung niederlegen.[190] Sechs Jahre lang, also seit etwa 1287, hatte er den pflichtigen Zins von den Einkünften des Amtes nicht mehr entrichtet. Zu diesen Einkünften rechnet die Urkunde außer den Grundeinnahmen von dem Schultenhof (Lütke-) Maestrup und den dazu gehörigen Höfen noch die Renten aus den macellis und den denariis arealibus, qui wurtpenninge dicuntur. Diese Wurtpenninge waren die Hauszinse von den auf dem Hofesgrundstück des Meinhardinghofes am Kirchplatz in Greven errichteten Häusern. Das lateinische macellum bedeutet zunächst die Fleischbank, der Fleischerscharren, dann im übertragenen Sinne den Verkaufsstand jeglicher Art. Bei den genannten Einkünften handelte es sich also um Abgaben, die beim Fleischmarkt bzw. beim Markt schlechthin anfielen bzw. an den Besitzer des Grundstückes, auf dem der Markt gehalten wurde, zu zahlen waren. Gehörten nun diese Einnahmen zum Schultenhof Maestrup bzw. dem Stift Überwasser in Münster, so muß man annehmen, daß dieser Markt damals noch nicht auf dem Marktesch wie in späteren Jahrhunderten, abgehalten wurde – denn der Esch gehörte der Gemeinheit, d. h. allen Höfen des Dorfes gemeinsam –, sondern noch im Dorf selbst. Die Hausstätten am Kirchhof waren zunächst nichts anderes als Marktbuden und Verkaufsstände, aus denen wie in jeder mittelalterlichen Stadt auch erst im Laufe der Zeit feste Wohnhäuser geworden sind. Wurde der Markt zunächst wirklich im Ort selbst, am Kirchplatz gehalten, so kann das nur unsere Vermutung stärken, daß tatsächlich zur Zeit eines der streitbaren Bischöfe in der ersten Hälfte des 13. Jahrhunderts der Plan bestanden hat, aus dem Dorf Greven einen Marktort zu machen, aus dem bei einer günstigen Entwicklung dann ganz von selbst eine Stadt erwachsen konnte, ein Landstädtchen, wie sie das Münsterland so viele zählte. Die Zeit hat es aber nicht gut mit Greven gemeint. Was im einzelnen im 13., 14. und 15. Jahrhundert das Wachsen des Ortes verhindert hat, wissen wir nicht. Brände und Seuchen werden wie in späteren Zeiten, so auch schon damals das ihrige dazu beigetragen und immer wieder hemmend in die Entwicklung eingegriffen haben. Das gewaltsame Regiment des Ritters Dietrich von Schonebeck auf dem nahen Haus Schöneflieth während der zerrütteten Zeit des Interregnums um die Mitte des 13. Jahrhunderts (u. S. 397 f.), mag dem aufstrebenden Markt ebenso geschadet haben wie der Neid und die Mißgunst der benachbarten Münsterer Großkaufleute! Wahrscheinlich ist auch der ewige Gegensatz zwischen dem Bischof von Münster und dem Grafen von Tecklenburg im Mittelalter an diesem Schicksal des angehenden „Marktfleckens" irgendwie mit schuldig gewesen. Die mittelalterlichen Chroniken wissen allerdings nichts darüber zu berichten. Die Grafen von Tecklenburg hatten im Kirchspiel und Dorf Greven nur geringen Grundbesitz, so die Höfe Vrede im Dorf, in Aldrup und Westerode-Holtrup, daneben aber noch wichtige Hoheits- und Zehntrechte, die sich allem Anschein nach aus ihrer Stellung als oberste Stiftsvögte von Münster ableiteten. Als solche waren sie die Vertreter des Bischofs und des Domkapitels in allen weltlich-gerichtlichen Angelegenheiten. Aus dieser Stellung bezogen sie natürlich auch zahlreiche Einkünfte (Vogtschilling u. a.) und Abgaben von den bischöflichen und domkapitularischen Eigenbehörigen, die vielfach das Maß des Üblichen und Vereinbarten weit überschritten. Daraus erwuchsen dann immer wieder ernsthafte Differenzen und blutige Fehden, die das Leid der Bevölkerung nur noch vermehrten. Auf den Einwohnern Grevens mag gleichermaßen die harte Faust des Grafen von Tecklenburg gelegen haben. Mehr denn einmal wird der mächtige Herr selbst in Greven erschienen sein, hoch zu Roß, umgeben von seinen Rittern und Knappen, um den Bauern und Dorfbewohnern seinen Willen kundzutun und Gehorsam und Unterwerfung zu fordern. Nur gelegentlich wird von einem solchen Auftreten des Grafen von Tecklenburg in Greven berichtet, so zum Jahre 1225, als Graf Otto I. hier eine Tagfahrt hielt.[191]) Das Freigericht unter der Linde an der Ecke der Bakenstiege vor dem Nordausgang des Dorfes war die Stätte, an der sich bei solchen Anlässen hohe und höchste Herren zu einer Verhandlung, oft mit prächtigstem Gefolge ein Stelldichein gaben. Schon zum Jahre 1172 wird von einer solchen glänzenden Fürstenversammlung in Greven berichtet. Damals trafen sich hier der Bischof Ludwig von Münster mit seinem Dompropst und zahlreichen anderen hohen Geistlichen, dann die Edlen von Ibbenbüren, Elen und Salzbergen mit ihrem Gefolge an Rittern und Knappen, um Zeugen einer Schenkung des Münsterer Domherrn Bernhard, Edlen von Ibbenbüren, zu sein.[192]) Noch illustrer war die Gesellschaft, die sich im Jahre 1241 in der Kirche zu Greven versammelte, um einen Vergleich zwischen den sich um das väterliche Erbe streitenden Edlen von Steinfurt zu vermitteln. Außer diesen selbst nahmen an dieser Verhandlung teil: die Bischöfe von Münster und Osnabrück, die Grafen von Ravensberg, Tecklenburg, Dale und Bentheim, die Edlen von Lon, Holte, Horstmar, Ahaus, Gemen, Dreivorden, Detten, Elen und Salzbergen, dazu noch ungezählte andere hohe Geistliche, Ritter und Knappen.[193]) Es hat sogar im Mittelalter einmal einen „Frieden von Greven" gegeben! Im Jahre 1318 nämlich verzeichnet der Amtmann des Bischofs von Münster in Meppen, in seiner Jahresabrechnung eine Ausgabe zum Sonntag Palmarum (fiel damals auf den 16. April): „... cum ... ordinarent pacem in Greven" (als man den Frieden schloß in Greven).[194]) Was für ein Friedensschluß das war, ist nicht bekannt. Die Notiz in der Rechnung des Amtmannes in Meppen ist das einzige Zeugnis für ihn. Vermutlich handelte es sich aber um einen sogenannten Landfriedensschluß, der von einer Anzahl Partner (Bischöfe, Grafen und Städte) zur Aufrechterhaltung von Ruhe und Ordnung gegen die zahlreichen Fehden und Gewalttaten im Lande geschlossen wurden. Die Teilnehmer an diesen Verhandlungen in Greven sind nicht bekannt, mit Ausnahme des Bischofs von Münster bzw. seiner Abgeordneten, die sich aus der Anwesenheit seines emsländischen Amtmannes ergibt. Als Partner kommen außer ihm vielleicht auch die Grafen von Tecklenburg – wenn diese nicht zu den Ruhestörern gehörten, gegen die sich der Landfriedensschluß richtete – und die Städte Münster und Osnabrück in Frage. Von all den edlen Herren und Vertretern der hohen Vertragsschließenden kennen wir einzig den bischöflichen Amtmann des Emslandes, Ritter Konrad von Thünen, der in seiner Rechnung seine Reisekosten in Höhe von 5 Schillingen getreulich verbuchte. Auch in diesen verschiedenen Zusammenkünften und Tagfahrten hoher Herren und Fürsten in Greven darf man einen Beweis mehr dafür erblicken, daß dieser Ort damals tatsächlich mehr war als nur ein beliebiges kleines Kirchdorf im Lande.

Das Verhältnis der Grafen von Tecklenburg zum Dorf, besonders ihre Rechte in und an demselben, sind im einzelnen nicht mehr greifbar. Auch die Sage hat sich ihrer, wie gesagt, bemächtigt, ohne daß es möglich wäre, ihr mehr zu entnehmen als eben nur die Tatsache, daß die Tecklenburger irgendwie mit Greven verbunden waren und daß der Ort im Kampf zwischen den Bischöfen von Münster und ihnen einmal eine Rolle gespielt hat. An welches geschichtliche Ereignis die Flucht der Gräfin von Tecklenburg nach Greven anknüpft, läßt sich gleichfalls nicht mehr sagen. Immerhin muß der Gegensatz bei der Gründung des Marktes in Greven so groß gewesen sein, daß man nur an der Nordseite des Dorfes eine mächtige, aus zwei Wällen und dazwischenliegendem Graben bestehende Landwehr errichtete, während die Südflanke stets offen blieb. Der Feind stand also im Norden! Trotzdem ist es im 13. Jahrhundert nicht gelungen, den Grafen ganz aus Dorf und Kirchspiel zu verdrängen. In den Wirren nach dem Tode des Bischofs Gerhard (gest. 1272), als der Stuhl des Hl. Liudger in Münster fast drei Jahre lang verwaist stand, hatte die eine der beiden sich bekämpfenden Parteien im Stift den Grafen von Tecklenburg zum Stiftsverweser gemacht.[195]) Graf Otto wird dieses Amt sicherlich benutzt haben, um seine Stellung im Stift zu festigen und auszubauen. Auch Greven wird das zu spüren bekommen haben, und man wird ohne weiteres annehmen dürfen, daß es der Entwicklung des jungen Marktes gerade nicht förderlich gewesen ist, wenn auf der einen Seite auf Haus Schöneflieth der gewalttätige Ritter von Schönebeck und auf der anderen Seite der Graf von Tecklenburg, jeder nach seiner Art, seinen Vorteil aus dem Grevener Markt zu ziehen suchte, und dazwischen die armen Grevener selbst ohne Schutz bei ihren eigentlichen Herren, dem Domkapitel in Münster bzw. der Äbtissin von Überwasser, finden zu können, zerrieben wurden. Das alles mag sich wie ein Rauhreif auf das Aufblühen und Wachsen des Grevener Marktes gelegt haben, ehe er recht zur Entfaltung gelangen konnte. Erst sehr viel später, im Jahre 1400 ist es dem Bischof von Münster gelungen, den Einfluß des Grafen von Tecklenburg im Kirchspiel und Dorf Greven endgültig auszuschalten. In einer großen Kraftanstrengung hat der damalige Bischof Otto von Münster den Grafen Nikolaus von Tecklenburg, der in zahlreichen Fehden immer wieder das Bistum bedrängt und beunruhigt hatte, endgültig zu Boden geworfen. Im Friedensvertrag mußte der gedemütigte Graf nicht nur die emsländischen Ämter Cloppenburg und Friesoythe an den Bischof abtreten, sondern auch das feste Schloß Bevergern mit den Kirchspielen Saerbeck und Hopsten ausliefern und schließlich auf alle seine Rechte in den Kirchspielen Greven und Hembergen verzichten.[196])

Für eine Entwicklung des Dorfes Greven zu einem Landstädtchen war es jetzt aber zu spät. Die anderen Städte des Stiftes, allen voran Münster, werden sich gegen das Aufkommen eines neuen Marktortes mehr denn zuvor gesträubt haben. Aber auch die allgemeinen Zeitverhältnisse waren dem Aufblühen des Ortes nicht mehr günstig. Die großen Seuchen des 14. Jahrhunderts, vor allem die große Pestepidemie (der Schwarze Tod) von 1349/50, hat den natürlichen Bevölkerungsnachschub vom Lande in die Stadt auf lange Jahre hin gehemmt und durch die Dezimierung der Einwohnerschaft in den großen Städten wie in Münster, wo angeblich an die 11000 Menschen der furchtbaren Pest erlegen sein sollen,[197]) die Voraussetzung für einen regen Marktverkehr zerschlagen. So blieb Greven allen Bemühungen zum Trotz ein Dorf. Geblieben sind aber auch jene Veränderungen im Ortsbild, die dem Markt zuliebe erfolgt waren, wie die Landwehr am Nordrand des Dorfes, die Verlegung des Hofes Albachten an seine jetzige Stelle am Albachtenesch und vor allem die Formung des Kirchplatzes: am Nordrand die geschlossene Häuserzeile, auf dem Grund des parzellierten Meinhardinghofes, am Ost- und Südrand des Kirchhofes eine Reihe von Speichern, dazwischen der Pfarrhof und auf dem verbleibenden offenen Platz unter einer Linde der Gerichtsstuhl mit dem Brunnen daneben.

Geblieben ist auch der Markt, aber nicht als ständige Einrichtung – das hätte den Ort ja zum Weichbild, zur Stadt gemacht –, sondern als Jahrmarkt, der einmal im Jahre nach der Ernte auf dem Stoppelfeld des großen Esches am Nordrand des Dorfes abgehalten wurde.[198])

Zum Jahre 1453 erleuchtet das Dunkel der Vergangenheit wie ein greller Blitz die Nachricht, daß der Bischof Rudolf von Utrecht im August dieses Jahres als Anhänger des Bischofskandidaten Walram von Mörs in der blutigen Münsterer Stiftsfehde das Dorf Greven und von da an bis zur Stadt Münster hin alle Bauernhöfe in Schutt und Asche gelegt habe.[199]) In der langen Reihe der Brände, die das Dorf vom 15. bis 17. Jahrhundert heimgesucht haben, ist dies der erste bekannte. Aus dem Ende des 15. Jahrhunderts liegt dann erstmalig eine Quelle vor, die etwas genauere Kunde von Greven und seinen Einwohnern gibt. Es ist das Schatzregister von 1498/99,[200]) ein Verzeichnis aller Steuerpflichtigen im Stift Münster, die damals dem neuen Bischof Konrad von

Rietberg eine Willkommensteuer zahlen mußte, von der der hohe Herr die beim Regierungsantritt vorgefundenen Schulden des Stiftes und seines Vorgängers bezahlen sollte. Alle Kommunikanten, d. h. alle über 12 Jahre alten Personen, mußten diese Steuer entrichten. Das interessante Register nennt für das Dorf folgende Einwohner:

Haushaltsvorstand*)	Zahl der steuerpflichtigen Personen		
Johan Bosinck**)	7 (5)		
Johan Wrede	5 (4)		
Godike Albachten	6 (1)	1 arm	
Johan Voes	5	1	1 st.
Bernt Becker (Beckerinck)	3		
Bernt Nordendorp	5		1 st.
Hinrik Blome	4 (5)		
Jasper Kokenbrinck	4		
Kerstien Vrawelt (Komenesch)	4	1 arm	
Johan Schroder	4		
Johan Holscher	4		
Johan Nyeborger	mit Frau		
Otto Berndinck (major Otto)	5		
Elze Bosinck, Gese Hovestat,***) Alke Hovestat	3		
Johan Kruse (Johan Smyt)	5 (4)		
Hinrik Kruse	3	1 arm	
Johan Staperfene	3		
Hinrik Staperfene	4		
Katharina ter olden Molen (ter Molen)	2		
Evert Eystorp (Vogt)	mit Frau		
Johan Vischer	3		
Johan ter Horst (Horstman)	3		
Johan Winkell	3	1 st.	
Heyle Nordendorp	3		
Gerlich Lobbe (Louwe)****)	mit Tochter		
Herman Wernynck (Beckerinck?)	3		
Herman Maestorp (Hermann Holscher)	mit Frau		
Hinrick Cleyne	3		
der kleine Otto	mit Frau, arm		
Herman Rotman (Becker?)	4		
Johan Nordendorp	3		
Herman ter Bruggen (Bruggeman)	3		
Kersten Schomeker (Lepper)	3		
Gert Tophoff (Schreiber des Konrad Staell)	4		

*) Die Steuer wurde in zwei Jahresraten erhoben, die erste im Jahre 1498, die zweite im folgenden Jahre. Die Listen wurden von den Ortsgeistlichen aufgestellt. Bei der Wiedergabe sind die abweichenden Namensformen des Registers von 1499 in ( ) beigefügt. Die Reihenfolge ist nach dem Register von 1499 gewählt, da dieses systematischer zu sein scheint als das von 1498. st. bedeutet, daß dieser Einwohner Untertan des Herrn von Steinfurt war, der für seine Leute statt der Kopfsteuer eine Pauschalsumme zahlte.

**) Schreibfehler statt Bövinck = Bövemann.

***) Gese Hovestat fehlt 1499.

****) Lobbe ist verschrieben für Lowe.

Herman Tiltscroder	5
Hinrik Pelser (de Wedeler?)	2
Johan Rickerdinck (Herman Rickerman)	4 (3)
Herman Spakenbecke (Herman vor der Hecke)	mit Frau
Bernt Westerrot	5 1 arm
Margareta then Kohues	1
Johan Maestorp	3
Elze Wrede	1
Margareta Branthove	1

insgesamt also 152 Personen in 38 Haushalten (die alleinstehenden Frauen nicht als selbständige Haushalte gerechnet, da sie wohl meist bei anderen einwohnten). Im Durchschnitt hat der Anteil der Kinder unter 12 Jahren an der Gesamtbevölkerung etwa 20 % betragen, so daß sich die Zahl der gesamten Bevölkerung des Dorfes Greven für das Ende des 15. Jahrhunderts auf gut 180 Seelen errechnen würde. Auch wenn man den Pastoratshaushalt und vielleicht auch noch die Küsterei hinzurechnet, die sicherlich von der Schatzung frei waren, so hat doch die Bevölkerung Grevens damals auf keinen Fall mehr als 200 Personen betragen.

Diese 200 Menschen wohnten damals in rund vierzig Haushalten. Nicht jeder Haushalt hatte ein eigenes Haus; manche Familie wohnte in der Leibzucht eines der großen Bauernerbe oder auch, wie später im 17. und 18. Jahrhundert noch, nur im Backhaus oder Speicher. So wird man in der Zeit um 1500 kaum mehr als 30 Häuser im Dorf vorgefunden haben, neben den 6 Höfen (Albachten, Bövemann, Voß, Wrede, Naendorf und Beckermann) also nur gut zwei Dutzend, so „gyne (= keine) erve sind", wie es in der Steuerrolle von 1589 heißt, d. h. die kein in der Mark vollberechtigtes Erbe besaßen wie die sechs vorgenannten Höfe. Immerhin waren doch noch einige Kötter darunter, die hauptsächlich von der Landwirtschaft lebten. Nach einem Bericht der Dorfvorsteher von 1809[201]) gab es damals angeblich noch sieben Kötter im Dorf, die jeder noch einige Scheffelsaat Land hatten. Das französische Kataster des folgenden Jahres gibt aber nur noch bei dreien von ihnen als Beruf Ackersmann an, nämlich Siegmann (Nr. 82, jetzt Niederort Nr. 8, der alte tor Wierenkötter), Berteling (Nr. 83, Niederort Nr. 5) und Halstrup (die Wirtschaft an der Marktstraße Nr. 34, alte Nr. 140), von denen der erste etwa 9, der zweite 5 und der letzte sogar nur 2 Scheffelsaat Land als Besitz angaben. Doch hat es vordem tatsächlich noch andere Kotten im Dorf gegeben, die zum Teil erheblich mehr Land hatten als einer der drei oben genannten, wie beispielsweise der Ostkotten an der Ecke der Bergstraße (alte Nr. 92, heute Martini-Kirchstraße 16), der über 40 Scheffelsaat besaß.[202]) In der Reihenfolge des alten Katasters war der erste der Elshovekotten an der Münsterstraße Nr. 26 (alte Nr. 50) auf Bövemanns Grund, dann der Voßkotten ebenda Nr. 2 (alte Nr. 61) auf dem Grund und Boden des Kolon Voß. Als Kötter wurde auch Goldschmidt Nr. 68 (Martini-Kirchstraße Nr. 31) bezeichnet. Es folgen die beiden Kotten am Niederort Nr. 82 und 83, tor Wieren und Berteling, und der Ostkotten an der Ecke der Bergstraße. Mit Ausnahme des tor Wieren-Kotten, der zum Hof Wrede gehörte, hatten diese „Kötter" ihr Land alle vom Amtshof Gronover in Pacht. Auch der Buddenkötter an der Bergstraße Nr. 1 (alte Nr. 94), saß auf Gronovers Land. Das Eckhaus am Kirchplatz zur Marktstraße (Kirchstraße Nr. 7) war der Wortkotten, der die Erinnerung an den alten Meinhardinghof wachhielt. Der Kotten Halstrup an der Marktstraße stand wieder auf Wredes Land. Der letzte der als Kötter bezeichneten Einwohner Grevens war der Perickkotten Nr. 149 (Königstraße Nr. 3), der auf Albachtens Grund und Boden stand.

Das sind im ganzen neun Kotten, von denen aber um 1800 nur drei wirkliche Landwirte waren, alle anderen betrieben ein Handwerk oder ein anderes Gewerbe. Aus der
Entstehungsgeschichte dieser „Kotten" ergibt sich eindeutig, daß sie niemals echte
Kotten gewesen sind, sondern nur im Sprachgebrauch der Bevölkerung so hießen,
wie Elshove (s. u. S. 106), Perick (o. S. 93), der Wurtkotten (o. S. 89) und der Voßkotten
(o. S. 92).*) Auch Goldschmidt und der Buddenkötter waren sicherlich keine alten, echten
Kötter, so daß in Wirklichkeit von den neun Kotten nur drei übrigbleiben, die allenfalls
als solche angesprochen werden dürfen. Ja, auch das scheint für die ältere Zeit noch zuviel
zu sein. Im Schatzungsregister von 1664 wird neben den sechs Erben nur ein einziger
Einwohner des Dorfes als Kötter bezeichnet, nämlich Bernd tor Wieren, alle anderen
Einwohner waren damals Brinksitzer bzw. Handwerker. Daraus geht mit aller Deutlich-
keit hervor, daß alle diese Grevener ihre Landwirtschaft wirklich nur als Nebenberuf
ausübten.

Gerne wüßte man, wo die im Schatzungsregister von 1498/99 genannten Einwohner
des Dorfes im einzelnen gewohnt haben, mit andern Worten, wie das Dorf Greven
gegen Ende des Mittelalters ausgesehen hat. Leider läßt uns das genannte Register
dabei im Stich, da es nicht straßenweise geordnet ist, die Einwohner vielmehr ohne
jegliche Ordnung durcheinander verzeichnet, wohl so, wie sie gerade beim Pfarrer ihren
Hausstand angegeben haben. Erst die jüngeren Steuerlisten des 16. und 17. Jahrhunderts
sind in einer bestimmten Reihenfolge angelegt, die, wie ein Vergleich lehrt, alle an der
Münsterstraße bei Beckermann (Nr. 1) beginnen, diese Straße hinauf und hinunter laufen,
dann die Anwohner der alten Emsstraße (Martini-Kirchstraße) verzeichnen bis zum
Nierodde, dann wieder zur Kirchstraße, die wenigen Häuser an der Bergstraße bis zum
Kuhtrog mitnehmend, zurückkehren, über die Kirchstraße in die Marktstraße einbiegen
und deren Anlieger bis zum Kolon Naendorf hinunter und auf der anderen Seite zurück
bis Zeller Albachten verzeichnen. Da alle Register seit 1536 dieses Schema innehalten,
ist es möglich, mit ihrer Hilfe das Wachsen des Dorfes nach allen Richtungen hin genau
zu verfolgen. Aus den Höfe- und Hausakten der einzelnen Grundherrschaften im Dorfe
läßt sich zudem vielfach noch das genaue Datum der Errichtung der einzelnen Häuser
gewinnen.

Aus den Steuerregistern der ersten Hälfte des 16. Jahrhunderts ergibt sich für das
Dorf folgendes Bild**): Die Münsterstraße war von Beckermanns Hof bis etwa gegenüber
Bövemann mit bestenfalls 8 Häusern bestanden. Die linke Straßenseite mit den alten
Höfen Bövemann, Wrede, Voß, war 1536 noch nicht weiter ausgebaut, nur zwischen
Wrede und Voß stand damals ein einziges Haus, wohl Nr. 59 (heute Münsterstraße
Nr. 6). In den Speichern und Backhäusern der drei alten Höfe mögen allerdings auch da-
mals schon der eine oder andere Tagelöhner mit seiner Familie gehaust haben, ohne daß
dieser als selbständiger Hausbesitzer und Dorfeinwohner gerechnet wurde. Das Rund
um den Kirchplatz war mit den Häusern Nr. 63, 64 und 65 (Biederlack) schon ausgefüllt.
Die Emsstraße hinunter standen aber nur erst drei weitere Häuser, Nr. 66, 68 und 70
(Martini-Kirchstraße Nr. 25, 31 und 33), im Nierodde auch erst nur wenige, darunter
die beiden Kotten Nr. 82 (tor Wieren) und 83 (Berteling) am Niederort (heute Nr. 8
und 5), dazu dann das Eckhaus an der Emsstraße am Ende des Niederortes, Nr. 79
(Heilers, heute Martini-Kirchstraße Nr. 22).

---

*) In den Protokollen der Domkellnerei und des Überwasserstiftes zu Münster werden auch sonst
die im Dorf vergabte Hausstätten häufig als Kotten bezeichnet.
**) Zum folgenden ist der nach dem Urkataster von 1828 gezeichnete Ortsplan (Abb. 21) zu ver-
gleichen.

Abb. 21. Das Dorf Greven zu Beginn d

Die rechte Seite der Martini-Kirchstraße oberhalb des Ostkottens Nr. 92 (heute Nr. 16) an der Ecke der Bergstraße war noch ganz frei, und erst die Kirchstraße Nr. 98 bis 106 (jetzt Martini-Kirchstraße Nr. 4 und 2 bzw. Kirchstraße Nr. 1 bis 7, war wieder Haus an Haus bebaut. An der Marktstraße stand anschließend vom Wortkotten (Kirchstraße Nr. 7) bis zum Naendorfhof Nr. 117 (Marktstraße Nr. 21), mit Ausnahme der alten Hausnummern 110 und 111 an der Bergstraße (heute Nr. 12 und 10), von denen eins bis ins 15. Jahrhundert zurückreicht, während das zweite erst nach 1553 gebaut sein kann, noch kein einziges Haus! Das Schatzungsregister von 1536 springt näml ch vom Wortkotten direkt (unter Auslassung des Naendorfshofes, den es mit den anderen Erben vorne vorweg genannt hatte) auf die andere Seite der Marktstraße nach der Nr. 141 (Komnes, heute Marktstraße Nr. 32 und 30) über. Mit Ausnahme des Hauses Nr. 142 (heute Marktstraße Nr. 28), das im Jahre 1576 auf Pastoratsland errichtet worden ist (s. u. S. 142), sind die folgenden Häuser Nr. 143 (jetzt Nr. 20), 144 (jetzt Nr. 18), 145 (heute die Amtsverwaltung Nr. 16) und Nr. 146 (der Hof Albachten; heute in der Amtsverwaltung aufgegangen) zu Beginn des 16. Jahrhunderts bereits alle vorhanden.

Vergleicht man das erste Schatzungsregister des 16. Jahrhunderts, nämlich das von 1536, mit dem von 1498/99, so hat sich in den dazwischen liegenden Jahrzehnten offenbar kaum etwas geändert, da ja auch 1536 immer nur erst 40 Haushaltungen gezählt wurden.*) Erst um die Mitte des 16. Jahrhunderts setzte der Ausbau des Dorfes ein. Zuerst füllten sich die Lücken innerhalb des zu Beginn des 16. Jahrhunderts bereits besiedelten Ortskernes, gegen Ende des Jahrhunderts ziehen dann aber offenbar alle Neusiedler mit Vorliebe zum Nierodde.**) Hatten im Jahre 1536 zwischen den Häusern der Familie Biederlack und dem Kotten tor Wieren (Niederort Nr. 8) erst vier Häuser gestanden und zwar die Nummern 66, 68, 71 und 80 (Martini-Kirchstraße Nr. 25, 31 und 45 – jedoch nur das rückwärts gelegene, heute nicht mehr vorhandene Hinterhaus – bzw. Niederort Nr. 6), so waren es 1589 bereits acht, außer den vier genannten noch die alten Hausnummern 67, 70, 73 (?) und 81 (Martini-Kirchstraße Nr. 29, 35, 47 und Niederort Nr. 6). Der Ausbau der Siedlung im Nierodde erfolgte im wesentlichen also in der zweiten Hälfte des 16. Jahrhunderts. Den Kern derselben bildeten die beiden Kotten tor Wieren Nr. 82 und Berteling Nr. 83 (Niederort Nr. 8 und 5), von denen der erstere auf Wredes und der andere auf Gronovers Grund standen und sicherlich bereits im späten Mittelalter von den beiden Höfen auf dem neu gerodeten Land angesiedelt worden sind.

Die Dorfbewohner haben den Zuzug neuer Siedler offenbar nicht gerne gesehen. Sie befürchteten wohl eine weitere Verknappung und Einengung der gemeinen Hude in der Dorfmark. Nur so ist es zu verstehen, wenn im Jahre 1565 die Grevener dem Neubauer Vorschepoel kurzerhand das neu gebaute Häuschen im Nierodde niederrissen. Sie mußten, nach dem Gogerichtsprotokoll dieses Jahres, diese Selbsthilfe vor dem Gogericht mit einer Geldstrafe büßen und darüber hinaus dem Geschädigten sein Häuschen wiederaufbauen helfen. Es war dies wohl die alte Hausnummer 89 (Martini-Kirchstraße Nr. 18), das erste Haus auf der rechten Seite der alten Emsstraße zwischen dem Ostkotten und Bertelings Kotten am Niederort.

Den weiteren Ausbau der Siedlung im Nierodde beleuchtet treffend ein Schriftstück aus dem Jahre 1631, in dem Heinrich Naendorf an die Beamten zu Bevergern, denen

---

*) Wenn das nächstfolgende Register von 1538 auf 48 Hausstätten kommt, so nur deshalb, weil es ganz offensichtlich einige Neben- und Hinterhäuser mitzählt, deren Bewohner in den späteren Registern aber wieder nur als Einwohner der Haupthäuser geführt werden.

**) Der Name dieser Neu- (bzw. Nieder-)rodung ist heute leider ganz falsch zu Niederort verhochdeutscht worden. In den älteren Akten und noch 1845 (AAG II g Nr. 20a) heißt es stets Nierodde (Nierott, Niederrott).

er als landesherrlicher Eigenbehöriger unterstellt war, die Bitte richtet, seinem Schwager, dem Zimmermeister Philipp Heiler in Greven Nr. 79 (Martini-Kirchstraße Nr. 22) ein Stück Land verkaufen zu dürfen.[203]) Er beschreibt dabei die Lage dieses Kampes wie folgt: „neben der Embse an den Schever (die Fußbrücke!) schießet, wobei bereits unterschiedliche Wohnung oder des Orts gesetzt, daher an selbiger Seit, so durch deren Einwöhneren Hühner als sonst, wanner (= wenn) einige Kriegstruppen zu Greven logirt werden, nicht allein die Wrechte (= Zäune) immer, sondern auch das Getreide mir merklich beschediget wirt." Damals standen also bereits die ersten Wohnungen in unmittelbarer Nähe der Fußbrücke über die Ems, und zwar meist auf Gronovers Land, denn die Nummern 71 und 79 (Martini-Kirchstraße 45 bis 59) mußten an das Oblegium Gronover den Hauszins entrichten.[204]) Bis zum Ende des 17. Jahrhunderts sind fast alle Häuser im Nierodde schon vorhanden. Es fehlen aus der Zählung des preußischen Urkatasters nur noch wenige Hausnummern. Die Nr. 69 hatte sich offenbar der ehemalige Dorflehrer Fritzo um 1660 erbaut. Die Nr. 70 (Martini-Kirchstraße Nr. 35) ist ursprünglich hier nicht vorhanden gewesen, sondern von der Nr. 73 (Martini-Kirchstraße Nr. 47) zwischen 1702 und 1704 hierher verlegt worden. Die Nr. 73 hat seitdem als Packhaus gedient, zuletzt der Firma Schründer (1828 bis um 1860) und zählte seitdem als Wohnhaus im Kataster nicht mehr mit. Dieses zwischen 1568 und 1589 errichtete Haus Nr. 73 blieb bis um die Mitte des 17. Jahrhunderts das einzige auf der linken Seite der damaligen Emsstraße bis zum Eckhaus Rehr (Nr. 77, Martini-Kirchstraße Nr. 59). Die dazwischen liegende Reihe ist im letzten Drittel des 17. Jahrhunderts entstanden. Sie war um 1700 sogar um zwei Häuser größer als hundert Jahre später.*) Offenbar haben die Kaufhändler Goldschmidt und Terfloth einige davon aufgekauft und mit ihren Häusern vereinigt. Zu Beginn des 19. Jahrhunderts teilten sich die Firmen Schründer und Terfloth in die ganze linke Straßenseite mit dem günstigen rückwärtigen Gelände an der Ems, das sie für ihre Holz- und Warenlager wohl gut verwenden konnten.

Damit ist zugleich die Frage angeschnitten, was die Veranlassung gegeben hat, daß alle Neusiedler Grevens seit dem Ende des 16. Jahrhunderts mit Vorliebe zur Ems hindrängten. Es unterliegt keinem Zweifel, daß die Ingangbringung der Püntenfahrt auf der Ems durch Münsterer und andere Kaufleute, von die alten Chroniken zum Jahre 1582 berichten,[205]) hierzu verlockte. Zimmerleute und andere Handwerker und im zunehmenden Maße dann die Kaufleute Grevens, mochten hier einmal eine günstige Gelegenheit zum Broterwerb, zum andern billige und bequeme Lagerplätze für ihre auf der Ems herangebrachten Waren, sehen. Nicht jede Spekulation gelang indes. Hermann Byink, gen. Krämer (!), der 1589 zwei nebeneinander liegende Häuschen (Nr. 87 und 88?) kaufte, um sich hier zu etablieren, ging 1611 in Konkurs![206])

Der Ausdehnung des Dorfes im Nierodde an der Emsbrücke war indes durch denselben Fluß, der zunächst die Ansiedlung an dieser Stelle begünstigt hatte, vor allem durch seine winterlichen Hochwasser gar bald und vorerst unüberwindliche Schranken gezogen. Solche Hindernisse standen einem weiteren Ausbau des Dorfes an anderen Stellen, an der Markt- und Münsterstraße, nicht im Wege.

An der Marktstraße reichten die Häuser bis zum Beginn des 16. Jahrhunderts kaum über die Ecke der Kirchstraße hinaus. Das Haus Nr. 140 (Marktstraße Nr. 34), baute ein gewisser Lindenschmitz ums Jahr 1620 auf einem dem Kolon Wrede gehörenden Stücke Land.[207]) Zur gleichen Zeit oder wenig später siedelte sich auf dem benachbarten Grundstück, das dem Kolon Albachten gehörte, ein gewisser Recke an, von dessen Witwe es später der Küster Heinrich Blome erwarb.[208]) Das Haus blieb von da an auf

---

*) Nr. 72 ist erst zwischen 1810 und 1828, Nr. 78 zwischen 1790 und 1810 erbaut worden.

lange Zeit die Küsterwohnung. Nach Auskunft der Schatzungsregister des 17. Jahrhunderts ist der weitere Ausbau der rechten Seite der Marktstraße noch im Verlaufe dieses Jahrhunderts bereits zu einem gewissen Abschluß gekommen. Um 1700 stand hier bereits Haus an Haus. Auch auf der linken Straßenseite schlossen sich zu Beginn des 18. Jahrhunderts die letzten Baulücken, als im Jahre 1715 der Pfarrer Meinartz dem Amtsführer Bernhard Ettmann eine Hausstätte am Ende des Dorfes, Nr. 127 (heute Marktstraße Nr. 39 an der Ecke der Gartenstraße) eintat,[209]) die für lange Zeit, bis tief ins 19. Jahrhundert hinein, die letzte an der Marktstraße bleiben sollte, und als im nächsten Jahre Edelbrock, der auf Gronovers Land saß (Nr. 119, heute Marktstraße Nr. 23), zwei kleine Hausplätze an Wilhelmer und Brüggemann (Nr. 120 und 121, heute Marktstraße Nr. 25 und 27), abtrat.[210])

Bis an die Gartenstraße war so das Dorf Greven in dem Jahrhundert von etwa 1620 bis 1720 gewachsen.

Die Baulustigen der nächsten Jahrzehnte zogen verstärkt in eine andere Richtung und zwar an die Münsterstraße und in die Lindersheide, wo sich allerdings auch schon vorher, wenn auch nur erst vereinzelt, Neubauer angesiedelt hatten. Das obere Ende der Münsterstraße war seit der Mitte des 16. Jahrhunderts in zunehmendem Maße bebaut worden (s. o. S. 101). Das Haus Nr. 3 (heute gleichfalls Münsterstraße Nr. 3) reicht noch bis ins 16. Jahrhundert zurück. Der im Feuerstättenregister von 1589 gleich als erster Bewohner des Dorfes – die Erben sind diesmal gesammelt an die Spitze des Registers gestellt – genannte Heinrich Kruse, war wohl der erste Bebauer und Bewohner dieser Hausstätte, die später die bekannte Familie Veldmann und nach ihr die Kappelhofs bis zum Ende des 18. Jahrhunderts besaßen, schließlich dann der Arzt Dr. August Pröbsting. Die Häuser Nr. 2 und 3 lösten im Jahre 1811 ihre Grundrente an das Oblegium Averholthusen (das eine hatte 14 Schillinge, das andere zwei Hühner jährlich zu liefern) mit dem 25fachen der Pacht ab.[211])

Haus Nr. 4 (Münsterstraße Nr. 5) bewohnte 1676/77 der Schönefliethische Soldat und spätere Leutnant Peter Kniephausen. Das kleine Häuschen war zunächst wohl nur ein Nebenhaus zu Nr. 5 (Münsterstraße Nr. 7). Kniephausen[212]) wird im Schatzungsregister von 1664 noch nicht genannt, ebensowenig im Kataster der Grundstücke des Oblegiums Gronover auf den beiden Grevener Eschen von 1671,[213]) das hier an dieser Stelle die beiden Häuser des Jürgen Veltmann und des Christoph Doemer noch als unmittelbare Nachbarn nebeneinander verzeichnet. Wann das Doemersche Haus Nr. 5 (Münsterstraße Nr. 9) erstmalig erbaut worden ist, läßt sich nicht mehr mit Sicherheit feststellen. Der Grund und Boden hat einmal zum Oblegium Gronover gehört, doch ist die Grundrente offenbar schon sehr früh abgelöst worden, da ihrer in den Akten niemals gedacht wird und Doemer auch im Schatzungsregister von 1664 bereits als freier Grundbesitzer bezeichnet wird. Erster Besitzer der Stätte war vielleicht Otto Albachten, der im Schatzungsregister von 1618 an dieser Stelle zwischen Heinrich Beiting (später Veltmann) und dem Pelser (auf Wredes Grund) genannt wird.*)

Dieser benachbarte, dem Zeller Wrede gehörende Grund und Boden ist seit der Mitte des 16. Jahrhunderts von einigen „Brinksitzern", wie diese Dorfbewohner, die kein eigenes Erbe besaßen, hießen, bebaut worden. Der erste war wohl Johann Pelser (später auch Hermeling genannt), der sich ohne Genehmigung der Grundherrschaft, d. h. der Äbtissin von Metelen, um die Mitte des 16. Jahrhunderts hier ansiedelte. Im Schatzungs-

---

*) Da bereits 1565 ein Johann Albachten im Dorf (wohl nicht der Kolon gleichen Namens) dem Oblegium Gronover Zins zahlen mußte (wovon wird allerdings nicht gesagt), so war dieser vielleicht schon Besitzer des späteren Doemerschen Hauses (StAM, Alter Dom Münster, Akten IIb Nr. 8).

register von 1553 wird er erstmalig genannt. Nebenan wohnte 1568 die Kustersche. Zwischen beiden Häusern wohnte damals ein gewisser Moller (später Kampmüller genannt), doch ist sein Häuschen nach einem Brande im Jahre 1655 nicht wieder aufgebaut worden. Im Urkataster von 1828 nehmen die „Metelenschen" Häuser die Nr. 6 und 7 ein.[214]) Die folgenden Häuser an der Münsterstraße sind in ihrer Entstehungsgeschichte nur schwer zu fassen, jedenfalls saßen bereits um 1600 an der rechten Straßenseite etwa 10 Anwohner. Im Laufe des 17. Jahrhunderts kamen noch weitere Neubauer hinzu. So verkaufte im Jahre 1659 Zeller Bövemann dem Bernd Wobbe und seiner Frau Margaretha Gärtners eine Hausstätte von 20×15 Fuß auf drei Leben für 25 Taler.[215]) Diese Verpachtung eines Grundstückes auf mehrere (hier drei) Generationen, war damals die übliche Form einer Zeitpacht. Sie galt meist für den Pächter, seine Frau und ein Kind, wurde aber häufig auf weitere drei Leben usw. verlängert. Neben Wobbe (alte Nr. 8, Münsterstraße Nr. 13) baute sich im Jahre 1684 Hermann Eilking an. Er mußte eine jährliche Pacht von 2 Talern, fällig auf Martini, entrichten.[216]) Damit war die Reihe bis hinunter zum „Hoek" ziemlich ausgefüllt. Nur die heute zur Johannisstraße Nr. 1 gerechneten Grundstücke Nr. 12 und 13, deren Häuser jedoch am hinteren Ende desselben lagen (heute = Pulverturmstraße 14 und 16!) fehlten noch. Nr. 13 wurde im Jahre 1713 auf Grund und Boden des Überwasserstiftes zu Münster errichtet,[217]) während Nr. 12 erst um 1790 gebaut wurde. Nr. 18 (Münsterstraße Nr. 23/25) ist um 1720 von Gerd Terfloth wohl auf freiem Markengrund errichtet worden. Von ihm übernahm um 1770 der Chyrurgus Otto das Haus, der damit das rückwärts anstoßende Grundstück Nr. 14 (heute Johannisstraße Nr. 3) verband, dessen Haus er jetzt abreißen ließ. In Nr. 19 (Münsterstraße Nr. 27) führte in der zweiten Hälfte des 18. Jahrhunderts die Familie Linse eine Gastwirtschaft „Zum Löwen", die um 1800 an die Familie Temming kam (Münsterstraße Nr. 27).[218]) Mit Nr. 23 (neben Münsterstr. Nr. 37) war noch zu Beginn des 19. Jahrhunderts das Dorf auf der rechten Seite der Münsterstraße zu Ende.

Anders auf der gegenüberliegenden Straßenseite. Von den Neubauten auf dem Hofe des Zellers Voß von 1674 war bereits die Rede.[219]) Zwischen Voß und Wrede gab es nach Ausweis der Schatzungsregister um die Mitte des 16. Jahrhunderts keine weiteren Dorfeinwohner mehr. Erst das Schatzungsregister von 1568 nennt uns neben dem in der Voßschen Leibzucht hausenden Walter Niesink zwei neue Anwohner und zwar Johann Kleinschnitker und Staperfenne. Das müssen die Erbauer der beiden Hausnummern 60 und 59 (jetzt Münsterstraße Nr. 4 und 6) gewesen sein, denn von jetzt an kehren diese beiden Häuser, von denen Nr. 59 auf Gronovers Grund stand, in den Registern immer wieder. Auch zwischen Wrede und Bövemann haben bis um die Mitte des 17. Jahrhunderts noch keine Häuser gestanden. Das Schatzungsregister von 1664 nennt erstmalig solche, und zwar gleich drei auf einmal: Holländer, Staphorster und Wennemer. Der dem Stift Metelen eigenbehörige Zeller Wrede hat offenbar von seiner Herrschaft nur schwer die Erlaubnis bekommen, von seinem Hofesgrund Bauplätze abzugeben. Noch das Urkataster zeigt an der Straßenfront des Hofes eine fast die ganze Breite desselben einnehmende Scheune! An ihre Stelle trat im Jahre 1904 der Neubau der Post. Nur Nr. 57 (Münsterstraße Nr. 10) ist um die Mitte des 17. Jahrhunderts auf Wredes Grund und Boden angesetzt worden. Im Schatzungsregister von 1664 wird als erster Einwohner Holländer genannt. Zeller Bövemann dagegen hat von der Domkellnerei schon früh die Genehmigung erwirkt, an siedlungslustige Dorfbewohner Bauplätze von seinem Grundstück abzugeben. Er hat davon so ausgiebigen Gebrauch gemacht, daß schon 1673 die Straßenfront seines Hofes mit nicht weniger als 8 kleinen Häusern bestanden war (Abb. 22). Es waren dies die alten Nr. 56 bis 49 (Münsterstraße 12 bis 30). Bövemann selbst hatte die alte Nr. 54 (Münsterstraße Nr. 18). Nur von einigen seiner

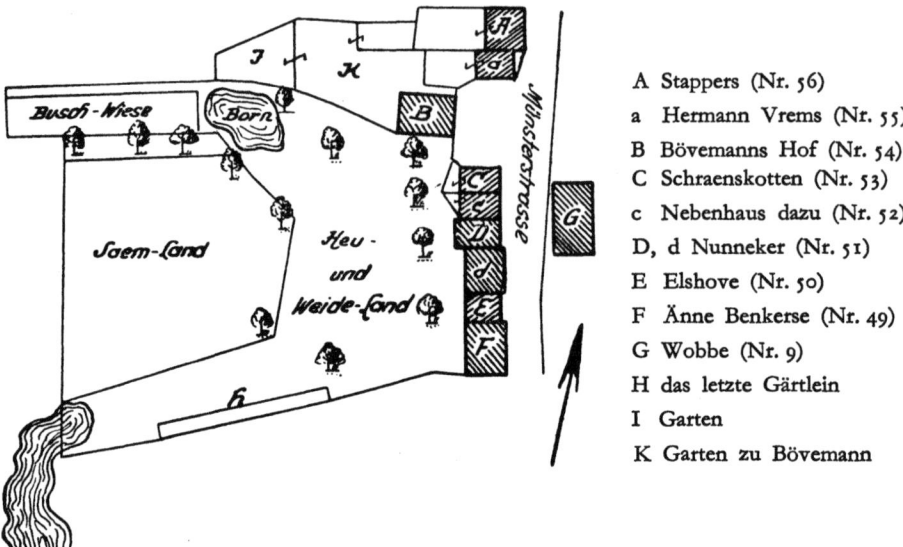

A Stappers (Nr. 56)

a Hermann Vrems (Nr. 55)

B Bövemanns Hof (Nr. 54)

C Schraenskotten (Nr. 53)

c Nebenhaus dazu (Nr. 52)

D, d Nunneker (Nr. 51)

E Elshove (Nr. 50)

F Änne Benkerse (Nr. 49)

G Wobbe (Nr. 9)

H das letzte Gärtlein

I Garten

K Garten zu Bövemann

Abb. 22. Der Hof Bövemann in Greven nach einer Katasteraufnahme von 1673. Etwa 1 : 1250

Anwohner liegt das genaue Ansetzungsjahr vor. 1656 verkaufte Bövemann mit Einwilligung des Domkellners an Johann Nunneke eine Hausstätte an seinem Gehöfte von 34×25 Fuß auf drei Generationen für 25 Taler.[220]) Im Jahre 1664 durfte er gleich zwei Grundstücke verkaufen, das eine an Hermann Wennemar und seine Frau Elisabeth Thomas für 20 Taler und auf drei Leben, das andere, das Rövegärtchen genannt, an Hermann Elshove und seine Frau Enneke Gerding für 80 Taler.[221]) Es waren dies in der genannten Reihenfolge die Hausnummern 51, 55 und 50. Von den anderen ließ sich das Erbauungsjahr nicht mehr ermitteln.

Der Platz auf den Hofesgründen der „Erben" reichte indes keineswegs aus, alle Baulustigen mit Hausstätten zu versehen. Es gab ja auch noch anderes Land. Das war die gemeine Mark, die keinem Grundherrn gehörte, sondern Allmende war, d. h. der Markgenossenschaft, in diesem Fall der Dorfgemeinschaft insgesamt gehörte. Auf diesem Land konnten noch viele neue Anbauer Platz zum Siedeln finden. Zunächst sahen die Markgenossen es nicht gern, wenn die gemeine Hude und Weide durch immer neue Ansiedler eingeengt und gemindert wurde. Das oben (S. 102) angeführte Beispiel, daß im Jahre 1565 die Dörfer einem Neubauer auf freiem Grund kurzerhand das neu gebaute Häuschen niederrissen, zeigt diese Stimmung deutlich an. Im 17. Jahrhundert änderte sich diese Haltung von Grund auf, nicht weil man der gemeinen Hude und Weide jetzt besser entraten konnte als vorher, sondern einzig deshalb, weil in der Dorf- und Kirchspielskasse häufig genug das nötige Geld fehlte, um die dringendsten Steuern und Schulden zu bezahlen. Die durch den Dreißigjährigen Krieg hervorgerufene Finanznot der ländlichen Gemeinden spiegelt sich recht eindringlich in dieser sonst nur schwer zu verstehenden Bereitwilligkeit der Markgenossen wider, die sowieso schon knappe und nicht mehr ausreichende Allmende durch freiwillige Verkäufe noch weiter zu verengen. Im Dorf Greven war es gleichfalls die Geldnot, die die Rottmeister und die Dorfgemeinschaft dazu zwang, Neubauer auf gemeinem Markenland zur Ansiedlung zuzulassen. Leider lassen uns die Quellen über die Bebauung dieser Markengründe, besonders in der älteren

Zeit, so gut wie ganz im Stich. Nur vereinzelt haben sich einige Kontrakte über diese Verkäufe erhalten. In einem Protokoll des Notars Christoph Bernhard Kroeß, der zugleich Lehrer in Greven war,[222]) wird beispielsweise berichtet, daß das Dorf am 13. 3. 1692 dem Johann Holling und seiner Frau Anna Veltmann ein Grundstück auf der Lindersheide bei Cordts bzw. des Abdeckers Garten zu einem Schuppenplatz für 32 Taler verkauft wegen „großer beschwernuß des Krieges" und der aufgelaufenen Schulden der Gemeinde. Im gleichen Protokollband ist ein ähnlicher Kontrakt aus dem folgenden Jahr aufgezeichnet, in dem Heinrich Elshove und seiner Frau Engel Möllers eine Hausstätte auf der Lindersheide nahe bei Bernd Wickmanns Schoppen für 31 Taler mit der gleichen Begründung wie im vorhergehenden Jahre verkauft wird. Aus der Reihenfolge der Hausbesitzer in den jüngeren Schatzungslisten des 18. Jahrhunderts ergibt sich, daß dies das Haus Nr. 43 (heute Friedenstraße, Nebenhaus zu Nr. 6) war. Im Nachbarhaus Nr. 44 (Friedenstraße Nr. 6) wohnte seit dem ersten Drittel des 17. Jahrhunderts der Scharfrichter und Abdecker. Als er sich hier niederließ, war sein Haus noch weit und breit das einzige seitab vom Dorfe, denn die Dörfer wollten diesen „unehrlichen" Mann nicht in ihrer Mitte wohnen haben. Der oben genannte Johann Holling genierte sich indes nicht, das Grundstück neben der Abdeckerei für seinen Schuppen zu erwerben, doch wollte er immerhin mit seinem Bau 12 Fuß davon entfernt bleiben. In einem Bericht der Rottmeister über die von ihnen zwecks Beschaffung von Geldern zum Bau der neuen Pumpe auf dem Kirchplatz verkauften Grundstücke[223]) (1710) bekunden diese, 4 Hausplätze und einen Schuppenplatz verkauft zu haben. Außer dem von 1693 (s. o.) sind darunter die Nr. 23 (?) und 36, sowie eine nicht mehr mit Sicherheit zu identifizierende Stätte, in der Hauptsache aber alles Grundstücke in der Linderheide.[224]) Nach dem Schatzungsregister von 1664, das ausnahmsweise auch die Grundherrem zu jedem Haus im Dorfe angibt, gab es damals zwischen Beckermann (Nr. 1) und Zeller Bövemann (Nr. 54) bereits 15 freie Hausbesitzer, die also nicht auf Grund und Boden eines der sechs Höfe im Dorfe, sondern auf freiem Markengrund saßen. Manche von ihnen mögen sich allerdings von ihrem Grundherrn freigekauft haben, wie etwa die Nr. 2 und 3 am Beginn der Münsterstraße (s. o.).

Mit Hilfe der Schatzungsregister läßt sich feststellen, daß die meisten Häuser, die das Urkataster von 1828 verzeichnet, zu Beginn des 18. Jahrhunderts auch bereits vorhanden waren, unter ihnen bemerkenswert einzig das Haus Nr. 30 (Münsterstraße Nr. 40), in der die Familie Loising um die Mitte des 18. Jahrhunderts die Wirtschaft „Zum doppelten Adler" betrieb.[225])

Es fehlen damals zwischen den alten Nummern 25 und dem ersten, auf Bövemanns Grund gebauten Haus Nr. 49 nur die Nummern 37, 39 und 47 (Friedenstraße Nr. 31, 9 und Hoek Nr. 2)! Die 15 freien Grundbesitzer von 1664 haben sich in der Zwischenzeit also fast verdoppelt.

Damit haben wir das Wachsen des Dorfes bis an die Schwelle der Neuzeit verfolgt. Hier und da ist noch das eine oder andere Haus im Laufe des 18. Jahrhunderts dazu gekommen, aber aufs Ganze gesehen, war der Ortskern Grevens geschlossen und hatte entlang den drei Hauptwegen (Münsterstraße, Marktstraße und Emsstraße) drei Stränge entwickelt, an denen vorerst kaum noch eine freie Hausstätte zu finden war. So hatte der Maire Schründer nicht so unrecht, wenn er auf eine Verfügung der vorgesetzten französischen Behörde, mitten im Dorf für ein nach Greven zu verlegendes Gendarmeriekommando eine Kaserne (!) zu bauen, am 18. Juli 1809 berichtete: „im Dorf Greven stehen die Häuser so nahe, daß dazwischen für die Gendarmen keine Kaserne gebaut werden kann."[226]) Der damalige Bestand von etwa 150 Wohnhäusern mehrte sich in den nächsten Jahrzehnten nur sehr wenig und erst mit dem Beginn der Industrialisierung

Grevens seit der Mitte des Jahrhunderts setzte sprunghaft eine neue Bautätigkeit im Dorf ein.*)

Hier nur noch ein Wort über die Unterhaltung der Straßen im Dorf in früherer Zeit. Die gemeinen Landwege besserten die Bauern, wie es die alten Gogerichtssatzungen vorschrieben, durch Auflegung von Knüppelholz und Auffahren von Sand, sowie Aufschüttung von Dämmen. Das gleiche einfache und wenig kostspielige, aber auch ebensowenig dauerhafte Verfahren wandten auch die Dorfbewohner an. In der Dorfsrechnung vom Jahre 1714 steht beispielsweise ein Posten verrechnet für ein Fuder Holz, das in die Kohstraße (= Kuhtrog!) gefahren worden war. Am 20. Dez. 1721 wandte sich der damalige Dorfvorsteher Biederlack an die Domkellnerei mit der Bitte, doch Holz zur Besserung des ganz ruinösen Weges in Greven (gemeint ist sicherlich die Münser- bzw. Marktstraße) durch den Vogt anweisen zu lassen. Es dauerte indes noch einige Jahre, bis wirklich etwas geschah. Erst 1725 wurde beschlossen, den „Weg" im Dorf mit Kieselsteinen und die Nebenwege (= Bürgersteige!) zwei Fuß breit mit Tecklenburger Knubben pflastern zu lassen, wozu der Amtsrezeptor zwei Pünten mit solchen Steinen beschaffen sollte.²²⁷) Ein Anfang wurde damals tatsächlich gemacht, verbucht doch die Kirchspielsrechnung von 1726 eine Ausgabe von 36 Tl., 2 Gr. für die Pflasterung des Dorfes, die am unteren Ende der Münsterstraße begonnen wurde, bei Taggenbrock, wie es 1725 heißt, also bei der alten Hausnummer 31 (heute Münsterstraße Nr. 36/38). Es vergingen aber noch Jahre, bis die Arbeit vollendet war.**) Zudem wurde sie zum Teil so liederlich durchgeführt, daß man bereits wieder 1739 das Pflaster an der Kirche erneuern lassen mußte!²²⁸) Den „Fußpatt" vor den Häusern mußten die betreffenden Hausbesitzer selbst in Ordnung halten. Auch hier mußte bereits 1755 die Wiederherstellung den Anliegern ausdrücklich befohlen werden.²²⁹) Immerhin hatte Greven jetzt seine gepflasterte Dorfstraße, durch die es sich vorteilhaft vor vielen andern Dörfern des Münsterlandes auszeichnete, auch wenn es mit der Instandhaltung und Reinigung derselben weiterhin noch sehr gehapert haben wird, solange jeder seinen Unrat einfach vor die Tür kehrte und das Kleinvieh ungehindert und frei auf Straßen und Wegen herumlaufen konnte.

Zum Abschluß dieser Darstellung der räumlichen Entwicklung des Dorfes Greven noch ein paar Zahlen über die Entwicklung der Einwohnerschaft des Dorfes bis zum Ende der fürstbischöflichen Zeit (um 1800). Nach dem ältesten Schatzungsregister des Münsterlandes von 1498/99 hatte Greven damals eine Gesamtbevölkerung von 180, allenfalls 200 Personen (o. S. 100). Die Zahl der Häuser stieg bis 1589 um rund ein Drittel, nämlich auf 61, die Bevölkerung also entsprechend etwa auf 300 Seelen.²³⁰) Wieder drei Generationen später, im Jahre 1664, zählte das Schatzungsregister trotz des dazwischenliegenden Dreißigjährigen Krieges schon 86 Häuser bzw. Haushalte und daneben noch 39 Einlieger. Die Zahl der Einwohner Grevens betrug damals also mindestens schon 600 Personen! Die Entwicklung ging stetig weiter. Der status animarum aus der Mitte des 18. Jahrhunderts, der eine genaue Aufnahme der Bevölkerung für kirchliche Zwecke

---

*) Alte Ansichten Grevens sind selten. Die kleine Federzeichnung Heinrichs von Trier aus dem Jahre 1603 (Abb. 13 o. S. 69) ist zwar reizvoll, aber ohne geschichtlichen Wert. Das Schlütersche Bild aus der Mitte des vorigen Jahrhunderts (Tafel I) bietet die erste bekannte Gesamtdarstellung. Von den zahlreichen seit etwa 1900 erschienenen Ansichtskarten von Greven haben nur wenige Wert (vgl. Tafel IV und V). Am brauchbarsten sind noch die Ansichten des Niederorts von etwa 1900 und der Marktstraße aus der gleichen Zeit.

**) Erst 1747 wurde die Pflasterung bei Theisings Haus fortgesetzt (StAM, Fst. Münster, Kirchspielssachen II 19 a S. 129). Theising wohnte damals am Anfang der alten Emsstraße (Martinikirchstraße) neben Biederlack(?). Gepflastert wurde damals also das Stück bis zur Emsbrücke.

bietet,[231]) zählt in 158 Haushaltungen 866 Einwohner. Das wäre also eine Zunahme der Haushaltungen um etwa ein Viertel, und der Einwohnerschaft um mehr als ein Drittel! Kurz nach 1800 ergab eine französische Zählung im Jahre 1809 eine ortseingesessene Bevölkerung in Greven von 996 Seelen,[232]) die sich bis 1818 auf 1055 in 192 Haushaltungen erhöhte.[233]) Aus den 200 Einwohnern des Dorfes zu Ende des Mittelalters waren so im Verlaufe von etwa 300 Jahren rund 1000 geworden, was eine Zunahme um das Fünffache bedeutet.

4

Aus den alten Gerichtsprotokollen

Das alte sächsische Volksgericht, das Karl der Große den unterworfenen Sachsen ließ und nur unter die Kontrolle seiner Grafen brachte, lebte in den mittelalterlichen Gogerichten fort und hat erst in der Franzosenzeit sein Ende gefunden. Ursprünglich war es wohl so gewesen, daß ein altsächsischer Gau auch nur ein Go-(= Gau-)gericht hatte, aber die Zunahme der Bevölkerung wird es vielerorts bereits in sächsischer Zeit nötig gemacht haben, die großen Bezirke in mehrere kleinere zu teilen, da es nicht mehr möglich war, die zahlreichen Teilnehmer an einer Dingstätte zu versammeln. War doch jeder freie und hörige Mann im Gau zum Besuch des dreimal im Jahre tagenden Gerichtes verpflichtet. Auch das Gaugericht im nördlichen Dreingau, dem die beiden Kirchspiele Greven und Gimbte angehörten (s. o. S. 22f.), wird schon früh in mehrere „Gogerichte" zerschlagen worden sein. Manches deutet darauf hin, daß die ins Land kommenden Franken bereits diese Teilung vorfanden, so vielleicht die Ansetzung eines fränkischen Meierhofes in unmittelbarer Nähe der Gerichtsstätte der „Go up der Meest", des Schulten (Homoet) zu Ostenfelde, dessen Lage mitten im Heidegebiet sonst kaum erklärlich wäre. Greven und Gimbte gehörten zunächst beide zu diesem Gogericht auf der Meest, dessen Gerichtsstätte mitten in der Heide hart an der Grenze der beiden alten Kirchspiele Greven und Altenberge lag. Außer diesen beiden Kirchspielen gehörten auch noch Hembergen, Nordwalde und Nienberge und zunächst auch Gimbte hierher, bis es vielleicht schon im 9. oder 10. Jahrhundert zur Gründung des domkapitularischen Beifanges Schöneflieth kam, der aus dem Gogericht zur Meest herausgelöst und gerichtlich verselbständigt wurde.

Über den Umfang der so entstandenen beiden Bezirke liegen genaue Grenzbeschreibungen aus dem 16. und 17. Jahrhundert vor. In der Grenzbeschreibung des Gogerichts tor Meest von 1653[233a]) heißt es:

...Am folgenden Mittwochen den achten Octobris seint die Hern nach beschehenem Aufbruch nach den Hörsten (Haus Hörsten) gefahren, und ist der Umbzug selbigen Tags continuirt über und durch die Floet und daran schießende Heide vor Kibbenbrochs, Blancken und Krülers Höfen (Kippenbrock, Blank, Kruler) her, die Ah entlangs nach den Hof zu Lintelen (Lintel), alwoh vor der Bruggen zur linken Seiten des Wegs eine Telge gezeichnet und ein wenig weiter in einem Eichbaum am Egk des Kamps zwey Creutzeichen gehowen worden.

Vort langs der Heggen uber die Linteler und Reckenfelder Heide, vor Schwerings Kotten (Schwer) her auf ein dove Landtwehr in gemeltem Reckenfeldt und selbige Landtwehr entlangs schradt (= quer) durch das Reckenfeld auf den Michaelis Kotten (Michael) und furters uber die Mueste in und durch Overmans (Overmann, Bsch. Hembergen) Wießken nach dem Hasekenhoff (Sch. Haschhoff ebd.); daselbsten uber die alte Haußstette, worauf jetzo ein Schnadtstein gesetzt worden; von dannen auff ein Bäum- oder Lindeken am Rövekamp, so gezeichnet, vort uber gemelten Kamp auff eine Landtwehr, so man verfolgt biß auf einen Fueßpatt, vort selbigen Fueßpatt hinunter neben Schulten Othmerings Hoff (Sch. Autmaring) jenseits des Dycks her in Hilmers (Hilmer, Hembergen) Garten und auß demselben durch Hilmers Kuhle umb dessen Hauß, Hoff und beede Gärten und also wider hinunter biß auf die Embs, alwoh folgenden Tags ein Schnadtpost gesetzt worden, weisend durch die Embse. Donnerstag den neunten Octobris ist an der andern Seiten der Embse, nachdem an letztgemelten

Orth bey Hembergen der Schnadtpfal gesetzt worden, von dannen furter vortgefahren, und der Zug die Embse hinunter continuirt biß an die Glanerbach, so zwisschen Focken und Berndts Johans (Glanemann) Kämpen darein kombt, vort selbige Bach hinauff vor der Glaner Brugken her, langs Drilings Hoff (Gr. u. Lütke Drieling) biß auf einen Eichbaum in Kettendorffs Kampe, die kalte Kuhle genant, negst gemelter Bach, ohnweit von der Newen Muhlen (Neue Mühle bei Stegemann) stehendt, warin ein Creutz gehowen, wie auch in noch einen andern Eichbaum uff'r Höhe am Muhlenessche zwey Creutze gehowen worden.

Weiters durch Dalhoffs (Dalhoff, Bsch. Westladbergen) Möllenkamp uber Averbecken (Averbeck ebd.) Esch beim Egk von dessen Langenkamp her uber Dalhoffs Brandt in die Höttendorffer (Hüttruper) Heide, daselbsten die Hegge zur Linken entlangs ans Endt von einer doven Veltlandwehr an Averbecken Hackamp, alwoh die Kerspele Latbergen und Saerbeck, wie auch das Kerspel Greven an einander stoßen sollen. Und ist daselbsten eine Creutzkuhle bey den alten vestigiis (Spuren) gegraben. Wie dan progrediendo (im Weitergehen) in selbiger Heiden noch eine andere Kreutzkuhle zihlend auf Schulten Varvichs Hof (Sch. Farwick), weiter vor Nußmeyers Hauß (Nußmeier, Bsch. Wester, Ksp. Ladbergen) vorüber durch ein schmal Telgenbuschlein, Varvichs alte Hausstette genant, uber dessen Langenkamp auf eine kleine Brugk vor Varvichs Bruggenkamp und also langs der Bach durch Varvichs wie auch durch Hauners oder Hohenrots (Honroth, ebd.) Garten uber dessen Haußstette, woselbsten in der Wandt vorents des Heerts vor diesem (früher) ein Creutz gefunden worden (wie Önichman zu Greven, wie auch Kokenbrinks Sohn Berndt, Bauwmann und Schulten Varvichs Sohn bezeugen connen), weiln aber das Hauß inmittels abgebrandt ist, in einem Eichenbaum vor Hohenrotts Hoff an der rechten Seite stehendt das Creutzeichen eingehowen.

Von dannen auff die Friedewische (bei der Pottheide) der Zug vortgesetzt und daselbsten an Platz eines zerfallenen Schnadtbaums, so vorzeiten alda gestanden haben soll, ein Pfal und furter noch drey andere Pfäle an verscheidenen Platzen gesetzt und bey jedem dern drey Pfälen eine neue Creutzkuhle neben den alten gegraben worden, scheidende Schulten Borcherdings und der Latberger Marken.

Ferner auff ein krauß Telgenbäumchen, so gezeichnet, daneben eine Creutzkuhle gegraben worden, ein wenig davon ist unter einem (Wege)-Höllerstauden ein alter Stamb vom Baum gefunden, so auch ein Schnadtbaum gewesen sein soll, wie dan den Benachbarten Bericht nach noch heutigs Tags der Platz am Schnadtbaum genant wirt, deßwegen eine Creutzkuhle daneben in die Erde gegraben.

Vort auff zwey andere Creutzkuhlen bey einander liegendt gezogen, so noch offen gewesen, und dan endtlich nach dem Duvenbaum zu, ohnweit von demselben ufm Noddenhorn eine neue Creutzkuhle gegraben worden.

Wabey die Scheidung des Gogerichts Meest von der Grafschaft Tecklenburg und dem Kerspel Westbevern zu notiren.

Und ist damit die Beschnadung des Gogerichts Meest geendiget.

Die fehlende Südgrenze des Gogerichts auf der Meest ersetzt der Schnadzug des Bakenfelder Gogerichtes vom Jahre 1654.[234] Dort heißt es:

biß an die Landtwehr, so die Beschnadung des Gogerichtes verfolgt biß an den Strevichs Kotten, so Grevensch, vortan rings umb die Baurschaft Sprakel her biß an den Witholters (Wiethölter) Kotten, so noch Uberwasserisch, von dannen auff die Wichtruper Heide, alwoh eine durchgehende Renne (= Möllers Kanälchen!) das Kerspel Greven von Uberwasser scheidet, hinder der Baurschaft Sprakel her zu Laxen uber die Brugk, so Schoneflietisch, biß Schlupmans (Schlüppmann) Hoff, alwoh die Beschnadung des Gogerichts durch das Hauß und Küche gehen, und daselbsten durch die Ah vom Beyfang abgesondert werden soll. Von Schlupmans Hoff über die Gelmer Heide bey Hohenrott (Hauroth) her uff Havichorst (Haus Havichhorst u. Havichhorster Mühle), alwoh der Hoff und Muhle noch Gogerichtsch, der Muhlenkolck aber das Gogericht Telgt, Bakenvelt und Beyfang Schoneflieth scheidet, maßen dan der Muhlenweg den Beyfang von dem Gogericht Bakenveldt segregiren (trennen) soll; von Havichorst uber St. Mauritzheide durch den Kokenbringh biß Nobiskrog (an der Telgter Chaussee) uber die Brugken usw.

Diese Angaben werden ergänzt durch die sehr viel ausführlichere und genauere Festsetzung der Grenze des Beifanges Schöneflieth, die 1653 am 6. Oktober getroffen wurde.[235] Dort heißt es:

Von Schonefliethe dießseidts der Embß nacher einer Uhtlaken, genant der Beverkolck, so Hrn. Graven von Tecklenborg zustendig, wabei ein orth ahn der Embß, der Segenstake genant, worüber geschiffet,*) und die Sienbacke, welche das Gogericht und den Beifang scheidet, und durch die Baurschaft Guntrupf in die Embß laufet, hinaufgangen bieß ahn ein Grundeken, Wermingsdyck (beim Hof Werming in Guntrup?) genant; und von dannen durch die Baurschaft Guntrup durch den Hellwegh von Greven nach Bocholt, welcher nach der rechten Handt Beifangisch, nach der linken Seidten aber Gogerichtisch, unterweges eine Telge fur des Richters (Richter in Guntrup) Baum angetroffen, welche mit einem Creutz anjetzo gezeichnet, und Sandtmans, Johanning (Sandmann u, Joanning, Bsch. Fuestrup), Wilman und Leußman (Leismann, Bsch. Gelmer) relation (Bericht) noch im Beifang stehen solle; von benanter Telge den Wegh entlangs nach und durch ein Hecke, das Lähken Hecke genant, so Loißmans Außsage nach Beifangisch, und ist alles bieß ahn Wiemelers Kotten nach der rechten Handt Schoneflietisch, der Kotte aber Gogerichtisch, aber Hindrickmans Hauß, so negst dabei gelegen, Beifangisch; hinter Wiemelers Kotten uber Gerdemans Bruggen, dah die Gellenbecke (G. oder Fleier) unterherlaufft, gefahren lengs Wesselmans Hauß nach der rechten Handt zwischen dieß Hauß und Wiemelers Kotten lauft die Gellenbecke, nacher Gerdemans Gartten deßen Hauß, wie Fleckenstein Greven gebrandt, mit eingeäschert, davon nunmehr der underster Theill deß Gartens in dem Beifang und der oberster Theill im Gogericht gehörig;**) und erstrecket sich der Schnad durch den Garten ahn einen großen Eickenbaum, genant Gerdemans Hanecken Telge, welche in dem Beifang stehet. Von dem Baume durch die Bocholter Berge langs etlichen Bercken und der Frawenberg, warahn eine Telge, langs der rechten Handt alle in dem Beifang, und folgendts durch einen Wäßerichen Wegh auf einen Pael bei der Hanenwische, von dannen nach zwei nach einander gelegenen Paelen zwischen Bocholter und Borstrupfer Marck (= alter Teilname von Fuestrup), und von dannen auf den virten und letzten Pael zwischen der Borstorper und der Westruper Marck (jetzt Westruper Wiese) dwars uber (den) Wegh auf den Borstroper Baum, genant das Scheidhecke, so in dem Beifang und dem Beverischen Esch gelegen, gerade nach dem Hof zur Borgh (Sch. Terborg). Von dem Scheidthecke oder Borstorper Baum durch eine wäßerige Straße zwischen 2 Landtwehren langs Schulte thor Borchs Kempfe auf den Saggenpael, so nun ein Wischgrunt und halb Mestisch, halb Schonefleitisch, bieß in und durch den grünen Wegh, gelegen in dem Beverischen Esch, welcher das Gogericht zur lincken und Beifangh zur rechten Handt scheidet, dwers uber den Hellwegh von Münster nach Westbevern recht ufm Bentenpoel; von dem Bentenpoel lengs Brungerts Wischkampf zur Rechten, so Schoneflietsch, nach der Embß und den Kinderkolck; von dem Kinderkolck dwers uber die Embß durch Ringemans Kampf, genant der Halß, nach der Bayen, olim (früher) Bäkenbeeke,***) von dannen dwers zurugk nach Ostholt und Ringemans Hof (Ostholte und Ringemann, Bsch. Werth Kp. Telgte), hinter Ringemans Münsterkampf entlangs bieß auf die Vohrtranen (der sogenannte Hessenweg!) von Telligt bieß

---

*) Die älteste bekannte, aber nicht so vollständige Schnad des Beifangs Schöneflieth von 1570 (StAM, DK, DDechanei I C Nr. 16 und Freckenhorst I Nr. 182) beschreibt dieses Stück der Grenze wie folgt: erstlich vor dem Hause Schonefleth neben der Embse auf nach dem Szegenstacken, jedoch daß der Strom der Embse und darneben nach dem Hause Schonefleth bis auf den Szegenstacken in (den) Beifang gehöre, undt folgents durch die Vorth der Embse, genant der Szegenstacke, nach der Baurschaft Guntrope, undt beneben der Baurschaft Guntrope nach der Gellenbecke, von der Gellenbecke auf die Syinckbecke und neben der Syincksbecke uff Werningsdieck . . .

**) In der älteren Schnad von 1570 wird dieser Grenzteil folgendermaßen beschrieben: . . . Gerdemans Haus, welchers nidderste Theil im Beifang und der obriste Theil in das Gogericht gehorig, jedoch ist in dem Gogericht unterworfen; und erstreckt sich die Schnadt an einen großen Eichenbaum fur Gerdemans Hause an dem Hellwege, genennet Gerdemans Hanneken Telge, die dennocht im Beifang stehet; von dem Baume durch die Bockholter Berge den Vogelstorpischen heiligen Wegk nach dem Venne auf eine kleine Bercke, von der Bercken auf einen Weidtbusch uber dem Frawenberge. — Der 1653 als wäßerig bezeichnete Weg heißt 1570 der grüne Weg und die Hanenwische lag in der Bocholter Mark. Statt Borstorper Mark heißt es 1570 beide Male Vogelstorper (= Fuestruper) Mark und die Grenze verläuft folgends den rechten Hellwegk auf den Beestruper Baum nach den Hof zur Borch. Weiters von den Berstruper Baum das Beckischen dael neben der Landtwehr buten und langs des Schulten zur Borch Kempe biß an die Embse und neben der Embse biß auf den Kinderkolck.

***) 1570 Backenbeecke genant.

nach der Havickhorster Möllen, unter der Möhlen durch den Kolck, von dannen hinter Hoenrodts Hof (Hauroth) den Helwegh von Telgt nach Greven*) bieß ahn Ende Deitermans Overkamp dwers uber den Wegh nach Köerde ahn der Nienhegge und folgends durch die Nienhegge nach der Schluppe bieß auf die Hamelenbecke (= Wöste, Bach!),**) alwoh dieselbe hinter Schlupmans Hauß, welches in dem Beifang gehöret, in die A fließet. Weiters umb Schlupmans Hauß neben der A hinter Laxsen uf die Laxser Brüggen bieß ahn die A. Was darüber schießet, ist Ghogerichtisch. Von der Laxster Brügge, die A ahn der lincken Hande lassend nach die Sprackel Eckscheven (Fußsteg über die Aa), welche uber die A gehet, bieß auf die Eickbecke auf den Münsterwegh und Eickschloet, so im Beifang, folgents den Eickenesch uf uber die Wichtruper Heide dwers uber den Eickschloet nach etlichen Pälen und ein kleines aufgeworfenes Wälleken, welches die Sprackel und Wichtruper Marck scheidet (= Möllers Kanälchen). Von dannen nach einer unweit davon befundenen Schnadkuhlen in Gestalt eines Creutzes außgestochen, den dabei vorhandenen Wegh entlang nach Wietholtes Kotten (Wiethölter). Von dem Wietkotten den wall entlangs nach Schulte Telts (Tertilt) Esch, und ist Schulte thor Telt sambt dessen Hof, Kempe, Lenderey und Gründe, wie auch die Streveker (Streweke) und die beide dabei gelegene, Averbecken und Sprackel zustendige Wieschen bieß an die Landtwehr ahn Harnsels Lucht Schoneflietisch, hinter thor Telts Hof durch den Brochbaum langs Schulten thor Telts Hauß auff ein Veldt, die Vloet genant, hinter Schulten thor Telts Esch nach der Meest, oder der Louge, welche nach der rechten Handt Schoneflietisch und nach der lincken Gogerichtisch, bieß ahn einen Scheidestein, der Witte Stein genant. Von selbigem Stein den Fuhrwegh entlangs hinter das Schlat auf einen kurzen***) Pael ahm offnen Wege, welcher die beiden Ostenvelder und Brintruper Märcke theilet, und ist die Ostenvelder Marck im Gogericht, die Brintrupfer Mark aber im Schoneflietischen Gebiet gelegen. Von selbigem Pael auf den Kalvekampf, Bloemberg zustendig, hinter Balichmans (Beuligmann, Westerode) Kampf, geheißen die Haart, durch Sudthoves (Sutthof ebd.) Mehrkampf und wieder auf Suedthofs Esch bieß auf die Bake, so im Schoneflietischen Gebied, von der Baken auf Sudthaves Beckampf durch denselben bieß auf die Becke, derselben entlangs bieß auf die Meeschbrugge, von der Merschbruggen bieß ahn die Becke, so in die Embse fließet, und entlich die Embß entlang wiederumb zurugk nacher Schoneflieth.

Alle innerhalb dieser beschriebenen Grenzen wohnenden Bauern, mochten sie nun Zeller (Kolonen), Kötter oder auch nur Heuerleute sein, waren zum Besuch der ordentlichen Gerichtstage verpflichtet. Das war für manchen von ihnen nicht leicht, denn der Weg zur Dingstätte war weit, bis zu zwei Stunden und mehr. Lange hat man nicht gewußt, wo diese Dingstätte gelegen hat. In den Urkunden und Protokollen ist immer nur die Rede von dem Gogericht „to" bzw. „up der Meest" oder auch „auf der Meestheide beim Gerichtsstuhl" u. ä. Einen solchen Flurnamen gibt es noch heute nördlich des Hanseler Floths, etwa 600 m nordöstlich des Schultenhofes Homoet-Ostenfelde. Ein Blick auf die Karte lehrt, daß dieser Ort ziemlich genau in der Mitte des großen Gerichtsbezirkes liegt, hart an der Grenze der beiden großen Kirchspiele Greven und Altenberge, von denen ja die anderen Kirchspiele des Gogerichts abgetrennt worden sind. Noch heute führen von allen Seiten die Wege zum alten Gödingsstapel hin, auf denen

---

*) In der Grenzbegehung von 1570 heißt es: Dieweil etzlich Mißverstandt sich alda zugetragen, ist folgents entlich vergleichet, daß Honrath undt seine Nachkomlinge nun hinferner dem Gebiet und Gericht des Beifangs zu ewigen Tagen unterworfen sein und bleiben sollen, und die Schnat des Beifangs nicht anders gehalten soll werden, als von gerörter Muhlen und dem Varth vor Honraths Hause uber recht auf den Karrwegk von Telgete und langes dem Karrwech na der Schluppen, und scheidet der Karrwegk den Beifang und Gogerichte, also das es an der rechten Seiten der Karrtranen am Beifang und an der lincken Seit am Gogericht gehorig sei.

**) 1570: die Nort- oder Hamelbecke, welche von den Wieckskempen ab leuft . . .

***) In der Beschreibung von 1570 wird die Grenze etwas anders gezogen: von dem vorgenanten Steene hinder dem Slat auf den krummen Pael, von dem selben auf einen rechten Pael, deilende Oestenveldes Marck im Gogerichte undt Brintropes Marcke im Beifang gelegen. Von dem jetzgerurten Pael auf einen Pael geheißen am Voßeberge, von dem Pael uf den Celvekamp usw.

jahrhundertelang unsere Vorfahren an den Gerichtstagen zur Meest zogen. Das Gogericht des Beifangs Schöneflieth wurde nach einem Bericht von 1644 von alters her an der Schiffahrt gehalten.[236]) In den sonstigen Protokollen aus früherer oder späterer Zeit heißt es dagegen stets „vor dem porthus tho Schoneflieth" oder ähnlich. Da indes im Jahre 1644 an Stelle der verfallenden Brücke zu Schöneflieth eine Schiffahrt in Betrieb war, ist damit wohl auch die „gewontliche richtestede vor der Schoneflieth" gemeint.

Wie ein solcher Gerichtstag im einzelnen verlief, schildern eingehend die Akten des Beifangs Schöneflieth.[237]) Danach versammelten sich die Godingsgenossen nicht gleich vor dem Hause Schöneflieth, wo das Gericht gehalten wurde, sondern auf dem Klaterberg zwischen Schöneflieth und Gimbte. Dort hatte sich jeder mit seinem Gewehr einzufinden. Ebenda wurde auch von dem „salveguarden", d. h. von dem militärischen Führer auf der Burg zunächst ein Waffenappell gehalten, wobei er darauf zu achten hatte, daß keiner scharf geladen hatte, aber wenigstens sechs Schuß mit dem dazugehörigen Pulver bei sich trug. War dieser Appell zur Zufriedenheit des Führers ausgefallen, so mußte dieser die Genossen um die Mittagszeit in Marschordnung nach Haus Schöneflieth führen, wobei er besonders darauf zu sehen hatte, daß jedes Glied den richtigen Abstand von einer Pikenlänge zum Vordermann hielt. Dort angekommen, schoß jedes Glied vor dem dort wartenden Gorichter bzw. Führer einmal Salut. Dann erst nahmen alle am Tisch vor der Pforte des Hauses Schöneflieth Platz und es wurden die Namen der Gerichtsgenossen aufgerufen. Zum Schluß heißt es in dieser Gödingsordnung: „wannen ein jeder ablesen wirt und vorbey gehet, soll er Fewr geben." Wenn also ein Name aufgerufen wurde, so mußte der Betreffende aufstehen, beim Richter vorbei um den Tisch herum gehen und nochmals Feuer geben, zum Zeichen, daß sein „Rohr" in Ordnung war. Es wird eine herrliche Knallerei gewesen sein, doch brauchten nur die Erbsitzenden den Besitz eines Feuerrohrs nachzuweisen; die Kötter und Brinksitzer traten mit einer Hellebarde, später gar nur noch mit einem Stock (Knüppel) bewaffnet an. Man sieht aus diesen Bestimmungen, daß der Gerichtstag zugleich dazu diente, die Wehrhaftigkeit der Landbevölkerung zu überwachen und in gutem Stand zu halten. Das mochte im 17. Jahrhundert, aus welcher Zeit diese Satzung stammt, wohl doppelt notwendig sein. Hatten alle wieder Platz genommen, so erhob sich der Gograf und stellte an einen beliebigen Gerichtsgenossen folgende Fragen: „Ick frage juw N., dwil (= weil) ick heb de Macht van Godt und dat bevell van den ehr- und werdigen Heren Domdecken und Capittel der Dömkerchen to Munsther (als den Besitzern des Gogerichtes up der Meest) und dat Schwerdt van den Landfursten entfangen, oft et icht (= jetzt) si Dach und Tit, dat ick hir tor Stede moge sitten und holden ein Gogericht na Gogerichtz Rechte?" Darauf antwortete der Gefragte: „Dwil, Her Gogreff, gi hebben de Macht van Godt und dat Bevell van den ehr- und werdigen Heren Domdechen und Capittel etc. und dat Schwerdt van den Lantfursten enthfangen, szo mogen Gi alhir tor Stede besitten und holden ein Gogericht na Gogerichtz Rechte." Der Richter: „Ick frage wyders: „Wess ick in dussen Gerichte si schuldich to gebeiden und to verbeiden?" Darauf antwortete der Gerichtsgenosse: „Her Gogreff, Gi solt in dussen Gerichte gebeiden Recht und verbeiden Unrecht, Unlust, Scheltwort, Nytwort (= Neidwort!) Strytwort, Kyffwort (= Keifen!), Hennewort (Henne = Narr!) und nemans to sprecken in dit Gerichte, he doe dat vermitz sinen toegelaten und erloefften Vorspreicken (Fürsprecher, Anwalt). So ock wie (= wer) saickhafftich, breckhafftich und peenfellich (= straffällig) worde in dussen Gerichte, sal van dussen Gerichte nicht wycken offt gaen, et si dan mit Willen Juwer und des Gerichtz." Weiter fragte der Richter: „So nu etzliche Saken vorqweimen, der ick bi mi so nicht kunde vinden ader schiren (entscheiden), oft ick nicht mochte upstaen und legen ein Instrument in minen Stede und beraden mi mit den Umbstande und Frunden dusses Gerichtz und kommen wedderumb und becleden minen Stoel und richten vor als na, na als vor?" Hierauf sprach der Urteilsfinder: „Dwil gi dat mit enen Ordell verwaren, so moge gi upstaen, so juw sodane Sachen vorqweimen, und beraden juw mit den Umbstande und laten so lange enen anderen guiden, frommen, unverspracken Man ader mit enen Instrument juw Stede becleiden und kommen wedder umb becleiden juwen Richtstoel und richten vor als na, na als vor." Darauf sprach der Richter das Schlußwort: „Nachdeme mi solx allent mit Ordele und Rechte is toerkant, so hege und beclede ick hir wegen miner Heren ein Gogerichte na Gogerichtz Rechte und gebeide Recht und verbeide Unrecht, Unlust, Nytwort, Strytwort, Nemans to sprecken in dit Gerichte, he endoe dat vermitz sinen toegelaten Vorsprecker und dat bi enen Brock (Strafe) von vif Marc."

Uralt waren diese Fragen und Antworten. Schon in altgermanischer Zeit müssen sie so oder ähnlich gelautet haben, wie die im Stabreim gefaßten Wortpaare Unrecht und Unlust, Nytwort und Strietwort erkennen lassen. Der Stabreim ist eine ausgesprochen altgermanische (althochdeutsche) Spruchart, die im Mittelalter nur noch wenig gebraucht wurde. In den ganz ähnlichen Fragen und Antworten bei der Hegung eines peinlichen Halsgerichtes, also wenn ein Gogericht zur Aburteilung eines todwürdigen Verbrechens abgehalten werden sollte, findet sich noch ein solches altgermanisches Stabwortreimpaar: Hennewort und Vennewort, von denen ersteres auch noch in der ersten oben wiedergegebenen Frage des Gografen vorkommt, während das andere im Laufe der Jahrhunderte verlorengegangen ist (wohl abzuleiten von venin = Gift).

War das Gogericht eröffnet, so begann der Gograf mit der Verlesung der Gödingsartikel. Diese Verlesung diente dazu, die Kenntnis derselben bei den Gogenossen immer wieder aufzufrischen bzw. den neu hinzugetretenen Gerichtsgenossen zu vermitteln. Der Inhalt dieser „articulen, de man in den godingen den hueszleuthen furhelt, darnach sie sich mueßen halten und darauf de Delinquenten wrogen (= strafen)", ist so vielfältig und aufschlußreich, daß sie hier in der ältest bekannten Fassung von 1578 wiedergegeben seien.*)

§ 1

1. Erstlich soll ein jeder Haußman zur Zeit, (da) der Goedingh gehalten wirdt, ahn den gewondtlichen Plats in eigener Persoen erscheinen bei Pfeen (Poen = Strafe) ein Scheppel Gerste, es wehr dan, daß sich einer chafter (= gesetzmäßiger) Verhinderung durch seinen Diener oft Knecht entschuldigen liese oder entschuldigen konte.

2. Und als se dan also erscheinen, sollen sie wrogen (= rügen) und anbrengen, wie von alters gewondtlich, als wer die eine dem anderen zu nah gebauwet, gegraven, geseiet, gemeiet, getunet gepattet, es sei dan Eikentelgen off Widenplenters oder andere Potten, Eckholt abgehouwen und wegkgefort und entragen.

3. Item (auch) wer sein Hege und Welle (Hecken und Wälle) seinem Nhabur zum Schaden ledt (ließ) ufwassen und zu hoge lodden (sprossen!) auch Eickentelgen upschlichten, dar bevor geine Eichenbome gestanden, dardurch das Korn verschindt und verderft, wie dan solches an den gemeinen Helwegen und Landtstraßen mit ufwassent und abhouwen der Hegen soll gehalten werden.

---

*) Überliefert sind sie uns in einem, vom Gogericht Telgte stammenden Godingsboick (vgl. R. Schulze, Die älteste Fassung der domkapitularischen Gödingsartikel vom Jahre 1578: Zschr. f. vaterl. Gesch. u. Altertumskunde 76. Bd., Münster 1918, I, S. 212 ff.). Doch wird der Wortlaut am Gogericht tor Meest und im Beifang Schönflieth kaum anders gelautet haben, da alle drei Gerichte ebenso wie das Gogericht zum Bakenfeld im Überwasserkirchspiel dem Domkapitel in Münster gehörten und die spätere Fassung von 1715 ausdrücklich für die genannten Gerichte gemeinsam galt. Der Text ist wortgetreu, aber in etwa dem heutigen Sprachgebrauch angepaßt, vor allem in der Interpunktion und der Großschreibung der Worte.

4. Item die auch den Hevenfloiß (Himmelsfluß, = Regen!) und sonst lauffende Becken (Bäche) ufstuwen, zudammen und nie graven Stedde bie und langs de gemeinen Wegh zitlichs nicht ufgraven und apen waeren (= bewahren!), so daß das Waßer darinnen stahen blifft, dardurch die gemeinen Helwege mit Water ufstuwen und zufloten werden, auch das Wasser seinen rechten Lauf und abzogh nicht haben kan.

Nota: Und sollen diejennige, so dieses Articuls halber denuntiert und schuldich befunden werden, in zehen Marck Brocke dem Gografen verfallen sein.

§ 2

5. Item whe (wer) auch ihre rechte Konninckwege, Kerckwege, Mollen- und Lieckwege, Marchet (Mark-)wege, Voitschemme (Fußsteg), Averstighe nicht machen, sondern verfallen laßen, auch darbei ungewontliche Graven graven, die Erde uf ihre Kempe oft Landt foerden und dungenden ihr Landt darmit, dardurch de Wege zerschlagen und verdorben werden, das (man) nicht woll ohne Gefaher darhin kan faeren, riden oft henkommen.

6. Item so uf de Kerspelshagen oft Landtwere kein truwe Upsicht geschege, als dieselben zu rechter Zeit zu haegen, uf zu graven und in guider Veßtniße (Dichtigkeit!) zu halten, dieselben nicht verheuret off außgedaen werten, nach (nachher!) das Holt darvan verkauft und versoppen; dan das Holt sall men zeit (-ig) houwen, beiander en wahren und nicht versupen, dan nha Raede desselbig in die Wege leggen und verbrueken.

Nota: Dan ist der Brock 20 Goldgulden.

§ 3

7. So auch die Schlagboeme in den Landtweren mit ihren Beschlosse und sunst in esse (= gutem Zustand) nicht verwart worden, also, wan solchs die Noit erfurderte, men dieselben nicht konte uf und zu schluten.

8. Dar auch jemandts in den Landtweren Schlußgettere, Vorgettere, Drivelwege (Viehtreibweg) oft sunst jenige Holler (= Löcher) darin machte, eß wehre dan geschehen mit Dade und Vorwetten der Uberigkeit.

Nota: Der Brock darauf ist 50 Goldgulden.

§ 4

9. Item oft jemandts in diesem Gogerichte die (= der) eine den anderen anders wahr (wo), dan fur (= vor) den Gogerichtszwanck schuldthalber oder sunst mit Rechte oder Kummer (Klage) voirgenommen oft verhaften laßen.

Nota: Die Pfeen ist 10 Goltgulden.

§ 5

10. Item so jemandts in dussem Gogerichte unbekandte archwonige, verdechtige Persoenen, denstund hernlose Knechte, Horen oft Boven (Spitzbuben), Gielen (Bettler), Prochen (?), die nicht arbeiden willen, herbergede, ufhaldetten oft drincken geve.

Nota: Dan ist der Brock darauf 10 Marck.

§ 6

11. Dar auch wehr mit Schelmerei, Boverie, Valscheit, Hoerreige (Hurerei), Ehebrecherei und sunst mit seinen Blodtsverwandten bollerde (buhlte) oft umbgenge, auch die eine den andern an sein guete Geruchte (= Ruf), Namen und Eh(e)re getadelt, geschmehet ofte unerliche Nhamen und Zunhamen gegeven, geschulden, gehoenet und injuriert.

Nota: Ist die Brocke des nicht anbringens nach Gestalt des facti, darin sich einer vergangen.

§ 7

12. So whe einen anderen wes (etwas) mit Unrichte abgenommen, entforet, verbracht, entdragen, gestollen, es wehr klein oder groß.

13. Also sollen angebracht werden alle diejenige, so verbistert, verstrecken (verlaufen) oft heimlois Guit bei sich hadden und der Uberigkeit das bei der dritten Sunnen (also nach 3 Tagen) nicht anmeldeten; dan heimlich uffhalten oder auch das Guit, Bister lauffen und dasselbe nicht in Warsam nehmen und

offenbarden; dan dadurch wirt verhindert, das niemandt ahn sein verlarene Guidt wedderumb kommen kan, das sunst wol geschehe, wanner das angehalten und darumb gekundigt worde.

14. Item sollen gewroget werden alle die ihre geschuttede (gepfändete) Have und Guit ahne Consent der Hocheit und dessen, dem de Schade geschehen, von des Burrichters Have (Hof) mit der Daet oder jegen einfoltige Dairleggung eines Krueßpfennings*) (welchs ein Mißbruch ist) wiederumb genhommen und zu Hauß gehalet.

15. Soll aber mit der Schuttung nachfolgender Gestalt gehalten werden, als nemptlich, so jemants eines anderen Vehe (Vieh) oft Beiste in seinem Korne, Kempen, Grase und Vehedrift, darinne der nicht berechtigt, befunde, daß ihme Schaden gedaen, dieselben sall he schutten und up des Burrichters Hoff brengen, darbei doen 6 Denare (Pfennige), aldair es dan in Warsam entholten blieven soll, beß solange de Schade durch die Uberigkeit und unparteiliche, scheitbare Freunde besichtiget und werderet (geschätzt) werde.

16. Eß sollen alle dejennige (gewroget) werden, die frombt Guit zu der Vehedrift baven er selbst Guit innemmen, ihren benachbarten Mithweidegenoßen zum Schaden der Gaerweide.

Nota: Darauf ist der Broch so mennich Beist, so mannige funf Marck.

§ 8

17. Nachdem dan auch niemandts in eines anderen Wischen und Kempfen in den Becken, so dardurch und langs herlopen, ahn Korn und Hoye (Heu) schal Schaden doen bei einem Brocke von funf Marcken, sollen die das gedaen, gewroget werden, darmit der Hoicheit ihre Brocke und der Schade, die den geletten, ergetzet (ersetzt) werde.

§ 9

18. Sollen auch angebracht werden, welche Hasen oft ander Wiltwerck scheiten mit Stappen (Schlingen), Gaerden (Ruten?), Geppen (Fallen), Draden und anderen Instrumenten fangen, dan dasselbe beisunder verbotten bei Pfein 10 Goltgulden.

§ 10

19. Wie dan hirneben sonderlings sollen gewroget werden, die unseres Gnädigen Fürsten und Hern, auch eines Ehrwürdigen Domcapittels und der gemeinen Stende gehaltenen Lindtages Abscheiden (Verfügungen bzw. Erlasse) in allen nicht gehorsamblich nachkommen, als ihn Haltung der Braudtwerschaften (Brautwerbungen), Kinderberen, Vastelavendesgesellschaften, Kledung und anders nha weitern Innehaben furstlichen publicirten Mandate, damit die Avertretters gestraft werden.

§ 11

20. So auch wer Korn wenich oft viel umbtrendt Meidage (1. Mai) oder kort darnha seien wolte und seinen Keer (Weg) uf seines Nabuers oft andern Landt und Winterkorn neme und Schaden dede; dan der solchs dete, moiß das Korn vergelden und der Uberigkeit Sträff gewertich sein, weil niemandts aver geseiet Korn und zu Sait gebouwet Landt ohne des Grundthern und dessen Besitzers Willen dungen und faren soll.

§ 12

21. Unner den Haußleuten moitwillige Bosewichter, de in (ihnen) das Ihr (Ihrige) abgenommen, entroifft, gestallen, sie bedrenget, beenxtiget und sunst uf der Garde Gewaldt doen ankommen, dieselben sollen sie mit Zudoent ihrer Nachburen oder nach Gelegenheit durch einen Klockeschlag (Zusammenrufung der Gemeinde durch Glockengeläut) verfolgen, handtfast machen und der Uberigkeit averlieberen, darmit Ubelthait gestraft und die Underthanen beschutzet werden.

§ 13

22. So vaken (oft) ein Haußman durch den Burrichter oder Bothouwer ahn das pfeinliche Gerichte oft sunst in anderen furfallenden Sachen ahn Ortere zu erscheinen befurdert wert, sall dieselber mit seiner Gewehr oft sunst nach Gestalt der Verboddung (Aufforderung) in der Person folgen und also der Straiff (von) 10 Marck fuerkommen (entgehen).

---

*) Ein Kreuzpfennig, wie sie Bischof Conrad von Münster (1497—1508) schlagen ließ.

23. Dair dan auch die Haußleuthe, so an den Goedinck mit ihrer Wroge moißen erscheinen, weß wrochbars werten verschweigen, verhallen und underschlaen und vor dem Goedinge nicht anbrechten, dieselben sollen 20 Marck Straff leiden und darin gefallen sein.

§ 14

24. Eß sollen auch die Haußleuthe mit guiter Gewehr gefat (versehen) sein, darmit se uf Anfurderendt der Uberigkeit nach Notturft ankommen mogen.

25. Und in specie die zweiploggigen Erbsitzen mit einem Harnische, langen Spiesen oft Fuerroer, die anderen Erbsitzenden mit einem langen Tell (? anderer Ausdruck für Feuerrohr (von ziehen?)) und Fuirroer und darzu gehorenden Pulverfleschen, Kruit (= Pulver) und Lethe gefast sein, und ein jeder Kotter oft Brincksitzer ein Hellebarde haben bei Vermeidung einer Pfeen (von) 10 Marck.

Nach Verlesung der Godingsartikeln traten nun die Bauerrichter der einzelnen Bauerschaften vor und brachten zunächst die ihnen zu Ohren gekommenen Straffälle vor, daran anschließend bürgerliche Streitsachen, die ja auch vor dem Gogericht verhandelt wurden.

Es ist schon mehrfach von den Personen gesprochen worden, die an den Gogerichtsverhandlungen maßgebend beteiligt waren, in erster Linie vom Gografen. Scheinbar die wichtigste Persönlichkeit, war er in Wirklichkeit nur Verhandlungsleiter ohne Stimmrecht. Das Urteil fanden und wiesen andere, die Kornoten oder Urteilsweiser, deren Spruch er auszuführen hatte. Ursprünglich war der Gograf durch freie Wahl der Gerichtsgenossen zu seinem Amt berufen worden, später wurde dieses Amt dann in einer Familie erblich, von der es dann häufig der Landesherr käuflich erwarb. Bei den münsterländischen Gogerichten läßt sich diese Entwicklung während des 13. und 14. Jahrhunderts urkundlich noch gut verfolgen. Das Gogericht up der Meest war schon zu Beginn des 13. Jahrhunderts ein bischöfliches Lehen. 1335 mußte es der Bischof in seiner Finanznot an das Domkapitel und die Stadt Münster verpfänden. Das Pfand ist nie wieder eingelöst worden. Im Jahre 1422 erwarb das Domkapitel auch die städtische Hälfte. Von da an bis zur Franzosenzeit blieb dieses unbestritener Alleinbesitzer des Gerichtes.[238]) Waren im hohen Mittelalter noch namhafte Geschlechter, Dienstmannen des Bischofs oder des Domkapitels Inhaber des Gografenstuhles gewesen, so wurden es gegen Ende des Mittelalters immer mehr reine Beamte, meist juristisch gebildete Bürgerliche, die gegen ein Gehalt die Gogerichte verwalteten. Allerdings ein festes Gehalt bezogen sie – abgesehen von dem Gohafer, den jeder Bauer geben mußte (die Kötter gaben statt dessen ein Huhn) – meist nicht, dafür fielen ihnen aber die Sporteln (Gebühren) zu, die für jeden einzelnen Fall, besonders in der freien Gerichtsbarkeit, festlagen und die, zusammengerechnet, das Amt eines Gografen vielfach recht begehrenswert machen konnten.

Dem Gografen zur Seite standen die Kornoten (Kürgenossen). Ursprünglich war das Verfahren so, daß die ganze Gerichtsgemeinde um den hinter dem Gerichtstisch sitzenden Gografen herum einen Kreis bildete, in den dann der Vorsprecher (wir würden heute sagen Anwalt) mit seiner Frage um ein Urteil trat. In den gleichen Kreis berief dann der Richter einen aus dem „Umstand" als Urteilsweiser, der sich umdrehte und mit der ganzen Gerichtsgemeinde, die den Umstand bildete, beriet. Als solche Urteilsweiser werden im Gogericht tor Meest beispielsweise 1530 Zeller Johann Bövemann, 1555 Schulte Gronover gewählt.[239]) Das ganze oben beschriebene Verfahren beschreibt recht anschaulich eine Urkunde aus dem Jahre 1519 über eine Gerichtsverhandlung vor dem Gogericht des Beifangs. Grete, die Frau des Zellers Hilmer in Gimbte, war der Zauberei beschuldigt worden und sollte sich nun vor Gericht verantworten. Sie nahm sich einen Anwalt, Kord Sydenbudel mit Namen, der für sie im Gogericht das Urteil fragte, das der Gograf dann dem Johann Schroder aus Greven „bestadet", d. h. zur Beantwortung vorlegte.

Der wandte sich zum Umstand, beriet sich mit den Bauern und brachte dann das Urteil ein, daß sich die Beklagte durch einen Eid von dem Verdacht der Zauberei reinigen könne, da kein Kläger aufgetreten sei. Nach der Eidesleistung erging ein weiterer Spruch dahin, daß der Gograf der armen Frau eine Urkunde über die ganze Gerichtsverhandlung auszufertigen schuldig sei. Diesem Spruch verdanken wir überhaupt die Kenntnis der ganzen Geschichte, denn im allgemeinen war das Verfahren vor dem Gogericht stets mündlich. Die kulturgeschichtlich wertvolle Urkunde[240]) hat folgenden Wortlaut:

Ick Lutzo van Heiden, gogreve ton Bakenfelde van wegen der werdigen und erbarn hern Domdeckens und Capittels der kercken to Munster, und in desser nagerorden sake richter van bevelle des ergerorden hern domdeckens dar sunderlinx to depütert und gesath, doe kundt und bekenne apenbaer in dessen breve, dat vor my in gerichte, dar ick stede und stoill myt ordele und myt rechte besetten had, in den byffange to Schonefleyte, dar dat gewontlich is und gerichte to hegen plecht, gekomen is Grete, echte husfrouwe Hinrich Hilmerdingz to Gymmete und hefft dorch Cordt Sydenbudell, eren gewunnen und togelaten vorspreken apenbaer seggen laten, wü dat in ertiden de frygreve se gedaget had an den fryenstoill up de Honebecke, umme dat eyn geruchte im kerspele to Gymmete solde gaen, dat se eyne molkentoversche wesen solde, ock der gelichen moghe dat den archidiaken angebracht weßen, und szo se der ticht und daet gans und all unschuldich sy und darum sich myt eren frunden an den fryenstoill to der tidt gefoget wolde hebn und sich des na rechte unschuldich gemaket, ock der gelichen vor den archidiaken; und als myddeler tidt sodans vor den werdigen hern domdecken queme, heb de des nicht willen staden dan affdoen schryven, dat se des vor den fryenstoill, eder vor den archidiaken sich nicht entslaen solde, na dem se in syner werdicheit byfange ton Schonefleyte wonnede und besetten wer, dan he wolde er dar to eynen richter setten. Dar uth so heb de werdige her domdecken dorch Hinriche Hoikeman synen vogt den kerckern to Gymmete doen seggen, over de kercken to kundigen, dat eyn ider mensche des kerspels to Gymmete, de to synen jarn eder to verstande gudz und quades gekomen wer, up dach data dessers breffs to gerichte (up de gewantlichen stede als vorgerort) solden komen und to horen, wes dar verhandelt worde. Dat de verkundinge eder daginge also besturt sy, bekande Hinrich Hoikeman vorscreven gerichtlichen. Up sodane daginge des semptlichen kerspels und lude to Gymmete stont de genante Grete Hilmerdinges an gerichte tor selfften tidt, umme sich der vorgerorden ticht und daet unschuldich to maken, und wolde ock den ghennen anseyn, de er dat overbrengen wolde, und des setten lyff by lyff, voet by voet, van den oversten bess ton nedersten uth (etc.). Und als dar numant enquam, de solx gerochte stendich was, hefft darum Cordt Sydenbudell van wegen der selven frouwen (under vellen anderen ordelen, de he vor hen fragede) eyn ordell gefraget, und em is myt ordele und myt rechte ton latesten to erkant, dat ick gogreve vorscreven schuldich wer, de unschult van der vorscreven Greten to nemen und se tom eyde to staden. Darup hefft Cordt Sydenbudell van derselven frouwen wegen noch eyn ordell gefraget, wü se sich der ticht und daet unschuldich solde maken, dat ordell heb ick bestadet an Johan Schroder to Greven, de sich des myt den ummestande ummekarde, bereth, wedder inquam und vor recht gewiset hefft, dat de frouwe solde leggen ere rechtern handt up ere luchtern borst und sweren to Gode unde hilligen, dat se nyne molkentoversche, und der ticht und daet unschuldich sy, und so ere unschult doen, dat beorkundet is. Dar up so hefft sich de vilgenante Grete Hilmerdingz de frouwe bereth und is in gerichte gekomen und hefft ere rechtern handt gelacht up ere luchtern borst und to Gode und hilligen gesworen und bewardet zo recht is, dat se nyne molkentoversche und der ticht unschuldich sy sunder argelist. Dat entendz hefft Grete de frouwe dorch Corde Sydenbudell eren vorspreken laten vragen eyns gerechten ordels, und er is myt ordele und rechte togefunden, offt se na desser dage jumande bekomen konde, de se in alsoliche noit und fama gebracht hed, dat de in ere stede solde staen, offt se schuldich wer gefunden gewest, und er dar vor vüll to done und dat moge se an de soken myt rechte geistlich offt wertlich, wü se sich des best bekomen kan. Vort hefft deselve Cordt Sydenbudell my noch myt ordele und rechte affgewunnen, der genanten Greten dyt schuldich to beschinigen und myne wyn dar van to nemen, dat allent beorkundet is sunder argelist. Wandt dyt aldus vor my Lutzo gogreve vorscreven gescheyn is, so heb ick des to tuge der warheit myn ingesegell van gerichtz wegen an dessen breff gehangen, dar an und over vor tuchlude to gebeden weren de erßamen Johan schulte to Aldorpe, Herman Overkamp to Gymmete. Datum anno domini millesimo quingentesimo decimo nono, feria quinta post Valentini martiris.

Wurde zunächst stets bald dieser, bald jener der Bauern zum Urteilsweiser in den Kreis berufen, so bildete sich später die Gewohnheit heraus, stets die gleichen Personen als Urteilsweiser zu berufen, die sich durch ihre Rechtskunde vor den anderen ausgezeichnet hatten, so daß diese im 16. Jahrhundert schon geradezu als Beisitzer bezeichnet wurden. Gefördert wurde diese Entwicklung durch das Verfahren am „gebotenen" Ding, an dem zu einem Sonderfall berufenen Gerichtstag und an den seit dem 16. Jahrhundert üblichen vierzehntägigen ordentlichen Gerichtstagen, die der Gograf zur Meest beispielsweise auf dem Kirchplatz im Dorf Greven abhielt.[241]) An ihnen zu erscheinen, waren nicht alle Gerichtsgenossen verpflichtet, sondern nur die unmittelbar Beteiligten. Die Gerichtsgemeinde wurde an diesen gebotenen Dingen nur durch wenige Zeugen vertreten, die dann auch als Umstand bezeichnet wurden und naturgemäß auch an den ungebotenen Dingen wegen ihrer Geschäftserfahrung als „Kornoten" bevorzugt herangezogen wurden. In den Bauerschaften wurden später die Bauerrichter zu Urteilsweisern bestimmt, da sie am besten mit dem Gerichtsverfahren vertraut waren. Letztlich waren sie, die ursprünglich von ihrer Bauerschaft frei gewählt worden waren, nichts anderes mehr als Unterbeamte des Gografen, dem sie in allem untertan zu sein hatten.

Zum Gerichtspersonal gehörte schließlich auch der Scharfrichter, der aber erst seit der Einführung der peinlichen Gerichtsordnung Kaiser Karls V. (1519) nachweisbar ist. Vorher hatte eben die ganze Gerichtsgemeinde das Urteil vollstrecken helfen müssen. Der Scharfrichter des Gogerichts tor Meest wohnte seit dem 17. Jahrhundert in Greven, genauer gesagt an der Lindersheide vor dem Dorf, denn die Dörfer wollten den „unehrlichen" Mann nicht mitten unter sich wohnen lassen.*)

Im Dorf Greven befand sich am Gericht auf dem Kirchplatz auch ein „Kaek", ein Schandpfahl oder Pranger (palus ignominiae), an dem die kleineren Strafen abgebüßt wurden.[242]) Im Jahre 1616 wurde er neu gebaut. Er sollte dabei von seiner alten Stelle, an der er seit „undenklicher Zeit" gestanden hatte, etwas verrückt werden auf ein dem Überwasserstift gehörendes Grundstück, doch erhob das Stift Einspruch,[243]) und so blieb der Kaek stehen, wo er immer gestanden hat, wo genau, ist zwar nicht bekannt, aber sicherlich in unmittelbarer Nähe des Gerichtes auf dem Kirchplatz. Der Vogt berechnete 1616 für die Neuaufstellung des Kaekes 56 Reichstaler. Dazu verdiente der Kupferschlägermeister Johann zur Wieren für Arbeiten an der Fahne (!) auf dem Kaek noch 1⅓ Taler. Aus späterer Zeit verlautet nichts mehr über diesen öffentlichen Pranger. Fast sieht es so aus, als ob die braven Grevener ihn nicht mehr nötig gehabt hätten. Gleichzeitig gab es damals auch ein Gefängnis im Dorf, in dem die Übeltäter aus dem Kirchspiel bis zur Aburteilung vor dem Gogericht eingelocht wurden. So heißt es einmal, daß der unglückliche Zeller Bergfeld wegen seines Schuldenmachens und ungebührlichen Betragens in Greven „in Eisen gelegen" habe (1631).[244]) Vorher und auch nachher sperrte man die armen Sünder auf der Burg Schöneflieth in den Turm (neben der Toreinfahrt). Später brachte man sie wohl auch zur Hellenburg (die Helle), jenem Gefängnis,

---

*) Der Nachrichter wurde vom Gografen bestellt und war gleichzeitig auch Abdecker. Der Nachrichter Jost Heinrich Stalhöwer bekam 1709 von dem Gografen zur Meest folgendes „geschmackvolle" Zeugnis ausgestellt:

„Daß der Nachrichter von Teclenburg, Joest Henerich Staelhewer, Bruder der Nachrichterinn zu Gemen, den fur einige Zeit ahn der Hellenburg inhaftirt gewesenen Henrichen Schüerkampf woll (= wohl!) und zu meinen sonderlichen Vergnügen endhauptet, sodann auch bey meines Bruders Syndici Zeiten einen daselbst inhaftiert gewesenen Köttern uber die Maesen woll gehencket, also das man in dergleichen Pfällen von demselben woll bedinet wird, ein solches bezeuge hiemit, den 9. Juni 1709, Ferdinand Joseph Heerde, Gograf zu Meest."

das sich das Domkapitel am Kappenberger Damm im Kirchspiel Amelsbüren 1609/10 geschaffen hatte.[245])

Außer der strafrechtlichen und schiedsrichterlichen Tätigkeit der Gogerichte muß auch ihre gesetzgeberische Arbeit berücksichtigt werden, die für die ländlichen Verhältnisse von sehr großer Bedeutung war. Die Sprüche wurden in eigenen Büchern gesammelt und stets in Zweifelfällen als Grundlagen einer Entscheidung herangezogen. Am bekanntesten sind die sogenannten Sandwellischen Landurteile, die als förmliches Gesetzbuch weit über den Bereich des Gogerichtes zum Sandwelle Anerkennung und Geltung fanden.[246]) Aber auch von den domkapitularischen Gogerichten liegen solche Landurteile vor. Sie betreffen ganz ähnlich wie die Sandwellischen Urteile ausschließlich bäuerliche Rechtsverhältnisse. Der Inhalt der zehn Kapitel, in die jenes Sandwellische Rechtsbuch eingeteilt war, läßt das deutlich erkennen. Sie handelten nacheinander von den Zuschlägen in der Mark, von den Wegen auf dem Esch und sonstwo, von den Wasserläufen, von wüsten und wiederaufgebauten Höfen, von den Bäumen, vom Plaggenmähen und Eckernlesen, vom Kamp und der Feldflur, vom Zehnten, vom Übergriff auf den Nachbarsgrund, und schließlich von verschiedenen anderen Angelegenheiten. Im Jahre 1576 wurden auf dem Gogericht zu Schöneflieth verschiedene Urteile gefällt, die den besonderen Verhältnissen des Beifangs angepaßt waren, so z. B., daß „die erfmans 7 und die Kotter 4 Kreyen-, Dollen-, Ulen- oder Exterenkoppe brengen sollen fur (vor) des Hern Himmelfartstag, und so mannich dair an fheelen, so mannige Schrickenberger (Münze!) sollen dairfur unnachlessig befurdert werden."

Ferner: daß „keine Beiste auf das Korn gedreven, gehoedet edder doch warlois zugesehen werde bei pfhen (Strafe) von 5 Goldgulden". Oder, daß „sie die Hunde be ore (ihren) Hoffe waren und kluppellen hangen, daß sie nergentz im Korn auf die Hasen zu warten befunden werden bie eine pfehen (Strafe) von 3 Goltgulden, und sollen die Hunde, so daruber befunden werden, geschotten werden". „Item den Aldorpschen und Gimmeteschen zu gepieten, ire Goese zu knevelen odder korten und zu waren, daß sie auf die Schonefleitischen Kempe und Wischen nit komen bie Verlausts der Goese." Besonders waren die Gutsherren von Schöneflieth auf die Erhaltung ihrer Einkünfte aus dem Beifang bedacht. Deshalb erging 1578 auf dem Gogericht der Erlaß: „Deweil auch vermuthet wird, daß fast vill der Ingesessenen und Hausleute zu Kindelbier, Bruitwerschapen und anderen Gaestmaelen außerhalb des Biefanges ire Beir halen und brouwen laißen odder etzliche auch selbst in ihren Heuseren brouwen, davon dem Herrn kein Axise (Steuer) geben wirth, sol der wegen bie Pfehen einer Mark von iglicher Tunnen zur Straif zu geben befholen sein, denn welche sulchs thuen und inwendich 14 Tagen iren gepurlichen Axisen gleich den anderen Beirbrouweren nit bezalen edder verzeignen laißen." Auch wurde den Bauerrichtern eingeschärft, alle Kötter und Kottstätten, die nicht als Leibzuchten in Gebrauch wären und von denen in den letzten Jahren allein 12 oder 20 erbaut worden seien (!), zu verzeichnen, damit sie zur Zahlung der Gogerichtsabgaben (ein Huhn im Jahr) und zu den gebräuchlichen Diensten (einen bei Gras und einen bei Stroh) angehalten werden könnten.

Auch im Gogericht up der Meest wurden derartige Landurteile gefunden und verkündet, doch sind sie leider nicht erhalten geblieben. Dieser Verlust ist nicht gar so schlimm, da seit dem Ende des 16. Jahrhunderts an allen Gogerichten des Hochstiftes Münster die Sandwellischen Landurteile der Gerichtssprechung zugrundegelegt wurden und es aus der früheren Zeit solche schriftlichen Sammlungen noch nicht gegeben hat. Nur ganz selten einmal wurde vor dem Eindringen des römischen Rechts in die deutschgermanische Rechtsprechung im Laufe des Spätmittelalters ein Urteil oder eine Rechtsweisung eines Gogerichtes urkundlich, d. h. schriftlich aufgezeichnet. Die Urteile, die am Gogericht up der Meest seit dem Ende des 16. Jahrhunderts gewiesen wurden, entsprachen meist wörtlich den Sandwellischen Urteilen, wie das erhaltene Urteilsbuch des gleichfalls domkapitularischen Gogerichts zu Telgte aus dem Jahre 1578 erkennen läßt, dessen Weisungen wortwörtlich denen des Gogerichts zum Sandwelle nachgeschrieben sind. Einzelne, auf die besonderen Verhältnisse des Gogerichtes zugeschnittene Nachträge weist das Telgter Gerichtsbuch natürlich auf, und solche Zusätze wird es auch für das Gogericht up der Meest gegeben haben, weswegen der Verlust seines Gerichtsbuches doch zu bedauern bleibt.

Wenigstens die Gerichtsprotokolle sind aus bereits recht früher Zeit, nämlich seit 1563 (allerdings mit Lücken) mit einer Fülle von Nachrichten über die im Gerichtsbezirk vorgefallenen Straftaten erhalten, bei denen es auffällt, daß die meisten von ihnen auf und während des Grevener Marktes verübt wurden. Da ging es offenbar gar häufig recht rauh her! Aber lassen wir die Protokolle selber erzählen:

(1563) Hinrich Wychmann to Smeddehusen ist befamet (angezeigt), (dat) he seine frouwen gesporett und die Kosterschen, so up seinem Grunde geseiten, geswengert, welcher dem Vreygreven vor eine Vroge ingebracht. Na beschener (geschehener) Vroge gerichtlichen darup bedaget (vorgeladen) hefft sich Wychman sodaene Befaminge vermitz seinem Eide entslagen. Volgende Jair ist appenkundich geworden, dat Wichman in dem schuldich und ein Meineidt gedaen und dieselben Personen staender Ehe andermals geswengert und twei Kinder mit sie bekandt. Derwegen gefencklich eingetogen und darna uth Bevel miner Hern derselben (Haft) erleddiget und ein affdracht tho macken, Borgen gestellt.

Wichmann fand also in den Domherren recht milde Richter, so daß er mit einer Geldstrafe davonkam.

(1563) Busch in der Burschop Maestrup hefft twischen seinen Kempen ungeachteten Verbottes die Kerspel-Landtwer dorgestechen und einen ungewontlichen Voerwech na seinem Lande gemachet und ein Hecke alda thohangen . . .

(1564) Eileke Unstedde und Johann von Twickel hebben vorgangen Grever Marckt die (den) Vogede und andire, so up die Wacht bestalt, mith wapender Wehr up den Kerckhoff gedrenget und den Gogreven neffen (nebst) den Vogeden vor Deiveleiders (Diebesführer) gescholden und sich weiter mith andiren unnütten Schmehworten verlueden laten.

Clauweß Funcke hefft up Grever Marckt mit wapender Wehr tween Huißleuden nagelopen, so dat die Wacht inne bekommen und angeholden, davor Arndt von Hovel up Gnaden afthodrege gelavet.

Bertolt Voß hefft den Richter tho Greven doet gestecken und hefft dat Bloeth gesoenet und begert up Gnaden ein Afdracht tho macken.

Es muß sich hier wohl nur um einen Notwehrfall handeln, da Voß mit einer Buße von 6 Talern davonkommt.

Auf demselben Grevener Markttag geschah noch folgendes:

Everdt Everdes hefft Arndt Holscher Bürger tho Munster thorugge vom Kerckhoffe tho Greven afgeworpen, so dat he thor stundt den Hals entwei gefallen.

Auch in späteren Jahren bot sich am Tage des Grevener Marktes vielfältige Gelegenheit zum Raufen. So wurde 1607 Bernhard Tegedering angeklagt, auf Grevener Markt bei des Schulten Bönstrup Haus die Frau des Johan Volmars mißhandelt zu haben, während Christian Tueninck dem Herm Isfording auf dem Markt den Hut raubte „und damit über das Marckt in eine andere Hutte gelauffen". Johan Schulte zu Greven hatte denselben Isfording – wohl in der gleichen Schlägerei – mit einem „Boerbaum" (Hebebaum) zur Erde geschlagen, wozu dann noch Philipp Heiler dem armen Mann durch einen Hieb mit einer „Exen" (Axt) in die Seite „eine Rippe im Leibe entzwei und dermaßen zerschlagen, daß er sich nacher Münster fahren lassen mußen". Auf dem gleichen Jahrmarkt hatte Hukenbecken Sohn den Eltingmüller in Henrich vor der Hecken Haus mit einem

„Rohr" erschießen wollen, während Henrich Kommes sich zu verantworten hatte, weil er Johann Grollen auf dem Markt für einen meineidigen Kerl und seine Frau für eine schelmische Bettlerin gescholten hatte.

Die Zank- und Schmähsucht der Weiber (aber auch der Männer) war unvorstellbar groß und in ihrer Roheit abstoßend. Auch das Fluchen saß den Männern recht lose im „Maul". „Den bösen Ärger in's Leib fluchen" war scheint's eine stehende Redensart. Am häufigsten schalt man sich einen Schelm, Verräter oder Bösewicht, daneben erklangen aber auch so böse Worte wie berittene Docke, (= Puppe), Schandseeke (?= Ziege), Hur- oder Pfaffenkind, Sandpfaffe, Fickfegger (= Windbeutel), Feggeler (?), Molkenzauberskerl und Molkenzaubersche, Scheckelschocke (= Hure), Stintfrau (Stint = stinkender Fisch), Oelrich (?), greffelt oder kahler Hudeler (= Lump), lose Kachel und Teffe, Ketter und Mordener, Ehebrecher, Blutsäufer und andere mehr.*) Mit „Nytund Strytworten", wie es im Vorspruch des Gografen heißt (s. o.) war man fürwahr schnell bei der Hand.

Die Rauflust der Männer muß damals gleichfalls unbändig gewesen sein, doch lassen die Gerichtsprotokolle deutlich erkennen, daß es sich fast ausschließlich um Delikte unter Alkoholeinfluß handelt, da die meisten Exzesse auf Vastabend, auf Kirchweih, an den Grevener Markttagen oder auf Familienfesten wie Kindelbier, Brautschauen oder Hochzeiten verübt wurden. Am meisten wurde natürlich in der Wirtschaft gerauft, wobei sich gelegentlich auch das schwache Geschlecht recht kräftig beteiligte. So mußte im Jahre 1607 Christian Betting Strafe bezahlen, weil er des Wichmanns Tochter nicht nur eine Kanne Bier ins Gesicht gegossen hatte, sondern anschließend den Zinnkrug auf ihrem Rücken platt geschlagen hatte! Ähnliches tat im gleichen Jahre Schulte Grotthof Oestemans Frau in Dietrich Biederlaken Haus (Wirtschaft). Die Frauen und Mädchen müssen vor 300 Jahren aus hartem Holz gewesen sein, wenn sie derartige Prozeduren überstanden, ohne an ihrer Gesundheit Schaden zu nehmen!

Den meisten Unfug verübte natürlich die männliche Dörferjugend.

Am Fastnachtsabend 1565 kamen Kerstien Bovinck (= Bövemann), Johann Schomaker und Merten Teltschroder des Abends gegen 8 Uhr mit lautem Geschrei vor das Haus des Baders und Barbiers Sloethjohann am Kirchhof zu Greven gelaufen und begehrten Einlaß unter dem Vorgeben, einem von ihnen sei (unter anderm) ein Finger abgehauen; Sloethjohann solle ihn verbinden. Als dieser die Haustür öffnete, stürmte die betrunkene Rotte ins Haus und rannte seine Frau über den Haufen, so daß sie einen üblen Fall tat und sich das Bein brach. Das Ende dieser Bierreise brachte für jeden der zuchtlosen Gesellen eine Strafe von 7 Reichstalern. Ähnliches passierte im Jahre 1599. Damals stürmte „zu unterschiedlichen Malen Martin Vorschepoel mit anderen dazu verrotteten Gesellen" mit lautem Geschrei zu nachtschlafener Zeit durch das Dorf und trieb allerlei Unfug vor des Vogtes und vor „Recken" Haus, wodurch „das gantze Dorf in großen Schrecken gejaget".

Im Jahre 1602 mußte Georg Komnis in Strafe genommen werden, weil er „in Dietrich Biderlacken Behausung thaitlich ingefallen und ihme unverschuldeter Ursaichen seine Glaisefinster ausgeschlagen". Im Jahre 1567 hatte sogar das ganze Dorf bestraft werden

---

*) Damit der Humor in diesem düsteren Gemälde nicht ganz zu kurz komme, sei hier wenigstens unter dem Strich folgendes, 1610 zu Protokoll gebrachte Stückchen wiedergegeben. Es ist freilich derb, wie jene Zeit es liebte, und für feinfühlige Nerven wenig geeignet. Ein gewisser Brinkmann wurde beschuldigt, daß er den Johann zu Feddering „etzliche Mhal zur Erden geworfen, auf denselben sitzen gangen, unhoflichen Wind streichen lassen und dabei angezeigt (habe), er horete und vermerkte woll, daß er kein Sandhauff wehre".

müssen, weil es einem mißliebigen Neubürger im Nierodde, Johann Vorschepoel, das neu errichtete Häuslein niedergerissen hatte.

Im Jahre 1585 klagte M. Everdt Schmet zu Greven, daß Volkertz Knecht Berndt von Jbbenburen

uf Abent Bartholomei umb Mitnacht mit einer Grepen an sein Hueß gekommen, ime darauß zu kommen befürdert und mit ime zu schla(g)en, und als er Ursache, waß er mit ime zu schaffen hette, gefraget, hat er geantwürt, daß er zu Gronover in der Greffte gesacht, er wolte de Kette machen, darinne er hangen solte. Dar doch Cleger nicht gewesen, und als er nicht aus dem Hause gekommen, sei Beclagter uber ein Glyndt (Zaun) gestegen und fur seine Schlapkammer gekommen und mit der Grepen ein Venster uffgebrocken und dar ehr im Bedde gelegen, zu ime eingestechen. Als Clegers Hausfrauw um Gemack und Fredde zu halten gebetten, hat er sie fur ein Schandthoer geschulden. Ist gewecken und begert in Gnaden Afdracht tho machen.

Bei nüchternem Kopf sah eben doch alles anders aus. Das war offenbar schon damals so! Schlimm stand es auch mit der Dieberei. Auch dazu bot der Grevener Markt günstige Gelegenheit:

(1592) De Wrede im Dorpe Greven hatt etzliche Botter und Keyse, Johan Krieter zu Coln zugehorig, als dieselbe das Spanische Kriegsvolck angehalten, von dem Wagen abgestollen. Und obwol ime bei Peen (Strafe) (von) 50 Goltgulden, dieselbe zu restitueren (zurückzugeben) gebotten, hat er gleichwol die Keise underschlieffet, biß daher, daß sie in der Haussuchung gefunden worden. Derhalben er gelobt, Abdracht zu machen, und gesatzt uff 10 Reichstaler.

Heinrich Thuninck in Greven, der wegen der gleichen Sache noch im Jahre 1594 angeklagt wurde, konnte sich durch Eid reinigen. Damals, beim Einfall der Spanier, kamen noch mehr Sachen weg. So beschuldigte Johan up dem Berge den Wrede am Sonntag Jubilate (21. April), daß „er der Zeit, als das Hispanische Kriegsvolk zu Greven eingefallen, einen Sack mit Kledern und Mantelen verloren, die in deß (Wrede) Hause weren". Doch wollte Wrede nichts davon wissen und beklagte sich über den Mutwillen des Johann von dem Berge, der ohne Grund mit einer Barden (= Hellebarden) in die Wand an seinem Hause geworfen habe. Im Jahre 1604 wurde Hermann Mennekinck „besprochen", daß er „negst gehaltenen Grever Markt einen frembden Kaufman auf dem Esche daselbst zu Greven in einer Scheuren thädtlich angefallen, ihme einen Beutel mit Gelde abgenommen, die Kleider zerrießen und durch den Armb gestochen; inmaßen er Beclagter folgenden Morgen den Beutel restituiren (zurückgeben) und dem Kaufman zu Handen stellen mußen". Im Jahre 1614 schlug bei einem Gelage in der Wirtschaft des Recke Heinrich vor der Hecke dem Johann Biderlacke eine Zinnkanne an den Kopf. Dieser selbst tat wenig später dem Zeller Bövemann ein gleiches. Beide büßten die jähzornige Tat mit ein paar Talern.

Dummejungenstreiche waren damals nicht weniger beliebt als heute, nur wurden sie damals schwerer gewogen und strenger geahndet. Als der junge Hilmer in Gimbte einer Magd des Schottelers das Melkfaß vom Kopfe stieß, wurde dies ebenso zur Anzeige gebracht wie der Streich, den Gerhard Autmaring mit dem jungen Johann Biederlack im Jahre 1615 einem Krämerjungen auf dem Grevener Esch spielten. Sie wollten zunächst bei ihm Hecheln kaufen. Als ihnen der geforderte Preis zu hoch schien, bediente sich der junge Autmaring selbst und „verehrte" die Hecheln seinem Kumpan Johann Biederlack, der sie an sein Pferd band und damit nach Hause zog. Nachmittags kam Autmaring dann allerdings reumütig zurück, um die also „gekaufte" Ware zu bezahlen. Trotzdem wurden beide vom Gografen in Strafe (Brüche) genommen.

Weit schlimmer als Prügelei und Gezänk, als Diebstahl und Dummejungenstreiche der Dorfjugend waren Mord und Totschlag. Im Jahre 1596 hatte beispielsweise ein gewisser Kort von Herford, wohl ein reisiger Knecht und Soldat, des Reckers Frau in (Ems-)Detten „in irer selbst Hause vermordet, derwegen er im Gogericht gefencklich angehalten und am 14. Februarii vor Recht gestalt und uffm Reckenfelt enthaubdet und uff ein Radt gelacht". Aber nicht immer gelang es, des Mörders habhaft zu werden. Von Christian Ebbichmann, der auf Grevener Markt im Jahre 1600 den Heinrich Helmans von Emsdetten in der Wirtschaft des Dietrich Recke jämmerlich ermordet hatte, heißt es im Gerichtsprotokoll: „ist aber alsovort nach begangener Thadt aus dem Gogericht entwichen."

Der Hingerichtete wurde stets unter dem Galgen verscharrt. Dieses Schicksal traf auch den, der während der Untersuchungshaft im Gefängnis starb, wie zum Beispiel im Jahre 1591 Stefan Nedderhellemann, der mit einem Kumpan zusammen dem Schulten von Hagen im Kirchspiel Osterwiek zwei Pferde gestohlen hatte. Er wurde im Kirchspiel Altenberge erwischt und im Schönefliether Turm in Ketten gelegt, „daselbst Steffen verstorben und under die Galge gegraben", wie der Gerichtsschreiber vermerkt. Man wird mit dem armen Sünder in Haft und Tortur (?) wohl nicht gerade sanft umgesprungen sein!

Hatte der arme Sünder Glück und vor allem gute Fürsprecher, dann mochte es ihm wohl glimpflicher ergehen. Im Protokoll des Jahres 1609/10 wird berichtet, wie Bernhard Blome im Dorf „wegen eines vorlengst ergangenen Niederschlags (= Totschlags) und anderer Excessen zu Schoenfliet gefenglich angehalten, endlich per sententiam ad exilium condemnirt (durch Gerichtsspruch zur Landesverweisung verurteilt), welches dan auf dessen Hausfrauwen vielfaltigs Suppliciren (Bitten) wiederumb aufgehoben und jegen Erlegung (von) 75 Reichstalern ihme das Geleidt wiederumb geben und verstattet" (ist). Der Totschläger kam also mit einer milden Buße davon.

Auch aus den Gogerichtsprotokollen des Beifangs Schöneflieth seien hier ein paar charakteristische Auszüge mitgeteilt, die ein buntes Sittengemälde aus der zweiten Hälfte des 16. Jahrhunderts darbieten. Um dem Bilde nichts von seiner ursprünglichen Frische zu nehmen, sind die Auszüge wörtlich wiedergegeben:

(1576) Brunsman' (zu Fuestrup) haith under seinen Schaipen ein Schaip gehapt, welchs Holtman zu Boickholte ubber achte Tag verloeren gehapt, und ist dem Schaip mitler Zeit die Stert kurtz abgehouwen und die Merckzeichen, so es im Oer zusein, ausgerissen worden, welche durch sol konnen bekundet werden, welche Vroege durch die Buirrichter Loißman und Westrup (beide Fuestrup) als Straetenmeher und Mollenmeher (Straßen- und Mühlenmär, d. h. offenkundiges Gerücht) am 24. Junii anno 76 von sich gethan, derwegen Brunsman und sein Scheper fur zubeden, den Rechtschuldigen aus ihnen zumachen.

(1577) Johan Werneke, Burger binnen Münster und Johann Fleige haben Lutken Laecksten eine unrechte Koe entscheret und binnen Münster gedreven, diesergestalt, daß Johan Werneke in majo anno 77 Lutken Laixsten eine roide Koe aifkopen willen, als sie aber des Koepes binnen Münster nit einich geworden, haith Werneke die Koe irst besehen willen, und als er derwegen folgens Tag an Laixsten huis mit Johan Fleigen gekommen und na die veele (feil, käuflich) koe gefraegt, haith die Frouwe in abwesent Laixsteins jme ein klein Metgen mit gethan, die roede Koe up der Heide zu wiesen, welchs als sie besehen haben und eine schwarte gehuvede Koe dair bie gangen, die besser gewesen als die roede Koe, haben sie die schwarte Koe unerlaubt na Münster getreben und dem Kinde 4 daler in die hant gethan, der Moder fur die Koe zubrengen, und haben ores Weges na der Schiffart gedreven furhabens die Koe bie Lyneman die Nachte ubber zuverlaissen. Dweil aber Schipman die Koe gekandt und sich verwundert, das Laeckstein seine beste Koe sollte verkofft haben, als haben sie die Koe stracks na Münster gesant, dair sie Laexstein des anderen Tags mit Widderwillen hen gehaelet und sein Gelt Johan Werneken widderumb gebrocht.

(1578) Die Naber zu Westerodde haith geklaget aver Schulten Elfinck und Schulten Honhof, beide seeshaftig in der burschap Herberen des kerspele zu Greven, daß sie, die beide Schulten obgnt. am 5. December anno 77 sich haben gelusten laißen ubber die Embse des Schevens (der Fußsteig;

vgl. u. S. 270 ff.) zu Greven bie Maiermans kampe, dair sich die Wech na Herberen und Gronover scheidet, als er die Naber am Avent spaede von Greben na Huiß wollen gaen, daß die beide obgnt. Schulten dem Naber und seinem Knechte im Duisteren angesprenget und gefraeget: „wat bistu für ein, giff Bescheit," wairauf des Nabers Knecht irstlich seinen Namen entdecket und damit sich von den Schulten obgnt. entmaket, der Naber aber hab dornech gekommen, den ouch der Schulte Elfinck angesprenget, geantwortet: „ich sie die Naber," wairauf Schulte Elfinck gesacht und geroepen: „bistu Schelm und du Verrheter dair" und haith Schulte Hanhof als vort zugesprungen und den Naber bie den Arm gegrepen und fast gehalten, dajegen die Naber angezeiget: „ich hab ja mit ju nichtz zudoen, wat wil gy my than?" Wairauf Schulte Elfinck geantwortet und gesacht: „wat sechstu, gy sinth alle in juwer Burschap Schelme und Boesewichter und Moerdeners," als hefft die Naber sie mit guiden Worden bejegnet und Godt gedancket, dat he mit sampt seinen Knecht ihnen entkommen muchte. Welchs Rumoer und Scheldinge nit allein die Naber und sein Knecht, sunder noch mehr ander Leute im und am Dorpe zu Greven gehoeret haben. Derwegen dieselben alle jegen Gerichtszeit am 8. Januarii durch Jurissubsidentcitation und Ladung vom Gogreven furbescheden sein worden anno 1578.

Nach den Strafsachen kamen die bürgerlichen Streitsachen zum Austrag. Martin Kock in Gimbte klagt 1582 gegen Sandtman, „daß ehr eine Oie (Mutterschaf) mit einem Lamme habe, welch sin sy, so ehr hiebevorens dem Scheiper thom Noerthove gesatt, begert dieselben tho restitueren (zurückzugeben). Darjegen Sandtman angewendt, ehr habe sie gekauft. Das Gerichte hat Merten Kock die Schape wedder umb zuerkandt, da ehr sie bekunden konne." Als nächster klagte Bernd Thuninck über „dei alde Vegesack" wegen geliehener 20 schlechter und 5 Reichstaler. Die Beklagte gibt die Schuld zu und will sich mit dem Kläger in den nächsten 14 Tagen gütlich vergleichen. Es folgte dann Richter zu Guntorpe, der von dem jungen Thieman 6 Reichstaler für ein Pferd einklagt, die er dem alten Thieman geliehen hätte. „Darjegen der junge Thieman glaubt die Clage nicht wair, dweil ime das Erbe leddich und loiß ingedain." Wendorpf klagte über die Pipenkottersche, daß sie ihm eine Sau (sogge) totgeschlagen habe, was jene aber leugnete. Das Gericht vermittelte einen gütlichen Vergleich. Schließlich klagte Oistman über Louwen, daß er ihm Telgen zu nahe gepflanzt habe, ferner daß er ihm von zwei Jahren die Pacht von einem Stück Land in Gestalt von einem Paar Hühner und einen Tag Mähen schuldig geblieben sei, worauf Louwe antwortete, das fragliche Land sei versetzt (verpfändet) und von den Hühnern und dem Mähen sei ihm nichts bewußt. Der Streit wurde daraufhin vertagt.

Die Unzahl der jährlich zur Anzeige gebrachten Straffälle wirft ein wenig erfreuliches Licht auf die sittlichen Verhältnisse auf dem platten Lande seit der zweiten Hälfte des 16. Jahrhunderts. Zweifellos sind daran neben der allgemeinen Sittenverwilderung der Zeit vor allem die häufigen Durchmärsche der spanischen Kriegshorden in den achtziger und neunziger Jahren des 16. Jahrhunderts schuld, wie aus der großen Zunahme der Delikte gerade in diesen Jahrzehnten hervorgeht. Der Dreißigjährige Krieg mit seinem grenzenlosen Elend wird dann das seinige zur Vermehrung der allgemeinen Zuchtlosigkeit und Verwilderung beigetragen haben. Leider liegen gerade aus diesen Kriegsjahren keine Gerichtsprotokolle mehr vor. Erst aus den Jahren 1659 bis 1664 und dann erst wieder seit dem Jahre 1700 sind einzelne Jahrgänge erhalten, die nun sehr deutlich erkennen lassen, wie sich in der Zwischenzeit die Verhältnisse merklich geändert haben. Die wenigen Jahrgänge aus der Zeit um 1660 zeigen zunächst einen beachtlichen Rückgang in der Zahl der zur Anzeige gelangten Bruchfälle. Wenn in den Jahren vor Ausbruch des Dreißigjährigen Krieges durchschnittlich 150 bis 180 Straffälle vor dem Gogericht tor Meest verhandelt wurden, von denen 80 bis 90 %/0 aufs Raufen und Schlagen zielten, so waren es jetzt durchschnittlich nur noch etwa 60 Fälle im Jahr, also ein starker Rückgang auf fast ein Drittel! Die Lust am Schlagen und Raufen hat wohl im gleichen Verhältnis zum Alkoholkonsum nachgelassen. Geschimpft wurde nach wie vor. Die

Schimpfworte sind nicht weniger grob und deutlich als vor 50 Jahren: Flaethmaul (Unflatmaul), Schoffhaken, Hundsvott, Gleisner, Lauelmaul, Mähre, Schelm, Drogres (?), schlaubissiger Hund usw. sind nur so ein paar Spitzenleistungen auf diesem Gebiet. Auch der konfessionelle Hader ist immer noch lebendig. Johann Notermann schalt 1661/62 den Patroklus Farver (auch Romeling genannt) einen kalvinischen Hund (dieser wollte aber nur lutherisch sein). Eine noch häßlichere Szene wenn auch zweifellos nur einen Dummejungenstreich, der aber bezeichnend für die Verrohung der Jugend ist, berichtet das Gerichtsprotokoll von 1659/60: Hilsings Sohne ist besprachet (angeklagt), daß als ein krank Mägdken, Elske Herspings, nacher Telgt auf die Prozession gewesen und auf einem Pferde gesessen, so ihr – weiln sie nicht hat gehen konnen –, verliehnet (geliehen), mit einer Schweppen (Peitsche) also gepitziget (aufgestachelt), daß das Pferd das Mägdken heruntergeworfen, getroffen und verletzet, daß sie es schwerlich verwinnen wirt".

Wesentlich anders sah es schon um 1700 aus. Was jetzt vor dem Gografen zur Sprache kommt, sind fast nur noch bürgerliche Streitsachen, meist – auch ein Zeichen der wirtschaftlich schlechten Zeit – Schuldklagen um größere und kleinere Summen, um verpfändete Äcker usw. Die Schlägereien haben zwar nicht ganz aufgehört, aber doch merklich abgenommen. Der Fall des Dietrich Herm. Kappelhoff, der im Jahre 1700 den Schulten Bönstrup aus nichtigem Anlaß bunt und blau schlug, erscheint fast wie eine Ausnahme. Das Repertoir an Schimpfworten, das noch vor ein, zwei Generationen von nicht zu überbietenden drastischen Roheit gewesen war, ist sehr zusammengeschrumpft und hat einen völlig anderen Jargon. Man schimpft sich jetzt (fast vornehm!) Canaille, Schelm, Esel oder Hundsvott!

Kriminalfälle gab es damals natürlich auch noch. Zwei Diebe, Hermann Levers genannt Reuterherm, dem nicht weniger als 16 bzw. 17 Diebstähle von Lebensmitteln bei mehreren Bauern nachgewiesen werden konnten, und Johann Menning, der u. a. bei Sch. Gronover einem Knecht 8 Reichstaler, desgleichen bei Sch. Tertilt einem Knecht 7 Rtl., auf vielen anderen Höfen seinen Mitknechten Geld, und schließlich auch aus dem Armenkasten bei St. Lazarus zu Kinderhaus 7 Schillinge gestohlen hatte, wurden mit „Strang und Ketten" nach Kaiser Karls V. peinlicher Halsgerichtsordnung vom Leben zum Tode befördert. Interessant ist auch der Fall des Berndt Gerbert alias Gildehaus aus Greven, der wegen irgendeiner nicht näher beschriebenen Sache früher einmal auf ewig aus dem Gogerichtsbezirk zur Meest verwiesen worden war. Der arme Teufel, wohl vom Heimweh geplagt, hatte sich in Greven doch wieder blicken lassen und damit seinen Eid gebrochen. Zur Strafe wurde ihm am Galgenposten „die forderen Glieder der beiden Finger, womit er geschworen hatte", abgehauen und er selbst nochmals auf ewig des Landes verwiesen!

Doch genug der Einzelheiten. Erwähnt werden muß, um kein falsches Bild zu bekommen, daß von den Verstößen gegen Moral und Sittlichkeit vor dem Gogericht nur die schweren Fälle zur Verhandlung kamen. Die „leichteren Sünden" wie die vorzeitigen oder unehelichen Geburten, strafte der Archidiakon als geistlicher Richter im Sendgericht, das er jährlich oder in mehrjährigem Wechsel in der Kirche zu Greven abhielt. Von den Protokollen dieses Gerichtes haben sich leider nur ein paar Jahrgänge aus dem 18. Jahrhundert erhalten (s. u. S. 157), die erkennen lassen, daß sich die Moral des Volkes nach dem Tiefstand des 16. und 17. Jahrhunderts sichtlich erholt hatte. Im Send von 1764, der offenbar der erste nach einer mehrjährigen, wohl durch den Siebenjährigen Krieg bedingten Pause war, wurden etwa 30 uneheliche*) und 8 vorzeitige, aber

---

*) Der Großteil der 30 unehelichen Kinder von 1764 war wohl der „Nachlaß" der zahlreichen Einquartierung während der voraufgegangenen Kriegsjahre!

durch nachfolgende Eheschließung legitimierte Geburten zur Anzeige gebracht und gestraft, im nächsten Jahre nur eine uneheliche und 5 vorzeitige, ebenso im Jahre 1771 nur 1 bzw. 6 straffällige Geburten.

Diese Gogerichtsverfassung, die wir im vorstehenden in all ihrer Vielfalt und Bedeutung kennengelernt haben, blieb, nachdem sie die großen Reformen des 16. Jahrhunderts gut überstanden hatte, bis zur französischen Fremdherrschaft gültig. Erst die Franzosen hoben sie kurzerhand auf und ersetzten sie durch die sogenannten Friedensgerichte in den einzelnen Cantonen – auch Greven bildete einen solchen Canton, – ohne daß diese Maßnahme, die das letzte Stück altgermanischen Rechtslebens zu Grabe trug, bei der Bevölkerung großen Unwillen erregt hätte; das von den Franzosen geschaffene gleiche Recht für alle brachte ja auch wirklich einen großen und in die Augen springenden Fortschritt gegenüber dem alten Gerichtsverfahren, das den priviligierten Ständen gegenüber dem einfachen Volke doch große Vorteile bot.

Dem Gogericht untergeordnet waren die Bauergerichte (Burgerichte), deren es für jede Bauerschaft eins gab. An der Spitze desselben stand der Bauerrichter, dem wir beim Gogericht bereits als dem Führer seiner Bauerschaft begegnet waren. Das Amt bekleidete fast immer einer der Schulten, so in Westerode Schulte Gronover, in Herbern Schulte Grotthoff, in Hembergen Schulte Tomdiek, in Maestrup Schulte G. Maestrup, in Schmedehausen Schulte Jochmaring, in Bockholt Schulte Bockholt, doch wechselte es auch wohl bei den Altbeerbten reihum. So war in Schmedehausen 1802 Zeller Bergfeld Bauerrichter, in Fuestrup Zeller Sandmann. In den Bauerschaften, die keine Schultenhöfe hatten, war natürlich einer der Vollerben Bauerrichter, so in Guntrup beispielsweise Zeller Rotweg.[248]) Verhandelt wurden vor dem Bauergericht, das auf dem Burbrink (Westerode) oder Thie (= Ding)*) gehalten wurde, nach der Gerichtsordnung von 1571 (S. 86) alle „Possessorisachen von Stegen, Wrechten (= Zäune), Zeunen, wegen Wasserflussen, Frontirungen und Bepalungen der Lendereien, auch was in oder zu einem andern Gut gebraucht und gehörig zu sein erachtet werden und dergleichen Veltsachen, darin allein des bloessen Besitz oder Prauchs halben wie obgemelt gehandelt würde, doch allein zwischen Bawrsleuten getrieben und ventilirt werden". In modernes Amtsgerichtsdeutsch übersetzt, also alle Zivilsachen unter 1000 Mark!

Auch im Dorf Greven hat es ein solches niederes Gericht gegeben, wenn auch in den Akten selten davon die Rede ist. Wie auf dem Lande war zweifellos allen bestehenden Verordnungen über eine geregelte Protokollführung zum Trotz auch vor ihm das Verfahren mündlich. Wahrscheinlicher aber noch wurde das dörfliche Burgericht, von dem Gografen des Gogerichts tor Meest selbst wahrgenommen, denn es ist nicht anzunehmen, daß dieser außer an den drei gebotenen Gerichtstagen, an denen die gesamte männliche Bevölkerung teilnehmen mußte, auch zu den gewöhnlichen Gerichtstagen, an denen nur die Schöffen teilzunehmen brauchten, jedesmal auf die Meestheide geritten wäre. Im Jahre 1580 ist von der „gewontlichen" Gerichtsstätte im Dorf, vom „richtestoel", am Kirchplatz, die Rede.[249]) 1607 wird das Gerichtshaus (eine Laube?) erwähnt und 1653 eine Verhandlung „in campo dominico" (auf dem Kirchplatz). 1715 wurde ein Gerichtsakt „an Hermann Wessels Haus im Gerichte" aufgenommen. Alle diese verschiedenen Bezeichnungen beziehen sich auf die gleiche Stelle des Kirchplatzes an der Ecke der Marktstraße.[250]) Hier also hielt der Gograf seine gewöhnlichen Gerichtstage, an denen er auch die Zivilstreitigkeiten der Dorfbevölkerung zum Vergleich oder zur Sühne brachte.

Neben dem Gogericht und seinem Untergericht, dem Bauergericht, gab es nun noch ein drittes Gericht, das Freigericht, dem aber nicht mehr die ganze Gemeinde bzw. das

---

*) Daher die häufigen Höfenamen Thiemann, Brinkmann usw.

ganze Kirchspiel unterstanden, sondern nur einzelne Bauern. Die Entstehung dieser Freigerichte, aus denen sich im späten Mittelalter die berüchtigten Vemegerichte entwickelt haben, liegt noch im Dunkel. Man sieht in ihnen Sondergerichte, die auf fränkische Einrichtungen zurückgehen und für die freien (fränkischen?) Bauern im Lande zuständig gewesen sein sollen. Wie dem auch sei, es unterstanden diesem Gericht im Hochmittelalter nur noch einige wenige Bauern im Lande.

Der Bereich des Amtes Greven gehörte zu einem Freigerichtsbezirk, der nicht weniger als 15 Kirchspiele umfaßte, nämlich neben Greven und Gimbte noch Nordwalde, Altenberge, Nienberge, Körde, Handorf, die drei Münsterschen Kirchspiele St. Mauritz, Überwasser und Lamberti außerhalb der Stadt, Hiltrup, Amelingbüren, Albachten, Roxel und Hembergen. In dieser Grafschaft lagen mehrere Gerichtsstühle: nämlich in Greven, Hansell, Hoenhorst, Mecklenbeck, Welkinchtorpe (?), Nordwalde und Jüddefeld (vor den Toren der Stadt Münster). Diese Freigrafschaft besaß der Bischof von Münster von alters her, vermutlich als ein Geschenk jener beiden Grafen Gottfried und Otto, die später als die Gründer des Klosters Cappenberg die Grafen von Cappenberg genannt wurden, und die, als sie im Jahre 1122 dieses Kloster gründeten und von der Welt Abschied nahmen, um als schlichte Mönche fern vom Kampfeslärm der Welt Gott zu dienen, ihre weltliche Macht mit über hundert Dienstmannen dem Bischof von Münster überließen. Vom Bischof trug die Familie von Schonebeke (Schönebeck im Ksp. Roxel/Altenberge) die Grafschaft zu Lehen, d. h. der Bischof übertrug dem Ritter von Schonebeck die Verwaltung des Gerichtes, wofür er dem Bischof Kriegs- und andere Dienste leisten mußte. Dafür durfte er aber die Erträge der Freigrafschaft an Bußgeldern usw. für sich behalten. Die Herren von Schonebeke gehörten zu den mächtigsten Rittern unter der Gefolgschaft des Bischofs von Münster, denn außer der Freigrafschaft besaßen sie noch reiche Eigengüter und zahlreiche Höfe des Domkapitels zu Lehen, darunter die Amtshöfe in Aldrup, Dahl (im Ksp. Altenberge) und Vadrup (Schulte Hobbeling) mit vielen zugehörigen Höfen, ferner noch eine ganze Anzahl von Zehnten. Die Zehnten in den Bauerschaften Drentrup, Hembergen, Guntrup, Sprakel, Aldrup, Brintrup und Wichtrup trugen sie vom Domkapitel zu Lehen. Im Jahre 1282 verkaufte Dietrich von Schonebeke die große Freigrafschaft an den Bischof von Münster, wohl nicht ganz freiwillig, denn er war dem Bischof durch seine große Macht lästig geworden und hatte wohl auch in der voraufgehenden, rechtlosen Zeit des Interregnums, als fremde Herren sich um die Krone des Deutschen Reiches stritten und auch im Bistum Münster einmal vier Jahre lang der Bischofsstuhl des Hl. Liudger verwaist war, seine Stellung zu Gewalttaten gegen die armen Bauern und Städter mißbraucht. Wie es ihm weiter erging, wird bei der Geschichte der Burg Schöneflieth noch zu berichten sein, hier genügt die Feststellung, daß er im Jahre 1282 seine Freigrafschaft an den Landesherrn verkaufte,[251] der sie nun aber nicht selbst behielt, sondern bald darauf – das genauere Datum ist nicht bekannt – an die Stadt Münster weiterverkaufte, vielleicht noch vor Ablauf des Jahrhunderts; doch begegnet erst zum Jahre 1316 ein städtischer Freigraf. Bis zum Erlöschen des Freigrafenamtes im 17. Jahrhundert, ist die Stadt Münster im ungestörten Besitz der Freigrafschaft geblieben. Seit dem späten Mittelalter hat diese allerdings kaum noch eine Bedeutung gehabt, da sich immer mehr Freibauern ihrer Freiheit begaben, doch war es im 14. und 15., vielleicht auch noch im 16. Jahrhundert wichtig für die Stadt, ein eigenes Freigericht im Besitz zu haben, mit dem es sich gegen Ladungen an fremde Vemgerichte, wie sie jetzt auch hießen, schützen konnte.

Der oben unter den Dingstühlen der Freigrafschaft an erster Stelle genannte Stuhl zu Greven begegnet in den Urkunden schon zum Jahre 1172, als der Edle Bernhard von Ibbenbüren einige Freigüter vor dem Freigrafen Bennico in Greven dem Überwasserstift in Münster schenkte.[252]) Die im Umstand auftretenden Freien seines Gerichtes werden leider nicht mit Zunamen bezeichnet, mit Ausnahme des Sigifridus de Hotighusen, der sich aber im Grevenschen schlecht unterbringen läßt, wenn man ihn nicht nach Hüttrup versetzen will. Erst im Jahre 1291 wird dann wiederum ein Freigraf, der Knappe Conrad de Dicke, mit seinen Freischöffen Engelbertus de Westerode, Goscalcus Vunder, Willebrandus advocatus (der Vogt), Renfridus de Bunstorpe, Gotfridus de Vorsthove (Bauerschaft Schmedehausen), Gerhardus dictus Tegeder (genannt der Zehntner = Tegeder, Bauerschaft Wentrup) und Dietrich der Dinggraf.[253]) Bis ins 17. Jahrhundert läßt sich der Freigraf in Münster noch nachweisen, der nach einer Aussage des Grevener Vogtes Johann Pröpsting von 1606[254]) auch in Greven zweimal jährlich Gericht halten mußte. Doch sind keinerlei Einzelheiten über diese Gerichtstage überliefert.

Eine sehr wichtige Nachricht über das Grevener Freigericht stammt aus noch jüngerer Zeit. In einer Verkaufsakte vom 14. Dezember 1662 wird nämlich die Freigerichtsstätte in Greven genannt. Vereinzelt wird zwar auch schon vorher das Freigericht bei Greven (in loco dicto dinchstede prope Greven) genannt, so 1344,[255]) doch geht aus dieser Erwähnung nicht hervor, wo die Gerichtslinde stand, unter der der Freigraf Recht sprach. Nach der Urkunde von 1662[256]) erwarb der Küster Heinrich Blome von dem Zeller Albachten das Grundstück, das seine Vorfahren (Großeltern) Recke von diesem gepachtet hatten, jetzt zu eigen. Die Lage desselben wird darin beschrieben „zwischen Lindenschmitz ahn Suedt- und der Bakenstegge an der Nortseiten..., bei dem also genanten Freygerichtsstuel".

Die Lage des Freigerichtsstuhles ist damit eindeutig auf die Ecke der Bakenstiege und der Marktstraße erwiesen. Die Angabe von 1344: „prope (= bei)" Greven stimmt so in der Tat, denn die Bakenstiege lag noch bis um 1600 außerhalb des Dorfes (o. S. 103). Die alte Gerichtslinde hat noch im vorigen Jahrhundert gestanden. Auf dem Urkataster von 1828 steht sie noch eingezeichnet.*) Wann dieses altehrwürdige Erinnerungsmal an das Grevener Freigericht verschwunden ist, war nicht mehr festzustellen. Es hat wohl auch keiner mehr gewußt, welche geschichtliche Erinnerung sich an den alten Baum knüpfte.**)

---

*) 1860 wollte der Holzschuhmacher Wulf, dem das Nachbargrundstück gehörte, die beim Bakenkreuz stehenden Bäume (zwei Linden, eine Eiche und zwei Kopfstücke) fällen lassen. Er durfte aber nur die beiden Kopfstücke wegschlagen, die anderen Bäume mußte er stehen lassen (AAG II i Nr. 47).

**) Der Vollständigkeit halber müssen hier auch noch die Marken- bzw. Holzgerichte erwähnt werden, doch sind sie schon in anderem Zusammenhang besprochen worden (o. S. 57 ff.).

5

Die kirchlichen Einrichtungen im Bereich des Amtes Greven

Über den Anfängen des kirchlichen, christlichen Lebens in den beiden Kirchspielen Greven und Gimbte liegt das Dunkel der Geschichte. Von dem Bestehen einer Kirche in Greven erfährt man ganz beiläufig zum ersten Male zum Jahre 1172, zu einer Zeit also, in der sie gewiß schon viele Jahrzehnte, ja Jahrhunderte bestanden hatte. [257]) Mit der kleinen Kirche in Gimbte ist es nicht viel anders. Sie ist erstmalig rund hundert Jahre später, um 1260, bezeugt.[258]) Trotzdem brauchen wir bei solch dürftigen Notizen späterer Jahrhunderte nicht stehenzubleiben. Die Heimatforschung hat in emsiger Arbeit viele und gute Gründe zusammengetragen, die es erlauben, die Entstehungszeit der Kirchen unserer Heimat viel höher hinauf zu verfolgen, als es nach den rein zufälligen, urkundlichen Erwähnungen möglich wäre.

Die Kirche in Greven gilt allgemein als eine Gründung des Hl. Liudger, des ersten Bischofs von Münster, dem Kaiser Karl der Große nach der Unterwerfung der Sachsen, des letzten noch heidnischen, germanischen Stammes, das Münsterland ums Jahr 792 als Nachfolger des ersten Missionars Bernrad übertragen hatte. In der noch der ersten Hälfte des 9. Jahrhunderts angehörenden Lebensbeschreibung des Heiligen (gest. 809) aus der Feder seines Schülers und zweiten Amtsnachfolgers Altfried (gest. 849) wird berichtet, daß er an vielen Orten seines Bistums (per loca singula) Kirchen gründete und Priester zur Unterrichtung und Leitung der Gläubigen bestellte.[259]) Greven wird nun zwar nicht ausdrücklich als einer dieser Orte genannt. Altfried ist überhaupt sehr sparsam in seinen lokalgeschichtlichen Angaben, und er nennt als Orte, in denen Liudger Kirchen gründete, neben Münster nur Coesfeld und Billerbeck, und auch diese beiden nur rein zufällig, weil sie beim Tode des Heiligen eine Rolle spielten. Trotzdem lassen sich Gründe genug finden, die eine Gründung der Grevener Kirche schon zu dieser frühen Zeit als sicher erscheinen lassen.

Da ist einmal der große Umfang des Kirchspiels Greven, das nach der Katasteruraufnahme von 1828 fast 53000 Morgen umfaßte. Dazu ist das nicht einmal mehr die ursprüngliche Größe. Im Laufe der Jahrhunderte hat nämlich das Kirchspiel an mehreren Stellen nicht unerhebliche Einbußen erlitten. So hat, um im Norden zu beginnen, anfänglich auch das kleine Kirchspiel Hembergen ganz zu Greven gehört. Noch bei der Visitation des Jahres 1571 wird die Hemberger Kirche als eine von der Grevener Kirche abhängige Kapelle bezeichnet.[260]) Sie ist frühestens gegen Ende des 12. Jahrhunderts gegründet und erst gegen Ende des 13. Jahrhunderts zur selbständigen Pfarrei erhoben worden.[261]) Bei der Gründung der Kirche in Nordwalde, die man wohl der zweiten Hälfte des 12. Jahrhunderts zuschreiben darf,[262]) ist vermutlich auch ein Teil der Bauerschaft Westerode (deren Name auf eine ursprüngliche Zugehörigkeit zu Greven hinweist) dem neuen Pfarrsprengel zugelegt worden. Auf die ganze große Bauerschaft hatte der Pfarrherr von Greven wohl nicht verzichten wollen; so teilte man sie, wobei dann der Mühlenbach auf weite Strecken als Grenze bestimmt wurde.*) Auch im Süden hat die Kirche in

---

*) Erst neuerdings hat die Kirche in Greven den Südzipfel der Bauerschaft Westerode, die alte Nachbarschaft Holtrup, an die 1921 errichtete Pfarrei St. Johann Nep. in Hansell abgetreten.

Greven ein Stück ihres Pfarrsprengels abgeben müssen, als hier auf dem Grund und Boden des Bispinghofes zu Gimbte im 11. oder 12. Jahrhundert eine Kirche errichtet wurde, die nun auch eigene Pfarrechte erhielt und der man den Südzipfel des Kirchspiels Greven und dazu noch einen kleinen Teil der alten Dompfarrei Münster, der damals allerdings bereits zum Kirchspiel St. Mauritz gehörte, nämlich die beiden Höfe Große und Lütke Laxen, zulegte.

Weitere Verluste hat die Grevener Kirche an ihrem Pfarrsprengel dann nicht mehr erlitten. Man hat allerdings wohl angenommen, daß ursprünglich einmal auch der ganze Norden des Kirchspiels Westbevern, also die Bauerschaft Brook und die Brüskenheide, nach Greven eingepfarrt gewesen sei.[263] Dagegen spricht aber zunächst einmal die übergroße Entfernung der hier gelegenen Siedlungen vom Kirchort. Hätten dann doch die Bauern in der Brüskenheide, beispielsweise der Schulte Lintel, einen Kirchweg von über drei Stunden gehabt! Dabei führte nicht einmal ein direkter Weg, geschweige denn eine Straße von dort nach Greven. Dazu kommt noch, daß die Bauerschaft Brook im Kirchspiel Westbevern mit der gleichnamigen Bauerschaft im Kirchspiel Ostbevern anfänglich gewiß eine Bauerschaft gebildet hat, die erst bei der Abteilung der Filialkirche Westbevern von der Mutterkirche Ostbevern in zwei Teile zerrissen wurde. Da man sich bei der räumlichen Begrenzung der Kirchsprengel weitgehend an die im Lande vorgefundenen altsächsischen landschaftlichen und politischen Gliederungen hielt, deren letzten Überbleibsel in den Gogerichten des Mittelalters zu vermuten sind, weisen auch hier die Grenzen der beiden Gogerichte tor Meest und Telgte den richtigen Weg. Das Kirchspiel Westbevern mit all seinen Bauerschaften gehörte stets zum Gogericht Telgte, d. h. die Kirchspielsgrenze zwischen Greven und Westbevern entsprach genau den alten Gogerichtsgrenzen. Aus diesem Grunde wird daher Greven bei der Gründung des Kirchspiels Westbevern, die vermutlich auch gegen Ende des 12. Jahrhunderts anzusetzen ist, nichts von seinem Pfarrgebiet an diese neue Pfarrei verloren haben. Erst im Jahre 1906 wurde der äußerste Zipfel der Bauerschaft Fuestrup, der sogenannte Schultenhook, dessen Bauern einen Kirchweg von fast $2^1/_2$ Stunden hatten, nach dem viel näheren Westbevern umgepfarrt, wohin sie sich allerdings schon seit langem gewohnheitsmäßig gehalten hatten.[264]

Trotz dieses Abstriches bleibt das Urkirchspiel Greven immer noch so groß, daß schon allein aus dieser seiner Größe ein sehr hohes Alter der Kirche in Greven erschlossen werden darf. Zwar waren weite Strecken innerhalb des Kirchspiels von Heide und Sand bedeckt – 1828 waren es noch rund $^3/_5$! –, dazwischen aber lagen im Emstal und am Eltingmühlenbach oder wie es im Mittelalter noch hieß, an der Schmedesbeke zahlreiche uralte Siedlungen, die zum größten Teil bis in die altsächsische, ja vorgeschichtliche Zeit zurückreichen. Diese dichtbevölkerten Siedlungen konnten nicht lange ohne geistliche Betreuung bleiben, sollte anders nicht das mühsam gepflanzte Reis des Christentums in kurzer Zeit wieder verkümmern und verdorren und die an sich schon zäh und treu am Brauchtum der Väter festhaltende Bevölkerung wieder ins Heidentum zurückfallen. Die Kirchen ringsum: Gimbte, Nordwalde, Hembergen, Emsdetten, Saerbeck, Ladbergen (im Bistum Osnabrück), Westbevern, sind nachweislich alle jüngeren Datums. Sie gehören dem 10., 11. oder 12., wenn nicht gar erst dem 13. Jahrhundert an. Die nächsten Kirchen, die mit einiger Wahrscheinlichkeit in die Anfangszeit des Bistums, d. h. ins frühe 9. Jahrhundert oder gar ins ausgehende 8. zurückdatiert werden können, sind Rheine im Norden, die Taufkirche des Bursibantgaues, Lengerich im Bistum Osnabrück, dann Telgte im Südosten, die Mutterkirche von Ost- und Westbevern, im Süden dann die Bischofskirche von Münster selbst und schließlich im Südwesten Altenberge, deren Filiale die Kirche in Nordwalde war. So bleibt innerhalb dieses doppelten Kranzes

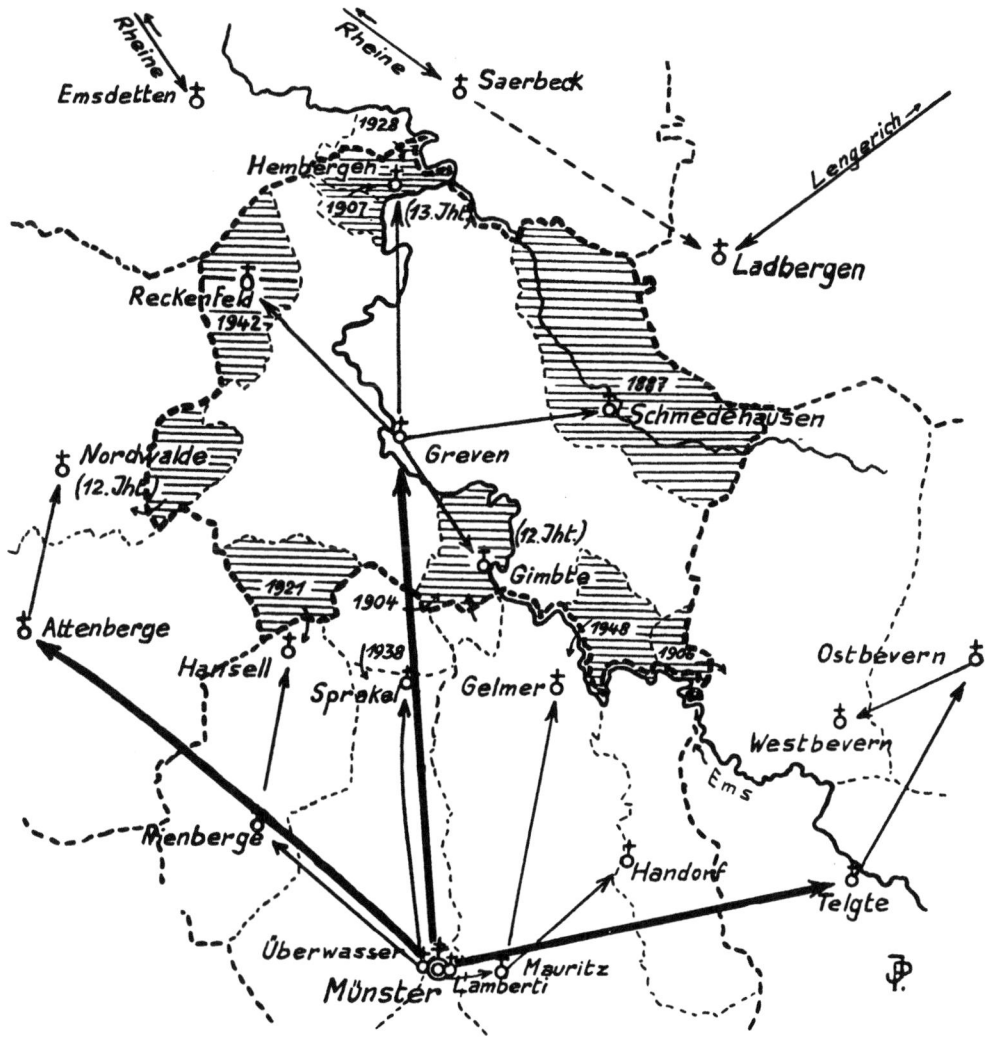

Abb. 23. Die räumliche Entwicklung des Urkirchspiels Greven. 1 : 200 000

➤	die von Münster aus gegründeten Urpfarreien des 8. und 9. Jahrhunderts
→	die Tochtergründungen der Urpfarrkirchen
▬ ▬ ▬ ▬	die Grenze des Urkirchspiels Greven
– – – – –	heutige Kirchspielsgrenzen
≡≡≡	Verluste des Urkirchspiels Greven. Die Jahreszahlen geben das Datum der Abtretung des betr. Gebietes an

von älteren und jüngeren Kirchen einzig die Kirche in Greven, die älter gewesen sein kann und muß. Dafür lassen sich noch weitere gewichtige Gründe ins Feld führen: Zunächst das Patrozinium der Kirche, der Hl. Martin. Dieser galt in fränkischer Zeit geradezu als Nationalheiliger. Gelegentlich kommen zwar auch in späterer Zeit noch Kirchengründungen auf den Namen dieses volkstümlichen Heiligen vor – es sei nur an die Martinikirche in der nahen Stadt Münster aus dem Ende des 12. Jahrhunderts erinnert –, doch das sind Ausnahmen. Bei der Grevener Martinskirche darf unbedingt dieses ausgesprochen fränkische Patrozinium als ein Zeugnis für das hohe Alter der Kirche gewertet werden.

Ist es richtig, daß der Ort eine fränkische Gründung war, daß fränkische Beamte hier für ihren König einen Stützpunkt schufen, dann waren sie es auch, die der hier gegründeten Kirche den Hl. Martin zum Patron gaben, jenen Heiligen, dem im fränkischen Königshause stets besondere Verehrung gezollt wurde. Mit dem königlichen Dorf ging im Laufe des 9. Jahrhunderts auch diese königliche Eigenkirche in den Besitz des Bischofs von Münster über, der seitdem Patronatsherr der Grevener Kirche war, und dem damit das Recht zustand, den Pfarrer in Greven zu bestimmen. Dieses Recht besaß der Bischof, von einigen wenigen Ausnahmen abgesehen, immer nur bei den ältesten Kirchen der Diözese, die mit großer Wahrscheinlichkeit in die Anfangszeit des Bistums zurückdatiert werden können.

Viele Generationen hindurch hat das anfangs gewiß nur kleine und aus Holz gebaute Kirchlein in Greven den religiösen Bedürfnissen der Bevölkerung aus dem weiten Kirchspiel genügt. Indes die weiten beschwerlichen Wege, die viele von den entlegenen Bauern jeden Sonntag zurückzulegen hatten, die großen Überschwemmungen der Ems zur Winterszeit, die es den Bewohnern von Gimbte und Hembergen beispielsweise zeitweise ganz unmöglich machten, ihrer Sonntagspflicht zu genügen, und nicht zuletzt auch die zunehmende Vertiefung des religiösen Lebens und der steigende Drang des mittelalterlichen Menschen nach Betätigung im Dienste der Kirche zum Heile der eigenen Seele und auch der des Nächsten, führte zur Errichtung neuer Kirchen und zur Gründung weiterer Pfarreien. Die ältere von den beiden in dieser Hochzeit des religiösen Lebens des Mittelalters von der Kirche in Greven abgeteilten neuen Pfarrkirchen war die St. Johanneskirche in Gimbte, deren Entstehungsgeschichte deshalb auch zuerst berichtet werden soll.

Die zahlreichen Kirchengründungen seit dem Ausgang des 10. Jahrhunderts – von den rund 160 Kirchen, die das Bistum Münster gegen Ende des 13. Jahrhunderts zählte, gehörten weit über die Hälfte dieser Zeit an – waren nicht mehr das Werk der bischöflichen Kirchenorganisation, sondern gingen zum größten Teil auf die Initiative der Laienwelt zurück. So haben auch in Gimbte die Grundherren des Dorfes als die Gründer der Kirche zu gelten. In der fraglichen Zeit besaß das Überwasserstift in Münster den Haupthof im Dorf, den neben der Kirche gelegenen Bispinghof, der mit den Höfen Rötgermann und Gerdemann und einigen außerhalb Gimbtes gelegenen Höfen einen Wirtschaftsverband (villicatio) bildete und der dem Stift zweifellos schon bei seiner Gründung im Jahre 1040 von dem damaligen Bischof Hermann I. von Münster geschenkt worden ist.[265] Der Name des Haupthofes, Bisping bzw. Bischoping = bischöflicher Hof, Hof des Bischofs, weist auf seine Herkunft aus der bischöflichen Schenkung hin. Auf der Karte läßt sich noch recht gut ausmachen, wie das Kirchengrundstück aus den Hofesgründen dieses Hofes herausgeschnitten worden ist. Hieraus ergibt sich schon zur Genüge, daß das Überwasserstift als Grundherr und Besitzer dieses Hofes auch die Kirche gegründet haben muß. Das findet auch darin seine Bestätigung, daß von jeher und bis zur Aufhebung des Stiftes im Jahre 1773 der Pfarrer von Gimbte stets von der

Äbtissin von Überwasser präsentiert wurde. Ob und wieweit die Bauern von Gimbte, besonders der Schulte Bisping selbst, an dieser Gründung beteiligt waren, steht dahin, es darf aber doch wohl angenommen werden, daß das Stift von sich aus zunächst wohl wenig oder gar kein Interesse an der Gründung und Errichtung der Kirche haben konnte. Der erste Anstoß kam vielleicht doch aus Gimbte selbst. Der Kirchweg nach Greven war ja auch, weiß Gott, weit und beschwerlich und oft genug, wenn die Ems über die Ufer getreten war, gefährlich oder sogar völlig unpassierbar. Zudem wurde die alte Kirche in Greven für die stetig zunehmende Bevölkerung zu klein, so daß schon aus diesem Grunde die Errichtung einer neuen Kirche in Gimbte wünschenswert genug erscheinen mochte. Der wachsende religiöse Sinn der Zeit tat das Seinige dazu, so daß im Laufe des 12. Jahrhunderts der Wunsch der Gimbter Bauern in Erfüllung ging und sie ein eigenes kleines Kirchlein erhielten. Das Stift Überwasser als Grundherr des Bispinghofes gab den Grund und Boden für Kirche und Pfarrhaus her.*) Das meiste taten aber die Bauern selbst: Spannfuhren für die Herbeischaffung der Baumaterialien, Hergabe des nötigen Bauholzes aus der gemeinen Mark und schließlich wohl auch die Anweisung und Überlassung von Ackerland, Wiesen und Weiden für den Wedemhof, den Pfarrhof und auch für die Kirchenbedürfnisse wie Kerzen, Wein für das Meßopfer und was sonst für den Kultus benötigt wurde. Das Johannesland, so genannt nach dem Patron der neuen Kirche, dem Hl. Johann dem Täufer, erinnert noch heute an den Opfersinn der damaligen Gimbter Bauern.

Es wurde schon erwähnt, daß der neue Pfarrsprengel nicht nur aus Teilen der alten Grevener Pfarrei gebildet wurde. Die beiden Höfe Große und Lütke Laxen gehörten zu den Gehöften der alten Dompfarrei, die Bischof Sigfrid von Münster (1022–1032) einer neu zu gründenden Pfarrei in Körde zuweisen wollte.[266] Aus nicht mehr bekannten Gründen ist es zu dieser Pfarrgründung damals nicht gekommen. Die Zeit war wohl noch nicht reif dafür, zudem wollten die beteiligten Pfarrer der Umgegend, die Teile ihres Sprengels an die neue Kirche abtreten sollten, wohl ihre Zustimmung nicht geben. Als dann aber ums Jahr 1070 dem damals neu gegründeten Stift St. Mauritz vor den Toren der Stadt Münster ein großer Teil der alten Dompfarrei zugelegt wurde,[267] war auch die Siedlung Legsetin darunter. Ein Jahrhundert später (?) wurden die Höfe dann der neuen Kirche in Gimbte zugelegt. Das geschah wohl auf Betreiben des Überwasserstiftes, das auf diesem Wege seinen Hof Lütke Laxen auch unter die Aufsicht seines Pfarrers in Gimbte bekam. Dazu war auch der Kirchweg jetzt für die Laxen-Höfe wesentlich kürzer! Aber auch die alten Pfarrechte von St. Mauritz über die Laxen-Höfe fanden bei der Gründung der Kirche in Gimbte Berücksichtigung. Hatte bei Gründung der Pfarrei St. Mauritz der Bischof dem Dechant dieser Stiftskirche die Archidiakonatsrechte, also das geistliche Aufsichtsrecht über diesen Pfarrsprengel verliehen,[268] so wurde bei der Gründung der Pfarrei Gimbte dieses Recht des Dechanten über Laxen nicht nur anerkannt, sondern auf die ganze Pfarrei Gimbte ausgedehnt. Der für Greven zuständige Archidiakon – es war der Propst von St. Ludgeri in Münster – verlor damit sein Aufsichtsrecht über Gimbte an den Dechanten von St. Mauritz. Der Pfarrer von Gimbte wurde also von dem Stift Überwasser dem Archidiakon präsentiert und dann von dem Dechanten zu St. Mauritz eingeführt.

Doch genug der Einzelheiten über das Kirchspiel Gimbte. Die Entwicklung des Kirchspiels Greven war mit dieser Abspaltung Gimbtes noch nicht abgeschlossen. Es bleibt noch die Gründung der Kirche in Hembergen zu betrachten. Die Urkunden

---

*) Der Pfarrhof soll allerdings auf Schulte Nordhoffs Grund stehen. Dieser wäre dann von dem Besitzer des Hofes, dem Edelherrn von Elen gestiftet.

schweigen sich allerdings über die ältere Geschichte Hembergens völlig aus. Noch das Register über die im Bistum Münster gelegenen Pfarrkirchen aus dem Jahre 1313, das inhaltlich älter ist und vermutlich aus der zweiten Hälfte des 13. Jahrhunderts stammt, nennt die Kirche nicht.[269]) Dagegen wird in einer Urkunde von 1283, in der Dietrich von Schonebeck, Besitzer der Burg Schöneflieth, dem Bischof von Münster die Freigrafschaft über fünfzehn um Münster gelegene Kirchspiele verkauft, auch die parrochia Hemberge genannt.[270]) Man darf also annehmen, daß die Gründung der kleinen Filialgemeinde kurz zuvor erfolgt ist.*) Der Titelheilige der Hemberger Kirche war der Hl. Servatius. Das Patronatsrecht besaß der Bischof von Münster.[271]) Er wird auch für den Gründer der Kirche gehalten.[272])

Die Sage will es allerdings anders wissen. „Laut einer alten Chronik," so berichtet im Jahre 1822 der Pfarrer Reckvers von Greven,[273]) „hatte der Graf von Tecklenburg in Vorzeiten ein Jagdschloß im Kirchspiel Greven in Hembergen (der jetzige Schulte Autmaring hat vor zwei Jahren – also 1820! – noch rudera (= Ruinen) davon in seinem Garten entdeckt). Auf diesem Jagdschlosse hat sich lange Zeit eine aussätzige Gräfin aufgehalten, die sich, da sie sich von der Welt fernhalten mußte, ihren eigenen Geistlichen unterhielt. Dieser Geistliche versorgte nebst der Gräfin auch die anderen Bewohner des Jagdschlosses in rebus divinis (= in religiösen Dingen). Das Jagdschloß ist nachher zerstört, aber aus dem Bauhofe in der Hovesaat ist der Schulte Autmaring hervorgegangen, und aus der Wohnung des herrschaftlichen Schäfers ist der Kotten des Löbcke entstanden. Die Kirche ist geblieben." Wenn diese Sage recht hätte, müßte zum mindesten der Graf von Tecklenburg auch späterhin das Patronatsrecht über die Hemberger Kirche ausgeübt haben. Doch davon ist nichts bekannt. Aber das ist noch kein Grund, die alte Sage ganz zu verwerfen.**) Hat doch der Graf Nikolaus von Tecklenburg im Jahre 1400 nach seiner verlorenen Fehde gegen die Bischöfe von Münster und Osnabrück auf alle seine Rechte in den Kirchspielen Bevergern, Riesenbeck, Saerbeck, Greven, Hembergen, Emsdetten, Rheine usw. zugunsten des Bischofs von Münster verzichten müssen (s. o. S. 98). Es ist gut möglich, daß unter diesen Rechten auch das Patronatsrecht über die Hemberger Kirche war. Ob allerdings die Erzählung von der aussätzigen Gräfin den geschichtlichen Tatsachen entspricht, läßt sich heute nicht mehr entscheiden. Die Geschichte der Grafen von Tecklenburg weiß davon nichts.

Wichtiger ist die Tatsache, daß sich auf Grund des Patroziniums des Hl. Servatius, dessen Verehrung gerade gegen Ende des 12. Jahrhunderts überall in hohem Schwange war – auch hierfür bietet das nahe Münster mit der aus dieser Zeit stammenden Servatikirche ein gutes Beispiel –, sagen läßt, daß die Kirche in Hembergen aller Wahrscheinlichkeit nach auch in dieser Zeit gegründet worden ist. Allerdings mußte sie sich längere Zeit mit dem Range einer Kapelle begnügen, denn Pfarrkirche wurde sie erst in der zweiten Hälfte des 13. Jahrhunderts.

Schuld daran war wohl die schwierige Abfindung der Rechte des Pfarrers zu Greven, dem man gerade erst zahlreiche leistungsfähige Höfe abgenommen hatte und der nun nicht schon wieder so viele und schöne Höfe aus seinem Pfarrverbande entlassen wollte. So kam es dann offenbar zu einem Kompromiß, demzufolge der größte Teil der Bauerschaft Hembergen auch weiterhin bei der Mutterkirche in Greven verblieb, und nur

---

*) Wenn in einer Urkunde von 1246 Hemberge in parrochia Greven genannt wird (WUB III Nr. 446), so besagt das für das Alter des Kirchspiels Hembergen nichts, da hier der Hof Haschhof in der Bauerschaft Hembergen, Ksp. Greven gemeint ist.

**) Von der aussätzigen Gräfin von Tecklenburg und ihrem Jagdschloß in Hembergen weiß bereits Pfarrer Detering in Bevergern 1743 in einem Schreiben an den bekannten Münsterländer Geschichtsforscher Nünning zu erzählen (Nachlaß Nünning im Archiv Haus Ruhr).

der Schulte Autmaring, der Kötter Löbcke (Lobbeke) und eine kleine Zahl von Brinksitzern oder Kirchhöfern, die sich im Laufe der Jahrhunderte um die Kirche ansiedelten
(1498 waren es erst drei, 1664 aber bereits 14), der neuen Pfarre zugelegt wurden. Das
war in jeder Beziehung eine Halbheit, denn die wenigen Höfe konnten Kirche und
Pfarrei kaum unterhalten, so daß Hembergen noch bei der Visitation von 1571 als die
ärmste von allen Kirchen des Münsterlandes galt.[274] Andererseits hätte der Verlust
der ganzen Bauerschaft Hembergen die Kirche in Greven kaum fühlbar geschädigt,
aber auch im Interesse der Bauern hätte es wohl gelegen, wenn die ganze Bauerschaft,
ja darüber hinaus auch die Bauerschaft Herbern, die gleichfalls durch die Überschwemmungen der Ems häufig von Greven abgeschnitten wurde, der neuen Pfarrkirche in
Hembergen zugelegt worden wäre. Tatsächlich rissen die Klagen der Bauern aus beiden
Bauerschaften durch alle Jahrhunderte nicht ab. Um den Hof Hilmer stritten sich die
Pfarrer von Greven und Hembergen bereits im Jahre 1737,[275] aber erst im 19. Jahrhundert,
im Jahre 1820, kam der Stein ins Rollen.

Im Jahre 1813 hatte sich im Reckenfeld Anton Josef Wilp auf Markengrund der
Bauerschaft Hembergen, den er zwei Jahre zuvor gekauft hatte, angesiedelt und hielt
sich, weil es für ihn ja auch viel näher war, nach Hembergen in die Kirche, wiewohl
rechtlich nicht daran zu zweifeln war, daß er eigentlich nach Greven gehörte.[276] Um dem
Streit ein Ende zu machen, schlug ein Regierungsgutachten vor, nicht nur diesen Kotten,
sondern zugleich auch die ganze Bauerschaft Hembergen ganz in die Kirche zu Hembergen umzupfarren, wobei dann die Bauerschaft auch aus dem politischen Verbande
Greven ausscheiden sollte. Da hiergegen nicht nur der Pfarrer von Greven, sondern
fast mehr noch der damalige Amtsbürgermeister von Greven protestierte, blieb vorerst
alles beim alten, und nur dem Wilp wurde gestattet, sich auch weiterhin nach Hembergen
zu halten, aber nur kirchlich. In den vierziger Jahren versuchten dann noch einmal
einzelne Bauern aus Hembergen, vor allem wieder Hilmer und der damalige Vorsteher
Wenningmann, die Umpfarrung der Bauerschaft nach Hembergen und damit auch
die Umlegung ins Amt Emsdetten zu erreichen. Es wurde deswegen sogar eine
Bittschrift an den Bischof aufgesetzt, aber obgleich der Pfarrer von Greven diesmal
selbst zugeben mußte, daß zur Zeit der Überschwemmung der Ems das Dorf
Greven nicht zu erreichen sei, gelang der an sich so gute Plan auch diesmal nicht, da in der Bauerschaft selbst keine Einigkeit herrschte und manche kleine
Kötter trotz des weiten Weges und der damit verbundenen Unannehmlichkeiten doch
lieber nach Greven eingepfarrt bleiben wollten, weil sie dort Unterstützung in Not
und Armut fanden. Gegen dieses Argument der Anhänglichkeit an die Mutterkirche
war man machtlos, und so wurde auch im Jahre 1850 der Plan wieder für lange Zeit
zurückgestellt. Erst 1907 ist er dann doch noch zur Durchführung gelangt. Zum 1. April
dieses Jahres wurde die Bauerschaft Hembergen aus dem Kirchenverband Greven herausgelöst und der Kirche in Hembergen zugewiesen. Damit war der jahrhundertealte Wunsch
der Hemberger Bauern in Erfüllung gegangen. Das Sträuben des Pfarrers in Greven,
wertvolle Teile seines Sprengels abzutreten, ist an sich ganz verständlich, zumal man ja
auch den entlegenen Bauerschaften soweit wie möglich entgegenkam und ihnen den
Besuch der näher gelegenen Nachbarkirchen an den gewöhnlichen Sonntagen ohne weiteres zubilligte. An dem Besuch der Mutterkirche an den hohen Festtagen hielt man
allerdings streng fest. Natürlich mußten die Hemberger auch zum Sakramentenempfang
stets nach Greven und ebenso das Sendgericht in Greven besuchen und den dabei fälligen
Sendhafer entrichten. Selbstverständlich gaben sie dem Pfarrer, wenn er in der Woche
nach Dreikönigstag seinen Rundgang durchs Kirchspiel machte, auch das missaticum,
das Meßkorn (s. u. S. 145f.).

Doch weiter interessiert das Schicksal der Hemberger Kirche hier nicht. Wichtiger sind die Geschicke der Grevener Kirche. Bis zum 16. Jahrhundert gibt es von ihr allerdings nur ganz gelegentlich einmal, und auch dann nur wenig Bedeutsames zu berichten. Immerhin werden in den Urkunden eine ganze Reihe von Geistlichen genannt, die als Pfarrer in Greven gewirkt haben. Die Liste derselben bis zum 16. Jahrhundert sieht folgendermaßen aus:

1172 Wescelinus[277]

1246 Giselbertus[278]

1277-1283 Konrad
> Er war gleichzeitig auch Dechant am Alten Dom zu Münster, so daß er in Greven sicherlich einen Stellvertreter hatte. Er nannte sich aber provisor divinorum in Greven (= Wahrnehmer des geistlichen Amtes in Greven). Er war vermutlich noch im Jahre 1291 im Amt.[279]

um 1300 Hermann
> Er war einer der ersten Mitglieder des zu Beginn des 14. Jahrhunderts gegründeten Kalandes zu Nienberge.[280]

1338-1343 Eberhard (Everd)
> Er starb wohl noch im Jahre 1343, da in einer Urkunde aus dem gleichen Jahre bereits sein Nachfolger erscheint.[281]

1343-1372 Johann Ule
> Er war vielleicht ein Sohn des Hermann Ule, Richters in Wolbeck.[282] Auch er war ein Mitglied des Nienberger Kalandes und machte am 15. Nov. 1372 sein Testament, wird also bald darauf gestorben sein.[283]

1376 Eggehard Eggehardinch[284]

um 1400 (?) Johann von Freckenhorst

14.. Bruno

1451 Erich von Hoya
> Die beiden erstgenannten Pfarrer von Greven kennen wir nur aus dem Memorienbuch des Nienberger Kalandes, dessen Mitglied sie gewesen sind.[285] Bruno war auch Kanoniker am St. Martinistift in Münster, nach dessen Totenbuch er am 22. Mai eines unbekannten Jahres gestorben ist.[286] Der Todestag des Erich von Hoya, der möglicherweise ein unehelicher Sproß aus dem Grafenhaus Hoya war, ist nach dem Totenbuch des Alten Domes zu Münster, an dem er offenbar auch noch eine Pfründe besessen hat, der 30. Januar eines gleichfalls unbekannten Jahres gewesen.[287]

1472-1499 Johannes Bisping
> Er stiftete im Jahre 1499 sein Jahrgedächtnis in Greven, ist also wohl in diesem oder dem nächsten Jahr gestorben.[288]

1529-1546 Werner Kemnade*)
> Nach dem Nienberger Kalandsbuch muß er in diesem Jahr gestorben sein, zumal auch am 30. Juni dieses Jahres die Pfarre Greven dem Philipp von Twist, Domherrn in Paderborn, übertragen wurde.[289]

Wegen der Größe des Kirchspiels brauchte der Pfarrer schon früh einen Gehilfen, einen Kaplan, auch Sacellan genannt. Bereits in einer Urkunde aus dem Jahre 1291 wird ein solcher als Zeuge in einer in Greven ausgestellten Urkunde erwähnt, aber leider ohne

---

*) Der bei K. Zuhorn, Kirchengeschichte Warendorfs (Warendorf 1920) II, S. 283 Nr. 537 als Pfarrer von Greven genannte Johann Salwide (1520—1524) gehört nach Greffen (vgl. INA Beibd. III, S. 491).

Namensnennung.[290]) Im Jahre 1372 erst lernen wir dann den ersten mit Namen kennen. Als in diesem Jahre der damalige Pfarrer Johann Ule dem Nienberger Kaland testamentarisch eine Rente aus dem Hofe Alberting zu Eistrup (Bauerschaft Maestrup) vermachte, da war bei diesem letzten Willensakt des sterbenden Pfarrers der Kaplan, Herr Heinrich von Senden, der Küster Hermann, sein Diener Bernhard Beckering und der Bauer Hermann de Albachte als Zeugen anwesend.[291]) Bis zum 16. Jahrhundert bleibt Heinrich von Senden der einzige namentlich bekannte Kaplan in Greven. Erst zum Jahre 1537 hören wir wieder von einem solchen. Damals war der Sacellan Heinrich Vosdinck in Greven gestorben, und vor dem Offizialatsgericht in Münster, also vor dem Gericht des Bischofs in geistlichen Angelegenheiten, wurde jetzt sein Nachlaß geregelt.[292]) Sein Nachfolger wurde offenbar Rotger tor Mollen, der 1540 als Kaplan in Greven genannt wird.[293])

Besser sind wir unterrichtet über den Besitz und die Vermögensverhältnisse der Grevener Kirche, da sich darüber verschiedene alte Lagerbücher allen Bränden zum Trotz im Pfarrarchiv erhalten haben. Als Papst Gregor X. (1271–1276) einen allgemeinen Zehnten zur Wiedergewinnung des Heiligen Landes ausschrieb, wurde im Bistum Münster ein genaues Verzeichnis aller Kirchen und deren Einkünfte aufgestellt, um danach die Höhe der Abgabe bestimmen zu können. Dieses Verzeichnis wurde im Jahre 1313 unter Berücksichtigung der inzwischen eingetretenen Veränderungen neu herausgegeben und diente von jetzt an als sichere Grundlage für alle Steuer- und Zehntfestsetzungen der Zukunft.[294])

In diesem Verzeichnis wird das Einkommen der Kirche in Greven auf 12 Mark damaliger Währung festgestellt, die nach heutigem Gelde etwas das Dreißigfache, also etwa rund 360 Mark betrugen. Das ist für unsere Begriffe nicht viel, wir dürfen aber diese Summe nicht mit heutigen Maßstäben messen, denn damals im Mittelalter hatte das Geld eine viel größere Kaufkraft. Man zahlte beispielsweise im 13. Jahrhundert für einen Malter Weizen 3 Schillinge (von denen 12 auf eine Mark gingen), für einen Malter Gerste 2 und für einen Malter Hafer sogar nur einen Schilling. $8\frac{1}{2}$ Morgen guten Ackerlandes konnte man bereits für $6\frac{1}{2}$ Mark kaufen, und ein gutes Schwein kostete nicht mehr als 30 Pfennige (12 Pfennige oder Denare waren = 1 Schilling)! Für die damalige Zeit waren die 12 Mark Einkünfte der Grevener Kirche also allerhand Geld, im Vergleich zu den Renten anderer Kirchen des Landes sogar viel, denn diese hatten nur selten mehr, meist sogar sehr viel weniger Einkünfte aufzuweisen. So hatten beispielsweise die Kirche in Emsdetten acht, in Saerbeck neun, Nordwalde und Altenberge wieder je acht, Gimbte nur drei und Handorf sogar nur eine Mark im Jahre zu beziehen. Das arme Kirchlein in Hembergen fehlt überhaupt in dieser Liste!

Diese Einkünfte bestanden nun nicht allein in Bargeld, wie es nach dem Verzeichnis von 1313 vielleicht scheinen könnte, sondern zum weitaus größten Teil in Naturalabgaben, zu einem geringeren Teil auch aus Geldrenten, aus Opfergeldern in der Kirche und aus Pachtgeldern der Kirchen- und Pfarrländereien. Nach einer Vorschrift Kaiser Karls des Großen hatte jede Kirche im Sachsenlande mit einer doppelten Bauernhufe ausgestattet werden müssen. Auch die Kirche in Greven hatte einen solchen Wedemhof, dessen Ländereien mit denen der Bauern auf den beiden Eschen des Dorfes und sonst in Gemenge lagen. Anfangs unterschied man noch nicht zwischen dem Pfarrvermögen und dem Eigentum der Kirche. Erst später wurden beide genau getrennt. Das Kirchenvermögen wurde von den vier Kirchengeschworenen, auch Kirchenvorsteher oder Provisoren genannt, verwaltet, die eigens die Kirchenrechnungen zu führen hatten, während über sein Pfarrvermögen der Pfarrer nur sich selbst und seinem Archidiakon Rechenschaft abzulegen brauchte. Die ersten Kirchenprovisoren der Grevener Kirche, die wir kennen, sind Schulte to Gronover, Schulte Toppeshoff, Richert de Wrede und Johan to Wynckel, die 1487 als provisores, tempelers, kerckmesters und vorstanders der kercken und kerspels to Greven genannt werden. Ihnen folgten wohl Johann Schulte Temming, Gerhard Holtendorf, Johann to Winkel und Heinrich Busch, die im Jahre 1499 eine Schenkung des Heinrich Busch zugunsten der Kirche bzw. des Kirchenbaues und einige weitere Schenkungen beurkundeten.[295]) 1501 werden als Provisoren genannt Otto Schulte Bönstrup, Hermann Schulte Gronover, Johann Scharphus und Johann Schulte Bocholt. Die Kirchengeschworenen wurden auf Lebenszeit gewählt und ergänzten sich, wenn einer von ihnen starb, durch Zuwahl selbst. Zwei von den vieren mußten später von jenseits der Ems sein, davon einer aus dem Beifang Schöneflieth.[296]) Jahrhundertelang war das der Schulte Aldrup, der im Pfarrarchiv eine wichtige Übersicht über das an der Kirche in Greven übliche Brauchtum aus dem Jahre 1584 hinterlassen hat. Zeitweise, vor allem dann, wenn das Geld in der Kirchspielkasse knapp war, so nach dem Dreißigjährigen Krieg (1656) waren es auch weniger, gar nur zwei. Seit 1699 sparte man eine Provisorenstelle ganz ein, und 1760 ließ man nach dem Tode des Schulten Bocholt auch die dritte eingehen.[297]) Die Provisoren hatten Schatzungsfreiheit und zwei Taler Gehalt zu beanspruchen. Seit 1717 bekamen sie statt dessen 10 Taler Gehalt.[298]) Bei einem Monatsschatz von 2 bis 2$^1/_2$ Talern war das gerade keine Verbesserung! Jede Neuwahl eines Kirchenprovisors mußte von der geistlichen Behörde, dem Archidiakon, bestätigt werden. Ein getrenntes und besonderes Vermögen hatte später auch die Küsterei, während im 17. Jahrhundert nach Ausweis der Kirchenrechnungen ihre Bedürfnisse noch aus der Kirchenkasse bestritten wurden.

Das Vermögen der Pfarrer bestand zunächst im Grundbesitz, vorab in den Ländereien des Wedemhofes. Wie lange der Pfarrer diese Ländereien noch selbst bewirtschaftet hat, ist nicht bekannt. Seit dem 16. Jahrhundert spätestens waren sie meist stückweise an die Dorfbewohner verpachtet, doch benutzte der Pfarrer auch späterhin einzelne Stücke noch selbst. Für das Nutzungsrecht mußten die Anpächter gewöhnlich einen halben Reichstaler Pacht je Scheffelsaat oder einen Scheffel Weizen geben. Zahlungstermin war das Patronatsfest des Hl. Martin, der 11. November. Dazu mußte alle vier Jahre das Land neu gewonnen bzw. die Pacht erneuert werden, wofür jedesmal ein Vierteltaler je Scheffelsaat bezahlt wurde.

Über das Pastoratsland haben die Pfarrer von Greven stets genau Buch geführt. Im Pfarrarchiv haben sich noch verschiedene, ausführliche Verzeichnisse dieser Ländereien und der daraus erzielten Einnahmen erhalten, die manch wertvolle Einzelheit zur Geschichte des Ortes aufbewahrt haben. Das älteste Verzeichnis von 1605 ist leider nur bruchstücksweise erhalten. Wertvoller ist der ausführliche „libellus, in quo specificantur agri et pertinentiae pastoratus in Greven" des Pfarrers Schmedding von 1637 bis 1672 (das Büchlein, in dem die Äcker und Zubehöre des Pastorats in Greven im einzelnen verzeichnet sind). Nach dessen Tode hat dann sein Nachfolger, Nikolaus Wilbrand Holstein, ein neues Buch angelegt, das er selbst bis zu seinem Tode im Jahre 1702 benutzt hat und in dem er gleichfalls wertvolle Nachrichten zur Geschichte Grevens aufgezeichnet hat.[299])

Der größte Teil der Pfarrländereien lag auf dem Marktesch, nämlich 5 Malter, 11 Scheffelsaat; weitere 2 Malter, 5$^1/_2$ Scheffelsaat lagen auf dem Albachtenesch (oder „im Esch nacher Schoneflieth") und 10$^1/_2$ Scheffelsaat „uber (jenseits) der Embsen". Im ganzen also besaß der Pfarrer 9 Malter, 3 Scheffelsaat Land. Dazu müssen noch gerechnet werden die Gärten, einer von 4 Scheffelsaat am Marktesch, ein weiterer von 1 Scheffelsaat am Albachtenesch und die aus dem Woestenkamp gemachten Gärten von zusammen rund 20 Scheffelsaat, nicht zu vergessen auch die Kämpe (der Dümmerkamp jenseits der Ems, der Kälberkamp mit dem daneben liegenden Lakekämpchen, der Baerkamp in der Kronerheide an der Pluggenstiege, der Brüggenkamp, der neue Kamp oder Wiedenspiek) mit zusammen rund 9 Malter, 7 Scheffelsaat. Alles in allem, ein recht stattlicher Besitz! Die Kämpe sind zwar meist erst in späterer Zeit erworben und dazu gekauft und gerodet worden, doch bleiben auch ohne sie für den alten Wedemhof noch mindestens 11–12 Maltersaat übrig. Das entspricht ganz den Größen der alten Höfe des Dorfes.

Aus den verpachteten Grundstücken zog der Pfarrer erhebliche Pachteinnahmen, die zwischen 50 und 60 Talern im Jahre schwankten. Dazu kam alle vier Jahre der Gewinn (lateinisch arrha genannt) in Höhe von einem Vierteltaler je Scheffelsaat, also im ganzen etwa 20 Taler, das machte im Durchschnitt jährlich 5 Taler, und seit dem Jahre 1672 noch jährlich 20 Taler aus dem zu Gärten gemachten Wöstenkamp. Den Lebensunterhalt bestritt der Pfarrer wohl zum größten Teil aus der eigenen Wirtschaft, hatte doch Pfarrer Schmedding noch rund 120 Scheffelsaat selbst unter dem Pflug. Sein Nachfolger sogar noch mehr. Auch Vieh wurde im Pfarrhaus gehalten. Denn mit den Spannfuhren der Bauern allein war die Arbeit auf dem Pfarrlande doch nicht zu bewältigen. Zudem spricht Pfarrer Holstein in seinem Lagerbuche des öfteren von seinem Knecht.

Weitere Einkünfte bezog der Pfarrer aus den zum Pastorat gehörigen eigenbehörigen Erben und Kotten. Es waren dies das Erbe Eistrup in der Bauerschaft Maestrup und die beiden Kotten Brinkkötter und Lysenkötter. Wie das Erbe Eistrup an das Pastorat gekommen ist, „findet man dessenhalben keine vestigia (Spuren) mehr," schreibt 1672 Pfarrer Holstein, „es scheinet, daß der Herr Ule (gemeint ist Pfarrer Johannes Ule) obgedachtes Erbe als sein eigenes Gut der Pastorat vermachet und damit meliorirt hat." So wird es in der Tat gewesen sein, da dieser Pfarrer 1372 aus diesem Erbe eine Rente an den Nienberger Kaland vermacht hat und ebenso seiner Schwester Beatrix und seinem Amtsbruder, dem Pfarrer Gottschalk in Gimbte. Zu diesem Hofe gehörten 1672 über 9 Maltersaat Land, von dem der Eigenbehörige jährlich 2 Malter Roggen und 2 Pachtschweine an den Pfarrer zahlen mußte, dazu natürlich Gewinn und Sterbfall. Die Pachtschweine wurden im 17. Jahrhundert nach Landessitte meist mit 3 bis 4 Talern abgelöst, für den Gewinn zahlte im Jahre 1674 Meister Bernd Löchtefeld (für seine Tochter) 40 Taler. Der eigenbehörige Brinkkötter ist offenbar von dem Pfarrer (im 16. Jahrhundert?) auf der Heide angesetzt und ihm dabei Pastoratsgrundstücke, wie der Baerkamp und ein weiteres Stück Land auf dem Marktesch eingetan worden. Er brauchte nur hiervon Pacht zu zahlen, sonst nur die Einsaat und den vierjährigen Gewinn wie die anderen Pächter des Pastoratslandes. Dazu mußte er, wenn er Pferde hatte, für den Pfarrer zur Mühle fahren. „Wegen vielfeltiges Unglück" haperte es im 17. Jahrhundert, während des Dreißigjährigen Krieges und auch nachher nicht minder mit dem Bezahlen der Pächte, so daß der alte Brinkbernd im Jahre 1663 mit rund 100 Talern im Rückstande war. Er mußte daraufhin den Hof räumen und Bernd Veldmeier, seinen zukünftigen Schwiegersohn, abtreten. Auch dieser hatte kein Glück, denn er kam nach wenigen Jahren gleichfalls mit seiner Pacht in Rückstand und geriet in solche Not, daß er unters Kriegsvolk ging und seine Frau mit sechs kleinen Kindern im Elend sitzen ließ. Erst nach langen Bemühungen gelang es, für den Kotten, der in der Zwischenzeit über ein halbes Jahr „ohne Zaun und Dach" wüst gelegen, einen neuen Pächter in Lipmanns Sohn aus Maestrup zu finden, doch verzeichnete Pfarrer Holstein bis zu seinem Tode (1702) keinerlei Einkünfte mehr aus dem Kotten. Besser stand es um den zweiten Pastoratskotten, den Lysenkotten. Von ihm heißt es in dem Kirchenregister von 1637, daß „der meiste Theil dieses Kottens von der Marck vor und nach mitt guten Willen zugeschlagen, ein Theil aber, der weinigste (uti intuenti patet = wie der Augenschein lehrt) ist Steigemans (Stegemann) Immenkämpeken gewesen, welches auch von zwo Söhnen zur Steige in alten Jahren zu einem Immekempeken aus der Marck zugeschlagen". Von diesem aus der Mark erworbenen Lande brauchte der Lisenkötter daher auch keine Pacht an den Pfarrer zu zahlen, sondern nur Gewinn und Sterbfall.

Die Einkünfte aus den eigenbehörigen Höfen waren in den schlechten Zeiten nur sehr ungewiß und gering, jahrelang mochten sie ganz aussetzen. Nicht viel besser stand es um die Abgaben, die einzelne Bewohner des Dorfes von Hausstätten auf Pastoratsgrund und Gärten zu leisten hatten. Von den im Dorf gelegenen Grundstücken der Pfarre hatten die Pfarrer bis 1637 im ganzen sieben als Hausplätze ausgetan, von denen jährlich eine Abgabe entrichtet werden mußte, die zwischen einem Goldgulden und 3 Schillingen schwankte, wobei allerdings meistens ein zugehöriger Garten miteinbezogen war. Von einigen dieser Hausstätten läßt sich noch feststellen, wann sie erstmalig bebaut worden sind. Von dem Hause des Johann Low (1637) heißt es allerdings bereits in einem Kontrakt von 1570, daß der neue Besitzer Rotger Bolen gnt. Kommes es zu den gleichen Bedingungen bewohnen solle, wie es seine Vorfahren gehabt hätten. Es reicht also bis mindestens in die erste Hälfte des 16. Jahrhunderts, wenn nicht gar noch weiter zurück. Der Vogt Rotger Kommes lebte noch 1597, sein Nachfolger im Besitz des Hauses war Johann Low, der 1655 starb. Dieser mußte jährlich für Haus und Garten einen Goldgulden Zins zahlen. Er vermachte das Haus seiner Nichte Elisabeth Low, die Bernhard Hökenkamp heiratete. Als Gewinn mußte dieser 25 Taler entrichten; dazu verehrte er dem Pfarrer zum Willkomm „2 tinnen Schösselen, ein Teller und Hahl aufm Herde (= Kesselhaken) zum Hausgerath". Die Höhe des Hauszinses erkärt sich aus der Größe der Stätte, die zum Teil noch aus dem Kataster von 1828 erkennbar ist. Es ist dies nämlich das in ihm als Nummer 141 geführte Haus (Marktstraße Nr. 30/32). Nach dem Brande vom 13. Mai 1679 trat der damalige Besitzer Heinrich Hökenkamp seinem Nachbar Hermann Cramer einen Streifen von 40 Fuß breit in der ganzen Länge des Grundstückes ab. Seit dem Dreißigjährigen Krieg war der Zins auf 1 Reichstaler und 7 Schillinge ermäßigt.

Die Erbauung des gleichfalls auf Pastoratsgrund errichteten Nachbarhauses (im Kataster von 1828 Nr. 142; heute Marktstraße Nr. 28) läßt sich genau festlegen. Im Jahre 1576 genehmigte der zuständige Archidiakon, daß der damalige Pfarrer von Greven, Hermann Hüsing, ein Stückchen Pastoratsland, zwischen Rotger Kommes und Hermann Veltwisch gelegen, zu einer Hausstätte abtrete, mit der Begründung, daß er im Jahre 1573 in miserabili incendio Grevoniensi, also im schrecklichen Grevener Brand von 1573 auch sein Pastoratsgebäude verloren habe und seine Mutter, Maria Zurhorst, ihm beim Wiederaufbau geholfen habe. Die neue Hausstätte bekam die Familie Hüsing, die sie bis zum Tode des Hermann Hüsing im Jahre 1678 im Besitz behielt. Dann heiratete die Witwe den Hermann Cramer, bei dessen Nachkommen dann das Haus bis heute geblieben ist. Sie betrieben in ihm eine Gastwirtschaft zu den „Drei goldenen Sternen".[300] Da diese Hausstätte kleiner war als die benachbarte, brauchte der Besitzer auch nur 12 Schillinge Zins zu zahlen, wobei es auch blieb, als Hermann Cramer von seinem Nachbarn einen Streifen in der Breite von 40 Fuß längs seinem Hause dazuerwarb, da sich die beiden dahin einigten, daß Cramer dem Heukenkamp bzw. dessen Nachfolger Wessels jährlich 7 Schillinge der Pacht ersetzte.

Die dritte Hausstätte auf dem Grund und Boden des Pastorates lag südlich der Kirche hinter dem Kolonate Voß und trug im Kataster von 1828 die Hausnummer 63 (Martini-Kirchstraße Nr. 5/7). Im Buch des Pastors Schmedding wird als Besitzer desselben Schloidtjohann bezeichnet, der auch schon in einem älteren Feuerstättenverzeichnis von Greven aus dem Jahre 1589 als Johann thon Sloete vorkommt. Von seiner kleinen Stätte zwischen Zeller Voß im Süden und dem Wege an der Nordseite gab er jährlich

9 Schillinge Zins, eine Summe, die der Besitzer noch bis zur Ablösung im 19. Jahrhundert zahlen mußte. Nach dem „Weimarischen Brande", der verheerenden Feuersbrunst vom 16. Oktober 1642, der anläßlich des Durchmarsches der Herzoglich Weimarischen Truppen das ganze Dorf mit Kirche und Turm zum Opfer gefallen waren, baute Arnd Kleine das Haus wieder auf. Der Gewinn wurde ihm für 3 Taler erlassen; als aber 2 oder 3 Jahre später seine Frau starb, gab er als Sterbefall und zugleich als Gewinn für seine 2. Frau Anna Helle (Hellmann) im Jahre 1645 „vier reeder zum Wagen". Er war also wohl Radmacher. Sein Sohn Bernhard Kleine mußte im Jahre 1693 wieder 25 Taler Gewinn zahlen. Wegen Unvermögens erließ ihm zwar Pfarrer Holstein in der Hoffnung auf bessere Jahre 5 Taler, aber auch in den nächsten Jahren blieb Kleine oft genug mit seiner Pacht im Rückstand. Im Jahre 1762 erwarb Georg Berger das Haus, von seinen Kindern dann 1810 der Kanzellist Bröker.

Auch das Nachbarhaus Nr. 64 (Martini-Kirchstraße Nr. 9/11), gelegen „zwischen Zeller Voß' Garten und der Stegge (Stiege) im Norden" lag auf alten Pastoratsgründen (s. o. S. 91). Ursprünglich standen auf diesem Grundstück zwei Häuser, die aber in dem großen Brande von 1642 beide untergingen. Der Besitzer des einen, Lukas Everts, war offenbar nicht mehr imstande, das seinige wieder aufzubauen; so überließ er seinem Nachbar Hermann Alerding die Stätte, der sie nun als Garten nutzte. Auch diese beiden Häuser haben 1589 schon gestanden, da in dem mehrgenannten Feuerstättenregister dieses Jahres bereits zwischen den beiden Häusern des Johann thon Sloete und des Johann by der Lake zwei Feuerstätten genannt werden, nämlich die der Anna Lobbers, die übrigens noch im Jahre 1605 lebte, und des Gerth Everdes, des Vaters des im Jahre 1642 „verbrannten" Lukas Everdes. Das Haus der Anna Lobbers ist also dasjenige, welches 1642 dem Hermann Alerding gehörte. Ein schlechtes Geschäft war die Hergabe der Hausplätze für den Pfarrer nicht, selbst wenn einmal der Hauszins nicht immer pünktlich gezahlt wurde, wie es in den Notzeiten des Dreißigjährigen Krieges und der vielen Grevener Brände häufig genug der Fall gewesen sein mag. Für sein Haus zahlte Hermann Alerding 9 Schillinge und für den Garten bzw. die ehemalige Everdsche Hausstätte noch einmal 6 Schillinge. Nach seinem Tode im Jahre 1667 bzw. den seiner Witwe Anna zum Schloith im Jahre 1677 sollte der Sohn Johann Alerding den Gewinn in Höhe von 25 Talern entrichten, er ging aber bald darauf in Konkurs und erst Ende der 80er Jahre war er imstande, seine Zinsschulden abzubezahlen. Um 1730 (?) kam das Haus in den Besitz des Caspar Struck, 1775 an dessen Schwiegersohn Johann Wilhelm Jürgens und um 1830 an die Familie Bücker. Die 15 Schillinge bekam der Pfarrer bis zur Ablösung.

Die fünfte (bzw. sechste) Hausstätte auf Pastoratsgrund lag ganz am Ende des Dorfes nach dem Schemm oder der späteren Neuen Brücke zu. In dem mehrerwähnten Register von 1589 fehlt der Name des ältesten Besitzers Lüke noch, 1605 wird in dem Bruchstück des ersten erhaltenen Kirchenregisters bereits dessen Witwe, die Lükesche als solche genannt. In der Zwischenzeit wird die Hausstätte zum erstenmal ausgetan worden sein (s. o. S. 102). Im Jahre 1614 gewann Christian zur Helle Haus und Garten für 12 Rtl. und 1¹/₂ Rtl. Weinkauf. Sein Sohn Kerstien mußte nach seinem Tode bereits 15 Rtl. entrichten, dessen Sohn, Hermann zur Helle 1673 sogar 25. An Hauszins trug die Stätte jährlich 6 Schillinge und einen Scheffel Gerste, seit dem Ende des Jahrhunderts dazu noch einen Scheffel Roggen. Bis zur Ablösung im 19. Jahrhundert blieb es bei dieser Pacht.

Bei der sechsten bzw. siebten Pastoratshausstätte läßt sich die Entstehung wieder genau verfolgen. Es ist das nach dem Kataster von 1828 die Hausnummer 152, das alte Schründersche Haus am Markt bzw. Kirchplatz Nr. 1. 1580 trat Pfarrer Hermann Hüsing seinem neu angenommenen Küster Heinrich Blome ein Stückchen seines Wedemhofes zu einem Hausplatz ab, wofür dieser jährlich 2 Reichstaler Pacht zahlen sollte. Den Rest gab die Kirchengemeinde dazu (s. o. S. 88). Im „Weimarischen Brande" von 1642 ging natürlich auch dieses Haus in Flammen auf, und jetzt weigerte sich der Pfarrer, der längst gemerkt haben mochte, wie unbequem es sei, direkt vor der Haustür einen Nachbarn, dazu noch den Küster, wohnen zu haben, den Vertrag von 1580 zu erneuern. Schließlich gab er aber doch nach, und 1645 wurde bestimmt, daß es dem Küster erlaubt sein solle, auf dem Platze neben dem „beygehofte" (also dem eigentlichen Wirtschaftshof neben dem Pfarrhaus) wieder ein Häuschen zu bauen, aber auch nicht mehr, kein „nebenzimmer". Vor allem solle er den Platz vor dem Pfarrhof, den Weg zur Kirchspielspütze frei halten und nicht mit Holz und dergleichen versperren. Pfarrer und Küster scheinen sich aber auch in Zukunft nicht recht vertragen zu haben, denn Küster Heinrich Blome zog es 1662 vor, sich an der Bakenstiege beim Freigerichtsstuhl neu anzubauen. Den Hof am Kirchplatz behielt die Mutter Anna Berheide, die sich in zweiter Ehe mit Hubert Hannaß vermählt hatte (1648). Sie gab ihn dann aber ihrem Tochtermann Heino Roring, fürstl. Münsterschen Gärtner aus Münster, der sich in Greven niederließ. Im großen Brand von 1674 ging das Haus in Flammen auf, und Heino R. verkaufte die Stätte und die noch brauchbaren Steine an Anton Wessels für 200 Taler. Zwar versuchte auch jetzt der damalige Pfarrer Holstein den lästigen Nachbarn loszuwerden und das Grundstück ans Pfarrhaus zurückzunehmen, er mußte aber auch diesmal seinen Widerstand aufgeben. Wessels zahlte 20 Taler für den Gewinn und jährlich 10 Schillinge Pacht, von denen 7 der Pfarrer und 3 die Kirche bekam, weil ja ein Teil des Grundstückes von der (Kirchen-) Gemeinde herrührte. Nach Wessels Tode im Jahre 1680 vermählte sich die Witwe im Jahre 1684 mit Georg Hüsing (lebte noch 1715), dessen Tochter dann wohl Gerhard Heinrich Klüter heiratete, der Haus und Hof erbte. Klüters Enkel Johann Ferdinand Klüter (Sohn des Hermann Anton und der Marie Christine Biederlack) starb den 2. August 1776. Seine Witwe Maria Elisabeth Catharina Haverkamp heiratete darauf Franz Anton Schrnder aus Metelen, den Stammvater der großen Familie Schründer, deren Glück und Ansehen von diesem Hause am Kirchplatz ihren Ausgang nahmen.

Die siebte und letzte Hausstätte im Dorf Greven auf Pfarrland ist zugleich auch die jüngste, denn sie wurde erst im Jahre 1715 ausgetan. Am 20. März dieses Jahres verkaufte der damalige Pfarrer Meinartz dem Führer Bernhard Ettmann ein Stück Land „am Marktesch negst am Dorfe" gegen einen Jahreszins von einem Taler und sieben Schillingen. Es ist dies nach dem alten Kataster von 1828 das Haus Marktstraße Nr. 127 (jetzt Marktstraße/Ecke Gartenstraße 39). Die Kinder des Ettmann verkauften das Haus im Jahre 1747 für 215 Taler an Bernhard Önnigmann (Ünning), der es wieder an einen Walters weiterverkaufte. Dessen Witwe ging 1780 in Konkurs, aus dem es Johann Heinrich Bücker für 402 Taler und 14 Schillinge ersteigerte. Den Grund und Boden mußte er vom Pfarrer für 5 Taler gewinnen, ebenso im Jahre 1813 sein Schwiegersohn Johann Caspar Gerhard Terfloth.

Wie sich aus dieser Geschichte der einzelnen Häuser auf Pastoratsgründen ergibt, waren die Einkünfte daraus im ganzen gesehen zwar nicht gering, aber doch so unsicher und schwankend, daß sie im Jahresdurchschnitt kaum mehr als 10 Taler einbrachten.

Daneben gab es aber doch auch noch Einkünfte, die weniger Arbeit und Ärger verursachten als die Hauszinse. Das waren die Opfergelder in der Kirche und das sogenannte Missaticum, das Meßkorn, das einmal im Jahr von jedem Hofe gegeben wurde. Unter den Opfergeldern nahmen die Spenden des jeweils auf dem Haus Schöneflieth wohnenden Domherren am hohen Dom zu Münster die erste Stelle ein, denn sie betrugen nach den Aufzeichnungen des Pfarrers Holstein zwischen 25 und 30 Taler im Jahr.

144

Über die Kollektengelder der Pfarrkinder schreibt derselbe: „Die sämmentliche Kirspels- und Dorpfseingessene müßen alle vier Hochzeiten (nämlich Weihnachten, Ostern, Mariä Himmelfahrt und Pfingsten) umb den Altar gehen und opfern, wie man sagt, ein jeglicher so manchen Pfennig, als er Sehlen hatt im Hause, an Kinder, Knecht und Magd. Mein Antecessor (Vorgänger im Amt) hatt's nicht aufgezeichnet, setze es hinzu, weil sie es ohnnachläßig thuen, außerhalb nun in festo assumptionis (Mariä Himmelfahrt)." An dieses ungeschriebene Gesetz hielt sich wohl keiner streng, denn das Aufkommen der einzelnen Opfergänge war ganz verschieden, so betrug es z. B. Ostern 1672 8 Reichstaler, zu Pfingsten desselben Jahres nur 1 Reichstaler, 7 Schillinge, zu Weihnachten 1672 dann wieder 4 Taler, 21 Schillinge. In schlechten Jahren konnten die Bauern nicht so viel geben, im Kriegsjahr 1673 brachten sie zu Ostern nur 4 Taler 17 Schillinge zum Altar. Auch am Heiligen Grab in der Karwoche wurde Jahr für Jahr so mancher Schilling geopfert und mehr noch am Tage der großen Prozession, die ursprünglich am Tage des Hl. Markus (25. April), seit dem 17. Jahrhundert aber in der Oktav von Christi Himmelfahrt und seit der 2. Hälfte des 18. Jahrhunderts am Sonntag nach Pfingsten festlich begangen wurde. Alles, was an diesem Tage auf dem Altare an Geld, Wachs und Flachs, Eiern und sonst geopfert wurde, gehörte dem Pfarrer. 1674 berechnete Pfarrer Holstein dieses Opfer auf rund 11 Taler (ohne das Wachs). Es ist schwer, die Einkünfte aus den milden Gaben, die das ganze Jahr hindurch auf dem Altar gespendet wurden, insgesamt zu berechnen. Mit etwa 50 Talern wird man dem Jahresdurchschnitt vielleicht am nächsten kommen.

Die wichtigste Einnahme, die dem Pfarrer jährlich als ein „gewisses Emolumentum" (sichere Einnahme) zustand, war das Missaticum, das Meßkorn. Darüber schreibt Pfarrer Holstein, dessen Angaben sich mit den kurzen Notizen seines Vorgängers inhaltlich decken, folgendes:

die übrigen Schulten, Erbe, etliche Kotten, Erbe im Dorpf, geben dem pastori, sacellano und custodi jährlich daß gebührliche missaticum, waß und wieviell, ist hieraus zu ersehen, gemeinlich dem pastori ein jedes Erbe ein Scheffell Roggen und dem sacellano und custodi zusammen ein Scheffel Roggen, wirt aber alle Jahr am ersten Montag nach Heilig Drey Könnigsfest taglich wie folget (geschiehet alles in fünffundeinhalb Tag): am Montag in nachfolgenden Baurschaften Kirspels Greven Mastrup, Gontrup, Bockholt, Fuestrup ... Dießen Tag nimbt man mitt eine Flasche Koit (Bier) und gibt das Frühestücke Schulte Bockholt, den Mittag die Mahlzeit ohngefehr umb 1 oder 2 der Schulte Toppeshoff. Dem schicket der Pastor eine halbe Tonne Koit, welche der Schulte des vorigen Tages abholet und bringt dem pastori ein Fuder Holtz.*) Am Dienstag wirt daß missaticum gesamblet in den Baurschaften Pentrup, Hottendorf und Schmeddehausen. Den Dienstag ist das Fruhstucke bey Drentrup, Mittagmahl bey Bettman, Wychmer oder Vorsthove. Daß gehet unter den dreyen umb, der einer dieß Jahr, der ander daß folgende etc. Eine halbe Tonne Koit schicket dahin der Sacellan, wirt hernacher gebracht ad computum (Abrechnung). Am Mitwochen wirt das missaticum gesamblet in den Baurschaften Herberen und Hembergen. Dießen Tag speisen die Diener zu Hauß und draußen nichts, man gehet umb 9 oder 10 auß, am Abent umb 4 oder 5 speiset man zu Hauß. Am Donnerstag wirt gesamblet daß missaticum in der Baurschaft Aldrup und Westerrodt. Am Donnerstag gehet man umb 5 Uhr an, das Frühestück bey Schulten Aldrup, gegen Abent oder Nachmittag bey Schulten Oistenfelde, einen Drunck bey Schulte Temming.**) Am Freytag wirt daß missaticum alligirt (gesammelt) und eingenommen in den Baurschaften Pentrup, Wentrup, Mastrup und Dorpf.

_____

*) Alles, was diese Woche verzehrt wirt in der Pastorat wirt angeschrieben, der Trunck allein und Mahlzeiten allein, Jede Mahlzeit ad 18 Pfeenig außerhalb am Freytageabent die Mahlzeit 2 Schilling. Und wirt nach vollendeter Samblung die Rechnung allhier gehalten. Muß der Pastor in allen die Halbscheid tragen, die anderer Halbscheit wirt von den Capellan und Cüster dem Pastori bezahlet.

**) Dazu macht Pastor Holstein die Anmerkung: Anno 1675 angefangen, daß man bey Oistenvelt nicht mehr eße und also in der Nacht mit größter Gefahr und Beschwerniße nach Hause gehe und daß

Das Gesamtaufkommen dieses Umganges berechnet Pfarrer Holstein zu 14 Malter, 11 Scheffel, 8 Becher Roggen, 7 Scheffel Gersten und 1 Fuder Holz für den Pfarrer und zu 14 Malter, 7 Scheffel, 12 Becher Roggen, 3 Scheffel Gerste, und 9 Schillinge, 3 Pfennige für Sacallan und Küster zusammen. Dazu bekam der Küster für sich allein noch von den drei Höfen Frede, Holtrup und Schulte Oistenfelt (Bsch. Westerode) je eine Mettwurst und von Busch (Maestrup) 3 Schillinge für eine Kerze. Doch war letzte Abgabe durch den Krieg, wie Pastor Holstein vermerkt, in Abgang gekommen.

Damit war es aber noch nicht zu Ende. Die Kötter und Backhäuser, „so Rauch und Schmauch haben", die kein Missaticum zu geben brauchten, gaben statt dessen jeder ein Huhn, Biederlack im Dorf zahlte aus nicht mehr erkenntlichen Gründen jährlich je 18 Pfennige an Pfarrer und Sacallan, ebenso die Gildemeister oder Vorsteher des Dorfes auf St. Johann bapt. 9, später 18 Pfennige; schließlich mußten alle Bauern im Dorf und in den Bauerschaften, die Pferd und Wagen hatten, einen halben Tag arbeiten helfen. Die im Dorf mußten zudem einen halben Tag für den Pfarrer mähen.

Eine letzte Einnahmequelle für den Pfarrer bildeten die Stolgebühren und Stiftungsgelder. Über die Höhe der Stolgebühren fand Pfarrer Schmedding bei seinem Amtsantritt eine Aufzeichnung vor, die im Jahre 1584 der Kirchenprovisor Hinrich Weidelingk, Schulte Aldrup „in Annehmungh des Hoffs" gefunden:[301])

Was für Accidentalien dem pastori gebueren, weiset nach die Scedul, so Henrich Weidelingh, Schulte Altrup anno 1584 in Annemmungh des Hoffs gefunden, und ist Einhalt wie folgt:

Von Braut und Bräutigam (so von Schulten, Erben und im Dorpe von Gildehäuser sein, welche geheele Schatzung geben) jeder eine Preve und eine Kanne Koites, ein Wegge.

(Dazu bemerkt Pfarrer Holstein: Kanne Koit und Wegge ist nicht mehr bräuchlich; die andere Bräute und Bräutigambs geben nur 14 Schill., davon der Pastor dem Sacellano 3 Sch.)

Den Montagh die Braut zu Kirchen zu führen (id est, quando solemniter omnia fiunt, also wenn es feierlich geschieht) geboret dem Breutigam von der Braut zu geben dem Pastori eine Preve, eine Kanne Koites, ein Wegge und von einzuleiden (einläuten) 6 Pfennige. Auff der Copulation geboret dem Pastor und Cappellan eine Kanne Wein, dem Cüster 2 Schill. Von daß Verkündigen von der Cantzell ein Par Hoener.

(Dazu bemerkt Pfarrer Holstein: dieß wahr auch schon gar in Abgang, müßen aber nun zahlen).

Wan der Man oder Fraw von einem Erbe stirbt, auff die Begencknus geboren dem Pastor 2 Preven, neben jeder Preve eine Kanne Koites, ein Wegge.

(Das gleiche gaben nach einm Zusatz von Pfarrer Holstein die Bessergestellten im Dorfe).

Ein Leibzüchter (oder Fraw) gibt ein halb Pfundt Waxes auff die Begencknus der Kirchen, davon geboret den Pastor 6 Pfennig.

Ein Lifftuchter und Lifftuchtersche auff die Begencknus gibt eine Preve, eine Kanne Koites, einen Wegge.

Ein Erbman oder Frawe auff der Begencknus gibt der Kirche ein Pundt Waxes, wo von die Provisoren geben dem Pastori einen Schillingh.

Ein Leibzuchter gibt ein halb Pfundt Waxes auff die Begencknus der Kirchen davon geboret den Pastori 6 Pfennige.

Dazu bemerkt Pfarrer Holstein noch: dieß schläffet gahr, muß aber wieder erweckt werden. Es ist noch einige Nachricht, daß zur Zeit der Frohmeß (Frühmesse) allezeit habe ein Licht mitten auf dem Chor, wann der Leich in der Kirche tempore sacri eingetragen gewesen, auff dem Sarck brennen müßen, wovon der Cüster sagt, ein altes Recht zu sein, ihme einen Schilling zugeben. Von einem Jahr zu betten pro defunctis (für die Verstorbenen) ex ambone (von der Kanzel) 1 Reichstaler. Waß einem jeden (der Geistlichen) in seine Woche vorfelt, vom Cantzel zu bitten oder publiciren, ist sein juxta hebdomadas (gemäß dem Wochendienst, der unter den Geistlichen reihum ging).

Korn die Nacht über außen pleibe, sondern gleich den vorigen Tagen am Abendt zu Hauß kommen allzusammen mit dem Korn...

146

Kötter, Dorpffer, Einwohner auff die Begrebnuß, wan die Meß gesungen wirt, geben celebranti (dem Priester, der das Amt singt) 5 Schill., Custer 2, Schollmeister 2 Schill. Wirt aber die Meß gelesen, bekommet der sacerdos 3 Schill., Cüster 1, Schullmeister 1.
Von einem Todten zu verluiden geboret dem Cüster 18 Pfennig und für ein Kindt 9 Pfenn.
Wirt ein Leichnam aus dem Hause mitt Procession geholet (oder soll den Kirspelsbegegnnissen vor dem Dorpe entgegen gangen werden mit den Schulkindern und cantu (Gesang)), geboret dem Pastori 4 Schill., sacellano 4, Cüster 2, Schullmeister 2 Schill. und der Kirchen 2 Schill. vor die Kerßen.
Pfarrer Holstein fügt dem noch hinzu: Wollen sie nun haben eine Leichpredig, so vor diesen nicht in usu (in Gebrauch), nun aber kaum einer stirbt, er befilcht eine Leichpredig nach seinem Todt zu halten, so müßen sie absonderlich bezahlen oder stehen laßen, den Vermögensten habe ich angelegt einen halben Reichstaler, den anderen etwa geringer biß ad 7 Schilling.
Auff das Kindttauffen, so das Kindt von einem Erbe ist oder von einem Pferdekotten oder im Dorpff gildemessigh, geboret den Pastori ein Fleschpreve, eine Kanne Keutes, ein Wegge, 6 Pfennige.
Pfarrer Holstein macht hierzu folgende Bemerkung: Es scheinete wohl, alß wan der Wegge zu 6 Pf., die Kanne Koit auch zu 6 Pf. und das gelt 6 Pf., zusammen machete 18 Pf., und der Wegge nicht solte größer sein, das kan wohl in diesem hingehen, aber supra de copulationibus (oben bei den Trauungen), da geschrieben stehet von Weggen, habe ich tempore antecessoris (bei Lebzeiten meines Vorgängers) observiret (beobachtet), daß sie neben der Preven ein groß Weißbrod oder Roggen — wohl von 2 Schillingen ohngefehr dem Pastori geschickt haben.
Brincksitzer, Backhäuser oder andere Einwöhner geben 12 Eyer und für Koit, Wegge und Gelt 18 Pfenningh, dem Cüster 3 Pf.
Eine Frawe, so eingelelt wirt nach dem Kramme, gibt 6 Pfenninge plus minusve (mehr oder weniger), und dem Cüster 3 Pf.
Von einem unechten Kinde geboret dem Pastori auff der Taufe einen halben Reichstaler, dem Capellan 2 Schill., dem Cüster 2 Schill.

Was aus diesen Abgaben jährlich einkam, läßt sich kaum abschätzen. Nach dem Visitationsbericht von 1655 hatte Greven in diesem bzw. dem vergangenen Jahre 97 Täuflinge und 17 Trauungen gehabt (und dazu entsprechend rund 60 Todesfälle). Daraus würden nach vorsichtiger Schätzung etwa 40 Taler an Stolgebühren eingegangen sein. Im Laufe der Zeit wird sich diese Einnahme entsprechend der Zunahme der Bevölkerung gesteigert haben, es bleibt aber auch hierbei zu bedenken, daß gar zu oft aus Not und Armut eine Zahlung gerade dieser Gebühren unterblieb.

Es bleiben noch die Stiftungsgelder, die Memorien oder Jahrgedächtnisse. Schon im Mittelalter hat es solche Stiftungen in großer Zahl gegeben, aber schon Pfarrer Holstein schreibt, daß solche zu seiner Zeit „in etlichen vielen Jahren" nicht gehalten worden seien, „auch kein Mensch davon weiß zu sagen". Wer aber wolle daran zweifeln, daß es derer mehr gegeben habe? Wahrscheinlich aber hätten die verderblichen Kriegszeiten und Brände sie dem schläfrigen Gedächtnis der Kirchspielseingesessenen und Kirchenprovisoren entrissen (forte calamitosa bellorum tempora et incendia dormiente parrochianorum capite et provisoribus abripuerunt). In einem alten Kirchengradual, das wohl den verschiedenen Bränden entgangen war, fanden sich einige wenige Stiftungen aus dem ausgehenden Mittelalter eingetragen, darunter die Memorie des Pfarrers Johann Bisping (gest. um 1499) und einige andere. Erst vom Beginn des 17. Jahrhunderts an sind dann in den Verzeichnissen der damaligen Pfarrer die Seelgerätstiftungen laufend eingetragen und registriert worden. Die älteste, die Pfarrer Holstein verzeichnet, war die der Ottilie von Plettenberg, Kanonissin im Kloster Langenhorst, die in der Kirche in Greven ihre Begräbnisstätte gefunden hatte. Was diese Dame mit der Kirche in Greven verband, wissen wir nicht, jedenfalls hatte sie ihr 20 Taler vermacht, für die an ihrem Todestage ein Seelenamt gehalten werden sollte. Dem Pfarrer fielen aus dieser Stiftung 8 Schillinge zu, ebenso viele dem Sacellan; Küster und Schulmeister (als Organisten) je 4, während weitere 2 Schillinge je für Wachs zu Kerzen und für die Sänger aufgewendet wurden. Im Jahre 1624 vermachte der Grevener Bürger Johann vor dem Hecke der damals verbrannten Kirche in Greven seine ganzen Habseligkeiten. Dafür sollte für ihn alle Jahre nach Michaelis ein feierliches Requiem gehalten werden. Dabei wurde unter die Beteiligten ein Taler verteilt. 1626 machte die Witwe des Grevener Vogtes Heinrich Wibbecke, Barbara Berteling eine ähnliche Stiftung in Höhe von 20 Talern, nachdem schon ihr seliger Mann vorher bereits 100 Taler geschenkt hatte, von denen gleichfalls 20 für ein Seelenamt verwendet werden sollten. Andere Stiftungen dieser Art machte im Laufe der Zeit noch mancher, so 1627 Schulte Johann Temming auf seinem Sterbebette, 1672 der Pastor Schmedding, der aus seinem reichen Familienerbe für Greven über 500 Taler in seinem Testamente auswarf, in demselben Jahre der hundertjährige Vogt Nikolaus Warburg, der Stifter des Warburgschen Armenhauses und manche andere. Die Renten aus diesen Stiftungen, die jährlich zur Verteilung kamen, beliefen sich nach Pfarrer Holsteins Aufzeichnung im Jahre 1672 auf rund 30 Taler, von denen dem Pfarrer selbst rund 6 Taler zufielen.

Wollte man aus diesen vielerlei verschiedenen Einnahmen das Jahreseinkommen der Grevener Pfarre berechnen, so scheitert dieser Versuch nicht nur an der schwankenden Höhe mancher Posten, sondern vor allen Dingen auch an der Möglichkeit, die Naturallieferungen in den entsprechenden Geldeswert umzusetzen, da sich ihre Höhe auch nicht annähernd bestimmen läßt, und ebenso an dem unberechenbaren Wert der Pastoratsgrundstücke, die auch heute noch mit ihren gut 56$\frac{1}{2}$ Hektar (nach einer Aufstellung von 1925) den größten und wertvollsten Teil des Pfarrvermögens bilden. Zudem haben es die Pfarrherren von Greven unterlassen, genau Buch über ihr Einkommen zu führen. Nur in einem Bericht des Pfarrers Pröbsting aus dem Jahre 1798 findet sich einmal eine Zusammenstellung der gesamten Pastoratseinkünfte eines Jahres. Die Summe der festen Einkünfte berechnete er auf 352 Taler, 14 Schillinge und 6 Pfennige, die der ungewissen Gefälle (also Opfergelder, Stolgebühren usw.) auf 268 Taler, 5 Schill. und 4 Pfennige. Das ganze Jahresaufkommen betrug also 620 Taler, 19 Schillinge und 10 Pfennige.*) Das ist für jene Zeit erstaunlich viel, auch wenn man bedenkt, daß neben dem Pastor auch der (zweite) Kaplan, die Haushälterin, Knecht und Mägde davon mitunterhalten werden mußten.

Der Sacellan (der erste Kaplan) hatte sein eigenes Einkommen aus den ihm zufallenden Stolgebühren und dem Meßkorn (rund 7 Malter). Dazu mußte ihm auf dem Umgang beim Einsammeln des Meßkorns jeder Kötter (mit Ausnahme der Leibzüchter) 3 Pfennige geben und die Frauen, Mütter und Töchter etwas Flachs, wofür er kleine Geschenke wie Rosenkränze, Heiligenbildchen, auch Süßigkeiten verteilte. Die Flachsspende brachte in guten Jahren bis zu 150 Pfund auf. Auch die Dörfler mußten ihm, wenn er am Samstag nach der Meßkorneinsammlung im Dorfe sammeln ging, eine kleine Geldgabe geben, jeder nach seinem Vermögen, aber keiner unter 6 Pfennigen, wie Pfarrer Holstein in seinem Buche vermerkt. Im übrigen hatte der Sacellan beim Pfarrer neben der Wohnung auch freien Tisch zu genießen. Nur wenn sich beide nicht vertragen konnten, sollte die Verpflegung mit 24 Talern pro Jahr (!) abgegolten werden.

Auch die Küsterei hatte ihr eigenes Vermögen. Vom Anteil des Küsters am Missaticum war schon die Rede, ebenso von den drei Mettwürsten, die von den Kolonen Frede, Holtrup und Schulte Ostenfelde und von den 3 Schillingen, die von Busch (Maestrup) für Kerzen dem Küster zu Greven gegeben werden mußten (o. S. 146). (Auch ihm gaben die Kötter bei der Einsammlung des Meßkorns drei Pfennige und ebenso die Dörfler eine Geldspende, wenn er in den Weihnachtstagen mit dem geweihten Wasser

---

*) 1849 wurden sie gar auf 738 Taler, 2 Silbergroschen beziffert (AAG I d 1,1 Bd. 3).

durchs Dorf ging. Auf Haus Schöneflieth konnte er sich jedes Jahr einen Käse abholen. Nicht gering war sein Anteil an den Stiftungsgeldern und Stolgebüren. Bei jeder Taufe standen ihm 6 Pfennige zu, bei jeder Hochzeit 2 Schillinge usw. Eine eigene Küsterwohnung gab es erst seit 1580 (s. o. S. 88). Eigenes Land hatte der Küster nicht, wohl dagegen Pachtland vom Pfarrer und der Kirche, für das er wie die anderen Pächter einen geringen Zins zahlen mußte. Eine gute Nebeneinnahme erwuchs ihm aber aus dem Organistendienst, doch, weil Heinrich Blome die Kunst des „Orgelschlagens" nicht verstand, ging zu seiner Zeit (er war von 1646 bis 1685 Küster) dieses Amt auf den Schulmeister über, bis dann 1762 eine hauptamtliche Organistenstelle geschaffen wurde.

Ein eigenes Vermögen hatte schließlich auch die Kirche in Greven selbst. Hervorgegangen ist es im Laufe der Jahrhunderte aus den milden Gaben und Spenden der Kirchspielseingesessenen. Das Rechnungsbuch des Pfarrers Holstein verzeichnet zahlreiche Vermächtnisse zugunsten der Kirche, aber sie setzen erst zu Beginn des 17. Jahrhunderts ein, und alles, was im Laufe der vorausgegangenen Jahrhunderte der fromme Sinn der Grevener Bauern und anderer der Mutterkirche zugewandt und gespendet hat, ist der Vergessenheit anheimgefallen, weil verheerende Brände (besonders wohl jener von 1573) alle Aufzeichnungen darüber vernichteten.[302]) Wie solche Schenkungen aussahen, lehrt das Beispiel aus dem Testament des Domkellners Melchior von Büren,[303]) der darin bestimmte:

item geve ick in de kercken to Greven enen Goldgulden geldes, dar de provisores der kercken dem pastor van Greven geven sollen, wanner (wenn) he up mynen sterffdach myne memorie helt, 3 Schillinge, dem Cappellaen 1 Sch., dem koster 6 penninge und 1 lecht van eynen verdel pundes (Wachs) vor dat hylge sacrament; dat dar dan overblifft, sollen se to bathe der tymmer beholden. Item dem pastor to Gymmete vor eyn memorie jaerlix up mynen sterffdach to holden unde Godt almechtich vor myn armen sele to bydden, eynen halven gulden geldes. Item dem pastor to Hemberge ock eynen halven gulden geldes, myne memorie to holden.

Geblieben sind die Kirchenländereien, die meist aus früheren Vermächtnissen herrühren dürften. Sie bilden im Vermögen der Kirche den wertvollsten und bleibendsten Teil. Die verschiedenen Grundstücke auf dem Marktesch, im Albachtenesch und sonstwo, es waren im ganzen 2 Maltersaat, 7 Scheffel, brachten jährlich an Zinsen 15$^1/_2$ Reichstaler auf. Dazu kamen noch einige Hausstätten im Dorf, die ähnlich wie die auf Pastoratsland errichteten Häuser gegen einen geringen Pachtzins ausgetan waren.

An der Bergstraße besaß die Kirche ein größeres Grundstück. Wie sie in den Besitz desselben gekommen ist, ist nicht überliefert (s. o S. 102). Hier standen seit dem 17. Jahrhundert drei Häuser, die im alten Kataster von 1828 die Nummer 95, 112 und 111 trugen.*) Als Pächter von Nr. 95 läßt sich im Kirchenregister 1657 Jürgen Kohaus (gnt. Hovenkämper) nachweisen, doch erscheint bereits 1589 ein Kohueß. Noch 1788 war das Haus im Besitz der gleichen Familie. Die schräg gegenüber liegenden Häuser 112 und 111 bildeten ursprünglich nur ein Besitztum (s. o. S. 102), das zu Beginn des 17. Jahrhunderts Johann vor der Hecke von der Kirche gepachtet hatte. In seinem Testamente vermachte er 1624, da er keine Erben hatte, seinen ganzen Nachlaß, darunter auch das von ihm hier erbaute Haus der Kirche. Die Provisoren taten es jetzt an Bernhard Heukenkamp aus (gegen einen Zins von 14 Schillingen) und, nachdem dieser mit der Erbin Elisabeth Low das Haus Nr. 141 an der Marktstraße erheiratet hatte, in zwei Teilen an Franz Voß und Heinrich Palsterkamp. Eine weitere Hausstätte besaß die Kirche in der Lindersheide, an der heutigen Todtenstraße (im alten Kataster Nr. 41; jetzt Friedenstraße Nr. 7).

---

*) Heute Martinikirchstraße Nr. 10 und Bergstraße Nr. 8 und 10. Nr. 95 lag ursprünglich an der Bergstraße (heute Nr. 5/7).

Auch bei diesem Grundstück läßt sich nicht mehr feststellen, wann und wie es an die Kirche gekommen ist, vielleicht bei der ersten Aufteilung von Markengrundstücken in der Lindersheide, die dann vermutlich zu Beginn des 17. Jahrhunderts geschah, da der erste nachweisbare Besitzer dieser Stätte, Heinrich Bönstrup, sein Haus bereits 1641 wieder an Johann Lodde weiterverkaufte. Auch er mußte 14 Schillinge jährliche Pacht zahlen.

Wichtiger als diese immerhin nur geringen Zinseinnahmen aus Ländereien und Hausstätten waren die zahlreichen Renten aus den im Laufe der Jahrhunderte vermachten milden Stiftungen. Das aus solchen Geldern aufgelaufene Kapital betrug schon beim Antritt des Pastors Holstein im Jahre 1672 über 1000 Rtl., zu seiner Zeit allein kamen weitere 445 Taler hinzu. Viele dieser Kapitalien bestanden aus Schuldforderungen, deren Beitreibung sich oft genug als unmöglich erwies. So kommt es wohl auch, daß die Einnahmen der Kirche beträchtlich schwankten. Im Jahre 1628 betrugen sie beispielsweise 87 Rtl. (und 24 Rtl. Restanten), im Jahre 1690 nur 76 Rtl., wenig später, im Jahre 1704 dann aber wieder 159 Rtl. So nimmt es nicht wunder, daß bei den hohen Unkosten für Kultus und Reparaturen im Jahre 1692 in der Kirchenkasse ein Minus von über 271 Rtl. war, das sich in wenigen Jahren bis 1705 sogar auf fast 494 Rtl. erhöhte. Durch Sparsamkeit (für die Kirchenbedürfnisse brauchten im 18. Jahrhundert nur noch rund 110 Rtl. aufgewendet zu werden) und durch eine Reorganisation der Kassenverwaltung gelang es dann langsam von dieser Schuldenlast wieder herabzukommen, wozu auch weitere Vermächtnisse das ihrige beitrugen. Eine der größten Stiftungen, die je für die Grevener Kirche gemacht wurden, war die des Rentners Ferdinand Maestrup, der im Jahre 1911 der Kirche ein Grundstück mit Haus im Werte von rund 18000 Mark, daneben noch 4800 Mark in bar (und 3000 Mark für das Krankenhaus) vermachte. Nicht viel geringer war die Schenkung der Anna Frede, die im gleichen Jahre der Kirche 17000 Mark (für Studienstipendien) vermachte.[304]) So haben in allen Jahrhunderten fromme Seelen zur Ehre Gottes und aus Liebe zur Heimat an der Erhaltung und dem Ausbau des christlichen Lebens mitgearbeitet.

Gar zu lange war von den materiellen Dingen der Pfarrei Greven die Rede. Es gibt noch so manches aus ihrem inneren und äußeren Leben zu berichten. So ist, um das wichtigste gleich vorweg zu nehmen, die Herzen und Sinne wachrüttelnde Reformation Martin Luthers auch an Greven nicht spurlos vorübergegangen. Als im Jahre 1532 der Bruder Göbel aus dem Augustiner-Kloster Böddeken während der Fastenzeit durchs Münsterland wanderte, mußte er zu seinem Leidwesen feststellen, daß in den Wirtschaften, in denen er einkehrte, das Fastengebot schon nicht mehr streng beobachtet wurde, so in Greven und Rheine.[305]) Viel schlimmer war es, daß das reformatorische Gedankengut weitgehend nur in der entarteten Form des Münsterischen Wiedertäufertums seine Wellen bis hierher schlug. Den Kanal, durch den diese Irrlehre in Greven Eingang fand, bildete der große Markt (Ende August), an dem zahllose Menschen aus Münster und ganz Westfalen zusammenströmten. Hier bot sich eine günstige Gelegenheit, um ungestört durch Vogt und Pfarrer in geheimen Konventikeln zusammenzukommen. Aus den Aussagen der gefangenen Wiedertäufer erfahren wir, wo diese Zusammenkünfte abgehalten wurden. Johann von Sinsen, Bürger in Dülmen, bekannte am 11. Oktober 1538 im Verhör,[306]) „wo em (= wie ihm) Merten Nygken van Halteren gesacht hebbe, dat up gen syt Greven in Horstmans huse umbtrent (= etwa) hundert wedderdoper by eyn anderen komen solde nu up vergangen Grevermarcket, sollte mit dahin kommen". „Up gen syt Greven" heißt jenseits Greven, von Münster aus gesehen, also nördlich von Greven rechts oder links der Ems. Deshalb kann der Hof Horstmann in der Bauerschaft Bockholt nicht gemeint sein. Eher der Pferdekötter gleichen Namens in der Bauerschaft Herbern, am wahrscheinlichsten aber der Pferdekötter Horstmann in der Bauerschaft Schmedehausen. Der Treffpunkt der Wiedertäufer konnte in der Tat nicht günstiger gewählt werden, lag Horstmanns Kotten doch nahe an der Landstraße nach Osnabrück. Auch die zahlreich von Holland über Gronau, Burgsteinfurt, Nordwalde kommenden Wiedertäufer fanden den Weg zu Horstmanns Kotten leicht. Horstmann war es aber nicht allein, der im Kirchspiel Greven der Wiedertäuferei anhing, bekannten doch der schon genannte Johann von Sinsen und der gleichfalls gefangene Goldschmied Johann Lukas, daß „noch veyr huse by desselvigen Horstmans huse gelegen, der (= da) wedderdopers inne wonnen", wie ihnen erzählt worden sei. Leider werden die Namen derselben nicht genannt, wahrscheinlich waren es wie Horstmann kleinere Leute, Kötter, die wegen ihrer mißlichen wirtschaftlichen Lage eher als die gutsituierten Vollerben den verführerischen Versprechungen der Wiedertäufer zum Opfer gefallen waren, wenngleich das Neue Jerusalem auch unter den Bessergestellten und Reichen nicht wenige Anhänger zählte. Auch unter den Einwohnern des Dorfes Greven selbst waren solche gewesen.*) Noch im Jahre 1548 verschrieb der damalige Bischof Franz von Waldeck dem derzeitigen Küster in Greven Johann Flume (Blome?) und seiner Frau Maria das konfiszierte Haus des Wiedertäufers Hermann ton Koihuß, der mit seiner Frau Gertrud und seinen drei Kindern nach Münster gezogen war. [307]) Der Visitationsbericht von 1571 weiß im Dorf und Kirchspiel aber schon keine Sektiererei und Schwärmerei mehr zu rügen. Im geheimen wird es aber doch wohl noch der eine oder andere mit den Wiedertäufern gehalten haben. Noch um 1600 schimpften sich Männer und Weiber in Greven gern „Ketzer".**) Verstehen kann man es schon, wenn das leichtgläubige Gemüt eines schwer unter der Not des täglichen Lebenskampfes gebeugten Kötters sich dem verlockenden, himmlischen Reich der Wiedertäufer verschrieb, ganz abgesehen davon, daß auch gewiß viel ehrliche Begeisterung für das Reich Gottes auf Erden dabei vorhanden gewesen sein wird. Das geht schon daraus hervor, daß der Fall des „Himmlischen Jerusalems", der Hauptstadt der Schwärmerei, Münster, im Jahre 1535 die Sekte keineswegs auszurotten vermochte, im Gegenteil durch die Ausweisung der am Leben gebliebenen täuferisch gesinnten Bürger aus der Stadt erst so recht der Anlaß zur Verbreitung ihrer Lehre auf dem flachen Lande wurde. So bekannte Heinrich Horstmann bei seiner Vernehmung am 26. November 1538, daß er mit seiner Frau im Jahre 1537 (!), also zwei Jahre nach dem Falle Münsters, auf dem Grevener Markttag von einem gewissen Christoph getauft worden sei. Sehr aufschlußreich ist sein Bekenntnis über das, was ihn von den Wiedertäufern gelehrt worden war:

item em (ihm) gelert und underrichtet, (dat) alle de gene, de geloveden und worden gedopet, solden myt den Heren (Gott dem Herrn) und em over de gantze werlt und den gantzen ertbadem (Erdboden) herschen, und wan ere so voel weren (wenn ihrer so viele wären, d. h. genug), wolden se eyne stadt innemen, se hedden gesacht van Acken (Aachen), und wan se eyne stadt in hedden, wolde se dan vort an varen, dyt hedde he van den leers (Lehrer) gehort und em gelavet, dar tzo tho helpen, und de ungeloven solden gestraffet werden und eyn yder leere (Lehrer) solde de syne, (de) he gedoept, fordern

---

*) Einer der Trabanten des Königs Johann von Leiden war ein gewisser Johann von Greven (Grevonensis). Ein „Streveke" (vom gleichnamigen Kotten in Westerode?) und Gronover (vom Schultenhof?) gehörten zu den Wallmeistern des himmlischen Jerusalems (MGQ. VI, S. 649 und WZ 16, Münster 1855, S. 361).

**) In den Protokollen des Meester Gogerichtes werden mehrere solcher Schimpfereien gerügt und bestraft. 1594 wurde Trine Sniders im Dorf „vur ein hur und kettersche" gescholten, 1603 ebenso des Zeller Rehorst Schäfer als Ketzer und Ehebrecher verschrien. 1604 „hat EngelenMertens dochter . . . den Vreden im dorpfe für einen Kerßendieb und Ketzerskind ausgerufen" usw. Dieses, meist wohl grundlose Geschimpfe zeigt, wie erregt und konfessionell verhetzt die Bevölkerung damals noch war.

(führen). Item ock gesacht, de Here wolde de syne wedder insetten, dar se uth verjaget weren, up dat vierdehalf jar (in dreieinhalb Jahren, von 1535 an gerechnet), dat solde nuu wesen up sunte Johans mydden wynter (Johann Evang. = 27. Dezember), und eyn yder doeper eder leer solde de syne vordern vor Munster, (und) wolden se dan Munster in nemen, gelick de Oldenborgers der van Fechten (Vechta) gedaen, dar wolde he tho helpen.

Was aus dem armen verführten Kötter geworden ist, wissen wir nicht, dem eifrigen und strenggläubigen Pfarrer Werner Kemnade wird es leid genug gewesen sein, daß er das Eindringen der Sekte in seine Gemeinde nicht hat verhindern können. Den heimlichen Konventikeln der treu zusammenhaltenden Sektierer war auch kaum auf die Spur zu kommen. Da das Hochstift Münster trotz der zeitweise lauen und unklaren Haltung seiner Bischöfe dem alten Glauben treu blieb, konnte Luthers Lehre trotz mancher Mißstände auf dem Lande kaum Fuß fassen. Allerdings hatten die Grevener zunächst keinen Grund über ihre Geistlichen zu klagen. Der eifrige Werner Kemnade sammelte noch auf dem Sterbebette die Seinen um sich und ermahnte sie eindringlich, standhaft im alten Glauben zu verharren, den er ihnen zeitlebens gepredigt habe.[308]) Nach seinem Tode (1546) wurde die reiche Pfarrstelle dem Paderborner (!) Domherrn Philipp von Twist verliehen, der sich natürlich am Orte durch einen vicecuratus (Vicepfarrer) vertreten ließ. Ob das schon Hermann Hüsing war, den wir später in dieser Stellung finden, ist nicht sicher (s. u. S. 158). Diesem wurde jedenfalls bei der Visitation des Jahres 1571, die mit den Mißständen im Klerus aufräumen sollte, von seinen Kirchen-provisoren ein gutes Zeugnis ausgestellt. Die Brüderschaften, die wohl manches Mal durch ihre unordentlichen und ausschweifenden Gelage Anlaß zu Klagen gegeben haben mochten und wohl auch leicht Keimzellen sektiererischen Unwesens wurden, hatte der Bischof verboten. Sonst aber herrschte Einigkeit in der Gemeinde, nur Schulte Temming (Eigenbehöriger des Klosters Varlar) und Schulte Jochmaring (Eigenbehöriger des Stiftes Freckenhorst) bzw. dessen Gutsherr, der Herr von Schmiesing auf Harkotten verweigerten die Abgabe des Meßkorns, ohne daß gesagt wird, aus welchen Gründen.

Wichtig ist die Nachricht der Visitation von 1571, daß die Gemeinde vor der Predigt das deutsche Lied „Nu bidde wy (den hilgen gheist)" sang. In dem Visitationsbericht von 1656 heißt es dagegen, daß deutsche Lieder in der Kirche nicht gesungen würden mit Ausnahme von Weihnachten und Ostern.[309]) Ob das Hl.-Geist-Lied vor der Predigt als ein Zeugnis für reformatorische Bestrebungen und Strömungen in der Gemeinde gelten darf, steht dahin, denn auch in katholischen Gemeinden wurden deutsche Lieder gesungen, vereinzelt bereits im Mittelalter, unter dem Einfluß der Reformation dann natürlich stärker und häufiger.*) Aber es gibt doch unzweifelhaftere und bessere Anhalts-punkte dafür, daß im Laufe des 16. Jahrhunderts Luthers Lehre in Greven Eingang gefunden hat, und zwar gegen Ende des Jahrhunderts, als nach dem Verzicht des Hermann Hüsing ein unwürdiger Priester Pfarrer in Greven wurde. Es war dies Goswin Raesfeld, ein unehelicher Sohn des späteren Dompropstes Goswin von Raesfeld. Bei der Visitation von 1601 stellte sich heraus, daß Goswin völlig untauglich und unwürdig war (valde inhabilis et plane ineptus atque indignus). Die Visitatoren verboten ihm, ferner die hl. Sakramente zu spenden, und sie trugen Sorge dafür, daß er bald darauf abgesetzt wurde

---

*) Auch wenn vor dem Gogericht tor Meest 1607 Schulten Gerlings Sohn und Johann Alberting belangt wurden, weil sie hin und wieder „unhofliche Paßquillen und Lieder auf freier Straße und auf den Bierbänken öffentlich gesungen haben", so werden das gewiß keine geistlichen, reformatorischen Lieder gewesen sein, da sie dann sicherlich nicht vor dem weltlichen, sondern vor dem geistlichen Gericht zur Rechenschaft gezogen worden wären.

(s. u. S. 159). Worin seine Unwürdigkeit bestand, wissen wir nicht; er hatte zwar, wie es im Visitationsbericht heißt, eine Konkubine und 4 Kinder, es wäre aber möglich, daß er evangelischen Anschauungen huldigte und sich entsprechend für rechtmäßig verheiratet hielt, so daß eine sittliche Verfehlung nicht vorgelegen hätte. Das gleiche gilt vielleicht auch für seinen Sacellan Sibrandus Neomarus aus Ostfriesland, der vorher Pfarrer in Siebenwolde in Friesland gewesen war. Auch er hatte eine Concubine und 2 Söhne. Ganz sicher ist es bei seinem Nachfolger Nikolaus Brockmann, von dem es bei der Visitation von 1604 ausdrücklich heißt, daß er lutherische Bücher benutze.[310] Auch er hatte eine Konkubine und 6 Kinder! Äußerlich galten sie aber als katholisch, heißt es doch 1601, daß alle Einwohner des Kirchspiels katholisch seien. Durch die Entfernung der verdächtigen Geistlichen und durch die Berufung von tüchtigen und zuverlässigen katholischen Priestern gelang es bald, alle reformatorischen Regungen in der Gemeinde noch im Keime zu ersticken und so die Einheit derselben im Glauben zu sichern.[311]

Wie sich aus den vielfachen Visitationsberichten ergibt, blieb die Gemeinde Greven von religiösen Erschütterungen in der Folgezeit verschont. Der Dreißigjährige Krieg ließ allerdings das sittliche und moralische Niveau der Bevölkerung auf ein erschreckend tiefes Maß sinken. Das wüste Treiben der rohen Soldateska raubte dem Bauern nicht nur das letzte Stück Vieh aus dem Stall und das letzte Korn aus der Scheune, sofern sie ihm nicht den roten Hahn aufs Dach setzte, sie nahm ihm auch die Ehre seiner Frauen und Töchter und untergrub in der Hemmungslosigkeit von Mord und Totschlag alle sittlichen Gefühle für Treue und Wahrhaftigkeit, für Arbeitsmut und Schaffensfreudigkeit. Auch tüchtige Geistliche wie Viktor Reismann und Heinrich Schmedding standen einer solchen sittlichen Not und moralischen Verkommenheit machtlos gegenüber. Die materielle Not untergrub alle sittlichen Fundamente und machte den Menschen zum Tier, das um seine nackte Existenz kämpft und seinen Trieben nachlebt. Da brauchte es seine Zeit, bis die Roheit und Verwilderung der Sitten wieder einer anständigen Gesinnung Platz machten. Leider sind aus der zweiten Hälfte des 17. Jahrhunderts keine Protokolle des Gogerichtes tor Meest und des Sendgerichtes erhalten geblieben, aus denen sich dieser langsame, aber stetige Wandel der Volksmoral verfolgen ließe, doch hat Pfarrer Holstein in seinem Lagerbuch manches Zeugnis darüber verzeichnet, daß wieder Treue und Redlichkeit in die Gesinnung seiner Bauern eingezogen waren. So schreibt er einmal:

anno 1672 ist vor und nach zu mihr gekommen Johann Beckering im Dorpf und fragte umb Recht, wie er sich in nachfolgenden Casu (= Fall) Gewiszens halber verhalten sollte. Es hette sein Vatter sehlig vor und nach ausz der hiesigen Kirchen die geopferte Wolle van den ... Provisoren gekauft, funde aber in seins Vatters nachgelaszenen Rechenbuch noch schuldig zu sein vor Wolle sechs Reichstaler. Sagte weiters, sie weren nummer darumb gefordert, funden auch noch mehr Puncten in obgeschrieben Rechenbuch, welche auch nicht durchzogen und doch bezahlet, wie dan die Schuldt-Creditores selbsten bekundt, da sich obgedachter Johan Beckering bey denen umb Schuldt angemeldet, vermaynet also, auch diese Wolle entrichtet zu sein, wiewohl es der Vatter sehlig nicht hette ausgutan oder im Rechenbuch durchgezogen. Batt derhalben, die registra der Kirchen-Armen meines predecessoris (= Vorgängers) nachzusehen, welches dan geschehen. Dar ich nirgents etwas seinethalben wegen Wolle gefunden, batt derhalben, wie er sich hierinne verhalten solle, were zwarhen nicht schuldig und konnte nicht gestrenget (= angestrenget, d. h. angesprochen), wolle aber gerne ein ruhiges Gewiszen haben.

Man einigte sich dann auf die Hälfte der fraglichen Summe (3 Rtl.). Ein anderes Mal stiftete Hermann Horstmann, um sein durch einen Diebstahl beschwertes Gewissen zu beschwichtigen (es war ihm nicht möglich, das gestohlene Gut dem rechtmäßigen Eigentümer wieder zuzustellen) sogar eine Kapelle am südlichen Ausgang des Dorfes an der Straße nach der Schöneflieth zu.*)

Die Hebung des religiösen Lebens und mehr noch die Zunahme der Bevölkerung bedang eine Vermehrung und einen Ausbau der kirchlichen Organisation. Daß der Pfarrer von Greven schon seit dem hohen Mittelalter einen Sacellan oder Kaplan zur Seite hatte, wurde schon gesagt. Noch im Mittelalter sind auch in der Kirche mehrere Altäre gestiftet worden, doch sind die Stiftungsurkunden darüber zugrunde gegangen, so daß sich nicht mehr feststellen läßt, wann und durch wen dies geschehen ist. In dem Visitationsbericht von 1656 werden als Nebenaltäre genannt rechts vom Hochaltar ein Altar St. Catharinae, Annae und St. Antonii, gemeinhin der St. Annenaltar genannt, links vom Hochaltar St. Johann Evang. und St. Catharinae. Ein dritter Altar stand in der Sakristei, doch konnte man von ihm damals nicht einmal den Titelheiligen angeben. In einem älteren Bericht von 1616 werden die beiden Nebenaltäre St. Annen- und Hl. Kreuzaltar genannt. Wenigstens der letztere Altar scheint sehr alt gewesen zu sein, denn in einem alten Reliquienkästchen aus Blei im Pfarrarchiv befindet sich noch heute ein winziges Pergamentzettelchen, darauf in der Schrift des 13. oder 14. Jahrhunderts die Worte stehen: de sancta cruce (vom Hl. Kreuze). Aus dieser Zeit mag also auch der Altar stammen. Die Wahl der Hl. Mutter Anna zur Patronin des anderen Altars weist gleichfalls auf das 14. oder 15. Jahrhundert, da damals die Verehrung dieser Heiligen in unserer Heimat heimisch wurde. Vielleicht hängen diese Altarstiftungen auch mit dem Neubau der gotischen Kirche gegen Ende des 15. Jahrhunderts zusammen.

Eine Vikarie, eine besoldete Nebenstelle an der Kirche für einen zweiten Geistlichen gab es in Greven lange Zeit nicht. Ob es eine solche im Mittelalter gegeben hat, läßt sich wegen des Fehlens von Urkunden im Pfarrarchiv nicht sagen. Zu Beginn des 17. Jahrhunderts fehlte sie jedenfalls. Damals bestimmte der aus dem Kirchspiele Greven gebürtige Domvikar Bitter Low ein Kapital zur Gründung einer neuen Vikarie in der Kirche zu Greven. Nach seinem Tode gerieten die darüber vorhandenen Papiere in die falschen Hände und die Gelder blieben auf dem Hause Schöneflieth liegen, wo Bitter Low lange Zeit Hauskaplan gewesen war. Erst nach vielen Bemühungen gelang es dem Pfarrer Holstein im Jahre 1679, wenigstens einen Teil der Stiftungsgelder für Greven wieder freizubekommen. Inzwischen hatte er nämlich, „wegen der Vielheit der Kranken, täglichen Beichten und Communiciren, item zur Besserung des nothigen Gottesdienstes" wie er schreibt, noch einen Sacellan annehmen müssen, für den er diese Gelder dringend benötigte. Gegen Ende des 17. Jahrhunderts hatte Pfarrer Holstein neben diesen eingefrorenen Kapitalien in Höhe von 445 Talern aus eigenen und anderen Mitteln schon rund 500 Taler für die neue Stelle angesammelt, dessen Renten dem seit dieser Zeit ständig in Greven tätigen dritten Geistlichen zuflossen, der natürlich auch beim Pfarrer zur Kost ging. Seine Aufgabe war die Erteilung des Katechismusunterrichtes in den Bauerschaften und die Übernahme der dritten Messe an den Sonn- und Feiertagen des Morgens um 11 Uhr.[312] Am 1. Mai 1783 stiftete dann die Jungfer Anna Ludowica Hüsing aus der alten Grevener, auf Pfarrer Hermann Hüsing zurückgehenden Familie mit einem Kapital von 2100 Talern eine Vikarie zu Ehren des Hl. Johann Nepomuk, die allerdings erst im Jahre 1810 zur gesetzmäßigen Errichtung kam.[313]

---

*) Die steigende Kirchlichkeit des Volkes offenbart sich auch in dem vermehrten Verbrauch an Hostien. Hatte Pfarrer Holstein 1676 5½ Rtl. für 18 000 kleine und 1200 große Hostien ausgegeben, so stieg diese Summe bis 1688 trotz des sinkenden Weizenpreises langsam aber stetig auf 7½ Rtl. an. Die Zahl der Kommunikanten hatte 1656 (bei der Visitation) 1700 betragen. Um 1680 werden es kaum mehr als 2000 gewesen sein.

Außerhalb der Kirche in Greven gab es im 17. Jahrhundert nach dem Visitations-protokoll von 1656 im Kirchspiel noch keine weiteren Kapellen und Oratorien. Die beiden im 18. Jahrhundert in Greven vorhandenen Kapellen sind also nach dieser Zeit entstanden. Im Visitationsprotokoll von 1723 werden sie schon erwähnt (sacella sunt quaedam parva, nondum benedicta). 1727 wird ihre Zahl auf vier angegeben,[314]) doch lagen davon nur zwei in Greven selbst, eine in Bockholt und die letzte in der Bauerschaft Herbern.*) Die eine der Grevener Kapellen, eine Stiftung des Hermann Horstmann aus Greven zu Ehren des Hl. Antonius (?)**) lag am Südende des Dorfes, an der Schöne-fliethschen Straße, und zwar nach einer alten Karte aus dem Jahre 1803[315]) an der der Ems zugewandten Seite an der Stelle, wo heute auf der gegenüberliegenden Straßenseite die Kapellenstraße abgeht. Im Jahre 1731 schenkte ihr derselbe Hermann Horstmann einen Garten in der Woeste, aus dessen Einkünften der Pfarrer von Greven alljährlich zweimal in der Kapelle eine hl. Messe lesen sollte, und zwar die eine am Markustage (25. April), die andere auf St. Jacobi (25. Juli). Wie Pfarrer Reckvers in seinem Kirchen-buch schreibt, verfiel die Kapelle gar bald, da die Messen nicht in ihr, sondern in der Pfarrkirche gelesen wurden. Alles, was nicht niet- und nagelfest war, wurde im Laufe der Zeit geraubt. Die Tür aus guten Eichenbohlen nahm die Gemeinde an sich, um damit das neue Bleichhäuschen an der Ems zu verschließen. Die letzten zwei Marmorblöcke rettete der Pfarrer ins Pfarrhaus. Diebe und Landstreicher hausten in dem immer mehr verfallenden Raum, so daß schließlich nichts anderes übrigblieb, als die völlig verkommene Kapelle abzureißen, was noch zu Lebzeiten des Pfarrers Pröbsting (gest. 1812), zu Beginn des 19. Jahrhunderts geschah.

Auch von der anderen am Nordausgang des Dorfes gelegenen Kapelle ist das genaue Gründungsjahr nicht bekannt. Sie ist aber vermutlich gegen Ende des 17. Jahrhunderts von Pfarrer Holstein zu Ehren der Mutter Gottes für 100 Taler zur Abwendung weiterer Brand- und anderer Unglücksfälle gestiftet worden. Sie stand dort, wo der Grüne Weg von der alten Saerbecker Landstraße abzweigte, aber an der linken Seite der Landstraße, oder wie es 1786 heißt, an dem Weg von der neuen Emsbrücke nach Ladbergen.[316]) 1715 stifteten die Grevener Bürger Fledder und Heiler jeder 25 Taler, aus deren Zinsen der Pfarrer viermal jährlich eine hl. Messe in der Kapelle lesen sollte.[317]) Da die Kapelle ebensowenig wie die Horstmannsche am Südausgang des Dorfes bene-diciert, also zum Messelesen benutzbar war, wurde die Stiftung an die Kirche in Greven verlegt. Da die Stifter später nicht mehr in der Lage waren, die Unterhaltungskosten der Kapelle zu tragen, verfiel sie immer mehr, so daß sie schließlich im Jahre 1818 ab-gebrochen werden mußte. Der Bauer Winkelmann errichtete an der alten Stelle später ein noch heute stehendes Andachtsbild.

Aus einer Bemerkung im Kirchenbuch des Pfarrers Pröbsting im Pfarrarchiv geht hervor, daß beide Kapellen ursprünglich Prozessionsstationen waren, an denen auf der großen Prozession im Sommer der Segen erteilt wurde. Bei der am Marktesch stehenden Kapelle wurde die erste Station gehalten. Da bei der großen Prozession wie bei der Fronleichnamsprozession viermal Station gemacht wurde, so werden die vier im Visi-tationsprotokoll von 1723 erwähnten Kapellen nichts anderes als diese vier Stations-

---

*) Die Kapelle in Herbern fand sich auf einer Karte der alten Rheineschen Landstraße von etwa 1780 (StAM, Kartensammlung Reg.Bez. Münster Nr. 498,2) verzeichnet. Sie lag an der Westseite des Sellhövelesches vor dem Brockesch (etwa auf der Höhe des Bahnwärterhäuschens, vgl. auch AAG II k 20,2 um 1843). „Henrichmanns Kapelle" in Bockholt (gegenüber der Schmiede), ein kleiner offener Steinbau, ist um 1900 abgebrochen worden.

**) 1801 ist von den Sandkuhlen bei der Antoniuskapelle (in Greven) die Rede (StAM, Reg. Münster, Domainenreg. B XIII 7 Nr. 43). Das kann nur die Kapelle in der Lindersheide sein!

kapellen gewesen sein, die an die Stelle jener vier Kreuze getreten sind, die Pfarrer Holstein im Jahre 1675 durch Meister Bernd Lochtefeld hatte zimmern und auf die „stationibus" setzen lassen. Ein Meister Gerd hat damals nach der Kirchenrechnung für das Aushauen der Inschriften (Sprüche) 14 Schillinge bekommen. Wo die beiden anderen Kapellen gestanden haben, ließ sich nicht mehr feststellen, wenn sie nicht mit den beiden in Bockholt und Herbern identisch sein sollten!*)

Weitere Zeugnisse des aufblühenden kirchlichen Lebens sind die Brüderschaften,[318]) die seit Ende des 17. Jahrhunderts in Greven wieder errichtet wurden, nachdem die bereits im Mittelalter vorhandenen um die Mitte des 16. Jahrhunderts verboten worden waren (vgl. S. 152). Der Sinn und Zweck dieser neuen Bruderschaften war die gegenseitige Hilfe und Beistand im Tode, sowohl in materieller wie vor allen Dingen in geistlicher Beziehung. Gemeinschaftliches Gebet und Andacht und die Abhaltung von Seelmessen für die verstorbenen Mitglieder war auch die Aufgabe der im Jahre 1687 gestifteten Todesangstbrüderschaft in Greven. Im Kirchenregister schreibt Pfarrer Holstein darüber:

„Dies Jahr inclusive ist angefangen die Brüderschaft Todtangst Jesu Christi und ein glücksahliges Sterbstündlein, welches große Andacht und viele Kommunikanten gibt, ad 5000 im Jahr, aber noch mehr Mühe mir und den meinigen und Fremden gibt, die ich underhalten muß, ohne der schwere Arbeit des Beichthörens und anderer Diensten. Auf Martini halte ich bisweilen ad 13, 14, auch 15 Priester, ohne den, daß auf meine Tafel bishero noch einen Sacellanum das Jahr durch (beköstige) . . ."

Die Mühe des Pfarrers fand in dem regen Leben der Brüderschaft ihren Lohn, die noch 1730 ein besonderes päpstliches Ablaßprivileg zur Erlangung einer seligen Sterbestunde erlangte.[318a])

Die zweite, sogenannte Rosenkranzbrüderschaft wurde 1711 von dem Dominikanerprior in Münster, Frater Dominikus Kranepol, gegründet. Ihr Zweck war die Förderung der Marienverehrung, die ja besonders den Dominikanern am Herzen lag. Man kann sie als die Vorläuferin der Marianischen Kongregation des 19. Jahrhunderts bezeichnen.

An dem Aufblühen des religiösen Lebens nach dem erschreckenden Tiefstand des 16. Jahrhunderts und des Dreißigjährigen Krieges hatte Pfarrer Holstein wohl das Hauptverdienst. Nicht nur besserte er die Schäden an Kirche und Turm, nicht nur besorgte er, zum Teil aus eigenen Mitteln neue Kirchengeräte und neuen Schmuck, nicht nur schuf er eine zweite Kaplanstelle zur Vermehrung des Gottesdienstes, er bemühte sich auch eifrig um die Hebung und Vermehrung der Volksfrömmigkeit durch die Einführung neuen kirchlichen Brauchtums. Die Gründung der Todesangstbrüderschaft war eine dieser Neuerungen. Neben der großen Prozession, für deren festliche Ausgestaltung durch Musik und Böllerschießen, durch Fahnen und Bildstöcke er viele Ausgaben machte, führte er im Jahre 1684 noch eine Karfreitagsprozession (Kreuztracht) ein, wie sie sich seit dem Ende des 17. Jahrhunderts an manchen Orten Westfalens einbürgerte.[319]) Wie diese Prozession in Greven im einzelnen verlief, steht nicht fest. Aus den dürftigen Angaben des Pfarrers Holstein in seinen Kirchenrechnungen erfährt man nur, daß er arma passionis, also Abbildungen der Leidenswerkzeuge, wie Kreuz, Geißelsäule u. a. m. aus Münster besorgte, desgleichen einen Rock Christi für den Hauptdarsteller, schließlich noch Fahnen und dergleichen mehr. Wie anderwärts, so stellte man wohl auch in Greven die Leidensgeschichte des Herrn in Form einer Prozession dar. Wann diese eingegangen ist, ließ sich nicht mehr feststellen. Sie wird das Zeitalter der Aufklärung kaum überdauert haben. Daß des Guten auch wohl einmal

---

*) Bis heute werden die Prozessionsstationen bei Berteling an der Saerbecker Straße, bei der Wentruper Schule, bei Kolon Stegemann und bei Kolon Eistrup gehalten.

zu viel geschah, ergibt sich aus dem Wachsregister der Kirche von 1701. Dort heißt es nämlich, daß das von den Kirchspielseingesessenen nach altem Brauch gelieferte Wachs in Höhe von 43³/₄ Pfund für die Bedürfnisse des Kultus nicht mehr ausreiche, da – unter anderem – allein in zwei Monaten zwölfmal ein zehnstündiges Gebet abgehalten worden sei!

Aus der Folgezeit ist nicht viel mehr zu berichten. Die Überwachung des religiösen Lebens in der Pfarrei und der sittlichen und moralischen Haltung der Bevölkerung nahm der Archidiakon, der geistliche Richter des Bischofs in einem meist aus mehreren Kirchspielen gebildeten Bezirk wahr. Archidiakon des Kirchspiels Greven war der Propst von St. Ludgeri-Münster, nachweislich schon seit dem 13. Jahrhundert, der ein- oder zweimal im Jahr, vielfach oder meist auch weniger oft, d. h. nur alle paar Jahre einmal, jedes ihm unterstellte Kirchspiel visitierte. Er strafte alle Vergehen gegen die kirchlichen Gebote und Satzungen, besonders aber die Verstöße gegen das 6. Gebot, daneben aber auch Versäumnisse und Verfehlungen gegen die materiellen Verpflichtungen der Bauern gegen ihren Pfarrer, sowie die Vernachlässigung der Kirchwege, der kirchlichen Baulasten an Kirche, Schule und Pfarrhaus. Nicht zuletzt auch übte er das Aufsichtsrecht über die Schulen auf dem Lande aus.

Im kirchlichen Sendgericht galt das sogenannte Rügeverfahren. Für jede Bauerschaft wurden zwei jurati oder Geschworene bestimmt, die eidlich verpflichtet waren, alle ihnen bekannt gewordenen, vor das geistliche Gericht gehörenden Straffälle beim Archidiakon öffentlich zur Anzeige zu bringen. Neben dieser drückenden Pflicht hatten sie aber auch das Recht, Klagen gegen den Pfarrer und seine Kapläne, gegen den Küster und Lehrer und schließlich auch allgemeiner oder besonderer Art vorzubringen.

Leider sind aus der älteren Zeit keine Protokolle der in Greven abgehaltenen Sendgerichte erhalten geblieben. Erst aus dem 18. Jahrhundert liegen einige wenige Jahrgänge vor,[320]) die nur einen dürftigen, höchst unvollkommenen Querschnitt durch das Jahrhundert bieten und nur ein mangelhaftes Bild von dem sittlichen Stand der Grevener Bevölkerung zu geben vermögen. Der Siebenjährige Krieg scheint mit seinen vielen Durchmärschen und Einquartierungen der Moral der Bevölkerung einen bösen Stoß versetzt zu haben, da im Jahre 1764 – als erstmalig nach dem Kriege (nach 9 Jahren?) wieder Sendgericht in Greven abgehalten wurde –, nicht weniger als 30 uneheliche und dazu noch 8 vorzeitige Geburten angezeigt werden mußten. In normalen Jahren ist das religiöse und moralische Leben in Greven in ruhigeren Bahnen verlaufen. Uneheliche Geburten kamen beispielsweise 1768 und 1771 nur je eine zur Anzeige, dazu allerdings 5 bzw. 6 vorzeitige eheliche Geburten. Schwere Exzesse werden in den erhalten gebliebenen Protokollen nicht gemeldet. Ein besonderes Kapitel bildete der Aberglauben, der im 18. Jahrhundert noch schlimme Blüten trieb. So gab beispielsweise auf dem Send von 1768 der Kolon Johann Tiemann an, daß er seit 28 Jahren ständig Unglück mit seinem Vieh gehabt habe.[321]) Kapuziner- und Observantenpatres (!) hätten ihm gesagt, sein Haus sei vergiftet. Der Kapuzinerpater habe sein Vieh „überlesen", also einen einfachen Exorzismus vorgenommen. Eine im Osnabrückschen wohnende Frau habe ihm für seinen kranken Sohn ein Fläschchen mit einer Medizin gegeben (für drei Schillinge), die tatsächlich dem Knaben Erleichterung gebracht habe. Sie habe ihm außerdem gesagt, einer seines Vorfahren Brüder (!) hätte die Unglücke auf der Hochzeit von Tiemanns Erbe nach Wandmanns Erbe mitgenommen, worauf dieser Abbitte hätte tun lassen und so die Unglücke wieder nach Tiemann zurückgeschickt habe!

Kurz sei noch der alten Begräbnisstätte Grevens gedacht.[322]) Ursprünglich wurden die Toten der Gemeinde rund um die Kirche beerdigt. Jeder Schulte hatte eine eigene Grabstätte, alle anderen Bauern und kleinen Leute im Dorf wurden auf einem Teil des

Kirchhofes in der Reihe begraben (s. o. S. 85). Es will kaum glaublich erscheinen, daß auf dem engen Raum um die Kirche für alle Toten des großen Kirchspiels Platz gewesen sei, doch war dieser Platz früher ja nicht durch eine Mauer eingeengt, ganz zu schweigen von dem viel Raum beanspruchenden Erweiterungsbau der Kirche. Auch belegte man vordem die alten Grabstätten in kurzer Folge immer wieder, wobei man die noch nicht vergangenen Gebeine in einem eigens dafür errichteten Beinhaus sammelte. Zur Zeit der großen Ruhrepidemie des Jahres 1811 reichte der Platz aber nun gar nicht mehr, so daß die französischen Behörden den Friedhof sperrten und die Anlage eines neuen draußen vor dem Dorfe verlangten, worauf dann die Dorfväter auf der Lindersheide ein Stück Gemeindeland zum neuen Friedhof bestimmten, der, mehrfach vergrößert, bis 1894 die Toten der Gemeinde aufgenommen hat. Damals wurde dann das neue Grundstück an der Saerbecker Landstraße in Gebrauch genommen. Der alte stimmungsvolle Friedhof im Schutz des mächtigen, fast jahrtausendalten Kirchturms, der einst rings mit Lindenbäumen bepflanzt war, ist seitdem ein Tummelplatz der Kinder und damit ein sinnfälliges Zeugnis für die Vergänglichkeit alles Irdischen!

Lang ist die Reihe der Pfarrgeistlichen, die seit dem 16. Jahrhundert der Gemeinde in guten und schlechten Zeiten vorgestanden haben. Manchem von ihnen gebührt gewiß hohes Lob und reiche Anerkennung für sein Streben und Wirken, mancher verdiente wohl auch, mit Stillschweigen übergangen zu werden; alle zu nennen ist die Pflicht und Aufgabe des Chronisten.[323]

Die erste Pfarrerliste hatte Werner Kemnade beschlossen, der als eifriger, auf die Erhaltung des alten Glaubens bedachter Hirt seiner großen Herde 1546 gestorben ist (s. o. S. 138). Kemnades Nachfolger wurde der Paderborner Domherr (!) Philipp von Twist, dem die reiche Pfründe von Bischof Franz am 30. Juni 1546 übertragen wurde.[324] Das ärgerliche und verderbliche Pfründensammeln der Domherren, die nur auf eine möglichst hohe Einnahme aus diesen Pfründen sahen, wurde den davon betroffenen Gemeinden vielfach zum Verhängnis, da die Vicekuraten, die gegen ein geringes Entgelt für den Pfründeninhaber die Pfarre verwalteten, kaum genug zum Leben hatten und sich daher vielfach einem Nebenberuf zuwenden mußten, um nur das Leben zu fristen. Es konnte dann vorkommen, daß ein solcher mercenarius (Mietling) eher hinter dem Pflug als in der Studierstube oder auf dem Wege zu Kranken und Sterbenden zu finden war! Ob es in Greven jemals so schlimm gewesen ist, ist nicht überliefert. Bei dem Reichtum der alten Pfarrkirche sollte, auch wenn der Pfründeninhaber den Rahm abgeschöpft hatte, für den Vicekurat immer noch genug übriggeblieben sein! Nach dem Tode des Paderborner Domherrn hat offenbar Georg Tebethmann die Pfarrei bekommen, der gleichzeitig auch Vikar an St. Martini in Münster war. Ob er in Greven residiert und die Seelsorge selbst ausgeübt hat, ist nicht bekannt, aber doch wohl anzunehmen, da er später, als er die Kirche in Emsbüren übernahm (vor 1571) dort auch residierte.[325] In Greven verzichtete er auf die Pfarrstelle 1568, und am 22. Dez. des Jahres erhielt sie wieder ein adeliger, aber wohl unebenbürtiger Sproß, Dietrich (von der) Recke,[326] der auch wieder nur die Einkünfte der Pfarre bezog (er war noch Ende 1570 im Amt), diese selbst aber nur durch einen Vicekuraten verwalten ließ. Das war Hermann Hüsing, der erstmalig bei der Kirchenvisitation des Jahres 1571 begegnet. Er stammte aus dem benachbarten Altenberge, war illegitimer Herkunft und wurde am 25. August 1572 zum Nachfolger des Dietrich von der Recke bestellt, nachdem dieser freiwillig auf die Pfarre verzichtet hatte.[327] Bis kurz nach 1580 hat Hüsing in Greven gewirkt. Bei der Visitation von 1571 erteilten ihm seine Kirchenprovisoren ein gutes Zeugnis, wie er denn auch zu Protokoll gab, daß er keine Konkubine habe. Offenbar hat er diese schon vorher entlassen, denn die später in Greven nachweisbare Familie Hüsing leitete ihren Ursprung mit Sicherheit auf ihn zurück.*) Aus seinem Verhalten bei der Visitation darf man wohl schließen, daß er sich vorbehaltlos zur katholischen Lehre bekannte. Er resignierte die Pfarre zwischen 1580 und 1584. Ihm folgte Goswin Raesfeld, dem sicherlich sein Vater, der Dompropst Goswin von Raesfeld die Belehnung mit der einträglichen reichen Pfründe durch den Bischof verschafft hat.[328]) Dieser war ein wenig rühmlicher Vertreter des geistlichen Standes. Bei der Visitation am 12. Oktober 1601 stellte sich heraus, daß er völlig untauglich und auch unwürdig war, valde inhabilis et plane ineptus atque indignus schrieben die Visitatoren, die doch sonst nicht gar so streng waren, am 16. 2. 1602 in ihr Protokoll. Doch verraten sie nur zum Teil, wodurch sich Goswin Raesfeld so unmöglich gemacht hatte. Er hatte nämlich eine Konkubine bei sich, von der er vier Kinder hatte. Damals bewertete bzw. verurteilte man kirchlicherseits das Konkubinat unter dem Einfluß der Reformen des Tridentiner Konzils bereits wesentlich schärfer als eine Generation zuvor, als vor allem die Laienwelt, und hier besonders das einfache Volk unter dem Einfluß der Priesterehe bei den Protestanten, die ja vom Kaiser 1555 auch für die katholischen Geistlichen gefordert und gebilligt worden war, die Unterschiede zwischen der Ehe und dem Konkubinat kaum zu erkennen wußte.

Obwohl die Visitatoren Goswin Raesfeld mit sofortiger Wirkung suspendierten und aus dem Amte entfernten, hatte es dieser mit dem Räumen der guten Stelle nicht so eilig, da sein Nachfolger im Amt, der aus Dülmen gebürtige Viktor Reismann, angeblich erst im Jahre 1607, wie er bei der Visitation von 1616 selbst zu Protokoll gab,[329]) durch Fürstbischof Ernst von Bayern als Pfarrer von Greven bestellt worden ist, doch findet sich im Pfarrarchiv von seiner Hand bereits ein Bruchstück eines Heberegisters der Pfarrländereien aus dem Jahre 1605! Das Rätsel löst sich wahrscheinlich so, daß Reismann schon vorher (seit 1602?) als Vicekuratus oder auch nur als Kaplan tätig gewesen sein dürfte. Es ist ja überhaupt fraglich, ob Goswin Raesfeld selbst jemals in Greven geweilt und amtiert hat, da er neben dieser Pfarre auch noch ein Kanonikat an der Remigiusstiftskirche in Borken besaß! Wahrscheinlich hat er sich in Greven vertreten lassen, denn im Jahre 1584 war als Pastor in Greven ein uns sonst nicht näher bekannter Hermann Racke tätig (nach einer Aufzeichnung vom 29. Mai 1584 im Pfarrarchiv), und 1589 unterschrieb das Feuerstättenregister von Greven der Vicekurat Johann Hüsing.[330]) Da die Aufstellung der Steuerlisten damals noch Aufgabe der Ortspfarrer war, muß dieser Johann Hüsing zumindest als Vicekuratus des Goswin Raesfeld amtiert haben. Tatsächlich gab er bei der Visitation von 1601, die ihn als Pfarrer in Nordwalde antraf, an, vorher Vicekurat in Greven gewesen zu sein.[331]) Wie lange, wissen wir nicht, immerhin war er noch im Jahre 1594 hier, da ein Mandat des geistlichen Hofgerichts in Münster gegen einzelne Einwohner in Greven aus diesem Jahre noch seinen Vollzugs- bzw. Verkündigungsvermerk trägt.[332]) Er war nach seiner eigenen Aussage bei der Visitation von 1601 ein Sohn des Pfarrers Hermann Hüsing.

Im Jahre 1607 übernahm dann Viktor Reismann das Pfarramt.**) Von seiner Amtstätigkeit wissen wir nur wenig mehr, als daß er bereits ein Tauf- und Traubuch führte und auch sonst offenbar ein guter Rechner und Hausvater gewesen ist. Am 28. Januar 1635, mitten in der furchtbaren Not des Dreißigjährigen Krieges, wurde er ein Opfer der damals in Greven grassierenden Pest.

---

*) 1576 hatte ihm der Archidiakon gestattet, für seine Familie ein Stückchen Pastoratsland zu einer Hausstätte abzutreten (Nr. 142, Marktstraße Nr. 26). Die Bewohnerin des Hauses war 1589 Agnes Pastorsche!

**) Er war am 29. 8. 1604 zum Priester geweiht worden.

Sein Nachfolger, Heinrich Schmedding, entstammte einer bekannten Stadtmünsterer Kaufmannsfamilie und ist wahrscheinlich bei den Jesuiten in Münster auf dem Gymnasium ausgebildet worden.[333]) Der väterliche Reichtum gestattete es ihm offenbar, vieles zur Beseitigung der Kriegsschäden an Kirche und Pastorat in Greven beizutragen. Auch in seiner sauberen und exakten Buchführung verleugnet er seine Herkunft nicht. Mit geradezu minutiöser Genauigkeit und mit viel Sinn für die familiengeschichtlichen Zusammenhänge seiner Pächter verzeichnet er in einer kleinen, kaum zu entziffernden Schrift Jahr für Jahr die Einkünfte und Rückstände aus den verpachteten Ländereien, aus Häusern und Renten. Wohl nur durch solche haushälterische Wirtschaftsführung war es ihm möglich, die Schäden des Dreißigjährigen Krieges zu beheben und darüber hinaus noch ein ansehnliches Vermögen zu hinterlassen, aus dem über 600 Taler an Vermächtnissen für Kirche und Pastorat, für Küster und Lehrer, ja, 50 Taler auch dem Dorf und 150 dem Kirchspiel zur Wegebesserung verteilt werden konnten. Gegen Ende seines Lebens wurde er immer kränklicher. 12 Jahre litt er an Lähmung, die letzten 5 Jahre war er fast dauernd krank und mußte sich durch seinen Sacellan vertreten lassen. Am 28. Januar 1672 ist er im Alter von 71 Jahren gestorben.[334])

Sein Amtsnachfolger wurde am 3. Februar 1672 sein langjähriger Helfer und Vertreter Magister Nikolaus Wilbrand Holstein, gleichfalls aus der Landeshauptstadt gebürtig, wo er ums Jahr 1638 das Licht der Welt erblickt hatte. Seit Ende 1663 war er bereits in Greven als Gehilfe des Pfarrers Schmedding tätig gewesen und war dann im September 1665 nach dem Fortgang des bisherigen Sacellans Heinrich Moderson Sacellan geworden. Auch er war, wie sein sorgfältig und eingehend geführtes Lagerbuch erkennen läßt, ein genauer Rechner und guter Hausvater, daneben aber auch ein eifriger Seelsorger. Nachdem er in seiner dreißigjährigen Amtsperiode die Früchte seiner Bemühungen um die Hebung der Volksreligiosität und um die Beseitigung der Schäden einer rauhen Vergangenheit noch hatte heranreifen sehen, starb er am 21. Aug. 1702 im 64. Lebensjahr und fand in der Kirche seine letzte Ruhestätte.

Zu seinem Nachfolger wurde im November des gleichen Jahres Heinrich Stoeve aus Dolberg berufen, der aber nur gut zehn Jahre in Greven amtierte, so daß über ihn und sein Wirken keine weitere Kunde auf uns gekommen ist. Am 15. (16.?) Mai 1713 starb er, offenbar noch jung an Jahren, und wurde außerhalb der Kirche, hinter dem Hauptaltar, begraben. Warum er entgegen der damaligen Sitte außerhalb der Kirche beerdigt werden wollte, ist nicht überliefert, merkwürdig nur, daß er infolge des Erweiterungsbaues der Kirche nun doch noch innerhalb derselben zu liegen kam!

Georg Meinartz (aus Münster), der jetzt zum Pfarrer in Greven berufen wurde, hat wohl von allen Pfarrern, die jemals in Greven amtiert haben, die längste Amtszeit erreicht. Da er erst im Januar 1762 starb, hat er es fast auf 50 Jahre gebracht. Trotzdem ist über seine Amtsführung nicht viel zu berichten, da die großen umstürzlerischen Zeiten längst vorüber waren und das Leben im Dorf seinen nur in den Kriegszeiten von Durchmärschen und Einquartierungen unterbrochenen ruhigen Verlauf nahm.

Ihm folgten kurz nacheinander Johann Hermann Backmann aus Emsdetten, gestorben im Januar 1769, und am 1. Mai 1769 Bernhard Adolf Trost aus Münster (gestorben im Oktober 1770 an der Schwindsucht).[335]) Jetzt wurde am 30. Oktober 1770 vom Bischof Bernd Wennemar Pröbsting aus Nordwalde als Pfarrer nach Greven geschickt.[336]) Er war vorher Sacellan in Wüllen, Kr. Ahaus gewesen. Auf ihn war im Jahre 1810 der Maire Schründer nicht gut zu sprechen, da ihn gegen Ende seines Lebens die geistigen Kräfte immer mehr verließen.[337]) Vermutlich war er als Sohn eines westfälischen Bauern vor allem in seinen alten Tagen allen Neuerungen abhold und stemmte sich den fortschrittlichen Bestrebungen des Bürgermeisters, besonders auf dem

Gebiet der Schulentwicklung mit der ganzen Wucht seiner geistlichen Autorität entgegen. Aus der Bemerkung des Maire, daß seine Kapläne mit ihm spielten, ergibt sich offenbar auch, daß diese, unter ihnen der Kooperator Frenking, ein ehemaliger Franziskaner, der 1812 den verpönten Huldigungs- und Unterwerfungseid an den Kaiser der Franzosen, Napoleon, ohne Zögern geleistet hatte,[338]) das Unvermögen des alten Mannes mißbrauchten und nach eigenem Gutdünken schalteten und walteten. Frenking und Rademacher standen indes selbst keineswegs in bestem Rufe, so daß selbst die kirchliche Obrigkeit ihren Einfluß beispielsweise in Angelegenheiten der Schule nach Möglichkeit ausgeschaltet wissen wollte.

Nach Pröpstings Tod am 29. Mai 1812 kam mit dem neuernannten Heinrich Reckvers (geb. Münster 1776), bisher Kaplan in Olfen, wieder ein tatkräftiger und eifriger Priester nach Greven, der die aufsässigen Kapläne in ihre Schranken wies und der auch den Maire und nachmaligen Bürgermeister Schründer in seinen Bemühungen um die Hebung des Volksschulwesens nachhaltig unterstützte.[339]) Auch auf dem Gebiete der sozialen Fürsorge wirkte er im Verein mit den führenden Kaufleuten des Dorfes bei der Gründung der Spinnanstalt zur Bekämpfung des Bettelunwesens mit (s. u. S. 184 ff.), wodurch die Armut und Arbeitslosigkeit wirksam vermindert wurde. Nach achtzehn Jahren, von denen viele wegen der großen Kriegsnot, Seuchen und Mißernten wohl doppelt gezählt werden konnten, starb er, von der ganzen Gemeinde betrauert, am 24. 4. 1830.

Sein Nachfolger, Paul Lange, gleichfalls aus Münster gebürtig und vorher Kaplan in Hiddingsel, starb schon nach wenigen Jahren, am 17. Juni 1839 an einem Nervenfieber (43 Jahre alt).

Jetzt wurde vom Bischof der 1806 in Lette bei Coesfeld geborene Heinrich Steenberg, seit 1830 Kaplan in Werne, nach Greven geschickt, der in seiner langjährigen Amtszeit den Aufstieg Grevens vom kleinen Dorf zum großen Industrieort erlebte. Das ungewöhnlich schnelle Wachstum des Ortes stellte auch an die kirchliche Verwaltung große Anforderungen, doch sind zu Steenbergs Zeit die schon 1850 auftauchenden Pläne zur Vergrößerung der Kirche noch nicht zur Verwirklichung gekommen. Kraftvoll und hartnäckig verteidigte er die Rechte seiner Kirche, auch auf verlorenem Posten, wie in der Auseinandersetzung um das alte kirchliche Patronatsrecht über die Grevener Schule (1876). Seine Verdienste um die kirchliche Entwicklung Grevens fanden aus der Gemeinde heraus freudige und anhängliche Dankesbezeugungen anläßlich seines fünfundzwanzigjährigen Ortsjubiläums am 9. Januar 1865, bei dem ihm die Gemeinde einen kostbaren Kelch im Wert von hundert Talern zum Geschenk machte. Von oben her fanden sie Anerkennung durch seine Ernennung zum Ehrendomherrn an der Kathedralkirche zu Münster am 31. 10. 1870. Die letzten Jahre seines Lebens waren überschattet von den Wehen und Nöten des Kulturkampfes, jener großen Auseinandersetzung des Preußischen Staates mit der Katholischen Kirche, durch die die Kirchenhoheit des protestantischen Staates auch auf die Katholiken in Preußen ausgedehnt werden sollte. Das durch die erfolgreichen Kriege von 1864, 1866 und 1870/71 gesteigerte Machtgefühl des Preußischen Staates Bismarckscher Prägung mußte darüber notwendigerweise mit dem Papst in Rom in einen schier unlöslichen Konflikt geraten. Durch das Ungeschick der „in vielen Fällen nicht einmal humanen" preußischen Beamten*) nahm dieser Prinzipienstreit einen solch gehässigen Charakter an, daß nicht nur großes Leid über das katholische Volk kam, sondern schließlich auch allen Beteiligten klar werden mußte, daß der Kampf unmöglich in dieser Form weitergeführt werden konnte. Die versöhnliche Haltung des neuen Papstes Leo XIII. (seit 1878) erleichtere den Abbau der rigorosen

---

*) So urteilte bereits 1877 Professor Virchow, einer der liberalen Vorkämpfer des Kulturkampfes.

Kampfgesetze. Der berüchtigte Kanzelparagraph, der jegliche Kritik von Staatsmaß-
nahmen durch die Geistlichkeit von der Kanzel aus unterbinden sollte, hatte 1871 den
Reigen dieser Kampfmaßnahmen eröffnet. Die dann folgenden Maigesetze von 1873
gegen den Einfluß der Kirche auf Schule, Religionsunterricht, Vorbildung und Anstellung der Geistlichkeit, gegen die geistliche Strafgewalt und die Verwaltung des
Kirchenvermögens boten den übereifrigen, in den katholischen Gebieten meist evangelischen Beamten weitere Handhaben genug, den Widerstand der katholischen Geistlichkeit und des Kirchenvolkes zu wecken und anschließend die Übertretung der für die
Kirche untragbaren Gesetze zu strafen. Im Münsterland verschärfte sich die kirchen-
politische Lage, als zu Beginn des Jahres 1874 auch der Bischof Johann Bernhard Brinkmann straffällig wurde und man ihn wegen der gegen ihn verhängten und nicht bezahlten
Geldstrafen pfändete. Eine Welle der Entrüstung ging damals durch das Land. Hatte der
Amtmann in Greven 1873 die Kulturkampf-Stimmung in seinem Amtsbereich als
„mäßig" bzw. „in etwa angeregt" bezeichnet, so mußte er sie im Frühjahr 1874 schon
„angereizt" nennen. In der Tat, am 4. März 1874 morgens um elf Uhr erschien eine auf
650 Köpfe geschätzte Deputation aus Greven als eine der ersten auf dem Domhof in
Münster, um dem Bischof ihre Teilnahme kundzutun. Kaufmann Terfloth hielt eine
Ansprache, auf die der Bischof dankend antwortete.*) Der Kampf verschärfte sich
zusehends, als der Staat mit der Verdrängung der Geistlichkeit aus der Schule Ernst
machte. Wohl die letzte Unterschrift, die der fast achtzigjährige Amtmann Tümler am
29. Juli 1874, am Tage vor seinem Ausscheiden aus dem Dienst, leisten mußte, steht
unter einem Bericht an den Landrat über den Religionsunterricht an den Schulen, den
dieser angefordert hatte, um höheren Orts über den „verderblichen" Einfluß der Geistlichkeit auf diesem Gebiete berichten zu können.**) Die Erregung der Bevölkerung auch
in Greven äußerte sich in einer ungewöhnlich regen Beteiligung an allen kirchlichen
Veranstaltungen, doch zeigte die Stimmung nach der Meinung des neuen Amtmannes
„in keiner Weise beunruhigende Symptome". Das war erst im nächsten Jahre der Fall,
als den Geistlichen die Erteilung des Religionsunterrichts in den Schulen endgültig
verboten wurde (6. 5. 1875) – seitdem hielten sie sonntags Christenlehre in der Kirche –,
und auch die öffentliche Feier von Kirchenfesten durch Flaggen, Böllerschießen, Illumination usw. durch die Regierung bzw. den Landrat in kleinlicher Auslegung alter
gesetzlicher Bestimmungen (über Feuerschutz usw.) immer mehr behindert wurden.
So wurde die geplante Feier des Herz-Jesu-Festes am 16. Juni 1875 durch das Verbot
von Flaggen und Prozession unterbunden. Die Bevölkerung, die teilweise frühmorgens
doch geflaggt hatte und ebenso gegen das Verbot abends ihre Häuser illuminierte, antwortete mit „wüstem Geschrei" auf der Straße und leistete der polizeilichen Aufforderung
nach Abstellung der Illumination nur teilweise Folge.***) Gegen 21 „Culpanten" ging
der Amtmann mit der in solchen Fällen zulässigen Höchststrafe von drei Talern vor,
die dann aber doch auf Weisung des Landrates (wegen eines Formfehlers) auf eine bis
drei Mark ermäßigt, in einem Falle sogar ganz niedergeschlagen wurde.[340]) Dagegen
verlief der Krönungstag des Papstes am 21. Juni ruhiger, weil diesmal keine Verbote
anreizend auf die Stimmung des Volkes wirkten. Nach dem Bericht des Amtmannes

---

*) Nach dem Westfälischen Merkur Nr. 62 vom 4. 3. 1874. Nach Meinung des Amtmannes wären
es sogar 800—900 gewesen (Zeitungsbericht, AAG II a Nr. 5,4).

**) Sein Nachfolger mußte im nächsten Jahr sogar darüber berichten, ob entgegen dem erlassenen
Verbot nicht doch Lehrer und Lehrerin die Schulkinder zum Gottesdienst führten (LA Münster Nr.
1139 Bd. 2)!

***) Pfarrer Steenberg wollte allerdings in seinem Protestschreiben vom 23. 6. (AAG I d Nr. 35)
trotz einer „außerordentlich großen Menge Menschen auch nicht ein überlautes Wort" gehört haben!

wurde der Tag durch ein Festgeläute von 8 bis 10 Uhr eingeleitet. Reicher Flaggenschmuck zierte die Straßen. „Von seiten der Geistlichkeit und der bekannten Parthei (= Zentrum) war alles aufgeboten, um die bewußte Feier möglichst allgemein zu machen und schien zu dem Ende ein förmliches Ansagen in den Häusern eingerichtet zu seyn."[341]) Der Tag endete mit einer glänzenden Illumination der Häuser. Wenn auch viele Leute abends auf der Straße waren, so hörte man, nach der Meinung des Amtmannes, doch nicht wie am Abend des 16. (s. o.) wüstes Geschrei, vielmehr habe die Bevölkerung ein anständiges Verhalten an den Tag gelegt. Die Geistlichkeit in Greven hielt sich im allgemeinen klug zurück, jedenfalls mußte der Amtmann noch am 29. 8. 1875 in einem Bericht an den Landrat zugeben, daß sie sich in kirchenpolitischer Beziehung nicht besonders bemerkbar gemacht habe, wie er selbst bei der (ihm aufgetragenen) persönlichen Überwachung der Predigten und sonstigen Kanzelabkündigungen beim sonntäglichen Gottesdienst festgestellt hatte. Daß der Polizeidiener die Sonntagspredigten ständig überwachte, war ganz selbstverständlich. Die Papstfeiern unterlagen auch in den nächsten Jahren den gleichen mit fadenscheinigen Gründen nur mühsam verhüllten Beschränkungen. 1876 mußte der Amtmann dem Leiter des Festkomitees, Kaufmann (Eduard) Schründer, noch im letzten Augenblick mitteilen, daß die Regierung auch das Flaggen und Illuminieren – den geplanten Fackelzug hatte er selbst schon vorsorglich verboten – untersagt habe. So mußte man sich auch in diesem Jahre mit einem Festgottesdienst und einer geschlossenen Versammlung im Halstrupschen Saale begnügen. Auch im nächsten Jahre beschränkte sich die Anteilnahme des katholischen Kirchenvolkes am goldenen Bischofsjubiläum Pius IX. am 3. Juni 1877 auf eine Beflaggung und Schmückung der Häuser sowie auf ein „gemütliches Beisammensein" im Halstrupschen Saale, wobei es nach Mitteilung des Amtmannes zu „Ausschreitungen" nicht gekommen ist. Natürlich wurden 1878 gleichfalls alle Kundgebungen aus Anlaß des Todes des Papstes Pius IX. und der Inthronisation des neuen Papstes Leo XIII. von vornherein verboten. Das trug nicht zur Beruhigung der erhitzten Gemüter bei. Wie unerquicklich das Verhältnis zwischen Staat und Kirche schließlich wurde, zeigt sich recht anschaulich darin, daß die sonst allgemein üblichen kirchlichen Fürbitten für das kaiserliche Haus bei Todes- oder Geburtsfällen seit 1875 nicht mehr abgehalten wurden. Noch in seinen letzten Tagen, Anfang März 1878 lehnte der Pfarrer dies ausdrücklich ab, da er derartige Aufträge nur von seinem Bischof annehmen könne.[342]) Der weilte damals aber in der Verbannung!*)

Wenige Tage später, am 11. März 1878, starb Pfarrer Steenberg, tiefbetrauert von seiner ganzen Gemeinde. Da der Staat die Wiederbesetzung aller erledigten Pfarrstellen gesperrt hatte, blieb die Pfarrei Greven jetzt acht lange Jahre verwaist. Kaplan Niehoff verwaltete sie mit Hilfe seiner Kollegen interimistisch. Durch den Tod von Pfarrer Bolsmann in Gimbte am 18. 4. 1880 waren von da ab sogar beide Gemeinden verwaist. Im ganzen Münsterland (Kreis Münster-Land) waren 1880 von 22 Pfarrstellen noch 14 ordnungsgemäß besetzt. Von 31000 Seelen waren nur 21600 durch regelmäßige Seelsorge erfaßt. Bis 1885 kam noch eine weitere Vakanz hinzu. Dadurch sank der Prozentsatz der religiös ausreichend versorgten Bevölkerung sogar auf 63. Glücklicherweise waren mittlerweile die ersten Milderungen der Kampfgesetze wirksam geworden. Schon

---

*) Entsprechend konnte der Amtmann noch 1884 „keine Veranlassung nehmen", an der festlichen Einholung des Bischofs auf einer Firmungsreise teilzunehmen (AAG I d Nr. 1 Bd. 1). Die Atmosphäre war völlig vergiftet. Und wie einträchtig hatte man noch am 18. Juni 1871 das silberne Papstjubiläum Pius' IX. gefeiert (AAG IV b Nr. 2,1)! — Auch Pfarrer Bolsmann hatte 1877 mit den Behörden eine heftige Auseinandersetzung gehabt, als Küster- und Schuldienst, die bis dahin von einer Person versehen wurden, getrennt werden sollten. Nur durch die Androhung der zwangsweisen Exekution konnte er dazu bewogen werden, die Akten der Küsterei herauszugeben (AAG I d Nr. 1,1).

seit dem Jahre 1880 wurden die Mai-Gesetze von 1873 auf Weisung von Berlin aus milder gehandhabt, so besonders die Wahrnehmung gottesdienstlicher Handlungen in den verwaisten Gemeinden durch fremde Geistliche stillschweigend geduldet, weil zu viele Gemeinden schon unbesetzt waren. Seit dem gleichen Jahre durften in Greven die Geistlichen auch wieder den Religionsunterricht in den Schulen übernehmen. Die „Kulturkampfstimmung" war aber nach des Amtmannes Bericht Ende 1881 immer noch „die gleiche". Sie besserte sich erst zusehends, als im Zuge des weiteren Abbaues der Kampfgesetze am 21. Januar 1884 auch Bischof Brinkmann endlich nach acht langen Jahren in seine Diözese zurückkehren durfte. Es dauerte dann aber doch noch zweieinhalb Jahre, bis Greven am 27. September 1886 in der Person des Bernhard Schmeink aus Bocholt wieder einen eigenen Pfarrer erhielt, und hier so auch wieder geordnete seelsorgerische Verhältnisse eintraten.

Zu seiner Zeit wurde der Erweiterungsbau der Grevener Kirche aufgeführt, der zwar notwendig war, aber die anheimelnde Geschlossenheit des schönen alten, gotischen Baues zerstörte (s. u. S. 419). Pfarrer Schmeink, der seit 1889 Landdechant des Dekanates Münster-Land war, starb früh, erst 61 Jahre alt, am 16. Sept. 1901. Ihm folgte am 10. Januar 1902 Felix Schwering (geb. 1848). Die starke Zunahme der Bevölkerung und die entsprechend wachsenden Aufgaben der Geistlichkeit auf sozialem und karitativem Gebiet machte eine Vermehrung der Seelsorgerstellen notwendig. Im Jahre 1907 wurde ein dritter Vikar bestellt. Mit dem Rektor, Konrektor, dem Vikar der Blutsvikarie St. Joh. Nep., und dem Vikar in Schmedehausen waren jetzt acht Geistliche in Greven tätig. Freilich, die St.-Joh.-Nep.-Vikarie war lange Jahre unbesetzt, da es zeitweise an einem zu der Stiftung berechtigten Geistlichen fehlte. Pfarrer Schwering starb hochbetagt am 20. Juli 1925. Ihm folgte am 26. Aug. 1925 Gustav Schlothmann (geb. 1874).*)

Die Liste der in Greven seit dem 16. Jahrhundert tätig gewesenen zweiten und dritten Geistlichen, der Sacellane und Kapläne (auch Kooperatoren genannt) hat, soweit deren Namen ermittelt werden konnten, folgendes Aussehen:[343]

I. Die Sacellane

1571   Johann Niemann
        Er wurde 1581 Pastor in Gimbte.

1601   Sibrand Neomarus
        Er stammte aus Friesland, wo er in Siebenwolde Pfarrer gewesen war, bis er dort im Laufe der Religionskämpfe vertrieben wurde. Er hatte in Zwolle und Haarlem studiert.

1604   Nikolaus Brockmann (Brokermann)
        Als Sohn eines Geistlichen in Osnabrück geboren, war er zunächst offenbar im Lingischen Geistlicher gewesen, ehe er nach Greven kam. Da er sich offen zur Lehre Luthers bekannte, wurde er bei der Visitation vom 12. 11.1604 vom Amt suspendiert.

1610–1612   Bernd Schweinebrock
        Von 1606 bis 1609 offenbar als Theologiestudent in Köln.

1616–1622   Bitter Wilgen
        Er stammte aus Münster und hatte im Jahre 1615 die Priesterweihe empfangen. 1622 ging er von Greven als Pfarrer nach Telgte, wo er im Jahre 1638 gestorben ist. Auf dem berühmten Telgter Hungertuch ist sein Wappen abgebildet.

---

*) Er trat 1948 in den wohlverdienten Ruhestand.

1623–1631	Johann Engelbording (Engberding)

Er ging von hier 1632 als Pfarrer nach dem benachbarten Saerbeck und starb dort 1646.

1632–1644 Johann Isfording

1644–1647 Viktor Hüsing

Er stammte aus Greven und gehörte zweifellos zu der durch Pfarrer Hermann Hüsing (s. o.) aus Altenberge hier heimisch gewordenen Familie Hüsing, die bis ins 18. Jahrhundert hinein viele tatkräftige Bürger und Kaufleute gestellt hat. Viktor Hüsing hatte 1638 die niederen und 1640 die Priesterweihe empfangen und besaß seit 1638 eine Vikarie in Wiedenbrück. Später (1658–1669) war er Hausgeistlicher auf Haus Rockel, Ksp. Darfeld.

1647–1656 Hermann Petri

Ein gebürtiger Münsteraner (geb. 1619), der die Weihen 1642/53 empfangen hatte. Er starb 1673 als Vikar am Maria-Magdalenen-Hospital in Münster.

1657–1659 Heinrich Schloidt

Geboren 1630 in Münster, geweiht 1655. Dann war er zunächst zwei Jahre Vikar in Heek, bis er am 29. April 1657 von Pfarrer Schmedding als Sacellan angenommen wurde. Schon am 15. Juli 1659 ging er als neuernannter Pfarrer nach Ochtrup.

1659–1665 Heinrich Moderson

Er entstammte gewiß der bekannten Münsterer Kaufmannsfamilie. Von Pfarrer Schmedding wurde er am 4. Sept. 1659 in Dienst genommen, hielt es aber nur wenige Jahre in Greven aus. Schon 1662 hatte man ihn in Saerbeck zum Pfarrer gewählt, doch hat sich diese Berufung damals offenbar zerschlagen. Moderson hat Greven erst im September 1665 verlassen.

1665–1672 Nikolaus Wulbrand Holstein

Er war als junger Neupriester von dem von einer Lähmung befallenen Pfarrer Schmedding bereits Ende 1663 in Dienst genommen worden, also eigentlich bereits der erste dritte Geistliche Grevens! Nach dem Fortgang Modersons mußte er dann noch bis zum Tode des Pfarrers Schmedding im Jahre 1672 die ganze Last der Seelsorgearbeit in der großen Pfarrei allein bewältigen. Im Februar 1672 wurde er dann Nachfolger desselben als Pfarrer. Als solcher starb er am 21. August 1702.

1672–1681 Hermann Betting

Nachdem Holstein 1665 erster Sacellan geworden war, wurde Betting Anfang Januar 1665 zum Gehilfen (vice gerens) des gelähmten und arbeitsunfähigen Pfarrers Schmedding angenommen; obwohl er noch nicht einmal die Weihe als Subdiakon erhalten hatte! Erst im Laufe des Jahres 1665 ließ er sich weihen. Am 3. Oktober 1681 ging er dann als Pfarrer nach Riesenbeck ab, wo er 1690 gestorben ist.

1681–1705 Johann Tegeder

Er war gebürtig aus Bramsche, Kr. Lingen und hatte im Jahre 1668 die Weihen empfangen. Zunächst war er als Vikar in Lingen und Steinbild tätig, bis er am 9. 10. 1681 von Pfarrer Holstein als Sacellan angenommen wurde. Am 15. 6. 1705 machte er sein Testament. Anfang September 1705 war er bereits tot.

1705–?   ?

1718–1723 Johann Ferdinand Biederlack

Geboren 1693 als Sohn des Grevener Kaufhändlers Johann B. und der

Agnes Veltmann, empfing er die Weihen 1716–18 und wurde wohl noch im gleichen Jahr Sacellan in Greven. Er starb offenbar schon im Jahre 1723. Sein Grabstein ist in der Grevener Kirche heute noch vorhanden.

1723–1725   keiner

1725–1733   Johann Ignaz Ludowici
Geboren 1697 in Salzkotten, wurde er 1721 zum Priester geweiht und zunächst Vikar in Coesfeld, 1725 dann Sacellan in Greven. Er starb hier offenbar 1733.

1733–1752   Benedikt Ferdinand Wilhelm Dierkes
Geboren 1709 in Ochtrup, erhielt er am 8. 9. 1733 seine Approbation für Greven. 1752 wurde er Vikar in Telgte, wo er am 10. 10. 1787 gestorben ist.

1752–   ?

1765–1784   Johann Bernd Mollers
Geboren 1740 in Saerbeck wurde er am 21. 1. 1765 zum Sacellan in Greven bestellt.

1784–1791   Bernhard H. Backmann

1791–1792   Bernhard Heinrich Maestrup

1792–1816   Franz Stephan Ketteler

1816–1822   Albert Vrede

1822–1837   Bernhard Brenbeck

1837–1843   Johann Heinrich Hanhof

1843–1857   Heinrich Moritz

1857–1864   Johann Westermann

1864–1885   Hubert Franz Niehoff

1885–1894   Josef Ernst

1894–1897   Mathias Havesath

1897–1906   Wilhelm Hamerle

1906–1909   Josef Hölker

1909–1911   Hermann Oechtering

1911–1912   Adolf Beckmann

1912–1922   Wilhelm Eickmann

1922–1924   Karl Brüggemeier

1924–1928   August Rensinghoff

1928–1931   Josef Ellers
Gestorben 8. 5. 1931 in Greven.

1931–1933   August Tertilt

seit 1933   Heinrich Roer

II. Die Vikare

Die Reihe der zweiten Kapläne bzw. Vikare eröffnet

1663–1665   Nikolaus Wilbrand Holstein
Er rückte 1665 zum Sacellan und 1672 zum Pfarramt auf.

1665–1672   Hermann Betting
Er rückte 1672 zum Sacellan auf.

1672–?   Johann Peßmann
Vermutlich mit dem 1663 zum Priester geweihten Domvikar identisch, der noch 1674 am Leben war.

1676–1678   Hubert Frandrup OFM

1678–1680	Helmich Holstein
	Die Priesterweihe empfing er erst 1679. Von hier ging er 1680 als Kaplan an die Überwasserkirche zu Münster, 1685 dann als Pfarrer nach Telgte, wo er 1727 gestorben ist.
1680–1689	Bernhard Glanderbeck
	Er stammte aus Telgte, wurde 1663 zum Priester geweiht, dann Vikar in Telgte.
1690–1695	Albert Reismann
	Er ging von hier als Pfarrer nach Friesoythe, wo er 1705 starb.
1695–1705	Heinrich Budde
	Gebürtig aus Greffen, erhielt er am 24. 5. 1695 die Approbation als Kaplan und Cooperator in Greven. Am 6. 8. 1705 ging er als Sacellan nach Warendorf, 1709 als Pfarrer nach Ostenfelde (gest. 1735).
1705–1714	Nikolaus Potthof
	Gebürtig aus Schöppingen, erhielt er die Weihen im Jahre 1700. 1714 wurde er Pfarrer in Roxel, wo er 1729 starb.
1716–1717	Adam Gerhard (?) Höning
	Er starb als Vikar in Rorup 1720.
1718–1723	Theodor Heinrich Kapp
	Er stammte aus Hamm und empfing die ersten Weihen 1713. 1714 wurde er Vikar in Heeßen, 1717 in Roxel. 1723 kam er als Vikar nach Wolbeck, 1730 dann als Pfarrer nach Roxel.
1723–1725	keiner
1725–1727	Johann (Joseph) Meyer
	Konventual von Cappenberg.
1743–1746	Michael Franz Dierkes
	Geboren 1719 in Ochtrup, kam er 1743 gleich nach seiner Priesterweihe nach Greven, ging aber schon 1746 als Pfarrverwalter nach Billerbeck. 1747 wurde er Pfarrer in Telgte, wo er 1797 starb.
1746–?	?
1763–1770	Nikolaus Wilbrand Tegeder
	Geboren 1729 in Greven, geweiht 1756, dann zunächst Vikar in Altenberge, am 13. 6. 1763 nach Greven berufen. Am 17. 6. 1770 zum Pfarrer nach Saerbeck bestellt, wo er 1789 gestorben ist.
1770–1784	Bernhard Hermann Backmann
	Er war bereits 1768 aushilfsweise in Greven tätig, 1784 rückte er zum Sacellan auf.
1784–1785	Gerhard Lukas Arkenoe
	Wird am 6. 9. 1785 Pfarrer in Südkirchen, wo er 1803 stirbt.
1785–1791	Bernhard Heinrich Maestrup
	Rückte 1791 zum Sacellan auf.
1791–1813	Franz J. Frenking
1813–1838	Ferdinand Naendorf
1838–1842	Friedrich Menke
1842–1857	Johann Westermann wird 1857 Sacellan
1857–1864	Hubert Franz Niehoff wird 1864 Sacellan
1864–1888	Heinrich Schwinde
1888–1894	Mathias Havesath wird 1894 Sacellan
1894–1897	Wilhelm Hamerle wird 1897 Sacellan

1897–1905	Franz Tappe
1905–1914	Andreas Kajüter
1918–1923	August Heilen
1923–1925	Robert Melcher
1925–1931	August Tertilt
seit 1931	Theodor Bohnenkamp

II b. Die zweiten Vikare

1907–1921	August Wempe
1921–1924	Augustin Rensinghoff
1926–1931	Theodor Bohnenkamp
seit 1931	Karl Hellkuhl

III. Die Inhaber der Blutsvikarie St. Nepomuk

1786–1802	Johann Heinrich Möller
1802–1812	Johann Wilh. Chr. Biederlack
1812–1833	Franz Hostmann
	substituierter Verwalter der Vikarie war von 1786–1826 Gustaf Adolf Rademacher.
1833–1880	Heinrich Bolsmann (seit 1845 Pfarrer in Gimbte). Für ihn substituiert:
1845–1862	Josef Brinkhaus
1862–1880	(?) Augustin Greveler
1880–1896	unbesetzt
1896–1924	Christoph Hübers
seit 1924	unbesetzt.

Hier soll auch der treuen Helfer der Geistlichkeit im Dienste Gottes gedacht werden, der Küster und Organisten. Mehr als ihre Namen weiß der Chronist allerdings kaum beizubringen. Daß die Küster nur vorübergehend eine „Dienstwohnung" am Kirchplatz neben des Pfarrers „Gehöfte" hatten, wurde bereits bei der Beschreibung des Kirchplatzes erzählt, ebenso, daß diese dem Pfarrer etwas unbequeme Nachbarschaft im Jahre 1648 durch den Umzug des damaligen Heinrich Blome an die Ecke Marktstraße–Bakenstiege endgültig aufgehoben wurde (o. S. 87 f. und S. 143 f.). Auch von den Einkünften der Küsterei war schon die Rede (S. 148). Nach dem Kirchenlagerbuch von 1672 ging der Küster auf Christabend durchs Dorf und weihte die Häuser, wobei er mit seinen Ministranten und Schulbuben alte Weihnachtslieder sang. Dafür erhielt er dann von jedem Eingesessenen nach Vermögen einen Vierteltaler, einen Schilling oder bei den kleinen Leuten auch nur einen halben Schilling (= sechs Pfennige). Gerne wüßte man noch etwas mehr über dieses uralte Brauchtum, aber seit hundert und mehr Jahren sind diese alten Leistungen und Naturalabgaben abgelöst und damit ist dann auch das damit verbundene Brauchtum verlorengegangen.

Da die Einkünfte der Küsterei insgesamt nicht übermäßig groß waren und zudem der Küster, wie man heute sagen würde, durch seinen Kirchendienst nicht voll ausgelastet war – er brauchte sich ja in Greven im Gegensatz zu den meisten seiner Kollegen auf dem Lande nicht um den Schuldienst zu kümmern*) –, suchte sich mancher der Grevener Küster einen lohnenden Nebenverdienst. Sie fanden ihn als Notar! Das war im 16. und

---

*) Dazu hatte Heinrich Blome in den sechziger Jahren des 17. Jahrhunderts die Orgel an den Schulmeister abgegeben (s. S. 149).

und 17. Jahrhundert natürlich kein Volljurist nach heutigen Begriffen. Immerhin mußte auch ein Notar damals in der Lage sein, selbständig juristisch einwandfreie Schriftsätze, wie Kauf-, Erb- oder Heiratsverträge, Testamente usw. aufzusetzen. Den Befähigungsnachweis erbrachte er bei seiner Vereidigung und Aufnahme in die (landesherrliche) Notarsmatrikel, wohl durch eine kleine Prüfung.[344]) Daß die in Greven von 1570 bis 1685 amtierenden Küster alle gleichzeitig auch Notare waren, wirft nicht nur auf sie selbst ein günstiges Licht, es zeigt auch, daß Greven auch hierin ein „ungewöhnliches" Dorf war!

Die Liste der Grevener Küster sieht so aus:[345])

1372	Johannes
um 1450	Johann Koster senior
1469	Friedrich Koster
1498	Johann Koster
1521-1535	Gerd Toppeshoff
	In der Schatzmatrikel von 1498/99 wird er als Schreiber des Herrn Kord von Stael bezeichnet. Das stellt ihn auf eine Stufe mit den späteren Notaren!
1548-1557	Johann Flome
1569-1580	Everd Rothaus, Notar
1580-1616	Heinrich Blome, Notar
1617-1646	Wilhelm Blome, Notar
1646-1685	Heinrich Blome, Notar
1685-1723	Eberhard Berlage
1723-1732	Gerhard Schröder (aus Hembergen), Notar
1734-1750	Johann Caspar Collmeyer
1761-1762	Caspar Berlage
1764-1780	Konrad Lanio (aus Mainz)
1780-1782	Wilhelm Finkenbrink
1782-1786	Karl Konrad Hülswitt
1786-1809	Gerhard J. Storkebaum
1825-1848	Alexander Josef Blome
1848-1858	Franz Josef Blome
1858-1892	Heinrich Lehrich
1892-1909	Heinrich Lehrich
1909-1945	Heinrich Lehrich

Über die Organisten fließen die Quellen nicht so reichlich. Bis zur Mitte des 17. Jahrhunderts versah der Küster die Orgel, seitdem und bis 1762 der Schulmeister (s. o. S. 149). Daraus erwuchs der Mißstand, daß die Kinder in der Kirche, während ihr Magister oben an der Orgel saß, ohne Aufsicht waren bzw. von der Lehrerin allein nicht in Zucht und Ordnung gehalten werden konnten. Deshalb beschloß man im Jahre 1762, einen eigenen Organisten anzustellen, damit der Schulmeister sich wieder ganz der Aufsicht der ihm anvertrauten Jugend widmen konnte.[346]) Als Gehalt versprach man dem Organisten jährlich 20 Taler aus der Kirchenkasse, dazu 4 Malter Roggen und eine freie Kollekte, d. h. er durfte wie Kaplan und Küster einmal im Jahre im Dorf und Kirchspiel kollektieren. Wie sich später zeigte, war das immer noch zu wenig, so daß man 1807 dem damals neu angenommenen Organisten Rike gestatten mußte, nebenbei berufstätig zu sein.[347]) Der erste Organist Grevens, auf Grund des Gemeindebeschlusses vom 7. Dez. 1762, wurde Wilhelm Anton Dahlmeier, der damals immerhin schon ein alter Mann von 66 Jahren war. Nach seinem Tode wurde 1771 Michael Franz Molan aus Telgte als Organist angenommen, der nach zehn Jahren, im Jahre 1781, Greven fluchtartig den Rücken kehrte. Ob sein Weib oder seine Gläubiger schuld daran waren, steht nicht fest. Erstere schlug sich fürderhin kläglich als Hilfslehrerin (in Westerode) durch. Die Gemeinde mußte sich einen neuen Organisten suchen. Sie fand ihn in Johann Kaspar Henkelmann, der der Grevener Orgel bis zu seinem Tode am 13. 9. 1807 treu blieb. Ihm folgte dann Anton Ferdinand Rieke (gest. 3. 9. 1852), dem wie gesagt, gestattet wurde, Bestreitung seines Lebensunterhaltes einen Nebenberuf auszuüben. Rieke war Knopfmacher!

II. Die Kirche in Gimbte

Die Entstehung der Kirche in Gimbte wurde bereits bei der Darstellung der Entwicklungsgeschichte des Kirchspiels Greven geschildert (o. S. 134 f.); es bleibt so nur noch zu erzählen, was sich an sonstigem Wissenswertem über diese kleine Filialgemeinde Grevens den Akten und Urkunden entnehmen ließ. Viel ist es nicht, da besonders das Pfarrarchiv im Laufe der Jahrhunderte viele seiner Schätze eingebüßt hat und manche Dokumente, die den stürmischen Kriegszeiten des 17. und 18. Jahrhunderts noch entgangen waren, so besonders die älteren Kirchenbücher, durch Nachlässigkeit und Unachtsamkeit noch in allerjüngster Zeit verlorengegangen sind. Ein Güterverzeichnis der Kirche aus dem Jahre 1497 hat sich glücklicherweise in einer jüngeren, leider nicht ganz fehlerfreien Abschrift des 16./17. Jahrhunderts erhalten. Das wichtige Schriftstück sei hier im Wortlaut mitgeteilt:

ex missali ecclesie in Gimbte designatio antiqua sic invenitur anno domini 1497 (im Meßbuch der Kirche zu Gimbte findet sich folgende alte Aufzeichnung aus dem Jahre 1497):
item 9 sch(epel) datt grote lange Waen, gelegen tusschen Gerdingh und Alberdingk,
item bei der Graven straete, is 4 sch. bei Schulte Bispings lande,
item 2 sch. dat lutke lange Waen, tusschen des Schulten Bispingh und Hilmer,
item drei deile tusschen Gerdeman und Schulte Northoff und Rosendall,
item die Berckbrede mitt den offer up der Emse,
item 3 sch. tho Gettendorpe (= Gettrup) up den langen eeken, dar hefft Roleff ein deel aff, dat gifft he 6 Pfennige,
item Determan hefft ein scheppel von dessen drei,
item 1 sch. up der Aa bei Northoff und Lutken Laxten,
item 1 sch. bei Flegen twee deell,
item in Hilmers kampfe in dem Rouwbrincke ein klein stucke landes, dar he des jahrs affgifft . . . ,
item des hern Waell, anders geheiten die Heittkampf,
item baven der Merbecke tusschen Alberdinck . . .
item de. . . die wedemhove 4 sch. roggen, dar steet de thuen (= Zaun) niden (= unterhalb) . . . und vor den selven unde gift man sunt Mertensavent ein becker biers und eine wegge,
item die nigge lake, ein koekampf, dar hefft Vlege ein stucke landes van $^1/_2$ sch., behelt Vlege vor sein missekorn, des geve ick dem Custer ein halff scheppel roggen,
item die Brinck, dre scheppel up der laken,
item ein schep. up den Hasselwegh tusschen dem Rosendal und Steggeman,
item die Hulskampf, dar ligt in drei stucke, (de) nicht hort tho der weddemhove, dar se affgegeven hefft her Johan van Werden,
item die Windell van vyff scheffel, den in vortyden die gemeine buren hefft overgelaten den (= dem) kerckhern, up dat he sick de better behulpe und dem kerspel gudertirn were (damit er sich damit besser behelfe und dem Kirchspiel gnädig gesinnt sei), deß sall en kerckher des Jahr tho den sende tho S. Michael und in der Fasten 1 Schilling, tho S. Michael 1 Schilling (geven?), dytt ist thogelaten (d. h. von der Obrigkeit gebilligt),
item seven schepel in den hilgen Beel,
item in den Rutermersche drei deel.

Diesem aufschlußreichen Verzeichnis war ein kleiner Zettel (cedula) angeheftet, auf dem die Einkünfte der Kirche und das Land derselben verzeichnet war.*) Leider hat der Kopist es nicht für nötig gefunden, auch diesen Zettel abzuschreiben, so daß über die Einkünfte der Kirche selbst kein rechtes Bild zu gewinnen ist. Das wichtigste Stück des Kirchenlandes war das sogenannte Johannesland, etwa vier Maltersaat groß. Nutzen durfte es der Pfarrer, doch bezog er aus den Pachterträgnissen nicht mehr als etwa sieben Taler jährlich und auch das nur je drei Jahre lang. Dann lag das Land wieder drei Jahre dreisch und wurde von der Gemeinde als Viehtrift genutzt. Auch die sonstigen Einnahmen des Pfarrers waren im Durchschnitt nur gering, so daß noch im Jahre 1849 das Pfarreinkommen auf nur 222 Taler, 10 Groschen und 9 Pfennige berechnet wurde, und das, obgleich gerade in den verflossenen 50 Jahren bedeutende Vermächtnisse zugunsten von Kirche und Pfarrer gemacht worden waren. Hatte doch beispielsweise der 1807 verstorbene Pfarrer Kerstiens der Pfarrei nicht weniger als 500 Taler und der Kirche 200 Taler vermacht! Auch Freiherr Carl von Heeremann-Zuidwijk hatte im Jahre 1787 rund 275 Taler für die Kirche und Pfarre und dazu noch 50 Taler für neuen Kirchenzierat gestiftet. Ebenso hinterließ Pfarrer Richters 1844 der Kirche und Pfarrei zusammen 300 Taler.[348]) Daraus läßt sich erkennen, wie gering vordem das Einkommen der Pfarre gewesen war. Und doch haben vordem solche Schenkungen auch nicht ganz gefehlt, nur sind die Nachrichten darüber fast alle verloren gegangen. Zwei der in dem Verzeichnis von 1497 aufgeführten Schenkungsurkunden aus dem Mittelalter haben sich glücklicherweise erhalten, so eine Urkunde aus dem Jahre 1372, in der Pfarrer Johannes Ule von Greven seinem Amtsbruder in Gimbte eine Rente von 3 Schillingen aus dem Albertinghof in Eistrup vermacht.[349]) Die zweite Urkunde aus dem Jahre 1470 berichtet von einer Memorie (ständiges Jahresseelenamt), die sich der Kaplan Hermann Suttelget in Münster, der vorher wohl Pfarrer in Gimbte gewesen sein mochte, in der Kirche zu Gimbte für 6 Mark damaliger Münze stiftete.[350]) Eine weitere noch heute im Pfarrarchiv zu Gimbte vorhandene Urkunde vom 21. November 1522 berichtet, daß vor dem Offizial des geistlichen Gerichtes zu Münster Bernd Hesselinck „de kleinsnydker" und seine Frau Gese der Kirche zu Gimbte bzw. deren Kirchräten Wybbelt Albertynck und Kolon Rosendal „to behoiff der solven kercken" einen halben Gulden Rente für 10 Gulden, also eine Rente von 5 % des Kapitals, aus ihrem Hause an der Ägidistraße zu Münster vermachten. Zu Beginn des 19. Jahrhunderts war im Pfarrarchiv noch eine Urkunde aus dem Jahre 1552 (Febr. 2) vorhanden, in der ein gewisser Gerd Nysinck und seine Frau Ursula 10 Joachimstaler und weitere 10 Gulden zu Behuf der Gimbter Kirche aus ihrem Hause in Telgte stifteten. Noch im Jahre 1845 wurde diese Rente aus dem Hause Falk in Telgte gezahlt.[351]) Die Abschrift des alten Kirchenregisters von 1497 erwähnt schließlich noch einen Rentenbrief über einen Goldgulden, ausgestellt am 25. Juni 1493 von dem Richter der Stadt Münster, Johann Bischoping, und im Nachtrag noch einen solchen über eine Rente von $3/_4$ Taler in der Stadt Münster von Jürgen Aspelkamp. Genaueres ist über diese Schenkungen aber nicht bekannt.

Trotz all dieser bekannten Schenkungen und zahlreicher anderer, von denen wir nichts mehr wissen, erreichte das Einkommen des Pfarrers zu Gimbte kaum ein Viertel der Einkünfte der Grevener Mutterpfarrei, die 1849 nicht weniger als 739 Taler einbrachten. Tatsächlich bestand dieses Verhältnis von 1 zu 4 bereits im hohen Mittelalter,

---

*) Es folgt dann noch eine Bemerkung, daß Pfarrer Jodocus (Butemann, zum Pfarrer bestellt am 30. 6. 1557) keine weiteren Urkunden überkommen habe als in einer kleinen Dose zwei Urkunden von 1470 und 1493 (s. o.) und außerdem noch eine solche über eine Rente von 3 Schillingen aus dem Hof Alberting in Eistrup. Das ist die Urkunde von 1372 (s. o.).

denn nach der Kirchensteuerliste aus dem Jahre 1313 (s. o. S. 139) war das Einkommen der Pfarrstelle in Greven zu 12 und das derselben in Gimbte nur zu 3 Mark angeschlagen!

Auch die Kirche in Gimbte selbst hatte nur geringe Einkünfte. Nach den ältesten erhaltenen Kirchenrechnungen von 1696 ff. kamen aus den Zinsen der ausgeliehenen Kirchenkapitalien und aus den Pachterträgen der Kirchenländereien damals im Jahresdurchschnitt nur rund 18 Taler ein, von denen die Kultuskosten nur eben bestritten werden konnten. Häufig genug, besonders wenn größere Reparaturarbeiten an Kirche und Pastorat notwendig wurden, ging das Geld im Kirchensäckel aus, und die Gemeinde mußte einspringen. Das war besonders um 1800 herum der Fall, als die Stützung der baufälligen Kirche immer größere Summen verschlang. Der große Mangel an Bargeld war denn auch schuld daran, daß sich die zahlungsunfähige Gemeinde jahrelang mit der halb abgerissenen Kirche behelfen mußte. Schon erwog man den Plan, Gimbte als selbständige Pfarrei ganz aufzuheben und nach Greven oder Kinderhaus umzupfarren,[352]) doch konnte das Geld zum Neubau der Kirche glücklicherweise durch eine Kollekte im ganzen Bistum, die nicht weniger als 3461 Taler aufbrachte, beschafft werden. 950 Taler brachte die kleine Gemeinde durch Selbstbesteuerung bzw. freiwillige Zeichnung auf, gut 400 Taler bewilligte der Provinziallandtag als Zuschuß. Aus dem Verkauf von Abbruchmaterial erzielte man noch gut 100 Taler, so daß man, einschließlich der Zinserträgnisse der jahrelang aufgelegten Gelder, über 5073 Taler beisammen hatte. Schließlich benötigte man für den Bau nur rund 4000 Taler, so daß man aus dem Überschuß noch eine neue Orgel für fast 600 Taler beschaffen konnte, die man vorher nicht gehabt hatte.[353])

Über die Geistlichen, die seit der Gründung der Pfarrgemeinde der Kirche in Gimbte vorgestanden haben, ist nur wenig bekannt. Aus dem Mittelalter sind nur gelegentlich die Namen des einen oder anderen Gimbter Pfarrers überliefert. Der erste bekannte, namens Heinrich, wird in einer undatierten Urkunde aus dem Ende des 13. Jahrhunderts erwähnt. Es heißt darin, daß ihm die Äbtissin Hedwig vom Überwasserstift in Münster, die nur wenige Jahre, um 1253 herum regiert hat, eine Rente aus dem Klosterhof in der Bauerschaft Bockholt verschrieben habe.[354]) Da Pfarrer Heinrich zur Zeit der Ausstellung der genannten Urkunde offenbar noch lebte, so dürfen wir seine Amtszeit ungefähr auf die Zeit von 1250 bis 1280 festlegen. Erst zum Jahre 1332 taucht ein neuer Name auf, Albertus de Aldorpe, plebanus in Bimbden.[355]) Letzteres ist natürlich ein Schreib- oder Lesefehler für Gimbden (= Gimbte). Aus dem Namen dieses Pfarrers wird man den Schluß ziehen dürfen, daß er aus der Bauerschaft Aldrup, wenn nicht gar vom Schultenhof Aldrup selbst stammte. Sein Nachfolger wurde vielleicht jener Gottschalk, dessen der Pfarrer Johann Ule von Greven im Jahre 1372 in seinem Testamente gedachte und der auch Mitglied des Nienberger Kalandes war.[356]) Aus dem 15. Jahrhundert sind nur die Namen von zwei, allenfalls drei Gimbter Pfarrern bekannt: Johann von Werden, der dem Kirchenregister von 1497 zufolge einen Teil des Kirchenlandes verkauft hat, ein Heinrich, der im Verzeichnis der Mitglieder des Nienberger Kalandes genannt wird, ohne daß wir wüßten, wann ungefähr er die kleine Gemeinde in Gimbte betreut hat,[357]) und schließlich vielleicht noch der Münsterer Kaplan Herrmann Suttelget, der vermutlich auch einmal Pfarrer in Gimbte gewesen ist, jedenfalls dann vor 1470. Während der unruhigen ersten Hälfte des 16. Jahrhunderts war Johann Loesmann (Loisman) Pfarrer in Gimbte, der 1513 und noch um die Mitte des 16. Jahrhunderts als Mitglied des mehrgenannten Nienberger Kalandes genannt wird.[358]) Als Angehöriger dieser Priestervereinigung wird er dem alten Glauben treu geblieben sein, wie denn auch keine Nachrichten darüber vorliegen, daß in Gimbte die unruhigen Geister der Wiedertäufer ihr Unwesen getrieben haben. Ebensowenig ist auch von reformatorischen Regungen in der Gemeinde bekannt. Nach dem Visitationsbericht von 1571 war in Gimbte angeblich alles in bester

Ordnung, der damalige Pfarrer Jodocus Butemann, dem die Pfarrei am 30. Juni 1557 nach dem Verzicht eines gewissen Arnold Wybbeken (über den wir sonst gar nichts wissen) durch die Äbtissin von Überwasser übertragen worden war,[359]) war zwar illegitimer Herkunft, also ein Pfaffenkind, sein eigener Ruf aber tadellos und er hatte auch keine Konkubine.[360]) Daß Gimbte trotzdem von religiösen „Neuerungen" nicht ganz unberührt geblieben ist, läßt sich daraus schließen, daß sich bei der Visitation von 1607 bei dem damaligen Pfarrer Johann Bockolt eine Postille, d. h. eine Auslegung der Sonntagsevangelien und Episteln aus der Feder des Avenarius fand, deren weitere Benutzung von den Visitatoren natürlich sofort verboten wurde. Sonst hatte der Pfarrer keine lutherischen Bücher in seiner Bücherei, ebenso auch keine Konkubine, mit welchem anrüchigen Titel man unbekümmert auch die evangelischen Pfarrersfrauen bedachte, denen man doch die Rechtmäßigkeit ihrer Ehe nicht wohl absprechen konnte. Es wurden um 1600 in Gimbte aber keine deutschen Kirchenlieder gesungen. Das darf wohl als ein Zeugnis dafür gelten, daß die Gemeinde wenigstens äußerlich dem alten Glauben treu geblieben war, wenn auch manch reformatorisches Gedankengut in den Predigten seiner Pfarrer mit unterlief. Jedenfalls war es hier nicht so wie im benachbarten Greven, wo sich der Sacellan offen zur lutherischen Lehre bekannte. Daß Pfarrer Bockolt eine lutherische Hauspostille benutzte, ist wohl nur ein Zeichen für seine unbekümmerte Gleichgültigkeit, vielleicht auch nur Unwissenheit – er konnte auch sonst nicht alle theologischen Fragen der Visitatoren richtig beantworten! –, denn sonst spendete er die Sakramente und hielt er den Gottesdienst nach streng katholischem Ritus, wie sich aus dem Bericht der Visitatoren von 1607 eindeutig ergibt.

Doch wir müssen noch einmal zurück zu Pfarrer Butemann. In seinen letzten Jahren hat er offenbar nicht mehr in Gimbte residiert, denn spätestens 1581 hatte er einen Nachfolger in Johann Niemann, dem bisherigen Sacellan von Greven (s. o. S. 164) erhalten,[361]) während er selbst 1582 eine Vikarie am Hochaltar des Domes zu Münster bekam. Als Domvikar ist er am 22. April 1617 gestorben,[362]) Pfarrer Johann Niemann hat vielleicht bis 1600 in Gimbte gestanden, denn erst am 4. März dieses Jahres wurde Esau Petri von der Äbtissin als neuer Pfarrer bestellt. Dieser hat die Kirche in Gimbte vermutlich nie gesehen, denn noch am 16. August des gleichen Jahres wurde nach seinem Verzicht Rudolf Wilhelmi, vormals Pfarrer in (West-)Friesland und dann zeitweise Kaplan des Dompropstes auf Haus Schöneflieth, zu seinem Nachfolger bestellt und am nächsten Tage durch den Dechanten von St. Mauritz (als Archidiakon von Gimbte) in sein neues Amt eingeführt.[363]) Wann Wilhelmi die gewiß nicht sehr verlockende, ärmliche Stelle zugunsten des oben genannten Bockolt resigniert hat (vor 1607) und wie lange dieser selbst die Pfarrstelle von Gimbte innegehabt hat, ist nicht bekannt, doch muß er schon vor 1614 gestorben oder fortgezogen sein, da in diesem Jahre bereits Hermann Kerstiens als Pfarrer in Gimbte vorkommt.[364]) Auch dieser hat nicht bis zu seinem Lebensende in Gimbte ausgehalten, da er Vikar in Überwasser wurde. Als solcher ist er erst 1640 gestorben. Ihm folgte Gerhard Stühle (Stulenius), vielleicht 1628, denn in diesem Jahre legte er bereits ein neues Lagerbuch der Kirchenbesitzungen und -einkünfte an, das leider nicht erhalten geblieben ist. Von jetzt an hatten die Pastöre wieder etwas mehr Ausdauer – wir dürfen das zugleich als ein Zeugnis für ihre tiefere und ernstere geistliche Haltung werten, die nicht mehr nur auf eine gute Pfründe sah, sondern mehr in der seelsorgerischen Aufgabe und Liebe zu der anvertrauten Gemeinde aufging –. Stühle selbst war fast 40 Jahre lang hier, er starb Anfang Dezember 1666.[365]) Sein Nachfolger Lambert Köster kam auch auf 33 Jahre. Nach seinem Tode am 16. Oktober 1699 folgte ihm Gerhard Topphoff, der gleichfalls bis an sein Lebensende bei der kleinen, ärmlichen

Gemeinde aushielt und Ende Mai 1729 starb. Nach ein paar kurzlebigen „Regierungen" von Johann Hermann Northof (bis 1734, wohl ein Sohn der Gemeinde), Johann Theodor Werneking (gestorben Ende April 1742), Johann Franz Todt (bis 1744) und Josef Otto Meiners (gestorben 30. März 1756) folgte dann 1756 Gerhard Heinrich Kerstiens, der am längsten von allen Gimbtener Pfarrern die kleine Gemeinde betreut hat, konnte er doch im Jahre 1806 sein goldenes Pfarrjubiläum unter großer Anteilnahme der Gemeinde feiern. Am ersten Weihnachtstage des Jahres 1807 starb der Jubelgreis dann, betrauert von seiner Gemeinde, deren besonderer Wohltäter er zeitlebens gewesen war.[366] Große Beträge hinterließ er der Gemeinde zu kirchlichen und wohltätigen Zwecken.[367] In seinen letzten Lebensjahren hatte er einen Cooperator (Gehilfen) in der Person des Heinrich Richters gehabt, der nun, nach seinem Tode, am 20. September 1808 auch sein Nachfolger wurde. Während der sechsunddreißig Jahre, in denen Pfarrer Richters seine ganze Lebenskraft der ihm anvertrauten Gemeinde widmete, war es ihm vergönnt, allen Widerständen zum Trotz den Neubau der Kirche noch zu vollenden. Die Fertigstellung des Turmes, dessen Erhöhung eine notwendige Folge des Kirchenneubaues war, hat er allerdings nicht mehr erlebt, denn dieser ist erst im Jahre 1845 vollendet worden (s. u. S. 429). Gestorben ist Richters Ende 1844, nachdem er siebenunddreißig Jahre lang Freud und Leid mit seiner Gemeinde geteilt hatte. An der Außenwand der Sakristei steht noch heute das schlichte Steinkreuz über seinem Grabe mit der Inschrift:

> Hier ruhet der hochwürdige Herr Theodor Heinrich Richters, Pastor zu Gimbte, gestorben am 22. November 1844 im 68. Jahre des Alters, im 37. des Pfarramtes. Er ruhe in Frieden.[368]

Sein Nachfolger wurde der über Gimbtes Grenzen hinaus bekannt gewordene Naturforscher Heinrich Bolsmann, dessen wertvolle Vogelsammlung nach seinem Tode nach Osnabrück und von dort teilweise sogar nach Amerika verkauft worden ist.[369] Auch er hat bei seiner kleinen Gemeinde bis zu seinem Tode treu ausgehalten. Sein Grabstein neben der Kirche meldet uns von ihm:

> Hier ruhet der hochwürd. Herr Pfarrer Heinr. Bolsmann, geb. zu Rheine 9. Aug. 1799, zum Priester geweiht . . . Sept. 1832, wirkte als Pfarrer in Gimbte seit . . . Juni 184(5), gest. 14. April 1880.[370]

Sechs Jahre lang blieb jetzt die Pfarrei Gimbte infolge des Kulturkampfes unbesetzt. Erst nach dem Abbau der Kampfgesetze (s. o. S. 164) bekam Gimbte 1886 in der Person des aus Emsdetten gebürtigen Wilhelm Stroethmann einen neuen Pfarrer. Bereits 1895 ließ sich dieser als Kaplan nach Kinderhaus versetzen. In Gimbte wurde am 18. Sept. 1895 Bernhard Segbers aus Legden sein Nachfolger, der aber schon nach wenigen Jahren, am 4. Dez. 1903 starb. Pfarrer in Gimbte wurde jetzt am 16. August 1904 Bernhard Wesselmann aus Dackmar, der sich nach seiner Zurruhesetzung im Jahre 1932 nach Warendorf zurückzog, nach seinem Tode am 22. Dez. 1936 aber in Gimbte inmitten seiner Pfarrkinder, denen er 28 Jahre lang ein treuer Seelenhirt gewesen war, zur ewigen Ruhe gebettet wurde. Sein Nachfolger als Pfarrer in Gimbte war am 3. Oktober 1932 Theodor Aperdannier aus Hövel geworden.

Ein wichtiges Ereignis für die Kirchengemeinde Gimbte war die Gründung einer Vikarie im 18. Jahrhundert, des sogenannten Primissariats.[371] Der Vikar an St. Mauritz vor Münster, Peter Averbeck, bestimmte in seinem Testamente (1734) gewisse Einkünfte zugunsten eines Vikars an der Kirche in Gimbte, der dafür an Sonn- und Feiertagen die Frühmesse (daher der Name Primissariat) lesen und dabei eine kurze Predigt über das Sonntagsevangelium halten sollte. Als Einkommen dieser zu Ehren der Hhl. Dreifaltigkeit, der Muttergottes, der beiden Johannes (Bapt. und Evang.), des Hl. Joseph und des Hl. Petrus gestifteten Vikarie sollten 80 Taler genügen, der Überschuß der Einkünfte sollte zum Kapital geschlagen werden. Zwar stieg das Gehalt bis 1810 bereits auf 180 Taler, trotzdem betrug das Stiftungsvermögen schon im Jahre 1812 fast 8000 Taler! Errichtet wurde die Vikarie erst nach dem Tode des Petrus Averbeck am 24. April 1752. Da der Inhaber, soweit möglich, stets aus der Familie des Stifters genommen werden sollte, erhielt sie als erster dessen Neffe Johann Adolf Zumhaschen. Um die günstige Stelle möglichst vielen zukommen zu lassen, hatte Petrus Averbeck zudem bestimmt, daß der Inhaber diese sofort resignieren müsse, sobald er eine andere annähme. Zumhaschen wurde Vikar an St. Mauritz, so daß er verzichten mußte. Ihm folgte Hermann Kock, und als dieser im Jahre 1769 Domvikar in Münster wurde, Petrus Anton Storp.[372]) 1787 erhielt das Beneficium dann Franz Anton Singor, und als dieser 1795 Kriegsdienste bei der Hannoverschen Kavallerie annahm (!), Albert Heinrich Josef Koberg, seit 1808 auch Kaplan der Liebfrauenkirche in Münster. Als er hier 1838 Dechant wurde, verzichtete er auf das Gimbter Primissariat (gest. 1839). Sein Nachfolger wurde am 11. Februar 1840 Hermann Brüning aus Münster, der als Jubilarpriester am 25. Januar 1891 gestorben ist. Jetzt folgten sich rasch aufeinander: 1893 Johann Busschof aus Wessum, gestorben am 2. April 1902, Gustav Meigen aus Horst, gestorben 1918 als Pfarrer von Neubeckum, 1903 Heinrich Otte aus Brochterbeck, gestorben 1937 als Pfarrer von Hohenholte, 1905 Karl Schulze Osterhoff aus Nienberge, gestorben am 31. August 1931 als Jubilarpriester, und 1931 der Diözesanarchivar Dr. Heinrich Börsting aus Horstmar.

Kurz sei noch der Veränderungen gedacht, die das kleine Kirchspiel in der neuesten Zeit erfahren hat. Der mählich fortschreitende Ausbau des Pfarrnetzes in der Diözese, vor allem der Wunsch, die zum Teil sehr weiten Kirchwege verschiedener Bauerschaften abzukürzen, führte dazu, daß im Jahre 1904 der Nordzipfel des alten Überwasserkirchspiels, die Bauerschaft Sprakel nach Gimbte umgepfarrt wurde.[373]) Die Sprakeler Bauern hatten zwar seit der Errichtung der kleinen Kirche in Kinderhaus im 14. Jahrhundert nicht mehr den weiten Weg nach der Überwasserkirche in der Stadt Münster zu machen, immerhin war die Kirche in Gimbte doch noch ein ganzes Stück näher gelegen. Aber auch dies war noch keine endgültige Regelung, denn der Wunsch der Sprakeler war ein eigenes Gotteshaus. Es hat dann auch nicht mehr gar so lange gedauert, bis dieser Wunsch in Erfüllung ging. Im Jahre 1930 wurde die kleine, neue Kirche an der Grevener Chaussee, ein paar hundert Meter vom Bahnhof Sprakel entfernt, errichtet, und im Jahre 1938 dann die Bauerschaft Sprakel wieder von Gimbte getrennt und der neuen Rektoratkirche in Sprakel zugelegt.

Die Kapelle in Schmedehausen

Die Bauern aus Schmedehausen hatten neben den Fuestrupern aus dem Schultenhoek von jeher den weitesten Kirchweg im ganzen Kirchspiel, lagen doch die in der Achterhoek gelegenen Höfe gut und gerne zwei bis zweieinhalb Stunden von der Kirche in Greven entfernt! Fast der ganze Sonntag ging bei dieser Entfernung mit dem Kirchgang verloren. Frühmorgens schon machten sich die Bauern, die besser gestellten mit Pferd und Wagen, auf den Weg, wärmten sich im Winter auf dem Kirchspielsspieker am Kirchhof, später dann wohl meist in einer der zahlreichen Wirtschaften des Dorfes auf, ehe sie dem Gottesdienst beiwohnten. Nach demselben blieb man im Dorf, um das Mittagessen einzunehmen, und vor allem die Neuigkeiten der Woche mit Nachbarn und Dorfbewohnern auszutauschen, schließlich auch um die nötigen Einkäufe für die folgende

Woche zu tätigen. Die vielen Kirchhofsspeicher, die sich in den westfälischen Kirchdörfern des Mittelalters nachweisen lassen, dienten zunächst wohl ausschließlich als Tagesaufenthaltsraum für die Bauern der entlegenen Bauerschaften. Später, im Laufe der Zeit, gingen sie vielfach in den Besitz einzelner Schulten- und Bauernhöfe über, ursprünglich werden sie aber wohl einer Bauerschaft gemeinsam gehört haben. Auch aus Greven haben wir noch aus dem 16. und 17. Jahrhundert sichere Kunde von solchen ehemaligen Bauerschafts- bzw. Kirchspielsspeichern (s. o. S. 86 ff.). In ihnen werden sich die Schmedehausener wohl mit am meisten aufgehalten haben. Manch einer aber, der alters- oder krankheitshalber den weiten Kirchweg nicht mehr machen konnte, entwuchs völlig der kirchlichen Gemeinschaft oder mußte sich mit den gewiß nicht allzu häufigen Besuchen des Pfarrers oder seines Kaplans begnügen. Ja, es konnte so weit kommen, daß, wie es in einer Eingabe der Bauerschaft an den Landrat von 1859 heißt, Kinder bis zu 14 Jahren noch keinem Gottesdienst in der Pfarrkirche beigewohnt hatten![374])

So nimmt es nicht wunder, daß bereits im 18. Jahrhundert das Verlangen der Bauern nach einer eigenen Kapelle in diesem entlegenen Winkel des weitläufigen Kirchspiels laut wurde. Dem dringenden Bedürfnis abzuhelfen, hatte der Grevener Sacellan Bernhard Hermann Backmann in seinem Testament am 13. Sept. 1790 sein ganzes Vermögen zur Errichtung einer eigenen Vikarie und Kapelle in Schmedehausen bestimmt. Er flehte den Generalvikar in Münster inständig (etiam atque etiam = noch und noch) an, doch dafür Sorge zu tragen, daß die Einkünfte aus seinem Vermögen in Höhe von 180 Talern für diesen Zweck Verwendung finden möchten.[375]) Warum aus dieser Stiftung damals nichts wurde, ist nichts bekannt. Die Stiftungsgelder, die Backmann der Schmedehausener Vikarie zugedacht hatte, sollen auf Betreiben des Pfarrers Pröbsting, der dem Plane wohl abgünstig entgegenstand, nach Salzbergen gekommen sein. Bemühungen um die Rückführung nach Schmedehausen (1860) blieben erfolglos.[376])

Erst zwanzig Jahre später ist wieder von den Bestrebungen in der Bauerschaft nach einer eigenen kirchlichen Gemeinschaft die Rede. Der Maire Schründer schrieb im Jahre 1811 in seinem Schulbericht an seine vorgesetzte Behörde[377]) über den Lehrer Pottkötter in Schmedehausen, daß er „von Zeit zu Zeit an Sonntag-Nachmittagen Religionsunterricht an Erwachsene ohne Vergütung" erteile. Da er den Unterricht ausdrücklich ohne Vergütung gab, wird das ganze mehr auf eine Betstunde hinausgelaufen sein, und man darf darin zweifellos die Uranfänge der Schmedehausener Kapellengemeinde erblicken! .

Bis zur Gründung derselben war allerdings noch ein weiter Weg. Erst in den fünfziger Jahren kam die Angelegenheit ins Rollen.[378]) Am 14. Dezember 1855 stiftete Schulte Elting ein Kapital von 1000 Talern und ein Grundstück als Bauplatz für die Kapelle, die nach dem schon ausgearbeiteten Projekt 48 Fuß lang und 24 Fuß breit, also etwa 16 mal 12 m groß werden sollte, und rund 5500 Taler kosten mußte. Am 20. Januar des folgenden Jahres trat dann eine große Bauernversammlung aus den beiden Bauerschaften Hüttrup und Schmedehausen zusammen, an deren Spitze neben dem schon genannten Schulten Anton Elting als erster Schulte Ludwig Jochmaring, ferner Bernd Schulte Farwick, Wilhelm Bußmann (jetzt Untied) und die Bauern Gerdekamp und Austrup standen. Einmütig wurde der Bau einer Kapelle und die Gründung einer eigenen Kapellengemeinde für die beiden genannten Bauerschaften beschlossen. Eifrig ging man ans Werk, und in kürzester Zeit hatte man bereits weit über 4100 Taler gesammelt, so daß man an den Bau der Kapelle herangehen konnte. Pfarrer Steenberg in Greven war allerdings dagegen, da „ein Frühgottesdienst in einer weit vom Pfarrort gelegenen Bauerschaftskapelle viele dahin bringe, sich die übrige Zeit der heiligen Tage im Wirtshaus, am Spieltisch, mit Besuchen und Zusammenkünften oder gar mit Wilddiebereien zu vertreiben." Eine gar zu hohe Meinung scheint der hochwürdige Herr von seinen Pfarrkindern nicht gehabt zu haben! Trotz seines Widerspruches konnte aber bereits am 5. September 1859 der Grundstein zur Kapelle durch Bischof Johann Georg Müller gelegt werden, nachdem der in beiden Bauerschaften entbrannte Streit um den Bauplatz zugunsten des von Schulte Elting in der Nähe der Gastwirtschaft Weiligmann zur Verfügung gestellten Platzes entschieden worden war. Ein Gedichtchen, das mehr von der inneren Anteilnahme als von der poetischen Ader seines Verfassers zeugt, das zur Begrüßung des Oberhirten von drei Knaben der Bauerschaft vorgetragen wurde, fand sich bei den Akten:

Willkommen, gnädigster Oberhirt
in unsrer Bauerschaft,
die dich empfängt, die erfahren wird
heut deines Segens Kraft!

Du kommst im Namen des lieben Herrn
auf Schmedehausens Grund
und sicher hörst du, wie Er, auch gern
den Gruß aus Kinder Mund.

Heil dir, Ersehnter, so wünschen wir
und all' mit uns vereint!
Heil uns, da heute ein Bischof hier
zum ersten Mal erscheint!

Gott segne dich und die Schritte dein
bis an des Kirchleins Ort.
Da legst du nieder den Weihestein;
dann geht's im Bauen fort.

Wir Kinder kommen dann täglich bald
zum Kirchlein, zum Gebet,
zum Herrn in Brods- und Weingestalt,
der opfernd für uns fleht.

Die Eltern können dann auch so leicht
zum Gotteshause gehn.
Selbst die das Alter schon niederbeugt,
wird betend man da sehn.

Drum komm, zu segnen den Ort, zu weihn
den Bau, der schon beginnt,
zu segnen alle, die groß und klein
um dich versammelt sind.

Da sich alle, ein jeder nach seinen Kräften, beteiligten, konnte der von Baumeister Crone entworfene und von Maurermeister Vennemann aufgeführte Bau bereits im nächsten Jahre auf Mariä Himmelfahrt, am 15. August, eingeweiht werden.[379] Als Patrone der kleinen Kirche wählte man die hl. Schutzengel. Noch im gleichen Jahre erhielt die Kapelle ein von der Firma Petit und Edelbrock in Gescher gegossenes Glöcklein, doch dauerte es noch bis zum Jahre 1910, bis es in einem der Kirche angebauten kleinen Turm aufgehängt werden konnte. Ende Oktober 1861 zog dann auch der erste eigene Geistliche in Schmedehausen ein, Pfarrvikar Hermann Mellage, der zugleich auch die Leitung der Bauerschaftsschule übernahm (bis 1868). Bis dahin hatte Rektor Ratte aus Greven ein Jahr lang den Sonntagsgottesdienst in der neuen Kapelle gehalten. Eine neue Pfarrwohnung bekam Vikar Mellage allerdings erst im Jahre 1868, nachdem hierfür eigens ein Grundstück von Schulte Elting für 40 Taler erworben worden war.

Zwar hatten jetzt die beiden Bauerschaften ihr eigenes, wenn auch nur kleines und bescheidenes Gotteshaus, doch mußten sie sich noch lange gedulden, bis sie eine eigene kirchliche Gemeinde wurden. Erst im Jahre 1887, am 26. Juli, stellte der damalige Bischof Johann Bernhard Brinkmann von Münster die Erektionsurkunde aus (am 7. Oktober vom preußischen Kultusminister bestätigt), durch die Schmedehausen zur Kapellengemeinde innerhalb des Pfarrverbandes Greven erhoben wurde. Es hatte so lange gedauert, weil erst jetzt die nötigen Subsistenzmittel zur Dotation, also für den Unterhalt des Geistlichen und für die Kultuskosten beisammen waren, nämlich rund

27000 Mark. Auch weiterhin gehörten also die beiden Bauerschaften Schmedehausen und Hüttrup zur Pfarrgemeinde Greven und sie mußten entsprechend auch ihre Toten weiterhin nach Greven zur Beerdigung bringen. Erst im Jahre 1906 wurde Schmedehausen eine selbständige Rektoratsgemeinde und bekam demzufolge einen eigenen Friedhof.

Pfarrvikar Mellage hat die Erreichung dieses Endzieles der langjährigen Bemühungen der Schmedehausener und Hüttruper Bauern nicht mehr erlebt. Er war bereits am 13. Juni 1884 als Kaplan nach Suderwick gegangen. Keiner seiner Nachfolger hat es bislang auf eine so lange Amtszeit im Dienste der kleinen Gemeinde gebracht wie er. Die meisten weilten nur wenige Jahre hier. Die Liste der Pfarrektoren von Schmedehausen sieht so aus:

1861–1884	Hermann Mellage (geb. 1835 in Münster)
1884–1889	Heinrich Engels (geb. 1838 in Epe)
1889–1894	Josef Becker (geb. 1861 in Borken)
1894–1903	Johann Brokamp (geb. 1856 in Borken)
1903–1911	Josef Vissing (geb. 1868 in Wüllen)
1911–1917	Josef Roemer (geb. 1867 in Herzfeld)
1917–1930	Wilhelm Günther (geb. 1884 in Telgte)
1930–1935	Stephan Schnieder (geb. 1885 in Lüdinghausen)
1935–1942	Josef Helmus. (geb. 1886 in Wetten)

Reckenfeld und Schöneflieth

Der Ausbau des Kirchenwesens machte im 20. Jahrhundert rasche Fortschritte. Seit 1925 wurde in der neuen Siedlung Reckenfeld in einer Baracke, seit 1936 dann in einem schönen Kirchenneubau katholischer Gottesdienst gehalten, zunächst von Greven aus, bis Reckenfeld im Jahre 1942 zu einem selbständigen Rektorat erhoben wurde. [380]) Erster Geistlicher der neuen Gemeinde wurde 1929 Rektor Anton Hommel, dem nach seiner Berufung nach Bocholt 1934 Rektor Karl Lessel folgte, der selbst wieder 1939 durch Rektor Wilhelm Müller abgelöst wurde.*)

Um in der Erfassung der geistlichen Stellen in unserer Heimat vollständig zu sein, darf hier die Kapelle auf dem Hause Schöneflieth nicht vergessen werden. Daß es auf dieser Burg bereits im Mittelalter eine solche gegeben hat, geht aus den Akten ihrer Neubegründung im Jahre 1574 durch den damaligen Inhaber der Burg, den Domscholaster Bitter von Raesfeld, hervor. [381]) Es heißt da, daß die Burgkapelle, vor vielen Jahren errichtet, längst verfallen und dem Erdboden gleich gemacht worden sei. Das stimmt zwar nicht wörtlich, denn noch im Inventar der Burg von 1580 wird die alte Kapelle als Rumpelkammer und Abstellraum erwähnt (s. u. S. 000). Im Jahre 1574 hat Bitter von Raesfeld eine neue Kapelle erbauen und zu Ehren des Hl. Paulus, des Patrons des Domkapitels und des Stiftes weihen lassen. [382]) Für den Unterhalt des Vikars hatte Raesfeld 100 Taler ausgesetzt. Christoph Bernhard von Galen, der vor seiner Bischofswahl selbst kurze Zeit das Haus Schöneflieth innegehabt hatte, vermehrte 1652 dieses Kapital um 500 Taler, so daß jetzt der Burgvikar rund 80 Taler im Jahre zu genießen

---

*) Auch in Bockholt reift der schon jahrzehntealte Plan eines eigenen Gotteshauses der Vollendung entgegen. Seit 1945 wurde auf dem Hof des Schulten Schleithoff-Topphoff in einem Notraum von einem Hiltruper Pater (P. Krähenheide) regelmäßiger katholischer Gottesdienst gehalten. Am 30. 10. 1949, am Feste Christus König, konnte bereits der Grundstein zum neuen Gotteshaus gelegt werden, das in der Nähe der Bockholter Schule erstehen wird.

hatte. Nur an den Sonn- und Feiertagen mußte er hier eine hl. Messe lesen. Im übrigen hatte er auch das Recht, in der Pfarrkirche in Greven in der Schönefliethschen Bank auf dem Chore Platz zu nehmen. Im 18. Jahrhundert, als weder ein Domherr noch ein Vikar mehr ständig auf der Burg residierten, verfiel auch die Hauskapelle, so daß sie im Jahre 1765 (?) abgerissen werden mußte. Das Beneficium mit den Einkünften wurde an den Dom in Münster verlegt, während die noch vorhandenen und brauchbaren Utensilien der Kapelle der Pfarrkirche in Greven überwiesen wurden.

Die evangelische Gemeinde in Greven

Über die ersten Regungen evangelischen Lebens im Kirchspiel Greven (und Gimbte) ist bereits gesprochen worden (o. S. 150 ff.). Soweit sie vor allem gegen Ende des 16. Jahrhunderts spürbar werden und überhaupt vorhanden waren, wurden sie von der seit Beginn des 17. Jahrhunderts durchgeführten Gegenreformation wieder hinweggefegt. Nur vorübergehend lebte in Greven zu Beginn des 18. Jahrhunderts einmal ein Protestant, der Chirurg Johann Hermann Dennemark (1718 und noch 1727),[383] sonst heißt es in den Visitationsberichten von den Einwohnern Grevens stets: omnes catholici, nulli heretici, also alle katholisch, keine Andersgläubigen.[384] Die Angaben der Visitationsprotokolle des 18. Jahrhunderts entsprechen aber insofern nicht ganz den Tatsachen, als doch fast ständig dreißig, vierzig und noch mehr Protestanten im Kirchspiel Greven weilten, solange nämlich aus der benachbarten Grafschaft Tecklenburg, die sich ja schon früh der Lehre Luthers zugewandt hatte, Knechte und Mägde hierher kamen, um bei den großen Bauern, vor allem in den Bauerschaften Hüttrup und Schmedehausen, vereinzelt auch bei den Krämern und Kaufleuten im Dorf in Stellung zu gehen.[385] Viele von ihnen wurden von der katholischen Umgebung aufgesogen,[386] die meisten zogen nach wenigen Jahren wieder fort. Das blieb so bis tief ins 19. Jahrhundert hinein. Erst seit den vierziger Jahren begann sich im Dorf Greven eine ortsansässige evangelische Gemeinde zu bilden, die nun nicht mehr nur aus Dienstboten bestand, die alle Jahre kamen und gingen, sondern aus Beamten und Arbeitern. Zwar war es mit ihrer Seßhaftigkeit zunächst auch noch nicht viel besser bestellt. Die Beamten blieben meist nur wenige Jahre im Ort, aber langsam nahm das kleine Häuflein doch zu. [387] Im Jahre 1840 bestand die evangelische Gemeinde in Greven aus elf Personen: aus dem Oberkontrolleur Quambusch mit Frau und Schwester, dem Steuereinnehmer Eichstadt, dem reitenden Aufseher Diederichs mit Frau und zwei Kindern, der Witwe des Steuereinnehmers Fuchs, dem Polizeidiener a. D. Eberhard und dem Polizeidiener Tappe, also alles Beamte! Dazu kam noch im gleichen Jahre der reitende Aufseher Berger, während Quambusch und Diederichs wieder versetzt wurden. Eine Aufzählung von 1842 nennt erstmalig als ersten Nichtbeamten den Apotheker Klüsener (aus Höxter), der die Konzession für seine Apotheke bereits im Jahre 1837, endgültig dann 1839 erhalten hatte.[388] Diese wenigen evangelischen Gemeindemitglieder – 1842 war ihre Zahl bereits wieder auf 7 gesunken – wurden von Ladbergen in der Grafschaft Tecklenburg aus pastorisiert, vor allen Dingen deshalb, weil in den Bauerschaften Hüttrup und Schmedehausen auch damals noch etwa 20 bis 30 protestantische Knechte und Mägde aus dem Kirchspiel Ladbergen und der angrenzenden Grafschaft Tecklenburg bei den Bauern in Diensten waren, die sich naturgemäß zur heimatlichen Pfarrkirche hielten.*)
In den nächsten Jahren stieg die Zahl der Gläubigen nur langsam. Noch im Jahre

---

*) Entsprechend wird 1843 die Zahl der Evangelischen im ganzen Amt mit 38 angegeben (AAG I d Nr. 12).

1868 gab es im ganzen Amt erst 70 Protestanten, davon 24 im Dorfe (darunter 7 zur Zeit der Zählung gerade hier weilende Musikanten mit zwei Frauen), 42 in den Bauerschaften Hüttrup und Schmedehausen, 2 in Westerode (ein Bahnarbeiter und ein Geselle), je einer in Aldrup (Chausseegelderheber) und in Herbern (Bahnwärter). Von diesen 42 sind in der Liste bei der nächsten Erhebung 16 Namen wieder gestrichen, ein Zeichen für das starke Schwanken bzw. für die Heimatlosigkeit der Evangelischen im Amt zu dieser Zeit.[389]) Die Zahl der evangelischen Dienstboten in Hüttrup und Schmedehausen nahm in der Folgezeit ab, so daß es im Jahre 1890 nur noch 11 in Schmedehausen und 8 in Hüttrup waren. Dagegen nahm die Zahl der Protestanten im ganzen Amt trotz gelegentlicher Schwankungen, hervorgerufen durch das wechselnde Steigen und Fallen der Arbeiterzahlen in den Großbetrieben und bei den großen Bauvorhaben (Eisenbahn, Kanalbau) langsam, aber stetig zu. Bereits im Jahre 1880 war das erste Hundert erreicht, und im Jahre 1890 zählte man bereits 154 Seelen.*) Das zweite Hundert wurde 1907 überschritten, das dritte 1914 erreicht, doch sank diese Zahl während des Weltkrieges wieder auf 225 im Jahre 1919. Auf dieser Höhe hielt sich die Zahl der Gläubigen und erst seit 1926 stieg sie rasch, hauptsächlich wegen der schnell wachsenden Siedlung Reckenfeld und erreichte bis 1931 die Höhe von 960, 1946 sogar von rund 2000 Seelen. Heute ist die Gesamtzahl unter Einbeziehung der Ostflüchtlinge auf etwa 3500, davon 1000 in Greven selbst, gestiegen.

Die zunehmende Zahl der Gläubigen ließ schon recht bald den Wunsch nach einem geregelten Gottesdienst aufkommen, der dann auch zunächst in einem gemieteten Raume, anfangs in einem alten, leerstehenden Schulgebäude, dann eine Zeitlang in der Gastwirtschaft Halstrup (heute Holling) an der Marktstraße vom Verweser der 1867 errichteten Gemeinde Emsdetten, der das Kirchspiel und Amt Greven inzwischen zugeteilt worden war, gehalten wurde. Der erste Pfarrverweser von Emsdetten (seit 1861), der auch öfters nach Greven herüberkam, um hier Gottesdienst zu halten, war Eduard Pollmann, gest. am 7. 11. 1886, dem dann Robert Schnieder von 1887 bis 1893, und Georg Schmiesing seit 1893 folgte, der schließlich am 11. 6. 1895 zum ersten Pfarrer von Emsdetten und Greven ernannt wurde. Greven, das mit Emsdetten bis dahin immer noch als ein Teil (Filial) der Muttergemeinde in Rheine gegolten hatte, war ein Jahr zuvor, am 28. Mai 1894 zur Kirchengemeinde Greven verselbständigt worden, blieb aber zunächst pfarramtlich mit Emsdetten verbunden.[390])**)

Um die gleiche Zeit bemühten sich die Grevener Evangelischen auch eifrig um die Schaffung einer eigenen Kirche und Schule. Von der letzteren wird im Kapitel über die Grevener Schulgeschichte noch ausführlich die Rede sein. für die Kirche gelang der jungen Gemeinde im Jahre 1892 die Erwerbung eines Grundstückes an der Gartenstraße, auf dem dann schon im nächsten Jahre das zwar kleine, aber schmucke Kirchlein nach den Plänen des Stadtbaumeisters Kersten von Minden durch den Bauunternehmer Straukamp errichtet wurde. Die feierliche Grundsteinlegung hatte am 6. Januar 1893 stattgefunden, während die nicht minder feierliche Einweihung unter der Teilnahme der gesamten glücklichen Diasporagemeinde schon am 8. Dezember des gleichen Jahres durch den Generalsuperintendenten Dr. Nebe vorgenommen werden konnte. Im weiteren Ausbau der Pfarrgemeinde wurde dann im Jahre 1895 auch ein eigener Friedhof an der Königstraße erworben und im nächsten Jahre in Gebrauch genommen.[391])

---

*) Eine Aufstellung von 1884 gibt die Zahl der amtseingesessenen Evangelischen mit nur 49 an, was angesichts der Zahlen von 1880 (100) und 1885 (109) nicht glaubhaft erscheint.

**) Am 1. Juli 1948 ist die Gemeinde Greven aus der Bindung mit Emsdetten gelöst und zur selbständigen Kirchengemeinde mit eigenem Pfarrer u. einem Hilfsgeistlichen in Reckenfeld erhoben worden.

Der Weltkrieg schlug auch der kleinen evangelischen Gemeinde Greven manch schwere Wunde.[392]) Vor allem sank infolge des Fortzuges zahlreicher Industriearbeiter der teilweise stillgelegten großen Textilfabriken die Zahl der Gemeindemitglieder um ein Viertel, und erst im Jahre 1926 war dieser Verlust wieder wettgemacht. Im Jahre 1927 legte Pfarrer Schmiesing aus Gesundheitsrücksichten sein Amt nieder. Der am 8. Dezember 1927 eingeführte neue Pfarrer Fritz Brune sah sich gleich vor neue und große Aufgaben gestellt.

Aus dem ehemaligen Munitionsdepot im Reckenfeld begann nämlich seit 1924 eine neue Siedlung zu erwachsen, in der zunächst Optanten aus den im Osten des Vaterlandes verlorengegangenen Gebieten angesiedelt worden waren, die dann aber in den nächsten Jahren meist von Textilarbeitern der Grevener und Emsdettener Firmen sowie (seit 1927) von Berginvaliden und Kriegsbeschädigten aus dem rheinisch-westfälischen Industriegebiet abgelöst wurden. Für den evangelischen Teil, dem Pfarrer Brune im Juli 1928 in der katholischen Volksschule den ersten Gottesdienst hielt, wurde noch im gleichen Jahre ein kleiner Betsaal erbaut, der dann am 23. Dezember 1928 eingeweiht werden konnte. Durch die Gründung eines Kirchenchores und mehrerer Vereine festigte sich das Gemeindeleben rasch. Für Kirche und Schule wurde schon bald ein eigenes Grundstück erworben. Die Zunahme der seelsorgerischen Arbeit erforderte schon 1930 die Anstellung einer eigenen Gemeindeschwester, der im folgenden Jahr bereits ein Gemeindehelfer an die Seite trat. Die Zahl der Gemeindeglieder war inzwischen ja auch schon von 25 im Jahre 1926 auf nicht weniger als 490 im Jahre 1931 gestiegen! Ein eigener Friedhof für die Gemeinde, ein stimmungsvoller Waldfriedhof, konnte schließlich am 22. November 1931 geweiht und in Gebrauch genommen werden.

6

Karitas und soziale Fürsorge

Die Darstellung des kulturellen Lebens im Amt Greven im Ablauf der vergangenen Jahrhunderte wäre unvollständig, wollte man sie auf Kirche und Schule allein beschränken. Die soziale Fürsorge, die sich zunächst mit der Armenpflege in ihrem privaten und öffentlichen Zweig befaßte, darf hier nicht vergessen werden.

Im Mittelalter, ja bis tief in die Neuzeit hinein, gab es keine öffentliche Fürsorge im heutigen Sinne. Die Armen und Kranken waren der privaten Liebestätigkeit überlassen, die dann zunächst von der Kirche organisiert wurde. Brüderschaften und Spitäler sorgten für alle diejenigen, deren sich keiner sonst annahm, und betreuten auch die haussitzenden und verschämten Armen durch regelmäßige Spenden von Geld und Sachwerten. In den Städten haben sich noch im Mittelalter die städtischen Behörden der Armenfürsorge und der Krankenpflege angenommen. Auf dem Lande gab es so etwas nicht. So reichen auch in Greven die Anfänge einer organisierten Armenfürsorge nicht über die 2. Hälfte des 17. Jahrhunderts zurück. Im Jahre 1660 vermachte der damalige Vogt in Greven, Nikolaus Warburg in seinem Testament sein Haus an der Kirche (heute Kirchstraße Nr. 3) von sechs Gefach, mit fünf Kammern, Keller, Boden, Küche und Garten, dazu noch zwei Bauernerben, den Armen.[393]) Gewiß hatte es auch schon vorher Legate und Stiftungen zugunsten der Armen in Dorf und Kirchspiel gegeben, die aber nicht einem Armenhaus oder Spital zugute kamen, sondern von den Provisoren der Kirche und dem Pfarrer nach Gutdünken verwandt wurden. Aus diesen Armengeldern der Kirche wurde jeden Samstag den Armen ausgeteilt, doch langten die einkommenden Gelder bei weitem nicht, um allem Elend und aller Not zu steuern. Nach den Kirchenrechnungen beliefen sich die Einnahmen des Armenfonds im 17. Jahrhundert aus Kollektengeldern und sonstigen Zuwendungen nur auf wenig mehr als 20 Taler, nach dem Siebenjährigen Krieg sank dieser Betrag sogar auf knapp 10 Taler, stieg dann aber wieder auf etwa 30 Taler jährlich an.

Das Testament des Vogtes Nikolaus Warburg brachte nur einem kleinen, beschränkten und bevorzugten Kreis Hilfe. Zur Ausführung gelangte es erst 1672, nachdem der Vogt im gesegneten Alter von fast hundert Jahren am 23. Februar 1672 gestorben war. Er hatte dem in seinem Hause zu gründenden Armenhaus zu den Hl. fünf Wunden Christi, in dem stets fünf arme Frauen aus seinem Geschlechte oder aus der Gemeinde leben sollten, zwei Bauernhöfe, nämlich Reißmann in der Bauerschaft Hembergen und Geßmann in Herbern vermacht, die er kurz zuvor einem verschuldeten Adeligen abgekauft hatte. Reißmann mußte jährlich 2 Malter Roggen und 2 Reichstaler, Geßmann dagegen drei Malter Roggen, zwei Schweine (zu je 2 Reichstaler gerechnet) und 3 Reichstaler an Geld zahlen. Für Verding und Sterbfall gaben beide Höfe je 50 Reichstaler. Außerdem hatte Warburg seiner Stiftung noch 125 Reichstaler an barem Gelde vermacht, so daß den Frauen jährlich etwa 5 Malter Roggen, zwei Schweine und rund 20 Taler an Geld verabfolgt werden konnten. Nach dem Siebenjährigen Krieg gingen auch hier die Einkünfte nur schlecht ein. Im Jahre 1789 betrugen sie beispielsweise nur 18 Taler, $13^1/_2$ Schilling an Geld, dazu 2 Malter und 10 Scheffel an Roggen.

Das Haus an der Kirchstraße ging mit einem Großteil des Dorfes im großen Brand vom 4. März 1674, zugrunde, und da es ursprünglich der Äbtissin von Überwasser in Münster gehörte, die ja Grundherrin der ganzen Kirchstraße war, nahm diese jetzt die Baustätte zurück und verpachtete sie wieder an Franz Hüsing, so daß sich der Pfarrer genötigt sah, den Frauen auf Holschers Schuppenplatz am Kirchhof ein neues Haus zu errichten. Zu diesem Behuf kaufte er in Telgte ein altes Haus, ließ es abbrechen und in Greven wieder aufsetzen. Dieses neue Armenhaus hat dann bis zur Mitte des vorigen Jahrhunderts am Kirchplatz vor dem alten Schründerschen Haus gestanden (s. S. 88). Erst im Jahre 1853 wurde es mit der von Anton Holtrup 1834 gegründeten Armenstiftung vereinigt und in das an der Bergstraße gelegene Haus Nr. 95 (heute Ecke Martini-Kirchstraße–Bergstraße Nr. 10) verlegt, das als Armenhaus im Jahre 1861 neu gebaut wurde.

Neben diesem Armenhaus mit seinem stiftungsgemäß eng begrenzten Personenkreis von fünf armen Frauen aus der Verwandtschaft bzw. Nachkommenschaft des Vogtes Nikolaus Warburg gab es, wie Pfarrer Holstein im Jahre 1702 in seinem Lagerbuch berichtet, im Dorf noch zahlreiche haussitzende Armen, die also wohl eine eigene Wohnung oder Behausung ihr eigen nannten bzw. bei Fremden einwohnten, aber nicht in der Lage waren, durch eigene Arbeit den Lebensunterhalt zu verdienen. Solchen Armen begegnen wir schon in dem ältesten Schatzungsregister Grevens aus dem Ende des 15. Jahrhunderts und seitdem stets wieder. Teils waren es alte, alleinstehende Männer und Frauen, teils auch ganze Familien, deren Ernährer als Tagelöhner und Gelegenheitsarbeiter nur selten soviel verdienten, daß sie alle hungrigen Mäuler an ihrem Tisch stopfen konnten. Sie waren also in erster Linie auf die Mildtätigkeit ihrer besser gestellten Mitbewohner angewiesen. Daß die Grevener Bauern eine offene Hand hatten, sprach sich schnell herum, so daß die Bettelplage einen immer größeren Umfang annahm. Bereits im 16. Jahrhundert war es schlimm damit bestellt. In der „Gemeinen Landordnung" von 1571 (S. 19) heißt es beispielsweise:

Dweill auch gespuert, daß bei diesen Brautwerschafften, Kindertauffen und dergleichen Geselschaften vile Müssiggenger unterm Schein der Landtsknecht auch andere unverschambte Betteler sich eindringen und nit allein der Geselschafft uberlestig und beschwerlich sein, sondern auch zu Hader, Zanck und fernerm Ungluck Ursach geben, so soll hinfuro keiner, so dergestalt sich angeben oder eindringen würde, bei der Geselschafft Tisch gestattet, auch nichts gegeben werden ausserhalb den kendtlichen Armen, so in demselben Kerspell gesessen, welche an einem besondern Ort gewiessen und daselbst, waß die Gunst sein würde, inen zugetheilt und mit nichten zugelassen werden soll, bei dem Tisch hierumbher Betlen zulauffen. Die ubrigen Müsiggenger und frembde Betteler aber sollen zumall abgewiesen und inen nichts gegeben werden. Würden sie sich gleichwoll mit gutem nit abweisen lassen, auf den Fall sollen die Ampts- und Stadts-Diener dieselb alßbald angreiffen und an das nechst Ampthauß oder sunst gepürende Gefengknus pringen und daselbst ihrer Straff gewertig sein.

Angesichts der immer größer werdenden Not, besonders nach dem furchtbaren Elend des Dreißigjährigen Krieges nutzten solche Maßnahmen nichts.

Auch im 18. Jahrhundert sah man noch keinen anderen Ausweg, als „wegen der Vielheit der Bettler und bösen Gesindels" einen sogenannten „Armenjäger" oder Bettelvogt anzustellen, dessen Aufgabe es war, die kirchspielsfremden Bettler und Vagabunden von Greven fernzuhalten. Im Jahre 1725 wurde als erster solcher Armenjäger ein Melchior Schürmann mit einem Monatsgehalt von 4 Talern angestellt, dem als nächster 1753 Philipp Schmitz folgte.[394] Der Armenjäger bekam sogar 1729 eine eigene Uniform, einen blauen Rock mit roten Aufschlägen, dazu ein Gewehr. Er war der Vorläufer des modernen Landgendarmen! Als der alte Schürmann und auch Philipp Schmitz beide im Jahre 1757 starben, verzichtete man aber doch wieder auf die Neubesetzung des Amtes, das offenbar doch nicht den daran geknüpften Erwartungen entsprochen hatte, und beauftragte den Kirchspielsvogt, wie vordem eine wachsames Auge auf Bettler und

Vagabunden zu haben. Die Verhältnisse hatten sich bis dahin offenbar auch schon in etwa gebessert.

Nach dem Siebenjährigen Kriege gegen Ende des 18. Jahrhunderts nahm die Bettelei im Kirchspiel aber wieder derart überhand, daß man auf eine gründliche Abhilfe sann. Über den Zustand dieses förmlich organisierten und unglaublichen Bettelunwesens unterrichtet eindringlich der Festvortrag, den der Vorsitzende der Grevener Armenkommission, Johann Christoph Biederlack, anläßlich des 25jährigen Jubiläums dieses Institutes am 23. Mai 1830 in der Generalversammlung gehalten hat.[395]) Um nicht in den Verdacht der Übertreibung zu geraten, lassen wir den Vorsitzenden der Armenkommission selbst berichten:

„Wie es fast jedem unter uns noch in gutem Andenken ist, war die Betteley vormals in der ganzen Gegend eine sehr drückende Landplage. Im Jahre 1804 zählte man in unserer Gemeinde 104 Menschen, die in zerlumpter Kleidung fast Tag für Tag bettelten und ihr Tagewerk so eingerichtet hatten, daß sie wöchentlich einmal in verschiedenen Richtungen im Kirchspiel und Dorfe die Runde machten. Dazu kam noch eine Menge Bettler aus den benachbarten Kirchspielen, Vagabunden, reisende Handwerksbursche und Musicanten. In jedem Bauerhause war an dem Türposte ein Gefäß befestigt und mit Roggen gefüllt; überdies ein nach Maeßgabe der Größe des Colonats hier größerer, dort kleinerer Löffel dabei, womit jedem einheimischen Bettler die Gabe zugeteilt wurde. Nach der einstimmigen Versicherung der Kirchspielsbewohner kostete die Betteley einem Colonate mittlerer Größe damals wöchentlich ein hiesiger Scheffel Roggen, außer was man noch mitunter an Buchweitzen, Heede, Brot und Kartoffeln verschenkte, und an den Schulzenhöfen setzte sich nach dem Abdecken der Tafel außerdem noch eine Zahl von Bettler zu Tische, und wurde gespeiset. Am Samstage sammelte sich die ganze Schaar zur Pestmesse, wo sie einen Gang in der Kirche füllte, und nach beendigtem Gottesdienst zog sie in Masse durch die Straßen, wo sie vor den Häusern der bemittelten Einwohner Halt machte, um Allmosen in Gelde zu empfangen. Nach demjenigen, was man derzeit mit ziemlicher Genauigkeit berechnet hat, kostete die Betteley dem Dorfe und Kirspiele nach Maßgabe der Kornpreise jährlich 6 bis 10000 Reichstaler, ungerechnet, was die Mildthätigkeit den haussitzenden Armen und Kranken damals, freilich nur mit karger Hand, spenden konnte. Sie war ein nagender Krebs an dem Wohlstande des Landmannes, indem er nicht wagte, irgendeinen Bettler abzuweisen, aus Furcht, daß er ihm Böses zufügte. So war hier das Bettelwesen herkömmlich, sozusagen, organisiert und hatte mit der Zeit zugenommen, da die Menschen, welche durch Unfälle gedrängt, einmal den Bettelstab ergriffen hatten, sich auch dann nicht davon trennten, wenn die Übel, welche davon die Ursache gewesen, schon überstanden waren, und da die Kinder in Unwissenheit und Faulheit heranwuchsen und die Scham erloschen war."

In der Tat ein erschütternder Bericht, der nach sofortiger Abhilfe verlangte. Es zeigte sich hier deutlich, daß die altüberlieferte Form der Hilfe, des Almosens, auf die Dauer gesehen, sich nicht nur als unzulänglich erwies, darüber hinaus aber auch als volkswirtschaftlich falsch. Die Idee des Rechtes des Einzelnen auf Arbeit und ebenso von der sittlichen Pflicht zur Arbeit für ein jedes arbeitsfähige Glied des Volkes brach sich, vom englischen Merkantilismus des 18. Jahrhunderts angeregt, gerade um 1800 herum in Deutschland immer mehr Bahn. In der richtigen Erkenntnis, daß die Mehrzahl der Grevener Bettler und Dorfarmen noch durchaus arbeitsfähig waren, traten die führenden Grevener Kaufleute im Jahre 1804 an die damals in Münster regierende Kriegs- und Domänenkammer mit dem Plan eines Armenreglements und Arbeitshauses heran.[395a]) Neben dem strengen Verbot jeglicher Bettelei, an deren Stelle eine regelmäßige Unterstützung der Armen treten sollte, sah dieser Plan, da vorauszusehen sei, daß „bey dem

Verbot des Bettelns die am Müßiggang gewohnten Armen verlangen würden, daß man ihnen völligen Unterhalt oder Verdienst durch Arbeit schaffe", die Errichtung einer Spinnanstalt vor, „indem fast jeder das Spinnen erlernt habe oder doch leicht erlernen könne". Die Mittel für die regelmäßigen, wöchentlich ausgegebenen Unterstützungen an die hausgesessenen Armen wurden durch gleichfalls wöchentliche Kollekten in Dorf, Kirchspiel und in der Kirche gewonnen, dazu wurde im Kirchspiel bei den Bauern Korn und Flachs gesammelt. Der gesammelte Roggen wurde nur zum Teil den Armen in natura ausgeliefert, vielmehr um Mißbräuche zu verhindern, wurde gleich Brot daraus gebacken, das dann verteilt wurde. Später, im Jahre 1826, kam man hiervon jedoch wieder ab, da die Armen das Korn gerne auch für andere Zwecke gebrauchten. Das Korn wurde ihnen, besonders in Zeiten der Not und Teuerung, wie beispielsweise in den Jahren 1816 und 1817 zu einem ganz erheblich ermäßigten Preise überlassen.[396])

Zu der Armenunterstützung trat gleichzeitig auch die Krankenfürsorge, da die Gründer des Armeninstitutes der durchaus richtigen Überzeugung waren, daß gerade durch Krankheiten und unsachgemäße Behandlung und Pflege häufig Not und Armut hergerufen würden. So gab man den Kranken nicht nur Beihilfen zu Arzt- und Arznei-kosten, sondern vermittelte ihnen auch einen guten Mittagstisch, indem jeder Armen-pfleger in seinem Bezirk dem armen Kranken eine Anweisung auf die Küche eines wohl-habenden Bürgers erteilen konnte. In Zeiten von Epidemien, wie bei der Ruhrepidemie im Herbst 1811 richtete man sogar eine eigene Kochanstalt ein, „deren Betrieb sich die Frauen der Mitglieder des Institutes während einiger Monate abwechselnd in ihren Häu-sern unterzogen, und woraus mehr als 150 (!) Kranke zweimal des Tages angemessene Speisen erhielten". Fürwahr, mit diesem Sozialismus der Tat haben sich Grevens Frauen ein glänzendes Zeugnis für ihren Opfermut und ihre Volksverbundenheit ausgestellt. Vergesse man doch nicht, daß dies nicht etwa in der Zeit tiefsten Friedens und Wohl-ergehens geschah, sondern mitten in den Jahren der ärgsten Not und der drückendsten Fremdherrschaft! Voll Genugtuung knüpfte Biederlack an seinen Bericht die Bemerkung: „Der Kraft, mit der man dem Übel begegnete, kann man es hauptsächlich zuschreiben, daß von den durch die Armenanstalt versorgten Kranken im Vergleich mit der damals eingetretenen Sterblichkeit nur wenige, und meistenteils Kinder oder zugleich mit anderen Schäden behaftete ältere Leute gestorben, und daß als Folge dieser Krankheit keine neuen Armen entstanden sind. Auch verdient es wohl der Bemerkung, daß die Häuser derjenigen, wo die Kochanstalt betrieben wurde, gänzlich von der Ansteckung verschont geblieben sind."

Wichtiger noch aber als Armenunterstützung und Krankenfürsorge – auch das hatten die fortschrittlichen Dorfväter Grevens damals bereits erkannt – war die Arbeitsbe-schaffung für die gesunden und arbeitsfähigen Armen. Neben der Beschaffung von Arbeitsplätzen und Lehrstellen bei Handwerkern und Bauern diente diesem Zwecke vorzüglich die sogenannte Spinnanstalt, die darin bestand, daß man das bei der Flachs- und Heedesammlung im Kirchspiel eingenommene Rohmaterial den Armen, die man durchweg mit Spinnrocken versehen hatte, zum Verspinnen ins Haus gab. Der Lohn für das gesponnene Garn lag etwas unter dem marktüblichen Preisen, damit, wie Bieder-lack berichtet, „die Armen sich um einträglichere Arbeit für andere oder bey anderen bemühen sollten". Tatsächlich hatte diese erzieherische Maßnahme vollen Erfolg. „Die Anforderungen an dieselbe (gemeint ist die Spinnanstalt) um Arbeit nahmen mit der Zeit ab und hörten zuletzt ganz auf. Als nun die Spinnerey von Jahr zu Jahr sich ver-minderte, überließ man einzelnen Armen das Material zu einem mäßigen Preise zum Kauf; da aber auch dieses nicht mehr gefordert wurde, wurde das aus der jährlichen Collekte einkommende Flachs und Heede als Unterstützung ausgegeben." Die Menge des auf diese Art und Weise unentgeltlich abgegebenen Flachses und Heede erreichte seit 1811 und bis 1829 die Höhe von 1586 Pfund Flachs und 17793 Pfund Heede.

Den großen Erfolg des ganzen Unternehmens, das in der ganzen Provinz Westfalen und darüber hinaus als mustergültig galt und von den Behörden häufig zur Nachahmung empfohlen wurde,[397]) erkennt man am besten und klarsten aus der Statistik, die Biederlack seinem Bericht beifügte.

Die Einnahmen aus den wöchentlichen Kollekten im Dorf, im Kirchspiel und in der Kirche, aus dem Verkauf des eingesammelten Roggens und aus sonstigen Zuwendungen betrugen im Jahresdurchschnitt fast regelmäßig etwa 900 Reichstaler, in den ersten Jahren etwas mehr, später aber auch weniger, insgesamt während der ersten 25 Jahre des Bestehens des Armeninstitutes nicht weniger als 21 703 Taler.

Dazu kamen noch 806 Taler, 21 Groschen und 8 Pfennige aus Polizeistrafen und Erlaubnisscheinen für Tanzbelustigungen und dergleichen Veranstaltungen, die der Landrat überwiesen hatte.

An Korn wurde in den genannten 25 Jahren im Kirchspiel gesammelt und ausgegeben:

	gesammelter Roggen		zu Brot vermahlen und verbacken			ausgegebener Roggen	
	Scheffel	Spint	Scheffel	Spint	ausgegebene Brote zu 6 Pfund	gratis	in Scheffel verkauft
1805	961	3	441		3164 $^1/_2$	15,1	176
1806	1377	3	739		5346 $^1/_2$	7	500
1807	1156	3 $^1/_3$	770		5685 $^1/_2$	9,1	654
1808	1157	3	736		5502	18	228
1809	987	– $^1/_3$	664		4962	32,3	325
1810	1035	– $^1/_3$	612		4512	24,3	399
1811	1226	1	518		3793 $^1/_2$	30,2	600
1812	808	1	571	2	3891	79,1	198
1813	996	3 $^1/_3$	459	3	3740	71	314
1815	857	2	380	2	2955	76,2	368
1818	673	2 $^1/_2$	322	1	2489	148,1	158
1821	858	2	264	2	2123 $^1/_3$	147,3	465
1824	773	2	227		1767	167,1	60
1827	848	1	–		–	447,2	592
1829	765	–	–		–	419	323

Die Zahlen sind für die Jahre der französischen Fremdherrschaft und der Freiheitskriege vollständig gegeben, um zu zeigen, mit welchem Eifer und Opfermut die Bevölkerung gerade in diesen Jahren völkischer Not das großartige und beispielhafte Werk sozialer Fürsorge unterstützt hat.

Insgesamt wurden in den 25 Jahren von 1805–1829 wöchentlich verteilt

	Tlr. Gr. Pf.
an Unterstützungen	5 941,22,05
an außergewöhnlichen Unterstützungen	1 920,18,08
an Mietzuschüssen	3 187,25,09
für Holz	815,01,11
für Schulbedürfnisse	435,02,10
für Krankenpflege	2 729,15,–
für Kleidungsstücke	1 807,23,11
an durchreisende Arme	351,13,04

für Brotbacken		961,05,05
an die Sackträger bei der Kollekte, für Kornsäcke und Fuhrlohn zur Mühle		1 709,26,04
Gehalt der Kirchspielsdiener und Gratificationen den Büchsenträgern bey der Collekte		1 434,12,01
Grundsteuer und Verlust an fremden Geldsorten		40,14,08

insgesamt 21 335,02,04

Die Zahl der unterstützten Familien bzw. Einzelpersonen hat in den ersten Jahren seit der Gründung des Armeninstitutes noch zugenommen, da sich viele verschämte Arme, die bis dahin von der Mildtätigkeit ihrer Nachbarn und Hausgenossen gelebt hatten, sich erst nach und nach meldeten. Die folgende Übersicht gibt einen guten Überblick über die Entwicklung der Armenzahl. Sie läßt vor allem erkennen, daß es den Bemühungen des Armeninstituts in den 25 Jahren seines Bestehens doch wenigstens gelungen ist, die Zahl der Armen von der Höchstzahl von 121 auf etwa 60 bis 70 herabzudrücken! Auch die Zahl der unterstützten Kranken, die zur Zeit der Ruhrepidemie von 1811 179 in einem Jahre betragen hatte, ist später bis auf 19 herabgesunken, wenn auch ihre Zahl naturgemäß schwankte.

Jahr	Zahl der unterstützten Armen	Zahl der behandelten Kranken insgesamt	davon gestorben	Ausgaben für die Krankenpflege in Tlr.
1805	102	46	4	83
1806	115	59	4	122
1807	121	68	7	142
1808	111	46	4	77
1809	108	66	7	91
1810	104	60	5	151
1811	101	179	26	408
1812	96	70	6	125
1813	92	77	10	95
1815	80	38	4	108
1818	85	71	3	160
1821	63	33	5	67
1824	58	38	3	51
1827	68	46	6	91
1829	69	48	7	68
	1373	945	101	2729 Tlr.

Zu den Zahlen der Kranken und unterstützten Armen bemerkt Biederlack noch erläuternd, daß hierunter nur die dauernd und länger behandelten und unterstützten zu verstehen seien, nicht dagegen auch die nur einmalig oder kurzfristig unterhaltenen. Andererseits seien vielfach im Laufe eines Jahres Veränderungen in den Zahlen der armen Familien und der Armen eingetreten, die natürlich berücksichtigt seien, so daß die wahre Zahl der Armen im Jahre 1829 beispielsweise statt der angegebenen 69 nur 62 betragen habe, von denen 27 im Kirchspiel und nur mehr 35 im Dorfe wohnten. Im Jahre 1807 waren es im Dorfe noch 75 und im Kirchspiel 46 gewesen!

Der Erfolg des Grevener Armeninstitutes ist also mit Händen zu greifen. Nicht wenig hat zu diesem Erfolg beigetragen, daß man von vornherein das Übel an der Wurzel angepackt hatte und die Kinder der armen Familien in geordnete Verhältnisse zu bringen versuchte. Nicht nur half man stets mit den fehlenden Schulbüchern und dem Schulgeld aus. Mehr noch war man auf die Beschaffung guter Lehrstellen bedacht, in denen die Kinder in gutem Arbeitsgeist und sittlich einwandfreien Verhältnissen aufwuchsen. Mit Befriedigung konnte Biederlack in seinem Rechenschaftsbericht von 1829 auf diese Seite der Jugendfürsorge hinweisen: „Nach wenigen Jahren standen die Kinder der Armen gegen die übrigen nicht mehr zurück, und nichts war ihnen hinderlich, nach zurückgelegten Schuljahren bei guten Leuten in Dienst zu kommen, welches man auf alle Weise mit oder ohne Unkosten zu befördern suchte. Wir haben jetzt das Vergnügen, zu sehen, daß manche dieser Kinder ihre früher aus Armenmitteln unterstützten Eltern ernähren, ja sogar zu den gewöhnlichen Collekten ihre, wenngleich kleine Gabe dankbar beitragen."

Erwähnt sei noch, daß die Gründer des Armeninstitutes – es waren die Kaufleute Franz Anton Schründer, Heinrich Povel, Wilm Schmerling, Ferdinand Klüter, Johann Christoph Biederlack und die beiden Geistlichen Pfarrer Pröpsting und Kaplan Ketteler – die Bekämpfung des Bettelunwesens nur bei Anwendung drastischer Strafen für erfolgversprechend hielten. Deswegen verlangten sie von der Regierung in Münster auch das Recht, gegen die Bettler mit der Prügelstrafe vorgehen zu dürfen. Das konnte naturgemäß der Staat, der das Polizeirecht allein für sich beanspruchen mußte, nicht zugestehen. Er versprach aber den Antragstellern, die ertappten Bettler mit Zuchthaus zu bestrafen. Gleich zu Anfang wurden ein paar der frechsten und hartnäckigsten Bettelweiber eingelocht und mit mehreren Monaten Zuchthaus bestraft. Andere wurden unter Polizeiaufsicht gestellt und mußten sich täglich beim Bezirksarmenpfleger zur Kontrolle melden.

Durch eine strenge Handhabung dieses Aufsichtsrechtes und durch unablässig durchgeführte Armenpatrouillen gelang es schnell, die widerspenstigen Elemente unter den Armen zur Vernunft zu bringen; zur Zeit der Franzosenherrschaft wurden alle Erfolge indes in Frage gestellt, da alle preußischen Gesetze von den Franzosen für ungültig erklärt wurden, worauf die Bettelweiber ihr altes Treiben wieder aufnahmen. Die provisorische Regierung in Münster, in der ja teilweise noch die alten preußischen Beamten saßen, griff aber scharf durch und lochte wieder einige der zudringlichsten Bettlerinnen ein, so daß schon bald der Patrouillendienst ganz eingestellt und die Stellen der beiden Kirchspieldiener nach dem Abgang der ersten völlig eingespart werden konnten.

Über die Zeit nach 1829 liegen uns keine so eingehenden Nachrichten über das Grevener Armeninstitut mehr vor. Es bestand noch in den vierziger Jahren. Erst die einsetzende Industrialisierung Grevens in den fünfziger Jahren änderte die Arbeitsmarktverhältnisse des Dorfes so grundlegend, daß die so segensreiche, vom praktischen Sinn, zugleich aber auch vom echten Mitgefühl seiner Gründer zeugende Einrichtung überflüssig wurde.

Statt Armenfürsorge wurde jetzt die Arbeiterfürsorge das brennende Problem der Zeit.

Die Industrialisierung Grevens brachte auf sozialem Gebiet neue Aufgaben und neue Schwierigkeiten.[398] Niedrige Löhne und lange Arbeitszeiten kennzeichneten die Situation des Industriearbeiters des 19. Jahrhunderts wie anderwärts so auch in Greven. Beides war keineswegs eine Erfindung der Industriellen und Fabrikherren, sondern das Erbteil der alten Handwerksordnung und Heimarbeit. Der Heimarbeiter und nicht selbständige Handwerker war von jeher gewohnt gewesen, vom frühen Morgen bis zum späten Abend am Webstuhl zu sitzen und in der Werkstatt zu arbeiten und dazu für seine Arbeit mit wenigen Pfennigen und Groschen bezahlt zu werden. So empfand man zunächst auch die lange, zwölfstündige Arbeitszeit in den Fabriken und die niedrigen Löhne, die noch in den achtziger Jahren in der Grevener Textilindustrie durchschnittlich nur 9 Mark bis 9,50 Mark in der Woche betragen haben, noch nicht als unsozial und ungerecht. Verdiente doch beispielsweise ein Fabrikdirektor in Greven im Jahre 1865 auch nur 50 Taler im Monat! Trotzdem waren diese Löhne ausgesprochene Hungerlöhne, auch wenn man die höhere Kaufkraft des Geldes in jenen Tagen in Rechnung stellt. Rund fünfzig Jahre hat es gedauert, bis diese Löhne sich (bis 1936) etwa verdreifachten!

Wesentlich war indes, daß die Grevener Textilfabriken von Anfang an auf Grund eines Ortsstatutes von 1857, das durch die von der preußischen Regierung bereits seit dem Ende der vierziger Jahre geforderten Krankenunterstützungskassen für Arbeiter angeregt war, eine Sozialversicherung ihrer Arbeiter durchgeführt haben, die zwar nach unsern heutigen Begriffen noch unzureichend war, für ihre Zeit aber doch schon auf beachtlicher Höhe stand. Als erste schuf die Grevener Baumwollspinnerei eine solche Unterstützungskasse; die anderen Firmen folgten Zug um Zug. Einzig die Seidenspinnerei glaubte die gesetzlichen Forderungen umgehen zu können, indem sie ihre Arbeiter nicht als Fabrikarbeiter, sondern als selbständige Handwerker hinstellte, die ihren Arbeitsplatz in der Fabrik nur gemietet hätten, im übrigen aber selbständig arbeiteten. Die Seidenspinner, die wohl noch stolz darauf waren, selbständige Handwerker zu sein und womöglich auf ihre „Kollegen", die Fabrikarbeiter, stolz und verächtlich herabschauten, waren die Dummen und bezahlten diese fiktive Standeserhöhung mit einer sozialen Schutzlosigkeit. Erst die im Jahre 1891 eingeführte allgemeine deutsche Sozialversicherung sicherte jedem Arbeitnehmer das ihm zukommende Mindestmaß an sozialem Schutz in Not und Krankheit.

Nicht unwesentlich trugen zur sozialen Hebung der Arbeitnehmer auch die Standesvereine und Organisationen bei, wie der im Jahre 1869 gegründete Gesellenverein sich der jungen Handwerker und ihrer materiellen und geistlichen Nöte annahm und sie im Kolpingswerk zusammenfaßte, über dessen segensreiche Tätigkeit kaum ein Wort zu verlieren ist. Im Kolpinghaus an der Saerbecker Straße schuf sich die Familie 1914 ein stattliches Heim, das nicht nur dem Gesellenverein, sondern allen katholischen Vereinen Grevens Halt und Zuflucht bot. Die katholischen Arbeiter Grevens schlossen sich erst sehr viel später, im Jahre 1897, zusammen. Der tatkräftigen Leitung ihres ersten Präses, des Kaplans Tappe, gelang es bereits in wenigen Jahren, die Arbeiter aus ihrer bisherigen Lethargie und Interessenlosigkeit dem öffentlichen politischen und kulturellen Leben gegenüber zur positiven Mitarbeit zu erziehen und zu bilden. Vorträge, Schulungskurse, aber auch die Pflege der Geselligkeit in Theaterspielen und Gesang trugen dazu bei, das Standesbewußtsein des Arbeiters zu heben und in ihm das Gefühl zu wecken, ein nicht minder wertvolles Mitglied der Gesellschaft zu sein als die anderen Stände in der Gemeinde. Die starke Beteiligung der Arbeiterschaft – der Verein zählte bereits im ersten Jahre des Bestehens über 300 Mitglieder – zeigt, wie groß das Bedürfnis nach sozialer Betreuung und Hebung im Arbeiterstand selbst war. Die Bestrebungen, auch die Fabrikarbeiterinnen vereinsmäßig zu betreuen, führten wenig später zur Gründung eines Parallelvereines und fanden ihre Krönung in der Gründung des Gertrudenstiftes für unverheiratete Arbeiterinnen im Jahre 1909.*)

Schließlich haben sich auch die Gewerkschaften in die Bemühungen um die soziale und politische Förderung der Grevener Arbeiterschaft eingeschaltet, zuerst im Jahre 1904 die christlichen Textilarbeiter, denen andere Fachgruppen bald folgten.

Die Fürsorge für Arme und Kranke lief natürlich neben den allgemeinen sozialen

---

*) Auch die Gründung eines gemeinnützigen Bauvereins zur Schaffung von Arbeiterwohnungen durch die Fabrikanten im Jahre 1906 darf in diesem Zusammenhang genannt werden (AAGp Nr. 21,1).

Bemühungen um die Arbeiterschaft weiter. Den Armen machte das Ehepaar Holtrup eine großmütige Stiftung. Anton Holtrup in der Bauerschaft Westerode und seine Ehefrau Elisabeth Henrichmann vermachten am 20. Sept. 1834 den Hausarmen in Greven aus ihrem Hofe eine Rente von je 2^1/$_2$ Malter Roggen bzw. Gerste und 2 Malter Hafer. Dazu sollte der jeweils neu auffahrende Hofeserbe den Armen 20, später 25 Taler geben. Die ganze Rente sollte mit 1800 Talern ablösbar sein.[399] Im Jahre 1840 kauften die beiden Schenkgeber für 1000 Taler das Haus Nr. 95 an der Ecke der Bergstraße, das die Witwe dann im Jahre 1853 dem Pastorat überließ. Der Pfarrer verlegte nun in dieses Haus das ehemalige Warburgsche Armenhaus vom Kirchplatz.

Die schon seit den fünfziger Jahren einsetzenden Bemühungen um ein eigenes Krankenhaus fanden im Jahre 1884 ihre Krönung in der Erbauung des Maria-Josef-Hospitals auf dem Grundstück des alten Wrede-Hofes an der Münsterstraße, das unter der bewährten Leitung der tatkräftigen Schwester Pelagia (sie feierte 1909 mit dem Hause zusammen ihr 25jähriges Jubiläum als Oberin) rasch aufblühte, so daß es bereits 1900 wieder erweitert werden mußte.[400]

Eine geordnete Gesundheitspflege ist heute ohne Arzt und Apotheke nicht denkbar. Früher war es damit in Dorf und Kirchspiel Greven weniger gut bestellt. Nur vereinzelt hört man von Ärzten in Greven, vor dem 18. Jahrhundert gar nicht. Bis dahin wird der Bader (Barbier) – als solcher wird schon 1601 Schloetjohann genannt[401] – seine kranken Dorfgenossen zur Ader gelassen und ihre Knochenbrüche wieder zusammengeflickt haben. Einer der ersten Wundärzte, oder wie sie sich selbst stolz nannten, Chyrurgen, der sich in Greven nachweisen ließ, war wohl jener Chyrurgus Johann Kommes, der in einem Schriftstück des Pfarrarchivs von 1705 vorkommt. Er entstammt wohl der alten Grevener Familie dieses Namens. Ein eingesessener Grevener war auch der Chyrurg Johann Dietrich Warburg, der 1706 erwähnt wird.[402] Dagegen war Johann Hermann Dennemark, der 1718 Holschers Haus am Kirchplatz mietete, aber nach 10 Jahren schon wieder davon zog, zweifellos ein Ortsfremder (s. o. S. 179). Um die Mitte des 18. Jahrhunderts gab es dann bereits zwei Wundärzte in Greven, einen gewissen Weppeler (aus Heilbronn) und Theodor Sense.*) Aber ob sie wirklich schon studierte Ärzte waren? Ihre Medikamente stellten diese Ärzte des 18. und auch noch des beginnenden 19. Jahrhunderts in ihrer eigenen kleinen Hausapotheke her. Und meistens waren es auch diese Ärzte selbst, die sich gegen die Errichtung einer Apotheke am Orte sträubten, da ihnen nun der Verdienst aus dem Verkauf der Medikamente verlorenging. Bei der sattsam bekannten Abneigung der Landbevölkerung gegen jegliche ärztliche Betreuung war der Landarzt auf diese Nebeneinnahme nicht zuletzt angewiesen.

Die Bemühungen um eine eigene Apotheke in Greven reichen bis 1814 zurück.[403] Damals bewarb sich ein Apotheker Beißenhirt um eine Konzession, nahm aber wieder Abstand von seinem Plan, als er hörte, daß der damalige Arzt Ficken und die zu ihm haltenden einflußreichen Kreise im Dorf dagegen waren, weil man meinte, der Arzt könne auf dem Lande ohne seine Hausapotheke nicht existieren. Aus dem gleichen Grunde wurde auch 1819 ein ähnliches Gesuch des H. R. Schlüter trotz seiner schmeichelhaften Verbeugung vor dem „Städtchen" Greven abgelehnt, und so ging es in den folgenden Jahren noch einem guten halben Dutzend anderer Antragsteller. Bei der steigenden Bevölkerungszahl, besonders im Dorfe selbst, war indes die Zulassung eines Apothekers trotz allen Sichdagegenstemmens des seit 1816 in Greven ansässigen Arztes Dr. Temming und seiner Freunde nicht mehr zu umgehen. Einsichtige Kreise im Dorf, allen voran

---

*) Im Status animarum von 1749 genannt. Um die Jahrhundertwende waren in Greven Wundarzt Kamp und Medicus Otto tätig.

wieder der fortschrittliche J. Ch. Biederlack, setzten sich daher 1837, als wieder einmal ein Konzessionsgesuch des W. Rave aus Ramstorf vorlag, energisch für diesen ein. Die Gegenpartei versuchte mit allen Mitteln (Petitionen, Unterschriftensammlung usw.) die Zulassung eines Apothekers auch dieses Mal zu verhindern, zumal sich inzwischen ein zweiter Arzt, Dr. Pröpsting im Dorf niedergelassen hatte, der sich natürlich auch eine Hausapotheke zulegen wollte. Obwohl der Kreisarzt seinen Kollegen mit einem Gutachten zu Hilfe kam, siegte endlich doch die Vernunft. Die Regierung erteilte am 4. November 1837 die Genehmigung zur Errichtung einer Apotheke in Greven. Von den Bewerbern (unter ihnen war sogar der Träger eines berühmten Namens: Friedrich Ewald von Kleist) fiel die Wahl der Behörde auf den Apotheker 1. Klasse Klüsener aus Höxter, der die besten Zeugnisse vorzuweisen hatte.

Unglücklicherweise war dieser aber Protestant, und so schrieb denn Doktor Pröpsting am 2. 12. 1837 einen langen Brief an den Oberpräsidenten Vincke in Münster, er möge doch einen katholischen Apotheker schicken, da sonst die Bauern wegbleiben würden. Kämen diese aber nicht mehr ins Dorf, dann könnten auch die beiden Ärzte nicht existieren. Vincke lehnte natürlich das seine „Verwunderung erregende" Gesuch mit der sachlichen Feststellung ab, daß es nur auf die Verdienste des Apothekers ankomme. Nachdem Klüsener seine Apotheke eingerichtet und die bei einer ersten Revision gerügten Mängel abgestellt hatte, erhielt er dann am 28. August 1839 endgültig, allerdings nur für seine Person, die Konzession zur Führung einer Apotheke in Greven. Nach seinem frühen Tod (er war zeitweise geistesgestört) übernahm 1854 Th. Simons die Apotheke. Diese Germania-Apotheke an der Kirchstraße (Nr. 1) hat genau 100 Jahre lang die Bedürfnisse der Dorf- und Amtsbevölkerung an Heilmitteln allein befriedigen können, doch konnte sie zuletzt kaum noch allen Anforderungen der stetig wachsenden Bevölkerung gerecht werden, so daß am 1. Januar 1938 eine zweite Apotheke, die Adler-Apotheke an der Münsterstraße Nr. 2 in Betrieb genommen werden mußte. Der letzte Besitzer der Germania-Apotheke, W. Sabaß, verlegte diese an die verkehrsgünstigere Marktstraße (Nr. 30/32).

7

Aus dem Kreislauf bäuerlichen Lebens

Eingestreut in die Marken und Wälder, inmitten ihrer Esche und Kämpe, ihrer Wiesen und Weiden, an den Ufern der Ems und ihrer Zuflüsse, der Aa, des Glane-, Gehlen- oder Schmedebaches, lagen die Höfe unserer Vorfahren. Eingespannt seit Jahrtausenden in den ewigen Kreislauf der Jahreszeiten lebten diese ursprünglich als freie Bauern auf freier Scholle, später als hofhörige und leibeigene Hintersassen eines großen Grundherrn. Ob es bereits zur altsächsischen Zeit, also ehe die fränkischen Eroberer ins Land kamen, solche Grundherren gegeben hat, etwa jene sächsischen Edelinge, die sich im 6. und 7. Jahrhundert das westfälische Land unterworfen und ihrem großsächsischen Reich einverleibt haben, ist noch ungewiß, in der fränkischen Zeit, seitdem Karl der Große das Sachsenland seinem Reiche eingliederte, finden sie sich schon recht bald.

Eine solche Großgrundherrschaft bildete beispielsweise jener große Besitz, mit dem im Jahre 861 der Edle Everard (Everwurd), seinem Namen nach wohl ein Franke, das von ihm gegründete Kloster Freckenhorst ausstattete; einen Teil derselben bildete das Amt Jecmeri (heute Schulte Jochmaring in der Bauerschaft Schmedehausen), zu dessen Hofesverband (villicatio nannte man ihn auf lateinisch) 32 Höfe gehörten, die zumeist im Kirchspiel Greven lagen.

Die großen Grundherrschaften des Domkapitels zu Münster im Kirchspiel Greven, das sogenannte oblegium Gronover majus (Amtsschulte Schulte Gronover) mit etwa 24 eigenbehörigen Höfen und der Beifang Schöneflieth (Amtsschulte Schulte Aldrup, jetzt Pellengahr-Höping) mit fast 40 Höfen, werden sicherlich nicht viel jünger sein. Neben diesen großen Grundherrschaften gab es aber auch wesentlich kleinere, wie beispielsweise den bischöflichen Amtshof Schulte Gerling in der Bauerschaft Herbern, zu dem vermutlich nicht viel mehr als 10–12 Höfe gehört haben (s. o. S. 28 f.), oder der dem Kloster Überwasser wohl bei seiner Gründung im Jahre 1040 von Bischof Hermann I. geschenkte Amtshof Lütke Maestrup, dem gar nur 3 bzw. 4 Höfe unterstanden. In letzterem Falle ist es sogar nicht ausgeschlossen, daß dieser Wirtschaftsverband erst später, im 11. oder 12. Jahrhundert aus Teilen der villicatio Gimmete, die gleichfalls dem Stift Überwasser gehörte, gebildet worden ist. Zu der curtis in Gimbte gehörten später auch nur noch 4 bis 5 Höfe.[404] Von einem großen Teil der alten Grundherrschaften haben wir keine Nachricht mehr, da sie schon früh wieder aufgelöst wurden und die aus dieser frühen Zeit des Bistums erhalten gebliebenen Quellen sehr lückenhaft und unvollständig sind.

Der altfreie Besitz war an den großen Grundherrschaften gemessen, nur gering und verringerte sich im Laufe der folgenden Jahrhunderte immer mehr, denn die kleinen Freibauern, die sich allein gegen die Übergriffe der mächtigen Herren nicht zu wehren wußten, sahen sich gezwungen, ihre Freiheit aufzugeben und sich einem mächtigen Grundherrn zu unterstellen. Als solchen wählte man am liebsten – nach dem Grundsatz „Unterm Krummstab ist gut wohnen" – ein geistliches Stift oder Kloster. So verkaufte im Jahre 1195 der Edle Bernhard von Elen seine curia (Meierhof) in Gimbte (Sch. Nordhof) dem Kloster Clarholz,[405]) so noch 1277 der Ritter Hermann von Langen seinen Schultenhof zu Maestrup (Große Maestrup!) dem Kloster Leeden in der Grafschaft Tecklenburg.[406]) Die Kolonen dieser Höfe waren schon damals gewiß keine freien Leute mehr, sondern nur noch Hintersassen der einst von diesen Höfen geborenen und in den Ritterstand aufgestiegenen freien Bauern. Einer der letzten Freibauern des Kirchspiels war um 1300 neben dem Tegeder zu Wentrup, dessen Vorfahr einst als fränkischer Zehnteinsammler seinen Hof bezogen hatte, der Bauer Renfrid von Bunstorp, der mit diesem und Engelbert von Westerode als freier Dingschöffe im Freigericht zu Greven auftritt.[407]) Ein halbes Jahrhundert später ist es auch mit der Freiheit dieses Hofes aus. Im Jahre 1343 verkaufte nämlich der Ritter Gottfried von Münster, der, wer weiß wie, in den Besitz des Hofes gelangt war, denselben dem Domkapitel zu Münster vor dem Freigericht bei dem Kotten zur Erle (Kr. Altenberge).[408]) Schon sehr früh war von diesem (?) Hof ein adeliges Rittergeschlecht hervorgegangen, das uns noch im 14. und 15. Jahrhundert häufiger begegnet.*)

Der Tegeder in Wentrup war später auch nur noch ein landesherrlicher Eigenbehöriger. Damit waren die letzten Freihöfe in den beiden Kirchspielen Greven und Gimbte verschwunden. Wir haben es für die Folgezeit also nur mit leibeigenen Bauern zu tun, und die folgenden Beispiele aus dem Leben dieses oder jenes Hofes dürfen deshalb allgemeine Gültigkeit beanspruchen.

Von den 204 Höfen, die sich in den beiden Kirchspielen nachweisen lassen – es sind dazu nur die Voll- und Halberben gerechnet –, gehörten nach den jeweils ältesten Nachrichten 77 dem Domkapitel zu Münster, das sind 38 $^0/_0$.[409]) Um 1500 waren es 82 (= 40$^0/_0$). Weitere 42 Höfe (= 20 $^0/_0$) waren im Besitz anderer geistlicher Stifte und Klöster (um 1500 : 50 = 25 %). Den Löwenanteil hiervon beanspruchte das Stift Freckenhorst mit 28 (um 1500 23) und das Überwasserstift in Münster mit 9 (um 1500 10) Höfen. Weitere 9 Höfe lassen sich als alter Besitz des Landesherrn, des Bischofs erweisen, von denen ihm bis um 1500 zwei verlorengingen. Rechnet man hierzu noch die 31 bischöflichen Lehngüter (um 1500 waren es aber nur noch 9), so betrug der Anteil der bischöflichen Höfe gleichfalls 20 % (um 1500 nur noch 8 %).**) Als Besitz des hohen Adels, d. h. von Grafen und Edelherren, lassen sich 5 Höfe nachweisen (= 2 %). Davon ist bis zum Ende des 15. Jahrhunderts nichts übriggeblieben. Ob die 40 Höfe, die sich als freies Eigengut des niederen Adels und der Münsterer Erbmänner (je zur Hälfte) ermitteln ließen (= 20%), dies wirklich von jeher gewesen sind, darf bezweifelt werden. Es wird manches verdunkelte Lehngut des Bischofs und anderer hoher Herren darunter sein. Immerhin eine ganze Reihe dieser Höfe wird ausdrücklich als „vri dorslachtig eigen" bezeichnet. Ein Rest von 16 Höfen ist im Laufe des Mittelalters wüst geworden, bezeichnenderweise lauter Höfe aus geistlichem Besitz (Freckenhorst 4, Domkapitel und Metelen je 3, Überwasser, St. Martini und Bischof je 2).

Das Wort „leibeigen" hat für uns einen harten Klang. Wir denken dabei an schwere Frondienste, unmenschliche Behandlung der Leibeigenen als Sklaven usw. Die Wirklichkeit war glücklicherweise doch anders, derart, daß viele freie Bauern im hohen Mittelalter es vorzogen, Leibeigene eines machtvollen Herrn zu werden als zwar persönlich frei aber schutzlos der Willkür des benachbarten Großgrundbesitzers ausgesetzt zu sein.

---

*) Neben den von Gimbte, die noch bis zum 15. Jht. nachzuweisen sind, waren die von Bönstrup das einzige aus dem Amtsgebiet hervorgegangene Adelsgeschlecht, das im Mittelalter in mehreren Generationen nachweisbar ist.

**) Der Anteil des Bischofs erhöht sich auf 24 $^0/_0$, wenn man die 9 dem Stift Überwasser zu Münster gehörenden Höfe hinzurechnet, die vermutlich doch alle aus der Erstausstattung des Stiftes durch Bischof Hermann I. von 1040 stammen.

Natürlich kam es immer auf den Grundherrn an. Ein ungerechter und willkürlicher Herr konnte seinen Bauern das Leben zur Hölle machen. Ein gerechter und milder dagegen verlangte von seinen Leuten nicht mehr, als rechtens war und sie ohne Schädigung des Hofes leisten konnten. Es lag ja im eigenen Interesse des Grundherrn, seine Forderungen nicht zu überspannen, wollte er nicht selbst den Ruin des Hofes verschulden, besonders dann, wenn mehrere Sterbefälle kurz hintereinander folgten, so daß mehrmals hintereinander die hohen Sterbe- und Auffahrtsgebühren gezahlt werden mußten. Die Praxis der meist geistlichen Grundherren belegen folgende Beispiele. Als im Jahre 1686 der Kolon Frede in der Bauerschaft Westerode-Holtrup starb, gewann die Witwe von der Gutsherrschaft, der Äbtissin zu Metelen, den Sterbfall ihres Mannes und die Auffahrt ihres Sohnes für 200 Taler. Bis zum Jahre 1702 (!) bezahlte der neue Jungbauer auf diese Schuld in Jahresraten von 5,10 oder 20 Talern (einmal auch von 50 Talern) 180 Taler ab. Die restlichen 20 Taler schenkte ihm dann die Äbtissin frei. In der geldknappen Zeit bald nach dem Dreißigjährigen Krieg hatte derselbe Hof Frede 1652 an Sterbfall und Gewinn zusammen 400 Taler zu bezahlen. Von dieser Summe wurden bis 1683 (!) bezahlt 206$\frac{1}{2}$ Taler. „Dafur dan selben alles gelassen worden," heißt es in dem abteilichen Lagerbuch. Der (kleine) Wrede im Dorf Greven, gleichfalls Eigenbehöriger der Abtei Metelen, brauchte von seinen 60 Talern Gewinn (1659) sogar nur gut 20 Taler zu bezahlen. Diese Beispiele zeigen, daß unter dem Krummstab wirklich gut wohnen war![410])

Doch wollen wir den Einzelheiten nicht vorgreifen und zunächst noch kurz bei den obenerwähnten Hofesverbänden verweilen. Der älteste, von dem wir sichere Nachricht haben, ist der Wirtschaftsverband des Klosters Freckenhorst, an dessen Spitze der Schulte Jochmaring in der Bauerschaft Schmedehausen stand und dessen Existenz für das 10. Jahrhundert gesichert ist. Wir besitzen über diesen Hof in der oben erwähnten Freckenhorster Heberolle aus dem 10. Jahrhundert (erhalten in Abschrift des 11. Jahrhunderts) eine in urtümlichem Deutsch abgefaßte Aufstellung, aus der im folgenden der Abschnitt über das Amt Jochmaring mit einer Übersetzung ins Hochdeutsche wiedergegeben wird.[411]) Unter der Überschrift: „Thit sint thie sculdi van themo hova selvamo van Jecmari" verzeichnet sie zunächst die Abgaben des Schultenhofes, dann die der zugehörigen Höfe, und schließlich die Abgaben einzelner Höfe an den Schulten Jochmaring (vgl. Tafel III, 1).

Thit sint thie sculdi van themo hova selvamo van Jecmari ses muddi gerstinas maltes uppen spikeri ende en ko ende en kosuin ende tue specsvin ende tue suin iro iahuethar ahte penningo werth ende thrio an ger fieri ande thritich kieso ende thriu half embar smeras engiscethan ende tue huite ende fieri ende thritich honero ende tue muddi eiro. Ende thero abdisscon sie tuene van Jecmeri ende van Varetharpae en suin sestein penningo werth, ende en scap ende tue embar hanigas ende en malt rockon.

Ende Attiko van Werst fif sculdlakan thero abdisscon. Van Smithehuson Azeko tuentich muddi rockon. Manniko van themo selvon

Dies sind die Abgaben des Hofes Jecmari selbst: 6 Müdde Gerstenmalz auf den Speicher, eine Kuh, 1 Läuferschwein und 2 fette Schweine, 2 Schweine, jedes 8 Pfennige wert, und dreimal jährlich 34 Käse und 3 halbe Eimer unausgelassenes Fett und 2 mit ausgelassenem Fett, 34 Hühner und 2 Müdde Eier.
Auch (geben) der Äbtissin die beiden (Schulten) von Jecmeri und Vadrup je ein Schwein von 16 Pfennigen Wert, und 1 Schaf, 2 Eimer Honig und 1 Malter Roggen.

(Und) Attiko von Werst (gibt) der Äbtissin 5 Schuldlaken.
Azeko von Schmedehausen*) (gibt) 20 Müdde

*) In der Bauerschaft Schmedehausen besaß der Frhr. v. Korff-Schmising als Lehnsträger des Amtes Jochmaring bis ins 19. Jahrhundert hinein außer dem Schultenhof Jochmaring noch 8 Höfe, nämlich Hovelmann, Hukenbeck, Hovemann, Brüggemann, Austrup, Weilichmann, Bettmann und

tharpa fiftein muddi rockon ende tue muddi melas. Azelin ende Hizel an themo selvon tharpa iro iawethar fiftein muddi rockon ende tue muddi melas. Ricbrath an themo selvon tharpa en malt rockon. Bettikin ende Tizo an themo selvon tharpa iro iawethar tuentich muddi rockon ende tue muddi melas. Gerrik an themo selvon tharpa tue embar hanigas. Van Vuclastharpa Manniko fiftein muddi rockon ende tue muddi melas ende en embar hanigas. Van Galmeri Gelderik fiftein muddi rockon ende tue muddi melas. Van Hgumoroding-tharpa Ibikin tuentich muddi rockon. Van Marastharpa Fadiko ende Thiederik iro ia-wethar tuentich muddi rockon ende tue muddi melas. Adistharpa Lieviko tuentich muddi rockon ende tue muddi melas. Van Bunistharpa Azeko tuentich muddi rockon ende tue muddi melas. Van Winikingtharpa Meinciko tuentich muddi rockon ende tue muddi melas ende tue embar hanigas. Van Winkila Alverik tuentich muddi rockon ende tue muddi melas. Van Glano Saleko en malt rockon. Van Sarbikie Hoio tuentich muddi rockon. Van Katingtharpa Liudiko tuentich muddi rockon. Van Hutting-tharpa Dudo tuentich muddi rockon ende tue muddi melas ende en embar hanigas. Van Thankilingtharpa Wizel tuentich muddi rockon ende tue muddi melas. Ammoko an themo selvon tharpa fiftein muddi rockon ende tue muddi melas. Van Lacbergon Athelbrath tuen-tich muddi rockon. Azelin an themo selvon tharpa tue malt rockon. Van Thurnithi Reinzo en malt rockon ende en gerstin malt gimalan. Van Asthlacbergon Mannikin tue embar hanigas. Van Bergtharpa Aldiko fiftein muddi rockon ende thru (tue) muddi melas. Van Lembikie Azelin thritich muddi havoron ende tein muddi gerston. Van Popponbikie Azo thru gerstina

Roggen. Manniko im selben Dorf 15 Müdde Roggen und 2 Müdde Malz.
Azelin und Hizel im selben Dorf (geben) jeder 15 Müdde Roggen und 2 Müdde Malz.
Ricbrath im selben Dorf (gibt) 1 Malter Roggen.
Bettikin und Tizo im selben Dorf (geben) jeder 20 Müdde Roggen und 2 Müdde Malz.
Gerrik im selben Dorf (gibt) 2 Eimer Honig.
Manniko von Fuestrup[1]) (gibt) 15 Müdde Rog-gen und 2 Müdde Malz und 1 Eimer Honig.
Gelderik von Gelmer[2]) (gibt) 15 Müdde Roggen und 2 Müdde Malz.
Ibikin von Güntrup[3]) (gibt) 20 Müdde Roggen.
Fadiko von Maestrup[4]) und Thiederik (geben) jeder 20 Müdde Roggen und 2 Müdde Malz.
Lieviko von Eistrup[5]) (gibt) 20 Müdde Roggen und 2 Müdde Malz.
Azeko von Bönstrup[6]) (gibt) 20 Müdde Roggen und 2 Müdde Malz.
Meinciko von Wentrup[7]) (gibt) 20 Müdde Roggen, 2 Müdde Malz und 2 Eimer Honig.
Alverik von Winkel[8]) (gibt) 20 Müdde Roggen und 2 Müdde Malz.
Saleko von Glane[9]) (gibt) 1 Malter Roggen.
Hoio von Saerbeck (gibt) 20 Müdde Roggen.
Liudiko von Kettrup[10]) (gibt) 20 Müdde Roggen.
Dudo von Hüttrup[11]) (gibt) 20 Müdde Roggen, 2 Müdde Malz und 1 Eimer Honig.
Wizel von Th.[12]) gibt 20 Müdde Roggen und 2 Müdde Malz.
Ammoko im gleichen Dorf (gibt) 15 Müdde Roggen und 2 Müdde Malz.
Athalbrath von Ladbergen[13]) (gibt) 20 Müdde Roggen.
Azelin im gleichen Dorf (gibt) 2 Malter Roggen.
Reinzo von Dörenthe[14]) (gibt) 1 Malter Roggen und 1 Malter gemahlene Gerste. Mannikin von Ostladbergen[15]) (gibt) 2 Eimer Honig.
Aldiko von Bergtharpa[16]) (gibt) 15 Müdde

Baumhove, also genau soviel wie im ältesten Register genannt werden. Jeder der genannten Höfe kann demnach heute auf ein mehr als tausendjähriges Bestehen zurückblicken. Bei Bettmann klingt noch der alte Name Bettikin an!

[1]) Lienemann in Fuestrup.   [2]) Kemper in Gelmer.   [3]) Lipmann in Guntrup.
[4]) Lipmann und Lammertmann in Maestrup.   [5]) Wigger in Maestrup.
[6]) Schulte Bönstrup in Wentrup.
[7]) In Wentrup besaß Freckenhorst später die beiden Halberben Hawest und Veldhove, die ursprüng-lich ein Erbe gebildet haben.   [8]) Middelwinkel in Wentrup.
[9]) Vielleicht Lütke Glanemann in Pentrup (s. u. S. 467).   [10]) Kettrup in Westladbergen.
[11]) Lütke Jochmaring in Hüttrup.
[12]) Wessel (Denkeldorpe) in Hüttrup. Der 2. Hof ebd. (Ammeko) ist wüst.
[13]) Ladbergen in der Grafschaft Tecklenburg.
[14]) D. im Kirchspiel Ibbenbüren in der Grafschaft Tecklenburg.
[15]) Ostladbergen in der Grafschaft Tecklenburg.
[16]) Friedag (Laumann-Friedag) in Westerode.

malt gimalena. Van Holthuson Frethiger en gerstin malt gimalan ende fiftein muddi gerston. Van themo ambahte to Jukmare sculon geldan uppan thena spicare xxxii hova.

Thit sint thie sculdi, the themo meira selvamo an thena hofgeldad. Van Smithehuson Azeko ellevan muddi gerstinas maltes. Bettikin an themo selvon tharpa tue muddi huetes. Van Galmere Gelderik enon scilling penningo. Van Vuclestharpa Manniko eleven muddi gerstinas maltes. Van Marastharpa Siger fiftein muddi rockon. Tiederik an themo selvon tharpa enon scilling penningo. Van Adistharpa Lieveko en malt gerston. Van Bunistharpa Sizo en malt rockon. Van Peingtharpa Boio fiertein muddi rockon ende fiertein muddi gerston. Van Thankilingtharpa Wizel ende Ammoko iro iawethar elevan muddi maltes. Van Katingtharpa ses muddi rockon Willezo, van Hlacbergon Azelin tuena scillinga penningo ende ses muddi rockon. Van Westonvelda enon scilling penningo. Van Alfstide Azo sestein penninga. Van Bergtharpa Aldiko elevan muddi maltes.

Roggen und 3 (2) Müdde Malz. Azelin von Lembeck*) (gibt) 30 Müdde Hafer und 10 Müdde Gerste. Azo von Poppenbeck**) (gibt) 3 Malter gemahlene Gerste. Frethiger von Holthausen***) (gibt) 1 Malter gemahlene Gerste und 15 Müdde Gerste.

Vom Amt Jochmar sollen 32 Höfe auf den Speicher zinsen.

Dies sind die Abgaben, die dem Meier selbst auf den Hof geleistet werden müssen.

Azeko von Schmedehausen 11 Müdde Gerstenmalz. Bettikin im gleichen Dorf 2 Müdde Weizen (?). Gelderik von Gelmer 1 Schilling Pfennige.
Manniko von Fuestrup 11 Müdde Gerstenmalz.
Sigar von Maestrup 15 Müdde Roggen.
Tiederik im gleichen Dorf 1 Schilling Pfennige.
Lieveko von Eistrup 1 Malter Gerste.
Sizo von Bönstrup 1 Malter Roggen.
Boio von Pentrup****) 14 Müdde Roggen und 14 Müdde Gerste.
Wizel von Denkelingtorp und Ammoko jeder 11 Müdde Malz.
Willezo von Kettrup 6 Müdde Roggen.
Azelin von Ladbergen 2 Schillinge Pfennige und 6 Müdde Roggen.
... von Westerfeld (?) 1 Schilling Pfennige.
Azo von Alstedde (?) 16 Pfennige.
Aldiko von Bergtorpe 11 Müdde Malz.

Dazu als Nachtrag am Schluß der Handschrift:

An thena hof to Jekmare themo meira selvamo van Gumorodingtharpa Ibikin en malt havoron. Van Huttingtharpa Dudo tein penninga. Explicit.

Dem Meier auf dem Hof zu Jochmar selbst (gibt) Ibikin von Güntrup 1 Malter Hafer. Dudo von Hüttrup 10 Pfennige. Ende.

Die Abgaben der einzelnen Höfe waren sehr mannigfaltig, besonders die des Schulten Jochmaring selbst, mußte er doch neben einer Kuh und einem Schaf sechs Schweine, darunter zwei fette, in die Küche liefern, ferner dreimal im Jahre 34 Käse (wohl Schafskäse), $2^1/_2$ Eimer ungereinigtes und 2 Eimer ausgelassenes Fett, 2 Eimer Honig, 34 Hühner und 2 Müdde Eier. Dazu schließlich an Getreide 1 Malter Roggen und 6 Müdde (= etwa $^1/_2$ Malter) Gerste. Die Abgaben der anderen Höfe waren wesentlich geringer. Sie betrugen durchschnittlich nur 15 bis 20 Müdde Roggen und 2 Müdde Gerstenmalz, dazu vereinzelt einen oder zwei Eimer Honig. Dem Amtsschulten Jochmaring mußten sie dazu einen Schilling Hofgeld oder statt dessen Gerstenmalz, Roggen oder Fett geben. In späteren Jahrhunderten haben sich diese Abgaben nach den Bedürfnissen der Zeit nicht wenig gewandelt. Im 13. und 14. Jahrhundert mußten beispielsweise die acht klosterhörigen Höfe in der Bauerschaft Schmedehausen außer dem um 2 Müdde heraufgesetzten Roggen und Malz auch jeder ein Schwein und 2 bis 3 Eimer Honig liefern. So stiegen die Anforderungen.

---

*) Schulte Lembeck in Altenberge.   **) Poppenbeck im Kirchspiel Havixbeck.
) Wohl im Kirchspiel Ladbergen.   *) Vermutlich Marquart in Pentrup (s. u. S. 469).

An der Spitze eines jeden Amtes (villicatio) stand zunächst der Inhaber des Schulten-hofes, der Schulte (villicus) selbst. Aber mit dem Amt stieg auch die Würde, so daß der Schulte schon bald zum gehobenen Hofbeamten des Stiftes oder Klosters wurde, der nicht mehr selbst Bauer sein mochte, sondern als Ministeriale und Ritter seinem Dienstherrn diente. An seine Stelle als Bebauer des Schultenhofes trat jetzt ein anderer Eigenbehöriger, dem aber nur noch die Nutzung des Hofes selbst blieb. Die Abgaben der anderen Höfe an den Schulten bezog jetzt der Ministeriale des Stiftes, der Ritter und Inhaber des Amtes, der dem Stift für das Aufkommen der Pächte und Abgaben verantwortlich blieb, auch für Innehaltung und Beachtung der Rechte und Gewohn-heiten in seinem Amtsbereich zu sorgen hatte. Bis zum Jahre 1339 waren die Ritter von Bönstrup Inhaber des Schultenamtes Jochmaring. In dem genannten Jahre verkauften sie es für 200 Mark damaliger Währung an die Ritter von Korff,[412]) die es dann bis zur Säkularisation im Jahre 1810 besessen haben. Schon 1339 bestand das „Amt" nur mehr auf dem Papier, d. h. die adeligen Besitzer bezogen als „Vögte" nur ihre, nach dem Verkaufspreis von 1339 zu urteilen, recht hohen Einkünfte aus demselben, überließen aber alle Pflichten und Aufgaben dem eigenbehörigen Amtsschulten.*) Das bezeugt auch der Amtseid, den dieser noch im 16. Jahrhundert (1515) der Äbtissin und dem Freiherrn von Korff schwören mußte:[413])

Ick love und svere dem guden heren, sunte Bonifatio und myner gnedigen frawen, tor tit abdissen des stiftz Freckenhorst, als dem erfheren, vort Jaspar Smisinck als dem vogetheren des amptz tho Jockmar, truw und holt tsyn, den hoff tho Jockmar truwelich tho vorwaren und up des amptz vor-wanten eyne getruwe upsicht tho doen, er ergeste tho keren und beste tho doen na mynen vormogen und wes in dem ampte vorfellich van vorsterve, erfguet, wessell und anders getruwelich anthobrengen. Dath my so godt helpe und syne hilligen.

In den anderen Grundherrschaften ging es ähnlich zu. Die ältesten Nachrichten vom Amtshof Maestrup des Überwasserstiftes zu Münster aus dem Ende des 11. Jahrhunderts verzeichnen die Einkünfte des Amtes insgesamt, nicht nach einzelnen Höfen getrennt.[414]) Danach hatte dieses Amt dem Kloster zu liefern 9 Scheffel Winterroggen, 12 Scheffel Roggen, 2 Malter Braugerste, 2 Schweine, 50 Käse, 100 Eier, 1 Scheffel Salz, 1 Scheffel Hülsenfrüchte (Erbsen?), 2 Schüsseln, 2 Becher, 1 Kessel, 15 Pfennige, ferner noch von 2 Höfen 4 Malter Roggen und ebensoviel Braugerste. In den späteren Einnahme-registern des Stiftes findet sich nur noch die Angabe, daß Schulte (Lütke) Maestrup von seinem Hof die dritte Garbe als Pacht gab, also ein Drittel aller Korngewächse (1384); das waren 1468 4 Malter, 3 Scheffel Roggen. Dazu gab er noch die bereits im 11. Jahrhundert vermerkten 2 Schweine. 1691 waren aus den $4^1/_4$ Malter Roggen bereits 6 Malter und 5 Scheffel geworden, ein Beweis dafür, daß der Schulte im Verlauf der letzten beiden Jahrhunderte seine Ackergründe durch Zuschläge in der Mark nicht unbeträchtlich vermehrt haben muß. Außer zwei Schweinen gab er jetzt auch wieder 100 Eier.

Auch der Amtshof Schulte Maestrup hatte einen adeligen Amtsschulten. Gegen Ende des 13. Jahrhunderts war dies der Knappe Gerhard von Landersum. Da er seit sechs Jahren schon nicht mehr die Abgaben und Einkünfte des Amtes pflichtmäßig an die Äbtissin von Überwasser abgeliefert hatte, wurde er im Jahre 1294 auf deren Klage vom Bischof von Münster seines Amtes enthoben.[415]) Der letzte Inhaber des Schulten-

---

*) Nach einem 1511 zwischen der Äbtissin und dem Herrn von Korff geschlossenen Vertrag be-stand die einzige reale Last bzw. Pflicht des Letzteren in der Zahlung des Heergeweddes im Todesfalle (bestehend aus dem besten Pferd, das mit 30 Goldgulden ausgelöst werden konnte). Die Einkünfte aus Gewinn und Versterb, aus Wechsel- und Freibriefen, wurden zwischen der Äbtissin und dem Amt-mann v. Korff geteilt (StAM, Msc. I 94 S. 137 ff.).

amtes Maestrup war der Knappe Johann von Schale (Scholden), der es 1339 übernahm und dessen Kinder es im Jahre 1359 an das Stift zurückgaben.[416]) Von da an verwaltete der Amtmann des Stiftes in Münster die Höfe zusammen mit dem anderen Grundbesitz desselben. Die Höfe Busch zu Eistrup, Niehus zu Schmedehausen, Untied zu Nienberge und das Land des parzellierten Meinhardinghofes im Dorf Greven wurden von jetzt an einzeln veranschlagt und gaben meist 3 bis 4 Malter Roggen als Pacht. Das Land des Meinhardinghofes pachteten z. T. Eingesessene des Dorfes, später fast stets der Zeller Busch.

Die domkapitularischen Höfe in den Kirchspielen Greven und Gimbte gehörten meist zu den beiden Ämtern Gronover und Aldrup. Die Abgaben wurden auch hier zunächst in natura geleistet.[417]) Der Schultenhof Gronover selbst mußte die vierte Garbe, also ein Viertel aller Korngefälle abliefern, war also etwas besser daran als sein Amtsgenosse in Maestrup. Außerdem lieferte Gronover jährlich 6 Schweine, 10 Gänse und 30 Hühner. Die Abgaben der ihm unterstellten Höfe waren wesentlich geringer, aber unter sich sehr verschieden. Meiermann gab drei Malter, später, im 17. Jahrhundert, noch 2 Scheffel mehr, und 3 Schillinge; Beulichmann dagegen im 14. Jahrhundert 1 Malter Roggen und 1 Malter Hafer, dazu 10 Bündel Flachs, 12 Pfennige und 1 Scheffel Erbsen, Hark schließlich 10 Scheffel Roggen, 10 Scheffel Hafer, eine Gans, 2 Hühner und 8 Pfennige usw. Im 17. Jahrhundert haben sich diese Abgaben nur unwesentlich geändert. So gab jetzt Beulichmann nur noch 9 Scheffel Roggen, $9^1/_2$ Scheffel Hafer und 1 Scheffel Erbsen (von dem Flachs und den 3 Schillingen ist nicht mehr die Rede) und Hark gab nur noch je acht Scheffel Roggen und Hafer!

Zu diesen Pachtgeldern kamen noch die verschiedensten anderen Lasten und Abgaben hinzu. An persönlichen Leistungen sind zu nennen Spannfuhren, Mähetage und Kinderdienst. Erstere mußten nach Bedarf geleistet werden, letzterer im allgemeinen nicht über ein halbes Jahr hinaus.[418]) Von den sonstigen Abgaben war der Zehnte die wichtigste. Er war zunächst eine von Karl dem Großen den Sachsen auferlegte Abgabe in Höhe des zehnten Teiles der Erträge an die Kirche, woraus diese ihre Kultuskosten und den Unterhalt ihrer Geistlichen bestreiten sollte. Später aber geschah es häufig, daß ein solcher Zehnte eines ganzen Dorfes oder auch nur eines einzelnen Hofes vom Bischof einem Stift oder einem Kloster, ja schließlich sogar auch einem Laien verliehen wurde. So übertrug Bischof Everhard von Münster im Jahre 1278 den Zehnten von den beiden Schultenhöfen in Maestrup und den Höfen Niehus und Busch dem Domkapitel.[419]) Den Zehnten in Drentrup, Hembergen, Guntrup, Gimbte, Sprakel, Aldrup und Brintrup trug 1276 der Ritter Dietrich von Schonebeck vom Domkapitel zu Lehen.[420]) Den in Bockholt und Bönstrup hatte das Kapitel St. Martini in Münster bereits im Jahre 1217 von Sweder von Velsten, der damit vom Grafen von Tecklenburg belehnt worden war, erworben, wozu es dann 1219 noch den Zehnten über zwei Höfe in der Bauerschaft Wentrup und im Winkel und über den Schultenhof Gronover und vier (?) zugehörige Höfe selbst erwarb.[421]) Der Zehnte wurde bereits früh ganz oder teilweise in eine Geldrente umgewandelt. Der Kolon Becker in der Bauerschaft Maestrup beispielsweise, einer jener Höfe, dessen Zehnten das Martini-Stift 1217 erworben hatte, mußte bis ins 19. Jahrhundert hinein als Zehnten an das genannte Kapitel 2 Rtl. 29 Silbergroschen in Geld und 13 Münstersche Scheffel Roggen in natura entrichten. Bei der Ablösung im Jahre 1840 konnten diese Beträge mit dem 25fachen abgelöst werden, wobei dann ein Münsterscher Scheffel mit $2^1/_2$ Silbergroschen bewertet wurde. Schließlich hatte auch die Pfarrkirche, der Pfarrer und Küster jährlich ihr Gewisses zu beanspruchen, meist zwei Scheffel Roggen, das sogenannte Missaticum, dazu ein paar Pfennige und gelegentlich eine Mettwurst oder dergleichen.

Hatte der Bauer dann zum Frühjahr und zum Herbst seinen Beitrag zur Schatzung, zur Steuer des Landesherrn entrichtet, die seit dem 17. Jahrhundert allerdings schon monatlich erhoben wurde, so hatte er zu Lebzeiten seine Schuldigkeit getan. Wenn's dann aber ans Sterben ging, mußte wieder tief in den Säckel gegriffen werden! Starb der Bauer oder die Bäuerin, dann mußte zunächst Heergewedde oder Gerade an den Grundherrn entrichtet werden. Was darunter zu verstehen ist, geht aus dem Bericht der „Mersche Byspink to Nortwolde" hervor, den sie im Jahre 1630 an die Beamten zu Wolbeck über ihre Rechte und Pflichte gegenüber den amtseigenen Höfen (dazu gehörten die meisten landesherrlichen Eigenbehörigen im Kirchspiel Greven) erstattete:[422])

... soviel mihr davon bewust und ich von meinen Vorfahren, der alten Meyerschen verstanden und berichtet bin, daß wan ein Man von den Hofhörigen versterbt, darvor ein Pferdt, so der Man zu riden plach und des Mans Hußgezeug als Bylen, Barden und was darzu gehoeret, einem zeitlichen Schulten verfelt, wan eine Frawe versterbet, ein Bette mit seiner Thobehoer und das beste Kleit. Ob nun woll, wie ich außerlich berichtet, noch mehr darunder gehoerig sein solle, so kan ich denoch keinen Bericht thuen, weil niemahlß bei meines sel. Ehemans Zeiten ein mehrers alß obgenannt genoßen ist, welches dan nach Gelegenheit eines Jedern uff ein Geringes wirt, als 2, 3, 4, 5 oder zum allerhohesten auf sieben Reichsthaler angeschlagen und das nach Gelegenheit der Fall ist, halb oder geheil (= ganz). Dagegen muß ein zeitlicher Schulte oder Meyersche zu Bispinck die Herrn Beambten, wan die Versterbe aufgeschrieben werden und denselben Herrn Beambten gefellich, auf dem Hof zu benachten (= übernachten), oder sunsten dieselbe mit Kost und Bier versehen, auch den Leuten soviel müglich vorzustehen und verdedigen helfen... Die Beamten erläuterten diese Angaben dahin, daß nach dem Bericht alter Leute zum Heergeweide (wie sie es nennen) ein Pferd und ein Kessel gehöre, „darin er mit Stifeln und Spaaren tretten kan beneben dem Handtgezeugh, so er gebraucht hat". Das Gerade beim Sterbfall einer Wehrfesterin bestehe aus dem besten Kleid und allem „Leinentuch, dardurch die Schere gangen, auch ein ehrerner Pott, darin man ein Hohn sieden kan beneben einem Bette und seiner Zubehoer"... Die Pflichten des Schulten erklären sie dahin, daß „jederzeit gute Ufsicht uf alle Hofhoerigen haben, daß sie das Holtz nit verhawen, sondern alle Jahr newe Eichentelgen setzen, sie in ihren Mißverstendtnußen und anderen Anliegen mit ihren Nachbauren oder sonsten nach besten Vermögen vertettigen, auch bei die Beambten ihre Sachen vorbringen und derhalben Bericht thuen wie ingleichen dabei ein oder andern etwas zu verrichten oder Augenschein einzunehmen, und was deßen mehr ist, die Beambten die Zeit uber verpflegen"...

Im Amt Jochmaring wurde das Nachlaßrecht bereits im 15. Jahrhundert ganz ähnlich gehandhabt.[423]) Wie schon die Meiersche Bisping zu Nordwalde angab, konnte Heergewedde und Gerade mit einigen Talern wieder ausgelöst werden.

Viel teurer war die Auffahrt oder Gewinnung des neuen Jungbauern, der nach dem Tode des Vaters den Hof „erben" wollte. Dieses Anerbenrecht der hofhörigen Bauern ist uralt und war landschaftlich sehr verschieden. Es war früher keineswegs so, daß das Erbrecht des jüngsten oder ältesten Sohnes von vornherein feststand. Die Domkellnerei zu Münster hielt sich in keiner Weise gebunden in der Auswahl des Hofeserben, ob sie den ältesten, mittelsten oder jüngsten oder gar den Tochtermann nehmen sollte. Sie war in der Wahl vollkommen frei.[424]) Bei den anderen Grundherrschaften war es, wie die Gewinnprotokolle zur Genüge austun, ähnlich. Dementsprechend bestimmte dann auch die Münstersche Eigentumsordnung von 1770 im ersten Paragraphen des 9. Titel, daß die Gutsherren stets die freie Wahl unter den Kindern der ersten oder zweiten Ehe haben sollten. Die einzige Einschränkung zugunsten der älteren Söhne war die, daß, falls ein qualifizierter Erbe unter den Kindern vorhanden sei, die Gutsherrschaft diesen als Anerben annehmen müsse und nicht warten dürfe, bis eins der noch minderjährigen Kinder das nötige Alter erreicht habe. Erst die preußische Gesetzgebung des 19. Jahrhunderts (1834, 1898) hat das landschaftliche Gewohnheitsrecht in gesetzliche Formen gebunden. Nach einem Bericht des Amtmannes von Greven von 1880 hatte sich bis dahin das Erbrecht der Nachkommen beiderlei Geschlechtes des ältesten Sohnes vor den jüngeren Söhnen im Amtsbereich allgemein durchgesetzt.[425])

In den Truhen unserer Bauernhöfe finden sich noch zahlreiche der früher von den Grundherren ausgestellten Erb- und Gewinnbriefe, mehr noch in den Protokollbüchern der gutsherrlichen Archive, so daß es mit ihrer Hilfe möglich ist, die Besitzerfolge und damit auch meistens die Blutfolge auf den einzelnen Höfen bis weit ins 16. Jahrhundert und darüber hinaus rückwärts zu verfolgen. Aus den Registern des Überwasserstiftes in Münster ein paar Beispiele:[426])

1540 am Saterdage na Remigii (= 2. Okt.) Anno xl (= 1540) is vor der lutken Rullen (= das kleine Sprechfenster der in Klausur lebenden Nonnen von Überwasser) gewesen de Meigersche tho Maistorpe myt eren Frunden in bywesende myner werdigen leven Fruwen (= Äbtissin) und Kelnerschen (= Kellnerin, Wirtschaftsverwalterin) und heft overgelayten den Hoff tho Maistorpe oren Sonne Johanne, de enn (ihn) vort up de gewontlige Pacht annam und hefft gelovet und na den Tyden betaelt thor Voerhuyr (Gewinn!) 27 Goltgulden.

oder:

1555. Merten Busch to Greven (Bauerschaft Maestrup) ist verstorven, und so he dat erve in grote Schulde gebracht, hefft eyner, genant Gyldehues (wohl Gildehaus, Bauerschaft Herbern) syne Dochter an den Sonne besteedet; so syn em alle vorige olde Pechte quitgeschulden (!) Des (dafür) sal he tor Erffwynnynge geven 80 Daler (darvan betalt 30 Daler, facit (= macht) 57 Mark, 6 Schillinge).

Dieser Erbgewinnsfall zeigt deutlich, daß den Gutsherren daran lag, die Kolonate ertragfähig zu erhalten. Lieber verzichteten sie auf die Pachtrückstände aus früheren Jahren, als daß sie damit den neu und mit frischen Kräften anfangenden Jungbauern belasteten und ihm dadurch von vornherein die Lust an der Arbeit nahmen.

Später stiegen, entsprechend der zunehmenden Geldentwertung die Gewinnfälle oft auf mehrere hundert Taler, wie folgendes Beispiel zeigt.[427]) In den ersten Tagen des Juli im Jahre 1611 war der alte Schulte Hermann Topphoff gestorben. Wenige Tage später machten sich der Amtmann des Überwasserstiftes, zusammen mit dem Stiftsdechanten und noch einem Zeugen auf den Weg zum Schultenhof, um zunächst einmal den Nachlaß des Verstorbenen genau festzustellen und danach den Wert des Sterbfalls und die Höhe des Gewinns für den neuen Zeller zu berechnen. Der Fall lag besonders schwierig, da der alte Schulte nur eine Tochter Else hinterlassen hatte, die sich gegen den Willen des Vaters und auch ohne Genehmigung der Äbtissin mit Bernd, dem Sohn des Schulten Bockholt, einem Eigenbehörigen der Domburse eingelassen und versprochen hatte. Bevor sich nun die Äbtissin dazu bereden ließ, den Schultensohn Bockholt als neuen Zeller des Topphoff-Erbes anzunehmen, wurde bis in alle Einzelheiten genau der Nachlaß des verstorbenen Schulten Hermann verzeichnet. Das darüber aufgenommene Protokoll hat folgenden Wortlaut:

Anna die Wetwe Topßhove; Elsa filia hat 2 Kinder genant Merrie und Johan; es hat die dochter einen echten Man, genant Berndt tho Boickholt, eigenhorig dem Thumb-Burßern, und hat mit des saligen Schulten Tochter ein Ventken, das andere Kindt hat sie von einem Knechte erzeugt.

Hirnest ist die Lenderei umbgangen und die Saht uffgeschrieben alß folget:

Irstlich einen Kamp negst dem Hofe genant der Esch, so durchauß mit Roggen besamet, an Insaht 4 Molt Roggen, gesetzt (= geschätzt) die Fruchte, so darup, uff 100 Rtl.

Demnegst durch ein klein Bußchen gangen, dabei befunden ein Wische, ohngefehr von 5 Fueder Hoyes, daneben noch eine Wißche, ohngefehr von 1½ Fuder Hoies.

Item negst dem Bußche ein dreisch Kamp, genant der Flaßkamp, darup sie nun die Kuhe treiben, ohngefher von 8 Scheffel Insaht an Roggen.

Noch vor in dem Busche 2 kleine Wißchken, darin sie die Pferde pflegen zu treiben, deren eines pflegt geschnedden zu werden, das ander die Pferde uffzutreiben, ohngefehr von ½ Fueder Hoies.

Item fur dem Hove ein zimblich groß Garte, darin geseet 2 Scheffel Gersten, so zimblich guet, ohngefehr estimirt auff 10 Rtl. Noch etwas Flaßes darin geseet, so nichts besonders.

Item 1 Kamp, genant uffm Nien Garden, so itz gedreischet, und pflegen daruff Boickweitten tho seien, ohngefehr von 7 Scheffel Insaht.

Item ein Kempken, genant das Stert-Kempken, so mit Roggen besamet, Insaht 18 Sch. Roggen ohngefehr, aestimirt auff 30 Rtl.

Item ein Kamp, genant uffm Nien Kampe, besaet mit gudem Roggen, Insaht 1 Molt, ist aestimirt (= geschätzt) auff 24 Rtl.

Item 1 Kamp, genant Im Hove, besamet mit Gersten, Insaht 10 Sch., aestimirt uff 12 Rtl.

Noch 1 Stucke mit Bockweiten, gesetzt auff 5 Rtl.

Item noch ein Gerdeken (= kleines Gärtchen) furm Hause, darin 11 Immen gestanden.

Folgents verfahren uffs peculium (= Vermögen, hier die bewegliche Habe):

An seinem Leibe irstlich eine schwarte Wandt (= Stoff-)Mutze und 1 Par schwarter Wandt-Buxen, item 1 lines Wammes und 1 paar linen Buxen, item 4 Hembder, ein lank Meßer, so er nach gelegenheit gepraucht.

5 Bedde mit ihrer Zubehoer,
item 5 paar Bedde-Laken,
an Hovetkußen — — 3,
an Pferden, so trecken konnen 6, darunder 2 Docken Pferde,
an melken Kühen 9,
an guste Rinder 11,
an Kalvern 5,
an Schweinen 8. Item an Vercken, so vom halben Jahr oder Jahr sein, 9,
item 10 kleine Vercken,
item 5 Gense, an Hunern 18,
item an Schaffen 46, so sein (ihm) selbst zustendig.

Hebben bekent, daß sie nit wißen, daß er Hellingk oder Pfennig austendig habe.

Item geseiet 2 Sch. Lines, daß 1 Sch. ist verdorret. Kein Flaß von verledden Jahr, kein Lindendoek in Vorraht.

Item 1 Kettel von eine Tonne Mates, dartho 2 Kettell, der eine von 1 Eimer Mates, der ander von 3 Eimer Mates.

Item 4 Ehrn (= eisern) Potten,
Item an Tinnen Tuige (= Zinnzeug) 4 Kröße (= Becher) oder Kumpe,
Item an Tinn Schötteln 3.

Hebben noch Korn biß zum Nien (d. h. bis zur neuen Ernte).

Item an Wagen 2, deren einer beschlagen,
Item 2 Pflüge,
Item eine Storte Kahre (= Sturzkarre),
Item 2 Kysten, so die Moder mitgebracht,
Item Stöle, Bencke, Beile, Barde, gleich einem Haußman gepuert,
Item ungefehr 14 Fueder geclöfftes Holtes.

Danach fragte der Amtmann die jungen Leute:

Demnach saliger Topßhoff in Gott entschlaffen, ob ir dan auch wißigh, daß der Hoff alinger maßen, weiln sich die Dochter nit mit Vorwißen und Belieben zeitlicher Abtißinnen und Juffern bestattet, widder an die Juffern verfallen were, außerhalb der Moder die Leibzucht darauß zu verrichten, sie die Dochter auch den seligen Vatter hefftig dadurch erzurnet, und deß Hoves sich unvehig gemacht,

weill er dan unbewilligt der Erbherrinnen aufm Hoff getreten, ob dan auch nur gleich einen Knecht zu halten,

Demnach nun jungst daß halbe Guet uffgeschrieben, ob sie auch allerseitz mit guten gesunden Gewißen reden können, daß aller Vorraht an allerhandt richtigh bekandt und nichts verschwiegen,

Da sich nun befunden, daß etwas verschwiegen, ob sie nit schuldig, solches doppell zuerlagen?

Warnung deß Eidts:

Daß da einer seinen Eidt nit nachkompt, sondern den falsch und meineidigh schweret, daß derselb die Almechtigkeit Gottes lestert und schendet, auch sich dadurch beraubt aller Gnaden Gottes, auch auff sich ladet alle die Straff und Fluech, die Gott den Verfluchten ufferlegt hat, darzu, daß ihme Gott in allen seinen Sachen und Nöten nimmer zu Hulff noch zu statten kommen, sondern mit Leib und Seell ewiglich verflucht sein und nimmer mehr theill haben an die Versprechung, die Gott den Christen gethan hat.

Ob inen nit wißig, daß in der Statt noch etlich Baarschafft an Gelde, so ihme zustendigh, zu finden,

Ob er nit in Johan Werneken Hause eine Kiste, so dem seligen Man zugehörig, und ob ihme Werneke nit noch Geldt fur Holt und sunsten schuldig und wieviell,

Ob nit hinder negst Sanct Mertens Kirchhoff in Drosten Hause eine Kisten, so dem seligen Vatter zustendig, in welchem Hause wonet ein Wulner,

Ob er nit zu Greven binnen und buten Greven Geldt austendig,

Nachdem er järlix underschiedlich Gelt fur Holtz gekaufft, wo solches abgelegt, dan es nit zu Beßerungh deß Erbes angelegt, wo solches geplieben,

Nachdem er nun, unverwexelt item nit freigekauft, wie er vermeine, daß man's damit zu halten.

Hatte der Amtmann so mit Güte und Strafandrohungen den genauen Stand des Nachlasses ermittelt, so ließ sich die Äbtissin von Überwasser auf vielfältiges Bitten und Ansuchen der Anverwandten und Freunde endlich herbei, den jungen Schultensohn Bernd Bockholt als neuen Zeller Topphoff anzunehmen. Dazu wurde folgender Gewinnbrief ausgestellt:

Anno 1611, am Donnerstagh, den 28ten dero Monatz Julii, haben die Ernachtbare und vornehme Johan Werneke und Gerhardt Hase wegen des Verfals und Sterbfals, ingleichen wegen der Auffhaerdt des Schulten Hofs Toppeshoffs im Kerspell Greven, in Anwesendt Schulten Wiggerinck und Schulten Boicholt in Behoeff seines Broders und des gottsaligen Schulten Dochter endtlich verglichen, daß gemelte Contrahenten und dessen beigeordnete Schulten Bocholdes Broder, so sich mit gemelter Dochter eingelaßen, ehelichen, daß dieselb der Ehrwurdighen, edlen und vielthugentreichen Abtissinnen wegen obgedachten Versterbs und Auffhaerdt geben sollen und wollen sechshundert enckede (= einzelne) Rtl., so sollen berechenet werden, und 35 Rtl. zu Weinkauff, davon der Weinkauff anstehenden Sambstag ohne weitter Ausflucht und driehundert Rtl. auf Tagh Bartholomei negstkunftig, item anderhalbhundert auf das hochzeitliche Fest Paaschen und der letzter Termin als anderhalbhundert Rtl. unableißlich auf Tagh Jacobi Apostoli befurstehenden 1612. Jares sollen verrichtet, und der Freikauf (des Bernd Bockholt von der Domburse) ohne Zuthuendt wolgedachter Abtissinnen und ihres Hoffs ersten Tages beigebracht und gedachten Bocholdes Broder sich an wolgedachte Abtissin und Juffern in Eigenthumb nach Geprauch dieses Stifts ergeben solte, des (= dafür) soll, wannehr (= wenn) der Freibrief eingebracht, ein Kindt widerumb freigegeben (werden), jedoch daß dem freigelassenen Kinde ohne Furwissendt wolgedachter Abtissinnen und Juffern dotis nomine (als Mitgift) nichts sol versprochen werden. Und der Wittiben Toppeshoff gnugsam Unterhalt sol verschaffet werden, wie ingleichen, daß obengedachte Pfannunghe (Bürgschaft für die 600 Taler Auffahrt) nit von dem Erbe Topshoff, sonder von dem Schulten Bocholt sollen verrichtet werden. Das haben wolgedachte Werneke und Hase bei Verpfandungh ihrer Guttere dazu eingelassen, welches sie an (= in die) Handte meines Notarii anglobt, allent ohne Gefherde (ohne Gefährdung des Vertrags durch Hinterlist und andere Ränke). Actum in presentia Caspari Rexing et Conradi Verheiden.

Die Höhe des Sterbfalls und Gewinns von 600 Reichstalern ist erstaunlich im Vergleich zu den sonst damals üblichen Gefällen, selbst dann, wenn man berücksichtigt, daß es sich um einen der größten Höfe des Kirchspiels Greven handelt.*) Die große

---

*) Schulte Topphoff besaß nach dem Inventar von 1804 241 Scheffel Einsaat, nach dem von 1611 nur 9 Malter und $^1/_2$ Scheffel, also $108^1/_2$ Scheffelsaat Land. Auch wenn man die Ungenauigkeit der alten Selbsteinschätzungen des 17. und 18. Jahrhunderts berücksichtigt, so ist der Unterschied doch sehr groß. Der Esch, der 1611 zu 4 Maltersaat, 1616 gar nur zu 3 Maltersaat angegeben wurde, war nach der Angabe von 1804 7 Malter groß!

Abgabe mußte den jungen Schulten besonders hart drücken, zumal er 1616 für seine zweite Frau Grete Schulte Nortrup aus Westbevern schon wieder 380 Taler Gewinn bezahlen mußte! Die bald hereinbrechende Not des Dreißigjährigen Krieges hat auch dem Topphoff derart mitgespielt, daß er noch im Jahre 1747 nur 200 Taler Sterbfall und Gewinn zu zahlen brauchte. Nach dem Siebenjährigen Kriege ging es wieder bergauf, so daß 1804 schon wieder 600 Taler Gewinn gefordert werden konnten. Bei dieser letzten Auffahrt nach altem Münsterischen Landrecht wurden über Inventar und Bewirtschaftung bzw. Bewertung des Hofes genaue Aufstellungen gemacht, die als allgemeingültiges Beispiel für die damaligen bäuerlichen Verhältnisse hier im Auszug mitgeteilt seien.

Nach dem am 16. Mai 1799 erfolgten Tode des Schulten hatte seine Witwe das Erbe allein – und wie der Stiftsamtmann Isfordt berichtete – fünf Jahre lang gut verwaltet. Jetzt wollte sie den Hof an ihre jüngste Tochter Maria Anna bzw. an deren zukünftigen Mann Bernhard Kaup (von Kaups-Erbe, Bauerschaft Wentrup) abtreten, welcher nach Meinung des Stiftsamtmannes „ein guter Bursch" und wohl geeignet zu sein schien, wenngleich er von seinen Eltern beim Abzug vom väterlichen Hof kaum mehr als 100 Taler zu erwarten hatte.

Auf dem Hofe waren damals nur die Mutter und eine Halbschwester der Erbin von 50 Jahren vorhanden. Zwei ältere Schwestern waren bereits verheiratet. Das Nachlaßverzeichnis gibt folgenden Bestand an lebendem und totem Inventar:

	Rtl.	Groschen	Pf.
4 Pferde (19, 14, 12 und 6 Jahre alt			
5, 8, 10 und 20 Reichstaler wert =	43		
1 Ochs	8		
7 milchgebende Kühe	82		
3 zweijährige Rinder	15		
3 jährige Rinder	7	14	
3 Kälber	3		
6 Schweine	20		
40 Schafe	26	18	18
an Leinen			
8 Bette	80		
14 Bettücher	9	9	4
10 Tischtücher	2	18	8
10 Handtücher	1		
an Zinn			
24 Teller	3		
12 Schüsseln	2	14	
1 Suppennapf		14	
18 Löffel	1		
an Kupfer			
1 Braupfanne von 12 Eimern Inhalt	12		
2 Kessel von 8 Eimern Inhalt	8		
an Eisenwerk			
1 Stubenofen	4		
4 Pötte	1	9	4
an hölsern Geschirr			
1 Kuffer	1	14	
1 Banke mit einem Schapp		9	4
Stühle, Tische und Bänke	1	14	
1 alte Uhr	1		
3 Brau-Budden	3		

Ackergereitschaft

1 beschlagener Wagen	15		
2 Block-Wagen	6		
1 alte Karre		14	
2 Pflüge	4		
2 Eggen		18	8
4 Fell, 2 Hamell und 1 Hinterzeug	1	9	4

Eingesäete Kornfrüchte

112 Scheffel Roggen, pro Sch. ²/₃ Rtl,	74	14	
28 Scheffel Haber, pro Sch. ¹/₃ Rtl.	9	9	4
14 Scheffel Buchweitzen a ¹/₂ Rtl. pro Sch.	4	18	8
Summa des Anschlags	453	24	2

Die Gebäude werden folgendermaßen beschrieben:

Das Wohnhaus, 12 Fach groß, in mittelmäßigem Stande und in der Brand-Societät angeschlagen zu 600 Reichstaler.

Ein Spieker, 3 Fach, in mittelmäßigem Stande.

Ein Backhaus, 2 Fach, in mittelmäßigem Stande.

Ein Brauhaus, 3 Fach, in mittelmäßigem Stande.

Ein Wagen- und ein Heuschoppe in eins gebauet, noch neu.

Ein Schaafstall und Scheuer, 7 Fach, Reparation nötig.

Sodann gehört zum Erbe:

Ein Kotten an der Wösten, 4 Fach groß, so Reparation bedarf. Diesen hat Zimmerman Horstman angeheuert, und gibt der Wittib dafür nebst Garten und 6 Scheffel Einsaat jährlich 8 Reichstaler, wobey er 8 Mehetage verrichten muß.

Ein Kotten in der Füchtenwiese, so 4 Fach groß und in mittelmäßigen Stande ist. Diesen hat Anton Heidmann geheuert und gibt für Kotten, Garten und 4 Scheffel Einsaat Landes 6 Rtl., wobey er zwey Mehetage verrichten muß.

Ländereien:

2 Gärten am Hof, ungefähr	16	Scheffel
Esch, ungefähr 7 Malter Einsaat	84	,,
Flaskamp, zehn Sch. Einsaat	10	,,
Neuer Garten, 8 Sch. Einsaat	8	,,
Telgenkamp, sechs Sch. Einsaat	6	,,
Neuer Kamp, 14 Sch. Einsaat	14	,,
die Sterte, ein Kamp zu	11	,,
einer zu	8	,,
Schürkamp, 7 Sch. Einsaat	7	,,
Winklenkamp, sechs Sch.	6	,,
Gronenborg, 8 Sch.	8	,,
Sulferkamp, sechzehn Sch.	16	,,
Niederländerkamp, 12 Sch.	12	,,
(hievon sind an den ersten Kotter sechs Scheffel verheueret, die andern bebaut sie selbst)		
noch über der Emse	16	,,
diese hat sie an Helmer und Kemper verheuret, pro Scheffel zu 1 Scheffel Roggen		
ferner bey Gymte	4	,,
so Weimer und Beckman geheuret pro Scheffel zu 1 Scheffel Haber		
noch im Bockholtischen Esch	2	,,
so Hindrichman geheuret pro Scheffel zu 1 Sch. Roggen		
noch	4	,,
so Gerdeman geheuret, pro Sch. zu 1 Sch. Haber		
noch auf dem Mühlenkamp	6	,,

so Wiemeler gepachtet, pro Scheffel zu 1 Sch. Roggen
noch an der Füchtenwiese   3   „
so nunmehro mit Ellerenholz bewachsen sind und Forsthove geheuret
hat und jährlich 3 Sch. Roggen dafür zahlen muß

Summa Einsaat: 241 Scheffel

Wiese-Grund: Eine in der Wöste am Esch = 4 Mann schneidens zwey im Busch = drey Mann schneidens, beyde surer Grund.
Die Füchtelwiese zwey Mann schneidens, sauer und naß.

Holzgewachs: der wöste Busch, mit schlechten weichen Holz, der Sondern, etwas Eichenschlagholz und Füchten
(NB: In selben befinden sich große leere Plätze)

Schulden: An Schründer in Greven vermöge Obligation 400 Rtl. — jährlich zu 4 Rtl.

Abgaben: An gutsherrlichen Pächten jährlich

	Rtl.	Gr.
Sechs Malter, sechs Scheffel Roggen		
an Geld		5
2 Schweine oder	6	
2 Düngelspanne	2	
An monatlicher Schatzung 3,$^1/_2$ Rtl., also fürs Jahr	37	14
(die extraordinaire nicht mitgerechnet)		
An ein hochwürdiges Dohmcapitul den blutigen Zehnten	2	14
accordirtermaßen		
sodann zur dohmcapitularischen Hofsprache	3	—
ferner an der Hofkammer — Kuhschatzung und		
Hundegeld	21	7

an Pastor zu Greven 1 Scheffel Roggen
dem Cappellan und Küster alda auch ein Sch. Roggen
dem Vicarius nach Belieben.

Gerechtigkeiten:
Ein Frauen- und drey Mannssitze in der Kirche zu Greven,
Ein Begräbnißplatz mit einem Stein aufm Kirchof;
haben die Gerechtigkeit, auf der Topshoff Mathe an der Westbeverschen Mark grenzend Plaggen zu mähen und ihr Vieh zu weiden.
Sodann müssen verschiedene Bauren, die in der vorgemelten Weyde auch ihr Vieh hüten dorfen, jährlichs sichere Fuhren am Erbe dafür verrichten.*)

Zu den Ländereien merkte der Stiftsamtmann an, daß aus den Holzungen jährlich 7 bis 8 Haufen Holz verkauft würden. Die Ländereien seien meist sandicht und mittelmäßiges Roggenland, die Wiesen meist sauer. Durchschnittlich berechnete der Amtmann den Ertrag des Landes pro Scheffel zu $^1/_2$ Rtl., so daß der Gesamtertrag 120$^1/_2$ Rtl. betrug. Dazu kam noch der Ertrag der Wiesen mit 12 Rtl. und der Holzungen zu 7 Haufen mit 42 Rtl. Insgesamt betrugen also die Einkünfte des Hofes aus der Ackerwirtschaft 174$^1/_2$ Rtl., also nur rund $^2/_3$ Rtl. je Morgen! Damit würde sich heute ein Bauer wohl nicht zufrieden geben.

Den Einkünften standen die Abgaben gegenüber, als erstes die Schatzung (wobei

---

*) Nach einer Aufstellung aus dem 18. Jahrhundert (StAM, StFA Münster, Universität X E Nr. 8) waren dies aus der Bauerschaft Bockholt die Höfe Horstmann, Gerdemann, Schmiemann, Wischmann, Wesselmann, Henrichmann und Joanning, aus der Bauerschaft Schmedehausen dazu noch Bettmann, Forsthove, Baumhove und Guningmann. Sie mußten für Schulte Topphoff jeder ein Fuder Holz nach Münster fahren und mit Ausnahme der Schmedehausener auch einen Tag mähen helfen. Nach einem Aktenstück im Besitz des Schulten Schleithoff-Topphoff von 1831 mußten die Bockholter Höfe auch noch zu Ostern je 6 Eier geben.

der Amtmann die extraordinäre zu $^1/_4$ der gewöhnlichen Jahresschatzung anschlug) mit 46 Talern, 24$^1/_2$ Gr. Dazu kamen die gutsherrlichen Gefälle, die sich auf gut 60 Rtl. beliefen, und die restlichen Zehnt- und andere Abgaben, die zusammen fast 7 Rtl. betrugen, so daß also die gesamten Abgaben pro Jahr fast 114 Rtl. ausmachten.

Wirtschaftete der Bauer also sparsam, so konnte er jährlich 60 Taler Überschuß erzielen, wobei Nebeneinnahmen aus dem Verkauf von Vieh und überflüssigem Korn nicht mitgerechnet sind. $^1/_3$ Gewinnertrag, das war fürwahr eine gesunde Wirtschaft, und es wundert bei einer solchen Bilanz nicht, daß so viele münsterländische Bauern zu Beginn des 19. Jahrhunderts über genug Bargeld verfügten, um die oft hohen Ablösungsbeträge von vielen Hundert Talern auf einen Schlag zu bezahlen!*)

Den Gewinn des Topphofes berechnete der Amtmann 1804 mit dem Dreifachen der jährlichen Einkünfte, also mit rund 525 Talern, woraus die Studienkommission (als Nachfolgerin des inzwischen aufgehobenen Überwasserstiftes) 600 Taler machte. In dem dann am 14. August 1804 ausgestellten Gewinnbrief wurde der Witwe Topphoff als Leibzucht freie Kost und Kleidung nebst 30 Talern jährlichem Taschengeld, und ebenso der Halbschwester ein solches von 10 Talern neben freier Kost und Kleidung zugesprochen. „Diesemnächst gab sich der Bernard Kaup, da selber freyen Standes gewesen (seine Eltern besaßen ihren Hof von der Domburse in Zeitpacht) nunmehr der hohen Studienkommission nach Eigenthumsrechten eigen, und versprach das Topphoffs Erbe, als einem rechtschaffenen Wehrfester oblieget, führohin zu verwalten."

Nicht viel anders geartet war das Verhältnis des Bauern zur Gutsherrschaft, wenn er nur Pächter seines Hofes war. Er unterschied sich vom eigenbehörigen Bauer nur durch seine persönliche Freiheit, die sich auch auf alle seine Familienmitglieder erstreckte. Freikauf und Sterbfall brauchte er also nicht zu bezahlen. Einzig zur Heirat mußte er die Erlaubnis des Grundherrn einholen, die aber ohne triftigen Grund nicht verweigert werden konnte. Der Vorteil der Pacht gegenüber der Eigenhörigkeit für den Grundherrn sowohl wie für den Staat lag hauptsächlich darin, daß man von dem freien Pächter einen weit größeren Arbeitseifer und daher auch eine weit größere Leistungsfähigkeit des Hofes erwarten durfte. Wie ein solcher Erbpachtvertrag aussah und welche Bestimmungen er enthielt, zeigt das folgende Beispiel über die Verpachtung des Schultenhofes Aldrup an Dietrich Frey durch das Domkapitel vom 2. Nov. 1757:[428])

Erstlich sollen uns dieselbe zum gewissen vereinbarten Gewinn, als wofür es in Ansehung dieser geldtlosen Zeithen vor dießmahl gelassen, zwischen jetz und nechstkünftigen St. Jakobi ohnfehlbahrlich zahlen die Sumb von Sechshundert Rtl.

Zweitens sollen sie verpflichtet seyn, von gemelten Hof uns jährlichs und alle Jahr auf Martini und zwahren zum erstemal auf Martini thausendsiebenhundertneunundfünfzigsten Jahrs bey Straff gereider Execution die alte gewöhnliche Pfächte als zweyhundertundzehn Rtl. an Gelde, so dann fünfundzwanzig Molt klaren marckgängigen Roggen in natura aufrichtig bezahlen, und über das alle diesem Hof auffliegende und anklebende onera, ordinari und extraordinari Schatzungen, Dienste, Zinsen, Zehendten, Brücken-, Meß- und ander Kohrn, wie es auch einen Nahmen haben möge, auß eigenen Mitteln abfinden, also und dergestalt, daß, wofern sie daran zu einiger Zeith säumig seyn worden, unser Thumbkellerey Sacellanus, so wohl als auch unser respective Kornschreiber wieder sie gereide Execution haben, und wann sie solche Pfacht nicht vor den nechst darauf folgenden Lichtmeß zahlen, sie darnach unseren Kornschreibern nach dessen Willkuhr das Korn in natura oder nach der Cappensaath zu entrichten

---

*) Nicht uninteressant ist ein Vergleich mit einer Ertragsrechnung, die im Jahre 1852 Schulte Höping-Aldrup aufstellte. Nach Abzug von einem Drittel der Erträge für die eigene „Consumption" plus Saatkorn rechnete der Schulte mit einem Verkaufserlös für 133$^1/_2$ Fuder (zu 1 Malter) von 1500 Talern, von denen er 1000 Taler für Abgaben, Gesindelohn und die Wirtschaft ausgeben wollte, so daß ein Reingewinn von 500 Talern übrigblieb.

schuldig, und im Fall vor dem nechstfolgenden Oesteren von ihnen die Pfachten nicht erzwinglich seyn mögten, sie ihres Gewins und dafür bezahlten Geldes dardurch verlüstig seyn, uns aber freystehen solle, dieselbe vom Hof Altrup ohne Richten und Rechten kraft Dieses zu entsetzen, und solchen Hoff ohne Erstattung einiger Meliorationen, oder anderen daran etwa verwendeten Unkösten nach unseren Belieben ahn andere zu verheuren, oder auf eine andere beliebige Weise überzulassen.

Drittens sollen sie das Haus und alle dazugehörige Gebäw und Gezimmerte, wie auch Mühlen, Frechte, und Heck etc. ohne das geringste Zuthuen eines Hochwürdigen Thumb-Capituls in ohnstrafbahren Stand halten, wahren, und hernegst also in guten und völligen Wohlstandt wieder liefferen, wie nicht weniger auch die nöthige Mühlensteine und andere zur Mühlen gehörige Gereidtschaft, so oft und vielmahlen solche erforderet werden, auf selbst äigene Kösten sich anschaffen auch respective hernägst in guten Stande wiederliefern, und zwahren solches alles ohne der geringsten Compensation oder Abzug von erstbesagten jetzo vereinbahrten Hewergeldern oder Kohrns.

Viertens sollen sie schuldig und verpflichtet seyn, des Hofs Recht und Gerechtigkeiten wohl zu beobachten, und davon unter vorhin gemeldeten Verlust des Gewins Versaumnüß oder sonsten nichts verkommen oder abwendig machen laßen, vielweniger davon etwas versetzen oder veraußeren noch auf todtgehende Jahren ohne unseren Vorwissen verkaufen oder an andere verhewren, noch fünfftens ohne unseren Consent, Vorwissen und Specialanweisung äichene oder Büchen-Bäume fällen, verhawen oder verkaufen, sonst neben den Verlust dieses Gewins für jeden Stamm, klein oder groß krafft Dieses zum wenigstens 25 Rtl. entrichten, und wann ein Bauhm noch mehr werth, allerdings den völligen Schaden erstatten, dahingegen

sechstens des Hoffs Beste und Vortheil auff alle Weiß zu suchen, zu befordern und in specie einen bequämen Platz mit Äichelen zu besahmen, darauß jährlichs und zwaren zur rechter Zeit wenigstens 25 Telgen zu pflantzen, mithin auch auf andere fruchtbare Baume an zupflanzen möglichen Fleiß anzuwenden unter willkühriger Straf schuldig seyn sollen; wan aber in Vollziehung deren vorgemelten und übernohmmenen Conditionen Eingangs gemelter Dietherich Freye und deßen künftige Ehefraw nachlässig seyn, und selbige nicht adimpliren würden, soll diese locatio et Conductio nebst dem Verlust des Gewins ipso facto null, nichtig, und aufgehoben seyn . . .

Mit der Auffahrt zusammen fiel meist auch die Hochzeit des jungen Wehrfesters, vor allen Dingen dann, wenn er auf einen anderen Hof einheiratete. In einem solchen Falle mußte zugleich auch das Verhältnis des neuen Wehrfesters zu den etwa noch vorhandenen Geschwistern der Hofeserbin bzw. zur Witwe des verstorbenen Bauern geregelt werden, damit nicht etwa später ungerechtfertigte Ansprüche an das Erbe gestellt werden konnten. Erbansprüche besaßen diese Kinder in keinem Falle, da der Bauer ja nur den Erbnießbrauch am Hofe, nicht aber ein Erbeigentum an ihm besaß. Die Kinder hatten nur ein Anrecht auf einen Brautschatz, dessen Höhe nur in Vereinbarung mit dem Gutsherrn festgesetzt werden konnte. Aus eben dem gleichen Grunde durfte ja auch ein sterbender Bauer kein Testament machen oder durch eine andere Willensordnung über sein erworbenes Vermögen verfügen, es sei denn, daß er ein solches durch Erbschaft bekommen hatte.

Für die Versorgung der nachgelassenen Kinder beim Aufzug eines neuen Zellers ein Beispiel aus dem Jahre 1620 :[429])

Nachdem der verstorbene Voß zu (Dorf) Greven von dem Hof zu Elfing geboren, daselbe Erb, so zuvor in großem Beschwer und das Haus ganz bauwfelligh gewesen, nit allein von alsulchen Beschwer gerettet, sunder auch ein ansehenlichs neuwes Haus gebauwet, und aber itz dasselb Erb mit Herman Koips und Elsen Voßes widderumb besetzt wirt, haben die Herren verordnet, dweill von dem verstorbenen Voß drey Kinder, als Catharina, Anneke und Elseke im Leben nachblieben, — angesehen ihr Vater dem Erb wie obgedacht viel Guetz gethain, — daß derselben Kinder ein, so dazu am dinligsten, schirkunfftigh, wannhe die (= der) itzige angesetzte Zeller verstorben oder (den Hof) verlassen, zu dem Erb gestattet (= als Erbe zugelassen) und den andern zwein jedem funfzig Reichsthaler des Guitz zu Gewin und eine Kistenfullinge gegeben, auch bis daran, (daß) sie guten Leuten dienen konnen, alda am Erb unterhalten werden sollen.

Wie ein Heiratsvertrag oder Hillichsberat, wie man früher sagte, aufgesetzt wurde, zeigt beispielhaft das folgende Schriftstück aus dem Jahre 1659:[430])

Anno 1659 Sambstages am 16. Augusti

Uff gehaltener Hillichsberatungh zwischen Bernard den Brachtesenden und Elseken Gronover ist von beiderseits ahnwesenden Freundten und Verwandten vereinbart und verabredet, daß erstlich obged. Breutigamb und Braudt erster Zeit nach Christl. Cathol. Kirchenordnungh in den heilligen Ehestandt tretten, darin ehrlich und erbarlich mit einander leben sollen, und folgents den Hoff zu Gronover annehmen und cum ratificatione Domini Proprietarii (= mit Genehmigung des Gutsherrn) inhaben und besitzen (sollen). Dessen (dagegen) hatt Johan Schulte Brachtesenden im Namen des Brautigambs loco dotis (als Mitgift) anzubringen belobet hundert und funfftzig Rtl., vier Kuhe mit Kalbern, vier Ochsen, vier Schmalrinder, zwey Pferde, — wan selbige mit Gelde solten gelöeset werden, kan das eine mit zwantzigh, das andere mit zehen Rtl. abgeloeset und bezahlet werden, — item zwey Moldt Roggen, zwey Moldt Boickweitzen neben einen Bette mitt allen Zubehöer. Weiters ist verabredet, daß mit Agnes der Mutter Meyerschen zu Gronover und ubrigen Kindern folgender Gestaldt soll gehalten werden, daß erstlich die Mutter obged. zu behuif ihrer Leibzucht genießen und haben solle jahrliches ein Moldt Roggen von Veldtkampf einzunehmen, daß kleine Dummerkempfken vor einer (= als) Kuheweide, ein Scheffel Lienes zu seyen uff gutt Landt, ein Stucke im Garden, daß dritte Stucke von der Becke nacher Harckes Hauße, welches die jungen Leuthe zu gehorender Zeit tungen, bearbeiten und besahmen wollen, und die Mutter solle daß Gewachß abziehen und ihres Willens zu verwenden haben, item jahrliches uf Weihenachten von den Ordtkotten einzuforteren anderhalben Rtl., eine Kuhe im Stalle, und umb das andere Jahr ein Kalb dahbei auffzuziehen. Den zweyen Kinderen oder Söhnen als Johan und Henrich solle zur Zeit ihrer Bestatnuß (= Ausstattung) gegeben werden einen jeden loco dotis hundert und zwantzigh Rtl. neben der Freyheit, wan es von nöthen sein wirt, und eine Kistenfullinge, wie an den Hoff zu Gronover breuchlich des Gudens zu draien Theilen, item jahrliches ein Stucklein Landes von vier Scheffelsaedt min (= weniger) ein Spindt, welches die jungen Leuthe zu behoerender Zeit sayen, bowen und thungen (= sähen, bauen und düngen) wollen, die Kinder oder Söhne solches abtrecken und zu ihrer Notturfe jahrliches biß zu ihrer Bestattnuß zu verwenden haben. So lange sie auch an den Hof dienen werden, solle ihnen auch jahrliches der Gebuhr nach Lohn gegeben werden. Welchen dan also wie gd. beide Theile vestiglich nachzuleben zu Handen meines Notarii stipulando (= mit Handschlag) angelobet haben, warauf zu mehrer Vesthaltungh der Gottespfenningh außgeben, alles ohne Gefehrde. So geschehen an dem Hofe zu Gronover Kerspels Greven beiseins Dietherichen Drentrupf, Wilhelm Wieleman, Johan Schulte Brachtesenden und Jurgen Koep an Breutigambs Seiten, ahn Braudts Seiten Henrichen Hilsingk, Christian Hinderkingk und Hermann zu Winckell alß respective Tagesfreunde und erbettene Gezeugen.

(Unterschrift des Notars Heinrich Blome)

Notandum, daß hiebey verabschiedet, daß, daferne die Mutter obged. sich mit den jungen Leuhten nicht vergleichen kunnen wurde und ihr äigen Kost habe mußete, daß sie alßdan den lutken Lohkampf und jahrliches ein Schwein beim Troge haben solle.

Auch die Kötter suchten sich durch solche „Überschreibungen" zu sichern. Ein frühes Beispiel vom 24. April 1612 über den Flutenkotten vor der Brücke bei Greven zeigt das:

Johan vorm Scheven und Grete recog (noverunt = bekannten), daß sie ihren Sohne Henrich und seiner künftigen Braudt Annen Eistrupfe ihren Kotten überlaßen dergestaldt, daß sie beede Alten die Kost im Hause haben sollen, auch Kleidung; zudeme soll er Henrich und seine Braudt innen jahrlichs 3 Becker Leines uf gut Landt seen, auch die Mutter alle Woche 1½ Tach frey haben, ihr selbst Werck zu verrichten. Ferner ist verabschiedet und verdragen, daß Henrichs Bruder Johan und Greta desselben Hausfraw das kleine Heußlein hinder dem anderen im Garten stehent, da sie itz inne wohnen, so lange sie Eheleuthe leben, wie auch deroselben Kinder und Kindeskinder bis zu vier Lebenden zu, davon ietz gemelte Eheleuthe die ersten sein sollen, rewlich (= ruhig) dahbei verbleiben und gebrauchen. Item das Stücklein Gartenlandes hinder dem kleinen Hauße soll gleicher Gestaldt bei dem selben verpleiben, auch solle Johan und Greta sambt obgedachten ihren Erben einen freyen Fuhr- und Fußweg uber den Hof behalten, auch soll innen frey stehen, da sie bedürfen, fur das Heußelein zu fuhren

(= fahren), daß dan 2 Pferde mügen in den Garten gehen. Auch soll der Hof von des großen Hauses Kameren bis ans kleine (und) bis an den Embskampf, wie es itz abgezeunet, bei das kleine Hauß verbleiben.

Testes (Zeugen): Herr Victor Reißman pastor, Herr Bernd Schweinebroick Capellan, Heinrich Schulte Gronover, Ditherich Schulte Oistenfeldt, Bernt Schulte Bonstrup und Joan Netman.[431])

Mit seiner Einheirat auf den Hof übernahm der junge Wehrfester alle Pflichten und Lasten desselben gegenüber dem Grundherrn. Damit er diese nicht vergaß, hielten die großen Grundherren jährlich einmal eine sogenannte Hofsprache, auf der alle Eigenbehörigen der Grundherrschaft zu erscheinen hatten, und auf der ihnen in langen Artikeln vorgelesen wurde, was sie im einzelnen zu tun und zu lassen hatten. Da wurde – nach den Hofsprachenartikeln des Überwasserstiftes[432]) – zunächst einmal verboten, ohne Genehmigung der Herrschaft fruchtbares Holz zu hauen, vielmehr den Leuten eingebunden, jährlich 10 oder 20, die kleinen Kötter „je nach Gelegenheit" Telgen zu potten. Habe ein Bauer Schlagholz (Brennholz) übrig und wolle er dies in der Stadt verkaufen, so solle er es zuerst dem Stift anbieten. Das gleiche solle auch jeder Bauer in der Nähe der Stadt tun, der ein überzähliges Kalb verkaufen wolle. Nachdrücklich wurde den Leuten die pünktliche Zahlung der Pacht (spätestens zu Martini) in Geld oder natura, und zwar in guter Qualität in Erinnerung gebracht. Der Versatz von Land, das Schuldenmachen und die Übernahme von Bürgschaften wurde streng verboten, desgleichen den Bauern eingeschärft, untereinander friedlich zu sein und nicht dem Nachbarn zu nahe zu bauen (= pflügen), graben, zäunen oder Telgen zu potten. Ohne Genehmigung solle niemand Kinder vom Hofe abfinden oder Brautschätze festsetzen. Veränderungen im Personenstand, Kindtaufen und Sterbfälle mußten regelmäßig und rechtzeitig (binnen 14 Tagen) angezeigt werden. Nicht minder wurde den Leuten die Einhaltung ihrer religiösen Pflichten, besonders der christlichen Erziehung ihrer Kinder vorgehalten und ebenso auch der Besuch der ordentlichen Gerichtstage am Frei- und Gogericht eingeschärft, und zwar in eigener Person (nicht durch Knechte oder Jungen), damit sie in ihren Rechten nicht gekränkt würden. Auch sollten die Eltern ihre Kinder rechtzeitig in Dienste weggeben, damit sie „zu häuslicher Arbeit desto bequemer sein und gute Haushaltere werden mögen". Schon diese kurze Inhaltsangabe der Hofspracheartikel des Überwasserstiftes von 1647 lassen erkennen, wie eingehend und bis in die letzten Winkel des Alltags hinein sich die Grundherrschaft um Leben und Treiben ihrer Eigenbehörigen kümmerte!

Für die Familiengeschichte der Höfe von großem Belang ist der bei allen Grundherrschaften wiederkehrende Brauch, sogenannte Kinderbücher (Lagerbücher) zu führen, in denen der jeweilige Familienstand auf jedem Hof genau festgehalten und ergänzt wurde, so daß diese Bücher die vielfach fehlenden Kirchenbücher ersetzen und je nach Gunst der Überlieferung weit über diese hinausführen können. Als Beispiel sei hier die Stammfolge des Schultenhofes Topphoff wiedergegeben, die so mühelos bis ins 16. Jht. zurückverfolgt werden kann. Das Beispiel zeigt zugleich, wie oft die Blutslinie auf unsern alten Höfen abgerissen ist, so daß die heutigen Besitzer in den wenigsten Fällen noch von Vaters oder auch nur Mutters Seite her von den Vorbesitzern etwa des 17. Jahrhunderts blutmäßig abstammen.*)

---

*) Dieser Stammbaum ist auch ein Beleg für die Sonderstellung der Schultengeschlechter innerhalb der bäuerlichen Bevölkerung. Es war im allgemeinen nicht üblich, daß ein Sohn oder eine Tochter eines Nichtschulten auf einen Schultenhof heiratete. Das lag nicht zuletzt an der Haltung der Gutsherrschaften, die selbst größten Wert darauf legten, daß ihre Schultenhöfe auch stets wieder mit Schultenkindern besetzt wurden. Als beispielsweise im Jahre 1532 die villica (Meiersche) ton Toppes-

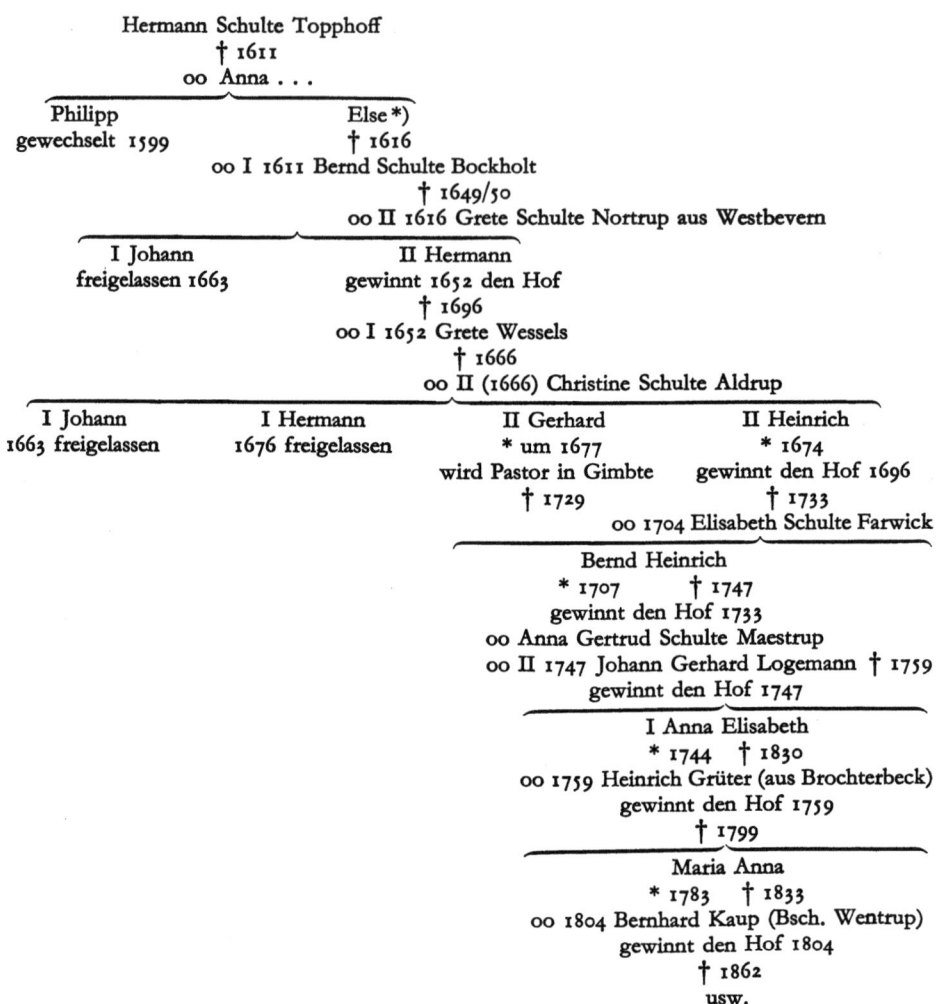

Hermann Schulte Topphoff
† 1611
oo Anna . . .

Philipp
gewechselt 1599

Else *)
† 1616
oo I 1611 Bernd Schulte Bockholt
† 1649/50
oo II 1616 Grete Schulte Nortrup aus Westbevern

I Johann
freigelassen 1663

II Hermann
gewinnt 1652 den Hof
† 1696
oo I 1652 Grete Wessels
† 1666
oo II (1666) Christine Schulte Aldrup

I Johann
1663 freigelassen

I Hermann
1676 freigelassen

II Gerhard
* um 1677
wird Pastor in Gimbte
† 1729

II Heinrich
* 1674
gewinnt den Hof 1696
† 1733
oo 1704 Elisabeth Schulte Farwick

Bernd Heinrich
* 1707 † 1747
gewinnt den Hof 1733
oo Anna Gertrud Schulte Maestrup
oo II 1747 Johann Gerhard Logemann † 1759
gewinnt den Hof 1747

I Anna Elisabeth
* 1744 † 1830
oo 1759 Heinrich Grüter (aus Brochterbeck)
gewinnt den Hof 1759
† 1799

Maria Anna
* 1783 † 1833
oo 1804 Bernhard Kaup (Bsch. Wentrup)
gewinnt den Hof 1804
† 1862
usw.

Starb der Bauer, bevor sein Sohn den Hof übernehmen konnte oder bevor eine seiner Töchter das heiratsfähige Alter erreicht hatte, dann führte wohl die Witwe, wie das Beispiel des Topphofferbe lehrt, allein mit mehr oder minder gutem Erfolg, das Regiment fort, doch sah die Herrschaft es lieber, wenn die Witwe sobald wie möglich wieder heiratete. Es kam aber auch vor, daß sie den Bauern bei Lebzeiten und vor der Zeit abmeierte, besonders dann, wenn er sich zur Bewirtschaftung seines Hofes unfähig erwiesen hatte oder infolge körperlicher Gebrechen die Arbeit nicht mehr verrichten konnte.

hove ihre Tochter Anna verwechseln lassen wollte, lehnte dies die Äbtissin von Überwasser ab, da die zum Tausche angebotene Tochter eines domkapitularischen Hofes nicht als passend empfunden wurde. Die Äbtissin wollte auch wieder ein Kind „uthen schultenhove" haben (!) (StAM,StFA, Universität XIV B Nr. 1 Bl. 73). Auch die Äbtissin von Freckenhorst dachte bereits im 15. Jht. ähnlich (vgl. CTW I S. 195).

*) Die Kinder sind nur so weit aufgenommen, wie es für die Stammfolge von Bedeutung ist.

Dann wurde in einem recht umständlichen Verfahren ein Zwischenpächter bestellt, der den Hof auf eine gewisse Zahl von Jahren (Jahrmale oder Maljahre genannt) oder bis zur Großjährigkeit des Erben bewirtschaften sollte, dann aber den Hof wieder räumen mußte. Von einem solchen Fall erzählt die folgende Urkunde aus dem Jahre 1602:[433])

Kundt und zu wissen sei hiemitt jedermenniglichen, das heutt dato auff dero ehrwurdigen, edlen, gestrengen, ernvesten und hochgelarten furstlichen Munsterischen heimbgelassenen hochweißen Hern Rhäten abgangen großgunstige schrifftliche resolution und Bewilligungh, auch mit guetten Furwissen des auch edlen und ernvesten Hermans von Velen, Hern zu Velen, unseres gepietenden Drosten vor unß Bevergernische Beambten, benentlich Gerhardten Volbier, Rentmeister undt Alexander Hensendorf, Haußvogten zum Bevergern, zwischen Berndten dem Eltern, Wehrfester auf Norendorfs Erbe und seinem ehelichen Sohn Dieterichen alß dem Erblingh, dreizehen Jarn alt, sambt dern Dochterman Johan Schulten zum Grotenhof einß, und Wilhelmen Bovinck sambt seinen Beistandt alß Christian Brinckman und Thonies Thueninck mit Nhamen und von wegen Meister Heinrichen Thueninck andertheils, alle im Kerspel Greven seßhafft, ein guettlicher Receß, Vertragh und Contract erthedigt, beschlossen, auch allerseits einhelligh beliebet und angenommen, in massen hernach beschrieben: Erstlich. Nachdem auf Michaelis negsthin der Wehrfester Berndt Norendorf nach vorgangnen Absterbendt seiner Haußfrawen Catharinen, seiner Principalwonungh und Backhauß mit aller Imung an Beddungen, Kleidern, Hausgerhadt, funff Kuehen und Rindern, eillf Schweinen und allem eingearveten Korngewachse durch unversehentliche bei sich selbsten angegangnen Brantt verlustig, und doher gesinnet worden, sich Alters und Unvermogenheit halber des Haußhaltens zuentschlagen und das Erbe in Behuef obgedachts seines Erblings bis zu dessen bestendigen Alter auf siechere Jarmaln (durch) der negsten Verwanten Freunden ein zehlen (das heute nicht mehr gebräuchliche Werkwort zu Zeller = bebauen!) und bawen zu lassen,

alß hatt er an jetzo auf erhaltenen wols. Hern Rhäte großgunstigen Consent und Beschäidt vor unß Beambten oberwent mit guettem reifen Bedacht und freien Willen seiner verstorbenen letzten Haußfrawen Brudersohne, ermelten Wilhelmen Bovingk angeregt Norendorfs Erbe gegen vor demselben angenomene geburliche jarliche Verrichtung dessen Pfechte, Wagendienste und anderer Pflichten zu zehlen, zu bawen und nießlich zu geprauchen drei und zwantzich Jar langh auf negst bevorstehenden Bartholomei oder Grever Marckt anzurechnen, eingethon, ubergelassen, gestalt, dasselbige allerdings nach Umblauf dieser Jarmaln dem rechten Erblingh Dieterichen obgemelt oder dem Ambthauße Bevergern ohn einiche Beschwer oder Schulde wider einzureumen, alles jedoch auf weitere, sondere Condition, Vorwörter, Bedingk und austruckentlichem Vorbehalt hernach folgendt: Nemblich soll und wölle Wilhelm Bovingk und die Seinige vor allem negst die bei mehr wolgemelte Hern verdingte Einfart und was sie, die Hern, noch dazu wegen dieser seiner des eltern Wehrfesters Cession und Uberlassungh an statt seines Versterbs sich von jetzigem des Erbs Korngewachse anmassen und fordern mögten, sambt der Ambtleute Weinkeuffe alßvorth die noch außstehende Kornpfechte entrichten, item mit einer Personen, so dem Eltern mit gefellich, anschlagen und sich vorsellen (heiraten!), ein newe unstrafbar Erbhauß und Backhauß widererbawen und solchs oder desgläichen nach geendigten Jarmaln dem Erblingh oder Ambthauße Bevergern liefern, das kleine unverbrante Hauß aber aufm Hofe ime dem eltern Wehrfester und seinen Erblingh ires Gefallens allerdings behalten lassen, auch sie beide die Jarmaln aus in Kost und Kleidung, desgläichen mit Handreichungh und Beddungen der Gepur und Notturf nach pflegen und unterhalten, item ine (= ihn) den eltern Norendorf uber seinen guetten Willen und Vermogen mit Arbeidt nit beschweren.

Glaichfals inen jarlichs anstatt der Leibzucht zum Nöthpfenningk ein Stuck von anderthalb Scheffel Leinsaeth im Roebegarten, auch den Mehracker von sechs Scheffelsaeth ungefehr nach irer Noturff mit dungen, begaden (= eggen) jedoch mit dern beiden selbst Saethkorn besamen, das Gewachs davon nach der besten gefallendt gegen Kaff und Stro einfuren und abdreschen helfen, daneben ime, dem eltern die Zeitt seines Lebens eine Milchkuehe, insondernheit, wannehr (= wenn) und wofern er, der elter Wehrfester sich mit den jungen Colonis nit vergleichen wurde konnen, im Kampe und aufm Stalle daruber noch zwölf guette Buttern (= junge Rinder), auch ein Schwein am Troge und freie Feurungh zur Notturff beschaffen.

Weiln auch nun der Elter zween Kuehe dem newen Colono, Wilhelmen Bovingk zur Haushaltungh uberlassen thuet, alß soll und wölle er, Wilhelm Bovingk hienegst dem jungen Erbling nach Umbgangh und Verfließungh gesetzter Jarmaln oder sunsten in Selbstannehmungh des Erbs hingegen eine guette Milchkuehe im Stalle lassen.

Da auch diesen jungen Erblingh Dieterichen Norendorf hernegst sothane Jarmaln von zwantzigh-dreen Jarn zuviel lang und beschwerlich fallen mögten, auf solchen Fall ist ime, alß minderjarigen jetzo nach der anwesenden Verwanten und Underhendler Rhadt und Guetachten außtruckentlich vorbehalten und freigelassen hiemit und in Kraft dieses, nach Verfließungh dero ersten neunzehen Jarn, ob er wölle selber das Erbe Norendorf anzukleiben und zu zehlen, jedoch alßdan zuvorderst seinem Vetter Wilhelmen Bovinck oder den Seinigen fur und anstatt dero ubrigen restirenden vier Jarn zu Steur dero beköstigter und gelieferter newer Zimmerungen zwantzigh Reichsthaler oder dern Weerth zur Gnuge zu erlegen.

Endtlich verabscheidet, beschlossen und von mehrgedachten Wilhelmen Bovinck, auch seinen Beistandt und gesetzten Fidejussorn (= Bürgen) und Warburgen verwilkorlich angenommen, wofern wieder Zuversicht sich nach Umbgang der halben Jarmaln ereugnen und befunden wurde, das er Bovinck oder die Seinige diß Erbe Norendorf alß jetzo frembder Schulden frei in sondere Beschwer und Schulde schon gebracht hette, darab dan mehreren Verlaufs zu befahren sein mögte (deren Zunahme dann zu befürchten sei), daß er Bovinck und die Seinige alßdan dero ubrigen Jarmaln wie vermerckt solle verlustig, und gleichwoll mit und neben seine gesetzte Fidejussorn und Warburgen Henrich und Thonießen Thueninck insambt und besonderlich pflichtig sein, das Erbe von solchen Beschwerden alßpalt zu befreien. Alles jedoch ohne Gefehrt und Arglist.

Hiebey an und uber geweßen vor (= als) Underhendler und Zeugleutte die erbarn Henrich Welinck, Schulte zu Aldrup, Johan Beerbom Vogt zu Sorbeck und Niclaeß Govers, Schreiber, dazu sonderlich erbetten und beruefen. Und seint dießer Recessen drei gläichleutend hievon aufgezeichnet von unß Bevergernischen Beambten obgedacht verpitzirt (= besiegelt) und neben den drein Gezeugen under-schrieben, auch dem einß zu unß genomen, die zwey andre beiden Partheien zugestellt, alles zur Nach-richtungh.

Geschehen und verhandelt zu Sorbeck auf Lohermans Hofe aufm Sennigen, am Freitagh (war Urbani Tagh) den vierunszwanzigsten Tagh Monaths May, im Jahr unsers lieben Hern und Hei-landts Jesu Christi Tausendtsechshundert und zwey.

Weit schlimmer als eine mehr oder weniger gewaltsame und vorzeitige Versetzung in die Leibzucht war die Verjagung von Haus und Hof, die den eigenbehörigen Bauern dann treffen konnte, wenn er durch eigene Schuld, durch schlechte Wirtschaftsführung, durch Trunk- und Spielsucht, durch leichtsinniges Borgen und Schuldenmachen den Hof völlig heruntergewirtschaftet hatte, so daß der Grundherr jahrelang keine Abgaben und Pächte erhalten konnte. Verlor dieser dann die Geduld, so ließ er durch den zuständigen Gografen einen Erbtag bzw. ein Erbgericht halten, auf dem die Saumseligkeit des Bauern und seine Schulden festgestellt und schließlich ein rechtskräftiges Urteil gefällt wurde, ob er das Recht, auf dem Hofe zu bleiben, verwirkt habe oder nicht. Dieses nach uralten Rechtsformen abgehaltene Gericht sicherte den Kolonen gegen ein willkürliches Verfahren seines Gutsherrn, der ihn nur dann vom Hofe jagen konnte, wenn er wirklich gegen die Eigentumsordnung und gegen alles Herkommen gröblich verstoßen hatte. Es gab na-türlich auch darin Unterschiede. Die landesherrlichen Eigenbehörigen, die einem der bischöflichen Rentämter unterstanden, waren meist schlechter daran als die klösterlichen, die bei ihrer Frau Äbtissin auf größere Geduld und Langmut rechnen konnten. Der Rentmeister in Bevergern dagegen wollte und mußte jährlich seine Rechnung dem Landesherrn ablegen und durfte nicht mit großen Ausständen aufwarten, wollte er nicht selbst dabei Gefahr laufen, als ein schlechter Diener seines Herrn zu gelten. Hierzu ein Beispiel:[434]

Im Jahre 1613 hatte der Rentmeister zu Bevergern großen Ärger mit dem fürstlichen Eigenbehörigen Bergfeld in der Bauerschaft Schmedehausen. Der seit sieben Jahren auf dem Hofe sitzende Kolon Bernhard, war, dürfen wir dem Rentmeister glauben, ein Ausbund an Schlechtigkeit. Durch sein „unzeitigh Fressen, Sauffen, Schlagen, Schelten und sunst unordentliches Leben" hatte er nach dessen Meinung die Stelle verwirkt, zumal er große Schulden gemacht habe. Allein im Gericht zu Greven sei er 22 Taler verwirkte Brüchten (Strafen) schuldig, dazu habe er bereits zu Greven „in den Eisen", also im Gefängnis gesessen. Seit 5 Jahren habe er keinen Heller Pacht mehr bezahlt. Bei Wasser und Brot ließ ihn der Rentmeister in Bevergern einsperren, um ihn zur Raison zu bringen. Um die rückständigen 144 Rtl. Pacht wenigstens in etwa einzubringen, ließ er ihm inzwischen zu Hause alle Kornvorräte wegholen, so daß Bergfeld nun, wie er in einer Bittschrift an den Landesherrn anzeigte, „nichts mehr zur Saet, weniger zu Essen und Leben hab, geschweige (zu) meiner Beister (Tiere) Unterholt". Wenn er beim Landesherrn noch einmal Gnade fand, dann wohl nur deshalb, weil er durch Kriegsnöte schwer gelitten hatte.*)

Kam es wirklich zur Abhaltung eines Erbgerichtes, was nicht nur dann allein zu geschehen pflegte, wenn es galt, einen ungetreuen Kolonen abzumeiern, sondern vielfach auch nach dem Tode eines Bauern, wenn der Hof stark verschuldet war, und sich keiner finden wollte, der ihn mitsamt den Schulden übernehmen wollte, so mußte dieses zunächst von der Kanzel verkündet werden, damit die Öffentlichkeit des Verfahrens gesichert war. Zugleich wurden alle jene, die etwa Forderungen an den Hof bzw. an den Wehrfester hatten oder zu haben glaubten, aufgefordert, sich zum Termin einzufinden und diese dort anzugeben.

Das Verfahren beim Erbgericht war in ganz ähnlicher Weise geregelt wie das des Gogerichtes (s. o. S. 115 ff.). Es wurde auch vom Gografen gehalten. Als beispielsweise die Äbtissin von Überwasser im Jahre 1604 auf dem völlig verschuldeten Hofe Hinderking zu Maestrup (= Schulte Lütke Maestrup!) einen Erbtag halten lassen wollte, mußte sie das Verfahren beim Gografen zur Meest anhängig machen.[435] Nach der Proklamation über die Kanzel zu Greven und in den umliegenden Kirchspielen erschien am Gerichtstag der „ernhafter und wollerfarne" Conrad Vorheiden als Vertreter der Äbtissin und ließ nach uraltem Herkommen die Fragen nach Ort und Zeit des Gerichts, nach dem Gutsherrn des Erbes und den Pflichten und Lasten desselben stellen und beantworten. Der Wehrfester gab zu, daß er den Hof gegen die Bedingung, keine Schulden zu machen, übernommen habe, entschuldigte sich aber damit, „daß das Schuldenmachen wegen vielfältiger, überaus schwerer Kriegsuberzugen beschehen, dienstfleißig umb Gottes Willen bittend", die Äbtissin möchte dies doch berücksichtigen. Der Anwalt der Äbtissin ließ sich aber nicht rühren und beschuldigte den Hinderking, ganz ungebührliche Schulden ohne die Genehmigung der Äbtissin gemacht zu haben und verlangte, daß die Gläubiger ihre Forderungen vorbringen sollten. Dabei kamen allerdings Summen heraus, die auch bei der größten Berücksichtigung der Kriegsnöte erkennen ließen, daß Hinderking kein guter Wirtschafter gewesen war! Die Pachtrückstände des Hofes betrugen im ganzen 13 Malter Roggen, ferner seit 1598 6 Schweine und seit 1593 insgesamt 5 Schillinge. Die Forderungen Fremder an Geld waren enorm: Der Vikar auf Haus Schöneflieth hatte 115 Taler und dazu von 2 Jahren die Zinsen in Höhe von $4^1/_2$ Taler, insgesamt also 124 Taler zu fordern, Gerhard Kommiß (in Greven) besaß einen Schuldschein über 100 Taler, von denen die letztjährigen Zinsen von 6 Talern noch nicht bezahlt waren.

---

*) Unter den Kriegsnöten hatte gerade dieser Hof auch in den folgenden Zeiten schwer zu leiden. Der nach dem Tode des Bernhard 1620 auf den Hof gekommene junge Kolon Melchior Bergfeld kam 1631 durch die Plünderungen der Weimarischen, Kaiserlichen und Staatischen Truppen, die ihm alles Vieh raubten, trotz allen Fleißes, den ihm die Beamten in Bevergern diesmal ausdrücklich bescheinigten, so herunter, daß er 1631 100 Taler aufnehmen mußte, um seine Wirtschaft auch nur einigermaßen wieder in Gang zu bringen. Wenige Jahre später, 1635, klagte er dem Landesherrn, er müsse verlaufen oder verhungern, wenn ihm nicht geholfen würde!

Meister Everd Jochmaring und Dietrich zum Kumpe hatten dem Wehrfester gleichfalls
100 Taler geborgt, für die er ihnen den Beekkamp versetzt hatte. Doch stand ihnen
die Nutzung des Kampes zur Abgeltung der Schuld nur noch ein Jahr zu. Diese alle
hatten wenigstens ihre „Verschreibung" mit Genehmigung der Äbtissin erhalten. Weit
mehr aber hatten dem Hinderking ohne eine solche Bewilligung Geld geborgt. Der
Hauptgläubiger war auch hier Meister Everd Jochmaring in Greven, bei dem ein Sohn
des Wehrfesters das Zinngießerhandwerk gelernt hatte, wofür ihm dieser ein Stück
Land auf 4 Jahre versetzte, dazu aber noch 71 Taler 15 Schillinge an barem Gelde geborgt hatte. Insgesamt betrugen die Forderungen der Gläubiger, die keine Bewilligung
der Äbtissin vorweisen konnten, nicht weniger als 835 Taler, 5 Schillinge und 9 Pfennige.
Mit den obigen Forderungen zusammen also mehr als 1200 Taler für einen Hof von
58 Scheffelsaat. Da war es allerdings an' der Zeit, auf Abhilfe zu sinnen. Der Gograf
sprach denn auch ohne Zaudern das Urteil, daß der bisherige Zeller Hinderking das Erbe
binnen sechs Wochen und drei Tagen zu räumen habe und daß alle Forderungen, die
nicht von der Gutsherrin genehmigt gewesen seien, als verfallen zu gelten hätten. Ein
hartes Urteil, sowohl für den armen Bauern als auch für die Gläubiger, die nach geltendem
Recht alle Ansprüche auf Befriedigung ihrer Forderungen verloren, da diese nicht an
den Eigenbehörigen, sondern an den Hof gingen. Was aus dem seines Hofes entsetzten
alten Bauern wurde, vermelden die Akten nicht. Wenn er Glück hatte, konnte er als
Knecht auf einem anderen Hof unterkriechen. War er auch dazu schon zu alt, so beschlossen er und seine Frau ihr Leben wohl im Armenhaus!

Dieses Beispiel zeigt, wie gefährlich es für den Bauern war, Schulden zu machen.
Kam er in Not, die er nicht selbst verschuldet hatte, so konnte er gewiß sein, daß die
Herrschaft ihm durch Pachterlaß und die Erlaubnis zur Aufnahme eines Darlehens half.
Mißernten und Kriegszeiten verleiteten den Bauern aber nur zu oft dazu, heimlich ohne
Vorwissen des Gutsherrn Schulden zu machen, und es brauchte dann nicht einmal
schlechter Wille und Untauglichkeit zu sein, wenn es ihm nicht mehr gelang, aus den
Schulden wieder herauszukommen. Das Beispiel des Lütke Maestrup zeigt das zur
Genüge. Immer neue Darlehen mußten aufgenommen werden, um alte abzutragen, immer
neue Löcher gerissen werden, um die alten zu stopfen. Sah das Ganze zu Anfang noch
ganz ungefährlich aus, so brachte eine einzige schlechte Ernte, ein Kriegsbrand die
Kreditfähigkeit des Hofes zum Einsturz.

Mit welcher Vorsicht daher die Grundherren in der Bewilligung zum Schuldenmachen
vorgingen, zeigt folgende Urkunde:[436])

Des hochwuerdigsten ... unsers gnädigsten Herren, wir furstliche Munsterische heimbgelaßene
Cantzler und Camerräthe, thuen kundt un zu wissen jedermenniglichen, nachdem uns Henrich Naren-
dorpf zu Greven und Catharina Heilers sein Hausfraw, an daß Fürstliche Ambthaus Bevergern äigen-
horig supplicirend vorbracht, welchermaßen sie durch außgestandenen andermahligen Brandt und
sonsten übel gerathene Jahren dergestalt herunder kommen, daß sie ire geringe Wohnung, daferne
ihnen von andern keine Handtbietung geschehen, nicht wiederumb auffbauen können, wie sie dan
ihrem Schwieger und Bruder Philipßen Heiler Zimmermeistern, derwegen an Arbeitslohn und sonsten
noch verhafftet, auch anderwerts Gelds hochnötig wehren, mit demütiger Bitt, (daß) wir ihnen ver-
gunstigen wollen, zu deßen und andern nötigen Schülden Ablagung ein gering Platzlein von einem,
zu gerürten Narendorpfs Erbe gehörigen Kampf, in der Heimb genant, mit der einer Seiten die Embß,
der andern einen alten Fuhrwegk zulangs, dem breidesten Endt nacher dem Norden uff Schulten zu
Bonstrups Kampf und dem andern als schmälern uf ein Scheven oder Funder (= Fußsteig), so uber
bedeutete Embße gelegt, schießendt, uf etliche Leiber ahn besagten Heiler zu verkaufen, inmaßen
dessen Lengde uber acht und vierzig und Breite dreißig Schritten oder passus nacher gedachtem
Scheven hinahn sich nicht erstrecken thete, und von einem alten Stamb der sich itzo in der Embße
befunde und einer alten Kopffweiden ahn dem Tegellwercke und obvermelten Wege, jegen Berndt

Luken und Henrichen Bremers Behausung stehendt, abgezeichnet werden könte. Wie wir nun bemelts Platzlein in Augenscheinen nehmen, folgentz abtretten laßen und befunden, daß es darumb obdeducirten Maßen beschaffen, so haben wir deme zufolg und uf gemachte weitere Instantz bewilligt, thuen auch solchs hiemit und in Macht dießes unsers Briefs, bedeutets Plätzlein gedachtem Heiler, sein, seiner Hausfrawen Gertrauten zum Wichhause und dero beiden Söhnlein Henrichen, gegen Erlegung achtzig Rtl. einmahl vor alle, so sich hiemit thöten und zu ewigen Zeiten auß angeregtem Narendorfs Erbe nicht wieder gefordert oder bezahlt werden sollen, so dan Erlagung einer jährlichen Urkundt (Pacht bzw. Hauszins) von einem Ort Rtl. (1 Ort = $\frac{1}{4}$ Taler) jedes Jahrs uff Ostern in gerürts Narendorfs Erbe zu verlaßen und wurcklich einzuraumen, jedoch mit dem Vorbehalt, daß gedachter Heiler oder deßen Mitbenente weiter nicht als obvermelte Stamb und Kopffweide zwergs hinüber designiren, eingreifen, und uns oder einem zeitlichen Landtsfürsten vorbehalten sein solle, nach thötlichem Abfall obspecificirten Leiber daruf gebawets Hauß gäntzlichen wieder abschäffen und vielgedachts Plätzlein zu gerurtem Kampf zu lagen oder sonsten derhalben verordnen zu laßen, was sich gestalten Sachen nach alßdan ahm nützlichsten befinden mögte. Urkundt hierfür getruckten uns anvertraweten Munsterischen Cammersecret-Insiegeln. So geschehen den 26. Aprilis Anno 1631.

Das Bild vom Kreislauf des bäuerlichen Lebens in Vorzeiten wäre nicht vollständig, wenn wir uns mit einer Schilderung der gutsherrlich-bäuerlichen Rechtsverhältnisse begnügen wollten. Denn es gab außer diesem Rechtskreis doch auch noch andere Lebensgemeinschaften. Die häusliche Gemeinschaft in der Familie ist der erste und ursprünglichste Lebenskreis des Bauern. Auf seinem Hofe herrschte er einem Könige gleich. Mächtige Eichen umstanden seinen Hof, Wall und Hecken umgaben seine Kämpe, und innerhalb dieser Wallhecken lag seine Welt. Der Hof war ihm alles, kein Recht und kein Teilchen seines Grund und Bodens waren ihm feil, auch wenn er nur als Eigenbehöriger auf dem Besitz eines Anderen, seines Grundherrn saß.

„Aber nicht nur der Bauer selbst und sein Anerbe waren von solchem Geist beseelt, auch die nicht erbenden Kinder lebten für den Hof; ihre Arbeit und ihr Interesse galten dem Hofe. Sie bestellten den Acker und pflegten das Vieh und wachten über den Wald, als wäre er ihr Eigentum, sie feilschten nicht um den Lohn und verzichteten oft auf die Gründung eines eigenen Herdes, nur um dem Hofe zu dienen, auf dem ihre Wiege gestanden hatte. Sie waren zufrieden mit einer bescheidenen Abfindung vom väterlichen Vermögen. Häufig kam es auch vor, daß die abgefundenen jüngeren Kinder auf ihre geringe Abfindung ganz verzichteten, damit der Hof erhalten blieb."

Aus solcher Gesinnung heraus erklärt es sich, daß sich die alten Höfenamen unserer Heimat durch die Jahrhunderte erhalten konnten, auch wenn im Laufe der Zeit Dutzende von neuen Besitzern mit ganz fremden Familiennamen auf den Hof zogen. Bezeichnend ist, daß die kleinen, seit dem 16. Jahrhundert in der gemeinen Mark angesetzten Kötter nicht so traditionsgebunden dachten und fühlten, wie eine Verordnung im Schönefliether Gogerichtsprotokoll von 1578 dartut:

Es sollen auch alle Kotten und Huisstedde bie iren olden Nhamen verpleiben und verzeignet und genennet werden und nit jeder Zeit nach den Leuthen, so dair inne to wonen kommen, Voranderunge des Namens geschehen. Than die Leuthe sein sterblich, die Wonungen aber und Haußstedde bliven alzeit.

Heute ist dieser beherzigenswerte Satz leider auch bei den großen Bauernhöfen ganz in Vergessenheit geraten, woran allerdings die Namensgesetzgebung der Gegenwart (dazu Schule und Kommiß!) nicht ganz unschuldig ist. Aber mit welchem Stolz muß es den Bauern der Gegenwart erfüllen, zu wissen, daß Träger seines Namens, auch wenn sie nicht seine direkten blutsmäßigen Vorfahren waren, vor 5, 6 oder gar 700 Jahren auf seinem Hofe gelebt und gearbeitet haben!

Schulze Jochmaring und Kolon Bettmann marschieren, was das Alter ihrer Höfenamen anbetrifft, wohl an der Spitze im Amt Greven, kommen doch ihre Namen bereits in der ältesten Freckenhorster Heberolle aus dem 11. Jahrhundert in der Grundform des heutigen Namens „Jecmeri" und „Bettikin" vor. Aber auch viele andere Höfe im Amt Greven tragen ihre Namen unverändert bereits seit dem 13. oder 14. Jahrhundert.

Die gleiche Zähigkeit wie im Festhalten des alten Hofesnamen bewiesen unsere Vorfahren auch im Bewahren des altererbten Brauchtums der Heimat, bis auch hier das Zeitalter der Maschine mit seiner Technisierung des täglichen Lebens langsam aber sicher mit den alten Bräuchen und Sitten aufgeräumt hat. Elektrisches Licht und Wasserleitung, Auto und Motorrad, Radio und Telefon – von den zahllosen landwirtschaftlichen Maschinen ganz zu schweigen – gehören heute auch auf dem Lande zu den alltäglichen Dingen. Niemand wird leugnen wollen, daß dieses technische Jahrhundert mit seinen Mäh- und Erntemaschinen, mit seinen Dieselmotoren und Traktoren dem Bauern nicht auch ungeheure Vorteile und große Erleichterung in seiner schweren Arbeit ums tägliche Brot gebracht hat, – dem altväterlichen Brauchtum im häuslichen Lebenskreis sowohl wie in der bäuerlichen Gemeinschaft hat es den Todesstoß versetzt. Die Jugend von heute kennt die meisten alten Sitten und Gebräuche nur noch vom Hörensagen, nur weniges noch ist bis heute lebendig geblieben.

Getragen wurde dieses Brauchtum nicht nur von der Familie, sondern ganz wesentlich von der Nachbarschaft, jener Gemeinschaft also, in der sich die letzten Reste der ursprünglichen kleinsten Siedlungsgemeinschaften aus der Urzeit erhalten haben (s.o.S. 20f.).*) Im Laufe der Jahrhunderte haben sich diese Nachbarschaften vielfach – zweifellos durch persönliche oder auch durch grundherrliche Bande bzw. Beziehungen bedingt – verschoben, so daß heute keineswegs immer der zunächst gelegene Hof nun auch der „Nachbar" zu sein braucht. Im Jahre 1739 beispielsweise beklagte sich Schulte Farwick in der Bauerschaft Hüttrup vor dem Sendgericht in Greven, daß er bislang „einige Eingesessene selbigen Kirspels Ladbergen zu dem gewöhnlichen Nachbarrecht gebrauchen müsse, diesen aber von deren Prädicanten solches zu leisten inhibiret (= verboten)". Daraufhin wurden die nächsten Bauern in Hüttrup, Reismann und Önigmann „als unter einer catholischen Gemeinde sortirend, selbiges Nachbarrecht anzunehmen" für schuldig befunden. Nach anfänglichem Sträuben (weil ihnen der Schulte Farwick zu weit ab lag) übernahmen die beiden Höfe das Nachbarrecht und sind ihm bis heute treu geblieben.[437]) Der offenbar erst im 16. Jahrhundert in der Herberner Mark angesetzte Kötter Bösenberg (Beysenbörger) schloß im Jahre 1709 mit Schulte Grotthoff und Zeller Brockmann einen Vertrag, demzufolge diese ihm in Zukunft das Nachbarrecht leisten wollten, wogegen er sich verpflichtete, ihnen drei Tage im Jahr beim Mähen zu helfen.**)

*) Nach einem Bericht des Amtsbürgermeisters von 1832 wurde die Nachbarschaft nicht nur im Kirchspiel, sondern auch im Dorf gepflegt und „pünktlich" (wie auch heute noch) beobachtet (LA Münster Nr. 1446).

**) StAM, Dep. Bentlage 1, II Greven Nr. 16. Ein schönes Beispiel für den wahren Geist der Nachbarschaft, zwar nicht aus dem Kirchspiel Greven, sondern aus dem Kirchspiel Überwasser fand sich unter den Akten des Überwasserstiftes (StAM, StFA, Universität II B Nr. 2a Bl. 12): „am Sondage nach Viti (1581) ist der Helmer mit der Burschop Gyvenbecke alhir im Kerspell und Archidiaconat geleggen, by mich (dem Archidiakon!) gekommen und angesecht, welchergestalt der Dirickmanschen darselbst (welche leider in erem Huise de ellendige Sukede (= Seuche) der Pest heft, daran etlig verstorven, etlige aver noch mogen kranck syn in negstvergangen groiten Regen beflotten (und) in Schadens gefair gekommen, dem dan de Naberschoff dussen hudigen Namitdag so vil ummer moglich, gern wolden Hulpe und Reddinge doin, begerde derhalven van wegen der Schulten Narthoffs, Bertlinges und anderer Naberschoff, dat ichs doch verloven wolte, dat sollichs hudiges Sundags den Namitdag gescheen mochte. Darup ich en (= ihn) gefraigt hebbe, off es ock de Naberschoff nicht um Gewins (ader

216

Geburt, Hochzeit und Tod, das sind die drei Stationen, die das Leben des Bauern und seiner Familie nach der persönlichen Seite hin bestimmen, und um die sich früher ein reiches Brauchtum rankte, das heute nur noch in Resten erhalten geblieben ist, obschon es weit weniger von der Technisierung des Alltags berührt wird als das wirtschaftliche Leben. Doch hat auch in dieser Sphäre die Technik schon ihren Einzug gehalten. Nicht mehr jagt heute der „Notnachbar" zu Pferde zum Dorf, um den Pfarrer zum sterbenden Nachbar zu holen, sondern er ruft ihn durchs Telefon herbei und die Totenpflege und -wache übernimmt heute meist die Barmherzige Schwester aus dem Krankenhaus, damit den Nachbar von dieser strengen Pflicht ablösend. Aber wie es früher gehalten wurde, soll hier doch wenigstens festgehalten werden.

Welche junge Kindbetterin bekommt heute noch von den Frauen der Nachbarschaft den „Kinnerkorf" zur Taufe mit Lebensmitteln, darunter den beliebten „Beschüten" und den handbreit hohen runden Weggen (Rosinen- und Korinthenstuten), „so graut as en Plograd", in einem buntkarierten Kissenbezug dargebracht? Allgemein üblich war es und ist es wohl auch heute noch, daß die Frau des ersten Nachbarn das Neugeborene zur Taufe in die Kirche trägt, dagegen ist das „Kinderkersen" ein halbes Jahr nach der Geburt, das in einem großen Kaffee- und Kuchenfest für die Nachbarschaft bestand, fast ganz außer Gebrauch gekommen. Die Sitte, bei der Geburt eines neuen Erdenbürgers Weggen zu verteilen, scheint uralt zu sein, da nach des Pfarrers Holstein Aufzeichnungen im Pfarrarchiv schon im 16. Jahrhundert (1584) – und gewiß als alter Brauch – auf der Kindtaufe ein Wegge, dazu noch eine sogenannte Fleischpröve (bestehend aus einem halben Schinken oder einem Stück Rindfleisch), einer Kanne Bier (Koit) und sechs Pfennige dem Pfarrer ins Haus geschickt wurden. Die kleineren Leute, die Kötter, Brinksitzer und Backhäusler gaben statt dessen 12 Eier und 18 Pfennige an Geld. Diese dem Pfarrer ins Haus geschickte Mahlzeit war offenbar als Ersatz für eine Teilnahme an dem damals üblichen „Taufessen" gedacht, bei dem im 16. Jahrhundert ein solcher Aufwand getrieben wurde, daß obrigkeitshalber in der „Gemeinen Landordnung" von 1571 dagegen Stellung genommen werden mußte. Es heißt da (S. 19 f.):

Dan mit den Kindertaufen an Orten, da es gepräuchlich, daß man derhalben ein Geselschaft zu halten pflege, soll es damit nachfolgender Gestalt geschehen und gehalten werden, nemblich, daß neben den Gevattern zehen oder zwelf Personen oder weniger, nach eines jeden Vermügen und Gelegenheit zu einer Maltzeit mügen berufen und inen zimbliche Kost wie oben gemelt angerichtet und dabei nit mehr dan ein Tonne Keuts oder Biers beschafft, gleichwoll die Maltzeit und Geselschafft soll zeitlich für Abent geendet werden.

Weit lebhafter und sinnfälliger ging es bei der Hochzeit des Jungbauern zu, die ja nicht nur der Beginn des Lebens zu zweit in der ehelichen Gemeinschaft bedeutete, sondern fast immer auch mit der Übernahme des Hofes durch das junge Paar zusammenfiel. Schon die „gemeine Landordnung" von 1571 läßt erkennen, mit welchem Aufwand und Brauchtum die Hochzeit (Brautwer(t)schaft genannt) mit allem Drum und Dran betrieben wurde. Es begann mit der Eheberedung. Ist dies heute eine rein familiäre Angelegenheit der jungen Leute und ihrer Eltern, so hat man im 16. Jahrhundert damit bereits eine große Gasterei verbunden. Waren sich die jungen Leute einig geworden

---

orer selbs Prophites) dan um der Lefte Gots willen und naberligs Troists willen doen wollen. Darup hefft he myr geanthwurt, dat de Naber dar van nichts begeren, dan wollen den, so in der Ellende synt, to Troeste doin und sollichs allein um Gots willen doen."

Vom Kotten Lütke Wichtrup in der Bauerschaft Aldrup heißt es 1652, es sei „arm Werck uf der Kotten,...erbieten sich die Nachbarn,...einen Baum zu schneiden das Haus versolen und decken lassen (zu) wollen" (StAM, Fst. Münster, Landesarchiv 359 Nr. 31).

und der Tag der Hochzeit festgesetzt, so schickte man den Hochzeitsbitter, auch Diege-
mann oder Gästebidder genannt, in der Bauerschaft herum, um die Gäste zur Teilnahme
an der Hochzeitsfeier einzuladen. Ursprünglich hat wohl immer nur die eigentliche
„Nachbarschaft" an dem Fest teilgenommen. Später haben vor allem die besser situierten
Bauern diesen Rahmen überschritten und vielfach die ganze Bauerschaft eingeladen.
Gegen diese Ausdehnung des Teilnehmerkreises und gegen den gleichzeitig aufkommenden
übertriebenen Aufwand ging im 16. Jahrhundert die Obrigkeit streng vor und legte
sowohl die Zahl der Teilnehmer als auch den erlaubten Aufwand beim Hochzeitsmahl
genau fest, wie die Bestimmungen der Landordnung von 1571 zeigen:

Was dan den Ehrentag und Leute, so zur Geselschaft berufen werden mügen, angehet, sollen in den
Stetten, Wigbolden, Flecken und Dorfern, desgleichen die fürnemen Ampt-, Teget- und Schultenhöfe,
item zweipflügige Erben fünfzig Personen, aber gemeine Erbe durchaus vierzig und dan halbe Erbe
und Kotten fünfundzwanzig Personen, alles von jeder Seiten des Brautgams und der Braut gleiche viel,
und nit mehr zu der Brautwerschaft gerufen werden.
Und soll die Geselschaft auf dem Hof, Erb und Kotten da die Eheleute hauslich sitzen und wohnen
werden, aber in den Stetten, Wigbolden, Flecken und Dorfern nach der Hauser Raum und Gelegenheit
in eignen oder geliehenten Hausern mit Anzahl der obspecificirten Personen, doch nit lenger dan
zwein Tage, gehalten werden und ein jeder bei guter Zeit für Abent jedes Tags widerumb zu seiner
Behausung sich verfügen.
Damit auch keiner mit ubermessigen Speise und Unkosten sich belade noch beschwere, sollen auf den
Brautwerschaften und zwein erstprincipal Geselschaft-Tägen, zu zweien Malen, auf jedes Mal zwei
Gericht oder Essen angetragen und zum dritten Mal Botter und Kese zugelassen werden. Und mag
nit daruber, sonder wol weiniger geschehen.
Auf den dritten und entlichen letzten Tag mögen noch etliche der nahesten Verwanten und Freunde,
mit denjenigen, so die fürige Täge aufgewartet und gedient haben, doch daß die Antzal der Personen
in den Wigbolden, Flecken, Dorfern, den großen Höfen und Erben nit uber 24 und dan bei den halben
Erben und Kotten nit uber 12 Personen sein sollen, noch zu einer Malzeit behalten werden. Und alsdan
ein jeder sich auch zeitlich zu Haus zu machen schuldig, aber den nahesten Blutzverwanten gegunnet
sein, daß sie in obgerurten Gesellschafttägen, auch des Abents sich ergetzen und der Gesellschafft ein
ordentlich Endt machen mügen.

Die Bauern haben sich nicht gern an diese Vorschriften gehalten und lieber die darauf
gesetzten fünf Mark Strafe gezahlt als einen ihrer Gäste gemißt. Große Hochzeiten
mit 100 und mehr Gästen waren auch damals schon keine Seltenheit. Aber an die großen
Gebehochzeiten der Neuzeit, an denen bis zu 500 Personen teilnahmen, reichen sie
doch nicht heran. Die zwei- bis dreitägige Feier hat sich dagegen bis in die Gegenwart
erhalten. Doch ist der Teilnehmerkreis am zweiten Tag stets auf die Nachbarschaft
beschränkt geblieben. Der eigentliche Hochzeitstag fiel wohl von jeher auf den Dienstag.
Das war uralter Brauch, denn schon in dem Gebührenverzeichnis der Grevener Kirche
von 1584 wird berichtet, daß es damals üblich war, am Montag die Braut in die Kirche
zu führen, wofür dem Pfarrer, wenn es in feierlicher Form geschah, wie bei der Taufe
Fleisch, Brot und Bier nebst einigen Pfennigen gegeben werden mußten. Dieser Braut-
segen erfolgte am Tage vor der Hochzeit. Dem Hochzeitstag ging früher nicht nur der
Polterabend vorauf. Heute wird Kistenfüllung und Polterabend auf einem Tage gefeiert, früher kam erst die Kistenfüllung, d. h. der Tag, an dem der Brautwagen feierlich
eingeholt wurde. Der große Kastenwagen, mit Maien und Blumen geschmückt, wurde
mit den Möbeln der Braut, bestehend meist aus Truhe, Spinnrad und Rocken, Küchen-
oder Kleiderschrank, Tisch und Stühlen, dann nach uraltem Brauch mit der sogenannten
Kistenfüllung, bestehend aus Hausrat, Bettzeug, Wäsche, Leinen und Zinnzeug beladen
und in festlichem Zuge zum Hause des Bräutigams gefahren. An das rückwärtige Brett
des Wagens wurde der Birkenreisigbesen (mit dem Stil nach unten) befestigt, und von

vielen Hochzeitsreitern begleitet fuhr die junge Braut, inmitten ihres Hausrates thronend dem zukünftigen, eigenen Hof entgegen. Mancherorts war auch diese Fahrt von allerlei Bräuchen, wie beispielsweise dem „Glasrieen", umkleidet, bei dem die beiden ersten Nachbarn nach dem auf dem Küchentisch im Hause des Bräutigams unter einem Glas Korn liegenden Taler um die Wette reiten mußten. Auf dem Hofe angekommen, zeigte zunächst der Kutscher seine Kunst im Knallen. Machte er seine Sache gut, so bekam er dafür das sogenannte Knallhemd („Knapphiemd"). Vor dem Hause erwartete der Bräutigam seine Braut, und während er sie über die Diele geleitete, nagelte der erste Nachbar den Reisigbesen an die Giebelmitte. Dann begann der Polterabend, auch Hühnerbollenabend genannt, weil die Mädchen der Nachbarn am gleichen Tag die Hühner für die Festsuppe rupfen mußten. Den Tanz eröffnete der erste Nachbar mit der Braut. Er mußte zuvor auch den alten, heute nicht mehr bekannten Bärentanz vorführen, bei dem er, mit Ketten beladen, durch die Tenne sprang.*) Der Polterabend war im 16. Jahrhundert, dürfen wir der Landordnung von 1571 glauben, noch etwas Ungewohntes. Nur die Braut durfte ein paar Jungfrauen zur „Gesellschaft" einladen, aber die werden ja nicht allein getanzt haben! Es wurde derweil auch allerhand Unfug getrieben, so vor allem das sogenannte Hahnenbringen, das offenbar als Rest eines uralten Fruchtbarkeitszaubers gelten darf, und bei dem man dem Brautpaar einen lebenden Hahn in die Brautkammer ans Bett brachte und anderen Schabernack trieb. Die Landordnung von 1571 verbot dies als unpassenden, derben Scherz:

Das Hanenbringen, da solchs gepreuchlich gewesen, und das des Nachts Drincken, soll bei dieser Geselschafft hiemit auffgehaben und verbotten sein. Wie auch kein Bier darzu gezappet oder gegeben soll werden. Es sollen imgleichen nach geendigten Prinzipal-Brautwerschafftstägen keine Knecht, Mägt oder sunst jemandts an den Ort, da die Geselschafft gehalten, noch in des Breutgams oder Braut Behausung solcher Gestalt sich mehr finden lassen.

Der gleichen Art war der Brauch, daß die jungen Leute am dritten Tag der Hochzeit den sogenannten Hochzeitsbock (einen bekränzten Holzbock) durch die ganze Nachbarschaft schleppten und zuletzt dem nächsten Ehekandidaten ins Haus brachten, wobei natürlich überall getanzt und getrunken wurde.**)

Am Hochzeitsmorgen ging es morgens in die Kirche, wo man bei der Trauung dem Pfarrer nach uraltem Brauch eine Kanne Wein, dem Küster aber nur zwei Schillinge spendete. Näherte sich die Hochzeitskutsche auf der Rückfahrt dem Hofe, so spannten die Nachbarn schnell eine Leine über den Weg („die Liene to schären"), worauf das Brautpaar, um freie Bahn zu gewinnen, sich mit einem alten „Klaoren" lösen mußte. Mit Musik und lautem Böllerschießen fuhr der Wagen dann in den elterlichen Hof ein, wo am Eingang die erste Magd das junge Paar mit einem Segensspruch begrüßte. Dann übergab die Mutter des Bräutigams der jungen Frau den Püster und den Schleif, um ihr anzudeuten, daß von jetzt an sie für Haus und Küche zu sorgen haben werde. Das Hochzeitsmahl wurde da, wo es an dem nötigen Raum fehlte, auf der Tenne oder im Zelt gehalten. Hatte man sich von ihm durch einen kleinen Rundgang durch Hof und Feld erholt, ging es an die reich besetzte Kaffeetafel. Der Rest des Tages war der Freude und dem Tanz gewidmet, zu dem die Musikanten „up de Hille" (Hiel) unermüdlich aufspielten, bis am frühen Morgen die Letzten nach Hause zogen.

---

*) In Herbern (Schulte Eilfing) und Schmedehausen (Schulte Bisping-Borgling) kannte man ihn noch.

**) Der Übermut der Jugend fand seinen Höhepunkt beim Kochen der letzten Hochzeitssuppe aus Sand, Knochen, Asche und Scherben, die schließlich in die Küche gekippt wurde, worüber dann die ganze Gesellschaft den letzten Reigen hinwegtanzte!

Für den jungen Bauer und seine Frau begann am nächsten Morgen der Alltag des Lebens, der sie von nun an nicht mehr freigeben sollte, ein ganzes Leben lang, bis beide aufs Altenteil zogen, um nun ihrerseits der neuen Generation Platz zu machen, wenn nicht schon vorher Gevatter Tod sie heimholte. Waren schon bei Kindtaufe und Hochzeit die Nachbarn helfend eingesprungen, so band der Tod erst recht die „Nachbarschaften" zu einer festen Hilfsgemeinschaft zusammen. Ging es mit dem alten Bauern oder einem seiner Hausgenossen zu Ende und sollte der Geistliche geholt werden, um dem Kranken die Sterbesakramente zu spenden, so mußte der erste Nachbar, der „Notnachbar" dazu das Pferd stellen. Die ganzen Vorbereitungen für die Beerdigung besorgten die Nachbarn, vom Waschen und Aufbahren der Leiche bis zum Tragen des Sarges. Der erste Nachbar trug dabei den Sarg am Kopfende. Er mußte auch die Leiche aussegnen. Da heute die meisten Menschen im Krankenhaus sterben, sind diese alten Bräuche leider stark bedroht. Früher war es sogar üblich, daß die Leiche zunächst in die Kirche getragen und von hier aus dann zum Friedhof gebracht wurde. Das Gebührenverzeichnis des Pfarrers Holstein aus dem 17. Jahrhundert verzeichnet noch einen, schon damals alten Brauch, daß nämlich während der Frühmesse (dem Seelenamt) auf dem im Chor aufgebahrten Sarg eine Kerze habe brennen müssen; auch war es vielfach üblich, daß die Leiche vom Geistlichen in einer Trauerprozession aus dem Hause abgeholt wurde oder daß den Leichenbegängnissen aus dem Kirchspiel vom Dorf aus entgegengegangen wurde, wobei dann die Schulkinder unter Leitung des Lehrers singen mußten. Letzteres ist erst im 19. Jahrhundert abgeschafft worden, da es zu sehr den geregelten Unterricht störte. Als eine Neuerung seiner Zeit bezeichnete Pfarrer Holstein den Brauch, dem Verstorbenen eine Leichenpredigt zu halten. Da dies vorher nicht üblich gewesen sei, setzte er den Vermögenden dafür einen halben Rtl. an, den „Geringeren" nur 7 Schillinge. Offenbar ist dieser Brauch aus evangelischen Kirchspielen (der benachbarten Grafschaft Tecklenburg) herübergetragen worden, später dann aber wieder abgeschafft worden.

Ein Brauch, der früher zu Beanstandungen vielfach Anlaß gab, war das sogenannte Leichenbier, also die Sitte, nach der Beerdigung den Teilnehmern Speise und Trank zu bieten. Aus dem übermäßigen Alkoholverbrauch bei diesen „Leichenbieren" entstand natürlich nur zu leicht ein dem ernsten Anlaß nicht entsprechendes unziemliches Gelage, gegen das die Behörden vergeblich anzukämpfen versuchten. Alle Edikte und Strafmandate, die noch im 18. Jahrhundert auf jedem Sendgericht zahlreich verhängt wurden, konnten das „Leichbier" (Liekbeer) nicht ausrotten. Noch im Jahre 1840 wollte eine behördliche Verfügung den Brauch ganz abgeschafft wissen, doch wiesen die Bauern von Fuestrup und ähnlich auch die von Schmedehausen darauf hin, daß sie zwei bis zweieinhalb Stunden von der Kirche entfernt wohnten, daher diejenigen, welche die Leiche begleiteten, einer Stärkung wohl bedürften.[438] Sie gäben diesen aber nur noch ein Butterbrot, dagegen keinen Schnaps mehr. In dieser Form eines Kaffeefrühstücks ist denn auch der Brauch lebendig geblieben.

Auch der jährliche Kreislauf des bäuerlichen Lebens in Hof und Feld war von uraltem Brauchtum umwoben. Nicht nur die zahlreichen kirchlichen Feiertage hatten ein zum Teil üppiges Brauchtum entwickelt, das in manchem noch tief in germanischer Vorzeit wurzelte, auch die Arbeit des Bauern im Ablauf von Frühling, Sommer, Herbst und Winter war durch uralte Sitten und Gebräuche geheiligt. Über Frau und Kinder hinaus bildete der Bauer mit seinen Knechten und Mägden eine große Familie, mit der ihn die gemeinsame Arbeit und ebenso die gemeinsam gefeierten Feste des Jahres verbanden.

Fastnacht feierte nicht nur die Jugend des Dorfes unter sich in ausgelassener Freude und Tollheit, wie es uns für die dörfliche Jugend Grevens bereits für das siebzehnte Jahrhundert überliefert ist – sie bekamen dabei vom Hause Schöneflieth eine Tonne

Koit (Bier), einen Schinken und eine Mettwurst –, auch in den Bauernschaften und Nachbarschaften pflegte man von Sonntag bis Aschermittwochmorgen Tanz und Frohsinn beim Klang des „Treckfacks" oder „Quetschebühl" bis tief in die Nacht hinein. Gegen die Ausartungen des Brauches führte der Archidiakon als geistliche Obrigkeit noch im 18. Jahrhundert mit Mandaten und Strafgeldern einen schweren Kampf, ohne daß es ihm gelang, das „Übel" auszurotten. Im 19. Jahrhundert bekamen Knechte und Mägde von ihrem Bauer als Fastnachtsgeld 6 Groschen und beim Kirchgang auf Aschermittwoch gab Schulte Jochmaring seinen Mägden zweieinhalb Bund Garn. Bei Münsterländer „Klaoren" war dieses Geld wohl schnell vertan, und gar mancher konnte am Aschermittwoch mit Recht singen:

„O Aschgedach, o Aschgedach,
du hast mi't Geld ut de Tasch gejagt."

Am Aschermittwoch begann der Ernst der Fastenzeit recht sinnfällig mit einer schlichten Grütze und Brot statt der sonst üblichen morgendlichen Fettsoppe (Weizenknappen in Schmalz eingeweicht). Aber auch diese „stille Zeit" ging vorüber. Am Palmsonntag wetteiferte die Jugend in der Herstellung der sogenannten Palmstöcke, wobei ein Kind das andere an Pracht und Größe derselben zu überbieten suchte. Der folgende Gründonnerstag hatte für die Hausfrau große Bedeutung, da sie an diesem Tage die Erbsen legen mußte, wenn sie recht gedeihen sollten. Ebenso mußte am Karfreitag spätestens der Grünkohl gesät werden, wenn ihn nicht die Erdflöhe fressen sollten! An diesem „stillen Freitag" gab es dann die so beliebten Struwen, die mit Korinthen gefüllten Pfannkuchen. Es ist dies ein uraltes westfälisches „National"-Gericht, das im nahe gelegenen Kloster Freckenhorst die frommen Klosterfrauen bereits im 11. Jahrhundert aßen!*)

Jetzt war Ostern nahe. Schon am Ostersamstag gab es für jeden Knecht und jede Magd einen großen weißen Stuten, der auch am Ostermorgen, den die jungen Burschen mit Jagdflinten laut und vernehmlich einschossen, nicht fehlen durfte, und an dem es dann auch endlich wieder die langentbehrten Fettsoppen gab. Zum ersten Frühstück nach der „Ucht" schnitt die Bäuerin den vorletzten vorjährigen (!) Schinken an (zu Pfingsten dann den letzten), während für die Kinder das Ostereiersuchen zu allen Zeiten die größte Osterfreude bedeutete. Merkwürdigerweise bringt keineswegs überall der Osterhase die schönen, buntgefärbten Eier. Im ganzen Kirchspiel Greven bringt sie der „Krunekra", der Kranich. Deshalb singen hier auch die Kinder, wenn die Kraniche ziehen, das Liedchen „Krunekra, bring mir 'n Ei usw."! Zu Mittag brachte die Bäuerin am ersten Ostertag dann ein richtiges Festessen auf den Tisch, mit Suppe und Rindfleisch (mit Zwiebelsoße), Schweinepotthast, Mettwurst, Gemüse und einem ganzen gekochten Schinken (dieses Essen gab es an allen vier kirchlichen Hochfesten!) Am Abend brannte die Jugend allerwärts das beliebte Osterfeuer ab, zu dem sie Holz und Buschen selbst mit dem Wagen aus dem Walde holte. Der Ursprung dieses Osterfeuers wurzelt zweifellos noch in altgermanischer Zeit, in der man mit dem Feuerfest symbolhaft das Ende des Winters, den man vielerorts dabei in Gestalt einer Strohpuppe verbrannte, und den Anfang des Frühlings feierte.

Nach Ostern hatte der Bauer nicht viel Zeit mehr zum Festefeiern, trotzdem wurden die kirchlichen Feiertage, besonders Pfingsten und Christi Himmelfahrt, an welchem Tage man wieder Haus und Hof mit frischen Maien schmückte, festlich begangen.

---

*) genus cibi, quod vulgo struva dicitur (eine Art Speise, die gemeinhin Struve genannt wird. WUB I Nr. 165).

Dazu kam die „große" Prozession in Greven, die ursprünglich am Tage des Apostels Markus (25. April), seit dem 17. Jahrhundert aber in der Woche nach Christi Himmelfahrt, und seit der 2. Hälfte des 18. Jahrhunderts dann am Sonntag nach Pfingsten gehalten wurde. Das ganze Kirchspiel beteiligte sich an dieser „Gottesdracht", wie sie bereits im 16. Jahrhundert genannt wurde, und bei der um eine gute Ernte gesungen und gebetet wurde. Ende Juli begann diese, wenn das Wetter einigermaßen gut gewesen war, und Ende August mußte sie beendet sein, da dann in Greven der Esch für den Markt gebraucht wurde. Das waren heiße Tage für den Bauern und sein Volk. In den frühen Morgenstunden, um 4 oder 5 Uhr begann die Arbeit. Um die Kräfte anzuspornen, gab es dann zur „Imtid", d. h. zur Zeit, wenn die Bienen zu fliegen beginnen, also etwa um 6 Uhr, vor dem ersten Frühstück schon ein halbes Viertel Korn, zum zweiten Frühstück um 9 Uhr dann einen Buchweizenpfannkuchen, dazu dann das selbstgebraute Altbier in den schönen, heimischen Tonkrügen. Das Altbier brauten die Bauern früher ja selbst. Nachdem die Kupferbottiche aber meist in die Metallspende des ersten Weltkrieges gewandert sind, ist dieser Brauch heute fast ganz abgegangen, und nur noch hier und da hat sich ein solch schöner Bottich erhalten. Das Tagespensum, das in der Erntezeit von jedem Schnitter geleistet werden mußte, betrug meist drei Scheffelsaat, wenn er mit der „Sicht" (Sichel) und sechs Scheffel, wenn er mit der Sense arbeitete.*) Daß er sich dabei rechtschaffen quälen mußte, brauchen wir unsern Bauern nicht erst vorzurechnen. Von Mai bis Ende September hielt der Bauer mit seinem Arbeitsvolk die „Unnerstünde", d. h. die zweistündige Mittagspause. Schulte Jochmaring vermerkt dazu um 1830: „Meimarkt geht die Unnerstünde an, im Herbstmarkt (Ende Sept.) ist sie aus, dann ist Eieressen (!) auch aus. Wenn dann nachher der Baumeister morgens eher aufstehen will zu uchtwerken (= Dreschen!) so werden die Unnerstunde gehalten bis Süntelammert (17. Sept.), dann geht das Uchtwerk los, dann sind die Unnerstünde zu Ende . . ."[439]

War die Ernte glücklich eingebracht und trocken eingefahren, so feierte der Bauer mit seinem Gesinde frohen Herzens das Erntefest. Der letzte Wagen, mit Maibaum und Erntekranz geschmückt, wurde im frohen Zuge eingefahren, und in der Tür stand der Bauer mit der Flasche alten Münsterländers in der Hand bereit, seinen fleißigen Schnittern und Erntehelfern eins einzuschenken. Bei der Gelegenheit lud er sie auch schon zur sogenannten Stoppelhahnfeier (Stoppellandfeier) ein. Diese Nachfeier wurde meist Ende Oktober bzw. Anfang November, vielfach auch gleichzeitig mit dem ersten Schweineschlachten abgehalten und bestand hauptsächlich in einem großen Festschmaus, zu dem eigens ein Kalb oder gar Bulle, vielfach, wie gesagt, auch das erste gemästete Schwein sein Leben lassen mußte. Dieses meist nur in der engsten Nachbarschaft gefeierte Fest ging reihum. Anderwärts nannte man es auch Michaelisabend, dort feierte man es also schon Ende September. Der Michaelistag spielte im Leben des Bauern früher auch eine große Rolle als Termin für die Abgaben an den Grundherrn. An diesem Tag – vielerorts allerdings auch erst am Martinstag (11. November) begann zudem die Arbeit bei künstlichem Licht. Das dauerte bis Petri Stuhlfeier (= 22. Februar). Dann brauchte man die Lampe nicht mehr und konnte sie „in'n Prumboom" hängen. Am Martinstag spätestens wurde auch das Spinnrad hervorgeholt. Das nächste große kirchliche Fest, das gerade in Greven besonders gefeiert wurde, war Martini, das Fest des Grevener Kirchenpatrons. Abgesehen von den Kinderumzügen haben sich die alten Martinsbräuche nicht erhalten. Schon die alten Germanen feierten um diese Zeit ihr Herbstfest, an dem sie ihrem Hauptgott Wodan opferten. Die christliche Kirche bog diesen Festtag

---

*) Mit der Sichel wurde der Buchweizen und der Raps noch um 1900 gemäht.

in ein Kirchenfest um, in dem sie an diesem Tage das Andenken des Hl. Martin feierte. Die Martinsgans soll noch an den heidnischen Opferschmaus erinnern. Die an diesem Tage abgebrannten Martinsfeuer wurden im Bistum Münster bereits 1705 verboten, so daß wir nicht mehr wissen, ob dieser Brauch in Greven üblich war. Da St. Martin als Kirchenpatron für Greven erhöhte Bedeutung hatte, wird der uralte Brauch unserer Vorfahren gerade hier besonders großartig und mit viel Lärm und wohl auch mit allerlei Unfug der Jugend gepflegt worden sein.

Auch das Weihnachtsfest ist bekanntlich an die Stelle der altgermanischen Wintersonnenwende getreten. Ursprünglich brachten die Bauern an diesem Tage einen gewaltigen Holzblock an den Herd, der nach Möglichkeit bis nach Neujahr glimmen mußte. Den Kindern erzählte man dabei wohl auch, daß am dritten Tag eine große Eule aus dem Knubben herausfliegen würde. Schon in einer westfälischen Urkunde aus dem 12. Jahrhundert ist von diesem Weihnachtsholzfeuer die Rede.[440]) Erst sehr viel später, hierzulande wohl kaum vor dem 18. Jahrhundert, ist an seine Stelle der heute allbeliebte und als Festsymbol gar nicht mehr wegzudenkende Weihnachtsbaum getreten. Seitdem die früher üblichen Bescherungen zu St. Nikolaus und zu Neujahr mehr und mehr auf Weihnachten verlegt worden sind, ist dieser Tag zum schönsten Fest der deutschen Familie geworden. Die Weihnachtstage waren Ruhetage, die sich bis zu Hl. Dreikönige am 6. Januar hinzogen. Es waren dies die heiligen zwölf Nächte der alten Germanen, in denen Wodan und seine Begleiter durch die Lüfte ritten. Auf der Arbeit dieser Tage ruhte kein Segen. Deshalb schickte der Bauer in diesen Tagen sein Gesinde in Urlaub.

Neben den vier Hauptfeiertagen der Kirche, Weihnachten, Ostern, Mariä Himmelfahrt und Pfingsten gab es noch ungezählte andere kirchliche Feiertage, die alle ein mehr oder weniger tief im Volk verwurzeltes Brauchtum ausgebildet hatten. Bis zum Beginn des vorigen Jahrhunderts und teilweise noch darüber hinaus wurde im Münsterland noch an folgenden Kirchenfesten außer den Hochfesten und Marientagen nicht gearbeitet:*) Osterdienstag, Pfingstdienstag, Matthias (24. Februar), Philipp und Jakobi (1. Mai), Maria Magdalena (22. Juli), Jakobi (25. Juli), Anna (16. August), Bartholomäus (25. August), Matthäus (21. September), Simon und Juda (28. Oktober), Martini (11. November), Catharina (25. November), Andreas (30. November), Thomas (21. Dezember), und Johannes Evangelist (27. Dezember = dritter Weihnachtstag). Bei der Vielzahl dieser Feiertage ist allerdings zu berücksichtigen, daß es damals keine weiteren „Ferien" und auch keinen Urlaub gab!

Über das Verhältnis des Bauern zu seinem Gesinde verraten die alten Urkunden und Akten zwar nur wenig, und viel Besonderes gibt es darüber auch nicht zu sagen, da das Gesinde zu allen Zeiten voll und ganz an der häuslichen Gemeinschaft des Bauern teilgenommen hat und auch heute noch teilnimmt, sowohl an den Lasten wie auch an den Freuden! Interessant ist freilich ein Vergleich der Lohnverhältnisse vor dreihundert und mehr Jahren mit denen des vorigen Jahrhunderts. Nach dem Knechte- und Mägdeschatzregister von 1589[441]) zahlte der Schulte Aldrup damals seinem Baumeister im Jahr 6 Taler, seinem ersten Knecht 4, dem anderen 3 und dem jüngsten 1 Taler. Den gleichen Lohn von einem Taler erhielt auch der Schweinehirt und die drei Mägde des Schulten. Die anderen Bauern zahlten gleichfalls ihrem Knecht meist 4, 3 oder 2 Taler und den Mägden einen, während der Großknecht bei den Schulten meist 5 Taler verdiente. In der Folgezeit stiegen diese Löhne entsprechend der steigenden Geldentwertung. Nach einer Aufzeichnung aus dem Jahre 1646[442]) verdiente vor dem Dreißigjährigen Krieg

---

*) Alle diese Feiertage waren bereits 1770 aufgehoben worden (Scotti II Nr. 473), doch hatte das Volk die Tage meist in der alten Weise weiter gefeiert (AAG IV b Nr. 3, 1).

der Knecht im Winterhalbjahr schon drei und im arbeitsreicheren Sommerhalbjahr dreieinhalb Taler, jetzt, so heißt es 1646, bekommt er 6 bzw. 7 Taler, dazu Hemdlaken und Schuhe und schließlich noch im Winter eine Müdde Weizen, im Sommer dagegen eine Müdde Gerste, ohne Kaff und Stroh, das dem Hof verblieb. Als Weinkauf (Handgeld) pflegte man damals 3 oder 4 Schillinge zu geben. Ein Pferdejunge bekam zu Beginn des 17. Jahrhunderts höchstens einen oder auch nur dreiviertel Taler, 1646 schon drei Taler halbjährlich, dazu wie der Knecht Hemdlaken und Schuhe. Die Mägde wurden vor dem großen Krieg halbjährlich mit einem Taler entlöhnt und bekamen dazu gleichfalls Hemdlaken und Schuhe, im Sommer außerdem noch $\frac{1}{2}$ Scheffel Leinsaat. 1646 mußte man ihnen schon 3 Taler außer den Sachlieferungen geben. Als Handgeld (auch Meidepfennig genannt) bekam eine Magd 4 Schillinge oder Laken zu einem Paar Mouwen oder „Vortuch". Vergleichen wir damit, was ein Grevener Bauer um 1840 seinem Gesinde an Lohn zahlte.[443]) Der Schäfer verdiente damals halbjährlich 2 Taler und 1 Taler Weinkauf, der Fuhrknecht 6 Taler und 1 Taler Weinkauf, der Baumeister 7 und 1 Taler (mit der Einschränkung, daß er nicht nach Holland gehen darf!), der Lütknecht 5 und 1 Taler, der Haushälter 11 und 1 Taler. Die Mägde erhielten im Mai 2 Taler 20 Silbergroschen, im Herbst 3 Taler 5 Silbergroschen, dazu 1 Taler 8 Silbergroschen als Weinkauf. Dazu kamen dann noch Sonderzulagen zu Fastnacht (s. o.), zur Kirmes und zu Weihnachten, die von 2 bis 18 Silbergroschen gestaffelt waren. Es ist natürlich sehr schwer, diese Löhne früherer Zeiten, die noch zum Teil stark von Naturalleistungen bestimmt waren, mit den heutigen ausschließlich in Geld gezahlten Löhnen zu vergleichen. Auch die Landarbeiter wurden in früheren Jahrhunderten mehr noch als später mit Naturalleistungen bezahlt. Immerhin bekamen zu Beginn des 17. Jahrhunderts die Mäher, „so Korn oder Gras schneiden", täglich zur Kost 2 Schillinge, 40 Jahre später schon drei Schillinge oder sieben ohne die Kost. Die „Benders" (oder Weiber) bekamen nur 18 Pfennige den Tag, wenn sie aber Flachs binden mußten und schon morgens um 7 Uhr begannen, einen Schilling. Die Drescher bekamen vor dem Dreißigjährigen Krieg mit der Ucht 18 Pfennige zusätzlich zur Kost, 1646 dann statt der Ucht 8 Pfennige und für einen Tag schon 2 Schillinge! Für Holzhacken erhielt der Arbeiter im Verding (Akkord) für jede Rheke (= 1 Fuder) ohne Kost 4 Schillinge, später 6, und schließlich die „Sagenschneider", ein Beruf, den es heute nicht mehr gibt, da heute die Kreissäge das Holz zu Brettern und Balken schneidet, bekamen im Verding für jeden Fuß 2 Pfennige, vor dem Krieg für den ersten Fuß 2 Pfennige und für jeden weiteren einen „Meuter". Arbeitete er nicht im Akkord, dann bekam er nur 2 bzw. 3 Schillinge zur Kost. Die Steigerung der Löhne in den dreißig Jahren des schrecklichen Krieges zeigt die damalige Geldentwertung an. Im Grunde haben sich die Löhne bis zum 19. Jahrhundert nicht wesentlich geändert. Nach einer Berechnung im Besitz des Schulten Pellengahr-Höping in Aldrup kostete um 1840 das Einfahren des Getreides mit 2 Gespannen je Tag mit 3 Mann (4 Fuder zu 1300 Pf. Stroh gerechnet) $\frac{1}{4}$ Taler. Der Dreschlohn betrug bei einer Arbeitsleistung von 2000 Pf. auf 6 Mann pro Mann 7 Groschen 6 Pfennige. Schließlich zahlte man damals fürs Kartoffellesen 2 Silbergroschen je Scheffel! Noch in den achtziger Jahren des vorigen Jahrhunderts verdiente eine Magd nicht mehr als 8 Taler 20 Silbergroschen halbjährlich plus 1 Taler, 10 Groschen Weinkauf, 15 Silbergroschen Kirmesgeld und 10 Ellen Leinen.[444]) Ein Eingehen auf die heutigen, weitgehend durch Tarifordnung und Gesetz geregelten Lohnverhältnisse in der Landwirtschaft können wir uns hier ersparen. Sie haben auch die Urlaubsfrage genau geregelt, seitdem viele der kirchlichen Festtage als gesetzliche Feiertage in Fortfall gekommen sind. Mit der Aufhebung derselben ist leider auch das alte Brauchtum, das sich an diese Tage geknüpft hat, weithin verlorengegangen.

Verlorengegangen ist aber auch – und das ist noch weit mehr zu bedauern – das Brauchtum, das sich in reicher Fülle um jenen dritten Lebenskreis wand, der den Bauer mit seinem Nachbarn, mit seiner ganzen Bauerschaft auf Grund der wirtschaftlichen Gemeinschaft in der Mark verband. Die Markgenossenschaft ging ja in dieser Bindung des einen Bauern an den anderen noch weit über die „Nachbarschaft" hinaus. Die Nachbarschaft, wie sie auch heute noch weithin gepflegt wird, in der „Spannhölpe" beim Dreschen, beim Holzfahren und in der Erntezeit und in jeder anderen Hilfeleistung der Nachbarn untereinander (s. o. S. 216), war und ist auch heute noch stets eine freiwillige Hilfeleistung, die allerdings durch die uralte Gewohnheit zum ungeschriebenen Gesetz geworden ist. Die Markgenossenschaft war dagegen ein Zwang, geboren aus der gemeinsamen Lebensnot, aus der Notwendigkeit, mit dem wenigen, was die Mark noch bot, hauszuhalten, damit jeder wenigstens etwas hatte bzw. bekam! Schon der Flurzwang auf dem gemeinsamen Esch verband die Anlieger zu einer Notgemeinschaft, die Hagel und Frost, Dürre und Überschwemmung gemeinsam tragen und bekämpfen mußte. Brannte einem Bauern der Hof oder die Scheune nieder, so brachte ein jeder aus der Bauerschaft einen Balken oder eine Anzahl Steine zum Wiederaufbau herbei, drohte dem anderen Überschwemmung seines Ackerlandes, so eilte die ganze Bauerschaft herzu, die weichenden Dämme zu stützen und zu verstärken. Das stärkste einigende Band schlug indes die Markgenossenschaft, d. h. der gemeinsame Besitz alles dessen, was außer Hof und Acker Grundlage der bäuerlichen Wirtschaft war. Kein Wunder, wenn sich gerade um diese gemeinsame Mark üppigstes Brauchtum schlang. Kein Wunder aber auch, daß von all diesem Brauchtum mit alleiniger Ausnahme des Schützenfestes nicht das geringste mehr im Volke lebendig geblieben ist, denn die Marken sind ja seit hundert und mehr Jahren geteilt und aufgelöst! Gerade deshalb aber soll hier von diesem Brauchtum etwas näher die Rede sein, um wenigstens die Erinnerung daran wachzuhalten.

Die gemeine Mark umfaßte alles Land, Wald und Heide, die nicht unter dem Pfluge lagen oder als Wiesen und Weiden genutzt wurden (s. o. S. 56 ff.). Ursprünglich hatte der Reichtum des zur Verfügung stehenden Raumes es gestattet, daß jeder sich in der Mark, im herrenlosen Wald bzw. in der Heide nahm, was ihm gutdünkte. Der zunehmende Raubbau durch die immer zahlreicher werdende Bevölkerung zwang dann aber noch im Laufe des Mittelalters dazu, die Mark unter Kontrolle zu nehmen. Das wichtigste dabei war naturgemäß die Feststellung der Grenzen jeder Mark, um alle nichtberechtigten Nutznießer fernzuhalten. Um diesen Markengang, wie es später hieß, rankte sich ein Brauchtum, dessen Sinn im einzelnen dunkel und unverständlich geworden ist, einstmals aber gewiß von tiefer Bedeutung und Symbolik gewesen sein wird. Die Grenz- oder Schnatbegehungen reichen sicherlich bis tief ins Mittelalter zurück. Schon 1547 wurde der Schnatzug um das Reckenfeld in althergebrachter Form gehalten. Die Grevener Mark wurde alle 6 Jahre umzogen, ebenso die Herberner, die Hemberger Mark dagegen alle 9 Jahre zweimal,[445]) doch kam es auch vor, daß in Kriegszeiten der Zug ausfiel, wie beispielsweise in Greven, wo während des Siebenjährigen Krieges der 1760 fällige Umzug ausfiel und erst nach drei Jahren (1763) nachgeholt werden konnte. War der Sinn des festlichen Grenzbeganges der, den Umfang der Mark für alle Zeiten festzuhalten, so wurden bei der gleichen Gelegenheit auch von den Köttern, die ja nicht eigentlich zum Kreis der vollberechtigten Markgenossen gehörten, eine kleine Abgabe erhoben als Entgelt für die ihnen gestattete Nutzung der Mark zu Weide und Plaggenstich. Auch von den Bauern benachbarter Bauerschaften, die aus irgendeinem Grund Nutzungsrechte in der Mark erworben hatten, wurde eine solche Abgabe in Form von Hühnern und Eiern, auch Schinken oder Geld, erhoben. Aus dem gemeinsamen Verzehr dieser Naturalabgaben entstanden im Laufe der Zeit große Festlichkeiten und Schmausereien.

Aus der Bauerschaft Herbern wissen wir, daß hier um die Mitte des 17. Jahrhunderts zwischen den Altbeerbten und den vier Köttern Hökenkamp (heute Schwering), Timmerkotten (= Afhüppe), Micheel und Wullenkötter (= Röhring) ein großer Streit um diese Abgaben entstand. Die Akten darüber enthalten wichtige und interessante Einzelheiten über dieses uralte Brauchtum.[446]) Nach der Aussage der 1654 und nochmals 1657 vernommenen Zeugen war es von alters her Sitte, daß die vier genannten Kötter alle zwölf Jahre als Gewinn (für ihr Land und die Markennutzung) eine Tonne Koit (Bier) und eine Mahlzeit, bestehend aus je einem Schinken und einem Roggenbrot geben mußten, welche Lebensmittel dann in einem großen gemeinsamen Schmaus reihum bei einem der „Erbmänner" verzehrt wurden. Zwei Bauern mußten bei diesem Mahle als Schäffer (Schaffner) oder „Cantzlers" der Bauerschaft das Mahl bereiten. Alte Bauern konnten sich entsinnen, daß dieser Brauch vor 40 und mehr Jahren (von 1654 zurückgerechnet) noch im Schwange gewesen, dann aber während des Krieges eingeschlafen sei bzw. die Lebensmittel mit Geld abgelöst worden seien. Der Bauerschaftsführer Johann Gildehaus, der vor 26 Jahren, also 1628, selbst mit dabei gewesen war, als die vier Kötter das Bier „zur Gewinnung der gemeinen Mark" gegeben hätten, machte in seiner Aussage dazu die wichtige Bemerkung, daß „solches in locis vicinis in simili casu gehalten und observiert" worden, daß also der Brauch in den benachbarten Bauerschaften ein gleicher gewesen sei!*)

Genaueres wissen wir aber nur noch über den Markengang in Greven selbst, und das liegt daran, daß sich hier der Brauch am allerlängsten, nämlich bis zum Jahre 1853, also noch über die Teilung der Grevener Mark im Jahre 1842 hinaus, gehalten und dann bald darauf eine lebensnahe Schilderung durch den Mundartdichter Rieke gefunden hat. Auch in Greven war der Brauch uralt. Von Gildebierfeiern, die den Winnebierfeiern in der Bauerschaft Herbern gleichzusetzen sind, hören wir bereits zu Beginn des 16. Jahrhunderts und das eng mit ihm verbundene Vogelschießen begegnet uns erstmalig zum Jahre 1604 im Protokollbuch des Gogerichtes zur Meest, gelegentlich einer Prügelei zwischen Sutthoff (Westerode) und Essing (Dorf Greven) „auf dem Vogelschießen". Der Grevener Markengang hatte gegenüber den Bauerschaftsschnaten noch das voraus, daß jedesmal auch die jungen „Dörfersöhne", die seit dem letzten Markengang geheiratet hatten, feierlich in die Markgenossenschaft aufgenommen wurden, da sie ja jetzt auch eigenen „Rauch", d. h. einen eigenen Haushalt hatten.**) Das war schon im Jahre 1712 „seit alters her" Brauch.[447])

Auch im Dorf war aus dem Verzehr bzw. aus dem Vertrinken der einkommenden Markennutzungsgelder und dem „Gewinn" der jungen Leute ein großes Fest entstanden, dem die hohe Obrigkeit vergebens zu steuern suchte. Im Jahre 1712 verlangte sie über die eingenommenen Gelder eine genaue Rechnungsablage und verbot den Rottmeistern des Dorfes aus den eingenommenen Geldern für das Dorf mehr als sechs Tonnen Bier aufzulegen; für die Bauerschaft Wentrup bewilligte sie zwei weitere Fässer. Als der Vorsteher

---

*) Die alte Mutter Rosendahlsche in Gimbte, zwischen 70 und 80 Jahren alt, wußte sich 1654 noch zu entsinnen, wie sie als Kind von 12 Jahren, also um 1580 oder 1590 herum, erlebt habe, daß ihr Vater, der Kötter Hökenkamp die auf ihn entfallende Tonne Bier geliefert habe. Der alte Kötter Bernd Hökenkamp (80 Jahre alt) wollte allerdings nichts mehr von der alten Verpflichtung wissen, fand damit aber wenig Glauben. Daß die anderen Kötter Michaelis und Klas Timmerkötter, die erst 15 bzw. 18 Jahre auf ihren Kotten saßen, nichts mehr davon wußten, nimmt dagegen nicht Wunder, da ja der alte Brauch infolge des Krieges eingeschlafen war.

**) Für die Gewinnung der Mark mußten sie einen Taler, 7 Schillinge oder auch nur 1 Taler bezahlen. Diese neu in die Markgenossenschaft aufgenommenen „Dörfersöhne" sind wohl auch in der unten folgenden Schilderung gemeint, nicht das noch unverheiratete ledige junge Volk!

Kramer 1714 dann doch für das Dorf 9¹/₂ Tonnen Koit bewilligte, wurde ihm angedroht, daß er sich „vorzusehen" habe, sonst müßte er nächstens den Überschuß aus eigener Kasse bezahlen! Das mehr eingekommene Geld sollte für die gemeinen Bedürfnisse des Dorfes verwandt werden. Viel Erfolg hatte die gestrenge Obrigkeit mit ihrem Versuch, den Bierkonsum am Markentag einzudämmen, nicht, zumal dieser Tag mit dem Schützenfest eng verbunden war.

Am Tage vor dem eigentlichen Markenumzug wurde nämlich im Dorfe das Schützenfest gehalten. Wie es zu dieser Verbindung der beiden Feste gekommen ist, wissen wir nicht. Ursprünglich hatten sie gewiß nichts miteinander zu tun, denn das Vogelschießen (auch Papagoyenschießen genannt) diente der Überprüfung und Inganghaltung der Wehrhaftigkeit der Landbevölkerung. Der Markengang wurde meist Ende Juni (in der Woche nach Johannes Bapt. bzw. um Peter und Paul) gehalten.[448]) Doch lassen wir jetzt am besten A. Merz sprechen, der das Fest im Münsterschen Anzeiger (1894) lebendig und anschaulich geschildert hat:

Durch Bekanntmachung in der Kirche und durch Ausrufen im Dorfe wurde eine Zeit vorher das Fest bekanntgemacht. Das Fest fand in zwei verschiedenen Wirtschaften statt; in der einen feierten die alten verheirateten Leute, in der andern die „Dörfer-Söhne". Was von diesen verzehrt wurde, mußten die Verheirateten mitbezahlen. Fremde Teilnehmer hatten ein geringes Eintrittsgeld zu zahlen, das im Jahre 1799 6 Schillinge 9 Pfennige betrug. Der Markengang begann mit einem Schützenfest, bei welchem nach einem hölzernen Vogel geschossen wurde. Wer das letzte Stück von der Stange herunterschoß, war Schützenkönig, jedoch durfte nur ein verheirateter Mann König werden.*) – Hier sei eingefügt, daß er dann den silbernen Markenvogel umgehängt bekam, zu dem er dann auch ein neues Schildchen mit seinem Namen stiften mußte.**)

Es ist leicht erklärlich, daß es bei dem Schützenfeste nicht immer ohne Zwischenfall abging. So wird erzählt, ein Mann habe einmal seine Flinte mit einer Menge Pulver geladen, mehrere Kugeln darauf gesteckt und oben drauf die Zinke einer Mistgabel gesetzt. Mit dieser Ladung schoß er auf den Vogel; dieser fiel auch herunter, aber auch der Schütze lag auf dem Rücken, glücklicherweise ohne Schaden erlitten zu haben. War nun die Königin mit ihrem Hofstaate bei der Vogelstange angekommen, so ging der Zug zuerst zur sogenannten „Linders Heide", wo sich heute das Wachtlokal befindet. Dort tanzten der König und die Königin ein Menuett nach den Klängen der Musik, und die

---

*) Das stimmt nicht ganz, wenigstens in den Bauerschaften konnten auch Junggesellen, ja Knaben Schützenkönig werden, wie der Fall des W. Stienemann in Aldrup ausweist, der 1842 als Schulknabe König wurde. (Seine Schützenplakette zeigt den stolzen Knaben zu Pferde!)

**) Heute sind außer dem alten Vogel noch zwei Schildchen von 1664 bzw. 1686 und dann seit 1776 bis in die Gegenwart reichend eine Unzahl weitere an vier (!) Ketten vorhanden (Tafel VII 3), und zwar meist für jedes Jahr zwei, eins für den König und eins für den Jungkönig. Sie zeigen fast immer auf der einen Seite Datum und Namen des Königspaares, auf der anderen irgendeinen Hinweis auf den Beruf des Königs, sein Handwerkszeug usw. Auch die Bauerschaften haben z. T. sehr schöne Schützenketten. Die älteste besitzt wohl Aldrup, an dessen Vogel ein Schild hängt mit der Inschrift „Disen Fogel horet den Bauren van Aldorp. Anno 1653". Außerdem zeigt er das Wappen des Domherrn Johann Edmund von Brabeck, des damaligen Inhabers des Hauses Schöneflieth. Die Schildchen dieser Kette zeigen ebenso wie die der Gimbter von 1798 häufig einen Vers, den offenbar jeweils der König in stolzer Festesfreude seiner Muse abgerungen hat. Große dichterische Leistungen wird man von ihnen nicht erwarten. Wirklich nett sind zwei Gimbter Verslein:

Well't recht kann maken jederman,
    de striek mi ut un schriew sick an (1935)
und: Min Düörpken Gimbte, büs du auk klein,
    Du häss datt schönste Schützenfest seihn (1925).

im Kreise herumstehenden Schützen sangen dazu: „Schnieder Jann und der will stiärven, un he is nao so junk un gesund". Von dort ging der Zug zum Hoek. Während die Musik aufspielte, zog man dreimal um den „Hoeker Pütt", und sang dabei: „Watt is in düssen Pütt? Niks as Murre, Murre, Murre." Dann zog man in derselben Weise um den Dörferbrunnen auf dem Marktplatz. Nach diesen Umzügen beschloß man die Feier des ersten Tages mit einem Tanz.

Am Montag, dem zweiten Festtage*), fand die eigentliche Feier des Markenganges statt. Frühmorgens versammelten sich die Teilnehmer in einem der beiden Wirtshäuser. Um 7 Uhr begann der Ausmarsch mit einer Abteilung Trommler an der Spitze. Die jungen Leute zogen in bunter Reihe hinterher mit Schaufeln, Äxten, Beilen und Spaten; sie wurden geführt von den Vorstehern, Markenmeistern, Rottenmeistern, Schöffen und von einem Notar, welcher alles zu Protokoll nahm. Hatte nun irgendeiner der angrenzenden Bauern sich einen willkürlichen Eingriff in die Rechte der Marken erlaubt, so wurden diese Hindernisse unter Trommelschlag von den jungen Leuten beseitigt. Auch wurden neue Kreuzkuhlen (Gräben in Kreuzform) gegraben und neue Merkzeichen in Kreuzesform in die Grenzbäume gehauen. Die Hühner, welche gegeben werden mußten, wurden an langen Stangen aufgereiht und so heimgetragen. Die Eier wurden in Kiepen fortgeschafft. Die Abgaben wurden gezahlt für das Recht, die Mark zu „Hude und Weide und zum Plaggenstich" benutzen zu können. ·

Der Zug**) ging zuerst durch die Bakenstiege nach Schulze Bönstrups Hof. Hier

---

*) Demnach war das eigentliche Schützenfest an einem Sonntag. Das war höchstens im 19. Jahrhundert so, denn die vereinzelt überlieferten Daten früherer Markenbeziehungen lassen erkennen, daß es einen festliegenden Termin nicht gab, höchstens insoweit, als es offenbar immer in der Woche nach Johann Baptist (24. Juni) stattfinden mußte. 1763 wurde der Markenumgang am 29. Juni, also an einem Mittwoch, gehalten, 1770 am 3. Juli, der auf einen Dienstag fiel usw.

**) Unter den Akten des Amtsarchivs (II 1 Nr. 10; zum Teil auch StAM, Fst. Münster, Cabinettsreg. P XXXIII A Nr. 2) fand sich eine Grevener Markenschnat von 1771, die in manchem von der oben mitgeteilten abweicht, zum Teil auch andere Flurnamen und Grenzmale und vor allem auch die besondere Schnat der Lindersheide mit enthält, deshalb zum Vergleich wiedergegeben sei.

Der Markenvogt ließ die Rottmeister des Dorfes als Malleute der Mark auffordern, daneben noch 10 bis 12 alte Eingesessene des Dorfes und den Tegeder als Vorsteher der Bauerschaft Wentrup. Die Malleute kamen indes nicht, aber 7 alte Leute als Wilbrandt Jochmaring, Caspar Strootmann, Gerd Heinrich Wilp, Johann Herm Berteling, Georg Freemann, Henrich Kemper und Stopher Hüsing, mit denen der Markenvogt am 8. 10. 1771 die Schnad beging wie folgt: Anfänglich außerm Dorfe Greven zwischen Hüisinks und Leusincks Häusern hinder die sogenannte Baackstegge entlang bis an Bönstrups Busch, Bönstrups Garten, den gemeinen Fahr- und Fußweg entlanges bis an Liesenkotten in der Lütken Heiden, diese gegen Kaups Gründen entlanges, nach Löchtefeltskotten. Die ganze Heide ist Markengrund, von Löchtefelts Kotten der sogenannten Gemeinheitslandwehr vorbei in der Croner Heiden, durch diese an einer Ecken über Schlautmans Hof in Verspoels Heidgen, auch Markengrund, ferner über Mennings Brücken wieder in der Croner Heiden; Neben der Dauben Landtwehr nach Bröckers Wiesen und dessen Hause hinan, bis an (das) gemein Schemb, woselbst die Schnatpfähle stehen, diese Pfähle schwer (!) durch der Croner Heiden vorbei nach Höckenkampers Hause hinan, von da bis lütken Sundrups bis an den daselbst ohnweit Schulten Jochmarings Bachen stehenden Schnattstein mit den Buchstaben D. G. bezeichnet, ferner bis Jochmarings Kirch-Baum, der Eggen entlanges nach kleine Berens- und Möllers Kotten, von da der Vogelstange ohnweit der Landts-Cronen vorbei, der Eltingshaar entlanges (relative ad protocollum marcale huius anni findet sich, daß der in dieser Gegent von Schulten Jochmaring ohnerlaubt au Markengrund gesetzter Pfaehl ihme Jochmaring aufgegebener Maaßen noch nicht weckgeschaffet; obbenente anwesende Gemeinheitsleute, wie auch die in loco angetroffene senior Johan Bernd Horstmann, 80 Jahr alt, und junior Johan Herman Horstman Kirspels Greven Eingesessene attestirten alle miteinander, daß der Pfahl auf Markengrund stehe, auch in Ansicht er Jochmaring vor zwey Jahren dieserhalb schon

teilte er sich; eine Abteilung zog durch das Haus, die andere zog um dasselbe herum nach Bönstrups Kotten und Stegemanns Kotten. Von dort ging der Zug weiter über den Fahr- und Treibweg zur Kronerheide, bis an den Liesenkotten. Nachdem man in den dort befindlichen Grenzpfahl das Grenzzeichen geschlagen hatte, ging man weiter bis zu Arkenoes Kotten und von hier der Grenze folgend durch Kaups alten Garten, das Löchtefeld, Kaups Wiese, Griepskamps Holzkotten, Löchtenfelds Garten, Schlautmanns Wiese, Löchtenfelds Kamp zur Kronerheide, dann zog man weiter durch Schlautmanns neuen Zuschlag und Schlautmanns Dieckpohl zu Verspohl, wo sich die Wentruper unter Anführung ihres Bauerrichters ihnen anschlossen. Dann ging der Weg weiter durch Schlautmanns Markenland, Feldhovens Heideland durch das sogenannte Heidchen zum Bauern Feldhove. Hier erhielt man an Abgaben ein Huhn und zwölf Eier, und ging weiter durch das „lütke Heidchen", Menningmanns Garten, am Püttenhöver vorbei zum Bauer Laumann; von dort gings weiter durch Tegeders Feld und Busch, Bröckers neuen Kamp, Teismanns Kamp, wo sich ein Schnatstein befand. Hier wurden zehn Mann abgeschickt, um zu sehen, ob der Weg zur Ems frei sei. Von diesem ersten Schnatstein ging der Zug weiter nach dem zweiten Schnatstein, der unweit Vennemanns und Schmitz' Zuschlag stand und mit D. G. bezeichnet war. Hier fand sich auch eine sogenannte Kreuzkuhle. Nicht weit von diesen befand sich ein vierter Stein mit einer Kreuzkuhle. Der fünfte Grenzstein stand nahe bei dem Wege von Greven zur Hüttruper Brücke. Von dort ging der Zug zum Bauern Hövenkamp, dann durch dessen Garten zum Eltingsmühlberg. Dort stand im „Bodmersch" der sechste Grenzstein. Dann ging man den Bach entlang zu einer alten am Ende der Heide stehenden Buche, in die man ein neues Kreuz mit dem Beil hineinhieb. Von dort kam man alsdann nach Jochmarings Hof; Schulze Jochmaring hatte zwei Schinken zu liefern, einen gekochten und einen ungekochten; der gekochte wurde sofort verzehrt mit einem Schwarzbrot und einer Tonne

---

laut Marken-Protokoll dieser ohnerlaubten Setzung Brüchten bezahlt, so ist dieser Pfahl in auch heutiger Anwesenheit des jüngeren S. Jochmarings so fort abgehauen und daselbst vorerst von Seiten Markgenossen und respective durch den Markvoigten eine Creutz-Grube gemachet). Ferner ist continuirt von der Eltingshaare bis an den Schnattstein gegen Mühlenhaar mit D. G. gezeichnet, von dicsem Stein durch der Croner Heiden grade auf die sogenannten Pastoris Baarskampf, gradt auf Blüggenstegge, rechter Hand der lütken Heiden, so alles Markengrund vorbei bis nach der Schraars und Brinckotten, rundherumb bey Entrups sogenante Höpfte, ferner von Wiggers Wiese, Grevische Wöeste, bis am obern Merschkampf, von da der alten Embsen diesseits entlanges; (Nota: Von diesen Wöeste-Grund, nahe an der sogenannten Rönnen belegen findet sich, daß nach Attestation anwesender Gemeinheits-Leuten von dieser Wöesten und respec. Markengrund, zwei Gärtens abgemachet, und der Eine an Linsen, und anderer an Johann Berndt Stapel zu Greven verkauffet). Ferner hinter der Kapellen und Vogelstangen vorbey bis am Dorf (findet sich wieder, daß wie auch die hiebei anwesenden Gemeinheits-Leute attestirn, wiederrechtlich vom Markengrund ein Garten an Terfloths, einer an Molle, zwei an Anton Rieke, ein an Kröger, ein an Brockman, zwei an Herman Bröcker, ein an Wittib Terflots, ein an Johan Bernt Stapel, ein an Schustern Hölcken und ein Stück an Mersman verkauffet). Ferner von hier nach der Schluhßen an der alten Embsen und respec. gegen über (findet sich wieder, daß nach Attestation Anwesender vor bereits ohngefehr 10 Jahren die Kluiter, Haverkamp, Kröger, Goldschnitt und Linse, auch andererseits des Weges Arckenoe und nahe beim Schoppenplatz Biderlacke jeder fürhaupts einen Garten, ferner die gantze Lemkuhle der Kluiter zum Garten sich ausgesehen und angekauffet, alle diese Verkaufung aber Rottmeistern ohne Ratification und Vorwißen des Markenrichtern verfüget, und ob undt wo dafür Gelder bezahlt und wozu verwendet, war den Gemeinheits-Leuthen nicht bekant gemachet). Von da ist ferner continuirt über der Laacken den gewöhnlichen Markengerichts-Stuhl vorbei nach Wittiben Goldschmits Hause, dan continuirt ferner die Mark von da hinter dem Hause dießeits der Embse, die Schoppen vorbei nach dem weißen Ofer hinan, von da nach die Embsberge, über den sogenanten Berg-Esche nach der hinter Greven vorbei so genanten Baackstegge, wo angefangen.

Bier, die ebenfalls der Schulze Jochmaring liefern mußte, ein zweites Schwarzbrot nahmen die Leute aus Wentrup mit. Seit alters war es die Aufgabe des Pastors von Greven, den Schinken zuzuschneiden, während gleichzeitig der Vorsteher das Brot zuschneiden und verteilen mußte. Der Schulze Jochmaring wurde feierlich zur Teilnahme an dem nach dem Zuge stattfindenden Essen eingeladen, worauf dieser versprach, nach dem Mahle einen Taler als „schuldige Abgabe" zu zahlen. Von Jochmarings Hof begaben sich die Wentruper nach Hause.

Vom Schulzen Jochmaring zogen die Markengänger längs der Heide zum kleinen Bernd-Kotten, weiter zum Kötter Horstmann und zum Müller-Arndt. Dieser hatte 90 Vierpfennigstücke auf dem „Heck" vor seinem Hofe abgezählt liegen. Außerdem hatte er die üblichen Abgaben, nämlich ein Huhn und 12 Eier zu liefern. Dann begab man sich zu Schulte Eltings Kotten. Der Schulte selbst mußte einen Schinken und zwei Taler an Abgaben liefern, wurde aber dafür nebst seiner Frau zum Essen eingeladen. Dann zog man weiter an Wüllers Kotten vorbei zur Landskrone. Da die Grenze auch hier durch das Haus ging, zog auch die ganze Schar hindurch; dabei wurde das sogenannte „Hahl" oder „Haohl" am Herd auf- und abgezogen, und nach dessen Takt ging der Zug hindurch. Die Abgaben des Landskröners, der ebenfalls zum Essen eingeladen wurde, 80 Dreipfennigstücke, lagen auf dem Küchentisch. Darauf kam man, dem Weg folgend, zum siebenten Grenzstein. Der achte Grenzstein, ein Kieselstein, lag an dem durch die Heide nach Bergfelds Kamp führenden Fußweg; dann ging der Weg weiter am Pluggenkotten vorbei über die Landstraße (jetzige Chaussee nach Schmedehausen) nach Greven zurück. Alle an derselben wohnenden Bauern und Kötter mußten Abgaben zahlen. Diese waren: Liesenkötter, Fremanskötter, Schraenskötter, Brinkkötter, Buschkötter, Busch, Rickermann, Wigger, Eistrup, Beckers und Schulte Bönstrup.

Inzwischen waren auch die Frauen nicht müßig gewesen, sondern hatten für die Heimkehrenden Schinkenbutterbrote, Eier- und Pfannkuchen bereitet, denen diese tapfer zusprachen. Der Pastor, der Ortsvorsteher, sowie Schulte Jochmaring und Frau wurden in der „besten Stube" bei einem der Festwirte bewirtet. Schulte Elting und der Landskröner mußten in der Küche essen.

Unterdessen war auf dem Markte von einigen jungen Leuten (Düöper Süöhnen) eine große Bütte aufgestellt worden. Der Marktplatz war übrigens damals nicht so groß wie heute, es befand sich dort außer dem schon vorher erwähnten Pütt ein Armenhaus, ein alter Stall und eine Reihe Bäume, so daß man eigentlich nicht von einem Platz reden konnte. Die Bütte wurde nun mit Wasser gefüllt, und der Pastor und der Ortsvorsteher, die in früherer Zeit unter den Klängen der Musik auf einer Leiter herbeigeholt wurden, umschritten dreimal den Bottich und berührten das Wasser mit der Fußspitze. Beim letzten Markengang berührte der Pastor das Wasser jedoch mit der Hand. Was nun folgte, schildert sehr hübsch der Grevener Dialektdichter A. Rieke in dem Gedichte:

Der Markengang oder die Männertaufe in Greiwen

1. Wat löpp dat Volk, wat mäck'tn Allarm,
   de Straoten füllt en Menskenschwarm!
   Stüött't Greiwen unner Füersflammen?
   Et rottet sick in'n Sturm tosammen.
   Un dringet all nao Kiäspels Pütt;
   un alles, aolt un junk löpp mit.
   Män süht dao neig'bie't Pumpenhüsken
   blaut lutter Kippen, Höd' und Müsken;
   so dringt sick alles Kopp an Kopp,

   un andre kiekt ut Dack un Fenster
   herunner up den dichten Tropp, –
   up Syend is't nich so drock in Mönster.

2. Un eene Büedde, wiet un graut,
   is midden upen Marktplatz baut,
   un flietig füllt wull twintig Hande
   de Büedd' vull Water böß tom Rande.
   Men, wao dat Fest is, bie den Wärth,

Wädt't ünnerst schier te büöwerts kehrt.
Dao sind de Büörgers all bineene,
doht sick bie Beer un Fuesel bene.
Un spriäcket üöwer't hüt'ge Fest
un schreit un singt un lacht dertüsken.
t'is siet seß Jaohre nich mehr west,
drüm drinkt se nu sick all en Rüsken.

3. Män alle, de in de seß Jaohr
   häww't in de Kiärck staohn vüör't Aoltaor,
   üm met 'ne Frau sick to verseihen,
   willt nu sick wull de Aohren kleien.
   De Büedde wädt füör iähr gefüllt,
   drin müet't se, wenn se auck nich willt!
   Se müet't sick in iähr Schicksal giewen;
   verschont is noch nich eener bliewen;
   de aolle Sitte füördert dat,
   un aolle Sitten – könnt't män gleiwen! –
   bewahrt kien Duorp un kiene Stadt
   so pünktlick un so gued es Greiwen.

4. Doch buten is de Taufbüedd' vull,
   un alles stürmt heran es dull;
   un eener mott nu aohne Letten
   sick up ne graute Ledder setten;
   en Tropp Mus'kanten geiht der vüör,
   un langsam driägt se'n ut de Düöhr.
   De Musikanten spielt en Stücksken,
   de up de Ledder drinkt nao'n Schlücksken
   un mäck sick dann tom Sprunk gewandt;
   an Ort un Stelle kuemt de Driäger,
   rask kippt de Ledder in de Kant',
   in't Water plumpt – de greiwske Büörger.

5. Män flink he in de Höchte springt
   un kriegel he de Handdüpp' schwingt,
   de he sick unner'n Rock verbuorgen –
   un all' de Lüd', de aohne Suorgen
   faots vüöran staoht un kiekt wat 't giww,
   dat Water üm de Aohren stüww;
   de, to gedrängt tom Retireeren,
   müet't gau sick anners resolveeren:
   se stüöt't sick up de Büedde loß,

den Wiedertäufer es to duken,
un hollt 'ne fast un laot em bloß
en klein Portiönken Water schluken.

6. He wiährt so gued sick, as he kann;
   dao kuemt der Andre noch heran,
   un packt de Kämpfer bie de Beene
   un büöhrt se nettkes von de Steene
   un helpt se in de Büedde faot.
   Wör von dat Geiten nao wao 'n Draoht
   iähr an den Liewe drüge bliewen,
   düt Bad moß em den Rest doch giewen.
   Män endlicks gaoht se uteneen;
   de Musikanten un de Driäger
   kuemt wier, un up de Ledder schön
   sitt kreuzfidel en andrer Büörger.

7. Un Alle kuemt se in dat Fatt,
   un Alle wärd se pudelnatt
   un sök't noch Andre natt to geiten
   un laot't dat Spiel sick nich verdreiten;
   sind Alle tauft, dann laot't se 't sien
   un gaoht na Hus un makt sick fien.
   So gonk 't, ji könnt mie 't sicher gleiwen,
   vüör een'ge Jaohren noch in Greiwen.
   De Buren holl'n de Büörgers frie
   un mossen Höhner, Eier, Schinken
   etzetära liwern, un derbie
   Geld, wat de Büörgers froh verdrünken.

8. Et was en aolt, eriärwet Recht;
   un Markengank, de Name segg,
   dat was so 'n Grenzen-Revideeren,
   of Steen' un Päöhl' in Ordnung wören.
   Vüördem, hett dat, es Haid' un Feld
   nao nich terstückelt un verdellt.
   Sietdem de Dehlung is gescheihen,
   wull auck dat Fest nich mehr gedeihen,
   un irr' ick nich, dann is et west,
   Jaohr achtteihnhunnert dreiunfüftig,
   dao wurd' et fiert to gueder Lest,
   un wurde fiert – ick seg ju 't – düftig.

Am dritten Tage wurden die Grenzen der Mark, die in der Nähe des Dorfes lagen, begangen. Das geschah jedoch nicht in geordnetem Zuge, sondern einzelne Scharen holten die Abgaben ein, worauf wiederum Tanz und fröhliches Gelage folgten. Das gründliche Durchnässen fand in den älteren Zeiten nicht statt, sondern jeder der Markengenossen brauchte nur das Wasser mit der Fußspitze zu berühren. Nur wer an dem Markengange nicht teilgenommen oder sich sonst irgendeines Vergehens schuldig gemacht hatte, erhielt auf diese Weise ein Vollbad. Später fand man dann wahrscheinlich mehr Vergnügen an der gründlichen Taufe, und so bürgerte sich diese immer mehr ein. Da aber sich oft Unglücksfälle und andere Unzuträglichkeiten bei diesen Festlichkeiten herausstellten, schritten die Behörden gegen den Brauch ein, und so wurde dann 1853 der Markengang zum letzten Male gefeiert.

So weit unser Gewährsmann. Es sei dem nur noch hinzugefügt, daß nicht so sehr die Unglücksfälle und Unzuträglichkeiten das Ende des alten Brauches herbeiführten, als vielmehr, wie der Dichter selbst ganz richtig in der letzten Strophe seines Gedichtes sagt, die Teilung der Mark und das dadurch bedingte Aufhören des Markenganges im Jahre 1842. Durch die damals geschehene Ablösung der Abgaben der oben im Markengangsprotokoll genannten Bauern und Kötter fielen auch die Einnahmen fort, aus denen das Fest finanziert worden war. Auch das trug zum Eingehen des alten Brauches bei.

Unklar ist, wie der einzigartige und sonst nirgends zu belegende Brauch der „Männertaufe" entstanden ist. Wie unser Gewährsmann berichtet, bestand er zunächst nur in einer Berührung des Wassers mit der Fußspitze. Und erst aus dem strafweisen Untertauchen einzelner „Markensünder" entstand die Männertaufe, der alle in den letzten 6 Jahren neuvermählten und in die Markgenossenschaft aufgenommenen Dörfersöhne unterworfen wurden. Offenbar spielte sich diese Schlußszene des Markenganges ursprünglich am Dorfbrunnen ab, und das Berühren des Wassers mit der Fußspitze sollte symbolisch dartun, daß die neuen Markgenossen jetzt auch das Recht zur freien Benutzung des Dorfbrunnens gewannen. Die Beteiligung des Pfarrers an diesem Brauch ist wohl darauf zurückzuführen, daß der Marktbrunnen, wie die alten Kirchenrechnungen aus dem Anfang des 17. Jahrhunderts erkennen lassen, Eigentum der Kirche war und den umwohnenden Dörflern nur gegen Entrichtung einer geringen Gebühr zustand. Wie dem auch sei, zu bedauern bleibt es, daß der alte Brauch, der durch die Markenteilung allerdings seine innere Berechtigung verlor, untergegangen ist. Geblieben ist einzig das Schützenfest, das aber auch seines alten Charakters als Appell der wehrhaften Bürger und Bauern ganz entkleidet ist, da es heute zu einer Vereinsangelegenheit geworden ist, während ursprünglich jeder Einwohner des Dorfes und jeder Bauerschaftsangehöriger mit eigenem Rauch zur Teilnahme verpflichtet war.

8

Drei Jahrhunderte an offener Landstraße

Die äußeren Ereignisse des Mittelalters, soweit sie Greven berührt haben, wurden bereits erwähnt (o. S. 97 ff.). Es war nicht viel Bemerkenswertes darunter. Was konnte denn auch schon ein münsterländisches Dorf in diesen von Fehden und Kriegszügen angefüllten Jahrhunderten viel anderes erleben als Mord und Brand, als Verwüstung und Plünderung, dazu dann in sich stetig wiederholender Folge Hunger und Seuchen. Daß an diesem Geschick stets das ganze Kirchspiel teilhatte, ist sicher, auch wenn darüber Einzelheiten nicht überliefert sind. Die verheerende Wirkung der Pest, des „Schwarzen Todes", der 1349/50 ganz Deutschland entvölkerte, läßt sich auch im Kirchspiel Greven noch daran ablesen, daß von den dreißig Höfen des Freckenhorster Amtes Jochmaring elf seit 1350 jahrelang wüst gelegen haben.*) Der Raubzug des Bischofs Rudolf von Utrecht während der Münsterer Stiftsfehde durch das Münsterland im Jahre 1453 wurde schon genannt (S. 98). Die Chronik berichtet, zwischen Greven und der Galgheide (südlich Münster) sei jeder Bauernhof niedergebrannt worden. Welches Leid dadurch über die Kirchspiele Greven und Gimbte kam, läßt sich nur schwer ausmalen. Doch das Leben ging weiter und nur selten blieb einer der verwüsteten Höfe länger als ein, zwei Jahre unbebaut liegen. Nur von wenigen Höfen, kaum mehr als einem Dutzend, hört man seit dem Ende des 15. Jahrhunderts nichts mehr, so daß angenommen werden muß, daß sie in diesem Jahrhundert untergegangen sind.**)

Am 29. Februar 1524 sah Greven noch einmal eine glänzende Fürstenversammlung, als sich hier der neue Bischof, Friedrich von Wied, mit dem Grafen von Bentheim und den Edelherrn von Steinfurt zu einer Besprechung traf. Allein der Bischof kam mit dem Domküster Dietrich Kettler und weiteren Begleitern und 40 Pferden nach Greven.***) Auch die anderen hohen Herren werden mit stattlichem Gefolge in das Dorf eingeritten sein.

Von den Wiedertäuferunruhen, soweit Greven von ihnen berührt wurde, war schon die Rede (o. S. 150 ff.). Als letzte Erinnerung an sie sahen die Dorfbewohner im Jahre 1553 die Vertreter der Stadt Münster mit den Räten des Fürstbischofs Franz von Waldeck in ihrer Kirche verhandeln, als es darum ging, der Landeshauptstadt ihre alten Privi-

*) Bis 1355 (so weit reicht der Rechnungsband des Stiftes, StAM, Msc. VII Nr. 1311) wurde von diesen Höfen keine Pacht gezahlt. Vielleicht erinnert auch der gelegentlich, so in Brintrup (gegenüber dem Hof Tiemann) vorkommende Flurname „Kerkhof" (vgl. auch das „Kerkhofsland" in Herbern an der Rheineschen Landstraße, Abb. 6 o. S. 27) an diese (oder eine andere) große Seuche, als es nicht mehr möglich war, alle Toten zur Kirche nach Greven zu bringen und man sie in einem Massengrab in der Bauerschaft begraben mußte. Daß solche Flurnamen an einer vorgeschichtlichen Begräbnisstätte haften, ist zwar auch möglich, doch nicht sehr wahrscheinlich.

**) Einzelne Beispiele o. S. 193 ff. und in der Höfeliste u. S. 433 ff. Manche der Freckenhorster Höfe sind im 14. und 15. Jht. jahrzehntelang vom Nachbar pachtweise mitgenutzt, aber dann schließlich doch wieder neu aufgebaut worden.

***) Für Heu, Hafer, Kost und Bier, die das bischöfliche Gefolge verbraucht hatte, mußte der Rentmeister von Wolbeck 5 Mark, 10 Schillinge auslegen (StAM, Amt Wolbeck, Rechnungen Nr. 8 Bl. 42).

legien und Freiheiten wiederzugeben. Ob der Bischof damals selbst an diesen Verhandlungen teilgenommen hat, ist nicht überliefert.[449]) Von anderen aufregenden Ereignissen der Grevener Geschichte in dieser Zeit ist ebensowenig bekannt. Von einer ähnlich schweren Seuche wie der Schwarze Tod von 1349, von der sogenannten „englischen Krankheit" (rote Ruhr?) wurde 1529 ganz Westfalen heimgesucht. Dabei muß die Not in Greven so ungewöhnlich groß gewesen sein, daß der im fernen, im Paderborner Land gelegenen Kloster Böddeken lebende Bruder Göbel sie eigens der Erwähnung in seiner Klosterchronik für wert gehalten hat.[450]) Trotz solcher und ähnlicher Zufälle, die in keiner Chronik aufgezeichnet worden sind,*) nahm die Bevölkerung in Dorf und Kirchspiel eine stetige Aufwärtsentwicklung.

Daran konnten auch die zahlreichen Brände, die immer wieder das Dorf ganz oder zum Teil vernichteten, nicht viel ändern. Von einem ersten großen Brand nach jener völligen Zerstörung des Jahres 1453 hören wir zum Jahre 1573. Damals sind u. a. alle Hausstätten des Überwasserstiftes im Dorf, also die ganze heutige Kirchstraße mit den angrenzenden Teilen der Marktstraße verbrannt. Den Besitzern dieser Häuser — als solche werden Philipp Topphoff, Bernd Lepper, Heinrich Averhus, de vader Blome, Heinrich Holscher, Else tor Helle, Bernd Junge, Kerstien Becker, Hermann Weilingk, de Kleine und de Tiltschröder genannt[451]) – wurde von der Äbtissin der Gewinn, die Auffahrt für die neu zu errichtenden Häuser erlassen. Da nach einer Notiz im Pfarrarchiv „anno 1573 in miserabili incendio Grevoniensi", also in dem erbärmlichen Grevener Brand von 1573, auch das Pfarrhaus verbrannte, sind offenbar auch alle Häuser rund um die Kirche und möglicherweise auch diese selbst damals mitverbrannt.**) Wenige Jahre später, am 13. Mai 1579 gingen wieder zahlreiche Häuser des Dorfes in Flammen auf. Zum Neubau gab auch der Landesherr eine Beisteuer.[452])

Für das Münsterland und damit auch für Greven begann jetzt eine schwere Zeit, Sah es schon 1566 bedrohlich aus, als der spanische Feldherr Herzog Alba die Bekämpfung der freiheitsdurstigen Niederländer begann, und wieder 1580, als die niederländischen Söldnerscharen im westlichen Münsterland ihre Quartiere aufschlugen, so begann das Elend recht eigentlich erst im Januar 1586 und wieder im Dezember des gleichen Jahres, als die ersten spanischen Reiterscharen auch das innere Münsterland überschwemmten und dabei auch das Kirchspiel Greven berührten.***) Von jetzt an kamen die „Freibeuter",

---

*) 1581 starb der Vogt Philipp Toppeshof in Greven an der Pest (StAM, Amt Wolbeck, Rechnungen Nr. 36 Bl. 142v). Er wird nicht der einzige gewesen sein. Auch 1599 wütete im Münsterland wieder die Pest. Damals starb auf dem Schultenhof Jochmaring der Schulte mit allen seinen Kindern (StAM, Freckenhorst II Nr. 209a). 1553 und wieder 1556 herrschte im Winter ein solch strenger Frost, daß den Bauern, besonders denen auf leichtem Sandboden, das Korn weitgehend erfror. Dem Kirchspiel Greven wurde deshalb 1554 ein großer Teil der Schatzung erlassen (StAM, Fst. Münster, Landesarchiv 487 Nr.6), während 1557 den landesherrlichen Eigenbehörigen die Roggenpacht in Höhe von 13 Maltern, 9 Scheffeln abgesetzt wurde (ebd., Amt Wolbeck, Rechnungen Nr. 20 B. 34v).

**) Nach einer Bemerkung in den Vorarbeiten zur Amtschronik des Bürgermeisters Tümler (AAG I e Nr. 23) soll dieser große Brand am 15. Juni 1570 stattgefunden und 36 große und 21 kleine Häuser verzehrt haben (vgl. auch StAM, Dep. Altertumsverein Münster Msc. 453 S. 150 f.). Zweifellos handelt es sich um eine Verwechslung mit dem aktenkundlich bezeugten Brand von 1573. Auch in der Rechnung der Domkellnerei von diesem Jahre ist eine Ausgabe von 71 Mark und 9 Pf. zu Speis und Trank für die vom Brand betroffenen Grevener verzeichnet (StAM, DK, DKelln., Rechnungen Nr. 3 Bl. 440).

***) Zur Beobachtung der Truppenbewegungen wurden 1566 überall im Lande Doppelposten (postbodden!) aufgestellt, so auch in Greven (StAM, Amt Wolbeck, Rechnungen Nr. 30 Bl. 44). Zu 1580 vgl. ebd. Nr. 35 Bl. 142 ff. bes. Bl. 154, zu 1586 ebd., DK, DKelln., Rechnungen Nr. 4 Bl. 200 und Amt Sassenberg, Rechnungen Nr. 76 Bl. 46 und Nr. 77 Bl. 58 v (zum 17. 12. 1586). Die Annahme, Greven habe auch durch den Einfall des Herzogs Philipp Magnus von Braunschweig

wie sie vom Volk genannt wurden, mit großer Regelmäßigkeit jedes Jahr ins Münsterland geritten und beraubten und plünderten alle am Wege liegenden Dörfer und Höfe,
ohne daß auch nur einer sie daran zu hindern wagte. Nachdem sie im Jahre 1589 im
August beim Überfall auf den Grevener Markt überreiche Beute gemacht und nach
Ausweis des Feuerstättenregisters des Jahres zahlreiche Häuser im Dorf niedergebrannt
hatten,[453]) waren sie im folgenden Frühjahr schon wieder da. Vom 6. bis 10. Mai
lagerte der spanische Kapitän Emanuel de Vega mit 12 Fähnlein Knechten in
Greven und streifte von hier bis vor die Tore der Stadt Münster. Erst als es in
der Umgebung nichts mehr zu holen gab, zog er in der Richtung Metelen und
Neuenkirchen ab. Im Januar des nächsten Jahres waren die Räuber schon wieder
da. Diesmal kamen sie von Metelen her und ritten am 27. Januar durch Greven nach
Telgte bzw. Wolbeck, das sie am 1. Februar eroberten. Erst nach einer Woche zogen
sie ab. Zum Grevener Markttag in den letzten Tagen des August waren sie aber schon
wieder da, doch ist nicht bekannt, ob es ihnen auch diesmal gelang, eine solch große
Beute wie im Jahre 1589 zu machen. Durch den damals erlittenen Schaden gewitzigt,
wird man den Markt bei dem Herannahen der Raubscharen wohl abgesagt haben. Aber
auch das war für das Dorf und seine Bewohner schon ein schwerer Schaden.

Noch mehrfach drohte dem Grevener Markt und damit dem Dorf eine Wiederholung
des Dramas von 1589, so gleich im nächsten Jahr. Allen Warnungen zum Trotz unternahm
man aber nichts. Das Domkapitel war der Meinung, es hätte keinen oder nur geringen
Zweck, zum Schutze des Marktes Soldaten und „etliche Bestelte aus dem Landvolk"
nach Greven zu schicken; da sie ja doch nur bei den Bauern herumlägen und von diesen
verpflegt werden müßten, „würde der Sache damit nicht viel gedienet sein, sonderlich
da etwa ein großer Haufen und vis major (eine überlegene Macht) vorhanden wehre."[454])
Man beschloß daher, „es soll etwas aus dem Landvolk wie von alters preuchlich, zu
Verwahrung der Päß und Schlagbeume" verordnet werden. Das nutzte natürlich nichts,
und in den nächsten Jahren kamen die Raubscharen immer wieder, so daß man sich
1593 nicht mehr anders zu helfen wußte, als sie mit Geld abzukaufen. 1597 drohte erneut
die Gefahr, daß allen Abmachungen zum Trotz der Grevener Markt überfallen wurde,
desgleichen im folgenden Jahr, so daß der Statthalter des Stiftes dem Führer auf Haus
Schöneflieth schon befehlen mußte, sich mit seinen Soldaten nach der Embs (unterhalb
Grevens?) zu begeben und auf die Pässe achtzuhaben. Dem Gografen wurde befohlen,
mit den Landleuten die Beume (= Schlagbäume) zu besetzen. Auch 1598 sah es noch
bedrohlich aus, doch verlegten jetzt die Spanier und ihre Gegner, die staatischen (niederländischen) Freiheitskämpfer ihre Fouragierungsfahrten mehr ins Osnabrücker und
Bentheimer Land. Auch Gimbte hatte von diesen Marodeuren zu leiden gehabt, doch
hatten die Bauern einer späteren Nachricht von 1670 zufolge auf dem eingefriedigten
Kirchhof einen Speicher gebaut, „damit sie ihr Guet uf solchen Kirchengrundt, der
von beiden kriegenden Partheyen verschonet (zu) werden pflegen, desto besser befreyen
mögten".[455]) Offenbar hatten die Soldaten Seiner katholischen Majestät, des Königs
von Spanien, ebenso wie die reformationsbegeisterten niederländischen Scharen doch
noch etwas Respekt vor der friedvollen Ruhe der geweihten Stätte!

---

ins Stift Münster im Jahre 1553 und ebenso zehn Jahre später durch den Raubzug Herzogs Erich von
Braunschweig (1563) schwer gelitten, ist irrig. Beide Feldzüge haben den Ort Greven nicht berührt.
Zu den schweren Schatzungen, die das Stift zur Abfindung der beiden Herzöge und zur Abwendung
der angedrohten Brandschatzung und Plünderung aufbringen mußte (100000 Taler bzw. 30000 Gulden
hat Dorf und Kirchspiel natürlich seinen Anteil beisteuern müssen. (Zum Feldzug von 1553 vgl. man
MGQu. I S. 341 ff., III S. 240 und 241, Osnabr. Gesch. Quellen Bd. II – Osnabrück 1894 – S. 297ff.
zu dem von 1563 u. a. MGQu. II S. 21 ff., StAM, Msc. I Nr. 42 und VI Nr. 17).

Greven erlebte jetzt zwanzig Jahre Ruhe und Frieden, und wenn die Akten nicht trügen, so hat das Dorf gerade in dieser Zeit einen großen Aufschwung genommen, wie er sich in der Ausdehnung und Ausweitung der Siedlungen entlang der Marktstraße und im Nierodde während dieser Jahrzehnte dartut. Aber es war nur eine Ruhe vor dem Sturm, eine kurze Atempause vor dem ungeheuren Gewitter des Dreißigjährigen Krieges, das im Jahre 1620 auch über Greven hereinbrach.

Der Morgen des 22. Dezember 1620 brachte den Bauern im Kirchspiel und den Eingesessenen des Dorfes ein böses Erwachen. Der Krieg stand vor der Tür! Der holländische Oberstleutnant von Marquet rückte mit sechs Kompanien Reiter von der Armee des Prinzen Heinrich von Oranien aus dem Lippischen über Lengerich herkommend ins Kirchspiel ein, während weitere vier Kompanien gleich weiter nach Emsdetten zogen.[456]) Dem Domkapitel gelang es zwar durch ein „Douceur" (Geschenk) von 300 Talern an den Führer der Truppe und seine nächsten Offiziere und Quartiermacher die Plünderung des Dorfes zu verhindern, doch erpreßten die rauhen Gesellen, wo sie es nur unter den Augen ihrer Offiziere bewerkstelligen konnten, von den Dörflern und Bauern manchen blanken Taler. Im März des folgenden Jahres (1621) kamen weitere niederländische Truppen unter der Führung des Generalkommissars Stakenbroch in Stärke von 2000 Mann durch Greven, um dem in der Schlacht am Weißen Berge bei Prag geschlagenen „Winterkönig" entgegenzuziehen. Auch diese Truppen benahmen sich noch halbwegs anständig. Von größeren Schäden im Kirchspiel Greven wird nichts berichtet. Zu Beginn des Jahres 1622 drohte schon größere Gefahr. Der Mansfeldische Oberstleutnant Pieper, genannt Pape, nahm mit seinen Soldaten in Greven Quartier, um von hier aus das Münsterland zu brandschatzen. Noch einmal gelang es, den Kommandanten durch das Versprechen von 1000 Talern zum Abzug und zur Unterlassung von Plünderungen zu veranlassen, doch hat das Dorf damals trotz aller „Salveguarde" schwer durch Plünderung und Brandschatzung gelitten. Das Schlimmste kam jedoch erst, als am Morgen des 15. April 1622 der braunschweigische Oberst Fleckenstein mit seinen zuchtlosen Reitern seinen von Raub und Mord, Brand und Totschlag begleiteten Einzug ins Dorf hielt. Das ganze Dorf mitsamt der Kirche ließen die Mordbrenner in Flammen aufgehen und auch im Kirchspiel ließen sie keinen Bauernhof ungeschoren.[457]) Alles, was nicht niet- und nagelfest und nur irgendwie brauchbar war, hießen sie mitgehen; was sie nicht mehr mitschleppen konnten, wurde in sinnloser Zerstörungswut zertrümmert und in Brand gesteckt. Unbegreiflich groß war das Elend in Dorf und Kirchspiel. Noch im Jahre 1667 wußte Hermann Maestrup in einem Gesuch an die Äbtissin von Überwasser zu schildern, wie „ein Krigheßher mit Namen Fleckenstein mit feille Volk tho Greifen gekommen und hadt Kiercke und Thoern und das ganße Dorp im Grunde abgebrandt". Auch die Überwasserhäuser an der Kirche waren allesamt wieder abgebrannt, und die Bewohner mußten wieder, wie ihre Väter und Großväter vor 50 Jahren um Nachlaß des Gewinns einkommen, da sie sonst ihre Häuser nicht wieder aufbauen könnten. Daß damals wirklich das ganze Dorf ein Raub der Flammen wurde, läßt sich aus der Tatsache erhärten, daß auch der am Nordausgang des Dorfes gelegene Naendorf, wie es in einem Bericht aus dem gleichen Jahre heißt, „bei jungster Landesverderb und Verhergung" jämmerlich verbrannt sei. Unter der jetzt ins Münsterland einrückenden kaiserlichen Einquartierung unter der Führung des Grafen von Anholt, der von Oktober 1622 bis Februar 1623 in Telgte sein Hauptquartier hielt, hatte Dorf und Kirchspiel nicht so schwer zu leiden. Immerhin mußten für 256 Tlr. Holz und Stroh (und auch Geld) nach Telgte geliefert werden. Darüber hinaus wurden weitere 686 Tlr. durch „underschiedlige Compagnei, Reuttere und Soldaten vertzeret". Im Kirchspiel meldeten die Bauern für 1029 Tlr. Schaden an, der meist durch Requirierung von Pferden usw. entstanden war. Mit knapp 2000 Talern war der Schaden noch erträglich.[458]) Schlimmer wurde es, als Greven wieder in den Kriegsschauplatz einbezogen wurde.*)

Die Grevener hatten die Trümmer des Brandes vom 15. April 1622 kaum weggeräumt und sich nur erst notdürftig wieder eingerichtet, als am 3. August 1623 Herzog Christian von Braunschweig auf der Flucht vor dem kaiserlichen General Tilly in Greven einrückte. Lange hielten sich seine Söldner im Dorf nicht auf, denn Tilly war ihnen nahe auf den Fersen, aber die Zeit reichte immerhin doch, um nochmals das ganze Dorf bis auf den letzten Heller, bis auf das letzte Stück Speck und Brot, bis auf das letzte brauchbare Stück Hausgerät auszuplündern, und die wenigen, vom letzten Brand verschont gebliebenen oder in der Zwischenzeit wiederaufgebauten Häuser in Brand zu stecken. Der Herzog selbst übernachtete auf Haus Schöneflieth, dessen kleine Besatzung der Übermacht nicht hatte standhalten können. Schon früh am Morgen des nächsten Tages mußte er mit seiner Soldateska aufbrechen, denn die Reiter Tillys nahten. Das Dorf stand noch in hellen Flammen und die verängstigten Einwohner konnten noch die Signalhörner der letzten braunschweigischen Nachhut in der Ferne verklingen hören, als schon die Spitze der kaiserlichen Heeresmacht ins Dorf einrückte. Auch Tilly hielt sich nicht lange in Greven auf, und seine Soldaten fanden in dem ausgebrannten Nest kaum noch etwas, das das Mitnehmen lohnen mochte. Daher werden sie in der Nacht vom 4. auf den 5. August wohl meist im Freien haben kampieren müssen. Am folgenden Tag, am 5. marschierten die Kaiserlichen weiter und vernichteten dann bekanntlich noch am gleichen Tage bei Stadtlohn das Heer des Braunschweigers völlig. Die Grevener werden sich darüber gefreut haben, genutzt hat es ihnen nicht viel, denn nun bekamen sie Einquartierung von kaiserlicher Seite – nach Greven kam das Reiterregiment de Fours –, und diese wilden Reiter waren kaum besser als die Braunschweiger! Den Bauern wurde das letzte Getreide aus der Scheune geholt oder schon vom Felde weggeschnitten, so daß ihnen selbst kaum das Nötigste zum Leben, geschweige denn zur Saat blieb. Im Dorf stieg die Not so hoch, daß, wie Pfarrer Reismann berichtet, 66 Hausbesitzer die Feuerstättenschatzung nicht mehr bezahlen konnten.[459])

Auch in den nächsten Jahren hatte das Dorf, das, wie seine Rottmeister in einer Bittschrift während des Dreißigjährigen Krieges nicht zu Unrecht betonten, „leider an offener Lantstraten und Paes liget", schwer unter den ewigen Durchzügen der streitenden Parteien zu leiden.

Bereits im Juli 1624 zog noch einmal Herzog Christian von Braunschweig von Holland herkommend mit 12000 neu angeworbenen Truppen durch Greven, um sich mit dem Dänenkönig in Niedersachsen zu vereinigen.[460]) Nähere Einzelheiten über diesen Durchzug sind nicht bekannt. In dem völlig ausgebrannten Dorf gab es kaum schon wieder etwas zu plündern und zu rauben. Aus den nächsten Jahren fehlen dann alle Nachrichten. Erst im Sommer 1628 ging der Tanz von neuem los. Am 11. Juli kamen spanische Truppen unter Don Pedro d'Aquillera auf dem Wege von Hamm nach Lingen durch Greven. Da das Kriegsvolk im Kirchspiel Handorf übel gehaust hatte, versuchte man, die Soldaten auf Nebenwegen, an den Dörfern und Bauerschaften vorbei, durch die Heiden aus dem Stiftsgebiet herauszumanövrieren. Doch diese merkten den Braten und weigerten sich, dem Führer, dem Bauer Dietrich Havikenscheid zu folgen. Aus dem Bericht des Gografen zur Meest über die Schäden der Bauern im Kirchspiel Greven können wir erkennen, welchen Weg die spanischen Marodeure genommen haben.

---

*) Bei einem Einfall der in Burgsteinfurt lagernden Mansfeldischen Reiter in das Kirchspiel Nordwalde am 27. Juli 1623 wurde auch der Hof des Schulten Temming in der Bauerschaft Westerode geplündert (StAM, Fst. Münster, Landesarchiv, Militaria Nr. 641).

Durchs Dorf scheinen sie nicht marschiert zu sein, denn der Gograf verzeichnet nur Schäden aus den Bauerschaften Bockholt, Maestrup, Wentrup und Pentrup.*) Schlimmer erging es den Emsdettener und Saerbecker Bauern, die sich den Spaniern entgegenstellten. In ihrem Übermut, den sie sich vorher angetrunken hatten, glaubten sie, der angeblich 700 Mann starken Truppe mit ihren alten Flinten ernsthaften Widerstand leisten zu können. Die Emsdettener wurden von den Spaniern beim Übersetzen an der Ems unter Zurücklassung von 11 Toten und 69 Feuerrohren abgeschlagen. Die Saerbecker hatten sich auf ihrem Friedhof verschanzt und höhnten von dort die vorbeiziehenden Spanier: „das Volk willen wir wohl weren (= abwehren), wehre es auch eins so viel!" Die erbosten Spanier stürmten darauf Friedhof und Kirche, wobei es sechzehn Tote, darunter zwei Frauen und drei Kinder, gab. Die heilige Stätte bot ein schauerliches Bild an Greuel und Verwüstung!

Die Grevener hatten gut daran getan, mit etwas weniger Heldenmut die ungebetenen Gäste passieren zu lassen, mochte es auch den einen oder anderen Taler kosten. Das Leben und die Habe waren jedenfalls gerettet. Dorf und Kirchspiel hatten die Ruhe der letztvergangenen Jahre so gut genutzt, daß Ende 1628 die beim Brand von 1622 mit der Kirche verbrannten Glocken durch neue ersetzt werden konnten (s. u. S. 421). Ein neuer Sturm stand aber bereits vor der Tür.

Dieser kündigte sich 1633 durch eine verheerende Pestseuche an (sie wiederholte sich 1635 und nochmals 1636). Im Dorf fiel ihr Pfarrer Reismann zum Opfer. Er mag sich bei seinen sterbenden Pfarrkindern angesteckt haben. Viele Höfe im Kirchspiel wurden wüst. Auf Beulichmanns Hof in der Bauerschaft Westerode starben beispielsweise beide Eheleute unter Zurücklassung eines kleinen Töchterchens. Da niemand sich in der schweren Zeit bereit fand, den Hof zu übernehmen und die drückenden Kontributionslasten von dem Erbe zu entrichten, blieb dieses viele Jahre lang wüst liegen. Ein ähnliches Schicksal hat damals viele Höfe unserer Heimat getroffen, und noch lange Jahre nach Beendigung des schrecklichen Krieges lagen, wie das Schatzungsregister von 1664 erkennen läßt, eine ganze Anzahl von ihnen wüst.

Im Jahre 1634 hatten auch die Durchzüge wieder eingesetzt. Damals kamen hessische Truppen durch Greven, von denen Kolon Naendorf im Dorf berichtet, daß sie ihm wieder alles geraubt und dazu seinen Hof verbrannt hätten.[461]) Ob er der einzige im Dorf und Kirchspiel war, den dieses traurige Los zum zweiten- oder gar drittenmal traf, wissen wir nicht, es ist aber nicht anzunehmen, denn nach einem anderen Aktenstück der gleichen Zeit war das ganze Kirchspiel damals so ausgesogen und verarmt, daß „sämtliche Provisoren und Bauerrichter in ihrer höchsten Not" von dem Vikar auf der Schöneflieth, der offenbar sein Geld gut versteckt oder im benachbarten Münster sicher untergebracht hatte, 700 Taler aufnehmen mußten, um davon die fälligen Kontributionen bezahlen zu können.[462])

Wer 1634 noch verschont geblieben war, den traf sicher der „Weimarische Brand" im Jahre 1642 um so härter! Es war wohl mit die schwerste Heimsuchung, die Dorf und Kirchspiel Greven während des Dreißigjährigen Krieges getroffen hat. Das ganze Dorf mit Kirche und Pfarrei wurde am 16. Oktober von den durchziehenden Sachsen-Weimarischen Truppen in Brand gesteckt und bis auf den letzten Heller ausgeplündert. Diesmal

---

*) An Schäden meldeten an: Sch. Bönstrup 9¹/₂ Tlr., Steggemann 8, Kaup 3, Busch 4, Wigger 15¹/₂, Becker 4, Sch. Bockholt 20, Vennemann 2¹/₂, Sch. Maestrup 7, Ebbigmann 14, Hellemann 20, Tegeder 4, Veddermann 6, Brinkmann 3, Brüning 6, Konermann 2, Loißmann 5, Johanning 1¹/₂, Brunsmann 3, Westrup 3 und Richter 2 Taler. Kolon Wigger (Bsch. Maestrup), der der Truppe nachlief, um sein „Zeug" wiederzubekommen, kam übel bei den rohen Gesellen an. Mit 14 Wunden bedeckt, blieb er tot am Wege liegen (StAM, Fst. Münster, Landesarchiv, Militaria Nr. 841).

war der Schlag so nachhaltig, daß die völlig verarmte Bevölkerung Jahrzehnte brauchte, um wieder zu einem einigermaßen beachtlichen Wohlstand zu gelangen. Der Kirchturm der damals gleichfalls völlig ruinierten Kirche stand noch bei der Kirchenvisitation von 1656 als Ruine da! Ja, Pfarrer Holstein schrieb noch im Jahre 1702, also sechzig Jahre nach dem Schreckenstag, ganz benommen und entsetzt in der Erinnerung an die Schrecken dieses schwarzen Tages, in sein Lagerbuch, daß damals . . . „alles, Kirche und Turm abgebrannt, und die Kirche zum Pferdestall gemacht, und ein Grewell der Verwüstung gewesen"!

Der Grund, weshalb jetzt die Bevölkerung völlig ausgepowert war, lag aber nicht nur in den schweren Bränden und Plünderungen, über die sie verhältnismäßig rasch immer wieder hinwegkam, zumal die Bauern – Not macht erfinderisch – ihre kostbarste Habe, vor allem das Vieh, in teilweise unterirdischen Verstecken in Wald und Heide zu bergen lernten.*) Das Entscheidende waren die unbarmherzig eingetriebenen Kontributionen, die den Bauern ebenso wie den kleinen Handwerker im Dorf bis auf den letzten Heller aussogen. Geradezu erstaunlich sind die Summen, die von Kaiserlichen und Ligisten aus dem Lande erpreßt wurden. Von Oktober 1637, als dieses Spiel begann, bis einschließlich November 1638, erhielt der kaiserliche Oberst Reumont in Rheine monatlich aus dem Kirchspiel Greven 401 Reichstaler, 7 Schill., zeitweise sogar 422 ja sogar 535 Reichstaler (das entsprach genau einer Monatsschatzung), im ganzen, ein-schließlich der Hebungskosten, für die das Kirchspiel natürlich auch aufkommen mußte, 5686 Reichstaler, 20 Schill., 7 Pfennige.[463]) Bis zum August 1641 einschließlich emp-fingen so die kaiserlichen Truppenführer statt des Landesherrn die Monatsschatzung. Erst seit dem September dieses Jahres ging die Steuer wieder an die Pfennigkammer (die landesherrliche Steuerhauptkasse). Unbarmherzig hatten die Obristen auf genaue und pünktliche Entrichtung der Kontribution bestanden. Da nutzte kein Flehen und Bitten, das Geld mußte bis auf den letzten Groschen herbei, sollte nicht das ganze Kirch-spiel darüber ins Unglück geraten. Gar mancher Bauer hat damals bei Münsterschen Bürgern oder sonst einem, der noch über etwas Bargeld verfügte, große Darlehen auf-nehmen müssen, an deren Rückzahlung noch seine Kinder und Kindeskinder schwer zu tragen gehabt haben. Der schöne und gewiß auch ertragreiche Schultenhof in Aldrup war beispielsweise bereits beim Durchzug der feindlichen Heere völlig verdorben, wie es in den Akten heißt. In den folgenden Jahren stieg die Schuldenlast bis zum Jahre 1641 auf rund 2000 Taler, bis 1655 auf nicht weniger als 5000 Taler, davon etwa 940 Taler Pachtrückstände. Fast zu jeder Schatzung hatte der Schulte „in höchster Not", um die Pfändung seines Viehes zu vermeiden, kleinere oder größere Summen meist bei Münsterer Bürgern aufnehmen müssen, bis dann die genannte Schuldsumme den völligen Ruin und Bankrott des Hofes besiegelte.[464]) Den anderen Bauern erging es nicht besser. Weilichmann in Schmedehausen hatte 1664 noch über 900, sein Nachbar Austrup rund 800 Taler Schulden vom Krieg her. Waltermann in Herbern hatte schon 1640 an die 1000 Taler Schulden. Das sind nur ein paar Beispiele.[465]) Erst der Landesherr, der Bischof von Münster, hatte Erbarmen mit seinen geplagten Landeskindern. Dem Kirch-spiel Greven erließ er bis 1643 im ganzen gut 2000 Taler der bis dahin fälligen Monats-schatzung und vom August 1643 bis zum Mai 1644 nochmals rund 3266 Taler. Der Bauerschaft Herbern, die an der viel benutzten Rheineschen Landstraße lag, wurde „wegen starken Einfall und Überzug" die gesamte Schatzung bis auf ein Achtel vorläufig ganz erlassen. Da waren die kaiserlichen und hessischen Kontributionserheber doch andere

---

*) An solche Notställe erinnert sich das Volk noch heute, so z. B. beim Bauer Krüker, bei Hovemann und A. Jochmaring in Schmedehausen, bei Sch. Topphoff in Bockholt.

Kerle gewesen! Als der Bauer Drentrup nicht bezahlen konnte oder wollte, schleppten sie ihn kurzerhand in Ketten mit nach Osnabrück!

Trotz aller Not und Plünderung brachte das völlig verarmte, einst so blühende und leistungsfähige Kirchspiel Greven in der Zeit vom Januar 1640 bis Januar 1645 33751 Reichstaler an Kontributionen auf, von denen nur 2480 rückständig blieben. In den zehn Jahren von 1647 bis 1656 zahlte das Kirchspiel sogar 45508 Taler Schatzung![466]) Kein Wunder, daß die Bauern und Dörfler nach dem Kriege so verarmt waren, daß sie lange Jahre nicht imstande waren, ihren Kirchturm, das Wahrzeichen des ganzen Kirchspiels, wiederherzustellen.

Derweilen gingen die Durchzüge und Einquartierungen weiter, doch wissen wir nur noch von wenigen. Im Juni 1647 übernachtete in Greven die Kavallerie des schwedischen Generals Königsmark und im November des gleichen Jahres der kaiserliche General Lamboy mit seinem Stabe.[467]) Mit dem 24. Oktober 1648, dem Tage, an dem in Münster der Friede feierlich geschlossen und unterschrieben worden war, war das Elend und Leid der Truppendurchmärsche und Einquartierungen noch keineswegs vorbei. Kurz vor Kriegsende, am 15. Juli, war „under den hessischen Kriegsobersten Sanct Andrees mit etliche hundert bey sich habenden Volckern alhie zu Schoneflieth und das Kirspel Greven vorbey massiret, hadt er begeret ein Küchensteur (umb zu verschonen das Kirspel), wie auch ein Fuder (Heu) für seine Pferde, wie auch zwolf Pferde zu Behuf der Bagaisen gefordert als ist ihm zu Behuef seiners verehret ein Lahm (= Lamm). Exposuit Schulte Wiren (= Kötter zur Wieren im Dorf!), kostet ein Daler item ein Schincke, zwei Broide, sechs Scheppel Haberen“. War das die letzte bekannte „Kriegshandlung“ im Kirchspiel Greven aus dem Dreißigjährigen Kriege, so unterschieden sich ähnliche Vorkommnisse aus den beiden nächsten Jahren des Friedens durch nichts als den Umfang und die Höhe der von den durchmarschierenden Einheiten geforderten Abgaben. „Am 23. Februar 1649 durch massiret zweyhundert bey nah (Nacht?) Gekommandirte zu Pferde von Oberst Voß sein Regiment.“ „Als die Schweidischen auf Oistbevern und Westbevern gelegen, alhie ein Cornett mit einem Reutter geschicket worden, ein Stuck Geld zu geben oder alhir zu Greven ligen wolten, ist dem Cornett verehret ein ´Ducaten (= 2 Taler).“ „Der Receptor mit Bernd Hüsinch, Markjohann, Sch. Bocholt und Sch. Berninch nach dem Rittmeister gewesen, denselben nach Accordirung geben müssen 25 Daler.“ Schon am 28. Februar kamen wieder 200 Mann von des Obersten Voß Regiment durch Greven. Zur „Abkaufung“ derselben mußten 20 Taler, dazu sechs Schinken von zusammen 41 Pfund im Wert von etwas mehr als $3^1/_2$ Taler geopfert werden. Am 2. Juli ritt der Schreiber der Kirchspielsrechnung zusammen mit Bernd Konermann und Markjohann den bei Hopsten gelegenen schwedischen (?) Truppen entgegen (unter Oberst Cratz), um sie „abzukaufen“. Derselbe Oberst Cratz kam im Oktober und November 1649 nochmals durch Greven, stets mit einem größeren Gefolge. Er selbst logierte dabei beim Herrn Pastor, seine Leute in der Gastwirtschaft von Jürgen Veltmann. Im Februar 1650 kamen seine Leute (4 Reiter) nochmals durch Greven und verzehrten in der Wirtschaft von Bernd Hüsing 27 Taler, die natürlich zu Lasten des Kirchspiels gingen. Im Sommer des Jahres kamen dann die letzten Durchmärsche. Am 9. Juli mußten die Kirchspielsvertreter nochmals auf den Weg, dem Oberst Ottinch entgegen, der von Vechta und Fürstenau heranrückte, „umb selbige Volckere abzukaufen“. Dem Kapitain, der selbst ins Dorf kam, um Wagen für den Transport des umfangreichen Gepäcks zu requirieren, drückte man $5^1/_2$ Taler in die Hand, damit er's nicht zu arg triebe. Anfang September mußte man den schwedischen Oberstleutnant Graf Horn und Oberst Ottinch nochmals 12 Taler verehren, damit sie ihre Völker aus dem Kirchspiel abzögen. Dem schwedischen Obersten Graf Ladewich, der am 4. September mit seinen Truppen aus dem Kirchspiel St. Mauritz abrückte, schickte man schnell einen Boten entgegen, um ihn an Greven vorbei über Westbevern zu leiten. Gegen Ende des Jahres mußten auch die verhaßten spanischen (kaiserlichen) Truppen noch einmal abgekauft werden. Das war dann wirklich die letzte Kriegslast des Kirchspiels! Mit welchen Gefühlen mögen die Grevener den letzten schwedischen Reitern nachgesehen haben! Nach so vielen Jahren der Not und des Elendes werden sie es kaum haben glauben können, daß nun endlich auch für sie der Frieden gekommen war, und nur zögernd werden sie sich der Friedens- und Aufbauarbeit wieder zugewandt haben.

Die war fürwahr nicht leicht. Wie schwierig es beispielsweise war, auf dem völlig ausgeraubten Lande zu dem nötigsten Vieh zu gelangen, zeigt das Beispiel der Zellerin Gunnigmann in Schmedehausen, die sich 1653 von dem Münsterer Bürger Hermann Komnes zwei Kühe und zwei Färsen leihen mußte, da sie das Geld zum Kaufe nicht besaß, und „gelobete, selbige Stücke in gutem Futter und Verwahrsamb zu halten, nicht zu vereußern, verbringen und andern in Pfandschaft zu weisen und auf Erfordern ermelten Komnes jeder Zeit abfolgen zu lassen". Sie bekam das so nötige Vieh also nur geliehen als „Nutzgut", wie es in einer gleichzeitigen Urkunde heißt, in der Zeller Brüggemann dem Vogt Nikolaus Warburg für ein Darlehen 6 Kühe, 4 Rinder und 3 Pferde, offenbar seinen ganzen Besitz verpfändete, es aber behalten durfte unter der Bedingung, es in usum (zum Gebrauch) des Vogtes als Nutzgut wohl zu verwahren.[468]

Bargeld war eben so rar geworden, daß man zu diesen Naturalgeschäften seine Zuflucht nehmen mußte. Das blieb noch lange so, war doch beispielsweise im Jahre 1708 ein so großer Bauer wie Schulte Hanhoff gezwungen, sich 15 Taler zu leihen, um seine Tochter freikaufen zu können![469]

Schließlich ging es doch wieder aufwärts,*) und wie die Aufzeichnungen des Pfarrers Holstein aus dem Ende des 17. Jahrhunderts erkennen lassen, gelang es auch in wenigen Jahrzehnten die ungeheure moralische Verwilderung des Volkes durch Hebung des religiösen Lebens und des Schulunterrichtes zu überwinden. Die Roheit des Dreißigjährigen Krieges mit Mord und Brand, Notzuchtverbrechen und Bauernschinden, haben die Kriege der späteren Zeit in dem Maße glücklicherweise nicht wieder erreicht. An unliebsamer Einquartierung und an den üblichen Brandunglücken hat es in Greven in den nächsten Jahrzehnten allerdings keineswegs gefehlt. Als Christoph Bernhard von Galen, der streitbare Bischof von Münster, seinen Feldzug gegen die Niederlande begann, erlebte Greven wieder Einquartierungen am laufenden Band. Waren es auch landesherrliche Truppen, so waren Last und Unkosten nicht gering, und auch bei den eigenen Landeskindern empfahl es sich offenbar, wie die Dorfrechnung des Jahres 1671 erweist, dem diensttuenden Leutnant eine „Handsalbe" von 5 Talern zu verehren, „umb guete Ordre zu halten". Von 1671 bis tief ins Jahr 1675 hinein blieben die Quartiermacher im Kirchspiel und Dorf Greven auf den Beinen. Es begann mit dem Regiment des Obersten Bernsomme (Reg.-Quartiermeister Johann v. d. Horst) am 8. Jan. 1671 und

*) Da in dem so häufig von Bränden heimgesuchten Greven das Holz knapp geworden war, half man sich zuweilen dadurch, daß man auswärts ein noch stehendes Haus auf Abbruch kaufte und dann in Greven wieder aufführen ließ. So berichtete beispielsweise Hermann Maestrup 1667 an die Äbtissin von Überwasser, daß der „Riekeschen" im Dorf, der die Fleckensteinschen Raubscharen 1622 das Haus (an der Kirchstraße) angezündet hatten, ihre drei Söhne (der eine war Dechant an der Überwasserkirche, der zweite Gildemeister in Greven und der dritte landesherrlicher Vogt ebenda) „helpet (se) de Soehne ihrer Moder und kaufte ein altes Haus und settet dasselbige dweiß (= quer) auf ihren Platz (StAM, StAF Münster, Universität X E Nr. 10). Auch Pfarrer Holstein erwarb 1674 nach dem großen Brand für das Armenhaus ein altes Haus in Telgte und ließ es in Greven auf dem Kirchplatz wieder aufsetzen (s. o. S. 88f).

endet im Sommer (?) 1675 mit dem Durchmarsch von 4 Kompanien unter dem Kommando des Oberleutnants Nimphio. Dazwischen lagen ungezählte kleinere und größere Durchmärsche, für die zumindest jedesmal Brot und Bier bereitgehalten werden mußte. Das verursachte den Dorfvätern jeweils nicht geringe Unkosten. Allein im Jahre 1671 wurden für die Einquartierungen 1245 Taler und 30 Schillinge ausgegeben. Im Jahre 1672 wurde von den „Defensivvölkern der Militzartiglerey" beim Dorf – wo genau wird leider nicht gesagt – ein Lager aufgeschlagen, das noch im Jahre 1674 stand, dann aber doch lange Jahre keine Soldaten mehr beherbergt hat, da erst wieder 1699 Truppendurchmärsche in Greven gemeldet werden.

Dafür wurde das Dorf in der Zwischenzeit wieder mehrfach von Brand und Seuchen heimgesucht. Am 9. Februar 1655 brannte ein großer Teil der an der Münsterstraße gelegenen Häuser ab. Ein Schatzungsregister im Besitz des Schulten Gronover zählt 14 Häuser (von Beckermann bis zu Bövemann) auf, die diesem Unglück zum Opfer fielen. Die nächste Brandkatastrophe traf den Ort aber noch weit schlimmer. Am 4. März 1674 vernichtete ein im Hause des Holschers am Kirchplatz während der Predigt ausgebrochener Brand ungefähr 40 Häuser rund um die Kirche herum, wobei, wie Pfarrer Holstein in seinem Rechnungsbuch verzeichnet, „die Pastorat schon an drei Ortern im Tag (= Dach) in Fewr gestanden". Wenige Jahre später, am 15. Mai 1679 wütete bereits wieder ein Brand im Dorf, der nochmals die Häuser am Kirchplatz vernichtete. Die Schäden dieser Feuersbrunst waren kaum verheilt, als am zweiten Ostertag des Jahres 1683 (11. April) zum drittenmal das Feuer durch die Gassen des Dorfes raste und über dreißig Häuser an der Münsterstraße in Schutt und Asche legte. Pfarrer Holstein mußte zum drittenmal, wie er im Lagerbuch schreibt, seinen Hausrat auf die Straße schleppen, da das Feuer „mir auch am negsten gewesen und alle meine Armut schon ausgeschleppet gewesen, und das dritte Mal, wobey viele meiner Sachen und Schriften verkommen".*)

Schlimmer noch als diese Brände wütete unter der Bevölkerung zur gleichen Zeit eine gefährliche Seuche, der Blutgang (rote Ruhr), die viele Opfer forderte. Pfarrer Holstein konnte allein mit seinem Kaplan die Toten nicht mehr beerdigen und mußte „als die kontagiöse (ansteckende) Krankheit des Blutgangs grassiert ... in höchster Not den Kirspel zu helfen, da auf einmal neun Toten seindt gebracht worden, einen Patrem Hubertum Frundrup, minoritarum vicarium berufen lassen, welcher schier anderthalb Jahr hie gewesen". Doch dauerte die Seuche in der Hauptsache nur vom Juli bis September des Jahres 1676.

Bis zum Ende des Jahrhunderts blieb dann Dorf und Kirchspiel von Bränden und Seuchen offenbar verschont. Schwere Not brachte dann allerdings das Jahr 1698 mit einer Mißernte, die nach Pfarrer Holsteins Ansicht seit dreihundert Jahren nicht so groß gewesen war.**) Die Preise für das Getreide stiegen im Frühjahr, nachdem die Vorräte aufgezehrt, auf das Dreifache. Der Malter Roggen, der normalerweise durchschnittlich 5 bis 6 Taler gekostet hatte, stieg bis zum 26. April, an welchem Tage Pfarrer Holstein seinen Stoßseufzer ins Lagerbuch der Kirche eintrug, schon auf 18 Rtl., die Gerste von etwa 4 bis 5 Rtl. auf 15, die Hirse auf 12 und der Hafer von $2^1/_2$ auf 7 Rtl. „Quid ulterius futurum sit, Deus novit" (Was die Zukunft bringen mag, weiß Gott allein), schrieb der bekümmerte Pfarrer dazu!

---

*) Im alten Taufbuch (S. 60) hatte Pfarrer Holstein verzeichnet, wie der Brand durch unvorsichtiges Hantieren des Arnd Hüsing, des Sohnes der Witwe Beckering, mit dem Aschenkasten entstanden und dadurch die ganze Straße zu beiden Seiten bis Veltmanns Scheune hin abgebrannt sei.

**) Schlechte Jahre waren, an den Getreidepreisen gemessen, auch die Jahre 1633 und 1651 gewesen. Ein Hungerjahr war dann vor allem auch der Winter 1739 auf 1740.

Kaum war die glücklicherweise gut geratene Ernte des Jahres 1699 in die Scheuer gefahren, da begann wieder die drückende Last der sich ständig wiederholenden Einquartierungen und Durchmärsche.[470]) Welcher Nationalität und Waffengattung die „starke Einquartierung" von 1699 angehörte, verraten die Kirchspielsrechnungen nicht. Auch von den Truppen, die im Spanischen Erbfolgekrieg (1701-1714), an dem ja auch der deutsche Kaiser aus dem Hause Habsburg beteiligt war, schon im ersten Kriegsjahr als kaiserliche Hilfsvölker (Reiter) auf dem Wege nach den Niederlanden durchs Dorf kamen, wissen wir nichts Näheres. Im Jahre der großen Schlacht bei Oudenaarde (1708) kamen dann braunschweig-wolfenbüttelsche Truppen, 1714 und 1715, also nach der Beendigung des Feldzuges in den Niederlanden, die „Hünerbeinschen" Reiter von der stiftmünsterschen Armee und das auf dem Rückmarsch in die Heimat begriffene von Ransausche Bataillon der hannoverschen Truppen durch Greven.

Im Zuge der Hohen Politik der münsterschen Landesherren wurde das Münsterland auch in der Folgezeit noch mehrfach in die Kriege und Verwicklungen der großen Mächte einbezogen, was sich auf dem platten Lande immer wieder in Einquartierungen und Durchmärschen auswirkte. Welcher Nationalität und Waffengattung die 1730 in Greven einquartierten 187 Mann mit 77 Weibern und 27 Kindern (!) waren, verschweigen die Dorfrechnungen, denen wir einzig die Kenntnis dieses nicht gerade sehr kriegerisch anmutenden Ereignisses verdanken. Die Truppen des 17. und 18. Jahrhunderts zogen allerdings stets mit einem ungeheuren Troß durchs Land, der das ohnehin nicht gerade „motorisierte" Tempo der Marschgeschwindigkeit noch erheblich herabsetzte, aber ein solcher Weiber- und Kinderanhang will denn doch auch für die damalige Zeit etwas reichlich groß erscheinen! Im Jahre 1735 machte Greven zum erstenmal mit den Preußen Bekanntschaft, die wegen der Weigerung des Bischofs von Münster, des Wittelbachers Klemens August von Bayern, am Reichskrieg gegen den französischen Thronkandidaten Stanislaus Lesczinski in Polen das Münsterland seit dem November 1734 besetzt hielten. Obwohl nach dem im Herbst 1734 vereinbarten Einquartierungsplan das Kirchspiel Greven nicht belegt werden sollte, schickte der Generalleutnant v. Röder, der in Coesfeld residierte, im April 1735 doch Teile des v. Möllendorfschen Dragonerregiments als Repressalie für rückständige Verpflegungsgelder hierher.[471]) Die Quartierkosten beliefen sich für das Dorf auf 325 Reichstaler, für das Kirchspiel sogar auf 852 Rtl.

Der österreichische Erbfolgekrieg nach dem Tode des letzten männlichen Habsburgers, Kaiser Karls VI., sah Fürstbischof Klemens August auf der Seite seines Bruders, des Kurfürsten Karl Albert von Bayern, dem sich Preußen und Frankreich gegen Österreich anschlossen. Die Folge dieser Politik waren unaufhörliche Durchzüge der verbündeten Truppen durchs Münsterland. Zum erstenmal erschienen jetzt auch, diesmal noch als Bundesgenossen, die Franzosen in Westfalen. Im Februar 1742 kamen sie auch durch Greven; wenig später folgten ihnen hannoversche Truppen, 1745 dann des Generalleutnants v. Schorlemer Leibkompanie und das Kavallerieregiment von Berlepsch. Zwischendurch wurden dann auch einmal stiftsmünstersche Truppen (unter Rittmeister v. Netzler) für mehrere Monate nach Greven gelegt (Sept. 1746 bis Jan. 1747 und dann wieder 1748). Im letzten Kriegsjahr, 1748 kamen dann noch einmal zahlreiche Verbände der Alliierten durch. Die Dorfrechnung dieses Jahres nennt u. a. das kurhannoversche Regiment von Montigny, das hessische Garderegiment und das Regiment von Mausbach. Alle diese Truppen benötigten jedesmal erhebliche Mengen an Brot, Bier und Futter für die Pferde. Die Einquartierung der Karabinerkompanie v. Netzler im Jahre 1746/47 kostete das Dorf beispielsweise die runde Summe von 500 Talern.

Im Jahre 1749 machten das schwarzenburgische Infanterie-Regiment, zwei kleinere Kommandos der landsbergischen und Sindscher (?) Kompanien und schließlich am

6./7. Juni die sachsen-gothaischen Dragoner den Beschluß der Truppendurchmärsche und Einquartierungen.

Aber alle durch diese Nöte und Belastungen verursachten Kosten waren nichts im Vergleich zu den Lasten, die der jetzt vor der Türe stehende Siebenjährige Krieg über das Münsterland und damit auch über unsere engere Heimat brachte. Das Stift Münster stand mit dem Reich und im Bunde mit Frankreich und den andern Helfern auf seiten der Kaiserin Maria Theresia, die Hannoveraner (und England) dagegen auf seiten des Preußenkönigs. Bereits im April 1757 rückten die französischen Bundesgenossen in Münster ein. Greven scheint von ihnen damals noch nicht belästigt worden zu sein, da der Marsch der Franzosen von Münster in der Richtung auf Bielefeld weiter ging. Fourage werden die Grevener Bauern allerdings wohl haben stellen müssen. Erst das Jahr 1758 brachte wieder Einquartierung. Diesmal war es aber der Feind in Gestalt des hannoverschen Dragonerregiments von Luckner, die nach Friedrichs des Großen Siegen bei Roßbach und Leuthen als Teil des nach Westen vorstoßenden preußischen Heeres des Herzogs von Braunschweig Münster und das Münsterland Ende März 1758 besetzten. Jetzt begann eine große Leidenszeit. Nicht nur dauernde Einquartierungen und Fouragelieferungen mußten hingenommen und gestellt werden. Die siegreichen Truppen des Herzogs von Braunschweig forderten zudem hohe Kontributionen, im Frühjahr 1758 zunächst einmal rund 800000 Taler, zum Winter dann für die Winterquartiere noch einmal 1900000 Taler! Für die preußische Einquartierung hatte Greven, das anscheinend 123 Tage belegt war, allein schon 15094 Rtl. aufnehmen müssen, das kleine Gimbte 720 Rtl. Als die Preußen am 25. Juli 1759 Münster wieder an die Franzosen verloren, traten an die Stelle ihrer Kontributionen nun die der zwar mit dem Bischof von Münster verbündeten, darum aber nicht minder geldhungrigen Franzosen. Um ihren Forderungen mehr Nachdruck zu verleihen, legten sie überall kleinere Kommandos in die Dörfer; so kamen nach Greven 8 hessische Husaren, denen Betten und ein Schilderhaus gestellt werden mußten, nach Gimbte 7 Mann, die bei Zeller Gerdemann in Quartier lagen. Die Schulden, die das Dorf machen mußte, um die ewigen Kontributionsforderungen begleichen zu können, stiegen von Jahr zu Jahr, zumal im November 1760 die Preußen auch wieder Münster und damit auch das Münsterland eroberten und nun bis zum Kriegsende, d. h. bis zum März 1763 im Lande blieben. Schwer lastete die preußische Einquartierung und Fouragierung auf der Bevölkerung. Nach einer Kriegsschädenrechnung des Jahres 1761[472]) büßten die Bauern des Kirchspiels Greven bei den ewigen Fuhren für die Truppen 108 Pferde ein und verloren dazu in einer schweren Viehseuche im Januar 1761 nicht weniger als 380 Kühe. Vom Ochsentrain der Alliierten, der im Kirchspiel einquartiert war, fielen gar 800 (von 1200) Tiere.[473]) Besonders schlimm wütete die Seuche in den Bauerschaften Bockholt, Maestrup und Pentrup. Hier verloren beispielsweise Schulte Bockholt 20 Kühe, Wesselmann 14, Horstmann und Wedemhove je 16. Schulte Maestrup verlor 14 Kühe und 7 Pferde. In Pentrup büßte Drentrup 13 Kühe ein, Suvelack 16 Kühe und 2 Pferde, Hölscher 7 Kühe und 3 Pferde, Theismann 14 Kühe und 1 Pferd, Lobbertmann 10 Kühe und Kokenbrink 14 Kühe und 1 Ochsen. In den anderen Bauerschaften war es nicht ganz so schlimm, doch gab es im ganzen Kirchspiel kaum einen Bauern, der nicht wenigstens eine Kuh oder ein Pferd allein in diesem Jahre verloren hat. Am Ende des Krieges hatte das Kirchspiel noch rund 30000 Taler Schulden, die nur dadurch getilgt werden konnten, daß man umfangreiche Teile der gemeinen Mark verkaufte.*) Glücklicherweise kam jetzt aber eine ruhige und friedliche Zeit über

---

*) Noch 1772 führte das Kirchspiel Greven gegen den „Entrepreneur" (Unternehmer) Schmitz bzw. dessen Vertreter, den Juden Abraham Abraham von Lengerich einen Prozeß um die Bezahlung

das Münsterland, in denen die Schäden des Krieges durch den Fleiß und die Ausdauer seiner Bewohner wieder wettgemacht werden konnten. Abgesehen von der Stadt Münster, die bei den Belagerungen von 1759 und 1760 schweren Schaden genommen hatte, hat das platte Land wenig durch Brand und Verheerung gelitten. In dieser Beziehung war die Kriegführung gegenüber den Zeiten des Dreißigjährigen Krieges doch wesentlich humaner geworden.

An äußeren Erlebnissen des Dorfes hat der Chronist bis zum Ende des 18. Jahrhunderts, bis zum Beginn der französischen Fremdherrschaft und der Befreiungskriege nichts mehr zu berichten. Ein Menschenalter ruhiger und steter Entwicklung führte das Land jetzt an die Schwelle einer neuen Zeit, deren Tor die alles Bisherige umstürzenden Ideen der Französischen Revolution aufstießen.

---

von 15 211 Tagesrationen Stroh in Höhe von 485 Talern, die eine Abteilung des hannoverschen Regimentes von Waldthausen in der Zeit vom 1. Februar bis 19. Mai 1760 im Kirchspiel Greven verzehrt hatte (StAM, Dep. Alt. Ver. Münster Msc. 385). Auch das kleine Kirchspiel Gimbte konnte seine Kriegskosten, die sich insgesamt auf etwa 1350 Taler beliefen, nur durch umfangreiche Verpachtungen von Gemeinheitsgründen (auf 40 Jahre) abtragen. Bis 1765 waren hier aber alle Schulden bezahlt.

9

Verfassung und Organisation
von Dorf und Kirchspiel in fürstbischöflicher Zeit

Die Verfassung und innere Organisation des Dorfes und zugleich auch des Kirchspiels in älterer Zeit ist nicht leicht zu schildern, da sich ihre Anfänge im Dunkel der Geschichte verlieren. Kirchspiel und Dorf waren seit langer Zeit zwei getrennte Gemeinschaften, seit wann aber, verraten die erhaltenen geschichtlichen Quellen nicht. Hat es wirklich im 13. Jahrhundert schon so etwas wie einen Marktort Greven gegeben, so hat sich von dessen Verfassung mit Ausnahme des Gerichtes (s. o. S. 128) und des Marktes selbst doch keine deutlich sichtbare Spur erhalten (s. o. S. 95 ff.). Im ältesten überlieferten Schatzungsregister des Stiftes Münster aus den Jahren 1498/99 wird als einziger Beamter in Greven nur der Vogt erwähnt. Da er gelegentlich auch Frone genannt wird,[474] ist die Herkunft dieses Amtes klar. Der Vogt oder Frone war ursprünglich der Gerichtsbote, der im Auftrage des Gografen die Ladungen zum Gericht zu besorgen hatte. Über seinen Pflichten- und Aufgabenkreis berichtet die Anstellungsurkunde des letzten domkapitularischen Vogtes Johann Konrad Bröcker vom 24. Juli 1797: Er mußte dem Gografen hold und gehorsam sein. Dann wurde ihm auf die Seele gebunden, an den Tagungen des Gogerichtes teilzunehmen und auf diesen alle ihm bekannt gewordenen Excesse zu rügen und zur Anzeige zu bringen und hinterher die festgesetzten Bußgelder einzukassieren. Schließlich mußte er auf die Fischerei und Jagdgerechtsame im Kirchspiel achten und alle sonstigen Befehle des Gografen zur Ausführung bringen. Mit einem Wort, er war der Vorgänger des preußischen Polizeidieners und Landjägers in einer Person. Das geht auch daraus hervor, daß der letzte fürstbischöfliche Vogt von den Franzosen als Polizeiagent und 1814 dann von der preußischen Regierung als Polizeidiener übernommen wurde. Das Ansehen des Kirchspielsvogtes war im Mittelalter und wohl auch noch im 16. und 17. Jahrhundert ein sehr viel größeres als später im 18. Jahrhundert, da er in der Frühzeit eben noch der einzige obrigkeitliche Beamte im Kirchspiel war. Später sank sein Ansehen derart, daß die Vorsteher des Dorfes Greven gegen Ende des 18. Jahrhunderts von ihm keinerlei Vorschriften in polizeilichen Dingen annehmen wollten. Im Jahre 1796 kam es deswegen sogar zu einem Prozeß, als sich die Vorsteher weigerten, dem Vogt bei der Vagabundenjagd zu helfen, wie er von ihnen verlangte. Sie behaupteten, der Vogt habe ihnen keine Befehle zu erteilen. Die Begründung allerdings, die der Anwalt der verklagten Dorfvorsteher dem hinzufügte: die Vögte nämlich seien keine Unterbeamte des Gerichts (dem die Vorsteher natürlich zu gehorchen hatten), war keineswegs stichhaltig, denn der Vogt war ja gerade von jeher Diener und Fronbote des Gografen gewesen![475] Nicht verwechseln darf man diesen vom Domkapitel als der Ortsobrigkeit bestellten Vogt mit dem gleichfalls im Dorf amtierenden Markenvogt, der im Auftrag des Drosten zu Wolbeck die Aufsicht in der landesherrlichen Greven-Wentruper Mark ausübte (s. o. S. 57 ff.). Streitigkeiten zwischen beiden um die beiderseitigen Befugnisse, die sich ja nahe berührten, kamen häufig genug vor, so daß die Bevölkerung vielfach selbst nicht wußte, an welchen von beiden sie sich zu halten hatte. Deshalb schärfte die Domkellnerei im Jahre 1716 der Bevölkerung nachdrücklichst ein, daß sie sich in allen obrigkeitlichen Vorladungen (Bottungen) nur an den domkapitularischen Vogt zu halten habe.[476])

Die Reihe der bekannten Vögte in Greven ist für die ältere Zeit sehr lückenhaft. Aus gelegentlichen urkundlichen Erwähnungen und Aktennotizen kennen wir folgende Namen:[477])

1498–1519 Evert Eystorp
1570–1597 Rotger Bole gen. Komenes
1613   Heinrich Wibbeke
1624–1672 Nikolaus Warburg (gest. 29. 2. 1672)
1668–1675 Bernd Moller (Muhler). Er wurde am 21. 1. 1668 dem bald hundertjährigen (!) Nikolaus Warburg beigegeben (substituiert).
1676   Johann Stapervenne
1677   Gerhard Fischer
1678   Franz Becker. Er wurde am 16. 7. 1678 als substituierter Vogt in Greven bestellt.
1685–1703 Engelbert Beyer; vereidigt am 23. 2. 1685
1723   Christoph Doermann
1729–1735 Heinrich Beyer
1744–1757 Edelbrock; bestellt 1744
1759–1796 Bernd Philipp Terfloth
1796–1797 Zacharias Schürmann
1797–1808 Conrad Bröcker. Er wurde am 24. 7. 1797 nach dem Verzicht des Z. Schürmann bestellt, von den französischen und preußischen Behörden übernommen, im April 1815 nach Bevergern versetzt.*)

Das Dorf Greven hat sich schon sehr früh eine kommunale Selbstverwaltung geschaffen, deren erste Spuren allerdings erst im 16. Jahrhundert auftauchen, die vielleicht aber schon im 13. Jahrhundert, als das Dorf Marktflecken werden sollte, geschaffen worden ist. Von „wegen der Gemeinheit" verhandelten schon 1561 Kerstien Becker und Kolon Wrede mit dem Domkapitel. Sie sind wohl die ersten Dorfvorsteher, die namentlich bekannt sind. Eine Frage für sich ist, ob es damals nur erst zwei Gildemeister oder Rottmeister, wie ursprünglich diese Gemeindevorsteher genannt wurden, gegeben hat. Noch 1667 werden nur zwei Gildemeister des Dorfes namentlich genannt, so daß man annehmen darf, daß die Vierzahl erst nach diesem Zeitpunkt geschaffen worden ist, zumal sie erstmalig 1707 in die Erscheinung tritt. Bei wichtigen Angelegenheiten, so besonders bei Grundverkäufen aus der gemeinen Mark wurden dazu noch weitere Mitglieder der „Gemeinheit" zugezogen. So gestatteten z. B. 1663 Hermann Wessels, Hermann Alerding (zweifellos die beiden Vorsteher) und weiter Bernd Naendrup, Hermann Hüsing und Johann Bövemann namens des Dorfes dem Bernd Lochtefeld die Verlegung eines Weges durch die Landwehr bei seinem Hofe.[478]) Und als das Dorf gegen Ende des 17. Jahr-

---

*) Der Beifang Schöneflieth hatte zeitweise eigene Vögte. Als solche lassen sich nachweisen:
1484   Gerd
1519   Heinrich Hoikemann
1578—1579 Heinrich Blome
1581   Bernd
1590—1592 Franz Nientied
1609—1640 (?) Johann Low (gest. 21. 4. 1655)
1647   Robert Kempers

hunderts mehrere Hausplätze in der Lindersheide verkaufte, mußten dazu außer dem Pfarrer (!) und den Vorstehern auch die Erbmänner (= Hofbesitzer) und Eingesessenen des Dorfes (in wechselnder Zahl) ihre Zustimmung geben.[479]) Seit dem Beginn des 18. Jahrhunderts nahmen dann aber nur noch die Rottmeister mit ihrem Vorsteher die Interessen des Dorfes wahr.*) Da das Domkapitel zu Münster als Obrigkeit des Dorfes fungierte, beanspruchte es auch das Recht für sich, die Rottmeister zu ernennen. Das geschah immer bei der Ablegung der Dorfsrechnung im Frühjahr zum nächstfolgenden 1. Januar und zwar auf zwei Jahre, doch wurde diese Wahlperiode nicht streng eingehalten und dauerte oft, besonders seit der Mitte des 18. Jahrhunderts, vier oder gar sechs Jahre. Das lag wohl daran, daß nur wenige Dorfbewohner zur Übernahme des immer schwieriger und lästiger werdenden Amtes, besonders während der Kriegszeiten, bereit waren, von ihrer Eignung dazu ganz zu schweigen. Als Entgelt für ihre Mühewaltung wurde ihnen 1718 ein Gehalt von einem Taler zugesprochen. Seit der wohl zu Ende des 17. Jahrhunderts eingeführten Einteilung des Dorfes in vier Rotts,**) gab es also vier Rottmeister, daneben seit Anfang des 18. Jahrhunderts einen besonderen Vorsteher, der aber seit etwa 1740 wieder verschwindet bzw. aus der Mitte der vier Rottmeister gestellt wurde. Vereinzelt führte er auch schon den Titel Bürgermeister, wie 1763 Johann Everhard Goldschmied (der aber einer der vier Rottmeister war!). Er führte als der „älteste" Rottmeister das Wort, wie es in einem Aktenstück des Pfarrarchivs von 1766 einmal heißt.

War im 16. Jahrhundert (1561) einer der beiden Gildemeister noch Bauer (Kolon) gewesen, so finden wir unter den Rottmeistern des 18. Jahrhunderts fast nur noch Mitglieder der großen Kaufmannshäuser. Auch in der Liste der Rottmeister spiegelt sich so die Entwicklung des Dorfes zum Handelsort wider. Die Liste der bekannten Vorsteher und Rottmeister sieht so aus:[480])

Vorsteher bzw. Gildemeister (aus der Zeit vor der Bestellung von vier Rottmeistern im Jahre 1704?).

1561	Kerstien Becker
	de Wrede
1622	Dietrich Recke
1663	Hermann Wessels
	Hermann Alerding
1667	Heinrich Wessels
	Ferdinand Feldmann
1675	Ferdinand Feldmann
1692	Heinrich Wessels
	Heinrich Kleine
1693	Heinrich Kleine
	Meister Dirk Nientiedt
1699	Johann Alerding

*) Ihre Akten, aber auch die des Kirchspiels und der Kirche verwahrten sie in der „Ratskiste", deren Pfarrer Holstein in seinem Rechnungsbuch mehrfach gedenkt. Sie stand wohl im Turm der Kirche.

**) Das 1. Rott im Dorf Greven umfaßte die Hausnummern 1 bis 40, reichte also von Beckermanns Haus die Münsterstraße (aber nur die rechte Seite) hinunter bis zur Totenstraße. Von Nr. 41 bis 72, also von der linken Seite der Totenstraße bis an das Eckhaus am Niederort (alle Häuser links der Straße) reichte das 2. Rott. Nr. 73 bis Nr. 106, also der ganze Niederort, die Martini-Kirchstraße und die Kirchstraße bis an die Ecke der Marktstraße bildeten Rott 3. Der Rest, die Marktstraße zu beiden Seiten und zurück bis einschließlich Albachten, machte Rott 4 aus (AAG IIf Nr. 2).

1700–1704 Dietrich Hermann Kappelhof
Christoph Glanderbeck
dann wurden nochmals neben den Rottmeistern als besondere Vorsteher bestellt:
1707–1712 Christoph Glanderbeck
1717   Christoph Glanderbeck (best. am 11. 2. 1716)
1718–1719 Hermann Wessels (best. am 11. 5. 1717)
1720–1725 Johann Biederlack (best. am 5. 6. 1719).
Als Rottmeister des Dorfes erscheinen seit dem Anfang des 18. Jahrhunderts:
1707   Dietrich Nientied, Wilbrand Menninck, Biederlack (?) und Bernd Thomas.
1708[481]) Heinrich Uhlenbrock, Viktor Fluete, Hermann Veltwisch und Meister Dietrich Nientied.
1712–1716 Hermann Cramer (am 6. 4. 1712 zum Vorsteher unter den vier Rottmeistern bestellt; am 6. 2. 1714 verlängert).
Christoph Biederlack (1713).
1715   Hermann Cramer, Gerd Brachtesende, Wilbrand Jochmaring und Bernd Elshof.
1717   Mr. Johann Vennemann, Heinrich Uhlenbrock, Tackenbrock und Mathias Hummels (bestellt am 11. 2. 1716).
1718–1722 (?) Johann Biederlack, Wilbrand Jochmaring, Jobst Luicke und Hermann Veltwisch (bestellt am 6. 5. 1717. Für den am 5. 6. 1719 zum Vorsteher bestellten Biederlack trat zum 1. 1. 1720 Joh. Bernd Wissing ein).
1723–1724 Wilbrand Cateman, Franz Schmitz, Johann Post und Hermann Hüsing (bestellt am 7. 5. 1722).
1725   Dietrich Lipmann, Johann Pelck, Dietrich Hermann Kappelhof und Wilhelm Catemann (bestellt am 11. 5. 1724).
1726–1727 Arnd Kleine, Heinrich Holländer, Hermann Wessels junior und Jürgen Holling (bestellt am 11. 4. 1725).
1728–1729 Heinrich Uhlenbrock, Joh. Hermann Untidt, Glanderbeck junior, Christian Heinrich Veltkamp (bestellt am 23. 5. 1727. Für die nächsten Wahlperioden fehlen in den Protokollen jegliche Angaben, doch sind alle vier Rottmeister noch am 18. 6. 1729 im Amt).
1731–1732 Kappelhof, Heinrich Uhlenbrock.
1736–1739 Matthias Goldschmied, Hermann Kleine, Brandthove und Heinrich Uhlenbrock (bestellt am 14. 6. 1735. Für Uhlenbrock wurde am 14. 6. 1737 Heinrich Menning ernannt).
1740–1743 Johann Bernd Lodde, Christoph Biederlack, Jürgen Schomaker und Finger (bestellt am 17. 6. 1739. Von ihnen wird Biederlack 1741 als Vorsteher bezeichnet).
1744–1747 Theißen, Johann Bömer, Hermann Hüsing und Clüter junior (bestellt am 17. 6. 1743).
1748–1753 Anton Ryke, Johann Bernd Loyßing, Christian Luike und Gerd Heinrich Wilp (bestellt am 27. 5. 1747).
1754–1757 Heinrich Maestrup, Lammerding, Christoph Heinrich Elshove und Haverkamp (bestellt am 5. 6. 1753 als Nachfolger der vorigen, deren Amtsperiode also 6 Jahre gedauert hat. Für den verstorbenen Elshove wurde am 6. 6. 1755 Christoph Kohaus ernannt).
1757–1759 Gerd Heinrich Wilp, Heinrich Maestrup. (Diese beiden legen ihr Amt im Herbst 1757 nieder, und es wurden statt ihrer Biederlack und Michael Becker ernannt. An Stelle des verstorbenen Biederlack trat 1760, 2. Sept., Hermann Anton Clüter, der den andern „nach Möglichkeit vorzustehen hat".)

1759–1762 Christoph Kohaus, Johann Haverkamp. (Sie sind 1762 bereits seit 3 Jahren
bzw. 1766 im Amt. Neu hinzu traten 1762 Heinrich Schürmann und Johann Everhard
Goldschmied und 1763 statt Johann Haverkamp Bernhard Philipp Terfloth.)
1767–1768 Dietrich Wilhelm Linse, Peter Heinrich Kröger, Joh. Heinrich Böker und
Joh. Bernd Lind.
1769–1770 Kröger, Joh. Haverkamp, Kohaus und . . .
1771–1777 ? Dietrich Wilhelm Linse, H. P. Kröger, Joh. Bernd Lind und Joh. Böker
(bestellt am 3. 2. 1770. Alle vier waren noch 1777 im Amt, Kröger auch
noch 1778).
1779–1789 Johann Bernd Terfloth, Johann Heinrich Arkenoe, Caspar Veltwisch und
Johann Heinrich Moll (Im Protokollbuch heißt es nach Ablauf der Periode
von 1779–1783, daß die bisherigen Rottmeister für die neue Periode bestätigt
worden seien; das gleiche geschah am 25. 4. 1785 und am 7. 5. 1787. Johann
Heinrich Arkenoe wird zudem zwischendurch einmal für das Jahr 1784
als Rottmeister erwähnt).
1790–1795 Johann Heinrich Moll, Franz Anton Schründer, Caspar Veltwisch und
Johann Christoph Kohaus (bestellt am 23. 5. 1789. Alle vier waren noch
1795 im Amt, doch war am 6. 5. 1793 an die Stelle des Fr. A. Schründer der
Wirt Derken bestellt worden.)
1796–1799 Caspar Veltwisch, Gerd Bröker, August Pröpsting und Heinrich Arkenoe
(bestellt am 11. Mai 1795).
1799–1805 Wilhelm Schmerling, Matthias Terfloeth, Johann Christoph Hüsing und
Josef Laugemann (bestellt am 22. 4. 1799. An die Stelle des Schmerling
und Laugemanns traten am 20. 4. 1801 Johann Christoph Biederlack (als
Rechnungsführer) und Bernd Hermann Sundrup. Alle vier waren noch
1805 im Amt).
1805–1808 Johann Christoph Biederlack, Wilhelm Schmerling, Matthias Terfloth und
Johann Christoph Hüsing.

Über den Aufgabenkreis der Rottmeister berichter Joh. Christoph Biederlack, der
selbst einer der letzten Rottmeister (damals nannten sie sich allerdings bereits Vorsteher)
des Dorfes vor der Fremdherrschaft war, folgendes:

Das Dorf hatte vier Vorsteher, welche seine Angelegenheiten verwalteten, für die Unterhaltung der
(Dorf-)Straßen sorgten, vierteljährlich die Feuer-Visitation vornahmen und die polizeilichen Anordnungen trafen, das Einquartierungswesen besorgten usw. Sie hatten einen Dorfdiener zu den Bestellun-
gen. Einer der Dorfvorsteher hatte die Kämmerei-Einnahme zu erheben, die Zahlungen zu machen
und bei der Kirchspielsrechnung des Jahres Rechnung abzulegen, wo ihm die Decharche (Entlastung)
erteilt wurde.

Über die Verfassung der Dorfsfinanzen und auch der des gesamten Kirchspiels schreibt
Biederlack weiter:

Vor Eintritt der Fremdherrschaft hatten Dorf und Kirchspiel Greven jede ihre besondere Communal-
Rechnung (und zwar, wie sich aus den erhaltenen Rechnungen und Protokollen ergibt, schon seit dem
Ende des 17. Jahrhunderts). Das Dorf bezahlte 39 Reichstaler und das Kirchspiel 500 Rtl., 26 Schillinge
monatliche Schatzung an die Landeskasse;*) außerdem wurde von jedem dieser Teile soviel monatliche

---

*) Im Jahre 1701 beschwerte sich das Dorf über die nach seiner Meinung unberechtigte Herauf-
setzung seines Anteils an der Monatsschatzung von bisher 35 Taler auf 39 Taler (StAM, DK III C
Nr. 6, 2). Die eifrigen Dorfväter übersahen dabei, daß sich die Steuerkraft des Dorfes durch die Zunahme
der Einwohner nicht unwesentlich gehoben hatte! „Den schlegten und erbarmlichen Zustandt des
Dorfs in mitleiddenklicher Consideration gezogen", wurde der Beschwerde auf zwei Jahre entsprochen
(StAM, Fst. Münster, Kirchspielssachen II 19a, S. 12).

Schatzungen extra erhoben, als das Bedürfnis (der eigenen Ausgaben) erforderte. Das Dorf zahlte jährlich an das Kirchspiel drei Viertel einer monatlichen Schatzung oder 29$^{1}/_{2}$ Reichstaler; dafür mußte das letztere alle Ausgaben für Kirchen- und Schul-Bedürfnisse, sowie die Unterhaltung der Gebäude, das Gehalt des Vogts und der beiden Kirchspielsführer, den Beitrag zum Gehalt des Amtsführers und andere extraordinaire Ausgaben allein bezahlen. Der Receptor (der Schatzungs- oder Steuererheber und Rechnungsführer des Kirchspiels)*) bezog ein Gehalt vom Dorfe 16 Rtl. und vom Kirchspiel 180 Rtl. Das Dorf mußte die im Dorfe befindlichen Straßen auf seine Kosten unterhalten, dagegen lag die übrige Wegebesserung dem Kirchspiel ob. Zu entfernten Dienstfuhren wurden die Bauern im Dorfe nur im Notfalle herangezogen, dagegen mußten sie kleinere Dienste öfter leisten, besonders wenn die Kürze der Zeit nicht gestattete, Fuhren aus dem Kirchspiel kommen zu lassen. Das Dorf besaß zwei Feuerspritzen, mit denen man bei eintretendem Brande auch den Kirchspielseingesessenen zu Hilfe kam; die Bemühungen, daß auch das Kirchspiel eine gleiche Anzahl beschaffen solle, sind bisher vergeblich gewesen, indem dieses solches mit dem Vorgeben ablehnte, daß bei allen ihren Gebäuden, welche mit Stroh gedeckt seien, Brandspritzen nichts leisten könnten. In der Wirklichkeit haben sich solche indes in den wenigen vorgekommenen Fällen als nützlich erwiesen. Zur Mitunterhaltung der Feuergerätschaften hat man sich jedoch von seiten des Kirchspiels verstanden.

Im 17. Jahrhundert war das Feuerlöschwesen im Dorf so geregelt, daß jeder neu zuziehende Einwohner einen ledernen Feuereimer geben mußte. Im Jahre 1675, nach dem großen Brande, schaffte der damalige Vorsteher Ferdinand Veltmann laut Kirchspielsrechnung dreißig neue Eimer für 15 Taler an, wozu der Pfarrer aus Kirchenmitteln weitere 15 hinzukaufte, wie er in seinem Rechnungsbuch vermerkte.**)

Der Bekämpfung der großen, aus den zahlreichen Feuersbrünsten erwachsenden Not diente dann vor allem die im Jahre 1768 im ganzen Fürstentum Münster eingeführte Brandsozietät (auf die auch die erste Häusernumerierung in Stadt und Land zurückgeht), bei der jedes Haus auf den Dörfern und in den Bauerschaften versichert werden mußte.[482]) An Beiträgen wurden alle zwei Jahre nach Bedarf 1 bis 4 Pfennige je 5 Taler Versicherungssumme erhoben, doch wurden von dieser Versicherung nur die Gebäude, nicht aber das Inventar erfaßt. Unter der französischen Fremdherrschaft hörte diese erste Münsterische Feuerversicherung im Jahre 1809 auf zu bestehen und lebte erst im Jahre 1816 in der Provinzialfeuersozietät wieder auf.

---

*) Als Receptoren lassen sich nachweisen:
1647—1656 Hermann Peters
1664—1691 Joh. Bernd Bönstrup
1692—1703 Heinrich Moderson
1705—1735 C. B. Moderson (gest. 1735)
　　　　　Für das Dorf Greven wurde am 16. 5. 1717 zum 1. 1. 1718 der Ortsvorsteher Hermann Wessels als Receptor ernannt, dem zum 1. 1. 1720 Johann Biederlack folgte, der aber zum 1. 1. 1725 das Amt niederlegte, worauf der Kirchspielsreceptor Moderson das Amt auch wieder für das Dorf Greven mit übernahm.
1737—1764 H. Vanray (gest. 1764 als Oberkriegskommissar). Bestellt am 14. 6. 1737.
1765—1809 B. Lohkampf
1810—1815 Joseph Kocks (für den Canton Greven). Für das Dorf Greven wurde zum 1. 1. 1810 wieder ein besonderer Steuerempfänger ernannt:
1810—1811 Ludolph (Goswin?) Lohkampf. Er wurde im Frühjahr 1811 Greffier am Friedensgericht zu Telgte. Von da ab versah der Kantonalreceptor wieder das Amt auch im Dorf Greven.
Im Kirchspiel Gimbte war von jeher Schulte Aldrup erblicher Receptor, bis er 1803 durch die neue Grenzziehung zwischen Preußen und dem neuen Fürstentum Rheine-Wolbeck „Ausländer" wurde. Der preußische Receptor in Greven, Lohkampf, wurde für ihn substituiert (StAM, Fst. Münster, Kirchspielsrechnungen B I Nr. 1).
**) Ein solcher Eimer, gut 30 cm hoch und 20 cm im Durchmesser haltend, befindet sich noch im Hause Martinikirchstraße Nr. 10.

Doch lassen wir Biederlack noch etwas mehr über die Verfassung des Dorfes Greven zu Ende der fürstbischöflichen Zeit berichten:

Auf der Kirchspiels-Rechnung, welche öffentlich abgehalten und von den Dorfs-Eingesessenen in großer Menge besucht wurde, wurden die Vorsteher nach deren Anhörung ernannt oder bestätigt. Jeder Vorsteher hatte jährlich 1 Rtl. Gehalt. Früherhin erhoben die Vorsteher auch von jedem Bewohner monatlich einen Schilling sogenannter Heuerleute-Schatzung, welche indes wenig aufbrachte, weil diese Leute meistens arm waren. Unter der Fremdherrschaft bei Einführung der Personal- und Mobilar-Steuer hörte solche auf.

Soweit Biederlack. Zu dem letzten Satz ist noch zu bemerken, daß die sogenannte Heuerleuteschatzung bereits 1715 verordnet worden war. Sie wurde von allen Einwohnern des Dorfes erhoben, die nicht ein eigenes Haus besaßen, sondern bei anderen „einwohnten".*)

Nicht immer ging es bei der Ablegung der Dorfrechnung glatt ab. Nur zu oft kam das Selbstbewußtsein der Dorfväter, meist weitgereisten und kommerziell gewandten Kaufleuten, mit dem patriarchalischen Obrigkeitsstaat in Konflikt. Mehr denn einmal mußte die hohe Obrigkeit, also das Domkapitel zu Münster, dem selbstherrlichen Regiment in Greven steuern. Immer wieder mußte beispielsweise der geradezu städtische Aufwand beim Markenumzug (mit Schützenfest, s. o. S. 226 ff.) gerügt werden. Nicht minder Unwillen erregte die Gehorsamsverweigerung gegenüber dem Vogt, gegen den das Dorf 1796 sogar zu prozessieren wagte (s. o. S. 246). Indes die Grevener hielten eben doch ihren Heimatort für mehr als ein Dorf.**) Das zeigt sich sehr deutlich auch darin, daß sie sich eines Tages ein eigenes Wappen zulegten. Der Anlaß dazu war folgender: Die im Dorf anfallende Post mußte durch einen Fußboten zweimal wöchentlich nach Münster gebracht werden.***) Diesem Boten hing man, um ihn als Amtsperson kenntlich zu machen, einen silbernen Schild um, in den man das Wahrzeichen Grevens, ein Schiff, stechen ließ.[483]) Mit Recht konnten die Dorfväter im Juni 1801 in einem Bericht an die Domkellnerei darauf hinweisen, „daß in Ermangelung eines eigenen Dorf-Wappens unsre Vorgänger (das sind die 1799 bestellten Rottmeister; s. o. S. 250) dazu sehr passend ein Schiff auf einem Fluß gewählt haben, ein Sinnbild der Handlung, wofür unser kleiner Ort von jeher eine besondere Vorliebe geäußert hat".****) Mit diesem Schiff war in der

---

*) Eine Dorfordnung von 1715, aus der H. Hammerschmidt in seinem Aufsatz: Das alte Grevener Dorfrecht (Westfälische Tageszeitung vom 10. 1. 1943) Einzelheiten mitgeteilt hat, ist heute verschollen. Die Vorlage im AAG ist beim Umzug der Amtsverwaltung ins Hotel Dercken 1925 angeblich verlorengegangen. Inhaltlich decken sich die von H. mitgeteilten Artikel wörtlich mit den neu redigierten Gödingsartikeln des Domkapitels vom gleichen Tage (17. Juli 1715, vgl. F. Philippi, Landrechte des Münsterlandes = Veröff. d. Hist. Komm. f. Westfalen, Rechtsquellen, Landrechte I – Münster, 1907, S. 125 ff. Es fehlen dort nur die Absätze über die Kontrolle der Wirtschaften während des Gottesdienstes durch Küster und Lehrer (!) und über den Heuerleuteschatz. In dem mehrfach zitierten Protokollband über die Kirchspiels- und Dorfkonventionen von 1702 ff. findet sich nicht der geringste Hinweis von 1715.

**) Auch die 1802 ins Land gekommenen Preußen waren offenbar dieser Ansicht, denn der mit der Erkundung der gewerblichen Verhältnisse des Münsterlandes beauftragte Kriegs-Kommissar Kurlbaum rechnete 1803 Greven zu den Städten und Wiegbolden und nicht zu den Dörfern (StAM, Reg. Münster, Dom. Reg. A I Fach 7 Nr. 5).

***) In Münster stieg der Grevener Bote, wie es in den alten Kalendern heißt, bei Schedding in der Frauenstraße, seit 1772 dann bei Niemer im „Lämmchen" ab. Später wurde die Post auch über die Ems an die Rheinesche Landstraße getragen, wo sie die reitende bzw. fahrende Post Münster–Rheine und zurück in Empfang nahm.

****) Das für das Selbstbewußtsein der Grevener Rottmeister überaus kennzeichnende Schreiben lautet: ... Hochdieselbe (= Domkellerei) scheinen aber von dem hiesigen Bothenwesen nicht zuläng-

Tat die Stellung Grevens als Endpunkt der Emsschiffahrt klar herausgestellt, zugleich auch die Bedeutung der Ems für das Aufblühen Grevens als Handelsort nachdrücklich betont. Ein besseres und treffenderes Wahrzeichen konnte für Greven gar nicht gefunden werden.*) Die hohe Obrigkeit erhob gegen das eigenmächtige Vorgehen der Dorfväter Einspruch, zumal diese nicht den Patron der Domkirche, den Hl. Paulus in den Schild gesetzt hätten. Bei der Rechnungslegung am 20. 4. 1801 konnte dann auch prompt „die Ausgabe wegen des für den Boten zu Greven neu verfertigten Schildes zu 5 Reichstaler 7 Groschen nicht passiren, weil solches nicht vorher angezeigt und zugleich wäre das Schild selbst, um zu sehen, ob solches dem gewöhnlichen Gebrauch gemäß ausgestochen und gemacht, ad audientiam einzudienen".[484] Die Verleihung des Schildes mit dem Wappenbild des Domkapitels wurde also als ein ausschließliches Hoheitsrecht von diesem in Anspruch genommen. Was aus der „Amtsanmaßung" der Grevener Vorsteher geworden ist, wissen wir nicht. Bis zur Rechnungsablage im Jahre 1803 war das alte Fürstbistum bereits zu Grabe getragen und der Hl. Paulus war längst überall durch den preußischen Adler abgelöst worden, der aber selbst schon nach wenigen Jahren wieder dem kaiserlich-französischen Adler weichen mußte. Mit der Rückkehr des preußischen Adlers 1815/16 in das Amtssiegel – eine dörfliche Gemeinde gab es dann erst wieder seit 1841 (s. u. S. 383) – war die Episode des Pünten-Schildes endgültig abgeschlossen.

Neben dem Dorfvogt erwähnt Biederlack in seinem Bericht noch die beiden Kirchspielsführer und den Amtsführer. Über diese Ämter ist folgendes zu sagen:

Nach der Bestallung des Oberführers bzw. Amtsführers, des Leutnants Philipson vom 14. 5. 1706 mußte er die Einwohner seines „Amtes", das die vier domkapitularischen Gogerichte Bakenfeld, Meest, Telgte und Senden umfaßte, also in etwa dem heutigen Landkreis Münster entsprach, „in gutem Gewehr" halten und zweimal jährlich Musterung halten, ferner den Botendienst für das Domkapitel organisieren, also dafür sorgen, daß stets und überall ein Bote für das Domkapitel bereitstand. Meist versah dieses Amt in jeder Bauerschaft einer der Kötter, der dafür gewisse Erleichterungen in steuerlicher Hinsicht genoß. Schließlich mußte der Amtsführer selbst und durch die ihm untergebenen Kirchspielsführer auf das Gesindel Aufsicht halten.[485] Dafür sollte er 84 Taler Gehalt

---

lich unterrichtet zu seyn. Wir finden deshalb nöthig, gehorsamst zu bemerken, daß diese Sache keine von hoher Obrigkeit angeordnete Anstalt ist noch sonst mit dem Postwesen in besonderer Verbindung steht oder als ein Regal betrachtet werden kann. Unser Bothe ist blos ein privativer Dorfsbothe, der von den Vorstehern des Dorfs nach Gutbefinden an- und abgesetzt ist. Auch haben die Vorsteher demselben einigemalen einen Schild zu verschiedener Einrichtung gegeben, ohne daß eine hohe Obrigkeit an dieser ganzen Sache jemals auch nur den mindesten Antheil genommen hat. Wir glauben deswegen nicht, daß diese Sache ein Gegenstand der Untersuchung für eine hohe Domkellnerey seyn könne, und halten uns nicht verbunden hierüber uns weiter einzulassen. Wenn Hochdieselben sonst etwa gerne wissen mögten, was für ein Wappen sich auf dem Schilde befinde, so finden wir keinen Anstand, gehorsamst anzuzeigen, daß in Ermangelung eines eigenen Dorf-Wappens unsere Vorgänger dazu sehr passend ein Schiff auf einem Fluß gewehlt haben, ein Sinnbild der Handlung, wofür unser kleiner Ort von jeher eine besondere Vorliebe geäußert hat. Wir hoffen, diese unsre Antwort wird für Hochdieselben befriedigend seyn. Sind Hochdieselbe jedoch hierüber anderer Meinung, so bitten wir gehorsamst uns solche mitzutheilen, damit wir allenfalls, wenn es nothig seyn sollte, höheren Orts dieserhalb Erkundigung einziehen können . . .

*) Bezeichnenderweise hatte man schon rund 500 Jahre früher ähnlich gedacht. Die Ritter von Scholde (Schale), die als Untervögte der Edelherren von Steinfurt (Vögte des Überwasserstiftes zu Münster) das Amt Maestrup innehatten, zu dem der Markt oder doch wenigstens ein Teil desselben in Greven gehörte (s. o. S. 89) führten gleichfalls ein Boot im Wappen (Westfälische Siegel IV Tafel 253 Nr. 25)! Von einer von diesem Wappen zu dem 1801 angenommenen Schildzeichen reichenden Tradition kann natürlich nicht die Rede sein.

und bei jeder Musterung einen Goldgulden und einen Scheffel Hafer für sein Pferd erhalten.*) Gar zu umfangreich war dieser Aufgabenkreis gewiß nicht, und so trug man sich bereits 1720, also zu einer Zeit , in der die kriegerische Hochspannung der Tage Christoph Bernhards von Galen längst vergangen war, ernstlich mit dem Gedanken, das Amt des Oberführers ganz abzuschaffen. Damals wurde der Vorschlag vom Domkapitel noch einmal abgelehnt und der Amtsführer Philipson „in seiner Gage manuteniert". Nach dem Tode des von Stelderen ist der Posten dann aber offenbar nicht wieder besetzt worden, da uns seit 1748 kein Amts- oder Oberführer in den Akten mehr begegnet. Die Namen der bekannten Amtsführer sind diese:

1649–1662 Obristleutnant Schnelle
1669–1689 Adolf Schwering (gest. 1689)
1689–1698 Hauptmann Johann Bilitz (gest. 1698)
1698–1706 Leutnant Franz Joseph Wetzeler (Wetzlar)
1706–1733 Philipson
1734–1748 (?) J. G. von Stelderen.

Dem Amtsführer unterstellt waren die Kirchspielsführer, deren es im Kirchspiel Greven wegen seiner Größe zwei gab. Einer führte das Kirchspiel rechts der Ems, der andere die links-emsischen Bauerschaften. Ein 1729 erlassenes und 1781 erneuertes Führerreglement bezeichnete sie als Musterungsoffiziere oder Führer, die ihre Bauerschaft bei der Musterung und Übung, die sechsmal (!) im Jahre stattfinden sollte und bei der jeder Hofbesitzer mit seinem Gewehr zu erscheinen hatte, zu führen hatten. Diese Musterungen fanden immer in Zusammenhang mit den ordentlichen Tagungen des Gogerichts statt, wie aus den Protokollen der Gerichtstage hervorgeht. Als Entschädigung für ihre Mühewaltung bekamen die Führer ein monatliches Gehalt von 4 Talern. Zu ihrer kriegerischen Ausrüstung gehörte vor allem die Kirchspielstrommel, mit der sie ihre Mannschaft zusammenriefen. Als Führer rechts der Ems werden in den Akten genannt:

1664–1677 Johann von der Mark (Markjohann)
1692–1698 Gerhard Fischer
1701–1711 Heinrich von der Mark (Markheinrich), gest. 1711.
1711–1731 Bernhard Ettmann, gest. 14. 2. 1731.
1731–1770 Johann Bernd Vahlen
1771–1785 Börger
1785–1801 Löhtering

Links der Ems amtierten:

1672–1677 Roßkötter
1701–1743 (?) Gerhard Heinrich Klüter
　　　　　　1745–1749 wird Klüter nur ohne Vornamen genannt.
1750–1761 Gerhard Heinrich Klüter
1769–1780 Vasmer
1780 1811 Anton Kleine.

---

*) Schon dem ersten, am 16. 12. 1649 noch ganz unter dem Eindruck des eben glücklich beendigten Dreißigjährigen Krieges, vom Domkapitel bestellten Amtsführer Schnelle war neben der Aufsicht über das Gesindel und die marodierenden Banden besonders aufgetragen, die in jedem Kirchspiel wohnenden „Bauersleuthe in die Armatur zu bringen, zu execiren und auf begebenden Fall nebenst ihren Unterführern aufzubieten" (StAM, DK, Produkte I D Nr. 22; ebd. auch die Angaben über die einzelnen Amtsführer). Die landesherrlichen Verordnungen über die Kirchspiels- bzw. Amtsführer von 1650, 1688 und 1727 sind bei Scotti Bd. 1 (Münster 1842) Nr. 102, 201 und 317 abgedruckt.

In der preußischen Zeit ging das Amt an den Polizeidiener über, nachdem man schon im Jahre 1789 beschlossen hatte, beim nächsten Freiwerden einer der beiden Führerstellen diese nicht wieder zu besetzen, da einer ganz gut das Amt im ganzen Kirchspiel allein versehen könne. Über das Ergebnis der alljährlich ein- oder mehrmals stattfindenden Musterungen war man höheren Orts offenbar nicht sehr erbaut.[486] Nicht nur war die „Montur", in der die Bauern zur Musterung antraten, recht buntscheckig; vielfältig und im Kaliber weit differierend waren auch die Flinten und Hinterlader, die sie dem Amtsführer vorzeigten. So wurde bereits 1701 vorgeschrieben, daß die Bauernflinten gleiche Kaliber haben sollten bzw. daß die Gewehre „egalisiert" werden müßten. Das Kirchspiel trat unter einer eigenen Fahne an, die 1658 beschafft worden war.*) Gegen Ende des Jahrhunderts begann man auch auf eine etwas gleichmäßigere Montur Wert zu legen. Im Kreise Ahaus exerzierten 1778 die Bauern von morgens 8 Uhr bis nachmittags 5 Uhr in gleichmäßigen weißen Kitteln! Serenissimus, der offenbar Gefallen daran fand, legte dem hochwürdigsten Domkapitel nahe, daß er es gerne sehen würde, wenn auch in den domkapitularischen Gogerichten die Musterungspflichtigen im sogenannten Musterkittel, weiß mit roten Uniformaufschlägen und mit zum Zopf aufgesteckten Haaren, wie es bereits in den Ämtern Stromberg und Ahaus geschehe, erscheinen würden. Da sich die Bauern über diese neue Auflage beschwerten, hat der Münsterländer Landsturm des 18. Jahrhunderts auf diese gleichmäßige Uniform doch wohl verzichten müssen!

Noch ein paar Worte bleiben zu sagen über die Kirchspielsverfassung. Für die richtige Verwaltung der Kirchspielsrechnungen besaß das Domkapitel in dem Kirchspielsreceptor den geeigneten Mann. Als Vertreter des Kirchspiels (vor allen Dingen in Rechts- und Geldgeschäften fungierten im Mittelalter die vier Kirchenprovisoren als „vorstenders der kerken- und des kerspels" unter Zuziehung des Pastors und später auch der Bauerrichter (s. o. S. 238). Im kleinen Gimbte wurden alle Geldangelegenheiten des Kirchspiels sogar von allen 13 Altbeerbten desselben gemeinsam getätigt.[487] Erst später übernahmen dann die Grundherren die Aufsicht über die Kirchspielsrechnungen. Seit der gleichen Zeit kann daher auch erst von einer geordneten Rechnungsführung die Rede sein.

Die Bekanntmachung der obrigkeitlichen Gesetze und Verfügungen an die Vögte und Führer, Bauerrichter und Rottmeister, die Aufsicht über die Wegebesserungen und Reinigung der Wasserläufe, schließlich die Ausschreibung von Fouragelieferungen in Kriegszeiten war die Aufgabe des Gografen für den ihm unterstellten Gerichtsbezirk,[488] in unserm Fall das Gogericht tor Meest, soweit nicht das Kirchspiel Greven zusammen mit dem Kirchspiel Gimbte zum Beifang Schöneflieth gehörte. Dem Landesherren stand das Recht über die Verbrauchssteuern, die Accise, zu, also die Erhebung einer direkten Steuer für Bier und Wein, Kram- und Bäckerwaren.**)

Die Kommunalverwaltung der Kirchspiele gipfelte in den Kirchspielskonventionen, wie sie ein landesherrliches Edikt vom Jahre 1765 erneut einschärfte. In Greven wurden

---

*) In der Kirchspielsrechnung heißt es am 17. 3. 1652: „an den Voget Claß Warborg wegen des neuen des Kirspels Greven gemachten Vennelein 6½ Taler". Leider wird nicht gesagt, wie diese älteste Grevener Fahne ausgesehen hat.

**) Bereits 1535 berichtete der Drost zu Wolbeck, daß der Landesherr „in dem Dorpe to Greven de Herlicheit, allen Axesen (Verbrauchssteuer) van Brouweren (Bierbrauern) Tepper (Zapfern = Wirten), Becker und Hecker (Höker) hebbe" (StAM, Fst. Münster, Landesarchiv 518/519 VII Nr. 201 bis 202). Im 18. Jht. erbrachte die Akzise bis zum Beginn des Siebenjährigen Krieges durchschnittlich bis zu 170 Taler (zu ²/₃ vom Bier und zu ¹/₃ vom Branntwein). Nach dem Kriege sank der Ertrag auf unter 100 Taler. Die vom Domkapitel 1777 angebotene Ablösung der Steuer mit 100 Talern jährlich kam nicht zustande (StAM, Fst. Münster, Cab. Reg. Cameralia XXIX A Nr. 3).

sie zunächst in sieben- oder sechsjährigem Turnus, seit 1702 (?) dann regelmäßig alle zwei Jahre gehalten, ebenso in Gimbte.[489] Neben den allein stimmberechtigten Grundherren durften auch die schatzpflichtigen Bauern des Kirchspiels erscheinen und ebenso auch die Rottmeister des Dorfes. Stimmberechtigt waren diese aber nicht. Der wichtigste Punkt jeder Tagesordnung war die Abnahme der letzten beiden Kirchspielsrechnungen und der Grevener Dorfrechnungen, sodann wurde das Protokoll der letzten Konvention verlesen, um zu prüfen, ob die vor zwei Jahren getroffenen Anordnungen mittlerweile durchgeführt worden waren. Ebenso wurden natürlich neue, anfallende Aufgaben besprochen und beschlossen. Für das Dorf wurden jedesmal auch die neuen Rottmeister bestimmt, wohl nicht, ohne zuvor die Meinung der Dörfler darüber gehört zu haben.

Eine rein grundherrliche Funktion übten die Amtsschulten mit ihren Bottheuern aus. Der Schulte (schultetus) oder auch Amtsvogt stand bekanntlich im Mittelalter an der Spitze eines grundherrlichen Amtes, eines Wirtschaftsverbandes, zu dem jeweils eine Anzahl anderer Höfe, bis zu dreißig oder gar vierzig, gehörten (s. o. S. 192). Die bedeutendsten Amtsschulten, vereinzelt auch Amtsvögte genannt, im heutigen Amt Greven, waren der dem Domkapitel eigenbehörige Schulte Aldrup und Schulte Jochmaring, dem die im Kirchspiel Greven gelegenen Höfe des Stifts Freckenhorst unterstanden. Die Akten der Domkellnerei berichten ausführlich über die Pflichten und Aufgaben des Schulten Aldrup.[490] Im 16. Jahrhundert mußte er alle Samstagmorgen, zunächst gemeinsam mit seinen Bottheuern, später dann allein und auch nur noch alle vierzehn Tage (im 18. Jahrhundert gar nur noch alle vier Wochen) bei der Domkellnerei in Münster zur „Audienz" erscheinen. Dort mußte er dann alle Klagen und Bitten der ihm unterstellten Eigenbehörigen vorbringen und in jeder Weise ihre Interessen wahrnehmen. Sodann mußte er alle Sterbfälle in seinem Amt anzeigen und ebenso bei der Aufnahme des Nachlasses anwesend sein, kurz, überhaupt im Interesse der Domkellnerei bei der Neubesetzung der Höfe tätig sein, ebenso aber auch alle Straffälle und Vergehen der domkapitularischen Eigenbehörigen zur Anzeige bringen. Selbst mußte er im Dienste der Herrschaft die Hand- und Spanndienste ordnungsgemäß „verbotten", d. h. bei den Eigenbehörigen ansagen lassen und selbst für Botenzwecke der Domkellnerei einen Amtsklepper halten. Eidlich mußte sich der Amtsschulte verpflichten, diese Aufgaben treu und gewissenhaft zu erfüllen. Der entsprechende Eid des Schulten Jochmaring aus dem frühen 16. Jahrhundert ist oben (S. 197) bereits abgedruckt. Bei den anderen Amtsschulten wird er nicht anders gelautet haben.

Die den Amtsschulten unterstehenden Bottheuer waren ursprünglich die Vorsteher der Unterämter (precepta) der großen Ämter gewesen, die ihrerseits für ihre kleineren Bezirke dem Amtsschulten verantwortlich waren.[491] Die domkapitularischen Höfe des Amtes Aldrup waren bereits im 14. Jahrhundert und vermutlich schon viel früher in vier Unterbezirke aufgeteilt, die vielleicht aus ehedem selbständigen Grundherrschaften bzw. Wirtschaftsverbänden hervorgegangen sind. Den ersten Bezirk, die Bauerschaften Aldrup, Westerode, Hembergen und Herbern hatte Erbkötter Roßmann in Aldrup zu „verbotten", den zweiten Bezirk, das Kirchspiel Gimbte und die Bauerschaften Bockholt und Fuestrup Bauer Averkamp in Gimbte. Den dritten Bezirk, zu dem das Dorf Greven und die Bauerschaften Schmedehausen, Maestrup und Wentrup rechneten, betreute Bauer Albachten im Dorf und den letzten schließlich, das alte Amt Drentrup mit den Bauerschaften Hüttrup und Pentrup verbottete Bauer Drentrup. Jeder von den vier Bottheuern gab dem nächsten die bekanntzumachende Botschaft weiter, Drentrup als der letzte dann an Bauer Plage im Kirchspiel Saerbeck. Besonders weite Gänge von einem Amtsschulten zum andern usw. machten einige Kötter im Amt, wie Danzenbörger in Aldrup, Heukenkamp und Michael in Herbern. Für ihre Mühwaltung wurde den

Bottheuern ein Teil der Abgaben erlassen. Von ihrem ursprünglichen Aufgabenkreis, der dem des Amtsschulten in vielem entsprochen haben dürfte, war um 1800 nichts als der Botendienst geblieben, verbunden mit der Anzeigepflicht über alle Angelegenheiten der Eigenbehörigen an den Amtsschulten, der diese dann allein vor der Domkellnerei vertrat. Die anderen Grundherrschaften werden ähnlich organisiert gewesen sein, doch liegen über sie keine so ausführlichen Nachrichten vor. Von ihnen haben sich ja auch nur die Ämter des Schulten Jochmaring (Freckenhorst) und des Schulten Gronover (Domkapitel) in die Neuzeit hinüber gerettet. Auch diese Amtsstellen hatten für ihre „Ämter" eigene Bottheuer. Bei Schulte Gronover versah dieses Amt der Kötter Diepenbrock,[492]) doch ist in diesem Falle das grundherrliche Bottheueramt mit dem gleichgearteten Amt des obrigkeitlichen Boten zusammengeflossen. Schulte Gronover war zugleich auch Bauerrichter der Bauerschaft Westerode und als solcher stand ihm, wie allen Bauerrichtern, gleichfalls ein Bottheuer zu Gebote.

10

Die Verkehrsverhältnisse

Handel und Verkehr bedingen sich gegenseitig. Der Handel kann ohne eine günstige Verkehrsgrundlage nicht blühen, und ebenso müssen die Verkehrsmöglichkeiten einer Landschaft oder eines Ortes verkümmern, wenn ihnen vom Handel her nicht immer wieder neue Antriebe gegeben werden. So war es auch von jeher mit Grevens Handel bzw. seiner Industrie und seinen Verkehrsverhältnissen. Als Grundlage und Ausgangspunkt für den Handel seien daher letztere in ihrer Entwicklung zuerst geschildert.

Der Leitfaden für den Verkehr und die Verkehrsmöglichkeiten in unserer Heimat war seit Urzeiten die Ems. Verschiedene in toten Flußarmen gefundene vorgeschichtliche Einbäume lehren, daß der Fluß bereits vor vielen tausend Jahren dem Verkehr gedient hat.*) Flacher und in noch weit mehr Windungen als heute schlängelte sich der Fluß durch die Landschaft, von vielen Sandbänken durchsetzt, die immer wieder bei Hochwasser und Überschwemmung zu Verlagerungen und Verschiebungen des Flußbettes führten und ungezählte tote Flußarme, sogenannte Laken, schufen, die den anwohnenden Menschen reiche Fischbeute boten.

Schon früh lernte der Mensch, den Fluß nach seinem Willen zu lenken, wenngleich dieser oft genug mit der Gewalt seiner winterlichen Hochwasser alle Kunstbauten wieder einriß und willkürlich sich einen Weg durch die Landschaft suchte und bahnte. Beim Dorf Greven lassen sich die Versuche der Dorfbewohner, den Lauf der Ems durch Weidenpflanzungen in feste Bahnen zu lenken, bis in den Anfang des 17. Jahrhunderts zurückverfolgen (s. o. S. 82). Ja, die Flurbezeichnung „Höfte" bei der alten Emsschleife an Bövemanns Hof weist auf künstliche Uferbefestigungen in noch früherer Zeit, mindestens im 16. Jahrhundert hin. Das ist auch die Zeit, in der der Rat der Stadt Münster (1574) 200 Taler zur Anlage eines Leinpfades entlang der Ems ausgab, und in der zwei Jahre später der Bischof und Landesherr das Flußbett ausräumen, d. h. von allen überhängenden und ins Wasser gestürzten Bäumen und Strauchwerk frei machen ließ. Bei der Schöneflieth ließ 1764/65 das Domkapitel durch den Schachtmeister Kölling die alten Uferbefestigungen erneuern.[493] Um 1800 ging man dazu über, gar zu gefährliche Flußschlingen durch Durchstiche zu beseitigen. Ob der „Durchbruch" der Ems nördlich des Dorfes Greven bei Gronovers Kamp, der wohl gegen Ende des 18. Jahrhunderts erfolgte,[494] künstlich herbeigeführt oder durch Naturgewalt verursacht worden ist, wissen wir nicht. Jedenfalls war diese Begradigung des gewundenen Flußbettes den zahlreichen Püntenfahrern der Zeit gewiß nicht unwillkommen. Die Franzosen wollten (angeblich auf Betreiben der linksemsischen Bauerschaften, die gern die hohen Unterhaltungskosten des Emsufers vor Greven sparen wollten) sogar die ganze große Krümme vor dem Dorf durch einen im Zuge der alten Lake nahe am Dorf her laufenden geradlinigen Durchstich abschneiden.[495] Ein Ingenieur hatte bereits einen Plan, dessen Kosten sich auf rund 10000 Franken belaufen sollten, ausgearbeitet, als die französische Herrlichkeit über Nacht zu Ende ging und damit dieser fraglos großzügige Plan buchstäblich

---

*) Ein vorgeschichtlicher (?) Einbaum wurde 1892 an der Schiffahrt gefunden.

ins Wasser fiel. Man braucht sich nicht auszumalen, welch grundlegend anderen Verlauf die Entwicklung Grevens genommen hätte, wenn es damals zu diesem Durchstich gekommen wäre!

Ähnliche Pläne hatten allerdings auch schon vor der Franzosenzeit bestanden, denn die Verhältnisse an der Neuen Brücke am Nordausgang des Dorfes warteten schon lange auf Abhilfe. Der Druck des Emswassers auf die linke Uferböschung wurde hier in der großen Krümmung immer stärker, so daß um 1800 die Landstraße, die ursprünglich zwischen der Ems und Möllers Kotten (Rottmann) hergelaufen war,[496]) auf die Nordseite des Hofes verlegt werden mußte. Ja, wenige Jahre später mußte Möller selbst seinen Hof verlegen, und in einem Bericht Schründers vom Jahre 1815 heißt es, daß er jetzt schon wieder nahe an der Uferböschung stehe. Die sparsamen Preußen hatten aber kein Geld für einen kostspieligen Durchstich. Der erfahrene Kribbenmeister Sendker aus Telgte mußte 1816 durch ein sogenanntes Höft, d. h. durch eine hölzerne Uferbefestigung den gefräßigen Fluß zum Stillstand bringen. Es war indes nur eine halbe Maßnahme, denn die Hochwasser der Ems nahmen wenig Rücksicht auf Meister Sendkers kunstvollen Bau und bedrohten die Straße nach wie vor, selbst nach ihrem Ausbau als Pflasterbahn (1867) noch, und erst der Bau der Umflutbrücke im Jahre 1898 beseitigte endgültig die Gefahr. Der von den Franzosen geplante Durchstich hätte sich trotz seiner einmaligen hohen Kosten vielleicht doch besser rentiert und die unglückliche Lage des Bahnhofs 1 km vom Dorf entfernt wäre gewiß vermieden worden!

Auch das kleine Gimbte erlebte um die gleiche Zeit einen Emsdurchstich, zwar nicht aus verkehrstechnischen Gründen, sondern, wie es 1824 heißt, „da dadurch dem Versinken der Häuser hart am Ufer vorgebeugt werde, auch durch die bisherige Nähe des Stromes das Versinken der Kirche veranlaßt sey".[497]) Der Durchstich der alten Schlinge hart am Südrand des Dorfes – noch heute die „Alte Ems" genannt –, die im Gelände und auf der Karte noch deutlich zu erkennen ist, erfolgte trotz des Einspruches einzelner Dorfbewohner ums Jahr 1830.*)

Zwei weitere Emsbegradigungen fanden in den Jahren 1834 und 1839 zwischen den Bauerschaften Fuestrup und Dorbaum statt.[498]) Die alten Krümmen bei Gr. Lengerich und Schulze Terborg sind noch heute gut kenntlich. 1934 wurde schließlich die große Emsschleife bei Hellmann durchstochen, wodurch eine Verkürzung der Ems um 1100 m erreicht wurde. Der vom Reichsarbeitsdienst durchgeführte Durchstich sollte das Emswasser schneller abführen helfen, dessen Druck durch die im oberen Emsgebiet vorgenommenen Begradigungen nicht wenig gestiegen war. Von weiteren, künstlichen Emsdurchstichen in den beiden Kirchspielen Greven und Gimbte haben wir keine Nachricht,**) doch mag es deren in geschichtlicher Zeit noch manche mehr gegeben haben. Viele alte Emskrümmen und tote Flußarme, die der Volksmund Lake nannte, sind im Gelände und auf der Karte noch gut zu erkennen, ohne daß sich sagen ließe, wann sie zugewachsen und verlandet sind.***) Für die Schiffahrt waren die vielen Schlingen

---

*) Sie waren dagegen, weil es der Kirche, „wie der Augenschein lehre, nicht schade" (das tat es aber doch, vgl. u. S. 430 f.) und weil sie weiter von der Überfahrt entfernt wären. Das Ganze wäre nur eine Spekulation des Gerdemann, da jedem der Anlieger das alte Flußbett bis zur Strommitte zufallen solle, wobei ihm in der Tat der Löwenanteil zufallen mußte. Der Landrat entschied gegen die Bauern und für das Projekt, dem der Amtsbürgermeister 1826 seine Stimme gegeben hatte (AAG II i Nr. 16).

**) Einen Durchstich der großen Aaschleife nördlich seines Hofes plante um 1840 Kolon Gr. Wichtrup, mußte aber sein Vorhaben auf den Protest der Witwe Schulte Aldrup, die für ihren Mühlenstau fürchtete, wieder aufgeben (AAG I f Nr. 8).

***) Bemerkenswert ist besonders die „alte Ems" bei Bockholt, wo die Ems ursprünglich ganz am Rande des Bockholter Esches entlang floß. Ob dies der um die Mitte des 17. Jhts. erfolgte Durch-

des Flusses ein unangenehmes Hindernis. Sie verlängerten nicht nur den Weg um ein Vielfaches, sondern waren auch durch ihre Strudel und Untiefen für die flachen Pünten und langen Holzflöße eine ernste Gefahr. Außerdem verlangsamten sie das Abfließen des Wassers derart, daß sich ein tiefes Bett, von den gefährlichen Strudellöchern abgesehen, nicht bilden konnte. Die Folge davon war wieder, daß nur bei Hochwasser, d. h. mit anderen Worten, nur im Herbst und Frühjahr eine regelmäßige Befahrung der Ems möglich war. Aber auch in diesen wasserreichen Jahreszeiten konnten nur flache Boote, die sogenannten Pünten, deren Tiefgang im beladenen Zustand nicht viel über einen halben Meter hinausging, den Fluß befahren. Einzelheiten über diesen Püntenverkehr auf der Ems werden wir noch bei der Geschichte des Grevener Handels zu hören bekommen. Hier genügt die Feststellung, daß die Püntenfahrt, nachdem sie in früherer Zeit offenbar ganz zum Erliegen gekommen war, gegen Ende des 16. Jahrhunderts wieder aufs neue eingerichtet worden ist, und zwar bis zur Schöneflieth. Um die Mitte des 17. Jahrhunderts wollte man auch oberhalb Schöneflieths den Versuch mit einer regelmäßigen Püntenfahrt wagen. Da diese Pünten, von deren Aussehen das hübsche Bildchen Schlüters! (s. Tafel I) von 1856 eine gute Vorstellung gibt,*) flußaufwärts von einem Pferde oder auch von Menschen gezogen und geschleppt werden mußten, so war zunächst einmal die Anlegung eines Leinpfades am Ufer des Flusses notwendig. Schließlich fand sich dann 1651 auch ein Unternehmer, der Rentmeister Johann Rave aus Bocholt, der vom Landesherrn die Schiffahrt auf der Ems von Greven bis Harsewinkel – so weit hoffte man zur Winterszeit bei hohem Wasserstand mit den Pünten fahren zu können – pachtete und zwar für die verhältnismäßig hohe Summe von 500 Talern. Es heißt ausdrücklich, daß der Fürst den Fluß bis Harsewinkel „navigable" (schiffbar) gemacht und in Telgte und Warendorf Packhäuser errichtet habe.[499] Mit Eifer hat sich Johann Rave, dem der Bruder des Bischofs, Heinrich von Galen, zu diesem Behuf 6000 Taler geliehen hatte, ans Werk gemacht, wie sich aus dem noch erhaltenen Abrechnungsbuch des ersten Geschäftsjahres 1651/52 ergibt. Nach wenigen Jahren ist das allzu kühne Unternehmen dann aber doch eingeschlafen, nicht zuletzt deshalb, weil die Verkehrsverhältnisse auf der Ems einen geregelten Handelsverkehr doch noch nicht gestatteten. Als dann 1668 bei der Burg Schöneflieth in der Ems wie vordem wieder eine Wassermühle von zwei Gängen angelegt und eine Umflut mit Schleuse zur Ableitung des überschüssigen Wassers gegraben wurde (s. o. S. 62), war dadurch das Passieren des Flusses mittels Pünten und Flößen unmöglich gemacht worden. Lange hat allerdings diese Mühlenanlage nicht gestanden. Durch Hochwasser wurde sie in den achtziger Jahren derart beschädigt, daß eine Reparatur nicht mehr möglich war. Die Reste der Mühle und die Umflutbrücke wurden abgetragen, letztere durch einen festen Damm ersetzt, so daß die Emsdurchfahrt im Laufe des alten Flußbettes wieder frei wurde. Trotzdem war auch in der Folgezeit der Püntenverkehr auf der Ems oberhalb der Schöneflieth gleich Null. In der Zeit von 1701 bis 1802 hatten nur 1741 fünf und im nächsten Jahr noch einmal ein einzelnes Schiff die Zollstätte an der alten Burg passiert.[500] Erst 1802 wollte der Zimmermeister Sendker aus Telgte erneut den Versuch wagen, Frachtschiffe auf der Ems zwischen Greven und Warendorf fahren zu lassen. Er bekam hierzu auch die Genehmigung,[501] doch ist es wohl infolge der politischen Wirren der nächsten Jahre nicht zur Ausführung des Planes gekommen, jedenfalls verlautet darüber nichts weiter.

---

bruch der Ems im Beifang Schöneflieth war, von dem 1670 die Rede ist (StAM, DK, Markensachen Nr. 24), läßt sich nicht mit Bestimmtheit sagen, da weitere Einzelheiten hierüber nicht bekannt sind.

*) Vor der Emsregulierung im 19. Jht. konnte aber nur die kleinere Pünte, wie sie rechts auf dem Bilde dargestellt ist, die Ems befahren.

Im 18. Jahrhundert hatte der 1724/25 gebaute Max-Clemens-Kanal den Stadtmünsterer Fernhandel nach Holland an sich gezogen und dadurch natürlich den Verkehr auf der Ems nicht unwesentlich beeinträchtigt. Berichtet doch noch 1835 Biederlack, daß die ostfriesischen Massenwaren, wie Teer, Öl, Tran, Reis, Leinsamen, die keine hohe Fracht vertrügen, noch damals nur bis Salzbergen verschifft, von dort dann per Achse zum Max-Clemens-Kanal befördert würden.[502]) Erst als dieser Kanal zu Beginn des 19. Jahrhunderts infolge mangelhafter Pflege versandete und unbrauchbar wurde, trat die Emsschiffahrt wieder mehr in den Vordergrund, vollends als sich der Staat Preußen des Flusses annahm und die Regulierung der Fahrrinne mit Nachdruck betrieb. Das wichtigste Stück und zugleich auch das schwierigste war die Schaffung der Durchfahrt durch die Stromschnellen bei Rheine, wodurch es den von Emden bzw. Leer heraufkommenden Pünten ermöglicht werden sollte, ohne Umladen bis Greven durchfahren zu können. Die Schaffung einer gleichmäßigen Fahrrinne mit einer Mindesttiefe von fast einem Meter ermöglichte es dann, auch größere Schiffe als die bisherigen kleinen Pünten mit einer Tragfähigkeit von nur etwa sieben bis acht Lasten (1 Last = 4000 Pfund, also = 2 Tonnen!) bis Greven zu bringen.

Über die Stromverhältnisse der Ems macht Joh. Chr. Biederlack, einer der rührigsten Vorkämpfer für den Ausbau des Flusses, in dem schon genannten Promemoria von 1835 aufschlußreiche Mitteilungen.[503]) Danach war damals die Ems zur Sommerzeit nur bis Meppen schiffbar. Oberhalb dieses Ortes waren noch mehrere seichte Stellen, dazu die Steinklippen bei Salzbergen und Rheine, zu deren Überwindung die Schiffer auch bei Hochwasser noch eines „Lichters" (Lotsen) bedurften. Durch die hannoverschen Regulierungsarbeiten der letzten Jahre waren aber die Schwierigkeiten bis zur Grenze bei Salzbergen meistenteils beseitigt, wenn auch die vereinbarte Durchschnittstiefe von drei Fuß im Sommer noch nicht überall erreicht wurde. Die Strecke unterhalb der Schleuse bei Rheine war bei Niedrigwasser gar nicht, bei Hochwasser mit voller Ladung auch noch nicht befahrbar. Die Ladung mußte hier wenigstens teilweise gelöscht werden und für das Hinaufziehen der Schiffe brauchte man hier Pferdevorspann. Das verursachte zusätzliche Kosten. Die Überwindung dieser Flußstrecke einschließlich der Schleuse bei Rheine kosteten für ein Schiff von 8 Lasten durchschnittlich 9–15 Taler. Die Rheiner Klippen waren nur bei hohem Wasserstand, praktisch nur in den Monaten November und Dezember passierbar, bis zum Mai dann immerhin noch zeitweise. Von Rheine bis Greven führte damals die Ems so viel Wasser wie die Lippe bei Haltern, d. h. bei Niedrigwasser immerhin noch 3 bis 4 Fuß auf weiten Strecken, so daß 18 bis 20 Zoll tiefe Schiffe auch im Sommer nach Greven gelangen konnten.

Biederlack gibt an, bislang seien die Emspünten schwerfällig gewesen und hätten eine Tauchtiefe im unbeladenen Zustand von 14 und im beladenen von 34 Zoll gehabt. Erstmalig 1834 sei eine Pünte von 9½ Lasten gebaut worden, die leer nur 7 und beladen nur 22 bis 24 Zoll eintauche. Nach der Emsregulierung betrug die durchschnittliche Größe einer Emspünte nach einem anderen Gutachten von Biederlack vom 14. 2. 1855 meist 12 bis 20 Lasten, also 24–40 Tonnen, die in beladenem Zustand etwa 2½ bis 3 Fuß Fahrwasser gebrauchte. Unbeladen hatte sie meist nur einen Tiefgang von etwa 9 Zoll. Sie hatte ein Segel und wurde von einem Pferd, vereinzelt auch durch Menschenkraft gezogen. Die Besatzung bestand aus dem Schiffer, einem Knecht und einem Jungen, der das Pferd führen mußte. Die Fahrt von Leer bis Greven dauerte in der Regel 6 bis 8 Tage, bei günstigem Winde nur 5 Tage. Als Frachtgebühr (von Leer bis Greven) nahm der Schiffer pro Last durchschnittlich 4 Taler.

Eine genaue Statistik über den Püntenverkehr auf der Ems bei Greven gibt es nicht. Daß er oberhalb des Dorfes bzw. Schöneflieth nur vorübergehend betrieben und dann auch nie umfangreich gewesen ist, in der meisten Zeit dagegen absolut gleich null war, hörten wir bereits. Die preußischen Regulierungsarbeiten haben den Verkehr unterhalb Grevens sehr belebt, so daß nach Biederlacks Angabe um 1850 fast 200 Pünten im Jahresdurchschnitt in Greven ankamen, die zusammen etwa 3000 Lasten (= 6000 Tonnen = 400 Eisenbahngüterwagen = 1 Schleppzug auf dem Rhein mit drei 2000 Tonnen-Kähnen) anbrachten. Nach der Eröffnung der Eisenbahn im Jahre 1856 sank die Zahl der ankommenden und abgehenden Pünten ständig. 1866 wurden immerhin noch 119 gezählt, im nächsten Jahre stürzte diese Zahl auf 34 herab! Die folgenden Jahre sahen ein weiteres Absinken. 1870 waren es nur noch 16, 1873 gar nur 8, 1875 wieder 16, im folgenden Jahre wieder nur 8, 1877 dann wieder 28 (meist mit Grubenholz beladen), 1880 wieder nur 15.[504]) Die vierteljährlichen Zeitungsberichte des Amtmannes an die Regierung in Münster spiegeln diese Entwicklung wieder. Bis zum Jahre 1866 wird die Schiffahrt durchweg als lebhaft, bis um 1870 als flau bzw. gering bezeichnet, von 1874 an wird über sie überhaupt nicht mehr berichtet![505]) Der Bau des Dortmund-Ems-Kanals gab der Emsschiffahrt bis Greven natürlich den Rest.

Der andere Wasserweg, der das Gebiet des Amtes Greven berührte, der Max-Clemens-Kanal, hat Greven nicht nur keinen Nutzen gebracht, sondern sogar direkt durch Lahmlegung der Emsschiffahrt geschädigt. Für die Bauerschaft Westerode war er jedoch nicht ohne Bedeutung, und so sei kurz das wichtigste aus der Geschichte dieser alten Wasserstraße mitgeteilt.[506]) Am 9. Mai 1724 tat der damalige Kurfürst von Köln und Bischof von Münster, Clemens August von Bayern, bei Kinderhaus den ersten Spatenstich zu dem großzügigen Projekt, das die Stadt Münster direkt mit den holländischen Handelsplätzen bzw. mit dem Meere verbinden sollte. Das erste Stück bis zur steinernen Schleuse an der Nordwalder-Grevener Landstraße konnte bereits am 18. Dezember des nächsten Jahres eröffnet werden. Dann dauerte es aber noch bis 1731, ehe das vorläufige Ziel bei Clemenshafen (südlich Mesum) erreicht wurde. Von mancherlei Widrigkeiten wie Verschlammung des Kanalbettes, verschiedenen Dammbrüchen und ähnlichen Zwischenfällen abgesehen, hat der Kanal bis zum Ende der fürstbischöflichen Zeit und bis zur Fremdherrschaft seine Aufgabe voll und ganz erfüllt, besonders seitdem er (1771) bis Maxhafen weitergeführt worden war.

Der Kanal war in mehrere Abschnitte eingeteilt, die durch Schleusen abgeriegelt waren. Der erste Abschnitt reichte bis zur sogenannten Hölzernen Schleuse (bei der Wirtschaft Renfert), der zweite von dort bis zur Steinernen Schleuse an der Nordwalder Straße, die hier mit einer hölzernen Brücke über den Kanal geführt wurde. Gespeist wurde der Kanal aus der Aa. Da man es verabsäumt hatte, den Bach über ein Schütt in den Kanal zu leiten, verschlammte und versandete dieser schnell, so daß die Schiffe mehr denn einmal im Schlamm und Sand stecken blieben. Doch bemühte man sich zur bischöflichen Zeit wenigstens, durch dauernden Unterhalt den Kanal betriebsfähig zu erhalten. Seine Leistungsfähigkeit konnte der Kanal während des Siebenjährigen Krieges unter Beweis stellen, als mehrfach in kürzester Zeit große Mengen Getreide in das durch Belagerungen bedrohte Münster geschafft werden mußten. Noch im Jahre 1802 sind mehr als 36000 Zentner Waren auf dem Max-Clemens-Kanal befördert worden.

Erst unter der Franzosenherrschaft verwahrloste der Kanal. Da sich mittlerweile aber die Pläne der preußischen Regierung auf eine Regulierung der Ems konzentriert hatten, ließ man ihn, dessen Wiederherstellung zu viel Geld verschlungen hätte, und der ohne das nie gebaute Schlußstück bis zur Vechte immer ein Torso blieb, verfallen. 1814 war das alte Verbot von 1732 (erneuert 1809), den Kanaldamm zu befahren, noch in Kraft,[507] aber seit dem 1. Januar 1820 benutzte die Post von Münster-Burgsteinfurt-Zwolle den Damm und nun (im Jahre 1824) wurde dieser auch den anliegenden Bauerschaften zur Benutzung freigegeben, doch erst 1841 zum öffentlichen Kommunalweg erklärt. Die Pflege der Brücken und Schleusen unterblieb natürlich jetzt ganz, und da man beispielsweise auf der Nordwalder Straße über die Steinerne Schleusenbrücke mit schweren und schwersten Frachten z. T. vierzehnspännig (!) fuhr, blieb schließlich nichts anderes übrig, als diese Brücken abzureißen und durch Dämme mit kleinen Wasserdurchlässen zu ersetzen. Das geschah denn auch im Jahre 1842.[508] Im Jahre zuvor hatte man das Kanalinventar an der Steinernen Schleuse, den großen Krahn, Schuppen usw. meistbietend versteigert. Die Steinerne Schleuse selbst, die bereits seit 1815 nicht mehr in Betrieb war, so daß hier die Schiffe mittels eines großen Krahns umgeladen werden mußten, wurde 1853 auf Abbruch verkauft. Das meiste Material erwarb der Pfarrer von Sendenhorst für seinen Kirchenneubau. Das Kanalgelände kauften die anliegenden Bauern für billiges Geld, nachdem sich der Plan einer „Genossenschaft zu Bewässerungsanlagen am Münsterschen Kanal", den Kanal als Ganzes zu erhalten und sein Wasser zur Bewässerung und Kultivierung von etwa 900 Morgen angrenzendem Heideland zu benutzen, im Jahre 1850 zerschlagen hatte. Damit war das Schicksal des alten Kanals besiegelt, der aber noch heute, nach weiteren hundert Jahren auf weite Strecken das Landschaftsbild beherrscht und zu den schönsten und reizvollsten Partien des Münsterlandes gehört.

Hier sei auch gleich der Dortmund-Ems-Kanal erwähnt, auch wenn er für Grevens Wirtschaft und Handel keine unmittelbare Bedeutung hat. Wie dieser in etwa parallel der alten Rheineschen Landstraße verlief, so folgte der neue Wasserweg weitgehend der Richtung der anderen Fernstraße Münster-Schiffahrt-Schmedehausen-Ladbergen usw. Die Hauptverkehrslinien wählen – das zeigt sich hier deutlich – stets die gleiche geographisch bedingte Route, folgt doch auch die Eisenbahnstrecke genau der alten Rheineschen Landstraße! An dem Kanalbauprojekt[509] hat die Grevener Kaufmannschaft zunächst lebhaften Anteil genommen und 1887 sogar ein eigenes Kanalbaukomitee gegründet, zumal der erste Entwurf vorsah, daß die Linienführung von Schulte Bockholt direkt auf die Neue Mühle in Westladbergen zuführen sollte, also westlich an Schmedehausen vorbei. Von den 70000 Mark, die der Landkreis Münster zu dem Bauvorhaben zuschießen mußte, übernahm die Gemeinde Greven 4500, während durch das Komitee 5725 gezeichnet wurden. Als dann ein anderes Projekt ausgearbeitet wurde, nach dem der Kanal 1,6 km weiter östlich an Greven vorbei geführt werden sollte, d. h. so, wie er dann auch zur Ausführung gelangt ist, erlahmte das Interesse der Grevener, die sich schließlich sogar weigerten, die gezeichneten Beiträge zu leisten. Der darüber geführte Prozeß ging, wie vorauszusehen war, am Reichsgericht in letzter Instanz 1897 endgültig verloren. Nach einer Notiz in der Bockholter Schulchronik begannen die Bauarbeiten am 4. 11. 1892. Wie wenig Anteil Grevens Handel und Wirtschaft an der Vollendung des Werkes (1899) nahm, beweisen die Zeitungsberichte des Amtmannes, der dieses Ereignisses keine Erwähnung tut! Die Grevener Industrie war „wasserscheu" und ganz zur Bahn hin orientiert. Für sie hatte der Kanal keine Bedeutung. Eine neue Industrie, die sich verkehrsmäßig an diesen anlehnte, hat es im Amt Greven nie gegeben. Eine Ausnahme bildete nur die 1900 in Bockholt gegründete Dampfziegelei „Westfalia", die aber die große Wirtschaftskrise um 1930 nicht überstanden hat und seit 1932 still liegt, 1937 zum Teil auch abgebrochen worden ist.

Von größerer Bedeutung für Grevens Handel und Wirtschaft waren die Landwege und später natürlich die Eisenbahn. Schon bei der Darstellung der Entwicklung des Dorfes Greven hatte sich gezeigt, daß das Straßen- und Wegenetz rund um Greven in vorchristlicher Zeit, als es noch kein (fränkisches) Dorf Greven gab, anders ausgesehen hat als in der Neuzeit. Damals hat es noch keine Münsterstraße über die Schöneflieth gegeben, da gab es von Münster emsabwärts nur die eine große „gemeine" oder Rheinesche Landstraße (auch „Munsterstrate" genannt), die über Emsdetten, Rheine—Meppen nach Friesland hinein führte. Das war wirklich eine große Durchgangs- und Fernstraße, auf der die friesischen Händler mit ihrem Vieh, mit ihrer Wolle und ihren sonstigen Naturprodukten ins Münsterland heraufzogen, soweit sie nicht bis Rheine oder Greven den Fluß als Verkehrsmittel benutzten. Zogen sie aber die Rheinesche Landstraße herauf, so berührten sie den Ort Greven jenseits der Ems nicht.

Diese alte Fernstraße hatte noch im 19. Jahrhundert verschiedene Namen.[510]) Hatte sie in der Bauerschaft Sandrup noch „Sandruper Damm" geheißen, so nannten sie die Bauern vom Sandruper Baum bis an Möllers Kanälchen, also bis an die Grenze der Bauerschaft Aldrup „Sprakeler Stiege". Von Möllers Kanälchen an führte sie den Namen „Wichtruper Damm", der noch heute rechts vom Bahndamm hinter Börgers Kotten her als einfacher Feldweg im Gelände gut zu erkennen ist. Seine Bezeichnung als Damm lehrt, daß er auf dieser Strecke eine künstliche Aufschüttung war. Die alte, ursprüngliche Linienführung lief denn auch, gleichfalls heute noch als Feldweg erkennbar, etwa 250 m weiter östlich zwischen den Höfen Große und Mittel-Wichtrup her. Erst bei der uralten Wirtschaft Vegesack (in der die Wandersleute und Fuhrknechte ihren Geldbeutel leer fegten) trafen sich die beiden Wegestränge wieder. Durch einen, von den vielen Fuhrwerken, die hier im Laufe der Jahrhunderte durchzogen, tief ausgefahrenen Hohlweg („Aldruper Schlucht", vgl. Tafel VIII, 1) ging es dann über den „Bült" zu den Brintruper Höfen. Vor diesen Höfen her – auch hier schnitt man später den Bogen durch einen Damm ab – schlängelte sich die Landstraße bald rechts, bald links von dem heutigen Bahndamm bis zur Nordwalder Chaussee hin, die sie bei einem alten Bildstock, bei „Gronovers Bild" kreuzte. Bis zur Merschbrücke über den (Nettemanns-)Mühlenbach, etwa 600 m östlich vom Kolonat Scherphues, die aber erst im Jahre 1806 etwa 300 m weiter bachaufwärts verlegt worden war,[511]) folgte die Rheinesche Landstraße dann ziemlich genau der heutigen Hemberger Chaussee, die sie erst jenseits des Baches wieder verließ, um nun näher zur Ems hin am Fluß entlang laufend erst 1 km weiter am Sellhövelesch, kurz vor der Herberner Kapelle, wieder auf die heutige Straße einzubiegen. 500 m weiter bog sie aber schon wieder von der 1897 gebauten Kreischaussee ab und lief vor den Höfen Rickermann, Schulze Grotthoff und Grabbe her zum Reckenfelderbäumer, der den Schlagbaum am Ausgang der Bauerschaft zu wahren hatte. Von hier aus führte dann der sogenannte „Emsdettener Damm" quer durchs Reckenfeld nach Emsdetten hin. Der Reckenfelderbäumer und auch Michael führten beide – sicherlich um einem fühlbaren Bedürfnis der durstigen Wanderer abzuhelfen – seit mindestens dem 17. Jahrhundert Wirtschaften, die ein „Rotes Herz" bzw. „Die verkehrte Welt" im Schild führten.[512])

Im allgemeinen hatte die alte Landstraße als Poststraße (Hellweg) vorschriftsmäßig eine Mindestbreite von 24 Fuß (= fast 8 m) zu halten. Es kam aber häufig genug vor, daß der Weg bzw. die Straße durch Abpflügen oder durch das hereinwachsende Gebüsch derart eingeengt wurde, daß beispielsweise die Passage bei der Herberner Kapelle vor dem Brockesch 1843 nur noch 10 Fuß breit war, so daß sich also zwei Wagen hier nicht mehr ausweichen konnten. Auch beim Schulten Grotthof hatten die Hecken den Weg auf 16 Fuß eingeengt.[513]) Überhaupt war die Pflege und Instandhaltung der allgemeinen Landstraßen und öffentlichen Wege noch bis weit in die Neuzeit hinein ein trauriges Kapitel. Die Bauern bzw. Bauerschaften, denen die Unterhaltungspflicht im Bereiche ihrer Bauerschaft zufiel, taten nur das allernotwendigste, so daß die Klagen kein Ende nahmen.*) Erst der chausseemäßige Ausbau der alten Landstraßen, wobei sie zum ersten-

---

*) Terfloth besingt diese alte Landstraßenherrlichkeit an einer Stelle sehr passend:

mal eine steinerne Packlage erhielten – vorher hatte man immer nur wieder Sand und Knüppel in die Schlaglöcher geworfen, die natürlich beim nächsten Regenguß wieder ausgeschwemmt wurden –, änderte das Bild völlig. Doch soll nicht verschwiegen werden, daß mit den nüchternen spiegelglatten Chausseen vieles von der alten Romantik der münsterschen Landstraßen und Hellwege verlorengegangen ist. Die alte Rheinesche Landstraße sollte 1842 auch als Chaussee ausgebaut werden, doch ist dieser Plan nicht ausgeführt worden, da sie ihre Bedeutung als Durchgangsstraße völlig verloren hatte. Für Greven selbst hat sie nie eine Bedeutung gehabt, im Gegenteil, sie war dem Aufblühen des Ortes nur hinderlich gewesen, da sie den ganzen Emslandverkehr Münsters an Greven vorbeiführte. Noch zu Beginn des 19. Jahrhunderts hatte der Ort beispielsweise keinen direkten Postanschluß nach Münster, sondern mußte die Post entweder durch einen Boten nach der Stadt selbst oder an die Poststraße jenseits der Brücke bringen lassen (s. o. S. 252).*) Auch die von Münster herkommende über die Schiffahrt durch die Bockholter Berge und die Bauerschaft Schmedehausen nach Ladbergen in der Grafschaft Tecklenburg und von hier aus weiter nach Lengerich—Tecklenburg oder Osnabrück führende Landstraße, kurz die „Osnabrücker Poststraße" genannt, berührte Greven nicht.[514] Da diese Straße eine direkte Verbindung zwischen dem Bischofssitz Münster und der Burg Tecklenburg schuf, deren Grafen im 12. Jahrhundert Stifsvögte, d. h. die weltlichen Vertreter der Bischöfe von Münster waren, so wird diese Straße mindestens seit dieser Zeit eine große Bedeutung gehabt haben, wenn auch die nach Osnabrück strebenden Kaufleute den Durchgang durch die Grafschaft Tecklenburg, der durch eine weitere Zollstätte (in Lengerich) gesperrt war, vermieden haben werden, da sie über Telgte—Ostbevern—Glandorf—Iburg direkt ins Osnabrückische hinübergelangen konnten. Für Reisende dagegen, denen es auf eine Zollstätte mehr oder weniger nicht ankam, war die Route über die Schiffahrt die bessere und nähere, und so heißt es denn auch bei einem Schriftsteller des 13. Jahrhunderts, der für die nordischen Staaten eine Art Kurs-

> Wat is dat en Drekk in de Entrupper Stiege.
> Ja, wel't nich weet, soll't waohrhaftig nich glaiwen,
> dat düt is de Landstraot fan Ollenberg nao Graiwen,
> un't schönste is, midden in't Graiwske Feld,
> dao böert de Buren för't Dörfören noch Geld.

So wie in der Entrupper Stiege (bei Entrup) einem Teil der alten, heute längst zur Chaussee ausgebauten Landstraße Altenberge-Greven, sah es auf allen Straßen und Wegen des Münsterlandes aus. Für das Überfahren ihres Landes nahmen die Bauern dort Geld, wo die eigentliche Fahrbahn durch Dreck und Wassereinbruch gänzlich unpassierbar geworden war, wie beispielsweise bei Kolon Wierlemann am Max-Clemens-Kanal, als der Kanaldamm neben seinem Grund und Boden brach. Auch der Kötter Möller an der Ems vor Greven an der Landstraße nach Nordwalde ließ sich von jedem Wagen, der über seinen Grund fuhr (da die Landstraße selbst von der Ems völlig unterspült und weggerissen war), 1 Groschen bezahlen (1807), bis dann der Weg ein Stück nach Norden zurückverlegt wurde.

*) Nachdem die Franzosen vorübergehend in Greven eine Poststation eingerichtet hatten (vgl. u. S. 363), bekam das Dorf erst im Jahre 1840 eine amtliche Poststelle (im Hause Dercken). Erster Postexpedient wurde der Hotelier Dercken. Der Postverkehr hielt sich zunächst in bescheidenen Grenzen. Noch um 1870 betrugen die jährlichen Portoeinnahmen nur rund 14 Taler! Erst 1873 wurden auch in den Bauerschaften Briefkästen angebracht, die es bis dahin nur in Greven und Gimbte gegeben hatte. 1877 wurde die telegraphische Betriebsstelle Greven eröffnet. Bis dahin waren Telegramme über den Bahnhofstelegraphen befördert worden. Wenn 1870/71 Siegesdepeschen vom Kriegsschauplatz am Bahnhof anlangten, gab der Bahnhofsvorsteher als vereinbartes Signal für den Posthalter einen Pistolenschuß ab. Daraufhin lief dann Derckens Sohn im Galopp zum Bahnhof, um das Freudentelegramm in Empfang zu nehmen! 1888 wurde die neue Post an der Münsterstraße gebaut (AAG I b Nr. 6, 1). Telefonanschluß bekam Greven im Jahre 1900, Gimbte erst 1919 (AAG I b Nr. 8).

buch für Pilgerreisen nach Rom zusammenstellte, daß der Weg von Oldenburg über Bramsche, Tecklenburg nach Münster gehe, also über die Schiffahrt und nicht über Osnabrück—Ostbevern—Telgte! Da die Bauerschaft Schmedehausen ihren Namen offenbar von einer einst weit bekannten Schmiede erhalten hat, die natürlich an einem vielbefahrenen und berittenen Weg gelegen haben muß, so verliert sich das Alter auch dieses Weges bis in uralte Zeiten ... Aber auch er berührte Greven nicht! An einem wichtigen Punkt trat diese Straße ins Kirchspiel Greven ein, an der Schiffahrt, dort, wo an einer seichten Untiefe in Vorzeiten eine Furt durch die Ems führte, an deren Stelle dann später eine Fähre trat. Ja, Ende des Mittelalters gab es hier schon einmal eine feste Brücke, die während des Dreißigjährigen Krieges zerstört worden ist. Aus dem 1652 geplanten Wiederaufbau derselben ist nichts geworden.*) Eine solche Brücke war hier auch weniger nötig, da man bei Niedrigwasser, im Sommer sogar bequem zu Fuß durch die Ems gehen konnte und im Winter eine Fähre den Verkehr gut bewältigte. Auf Grund eines kaiserlichen Zollprivilegs[515]) hängte das Domkapitel 1521 eine Zolltafel an der Schiffahrt auf und erhob dort seitdem den gleichen Zoll wie an der Schöneflieth. Im Dreißigjährigen Kriege wurde mit der Brücke auch dieses Zollbrett zerschlagen, nach Beendigung des schrecklichen Krieges aber wieder angebracht und 1711 durch einen erhöhten Tarif ersetzt, da, wie es in den Akten heißt, viele, die im Sommer durch den seichten Fluß wateten, keine Passage bezahlen wollten.[516])

Alle zwanzig bis dreißig Jahre mußte das Fährschiff erneuert werden. So baute der Schiffszimmermann Franz May in Dorsten im Jahre 1702 ein neues Boot. Die Pünte, die 1730 Meister Holscher aus Nordhorn an Stelle dieses inzwischen verschlissenen Fährschiffes baute, war 46 Fuß lang und 12 Fuß breit, hatte also ganz beachtliche Ausmaße. Für die Übersetzung von einzelnen Personen machte er dazu 1734 ein kleines Beiboot.**) Den Fährdienst versah zunächst ein eigens dazu angesetzter Kötter, der von seinem Amt den Namen Schipmann erhielt, später wurde das Amt verpachtet; der letzte Pächter zu Beginn des 19. Jahrhunderts war der Bauer Johanning. Seit 1822 ist an die Stelle der alten Fähre eine Brücke getreten.[517])

Durch die Bockholter Berge wand sich die alte Landstraße dann hinauf zu den alten Höfen der Bauerschaften Bockholt und Guntrup. Ursprünglich scheint aber die Linienführung dieser Landstraße eine ganz andere gewesen zu sein. Nach einer Urkunde von 1341 überließ damals der Ritter Franko von Bissendorf dem Stift Clarholz (Gutsherr von Schulte Nordhoff in Gimbte) seine Rechte an dem Wege vom Fährschiff bei Gimbte an in der Richtung auf Ladbergen zu entlang seinem Schultenhof Elting. Noch Ende des 18. Jahrhunderts stand das Fährrecht bei Gimbte dem Fährmann bei der Schiffahrt, der Sage nach als ein altes Recht, zu, so daß die Vermutung naheliegt, dieses Recht gründe sich auf eine Verlegung der Schiffahrt in alter Zeit. Dann würde die alte Fernstraße Münster-Osnabrück bis Sprakel die Rheinesche Landstraße mitbenutzt haben und die Verlegung auf den Schiffahrter Damm müßte zwischen 1341 und 1446 erfolgt sein, ohne daß sich sagen ließe, aus welchen Gründen das geschah.[518]) Beim Kolon Henrichmann führte die Straße über eine, zunächst hölzerne, seit 1805 in Stein aufgeführte Brücke über

---

*) Die Brücke wird von 1509 bis 1630 in den Rechnungen der Domkellnerei genannt (StAM, DK, DKelln., Rechnungen Bd. 1 Bl. 74 u. ö.) Zur Reparatur von 1652 vgl. ebd., DK, Neuere Reg. II Nr. 27. Die mindestens bis ins 17. Jht. zurückreichende Wirtschaft an der Schiffahrt führte treffend ein Schiff im Schild (Münsterländer Heimatkalender 1940, S. 93).

**) Weitere Neubauten machten 1746 Meister Franz von Furden aus Dorsten (für 65 Taler), 1776 dann Meister Hilck (auch aus Dorsten?) für 70 Taler, das sogar noch größer war als das 1730 gebaute (50 Fuß lang, 18 Fuß breit) und 1808 dann Zimmermeister Jos. Schmidt aus Münster, der für seine Arbeit 435¹/₂ Taler erhielt.

den Gellenbach.[519]) Bereits 1341 war vorgesehen, daß das Stift Clarholz über die Gelen-
becke notfalls eine Brücke bauen dürfe. Ob dies damals aber schon geschah, ist nicht
überliefert. Jenseits Horstmanns (Schellhoves) Baum ging es dann auf dem „Postdamm",
der erstmalig 1776, aber nur stellenweise, als Damm befestigt worden ist,[520]) durch die
weite Kroner Heide in die Bauerschaft Schmedehausen hinüber.*)

Ursprünglich fuhr und ritt jeder so durch die Heide, wie es ihm am günstigsten und
besten dünkte. Zahlreiche Warenspuren liefen neben und durcheinander quer durch die
Heide, und erst die Aufschüttung des Dammes (1776) zwang zur Innehaltung seiner
schnurgeraden Richtung.

Am Ende der Kronerheide lag die „Landskrone", ein uraltes Wirtshaus am Wege,
das eine Krone im Wappen geführt[521]) und so auch der Kronerheide zu ihrem Namen
verholfen hat. Als Treffpunkt an der Osnabrücker Straße erscheint das Wirtshaus bereits
im 15. Jahrhundert, und als sich Graf Otto von Tecklenburg mit seinem Gefolge am
21. Januar 1317 in villa Smithusen (in der Bauerschaft Schmedehausen) einfand, um hier
mit dem Ritter Hermann von Münster über strittiges Erbgut aus dem Nachlaß der
Grafen von Dale zu verhandeln,[522]) wird er bei der strengen Winterkälte diese Verhandlungen nicht gerade auf offener Straße geführt, sondern es vorgezogen haben, im Honora-
tiorenstübchen der Landskrone beim Humpen Bier dem Vertragspartner seine Bedingungen zu stellen. 1484 schickte der Domkellner den Vogt (?) Gerhard ton Schoneflete
„ter Landeskronen", um dort mit einigen Bürgern der Stadt Osnabrück über den Nachlaß
eines domkapitularischen Eigenbehörigen, der in Osnabrück gestorben war, zu verhandeln.[523])

Jenseits der Landskrone ging es dann über den Eltingmühlenbach, der im Mittelalter
noch „Smedesbeke" hieß (s. u. S. 496 Anm. 71), an Tümlers Mühle vorbei und durch
Flügemanns Straße (auch Stiege vor der Eltingmühle genannt) und durch die Hüttruper
bzw. Strumps Heide hinüber in die Grafschaft Tecklenburg, nach Ladbergen. Durch
den Ausbau der Napoleonischen Militärstraße Wesel-Münster-Telgte-Ostbevern-
Osnabrück verlor die alte Poststraße mit ihren weiten, grundlos schlechten Wegstrecken
durch die großen Heiden rasch an Bedeutung, zumal ihr seit den vierziger Jahren des
vorigen Jahrhunderts auch die chausseemäßig ausgebaute Straße Münster-Greven-
Saerbeck einen guten Teil des Verkehrs entzog. Heute spielt die einst so viel befahrene
Fernstraße, auf der vor dreihundert Jahren die Kutschen der Friedensverhändler in Münster und Osnabrück ungezählte Male hin und her gefahren sind, nur noch als bescheidener
Verbindungsweg zwischen den Bauerschaften Schmedehausen und Guntrup-Bockholt
eine mehr als untergeordnete Rolle. In ihrer großen Vergangenheit hat sie aber dem Ort
Greven keinen Nutzen gebracht. Wie die Rheinesche Landstraße führte auch sie den
Verkehr am Dorfe vorbei und entzog seinen Bewohnern so die Möglichkeit, sich in
diesen Verkehr einzuschalten.

Das Dorf hat also zunächst abseits der großen durchgehenden Verkehrsstraßen
gelegen, und erst nachdem es kirchlicher Mittelpunkt der weiteren Umgebung geworden
war, bahnte sich hierin eine Änderung an. Die aus den einzelnen Bauerschaften ins
Dorf führenden Kirchpfade entwickelten ein Wegenetz, das dem heutigen bis auf geringfügige durch den chausseemäßigen Ausbau im vorigen Jahrhundert bedingte Abweichun-
gen genau entspricht (s. o. S. 81 ff.). Aus einem alten Kirchpfad entwickelte sich dann

---

*) 1820 wurde der Damm in einer Länge von 325 Ruten (etwa 1,25 km) in einer durch Pfähle ab-
gesetzten Breite von 17 Fuß für die Fahrbahn und 6 Fuß für den Fußsteig, also in einer Gesamtbreite
von 23 Fuß (= 7,20 m) und beseitet von einer Doppelreihe von Pappeln wiederhergestellt (AAG
II i Nr. 18).

auch ein direkter Weg nach Münster, der als Abzweigung vom alten Greven—Telgter Hellweg durch die Furt bei der Schöneflieth über die Ems führte und bei der uralten Wirtschaft Vegesack auf die Rheinesche Landstraße traf. Als das Dorf im 13. Jahrhundert nahe daran war, ein Wiegbold und Marktflecken zu werden, gewann natürlich auch dieser Wegestrang an wirtschaftlicher Bedeutung, die in der Erbauung der Zollburg Schöneflieth ihren Ausdruck findet. Die Wichtigkeit dieser Straße als Handelsstraße stieg dann im 16. Jahrhundert, als die Münsteraner Kaufleute auf der Ems eine Püntenschiffahrt einrichteten, deren Endstation theoretisch Haus Schöneflieth, praktisch aber wegen seiner besseren Lagermöglichkeiten das Dorf Greven war.

Die Fortsetzung dieser Straße über Greven hinaus nach Saerbeck blieb zunächst ohne größere wirtschaftliche Bedeutung, da sich dieser Strang in Ibbenbüren totlief. Erst der steigende Export von Ibbenbürener Kohlen seit dem 16. und 17. Jahrhundert, wozu dann, auch bereits im 16. Jahrhundert nachweisbar, der Transport von Riesenbecker, also Teutoburgerwald-Sandstein (der aber nie sehr großen Umfang annahm) hinzukam. Der wachsende Kohlenbedarf des Münsterlandes im 19. Jahrhundert führte zum chausseemäßigen Ausbau der alten Landstraße in den vierziger Jahren des 19. Jahrhunderts. Vorher war es ein genau so miserabler Sandweg gewesen wie die beiden anderen Landstraßen, die das Kirchspiel Greven berührten.

Bei der Wirtschaft Vegesack an der Rheineschen Landstraße, die im 18. Jahrhundert ein schwarzes Pferd im Schild führte,[524]) auf der Höhe des Bült, ging die Straße nach Greven ab. Sie führte ursprünglich zwischen Schulte Aldrup und Kolon Hollender hindurch. Letzterer verlegte sich gegen Ende des Siebenjährigen Krieges, als Vegesack gerade in „Diskussion" (Konkurs) lag, auch aufs Schankgewerbe und nannte seine Wirtschaft fromm „zum Engel".[525]) Die wichtige Aabrücke mußte die ganze Bauerschaft unterhalten.[526])

Bei Haus Schöneflieth schlug die Straße ehedem einen Haken um die alte Burg, während sie heute geradlinig auf die Brücke zuführt (s. u. Abb. 30). Diese Brücke ist uns aus einer Zollrolle aus dem Ende des 14. Jahrhunderts bereits bekannt (s. u. S. 410). Ehedem wird man hier ebenso wie an der Schiffahrt mit einer Fähre den Verkehr übergeleitet haben, zumal auch hier im Hochsommer die Passage zu Fuß möglich war. Mit der Brücke hatte das Domkapitel zu allen Zeiten viel Kummer und Last. Hatte auch das kaiserliche Zollprivileg von 1521 die Möglichkeit geboten, die Zolleinnahmen zu erhöhen, um die Unterhaltungskosten derselben zu bestreiten, so reichten diese doch längst nicht immer hin, da ihr zu oft Schaden geschah. Während des Dreißigjährigen Krieges warf jede durchziehende Partei, das mochten nun die Schweden, die Kaiserlichen, die Braunschweigischen oder sonstwelche Truppen sein, die Brücke hinter sich ab, um dem verfolgenden Feind das Nachrücken zu erschweren. Was die Kriegshorden stehen ließen, nämlich die Pfeiler, ruinierte der Eisgang, der jeden Winter in wechselnder Heftigkeit an ihnen rüttelte. 1666 war „vor etlichen Jahren" die ganze Brücke „durch starke Gewalt des Eyses weggetrieben". Die Erneuerung wurde dadurch noch komplizierter, daß man mit der Brücke, wie es vordem schon einmal der Fall gewesen war, eine Mühle verbinden wollte. Zu diesem Zwecke ließ man eine Umflut graben (die „alte Ems") über die eine zweite Brücke gelegt werden mußte. Die ganze Anlage, die in den Jahren 1667 und 1668 von den fürstbischöflichen Ingenieuren Spöde und Pictorius errichtet wurde, verschlang fast 8000 Taler.[527]) Die neue Strombrücke erhielt vier, die Umflutbrücke drei Joche. Durch den Mühlenbau hoffte man einem dringenden Bedürfnis der umwohnenden Bevölkerung abzuhelfen, da diese sonst bei trockener Jahreszeit bis nach Telgte, Warendorf, Rheine oder gar bis zur Lippe fahren mußte, um ihr Korn gemahlen zu bekommen. Die Aldruper Mühle an der Aa, so meinte man, die ohnehin an ständigem Wassermangel leide, könnte dann niedergelegt werden.

Das ist dann aber doch nicht geschehen, denn das kostbare Mühlenwerk in der Ems an der Schöneflieth hat nicht lange gestanden. Durch die ständigen Emshochwasser bedroht, ging sie 1686 ganz in die Brüche, so daß sich eine Wiederherstellung nicht mehr lohnte. Da die Umflutbrücke damit überflüssig wurde, riß man den stehengebliebenen Rest ab und ersetzte sie durch einen Damm, zu dessen Verstärkung man die Mauerreste der Mühlenschlacht verwandte. Die große Hauptbrücke ließ jetzt Bischof Friedrich Christian von Münster neu aufführen. Zur Erinnerung an die Vollendung dieses Werkes im Jahre 1691 ließ er wohl an ·einem der Pfeiler der Brücke eine lateinische Inschrift anbringen, ein sogenanntes Chronostichon, in dem die großen Buchstaben nach dem römischen Zahlenalphabet das Jahr der Erbauung angeben.*)

qVI ConfraCtVs IaCVIt pons ILLe LaesVs ab VnDa
praeDaqVe CoLLapso fornICe CessIt aqVae
CeLsIor aVspICIo FrIDerICI prInCIpIs aLto
assVrgens qVerVLas VertICe rIDet aqVas.

Zu deutsch würde das etwa lauten:

Die Brücke, vom Anprall der Wogen zusammengebrochen und nach dem Einsturz des Gewölbes ein Raub des Wassers geworden, unter Leitung des Fürsten Friedrich aber höher wieder erstanden, verlacht (jetzt) von ihrer Höhe herab die klagenden Wasser.

Ob die Brücke damals und auch schon vorher wirklich ein steinernes Gewölbe gehabt hat, ist sehr zu bezweifeln, da in den Bauakten davon nicht die Rede ist. Vermutlich bezieht sich die in der Inschrift erwähnte Wiederherstellung nur auf die steinernen Pfeiler, die wahrscheinlich höher gezogen wurden, um das Abfließen der Hochwasser und auch die Durchfahrt der Flöße und Pünten zu erleichtern. Im Jahre 1857 mußte der Oberteil der Brücke, der ganz ähnlich wie die „Neue Brücke" beim Nordausgang des Dorfes Greven (vgl. das Schlütersche Bild) aussah,[528] wieder einmal erneuert werden, bis dann endlich im Jahre 1885 die allen Grevenern noch wohl bekannte dreiteilige eiserne Brücke gebaut wurde, die bis zum Jahre 1938 dem Verkehr gedient hat. Die große neue Eisenbetonbrücke, die heute fünfzig Meter unterhalb der alten Brücke den Verkehr über die Ems vermittelt, ist 1936/37 von der Firma Peter Büscher und Söhne in Münster erbaut und 1938 dem Verkehr übergeben worden.

Einen künstlichen Damm durch die niedrigen Emswiesen zur Schönefliethschen Brücke hin haben sich die Grevener schon sehr früh geschaffen. Bereits im 16. Jahrhundert wird er erwähnt (s. u. S. 410). Er verlief zunächst von der Brücke aus wohl mehr in gerader Richtung auf den Greven—Telgter Hellweg zu, wurde dann später aber nach mehreren Emsdurchbrüchen mehr in Richtung auf das Dorf zu verlegt. 1776 wurde der „Neue Damm" durch die alte Ems in einer Breite von 36 bis 40 Fuß gebaut.[529] Beim Hochwasser im Winter 1808 brach der Fluß am 12. Februar durch, so daß der gesamte Verkehr nach Greven stillag. Mit Faschinen, Stroh und Pfählen suchte man in aller Eile das Loch zu stopfen, damit die sich in Greven ansammelnden Fuhrwerke weiter konnten. Indes lag der Schnee so hoch, daß die zur Hilfe herbeieilenden Bauern aus Maestrup fast bis

*) M = 1000, D = 500, C = 100, L = 50, X = 10, V = 5, I = 1. Die Zusammenzählung der Großbuchstaben der beiden ersten und der beiden letzten Zeilen des Gedichtes ergeben jeweils die Zahl 1691. Da die Verse paarweise zusammengefaßt sind, standen sie wohl auch getrennt auf zwei Tafeln, vielleicht an den Torpfeilern, die die Brücke gegen das Haus Schöneflieth bzw. gegen das Zollhäuschen unmittelbar an der Brücke abschlossen. In der Wiedergabe der Inschrift in den MGQu. III, S. 276 und bei Brinkmann im Grevener Adreßbuch, S. XVII fehlt in der ersten Zeile das Wörtchen ille und ist statt confractus irrtümlich coniurata gedruckt, was erstens keinen Sinn und zweitens auch nicht die Zahl 1691 ergibt.

über die Ohren durch den Schnee steigen mußten, um an die Unglücksstelle gelangen zu können! Bei der zweiten, noch höheren Flut im April des gleichen Jahres brach der Damm noch einmal, da die Schönefliether Brücke durch losgerissene Flöße verstopft war. Ähnliche Unglücksfälle gab es in den nächsten Jahren noch des öfteren. Im Winter 1827 riß das Hochwasser ein Loch in den Damm von 30 Schritt Länge und 18 Fuß Tiefe. Man beschloß daraufhin, den Damm, der wegen seines stets grundlosen Wehesandes der Schrecken aller Fuhrleute war, am Rande mit Birken zu bepflanzen, in einer Breite von 13 Fuß als befestigten Fahrweg mit einem Fußsteig von 4 Fuß und einen unbefestigten Sommerweg von 11 Fuß anzulegen. Der Fußsteig wurde durch weiß gestrichene achteckige Pfähle, von denen alle drei Ruten einer gesetzt werden sollte, von der Fahrbahn abgesetzt. Die Pfähle waren ein Geschenk Grevener Kaufleute und Bürger. Diese Befestigung wurde im Jahre 1829 durchgeführt, nur wurden statt der Birken junge Linden angepflanzt*) und zu beiden Seiten ein kleiner Damm aufgeschüttet. Erst der chausseemäßige Ausbau dieses Straßenabschnittes (bis 1846) verhinderte in Zukunft weitere Beschädigungen durch das Hochwasser der Ems.

Bei Möllers Kapelle traf die Straße auf den alten Telgter Hellweg, dessen Bedeutung als Handelsstraße in älterer Zeit wohl nur gering, größer dagegen als Prozessionsweg nach Telgte war. Am Nordausgang des Dorfes sind durch den chausseemäßigen Ausbau in den vierziger Jahren des vorigen Jahrhunderts manche Krümmungen der alten Landstraße beseitigt worden. Am Marktesch ist der alte Verlauf der Straße zum Teil noch als Feldweg im Gelände erhalten, ebenso auch weiter nördlich, im letzten Abschnitt vor der Glaner Brücke.**)

Fast noch wichtiger für die Entwicklung des Dorfes Greven wurde die von Holland über Burgsteinfurt—Nordwalde durch die Bauerschaft Westerode über die Blombergsbrücke an der gleichnamigen Wirtschaft vorbei, dann später über die Steinerne Schleuse des Max-Clemens-Kanals (bei der Wirtschaft Schwarze) am Schulzenhof Gronover entlang quer über die Rheinesche Landstraße auf den Schem, die Fußbrücke am Nordausgang des Dorfes zuführende Straße. Das letzte Stück hat auch durch den chausseemäßigen Ausbau (1869), von geringfügigen Begradigungen abgesehen, keine Veränderung erlitten. Jenseits der Steinernen Schleuse lief sie vordem über die Blombergsbrücke nördlich durch die Bauerschaft Westerode. Bis um 1780 befand sich bei Schulze Westerode nur eine Durchfahrt durch den Temmingmühlenbach, an deren Stelle erst damals eine steinerne Brücke getreten ist, deren Neubau 1839/40 die vier anliegenden und unterhaltungspflichtigen Bauern 112$^{1}/_{2}$ Taler kostete.[530]) Da damals der Verkehr über diese Brücke ganz aufgehört hatte, waren die Bauern nur unter Strafandrohung zum Neubau der nach ihrer Meinung ganz unnötigen Brücke zu bewegen.

Zunächst hatte dieser Weg nur den linksemsischen Bauerschaften als Kirch- und Leichweg gedient, wie denn auch die Unterhaltungspflicht des Schems ausschließlich Sache dieser drei Bauerschaften Westerode, Herbern und Hembergen und des Dorfes Greven war. Noch im 17. Jahrhundert findet sich keine Spur, daß irgendein Durchgangsverkehr die Umwandlung der Fußbrücke in eine Fahrbrücke nötig gemacht hätte. Deutlich geht dies aus einem Bericht hervor, den im Jahre 1652 der alte ehemalige Vogt auf Haus Schöneflieth, Johann Low (gest. 1655), über die Zollverhältnisse am Schem zu Greven erstattete. Das aufschlußreiche Schriftstück lautet in seinem wesentlichen Absatz:

---

*) Ein Teil der alten Bäume ist am Südausgang der Münsterstraße bis zur Gegenwart erhalten geblieben.

**) Ursprünglich berührte die Landstraße wohl auch die Höfe in Pentrup. Zur Linienführung des Hellweges (auch gemeine „Landstraße" genannt) im Dorf s. o. S. 83.

... Er gedencke anjetzo, wan diß new angefangenes Scheven fertig, des vierten Schevens, so der ordts, wo es alnun ohngefehr gelegen und von den Dorfern zu Greven und Westerodder Baurschaft gelegt, beköstiget unterhalten worden. Das letzte Scheven aber wehre durch den Stroem und Eiß weggetrieben, welches, warumb in so lang Zeit bisherzu nicht reparirt worden, wehre durch des langwierigen Kriegs-Wesen und Gefahr unterlassen, wie auch deswegen, (weil) die Hern dessen Erbawung oder Reparation nicht gestatten wollen. Über gedachtes Scheven hetten gantz keine Biestere gegangen, sondern wehren durch die Embse getrieben; welche aber, wan das Wasser groß, an den Ort durch wollen, hetten mit ihrem Viehe daruber schiffen mußen. Inmaßen wan solche Uberschiffung geschehen, hetten die Leuthe alda das Schiffgeldt dem Fluter oder Uberbringer, nichts deweiniger aber den Zoll an Schonefleitischen Thurm behuef der Burße*) dahmahls jederzeit verrichten müßen, und wehren darvon keine eximirt, nur allein Her Pastor zu Greven und die Bediente des Hauses Schonefliet. Die ubergehende Persohnen uber das Scheven hetten nichts gegeben außerhalb, daß den Zimmerleuthen zu Zeit des dritten Schevens von den Hern zu Schonefleit erlaubt worden, einen Grever Marktzeit von jedem Ubergehenden einige Pfenninge (wieviel wehre ihme abgefallen) behuef ihrer Bezahlung zu furdern und zu erheben. Und wan schon zur Processionzeiten die Leuthe mit Wagen oder Pferde dadurch ritteten oder fahreten, geben sie nichts zum Zoll sowoll an Scheven als Schonefleitischen Thurm. Sonster wehre durch das Jahr im Zollgeben der Unterscheidt gehalten worden, daß man von einem Schaf einen Pfenning, Schwein einen Pfenning, Kohe zwey Pfenninge, von einen Pferdt zwey Pfenninge, von Wagen vier Pfenninge, von Karre zwei Pfenninge, von Kalbe aber nichts verrichtet worden. Es wehre auch also dabey gehalten worden, daß zu Grever Marckt-Zeiten einer vom Haus Schonefliet nacher dem Scheven geschickt, umb das Zollgeldt alda zu erheben, wans nicht an der Schonefleitischen Bruggen bereizt wehre erlecht worden. Die Greveschen Dorpfere und Westerodder Baurschaft, ob sie zwarn das Scheven halten und beköstigen mußen, hetten gleichwoll zu Grever Marckt und sonsten zu begebender Zeit den Zoll gleich andern verrichten mußen. Welches er denstig (= dienstlich) mittel Aides anders nicht betäuren könte oder wüßte. Actum vor der Bruggen an Haus Schonefliete in obgedachten Johan Low Behausung beiseins Henrichen Lindemans und Johan Bonstrup testibus.[531])

Der Fußschem diente also bis dahin nur dem Ortsverkehr. Ein Handelsverkehr läßt sich damals noch nicht erweisen. Er ging jedenfalls nicht hierher.**) Das Vieh, das durch die Ems getrieben werden konnte, mochte allenfalls fremdes sein, das zum Grevener Markt geschafft werden sollte, es kam aber nicht über die Nordwalder Landstraße, sondern von der Rheineschen Landstraße her. Der Anteil Grevens am Handel mit dem Westen war bis zum 17. Jahrhundert auf diesem Wege noch gleich null.

Das änderte sich erst im Laufe des 18. Jahrhunderts. Die erstarkende Kaufmannschaft Grevens hatte ein Interesse daran, daß die von weither, aus Holland und Friesland ankommenden Fuhrwerke, die ins Dorf selbst wollten, nicht mehr den weiten, etwa ein bis eineinhalb Stunden verschlingenden Umweg über die schönefliethische Brücke zu machen brauchten. Seit 1770 drängten sie daher beim Domkapitel darauf, daß die Fußbrücke, der Schem, durch eine Fahrbrücke ersetzt würde.[532]) Ein domkapitularisches Gutachten von 1776 hielt diesen Plan für undurchführbar, da das linke Emsufer zu flach sei und daher ein langer und hoher Damm nötig wäre, um von der Rheineschen Landstraße bei Hochwasser trockenen Fußes bis zur Brücke zu gelangen. Die Erhaltung und Unterhaltung dieses Dammes sei unmöglich, wenn man nicht wenigstens eine oder zwei Umflutbrücken zur Ableitung des Hochwassers einbaue. Sollte dafür die schönefliethische

---

*) Die Burse war eine Verwaltungsstelle des Domkapitels in Münster.

**) Auf der Nordwalder Landstraße kamen naturgemäß die Lastwagen von Holland her ins Land, nur bogen sie bei Gronovers Bild in die Rheinesche Landstraße ein, um zur Brücke bei der Schönefliet zu gelangen. 1733 beklagte sich mit bewegten Worten die Wirtin Blomberg, daß vor der Anlegung des Kanals „alle passatie von Holland" bei ihr eingekehrt sei, jetzt aber ohne haltzumachen, den Kanal passiere (Fürstl. Archiv zu Burgsteinfurt, Protokolle der Johanniterkommende Burgsteinfurt).

Brücke wegfallen, so würde dadurch der Weg von Greven nach Münster um $^1/_2$ Stunde verlängert. Die Behauptung, daß vor dem letzten Krieg (gemeint ist der Siebenjährige Krieg von 1756 bis 1763) „die holländische und friesche (friesische) Straße, so vorzeiten durch Greven ins Ravensbergische, Osnabrücksche, Lippsche, Mindensche, Paderbornsche und Hessische gegangen sei und sich erst jetzt verloren habe" (und statt dessen jetzt durch das Lingensche und Tecklenburgische gehe), sei unwahr. Eine solche Straße habe es nie gegeben, der Verkehr sei stets über die schönefliethische Brücke gegangen. Nur vereinzelt hätte in ganz trockenen Sommern das eine oder andere Fuhrwerk die Ems bei Greven „passiert". Durch Greven sei „niemals eine andere Straße als allein über Schöneflieth gegangen, welche auch annoch täglich von holländischen und anderen ausländischen Führen gantz häufig passieret wird". „So begreifen wir," fügt der Gutachter hinzu, „nicht, wo jene verlohrene Straße gewesen, die sich anjetzo durch das Lingische und Tecklenburgische gezogen haben soll."

Das Domkapitel bangte natürlich um seine Zolleinnahme an der schönefliethischen Brücke. Endlich ließ es sich im Jahre 1777 doch herbei, den Bau der Brücke zu gestatten, nachdem das Hochwasser im Februar 1776 – die Ems stieg damals dreimal höher als sonst – den Scheven völlig ruiniert und weggerissen hatte.[533] Den Neubau übernahm Kommerzienrat Striethorst in Rheine für 1180 Taler.[534] Durch Eisgang und Hochwasser hatte auch die neue Brücke ständig zu leiden, so besonders in dem strengen Winter 1808/09, als am 29. Januar 1809 durch Eisgang zweieinhalb Joche weggerissen wurden.[535] Die Wiederherstellung kostete allein an Holz nicht weniger als 1020 Taler. Von dem Aussehen dieser alten Brücke gibt das Bild Schlüters aus dem Jahre 1856 (Tafel I) eine gute Vorstellung. Einen Querschnitt durch die Konstruktion zeigt nachstehende Zeichnung aus den Bauakten (Abb. 24). Die Brücke hatte sechs Mitteljoche und dazu noch zwei landfeste. Ihre ganze Länge betrug zwischen diesen beiden Landjochen 135 Fuß (= 42,4 m), nach der Erneuerung von 1809 148 Fuß.[536] Die Höhe über Pegelnull betrug 6,90 m. In dieser Form hat die Brücke bis in die achtziger Jahre hinein allen Hochwassern zum Trotz getreu ihren Dienst getan. Der bereits 1880 geplante Neubau kam dann zugleich mit dem Neubau der schönefliethischen Brücke im Jahre 1885 zur Ausführung. Später wurde dann die Brücke durch den Anbau von Fußsteigen verbreitert. Das Land für die Auffahrt zur Brücke an der Dorfseite mußte

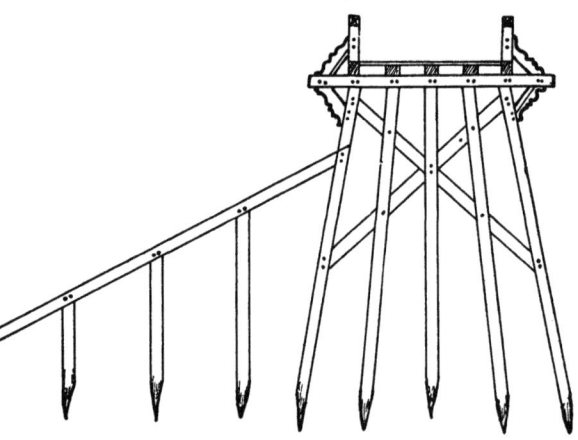

Abb. 24. Pfeiler der Neuen Brücke in Greven von 1777 im Querschnitt

die Gemeinde von dem Besitzer, Kolon Naendorf, durch Tausch gegen andere Grundstücke erwerben.[537]

Um die Zollstätte bei Haus Schöneflieth nicht zu schädigen, mußten sich die Dorfvorsteher und die drei an der Brücke mitinteressierten Bauerschaften Westerode, Herbern und Hembergen verpflichten, die Hälfte der Einkünfte aus der neuen Brücke dem Domkapitel abzutreten.[538] Um diese doppelte Einnahme zu erzielen, wurde an der neuen Brücke das doppelte Brückengeld erhoben.

eine Person	2 Pfg.
Pferd, Kuh, Ochs oder Stier	4 „
Schaf, Ziege, Schwein	2 „
Kutsche (Pirutzel) und beladener vierrädriger Karren	24 „
Chaise oder zweirädriger inländischer Karren	12 „
fremder dreirädriger, beladener Karren mit 3 oder mehr Pferden bespannt	30 „
desgl. mit 2 Pferden	24 „
desgl. mit einem Pferd	18 „
beladener Esel	4 „
unbeladener Esel	2 „

Wie stark gleich von Anfang an der Verkehr über die neue Brücke war, zeigen die Einnahmen der ersten Jahre. Vom Herbstend 1777 bis zum gleichen Zeitpunkt des nächsten Jahres wurden 107 Taler, 6 Schillinge vereinnahmt, im nächsten Jahre schon 118 Taler, 13 Schillinge und 2 Pfennige.[539]) Am 18. September des Jahres 1783 erlangten dann die Vorsteher des Dorfes vom Domkapitel den überaus günstigen Vertrag, demzufolge das Dorf gegen eine feste jährliche Abgabe von nur 45 Talern den Brückenzoll in eigene Regie übernahm und nun selbst weiterverpachtete, nicht etwa für 50 oder 60 Taler, sondern zu dem erstaunlich hohen Betrag von 144 Talern! Die ersten Pächter waren Joh. Bernd Terfloth und Joh. Hermann Horstschräer gnt. Flüte, die bis zu Beginn des 19. Jahrhunderts die seit 1795 allerdings auf 110 Taler ermäßigte Pacht behielten. In den nächsten Jahren trat dann Heinrich Kröger, der Schwiegersohn des J. H. Flüte in die Pacht ein. Aus der 1783 getroffenen Regelung, daß alle Lasten mit alleiniger Ausnahme des Kaufmannsgutes abgabenfrei sein sollten, geht deutlich hervor, daß gerade dieser Kaufmannsgüterverkehr der Hauptgrund für die Erbauung der Brücke gewesen war. In Wahrheit blieb aber doch der alte Tarif von 1777 in Kraft, da, wie es in einem Bericht von 1819 heißt, die Bauern aus den drei Bauerschaften sich nicht erinnern konnten, jemals ganz abgabenfrei gewesen zu sein. Durch die französische Verwaltung wurden alle Brückenzölle aufgehoben, so daß Kröger zum 1. 1. 1813 die Pacht kündigte, da niemand mehr Brückengeld bezahlen wolle. Die preußische Verwaltung setzte den alten Tarif wieder in Kraft, so daß Kröger 1815 die Pacht zu 100 Talern wieder annahm. 1819 wollte er aber wieder nicht mehr, da seit diesem Jahre, wie er behauptete, die von Holland nach Warendorf—Paderborn fahrenden Lastwagen mit Kolonialwaren und anderen Gütern andere Wege nähmen. Das stimmte. Infolge der neuen Zollregelung in Maxhafen, nach der die aus dem Bentheimischen (Holländischen) kommenden Fuhren von Maxhafen aus auf dem Kanal weiter befördert werden mußten, kam in Greven kein Lastwagen mehr durch. Die Pacht wurde daher auf 75 Taler herabgesetzt. Auch eine Heraufsetzung des Tarifes um etwa 10 % nutzte nichts, so daß Kröger 1835 nur noch 60 Taler zahlen konnte.*) 1848 stieg die Pacht wieder auf 70 Taler, 1855 gar auf 140 Taler! Der damals in Gang gekommene Bau der Münster—Rheiner Eisenbahn ließ mit seinen vielen Materialfuhren die Einnahmen zu einer zuvor nie gekannten Höhe anschwellen. Hatte bis dahin Kröger das Brückengeld zunächst von seinem Hause aus erhoben, wobei ihm dann bei Nacht und Nebel mancher unverzollt über die Brücke gehuscht war, so mietete die Gemeinde jetzt (1857) in Tischler Rehers Hause (Nr. 77),

---

*) 1839 heißt es, daß das Speditionsgeschäft Holland—Nordwalde—Greven seit mehreren Jahren ganz aufgehört habe (AAG II i Nr. 43).

das unmittelbar vor der Brücke lag, eine Stube, in der nach Krögers Tod (bzw. nach dem Verzicht seiner Witwe) Bernhard Schellhove gegen eine Entschädigung von 100 Talern das Amt eines Brückengelderhebers ausübte. Die Einnahmen stiegen infolge der zunehmenden Industrialisierung Grevens rasch:

	Rtl.	Gr.	Pfg.
1857	382	3	9
1858	527	11	5
1859	521	2	–
1860	508	17	–
1861	622	26	5
1862	682	26	9
1865	535	18	2
1868	686	17	11
1871	727	1	8
1874	853	25	–

Nach der Gemeindeteilung von 1894 fiel die Brücke mit allen Lasten und Einnahmen ganz an die Gemeinde Dorf Greven. Die Erhebung des Brückengeldes wurde dem Dorf zur Bildung eines Brückenbaufonds noch auf die Dauer von 7 Jahren zugestanden und fiel am 1. Oktober 1901 endgültig fort.

Bevor beim Dorf Greven die Fahrbrücke über die Ems, die „Neue Brücke" gebaut wurde, lief sich die Holländische Straße, wie sie um 1770 genannt wurde, an der Rheineschen Landstraße tot. Die Fuhrleute mußten mit ihren für Greven bestimmten Fuhren den lästigen Umweg über die schönefliethische Brücke machen. In Greven selbst fanden sie in den zehn Wirtschaften bzw. Gasthäusern*) reichliche Gelegenheit zur Einkehr und Übernachtung und fuhren dann am nächsten Morgen mit ihren schweren Lastwagen weiter, entweder über die Eschstraße (heute Königstraße) auf die Osnabrücker Straße zu oder über den alten Telgter Hellweg durch die Bauerschaften Bockholt, Fuestrup nach Ostbevern, Telgte, Warendorf usw. ins Paderborner und hessische Land hinein.

Alle diese alten Fernstraßen sind bestenfalls heute noch Kommunalstraßen, vielfach aber auch nur dem mit der Landschaft Vertrauten bekannte Feld- und Landwege, die für den Handelsverkehr keinerlei Bedeutung mehr haben. Das Aufkommen eines neuen Verkehrsmittels, der Eisenbahn, im 19. Jahrhundert hat den Güterverkehr mit Lastwagen völlig zum Erliegen gebracht und damit auch die alten Durchgangsstraßen, soweit sie nicht auch dem örtlichen Verkehr dienten, verschwinden lassen. Von der Anlage der ersten Eisenbahnstrecke in unserm deutschen Vaterlande im Jahre 1835 zwischen Nürnberg und Fürth hat es immerhin noch 20 Jahre gedauert, bis auch unsere Heimat einen Anschluß an das im Ausbau befindliche deutsche Eisenbahnnetz erhielt. Die Bemühungen um diesen Anschluß sind allerdings noch etwas älter und reichen bis in die vierziger Jahre zurück.[540]

Schon im Jahre 1845, als man sich mit dem Bau der Bahnlinie Hamm—Münster beschäftigte, hat man bereits das Gelände für eine eventuelle Weiterführung der Bahn nach

---

*) Die starke Zunahme der Wirtschaften in Greven von 6 im 17. Jht. bis auf 10 um die Mitte des 18. Jhts (im status animarum genannt) zeigt deutlich, wie der Fernfrachtverkehr in der Zwischenzeit gestiegen ist. Das gleiche lehrt auch die Geschichte der Eschstraße, die nach dem Kataster von 1673 (s. o. S. 81f.) offensichtlich noch ein Feld- und Kirchweg über den Albachtenesch war und noch keine öffentliche Landstraße. Wenig später wird allerdings der zunehmende Lastwagenverkehr aus dem Westen, soweit er ins Osnabrückische wollte, über die Eschstraße nach der alten Osnabrücker Poststraße (bei der Landskrone) zugestrebt haben, soweit er nicht den Weg über Saerbeck—Ibbenbüren gewählt hat.

Ostfriesland hin erkundet. Die treibende Kraft in Greven zur Beschleunigung und Durchführung dieses Projektes waren natürlich die Kaufleute, allen voran Joh. Chr. Biederlack. Aber erst im Jahre 1852 kam die Angelegenheit ins Rollen. Die wirtschaftlichen Interessen ließen zunächst eine Bahn von Münster über Greven nach Ibbenbüren als am günstigsten erscheinen, da dies die kürzeste und deshalb auch die billigste Strecke war, was bei den Aktionären – damals wurden die verschiedenen Bahnlinien noch von Privatgesellschaften gebaut – den Ausschlag gab. Von Ibbenbüren, so rechnete man, konnte man die hannoversche Westbahn von Osnabrück nach Rheine und von da an dann die gleichfalls von hannoverscher Seite geplante Bahnlinie nach Emden benutzen. Berührte die neue Bahn, die vor allem der Kohlenindustrie in Ibbenbüren zugute kommen mußte, Greven, so war von hier an der Anschluß an den Wasserweg nach Emden, an die Ems gewonnen, wodurch sich eine Bahnstrecke Greven—Rheine erübrigen würde!

Für dieses nach unsern heutigen Begriffen merkwürdige Projekt, das den Sinn und die alle bisher bestehenden Verkehrsverhältnisse umstürzende Bedeutung der Eisenbahn gar nicht begriffen hatte, vielmehr nur an die örtlichen Belange einer unmittelbaren Verbindung Greven–Ibbenbüren dachte, machten die Grevener Kaufleute, mit alleiniger Ausnahme von Johann Christoph Biederlack, der wegen seiner Geschäftsverbindung mit Emsdetten, aber sicherlich auch in besserer Erkenntnis der größeren Zusammenhänge für eine direkte Bahnverbindung Münster–Greven–Rheine plädierte, eine Eingabe an den preußischen Staatsminister für Handel, Gewerbe und öffentliche Arbeiten in Berlin, in der des längeren und breiteren die Vorzüge des Ibbenbürener Projektes, das natürlich auch von Ibbenbüren aus stark propagiert wurde, dargelegt und erläutert wurden.[541]) Sie wurde abschlägig beschieden, da die Regierung nur an einer möglichst gradlinigen Verbindung Emdens mit Westfalen Interesse haben konnte. Nicht einmal der Hinweis der Grevener Petenten auf die Verdienste ihrer Vorfahren im Jahre 1802, als diese als die einzigen im Münsterlande die Preußen freudig begrüßt hatten, wofür ihnen General Blücher ausdrücklich Dank und Wohlwollen der königlichen Regierung ausgesprochen hätte (s. u. S. 354), vermochte diese jetzt umzustimmen. Der Blüchersche Wechsel auf die Zukunft war schon zu alt, er zog nicht mehr gegenüber den handelspolitischen Realitäten der Gegenwart! Ebensowenig Eindruck machten höheren Orts die Klagen und Einwände der Grevener Bauern, die das ganze Bahnprojekt naturgemäß nur von ihren lokalen Gesichtspunkten aus sahen. Ihnen brachte die Bahn zunächst gar keinen Nutzen, sondern nur Schaden durch die Zerstückelung ihrer Ländereien, durch die dadurch vielfach notwendig werdenden weiten Umwege, durch Funkenflug usw. Deshalb richteten am 16. Okt. 1852 die 23 von der Grevener Trace „bedrohten" Bauern unter Führung des Schulte Höping-Aldrup eine Eingabe an den König, die natürlich nichts fruchten konnte.

Sobald aber die gerade Verbindung Münsters mit Rheine eine beschlossene Sache war, begann ein neuer Kampf um die Linienführung im einzelnen, da nun auf einmal neben Greven ein neuer Konkurrent auftrat: Burgsteinfurt! Ein heftiger Pressekampf mit gedruckten Promemorien, Zeitungsaufsätzen und Eingesandts, ja selbst mit parlamentarischen Interpellationen im Preußischen und Hannoverschen Landtag, wurde entfesselt, kurz, beide Parteien legten sich gewaltig ins Zeug, um ihrem einzig wahren und richtigen Projekt zum Siege zu verhelfen. Der Fürst von Bentheim-Steinfurt bot alle seine dynastischen und standesherrlichen Beziehungen auf, denen die Grevener nichts Gleichwertiges entgegenzustellen hatten. Schließlich gaben die wirtschaftlichen Gründe doch den Ausschlag. Die Vernunft siegte über Privatinteressen. Der Heimatdichter Ludwig Terfloth hat die Grevener Argumente in einem launigen plattdeutschen Gedicht wie folgt besungen:[542])

„Dann över Borgstenfert bedreg ungefähr
de Uemweg nao Rheine fast twee Stunde mehr.
Auk wöärd' düsse Bau sik fiel högger belaupen,
indem man statt Haide hier Klailand moß kaupen.
Un todem hädde men den Graiwsken Sand
tom Bau fan de Bahn auk wiet fan de Hand.
Un dao de Hauptzweck fan de Bahn is jüst iäfen,
uem wohlfeil un schnell met Ostfriesland to liäfen,
so mossen jä hier de Personen un Waren
ganz unnütz et Geld un de Tied drup verfahren."

Der Hauptvertreter und Wortführer der Grevener Interessen war auch diesmal wieder
Johann Christoph Biederlack, der sein ganzes Wissen und Können, dazu auch seine
weitverzweigten Beziehungen in den Dienst der guten Sache stellte. Seit Jahr und Tag
bombardierte er förmlich die nur irgendwie in Frage kommenden Stellen und Persönlichkeiten des öffentlichen Lebens mit Gutachten aller Art, mit persönlichen Interpellationen
und Besuchen. Durch seine von zahlreichen statistischen Unterlagen solide unterbauten
Schriftsätze hat er ganz wesentlich zum Erfolg beigetragen.*) Leider hat er den Erfolg
seiner Bemühungen nicht mehr erlebt. Am 1. Mai 1854 ist Johann Christoph Biederlack
gestorben, während erst ein Jahr später nach endlosem Hin und Her endlich am 26. April
1855 aus Berlin das Telegramm mit der erlösenden Nachricht einlief, daß die zweite
Kammer (der preußische Landtag) das Projekt der Bahnlinie Münster-Rheine über
Greven angenommen habe. Der Jubel in Greven war natürlich groß!
Die „Affaire" Greven hatte in Berlin offenbar so viel Staub aufgewirbelt, daß selbst
König Friedrich Wilhelm IV. Interesse an ihr gewann und sich bei seinem Besuch in
Münster Anfang Oktober 1855 den Amtsbürgermeister Tümler vorstellen lassen wollte.
Unglücklicherweise war dieser gleich nach den offiziellen Feierlichkeiten bereits wieder
nach Greven zurückgefahren, so daß ihn die Aufforderung des Königs nicht mehr er-
reichte. Immerhin empfing ihn am nächsten Tage der Staatsminister von der Heydt.
Seine Bahn hat Greven auf jeden Fall bekommen. Die Strecke wurde am 21. Juni 1856
feierlich eröffnet, während der normale Fahrplan zwei Tage später in Kraft trat. Die
Benutzung der Personenzüge, die 1857 schon in vier Zugpaaren verkehrten, war anfangs
sehr gering und betrug pro Zug durchschnittlich nur 32 Personen. Deshalb wurde auch
zunächst die bereits bei der Projektierung der Bahnlinie von der Gemeinde Gimbte in
Vorschlag gebrachte Einschiebung einer Haltestelle zwischen Münster und Greven bei
Kolon Plugge in Sandrup an der Straßenkreuzung abgelehnt, doch durften die Lokalzüge
bei Bedarf bei Plugge, also an der heutigen Haltestelle Sprakel, halten. Die Gimbter
gaben aber keine Ruhe. Sie wollten ihren eigenen Bahnhof haben, erhielten ihn aber erst
1911, als sich durch die Baumschulen der Fa. Gebr. Hanses die Errichtung eines Bahnhofs
mit Güterabfertigung rentabel gestaltete. Die Bahn war bis dahin ja auch nur eingleisig
und wurde erst 1900-1908 zweigleisig ausgebaut. Allmählich stieg auch der Personen-
verkehr, nachdem die Scheu der Bauern vor dem funkensprühenden Ungetüm geschwun-

---

*) Schon am 16. Juli 1853 hatte ihm Friedrich Harkort, einer der Pioniere der westdeutschen
Industrieentwicklung geschrieben: „Nach meiner Überzeugung ist die Linie über Steinfurt eine Ver-
sündigung an dem großen Verkehr, welcher sich im Laufe der Zeit mit Leer und Emden entwickeln
muß." Am 23. März 1853 schrieb ihm der hannoversche Staatsminister von Windthorst (die Perle
von Meppen), daß er „mit allen Kräften" mitwirken wolle, das gesteckte Ziel zu erreichen (beide
Briefe im A. Biederlack, Greven).

den war, so daß 1889 schon ein weiteres Zugpaar eingelegt werden konnte.*) Die Einrichtung des Bahnhofes Sprakel brachte auch die Bauern jenseits Grevens auf den Plan, die ihren alten, 1892 erstmalig aufgetauchten Wunsch nach einer Haltestelle bei Herbern-Hembergen 1911 wieder vorbrachten, aber noch bis 1917/18 warten mußten, bis er mit der Eröffnung des Bahnhofs Reckenfeld in Erfüllung ging. Eine Güterabfertigung erhielten sie aber erst 1928.

Durch den Eisenbahnanschluß war das Schicksal der Grevener Emsschiffahrt besiegelt. Ein einzelner Eisenbahnzug konnte es mit einer Vielzahl von Emspünten aufnehmen und beförderte seine Waren statt in 5 bis 6 Tagen in der gleichen Zahl von Stunden. Zudem war die Eisenbahn weit sicherer als die von Hoch- und Niedrigwasser, Eis und Frost behinderte und bedrohte Emsschiffahrt. Gewiß, Unfälle kamen auch auf der Bahn vor, und es gab eine gewaltige Aufregung in Greven, als am 25. Juni 1863 einige Kilometer hinter Greven ein gemischter Personen-Güterzug infolge Achsenbruchs entgleiste, wobei zwei Zugbeamte leicht verletzt wurden und 8 Güterwagen in Trümmer gingen, während die Personenwagen unbeschädigt in den Gleisen stehenblieben. Vereinzelt wurden auch nach Anlage der Eisenbahn noch Stimmen laut, die wie der Münsterer Handelskammerbericht von 1863 die Linienführung der Bahn über Greven für verfehlt oder wie ein Bericht über die Verhältnisse der Ems-Schiffahrt aus dem Jahre 1855[543]) den Güterverkehr auf der Ems doch noch für rentabler hielten. Die Entwicklung Grevens zum Industrieort ebenso wie die seines Nachbarortes Emsdetten haben die Richtigkeit der 1855/56 gebauten Bahnlinie unter Beweis gestellt, ganz abgesehen von der Bedeutung der kürzesten Verbindung des Ruhrgebietes mit Emden![544])

„Greven kann seinen neueren Aufschwung zu einem guten Teil der Lage an der Eisenbahn zuschreiben. Wenn der Verkehr an ihm vorbeigegangen wäre, hätten seine aktiven Geschlechter das Dorf als Heimat aufgeben oder in Greven der Heimat ihre Wirtschaftskraft opfern müssen. Der gleiche Rückgang, der Saerbeck und Riesenbeck aus Handelsplätzen zu kleinen Bauerndörfern umwandelte, hätte Greven befallen müssen."[545])

---

*) Der lang gehegte und zäh umkämpfte Wunsch der Grevener Kaufmannschaft nach einer Eilzugverbindung mit der Landeshauptstadt Münster ging erst im Jahre 1925 in Erfüllung.

Handel und Industrie
in Greven vom Mittelalter bis zur Gegenwart[546])

Aus der Geschichte der Wegelinien im alten Kirchspiel Greven ergab sich, daß der Ort selbst ursprünglich gar nicht von alten, großen Durchgangsstraßen berührt wurde und nur durch den Weg über die Schöneflieth mit diesen verbunden war. Die Erbauung der Zollburg kurz nach der Mitte des 13. Jahrhunderts (?) zeigt, daß schon damals ein reger Verkehr auf dieser Münsterstraße geherrscht haben muß, sonst hätte sich die kostspielige Anlage auf einem künstlichen Hügel an der alten Emsfurt kaum gelohnt. Die Vermutung (s. o. S. 95 f.), daß Greven in der ersten Hälfte des 13. Jahrhunderts einmal ein Marktflecken werden sollte, findet darin eine weitere Stütze.

Ausgangspunkt für diesen Grevener Markt waren aber nicht die Landstraßen, sondern die Ems, die von jeher nur bis hierhin schiffbar war. Aus dem Mittelalter fließen die Nachrichten über den Markt zunächst noch spärlich. Nach jener Ersterwähnung im 13. Jahrhundert (s. o. S. 96) hören wir erst wieder 1403, und auch nur ganz beiläufig, von ihm. In seiner Rechnung für dieses und das nächste Jahr berichtet der Amtmann der Äbtissin zu Freckenhorst, daß er am Montag nach Bartholomäi mit seinem Schreiber nach Greven geritten sei, um dort mit den Hintersassen der Abtei über ihre Abgaben und sonstiges zu verhandeln. Der Montag nach Bartholomäus war der in ganz Westfalen und weit darüber hinaus bekannte Termin des Grevener Marktes.*)

Auffällig ist, daß der Markt in Greven nicht wie sonst vielfach der Jahrmarkt mit dem Patronatsfest der Kirche (Martini = 11. November) zusammenfiel. Martini fällt aber schon in den Anfang des Winters, und das ist ein schlechter Zeitpunkt für einen Markt, auf dem man üblicherweise früher das Vieh kaufen wollte, um es bis zum Winter fett und schlachtreif zu machen. So mußte man den Grevener Viehmarkt wesentlich früher legen. Die Zeit unmittelbar nach der Ernte war gewiß die günstigste, da dann die Felder abgeerntet waren und das Vieh auf die Stoppelweide getrieben werden konnte. Tatsächlich wurde der Markt in Greven ja auch auf dem (Markt-)Esch abgehalten! Ende August mußte nach des Landwirts ungeschriebenem Kalender die Ernte eingebracht sein. So bot sich der Montag nach dem Fest des Hl. Bartholomäus (= 25. August), der also in die Tage vom 26. August bis zum 2. September fallen konnte, „wanner der Rogge riffe worden", wie es in einer Urkunde von 1629 heißt, als bestgeeigneter Termin dar.[547]

Die Bezeichnung dieses auf dem Grund und Boden des Meinhardinghofes in Greven, der zum Überwasser-Amtshof Lütke Maestrup gehörte,**) von 1293 als macellum, d. h.

---

*) Daß der Amtmann in beiden Jahren nicht gerade zufällig am Montag nach Bartholomäus nach Greven geritten ist, sondern nur, weil an diesem Tag der Grevener Markttag war, ergibt sich daraus, daß er am Sonntag vorher zu ähnlichem Zwecke auch auf den Markt nach Everswinkel ritt (StAM, Freckenhorst Akten I Nr. 153)!

**) So konnte die irrige Auffassung aufkommen, der Markt sei ursprünglich auf dem Hof Maestrup gehalten worden! Daran ist natürlich nicht zu denken. Vgl. auch Herrmann-Schründer, S. 15.

wörtlich Fleischbank, zeigt, womit auf diesem Markt in ältester Zeit in erster Linie gehandelt worden ist, nämlich mit Fleisch, und zwar, wie wir aus den späteren Quellen wissen, nicht mit totem Rindfleisch, sondern mit lebendigen Ochsen, Pferden, Schweinen usw.! Das Stift Überwasser beispielsweise kaufte regelmäßig „up Grever Markt" sein dänisches Schlachtvieh und seine Zugochsen,[548] und wenn das berühmte (heute leider zum größten Teil zerstörte) Friesenbild im Dom zu Münster aus dem 13. Jahrhundert die Friesen zeigte, wie sie mit ihrem Jahreszins an Geld, Käse, Butter und l e b e n d e m Vieh sich dem Hl. Paulus, dem Patron der Münsterer Kirche und des Stiftes näherten, so darf ohne weiteres angenommen werden, daß die gleichen Friesen mit den gleichen Waren auch den Markt in Greven besucht haben! Das Dorf unterhielt bereits im 16. Jahrhundert eigens am sogenannten Schuppenplatz Scheunen mit Heu und Stroh zur Verpflegung der von weither, aus dem Lingenschen, Oldenburgischen, ja aus Dänemark angetriebenen Viehherden. Diese Futterhaltung brachte den Dörflern nicht geringen Gewinn. An diesem Geschäft beteiligte sich sogar die Gutsverwaltung des Hauses Schönefliet, die ihre Heuüberschüsse hier absetzte. Allerdings war es nicht immer ein gewinnbringendes Geschäft. Die Schönefliethsche Rechnung von 1581[549] berichtet beispielsweise, daß man zwar dieses Jahr dreizehn Fuder Heu in Greven in eine Scheune eingefahren hatte, um es den Ochsentreibern zu verkaufen, aber „so sint datmal umb des Krigsfolcks willen gein Ochsen des Orts durch de Herschup von Lingen gekomen". Die Folge war, daß das aufgestapelte Heu im Winter durch das „Schneewasser" verdarb!

Neben den Ochsen waren es dann hauptsächlich Pferde und aus dem Osnabrückschen (?) angetriebene Schweine, die auf dem Grevener Markt bis nach Hessen hinein verhandelt wurden, und zwar in großen Mengen, wie aus einer Urkunde aus dem Jahre 1526 hervorgeht, derzufolge zwei Kaufleute aus dem benachbarten Osnabrück, Reineke Guytlich genannt Hundertosse (= 100 Ochsen!) und Tönnis NN, einem Kaufmann aus Fritzlar für 102$^{1}/_{2}$ Gulden Schweine verkauften. Bei der großen Kaufkraft des Geldes zu jener Zeit waren das gewiß nicht wenige der begehrten Schinkenträger, wohl sicherlich vierzig, fünfzig oder noch mehr. Mußten diese den ganzen Weg „zu Fuß" zurücklegen, so werden sie dabei manches Fettpfündlein eingebüßt haben. Wahrscheinlich hat man in Greven wie beim Rindvieh so auch bei den Schweinen nur mit mageren Tieren gehandelt, die erst am Bestimmungsort gemästet werden sollten, wie aus einer Notiz aus dem Jahre 1583 hervorgeht, die von einem Raub von siebenunddreißig mageren Schweinen an der Schönefliet berichtet, durch den Stadtmünsterer Kaufleute geschädigt wurden. [550]

Daß die umliegenden Bauern für ihre Pferdezucht in Greven einen günstigen Absatzmarkt hatten, hörten wir bereits (o. S. 54). Der Auftrieb erreichte Ende des 16. Jahrhunderts bis zu tausend Stück (s. u. S. 284). Ein in Greven ansässiger Pferdehändler (Dietrich Recke), der den Handel zu den vielfach von weit herkommenden Käufern vermittelte, begegnet 1634/35.[551] 1583 versuchte der Knecht eines Roßtäuschers Bernhard Setteler aus Hattingen a. d. Ruhr „uf Grever Marckt" heimlich mit einer Anzahl Pferde den Zollturm an der Schönefliet zu passieren. Er wurde dabei ertappt und mußte als Strafe für den unterschlagenen Zoll ein Pferd zurücklassen.[552] Bereits Ende des 15. Jahrhunderts sind die Bürgermeister von Borken als Besucher des Grevener Marktes bezeugt. Sie werden hier wie der Rat der Stadt Münster noch um 1600 (s. o. S. 54) Pferde für den Ratsstall gekauft haben.[553] Kaufleute aus Nimwegen auf dem Grevener Markt werden anläßlich des Überfalls von 1589, solche aus Köln wenig später (1592) erwähnt (o. S. 124). Auch sie werden wohl hauptsächlich wegen des Pferdehandels nach Greven gekommen sein.

Der Markt in Greven diente aber nicht nur dem Viehhandel, sondern auch dem Warenaustausch jeder Art. Das geht deutlich aus der Beschreibung eines Überfalls des Grevener Marktes durch niederländische Freibeuter im Jahre 1589 hervor. Es heißt da:[554])

Anno 1589, den 28. Augusti wordt zu Greven das Market gewondtlicher Wise geholten, wellich Market dorch gantzs Dueschland berompt ist; dan (denn) man findt aldar uf die Zeit eine große Zusamenkumpst von Kaufleuten und Krameren, so von vielen Ortheren aldar zusamen kommen und mit einanderen koepslagen und hanteren. Nu genck stilleswigens das Geruchte, daß die Krigesleuthe sollich Market einmal wolten visitiren und plunderen. Do leidt (ließ) der Rad (der Stadt Münster) dorch die gantze Stadt einen iederen (jedem) anseggen, daß sich ein ieder, so darhin zehen wolte, wol solte fursehen und solchs uf sein Eventur (Gefahr) thuen. Nu wordt aldar die furige Daghe dorch die Munsterscher Ruether und Knechte gute Wacht geholten, also daß jederman mende, daß solte keine Noidt haben. Den 27. (August) ober, welche war der Sondagh, do den anderen Dagh das Market solte geholten werden, quam (kam) aldar den Nachmiddagh Herman von Velen, der Hofmarschalck, und dieweile er sich auch sinenthalben befruchtede (fürchtete), dieweile das Geruchte noch groißer wordt, daß die Staten (d. h. die Soldaten aus den Staaten = Niederlanden) solten furhanden sein, und nam midt sich beina alle Ruether, ihm (ihn) zu confoieren (begleiten) bis zum Bevergerne, dar er Droste war; dar er auch die Nacht uber verblief und die Ruethere bei sich beheldt. Als nu auch den Sondage jegen den Abent mer Geschriens darvon in das Dorf Greven quam, daß etzlich Volck furhanden were, ließen sich etzliche gute Leuthe und Burgere warnen und forden den Abent ihr Guidt uf das Haus zu Schonnefliete. In der Nacht, ungefer zu elven Uhren, forde der Gograve aldar, Johann Uphuis genandt, die uberigen Soldaten und Krigesvolck auch alle aus den Dorfe und brachte die uf das Haus zu Schonefliete, dasselbige zu verwaren. Den Morgen ober, ungefer umb vier Uhren, midt des (als) der Dagh anbrach, quamen die Staten ungefer 400 zu Pferde, half Duesche und half Engelsche, und redden bei den Schemme dorch de Emse; und follen darvon die Helfte, so mestlich Kalviner (mit Karabiner ausgerüstete Reiter) waren, mit groißen Geschreie in das Dorf, als jederman noch slief. Die ander Helfte, so mestlich Sperrueter (Lanzenreiter?) waren, zogen strack den Esch henan, dar das Market war, und beranden das, darmit ihnen nemand entlaufen solte oder konte; dan alle, so sich do uf ein Laufen satzen, worden stracks von sie ermordet und doet geslagen; die ober, so in den Huseren und ihren Kramen wareden, blieben bei den Lieben (Leben). Also worden ihrer viele doet geslagen in den ersten Anfalle, die wol weren bei den Leben geblieben, hetten sie in den Huseren und bei den Ihren in den Kramen gebliefen. Als nu ein jeder bedwungen, und nemand mehr uf Jegenwehr gedachte oder gedencken drofte, do brechen sie die Kraeme alle uf und namen daraus allent, was ihnen gefoll und dienete. Und das, (was) sie nicht begerten und nicht haben wolten, auch nicht medde krigen konten, dassolbige slogen sie entzwe und smetzen es in den Wech und Drech, und macheten es zu Schande, daß man es mit Foeßen tradt; also daß man uber den Pfeffer, Gengever (Ingwer), Kaneil und ander dergleichen Gewurtze genck, redt und forde. Und packeden alle das Guidt, so sie aldar roveden, in Jegenwordicheidt der guten Leuthe, den es zuquam, in ihre Secke. Und als sie die Secke ful hatten, schudden sie die Vedderen us den Bedden und Beddepoellen (Kissen) und fulleden diesolbige auch und hengen sie uf die Pferde. Die in den Dorfe suemeden auch nicht, sondern dorchsochten alle Hoeke (Ecken) und Winckel und ließen auch nichts na, zogen den Wiberen die Ringe von den Fingeren und alle ihre Zirade, den Manneren auch die Kappen von den Libe und Hoede von den Hoveden. In Summa, ein jeder moste na ihren Willen sein und ihnen doen, allent was sie hatten. Do sie nu dassolbige also na ihren Willen gepacket hetten, helten sie aldar ihre Maelzeidt und verherreden (verharrten) aldar noch zu einer Uhr. Do zogen sie wedder mit den Robe und Deibstalle darvon ihren Weg, darhin (von wo!) sie gekommen waren; name auch noch etzliche gefangen mit sich, die sie noch withers begerethen zu ransunen (ranzionieren, auf ein Lösegeld setzen) und schatzen und quamen darmit den Abent zu Meitelen, dar sie auch die Nacht uber verblieben und aldar lagen als arme vermoedede (ermüdete) und drunckene Leuthe, dan sie hetten die furige Nachte nicht gerastet. Also daß sich die Gefangene mestlich aldar die Nacht uber lois macheden und darvon leiffen und von sie quamen.*)

---

*) Nicht minder packend ist das zeitgenössische Flugblatt aus Lemgo (Abb. 25), das die Kunde von dem Aufsehen erregenden Raubüberfall mit Windeseile durch die Lande trug. Das einzige bislang bekannte Exemplar dieser „Zeitung" besitzt die Meyersche Hofbuchhandlung, Verlag Detmold. Einen

Warhafftige Zeytung/

Was sich begeben vnd

zugetragen hat/mit der Stadt Nim
wegen vnd Martin Schäncken/den
10. Augusti/ Anno 1589.

Ein ander Zeytung/von dem erschercklichen einfal/ge
schæhen den 28. Augusti zwey meile weges von Mün
ster in Westualen / von den Schenckissen vil Menschen
erbermlich ermordt/ vnd ein Grausamen schatz von
dannen bracht.

1589.

Jl gelipter Leser. Es ist vilen Kauffleuten vnd
Wandern wolbekandt/vnd bewuft/ein Dorff oder Flecken in Westfalen/Grewer genandt.Zwo kleiner Meile
weges/oder 4. Stunten gan/hinder Münster/Dar ist ein gros-
ser marck den/26. Augusti/der wehret acht dage lang/das vil
Honder Menschen darhin kommen.ja ich wil dorwar woll sagen etliche Thausent/von nha vnnd fern/mit Pferden die Roß-
deuscher. auch vil Ochsen vnd allerley bisten/ vil Kramer mit
Mancherley | Kauffmanschafft/ die man erdencken mag/
von Seyden werck vnd Engelischen Lachen/in suma es ist ein
Marckt als were es ein Strasbürger Meß/mag kaum gewelti-
ger sein gewest/vnd wirdt im Freigen Felt gehalten/ Solches
haben Schencken Volck vnd die Vmligenden hin vnd her all
wol gewuft/dan ir Vil dar auß dem Landt art bürtig/ haben
sich zu samen begeben/auß der Schantz dem Fossegat/vnd auß
Lochem/auß Duspurch/ vnd andern Orden mehr/in die 500.
Hondert Starck/zu Roß vnd Fuß/ Also in der stil niemande
hat gewuft wo es Hinauß galt/ Den aber hernach/ist zeitung
vnd das geschrey kommen/das sie nach Grewer zu eileten/vnd
dem selben auch sehr nrahe kommen weren / bald kam die Boß
den 28. Augstmonat/das sy alles Volck im Freygen Felt vmb
zingelt hetten/das niemande hat können Entweichen/haben in
die Kramer vnnd Kauffleudt gesetzt/ mit Schisen/Hauwen/
schlan vnd Stechen/das sie so ein forcht/ ins Volck brachten/
das sie so verzaget worden / sie woll all in ein Mauße Loch weren gekrocken/ wan es möglich were gewessen/dan sie Stalten
sich nicht als Menschen an/sondern gleich als die Teuffel/ vnd
waren in die z.oder 4 Tausendt Bawren/ vnnd Kauffleudt/
Weib vnd auch Kinder da/vnd haben in diesem Erschrecklichen
infal ober die Hondert man/Erschossen vnd Erschlagen / auch
vil Verwundt/vnd vil Weiber vnd Kinder Zerhauwen vnnd
vmb das Leben bracht/es war so ein Geschrey/vnnd Wehe kla-

gen

gen/das es ein Steinern Hertz het mögen Erbarmen/dan es
war kein Christen werck/sondern vil erger./als die Thürcken
handeln/ja solches ist von den Christen sein dag nie erhort/als
sy mit dem volck vmb gingen/haben in alles Gelt vnd Gut ab-
genommen/so ein Groß gut das nicht genugsam zu sagen ist
vnd in die fünf Hondert Pferdt/vnd allerley Visten/vnd haben etliche Rauffleudt von Nimwegen drunder bekommen die
haben sie vnder wegen Erstochen/vnd elendich mit jn vmbgan-
gen.

Man schetz den Raub Vber die 3. Thonnen Goldes/den
sie dar von haben gebrach:/also ist allendthalben angst jammer
vnd nhot.

Der halben viel geliebten Leser/laßt vns Gott bitten/das er
seine Ruth vnd Straffe genediglich von vns wolle abnemen/
vnd sich vber vns erbarmen/alle Stett vnd Landtschafften ia
einigkeit vnd frieden erhalten / auch wir vnser sündlich Leben mit der hülffe Gottes bessern/auff das wir
hernach den ewigen Lohn empfan-
gen mögen/Amen.

Gedruckt zu Lenga.

Abb. 25. Flugschrift aus dem Jahre 1589 über den Überfall auf den Grevener
Markt am 28. August 1589. Hier sind nur die Seiten mit dem Grevener Bericht
wiedergegeben. Das in Zeile 13 des Textes genannte „Schencken Volck" ist die
unter dem Kommando des bekannten und berüchtigten Söldnerführers Martin
Schenk von Nideggen (vgl. W. Ferber, Geschichte der Familie Schenck von
Nydeggen, Köln und Neuß 1860 und Allgem. Deutsche Biographie Bd. 31,
Leipzig 1890 S. 62 ff.) zusammengerottete Raubschar aus den weiter unten genannten niederrheinischen Garnisonen. Beim Überfall auf Greven war der Haufen
allerdings seines bewährten Führers bereits beraubt, da dieser am 10. August,
also kurz zuvor, bei einem mißglückten Überfall auf die alte Reichsstadt Nimwegen im Rhein ertrunken war (vgl. den Anfang unseres Flugblattes!). Wer den
Haufen bei dem Grevener Unternehmen geführt hat, ist nicht bekannt.

Nach einem vom Magistrat der Stadt Münster auf die vielfältigen Klagen seiner von dem Überfall betroffenen Bürger hin aufgesetzten Protokoll war der Verlust der Kaufleute recht beträchtlich und belief sich auf über 30000 Rtl. Im einzelnen berechneten die Wandschneider ihren Schaden auf 4750, die Krämer auf 11916, die nicht der Kramergilde angehörenden, sogenannten Hegekrämer auf 3242, die Wullner und Wandmacher auf 1600, die Hutmacher auf 313, die Schmiede auf 476, die Kannengießer auf 60, die Schuhmacher auf 226, die Zetteler (Sattler) auf 418, die Weißgerber auf 34, die Bundtfoderer (Kürschner) auf 136 und die Becker auf 8 Rtl.*) Diese Angaben zeigen, was alles die Münsterschen Kaufleute als Austauschwaren für den Viehhandel auf den Grevener Markt brachten. Es war ein richtiger Krammarkt, der dem münsterschen Send in der Vielfalt der ausgebotenen Waren kaum nachgestanden haben dürfte, wenn auch der Viehmarkt nach wie vor bis tief ins 18. Jahrhundert hinein die Hauptsache geblieben ist. Nach der Aberntung des Esches, der bereits im 17. Jahrhundert und wahrscheinlich schon sehr viel früher der Marktesch hieß, begann das bunte Treiben auf ihm. Die Viehhändler bauten ihre Hürden auf, die Kramer und Höker ihre Buden und Schuppen, die in den Akten des 16. und 17. Jahrhunderts häufig genug begegnen. Auf dem Kirchturm wurde die Marktfahne gehißt, für die Pfarrer Holstein im Jahre 1676 ein neues Tuch stiftete. Leider gibt er in seiner Kirchenrechnung nicht an, welche Farbe er wählte und ob etwa das Bild des Hl. Martin, des Patrons der Kirche, darauf gemalt wurde.**) Die Marktfahne deutete an, daß der Markt unter besonderm Schutz und Frieden stand, den zu brechen doppelte Buße und verschärfte Strafe kostete. Letzteres war wohl sehr nötig, denn die Protokolle des Gogerichtes tor Meest erzählen von gar vielen Straftaten, die gerade am Markttage jedes Jahr wieder begangen wurden (s. o. S. 122 ff.).

Der Gograf hatte an den Markttagen für Ruhe und Ordnung zu sorgen, denn, wie es in den Protokollen des Münsterer Domkapitels vom Jahre 1590 heißt, solle man „das Marckt wie von alters tempore pacis (zu Friedenszeiten) durch die Gogreven bereiten lassen". Durch die jahrelangen Plünderungszüge der spanisch-niederländischen Soldateska gegen Ende des 16. Jahrhunderts litt der Grevener Markt, der sonst durch ganz Westfalen und noch über dessen Grenzen hinaus bekannt und berühmt war, sehr. Weit schlimmer jedoch wird ihm der Dreißigjährige Krieg mitgespielt haben, wenn darüber auch leider keine genaueren Nachrichten erhalten sind. Manches Jahr werden die friesischen, oldenburgischen und lingenschen Viehhändler ausgeblieben sein, so daß auch die Münsterer Kaufleute ihre Tuche und Kramwaren unverkauft wieder mit nach Hause nehmen mußten.

Die Hauptblütezeit Grevens kurz vor und nach 1600 war endgültig vorbei. Damals hatte die aufstrebende Emsschiffahrt, der 1582 von münsterschen Kaufleuten wieder in Gang gebrachte Püntenverkehr zwischen Rheine und Greven sogar die Schaffung eines neuen Ortsteils, des „Niederorts", hervorgerufen, in dem sich Handwerker, Zimmerleute u. a. niederließen, um an der neuen Emsschiffahrt zu verdienen, und in dem die Kaufleute und auch die Gemeinde selbst Schuppen errichteten, um Waren und Viehfutter zu lagern und zu stapeln. Das war auch die Zeit, in der ein Chronist sagen konnte, der Grevener

---

nicht ganz fehlerfreien Nachdruck des seltenen Blattes brachte Fr. Möller, Heimatklänge, Beilage für die „Nachrichten", Greven Nr. 1 (1929).

*) Der Verlust an Pferden belief sich angeblich auf etwa tausend Stück (Kumann, Geographisch-statistisch-historische Beschreibung des Fürstenthums Münster, Bd. 2 (StAM, Dep. Altertumsverein Münster Msc. Nr. 29,2), S. 84.

**) Aus der Tatsache, daß er sie 1689 neu streichen ließ (Registrum der Kirchen zu Greven von Pfarrer Holstein im PfA Greven, S. 39) ergibt sich nur, daß sie nicht weiß war. Vermutlich war sie einfarbig rot.

Markt sei durch ganz Deutschland berühmt gewesen. Wenn das natürlich auch eine Übertreibung ist, so war doch der „Grever Mark" im ganzen Münsterland und weit über dessen Grenzen hinaus eine bekannte Kalendergröße, rechnete man nach ihr doch nicht nur in Haltern, Lüdinghausen und Davensberg, sondern auch in den Grafschaften Tecklenburg und Bentheim,[555]) ganz zu schweigen natürlich von der Landeshauptstadt Münster, die während des Wiedertäuferkrieges Bischof Franz von Waldeck im Jahre 1534 „na mitsommer up einen mandagh up Grever marckede" stürmender Hand zu erobern dachte.[556])

Nach dem Dreißigjährigen Kriege kam der Grevener Markt nur langsam wieder in Schwung, und im Laufe des 18. Jahrhunderts schien sogar einmal das letzte Stündlein des Grevener Marktes geschlagen zu haben, als der Landesherr, Fürstbischof Clemens August im Jahre 1744 ein Edikt erließ, das den Handel mit Tüchern, Flanellen, Strümpfen, Kattun usw. nur in Städten und Wigbolden (= Flecken), nicht aber in Dörfern gestattete, und nicht dulden wollte, daß auf dem Lande Niederlagen von Öl, Tran, Zucker, Tee, Gewürzen usw. gehalten würden.[557]) Wäre dieses Edikt wirklich in Kraft getreten, dann hätte die Stellung Grevens als bekannter westfälischer Marktort ein jähes Ende finden müssen. Glücklicherweise ist es nicht dazu gekommen. Dieses Edikt, das wohl nur die Mißgunst der großen Städte gegenüber den aufstrebenden Dörfern Greven, Saerbeck u. a. ausgeheckt hatte, „um den gesunkenen Wohlstand der stiftisch-münsterschen Städte möglichst dadurch herzustellen, daß der zum großen Teil aufs platte Land verlegte Handels- und Gewerbebetrieb ihnen wieder zugewendet und erhalten werde . . .", blieb in der Schublade einer hohen Regierung liegen und brauchte nicht in Greven von der Kanzel verkündet zu werden. Es wäre der Ruin für den Ort gewesen und hätte einen großen Teil seiner Bevölkerung an den Bettelstab gebracht!

Trotz der großen Schäden und Verluste, die der Siebenjährige Krieg dann brachte, war der Grevener Handel noch so kräftig und lebensfähig, daß die Grevener Kaufleute beim Landesherrn am 3. Oktober 1764 auf Privilegierung eines zweiten Markttages im Frühjahr drängen konnten. Sie stellten ihm darin vor:[558])

Ewer Churfürstlichen Gnaden ist ohne Erinneren bewust, wie das von undenklichen Jahren her ein Herbstmarkt zu Greven im Monat Augusti jährlich gehalten wird, worauf sowohl von einheimischen als ausländischen Personen Vieh und allerhand Waaren offentlich an- und verkaufet werden, wodurch wegen großen Zulauf derer Handelsleuthen von verschiedenen Orten denen Eingesessenen des obbemelten Dorf und Kirchspiels, auch denen angränzenden Orten hiesigen Landes wegen bey Aufenthalt derer Passagieren nöthiger Verzehrungskosten nicht geringer Gewinn und Nutzen zuwachset, solcher aber merklich vergrößert werden könnte, wann auf gegenwärtige unterthänigste Vorstellung endesbemelten Rottmeisteren des Dorfs und sämtlichen Eingesessenen Kirchspiels Greven jährlichs circa Majum ein offentlicher Markt annoch gnädigst zugestanden würde. Gleichnun aber Supplicanten dazu gelangen aus Obigen und hierunter des mehreren Vorzutragenden die Vermehrung Commercii in bemelten Ort und Kirchspiel mit sich führenden Ursachen desto sicherer vertrösten, je gewisser es ist, und jedermänniglichen bekannt, daß wegen bisherigen Abgang eines offentlichen Markts an bemelten Ort um Mayzeit die Eingesessenen daselbst keine bequeme Gelegenheit haben, ihr Vieh, Pferde, Kueh und sonstigen Waaren auf anderen als fremden, ausländischen in specie in der Grafschaft Tecklenburg und Lingen haltenden Märkten, woselbst um dieselbe Jahrszeit dieselbe gehalten werden, zu verkaufen oder einzukaufen, wodurch geschiht, daß denen obbemelten ausländischen Eingesessenen durch solchen Märkten große Nahrung und Gewinn zufließe, welche dem Dorf und Kirchspiel Greven gewiß nicht fehlen würden, wan daselbst ein offentlicher Markt circa Majum nur gestattet werde. Gelanget solchemnach an Ewer Churfürstliche Gnaden Supplicanten unterthänigst gehorsamste Bitte, Höchstdieselbe geruhen wollen, aus obigen zum gemeinen Nutzen des Dorfs und Kirchspiels Greven auch zu Vermehrung des Commercii hinzielenden Ursachen in Gnaden zu erlauben, das jährlichs und alle Jahr circa Majum und ohnmaßgeblich am 3.ten besagten Monats ein offentlicher Markt gehalten werden möge, welches denen benachbarten Orten gar nicht schädlich, sonderen vielmehr nützlich ist, angesehen um diese Zeit daselbst keine besondern Märkte anzutreffen, eins, und anderentheils die dortige Eingesessene selbst mit ihren Vieh nach obbeschriebenen auswertigen Märkten, um dafür Geld einzulösen oder auch für Geld Vieh einzukaufen, verreisen müssen, dan auch damit nach hoffentlich erhaltener gnädigsten Elaubnüs der jährliche Maymark mehreren Zulauf gewinne, denen Buchdruckeren anzubefehlen, daß solcher Markt in denen, im künftigen 1765ten Jahr zum Druck (zu) befördernden Almanachen und Calenderen auf oblauts proponirten oder allenfals anderen gnädigst determinirenden Tag Monats May nicht nur beygesetzt, sondern auch die dieserhalb erhaltende gnädigste Erlaubnüs in extenso (im Wortlaut) denenselben beygefüget werde.

Ewer Churfürstlichen Gnaden unterthänigst gehorsamste Vorstehere Goldschmied und Kohaus.

Die hier vorgebrachten Argumente verfehlten höheren Orts ihre Wirkung nicht. Das Domkapitel befürwortete das Gesuch, und so erging dann am 6. Mai 1765 folgendes kurfürstliches Dekret:

Von Gottes Gnaden Wir Maximilian Friderich, Ertzbischof zu Cölln, Bischof zu Münster usw. thuen hierdurch kund und zu wissen, was gestalten wir auf unterthänigstes Suppliciren des Dorfs Greven Amts Wolbeck mildest bewogen worden, demselben die Concession zu ertheilen, nebst dem im Monat August würklich haltenden Jahrmarkt annoch ein Jahrmarkt im Monat May zu halten, ertheilen auch solche Concession und Erlaubnus hiemit also dergestalten, daß solches Jahrmarkt jederzeit am 3. Monats May abgehalten werden möge, zu welchem End wir gnädigst befehlen, daß alle diejenige, so gedachtes Jahrmarkt besuchen, für sich, ihren Vieh und Waaren alle diejenige Gerechtigkeiten und Sicherheiten haben und genießen sollen, welche anderen desgleichen in unseren Hochstift hergebrachten Jahrmärkten und namentlich den im Augustmonat zu Greven abhaltenden beygelegt sind. Wornach ein jeder, dem es angehet, sich gehorsamst zu achten hat. Urkund unseres . . . Insiegels. Bonn, den 6. May 1765.

Für das Jahr 1765 kam das Privileg gerade ein paar Tage zu spät, aber auch im nächsten Jahr hatte man mit dem gnädigst erwirkten Termin am 3. Mai seinen Ärger, da der Ibbenbürener Frühjahrsmarkt in diesem Jahre auf den gleichen Tag fiel. Er sollte dafür auf den 6. Mai verlegt werden, doch auch das hatte seine Schwierigkeiten, da dieser Termin wiederum mit der Kreuzprozession, die an den drei ersten Tagen der Kreuzwochen (in rogationibus) gehalten wurde, kollidierte. 1768 wurden die Rottmeister vom Archidiakon wegen Störung der kirchlichen Feierlichkeiten durch den neuen Markt in Strafe genommen.[559]) Als im Jahre 1771 der neue Maimarkt wieder in die Kreuzwoche fiel, wurde er von der geistlichen Obrigkeit, dem Archidiakon, kurzerhand verboten, auf Bitten der Rottmeister dann aber doch wieder gestattet.[560]) In der Folgezeit ist der Frühjahrsmarkt stets am ersten Mai abgehalten worden, soweit dieser Tag nicht auf einen Sonn- oder Feiertag fiel.

Inzwischen hatte sich bereits ein Strukturwandel des Grevener Marktes angebahnt. Durch die Verlagerung des Viehhandels auf andere Wege und Händelsplätze und nicht zuletzt auch durch das Heranwachsen einer bodenständigen Kaufmannschaft, die nicht nur an den wenigen Markttagen nach Greven kam, um zu handeln und zu verkaufen, sondern täglich und stündlich Handel trieb, verloren die Grevener Markttage immer mehr an Bedeutung. Der Auftrieb an Vieh aus dem Oldenburger- und Emsland ging ständig zurück. Der Grevener Frühjahrsmarkt hatte stets nur lokale Bedeutung. Die Bedeutung des großen Marktes am Montag nach Bartholomäi (Ende August) lag nach einem Bericht des Maire Schründer vor allem darin, daß „derselbe von Leuten aus Münster und den benachbarten Örtern besucht wird, welche zur Belustigung alsdann hierherkommen". Von einer besonderen kommerziellen Bedeutung des Marktes ist hier nicht mehr die Rede. Versuche, Greven als Marktort durch weitere Viehmarkttage im Herbst wieder Gewicht zu verschaffen (1812), schlugen zunächst fehl. Erst 1847 wurde die Abhaltung eines dritten Viehmarktes am letzten Montag im Oktober genehmigt, der dann erstmalig am 30. Oktober 1848 abgehalten werden konnte. Trotzdem gelang es nicht, die alte, weitreichende Bedeutung des Grevener Marktes wieder zu erwecken. Es wurde nurmehr Vieh aus dem Kirchspiel Greven und der allernächsten Umgebung, „keineswegs aber aus weit entlegenen Gegenden zum Markt gebracht (1855)". Auch eine Verlegung des Frühjahrsmarktes, der durch den Münsterer Viehmarkt am 30. April sehr beeinträchtigt wurde, auf den vorletzten Montag im April half nicht viel. Statistiken über das an den Grevener Markttagen aufgetriebene Vieh liegen leider erst seit 1856 vor. Sie lassen erkennen, daß die Bedeutung des Frühjahrs- und Herbstmarktes damals nur noch gering war. Der Auftrieb an Rindern am Frühjahrsmarkt erreichte nur in den Jahren von 1856 bis 1868 noch einen Durchschnitt von vierzig und mehr Tieren, in der Folgezeit bis 1897 nicht einmal mehr einen solchen von zehn. Der Schweineauftrieb schwankte in der gleichen Zeit erheblich, erreichte aber doch wohl meist hundert Stück. Diese Zahl stieg seit dem Anfang der achtziger Jahre auf 140, 170, ja sogar 246 Stück (1895). Die Zahlen des zweiten Herbstmarktes (Ende Oktober) lagen beim Rindvieh durchweg über denen des Frühjahrsmarktes, bei den Schweinen dagegen erheblich unter ihnen. Anderes Vieh wurde an diesen beiden Markttagen nur ganz selten einmal angeboten, so in dem statistisch erfaßten Zeitraum von 1856 bis 1897 im ganzen nur zwei Pferde und einundzwanzig Schafe. Anders an dem Grevener Hauptmarkttag am Montag nach Bartholomäus (Ende August), wie folgende Tabelle ausweist.*)

Jahr	Pferde	Rinder	Schweine	Schafe
1856	225	100	200	200
1857	350	100	100	150
1858	320	110	160	280
1859	250	180	150	60
1860	188	177	150	280
1861	200	220	230	140
1862	350	150	200	200
1863	400	150	500	250
1864	300	200	250	150
1865	350	300	250	130
1866	180	250	220	wenige
1867	150	200	200	80
1868	125	150	200	100
1869	200	200	300	200
1870	200	150	300	100
1871	100	250	400	100
1872	200	200	300	100
1873	250	250	300	100
1874	300	250	400	100
1875	250	200	200	50
1876	200	150	400	–
1877	220	170	450	–
1878	175	148	370	–
1879	120	120	250	–
1880	215	110	250	16

*) Die Statistiken bieten nur Annäherungswerte, die auf Schätzungen des den Markt seit 1856 überwachenden Tierarztes zurückgehen (AAG IV o Nr. 14 Bd. 1).

1881	230	120	250	–
1882	120	110	260	–
1883	180	80	280	–
1884	115	90	260	–
1885	200	90	250	60
1887	210	52	240	206
1889	38	28	200	42
1894	56	20	270	87
1895	50	27	300	30
1897	130	35	275	175

Im Jahre 1887 wurden alle Montagsmärkte in Westfalen wegen der Störung der voraufgehenden Sonn- und Feiertage auf den folgenden Dienstag oder Mittwoch verlegt. Das bedeutete das Ende des jahrhundertealten Grevener Markttages am Montag nach Bartholomäi. Er mußte jetzt auf den folgenden Mittwoch verlegt werden, da am Dienstag jeweils (alle drei Wochen) der Münsterer Viehmarkt einfiel. Alle Bitten der Grevener, ihnen doch den altüberlieferten und als großes Volksfest beliebten Montagsmarkt zu lassen, waren vergebens. Auch eine Petition der Fabrikanten an den Oberpräsidenten vom 9. 5. 1894, die vor allem auf das durch die Trennung des Markttages von der am Sonntag zuvor gefeierten Kirmes hervorgerufene vermehrte Feiern der Arbeiter, die jetzt vielfach vom Sonntag bis Mittwoch einschließlich der Arbeit fernblieben, verfiel der Ablehnung. Der berühmte Grevener Markt ist an seinem alten, seit dem Mittelalter überlieferten Termin, dem Montag nach Bartholomäi, zum letztenmal im Jahre 1888 (27. August) gehalten worden.

Die zunehmende Verstädterung Grevens zeigte sich Ende des vorigen Jahrhunderts auch darin, daß die kleinen Leute nicht genügend Gartenland zur Selbstversorgung mit Gemüse mehr bekommen konnten, andererseits die Wohlhabenden immer mehr die bis dahin beibehaltene eigene Acker- und Gartenwirtschaft aufgaben. Der Wunsch nach einer regelmäßigen Marktversorgung mit Frischgemüse an zwei Wochentagen (dienstags und freitags), ging 1883 in Erfüllung. Am Dienstag, dem 23. Oktober 1883, wurde im Niederort der erste Wochenmarkt in Greven abgehalten.

Jahrhundertelang war der Markt auf dem großen Esch nördlich des Dorfes zu beiden Seiten der Landstraße gehalten worden (s. o. S. 280). Seit dem Anfang des 19. Jahrhunderts (1806 und 1808) drängten die Bauern des Dorfes auf eine Verlegung des Marktes in die Lindersheide, die sie dadurch vor der Parzellierung für sich als gemeinsame Schaftrift zu retten hofften. Aber erst die Teilung der Grevener Mark im Jahre 1842 und die damit verbundene Ablösung der gemeinsamen Hude- und Weidegerechtsame auf den Eschen führte dazu, daß die Viehhändler mit ihrem Vieh mehr und mehr an die Straßen im Dorf herangedrängt wurden. Nach einem Bericht von 1844 standen (wie schon 1808) die Krambuden im Dorf zu beiden Seiten der Marktstraße, daran anschließend bis ans Ende des Dorfes die Kühe, weiter außerhalb die Pferde, sowohl an dem anschließenden Ackerwege (= Grüne Weg?) und an der Emsstraße hinunter bis zum „Nierort", wo die Schweinehändler ihren Stand hatten. Nach dem Bau der Chaussee gingen die Pferdehändler ans andere Ende des Dorfes in die Lindersheide. Der dritte (Oktober-) Markt wurde in die Münsterstraße verlegt.

Die Kaufmannschaft, mit der das Geschick Grevens seitdem so eng verbunden war, verdient besondere Erwähnung. Aus dem Mittelalter ist leider nur blutwenig über den Grevener „Handel" und die ihn betreibende Kaufmannschaft bekannt. Im 16. Jahrhundert galt Greven als „zugewandter" Ort der Hanse, d. h. es rechnete zu jenen „unterworfenen und beigelegten Städten, Flecken und Dörfern", deren Interesse in der Hanse von einer größeren Stadt — in diesem Falle von Münster — wahrgenommen wurden. Mit Recht ist darauf hingewiesen worden,[561]) daß es zweifellos bereits im Mittelalter in Greven (Kauf-)Leute gegeben haben muß, die irgendwie am Handel, am Fernhandel, interessiert gewesen sind, wie das gelegentliche Auftauchen von Namensträgern „von Greven" in den hansischen Geschichtsquellen erweist. Die 1368 im Ostseehandel (Salzhandel nach Schonen) tätigen Lübecker Kaufleute Gerhard und Walter von Greven sowie der Bergenfahrer Jakob von Greven ebenda (1481) werden sicherlich nicht die einzigen gewesen sein, die den Namen des westfälischen Dorfes an der Ems in den Osten getragen haben. In Danzig und gewiß auch sonst im Osten gab es schon um 1400 Träger dieses Namens.[562])

Der 1510 am Kirchplatz wohnende Krämer Bernd Stapervenne[563]) und der zur gleichen Zeit an der Kirchstraße (Nr. 1, alte Nr. 100) Fische verkaufende Heinrich Averhus sind die ersten Zeugen für Grevens Kaufmannschaft im 16. Jahrhundert.*) Gegen Ende desselben mehren sich dann die Belege für Handel und Gewerbe in Greven. So werden beispielsweise im Schönefliether Inventar von 1581 außer dem Bäcker und dem Schmied auch ein Kleinschnitker (Tischler) und ein Bodeker (Böttcher) in Greven erwähnt.[564]) Hermann Bying, genannt Krämer, der sich 1589 im Nierodde niederließ, begegnete bereits (o. S. 103). Andere Quellen nennen für die gleiche Zeit noch den Barbier Schloetjohann, den Maler Hermann Elshove, einen Webermeister und den Zinngießer Meister Everd Jochmering.[565]) Das sind wenigstens zum Teil Handwerksberufe, die man in einem Dorfe des Münsterlandes zu dieser Zeit noch nicht suchen würde. Ausgesprochene Kaufleute sind dagegen damals, wenn wir von den wenigen Hökern bzw. Krämern absehen, im Dorf noch selten. Diejenigen, die auf dem Grevener Markt im 16. Jahrhundert mit Vieh oder anderen Waren Handel trieben, waren im wesentlichen doch Auswärtige, Münsterer, Osnabrücker oder gar hessische Kaufleute (s. o. S. 279). Als 1582 die Püntenfahrt auf der Ems bis zur Schöneflieth eingerichtet wurde, waren es wieder nicht etwa Grevener Kaufleute oder Unternehmer, die sich an diesem Geschäft beteiligten, sondern ausschließlich Münsteraner. Die Münsterer Chronik des Röchel schildert in einem anschaulichen Bericht den Anfang der Püntenfahrt zwischen Rheine und Schöneflieth und die dabei entstandenen Streitigkeiten:[566])

Densolbigen Jare (1582) hetten die Burger alhir zu Munster angestellet und gemachet eine Schifforth uf der Emese, das sie konten mit Puenten von Riene (Rheine) abfaren bis uf Greven, an das Haus Schonnefliete. Do waren zwe Burger von Munster, Berendt Schollbrock und Reinert Rupe genandt, diesolbigen zogen mit zwen oder dren Puenten ful Gudes von Reine na Greven, und als sie quamen an das Haus Schonnefliete, das domals Her Goswin von Raesfeldt, der Domprobst inne hatte, und aldar er Gud an das Land stonde, do leidt ihnen der Dombprobst fragen, wat sie für Leute weren, und wen das Gud, das sie aldar anbrechten, zustonde. Do antworden sie, sie weren Burger von Munster und das Gud stonde ihnen zu. Do leis (= ließ) ihnen der Dombpropst wedder anseggen, er wolte darvon Tollen haben, aus Ursachen, man moeste ihm Tollen geben, wan sie uber die Bruggen foreden (führen), dar worde er nu midde verkurtzet. Solchs ober wordt ihm von obgedachten Burgeren gewiegert. Darna quam auch noch gelichfals ein ander Burger, Cordt Stael genandt, mit seinen Gude aldar an.

———————————

*) 1541 klagte Bernd Averhus in Greven vor dem Offizialatsgericht in Münster gegen den Erbmann Johann Olthus (auf Haus Herzhaus im Ksp. Nienberge), dem sein Vater seit vierzehn Jahren nach und nach für 15 Schillinge holeca (aleca = Hering) et pisces bergeticos (perca = Barsch) geliefert habe (StAM, Fst. Münster, Off. Pr. vom 4. 11. 1541). Auch 1535 ist von den Beckern und Heckern (= Hökern) in Greven die Rede (s. o. S. 255 Anm. **). Über einen Handel mit Bier zu dieser Zeit s. u. S. 307. Um 1550 gab es in Greven noch wenigstens drei Bäcker (StAM, Amt Wolbeck, Rechnungen Nr. 18a Bl. 33v), 1664 dagegen keinen und 1750 einen! (s. u. S. 294).

Do leidt der Dompropst den Puentekers ihre Pferde affnehmen und wolde dieselbige fur seinen Tollen beholden. Do beklagende sich solchs Stael an den Rad, und waren auch die Burger, so das horeden, gar ungeduldich daruf und wolten sein ausgefallen und die Pferde midt Gewolt wedder gehalet (hebben). Do diede der Rad solches dem Domdechant zu wießen. Der antworde und sachte, das solte sich der Rad und die Burger doch die Hoichzeit uber entholten (dan es war kort fur Middewinter-Weihnachten!) und kein Unlust und Tumult anrichten, dar solte die Sache wol verdragen werden. Daruf antworde der Rad wedder, hette er die Pferde in der Hoichzeit nicht genommen, so bederveden (brauchten) sie sie auch in der Hochzeit nicht wedder zu halen, also moste er die Pferde, wolte er nicht lieden, das sie ihm midt Gewolt wedder genommen worden, wedder geben, wie auch geschein. Do wordt darna zwischen dem Domcapittel und Rade gehandelt, und gab der Rad an, nademale Cordt Stael mit seinen Gude wer gebleven fur der Bruggen, so were er auch nach ludt des Richsabscheide, so anno 1569 zu Regensborch beslossen, keinen Tollen zu geben schuldich, dan (denn) uf densolbigen Richstage wer ausdrucklich beslossen, das nemand keinen Tollen oder Wechgeld ergenswar (irgendwo) leggen solte, dar furhen (vordem) keine gewesen were, und erboet sich derhalben rechtens zu sein (d. h. dies gerichtlich zu beweisen). Also wordt dem Dompropste ufferlacht, das er sich mit Rechte solte genogen laessen, daer es ihm alsdan zu Rechte worde zuerkandt, solte man ihm auch den Tollen geben. Also hoif der Dompropst midt gedachten Stael einen Pleith an (begann einen Prozeß mit) und ist der Pleith noch nicht geendet und die Sache bis anhero darbei bestaen blieben.

Im Gogerichtsprotokoll des Beifangs Schöneflieth werden ergänzend dazu zum Jahre 1583 noch folgende Einzelheiten berichtet, die erkennen lassen, daß es dem Inhaber des Hauses Schöneflieth offenbar doch gelungen ist, von den Püntenfahrern, wenn auch keinen Zoll, so doch wenigstens eine Pauschalabgabe für jede bei Schöneflieth landende Pünte zu erheben. Neben den Münsterer Bürgern, die offenbar nur als Kaufleute die Püntenfahrt organisiert haben, werden hier auch einige der Emsschiffer genannt, die damals wie noch im 19. Jahrhundert aus dem Emsland, aus Rhede stammten:

20. Juni 1583 ist Hermann Picker von Münster zu dem H. Thumbpropst gekommen und angeben, dweil er furhavens ein Schiff uff dem Embsestrom in seiner Erw. Hocheit und Beifanck zuzurichten und gehen zulassen und deshalb umb seiner Erw. Bewilligungh angehalten; drauf wolbemelter Her Thumbpropst vier Rtl. geeischet und obwoll der Picker derowegen kainen eigentlichen Bescheidt gemacht, so hat er doch angelobet, das Schiff ohn seiner Erw. Bewilligungh nicht uffzusetzen.

23. Septembris (1583): Gerhard Dusterbecke hat bei dem Hern Thumbpropsten zu Schoneflete wegen des zugerusteden Schiffes und damit er desselben uff dem Embsestrom gebrauchen mogte, ein Abdragh gemacht und einen Rtl. zu geben angelobet, hat demzufolgh denselben Tag einen Statendaler und drei Schillingh bezalet und vor das uberigh einen Keße mitzubringen versprochen, wie auch geschehen.

15. Novembris (1583): Eodem die ist Gerhard Dusterbecke zu Schoneflete ankommen und angeben, welchergestalt er neben vier andern als nemblich Cruse Johan zu Rhede (im Emsland), Derick Treie, Specken Gocke und Poll Herman von Rene (Rheine) gen Greven etliche Punten mit Gude angebracht und ob woll er for seine Person wollg. Hern Thumbpropst die Gepur zuverrichten erputigh, so sei er aber vor diesmal derzu mit Gelde nicht gefesset, und also angelobt, was sein Erw. von ihme derhalben haben woll, uff derselben Ansuchen zuverrichten und zu dem End Rotgern Kommiß als Vogten zu Greven in beisein wolg. Hern Thumpropsten, Johannis Fresen und . . . Handhaftungh gethan. Und dem zufolge hatt er Dusterbecke fur jetzgemelte und noch eine ander Punthe dem hern Thumbpropsten verrichtet 2 Statendaler anno 84 am 3. Aprilis.

Den 15. Martii (1584): eodem die ist Herman Picker durch Franz tho Laxten, Vogten zu Schoneflliet bei Pehn 100 Goldgulden verboten worden, seine Punthe hinweg zu bringen, es wehre dan mit Wissen und Wollen des Hern Thumbpropstes.

Münsteraner und Rheinenser als Kaufleute und Unternehmer, Schiffer aus dem unteren Emsland als Püntenführer waren es also, die 1582 den Schiffsverkehr auf der Ems bis zur Schöneflieth in Gang brachten. Die Bewohner des Dorfes Greven haben bald den Vorteil erkannt, der ihnen aus einer Beteiligung an diesem Emshandel erwachsen konnte, und sich entsprechend in wachsendem Maße in ihn eingeschaltet. Nicht nur haben sie als Handwerker ihren Nutzen aus ihm zu ziehen versucht, wie etwa jener Zimmermann Heiler, der sich im Niederort nahe am Schem niederließ bzw. sich hier einen Holzstapelplatz am Ufer des Flusses sicherte (s. o. S. 102 f.), sondern sie versuchten auch als selbständige Kaufleute ihr Glück, wie das Beispiel des Krämers Hermann Bying zeigt, der sich im Jahre 1589 im Niederort niederließ (s. o. S. 103). Daß dieser Krämer später, nach der Jahrhundertwende, Konkurs anmelden mußte, zeigt zugleich die Schwierigkeiten, mit denen dieser junge Handel zu rechnen hatte. Oder war dieses Fallissement nur eine Folge der wirren Kriegszeiten?

Es fehlt zwar an direkten Zeugnissen für den Grevener Kaufhandel um 1600, doch liegen immerhin einige indirekte Hinweise dafür vor, daß er nicht unbedeutend gewesen sein kann. In den Jahren zwischen 1600 und 1620 haben sich auf Gronovers Grund und Boden im Dorf sieben neue Bewohner angesiedelt, deren jährliche Pacht an den Schulzen bzw. an dessen Grundherrn, nicht etwa aus Geld und Korn, sondern aus Pfeffer, Ingwer und Kandiszucker bestand! Einer von ihnen, Heinrich Betting, der sich um 1620 an der Marktstraße ansiedelte, wird ausdrücklich als mercator, also als Kaufmann, bezeichnet.[567]) Waren solche Kolonialwaren damals in Greven nicht nur gramm-, sondern pfundweise käuflich zu erwerben, dann muß es hier auch den Kramladen gegeben haben, in dem sie feilgehalten wurden.

Der Dreißigjährige Krieg hat offenbar alles kaufmännische Leben in Greven vernichtet, denn das erste aus der Nachkriegszeit stammende Schatzungsregister mit Berufsangaben aus dem Jahre 1664 nennt im Dorf neben den Bauern, Köttern, Tagelöhnern und Handwerkern und neben den sechs Wirten nur einen einzigen „Heuker", d. h. Krämer: Bernd Biederlack. Sein Großvater Johann Biederlack bzw. dessen Witwe hatte vor dem schrecklichen Kriege in Greven eine Gastwirtschaft betrieben (s. o. S. 90). Womit der gleichnamige Vater während der jammervollen Kriegsjahre seine Familie durchgebracht hat, ist nicht bekannt. Von der Gastwirtschaft im Biederlackschen Hause ist in der Folgezeit nicht mehr die Rede. Offensichtlich hat Bernhard Biederlack es verstanden, sich in den bald nach der Jahrhundertmitte aufblühenden Hollandhandel, der über die Nordwalder Straße auch den Weg nach Greven fand, einzuschalten. So konnte er sich bereits 1695 stolz Kaufhändler nennen.*) Zweifellos war er der erste, der nach dem Dreißigjährigen Krieg den Grevener Kaufhandel wieder in Gang gebracht hat.

Zu Beginn des 18. Jahrhunderts war er aber schon nicht mehr der einzige.[568]) Neben ihm widmeten sich jetzt auch die Familien Cordes, Haverkamp, Terfloth u. a. dem Kaufhandel. Von Heinrich Cordes hat sich ein sehr aufschlußreiches Geschäftsbuch aus den Jahren 1719-23 erhalten – in Greven wohl das älteste seiner Art –. Es zeigt, womit der Grevener Kaufmann damals handelte: in der Hauptsache mit Tecklenburger, Münsterer, Paderborner und Ravensberger Leinen, dazu auch mit „Cordes-Linnen", also einem Familienprodukt, das in der Heimat des Heinrich Cordes, in Laer im Fürstentum Osnabrück hergestellt wurde und durch ein besonderes Warenzeichen, einem L in einem gleichseitigen Dreieck (mit kleinen Halbkreisen auf jeder Seite) geschützt war. Außer Leinen versandte Cordes auch Schwelmer Stahl, Eisen und Pottasche nach Holland.

---

*) Auf einer alten Wappenscheibe im Hause Biederlack (Hövel, S. 9). Daß der Aufstieg schwer erkämpft war, ergibt sich daraus, daß Bernhard in der Schatzung von 1664 zwar als Höker bezeichnet wird, im nächsten Jahr sich dagegen der elenden Zeit gemäß ohne Scheu als Tagelöhner einschätzen ließ. Nach der Rechnung über den Neubau der Schönefliethschen Brücke und Mühlenanlage von 1667-68 lieferte Biederlack damals große Mengen an Teer und Tran zum Schmieren der Sturzkarren, ferner Kerzen, Öl, Pech und größere Posten von Nägeln aller Art (StAM, DK, H. Schöneflieth, Rechnungen Bd. 4).

Dieser Ausfuhr nach den Niederlanden, nach England (!) und Bremen standen als Einfuhr gegenüber Fische, Öl, Sirup, Leinsaat, Kerzen usw., die meistens aus Holland kamen. Auch die Geschäftsbücher der Familie Biederlack lassen erkennen, daß ihr Haupthandelsprodukt Textilien waren, Wolle und Tuche, daneben aber auch Kolonialwaren, landwirtschaftliche Produkte und Eisenwaren, kurz alles, was irgendwie in und um Greven abgesetzt werden konnte.*) Wie einträglich dieses Geschäft war, zeigt die Tatsache, daß beispielsweise Johann Biederlack (gest. 1732) nicht weniger als 14500 Taler ausleihen konnte! Eine dritte Kaufmannsfamilie in Greven, Klüter, ist uns gleichfalls noch in einem alten Geschäftsbuch greifbar, einem im Jahre 1776 aufgestellten Inventar der Witwe Klüter, das durch Erbgang in den Besitz der Familie Schründer gelangt ist.**) Auch dieses Nachlaßinventar zeigt, daß der Kaufhändler Klüter und seine Witwe überwiegend mit Textilien und daneben dann auch wieder mit Kolonialwaren gehandelt haben. Auch die Klüters hatten so zu wirtschaften verstanden, daß beim Tode der Witwe im Jahre 1776 rund 10000 Taler an ausgeliehenen Kapitalien ausstanden. Wie sehr gerade dem Handel mit Textilwaren das Interesse der Grevener Kaufhändler galt, zeigt recht deutlich jene Nachricht aus dem Jahre 1737, derzufolge Hermann Jockweg, Heinrich Wilh. Männing und Georg Jochmes aus Greven sich nach Lengerich in der Grafschaft Tecklenburg begeben hatten, um sich beim dortigen Akzise-Inspektor (Steuereinnehmer) zu erkundigen, welchen Zoll sie für Weißwaren dort zu zahlen haben würden. Die Sätze waren allerdings recht hoch: Für Spitzen mußten je Rtl. 2 Schillinge, für Strümpfe $1^1/_2$ und ebenso für Kurzwaren (Kattun, Nessel, Mützen usw.) $1^1/_2$ Schill. je 2 Rtl. umgesetzte Waren gezahlt werden, für Bielefelder Tuch (Leinen) je Rtl. 1 Mariengroschen. Dazu war in der Grafschaft Tecklenburg das Hausieren mit solchen Waren verboten.[569]) Ob sie auf diese Kunde hin den Handel doch noch begonnen haben?

Die Textilwirtschaft beherrschte also schon damals ganz und gar den Grevener Kaufhandel, und das ist zweifellos landschaftlich bedingt. Das Münsterland ist durch seine dem Flachsanbau so günstige feuchte Luft zum textilindustriellen Raum vorherbestimmt. So wissen denn auch schon die ältesten geschichtlichen Quellen des Münsterlandes vom Flachsanbau und vom Linnen zu berichten. Die Abtei Werden an der Ruhr empfing bereits im ausgehenden 9. Jahrhundert von Höfen im Kirchspiel Greven Abgaben von Leinentuch, ebenso im 14. Jahrhundert die Abtei Freckenhorst von ihren Höfen in den Bauerschaften Maestrup, Wentrup und Schmedehausen. Es wurde also bereits das ganze Mittelalter hindurch nicht nur für den eigenen Bedarf, sondern auch für Abgaben an den Grundherrn und vielleicht auch schon für den Verkauf gesponnen! Die alten Höfeinventare erwähnen stets einen oder mehrere mit Flachs besäte Kämpe. Die nicht geringe winterliche Freizeit des Bauern war bis auf die letzte Minute mit Flachsspinnen ausgefüllt. „Das Spinnen des Garns geschieht in den Familien des niederen Volkes, deren Hausväter den Ackerbau, ein Handwerk treiben oder im Tagelohn stehen, und zwar von Weibern, Kindern und Mägden," heißt es in einem Bericht aus dem

---

*) Das Handelsbuch des Johann Rave über den Püntenfrachtverkehr auf der Ems von 1651/52 läßt erkennen, daß schon damals auf der Ems die gleichen Waren ins Land kamen (Rave, Die Geschichte des Geschlechts Rave, S. 86).

**) Die hier erstmalig auftauchende und seitdem aus der Geschichte und der industriellen Entwicklung Grevens nicht mehr wegzudenkende Familie Schründer stammt aus Metelen, wo sie mit einzelnen Namensträgern seit dem 14. (?) Jahrhundert auftritt. Mit einem aus dem seit etwa 1600 nachweisbaren Fuhrgeschäft zwischen Holland und Westfalen erwachsenen eigenen Handel kam sie rasch zu Ansehen und Besitz. 1777 heiratete Franz Anton Schründer die Witwe des Grevener Kaufhändlers Johann Ferdinand Klüter, der in erster Ehe (seit 1770) bereits mit einer Schwester Franz Antons vermählt gewesen war.

Münsterland vom Jahre 1803. Doch hat es in Greven um 1600 bereits hauptberufliche Weber gegeben, da ein gewisser Johann Stockmann vor 1615 in Greven das Wullneramt gelernt hatte.*) Nach dem Dreißigjährigen Krieg ist dieses Handwerk aber nicht mehr nachweisbar. Das Schatzungsregister von 1664 nennt es jedenfalls nicht mehr. Seit dem Ende des 17. Jahrhunderts sind aber bereits wieder eine ganze Reihe verwandter Berufe im Dorf ansässig. Ein Blaufärber (Christian Thuning) erscheint schon 1682.[570] Ebenso werden 1724 zwei Wandmachergesellen genannt. Zur gleichen Zeit lebte im Dorf auch ein Hosenstricker, und 1719 wurde einem Knopfmacher die Niederlassung in Greven gestattet.[571] Es hat damals also sicherlich auch wieder Berufsweber gegeben. Dafür spricht auch der Umstand, daß in die westfälische „Bos" (= Brüderschaft) in dem niederländischen Textilort Haarlem in der Zeit von 1720–1743 etwa sechzehn aus Greven zugewanderte Webergesellen aufgenommen wurden.[572] Das waren von insgesamt 321 Westfalen genau 5 %. Mit diesem Anteil rangierte Greven hinter Borghorst mit 50 (!) und Warendorf mit 24 Gesellen, aber vor Riesenbeck (15), Legden (14), Nordwalde (9), Emsdetten, Mesum, Neuenkirchen und Bielefeld (je 7). Im Status animarum von 1749 werden dann zwanzig Hausweber genannt, von denen aber nur zwei (als Meister) mit mehreren Gesellen (im ganzen vier) arbeiteten. Der Tuchmacher (Anton Brockmann), der sich 1756 in Greven niederließ, wird auch nur ein Weber gewesen sein.[573] Die gleiche Personenstandsaufnahme nennt noch zwei Blaufärber, zwei Knopfmacher und einen Spinnrockendreher für die Werkzeugbereitung der Weber.

Bis zum 19. Jahrhundert hinein überwogen in Greven aber doch noch bei weitem die andern handwerklichen Berufe. Die Berufsangaben im Schatzungsregister von 1664 und im Status animarum von 1749, die in der folgenden Tabelle vor die Angaben einer statistischen Erhebung aus dem Jahre 1804 und einer solchen aus dem Jahre 1846, dem Vorabend der Industrialisierung Grevens, gestellt sind, lassen dies deutlich erkennen.[574]

Berufsgliederung der Dorfbewohner von Greven 1664, 1749, 1804 und 1846.

I. Landwirtschaftliche Berufe

	1664	1749	1804	1846
Landwirte (Coloni)	6	6	6	6
Kötter	2**)	5***)	1	–
Müller (Mühlenknecht)	1	1	–	–
Hütejungen	?	4	?	–
	11	16	7	6

II. Handelsberufe

	1664	1749	1804	1846
Kaufleute	–	3		
Krämer	–	5	} 24****)	} 21†)
Packträger (Hausierer)	1	1	–	–
Wirte (und Brenner)	6	11††)	10 .	11
	7	20	34	32

*) Johann Stockmann, dessen Vater freien Standes war und dessen Mutter vom Schultenhof Westerode stammte, hatte zwölf Jahre bei Hermann Wessels im Gadem gewohnt und bat jetzt um seine Freilassung, da er auf Wanderschaft gehen wollte (StAM, Fest. Münster, Hofkammer VIII i Nr. 185).

**) Einer davon lag damals wüst.

***) Bei dreien fehlt die Berufsangabe, die aus anderen Quellen bekannt ist, doch vgl. o. S. 100 f.

****) Davon ein Fuselbrenner.

†) Aufgeschlüsselt in: 3 Hausierer, 1 Viktualienhändler, 2 Großhändler, 2 Holzhändler, 2 Gewürzhändler, 7 Ausschnitthändler und 4 andere Händler.

††) Davon waren einer ein Gastwirt, 4 Krüger und 6 Schankwirte.

III. Textilgewerbliche Berufe

Weber	–	19	2	–
Leineweber	–	–	6*)	15
Wollspinner (Strumpfweber)	–	–	1	1
Blaufärber	–	2	2	3
Knopfmacher	–	2	2**)	–
	–	23	13	19

IV. Beamte

Pfarrer und Kapläne	3	4	4	4
Küster	1	1	1	1
Schulmeister(in)	1	2	2	3
Vögte	2	1	1	–
Schreiber (Amtsbürgermstr.)	–	1	–	1
Führer (Polizeidiener)	1	1	?	1
Scharfrichter	1	?	?	–
Soldaten	17	7	–	–
Jäger	1	–	–	–
	27	17	8	10

V. Freie Berufe

Ärzte (Chirurgen)	–	2	1	2
Apotheker	–	–	–	1
	–	–	–	1

VI. Handwerksberufe

a) Nahrungsmittel- und Bekleidungshandwerk

Bäcker	–	1	11***)	6
Schlächter	–	2	3	6
Schneider	4	6	13****)	23
Schuhmacher	1	11	17*)	13
Holzschuhmacher	–	3	3**)	–
Hutmacher	–	1	2***)	1

b) Sonstiges Handwerk

Schmiede	3	8	6****)	7
Kupferschläger	–	–	1	1
Zimmerleute	1	6	8	7
Schreiner (Kastenmacher)	–	1	4*)	9
Spinnrockendrechsler	–	1	3	–
Kunstdrechsler	–	–	3**)	5

*) Von ihnen gehen zwei auch auf Tagelohn aus arbeiten.
**) Einer von ihnen ist zugleich auch Händler.
***) Von ihnen sind 5 gleichzeitig auch Wirte und 5 Händler.
****) Davon gingen 7 auch auf Tagelohn.
*) Von ihnen arbeiten 3 auch als Tagelöhner.
) Hiervon 2 Tagelöhner.   *) Einer ist auch Tagelöhner.
****) Davon war einer ein Grobschmied und einer nannte sich Fabrikant von Eisenwaren. Er wurde auch als Händler in der Statistik geführt.
*) Zwei arbeiten auch als Tagelöhner.   **) Einer ist auch Tagelöhner.

Faßbinder (Böttcher)	–	1	4	4
Küfer	–	3	–	–
Löffelmacher	–	1	–	–
Radmacher (Stellmacher)	1	1	2	2
Glasmacher	–	1	–	2
Wannenmacher	–	1	3	1
Weißgerber	–	–	1	–
Seiler	–	–	1	2
Sattler	–	–	–	1
Goldarbeiter	–	–	–	1
Buchbinder	–	–	–	1
Maurer	–	–	–	4
Schornsteinfeger	–	–	–	1
Maler	–	–	–	1
Uhrmacher	–	–	–	1
	10	48	82	93

VII. Arbeiter usw.

Tagelöhner	49 (?)*)	26	19	?
Knechte u. Mägde	ca. 40	64	?**)	?

Die Tabelle zeigt, wie sich der Anteil des Handwerks an der gesamten Dorfbevölkerung im Laufe von drei Jahrhunderten entwickelt und vor allem geweitet hat. Hatte es 1664 neben den 6 Bauern, 2 Köttern, 6 Wirten und dem einen Müller nur 10 eigentliche Handwerker gegeben, während die Mehrzahl der 61 Brinksitzer, 3 Backhäusler und 38 Einlieger wohl nur durch Tagelohn das tägliche Brot verdienten, so waren es um die Mitte des 18. Jahrhunderts bereits 70, die als Hauptberuf irgendein Handwerk ausübten, während nur noch 25 als Tagelöhner bezeichnet wurden. Doch haben gewiß auch eine ganze Anzahl der „Handwerker" damals aus Mangel an Arbeit wegen der Überbesetzung ihres Handwerks, – gab es doch beispielsweise 11 Schuhmacher, dazu noch 3 Holzschuhmacher im Dorf! – nebenbei auch auf Tagelohn gearbeitet. Die etwas genauer geführte Statistik von 1804 beweist dies, denn noch damals waren 17 von den 88 Handwerkern zugleich auch Tagelöhner, darunter von 13 Schneidern allein 7 und von 20 Schuh- bzw. Holzschuhmachern allein 5. Auch die 19 Weber von 1749 werden wenigstens im Sommer auch auf Tagelohn arbeiten gegangen sein.

Die Statistik aus der Mitte des 18. Jahrhunderts zeigt dann schon deutlich den Einfluß, den der zunehmende Handelsverkehr Grevens auf die Handwerkerkreise ausgeübt hat. Neben den stärker vertretenen Berufen der für die täglichen Lebensbedürfnisse der Bevölkerung arbeitenden Handwerker sind jetzt ganz neue, speziellere Berufe getreten, deren Beziehung zum aufstrebenden Handel Grevens ganz deutlich sind, wie die Faßbinder und Küfer, die für die Verpackung der Waren ihre Fässer machten, der Seiler,

---

*) Hier sind die im Schatzungsregister nur als Brinksitzer (46!) und Backhäuser (3) ohne nähere Berufsangaben benannten Hausbesitzer und Einwohner des Dorfes zusammengezählt worden, da von ihnen angenommen werden darf, daß sie sich ihren Lebensunterhalt als Tagelöhner oder gar nur als Knechte und Gelegenheitsarbeiter bei den Bauern verdienten. Bei den 38 Einwohnern fehlt bei 30 eine Berufsbezeichnung, 10 von ihnen werden als arm bezeichnet. Die meisten von ihnen werden, sofern sie überhaupt noch arbeiteten, gleichfalls Tagelöhner gewesen sein.
**) In den Gewerbestatistiken des 19. Jahrhunderts fehlen leider Angaben über die Domestiken, Knechte und Mägde.

der gleichfalls hierfür tätig war, ebenso wie die vermehrte Zahl der Zimmerleute, Schreiner, Glasmacher usw. Sogar ein Wannenmacher (Korbflechter) konnte jetzt in Greven von dem Vertrieb seiner Wannen und Körbe leben. Zu Ende des 17. Jahrhunderts war dies Handwerk in Greven noch nicht vertreten gewesen, denn Pfarrer Holstein berichtet in seinem Kirchenlagerbuch ausdrücklich, daß er die Weiden, die von seinem Weidenzaun an der Ems (vgl. o. S. 82) anfielen, an die Wannenmacher zu Emsdetten, wo ja noch heute dieses Handwerk heimisch ist, verkaufte.*) Auf die zunehmende Bedeutung des Grevener Handels weist dann schließlich auch die steigende Zahl der Wirtschaften und Herbergen hin, die seit dem 17. Jahrhundert von sechs auf zehn stieg. Die eigenartige Lage Grevens im Netz der Fernstraßen (s. o. S. 263 ff.), bei der das Dorf geradezu als ein Kopfbahnhof erscheint, in den die Züge nur von einer Seite hereinfahren und zur gleichen Seite den Bahnhof wieder verlassen müssen, erforderte viel Übernachtungs- möglichkeiten. Die Lastwagen, die von der friesischen und holländischen Fernstraße herkommend über die Schönefliethische Brücke ins Dorf zurückbogen, machten hier meist Rast, um erst am nächsten Tage auf dem Telgter Hellweg weiter ins Paderbornische und Hessische oder auch ins Ravensbergische und Mindensche weiterzufahren. Die Unterbringung dieser Fuhrleute mit ihrem oft beträchtlichen Fuhr- und Pferdepark bot den Grevener Wirtsleuten gute Verdienstmöglichkeiten. Als die Neue Brücke am Nord- ausgang des Dorfes diesen Weg verkürzte und den ganzen Fernverkehr an sich zog, richtete der Flutenkötter (jetzt Kröger) in seinem jetzt über Nacht in eine unvergleichlich günstige Lage versetzten Hause kurz vor der Brücke eine Gastwirtschaft ein.

Seit dem 18. Jahrhundert stand Greven ganz unter dem Einfluß seiner aufblühenden Handelsgeschlechter. „Nicht die großen Schulzenhöfe der Bauerschaften repräsentieren das Dorf, sondern die Kaufleute." Das zeigt sich auch darin, daß seit dem Anfang des 18. Jahrhunderts die Vorsteher und Rottmeister des Dorfes sich fast ausschließlich aus den Kaufmannsfamilien rekrutierten (s. o. S. 249 ff.). Das 19. Jahrhundert verstärkte diese Stellung ganz gewaltig. Nicht nur, daß die Kaufleute in den turbulenten Jahren der Franzosenwillkür und der Freiheitskriege die Politik des Dorfes bestimmten, ohne daß die antipreußischen Bauern des Kirchspiels auch nur gefragt wurden (s. u. S 352.) – auch die ganze Struktur des Dorfes erlebte durch den Unternehmungsgeist und die Tatkraft der führenden Kaufleute eine Wandlung. Zunächst blieb freilich der Handel mit Waren aller Art das Hauptgeschäft. Eine sehr eingehende statistische Erhebung aus dem Jahre 1804 gibt über den Grevener Handel jener Zeit genaue Auskunft.[575] (S. 297.)

Aus dieser Statistik ist bereits eine gewisse Arbeitsteilung erkennbar. Zwei, nach anderer Angabe drei Familien beschäftigten sich fast ausschließlich mit dem Holzhandel. Das Holz wurde aus den waldreichen Gebieten des Teutoburger Waldes oder gar aus dem Paderborner Land an die Ems gebracht, auf der es dann von Warendorf oder erst von Greven aus den Fluß hinab zu den friesischen Schiffsbauern in Papenburg oder Emden hinabgeflößt wurde. Auch Eichenbretter zur Herstellung von Butterfässern wurden auf Pünten nach Ostfriesland verfrachtet.

Die Flößerei hat auf der Ems offenbar zu allen Zeiten eine gewisse Rolle gespielt. Über die ältere Zeit fehlen zwar alle Unterlagen, doch besitzen wir eine statistische Über- sicht wenigstens für die erste Hälfte des 18. Jahrhunderts und dann wieder für das 19. Jahrhundert.[576] Freilich über die Holzmengen, die erst bei Greven auf den Fluß

---

*) Zu Ende des 16. Jhts. (1595?) hatte es aber bereits einen Wannenmacher Wolter in Greven gegeben (StadtA Münster, Causae civiles Nr. 1452). Auch der dem Überwasserstift in Münster eigen- behörige Bauer Hermann to Wichtorpe (Wichtrup in Aldrup) verstand sich um die Mitte dieses Jhts. auf das Wannenmachen (StAM, Msc. VII Nr. 1008 Bl. 26v von 1536/37).

Nr.	Name des Kaufmanns	Größe der Familie	familienfremde Beschäftigte	Art des Handels
45	Mathias Terfloth	12	–	Mit Ellenwaren und Spezereien
46	Gerhard Becker	3	1 Magd	Mit Ellenwaren; mit seinem Bruder (Nr. 60) in Compagnie
49	Anton Powel	5	1 Magd	Mit Ellenwaren außerhalb des Landes
52	Christoph Biederlack	4	2 Comptoir-bediente, 3 Mägde	Mit Spezereien und einigen anderen Artikeln, alles en gros, item Spedition
54	Wilm Schmerling	8	1 Compt.-Bed., 3 Mägde	Mit Ellenwaren, Tüchern und Wollwaren en gros mit Nr. 67 (Schründer) in Companie, und en detail
56	Joh. Arkenoe	7	1 Knecht, 2 Mägde	Mit Holz en gros
60	Joan Henr. Becker	8	1 Magd	Mit Spezereien und mit seinem Bruder (Nr. 46) in Companie mit Frankfurter Waren
63	Ferdinand Klüter	2	1 Magd	Mit Tüchern, Wollwaren und Frankfurter Waren en gros
65	Wittibe Haverkamp	3	2 Compt.-Bed., 2 Knechte, 2 Mägde	Mit Ellenwaren, Tüchern, Wollwaren en gros und en detail
67	Anton Franz Schründer	7	1 Compt.-Lehrling 2 Mägde, 1 Acker-knecht	Mit Ellen- und Wollwaren, Tüchern en gros und en detail, in Companie mit Nr. 54 (Schmerling); hat benebst Ackerbau
68	Joan Bernd Terfloet	7	1 Magd	Spezereien, Holzhandel, etwas Ackerbau

kamen, sagen diese Statistiken des 18. Jahrhunderts nichts aus. Sie erfassen nur die Flöße, die die Zollstelle an der Schöneflieth passierten und dort verzollt wurden. Um diesen Zoll zu umgehen, scheuten viele Bauern nicht die Mühe, das Holz mit Wagen um die Schöneflieth herumzufahren und erst wieder unterhalb derselben zu Wasser zu bringen. Verzollt wurden an der Schöneflieth in den Jahren bzw. Wintern 1701 bis 1708 durchschnittlich etwa sechs Flöße, in der Folgezeit bis zum Ende der zwanziger Jahre nur noch durchschnittlich etwa zwei, in den nächsten vier Wintern gar nur je eins, während seit dem Winter 1734/35 die Zahl der an der Schönefliether Brücke verzollten Flöße wieder auf durchschnittlich drei bis vier je Saison anstieg.*) Bis um die Jahrhundertmitte stiegen die Zolleinnahmen vom Flütenholz auf rund 20 Rtl., sanken während des Siebenjährigen Krieges auf Null und stiegen erst seit dem Ende der siebziger Jahre auf 30/40 Rtl. Das Jahr 1782 brachte eine Rekordeinnahme von 97 Rtl. Der Durchschnitt betrug von 1780 bis 1802 rund 33 Rtl. Das waren bei einer Zollgebühr von 2 Rtl. je Floß durchschnittlich

*) Die aus den Zolleinnahmen zu errechnenden Flütenzahlen (StAM, DK, H. Schöneflieth, Rechnungen) weichen von diesen Angaben ab. Offenbar ist doch nicht jedes Floß verzollt worden.

sechzehn bis siebzehn Flöße je Saison.[577]) Die Menge des Holzes je Floß ist nicht bekannt. Im 19. Jahrhundert schwankte sie zwischen 1000 und 1500 Zentner. Noch um 1850, also nach der Emsregulierung, war die Größe eines Floßes auf 80 Fuß (etwa 25 m) Länge und 18 Fuß (etwa 5 m) Breite begrenzt.[577a]) Eine größere Länge der Flöße ließen die vielen Krümmen der Ems von selbst nicht zu.

Zu Beginn des 19. Jahrhunderts hatte die Flößerei auf der Ems zeitweise einen beträchtlichen Umfang. Da die in den Statistiken des 19. Jahrhunderts angeführten Flöße an der Neuen Brücke in Greven Zoll zahlen mußten, so werden sie insgesamt von oberhalb des Dorfes den Fluß herabgekommen und nicht erst hier zu Wasser gelassen worden sein. Folgende Zahlen tun die Bedeutung der Flößerei zu Beginn des 19. Jahrhunderts dar:

Jahr	Zahl d. Flöße	Wert des Holzes in Tlr.
1816	21	9450
1817	36	16200
1818	30	13500
1819	32	15000

Auch späterhin, in den fünfziger und sechziger Jahren wird in den Vierteljahrsberichten des Amtmannes die Flößerei auf der Ems als lebhaft und rege bezeichnet.[578]) Noch 1875 wurden 28 und im folgenden Jahr 24 Flöße mit Mengen von 43768 bzw. 23850 Zentnern Hartholz abgeflößt. Bald darauf, zweifellos als Folge des zunehmenden Holztransportes auf der Bahn, ging die Emsflößerei völlig ein. Zudem wurden in Greven selbst nie größere Holzmengen verarbeitet, wie denn auch der Schiffsbau hier nie heimisch geworden ist. Nach wie vor stammten alle Schiffer, die in Greven anlegten, aus dem Emsland, meist aus Haren.*)

Einzig um die Mitte des vorigen Jahrhunderts hat auf Betreiben des sehr am Holzhandel interessierten Ludwig Terfloth ein Schiffsbauer Karl Giesler zusammen mit einem gewissen Frahling den Versuch unternommen, in Greven eine Schiffswerft in Gang zu bringen. In einem launigen Gedicht hat Terfloth selbst den Stapellauf des ersten in Greven gebauten Schiffes besungen:[579])

Bie't fan Stapellaupen fan et erste in Graiwen erbaute Schipp.

Naodem dat bi Rheine de Klipp
fahrbar is för Flüth un Schipp,
kann men stets döer'n Schipp de Waaren
ut de See bös Graiwen fahren.
Doch Schippe no de olle Art
gaot fiel te deup för düsse Fahrt.
Un äs men nu ant delibrer'n,
en lichter Schipp te acquirer'n,
dao kwamm hier de junge Här
Schipps-Baumester Giesler,
un namm sik an, en Schipp te bau'n,
wat konn bi't kleinste Water gaon,
un laden dann no ungefähr
tem minsten doch 'ne Last of veer.
Men im Ganzen soll et fast
en Schipp sien fan ne 18 Last.

Un no Verlaup fan'n Veerdeljaohr
steit nu dat Fahrtüg för us klaor;
wat wi bi dusend Hurras schrein
jüst häw't fan Stapel laupen seihn.
Un't wießt sik nu, so äs wie seiht,
dat't kuhm 6 Toll int Water geit.

Todem is 't för de Ims 'ne Zier,
aes'n schön Gemälde up't Papier,
un Olt un Junk häww't öre Freude
an de schöne Augenweide.
Dann fan unner un fan boawen
hört men't auk fan Kenner loawen.

Kikt! mesterlik und regelrecht
sind dorin de Krümmers legt;
un de Planken lig't geschloaten,

---

*) In Greven hat es nach den Berufsstatistiken des 18. und 19. Jahrhunderts und, wie ein Bericht des damaligen Maire von 1811 ausdrücklich betont, niemals Schiffer gegeben.

jüst äs wör'n s'an eene goaten.
Seiht! de Ducht, wu schön se schlüt!
Un wu gefällig de Kajüt!
Ja wahrhaftig! graute Hären,
de könnt honorig drin luseren.
Et Anker, Rohr, Mast und Tau,
de paßt dorbie auk ganz genau.
Un äs Beschützer fan düt Schipp
weiht boawen an de Mast ör'n Tip
in de Flagge fan Westfaolen
de Prüske Adler, schön gemaolen.

Un so – dör Kraft un Harmonie
verräöt de ganze Bau Genie;
un mäk den Herrn Constructeur
Carl Giesler ganz besond're Ehr.

Drüm, met den Wunsk, dat för Gefaohren
Gott düssen Erstlink mag bewaohren,
un dat et Schipp dör flietig fören
för sien Patron mög stets renderen;
soll für sein künstliches Bestreben
dreimal hoch Herr Giesler leben!

Diese Pünte von achtzehn Last Tragfähigkeit erhielt den stolzen Namen „Amisia". Als Erbauungsjahr kommt vielleicht das Jahr 1853 in Frage, da gerade in diesem Jahre besonders viel Schiffsbauholz in Greven angebracht wurde.[580]) Es ist aber auch möglich, daß dieses Holz bereits für das zweite oder gar dritte Schiff bestimmt war, das Terfloth noch bauen ließ. Das zweite von zwanzig Lasten bekam den nicht minder programmatischen Namen „Westfalia". Von dem dritten, das wieder größer, sogar mehr als doppelt so groß werden sollte als das vorhergehende, singt der begeisterte Terfloth, der als „Patron" zweifellos die Seele des ganzen Unternehmens war, in folgenden Versen:

Auk saih wi't diäde Schipp wier baun,
wat up de See un Ims sall gaohn,
lank 70 Foot met toen Kasten,
so binaoh fan ne 50 Lasten;

un äs de Schippsbauer us verteld,
sind äm mehr Schippe noch bestellt.
Also häw' wi Goad sie Dank!
den Schippbau hier nett annen Gank.

Ja, Terfloth beabsichtigte sogar, eine Reederei zu gründen, die Aktien (Anteil-scheine) herausgeben sollte, um das Geld für die immer größer und kostspieliger werden-den Schiffsbauten zusammenzubringen. Seine Pünten waren aber für die Küstenfahrt immer noch nicht groß genug und für größere Küstenfahrer war wieder die Ems nicht tief genug. So mußte Terfloth seinen Plan, durch Giesler sogar eine seetüchtige Pünte von nicht weniger als achtzig Lasten bauen zu lassen, wieder fallen lassen, da dieses Schiff, um auf der Ems fahren zu können, so flach hätte gebaut werden müssen, daß von einer Seetüchtigkeit nicht mehr die Rede sein konnte.[581]) Damit war dann aber auch die Hoffnung, eine leistungsfähige Schiffswerft in Greven in Gang bringen zu können, zu Grabe getragen. Mit seinen kleineren Pünten hatte Terfloth offenbar mehr Glück, da sie nach der Emsregulierung auch in den flauen, wasserarmen Monaten die Ems befahren konnten. So machte er denn auch für diese Schiffe, deren Tragfähigkeit nicht über vierzig Lasten hinausging, noch lange Propaganda.*) Letzten Endes nahm aber die Eisenbahn mit ihrem weit größeren Fassungsvermögen, ihrer größeren Sicherheit und Schnelligkeit, der Emsschiffahrt wie der Emsflößerei jegliche Verdienst- und Existenz-möglichkeit.

Neben den Holzhändlern spielten die Tuchhändler, die Händler mit Ellenwaren deutscher, englischer und holländischer Herkunft in der ersten Hälfte des 19. Jahrhunderts die weitaus größte Rolle in Greven. Den Handel en gros betrieben sie im Bereich des ganzen ehemaligen Oberstiftes Münster, ja darüber hinaus auch auf dem Wege über Lippstadt im südlichen Westfalen. Der Einzelhandel, den die großen Familien neben

---

*) So noch in seinem vom 1. Mai 1868 datierten Gedicht „Greven als Station der Paris-Ham-burger Bahn" (gemeint war die Bahnstrecke Köln-Münster-Osnabrück). Sein Kapitän war damals H. Dopp aus Haren.

dem Großhandel keineswegs vernachlässigten, versorgte dazu die ganze nähere und weitere Umgebung Grevens.*)

Schründer, Klüter und Haverkamp waren in diesem Handelszweig führend. Eine dritte Gruppe von Grevener Kaufleuten hatte sich dem Handel mit Spezereien, in der Hauptsache also Gewürzen, darüber hinaus aber auch mit Kolonialwaren aller Art zugewandt. Diese Waren nannte man auch „hollandsche Waren", da sie meist aus Holland bezogen wurden.

Neben diesen Großkaufleuten gab es dann in Greven zu Beginn des 19. Jahrhunderts noch eine ganze Anzahl von Krämern, die zum Teil mit einigen Besonderheiten, wie Branntwein oder Kurzwaren, zum Teil aber auch mit allen Kramwaren handelten. Ein paar Hausierer, die vor allem die „Ochtruper Töpfe" in ihren Kiepen durch das Land trugen, runden das Bild von Grevens „Kaufmannschaft" vor rund 150 Jahren ab. Wie bedeutend der Umsatz der Grevener Kaufleute damals schon war, zeigt eine Umsatzsteuerveranlagung aus dem Jahre 1801, nach der Grevens Anteil an den 985 208 Talern des gesamten Kaufmannsumsatzes im damaligen Fürstentum Münster nicht weniger als 99 009 Taler, also über 10 %/0 betrug! Die Stadt Münster brachte im Vergleich hierzu nur 323 872 Taler auf. Ein anderer Taxator schätzte den Anteil Grevens gar auf rund 200 000 Taler.

Von den Handwerkern im Dorf zu Beginn des 19. Jahrhunderts war schon die Rede. Hier müssen nur noch die Hollandgänger erwähnt werden, die einen nicht geringen Anteil an der Dorfbevölkerung ausmachten. Außer den 151 schatzpflichtigen Häusern zählte 1809 Maire Schründer noch ungefähr 100 kleine Gadem, oder wie wir heute sagen würden, Buden und angebaute Häuschen, die von den eigentlichen Hausbesitzern an ärmere Volksgenossen vermietet waren. Das Schatzungsregister von 1664 zählt bereits 38 „Einwohner". Vielfach waren es alleinstehende Männer oder Frauen, Leibzüchter und Witwen, vielfach aber auch ganze Familien, meist verarmte – 1664 werden bereits 10 Einwohner als pauperes (Arme) bezeichnet –, die in diesen kleinen Gadems wohnten. Die Männer solcher armen Familien suchten während der Sommermonate, d. h. von April bis Jakobi (Ende Juli) im benachbarten Holland, vor allem in Westfriesland, Arbeit als Torfstecher oder auch in der Landwirtschaft. Die Zahlen dieser Hollandgänger schwankten immer sehr. 1817 beantragten in Greven 28 Mann einen Paß nach Holland, 1819 schon 38, 1828 aber 78! Sie nannten sich meist Ackerknecht, einer gelegentlich auch Leineweber. Meist zogen sie in geschlossener Kolonne über Rheine, Steenwijk ihrer Arbeitsstelle zu und kehrten nach drei Monaten mit wenigen Talern Ersparnissen heim. Wenn's hoch kam, brachte der Mann 20 Taler heim, der Durchschnitt betrug sehr viel weniger, nämlich nur 14 Taler! Daß die Männer von diesen kargen Ersparnissen nicht ihre Familien den langen Winter hindurch ernähren konnten, liegt auf der Hand, ganz zu schweigen von den Familien, deren Ernährer die schwere Arbeit in Holland nicht durchhalten konnte und entweder vorzeitig krank nach Hause kam oder sogar in der Fremde sterben

---

*) So verschmähten es die großen Handelshäuser auch keineswegs, mit ihren Waren den Send in Münster zu beschicken. Im Intelligenzblatt zeigten sie regelmäßig ihren Besuch an. Im Jahrgang 1803 Nr. 51 findet sich beispielsweise folgendes Inserat: „Ferdinand Klüter von Greven logiert diesen Petri- und Paul Markt bey dem Herrn Melchior Kock am Drübbel und bittet seine Freunde um geneigten Zuspruch." oder in der Beilage Nr. 82 des gleichen Jahrgangs: „Schründer und Schmerling in Greven sind mit ihrem Waarenlager im anstehenden Münster Send bey dem Herrn Westhues aufm Eck der Clemensstraße neben dem Stadtkeller und empfehlen sich ihren Handlungsfreunden ganz ergebenst," und: „Ferdinand Klüter von Greven bezieht diesen Münster Herbstsend mit einem gut sortierten Waarenlager bey der Frau Witwe Schlüter unter dem Bogen am Roggenmarkt, und empfiehlt sich seinen Freunden bestens" (vgl. auch Schründer und Fahle, S. XIV).

mußte.*) Wie man dann in Greven versucht hat, durch die Gründung eines Armeninstitutes im Jahre 1804 diesen Armen zu helfen, zeigte die Darstellung der Wohlfahrtspflege (o. S. 184 ff.). Tatsächlich ist es diesem Institut, das in ganz Westfalen als vorbildliche Einrichtung bekannt war, auch gelungen, die Bettler von der Straße zu bringen und zur regelmäßigen Arbeit zu erziehen. Mit der Industrialisierung Grevens seit den fünfziger Jahren, die von selbst alle nur verfügbaren Arbeitskräfte aufsaugte, wurde das Armeninstitut überflüssig.

Mit der zunehmenden Verkehrserschließung des 19. Jahrhunderts kam dann für Greven die große Stunde seiner wirtschaftlichen Entwicklung vom Handelsdorf zum Industrieort. Das Verdienst der Grevener Kaufmannsfamilien liegt darin, daß sie zur rechten Zeit erkannten, welche Möglichkeiten, aber auch welche Gefahren das neue Verkehrsmittel, die Eisenbahn, für Greven in sich barg. Der En-gros-Handel der Grevener Handelshäuser mußte durch die Eisenbahn, die dem Handelsverkehr ganz neue, an Greven vorbeiführende Wege wies, zugrunde gerichtet werden. Die Handelsgüter gelangten jetzt auf anderen Wegen vom Produzenten zum Verbraucher. Wäre nun die Eisenbahn an Greven auch noch vorbeigegangen, ohne den Ort selbst zu berühren, so wäre es mit der Wirtschaftsentwicklung Grevens wohl endgültig aus gewesen. Da es aber gelang, die Bahn an Greven heran zu bringen, bot sich hier, wo es billige Arbeitskräfte in großer Zahl gab, die Gelegenheit, eine Industrie aufzubauen, die aus beidem, der billigen Arbeitskraft und aus der billigen und günstigen Verkehrslage, ihren Nutzen ziehen konnte.

Erste industrielle Versuche hatte es im Kirchspiel – nicht im Dorf – bereits zu Anfang des 19. Jahrhunderts gegeben. Zur Zeit der Kontinentalsperre, zu der Zeit also, als Napoleon versuchte, den englichen Handel in Europa durch eine rigorose Sperrung des europäischen Marktes für alle englischen Güter lahmzulegen, gründete ein Glasmacher aus Münster, Focke mit Namen, mit finanzieller Unterstützung eines Hofrates Kottmeier in der Bauerschaft Hembergen eine Glasfabrik, wie es heißt, „die erste in der ganzen Provinz Münster". Da die Fabrik die nötigen Steinkohlen aus dem nahen Ibbenbüren in drei Stunden beziehen konnte, versprach man sich allerhand von ihr, doch die Kriegsnöte der nächsten Jahre haben die Kräfte der Unternehmer wohl vorzeitig erschöpft, so daß sie die schlechten Jahre nicht durchzuhalten vermochten. Im Jahre 1816 lag die Fabrik jedenfalls schon wieder still.

Erst das Mühlengewerbe brachte nach Greven den ersten industriellen Fortschritt: Im Jahre 1852 stellte nämlich die Firma B. Schründer Söhne ihre bislang mit Pferdekraft betriebene Lohmühle auf Dampfkraft um. Die erste, 10 PS starke Dampfmaschine hielt ihren Einzug in Greven! Die Bevölkerung verhielt sich zunächst noch ablehnend gegen das neumodische Ungeheuer, gar bald aber lernte sie den Segen der Mechanisierung ihrer altväterlichen Handwerkbetriebe kennen und schätzen!

Das Jahr 1855 endlich war das Gründungsjahr der Grevener Textilindustrie. Am 30. September dieses Jahres beschlossen die vier Grevener Kaufleute Johann Becker, Franz Biederlack, Anton und Joseph Schründer die Anlage einer Baumwollenspinnerei mit einem Gründungskapital von 65 000 Talern, das zu je 7/26 von den drei erstgenannten Teilnehmern und zu 5/26 von Joseph Schründer aufzubringen war. Eifrig ging man ans

---

*) Beim Landwirt Beckermann in Herbern fand sich ein Aktenstück, das den ganzen Jammer dieser Hollandgänger recht drastisch beleuchtet. In einem undatierten Schreiben (aus der französischen Zeit) teilt der Maire von Laagezwaag in Westfriesland (Holland) allen Mairien mit, daß die Vorzeiger dieses Schreibens, Bernd und Heinrich Ontijd (wohl = Untied, eine Arbeiterfamilie dieses Namens gab es um 1800 im Dorf Greven!), „arbeiders woonachtig in Münsterland, werkzaam in het veen", so krank geworden seien, daß sie auf eigenen Füßen nicht mehr nach Hause gehen könnten und daher von Mairie zu Mairie per Wagen verladen werden müßten!

Werk. Das Baugelände an der Ems wurde für 345 Taler erworben, mit dem Bau der Fabrik sofort begonnen und die nötigen Maschinen aus England bestellt. Der am 31. Dezember 1856 zum 1. Direktor bestellte Joseph Schründer konnte den Betrieb in den ersten Tagen des Jahres 1857 eröffnen.

Zum Verständnis der Entwicklung der Textilindustrie in Greven ist ein Blick auf die Textilhausindustrie des frühen 19. Jahrhunderts nötig (s. S. 312/13). Damals wurden in Greven 1 Wollspinner, 6 Leineweber, 2 Weber und 1 Seiler, 2 Blaufärber, 2 Knopfmacher und 3 Rockendrechsler als zugehörige Gewerbe gezählt. Die Zahl der Textilhandwerker hatte also zugenommen, doch betonte noch im Jahre 1809 der Maire Schründer, daß in seiner Bürgermeisterei (die aber nur die rechtsemsischen Bauerschaften umfaßte) wenig Flachs gezogen werde. Über die Zahl der Handwebstühle im Dorf und Kirchspiel Greven während der ersten Hälfte des 19. Jahrhunderts unterrichtet nachstehende Tabelle:[582])

Jahr	Gewerbeweise betriebene Stühle			In Nebenbeschäftigung betriebene Stühle		
	im Dorf	im Kirchspiel	in Gimbte	im Dorf	im Kirchspiel	in Gimbte
1816	14		–	9		–
1819	10		3	4		1
1828	13		2	4		1
1837	13		–	8		–
1843	15		–	4	20	–
1846	15	7	2	6	19	2
1849	13*)	11	2	6	21	2
1852	16	10	2	–	–	2
1855	14	9	2	5	22	2
1858	18		(2)	20		2
1861	11**)		(2)	17		2

Seit dem Jahre 1846 wird erstmalig auch ein gewerblicher Strumpfweber (-wirker) in der Statistik aufgeführt, 1849 sogar zwei, während Wollwebstühle in Greven offenbar gar nicht gelaufen sind. Seit 1849 werden aber Baumwollwebstühle gezählt, 1849 drei im Dorf und einer im Kirchspiel, 1852 dann vier und einer, 1855 schon fünf und einer, 1858 ebenso viele, 1861 dann auf einmal dreizehn, die von acht Webern und fünf Gehilfen bedient wurden. Die plötzliche Zunahme erklärt sich durch die Umgruppierung der Statistik. Aus dieser ergibt sich klar, daß auch bis in die Mitte des Jahrhunderts von einer irgendwie bedeutenden Handweberei in Greven nicht gesprochen werden kann, zumal als ihre Hauptprodukte Kornsäcke, Packleinen (offenbar für die Grevener Handelshäuser!), daneben allerdings auch Bettlaken und Kittelstoffe genannt werden. Auch die Zahl der Blaufärber, derer bereits im Status animarum von 1749 zwei begegneten, war im 19. Jahrhundert gering. 1816 waren es immer noch erst zwei, seit 1819 bis in die fünfziger Jahre hinein drei, die aber meist zwei oder drei Gesellen beschäftigten.***)

*) Die dreizehn Stühle im Dorf stehen bei neun Webern.

**) Der Rückgang gegenüber 1858 erklärt sich zur Hauptsache aus der Umgruppierung innerhalb der Statistik, die jetzt die Weber, die Flachs-Baumwollgemisch webten, unter die Baumwollweber rechnete.

***) Von zwei Grevener Blaufärbergesellen, Franz Joseph Cramer und Franz Joseph Halstrup ist noch bekannt, daß sie eine ordentliche, handwerksmäßige Wanderzeit durchgemacht haben, die sie

Nach des preußischen Kriegskommissars Kurlbaum Bericht von 1803, der sich auf Auskünfte von J. Chr. Biederlack und Hüsing stützte, wurde um 1800 in Greven kein Leinen verhandelt, sondern nur für den eigenen Bedarf hergestellt. Das rohe Garn werde von den Kaufleuten stückweise eingekauft und nach auswärts verhandelt. Wegen des Fehlens einer eigenen Leinenfabrikation gebe es in Greven auch keine öffentliche Bleiche.[583])*) Noch 1821 heißt es, die Bleiche an der alten Ems, eine dorfeigene Wiese, sei bis dahin stets nur für die gewöhnliche Hauswäsche gebraucht worden.[584]) Erst seit einigen Jahren werde sie fast ganz mit Linnen belegt, so daß für die Hauswäschen, die immer nur einen oder höchstens zwei Tage draußen liegen blieben, kein Platz mehr sei!**) Der Erlaß einer Bleichordnung im Jahre 1832 suchte einen Ausgleich zwischen den verschiedengearteten Interessenten zu schaffen.

In den Grevener Kaufmannsfamilien ist aber trotz dieser nur örtlichen Bedeutung der Grevener Hausweberei das Interesse an der Textilwirtschaft sehr lebhaft gewesen. Einer von ihnen, der Kaufmann Wilhelm Schmerling, der aus der Fremde, aus Minden an der Weser, als junger Kaufmannslehrling nach Greven zum Kaufmann Haverkamp gekommen war, hatte sich rasch emporgearbeitet und war dann als Compagnon in die Firma Schründer eingetreten. Später machte er sich selbständig. Wie alle Grevener Kaufleute betrachtete er die Textilerzeugung vom Gesichtspunkt des Kaufmanns aus, er handelte mit Textilien, aber er nahm die Erzeugung nicht selbst in die Hand. Eine über die Heimat Greven hinausgehende Bedeutung gewann er durch sein energisches Eintreten für die seit der Franzosenzeit verloren gegangene Kontrollierung der Handleinwandherstellung durch die Wiedereinführung der Legge, jener Einrichtung, die den Weber zwang, alle seine Erzeugnisse der Aufsichtsbehörde zur Prüfung vorzu„legen". Schmerling wurde zwar 1821 vom Oberpräsidenten Vincke zum Leggekommissar der Provinz Westfalen ernannt, da man aber davon absah, die Weber und Textilhändler zur Vorlegung und Abstempelung ihres Linnens zu zwingen, blieb der erwartete Erfolg, die Verbesserung der erzeugten Leinwand, aus und noch im Jahre 1821 selbst wurde Schmerlings Kommissariat wieder eingespart. Die Abneigung der Bauern gegen die Leinwandbereitung für den Verkauf, die man auch durch die Wiedereinführung der Legge zu bekämpfen hoffte, wurde schon durch die Abnahme der Schafzucht (s. o. S. 53) immer stärker, da sie kaum den eigenen Wollbedarf befriedigen konnten. Beim Flachs lagen die Verhältnisse schon von jeher nicht anders. Hier hatten die Bauern schon immer die größten Schwierigkeiten gehabt, den Bedarf der Hausweber an Gespinsten zu befriedigen, so daß sich diese schon seit dem ausgehenden 18. Jahrhundert gezwungen gesehen hatten, den nötigen Spinnstoff von Händlern zu kaufen. Zum Kauf der Spinnstoffe kam schon recht bald auch der Verkauf der Leinwand hinzu. Daraus entwickelte sich dann von selbst das Geschäft des „Textilverlegers", der dem Hausweber den Spinnstoff lieferte und dafür die gefertigte Ware abnahm. Die Grevener Kaufleute haben diese Geschäfte nur nebenbei betrieben, da in Greven eben zu wenig Textilien produziert wurden. Im benachbarten Emsdetten dagegen hatte Johann Christoph Biederlack ein eigenes Fabrikgebäude (Packhaus oder Bleichhaus genannt), in dem er den hausgesessenen Webern Garn zuwog

---

quer durch Deutschland, ja bis nach Böhmen hinein führte. – Nach anderen Aufzeichnungen soll die Zahl der Blaufärber in Greven 1848 und 1857 sogar fünf betragen haben, doch sind hier Meister und Gesellen offenbar zusammengezählt.

*) Schon zu Beginn des 18. Jahrhunderts wurde die Dorfbleiche auf zwei bis vier Jahre an einen Dorfbewohner verpachtet, der dann seinerseits wieder für die Benutzung Gebühren erhob (StAM, Fst. Münster, Kirchspielssachen II 19a Bl. 76 zu 1720).

**) Für das Bleichen des Linnen wurden 6 bis 8 Wochen gerechnet. Gewaschen wurde damals nur zweimal im Jahr, im Frühjahr und Herbst (AAG II g Nr. 11,1 und LA Münster Nr. 266).

und Gewebe von ihnen entgegennahm. Auch in Saerbeck und Nordwalde wurde um die Mitte des Jahrhunderts für Grevener Verleger gearbeitet. In Nordwalde sollen zeitweilig sogar hundert Webstühle in Betrieb gewesen sein!

Die ganze „Baumwoll"-Situation um die Mitte des vorigen Jahrhunderts schildert launig das folgende plattdeutsche Gedicht Ludwig Terfloths:

Oever Baumwullen-Spinnerie

Fröher wullen hier de Fabriken
in't Mönsterland men selden glücken,
indes dör Isenbahn un Damp
gif't nu en industriellen Kamp,
un somet gao wi auk hier
giegen England in't Geschirr,
un wärd auk met et Baumwullspinnen
ganz sieker wul den Sieg gewinnen.
Dann jäöhrliks gaot ut Engeland
nao den dütsken Tollverband
an fiefhundert dusend Centner Gaoren,
wat stets sik noch vermehrt met Jaohren;
un wann düt Gaoren hier wät spunnen,
so wät gar manches daoran gewunnen.
Dann an den Centner ruhe Waaren
könn wi an Toll drei Dahler sparen,
todem is auk et Spinnlaun hier
bekanntlik nich äs half so dühr.
Daobi is't noch för England laige,
dat us de Wiäwers wuhnt so naige,
dann häw' wi't Gaoren men up de Spöhle,
so sind achtein dusend Wiäwestöhle
hier in de Giegend stets an't gaohn,
uem Pinkops in de Warps to schlaon;
un daofan brenkt dann jider Schuß
en dubbelden Profit för us.
Dann erst gewinnt de Fabrikant,
un't Geld för't Spinnen blif in't Land.
Doch auk de Wiäwers wärd floreren,
wann se England könnte entbehren,
un statt dessen hier ter Stelle
oer Gaoren kriggt ut erster Quelle.
Ferner wät hier dör dat Spinnen

et allgemeine Wohl gewinnen;
dann wu mannig Arbeitsmann
verdeint dao nich en Daglaun an;
ja sogar de mehrsten Spinner
sind deels Krüppels, Frauen und Kinner.
Auk wör düt glieksam gar en Dwenger
för Biädlers un för Tömiggänger;
un so gif't noch manches mehr,
wat us daofan tom Nutzen wär.
Folglik is't jä auk en Glück,
dat Mönster krigg de Spinnfabrik.
Zwaor müttet to de Million
fief dusend erst tweehundert doh'n,
doch ist de Meinung jä daoför,
drüm geiht, man sacht, de Bau auk dör.
Un soll m'de Summ' bin ene kriegen,
so wärd auk gliek de Actien stiegen,
dann sölk' Fabriken, de men kennt,
brenkt minstens hier füftein Procent.
Un wann men später met et Spinnen
auk et Wiäwen wät verbinnen,
so entsteiht jä dör düt Wiäwen
hier noch wier en kriegeler Liäwen.
Also! wel't men immer kann,
de nimm sogliek met Deel daoran,
he sie en Stätter of fam Lande,
daomet de Bau kümp gau te Stande.
Dann niks nutz is dat lang Besinnen,
kin Bau kann ohne Geld beginnen;
Un wel't nich döht – ji söllt men saih'n –
den wät et später noch gereu'n.
Dann Ehre gebührt dem Patriot,
un guedde Saken launet Goad.

In diese Situation platzte im Jahre 1855 die Errichtung der mechanischen Baumwoll-spinnerei hinein. Mit 1350 Spindeln begann das Werk, nach wenigen Jahren, 1858, waren es bereits 2100, 1861 schon 3000, wenig später dann 4000. Die Zahl der Arbeiter betrug 1858 einunddreißig männliche und fünfzehn weibliche Kräfte, 1861 bereits siebenund-vierzig männliche und fünfundzwanzig weibliche. Da die beteiligten Kaufleute in den ersten Jahren auf eine Gewinnausschüttung verzichteten und alles frei werdende Kapital zum Ausbau des Werkes verwandten, wuchs die Fabrik rasch, so daß 1861 19000 Taler, im nächsten Jahr 16000 Taler zur Gewinnausschüttung kommen konnten. Die Ver-knappung der Baumwolle infolge des nordamerikanischen Bürgerkrieges stürzte das Werk 1863 in eine gefährliche Krise, so daß es in diesem und den nächsten Jahren vorüber-gehend stillgelegt werden mußte.[585]) Konnten 1863 immerhin noch 1353 Taler als Gewinn gebucht werden, so schloß das Jahr 1864 bereits mit einem Verlust von 12301 Talern. Glücklicherweise überwanden die Inhaber aber die Schwierigkeiten der Krise, so daß 1871 wieder ein Gewinn von rund 20000, 1872 ein solcher von 17000 Talern erzielt werden konnte. In der Zwischenzeit war das Werk ständig erweitert und ausgebaut worden. Zu der ersten Dampfmaschine war schon bald eine zweite gekommen, für die Verbesserung der Beleuchtungsverhältnisse hatte man 1861 sogar eine kleine Gasanstalt gebaut. So stand die Grevener Baumwollspinnerei nach Überwindung erster Schwierigkeiten bald sicher und gefestigt da. Anton Schründer aber, einem der Mitbegründer der Firma, ging die Entwicklung der Fabrik nicht schnell genug. Das Werk genügte seinem Tatendrang gar bald nicht mehr, so daß er 1874 aus der gemeinsamen Firma ausschied und noch im gleichen Jahr eine zweite mechanische Spinnerei „Anton Schründer", später Gebrüder Schründer gründete. Bevor er sein neues Unternehmen in Gang gebracht hatte, starb er, doch führte seine Familie das Werk allen Schwierigkeiten zum Trotz fort. Auch dieses Werk nahm eine ruhige und stetige Entwicklung. 1883 liefen in dieser Fabrik 2900 Spindeln, 1886 schon 4400, 1891 sogar schon 7500! Das Jahr 1887 brachte dann schon wieder eine Neugründung. Zwei Mitglieder der Familie Biederlack, Ignaz Hermann und Christoph gründeten zusammen mit Johannes Temming, einem Brennereibesitzer in Greven, eine Spinnerei für Baumwoll-Abfallgarn „Biederlack und Temming", die i. J. 1894 den Namen Hermann Biederlack u. Co. annahm und als erstes Grevener Industrieunternehmen möglichst nahe an die Bahn heranbaute, um Transportkosten zu sparen. Neben dem allgemein bei Abfallstoffspinnereien üblichen Hauptartikel, Scheuertüchern, wurden hier auch derbe Unterrockstoffe (sogenannte Kalmuckstoffe) angefertigt. Schon zwei Jahre später gründete ein Mitglied der Familie Schründer, Carl Schründer, eine zweite Abfallspinnerei in Greven. Beide Firmen hatten in den ersten Jahren schwer zu kämpfen, um sich gegen die auswärtige Konkurrenz, die hauptsächlich am Niederrhein, in München-Gladbach beheimatet war, durchzusetzen.

Im Jahre 1888 gründeten dann die mittlerweile herangewachsenen Söhne Joseph Schründers die Weberei und Färberei „J. Schründer Söhne". Dieses Werk löste eine ältere, 1859 von einer Elberfelder Seidenfabrik, Meckel u. Co. gegründete Seidenweberei ab, in der einundvierzig Webstühle, die zum Teil an Grevener Weber vermietet gewesen waren, für die Herstellung von Seidentaft (Futterseide), Rohseide, später auch für Krawattenstoffe usw. liefen. Das Fabrikgebäude wurde allerdings von der Gemeinde, die damals in großen Schulnöten steckte, erworben, während „Schründer Söhne" ihr neues Werk an der Bahnhofstraße errichteten.

Die junge, aufstrebende Grevener Industrie sah sich gar bald vor die damals überall im deutschen Vaterland auftretenden, brennenden sozialen Probleme gestellt. Da war zunächst die Beschaffung von Arbeitskräften. Man hätte meinen sollen, die ewig hungernden Hollandgänger hätten sich in hellen Scharen an den Fabriktoren eingefunden, um hier eine einträgliche und wesentlich leichtere Arbeit zu finden. Dem war aber gar nicht so. Lieber hungerten sie weiter, als daß sie ihre „Freiheit" der geregelten Fabrikarbeit opferten! Erst ganz allmählich lernten sie einsehen, daß Fabrikarbeit nicht erniedrigend auf den Menschen wirkt, ihm vielmehr die Sicherheit geregelter Arbeit und eines daraus hervorgehenden stetigen und festen Lohnes garantiert. In den ersten Jahren aber hatte die Seidenspinnerei den größten Zulauf, weil sie ihre Webstühle zum Teil den Webern ins Haus gab, und diese sich daher nicht als Fabrikarbeiter, sondern als selbständige Handwerker fühlten! Schließlich gewöhnten sich die Grevener „Tagelöhner" aber doch an die neuen Arbeitsaufgaben der Heimat. Zunächst waren die Arbeiterzahlen noch gering, stiegen dann aber doch seit den achtziger Jahren rasch auf mehrere Hundert, wie folgende Tabelle zeigt:

	gegr.	1858	1861	1883	1886	1888	1891	1896
Grevener Baumwollspinnerei	1855	46	72	96	130	140	175	200
Gebr. Schründer	1874	—	—	45	68	104	133	166
Seidenweberei (aufgelöst 1887)	1859	—	21*)	23**)	35	—	—	—
Biederlack und Temming	1887	—	—	—	—	40***)	72	120
J. Schründer Söhne	1888	—	—	—	—	17	32	86
Carl Schründer	1889	—	—	—	—	—	25	46
		46	93	164	233	281	437	618

Orts- bzw. Kirchspielsfremde gab es unter diesen Arbeitern zunächst kaum, nur die technischen Leiter stammten zum Teil von auswärts, wie etwa der schweizerische Spinnmeister der Baumwollspinnerei oder der aus dem Rheinland stammende Leiter der Seidenspinnerei. Auch die großen neuen Werke der achtziger Jahre schufen sich aus den Reihen der Dorfbevölkerung einen eigenen Stamm von Arbeitern, die in ihrem Denken von der „Niedergangsstimmung der Textilhandwerker und deren Maschinenstürmer-Träumen" nicht angekränkelt waren.

Erschreckend niedrig waren die Löhne der damaligen Zeit. In den achtziger Jahren wurde zwölf Stunden täglich gearbeitet (von 6–12 und von 13–19 Uhr, im Winter auch wohl eine Stunde weniger). Der Lohn für diese zweiundsiebzig Stunden betrug im Jahre 1886 bei der Grevener Baumwollspinnerei im Durchschnitt 9,50 Mk., bei Gebrüder Schründer 9 Mk., im Jahre 1896 bei allen vier Werken dann 10,80 Mk. Gewiß war die Kaufkraft der Mark damals weit höher als heute, aber trotzdem reichten diese Löhne kaum aus, das nackte Leben zu fristen. Zwar empfand man damals diese geringen Löhne noch keineswegs als unsozial – der „Stundenlohn" eines Hollandgängers war noch weit niedriger – und ungerecht, doch waren die neuen Industriearbeiter noch keineswegs so weit verproletarisiert, daß sie nicht in der schlechten Zeit der „Gründerjahre" (nach 1870), als die Löhne noch schlechter zu werden begannen, den Weg wieder zurück gefunden hätten dorthin, woher sie gekommen waren, nämlich in die seit ihrem Fortzug in den Fabrikort leerstehenden Heuerlingswohnungen bei den Bauern auf dem Lande![585a] Im Laufe der deutschen Sozialgesetzgebung der nächsten Jahrzehnte bis zur Gegenwart haben die Löhne dann eine stetige Aufwärtsentwicklung genommen. 1936 betrugen die gesetzlichen Monatsdurchschnittslöhne für Spinner 152,30 RM, für Weber 119,80 RM, für Hilfsarbeiter 107,20 RM., für Spinnerinnen und Weberinnen 91,– RM und für Hilfsarbeiterinnen 85 RM.

Neben der Textilindustrie verdient der übrige Handel und das Gewerbe auch weiterhin Beachtung. Der Großhandel Grevens ist, wie gesagt, der Verkehrsentwicklung des 19. Jahrhunderts zum Opfer gefallen und, soweit er sich nicht der Textilindustrie zuwandte, aus Greven abgewandert. Dagegen hat die Vielfältigkeit des Kleinhandels und des Handwerks noch weiter zugenommen. Von einer gelegentlichen Einzelleistung der zeitweilig über Grevens Grenzen hinaus bekannt gewordenen Zuckerwaren-, Biskuit-, Keks- und Gewürzkuchenherstellung der Grevener Bäckerei Hermann (gegründet 1839) abgesehen, hat dieser Einzelhandel und dieses Handwerk keine überörtliche Bedeutung erlangt.****)

---

*) Dazu 30 außerhalb des Hauses.   **) Dazu 17 außerhalb des Hauses.
***) Dazu 50 außerhalb des Hauses.
****) Auch die zeitweise im dritten Viertel des vorigen Jahrhunderts in der Bauerschaft Westerode betriebene Holzkohlenmeilerei, von der Akten auf dem Hof Hark berichten und der alte Schulze Sutthoff noch zu erzählen wußte, hat keine größere Bedeutung erlangt.

Daneben entwickelten sich aber in Greven auch noch mehrere Zweige der Nahrungs- und Genußmittelindustrie zeitweise zu recht beachtlicher Höhe. Das Mühlengewerbe, das in der ersten Hälfte des 19. Jahrhunderts eine gewisse Rolle gespielt hat, war durch die Verlagerung des Verkehrs von der Ems auf die Eisenbahn und später auf den Dortmund-Ems-Kanal aus Greven verdrängt worden. Dafür nahm das Brauwesen, das von jeher in Grevens zahlreichen Wirtschaften auf einen großen Absatz hatte rechnen können s. o. S. 293), nach 1860 einen verheißungsvollen Aufschwung.*) Neben die verschiedenen kleinen Brauer traten zwei größere Brauereien, die für den Export arbeiteten, die 1867 von einem Zweig der Familie Schründer mit zwei anderen Teilhabern gegründete Adlerbrauerei, die auf „Bairische Art" eingerichtet worden war, und die Vereinsbrauerei, an der wiederum ein Schründer beteiligt war. Erst durch den Krieg kamen diese beiden vielversprechenden Unternehmungen zum Erliegen.**) Seitdem hat es in Greven eine Brauerei von einiger Bedeutung nicht mehr gegeben. Die Branntweinbrennerei, der wir auch schon im 18. Jahrhundert in Greven begegnen, hat im 19. Jahrhundert nie eine große Rolle gespielt. Es gab nicht mehr als zwei Brennereien im Dorf und dazu noch eine im Kirchspiel. Die Brennerei der Familie Temming wurde 1914 stillgelegt und nach Abgabe der kupfernen Geräte für die Metallspende des Weltkrieges nicht mehr in Betrieb genommen.

Statt dessen traten jetzt in Greven zwei neue Zweige des Genußmittelgewerbes auf den Plan, eine Zichoriendarre und eine Zigarrenfabrik. Die Zichorienfabrik des B. Rieke erlangte um die Mitte des Jahrhunderts eine gewisse Bedeutung.***) Wichtiger aber war doch die Zigarrenfabrik des W. Plöger, gegründet in den sechziger Jahren, die im Jahre 1883 neunzehn, 1886 schon dreißig, 1888 achtunddreißig, 1891 siebenundvierzig und 1896 sogar schon fünfzig Arbeiter beschäftigte. Nach der Jahrhundertwende ging die Fabrik aber zurück, da für ihren Betrieb die Arbeitskräfte in Greven zu teuer wurden.

Die anläßlich der Grevener „Stadtgründungspläne" im Jahre 1896 aufgestellte Übersicht über die im Dorf vorhandenen gewerblichen Anlagen gibt, vor allem auch in der Entwicklung der Arbeiterzahlen, ein gutes Bild vom Stande der Grevener Industrie gegen Ende des vorigen Jahrhunderts:[586])

---

*) Schon zu Beginn des 16. Jahrhunderts gab es einen Bierexport von Greven aus. Gelegentlich der feierlichen Einholung des neuen Bischofs Friedrich von Wied in Münster im Jahre 1524 kaufte der Rentmeister von Wolbeck, da er in Münster nicht genug Bier bekommen konnte, fünfundzwanzig Tonnen Koit (Bier) in Greven (StAM, Amt Wolbeck, Rechnungen Nr. 8 Bl. 49). Auch das Überwasserstift in Münster kaufte vereinzelt in Greven Bier ein (StAM, StFA, Rechnungen IA Bd. 1 Bl. 119 von 1534). Noch im 18. Jahrhundert gab es ein „Grevenisches (Export-)Bier", das in der Grafschaft Ravensberg neben Paderborner, Sassenberger, Gütersloher und Mindener Bier bekannt und auch sonst „sehr berühmt" war (Ravensberger Blätter 1904, S. 76 und Kumann Bd. 2, S. 85).

**) In dem Gebäude der Adlerbrauerei richtete sich nach dem Weltkrieg eine Lumpenreißerei ein, die aber sehr bald wieder ein Opfer der Inflation wurde.

***) Über die erhoffte, aber auf die Dauer doch nicht erreichte Bedeutung dieser Zichorienfabrik geht in Greven folgende hübsche Anekdote um: Der Inhaber der Fabrik fragte einst den Vater eines „Rompilgers", ob dieser Sohn den Papst gesehen habe. „Sicher in Rom weßt sien und den Hl. Vatter nich sehn häm'n, is jao en Untüch. – Wat häff de Hl. Vatter denn seggt?" He häff em froggt, wo he hier weß. „Ut de Neichte von Mönster", segg he. „Mönster", segg de Hl. Vatter, „das kenn ich nicht, wo liegt das?" „In Westfaolen", segg mien Suehn. „Westfalen? Das kenn ich auch nicht. Wie heißt denn der Ort?" „Greiven"! „Greven? wo die große Zichorienfabrik ist, das hätten Sie nur gleich sagen sollen."

Nr.	Betriebsinhaber (Firma)	Gegenstand des Betriebes	Zahl der Arbeiter 1891	1896
1.	Grevener Baumwollspinnerei	Baumwollspinnerei	175	200
2.	Gebr. Schründer	Baumwollspinnerei	133	166
3.	Hermann Biederlack u. Co.	Baumwoll-Abfallspinnerei und Weberei	72	120
4.	J. Schründer Söhne	Mechanische Weberei u. Färberei	32	86
5.	Carl Schründer	Baumwoll-Abfallspinnerei	25	46
6.	Ww. Th. Blomberg	Holzschneiderei	30	35
7.	Adler-Brauerei AG (vorm. Hanhoff u. Co.)	Brauerei	22	25
8.	Vereins-Brauerei Schründer u. Co.	Brauerei	5	8
9.	Bernard Plöger	Zigarrenfabrik	47	50
10.	Grevener Molkerei-genossenschaft	Molkerei	–	5
11.	Anton Becker	Hanf-Import-Geschäft u. Seilerei	11	15
12.	Gebr. Simons	Parfümerie und Selterwasserfabrik	9	12
13.	Christoph Halstrup	Strickerei	–	20
14.	Carl Büttner	Zigarrenfabrik	–	5
15.	Gebr. Buller	Dampfmühle	–	3
			sa. 561	796.

Den zunehmenden Anteil der Industrie an den Gesamtbeschäftigungszahlen des Dorfes Greven zeigt folgende Übersicht seit 1905:[587])

Jahr	Industrie	Gewerbe	Landwirtschaft	sonstige	%
	%	%	%	%	
1905	61	25	2	12	100
1914	63	24	1	12	100
1925	65	22	1	12	100

Hier muß auch noch zweier Geldinstitute gedacht werden, die für den Geldbedarf von Handel und Gewerbe in Greven eine Rolle spielten. Seit 1859 hatte es in Greven bereits eine Annahmestelle der Kreissparkasse des Landkreises Münster gegeben, zu der dann im Jahre 1887 der ländliche Spar- und Darlehnskassenverein hinzukam. Dieser diente nicht nur den Landwirten, sondern auch der Grevener Geschäftswelt, doch sind die großen Industrieunternehmungen später in ihren Bankverbindungen doch wieder zur Stadt (Münster) gegangen.

Bevor die Textilindustrie Grevens seit der Jahrhundertwende ihren großen Aufschwung nahm, gab es erst noch einmal einen Rückschlag. Nicht nur die zweite Abfallspinnerei „Carl Schründer" mußte Ende der neunziger Jahre ihre Pforten schließen, auch eine von Konsul Drerup in Münster mit Unterstützung von Hermann Biederlack gegründete „Grevener Zeugdruckerei G. m. b. H.", die der Veredelung von baumwollenen Garnen und Zeugen dienen sollte, mußte wieder aufgegeben werden, da das Werk in Greven nicht genug Beschäftigung fand. Selbst die Firma „Gebrüder Schründer" hatte in den letzten Jahren des 19. Jahrhunderts eine innere Krise durchzumachen. „Im Tempo der Entwicklung hatte die aufstrebende Grevener Textilindustrie sich ...

überstürzt. Sicherung des Gesunden, Ausmerzung des Ungesunden, waren die Aufgaben, die an der Jahrhundertwende gestellt waren."

„Greven steht" ... seitdem „unter der Dynamik des Ausbaus der Textilwirtschaft, die alles bestimmt, die Greven als Dorf ganz erfaßt und nur im Amt eine zweite tragkräftige Wurzel der gesamtgrevener Wirtschaft zuläßt, die der Landwirtschaft. Daß sich Einzelhandel und Handwerk halten und mit der durch die Textilwirtschaft wachsenden Volkszahl ausweiten, ist keine ursprüngliche, sondern nur eine abgeleitete Erscheinung. Nach mancherlei Zersplitterungen zieht sich so zur Gegenwart hin die ganze wirtschaftliche Kraft des Dorfes Greven auf ein Ziel zusammen, auf die Textilerzeugung."

Das zeigt sich deutlich in der Tatsache, daß verschiedene Grevener Fabrikanten aus anderen Branchen, wie etwa ein Erbe der Zigarrenfabrik Plöger, oder der Branntweinbrenner Johannes Temming, dessen Großvater noch auf dem Schulzenhof Temming in der Bauerschaft Westerode gesessen hatte, oder gar der Landwirt (und Holzhändler) Theodor Blomberg, der den Holzhandel aufgab, seinen Hof Ostenfelde an die „Rote Erde" verkaufte und eine Weberei in Mesum erwarb, zur Textilwirtschaft übertraten. Die großen Familienfirmen, wie die „Grevener Baumwollspinnerei" oder „Gebr. Schründer" wurden jetzt auch aus überwiegend finanziellen Gründen in Aktiengesellschaften umgebildet, doch blieben die Aktien auf die Dauer doch im Familienbesitz. „Gebr. Schründer" erweiterten bei dieser Gelegenheit (1905) ihr Produktionsprogramm, in dem sie nun auch die Weberei mit zunächst siebzig Webstühlen aufnahmen. Sie beschäftigten jetzt 170 Arbeiter und hatten in der Spinnerei 10000 Spindeln laufen. Auch die Biederlacksche Abfallspinnerei und -weberei erlebte damals einen Aufschwung und zwar infolge der Umstellung auf den Export nach Übersee durch die Herstellung von sogenannten Abfalldecken (grobe Reise- und Schlafdecken), die in ihrer Farbenzusammenstellung ganz auf den Geschmack der Kolonialvölker zugeschnitten wurden, wodurch sich das Werk große Überseemärkte erobern konnte, so daß es vor dem Weltkrieg mehr als 130 Arbeiter beschäftigte. Der Aufgabenkreis der Firma „J. Schründer Söhne" wurde gleichfalls ausgeweitet. 1900 gliederte sie sich die mechanische Weberei F. W. C. Noest in Münster an und erweiterte das Stammwerk um Strangbleiche, Spulerei, Zettelei und Schlichterei, wodurch die Firma in die Lage kam, auch für andere Werke die Lohnveredelung auszuführen.

Auch die Strickerei und Wirkerei „Franz Halstrup", deren Chef noch ganz auf der alten handwerklichen Tradition fußte (gegr. 1876), beschäftigte zeitweise (1896) zwanzig und mehr Arbeiter mit der Herstellung grober Strickwaren und Trikotagen. Daneben führte sie auch die schon zu Beginn des Jahrhunderts in Greven heimische Strumpfwirkerei fort.

Wenige Jahre später gründete der schon einmal genannte Konsul Drerup in Greven ein neues Werk, die „Deutsche Ramie-Union", die die Fasern der Ramie genannten Chinesischen Schneenessel verspann und verwebte. Diese Faser, die als Zierfaden in alle möglichen Wirkwaren verarbeitet wurde, erlangte eine besondere Bedeutung dadurch, daß aus ihr die Glühstrümpfe für die Gaslampen gewebt wurden. Bis zum Krieg nahm das Werk einen raschen Aufschwung. Die Zahl der Spindeln stieg von 1907 von 840 auf 2122 im Jahre 1914, die der Webstühle von vier auf zehn, die der Arbeiter im gleichen Zeitraum von vierunddreißig auf sechsundsechzig. Die Schwierigkeiten der Kriegs- und Nachkriegszeit führte im Jahre 1926 zur Liquidation des Werkes.

Eine besondere Erwähnung verdient noch Johann Temming (gest. 1925), dessen Name im Verlaufe der Grevener Industriegeschichte bereits mehrfach gefallen ist, aber immer nur am Rande, als Teilhaber des einen oder anderen Betriebes. Geboren 1852 als Sohn des Brennereibesitzers Johann Temming, stand er schon früh auf eigenen Füßen und entwickelte ein außerordentlich glückliches kaufmännisches Organisationstalent, das allen seinen Geschäftsgründungen, angefangen von der Hopfenhandlung Karl Kaufmann und Co. 1880 (1887 nach Nürnberg verlegt), der Abfallspinnerei Biederlack und Temming (1887), der Strickwarenfabrik Christoph Biederlack in Gladbach (1886) und schließlich auch der Weberei Anton Cramer u. Co. (1898) zugute kam. Unter dieser Firma bauten Anton Cramer, in dem die Tradition der Grevener Weber und Blaufärber weiterlebte, Johann Temming und dessen Bruder Justizrat Temming an der Schönefliethschen Brücke eine Inlett-Weberei, die im Jahre 1900 die Produktion aufnahm. Nach Überwindung der ersten drei Verlustjahre gelang es Anton Cramer, das Werk so zu entwickeln und auszubauen, daß nach etwa fünfundzwanzig Jahren die Inlett-Produktion von etwa 265 Stühlen in eigener Garn- und Stückfärberei veredelt und gebrauchsfähig ausgerüstet werden konnte.*)

Die große Ausweitung der Grevener Textilfirmen brachte auch neue Probleme und Schwierigkeiten auf dem Arbeitsmarkt mit sich. Die Gewinnung der nötigen Arbeitskräfte war nicht leicht, da aus dem Dorf und dessen Nachbarschaft alle Arbeitsreserven längst herausgeholt worden waren. So bemühten sich fast alle Grevener Firmen zunehmend um auswärtige und ausländische Arbeiter. Aus aller Herren Länder kamen diese herbei, aus Holland, Schlesien, Sachsen, der Tschechei usw. Die Grevener Bevölkerung war von diesem Zuzug, diesem „tolaupen Volk" nicht sehr begeistert, und auch auf dem Amt hatte man mehr Last als Freude mit ihnen. In Greven gehalten haben sich nur die allerwenigsten dieser fremden Gesellen, obwohl ihnen die Firmen durch den Bau von Arbeiterwohnungen das Einleben erleichterten. Der Gegensatz zur Bevölkerung vertrieb sie trotzdem gar bald wieder. Die Zahl der Gesamtarbeiterschaft, die im Jahre 1888 nur erst 281 betragen hatte, war bis zum Jahre 1909 schon auf 807 angestiegen und erreichte bis zum Weltkrieg im Jahre 1914 die Höhe von 1061, das waren also mehr, als vor hundert Jahren die gesamte Einwohnerschaft Grevens betragen hatte!

Der Weltkrieg brachte den Grevener Textilfirmen schwere und große Umstellungen. Die Rohstoffe aus Übersee, Baumwolle und Ramie blieben aus, die Werke wurden zum größten Teil für die Kriegswirtschaft eingespannt. Soweit sie nicht in der Textilplanwirtschaft des Reiches oder direkt für das Militär arbeiteten, wurden ihre Maschinen für andere kriegswirtschaftliche Zwecke gebraucht, so die Drehbänke für die Granatendreherei. Bei „J. Schründer Söhne" wurde Stroh aufgeschlossen, um als Pferdefutter Verwendung zu finden, in einem anderen Betrieb stellte man Holzschuhe her.

Als der Krieg zu Ende ging, war die Grevener Textilwirtschaft als Ganzes tot. Weniger die Rohstoffbeschaffung als der Arbeitsmangel hemmte zunächst die Wiederingangbringung der Werke. Die Kriegsabwicklungsgesellschaften, die im Amt Greven beispielsweise das Munitionsdepot Reckenfeld liquidierten, nahmen den größten Teil der kriegsentlassenen Soldaten und Arbeiter der Rüstungsindustrie für sich in Anspruch. Seit dem Jahre 1920 waren aber diese Hemmnisse glücklich überwunden und „die Grevener Betriebe liefen wieder voll". 1922 (1923) beschäftigten die sieben Textilunternehmen bereits wieder 1113 (1055) Arbeiter.[588] Die jetzt einsetzende neue Entwicklung der Textilwirtschaft ging aber zunächst nicht so sehr auf eine Vergrößerung der Produktion als vielmehr auf eine Verbesserung der Anlagen aus. Hermann Biederlack gliederte sich

---

*) Darüber hinaus war Temming auch als Kommanditist an der Fa. Gebr. Schründer beteiligt und auch in der Landwirtschaft als Kreditgeber stark verankert. Daß er neben zahlreichen Ehrenämtern in der Amts- und Gemeindeverwaltung, in die er sich mit seinen Berufsgenossen aus den andern alten Familien teilte, von der zweiten (Steuer-)Klasse in den Gemeinderat gewählt wurde, obwohl er selbst der ersten angehörte, wirft ein besonderes Licht auf seine Fähigkeiten und seine Verbundenheit mit der eingesessenen Bevölkerung.

unter der Firma „F. Johannes Biederlack" eine Färberei und Druckerei an, „J. Schründer Söhne" modernisierten ihre gesamte Ausrüstung. Eine weitere Färberei, „Schründer u. Cramer" wurde Ende 1918 gegründet, die sich zunächst auf das Umfärben von Anzügen kriegsentlassener Soldaten warf, im nächsten Jahr zum Baumwollwarengroßhandel überging und 1925 nach Münster verlegt wurde, dann nach Wiederaufnahme der Produktion im Jahre 1927 wieder nach Greven zurückkehrte. Dadurch, daß sich die Grevener Industrie von jeglicher Spekulation fernhielt, überstand sie auch, ohne großen Schaden zu nehmen, die Inflation. Erst nach Überwindung derselben gingen die modernisierten Werke zur Ausdehnung der Produktion über, zumal die münsterländische Textilindustrie jetzt auch den Ausfall der verlorengegangenen elsaß-lothringischen Textilindustrie ersetzen mußte.

Die Firma „J. Schründer Söhne" gliederte in den Jahren 1927/28 ihrem Werk eine eigene Spinnerei mit 22000 Spindeln an, die dann bald sogar in zwei Schichten arbeiten mußte. Auch die Firma „Schründer u. Cramer" gründete zur gleichen Zeit eine moderne Jacquard-Weberei mit sechzig doppelbreiten Automatenstühlen, während die Firma „Gebrüder Schründer" in ihrer Produktion von der Rohspinnweberei zur Buntspinnweberei überging. Die Firma „Franz Halstrup" stellte sich gleichfalls in ihrer Produktion um. In ihrem neuen Fabrikgebäude von 1926 stellte sie von jetzt an gestrickte Oberkleidung (Kinderanzüge, Damenkleider usw.) in verbesserter Qualität her, die sie durch die Eintragung eines Warenzeichens (Halstra) – der bisher einzige Markenartikel der Grevener Textilindustrie! – schützen ließ. Die nach dem Kriege gegründete mechanische Weberei von Alfred Schräder zeichnete sich dadurch aus, daß sie sich eine Näherei und einen Konfektionsbetrieb angliederte.

Überblickt man das Produktionsprogramm der verschiedenen Grevener Textilunternehmungen als Ganzes, so zeigt es eine in Deutschland sonst wohl nirgendwo erreichte Vielseitigkeit, die so groß ist, daß jeglicher Textilbedarf der deutschen Familie in Greven gedeckt werden kann. Die schweren Krisenjahre 1929 bis 1933 sind auch an den Grevener Werken nicht spurlos vorübergegangen, doch haben sich in Greven Arbeiterentlassungen größeren Umfangs in all diesen Jahren vermeiden lassen, da die Fabriken ihre Leute weitgehend mit Kurzarbeit (20–24 Stunden wöchentlich) beschäftigten. Die Höchstzahl der Arbeitslosen wurde hier im Februar 1933 mit einer Erwerbslosenzahl von 516 erreicht, was aber im Vergleich zu den Ziffern im Reich immer nur erst ein Drittel des Reichsdurchschnittes war! Der größte Teil dieser Arbeitslosen saß in Reckenfeld, das kurz nach dem Krieg durch seine Arbeiterkolonie einst den Arbeitermangel in Greven hatte beheben helfen.

1935 betrug die Anzahl der in den Grevener Textilunternehmungen Beschäftigten 2455 und am 1. Januar 1938 rund 3000. Die Produktion war bei ungefähr 1900 Webstühlen und rund 130000 Spindeln auf etwa 10000000 kg Spinnstoffe gestiegen. Das waren bei den Spindeln ungefähr 9 % der im Münsterland laufenden Spindeln, während der Anteil Grevens an den münsterländischen Webstühlen etwa $6\frac{1}{2}$ % betrug.

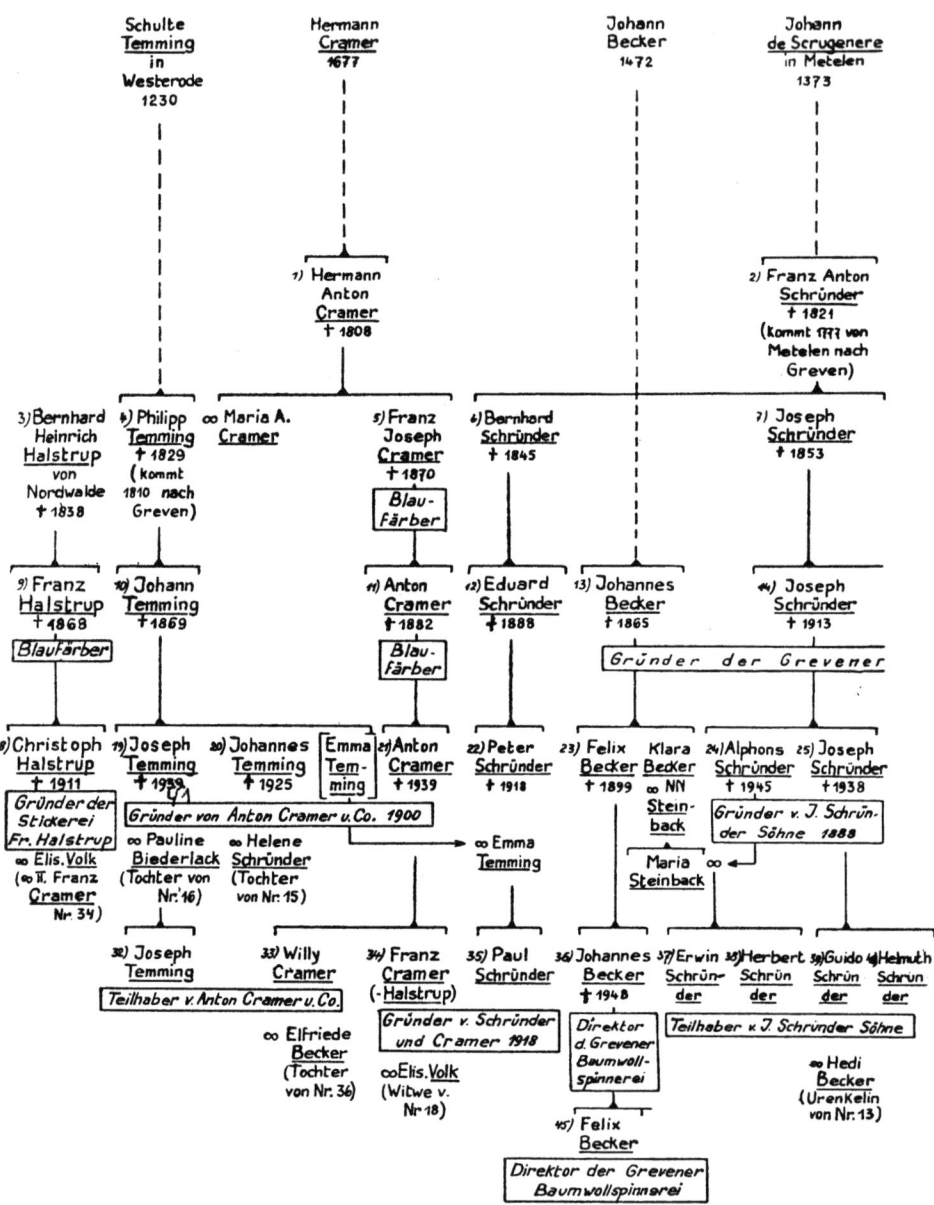

Abb. 26. Die Grevener Textilindustriellen in ihrer Familien- und Geschäftsverbindung.

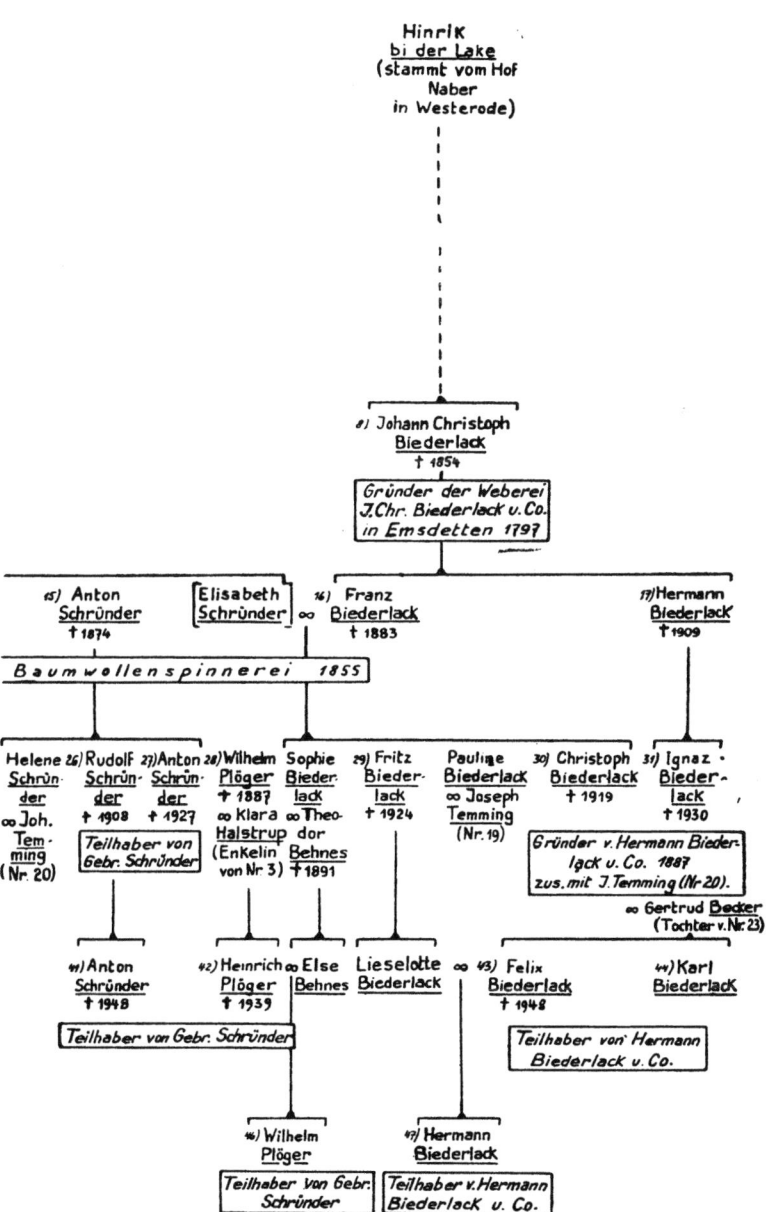

Hinrik
bi der Lake
(stammt vom Hof
Naber
in Westerode)

15) Johann Christoph
Biederlack
† 1854

Gründer der Weberei
J.Chr. Biederlack u.Co.
in Emsdetten 1797

15) Anton
Schründer
† 1874

Elisabeth
Schründer ∞ 16) Franz
Biederlack
† 1883

17)Hermann
Biederlack
† 1909

Baumwollenspinnerei 1855

Helene 26)Rudolf 27)Anton 28)Wilhelm Sophie 29)Fritz Pauline 30)Christoph 31)Ignaz
Schrün- Schrün- Schrün- Plöger Bieder- Bieder- Biederlack Biederlack Bieder-
der der der † 1887 lack lack ∞ Joseph † 1919 lack
∞ Joh. † 1908 † 1927 ∞ Klara ∞ Theo- † 1924 Temming † 1930
Tem- Halstrup dor (Nr. 19)
ming Teilhaber von (Enkelin Behnes Gründer v. Hermann Bieder-
(Nr. 20) Gebr. Schründer von Nr 3) † 1891 lack u. Co. 1887
zus. mit J.Temming (Nr-20).

∞ Gertrud Becker
(Tochter v.Nr. 23)

41)Anton 42)Heinrich ∞ Else Lieselotte ∞ 43) Felix 44)Karl
Schründer Plöger Behnes Biederlack Biederlack Biederlack
† 1948 † 1939 † 1948

Teilhaber von Gebr. Schründer Teilhaber von Hermann
Biederlack u. Co.

46) Wilhelm 47) Hermann
Plöger Biederlack

Teilhaber von Gebr. Teilhaber v. Hermann
Schründer Biederlack u. Co.

(Die Frauen sind nur soweit berücksichtigt, als sie dem gleichen Familienkreis entstammen)

12

Aus der Geschichte der Grevener Schulen

I. Die Schulen im Dorf Greven bis zum Ende des 18. Jahrhunderts

Das Volksschulwesen hat seine Wurzeln zutiefst im Mittelalter. Schon zur Zeit Karls des Großen dachte man an eine allgemeine Volksschule in Stadt und Land. Und wenn auch dieser Gedanke nur ein Plan, ein Traum geblieben ist, der nur für wenige Auserwählte im geistlichen Stande in Erfüllung gegangen ist, so hat er doch in den Ideen großer und gelehrter Männer weitergelebt. Noch im Jahre 1234 hat Papst Gregor IX. verlangt, daß jeder Pfarrer einen Kleriker für den Schulunterricht zur Seite haben sollte.

Eine solche Pfarrschule, wie sie anderwärts im Westfälischen tatsächlich schon um 1300 nachweisbar ist, hat es in Greven sicherlich auch schon früh gegeben, wenn es auch an direkten Belegen dafür fehlt. Zunächst war es in Greven, wie es sonst genug bezeugt ist und wie es im benachbarten Gimbte noch bis 1876 der Fall war, so: der Küster nahm sich der Kinder an und brachte vor allem den Knaben die kirchlichen Gesänge zur Begleitung des Gottesdienstes an Sonn- und Feiertagen bei, daneben aber auch wohl schon Lesen und Schreiben und, wenn's hoch kam, noch etwas Rechnen. Lesen und Schreiben war im Mittelalter längst nicht jedermanns Sache, und selbst hohe Herren waren in diesen Künsten oft nur mangelhaft oder auch gar nicht bewandert. Der Bauer hatte es erst recht nicht nötig, sich mit Lesen und Schreiben zu plagen. Das gegebene Wort war mehr wert als ein Fetzen Papier, der nur zu leicht der Vernichtung anheimfallen konnte. Bücher konnte er sich erst recht nicht kaufen – soweit solche vor der Erfindung der Buchdruckerkunst überhaupt zu haben waren –, denn der Preis eines solchen übertraf den einer Kuh um ein Vielfaches! Was es an Wissenswertem gab, erfuhr er von Mund zu Mund, ja, das gesprochene Wort, die Predigt, mußte im Verein mit den vielen bunten Bildern in der Kirche selbst die Heilige Schrift, die Bibel ersetzen.

So war das Bedürfnis nach einer Pfarrschule auf dem Lande bei weitem nicht so groß wie in den Städten. Von einer Schule in Greven berichtet zum ersten Male die große Visitation von 1571.[589]) Sie wird aber doch schon wesentlich länger bestanden haben, da sie damals bereits nicht mehr vom Küster, sondern vom Sacellan (= Kaplan) gehalten wurde; und angesichts der oben erwähnten päpstlichen Verordnung aus dem Jahre 1234 ließen sich die Anfänge der Grevener Schule sehr weit zurückverlegen, denn einen solchen geistlichen Gehilfen hatte der Pfarrer von Greven schon gegen Ende des 13. Jahrhunderts. Wurde die Grevener Schule im 16. Jahrhundert vom Kaplan gehalten, dann war sie auch etwas besser aufgezogen als sonst die Küsterschulen auf dem Lande gemeinhin. Vermutlich hängt das damit zusammen, daß der rege Marktverkehr in Greven doch schon höhere Ansprüche an die Bildung der ortseingesessenen Kaufleute und Krämer stellte. Diese halbstädtische Bevölkerung Grevens brauchte in der Tat mehr als nur etwas Katechismus- und Kirchengesangsunterricht! Freilich, die Söhne der besser situierten Kaufleute kamen gewiß schon bald auf die Lateinschule in Münster, aber das waren wohl nur Ausnahmen. Die meisten Grevener kamen über die Schulbänke der heimatlichen

Pfarrschule gewiß nicht hinaus, und das hier Gelernte mußte genügen, um auf dem Markt nicht übers Ohr gehauen zu werden und um auf der Wanderschaft und in der Fremde seinen Mann zu stehen.

Daß die Grevener Schule schon damals mehr war als nur eine kümmerliche Küsterschule, geht deutlich auch aus der Tatsache hervor, daß sie schon bald nach 1571 einen richtigen Schulmeister bekam. Mit dem Anfang des 17. Jahrhunderts beginnt die ununterbrochene Reihe der namentlich bekannten Lehrer, die hauptamtlich den Schuldienst im Dorf Greven versahen:[590]

1627–1629 Heinrich K o c k

1629–1654 Franz F r i t z o

1654–1656 Hermann (Heinrich) V o r h e i d e. Er stammt aus Warendorf und war bei der Visitation im Jahre 1656 26 Jahre alt. Nach der Kirchspielsrechnung wurde er am 15. Mai 1654 als Schulmeister angenommen.

1662–1663 Franz F r i t z o. Er scheint das dornenvolle Amt ein zweites Mal übernommen zu haben, aber wohl nur vertretungsweise für kurze Zeit. Nach dem Schatzungsregister von 1664 lebte er damals noch.

1663–1678 Friedrich D e i c k e n. Er wurde am 9. September 1663 bestellt,[591] ging aber schon 1672 als Domküster nach Münster. Von ihm heißt es, daß er die Orgel spielte, weil der Küster, dessen Sache es eigentlich sei, es nicht konnte.

1684–1692 Christoph K r o e ß. Bestellt wurde er am 2. Oktober 1684, gab 1692 die Stelle aber auf, heiratete und ließ sich als Krämer in Greven nieder. Gleichzeitig war es als Notar tätig (bis 1712).[592]

1692–1718 Heidenreich (Drichen) Z u r s t r a ß e n. Bestellt am 31. Oktober 1692. Mit ihm war man in der Gemeinde, scheint's, nicht sehr zufrieden, da sie 1708 „zu Behuf ihrer Kinder zu Erlehrung des Schreibens eines Schreib- und Rechenmeisters höchstnötig" hatte. Zurstraßen starb 1718.

1718–1762 Bernhard G o ß m a n n. Er stammte aus Sassenberg und wurde am 8. August 1718 nach dem Tode des Zurstraßen als Lehrer bestellt. Bei der Visitation von 1727 war er etwa fünfunddreißig Jahre alt, also etwa um 1692 geboren. Gegen Ende seiner langjährigen Dienstzeit war er kaum noch imstande, den Unterricht ordnungsgemäß zu halten, weshalb ihm zu Beginn des Jahres 1762 ein Substitut beigegeben wurde. Seit dem Jahre 1723 besaß er das Münstersche Patent als Notar.[593]

1762–1764 Caspar Nikolaus P e u t e r. Er war Geistlicher und trat sein Amt als substituierter Lehrer am 1. Juni 1762 an. Ende 1764 war er noch als Lehrer tätig.[594]

1768–1771 Heinrich Joachim B r o c k m a n n.[595]

1771–1779 Heinrich S c h ü r m a n n. Nachdem Brockmann seinen Posten einfach im Stiche gelassen hatte, wurde Schürmann am 21. August 1771 zu dessen Nachfolger bestellt.[596] Er stammte aus der Grafschaft Lingen.

1779 Nach dem Sendgerichtsprotokoll vom 11. September 1779 bewarben sich um die frei gewordene Stelle der fünfunddreißigjährige B ä u m e r und der sechsunddreißigjährige U n t i e d. Wer von den beiden die Stelle bekommen hat, verraten die Akten nicht.

1784–1809 Bernhard B i s p i n g. Er wurde am 11. September 1784 zum Schulmeister bestellt.[597] Er stammte vom Schultenhof Bisping in Gimbte und war im Jahre 1754 geboren. 1809 erkrankte er derart an Gicht, daß er seinen Dienst nicht mehr wahrnehmen konnte und ihm ein Substitut beigegeben werden mußte. Noch im August des gleichen Jahres ist er gestorben.

Erwartete man in Greven von dem Schulmeister fraglos „mehr als gewöhnliche Kenntnisse", wie Pfarrer Pröbsting im Jahre 1809 schrieb, als er Ersatz für den erkrankten Schürmann suchte,*) so darf man doch nicht mit modernen Maßstäben an diese Schulmeister des 17. und 18. Jahrhunderts herantreten.

Vielfach waren es Leute, die sich dem geistlichen Stande hatten widmen wollen, dann aber aus irgendeinem Grunde dieses Ziel nicht erreicht hatten und nun ins Schulamt hinüberwechselten. Manche von ihnen besaßen das Notarspatent, waren also befugt Notariatsakten und Beglaubigungen vorzunehmen. Von etwa 1660 an versahen die Dorfschulmeister in Greven nebenamtlich noch die Organistenstelle, bis im Jahre 1762 ein besonderer Organist berufen wurde.

Gerade letzterer Umstand wirkte sich sehr zum Nachteil für die Schule und die Schulzucht aus, da der die Orgel spielende Lehrer seine Knaben unten in der Kirche nicht beaufsichtigen und im Zaume halten konnte. So heißt es in einem Berichte von 1705, daß „die Knabenschule in Greven leyder Gottes ubell versehen, indem der Schulmeyster zugleich organista, daß er die Jugent in der Kirchen nicht obwahren kann, und zu Zeiten auch ganz vertaxieret und im Lande herummelauffet, auch die Kinder niemahlen selbst verhöret, also daß die ganze Gemeinheit sich des beschweret und gerne Remedyrung und ein andern Schulmeistern sehen tehte."

Auch sonst mußte der Schulmeister noch manche Stunde für den Kirchendienst opfern. Nicht nur, daß er bei den Andachten der Bruderschaften auf dem Chore assistieren und bei einer gesungenen Messe mithelfen mußte, er war auch verpflichtet, die große Prozession zu begleiten und den Gesang der Kinder dazu einzuüben, und schließlich gehörte es auch zu seinen Obliegenheiten, bei jeder Beerdigung den Leichenzug mit seinen Schulkindern zu begleiten.

Wie stand es dagegen mit der Besoldung für das Schulamt und all seine Nebenpöstchen? Nach den Kirchenrechnungen bekam Heinrich Kock für jedes Halbjahr 4, im ganzen also jährlich 8 Reichstaler aus der Kirchenkasse. Das war aber nur der Zuschuß, den die Gemeinde zum Einkommen des Lehrers leistete. Das eigentliche Gehalt bestand aus dem Schulgeld der Kinder, das im 18. Jahrhundert 14 Schillinge (von denen 28 auf einen Taler gingen) betrug.**) Darüber hinaus zahlte jedes Kind, das Schreiben lernte, noch einmal 14 Sch., also im ganzen einen Taler, ferner 1 Schilling Eingangsgeld und 1 Sch. Kirmesgeld.***) Außerdem hatte der Lehrer freie Wohnung zu beanspruchen, wofür die Gemeinde zu sorgen hatte. So zahlte sie 1632 für die Hausheuer bei der „moder kosterschen" für Meister Franz Fritzo halbjährlich 2 Reichstaler. Aus einer freiwilligen Kollekte im Dorf erzielte er durchschnittlich eine Einnahme von etwa 2 Reichstalern und schließlich aus seinen Kirchenämtern 20 Reichstaler fürs Orgelspielen und rund 30 Reichstaler aus dem Mitgehen bei Beerdigungen, Prozessionen und der Teilnahme

---

*) „ . . . ist der Lehrer ein Mann von mehr als gewöhnlichen Kenntnissen – wie denn die hiesige Schule eines solchen Mannes allerdings bedarf –, und geneigt, in den Abendstunden Privatunterricht in der deutschen und lateinischen Sprache, den Anfanggründen der Mathematik usw. zu erteilen, so kann er dadurch seine Einnahmen sehr verbessern" (StAM, Reg. Münster, Schulreg. I, 170 Nr. 1).

**) Für die armen Kinder zahlte die Gemeinde das Schulgeld, jährlich 5 Taler.

***) Im einzelnen erhielt der Lehrer für das Mitgehen der Kinder bei Beerdigungen 2 Schill., für sein eigenes Mitgehen ebenfalls 2 Schill., ferner für jede gesungene Messe 2 Schill. und für den Fall, daß die Kinder bei einer Beerdigung Fackeln und Kerzen trugen (was aber gegen Ende des 18. Jahrhunderts nur noch selten geschah), für jede Fackel und Kerze 6 Pfennige (12 Pf. = 1 Schill.).

an den Bruderschaftsandachten. Da die Gemeindezulage im Laufe der Zeit von 8 Reichstalern zu Beginn des 17. Jahrhunderts bis auf 40 Reichstaler um 1800 stieg, hatte der letzte Lehrer dieser Periode, Bernhard Bisping trotz Wegfall des Organistengehaltes von 20 Reichstalern immer noch ein Einkommen von rund 120 Reichstalern. Das ist natürlich für heutige Begriffe sehr wenig, doch sei nicht vergessen, daß die Kaufkraft des Geldes damals ungleich höher war und mindestens wohl das Sechsfache des heutigen betrug. Stellt man dann noch die große Genügsamkeit des damaligen Menschen und die Selbstversorgung aus eigenem Land und Garten in Rechnung, so war das Gehalt des Grevener Schulmeisters im 18. Jahrhundert geradezu ein fürstliches im Vergleich zu seinen Küsterkollegen in anderen Dörfern, die zufrieden sein mußten, wenn sie auch nur die Hälfte seines Einkommens erzielten!

Die Höhe des Einkommens war abhängig von der Zahl der Schüler. Diese schwankte vorerst noch gewaltig, denn im Sommer kamen stets erheblich weniger Kinder in die Schule als im Winter, da sie dann für die Erntearbeiten zu Hause gebraucht wurden.

Das wichtigste wäre fast vergessen, das alte Schulgebäude! Viele Grevener haben noch in der „alten Schule" am Kirchplatz die Bänke gedrückt, und wenn es auch nicht mehr die gleiche Schule war, in die ihre Vorfahren vor dreihundert und mehr Jahren gegangen sind, so stand doch, soweit die Akten Auskunft darüber geben, von jeher die Schule an der gleichen Stelle! Es war in Vorzeiten nur ein kleiner Spiker gewesen, in der Grevens Jugend im 16. und 17. Jahrhundert Lesen und Schreiben lernte, etwa 16 mal 22²/₃ Fuß (etwa 5 mal 7 m!), der erstmalig 1719 um ein Fach und dann wieder gegen Ende des Jahrhunderts erweitert werden mußte, diesmal um zwei Fach.⁵⁹⁸) Eine der Kirchhofslinden mußte dem Neubau weichen und Schulte Bockholt mußte seine zwei Leichensteine etwas versetzen lassen, damit Platz geschaffen werden konnte. Dieser Bau hat die fürstbischöfliche Zeit und die stürmischen Jahre der französischen Fremdherrschaft überstanden, wurde dann aber schon bald wieder zu klein, so daß in den zwanziger Jahren nochmals neu gebaut werden mußte.

Was den Unterricht selbst betrifft, so sagen naturgemäß die Akten darüber am allerwenigsten aus. Der große Reformer des münsterländischen Volksschulwesens, Bernhard Heinrich O v e r b e r g, stellte 1783 den Landschulen des Niederstiftes Münster, dessen Verhältnisse sich nicht sehr von denen des eigentlichen Münsterlandes unterschieden haben werden, das schlechte Zeugnis aus, daß sich der Unterricht in ihnen auf das Auswendiglernen des Katechismus und das Lesen beschränkt habe. So schlimm wird es nun, wie sich bereits aus der besseren Qualität der Lehrer ergibt, in Greven nicht gewesen sein, indes das Schreibenlernen gehörte auch hier nicht zum Programm für alle Schüler. Noch 1794 lernten von etwa achtzig Knaben nur zwanzig, also nur ein Viertel, schreiben! Die Folge war, daß noch um die Mitte des 19. Jahrhunderts ein Gutteil der Grevener Bauern nicht schreiben konnten und sich, falls sie wirklich einmal eine Unterschrift zu leisten hatten, statt ihres Namenszuges mit drei Kreuzen begnügen mußten!*) Wer mehr lernen wollte, mußte zur Privatstunde seine Zuflucht nehmen, wozu in Greven allerdings bei den drei Geistlichen des Ortes Gelegenheit genug gewesen sein wird.

Auch eine Mädchenschule gab es in Greven bereits zur fürstbischöflichen Zeit. An ihr waren folgende Lehrerinnen tätig:⁵⁹⁹)

vor 1680–1689 Maria NN (die Schulmeistersche). Sie wurde, wie Pfarrer Holstein 1689 schreibt, von ihrer Schwester Anna beim Schulehalten unterstützt.

---

*) Als 1807 alle Einwohner des Dorfes eine Eingabe an die Obrigkeit unterschreiben sollten, konnten nur 71 von 124 ihren Namen darunter setzen (LA Münster Nr. 421).

1692–1704 Christina Busch. Sie wurde 1692 als ludimagistra bestellt und leistete am 30. Oktober 1692 als solche den Eid. Nach der Dorfsrechnung ist sie kurz vor dem 23. September 1704 gestorben.

1706–1712 NN. Im Jahre 1712 ist in der Dorfsrechnung von der abgesetzten Schulmeisterin die Rede, ohne daß wir den Namen derselben und den Grund der Entlassung erfahren.

–1718 Agnes Catharina Stoel. Verzichtet und stirbt 1718.

1718–1757 Anna Elisabeth Lodde. Wird am 16. 5. 1718 als Nachfolgerin der Stoel bestellt. In dem Visitationsprotokoll von 1727 wird sie als fromm und hinreichend fleißig bezeichnet (devota, sat diligens). Sie verzichtet 1757.

1757–1800 Catharina Agnes Holländer. Nach dem Verzicht der alten Lehrerin wurde sie im Oktober 1757 zu deren Nachfolgerin ernannt. Sie stammte aus Greven und war 1734 geboren. Gestorben ist sie Anfang 1800.

Die Mädchenschule in Greven wird erst gegen Ende des 17. Jahrhunderts auf Grund der Schulordnung des Bischofs Christoph Bernhard von Galen vom Jahre 1675[600]) eingerichtet worden sein, denn bis in den Anfang des folgenden hatte sie noch kein eigenes Lokal, sondern wurde zunächst in einem gemieteten Raum, der Holscherschen Scheune am Kirchplatz, seit 1680 dann im Armenhaus, das gleich neben der genannten Scheune lag, gehalten. Erst im Jahre 1705 wurde ein kleines Gebäude auf dem Kirchhof für die „Mettgenschule" errichtet, das die Gemeinde rund 90 Rtl. kostete; sehr groß kann es also nicht gewesen sein! Das war aber auch kaum nötig, denn die Zahl der Schülerinnen war im Anfang nicht sehr groß und stieg nur sehr allmählich. 1693 berichtete die damalige Lehrerin Christina Busch, daß sie nur fünfzehn Mädchen in der Schule habe. Bei der Visitation im Jahre 1723 waren es immerhin schon dreißig. Das war nicht zuletzt eine Folge des Schulneubaues, denn in das „erbärmliche" Schullokal im Armenhaus – so bezeichnete 1694 die Lehrerin den Raum – werden die Eltern ihre Kinder bei der sowieso schon lauen Haltung gegenüber der Schulpflicht noch widerwilliger geschickt haben!

Hundert Jahre später war das winzige Häuschen von 20 mal 24 Fuß oder etwa 7 mal 8 m so baufällig geworden, daß es völlig neu gebaut werden mußte.[601]) Im Jahre 1792 ging man an den Neubau heran, der vier Fuß breiter und neun Fuß länger als der alte Bau werden und rund 480 Quadratfuß Schulraum enthalten sollte. Auch wurde dieser neue Schulbau zwei Fuß näher an die Kirchhofsmauer herangerückt, so daß er jetzt bis auf etwa 9 Fuß (3 m) an diese heranreichte. Die unter dem gleichen Dach mit errichtete Lehrerinnenwohnung blieb von der Erweiterung unberührt. An den Kosten des Neubaues wollten sich auch die im Kirchspiel Greven begüterten Grund- und Gutsherren beteiligen. Ob sie es aber wirklich getan haben, steht dahin. Immerhin konnte die neue Mädchenschule bereits im Jahre 1793 in Gebrauch genommen werden. Den Grundriß und eine Seitenansicht dieser alten Grevener Mädchenschule hat sich bei den Akten erhalten (Abb. 27).[602]) Für die 80 bis 90 Schulmädchen – 1792 waren es sogar 110 –, die im Winter zur Schule kamen, war dieses Schullokal nach unsern heutigen Begriffen schon zu klein, ehe es in Gebrauch genommen wurde, doch kamen dafür ja auch im Sommer sehr viel weniger Kinder, 1790 waren es etwa 50 bis 60, 1792 allerdings schon 95. Mit diesen Zahlen konnte die Lehrerin bis in die preußische Zeit hinein rechnen, und das war wichtig, wegen des Gehaltes!

Denn auch das Gehalt der Lehrerin setzte sich aus verschiedenen Posten zusammen, von denen das Schulgeld der Kinder der bedeutendste war. Von der Gemeinde bekam

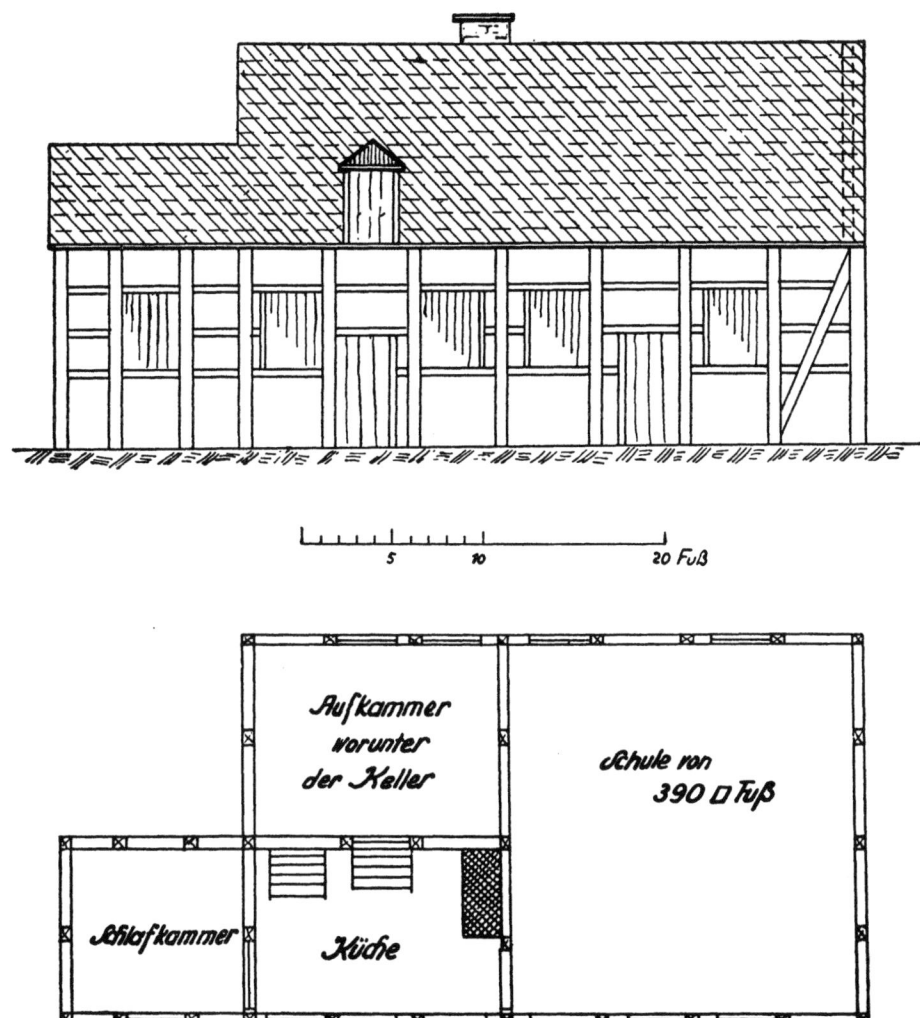

Abb. 27. Die 1792 erbaute Mädchenschule in Greven (nach einer Aufnahme von 1824)

die Lehrerin im Jahre 1723 drei Rtl. Zulage (vom Kirchspiel einen, vom Dorf zwei!), die später auf 5, schließlich auf 7 erhöht wurden. Dazu trat dann das Schulgeld der Kinder, das wie bei den Knaben 14 Sch. im Jahr betrug und ebenso die Sonderzahlungen von 1 Sch. zu Weihnachten, Kirmes und bei Beginn des Schuljahres. Schließlich mußten die Bauern auch ihr bei Beerdigungen, falls sie die Leiche begleitete, 2 Schillinge geben. Freie Wohnung hatte natürlich auch die Lehrerin zu beanspruchen, wozu die Kirchenkasse ein viertel Pfund Wachs zu Kerzen beisteuerte, nicht viel, wenn sie davon den ganzen Winter ihr Stübchen erleuchten sollte! Im besten Fall kam sie so im Jahr auf 65 Rtl. Gehalt, vor allen Dingen dann, wenn recht viele von ihren „Mägdleins" außer Lesen und Religion auch Schreiben lernten, wofür wie bei den Knaben das doppelte Schulgeld gezahlt werden mußte. Aber damit war es in der Mädchenschule noch schlechter bestellt als in der Knabenschule. 1794 lernten nämlich von achtzig Mädchen nur sechzehn, also nur ein Fünftel schreiben!

So wird man annehmen dürfen, daß es nur ein frommer Wunsch war, wenn im Jahre 1718 die neue Lehrerin Anna Elisabeth Lodde verpflichtet wurde, den Kindern Lesen und Schreiben beizubringen. Lesen mußte das Kind immerhin können, um das Gesangbuch gebrauchen zu können, aber wann kam ein Mädchen schon einmal in die Verlegenheit, schreiben zu müssen! Trotz alledem ragte Greven mit seiner Mädchenschule weit über die anderen Landschulen des Münsterlandes hinaus, denn wo sonst auf dem Lande gab es bereits um 1700 eine Mädchenschule?

II. Die Grevener Schulen seit der Reform des Volksschulwesens durch den Minister von Fürstenberg und Overberg im letzten Drittel des 18. Jahrhunderts [603])

Es wäre wohl nicht richtig, wenn man behaupten wollte, erst gegen Ende des 18. Jahrhunderts sei man zum ersten Male darangegangen, das arg danieder liegende Volksschulwesen auf dem Lande zu reformieren und zu verbessern. Schon der berühmte Bischof Christoph Bernhard von Galen hatte sich vielfach bemüht, die Volksbildung zu heben durch Einführung eines geordneten und regelmäßigen Unterrichtes, durch Einführung des Schulzwanges für alle Kinder vom siebten Lebensjahre an, durch die Forderung nach Trennung der Geschlechter und Anstellung von Lehrerinnen in größeren Gemeinden usw. Aber trotz allen Eifers, den dieser tatkräftige Bischof auf seinen Synoden seit 1651 und mit seiner Schulordnung von 1675 entwickelte,[604]) blieb es fast überall nur bei dem guten Willen, und nur zu bald waren die heilsamen Verordnungen vergessen, von denen manche, wie die des allgemeinen Schulzwanges damals auf dem Lande wirklich noch undurchführbar waren. In Greven selbst scheint die Mädchenschule allerdings auf die Zeit Christoph Bernhards zurückzugehen, ebensowohl auch die von diesem verlangte Gehaltszulage für die Lehrpersonen bzw. deren Erhöhung aus der Gemeindekasse. Aber alle diese Bemühungen um die Hebung des Landschulwesens im Hochstift Münster machte der Siebenjährige Krieg wieder zunichte. Schwer hatten die Dörfer und Bauerschaften unter der Last der Einquartierung und Kontributionen zu leiden, alle Gemeinden waren gegen Ende des Krieges schwer verschuldet. Kein Wunder, daß dabei das kulturelle Leben völlig zum Erliegen kam. Der längst dienstuntaugliche Bernhard Goßmann versah in Greven noch immer den Schuldienst. Für einen neuen Lehrer, der zudem kaum zu bekommen war, fehlte das Geld, ebenso für eine Instandsetzung des Schulgebäudes.

Aber die Not des Krieges hatte einmal ein Ende, und rasch begann neues Leben überall zu blühen. So ist das letzte Drittel des 18. Jahrhunderts recht eigentlich das Zeitalter der Volksschulreformen im Münsterlande. Zwei Namen sind unlösbar mit ihm verknüpft: Fürstenberg und Overberg! Unvergänglichen Ruhm haben diese beiden Männer, der Staatsminister und der schlichte Schulmann, sich um die Hebung der Volksbildung auf dem Lande erworben.[605]) Franz Friedrich Wilhelm von Fürstenberg, seit 1763 leitender Minister des Fürstbistums Münster, sah im Gegensatz zur eigennützigen Anschauung der herrschenden Klasse des Jahrhunderts die Aufgaben des Herrschers bzw. des Staates in der Förderung der Religion und der Geistesbildung, der vaterländischen Gesinnung und auch der physischen Kräfte durch Waffenübung und Gymnastik. So wandte er schon früh sein Augenmerk der Bildung und Erziehung des Bauernvolkes zu. Im Jahre 1776 veröffentlichte er erstmalig eine Verordnung „die Lehrart in den unteren Schulen des Hochstifts Münster betreffend", der er bereits 1773 „ohnmaßgebliche Vorschläge zur

Verbesserung der Schulanstalten aufm Lande" vorausgeschickt hatte. Gar bald zog er sich den jungen Everswinkeler Kaplan Bernhard Heinrich Overberg heran, den er zum Vollzieher seiner Schulpläne machte. Die Schulverordnungen von 1788 und 1802 atmen ganz Overbergs Geist. Da sie am besten veranschaulichen können, wie es damals in unseren Landschulen, also auch in der Grevener Schule herging, seien hier einige der Bestimmungen aus der Ordnung von 1788 wiedergegeben.[606])

In § 1 werden die Eltern sehr ernstlich angewiesen, die Kinder vom sechsten bis vierzehnten Lebensjahr ohne Unterschied des Geschlechts zur Schule zu schicken. Der § 2 bestimmte die Schulzeiten. Es heißt darin:

Was die Zeit zum Schulhalten betrift, dieselbe wird in den Winter- und Sommer-Curs eingetheilt. Der Winter-Curs muß ohne Unterbrechung von Monat zu Monat vom Oktober bis Ostern fortwähren, der Sommer-Curs fängt nach Ostern an. Da aber im April, May, August, September und October, auch öfters im Junius und Julius überhäufte Feldarbeiten vorkommen, so mögen die Kinder zu diesem Ende, wenn es nöthig ist, von den Eltern zu Hause gehalten werden, jedoch müssen die Elteren solche Noth- wendigkeit dem Schulmeister und Pfarrer bekannt machen. Gut würde es indessen seyn, wenn in be- sagten Sommer- und Herbst-Monaten, wo die Schulen wenig besuchet werden, wenigstens ein Tag in der Woche zu einer Wiederholung der vornehmsten Lehrgegenstände bestimmet würde, damit die Kinder bey so langer Ausstellung der Schule nicht zu viel vergessen.

Den Eltern, die sich hartnäckig sträuben, ihre Kinder regelmäßig zur Schule zu schicken, werden strenge Strafen angedroht. In § 4 wird bestimmt, was in der Schule gelehrt werden soll. Zugrundegelegt wurde dabei der von Overberg in der Normalschule zu Münster, der 1783 gegründeten ersten Lehrerpräparandenanstalt in Westfalen und Vorläuferin der späteren Lehrerseminare, gelehrte Schulplan. Das Neue an diesem Schul- plan, dessen allgemeine Einführung Overberg durch seine dreiundvierzigjährige Tätigkeit als Leiter der Normalschule bewirkte, war das Abrücken von der alten, nur auf das gedächtnismäßige Erlernen weniger Grundbegriffe hinzielenden Methode, an deren Stelle die Anleitung zum selbständigen Denken und Arbeiten, verbunden mit einer charakterlichen Schulung treten sollte. Im einzelnen sollte den Kindern beigebracht werden das Buchstabieren, das Lesen, deutlich (nach den Interpunktionen), die Buchstaben- schreibung und eine gute Handschrift. Ferner sollte der Lehrer die Kinder im Katechismus und in den Sitten gut und faßlich unterweisen, ihnen von der Rechenkunst die vier Species mit Einschluß der Regeldetri lehren, und schließlich sie in der Abfassung eines deutschen Briefes, einer Rechnung, Quittung oder „obsonst dienlichen Aufsatzes" unterweisen. Um dieses umfangreiche Programm zu erreichen, sollte die Schuljugend in gewisse Klassen geteilt werden.

Auch ist darauf der Bedacht zu nehmen, ob nicht einige kleine Industrie oder Handarbeit mit der Schule ohne Nachtheil des übrigen Schulwesens verbunden und hiedurch der Endzweck erfüllet werden könne, die Kinder von Jugend auf zur Handarbeit und zum Fleiße zu gewöhnen, dann einen oder andern, in der Gegend etwa unbekannten, doch nützlichen Zweig der Industrie und Nahrung einzuführen.

Weitere Bestimmungen wandten sich dann an den Lehrer selbst. Er solle den Kindern mit einem sittlichen guten Betragen vorgehen, insbesondere Zank, Vollsäuferey und andere sittliche Fehler zu vermeiden suchen, auch solle er keine Schenkwirtschaft treiben noch Notariatbedienung versehen noch sich mit solchen anderen Gewerben abgeben, welche ihn an den Schulverrichtungen hindern könnten. Schließlich solle keiner zum Lehrer angenommen werden, der nicht die Normalschule in Münster besucht und darüber ein Zeugnis erhalten habe. Um den Eifer der Schulmeister zu heben und anzuspornen, sollten den fähigsten und eifrigsten unter ihnen Zulagen zwischen 20 und 40 Rtl. gewährt werden.

Von dem Erlaß dieser Verordnungen bis zu ihrer Durchführung und Befolgung war ein weiter, beschwerlicher Weg. Auch in Greven wurde es nach den Nöten des Siebenjährigen Krieges nur langsam besser. Zum Teil lag es daran, daß der damalige Pfarrer Pröbsting sich nach einem Bericht des Maire Schründer vom Jahre 1811 wenig oder gar nicht um die Schule kümmerte, zum Teil auch an der Person des Lehrers, dem der gleiche Bericht Nachlässigkeit im Dienst zum Vorwurf machte, was aber wohl auf seine zunehmende Kränklichkeit zurückzuführen ist, die in seinem letzten Lebensjahre sogar in Wahnsinn ausartete!

Ein großes Übel war es auch, daß die Eltern ihre Kinder zu früh aus der Schule herausnahmen. Als Grund dafür wurde im Jahre 1786 angegeben, daß die Kinder „zu früh", d. h. mit zehn, elf Jahren, vielleicht gar noch früher zur ersten hl. Kommunion angenommen werden, worauf dann die Eltern glauben, daß ihre Kinder „gelehrt genug und vom Schulgehen freigelassen seyen".[607]

Unter solchen Umständen konnten die besten Schulordnungen nichts nutzen. Tatsächlich lernten 1794 erst zwanzig von achtzig Knaben und gar nur sechzehn von ebenso vielen Mädchen Schreiben. Erst als auch in Greven ein Lehrer die Schule übernahm, der Overbergs Normalschule in Münster zweimal mit Erfolg besucht hatte, wurde es besser. Dem Bernhard Heinrich Schräder, der am 23. Dezember 1809 als Nachfolger des Bisping zum Leiter der Schule in Greven ernannt worden war,*) erteilte der Maire Schründer in seinem großen Bericht über das Schulwesen in seiner Mairie[608] das Zeugnis, daß er ziemlich gute Kenntnisse in seinem Fache habe, allerdings keine gute Hand schreibe. „Bey Übernahme der Schule fand er die Jugend durch die Nachläßigkeit seines Vorgängers ganz verwildert; er hat Schulzucht und Ordnung hergestellt und man kann mit ihm zufrieden seyn." Aus dem gleichen Bericht geht hervor, daß inzwischen auch Overbergs Schulordnung in Greven durchgeführt worden war: „In Ansehung der Unterrichtsmethode wird Overbergs „Anleitung zum zweckmäßigen Schulunterricht" (so lautet der Titel des von Overberg 1793 herausgegebenen Leitfadens) befolgt, nach welcher die Zöglinge nach Maßgabe ihrer Kenntnisse in Klassen eingeteilt sind. Der Unterricht dauert täglich drei Stunden vormittags und zwei Stunden nachmittags,**) außer der Abendschule, die nur von Freiwilligen gegen besondere Vergütung besucht wird. Donnerstag ist Ruhetag,***) und vom 1. September bis 15. Oktober Ferien." Gelehrt wird Lesen, Schreiben, von Rechnen die vier Species, Regula de tri, Quinque (?), Gesellschafts-Regeln, Deutsche Orthographie, Anleitung zu schriftlichen Aufsätzen und Religions-Unterricht. Der gewaltige Fortschritt gegenüber den Verhältnissen vor Einführung der Schulreform ist unverkennbar. So wurde der Schulbesuch auch immer fleißiger und regelmäßiger. 1811 waren es schon 130 Knaben und ebenso viele Mädchen im Winterkursus und etwa je siebzig Kinder, die im Sommer die Grevener Schulen besuchten. Von der Erlaubnis, die Kinder in den Erntemonaten zu Hause zu behalten, wurde also auch jetzt

---

*) Schräder war nach seinem Bewerbungsschreiben vom 9. 12. 1809 schon seit neun Jahren als Lehrer tätig, zunächst als Privatlehrer, dann seit dem Sommer 1809 in Roxel (StAM, DK Münster, H. Schöneflieth G Nr. 1). Während des Sommers 1809 hatte der Geistliche Rademacher, vordem Pfarrer in Dinxperlo und gleichzeitig Verwalter der Johann-Nepomuk-Vikarie in Greven bis Michaelis vertretungsweise den Unterricht erteilt, wegen seines Alters aber auch nur unregelmäßig (StAM, Reg. Münster, Schulreg. I 170 Nr. 1).

**) Nach einem Bericht von 1819 begann der Schulunterricht morgens um acht Uhr, dauerte dann (wie 1811) bis elf Uhr. Der zweistündige Nachmittagsunterricht begann um drei Uhr.

***) Dieser schulfreie Tag, der später auf den Mittwoch verlegt worden war, wurde erst 1894 aufgehoben und in zwei schulfreie Nachmittage umgewandelt.

noch eifrig Gebrauch gemacht. Das sollte auch noch lange so bleiben. Im Laufe der nächsten Jahrzehnte stiegen die Schulkinderzahlen beträchtlich:

Jahr	Knaben	Mädchen	Jahr	Knaben	Mädchen
1616		über 60	1798 W	70	79
1656		70	1811 S	70	70
1693	–	15	1811 W	130	130
1723 S	33	30	1819	175	–
1727	ca. 40	–	1822	150	160
1770 W	65	–	1825	160	165
1780 W	78	–	1830	175	173
1790 S	–	50/60	1834	216	184
1790 W	90/100	80/90	1843	179	181
1792	91	104	1849	175	194
1794 W	ca. 80	80	1855	196	200

Das Schwanken der Zahlen in den einzelnen Stichjahren ist abgesehen von gewissen Mängeln der Zählung begründet durch die Nebenschulen, die das eine Jahr mehr, das nächste wieder weniger der Hauptschule in Greven Konkurrenz machten.

Durch die wachsende Kinderzahl waren die Raumverhältnisse der alten, 1798 erweiterten Knabenschule mittlerweile unerträglich geworden. Die damals durchgeführte Erweiterung des Schulhauses um zwei Fach von 9 Fuß, blieb nur ein Behelf, der sich bereits 1811 als unzulänglich erwies. Unfaßbar erscheint uns der Bericht des Lehrers von 1819: „auf einem Raum von 21 Fuß Länge und 19 Fuß Breite sollen 175 Knaben unterrichtet werden, ... (so daß) gegen vierzig Kinder in den Mittelgang gepreßt stehen oder bey notwendiger Eröffnung der Tür hinaus gedrängt, auf den Kirchhof gestellt werden müssen und dann stundenweise mit denen abwechseln, die früher gesessen haben."[609] Es mußten sich demnach, selbst wenn man den Platz für den Lehrer und den Ofen nicht in Rechnung stellen will, fünf Kinder mit einem Quadratmeter Raum begnügen! Es dauerte noch fünf Jahre, bis dieser unwürdige und unhaltbare Zustand durch einen Neubau beseitigt wurde. Während des Neubaues wurde in einem leerstehenden Raume bei Schuster Vogelpohl an der Bergstraße Unterricht gehalten, bis im Herbst 1825 die neue Schule in Gebrauch genommen werden konnte.

Eine Ansicht dieses neuen Schulgebäudes, das die Knaben- und Mädchenschule wieder unter einem Dache vereinte, hat sich in den Akten erhalten (Abb. 28).[610] Sie läßt erkennen, wie mit echt preußischer Sparsamkeit mit geringen Mitteln – der ganze Bau kostete rund 1500 Taler! – ein den augenblicklichen Bedürfnissen gerade genügender Bau errichtet wurde.

Die alte Mädchenschule von 1792/93, deren Schulzimmer immerhin noch etwa 20 Quadratmeter (s. o. S. 319) groß war, wurde 1824 abgerissen, um für den Schulbau Platz zu gewinnen. Die oben (Abb. 27) wiedergegebene alte Zeichnung dieser Schule zeigt die für alle Schulbauten dieser Zeit charakteristische Verbindung von Schule und Lehrer(in)wohnung unter einem Dach. Auch hier die größte Anspruchslosigkeit! Wie bescheiden die Menschen doch damals waren: eine Schlafkammer von knapp 3×4 m, ein Stübchen und eine Küche von 3×4 m, dazu keine Heizungsmöglichkeit in den beiden zu ebener Erde (ohne Unterkellerung!) gelegenen Wohnräumen, keine Wasserleitung – das Wasser mußte vom Kirchhofsbrunnen geholt werden! –, und erst recht kein Licht; in einem solchen kleinen Fachwerkhaus verbrachten Lehrer und Lehrerin jahrein, jahraus ihr Leben und setzten dabei Gesundheit und Leben in den stickigen, überfüllten Schul-

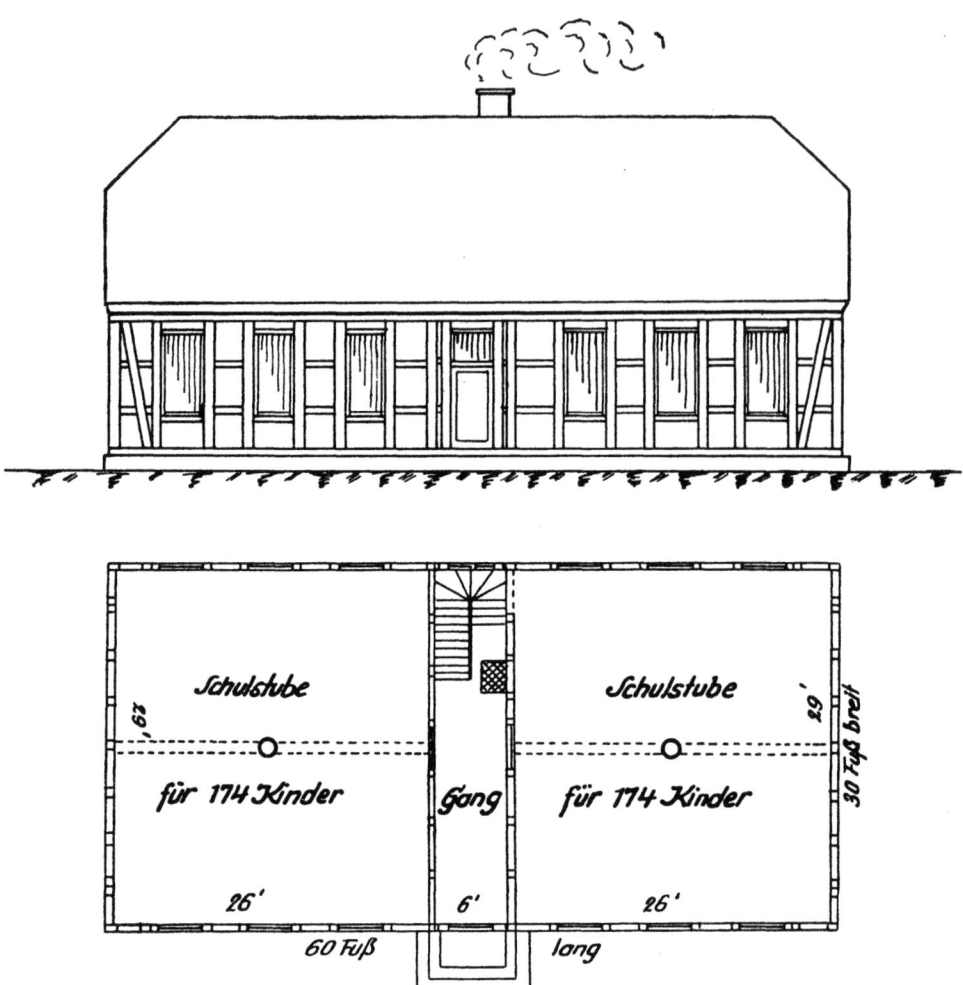

Inside the floor plan:

Schulstube | Gang | Schulstube

für 174 Kinder | für 174 Kinder

63' | 29' | 30 Fuß breit

26' | 6' | 26'

60 Fuß | lang

Abb. 28. Die 1824 neu gebaute Schule in Greven

räumen aufs Spiel, trotzdem Großes für die ihnen anvertraute Jugend, für Volk und Heimat leistend! Daß der eine oder andere von ihnen versagte, bei Nacht und Nebel davonging oder sich, wie der durch häusliche Mißverhältnisse zermürbte Lehrer Schräder in Greven, dem Trunk ergab, tut der Ehre des altwestfälischen, von Overberg gebildeten Lehrerstandes keinen Abbruch. Auch die bescheidenen Besoldungsverhältnisse der Zeit dürfen nicht vergessen werden. Die Grevener Knabenschule war zwar im Verhältnis zu anderen Dorf- und Landschulen, wie wir sahen, geradezu fürstlich dotiert, aber was bedeuten 175 Taler jährlich, wenn man Frau und Kinder zu versorgen hatte, wie Bernhard Schräder, und wenn einem jeglicher Nebenberuf untersagt war? Aus Notarssporteln, aus einer kleinen Kramwirtschaft und aus manch anderer Beschäftigung hatte sich vordem manch zusätzlicher Taler verdienen lassen. Das sollte aber und durfte auch nicht mehr sein, sollte der Unterricht nicht darunter leiden. Noch lange blieb das Gehalt klein, da die Gemeindeväter den Daumen auf dem Säckel hielten und die Regierungszulagen auch nicht größer wurden. Im Jahre 1855 bezog der Lehrer schon 213 Rtl. und bis 1867 stieg er, obgleich inzwischen (1857) das Eintritts-, Opfer- und Kirmesgeld abgeschafft worden war, auf rund 245 Taler. Die Lehrerin hinkte natürlich immer etwas hinter ihrem Kollegen her: 1855 hatte sie es immerhin schon auf 184 Taler gebracht, aus denen bis 1867 dann 202 wurden. Schlimm stand es aber um die Altersversorgung. Wer nicht bis an seinen Lebensabend arbeiten konnte, war auf die Gnade seines Nachfolgers bzw. der Gemeinde angewiesen. Als man dem Schräder 1825 den Laufpaß geben mußte, versprach man ihm 50 Taler Pension, von denen der Nachfolger 15 Taler übernehmen mußte; 10 Taler gab die Armenkommission in Greven und den Rest der Staat. Anscheinend ist aber nur letzterer seinen Verpflichtungen nachgekommen, denn der unglückliche Mann, der dazu noch eine Frau und drei Kinder zu ernähren hatte, schrieb 1827 und später aus Bösensell, wohin er gezogen, und danach aus Münster (wo er vor 1832 gestorben ist) flehentliche Gesuche an den Landrat um Unterstützung, da er immer nur 25 statt der versprochenen 50 Taler bekomme. Um ähnlichen Unzuträglichkeiten in der Zukunft vorzubeugen, wollte man Schräders Nachfolger Johann Gerhard Beckmann, der „eine kranke Brust hatte", sogar das Heiraten verbieten und ihn nur provisorisch anstellen. Aber das half nicht viel, Beckmann heiratete doch, und bis zur endgültigen Regelung der Pensionsberechtigung der Lehrer im Jahre 1885 blieb es bei dem bisherigen Brauch und entsprechend auch bei den bisherigen Schwierigkeiten. So nehmen in den Akten die Klagen der Lehrer über das unzulängliche Gehalt und die Bitten um Zulagen kein Ende, bis 1873 eine neue Gehaltsregelung von Regierungswegen erlassen wurde, die das Gehalt der Landschullehrer an einklassigen Schulen auf 300 Taler, an zweiklassigen auf 350 und 250, an drei- und vierklassigen dagegen auf 350, 300 und 250 Taler festsetzte. Entsprechend wurde das Lehrerinnengehalt von 225 bis 275 Taler gestaffelt.

Den Tod des Lehrers Beckmann am 22. April 1834 nahm man zum Anlaß, das mittlerweile durch die steigende Zahl der Schulkinder unhaltbar gewordene alte Schulsystem völlig umzugestalten und zu erneuern. Die Regierung machte in großzügiger und vorausschauender Planung den Vorschlag, für die beiden Schulen je eine Ober- und Unterschule zu schaffen. Das aber lehnten die Grevener Dorfväter wegen der allzu hohen Kosten einstimmig ab. Dafür beschlossen sie die Einrichtung einer gemeinsamen Unterschule für Knaben und Mädchen bis zum neunten Lebensjahre.

Beim Gastwirt Temming mietete man zunächst einen Raum für die Vorschule, wofür man jährlich 24 Taler Miete zahlen mußte. Zu einem Schulneubau kam es erst sehr viel später. Als die Hauptschule, die man gerade erst 1824 neu erbaut hatte, um 1840 herum schon wieder baufällig wurde, wollte man diese durch einen massiven, zweistöckigen Bau ersetzen, in den dann auch die Vorschule aufgenommen werden sollte. Aber für diesen großzügigen Plan war dann doch wieder kein Geld da, und so wurde denn 1844 zunächst einmal eine Vorschule mit Lehrer(in)wohnung gebaut. Da man zur gleichen Zeit auch ein neues Spritzenhaus benötigte, brachte man dieses aus Ersparnisgründen gleich unter demselben Dach unter!

Die Zahl der Schulkinder hatte sich inzwischen auch gewaltig vermehrt. Allerdings die Höchstzahl von 400 Kindern im Jahre 1834 wurde in den nächsten Jahren auch nicht annähernd mehr erreicht. Der Grund dafür war in erster Linie die damals um sich greifende „Auswanderungsseuche", von der auch viele Grevener ergriffen wurden. So sank die Schulkinderzahl bis 1843 auf 360, 1846 sogar auf 345. Erst die zunehmende Industrialisierung Grevens seit der Mitte der fünfziger Jahre mit dem starken Zuzug kinderreicher Arbeiterfamilien ließ die Kinderzahl wieder ansteigen. Im Jahre 1855 besuchten bereits wieder 396 Kinder die Grevener Schulen. Eine Folge der zunehmenden Kinderzahl war notgedrungen eine Vermehrung der Schulklassen. Die dritte Klasse, wenn die Knabenschule als die erste und die Mädchenschule als die zweite gerechnet wird, war die 1834 eingerichtete gemischte Vorschule. Wenige Jahre später war es schon so weit, daß eine zweite Vorschule eingerichtet werden mußte. Das geschah 1862 derart, daß man die Geschlechter trennte und die Knaben in die eine, die Mädchen in die zweite Vorschule steckte. Jetzt hatte man also vier Klassen oder besser gesagt Schulen, denn jede Klasse vereinigte in sich mehrere Jahrgänge! Bis 1886 wurden aus diesen vier Klassen bereits sechs, zu der dann zu Ostern desselben Jahres eine siebte hinzukam, so daß es in diesem Jahre drei Knaben- und drei Mädchenklassen und eine gemischte Unterklasse für die ganz Kleinen gab, und das, obwohl die Zahl der Kinder inzwischen wieder erheblich zurückgegangen war, da mittlerweile die Bauerschaft Westerode eine eigene Schule bekommen und auch die im Jahre 1861 gegründete Rektoratschule eine ganze Anzahl von Knaben aus den oberen Jahrgängen übernommen hatte. Immerhin errechnete die Schulstatistik für das Jahr 1886 noch 560 Kinder, die in den sieben Volksschulklassen Grevens die Schulbank drückten!

Der tüchtige Johann Gerhard Beckmann (geb. Dreierwalde 1795) war leider am 22 April 1834 in der Blüte der Jahre gestorben. Seine „kranke Brust" hatte den anstrengenden Dienst nicht lange ertragen können. 216 Knaben zu unterrichten, das war auch für einen gesunden, kräftigen Menschen, wie es dann sein Nachfolger Arnold Lammers war, zuviel, so daß jetzt, wie gesagt, eine besondere Vorschule eingerichtet wurde, die dem aus Greven gebürtigen Heinrich Arens übertragen wurde. Bis zum Amtsantritt des Lammers (Ostern 1834) führte der Hilfslehrer Rickert, der dem kranken Beckmann in der letzten Zeit beigestanden hatte, den Unterricht weiter, da Lammers in Milte, wo er bis dahin zweiter Lehrer war, nicht eher abkommen konnte. Er brachte ausgezeichnete Zeugnisse mit und war auch einer der ersten Grevener Lehrer, die körperlich tauglich waren, hatte er doch bei der Garde und dem 1. Landwehraufgebot gedient. Auch hierin zeigte sich jetzt ein neuer Geist; nicht mehr Invaliden und Krüppel, sondern kräftige und gesunde, und damit auch leistungsfähige junge Menschen wurden in den Schuldienst eingestellt, mens sana in corpore sano – ein gesunder Geist im gesunden Körper, sagt schon ein Spruch des alten römischen Dichters Juvenal! Zwar dauerte es noch geraume Zeit, bis man an den Volksschulen zum Turnen und zum Sport überging und auch die körperliche Ertüchtigung der Jugend auf den Stundenplan setzte. In Greven geschah dies erst im Jahre 1868, da es bis dahin an geeigneten Turnlehrern mangelte. Lehrer Untiedt war der erste, der mit seinen Knaben turnte, und seitdem war stets wenigstens ein Lehrer vorhanden, der einen Ausbildungskursus im Turnen, der zunächst nur erst in Berlin (!) abgehalten wurde, mitgemacht hatte.

Lammers hat seine ganze Lebenskraft der Grevener Schule geweiht, und ungezählte Knaben vieler Generationen sind im Laufe der zweiunddreißig Jahre, die er die Schule in Greven geleitet hat, durch seine Hand gegangen. Erst als es gar nicht mehr ging, stieg er von seinem geliebten Katheder herunter. Im Alter von zweiundsiebzig Jahren wurde der allgemein beliebte Lehrer am 15. April 1876 in den Ruhestand versetzt.

Die zweite Klasse, die Vorschule hatte bei der Einrichtung im Jahre 1834 Heinrich Arens aus Greven übernommen, mit dem man sehr zufrieden war, der aber nach vier Jahren bereits wieder ging (nach Mettingen, Grfsch. Tecklenburg). Mit seinem Nachfolger, dem jungen Kandidaten August Hornai machte man dann allerdings einen schlechten Tausch. Er starb bereits am 16. März 1839 an der Schwindsucht! Seit Januar hatte ihn Anna Laumann, wieder ein Grevener Kind, vertreten, der man dann auch die Stelle definitiv übertrug. Seitdem wurde die Vorschule stets von einer Lehrerin betreut, bis sie 1862 in zwei Klassen, eine für Knaben und eine für Mädchen geteilt wurde (s. o.). Von da ab hatten die Knaben wieder einen Lehrer.

Die Mädchenschule hatte von 1800 an (seit dem Tode der C. A. Holländer) die aus Münster gebürtige Agnes Stockmann betreut. Von ihr schrieb der Maire 1811 in seinen Schulbericht: „Sie besitzt alle Kenntnisse, welche man von einer guten Lehrerin erwarten kann, und ist dabey fleißig und unverdroßen. Gute Sitten und Ordnung herrschen in ihrer Schule, und die Ruthe ist unbekannt (!). Sie besitzt die Liebe und das Vertrauen der ganzen Gemeinde." Fürwahr, ein sehr schönes Zeugnis, das hier der Lehrerin aus berufenem Munde erteilt wird! Der Tod der verdienten Lehrerin am 18. Februar 1836 war für die Gemeinde ein harter Schlag, hatte sie doch in den sechsunddreißig Jahren ihres Wirkens unendlich viel Gutes für die weibliche Jugend Grevens gewirkt. In den letzten Jahren ihres Lebens hatte sie die rund 175 Mädchen nicht mehr allein zu betreuen vermocht. So hatte sie seit 1829 in der Person der Clara Rottmann, die das Zeugnis als approbierte Hauptlehrerin besaß, eine Hilfskraft angenommen. Nach dem Tode der Agnes Stockmann übertrug man die Schule jedoch nicht dieser, sondern einer anderen Bewerberin, nämlich der jungen Lisette Schüler, bisher 2. Hilfslehrerin an St. Martini Münster, die besonders gute Zeugnisse aufzuweisen hatte. Ostern 1836 übernahm sie die Mädchenschule und bewährte sich vortrefflich, wurde aber leider bald so schwer krank, daß sie seit 1842 eine Gehilfin (Catharina Inkradt) halten mußte. Schließlich erlag sie am 28. November 1844 noch in jungen Jahren ihrem schweren Leiden. Ihre Nachfolgerin Maria Budde trat den Dienst zu Ostern 1845 – bis dahin hatte Catharina Inkradt die Schule versehen – an und blieb bis zu ihrer Pensionierung im Jahre 1886 der Grevener Mädchenschule treu. Einundvierzig Jahre lang hat sie ihre ganze Kraft in den Dienst der ihr anvertrauten Kinder gesetzt und erst im Alter von siebzig Jahren setzte sie sich zur wohlverdienten Ruhe und zog in ihre Vaterstadt Warendorf zurück, wo sie bald darauf gestorben ist. Ihre Stelle als Lehrerin der Oberklasse übernahm jetzt Catharina Hölscher, die bis dahin und seit 1873 die Mädchenvorschule geleitet hatte.

III. Das Grevener Schulwesen in der Neuzeit

1. Die höheren Schulen. Die Rektoratschule und die höhere Mädchenschule

Die Versuche, ein höheres Schulwesen in Greven aufzubauen, sind alt. Die Rektoratschule[611]) geht zurück auf den Wunsch der Kaufleute des Ortes, ihren Söhnen die Anfänge der höheren Schulbildung zu Hause, im Heimatort zu vermitteln, da die Verkehrsverhältnisse zur Stadt den Besuch des Gymnasiums in Münster noch nicht gestatteten und die Unterbringungsmöglichkeiten der jüngeren Jahrgänge in Konvikten oder Pensionen damals noch sehr gering waren. Wohl schon immer haben einige Geistliche in Greven es sich angelegen sein lassen, lernbegierigen Knaben die Anfangskenntnisse im Latein und vielleicht auch schon etwas in der Mathematik zu vermitteln, um sie so auf den Besuch einer höheren Schule vorzubereiten. Eine eigentliche Privatschule mit staatlicher Konzession (erteilt am 15. Januar 1841) hielt aber erst der Vikar Bokmann in den dreißiger und vierziger Jahren, in der er durchschnittlich zwölf bis achtzehn Knaben unterrichtete. Mit seinem Fortgang von Greven ist dieser erste Versuch einer höheren Schule in Greven wieder eingeschlafen, denn als im Jahre 1844 Kaufmann Becker seinen Sohn Felix zum Besuch des Gymnasiums in Münster vorbereiten lassen wollte, mußte er ihn nach Telgte zum Lehrer Knickenberg schicken, dessen erster „Interner" der junge Becker wurde. In den fünfziger Jahren versuchten die Grevener Kaufleute mehrfach, Knickenberg zur Übernahme einer in Greven zu gründenden höheren Knabenschule zu bewegen. Dieser konnte sich aber nicht entschließen, Telgte zu verlassen, und gründete vielmehr im Jahre 1858 dort sein nachmals so bekanntes und erfolgreiches „Knickenbergsches Institut".[612])

Die Grevener Kaufleute ließen indes von ihrem Plan, in Greven eine eigene höhere Knabenschule zu begründen, nicht ab. Zunächst hielten sie sich wieder einen geistlichen Hauslehrer, Ferdinand Diederichs (1857), der aber am 5. November 1859 als Curatvikar nach Enniger ging. Aus dieser Zeit ist ein leider nicht datierter „Prospectus" erhalten, der für die Schaffung einer solchen höheren Knabenschule werben sollte. Es heißt darin:[613])

Die Erziehung und wissenschaftliche Ausbildung der Knaben an Orten, wo sich kein Gymnasium befindet, ist mit vielen Schwierigkeiten und Geldopfern verbunden, wenn, wie es bisher in Greven der Fall war, einzelne Familien sich für einige Jahre einen geistlichen Hauslehrer zu halten genöthigt sind, oder die Knaben in zeitigem Alter nach Pensionaten oder Gymnasien geschickt werden müssen. Diese Schwierigkeiten und Kosten können sehr vermindert und vielleicht ganz behoben werden, wenn sich mehrere zu dem gemeinschaftlichen guten Zwecke verbinden, in Greven eine wissenschaftliche Schule zu fundieren. In einem Jahre hat der eine Mitgründer mehr Nutzen davon, in späterer Zeit wieder der andere, so daß sich dies auf die Dauer ausgleicht, weshalb auf die augenblicklichen Zustände nicht gar zu großes Gewicht gelegt werden muß. Aller Anfang ist schwer, so auch die Fundierung der wissenschaftlichen Schule zu Greven, aber Einigkeit macht stark und bei gutem Willen läßt sich vieles durchsetzen, wovor man anfänglich zurückschreckt.

Wenn der gehörige Grund gelegt und die Anfangsperiode überwunden ist, werden sich aller Wahrscheinlichkeit nach die Schüler mehren und dann kann durch das Schulgeld, welches für den einzelnen Schüler verhältnismäßig gering ist, mit einem Zinsenzuschuß aus dem Fonds die ganze Ausgabe für immer bestritten werden . . .

Die Schule bezweckt für die nächste Zukunft die Ausbildung der Schüler nach dem Lehrplane einer vollständigen Realschule und soll diejenigen Schüler, welche sich zum Übergang auf die Universität vorbereiten, wenigstens für den Eintritt in die Unterprima eines Gymnasiums befähigen, dabei richtet sie ihre vorzügliche Bestrebung auf die religiös-sittliche Erziehung ihrer Zöglinge und ist deshalb für die Schüler eine Einrichtung, die vom Geiste unserer christkatholischer Kirche getragen, die Grundlagen des zeitlichen Glückes und ewigen Heiles mit dem Frohsinn der Unschuld, dem Charakter des festen Willens an der Hand des demütigen Gehorsams in den jugendlichen Herzen zu wecken und zu befestigen sucht . . .

Ende 1860 wurde der Geistliche Heinrich Ratte (vorher Lehrer in Dülmen) auf drei Jahre mit der Haltung einer Privatschule betraut (von der Regierung bestätigt am 29. 1. 1861), doch gab er das wohl nicht gerade leichte Amt zum Herbst des Jahres 1861 schon wieder auf. An ihn erinnerte noch lange der den „höheren" Schülern Grevens anhaftende Spitzname „Ratten". Ihm folgte August Greveler, der mehr Ausdauer bewies. Bis zum Ostertermin des Jahres 1868 unterrichtete er im Hause Schründer (an der Königstraße) zeitweise bis zu dreizehn Kinder, von denen allerdings nur fünf auf das Gymnasium vorbereitet wurden. Mit seinem Nachfolger, dem „Rektor" und Curatpriester Eugen Baeck aus Telgte, der am 5. Oktober ernannt wurde, schlossen die Kaufherren und andere Interessenten einen eingehenden Kontrakt über die Errichtung und Führung einer „Rektoratschule".[614]) Es wurde darin bestimmt, daß mit der Aufnahme der Kinder zum Wintersemester (1868) der Anfang gemacht werden solle, und zwar dürften nur Kinder mit vollendeter Grundausbildung und mit einem Mindestalter von zehn Jahren aufgenommen werden. Der Unterricht solle in einem dreiklassigen System durchgeführt werden, wobei Schulstunden und Ferien dem Schulplan des Gymnasiums in Münster angepaßt werden. Der Rektor bekam 300 Taler Gehalt und freie Wohnung, dafür ersatzweise 20 Taler Wohnungsgeld. Unterzeichnet ist dieses für die Geschichte der Grevener Rektoratschule grundlegende Dokument, das man geradezu als seine Geburtsurkunde bezeichnen kann, von Schulte Höping (Aldrup), Eduard Schründer, Simons, Dercken, B. Schründer, Dr. Pröpsting und J. Temming.

Rektor Baeck gab seinen Posten schon nach Jahresfrist, im November 1869, wieder auf und ihm folgte am 4. Januar 1870 der Geistliche Richard Hoffmann, der die Schule zu großer Blüte bringen sollte. Die Voraussetzung für das Aufblühen der Schule war allerdings die großzügige Schenkung des Kaufmanns Johann Friedrich Biederlack (gest. 20. 11. 1870), eines Sohnes des um Greven so verdienten Joh. Christoph Biederlack, der in seinem Testament der Schule 1000 Taler in bar und sein Wohnhaus an der Kirchstraße Nr. 103 (heute Nr. 4) vermachte. Da er dabei zur Bedingung machte, daß der Leiter stets ein Geistlicher sein und der Familie Biederlack die Teilnahme an der Verwaltung vorbehalten bleiben sollte, konnte die staatliche Anerkennung zunächst – man stand damals ja mitten im Kulturkampf! – nicht erreicht werden. Trotzdem entwickelte sich die Schule, die 1871 förmliche Statuten erhalten hatte, in den nächsten Jahren stetig weiter. Das Ziel war, den Jungen Obertertiareife zu vermitteln. Im Jahre 1893, nachdem Rektor Hoffmann, der bis dahin den Unterricht, zuletzt in vier Klassen, allein erteilt hatte, Greven verlassen hatte – er wurde am 19. Mai 1893 Pfarrer in Roxel – und nachdem am 2. 2. 1893 die Witwe Joh. Fr. Biederlacks, Mathilde Driever gestorben war, der das Wohnrecht in dem der Schule vermachten Hause lebenslänglich vorbehalten war, erwies sich eine Neuorganisation der Schule als dringend notwendig. Bis dahin war die Zahl der Schüler nur sehr niedrig gewesen (1874 : 10; 1889 : 17; 1890 : 15; 1893 : 12), trotzdem entsprach die Schule einem wirklichen Bedürfnis, dem sich auch das Ministerium in Berlin nicht länger verschloß, so daß schließlich auch die staatliche Genehmigung nicht mehr verweigert wurde. Auf dem zum Hause Kirchstraße Nr. 4 gehörenden Grundstück an der Bergstraße wurde im Jahre 1897 ein eigenes Schulgebäude mit Lehrerwohnung errichtet, das am 22. September 1897 in Gebrauch genommen werden konnte.[615]) Im gleichen Jahre, am 6. November 1897 wurde die Schule dann auch von der Gemeinde übernommen, nachdem das Ministerium die Annahme der Biederlackschen Schenkung jetzt endlich genehmigt hatte. Die Gemeinde erhielt jetzt zwar das Vorschlagsrecht für die Lehrpersonen, doch blieb der Familie Biederlack für alle Zukunft ein Platz im Kuratorium der Schule vorbehalten. Das Programm wurde jetzt auf Untersekundareife ausgedehnt. In fünf Klassen zählte so die Schule im Jahre 1897 bereits 43 Schüler. Nachdem seit April 1893 cand. phil. van Oepen (aus Bochum) ein Jahr lang die Schule geleitet hatte, wurde zu Ostern 1894 wieder ein Geistlicher, Heinrich Verron aus Dorsten mit der Leitung derselben betraut. Schon vorher war zu Ostern 1893 eine zweite Lehrerstelle eingerichtet worden (erster Inhaber cand. phil. Ludwig Krüsemann), die wenig später in eine Konrektorstelle umgewandelt wurde, während 1897 eine dritte und 1911 schon eine vierte Lehrerstelle hinzukamen. Rektor Verron ging Ostern 1905 nach Billerbeck ab. Konrektor Heinrich Thoms führte jetzt interimistisch die Schule für ein Jahr, verließ dann jedoch Greven und ging als Kaplan nach Sendenhorst. Am 1. April 1906 übernahm Bernhard Bußmann aus Eggerode (gest. 1874), vorher in Altlünen, die Schule. Nach dreißigjähriger, verdienstvoller Tätigkeit, während der er die Grevener Rektoratschule allen zeitbedingten Schwierigkeiten zum Trotz zu großer Blüte brachte, trat er am 1. Oktober 1936 in den wohlverdienten Ruhestand (gest. 10. 10. 1944).

Die stetig steigende Schülerzahl – 1910 waren es 60, 1911 73, 1912 schon 86 – ließ den alten Schulbau schon bald wieder zu klein werden, so daß ein Erweiterungsbau ausgeführt werden mußte, der zu Ostern 1912 in Gebrauch genommen wurde. Um die Angleichung des Lehrplanes an den der staatlichen Gymnasien zu gewährleisten, wurde die Rektoratschule im Jahre 1909 dem Gymnasium in Rheine angeschlossen, dessen Direktor die Aufsicht über die Grevener Schule ausübte. Dem gymnasialen Zweig wurde 1922 (vorübergehend bereits 1913) ein realgymnasialer und 1931 dann auch ein lizealer Zweig angegliedert.[616])

Auch die höhere Mädchenschule in Greven verdankt ihre Entstehung der Initiative der Kaufmannschaft und der Fabrikherren, und wie die Rektoratschule, so begann auch sie in einem Privathause, zunächst im Hause des Josef Schründer an der Marktstraße, dann im Niederort bei der Witwe Ostendorf, schließlich dann im Hause Münsterstraße Nr. 4. Sie hatte manche Schwierigkeiten zu überwinden, ehe der Schulbetrieb richtig lief. Am 14. Mai 1868 bildete sich der Vorstand aus den Herren Franz Biederlack junior, Cornel Rieke und Flor. Terfloth. Der erste Name zeigt uns schon, von wem der Antrieb zur Gründung der privaten Töchterschule ausging! Tatsächlich hieß sie in den nächsten Jahren auch offiziell „Biederlacksche Töchterschule". Die erste Lehrerin war Frl. Bernh. Bröcker aus Münster, die im Oktober 1868 den Unterricht begann. Die Schule bestand zunächst nur aus einer Klasse (in drei Abteilungen und etwa einem Dutzend Mädchen. Der Zweck der Schule war, wie es in einem Bericht aus dem Jahre 1878 heißt, „heranwachsende Töchter in Elementarfächern, Realien und Sprachen weitere Ausbildung und Anleitung zu geben". Auch für diese Schule hatte Joh. Friedrich Biederlack in seinem Testament ein reiches Legat von 4000 Tl. ausgeworfen, so daß die Zukunft derselben gesichert war. Entsprechend war auch im Kuratorium der höheren Mädchenschule stets ein Mitglied der Familie Biederlack vertreten. Neben dem regelmäßigen Unterricht für die höheren Töchter am Vormittag gab die Lehrerin am Nachmittag einer Anzahl Schülerinnen der Volksschule Unterricht in Fremdsprachen. Der Eindruck des ganzen Unternehmens war 1876 so günstig, daß die Gemeinde sich bereit erklärte, die Vermögensverwaltung derselben zu übernehmen. Der private Charakter blieb dagegen noch lange gewahrt, ja es wurde erst 1910 ein Schulverein zur Unterhaltung der Schule, die im gleichen Jahr im Gertrudenheim ein neues Heim gefunden hatte, gegründet. Zum 1. April 1914 wurde sie dann aber doch von der Gemeinde als öffentliche höhere Mädchenschule übernommen, nachdem schon 1910 eine zweite Lehrstelle hatte geschaffen werden müssen.[617]) Der ersten Lehrerin, Fräulein Bröcker, war bereits 1871 Anna Welter gefolgt, die in unermüdlichem Eifer bis zum Herbst 1900 die Leitung der Schule behalten hat. Erst ihre Nachfolgerin, Fräulein Math. Heidelberg erlebte den Aufstieg der Schule, deren Schülerinnenzahl erstmalig 1908 auf 21 stieg.*) Das Schulsystem bestand damals aus sechs Klassen (zweite bis siebte) und entsprach in etwa einem Lyzeum, doch wurde die Angleichung an den üblichen Lizealtyp noch 1918 als erstrebenswertes Ziel hingestellt. Noch während des Weltkrieges stieg die Zahl der Kinder sprunghaft von 30 im Jahre 1914 auf 48 im Jahre 1917, ja auf 65 im Jahre 1918. Die dringend benötigte dritte Lehrerin (Hedwig Mersmann) trat 1917 ihren Posten an, nachdem schon Rektor Cordes von der Knabenschule mit einzelnen Stunden und ebenso Fräulein E. Roesdorff-Salm, die Tochter des früheren Amtmannes, zeitweilig ausgeholfen hatten. Auch nach dem Kriege hielt zunächst die Aufwärtsentwicklung an, so daß schon seit 1919 eine weitere Hilfskraft beschäftigt werden mußte, aber dann begannen die Folgen des verlorenen Krieges und die jetzt immer schneller fortschreitende Inflation sich bemerkbar zu machen. Die Zuschüsse, die von der Gemeinde zu den Kosten der Mädchenschule geleistet werden mußten, stiegen sprunghaft von etwa 2000 Mk. jährlich bis 1918 auf 4000 Mk. im Jahre 1919 und auf 21 500 Mk. im Jahre 1920. Die ersten Stimmen für einen Abbau der Schule, besonders aus Arbeiterkreisen, meldeten sich. Zudem litt die Schule unter dem Mangel an Lehrkräften, so daß der Unterricht in den verschiedenen Klassen allzu häufig gekoppelt werden mußte. Da die Gemeinde das Verlangen der Regierung nach einer fünften Lehrerstelle wegen der großen Finanznot nicht erfüllen konnte, mußten dann zu Ostern 1926 zwei Klassen abgebaut werden, ja 1927 mußte die Schülerinnenzahl, die schon 1924 auf 103 gestiegen war, auf 85—90 beschränkt werden.

---

*) Die Leitung der Schule übernahm zu Ostern 1909 Fräulein Agnes Arens, der dann im Jahre 1914 Fräulein Emma Pruß folgte.

Die Stimmung der Gemeinde wandte sich immer mehr gegen die kostspielige Schule, zumal schon seit längerem der Plan aufgetaucht war, nach Greven eine bei weitem billigere Schwesternschule zu holen. Aber auch dieser Plan scheiterte endgültig 1927, obwohl die Mehrheit der Gemeindevertreter dafür war. Die steigende Arbeitslosigkeit lähmte die Finanzkraft der Gemeinde immer mehr, so daß man 1931, nachdem man in den Jahren der Scheinblüte die fünfte Klasse wieder aufgebaut hatte, einstimmig den Abbau der Schule beschloß. Die Zahl der Kinder hatte seit dem ersten Abbau im Jahre 1926 ständig abgenommen und betrug jetzt nur noch 37 in zwei Klassen, zum Schluß des Jahres 1931 sogar nur noch 10. Zum ersten Januar 1932 schloß die Schule endgültig ihre Pforten; die Mädchen, soweit sie nicht schon an andere Schulen übergegangen waren, wurden von der Rektoratschule übernommen.

2. a) Die katholischen Volksschulen

Das ständige Wachsen der Grevener Volksschulen kann hier nicht mehr in allen Einzelheiten verfolgt werden; nur die Hauptlinien der Entwicklung sollen daher kurz nachgezeichnet werden.

Das alte Verhältnis, daß die Bauerschaftsschulen nur Nebenschulen der Hauptschule im Dorf Greven waren, war nach dem Neubau der Schule in Herbern (1846) gelöst worden, so daß seitdem jede Bauerschaft mit eigener Schule auch einen eigenen Schulverband (Sozietät) bildete mit eigenem Schulvorstand, eigenen Repräsentanten usw. Das wichtigste war noch, daß jede Schulsozietät ihre Kosten selbst trug. Erst 1876[618]) übernahm die politische Gesamtgemeinde Greven die Kosten der Bauerschaftsschulen, doch blieben die Sozietäten trotzdem vorerst noch bestehen und verfielen erst 1896 der Auflösung, wodurch dann die Schulen öffentliche Kommunalschulen wurden.

Im Dorf zwang die ständig und stetig wachsende Zahl der schulpflichtigen Kinder zum immer weiteren Ausbau des Schulsystems. Hatte die Zahl der Kinder schon 1878 die 500 überschritten, so wurden kurz vor dem Weltkrieg bereits die 1000 erreicht! Dementsprechend stieg auch die Zahl der Lehrpersonen und der Ausbau der Schulen. Um der dringendsten Not abzuhelfen, hatte man 1888 die im Jahr zuvor stillgelegte, 1862 gebaute Fabrik der Seidenspinnerei Meckel u. Co. an der Münsterstraße aufgekauft, die dann zur Schule umgebaut wurde und als solche bis 1909, bis zum Neubau der Schule am Wilhelmsplatz gedient hat (das Gebäude wurde von der Gemeinde erst 1920 verkauft). Zu den bisherigen sieben Klassen trat 1890 die achte Klasse, so daß es jetzt vier Knaben- und vier Mädchenklassen gab. Von ihnen waren die erste und zweite Knabenklasse in der ehemaligen Meckelschen Fabrik untergebracht, die drei ersten Mädchenklassen in der Mädchenschule hinter der Marktstraße (Zugang zwischen den Häusern Marktstraße Nr. 20 und Nr. 28), während die beiden restlichen Knabenklassen und die vierte Mädchenklasse in der alten Knabenschule am Kirchplatz geblieben waren. Für die 1893 fällige, neunte Klasse, mußte man wieder zum Saale des Wirtes Halstrup seine Zuflucht nehmen, bis dann 1894 der Schulneubau an der Lindenstraße fertig wurde. Als dann gar infolge der Trennung der Gemeinde Greven-Dorf von den umliegenden Bauerschaften in Wentrup, Aldrup und Maestrup neue Bauerschaftsschulen gebaut werden sollten — sie kamen allerdings erst 1899 zur Ausführung, während Pentrup bereits 1894 eine eigene Schule erhalten hatte –, bekam Greven selbst Luft, so daß man sogar nicht mehr benötigte Räume der Rektoratschule zur Verfügung stellen konnte. Der ständige Arbeiterzuzug nach Greven ließ die Kinderzahl aber immer mehr ansteigen, so daß der 1897 eingerichteten zehnten Klasse zu Ostern 1905 schon die elfte folgte, aus denen dann bis zum Weltkrieg im ganzen achtzehn wurden!*) Der wachsenden Raumnot konnte nur wieder durch Neubauten begegnet werden, und so entstanden dann 1906 die sechsklassige Mädchenschule hinter der Marktstraße, im Jahre 1909 eine neue vierklassige Knabenschule an der Lindenstraße und 1912 nochmals eine neue vierklassige Schule am Wilhelmsplatz. Die Noträume in der Meckelschen Fabrik konnten so 1909 aufgegeben werden, ebenso das alte Schulgebäude am Kirchplatz, in dem seit mehr als dreihundert Jahren Grevens Jugend erzogen und unterrichtet worden war.

Es wurden jetzt — 1914 — im Dorf zwei Schulsysteme gebildet, im Norden des Dorfes eins mit zwölf Klassen, das die Wilhelmsschule am Wilhelmsplatz und die Mädchenschule hinter der Marktstraße umfaßte, mit einem Rektor (Heinrich Cordes) an der Spitze, im Süden des Dorfes das zweite, die Johannesschule an der Lindenstraße mit sechs Klassen, an deren Spitze 1915 Hauptlehrer A. Wähning trat, nachdem Rektor Cordes bis dahin auch dieses System mit verwaltet hatte. Die Bezeichnung der beiden am 24. Juni 1914 eingeführten Systeme als Wilhelms- bzw. Johannesschule wurde 1934 in Hans Schemm- bzw. Johann Rickmers-Schule umgewandelt. Nach der Einführung der Gemeinschaftsschule, der die evangelische Volksschule in Greven zum Opfer fiel, wurden im Jahre 1939 daraus drei Systeme gemacht: die Herbert-Norkus-Schule am Wilhelmsplatz für den Bezirk Hügel und Bahnhof, die Hans-Rickmers-Schule an der Lindenstraße für den Bezirk Süden, die Hans-Schemm-Schule hinter der Marktstraße für den Bezirk Mitte und Osten. Bis auf die Namen, die 1945 wieder den alten weichen mußten, ist es dabei geblieben.

Durch die Besoldungsreform vom 1. April 1920 waren die Lehrer auf den Staat übernommen worden, wodurch die Gemeinde mit einem Schlage der Sorge um die Finanzierung ihres so gewaltig gewachsenen Schulsystems enthoben wurde. War das Schulwesen auf den Staat übergegangen, so war damit auch die einheitliche und gesicherte Entwicklung desselben gesichert. Von der kleinen Pfarrschule des 16. Jahrhunderts unter ausschließlicher Leitung des Dorfpfarrers**) bis zum staatlichen Schulsystem des 20. Jahrhunderts war ein langer, oft gar beschwerlicher und mühevoller Weg, auf dem im Laufe der Jahrhunderte viele Lehrer gewandelt sind, deren heißes Ringen und liebevolles Bemühen immer der Jugend galt, die unseres Volkes Zukunft ist.[619])

b) Die evangelische Volksschule [620])

Die seit der Mitte des 19. Jahrhunderts sich bildende und schnell wachsende evangelische Gemeinde in Greven hatte gar bald auch den Wunsch, ihre Kinder in einer eigenen, evangelischen Schule unterrichtet zu sehen. Aber erst nachdem sie im Jahre 1893 eine eigene Kirche erhalten hatte (s. o. S. 180), konnte an die Verwirklichung des Schulplanes herangegangen werden. Zunächst erteilte der Pfarrverweser bzw. Pfarrer von Emsdetten-Greven, Schmiesing, selbst zweimal in der Woche Religionsunterricht für die Kinder seiner Gemeinde, seit dem Jahre 1895 übernahm diese Aufgabe dann der Lehrer Lagemann aus Münster. Die Zahl der Kinder war erst nur sehr gering. Im Jahre 1889 waren nur sieben schulpflichtige evangelische Kinder in Greven vorhanden, im nächsten Jahre dagegen schon zwölf, 1894 vierzehn, 1895 fünfzehn, 1896 aber nur wieder zehn. Infolge

---

*) 1921 wurde eine Hilfsschule für schwache und zurückgebliebene Kinder eingerichtet, die aber 1929 wieder aufgehoben wurde.

**) Das Patronatsrecht über die Schule übte im 18. Jahrhundert der Inhaber des Hauses Schöneflieth aus (StAM, DK Münster, H. Schöneflieth G 1). Durch die französische Gesetzgebung erlosch dieses Recht, wurde dem Pfarrer 1834 noch einmal zugebilligt (ebd., Reg. Münster, Schulreg. 170 Nr. 4, im Jahre 1876 aber endgültig kassiert).

des Kanalbaues und des dadurch bedingten Zuzuges fremder und evangelischer Arbeiterfamilien, von denen eine ganze Anzahl auch nach Vollendung des Kanals in Greven hängenblieben und in den Fabriken Arbeit fanden, stieg dann die Zahl der Schulkinder noch während des Jahres 1896 auf einundzwanzig und bis 1900 gar auf fünfundzwanzig. Hatte Pfarrer Schmiesing schon von Anfang an auf die Errichtung einer evangelischen Schule gedrungen, um die Kinder seiner Gemeinde aus der katholischen Umgebung in der Dorfschule herauszulösen, so wurde jetzt, im Jahre 1900, der erste Schritt zur Durchführung dieses Planes getan, indem am 22. März dieses Jahres eine evangelische Schulgemeinde gebildet wurde. Bei dem Gemeindemitglied Zolleinnehmer Reineke an der Fredenstiege mietete die Gemeinde einen Raum, den man zum ersten Schullokal einrichtete, und in dem dann der als erster Lehrer berufene Albert Marth am 20. April 1900 den Unterricht mit dreiundzwanzig Kindern beginnen konnte. Bald hatte die opferfreudige Gemeinde auch das Geld für einen eigenen Schulbau beisammen, der auf einem bei der Kirche liegenden Grundstück im Jahre 1903 (für rund 15000 Mark) errichtet und noch am 8. Oktober des gleichen Jahres in Gebrauch genommen werden konnte. Mittlerweile hatte am 1. März der Lehrer Wilhelm Fischbach den zum Heeresdienst eingezogenen Marth abgelöst. Er versah wie schon sein Vorgänger (und ebenso noch sein Nachfolger) nebenher auch das Amt des Organisten.

Infolge der steigenden Kinderzahl mußte die Schule schon 1908 durch Hinzunahme eines bislang als Wohnraum dienenden Raumes erweitert werden. Schule und Schulplatz gingen dann zum 1. April 1908 auf Grund des Schulunterhaltungsgesetzes auf die politische Gemeinde über. Lehrer Fischbach starb bereits am 13. Januar 1916. Erst zum 1. Oktober erhielt er nach mehreren Vertretungen einen regelrechten Nachfolger in der Person des Lehrers Walter Mertin, der aber bereits am 1. März 1917 eingezogen wurde, worauf dann die Schule aus Ersparnisgründen zu Ostern geschlossen wurde. Die Kinder wurden jetzt auf die katholische Volksschule übernommen, bis zu Ostern 1919 die evangelische Schule wieder eröffnet werden und der aus dem Kriege heimgekehrte Lehrer Mertin den Unterricht wieder aufnehmen konnte.

Die Zahl der Schulkinder hatte während dieser Zeit häufig geschwankt. Durch den von der Textilindustrie veranlaßten Zuzug fremder, hauptsächlich holländischer Familien stieg die Zahl schon 1910 auf fünfzig. Der Krieg brachte natürlich einen großen Rückschlag, doch konnte Lehrer Mertin 1919 wieder mit fünfunddreißig Kindern den Schulbetrieb aufnehmen, deren Zahl seitdem ständig gestiegen ist.

Auch in der Siedlung Reckenfeld zeigte sich bald die Notwendigkeit, eine eigene Schulklasse für die zahlreichen Kinder der evangelischen Gemeinde einzurichten, gab es hier doch schon 1928/29 über fünfzig schulpflichtige evangelische Kinder! Allen Widerständen zum Trotz konnte bereits im Sommer 1929 der erste evangelische Lehrer, Konermann, in Reckenfeld seine Tätigkeit beginnen, ja im November des gleichen Jahres mußte ihm schon eine zweite Lehrperson beigegeben werden. Der nationalsozialistischen Gemeinschaftsschule fielen im Jahre 1939 beide evangelischen Schulen zum Opfer, wurden aber 1946 wieder eröffnet.

IV. Die Schule in Gimbte [621])

Die Schule in Gimbte war eine sogenannte Küsterschule, d. h. sie wurde vom Küster geleitet. Nach dem Visitationsprotokoll von 1571 gab es in Gimbte noch keine Schule. Das ständige Drängen der Visitatoren zu Beginn des 17. Jahrhunderts wird aber die Veranlassung zur Einrichtung der Schule gegeben haben, denn aus einem Bericht von 1670 geht hervor, daß die Bauern ums Jahr 1620 dem damals offenbar neuangestellten

Küster ein „geringes Häuslein" am Kirchplatz einräumten unter der Bedingung, daß er dafür Schule halten und „die Jugend instruiren" solle.[622]) Wie alles in dem kleinen Kirchspiel, so war auch die Schule nur klein, noch kleiner als das unzulängliche Schullokal in Greven. Die eigentliche Schule, „eine enge, niedrige, finstere und dumpfe Stube" konnte 1819 schon seit Jahren nicht mehr für Schulzwecke benutzt werden. Aber auch das in der Privatwohnung des Küsterlehrers zur Verfügung gestellte Zimmer maß nur 38 mal 11$\frac{1}{2}$ Fuß, also nur 322 Quadratfuß (= 21$\frac{2}{3}$ Qudratmeter). Für die 45 Kinder, die im Jahre 1822 schulpflichtig waren, war es immerhin noch groß genug. Als aber die Kinderzahl auf 76 im Jahre 1838 stieg, war ein Neubau nicht mehr zu vermeiden, der dann auch ganz im gleichen Stil wie der Grevener Bau (vgl. Abb. 27) im Jahre 1839 errichtet wurde für die unwahrscheinlich geringe Summe von 828 Talern! Da man aber auch in Gimbte in übertriebener Sparsamkeit nicht an einen eventuellen Zuwachs in der Zukunft gedacht hatte, wurde 1861 schon wieder ein Neubau nötig, der auch nur bis 1906 den Anforderungen genügt hat. Bis dahin wurden auch Knaben und Mädchen gemeinsam unterrichtet. Erst am 15. Oktober 1911 konnte die neue Mädchenschule, die im Garten des Lehrers erbaut worden war, in Gebrauch genommen werden. Die Schülerzahlen stiegen auch in Gimbte im Laufe des 19. Jahrhunderts langsam aber stetig an. Aus dem 18. Jahrhundert liegt nur eine Angabe für das Jahr 1792 vor, der zufolge dreißig Knaben und vierundzwanzig Mädchen die Schule besuchten. Bis 1851 stieg diese Zahl auf einundfünfzig Knaben und sechsundvierzig Mädchen.

Diese Kinder stammten aber nicht alle aus Gimbte, denn zum Schulbezirk Gimbte gehörten von alters her auch die Bauerschaften Sprakel und Gelmer (Kirchspiel St. Mauritz, Münster), seit 1832 bzw. 1835 amtlich auch die vier Kolonate Beckmann, Johanning, Lammerding und Berning aus der Bauerschaft Koerde. Schon im Jahre 1792 gehörten von den dreißig Knaben fünfzehn nach Gelmer und drei nach Sprakel, von den vierundzwanzig Mädchen vier nach Gelmer und fünf nach Sprakel. Ähnlich war auch das Verhältnis in den nächsten Jahrzehnten. Einen Teil der Gelmerschen Kinder verlor die Gimbter Schule 1834 an die Bockholter Schule, ebenso 1864 an die neue Schule in Gelmer. Die meisten Kinder aus Sprakel besuchten seit dem Winter 1882/83 die in Sandrup am Sandruper Baum gegründete Privatschule, die zum Herbst 1883 als öffentliche Schule von der Gemeinde übernommen wurde.

Das Schwanken in der Kinderzahl machte sich, solange sich das Gehalt des Lehrers im wesentlichen noch auf dem Schulgeld der Kinder aufbaute, für diesen recht unangenehm bemerkbar, war es doch mit dem Gimbter Lehrergehalt sowieso nicht weit her. Zwar zahlten 1794 auch hier die Kinder jährlich 14 Schillinge Schulgeld, und, wenn sie Schreiben lernten, das Doppelte (einen Taler), ferner 1 Sch. Eingangs- und ebensoviel Opfergeld, aber bei der geringen Kinderzahl kamen dabei nicht viel mehr als 20 Taler heraus. Dazu erhielt der Lehrer dann noch 4 Taler aus einer milden Stiftung eines Herrn von Ermelinghoff und vom Dechant von St. Mauritz, der als Archidiakon der Gimbter Kirche zugleich auch Schulherr in Gimbte war, weitere 5 Taler für die unentgeltlich zu unterrichtenden armen Kinder der Gemeinde. Dazu kamen dann allerdings die Einnahmen aus dem Küsteramt, die sich nach der Aufstellung von 1794 zusammensetzten aus 5 Talern für die Aufwartung bei der Frühmesse und aus den Naturalleistungen der Bauern, nämlich 1 Malter, 6 Scheffel Meßkorn und einem halben Spanndienst von jedem Bauern. Außerdem hatte der Küster freie Wohnung, einen Garten und 4 Scheffelsaat Land. Bei der Gemeinheitsteilung der Gimbter Mark in den dreißiger Jahren wurden schließlich der Schule noch 14 Morgen, 104 Quadratruten Land zugeteilt. Trotz allem bezog der Lehrerküster in Gimbte noch um 1860 erst 125 Taler Gehalt! Als dann 1869 der alte Gerhard Schumacher mit einem Drittel seines Gehaltes pensioniert wurde, stieg der Sohn und Nachfolger Leopold Sch. gar auf 130 Taler. Erst, als dieser, vom Wanderfieber ergriffen, seine Stelle niederlegte, um in der Kruppschen Fabrik in Essen sein Heil zu versuchen (!), wurden die Gehaltsverhältnisse der Lehrerstelle in Gimbte den Erfordernissen der Zeit wenigstens in etwa angepaßt. Der neue Lehrer, Heinrich Beermann, dem schon 1871 ganz vorzügliche Leistungen nachgerühmt wurden, bekam 190 Taler und nach der neuen Gehaltsregelung von 1873 dann als Lehrer einer einklassigen Schule die wohlverdienten 300 Taler.

Der erste Lehrer der Gimbtener Schule, der Küster Johann, starb um 1670.[623] Dann fehlen für fast hundert Jahre alle Nachrichten. Der am 15. Juni gestorbene Gerhard Schumacher war immerhin fünfundfünfzig Jahre im Dienst gewesen, hatte also die Stelle seit etwa 1764 inne. Er war ein braver Mann, wie es in einem Bericht von 1819 heißt, und die Kinder seiner Schule konnten gut schreiben! Nach den Proben, die man von der bäuerlichen Schreibkunst des 18. und auch noch des 19. Jahrhunderts gelegentlich in den Akten findet, gewiß eine Seltenheit. Seit 1817 bettlägerig, vertrat ihn sein Sohn Mauritz, der schon seit längerem die Küstergeschäfte wahrnahm, aber nur nominell. In Wirklichkeit hielt sein Enkel, Gerhard Mauritz Schumacher, die Schule. Da dieser 1804 geboren war, begann er seinen Schuldienst als Knabe von zwölf Jahren! Nach dem Tode seines Großvaters wurde er Ende 1819 sogar als Hauptlehrer bestätigt, obwohl er gerade erst 15$^1/_2$ Jahre alt war. Daß unter diesem jugendlichen Alter des Schulmeisters der Schulbetrieb leiden mußte, liegt auf der Hand. Bei der Revision von 1829 wurde denn auch festgestellt, daß der Unterricht nur mangelhaft sei, auch der Lehrer selbst seine eigene Fortbildung vernachlässige. Er gelobte zwar Besserung. Ganz befriedigte er aber späterhin noch nicht. So wurde er erst nach dem Tode seines Vaters, der als eigentlicher Inhaber der Stelle galt, im Jahre 1840 bestätigt und definitiv angestellt. Damals erhielt er das Prädikat: „er ist ein Mann von mäßigem Talent, gutem Willen, doch etwas langsam." Sein Sohn Leopold, der den kränklichen Vater seit 1859 unterstützte, erhielt die Stelle nach dessen Pensionierung im Jahre 1861. Er quittierte dann das Schulfach, um in der Industrie unterzukommen, was ihm aber offenbar doch nicht recht gelungen ist, da er sich 1876 um die Rückkehr ins Lehrfach und vor allen Dingen um die Rückkehr nach Gimbte bemühte. Daran war aber nicht zu denken, da hier seit den Herbstferien 1869 der aus Greffen gebürtige Heinrich Beermann wirkte, für den das Schumachersche Haus als Dienstwohnung angekauft worden war. Die ihm gleichfalls 1870 übertragene Küsterstelle trat er 1876 zusammen mit dem Organistenamt an Florenz Schumacher, wohl einen Bruder des im Ruhrgebiet verbliebenen Gerhard Mauritz ab.*) Von da ab hörte die Verbindung der beiden Ämter in Gimbte auf. Wohl aber wurde 1888 noch einmal ein Mitglied der Familie Schumacher, der 1854 in Gimbte geborene Joseph Sch. hier Lehrer, so daß von geringen Unterbrechungen abgesehen, über hundert Jahre dieses Amt in der genannten Familie gewesen ist.

V. Die Bauerschaftsschulen

Die Einrichtung von Nebenschulen in den Bauerschaften des Kirchspiels Greven läßt sich bis weit ins 18. Jahrhundert zurückverfolgen. Entstanden sind sie aus dem Wunsch vieler Bauern, den Kindern der von Greven weit, bis zu zweieinhalb Stunden entfernten Bauerschaften und Kolonate einen regelmäßigen Schulbesuch zu ermöglichen, der im Winter sonst durch Schnee und Eis, vor allem durch die weiten Überschwemmungen der Ems für lange Wochen unmöglich gemacht wurde. Meist taten sich die begüterten

---

*) Dieser war 1880 Lehrer in Kupferdreh, war also doch wieder ins Lehrfach zurückgekehrt.

Bauern einer Bauerschaft zusammen, errichteten auf ihre Kosten ein Schulgebäude oder stellten dafür einen Raum in ihren Häusern, vielfach auch reihum, zur Verfügung, und übernahmen die Besoldung der Schullehrer, die aber meist nur darin bestand, daß der Lehrer bei den Bauern reihum verpflegt wurde, wofür er dann aber zur Arbeitsleistung in der Ernte und auch sonst herangezogen wurde. Solche Privatschulen, die erst nach und nach von den betreffenden Gemeinden als öffentliche Schulen übernommen wurden, gab es im Kirchspiel Greven eine ganze Reihe. Erstmalig, allerdings nur indirekt, in den Akten erwähnt werden sie 1762, als in dem Bestallungsdekret für den Lehrer in Greven bestimmt wurde, daß die Bauern aus Hüttrup, Pentrup, Schmedehausen, Bockholt, Fuestrup und Hembergen ihre Kinder auch „woanders" zur Schule schicken dürften. Es muß damals also schon die eine oder andere Nebenschule gegeben haben. Wenig später suchte man die Nebenschulen, die den Kirchspielsschulen viele Kinder wegnahmen und dadurch die Existenz der Dorfschullehrer gefährdeten, wieder zu unterdrücken. Im Jahre 1774 erging die Verfügung, daß im Kirchspiel Greven alle Nebenschulen bis auf die Hemberger, die wegen ihrer Lage jenseits der Ems eine besondere Stellung einnahm, wieder eingehen sollten. Diese Verfügung ist aber entweder nicht in Kraft getreten, oder aber sie vermochte sich nicht durchzusetzen, denn in den achtziger Jahren lassen sich die Schulen in Bockholt, Schmedehausen und Hembergen schon wieder nachweisen. Wahrscheinlich haben sie also gar nicht aufgehört zu existieren. Ja, es kam noch eine weitere in Westerode hinzu! Die Entfernungen zur Hauptschule in Greven waren eben doch zu groß, als daß man sie den kleinen Kindern gerade während der Winterzeit, der Hauptschulzeit (!) auf die Dauer zumuten konnte.

In Bockholt[624]) bestand, wie gesagt, schon 1762 eine Schule, und entsprechend heißt es in einem Bericht von 1810, daß hier seit 30/40 Jahren Schule gehalten wurde, und zwar in einem, vom Schulten Topphoff eigens dafür errichteten Schulhaus, die von zahlreichen Kindern der Bauerschaften Bockholt, Guntrup und Fuestrup besucht wurde. Da diese Schule für die entlegenen Höfe, vor allem der Bauerschaft Fuestrup, aber immer noch sehr weit ab lag,*) bemühten sich die beteiligten Bauern schon früh um eine Verlegung der Schule mehr zur Mitte der drei Bauerschaften hin — gedacht war an eine Stelle bei Wesselmanns Hof —, ja die Fuestruper wollten 1809 sogar gerne eine eigene Schule haben, für die sie auch im nächsten Jahre die Erlaubnis bekamen; da sie sich aber wegen der Kosten nicht einigen konnten, blieb alles beim alten, und es wurde der Neubau der Bockholter Schule verfügt, der dann aber über den Kriegsnöten liegenblieb und erst 1830 zur Ausführung kam, obgleich bereits 1827 das Wasser von den Wänden lief. Der Neubau, dessen Plan sich in den Akten noch erhalten hat, sah genau so aus wie der Grevener Schulbau von 1792 (s. Abb. 27). Er enthielt ein großes Schullokal von 22 × 24 Fuß = 528 Quadratfuß (= 52 Quadratmeter), für 100 Kinder bemessen, daneben eine kleine Wohnung mit Stall und Diele. Alles natürlich einstöckig und aus Fachwerk. Die Bauausführung übernahm Schulte Topphoff, der auch den Platz zum Schulbau hergegeben hatte. Das Ganze kostete 1200 Taler, die von der Gemeinde getragen wurden. Damit war die Schule gleichzeitig eine öffentliche geworden. Erst im Jahre 1888 mußte das alte Gebäude durch ein neues ersetzt werden.

Die Zahl der Schulkinder hatte sich in Bockholt bis dahin nur langsam gesteigert. Hatte sie 1792 im Winter siebzig und im Sommer etwa fünfzig (ebenso 1794) betragen, so besuchten nach der Aufstellung des Maire Schründer rund dreißig Kinder die Schule.

---

*) Sch. Terborg in Fuestrup (Schultenhoek) schickte deshalb seine Kinder stets nach Westbevern und weigerte sich (1819) beharrlich, das Schulgeld nach Bockholt zu zahlen, womit er natürlich nicht durchkam.

Erst in den fünfziger Jahren stieg sie rascher, 1856 auf vierundsechzig, bis 1880 sogar auf neunzig.

Mit ihren Lehrern hatten die drei Bauerschaften zunächst wenig Glück. Das lag in der Hauptsache an den mißlichen Besoldungsverhältnissen. Zwar bezog der Schulmeister auch hier seinen halben Taler Schulgeld pro Kind, dazu dann aus einem Kapital von 400 Talern, das Schulte Topphoff im Jahre 1793 zu 3 % beim Erbkämmereramt belegt hatte, die Zinsen in Höhe von 12 Talern,*) damit war es dann aber auch aus! Für die freie Kost, die er von den Bauern reihum zu erhalten hatte, mußte er in den Ferien, die von den klugen Bauern hier wohlweislich bis Anfang November ausgedehnt wurden, tüchtig mithelfen und jede Knechtsarbeit, die auf einem Bauernhof vorkommt, leisten. Das führte natürlich nur zu oft zu Unträglichkeiten. Gar beweglich klagte der Bockholter Lehrer Fleischhut der Schulbehörde in einer Eingabe vom 20. April 1810 sein Leid: „... ich traf aber dieses Schulwesen in gantz elenden Umständen an, trotz der Verordnung von 1781 keine Lehrerwohnung ..., weil die antecessores (Vorgänger) quartaliter von denen Bauren sich einquartiren liesen, in welcher Zeit sie alsdann von ihrem Wirth Logis und Kost hatten, diese aber sie bey Sommerszeit durch saure Handarbeit ihren Verpflegers wieder vergüten. Es wurden also von Johanni (24. Juni) an bis spät im Herbst (Martini) die Kinder der Schule entlassen, in dieser Zeit bedienten sich diejenigen Bauren, bey welchen der Lehrer Logis und Kost bey gehabt, den armen Lehrer zu ihrem würcklichen Scklaven; was niemand von den Bauren seinen eigenen Leuthen thun oder genießen wolde, das wurde dem Schulmeister geheißen oder vorgesetzt ..." Vergeblich wehrte sich Fleischhut gegen diese Unsitte, die von jeher zur Folge gehabt hatte, daß die Lehrer in Bockholt ständig wechselten.

Zum Jahre 1788 lernen wir den ersten Bockholter Lehrer mit Namen kennen, Daßmann. Bei seiner Anstellung war ihm ausdrücklich zur Pflicht gemacht worden, bei den Bauern zu arbeiten, falls er keine Schule halte! Drei Jahre später bewarb sich schon ein neuer Kandidat, Üters mit Namen, um die Stelle, im nächsten findet sich abermals ein neuer Mann, Wietert, in Bockholt. Sein Nachfolger wurde wohl Johann Bernhard Brocker, der 1794 hier stand. Aber auch er hielt es hier nicht lange aus und ging nach kurzer Zeit nach Westerode. Im Jahre 1800 war Bernhard Anton Beckermann Lehrer in Bockholt,[625]) an dessen Stelle Ende 1802 ein Invalide Wiemeler hierher kam, den man aber im Herbst 1809 davonjagte, „da er dem Trunke sehr ergeben". Er ging von hier nach Schmedehausen, mußte aber auch dort wegen seiner Trunksucht bald wieder entlassen werden. Am 18. Dezember 1809 wurde dann der bereits genannte Johann Eckhard Fleischhut zum Lehrer in Bockholt bestellt, der angeblich aus Münster stammte, in Wirklichkeit aber aus Süddeutschland zugezogen war. Er hatte einige Jahre bei dem Grafen Stolberg in Münster als Bedienter gearbeitet und mochte wohl glauben, hier einen ruhigeren und bequemeren Posten gefunden zu haben. Er vertrug sich jedoch nur schlecht mit den Bauern, die seinen oberdeutschen Dialekt gewiß kaum verstehen konnten. Zudem warfen sie ihm vor, er wäre zu hart gegen die Kinder, die auch nichts Rechtes bei ihm lernten. Der wahre Grund aber war wohl der, daß Fleischhut sich weigerte, wie seine Vorgänger den „Sklaven" der Bauern zu machen, wie er sich in seiner, oben z. T. wiedergegebenen Eingabe an die vorgesetzte Behörde ausdrückte. Der Maire Schründer versuchte mehrfach, aber immer vergeblich, zwischen den Parteien zu vermitteln. Die Bauern blieben bei ihrer ablehnenden Haltung gegen den Fremdling, und da sie ihm die Lebensmöglichkeit durch Vorenthaltung

---

*) Nach der Bockholter Schulchronik. Nach der gleichen Quelle hat Maria Gertrud Richters im Jahre 1800 das Haus Nr. 25 in Greven (Münsterstraße Nr. 18) der Schule Bockholt vermacht, aus dem jährlich noch 24 Mark Zinsen einkamen.

der Kost – niemand wollte ihn schließlich bei sich aufnehmen – abschnitten, verließ er still den Ort seines unrühmlichen Wirkens. Ob er wirklich ein so schlechter Lehrer war, steht dahin, er hatte immerhin einen Kursus der Normalschule bei Overberg besucht. Fast ein ganzes Jahr lang blieb die Schule verwaist; nur die Fuestruper gewannen vorerst in der Person des jungen, dreiundzwanzigjährigen Christian Hümken einen „Präzeptor" für ihre Kinder, der dann endlich zum 1. November 1811 auch die Bockholter Schule übernahm. Auch er hatte, sogar zweimal, die Normalschule in Münster besucht, und wohl, um ihm die Stelle angenehmer zu machen, versprachen ihm die Bauern schließlich eine Zulage von zehn Talern aus der Gemeindekasse. Darüber hinaus sollte er auch Eingangs-opfer und Kirmesgeld bekommen, wie ein richtiger Dorfschullehrer.

Indes die kleine Schule übte nur wenig Anziehungskraft auf junge, tatendurstige Menschen aus; kurz, nach drei Jahren war schon wieder ein neuer Mann in Bockholt, Bernhard Heinrich König, ein Invalide, der als „conscribierter Bergischer Soldat" – von 1808 bis 1810 gehörte das Münsterland zum Großherzogtum Berg – im Feldzug in Spanien den rechten Arm verloren hatte. Im Jahre 1812 hatte er die Overbergsche Normalschule besucht und trat in Bockholt im Jahre 1813 als fünfundzwanzigjähriger seine erste Stelle an. Er brauchte nun auch nicht mehr bei den Bauern reihum essen und dienen, bekam statt dessen vielmehr aus der Gemeindekasse ein Kostgeld von 30 Talern. Mittlerweile hatte sich auch das Schulgeld von 12 guten Groschen auf 18 (= $^3/_4$ Taler) gehoben, bei etwa 60 Kindern waren das aber immer noch erst 45 Taler. Dazu kamen noch 7 Taler Zinsen, aufs Ganze gesehen ein mehr als kümmerliches Gehalt, das auch nicht dazu angetan war, die Stelle als begehrenswert erscheinen zu lassen. Immerhin hat König, der als „ganz fähig" bezeichnet wird, aber bereits 1816 keine rechte Lust mehr hatte, es in Bockholt bis zum Jahre 1822 ausgehalten, doch war man zuletzt gar nicht mehr mit ihm zufrieden, da er, besonders seitdem er sich verheiratet hatte und da-durch in den Besitz eines Kottens gelangt war, seinen Dienst vernachlässigte. So quittierte er diesen am 24. September 1822, und es folgte ihm Anton Zweyhaus aus Otmarsbocholt, offenbar auch ein alter Soldat und Invalide, der erst mit zweiunddreißig Jahren im Jahre 1821 auf die Normalschule nach Münster ging, um Schulmeister zu werden. Er ist zeit seines Lebens in Bockholt geblieben, bis er zum 1. April 1859 pensioniert wurde. Die letzten Jahre seines Lebens hatte er bereits (seit Ostern 1856) eine Gehilfin in der Person der Catharina Vedder gehabt, die nach seinem Ausscheiden dann auch die Schule übernahm. Wie sonst, so war auch in Bockholt das Einkommen der Lehrerstelle langsam gestiegen, so daß Zweyhaus 1838 immerhin schon auf rund 120 Taler kam, also doch schon ganze 10 Taler im Monat zu verzehren hatte. Die Gemeinde war mit ihm sehr zufrieden und man dankte es ihm, der die Approbation zum Hauptschullehrer besaß, daß er diese Nebenschulstelle so lange und treu verwaltete. Schon Oberberg hatte ihn 1822 als ein „fähiges Subjekt" bezeichnet, so wird er in den siebenunddreißig Jahren seines Lehramtes viel Gutes für die Gemeinde gewirkt haben.

In der Folgezeit haben die Lehrpersonen in Bockholt fast alle zwei Jahre gewechselt. Zunächst kamen in der Folgezeit ständig Lehrerinnen nach Bockholt, bis im Winter 1877/78 bei der damaligen Lehrerin Gertrud Römer eingebrochen wurde, wodurch die Schulbehörde die Überzeugung gewann, daß die Schule und Lehrerwohnung für eine alleinstehende junge Frau doch zu einsam und abgelegen liege, und von 1878 an dann wieder Lehrer nach Bockholt schickte.

In Schmedehausen lag die zweite alte Nebenschule des Kirchspiels Greven.[626]) Auch sie existierte bereits 1762 und auch sie hat die Unterdrückungsabsichten der Behörde aus den späteren Jahren überstanden, ja 1774 auf der Herbstsynode wurde eigens fest-gestellt, daß die beiden Bauerschaften Hüttrup und Schmedehausen einen eigenen Schul-

bezirk bilden sollten. In seinem großen, mehrerwähnten Bericht über die Schulverhältnisse in der Mairie Greven vom Jahre 1811 rechnete der Maire Schründer die Bauerschaft
Hüttrup allerdings noch zum Schulbezirk Greven, und die Kinder aus Hüttrup, die aber
doch die Schmedehausener Schule besuchten, führte er folgerichtig unter Greven als
solche, „welche die Schule versäumen", auf! Offiziell ist es also zur Bildung des Hüttrup-
Schmedehausener Schulbezirks damals nicht gekommen, und das erklärt auch, weshalb
die Schule zunächst in der Mitte der letzteren Bauerschaft und nicht, wie man doch wohl
erwarten sollte, zwischen beiden errichtet wurde. Pfarrer Reckvers schreibt allerdings
1823, daß die Hüttruper das Bezahlen lieber den Schmedehausenern überlassen hätten,
und daß deshalb die Schule an die damalige Stelle zwischen den Kolonaten Schnier und
Niehus gekommen sei. Da sich dies alles lange vor seiner Zeit abgespielt hatte (um 1804),
verdient der Bericht des Bürgermeisters aber doch wohl den Vorzug. Wann Hüttrup
auch amtlich zur Schule in Schmedehausen geschlagen wurde, steht nicht fest, jedenfalls
wurden die Hüttruper im Jahre 1809 noch angewiesen, ihre Kinder über zehn Jahre nach
Greven in die Hauptschule zu schicken, doch hielt schon Maire Schründer im Jahre
1811 dies nicht für wünschenswert, da der Weg von dort bis nach Greven ein bis eineinhalb
Stunden, dagegen nach Schmedehausen nur eine halbe bis eine Stunde weit sei.*) In den
Aufzeichnungen des Pfarrers Reckvers im Pfarrarchiv heißt es, daß die Hüttruper vordem
ihre Kinder nach Westladbergen in die Schule schickten, bis diese Nebenschule vom
Pfarrer in Saerbeck aufgelöst wurde. Schulte Jochmaring und seine beiden schmucken
Töchter hätten es aber beim Landrat durchgesetzt, daß diese Schule wieder eröffnet
wurde. „Lieber brachten (sie, die Hüttruper) der geistlichen Jungfer Tante des Landrats
manche Opfer, als sich von mir belehren und bekehren zu lassen." Als das alte (erste)
Schulhaus, als welches der Überlieferung nach der Untiedsche Speicher gilt, das Schründer
bereits 1811 als viel zu klein und zu feucht bezeichnet hatte, 1832 durch einen Neubau
ersetzt werden mußte, war es ganz selbstverständlich, daß dafür eine mehr in der Mitte
der beiden Bauerschaften gelegene Stelle gewählt wurde, und zwar in der Kronerheide
bei Wallerskotten in der Nähe der Eltingmühle. Hüttrup gehörte damals also auch amtlich zum Schmedehausener Schulbezirk. Dabei blieb es auch in der Zukunft. Nur die
Kolonate Große und Kleine Drieling sowie Hölke durften später ihre Kinder unter zehn
Jahren nach der für sie näher gelegenen Schule in Westladbergen schicken. Der 1832
errichtete Bau glich wieder aufs Haar genau dem Grevener Vorbild (s. o Abb. 27). Das
Schullokal wurde auf 18 × 20^1/$_2$ Fuß (= 369 Quadratfuß bzw. 36^1/$_3$ Quadratmeter),
für eine Schülerzahl von rund 80 schon reichlich knapp, bemessen. Links von der Tür
lag die Lehrerwohnung mit Stallung und „Upkamer", unter der ein Keller für die Winter-
vorräte vorgesehen war. Das ganze, natürlich nur einstöckig und aus Fachwerk errichtete
Gebäude hat bis um die Jahrhundertwende, 1887 durch einen Anbau erweitert, treu
seinen Dienst getan und wurde erst 1930 durch einen völligen Neubau ersetzt.

Im Jahre 1794 hatte der Lehrer nur dreißig Kinder in der Winterschule, zwischen
Ostern und Pfingsten gar nur zehn! Nach Schründers Bericht von 1811 besuchten damals
achtzig Kinder die Schule im Winter und vierzig im Sommer. Nach dem bereits angezoge-

---

*) „Für die Folge wäre es aber besser, wenn die Bauerschaft Pentrup, die eben so weit wie jene von
Greven entfernt ist, mit dem angrenzenden Hüttrup gemeinschaftlich eine Schule erbaueten. Pentrup
schickt seine Kinder zum Theil nach Saerbeck, welches sehr unbequem ist. Im beiden Bauerschaften
betregt die Bevölkerung gegenwertig 293 Seelen, und die Zahl der schulpflichtigen Kinder 47. Ein
Theil des Kirchspiels Saerbeck ist diesen Bauerschaften so nahe, und und ihrer eigenen Schule so abgelegen, daß die Schule auch von daher noch Zuspruch finden und die Einnahmen des Schullehrers
dadurch verbessert würde..." Dieser Vorschlag Schründers blieb unausgeführt. Erst 1894 bekam
Pentrup eine eigene Schule.

nen Bericht des Pfarrers Reckvers aus dem Jahre 1823 hatte der Lehrer in Schmedehausen damals höchstens sechzig Kinder in der Schule. Im Jahre 1875 betrug die Kinderzahl immer noch nicht mehr als sechsundfünfzig und stieg bis 1884 auf fünfundsiebzig.

Wie in Bockholt, so war auch in Schmedehausen die Stellung des Lehrers anfangs mißlich. Vor der Errichtung eines eigenen Schulgebäudes ums Jahr 1804 habe der Lehrer, so schreibt 1823 Pfarrer Reckvers, abwechselnd bei diesem, dann bei jenem Bauern Schule gehalten. Dafür habe er diesem dann bei der Arbeit helfen müssen. Also das gleiche Elend wie in Bockholt! Die Einkünfte der Stelle waren eben zu gering, als daß der Lehrer von ihnen allein hätte existieren können, selbst wenn er, wie Pfarrer Reckvers es 1824 in einem langen Gutachten für die Junglehrer (aus finanziellen Gründen) ganz allgemein forderte, auf eine Heirat verzichtet hätte.*) Bekam er doch 1794 an Schulgeld kaum viel mehr als zehn Taler von dreißig Kindern, von denen dazu noch fünf Schreiben lernten, also das Doppelte zahlen mußten. Für die Zeit von Ostern bis Pfingsten, in der nur zehn Kinder regelmäßig zur Schule kamen, erhielt er von jedem 7 Pfennige die Woche! In der Folgezeit zogen ihm die Bauern, da die Schulzeit hier schon auf Jakobi endete, noch einen halben Groschen Schulgeld ab. Eintrittsopfer und Kirmesgeld wurden aber auch in Schmedehausen gegeben. Nach der Schulordnung von 1801 hatte auch der Lehrer in Schmedehausen eine Zulage aus der Gemeindekasse von zehn Reichstalern zu beanspruchen. Das waren zusammen kaum sechzig Taler, und wir verstehen die Klagen des Pfarrers Reckvers wohl, wenn er immer wieder beim Landrat vorstellig wurde, er möchte doch für ein besseres Gehalt des Lehrers in Schmedehausen sorgen, da dieser sonst wieder als Knecht bei den Bauern arbeiten müßte, um nur existieren zu können. Aber die Behörde arbeitete langsam und es war wohl auch kein Geld vorhanden, ja selbst der Vorwurf, den der eifrige Pfarrer dem Landrat an den Kopf warf, er sei nicht bonae voluntatis (guten Willens), bewirkte noch keine Verbesserung. Es waren immer die Hüttruper, die sich weigerten, zu den Schulkosten beizutragen, sie wollten eben nicht zweimal das Schulgeld bezahlen, einmal in Greven, wohin sie von Rechts wegen gehörten, wo sie also auch zum Schulgeld veranschlagt wurden, ganz gleichgültig, ob sie ihre Kinder dorthin schickten oder nicht, und dann noch einmal in Schmedehausen. Erst als sie amtlich dem Schmedehausener Schulbezirk zugelegt worden waren, besserte sich dies, und damit auch gleich das Gehalt des Lehrers. Aber erst die Besoldungsordnung von 1873 brachte den Anschluß an das normale Gehalt von 300 Talern. Der erste Lehrer in der Bauerschaft Schmedehausen soll der Überlieferung nach ein ehemaliger Klosterbruder gewesen sein, der in Untieds Nebenhaus bzw. Speicher Schule gehalten habe. Nach seinem Tode sei ihm dann ein Weber gefolgt (1774).[627]) Ob dies etwa schon Johann Bernhard Untied (aus der Bauerschaft?) war, der 1788 und 1792 hier tätig war, ja noch bis zum November des Jahres 1802 hier nachweisbar ist? Er ist möglicherweise auch mit jenem Untied identisch, der sich im Jahre 1779, aber offenbar vergeblich, um die Lehrerstelle im Dorf Greven bemühte (s. o. S. 315). Sein unmittelbarer Nachfolger war wohl der junge, 1786 geborene und aus der Bauerschaft Schmedehausen selbst stammende Heinrich Wilhelm Pottkötter, der 1807 zum Beginn des Winterhalbjahres sein Amt antrat. Er hatte die Normalschule in Münster besucht und war dort für fähig befunden worden. 1811 erteilte ihm der Maire das Zeugnis: „hat alle Anlagen zu einem Schulamte, ist fleißig und hält gute Ordnung in der Schule, weshalb man gut mit ihm zufrieden ist. Er gibt auch von Zeit zu Zeit an Sonntagnachmittagen Religions-Unterricht an Erwachsene ohne

---

*) Auch in seinen hinterlassenen Aufzeichnungen im Pfarrarchiv spricht sich Pfarrer Reckvers mit Nachdruck gegen die verheirateten Lehrer aus, nicht zuletzt, weil „der Schullehrer Söhne insgemein die ungezogensten von allen in der Schule sind".

Vergütung." Gemäß seiner Vorbildung auf der Normalschule, hatte Untied auch Overbergs Schulplan seinem Unterricht zugrunde gelegt. „Die Kinder sind beim Lesen in vier, Schreiben drei, Rechnen vier Classen eingetheilt. Der Unterricht dauert drei Stunden vormittags, zweieinhalb Stunden nachmittags. Donnerstag ist Ruhetag, von Jakobi bis den 1. November Ferien." Der tüchtige Mann blieb aber nicht lange an der kleinen, unbedeutenden Schule, er ging 1815 nach Füchtorf. Da jetzt ein approbierter Lehrer nicht zu bekommen war, erhielt ein abgedankter Invalide, Georg Wiemeler mit Namen, die Stelle, den man in Bockholt 1809 wegen seiner Trunksucht entlassen hatte. Wie Pfarrer Reckvers im Jahre 1823 schreibt, war er zunächst ganz erträglich, dann aber ergab er sich wieder dem Trunke, so daß die Hüttruper ihre Kinder lieber nach der neugebauten Schule in Westladbergen schickten. Wiemeler wollte 1802 zwar auch die Normalschule in Münster besucht haben, doch glaubte man ihm dies nicht recht (tatsächlich war er in dem genannten Jahre bereits in Bockholt!) und wegen seines Saufens gab man ihm dann zu Martini 1821 doch den Laufpaß. Statt seiner kam zum Winter jetzt Gerhard Beckmann nach Schmedehausen, mit dem Pfarrer Reckvers „außerordentlich zufrieden" war, und der sich die Hochachtung und die Liebe der ganzen Gemeinde zu gewinnen verstand. Er stammte aus Dreierwalde, besuchte 1820/21 den Normalkursus in Münster, den er mit einem Empfehlungsschreiben Overbergs verließ, um in Schmedehausen seine erste Stelle anzutreten. Von hier holte man ihn aber bereits 1825 nach Greven (s. o. S. 325). Nach Schmedehausen kam statt seiner der wieder aus der Bauerschaft selbst gebürtige Hermann Bettmann. Auch er hatte natürlich den Normalkursus in Münster besucht (1821 und 1823). Seine definitive Anstellung in Schmedehausen erhielt er erst zum Ostertermin 1827, als sein Vorgänger Beckmann in Greven fest angestellt wurde. Bis zu seinem Tode (1850) blieb er seiner Heimatgemeinde treu. Nachdem dann auch hier einige Jahre lang die Schule von jungen Lehramtskandidaten wahrgenommen worden war, wurde im Herbst 1861 der neue Pfarrvikar Mellage nebenamtlich auch Lehrer in Schmedehausen. Er blieb über zwanzig Jahre lang hier, ließ sich aber seit 1882 im Schuldienst durch Maria Vanheiden vertreten, die nach seinem Fortgang im Jahre 1884 auch seine Nachfolgerin wurde.

Die nächsten Nebenschulen im Kirchspiel Greven finden sich in Pentrup und Wentrup.[628] Den Bauern von Pentrup war schon im Jahre 1762 die Erlaubnis erteilt worden, ihre Kinder nach einer anderen, ihnen näher gelegenen Schule als der Grevener Dorfschule zu schicken. Von einer eigenen Nebenschule in Pentrup selbst verlautet in den Akten jedoch nichts. Vermutlich werden die Pentruper ihre Kinder nach Westladbergen, bzw. nach Hembergen jenseits der Ems geschickt haben.*) Erst in den achtziger Jahren des vorigen Jahrhunderts tauchen die ersten Pläne zur Errichtung einer Bauerschaftsschule in Pentrup auf. Die treibende Kraft war zweifellos der damalige Vorsteher, Kolon Suwelack, der nicht nur in seinem Hause einen Raum für die geplante Privatschule hergab, sondern auch, als 1888 die Regierung der ersten, von der Bauerschaft angenommenen Lehrerin, Fräulein Ther. Eilers, die Schulkonzession erteilte, diese in sein Haus aufnahm. Die so zu Ostern 1888 mit sechsundzwanzig Kindern eröffnete Schule sollte nach zwei Jahren bereits von der Gemeinde Greven als öffentliche Schule für Pentrup und zugleich auch für die Bauerschaft Hüttrup, aus der die zunächst gelegenen Höfe von Anfang an ihre Kinder nach Pentrup geschickt hatten, übernommen werden, doch mußten die Wünsche der Bauerschaft, die 1889 eigens eine Abordnung (Kötter

---

*) Im Jahre 1786 durften die Pentruper Bauern ihre Kinder bis zu zehn Jahren nach Hembergen in die Schule schicken; die größeren mußten aber nach Greven in die Dorfschule (DAM, GV, Greven A Nr. 17).

Böhmer und Kolon Theismann) zur Regierung nach Münster schickte, zunächst noch zurückgestellt werden, da während der im Gange befindlichen Teilung der Gesamtgemeinde Greven (s. u. S 385 f.) die Errichtung neuer Gemeindeschulen nicht gut durchgeführt werden konnte. So konnte die Privatschule, die im Jahre 1893 inzwischen auf einem von Suwelack geschenkten Grundstück einen soliden Neubau erhalten hatte, erst 1896 in eine öffentliche Schule umgewandelt werden, an die zum 15. Oktober als erster Lehrer Heinrich Rode (vorher in Westerode) berufen wurde. Vorher hatte es noch große Streitigkeiten um die zukünftige Lage der Schule gegeben, da man zeitweilig auch die Wentruper mit in die neue Schule hineinnehmen wollte. Die Pentruper und Hüttruper wollten aber nicht weiter als bis Sch. Bönstrup hinuntergehen, die Wentruper aber nicht so weit, und wenn die Schule hierherkäme, dann lieber ihre Kinder wie bisher nach Greven in die Dorfschule schicken, zumal das dortige mehrklassige System gegenüber den einklassigen Bauerschaftsschulen doch unverkennbare Vorteile bot. Die Gemüter beruhigten sich erst, als den Wentrupern eine eigene Schule versprochen wurde, deren Bau 1897 beschlossen, im nächsten Jahre von der Regierung genehmigt und schließlich bis zum Herbst 1899 fertiggestellt wurde. Auch zu dieser Schule gab ein Kolon der Bauerschaft, Bernhard Topphoff gnt. Kaup das Grundstück (bei Topphoffs Bild) in Größe von 25 Ar. Als erster Lehrer wurde in Wentrup Bernhard Schürhaus (vorher in Vreden) berufen. An der Schule, die bereits 1899 mit fünfundsiebzig Kindern eröffnet wurde, mußte 1928 eine zweite Lehrkraft angestellt werden. Es gehörte ja auch nicht nur die Bauerschaft Wentrup zu dieser Schule, sondern auch die Bauerschaft Maestrup mit Ausnahme des Hofes Overmann und des Kottens Möller, die auch weiterhin ihre Kinder in die Dorfschule schicken durften. Erst durch die Eröffnung der neuen Schule in Guntrup zu Ostern 1911 wurde die drohende Überfüllung der Wentruper Schule behoben.[629])

Auf der anderen Seite der Ems gab es in dem kleinen Kirchdörfchen Hembergen bereits im 18. Jahrhundert eine Kirchspielsschule,*) zu der 1762 wohl auch die Kinder aus dem zum Kirchspiel Greven gehörenden Teil der Bauerschaft Hembergen gingen, denn zur Winterszeit war es einfach unmöglich, über die weit über ihre Ufer getretene Ems hin nach Greven zu gelangen. Das war auch der Grund, weshalb den beiden Bauerschaften Herbern und Hembergen im Jahre 1774 die Beibehaltung einer Nebenschule in Herbern von der geistlichen Behörde wieder gestattet werden sollte, wie es bereits 1762 geschehen, zwischendurch aber wieder (1771) verboten worden war. Wegen „großer Indolenz" des damaligen Pfarrers (Pröbsting) in Greven kam es indes nicht zur Schaffung einer öffentlich anerkannten Nebenschule in Herbern. Weshalb sich der Pfarrer damals so sehr gegen die Gründung dieser Schule gesträubt hat, wird nicht gesagt, es war wohl der Gedanke bzw. die Befürchtung, dadurch die beiden sowieso schon schwer zu betreuenden Bauerschaften Herbern und Hembergen völlig zu verlieren. Seinen Willen, daß die Bauern ihre Kinder fleißig und regelmäßig nach Greven in die Schule schicken sollten, erreichte er aber trotzdem nicht. Auch das 1790 wieder ergangene Gebot des Archidiakons,[630]) die Kinder nach Greven in die Schule zu schicken, konnte die Bauern von Hembergen nicht von ihrer Gewohnheit abbringen. Die Entfernung zum Dorf war ja auch wirklich zu groß (bis zu eindreiviertel Stunde), dazu im Winter viel zu gefährlich. So schickten sie auch weiterhin ihre Kinder in die kleine Hemberger Dorfschule. Die Bauern aus Herbern gingen einen Schritt weiter, indem sie sich ein kleines Schulhäuschen bauten und ein Stückchen Land aus der gemeinen Mark dazu anwiesen.[631]) Der Lehrer mußte wie in Bockholt und Schmedehausen in seiner Freizeit den Knecht

---

*) Der Lehrer Gerhard Finke war im Jahre 1819 bereits siebenundzwanzig Jahre (also seit 1792) im Amt, sein (ungenannter) Vorgänger soll über fünfzig Jahre die Schule versehen haben.

bei den Bauern machen, so daß er nur im Winter Schule halten konnte. Als Schulgeld bekam er von den Kindern die landesüblichen vierzehn Groschen und wohl auch Eintrittsopfer und Kirmesgeld. Aber was war das bei einer Schülerzahl von zwölf bzw. neun Knaben und vierzehn bzw. sieben Mädchen im Frühjahr bzw. Sommer 1792 oder von zwanzig Kindern im Jahre 1794 und noch 1822! Es war eine Ausnahme, wenn der Herberner Lehrer wie 1818/19 einmal dreißig oder gar sechsunddreißig Kinder zu Füßen seines Katheders sah. Unter diesen mißlichen Verhältnissen werden sich nicht gerade die Besten um diese Stelle beworben haben. So wechselten die Lehrer rasch. Am Anfang derselben steht die „Wullenköttersche", der 1771 vom Archidiakon das Schulehalten in der Bauerschaft Herbern ausdrücklich verboten wurde.[632]) Ob sie das Amt etwa von ihrem verstorbenen Mann geerbt hat? Bis zum Jahre 1792 stand hier dann ein gewisser Möllmann als Lehrer, dessen Sohn Johann Bernd Möllmann sich in diesem Jahre um die Stelle bemühte. Er bekam sie zwar auch am 16. Oktober 1793, doch im nächsten Jahre wurde bereits Lehrer Üters, der 1791 in Bockholt war, für die Schule in Herbern approbiert. Diese Bestallung wurde noch am 18. Oktober 1797 erneuert, doch findet sich im Jahre 1802 schon Peter Alexander Hardenberg hier, von dem es heißt, er habe die Stelle nur durch die Heirat mit der Witwe seines Vorgängers bekommen. Da er im Bauerschaftsbuch von Herbern [633]) im gleichen Jahr auch als „Wullenkötter" bezeichnet wird und die Schule in seinem Hause abhielt – er bekam dafür jährlich 1 Reichstaler, 19 Schillinge und 10 Pfennige –, sind offenbar die Herberner Bauerschaftslehrer um diese Zeit und wohl schon seit den siebziger Jahren des 18. Jahrhunderts zugleich Besitzer und auch Bebauer des Wullenkottens gewesen!

Auf Lehrer Hardenberg war der Pfarrer Reckvers von Greven in einem Bericht an den Landrat von Münster besonders schlecht zu sprechen. Er sei ein Mann gewesen, „der in seiner Amtsführung nichts geleistet hat, weil er nichts konnte und lediglich durch Heirat der Witwe des letzten Schulmeisters zu dem Schulamte in Herbern gekommen ist, ... so daß den Bauerschaften Herbern und Hembergen, was moralische und religiöse und wissenschaftliche Bildung angeht, unter den Grevener Bauerschaften der letzte Platz gebührt."*) In seinen hinterlassenen Aufzeichnungen schildert er die Herberner Schulverhältnisse unter Hardenberg noch viel drastischer: „ ... es war auch ein Knecht da, der Peter Hardenberg hieß, der nicht lesen und schreiben konnte, ein Zwerg und verwachsen war. Diesem trug Herr Frenking (Vikar in Greven, s. o. S. 167) die Schule an: Peter, du mußt die Frau des vorigen Schulmeisters nehmen, dann kriegst du die Schule dabei, dann kannst du ohne Arbeit leben. – Aber Herr, ich kann ja nichts. – Das macht nichts, ich will dich lehren. – Gesagt, getan. Peter lernte die Littern (Buchstaben), lernte etwas Schreiben. Mit wie wenigem Erfolg, zeugen noch des Peters Schriften, wovon noch einige in der Pastorat in Bewahr sind, und das in Herbergen noch gangbare Wort des Peter, wenn wo ein Wort vorkam, das er selbst nicht konnte, dann sagte er nämlich zu den fragenden Kindern: o, dat Woht schla men äwer, dat kümt di dien Läwen nig te pass." Im Jahre 1818 strich die Regierung Hardenberg die Zulage von 10 Talern, weil er das Erlernte seit seiner Approbation von 1817 wieder vergessen habe und nicht mehr fähig sei, die Kinder gehörig zu unterrichten. Und dabei war der Mann 1802 nach dem Besuch der Normalschule von Overberg selbst ordiniert worden, allerdings, wie Overberg Pfarrer Reckvers gegenüber betonte, nur, um die Schule in Herbern vor dem

---

*) Entsprechend heißt es in den Aufzeichnungen des Pfarrers Reckvers: „ ... nun erhielten die Herbergschen einen Knecht zum Lehrer der Jugend. Dieser, da er ein Schülchen erhielt, welches an der Seite in einem Hüttchen war, und ein Gärtchen dabei, mußte nun auch ein Weibchen haben und Kindlein zeugen. So geschah es auch, aber es konnte nicht ausbleiben, daß er Not und Mangel an Brot litt."

Eingehen zu bewahren. Dieses Schicksal konnte aber ein Lehrer wie Hardenberg nicht aufhalten! Im Gegenteil. Schon zu seinen Lebzeiten gingen die Kinder aus Hembergen längst wieder nach auswärts zur Schule, und nach seinem Tode (1823) ging die Schule sofort ein! Schon 1817 hatte die Regierung den Neubau der Schule angesichts der Unfähigkeit Hardenbergs nicht genehmigt, jetzt war es ganz aus damit, und die Bitte des Pfarrers Reckvers, der sich sehr eifrig um die Hebung des Schulwesens in seinem Kirchspiel bemühte, um die Errichtung einer öffentlichen Schule für die beiden Bauerschaften fand bei der Behörde kein Gehör.*) Noch gaben die Bauern von Herbern ihre Sache nicht verloren. 1824 wollten sie einen Raum beim Wirt Michaelis (Micheel) mieten, der mit seinen 15 × 11¹/₂ Fuß (= 17 Quadratmeter!) sogar noch größer sein sollte als das bisherige, völlig verfallene Schulgebäude. Es nutzte aber alles nichts. Im Schulbericht von 1825 heißt es, daß die Kinder der ehemaligen Herberner Schule jetzt wieder zum Teil nach Hembergen, zum Teil nach Greven in die Schule gingen.

Lange Jahre haben die beiden Bauerschaften auf eine eigene Schule verzichten müssen, die sie durch die Schuld ihres letzten Lehrers verloren hatten. Erst die zunehmende Bevölkerungszahl ließ in den vierziger Jahren das Bedürfnis nach einer eigenen Schule für die beiden Bauerschaften immer dringlicher erscheinen. So wurde denn 1845 die Genehmigung zur Schaffung eines eigenen Schulbezirkes Herbern-Hembergen erteilt**) und im folgenden Jahr zur Erbauung einer neuen Schule in Herbern geschritten, die dann zum Herbst des gleichen Jahres bereits in Gebrauch genommen werden konnte (im Jahre 1903 durch einen Umbau erweitert). Die Zahl der Schulkinder betrug gleich bei der Eröffnung im Jahre 1847 schon fünfzig.

In der Person des Lehrers Müther, der 1846 die neu errichtete Schule übernahm, hatte man einen guten Griff getan. Der junge Lehrer ging mit Eifer an die Arbeit. Neben seinem Schuldienst richtete er für die Erwachsenen eine Abendschule ein, für die ihm ein besonderes Lob von der Behörde erteilt wurde. Leider blieb er aber nur wenige Jahre. 1850 folgte er einem Ruf nach Angelmodde. Für ihn kam Johann Theodor Reymann nach Herbern, der aber auch nur kurze Zeit hier wirkte. 1859 ging er nach Beckum. Wie in fast allen Nebenschulen, so kamen jetzt in regelmäßigen Abständen von zwei Jahren auch nach Herbern junge Lehrerinnen, bis im Jahre 1879 die Stelle wieder mit einem Lehrer (Heinrich Schlüter) besetzt wurde.

Die letzte der Grevener Nebenschulen alten Stils liegt in der Bauerschaft Westerode links der Ems.[634]) Sie ist auch die jüngste von allen, denn im Jahre 1762 ist von ihr noch nicht die Rede. Damals wurde nur den jenseits des Max-Clemens-Kanals gelegenen Bauern gestattet, ihre Kinder nach Altenberge in die Schule zu schicken (gedacht war dabei wohl in erster Linie an die Höfe Schulte Ostenfelde (Homoet), Holtrup und Frede).***) Auch 1774 wird von einer Nebenschule in der Bauerschaft Westerode noch nicht gesprochen. Erst in einem Bericht aus dem Jahre 1790 heißt es dann, daß die Bauern sich vor einigen Jahren eine eigene Schule gebaut und eine Lehrerin, die Witwe Molan,****) angestellt hätten.

---

*) In seinen Erinnerungen gibt Pfarrer Reckvers mit bitteren Worten dem Landrat (v. Hammer) die Schuld daran.

**) Ein Teil der Hembergener Bauern schickten auch in Zukunft ihre Kinder weiterhin nach der Schule im Dorf Hembergen, so vor allem Schulte Haschhoff, Hesselmann (Tidde), Wenningmann, Engberding und Overmann.

***) Die beiden letztgenannten durften auch später noch (1868) ihre Kinder nach Hansell in die Schule schicken, während Sch. Homoet sich meist (so schon 1829) einen Hauslehrer hielt. Erst 1913 wurden die Kinder aus dem Bezirk Greven aus der Hanseller Schule ausgewiesen, weshalb dann für sie eine eigene Schule gebaut werden mußte.

****) Das war wohl die Frau bzw. Witwe des Grevener Organisten Michael Franz Molan, der im Jahre 1781 bei Nacht und Nebel auf und davon gegangen war (vgl. o. S. 170).

Das sollte zwar nun verboten werden, und die Kinder sollten wieder nach Greven zur Schule, doch gelang es den Bauern, ihre Schule zu erhalten, so daß am 31. Dezember 1790 die Witwe Molan amtlich als Nebenschullehrerin in Westerode bestätigt wurde. Auf die Dauer war aber die kleine Schule doch nicht zu halten, denn die Zahl der Kinder war in der Tat sehr gering. 1792 besuchten nur dreizehn Knaben und fünfzehn Mädchen die Schule (im Sommer des gleichen Jahres zwölf Knaben und vierzehn Mädchen), eine Zahl, die sich 1798 gar auf vierzehn Kinder verringerte. Das dementsprechend aufkommende Schulgeld, das wie überall 14 Groschen je Kind betrug, reichte nicht im entferntesten zum Lebensunterhalt einer Lehrperson aus, auch wenn sie in der Freizeit, wie es sicher der Fall gewesen ist, bei den Bauern mithalf. 1802 wird noch einmal ein Lehrer in Westerode erwähnt, es ist Johann Bernd Brocker (Bröker), der 1794 in Bockholt gewesen war. Nach seinem Fortgang (oder Tod) ist die Schule dann eingegangen, ohne daß sich sagen ließe, in welchem Jahre genau, – wahrscheinlich bereits zur Franzosenzeit. Im Jahre 1811 rechnet nämlich der Maire die Bauerschaft bereits wieder zum Schulbezirk Greven!

Erst um die Mitte des Jahrhunderts tauchen neue Schulpläne der Westeroder Bauern auf. Im Jahre 1844 richteten die Kolonen Ausmann, Westmann „und Consorten", ein Gesuch an die Regierung um Errichtung einer Bauerschaftsschule. Obwohl sie bei der Markenteilung für den geplanten Schulbau ein Markengrundstück reserviert hatten, wurden sie abschlägig beschieden, da zweiundvierzig Kinder zu wenig seien,*) und zudem andere, vordringlichere Schulbauten vorlägen. Die Bauern ließen indes nicht locker. Am 13. Juli 1853 schlossen sie sich zu einer Schulsozietät zusammen, an deren Spitze sie Schulte Homoet zu Ostenfelde, die Kolonen Frede, Holtrup, Friedag, Gröwer und den Kötter Hilgenbrink beriefen. Obwohl sich die fünfunddreißig Mitglieder bereiterklärten, alle Unterhaltungskosten selbst zu tragen, wenn nur die Gemeinde den Bau der Schule übernähme, und obwohl sie darauf hinweisen konnten, mit welchen Gefahren der weite Schulweg für ihre Kinder verbunden sei, – wäre doch vor wenigen Jahren dem Kolon Ausmann ein Kind auf dem Schulweg fast erfroren, wenn nicht im letzten Augenblick der Vater das Kind im Schnee gefunden hätte, – verfiel auch diesmal ihr Gesuch der Ablehnung, und es wurde ihnen anheimgestellt, sich einen Privatlehrer zu halten, wozu die Genehmigung sogleich erteilt werden würde. Damit war den Bauern jedoch nicht gedient, und so blieb der Plan wieder liegen, diesmal bis gegen Ende der siebziger Jahre. 1877 war wieder einmal die Rede davon, aber erst ein gemeines Notzuchtverbrechen, dem im Jahre 1878 ein Kind des Kolons Brüggemann auf dem Schulweg zum Opfer fiel, schreckte die Gemüter derart auf, daß der immer wieder zurückgestellte Plan jetzt energischer betrieben wurde. Im Jahre 1881 schlossen sich die Bauern von Westerode wieder zusammen, um energisch die Errichtung einer eigenen Bauerschaftsschule zu betreiben und ihren Kindern den weiten und gefahrvollen Weg nach der Grevener Dorfschule zu ersparen. Den größten Teil der Kosten brachten sie durch eine freiwillige Selbstbesteuerung auf, von der die Kolonen $3/_6$, die Heuerleute $2/_6$ und die Einmieter $1/_6$ übernahmen. 150 Mark schoß das Amt zu. Ein Schullokal war zunächst noch nicht vorhanden. Man wählte dafür einen Raum bei der Witwe Lengermann im Barrierehaus an der Greven-Nordwalder Chaussee, nachdem sich der zuerst gewählte Platz bei Blomberg als ungeeignet erwiesen hatte. Die Lehrerin (Fräulein Hermeler) brachte man erst einmal bei Kolon Bönstrup unter. Sie erhielt am 20. April 1881 die Konzession zur Übernahme der neuen Privatschule, und der Unterricht wurde daraufhin am 12. Mai des gleichen Jahres mit neununddreißig Kindern eröffnet, nachdem am 8. Mai der

---

*) Einzelne große Bauern, wie beispielsweise Schulte Gronover, hielten sich ja auch Hauslehrer!

offizielle Gründungsakt vollzogen worden war.*) Als Gehalt bekam die neue Lehrerin zunächst 240 Taler, dazu dann noch 60 Taler für Kost und für die Unterhaltung des Schullokals.

Den ersten Schulvorstand bildeten die beiden von der Gemeinde dazu gewählten Kolonen Temming genannt Westmann und Bönstrup genannt Ausmann, die beide auch die treibenden Kräfte bei der Gründung der Schule gewesen waren. Die Privatschule entwickelte sich dann so rasch und so günstig, daß bereits wenige Jahre später an den Bau eines eigenen Schulgebäudes herangegangen werden konnte. Um den Platz für die neue Schule gab es auch in Westerode erbitterte Kämpfe und Auseinandersetzungen, in denen selbst der Minister für Volksbildung und Unterrichtswesen mit Eingaben und Petitionen bestürmt wurde. Die Regierung entschied sich letztlich für das von Kolon Wierlemann zur Verfügung gestellte Grundstück, auf dem 1887 die neue Schule gebaut wurde. Jetzt wurde auch die bisherige Privatschule von der Gemeinde Greven als öffentliche Schule übernommen. So hatten die eifrigen Bemühungen der Westeroder Bauern endlich ihren Lohn gefunden.

Kurz vermerkt sei noch, daß auch die Bauerschaft Aldrup, deren Kinder bis dahin stets den halbstündigen Weg zur Grevener Dorfschule gemacht hatten, im Jahre 1898 gleichfalls eine eigene, schöne Schule an der alten Rheineschen Landstraße bei Vegesacks Hof erhielt.[635] Ebenso wurde im Jahre 1911 in der Bauerschaft Guntrup eine neue Volksschule gebaut, da die Bockholter Schule die stetig anwachsende Zahl der Kinder nicht mehr fassen konnte. Als letzte Bauerschaftsschulen entstanden dann 1925 bzw. 1929 die katholische bzw. evangelische Schule in Reckenfeld.

---

*) Aus ihrer Zeit vielleicht stammt jenes „geographische" Gedicht, nach dem die Kinder in Westerode (und wohl auch in den anderen Grevener Schulen) Erdkunde lernten, aus dem hier wenigstens der Anfang mitgeteilt sei (nach einer Abschrift im Besitz von Schulte Westerode). Ältere Grevener kennen es wohl noch:

Die Reise durch Europa

Wollt ihr mit mir durch Europa reisen,
so kommt, ich will den Weg euch weisen.
Ich komme vom Atlantschen Meer
gerade mit dem Dampfschiff her.
Nun wäre wohl für uns am besten,
wir fingen hier gleich an im Westen.
Seht auf die Kart' ihr Menschen all,
das erste Land heißt Portugal.
Warm ist es hier, das wißt ihr schon,
die Hauptstadt drin heißt Lissabon.

Daneben liegt das größre Spanien,
da gibt's Pommeranzen und Kastanien,
Oliven, Feigen und Zitronen,
in diesem Lande ist gut wohnen.
Bei Malaga gibt's guten Wein
und Schafe in der Wolle fein.
Das Klima ist gesund und warm,
doch sind die Leute faul und arm.
Die Hauptstadt mitten in dem Land
wird, wie ihr wißt, Madrid genannt. usw.

13

Vom Untergang des Fürstbistums Münster bis zur Gründung der preußischen Provinz Westfalen. Die Franzosenzeit

Nach der Not des Siebenjährigen Krieges hatte das Hochstift Münster noch einmal eine kurze Zeit der Blüte erlebt, an der auch das aufstrebende Greven lebhaften Anteil nahm. Die Schulden des letzten großen Krieges von 1756 bis 1763 drückten zunächst zwar sehr und konnten schließlich in den siebziger Jahren nur durch umfangreiche Grundverkäufe aus den gemeinen Marken abgedeckt werden (s. o. S. 44). Bis zur Jahrhundertwende erlebte aber das Land jetzt doch ruhige, glückliche und ertragreiche Jahre, die vor allem der Landbevölkerung zugute kamen. Die Steuern waren niedrig. Sie betrugen für die größeren Bauern im Durchschnitt kaum mehr als 3 Taler im Monat, während die kleineren Bauern und Kötter nur einen Bruchteil dieser Summe zu zahlen brauchten. Die Abgaben an die Grundherren waren auch nicht übermäßig hoch, dagegen die Ernten meist gut und die Preise für Lebensmittel durchweg günstig, so daß mancher Bauer, wenn er nur fleißig und genügsam war, größere Summen ersparen konnte. Dazu kam noch, daß das Land von größeren militärischen Lasten verschont blieb und seine Söhne nur in ganz geringem Maße zum Wehrdienst herangezogen wurden, da sich die kleine Wehrmacht des Landesherrn zum weitaus größten Teil aus Fremden und Freiwilligen zusammensetzte.*)

Über Nacht zogen dann am politischen Horizont schwere Gewitterwolken herauf, als sich im Jahre 1789 in Frankreich das Gespenst der Revolution erhob, deren welteroberische Ideen auch das friedliche Münsterland bedrohten, besonders nachdem es den Franzosen 1795 gelungen war, in den Niederlanden die Batavische Republik zu errichten, wodurch sie unmittelbare Nachbarn des Fürstbistums wurden. Als Vorschmack kommender Dinge erschienen 1793 erstmalig wieder preußische Truppen im Lande, allerdings nur für zwei bis drei Tage.[636] Auf dem Wege von Brandenburg nach Wesel traf am 13. Januar 1793 das Infanterie-Regiment von Knobelsdorf, etwa 2200 Mann stark, in Greven ein, verbrachte hier einen Tag in Ruhe, um am nächsten Tage dann nach Borg-

---

*) Die Kompanielisten der Münsterer Truppen lassen das zur Genüge erkennen. Es sind immer nur ganz wenige Münsterländer darunter, und von diesen stammte wieder nur ein ganz kleiner Teil vom Lande. Auf welcher „Basis" sich in fürstbischöflicher Zeit die Werbung von Freiwilligen – ganz im Gegensatz zu den gewalttätigen und verhaßten Methoden der preußischen Werber – abspielte, zeigt der vor dem Grevener Notar Chr. B. Kroeß am 1. Februar 1706 zwischen dem „ehrsamen" Bernd Alberting aus Gimbte und dem Leutnant Walrave abgeschlossene Vertrag. Besagter Alberting gab damals vor dem Notar zu Protokoll, daß er „aus gueten freyen Willen sich dem Herrn Lieutenandt Wahlrave auf zweyen Jahren für einen Soldaten untergegeben habe" mit Vorbehalt aber, daß er des Herren Capitaines von Kerßenbrock ... sein Foerknecht sein solte." Von dieser Erklärung bekam der junge Rekrut eine in Gegenwart des Schloßkommandanten Dreckzeler von Schöneflieth und Hermann Terfloth in Greven gefertigte Abschrift gleichsam als „Wehrmeldebuch" ausgehändigt (StAM, Fst. Münster, Notare Nr. 1). Erst 1766 wurde im Fürstentum ein (sehr mildes) Kantonalsystem eingeführt (Scotti II Nr. 456).

horst weiter zu marschieren. Am nächsten Tage folgte ihm das Leibkarabiner-Regiment in einer Stärke von 9 Eskadrons mit 747 Mann zu Pferde unter Führung des Gen.-Leutnants von Rappard, das gleichfalls einen Tag in Greven Rast machte und am 18. Januar weiter nach Borghorst zog. Die Truppen wurden in Greven auf Landeskosten verpflegt. Diese beliefen sich für beide Einquartierungen zusammen auf rund 850 Taler. Von Knobelsdorf logierte beim Kaufmann Schründer. Von seinen Leuten waren 793 im Dorf, der Rest in den Bauerschaften untergebracht. Von den Reitern des Gen.-Leutnants von Rappard wurden nur 133 im Dorf, die übrigen in den Bauerschaften einquartiert, wo die Unterbringung der Pferde leichter war. Neben diesen preußischen, zur Verstärkung der Rheinarmee gegen Frankreich bestimmten Truppen kamen wenige Monate später weitere Teile des Reichskontingentes gegen den Erbfeind durch Greven, diesmal die erste und zweite hannoversche Artillerie-Division in Stärke von 218 bzw. 332 Mann, die am 10. und 15. Mai hier eine Nacht in Quartier lagen.

Um ein Übergreifen der Kriegshandlungen nach Nordwestdeutschland zu verhindern, wurde von den nordwestdeutschen Reichsständen im Mai 1795 eine Demarkationslinie festgesetzt, eine Neutralitätslinie, über die die kriegführenden Parteien nicht hinübergreifen sollten. Sie verlief entlang der Ems und der Aa über Münster, Coesfeld, Bocholt an den Niederrhein. Zum Schutz der Linie, deren Anerkennung durch Frankreich im folgenden Jahre erreicht wurde, stellten die Verbündeten ein Beobachtungskorps auf, dessen Kommando in den letzten Jahren Blücher übernahm, der in Münster sein Quartier aufgeschlagen hatte. In Greven, das hart an der Grenze der Demarkationslinie lag, hatte er ein Husarenkommando stationiert, das zwar nur aus drei Mann bestand, aber trotzdem von den Einwohnern des Dorfes nicht gerade gerne gesehen wurde, zumal die Einquartierung offenbar länger dauerte, als man sich das gedacht hatte. Aus diesen Tagen haben sich im Amtsarchiv einige Briefe Blüchers erhalten, die nicht nur willkommenen Aufschluß über die Vorgänge im Dorf während dieser Zeit geben, sondern mehr noch als Erinnerungsstücke an Preußens größten Helden der Befreiungskriege unsere Aufmerksamkeit verdienen.[637] Zwei der Briefe Blüchers sind ganz von seiner Hand geschrieben, während in einem dritten nur die Unterschrift eigenhändig ist. Ein vierter Brief, der vor etwa vierzig Jahren noch vorhanden war, ist heute verschollen.[638]

Aus dem einleitenden Schreiben der Dorfvorsteher vom 5. Juni 1799 geht hervor, daß die Husarenwache damals schon eine lange Reihe von Monaten bei den Einwohnern des Dorfes reihum im Quartier lag. Offenbar ist sie schon bald nach der Festlegung der Demarkationslinie, also wohl schon im Jahre 1795 oder doch spätestens im nächsten Jahre in Greven eingerückt. Dazu kam Anfang 1798 ein kleines Kavalleriedepot aus Münster,[639] woraus dann Schwierigkeiten in der Verpflegung und Unterbringung der Leute erwuchsen, wie die Dorfvorsteher am 5. Juni 1799 „in tiefster Reverenz" dem General Blücher klagten:

Hochwohlgeborener, Hoch gebiethender Herr General!

Ew Exzellenz wollen gnädigst verzeihen, daß wir Ihnen in einer Angelegenheit beschwerlich fallen müssen, bei der wir überzeugt sind, daß sie Hochdenselben ebenso unangenehm sein wird als uns selbst. Sie betrifft die Einquartierung der unter dem Ober-Commando Ew. Exellenz sich hier befindlichen drei Ordonnanz-Husaren. Diese hatten hier von Anfang an, daß selbe hierhin verlegt wurden, jeder ein Standquartier für den Monat, wo sie ihr Pferd und Nachtlager hatten, und außerdem noch ein Eßquartier, wo sie vom Morgen bis Abend Essen und Trinken umsonst erhielten, welches alle 3 Tage abgewechselt wurde, so daß sie das ganze Dorf durchpassierten. Obwohl wir nun zufolge der von einem löblichen königlichen Preußischen Kriegs-Collegio gnädigst erlassenen Verordnung de dato Osnabrück den 30. März 1795 nicht verbunden waren, den hier einquartierten Hußaren Essen und Trinken zu geben, so wurde ihnen dieses jedoch gern bewilliget, da wir den Schutz, welchen wir Ihro

Majestät dem Könige v. Preussen zu verdanken haben, gewiß zu schätzen wissen, und diese wenige Einquartierung auch unserem Dorfe nicht so sehr zur Last fiel. Seit 16 Monaten wurde aber auch das Depot Münsterischer Cavallerie hierher verlegt, und jedem Gemeinen 3 Standquartiere, um solche alle Monate abzuwechseln, angewiesen, wobei denn die Husaren aus dem übrigen Theile des Dorfs auf obengemeldeten Fuße verpflegt wurden.

Ew. Exellenz werden leicht einsehen, daß diese ungleichmäßige Eintheilung bei den jetzigen hohen Preisen der nothwendigsten Lebensbedürfnisse zu Beschwerden Anlaß geben mußte von denen mit Cavallerie Belegten dadurch, daß sie verhältnismäßig mehr als ihre übrigen Miteinwohner mit Einquartierung beschwert wurden; von vielen mit Husaren belegten Einwohnern dadurch, daß sie einem Manne Essen und Trinken umsonst geben mußten, da sie doch kaum im Stande waren, für sich und den Ihrigen den nöthigen Lebens-Unterhalt zu verdienen. Unter diesen Umständen hielten wir es nun als Vorsteher dieses Dorfes unserer Pflicht und der Billigkeit gemäß, in Betref der Einquartierung eine andere Einrichtung zu treffen. Wir haben deswegen mit dem Anfange dieses Monaths für jeden Husar sowohl als Münsterischen Cavaleristen 6 Quartiere bestimmt, die monatlich abgewechselt werden; der geringeren Classe von Einwohner aber ganz verschont. Durch diese Einrichtung verlieren nun zwar die Hußaren die Essquartiere, allein mehrere Einwohner haben sich schon erklärt, daß sie Ihre Einquartierung von Husaren für 2 gr. täglich Essen und Trinken geben wollen, so gut sie es selbst haben; und bei vielen werden sie nichts zu zahlen nöthig haben, wenn sie ihren Wirthen nur freundlich begegnen und sich bei Gelegenheit dienstfertig bezeigen.

Ew. Exellenz werden nun gewiß überzeugt sein, daß die Husaren keine Ursache haben unzufrieden zu sein, und wie kränkend es uns sein muß zu sehen, daß dieselben sich gegen diese Einrichtung halsstarrig bezeigen, alte Billeter wieder hervorsuchen, sich damit eigenmächtig bei hiesigen Einwohnern einquartieren, und von ihnen mit Ungestüm Essen und Trinken umsonst verlangen, wobei einer namens Voigt sich besonders auszeichnet, welcher letzten Samstag und Sontag einen hiesigen Einwohner, dessen Frau in Wochen ist, auf die gröbste Art vorgefallen, und von demselben mit Gewalt Essen und Trinken ohnentgeldlich verlangt hat. Diese Behandlung ist nun um so schmerzhafter, da wir für den Husaren grade die besten Quartiere bestimmt haben und wir bis hiehin mit den von Zeit zu Zeit in Quartier gehabten königlich Preußischen Truppen immer in der besten Eintracht und Freundschaft gelebt haben.

Wir bitten deshalb gehorsamst Ew. Exellenz wollen gnädigst geruhen, den hiesigen Ordonanz-Husaren zu befehlen, daß sie sich nach der genommenen Einrichtung fügen, wobei wir Ew. Exellenz die Versicherung geben, daß wir jede auf Billigkeit gegründete Beschwerde derselben jederzeit nach bester Möglichkeit abzuhelfen bereit sind.

Nachdem dieses geschrieben erhalten wir das von Ew. Exellenz gnädigst an uns erlassenes Schreiben von heute, welches hochdieselben bereits durch Obiges beantwortet finden; wir fügen bloß hinzu daß die Husaren in keiner ihrer Quartiere selbst für Essen und Trinken werden zu sorgen haben. Wir beharren in tiefster Reverenz...

Das hier erwähnte, gerade eingelaufene Schreiben Blüchers hatte nach Brinkmann, dem das Original noch vorlag, folgenden Wortlaut:

Da die in Greven auf Relais stehende Ordonanz Hussaren meines Regiments fast täglich von einem Posten zum andern reiten müßen, daherr nicht für ihre Verpflegung selbst besorget zu sein Zeit und Gelegenheit haben, so ersuche ich einen edeln Magistrat zu Greven für solche in dieser Rücksicht einige Fürsorge zu tragen und ihnen ihren fatiganten Dienst hierdurch erleichtert zu machen, welche Gefälligkeit ich bei andern Gelegenheiten gern erwidern werde.

Münster den 5 Juny 1799

Blücher

Das Antwortschreiben Blüchers auf die Eingabe der Dorfvorsteher lautet in der köstlichen Rechtschreibung des alten Haudegens folgendermaßen:

Die vorsteher des dorffes Greven danke ich vor ihre breitwilligkeit, die by ihn uf Comando stehnden Hußßaren by ihrm beschwehrligm dinst by zu stehen, waß die unbilligkeit der Hußaren betrifft, so ist es mich angenehm, daß ich da von unterrichtet bin, der Hußar Voigt soll so glich abgelöst werden, die andren sollen künftig Schon Ruhig und zu frieden sein, zu mahlen mich die Hrn. vorsther die versichrung gaben, die Hußaren etwas Essen zu konn (!) zu lassen, solchs muß der Soledat dankbahr erkenen, ich werde alle 14 Tage jemand schiken, der die Hußaren visitirn soll, sind alsdan klagen wieder den einn oder den andren, wie ich nicht hoffen will, so ersuche die vorsteher mich solche näher wissen zu lassen, da ich dan die unruhigen Schon bestraffen werde, den ich bin von unvertragligkeit ein großer Feind. Münster, den 6ten Juni 1799

Blücher

Aber auch jetzt gab es noch keine Ruhe, da offenbar die Quartiergeber fortfuhren, den Soldaten für Kost und Logis Geld abzufordern, so daß der um das Wohl seiner Husaren besorgte General noch einmal selbst zur Feder greifen mußte. So schrieb er am 23. August 1799 nochmals mit leicht grollendem Unterton an den „Magistrat" der Stadt (!) Greven folgenden, heute noch im Original im Amtsarchiv vorhandenen Brief:

Es wird mich angezeigt, daß von dehen auf Relaii stehenden Husaren in Graeven täglig in ihren Quartieren vor die mahlezeit 2 gg. abgefoodert wird auch verlangt der gastwirt Krahmer von seinem Hußaren führ das bett worin letzterer Schläft bezahlung, diese Forderungen sind unbillig der Husar hatt täglig nuhr 2 gg. Tractament, diese kan er vor eine mahlezeit nicht hin geben, und waß daß bet anbetrift so kan da vor nichts verlangt werden, ich ersuche einen hochloblichen Magistradt diese beschwerden abzuhellffen, die Husaren haben noch heutte von mich befehl erhaltten keine unbillige Pretensionen zu machen, 3 Husaren können doch der Stadt Greven nicht lestig werden, und würde ich gezwungen, diese Husaren da weg zunehmen, und genanntes Relais in eine Dorff Schaft zu legen, so müßte ich doch ein sterkeres Infanterie Comando nach Greven verlegen, weill ich wegen Transporten und anderen umstenden Greven besetzt behaltetn muß, ich Schmeigle mich vom Magistradt zu Greven eine gute und billige behandlung meiner leutte, und werde zu allen gegendinsten stets willig und bereit sein. Münster den 23ten Aug. 1799

Blücher*)

Da es offenbar nicht gelang, die Reibereien zwischen der Dorfbevölkerung und den einquartierten Husaren zu beheben, verfügte Blücher am 10. September kurzerhand die Verlegung des Kommandos in die Bauerschaften, aufs Land. Auf dem Lande war es mit der Antipathie gegen die Preußen nicht viel besser. Die Unterbringung der wenigen Soldaten bereitete auch hier nicht geringe Schwierigkeiten, da es erst eines wiederholten und energischen Schreibens des Generals bedurfte, um seinem Befehl zu Respekt und zur Durchführung zu verhelfen. Dieses Schreiben, das Blücher diesmal nicht selbst geschrieben, sondern nur unterzeichnet hat und daher auch seiner originellen Schreibweise entbehrt, lautet:

Da ohngeachtet meines wiederholten Verlangens und eines in dieser Rüksicht nach Greven geschickten Officiers die Umquartierung der drey daselbst stehenden Husaren noch nicht erfolgt ist, so empfehle ich solches allem Ernstes denen Vorstehern in Greven und versehe mich, daß diese Umlegung nach denen nächst Greven gelegenen Bauerschaften binnen vierundzwanzig Stunden erfolge. Münster den 18ten Sept. 1799

Blücher

Auf dieses Schreiben antwortete der damalige Dorfvorsteher am folgenden Tage:

Hochwohlgebohrener, hochgebietender Herr General!

Unser Bericht an Hochdenselben von 17ten dieses beantwortet dero hochgeehrtes Schreiben vom 10ten,**) und wir haben hiemit nochmals die Ehre Ew. Exelens ergebenst anzuzeigen, daß heute an

---

*) Addressiert ist das Schreiben „An dem Wohl Erbaren Magistrat zu Greven" und verschlossen durch ein Siegel, das den Preußischen Adler zeigt mit der Umschrift „Husaren-Regiment (von) Blücher."

**) Die beiden Schreiben, das der Vorsteher vom 17. sowohl wie das des Generals vom 10. September sind nicht erhalten.

350

unseren Herren Gografen geschrieben, daß dem Herren Lokampf, wenn's gescheen kann durch Herren Gografen der Befehl erteilt wird, die Quartire im Kirchspiele für der 3 Personen zu machen. Wir schmeicheln uns fest der Hoffnung, daß Ew. Exelens uns Vorstehern des Dorfs nicht zur Last legen, daß die Order von Hochdenenselben nicht gleich befolgt ist; sondern Ew. Exelens werden sich vollkommen überzeugen, wie sehr wir bemüht gewesen, dero Verlangen in Erfüllung zu bringen; wir empfehlen uns zu Gnaden, und beharren mit tiefsten Respect hochwohlgebohrner, hochgebietender Herr General dero untertaniger Diener, Vorsteher des Dorfes

Wilhelm Schmerling

Greven den 19ten Sept. 1799

Seiner hochwohlgeborhnen des königl. Preusischen Generals und Ritter des Rothen Adler Ordens Herrn von Blücher Oberbefehlshaber der königl. Preusischen Truppen an der Demarcations Linie

in Münster

Wohin damals die Husaren umquartiert worden sind, läßt sich nicht mehr feststellen, wahrscheinlich zur Steinernen Schleuse am alten Max-Clemens-Kanal, wo noch im Jahre 1804 Husaren auf Station lagen.

Schon im nächsten Jahr gab es wieder Schwierigkeiten bei der Quartierbeschaffung, als im Dorf und Kirchspiel eine größere Einheit Kavallerie untergebracht werden mußte. Den Offizieren waren die angebotenen Quartiere im Dorf nicht gut genug. Der Major bzw. Obristwachtmeister von Lentulus bezog daher mit seinem Stab aus eigener Machtvollkommenheit das leer stehende Haus Schöneflieth, sein Rittmeister Graf von Sparr ließ es sich mit Frau, Kammerzofe und Diener bei der Witwe Frei auf dem Schultenhof Aldrup gut gehen. Von oben wurde dies zwar nicht gern gesehen, doch schließlich wurde das Gesuch der Vorsteher und Eingesessenen des Dorfes vom 5. August 1800, „man möge doch den Herren gestatten, weiterhin in ihren besseren Quartieren zu bleiben, da man im Dorf nichts Besseres oder Gleichwertiges zu bieten habe", genehmigt. Das Gesuch der Grevener ist nur deshalb der Erwähnung wert, weil es die Unterschriften aller „Honoratioren" des Dorfes vereinigt.[640])

Dieser ersten, längeren Einquartierung sollten im Laufe der nächsten Jahre noch viele andere, meist sehr viel größere folgen, denn das Jahr 1802 brachte das Ende des alten Fürstbistums Münster und die Einverleibung seines größeren Teils in das Königreich Preußen als Folge des am 9. Februar 1801 zu Lunéville zwischen Frankreich und dem Kaiser des Deutschen Reiches geschlossenen Friedens, in dem Preußen dieses Gebiet als Entschädigung für seine an Frankreich fallenden linksrheinischen Besitzungen zugesprochen worden war. Allerdings bekam der König von Preußen nicht das ganze Fürstentum Münster, sondern nur dessen östlichen Teil mit der Landeshauptstadt. Der Westen wurde zur Abfindung anderer Fürsten aufgeteilt. So fielen die drei linksemsischen Bauerschaften Westerode, Herbern und Hembergen und der größte Teil von Aldrup an das neugebildete Herzogtum Rheina-Wolbeck (mit der Hauptstadt Rheine), das dem Herzog von Looz-Corswarem zugesprochen wurde.*)

Noch ehe der Reichsdeputationshauptschluß von Regensburg am 25. Februar 1803 den Schlußstrich unter diesen Friedensschluß setzte, durch den der Bischof von Münster sein Fürstentum verlor, erließ Friedrich Wilhelm III. von Preußen am 6. Juni 1802 jenes

---

*) Die genaue Linienführung der neuen Landesgrenze ist nach der amtlichen Aufnahme von 1803 (StAM, Kartensammlung Reg. Bez. Münster Nr. 22) auf der Übersichtskarte des Amtes Greven eingetragen. Von der Bauerschaft Aldrup blieben nur die Höfe Thünemann, Große-, Middel- und Lütke Wichtrup, Rösmann, Börgerskotten, das Gut Schöneflieth und der Wirt Hesselmann an der Brücke bei Preußen, sowie der Flutenkotten vor der Emsbrücke am Dorf (Scotti III, S. 6 f.).

Patent, durch das er von gedachtem Lande mit allen seinen Orten, Zubehören und Zuständigkeiten Besitz nehmen lassen wolle, um die Regierung darin anzutreten. Er verlange zwar Unterwerfung und Gehorsam, „ertheilen ihnen dagegen die Versicherung, daß wir ihnen mit Königlicher Huld und Gnade und landesväterlichem Wohlwollen jederzeit zugethan seyn, allen Schutz kräftigst angedeihen lassen und überhaupt ihrer Wohlfahrt und Glückseligkeit Unsere ganze landesväterliche Vorsorge unermüdet widmen werden."[641]

Den Auftrag, den königlichen Willen zu vollziehen, erhielt General Leberecht Blücher, und so hatte dann Greven am 2. August 1802 die Ehre, den von Tecklenburg heranrückenden General persönlich begrüßen zu dürfen. Seine erste Amtshandlung auf stiftsmünsterischem Boden bestand darin, daß er in Greven den Preußischen Adler anschlagen ließ. Nachdem er den Protest des während der Erledigung des bischöflichen Stuhles nach dem Tode des Kurfürsten Max Franz (gest. 26. 7. 1801) die Regierungsgeschäfte führenden Domkapitels gegen die Besitznahme des Stiftes durch den König von Preußen entgegengenommen und im Hause Biederlacks übernachtet hatte,[642] verließ er am nächsten Morgen Greven wieder, um an der Spitze seiner Husaren in Münster, der Hauptstadt des aufgehobenen Fürstentums einzureiten. Die Begeisterung, mit der Blücher in Greven wie auch in den anderen Teilen des Münsterlandes begrüßt wurde, wird nicht allzu groß gewesen sein. Nur jene Kreise begrüßten die Preußen mit herzlicher Freude, die sich von ihrem Kommen bzw. von dem Anschluß des Münsterlandes an das größere Preußen, wirtschaftlichen Fortschritt versprachen. In der Mehrheit war jedoch das westfälische Volk auf „dat prüßke Volk" erbost und keineswegs gut zu sprechen. Die Gründe für diese ablehnende Haltung der Münsterländer waren zahlreich genug. Der Freiherr vom Stein, einer jener Männer, der das neue Preußen mit aufbauen half, wußte ganz genau, wo den Westfalen der Schuh drückte, wenn er in einem Bericht an den Minister von Schulenburg-Kehnert, dem die Zivilverwaltung des neugewonnenen Landes übertragen worden war, bereits im Oktober 1802 schrieb:

„Man bemerkt mehr Niedergeschlagenheit, trübes Hinblicken in die Zukunft als Unwillen und Widersetzlichkeit. Der Adel fürchtet den Verlust seines politischen Daseins, seines Ansehens, seiner Stellen; die Geistlichkeit sieht ihrer gänzlichen Auflösung entgegen, der große Haufen ist beunruhigt über Abgaben, Accise, Conscription und fürchtet auch für seine Religion. Es ist unbegreiflich, daß in einem Lande, welches zwischen den preußischen Provinzen eingeschlossen, in diesen überall Beweise einer energievollen, milden, gesetzlichen, kenntnisreichen Verwaltung findet, solche rohe Begriffe über diese Verwaltung herrschen, die sich jedoch gewiß bei diesem ernsthaften, nachdenkenden und redlichen Volke mit der Zeit verlieren werden, wenn man ihm Zutrauen und Achtung zeigt, besonders die letztere, da der Münsterländer vielen Nationalstolz hat, wie schon das gemeine Sprüchwort „der münstersche Mops trägt den Kopf hoch" des Volkes Meinung beweißt."

Wenn es auch tatsächlich die gemeinsam getragene Not der Fremdherrschaft und die kluge Arbeit der preußischen Behörden der Folgezeit zuwege gebracht haben, Westfalen wenigstens äußerlich zu einer gut preußischen Provinz zu machen, zunächst wollten die Münsterländer von den „lüttersken Dickköppen" nichts wissen. Der konfessionelle Gegensatz wurde noch verschärft durch die Säkularisation aller Klöster und geistlichen Stiftungen, und es dauerte lange, bis dieser Umsturz altüberlieferter und liebgewonnener Institutionen verwunden war. Die preußische Verwaltungspraxis, nur protestantische Beamte in rein katholische Gegenden und umgekehrt zu versetzen, und ebenso die rücksichtslose Art, in der Kirchen und Klöster in Kasernen, Magazine, Irren- und Gefängnisanstalten umgewandelt wurden, haben nicht gerade dazu beigetragen, die preußische Verwaltung im Münsterland heimisch und beliebt zu machen. Der Jubel, mit dem die Franzosen nach Jena und Auerstedt begrüßt wurden und noch die nahe an Aufruhr grenzenden Formen, die zwei Menschenalter später der Kulturkampf vielerorts in Westfalen anzunehmen drohte, beleuchten schlaglichtartig trotz aller Königstreue die antipreußische Gesinnung des katholischen Volkes. Auch in Greven kam es später zu derartigen Gefühlsausbrüchen (s. o. S. 161 ff.).*)

Trotzdem gab es damals auch in Greven einsichtsreiche Persönlichkeiten, die wie Johann Christoph Biederlack die fortschrittliche preußische Verwaltung, besonders in Handel und Gewerbe, auf das lebhafteste begrüßten. Das beweist vor allem folgender, in der 63. Beilage des Münsterer Intelligenzblattes des Jahres 1803 erschienene Bericht aus Greven:

> Gestern (gemeint ist Sonntag, der 24. Juli) hielten auch wir ein Dankfest wegen der am 10. dieses zu Hildesheim geschehener Huldigung.**) Das Geläute der Glocken und der Donner des Geschützes verkündeten bereits früh der umliegenden Gegend den Anfang des Festes, zahlreiche Schaaren, auch aus dem benachbarten Lootzischen Ländchen (den Bauerschaften Westerode, Herbern und Hembergen) strömten herbey, um mit uns zu feyern.***) Um 10 Uhr ward ein feyerliches Hochamt gehalten, worauf eine der Gelegenheit angemessene Predigt und Te Deum folgte, welches mit Abfeuerung des Geschützes begleitet wurde.
>
> Abends speiseten sechsundvierzig Personen an gemeinschaftlicher Tafel, und die Gesundheit des Königs, der Königin und des Allerdurchlauchtigsten Hauses ward feyerlich unter Musik und abermaliger Abfeuerung des Geschützes getrunken. Ein Ball, der bey der allgemeinen Munterkeit der sämmtlichen Theilnehmer bis zum folgenden Morgen währte, krönte dieses uns wichtige Fest, von dem wir hier Nachricht geben, um die Mitheilungen zu erwiedern, die uns bey ähnlichen Gelegenheiten von unsern vormaligen Landsleuten nachbarlich geschehen sind.

An diesen Bericht knüpft der ungenannte Einsender aus Greven, als der Johann Christoph Biederlack vermutet werden darf, die für seine fortschrittliche Haltung bezeichnende Betrachtung:

> Jeder biedere und vorurtheilsfreye Bewohner unsers Landes wird gewiß mit uns sich freuen, daß uns bey der großen Veränderung der Dinge vor so vielen unserer ehemaligen Mitbürger das Glück zu Theil geworden ist, einem Staate anzugehören, der im Stande ist, seine Bewohner zu schützen, der sich durch eine musterhafte Rechtspflege rühmlichst auszeichnet, und in welchem Handlung, Ackerbau und jedes nützliche Gewerbe unterstützt und ermuntert, und dadurch der Wohlstand des Landes befördert wird. Kurz, so allgemein zufrieden wir und unsere Vorältern auch bey unserer vorigen Verfassung gelebt haben, so dürfen wir uns doch völlig versichert halten, daß wir auch unter Friedrich Wilhelms sanfter Regierung als Bürger einer respektablen Monarchie vergnügt und glücklich seyn werden.

Solche Stimmen waren damals in Westfalen noch äußerst selten. So ließ es sich denn auch General Blücher nicht nehmen, den Vorstehern des Dorfes Greven ein anerkennendes und aufmunterndes Handschreiben zu schicken, dessen Original früher im Amtsarchiv noch aufbewahrt worden ist, dann aber als Anlage einer Bittschrift im Streit um die Münster-Rheine-Eisenbahn im Jahre 1852 nach Berlin geschickt wurde und nicht wieder zurückgekommen ist. Die bei den Akten des Amtsarchivs verbliebene Abschrift[643] hat folgenden Wortlaut:

---

*) Schon 1814 hatte sich der Arzt Dr. Ficken in Greven „bei Gelegenheit der Vereidigung des Landsturms im Derkenschen Hause (jetzt Amtsverwaltung!) durch Verweigerung der ausgebrachten Gesundheit des Königs mit Zutrinken nachteilig signalisiert", wie es in den Akten des Landrates so schön heißt (LAM Nr. 1026).

**) An dieser Huldigung des Erbfürstentums Münster, wie der König seine neue Provinz vorerst noch nannte, hatte auch Joh. Chr. Biederlack teilgenommen.

***) Ob es wirklich mehr waren, als auch sonst am Sonntag zur Grevener Kirche „strömten"? Das „donnernde Geschütz" bildeten wohl die Böller, mit denen auch sonst die Feiertage eingeschossen wurden. Zweifellos hat der Einsender hier wohl etwas zu dick aufgetragen!

Wohlgebohrne Herren!

In sonders hochgeehrte Herren Bürgermeister und Rath!

In dem 63. Stück des Münsterschen Intelligenzblatts habe ich einen Aufsatz aus Greven gefunden, der mir einen abermaligen Beweis der patriotischen und vorurteilsfreien Gesinnungen der guten Bürger dieser Stadt gegeben hatt. Der mir unbekannte Einsender dieses Aufsatzes und Sie, meine Herren, welche mit Ihren Mitbürgern es sich haben so angelegen sein lassen, das Dankfest wegen der zu Hildesheim geschehenen Huldigung so feierlich zu begehen, mögen sich überzeugt halten, daß diese unzweideutigen Merkmale der treuen Anhänglichkeit an dem Staate, dessen Mitglieder Sie durch den unabänderlichen Lauf der Begebenheiten nun geworden sind, und von dem Sie gewiß Schutz und Wohlfarth zu erwarten haben, allerhöchsten Orts mit Wohlgefallen werden aufgenommen werden, und daß ich meinerseits jede Gelegenheit ergreifen werde, Ihnen thätig zu beweisen, mit welcher ausgezeichneten Hochachtung ich bin

Ew. Wohlgeboren gantz ergebenster Diener

gez. Blücher

Münster, den 12. August 1803.

Der „abermalige Beweis" patriotischer Gesinnung zielt wohl auf den Empfang, den die Grevener Dorfväter und Kaufleute dem General bei seinem Einmarsch am 2. August 1802 bereitet hatten, von dem aber leider nichts Näheres bekannt ist. An ihm hat gewiß nur die Partei der Kaufleute teilgenommen. Die bäuerliche Bevölkerung, befangen im konservativen Katholizismus, fürchtete zu sehr für ihre westfälische Ruhe und ihren behäbigen Wohlstand, auf den es die preußischen Hungerleider doch nur abgesehen hatten!

Das erste preußische Regime hat in den vier Jahren bis zur Katastrophe von Jena und Auerstedt kaum Zeit gefunden, sich in der neuen Provinz häuslich einzurichten, geschweige denn seine fortschrittliche Verwaltung zum erfolgreichen Arbeiten zu bringen. Das Allgemeine Landrecht, dessen Einführung zum 1. Juni 1804 publiziert wurde,[644]) und das die Vielfalt der einzelnen Landesrechte vereinheitlichen und die bäuerlichen Verhältnisse im ganzen Königreich auf eine gemeinsame Grundlage stellen sollte, konnte gar nicht mehr zur vollen Geltung kommen, da bis zum 1. Juni 1808 daneben auch noch das bis dahin gültige Recht in Zweifelsfällen herangezogen werden konnte. Ehe dieser Termin erreicht war, hatte Napoleons Feldherrngenie den Preußischen Militärstaat, der seit mehr als einer Generation auf den Lorbeeren Friedrichs des Großen geschlafen hatte, aus den Angeln gehoben. Dabei war es gerade dieser preußische Militarismus, der einer gesinnungsmäßigen Eingliederung des Münsterlandes in die preußische Monarchie am meisten hindernd im Wege stand! Aber es war ja auch nur noch der leere, äußerliche Drill des preußischen Exerzierreglements, der den westfälischen Rekruten von ihren altpreußischen Sergeanten eingeprügelt wurde. Da die münsterländischen Bauern den preußischen Soldaten vom Siebenjährigen Krieg her nicht gerade in der allerbesten Erinnerung hatten, dazu ihnen der Schreck vor den widerwärtigen Methoden der gewalttätigen Werber noch mächtig in den Gliedern saß, hatten sie einen abgrundtiefen Widerwillen gegen alles, was eine preußische Uniform trug. Und gerade diese sollten ihre Söhne jetzt anziehen!

Zur Zeit des bischöflichen Landesherrn hatte es im Fürstentum Münster nur einmal ganz vorübergehend während des Siebenjährigen Krieges und dann wieder von 1766 bis 1786 eine dem preußischen, jetzt durch königliche Kabinettsordre vom 4. März 1805 in ganz Westfalen eingeführten Kantonalsystem ähnliche Einrichtung gegeben.[645]) Jetzt, wo die ganze Jungmannschaft zur Musterung und Auslosung antreten mußte, war der Unwille groß, besonders da böswillige Gerüchtemacher verbreiteten, daß die Einführung des Kantonsystems die sofortige Aushebung der jungen Leute und deren Verschickung an fremde Regimenter nach sich zöge. Es nutzte wenig, daß die Regierung bekanntmachen ließ, daß die etwa ausgelosten und ausgehobenen Leute beim Kantonregiment verbleiben würden. Als solches galt das Infanterie-Regiment von Hacke, doch wurden auch Leute beim Dragonerregiment von Wobeser, das im Jahre 1803 aus dem alten Münsterer Dragonerregiment von Nagel gebildet worden war, und beim Füselierbataillon von Ivernois angenommen. Der erste Gestellungsbefehl im Münsterland und damit auch für Greven und Gimbte erging am 21. März 1805. Freigestellt von der Losung waren der Adel, die Geistlichkeit, die Beamten, ferner die Studenten und die Postillions (!), daneben aus merkantilistischen Gründen auch die Kaufleute mit einem Vermögen über 5000 Taler, die Leinwandfabrikanten und Schafmeister (letztere wegen der Wichtigkeit der Schafzucht). Natürlich waren die Juden vom Wehrdienst ausgeschlossen. Bei der ersten Aushebung wurden aus den beiden Kirchspielen im ganzen fünfundvierzig Mann gezogen, und zwar aus dem Dorf Greven zwölf Mann, aus der Bauerschaft Schmedehausen zehn, aus Hüttrup und Pentrup je vier, aus Wentrup und Guntrup je drei, aus Fuestrup, Aldrup, Bockholt und Gimbte je zwei und schließlich aus Maestrup einer. Von diesen fünfundvierzig Mann wurden dann im Mai 1805 fünfzehn Mann eingestellt, diesmal aus dem Dorf sechs, aus Hüttrup drei, aus Schmedehausen zwei und aus Wentrup, Fuestrup, Bockholt und Gimbte je einer! Trotz dieser auffallend geringen Zahl der Eingezogenen war der Widerwille gegen den preußischen Korporalsstock doch so groß, daß bei der Mobilmachung im September 1805 von sechs eingezogenen Dragonern nur drei zur Stelle waren! Ja, bei einer erneuten Musterung am 16. Oktober fehlten aus Greven und Gimbte nicht weniger als achtundzwanzig Kantonisten. Weder Drohungen, die selbst vor den Familien der Desertierten nicht haltmachten, noch eine allgemeine Amnestie, die der König am 17. Oktober verkünden ließ, hatten Erfolg. So lautete der Revisionsbericht aus dem März des Jahres 1806 dahin, daß die Zahl der ausgetretenen Kantonisten des Münsterschen Kreises „unglaublich groß" sei, desgleichen die Desertionen bei der Truppe. Im August des Jahres 1806 waren aus dem Kreise Münster dreizehn Mann desertiert, davon allein sieben aus dem Kirchspiel Greven, wozu bis zum September noch drei weitere hinzukamen, zwei aus Greven und einer aus Gimbte.

Den Widerwillen und die Abneigung gegen das preußische Militär vermehrte die häufige, kaum abreißende Einquartierungswelle, von der Greven im Jahre 1805 und 1806 heimgesucht wurde. Am 1. Juli 1805 rückte eine Eskadron Husaren vom Regiment Blücher unter der Führung des Majors von der Goltz ins Dorf ein, die offenbar von der Bevölkerung wenig freundlich empfangen wurde.[646]) Obgleich von der Goltz, wie er in seinem Bericht an den Landrat sagte, alles „zum soulagement (Erleichterung) der königlichen Untertanen" getan habe, hätte er hier keinen Dank zu gewärtigen. In einem leerstehenden Hause im Dorfe sei ihm ein „schandbares" Quartier zugewiesen worden. Am 18. Juli schrieb er dem Landrat, er hoffe bald von Greven erlöst zu werden und sei der Überzeugung, „welches Herzeleid es den hiesigen Kaufleuten ist, einen Offizier in Quartier einzunehmen . . ." Die gutsituierten Kaufleute suchten sich in ihrer Abneigung gegen das Militär durch Abschlagszahlungen von der Einquartierungslast zu befreien. Alle Häuser des Dorfes und auch auf dem Lande waren je nach der Qualität und dem Fassungsvermögen der Wohnungen bzw. Häuser in ganze, dreiviertel, halbe und viertel Quartiere eingeteilt. Im Dorf gab es beispielsweise 7 ganze, 8 dreiviertel, 12 halbe und 47 viertel Quartiere, im ganzen Kirchspiel (mit Einschluß des Dorfes Greven) 38 ganze, 33 dreiviertel, 67 halbe und 101 viertel Quartiere, d. h. zusammen $121^1/_2$ ganze Quartiere. Die entsprechenden Zahlen für das Kirchspiel Gimbte waren, 2, 1, 12 und 18, zusammen konnten also in den beiden Kirchspielen $134^3/_4$ Quartiere nachgewiesen werden. Von den Quartiergebern brauchte aber nur Obdach, Lager, Feuer und Licht gestellt zu werden, alles andere mußten die Soldaten kaufen und bezahlen.

Kaum war von der Goltz mit seinen 112 Mann und 103 Pferden am 1. September abgezogen, als am 14. November wieder eine Eskadron Dragoner vom Regiment Wobeser in Stärke von etwa 100 Mann unter der Führung des Majors von Oppen auf ein paar Tage in Greven einrückte, der am 19. ein Sonderkommando vom Regiment Lettow in Stärke von 1 Offizier, 3 Unteroffizieren und 43 Gemeinen auf dem Marsche nach Emden folgte. Das Schicksalsjahr 1806 sah dann wieder zahlreiche Truppendurchmärsche. Im März machte die Eskadron von Oppen auf dem Marsch nach Herford einige Tage Rast im Dorf. Am 30. April lag das Depot der gleichen Eskadron, die jetzt im Kirchspiel Nordwalde einquartiert war, mit einem Offizier, drei Unteroffizieren und 47 Mann in Greven. Im Juni kam die reitende Batterie von Lehmann, aus 134 Mann zu Pferde bestehend, durch. Wenig später erfolgte dann der Durchmarsch der Feldjäger, die von Ibbenbüren kamen und weiter nach Appelhülsen wollten. Für sie mußten die Bauern viele Vorspannfuhren leisten. Am 1. August kam General Blücher selbst durch Greven geritten und kündigte der Gemeinde an, daß seine Eskadron von Sydow noch am gleichen Abend einrücken würde. Sie blieb dann bis zum 1. September. Zwischendurch mußte aber am 16. August noch 1 Offizier und 22 Mann Infanterie im Dorf untergebracht werden, die am 25. durch eine Kompanie Jäger abgelöst wurden. Die herannahende Auseinandersetzung Preußens mit Napoleon hielt die Truppe dauernd in Bewegung. Am 10. September kamen wieder Dragoner durch, darunter Teile der Eskadron von Pannewitz vom Dragoner-Regiment von Brüsewitz, von denen 58 Mann mit 59 Pferden in der Bauerschaft Bockholt, weitere 54 Mann mit 55 Pferden in der Bauerschaft Fuestrup einquartiert wurden. Der Rest unter Führung des Majors von Wurmser, aus 2 Offizieren und 50 Mann und entsprechend vielen Pferden bestehend, blieb im Dorf. Ein Kommando des Infanterie-Regiments von Lettow in Stärke von 20 Mann lag Ende des Monats im Kirchspiel Gimbte.

Die dauernde Erhaltung der preußischen Armee auf Kriegsfuß erforderte neben den beständigen Einquartierungen auch Naturallieferungen, da die Magazine in Münster zum Unterhalt so vieler Truppen nicht vorbereitet und eingerichtet waren. So mußte das Erbfürstentum Münster am 27. August 1806 nicht weniger als 850 Wispel, 8 Scheffel Roggen (oder Mehl) = 16581,24 Zentner Roggen, 2358 Wispel, 18 Scheffel Hafer = 26885,60 Zentner Hafer,*) 9345 Zentner Heu zu je 110 Pfund = 10279,5 Zentner Heu und 1144 Schock Stroh zu 1200 Pfund, also 13728 Zentner Stroh liefern. Wie groß der Anteil Grevens an dieser Fourageleiferung war, verraten die Akten nicht. Bei einer anderen Gelegenheit im Jahre 1805 hatte Grevens Anteil 46 Wispel und 2 Scheffel Heu, 180$^1/_2$ Zentner Heu und 21$^1/_2$ Schock Stroh betragen, wofür nicht weniger als 1736 Taler, 21 Groschen und 2 Pfennige bezahlt werden mußten!

Die letzten preußischen Truppen, die bereits auf dem Rückmarsch vor den nachdringenden Franzosen durch Greven zogen, waren die Füseliere des Bataillons von Ivernois, die in der Nacht vom 10. zum 11. Oktober 1806 im Dorf kurze Rast machten. Ihr Oberst hatte noch vor wenigen Wochen, im August, im Weinhaus zu Münster sich prahlend gebrüstet, sein Regiment nehme es mit drei französischen auf! Jetzt mußte er bereits zurückweichen, ohne sein Prahlen wahrmachen zu können. Drei Tage später ging Preußens Militärmacht in der unglücklichen Schlacht von Jena und Auerstedt unter. Erleichterten Herzens werden die Bauern auf die Kunde der preußischen Niederlage die noch kurz zuvor, am 15. Oktober ergangene Verfügung wegen der Verfolgung der

---

*) Ein Wispel Roggen wurde zu 25 Scheffel von je 78 Pfund gerechnet. Im ausgemahlenen Zustand gingen aber nur 24 Scheffel zu je 75 Pfund auf einen Wispel. Beim Hafer rechnete man sogar 25 Scheffel zu je 45 Pfund auf einen Wispel.

Deserteure von den Kirchentüren abgerissen haben! Die einsichtigen Männer in Stadt und Land sahen mit banger Sorge der Zukunft entgegen.

Die große Masse begrüßte aber die einrückenden Franzosen mit lautem Jubel als Befreier. Sie ahnte noch nicht, wie rasch sich die Freude in abgrundtiefen Haß wandeln sollte. Leidvolle Jahre standen den Münsterländern noch bevor, ehe sie, geläutert durch den gemeinsamen Befreiungskampf, wieder ins größere Vaterland zurückkehren durften.[647]

Ende Oktober rückte als erste französische Truppe die Eskadron des Rittmeisters Jonquière vom 3. Husarenregiment des holländischen Generals Grandjean mit 55 Mann in Greven ein. Und wie vordem die preußischen, so lösten sich jetzt die französischen Einquartierungen am laufenden Bande ab. Hatten aber die Preußen wenigstens noch ihre Verpflegungsgelder bar bezahlt oder doch die Requirierungsbillets prompt eingelöst – die Franzosen dachten nicht daran, ein Gleiches zu tun. Sie gaben vielmehr ihren Quartierwirten faule Kassenanweisungen, um deren Einlösung stets erbittert gekämpft werden mußte, da keine der vielen Kassen im entscheidenden Augenblick für die Einlösung zuständig sein wollte. Dabei hatte laut Anweisung des in Münster residierenden Generals Canuel der einzelne Mann Anspruch auf täglich eineinhalb Pfund Brot, acht Lot Weißbrot zur Suppe, einhalb Pfund Fleisch, hinreichendes Gemüse, eine halbe Flasche Wein oder eine Flasche Bier. Auf die behutsame preußische Quartiersberechnung im Dorf Greven und in den Bauerschaften wurde natürlich keinerlei Rücksicht mehr genommen. Schon im Dezember 1806 war ein ganzes Regiment, das 58. Inf.-Regiment in Dorf und Kirchspiel einquartiert. Das benötigte gewiß mehr als 134³/₄ preußische Quartiere! So ging es die ganzen folgenden Jahre hindurch. Dazu kamen, ebenfalls bereits seit dem Winter 1806/07 die ständigen Fouragelieferungen an das große, in Münster eingerichtete Verpflegungsmagazin, in das jede Gemeinde ungezählte Zentner Heu, Stroh und Hafer Jahr für Jahr liefern mußte, ohne daß in jedem Falle die Einlösung der Kassenanweisungen erfolgte.

Aber Einquartierung und Fouragelieferungen waren erträglich gegenüber dem, was die übermütigen Sieger dem armen Volke an sonstigen Lasten aufbürdeten. Zunächst ließ sich alles noch ganz friedlich an, und die erste Verordnung der neuen Regierungsgewalt,[648] „daß zufolge höherer Verfügung die preußischen Adler und Zeichen, wo sie sich befinden, wegzunehmen seien, und auch keine preußischen Uniformen mehr getragen werden dürften," wurde gewiß von vielen mit Befriedigung vernommen. Auch der Aufruf, den der Divisionsgeneral Canuel, Gouverneur des 1. Gouvernements der eroberten Gebiete, am 11. August 1807 zur Feier des Namensfestes Napoleons (am 15. 8.) erließ,*) wird bei manchem Westfalen noch Zustimmung gefunden haben, der da glauben mochte, unter dem Banner der Freiheit, Gleichheit und Brüderlichkeit herrlichen Zeiten entgegenzugehen. So nahm man denn auch die Besitznahme der Provinzen Münster, Lingen und Tecklenburg für das neugeschaffene Herzogtum Berg am 5. Mai 1808 mit Gleichmut hin.

---

*) Die bombastische Ankündigung lautete in ihrem wesentlichen Teil: „Habt Ihr, wie die Franzosen und ihre Verbündeten kämpfend unter dem unsterblichen Adler des großen Kaisers diesen glorreichen Frieden nicht mit Eurem Blute besiegeln können, so habt Ihr ihn doch durch andere Opfer und andere Tugenden erkauft. Ja, – es macht mir Freude, die Unterstützung, die Ihr der Armee geleistet, die Gastfreiheit, mit der Ihr die Soldaten der großen Nation behandelt und die freiwilligen Beweise der Zuneigung und Anhänglichkeit, die Ihr für die erhabene Familie des Kaisers an den Tag gelegt habt, hier öffentlich bekannt zu machen.

Da Ihr also immer die Gesinnungen des großen Volkes geteilt habt, da Ihr nach der Versicherung des Kaisers schon ein Theil des großen Reichs ausmacht, so werdet Ihr an diesem denkwürdigen Tage des 15. Augusts 1807 mit Vergnügen eine Verbindung feiern, welche Euer Schicksal mit dem von Frankreich auf immer vereinigt."

Erst die Einführung der französischen Verwaltung am 1. April 1809 öffnete wohl auch dem Letzten die Augen über den Weg, den Westfalen in den nächsten Jahren gehen sollte. Nach dem Tilsiter Frieden hatte Napoleon am 21. Januar 1808 die ihm zugefallenen westfälischen Teile des Königreiches Preußen dem von ihm geschaffenen Großherzogtum Berg angegliedert, an dessen Spitze er zunächst seinen Schwager Joachim Murat, den späteren König von Neapel stellte. Dieser mußte jedoch bereits am 15. Juli 1808 auf das Großherzogtum zugunsten des Prinzen Napoleon Ludwig, des Neffen des Korsen, verzichten, bis zu dessen Großjährigkeit Napoleon sich die Verwaltung des Landes selbst vorbehielt. Am 3. April 1809 wurde die Übertragung an den jungen Prinzen überall feierlich proklamiert, und es mußten überall im Lande Festgottesdienste mit feierlichem Te Deum, Glockengeläut und Böllerschießen abgehalten werden. In Greven und Gimbte fanden diese Feiern „zur Erweckung der Gesinnung der Dankbarkeit, Freude und Ehrfurcht" auch statt, wozu die Geistlichkeit das Zweckmäßige veranlaßt zu haben, zu Protokoll gab.*)

Man machte im Münsterland allerdings auch böse Glossen über diesen und die anderen Regierungswechsel der Jahre 1807 bis 1813. Der Hofgerichtsassessor Christoph Bernhard Schücking schrieb beispielsweise in seinen Erinnerungen:

> Zuerst war Napoleon selbst unser Herr, dann gab er uns einen gewissen Joachim, der in seiner Jugend Küchenjunge gewesen war und den seine Napoleonische Majestät zum Großherzog ... erhoben hatte. Nachher erhob er diese Joachimische Küchendurchlaucht zum König von Neapel und gab unser Land einem kleinen Rangen von zwei Jahren. Dann tat er am 1. Januar 1811 diesen Pickolo wieder weg und vereinigte uns mit Frankreich.

Greven und Gimbte gehörten zum Arrondissement Münster des großen Emsdepartementes und bildeten zusammen mit den Kirchspielen Nordwalde, Emsdetten, Saerbeck, Telgte und Altenberge den Canton Greven.**) Jedes der genannten Kirchspiele war eine eigene Municipalität, an deren Spitze ein Maire (= Bürgermeister) stand. Am 17. Mai 1809 trat der erste, auf Grund der neuen Verfassung ernannte Municipalrat von Greven zu seiner ersten Sitzung zusammen, um den Eid auf Napoleon zu leisten.***)

---

*) Für die Festpredigt war den Geistlichen das Thema genau vorgeschrieben worden: „... in der es dem Priester leicht seyn wird, zu zeigen, wie es nur durch eine für dieses Land besondere Gnade von dem, durch welchen die Könige regieren, hat geschehen können, daß ein junger Fürst zum Thron des Großherzogthums berufen ist, um solchen zu befestigen, nachdem er die Lehren der Weisheit des großen Mannes wird erhalten haben, nachdem er unter dessen bewunderungswürdigen Beispielen wird erzogen seyn und in der ersten Schule der Welt wird gelernt haben, Religion, Gerechtigkeit und Wahrheit zu schützen und zu lieben, kurz alles, was den beständigen Ruhm der Könige macht, weil das Wohl der Völker davon abhängt."

Auch in den folgenden Jahren mußten alle freudigen Ereignisse im kaiserlichen Hause (Geburt des Königs von Rom am 20. 3. 1811; Kaisersgeburtstag usw.) jeweils mit möglichst großem Pomp und Aufwand gefeiert werden. Die Berichte darüber (AAG IV b Nr. 2, 1) wurden allerdings immer kürzer und lakonischer. Mit Paraden, Festgottesdiensten mit Festpredigten und Böllerschießen, Verteilung von Geld und Brot an die Armen, Volksbelustigungen und Bällen begann es (so noch 1811); mit einem schlichten Te Deum nach der Schlacht bei Lützen (2. Mai 1813) am 27. Mai 1813 endete die Herrlichkeit.

**) Die linksemsischen Bauerschaften waren bereits am 12. 7. 1806 dem neugegründeten Großherzogtum Berg einverleibt worden, wurden aber nach Aufhebung desselben am 13. 12. 1810 gleichfalls dem Kaiserreich Frankreich zugeschlagen. Sie gehörten zunächst zum Dep. der Ysselmündung, seit dem 27. 4. 1811 dann zum Lippe-Departement (Arrondissement Steinfurt). Die betr. Erlasse bei Scotti III, S. 272 Nr. 44; S. 171 Nr. 197.

***) Dieser lautete: „Ich schwöre Gehorsam und Treue Sr. Majestät dem Kaiser der Franzosen, König von Italien, Beschützer des Rheinbundes (AAG IIa Nr. 8, 1. Dort auch die Akten über die Anfänge der „Municipalität" Greven).

Neben dem Maire Franz Anton Schründer gehörten ihm an Arkenoe (1. Beigeordneter), Biederlack (2. Beigeordneter), Terfloth, Grothoff, Frey, Broeker, Tegeder, Maestrup, Borgling, Gronover, Northoff, Hovestadt, Fleige, Gerdemann, Bernemann und Schmerling, zu denen am 20. Mai noch Schulte Bockholt und Zeller Sandmann*) nachträglich hinzutraten. Die bisherigen Kirchspiels- und Dorfsbedienten verloren ihre Stellung. Die Gehälter der bisherigen Führer und Vögte in Höhe von 123 Taler wurden zusammengelegt, um davon einen Amtssekretär und einen Polizei- und Verwaltungsunterbeamten zu besolden. Mit diesem Amt wurde der bisherige Führer Bröcker beauftragt. Als Amtslokal wurden drei Zimmer im Nebenhaus der Witwe Dercken ausersehen.**)

Nach Einverleibung des Bergischen Emsdepartements in das Kaiserreich Frankreich mußte der Municipalitätsrat zum 20. August 1811 neu gebildet werden. Als Mairie unter 5000 Seelen hatte Greven Anspruch auf einen Maire, 2 Beigeordnete und 20 Mun.-Räte. Am 24. August wurde der neue Rat vereidigt. Schründer wurde als Maire bestätigt.

Was die französischen Behörden bewogen hat, gerade diesen Mann an die Spitze der französischen Dorfverwaltung zu setzen, wissen wir nicht. Es ist kaum anzunehmen, daß er sich zu diesem Posten gedrängt habe, denn nach einem Bericht aus dem Jahre 1811 beherrschte er die französische Sprache nicht.***) Vielleicht war es sein Alter – mit seinen fünfundfünfzig Jahren war er der älteste unter den Kaufleuten in Greven –, dazu sein kaufmännisches Geschick und Organisationstalent, die ihn für das gewiß nicht leichte Amt empfahlen. Viel Freude wird er nicht daran gehabt haben. Wohl aber läßt sich aus den Akten erkennen, wie er sich treu und redlich bemüht hat, die sich von Jahr zu Jahr steigernden Willküräkte und Übergriffe des französischen Militärs wie auch der Zoll- und Steuerbeamten soviel wie möglich abzubiegen oder doch wenigstens zu mildern. Trotzdem gelang es ihm nicht, die völlige. Ausplünderung seiner Bauern und Dorfbewohner durch die habgierigen unteren und mittleren Verwaltungsinstanzen zu verhindern. „Seine durch die Franzosen so erbärmlich mitgenommenen Administrierten" nennt er sie einmal nach Abzug des Feindes.[648a]) Das besagt genug!

Gewiß brachte die straff zentralisierte französische Verwaltung dem Lande auch gewisse Vorteile, die besonders dem einfachen Volke zugute kamen, so vor allem die Aufhebung der Leibeigenschaft durch das Gesetz vom 12. Dezember 1808, durch das mit einem Schlage alle Bauern freie Besitzer ihres Hofes wurden, wobei dann ihre Eigentumsgefälle in Renten umgewandelt wurden, die auf dem Grund und Boden lasteten. Ein Teil dieser Lasten, wie beispielsweise der Gesinde-Dienstzwang, demzufolge jeder Eigenbehörige ein Jahr oder mehr bei seinem Grundherrn unentgeltlich hatte dienen müssen, das Recht auf Freilassung und die Freibriefe, die Frohnden, Hand- und Spanndienste und alle anderen persönlichen Lasten wurden ohne jegliche Entschädigung abgeschafft. Für die anderen Lasten, Erbgewinn, Auffahrts- und Weinkaufsgelder, Sterbfall usw., mußten die Bauern eine Entschädigung an den Grundherrn entrichten, deren Höhe durch gütliche Vereinbarungen festgesetzt werden sollte. Ergänzt wurde dieses Gesetz durch ein am 11. Januar 1809 erlassenes Dekret, welches alle Lehen aufhob und gleich-

---

*) An seine Stelle trat bereits am 30. 8. 1810 Schulte Topphoff.

**) Der Maire bekam auch eine strahlende Uniform in Gestalt eines französischen Kleides (Rock) von purer (blauer?) Farbe mit einfacher bzw. doppelter goldener Leiste von oben bis unten, auf den Taschen, auf den Aufschlägen und Kragen, dazu eine weiße Weste und ebensolche Hosen, schließlich noch einen Spitzhut mit goldener Schleife und einen Degen. Dazu trug er im Dienste eine Schärpe in den Landesfarben (Gold-rot).

***) Nach der gleichen Quelle verstanden von den damaligen Municipalitätsbeamten nur Joh. Christoph Biederlack und J. A. Arkenoe die französische Sprache. Der Mairie-Secretär Gahlen mußte sich im Jahre 1812 noch bei Theißing in Münster ein Französisches Wörterbuch und eine Grammatik kaufen!

falls in den vollen Eigenbesitz des zeitigen Lehnsträgers überführte. Hierdurch wurden auch alle Pachtgüter in freies Eigentum der Pächter umgewandelt, sofern sie nicht ausdrücklich nur zur Zeitpacht ausgetan worden waren. Diese zunächst nur von der Regierung des Großherzogtums Berg 1808 und 1809 erlassenen Dekrete wurden nach der Einverleibung von Teilen des Herzogtums, zu denen auch unsere Heimat gehörte, in das Kaiserreich Frankreich am 25. 12. 1810 durch ein ähnliches Dekret vom 9. Dezember 1811 auf die nunmehr zu Frankreich direkt gehörenden eroberten Gebiete ausgedehnt. Den Bauern brachten diese Gesetze mit einem Schlage die volle Gleichberechtigung mit Adel und Bürgerschaft, rissen sie aber zugleich aus einem jahrhundertealten und durchaus nicht immer als Last empfundenen patriarchalischen Kolonatsverbande zu ihrer Gutsherrschaft heraus. Der am meisten Betroffene und in seinen geldlichen Rechten empfindlich Geschädigte war natürlich der adelige oder auch bürgerliche Grundherr, der nun auf einmal über keinen Grundbesitz mehr verfügte, sondern allenfalls noch über ein paar Renten und Hypotheken.

Die völlige Gleichstellung mit Adel und Bürgerschaft, genauer gesagt, mit dem citoyen, dem Bürger, den das französische Recht allein noch anerkannte, brachte den aus der Leibeigenschaft entlassenen Bauern die Einführung des Code civil, des französischen Rechtes, in den auf dem rechten Ufer des Rheins gelegenen eroberten Gebieten am 1. Januar 1810. Vor diesem französischen Recht waren alle Menschen gleich, es kannte nur noch den Staatsbürger schlechthin. Es gab keinerlei Vorrechte des einen Standes mehr vor dem anderen. Nicht mehr konnte der Adel oder die Geistlichkeit auf ihre uralten Privilegien pochen, nach denen sie sich nur vor ihren eigenen Standesgerichten zu verantworten brauchten. Alle Sondergerichte, vor allem die gutsherrlichen Patrimonialgerichte, die den Gutsherren ein sehr weitgehendes Aufsichtsrecht über ihre Gutsleute eingeräumt hatten, wurden aufgehoben. Für jeden Kanton wurde ein sogenanntes Friedensgericht eingerichtet, vor dem jeder sein Recht suchen und zu Recht stehen mußte. In jedem Arrondissement wurde ein Tribunalgericht als Appellationsgericht erster Instanz eingerichtet, von dem dann noch an den obersten Appellationsgerichtshof in Düsseldorf appelliert werden konnte. 1812 traten dazu noch die Geschworenengerichte, die es bis dahin noch gar nicht gegeben hatte. Diese Vereinfachung und Zentralisierung des Gerichtswesens, das, solange es sich von Korruption freihielt, wirklich jedem einzelnen gleiches Recht garantierte, war gegenüber den bisherigen Zuständen der Rechtspflege ein großer Fortschritt.

Konnten die Franzosen mit diesen Maßnahmen auf die Zustimmung und freudige Anteilnahme der westfälischen Bevölkerung rechnen, so machten sie, die man zunächst als Glaubensbrüder herzlich begrüßt hatte, sich bei der katholischen Bevölkerung doch ebenso wie die Preußen mißliebig durch die von ihnen nun ganz radikal durchgeführte Aufhebung aller Klöster und geistlichen Stiftungen. Waren hier die preußischen Behörden zunächst noch behutsam und mit Schonung solcher Orden und Genossenschaften, die offensichtlich dem allgemeinen Nutzen dienten, vorgegangen, so fielen der antikirchlichen Gesinnung der französischen Machthaber, die es nach den zum Teil noch reichen Besitzungen der noch bestehenden geistlichen Korporationen gelüstete, auch die letzten Klöster und Stifter im Lande zum Opfer. Darüber waren die Westfalen naturgemäß sehr erbost. Wohlweislich haben die Franzosen diese auf einem Gesetz von 1802 fußenden Maßnahmen nicht gleich zu Beginn ihrer Herrschaft durchgeführt, sondern erst gegen Ende des Jahres 1811, als sie die Maske der Volksbeglückung längst hatten fallen lassen und nur noch mit einem raffiniert ausgeklügelten und von Lockspitzeln und Geheimagenten unterstützten Polizeiregiment das verbitterte Volk in Ruhe halten konnten.

Von Vorteil für das Land war auch die von der französischen Verwaltung, allerdings aus rein militärischen Gründen mit Macht betriebene Verbesserung der Verkehrsverhältnisse. Für die Bauern brachten diese Wegearbeiten schwere Lasten mit sich, denn sie mußten weit über ihre Kräfte Fuhren leisten, um die Steine aus den Steinbrüchen an die befohlene Stelle zu schaffen. Mit harten Strafen wurden die Säumigen bedroht. Beim Bau der Militärstraße Ostbevern—Telgte,[649]) die also doch ein ganzes Stück von den Kirchspielen Greven und Gimbte entfernt war, mußte das Kirchspiel Greven nicht weniger als 929 Kubikmeter Steine fahren. Am 9. Mai 1811 erhielt Maire Schründer den Befehl, für den Straßenbau 150 Arbeiter und 15 Wagen zu stellen, worauf dieser dem Präfekten ebenso höflich wie nachdrücklich mitteilte, daß ihm dies ganz unmöglich sei, da Greven nur über 411 dienstverpflichtete Männer verfüge, von denen viele als Hollandgänger bereits fort seien und nicht wenige auch sonst verhindert seien. Er schickte deshalb nur 50 Mann. Daraufhin bekam er vom Präfekten einen ernsten Rüffel mit der Auflage, sofort 120 Mann zu schicken. Vom 20. Juli bis zum 1. August wurden die Arbeiten wegen der Erntezeit eingestellt. Nach der Ernte mußte Greven aber wieder 100 Mann stellen, von denen die Hälfte Weiber und Kinder sein durften! Mit welcher „Begeisterung" die armen, geplagten Menschen diese harte Fronarbeit geleistet haben, kann man sich unschwer vorstellen, und wer heute die schnurgeraden „Napoleonstraßen" in Westfalen als eine erstrangige Kulturtat des großen Korsen bewundert, vergißt nur zu leicht, welch blutigen Schweiß diese Arbeit unsere Urgroßväter gekostet hat und wieviel Tränen armer Frauen und Kinder darüber vergossen worden sind!

Die Handelspolitik Napoleons, der England durch eine rigorose Abschnürung des englischen Handelsverkehrs vom europäischen Festlandmarkt in die Knie zwingen wollte, schlug ihre Wellen auch bis nach Greven, dessen Kaufhändler rege Beziehungen nach den niederländischen und englischen Märkten unterhielten (s. o. S. 299). Schon im Jahre 1809 klagten diese über die schlechten und unruhigen Zeiten, die ihren Handel stark beeinträchtigten. Ende des nächsten Jahres lag dieser völlig danieder.[650]) Dafür blühte um so mehr der Schmuggel mit der englischen Konterbande, besonders nachdem noch der freie Tabakverkauf verboten worden war.

Weit mehr noch erregte die Gemüter das ausgeklügelte Steuersystem der Franzosen, das sich als eine Schraube ohne Ende entpuppte.[651]) Durch eine klare, zentralisierte Finanzgebahrung verstanden es die Franzosen ausgezeichnet, die letzten Groschen oder nach ihrer Frankenrechnung den letzten Sou aus den Taschen der Bauern und Bürger herauszupressen. Hatte es vorher nur eine allgemeine Personenschatzung gegeben, die monatlich erhoben wurde, und dazu den Viehschatz, so brachten die Franzosen ihren neuen Staatsbürgern als erstes Geschenk der Freiheit, Gleichheit und Brüderlichkeit eine Grundsteuer, eine Personal- und Mobiliarsteuer, eine Türen- und Fenstersteuer, dazu noch eine Patentsteuer d. h. Gewerbesteuer und schließlich noch den octroi (par abonnement), d. h. eine Taxe auf alle Konsumtionsgüter wie Eßwaren (von denen nur Brot und Salz ausgenommen waren), Getränke, Brennmaterialien und Fourage (Heu, Stroh und Hafer) und noch manche andere Sonderabgabe, so daß es schließlich so gut wie nichts mehr gab, das nicht besteuert war. Bis zu fünfzig Prozent des allgemeinen Einkommens wurden weggesteuert, wenn es in der Theorie auch stets hieß, daß nicht mehr als ein Siebentel, allenfalls ein Sechstel durch die Steuer abgeschöpft werden sollte. Das war eben Theorie, die Praxis sah anders aus. Den größten Betrag erbrachte naturgemäß die Grundsteuer. Von den 12646 Talern des noch nach preußischem Gelde berechneten Budjets des Kirchspiels Greven für das Jahr 1809[652]) entfielen nicht weniger als 9793 Taler, 18 Groschen und 5 Pfennige auf diese Steuer, weitere 2408 Taler auf die Personalsteuer usw. Auf der Ausgabenseite entfiel der Löwenanteil auf die vorgeschriebenen Ablieferungen an die Hauptkasse, nämlich nicht weniger als 10955 Taler,

4 Groschen und 10 Pfennige. Für die Bedürfnisse der Kommunalverwaltung waren nur 536 Taler vorgesehen und zur Tilgung von Schulden und Rückständen 1707 Taler. Für das Kirchspiel, das vordem mit rund 5700 Talern (Gimbte mit 440!) ausgekommen war, eine Steigerung um mehr als das Doppelte! Das erste nach Francs aufgestellte Budjet der Kirchspielsrechnung sah eine Einnahme von 23040,97 Francs vor, was ziemlich genau einer Summe von 6000 Talern gleichkam. Aber auch dies ging weit über die Kräfte der Gemeinde, die bereits am 1. Januar 1810 eine Schuldenlast von 7996,44 Francs vorzutragen hatte, zu deren Tilgung der Finanzminister in Düsseldorf großmütig 1000 Francs aus den Einkünften des octroi par abonnement (s. o.) bewilligte. Alle noch so rigorosen Sparmaßnahmen vermochten die Kirchspielsschuld bis zum 8. Juli 1812 nur auf 6863,12 Francs herabzudrücken. Diese Schulden entstanden meist durch die willkürlichen Fouragierungen der französischen Truppen, die das requirierte Futter nur mit Zahlungsanweisungen beglichen, für deren Einlösung dann keine Kasse aufkommen wollte, so daß die Kommunalkasse daran hängenblieb. So betrugen in Greven allein im Jahre 1813 bis Ende Oktober die „Ausgaben auf Requisition" nicht weniger als 8059 Taler, wie der Bürgermeister nach der Flucht der Franzosen an seine vorgesetzte Behörde berichtete, also rund 29818 Francs, die als Defizit in der Gemeindekasse zurückblieben!*) Und dabei hatte das Kirchspiel Greven für das verflossene Jahr schon 18891,78 Frs. Grundsteuer. 2824,74 Fr. Octroi, 3031,27 Personal- und Mobilarsteuer und schließlich noch 1168,38 Frs. Türen- und Fenstersteuer aufgebracht, zusammen also nicht weniger als 27916,17 Francs, das ist fast die gleiche Summe, die das Militär auf Requisition erpreßt hatte!**)

Die ständigen Einquartierungen und Fouragierungen erpreßten in der Tat das Volk viel schlimmer als die an sich wohl ausgewogene, wenn auch sehr hoch getriebene Steuerschraube. So hatte Greven (rechts der Ems) einmal im Jahre 1811 je 11424 Pfund Heu, Stroh und Hafer, die kleine Gemeinde Gimbte je 744 und die Bauerschaften Westerode, Herbern und Hembergen desgleichen je 2142 Pfund der drei Futtersorten auf Requisition liefern müssen, für die eine Bezahlung natürlich ausblieb. Wenig später mußten wieder je 12168 Pfund der drei Futtersorten gestellt werden.[653]) Um diese Mengen bei der immer unwilliger werdenden Bevölkerung einzutreiben, wurden kleine Militär-Detachements von zwei bis vier Mann an verschiedenen Stellen einquartiert. Aber das nutzte nicht viel und reizte das Volk nur noch mehr. Im Februar 1811 wäre es im Kirchspiel fast zu einer Revolte gekommen, als ein Beobachtungsposten von fünf Mann bei der Steinernen Schleuse stationiert wurde. Der Bauer Nettmann hatte bei dieser Gelegenheit zwei Pferde der französischen Chasseurs (Jäger) nächtens losgemacht und aus dem Stall gejagt, worauf der Unteroffizier, der offenbar beim Maire mit seiner Beschwerde nicht viel erreicht hatte, sich an seinen Obersten wandte, der gleich ein Kommando von fünfzig Mann schicken wollte, um Maire und Bevölkerung des aufsässigen Kirchspiels zur Raison zu bringen.[654])

Das Jahr 1811 sah dann als Folge der Kriegsrüstungen Napoleons gegen Rußland wieder große Einquartierungen in Dorf und Kirchspiel. So kamen am 29. Oktober die Stäbe und Teile des 6. und 14. Kürrassier-Regiments durchs Kirchspiel Greven.[655]) Der Stab des 6. Regiments, bestehend aus 9 Offizieren, 23 Kürrassieren und 43 Pferden, quartierte sich im Dorf ein, weitere 2 Offiziere, 6 Unteroffiziere und 53 Mann mit 55 Pferden in der Bauerschaft Hüttrup und 4 Offiziere, 10 Unteroffiziere und 91 Mann mit 101

---

*) Das sind, den Taler zu 3,75 Francs gerechnet, 11330 Taler, also das Doppelte des früheren jährlichen Steueraufkommens!

**) Für 1814 wurde das Steueraufkommen wie folgt veranschlagt: Grundsteuer 34000 Frs., Personal- und Mobilarsteuer 4500 Frs.; Türen- und Fenstersteuer 2000 Frs. und Patentsteuer 1500 Frs., zusammen also auf 42500 Frs. geschätzt.

Pferden in der Bauerschaft Schmedehausen. Zum Stabe gehörten außerdem noch 16 Mann, dann 10 Unteroffiziere und 3 Frauen (!) mit 20 Pferden. In Wentrup lagen 1 Offizier, 3 Unteroffiziere, 70 Mann mit 70 Pferden, in Maestrup und Guntrup 5 Offiziere, 8 Unteroffiziere und 58 Mann mit 72 Pferden, und in Bockholt bzw. Fuestrup schließlich 3 Offiziere, 8 Unteroffiziere und 58 Mann mit 71 Pferden, alle vom 14. Kürrassier-Regiment. Der zugehörige Stab bestand aus 6 Offizieren, 15 Kürrassieren, 1 Frau (!) und 29 Pferden, wozu noch weitere 10 Mann Garde-Reiter mit ebenso vielen Pferden hinzukamen.

Im Dorfe Greven selbst sollte bereits im Juni 1809 eine Gendarmerie-Brigade von sechs Mann, bestehend aus einem Brigadier und fünf Gendarmen, stationiert werden, für die eigens der Bau einer Kaserne vorgesehen war, doch fand sich dazu im Dorf selbst, wie der kluge Maire sogleich der vorgesetzten Dienststelle berichtete, kein geeignetes Gelände, da alle Straßen eng ausgebaut wären. Außerhalb des Dorfes wäre natürlich ein solches wohl zu finden, gegebenenfalls auch ein am Rande des Dorfes leerstehendes Haus. Am 27. August rückten die unerwünschten Gäste an, zogen aber nach drei Tagen wieder ab, da man es inzwischen höheren Orts anders beschlossen hatte. Der bisherige Gendarm (Polizeiagent), der frühere Kirchspielsvogt Konrad Bröcker, versah auch weiterhin in anerkennenswertem Pflichteifer sein gewiß nicht leichtes Amt allein.[656] Im Oktober des Jahres 1810, als die Kontinentalsperre gegen England wesentlich verschärft wurde, sollte im Zuge der Errichtung einer für Münster und Greven zuständigen Zollbrigade wieder ein zusätzlicher Posten in Greven untergebracht werden, da der Gendarm die vielfältigen neu erwachsenden Aufgaben nicht bewältigen konnte. Am 24. Dezember rückten auch wirklich zwei Chasseurs vom 1. französischen Chasseur-Regiment ins Dorf ein. Man brachte sie zunächst einmal in der Wirtschaft Schwartze unter. Seitdem blieb ein solcher Posten ständig in Greven. Er stand dem hauptamtlichen Zollbeamten in Greven jederzeit zur Verfügung wie die zu Beginn des Jahres 1811 an der Steinernen Schleuse und bei der Eltingmühle eingerichteten Posten. An ihre Tätigkeit erinnert noch heute der sogenannte Douanenhook in der Meestheide, jene Stelle in dem verzweigten Wegenetz links der Ems, an der die zahlreichen Schmuggler den französischen Beamten und Posten ein Schnippchen schlugen.

Alle diese Posten, ob Militär oder Zoll hatten zwar nur Anspruch auf freies Quartier und Fourage, erpreßten aber von ihren Quartiergebern mit roher Gewalt Dienstleistungen aller Art und spielten sich vielfach so übel auf, daß es gar manches Mal zu blutigen Schlägereien kam, bei denen die herausgeforderte Bevölkerung natürlich stets den Kürzeren zog. So war beispielsweise der alte Schulte Bockholt im März 1811 von fünf bis sechs französischen Soldaten im Bett (!) mißhandelt und geschlagen worden, und als im Februar 1812 Schulte Bönstrup mit dem betrunkenen, bei ihm einquartierten Trainsoldaten Eliasse in eine Schlägerei verwickelt wurde, erhielt der Schäfer Schraenkotter, der angeblich nur mit einer Mistforke unbeteiligt dabei gestanden haben wollte, zwei Tage Gefängnis zudiktiert, während der Soldat natürlich frei ausging.[657]

Im Dorf kam es am 9. Juli 1812 sogar zu einer kleinen Revolte, als der freie Tabaksverkauf verboten wurde (englische Konterbande!). Dem Kaufmann Biederlack wurden bei der Gelegenheit die Fensterscheiben eingeworfen. Der Wirt Haverkamp, der verärgert war, weil er die neueingerichtete Poststelle im Dorf nicht, wie er wohl gehofft hatte, in sein Haus bekommen hatte, war dabei einer der lautesten Schreier. Er brüstete sich dem Maire Schründer gegenüber sogar damit, er habe Napoleon nicht so viel betrogen wie „ihr Kerls mit Schunkel" (einer billigen Tabakssorte!). Biederlack machte er einen Vorwurf daraus, daß er es fertiggebracht habe, des Kaufhändlers Kohaus Jungen, der zur kaiserlichen Armee gepreßt worden war, wieder freizubekommen. Immerhin hielten es die französischen Behörden für ratsam, das gegen den verhafteten, dann aber wieder freigelassenen Haverkamp eingeleitete Verfahren niederzuschlagen, um das Volk nicht noch mehr zu reizen.[658]) Allgemeines Aufsehen erregte wenig später ein anderes Vorkommnis an der Eltingmühle, wo das dort stationierte Kommando in einer Augustnacht des gleichen Jahres überfallen und übel zugerichtet wurde. Da man der eigentlichen Täter nicht habhaft werden konnte bzw. den dringenden Verdacht hegte, daß der Eltingmüller Tümler und seine Söhne um die Sache wußten, nahm man sie fest, schleppte sie vor ein Kriegsgericht in Valenciennes, wo der alte Vater Tümler am 21. Mai 1813 zum Tode, sein Sohn Johann Ernst zu zehn Jahren Zwangsarbeit und der jüngere Sohn Friedrich Wilhelm zu dreieinhalb Jahren Verbesserungshaus verurteilt wurden. Nur den vereinten Bemühungen des Verteidigers und gutgesinnter Franzosen in Valenciennes gelang es, durch die Vermittlung der Kaiserin zunächst einen Aufschub der Hinrichtung und schließlich dann auch die Kassation des Urteils durch Napoleon zu erreichen (12. Juni 1813), doch wurden die Gefangenen erst im Oktober aus dem Gefängnis in Osnabrück entlassen.*)

Das waren aufregende Tage und Wochen nicht nur für die beteiligten Familien, auch für die ganze Gemeinde. Und doch war es noch nicht das Schlimmste. Schwerer als alle Requisitionen und Steuern, als Einquartierungen und das hochmütige Betragen der fremden Eroberer, schwerer als die vereinzelten schweren Gefängnisstrafen und ungerechten Urteile lasteten auf dem Volk die ungeheuren Blutopfer, die es für den welterobernden Korsen, der sich zum Kaiser von Frankreich und zum Herrn der ganzen Welt aufgeschwungen hatte, für seine ehrgeizigen Pläne und Kriege auf allen Kriegsschauplätzen Europas bringen mußte.

Kaum war das eroberte Land dem Großherzogtum Berg einverleibt worden, als auch schon zum 30. April des Jahres 1808 die erste Aushebung zu den neuen Großherzoglich-Bergischen Regimentern ausgeschrieben wurden. Die Musterung fand für Münster und Umgebung im Friedenssaal des alten Münsterer Rathauses statt.[659]) Die Grevener Jungmannschaft zwischen 20 und 25 Jahren hatte am 21. September morgens um 8 Uhr zur Musterung anzutreten. Die für tauglich Befundenen mußten sich gleich nach Düsseldorf zur Einkleidung auf den Weg machen, sofern sie nicht einen Vertreter (Remplacenten) fanden, der als Freigeloster bereit war, für sie in den Krieg zu ziehen. Eine solche Vertretung war durchweg sehr teuer. Bis zu 1000 Talern zahlten vermögende Väter, um ihre Söhne freizukaufen. Aber jeder, der nur irgendwie dazu imstande war, kaufte sich einen solchen armen Schlucker, der für ihn seine Haut zu Markte trug. Vielfach opferten sich arme Köttersöhne im Interesse ihrer Familie und Geschwister, wie jener Vertrag lehrt, der sich auf dem Hof Beckermann (Soestkötter) in der Bauerschaft Herbern fand. Danach schlossen am 2. Februar 1807, also schon wenige Monate nach dem Einmarsch der siegreichen Franzosen ins Münsterland und lange bevor diese mit den Aushebungen der Eingesessenen zu ihren Hilfstruppen begannen, der Schulte Temming in Westerode mit dem jungen Bernd Theodor Dankelscheid gnt. Soestkötter folgenden Vertrag: Letzterer übernahm für den Sohn des Schulten, Johann Theodor Temming jegliche Militärdienstpflicht mit Ausnahme bei den Preußen (!). Dafür übernahm Schulte Temming einen vierjährigen Jungen von Dankelscheids zur kostenlosen Erziehung bis zum zwölften Jahr einschließlich Schulgeld, zahlte ferner eine jährliche Rente von 40 Talern an die Mutter Dankelscheid und leistete Pflughilfe an einem Tage im Jahr mit zwei Pflügen und 6 Scheffel Roggen Saatgut. Der junge Dankelscheid selbst sollte schließlich zwei neue Hemden und 150 Taler zur Abbezahlung seiner Schulden bekommen. Sollte er

---

*) Über den Überfall und die daran anschließenden dramatischen Geschehnisse hat Friedrich Wilhelm Tümler eine eingehende eigenhändige Darstellung hinterlassen, die in den „Heimatklängen" Nr. 2–6 abgedruckt ist.

während seines Kriegsdienstes verwundet werden, so wollte ihm Schulte Temming außerdem noch jährlich einen Malter Roggen und sechs Scheffel Buchweizen geben.

Tatsächlich hat der junge Dankelscheid entweder für sich selbst oder als Stellvertreter eintreten müssen. Ging er wirklich als Remplacent in den Krieg, so hat er sein Opfer teuer bezahlen müssen, denn er ist im Spanienfeldzug des Jahres 1810 gefallen!

Gewiß gab es auch den einen oder anderen, der aus Lust und Liebe zum Soldatenberuf sich zur Fahne meldete. In der Regel war der Widerwille gegen den erzwungenen Militärdienst aber sehr groß. Diesen unkriegerischen Geist ihrer neuen Untertanen sollten die Franzosen nur zu bald kennenlernen. „Unerwartet war es," so heißt es in einer Verfügung vom 7. Oktober des Jahres 1808, „daß mehrere Conscribierte desertiert sind." Darüber sollten sich die französischen Behörden in Zukunft noch ganz anders wundern. Die Zahl der Deserteure, also derjenigen Soldaten, die von der Truppe weg desertierten, und der Refractaire – so nannte man jene Konskribierten, die sich vor der Einkleidung auf und davon machten – wurde immer größer. Auch die allerschärfsten Strafandrohungen, immer wieder von Generalpardons abgelöst, hatten keinen Erfolg, auch dann nicht, wenn gegen die Familien der Entwichenen vorgegangen wurde. Das geschah in der Weise, daß bei den Eltern und Familien der Deserteure und Refractaire sogenannte garnisairs einquartiert wurden, die von den Betroffenen so lange ganz unterhalten werden mußten, bis die übliche Strafe von 500 Talern abgegolten war.· Die garnisairs taten natürlich alles, um ihre Quartierwirte bis aufs Letzte auszuplündern. Wer nicht in der Lage war, das Strafgeld aufzubringen und auch durch eine Zwangseinquartierung nicht dazu gebracht werden konnte, wanderte unweigerlich ins Gefängnis. Der Buddenturm in Münster hat manchen dieser bedauernswerten armen und alten Leutchen in seinen Mauern gesehen. Auch Greven machte mit den garnisairs Bekanntschaft. Die ersten kamen 1812 ins Dorf, um die Wiederherbeischaffung zahlreicher Refractaire zu erzwingen. Einer der ersten, der von einer solchen Zwangseinquartierung betroffen wurde, war Zeller Große Sundrup in Hüttrup, dessen Stiefsohn schon vor der Einkleidung davongelaufen war. Über den Erfolg dieses Zwangskommandos und der weiteren ihm folgenden ist nichts bekannt. Sicherlich haben die Väter lieber für ihre Söhne gezahlt, als daß sie diese den französischen Häschern auslieferten.*)

Wie es bei einer solchen Musterung zuging, zeigt das im folgenden im Wortlaut eingerückte Protokoll von 1811[660]):

Actum Greven, den 8. July 1811.

Nachdem die sämmtlichen Conscriptionspflichtigen jungen Leute der Mairie Greven pro 1810 auf heute verabladet waren, so wurden in Gegenwart des maire, der beiden Adjuncten Arckenoe und Biederlack, der Municipalräthe M. Terfloth und Schulte Tophoff, der Bauerrichter Schulze Maestrup, Schulze Tegeder und Lutke Drieling, sowie des Doctors Warpenberg die erste Untersuchung der Conscribierten vorgenommen.

… Nachdem nun den sammtlichen Conscribirten bekanntgemacht war, daß sie an ihrer Reihe ihre körperliche Fehler genau angeben müßten, daß sie solche, ohne sich strengen Straffen auszusetzen, nicht verschweigen, noch ohne Gefahr, als Strafdiener zuerst zu marschiren, Fehler angeben dorften, die sie nicht hätten, so wurden zuerst die in den Conscriptionen pro 1808 und 1809 einstweilen untauglich Erklärte aufgerufen und zwar

1) Henrich Anton Riecke im Dorf Greven, geboren den 22. Jan. 1787, Conscribirter pro 1808, Losungsnummer 5; wurde wegen Fistelschaden am linken Arm derzeit untauglich befunden. Derselbe ist als Metzgergesell bey seinen Eltern, welche beide noch am Leben sind, zu Hause, und erklärte, daß der Schaden am Arm noch unverändert sey.

---

*) Noch heute erzählt man sich in Schmedehausen, daß auf dem Schultenhof Jochmaring damals ein Deserteur zwei Jahre lang im Busch verborgen gehalten wurde.

2) Joh. Bernd Henrich Grote Sundrup, Bauerschaft Hüttrup, geboren den 11. Dec. 1786, Conscribirter pro 1808, Losungsnummer 56, wurde wegen fistuloser Geschwüre und eines steifen Fußes untauglich befunden. Der Vater ist todt, die Mutter lebt noch. Derselbe wohnt als Ackerknecht bey Schulzman b. Mecklenbeck K. Lamberti, und erklärte, daß das besagte Übel noch fortdaure.

3) Joh. Caspar Ferd. Terfloth, Dorfs Greven, geboren den 8. Mai 1785, Conscribirter pro 1808, Losungsnummer 43. Seine Eltern sind todt, er ist in Greven bey seinem Bruder zu Hause, arbeitet für sich als Schuster. Er wurde wegen Blutspeien untauglich befunden, und erklärt, daß dieses Übel mehr zu- als abgenommen habe.

4) Bernard Wilhelm Elting, Bauerschaft Schmedehausen, geb. den 2. Juni 1789, Conscribirter pro 1809, Losungsnummer 50, wohnt bey Zeller Voß in Greven. Sein Vater ist todt, die Mutter lebt noch. Wurde in der Concsription pro 1809 zu klein befunden, gibt vor, den bösen Grind zu haben.

5) Joh. Christoph Lodde, Dorf Greven, geb. den 23. Nov. 1789, Conscribirter pro 1809, Losungsnummer 9, seines Handwerks ein Schreiner, wohnt im elterlichen Hause. Seine Eltern sind verstorben. Wurde in der Conscription pro 1809 wegen Flüsse und Fistelschaden untauglich befunden. Seiner Angabe nach dauern diese Übel noch fort.

6) Frans August Adolf Richter, Dorfs Greven, geb. den 14. Febr. 1789, Conscribirter pro 1809, Losungsnummer 38, wohnt als Schmiedegesell bey Meister Jochmaring in Greven. Seine Eltern sind noch am Leben. Wurde in der Conscription pro 1809 zu klein befunden. Ist gesund.

7) Bernd Henr. Wilh. Riecke, Dorfs Greven, geboren den 17. Febr. 1789, Conscribirter pro 1809, Losungsnummer 8, wohnt als Schmiedegesell bey Meister Moller in Greven. Seine Eltern sind noch am Leben. Er wurde in der Conscription pro 1809 wegen Bruchschaden untauglich erklärt. Seiner Angabe nach ist der Schaden noch der nemliche.

8) Johan Bernard Funte, genannt Schraen bei Maestrup, geboren den 21. Juni 1789, Conscribirter pro 1809, Losungsnummer 57, wohnt als Schaffer bey Schulze Bonstrup b. Wentrup. Seine Eltern sind todt. Er wurde in der Conscription pro 1809 zu klein befunden, hat aber jetzt die nöthige Größe. Er gibt vor, von seiner Kindheit an einen steifen Fuß zu haben.

Hierauf wurden die Conscribirten des Jahres 1810 aufgerufen, darunter:

9) Joh. Bernd Baumhove, Dorfs Greven, geb. den 20. Oct. 1790. Abwesend. Der Municipalitätsdiener Berlage referirte, daß der Vater desselben nach Holland zu Arbeit, die Mutter aber, wie auch allgemein bekannt ist, durchgehends bettlägerig sey. Letztere habe ihm erklärt, ihr Sohn wohne etwa 10 Stunden jenseits Münster; der Name des Orts und seines Brodherrn sey ihr aber nicht bekannt (wohnt auf der Rauschenburg, 1/2 Stunde vor Olfen). Ihren Mann, der es wisse, erwarte sie mit ersten aus Holland zurück, und dieser solle ihren Sohn abholen, um ihn vor den Maire zu stellen.

14) Bernd Henr. Jos. Deerken, Dorfs Greven, geb. den 13. Merz 1790, wohnt in Greven als Wirthschafter. Der Vater ist todt, die Mutter noch am Leben. Gibt vor, Gicht und Lungenschwäche zu haben.

22) Herm. Anton Krone, B. Schmedehausen, geboren den 10. Nov. 1790, wohnt als Ackerknecht bey Vorberg, Kirchsp. Nienberge. Der Vater ist todt, die Mutter lebt noch. Sein Bruder ist in Großherzogliche Dienste als Conscribirter pro 1808 getreten und in Spanien gestorben. Er gibt vor, Fehler am linken Knie zu haben, wo ihn in der Jugend ein Pferd geschlagen habe.

25) Joh. Ferdinand Henr. Pferdekamp, Dorfs Greven, geboren den 31. Jan. 1790. Dient unter den Großherzoglich Berg. Truppen als Remplacant für den Sohn des Große Daldrup, Kirchspiels Billerbeck.

26) Philip Franz Ludwig Powel, Dorfs Greven, geboren den 18. Sept. 1790. Brandweinbrenner, ist zu Hause, der Vater ist todt, die Mutter noch am Leben.

31) Bern. Henr. Schnier, Bsch. Schmedehausen, geboren den 26. Sept. 1790, wohnt als Ackerknecht bey Laumann, B. Guntrup. Seine Eltern sind beyde todt. Stammelt und gibt vor, am Blutsturz zu leiden, welches von den Anwesenden bejaht wurde.

34) Johann Bernard Lutke Sundrup, B. Hüttrup, geboren den 12. Merz 1790, wohnt als Ackerknecht bey Schulze Borgling. Seine Eltern sind beide todt. Gibt vor, oft mit der Gicht behaftet zu sein, und dieserhalb eine Anschwellung am rechten Fuße zu haben, welches bejaht wurde.

Von den 42 Geborenen von 1791, die jetzt, 1811 zum erstenmal zur Conscription kommen, sind 12 gestorben, einer nicht in Greven domiciliert, so daß 29 dienstpflichtig sind, darunter:

3) Johann Gerh. Mich. Becker, Dorfs Greven, geb. den 16. 4. 1791, ist als Handlungsdiener im elterlichen Hause. Der Vater lebt noch, die Mutter ist todt.

22) Bernd Hermann Christoph Kohaus, Dorfs Greven, geb. den 6. Febr. 1791. Statt der verreiseten Mutter erschien der H. Medicin Doctor Warpenberg und zeigte an, daß derselbe seit einem Jahre die Färberey und Druckerey in der Fabrick der Herren H. Müller und Comp. zu Zwole erlerne, und daher wegen der weiten Entfernung desselben in termino nicht habe erscheinen können. Er werde sich bey der Loosung oder Musterung gestellen. Der Vater ist todt, die Mutter noch am Leben.

23) Wilhelm Ant. Kramer, Dorfs Greven, geb. den 26. Febr. 1791. Statt desselben erschien dessen Mutter und zeigte an, daß ihr obgedachter Sohn bey H. Franz Wesselinck in Rheine als Handlungsdiener conditioniere, und wegen schlechter Augen die Reise anhero nicht habe unternehmen können, sich jedoch nächstens zu stellen bereit sey. Sie übergab zugleich sein Signalement, ausgefertigt von dem Maire zu Rheine, woraus hervorgeht, daß seine Augen derzeit triefend gewesen sind. Der Vater ist todt, die Mutter noch am Leben.

29) Bernd Henr. Große Maestrup, B. Maestrup, geb. den 18. Juli 1791, wohnt als Ackerknecht zu Hause. Seine Eltern sind todt. Er gibt vor, Blutspeyen zu haben, welches von den Anwesenden bejahet wird.

30) Ant. Jos. Pröbsting, Dorfs Greven, geb. d. 22. April 1791, Bäckergesell, ist bey seinen Eltern zu Hause, welche beyde noch am Leben. Sein Bruder Joseph P. dient bey den Großherz. Berg. Truppen in Spanien.

Über das Schicksal der zu den kaiserlichen Truppen Konskribierten, ist im einzelnen recht wenig bekannt. Diejenigen, die bereits 1808 und 1809 in die Regimenter des Großherzogtums Berg eingereiht worden waren, haben meist den spanischen Feldzug mitgemacht, in dem Napoleon seit dem Herbst 1808 das tapfere spanische Volk zu unterwerfen suchte, was ihm aber trotz der großen Blutopfer, die seine zum guten Teil aus Deutschen bestehenden Armeen gebracht haben, nie ganz gelungen ist, und der schließlich 1812/13 mit einer völligen Niederlage der Franzosen endete. Abgesehen von den zahlreichen Söhnen, deren Heldentod die Heimat erfuhr, blieben viele andere, die auch in den Dienst des Korsen gepreßt wurden, verschollen, so vor allem die meisten der im Sommer 1812 mit Napoleon nach Rußland marschierten Westfalen. Noch im Jahre 1817 zählte die Liste der vermißten Grevener, die aus dem spanischen und russischen Feldzug nicht zurückgekehrt waren, zwanzig Namen, von denen allein achtzehn nach den letzten, den Angehörigen zugekommenen Nachrichten mit nach Rußland marschiert sind.[661]) Ein weiteres Dutzend ehemaliger Dienstpflichtiger, die sich vor der Einkleidung davongemacht hatten (Refractaire) waren noch 1816 verschollen. Soweit sie nicht doch noch in die französische Armee eingereiht worden sind, werden sie wohl wieder nach Hause zurückgefunden haben. Manche blieben aber auch später noch im Ausland, wie beispielsweise Bernd Wilhelm Elverich aus Guntrup, der 1816 nach Aussage der Mutter eine Stellung in Holland gefunden hatte. Eigenartig berührt das Schicksal des Johann Bernd Hermann Bergfeld aus Schmedehausen, der als Fünfundzwanzigjähriger den Rußlandfeldzug mitmachte, auf dem Rückweg in russische Gefangenschaft geriet und nach Beendigung des Krieges nicht in die Heimat zurückkehrte, sondern als Bedienter bei einer hohen Militärperson in Wologda hängenblieb! Welche Entbehrungen und Nöte unsere braven Grevener bei der Grande Armée Napoleons erdulden mußten, zeigt als ein Beispiel (statt vieler) ein Brief, der sich bei den Amtsakten in Greven fand, und in dem der Sappeur (Pionier) Heinrich Böcker seinen Familienangehörigen seine notvolle Lage schildert:

Lieber Vater wie auch Schwestern und Brüdern!

In der Erwartung, daß ihr alle mein weniges Schreiben bei die beste Gesundheit mögt erhalten, so wie ich mich Gottlob auch anjetzo frisch und gesundt befinde, denn ich bin vor einige Zeit sehr kranck gewesen, aber Gottlob ist dieses uberstanden, ich habe Euch zwei Briefen von diese Insel geschrieben, aber keine Antwort erhalten, so daß ich nicht weiß, woran ich bin. Ich hoffe nicht, daß Euch einiges Unglück mögte überkommen sein, Nun überschickke ich Ihnen diesen Brief wieder mit die beste Gelegenheit, nehmlich mit ein guther Freundt, so daß ich nun nicht zweifele, oder derselbe wirdt richtig überkommen, meine bitte ist nun an Ihnen, die mögen mir doch denselben gleich wieder beantworten, damit ich weiß, woran ich bin. Wir liegen hier noch immer in das schwedische Land, in die Stadt Bergen auf die Insel Rügen, in eine schlechte Gegend, wo es uns nicht zu best geht, und wenig für uns zu leben giebt, denn die Einwohner sind hier sehr grob, und wir müssen uns mit unsere gefaßte Ration behelfen, so daß Sie wohl können dencken, wie es uns geht, und wir haben all in etliche Monathe keine Tracktementen bekommen, wennes nun etwas bei Euch möglich ist, so übersenden Sie mir doch ein wenig Geldt, wie viel steht in Eurem Belieben, denn Voorschriften kann ich Euch nicht machen. Ich habe es hier hochnöthig. Freitag läßt seine lieben Eltern, wie auch Schwestern vielmahls grüßen und läßt seine Eltern bitten, sie mögten ihm doch Geldt schickken, denn er ist auch lange kranck gewesen und hat all Geldt von seine Cammerathen müßen lehnen, um sich zu pflegen, denn er ist noch sehr schwach, so daß sie ihm für all nicht vergessen müßen, wenn ihr uns was schickken thut, so thun Sie dieses unter die Addresse an mich, sie müßen aber daß alles so besorgen, daß wir es richtig bekommen. Meine Adresse ist an den Sapör Böcker bei dem 2. Regiment, 2. Bataillon, 2. Compagnie in die Stadt Bergen auf die Insel Rügen hinter Stralsundt. Nun lieber Vater, in die Erwartung, daß Sie meine dringende Bitte baldigst erfüllen werden, verbleibe ich nach dem hertzlichsten Gruß an Ihnen wie auch an meine liebe Schwestern, Brüdern und Schwägern, auch an meine Tanten nebst übrigen Famillie Ihr immerliebender und Gehorsamer Sohn.

Heindrich Böcker*)

Bergen auf die Insel Rügen, den 28. May 1812.

Sie müßen für all nicht vergessen, auf die Adresse zu setzen das 2. Regiment Großherzog von Berg.

Als dieser Brief geschrieben wurde, begann sich bereits das Schicksal Napoleons zu erfüllen. Trotz aller riesenhaften Vorbereitungen für den Krieg gegen den Zaren von Rußland, trotz der für jene Zeiten unvorstellbaren Größe der von ihm auf die Beine gebrachten Armee, war dieser Feldzug in die ungeheuren Weiten der russischen Landschaft von vornherein zum Scheitern verurteilt, da es mit den beschränkten Verkehrsmitteln der damaligen Zeit nicht möglich war, rechtzeitig den nötigen Nachschub an die vormarschierenden Truppen heranzubringen. Viele Tausende unserer Landsleute haben die Fehlspekulation Napoleons mit dem Leben bezahlen müssen. Die Aufstellung zahlreicher neuer Einheiten in der Etappe war dem Beginn des wahnwitzigen Unternehmens voraufgegangen. Noch im Februar 1813 hatte das Ober-Ems-Departement ein neues Bataillon Chasseurs (Jäger) zu Pferde aufstellen müssen, zu dem sich die Leute bereits vor der Musterung freiwillig melden sollten, was natürlich keiner tat. An und für sich war der Dienst bei den Berittenen Jägern immer noch um vieles angenehmer als bei der Infanterie, aber außer dem Abscheu vor dem französischen Militär als solchem kam hier noch hinzu, daß die Chasseurs bzw. ihre Heimatgemeinden die ganze Ausrüstung selbst bezahlen sollten![662]) So warteten die Konskribierten lieber ab, was die Musterung ergab. Es ließ sich nicht mehr feststellen, ob es noch zur Aufstellung dieses Jägerbataillons gekommen ist. Wohl dagegen wurden noch im Mai Leute zu den Linien-Regimentern eingezogen, die aber offenbar nicht mehr gegen Rußland zum Einsatz gekommen sind, wie das Beispiel

---

*) Wie das Vermißtenverzeichnis unter Nr. 12 dartut, ist Heinrich Büker auf dem Russenfeldzug im Lazarett zu Kaluga gestorben. Sein Brief von der Insel Rügen war die letzte Nachricht, die sein Vater am Amte bei der Aufstellung der Vermißtenliste vorweisen konnte.

des Hermann Rieckermann zeigt, der, im Mai 1813 eingezogen, noch im August 1813 in Würzburg lag.

Die Nachricht von der vernichtenden Niederlage Napoleons in Rußland verbreitete sich mit Windeseile im deutschen Vaterlande, und überall regte sich der vaterländische Geist, um endlich, endlich das verhaßte Joch mit vereinten Kräften abzuschütteln. Am 17. März 1813 erließ König Friedrich Wilhelm III. von Breslau aus den berühmten Aufruf „An mein Volk", nachdem er am Tage zuvor dem französischen Gesandten in Berlin eine Note hatte überreichen lassen, die einer Kriegserklärung gleichkam. Wie ein Sturmwind brauste jetzt die Begeisterung durchs Land. Viele Tausende eilten freiwillig zu den Fahnen, auch aus den von den französischen Truppen noch besetzt gehaltenen Teilen Preußens sammelten sich große Scharen von Freiwilligen in den Freikorps, um gegen den verhaßten Feind zu kämpfen. Alle nicht aktiv zu den Truppen eingezogenen Wehrfähigen zwischen siebzehn und vierzig Jahren wurden der Landwehr zugeteilt, während die übrige männliche Bevölkerung vom fünfzehnten bis zum sechzigsten Lebensjahr zum Landsturm einberufen wurde, um der Feldarmee in aller nur erdenklichen Weise zu helfen. Der Opfersinn des Volkes zeigte sich auch in der freiwilligen Hergabe von Geld, Wert- und Gebrauchsgegenständen aller Art, die nach später angestellten Berechnungen einen Wert von etwa $6^1/_2$ Millionen Talern erreichten, für das kleine Preußen fürwahr eine gewaltige Leistung.

Trotz aller Spenden war die Finanznot des ausgeplünderten Staates während der Befreiungskriege sehr groß, so daß er zu Zwangsanleihen bei reichen Kaufleuten und zu Kriegssteuern seine Zuflucht nehmen mußte, die in Greven rund 13 625 Taler einbrachten. Aber was bedeuteten diese materiellen Opfer gegenüber der endlich wiedergewonnenen Freiheit!

Es verging indes noch fast das ganze Jahr 1813, ehe die fremden Unterdrücker auch Westfalen räumen mußten. Erst die große Völkerschlacht bei Leipzig im Oktober des Jahres brachte die ganze Nordfront Napoleons zum Einsturz, nachdem schon lange vorher die ersten Freischaren (Lützow!) seine Etappenlinien durch kühne Vorstöße weit hinter die Frontlinie (die Elbe) bedroht hatten. Am 2. November 1813 verschwanden dann in Greven und Umgebung ganz plötzlich und unvermittelt die hier stationierten Zollkommandos, denen sich die französischen Beamten, an ihrer Spitze der percepteur (Steuereinnehmer) Grandcourt,[663]) mit Sack und Pack anschlossen. Einige Stunden danach rückten schon, vom hellen Jubel der Bevölkerung begrüßt, die ersten preußischen Truppen, ein Kommando Landwehr, in Greven ein. Die Stunde der Befreiung hatte geschlagen! Wenig später trafen auch in Münster, Westfalens Hauptstadt, russische Kosakenschwärme als die ersten Künder der Freiheit ein, denen bald auch reguläre preußische Truppen folgten, die nun ganz anders begrüßt wurden als die Blücherschen Husaren im Jahre 1802!

Am 18. November erließ der Oberkommandierende des 3. Armeekorps, der Generalleutnant von Bülow von Münster aus einen Aufruf, in dem er dem Volk der befreiten Provinzen den errungenen Sieg verkündete und die Wiederherstellung der früheren preußischen Machtverhältnisse, die Suspendierung aller französischen Behörden und die Wiedereinsetzung der alten preußischen Beamten im Rahmen der einstweilen noch beibehaltenen französischen Amtsbezirke kundtat, deren Neuorganisation der Friedenszeit vorbehalten blieb. Denn noch stand man ja mitten im Krieg und Napoleon war noch lange nicht endgültig niedergerungen. Diesem Ziel galten die Anstrengungen des Augenblicks. Der Beschaffung von Geld diente die am 29. November ausgeschriebene Kriegssteuer, die in Greven allein auf $3633^1/_3$ Taler veranschlagt wurde. Wichtiger als Geld aber waren Truppen und nochmals Truppen. Am 30. November erging der Aufruf zum Eintritt in das von Westfalen aufzustellende Jägerdetachement. Jeder siebzehn bis vierundzwanzig Jahre alte, gebildete und gesunde junge Mann müsse als freiwilliger Jäger dienen, sonst sei er das ganze Leben unwürdig, so hieß es darin. Jeder andere abkömmliche Mann zwischen siebzehn und vierzig Jahren sollte in der Landwehr dienen. Der Rest sollte im Landsturm organisiert werden, wozu der Unterbezirk Greven vier Kompanien und eine Eskadron zu Pferde stellen mußte. Die Aufstellungen dieser freiwilligen Formationen ging nur langsam vorwärts, da das Land zu erschöpft und die meisten seiner Söhne im französischen Kriegsdienst verblutet waren. Einer der ersten, der sich im Kirchspiel Greven für den Freiheitskampf des Vaterlandes freiwillig zur Verfügung stellte, war Friedrich Wilhelm Tümler, der Sohn des Mühlenpächters der Eltingmühle in Schmedehausen, der noch ein halbes Jahr zuvor mit seinem Vater und älteren Bruder in französischen Gefängnissen geschmachtet hatte (s. o.).

Um die Ausrüstung der Freiwilligen, die der völlig verarmte Staat nicht selbst tragen konnte, zu bewerkstelligen, gab das Volk seine letzten Groschen, die ihm der habgierige Franzose noch gelassen hatte, opferten die Frauen ihre Haarflechten, tauschten die Eheleute ihre goldnen Ringe gegen eiserne ein, kurz, gab ein jeder, was immer er nur zu geben vermochte. Die Zahl der aufgestellten Freiwilligenformationen war nur gering, wie ja auch die Armeen jener Tage nicht mit den Millionenheeren der Gegenwart verglichen werden können. Im Entscheidungskampf gegen Napoleon im Jahre 1813 brachten die verbündeten Preußen, Russen, Österreicher, Schweden und Hannoveraner 485000 Mann gegen 440000 Franzosen und Rheinbündler ins Feld. Davon waren nur 151000 Preußen! Der Kreis Münster stellte in den Freiheitskriegen zu den regulären preußischen Truppen nur 63 Freiwillige und 95 Landwehrmänner, für die gleichzeitig rund 50000 Taler gesammelt wurden.*)

Schwer und für die von den Franzosen schon so sehr ausgepowerte Bevölkerung schier unerschwinglich waren dazu die so dringend benötigten Fouragelieferungen für die durchziehenden Truppen der Verbündeten.[664]) Zwar ist anscheinend in dieser entscheidenden Zeit nur der russische General von Wintzingerode mit seinem Stabe (mit 800 Pferden!) und Teilen seiner Armee, der 21. Division (6000 Mann und 1200 Pferde) und der 24. Division (4500 Mann und 1000 Pferde) durch Greven selbst marschiert (am 30. Dezember 1813 bzw. 1. Januar 1814), dem dann am 29. Januar noch einmal 12500 Mann mit 2900 Pferden folgten, doch mußten die Kirchspiele Greven und Gimbte natürlich auch laufend zur Verpflegung der Truppen, die auf anderen Wegen, von Telgte und Warendorf herkommend, Münster passierten, beitragen. So erforderte die Verpflegung des 3. Armeekorps (von Bülow) in Stärke von 30000 Mann Ende 1813 für nur 28 Tage folgende Mengen an Lebensmitteln:

Arrondissement Münster			davon Greven		
Weizenmehl (zu Zwieback)	14860	Pfund	655	Pfund	
Roggenmehl (zu Zwieback)	14860	„	655	„	
Roggenmehl (zu Brot)	249659	„	11009	„	
Reis	31207	„ (oder 83222 Pfund Erbsen oder 41610 Pfund Graupen)	1376	„	(3669) oder 1835)
Fleisch	83220	„	3669	„	
Branntwein	16644	Maß	734	Maß (= 630 Kannen münst.)	

---

*) Die Vergleichszahlen für ganz Westfalen: 4742 Mann, davon 1204 Freiwillige und dazu an Geld 361537 Taler!

Außerdem mußte Greven noch im November 1813 liefern: 573 Pfund Hafer
7338 Pfund Heu
und 9784 Pfund Stroh

Die Aufbringung dieser großen Mengen geschah meist so, daß die Kaufleute in Greven, Hüsing, Biederlack, Schründer und andere die Gesamtmenge übernahmen und bei den Bauern in der Nähe oder auch weiter im Hinterland, dort wo Getreide und Stroh noch leichter zu haben war, aufkauften und dann die Schlußrechnung der Gemeindekasse präsentierten. Die Gemeinde legte dann den Betrag anteilsmäßig auf die Gemeindeglieder um.

Aber auch diese Art der Fouragebeschaffung hatte ihre Schwierigkeiten, denn den Kaufleuten gelang es trotz ihrer weitreichenden Beziehungen nicht immer, die erforderlichen Mengen rechtzeitig anzuliefern. So war Greven Ende Februar noch mit fast 90 Malter Hafer, 18 506 Pfund Heu und 16 304 Pfund Stroh im Rückstand! Im allgemeinen war es aber doch so, daß die Bevölkerung bereitwilligst das Letzte hergab, um den Truppen zu helfen, denn der Kreis Münster hatte bereits Ende Januar 1814 mehr als verlangt worden war abgeliefert! Das Volk hatte das Gebot der Stunde verstanden. Die letzte Kraft mußte zusammen genommen werden, um Friede und Freiheit zu gewinnen.

Der große Krieg gegen Napoleon hatte inzwischen seinen Fortgang genommen. In der Silvesternacht des Jahres 1813 auf 1814 waren die ersten preußischen Truppen unter der Führung des unverwüstlichen Blücher bei Kaub über den Rhein gegangen, um den Feind im eigenen Lande vernichtend zu treffen. Drei Monate später. am 31. März, zogen die siegreichen verbündeten Truppen in Paris ein. Am 10. April traf diese Jubelnachricht in Greven ein, die der nunmehr als Bürgermeister weiter amtierende Schründer der Bevölkerung mit einem „Gott Lob und Dank" bekanntmachte. In den Kirchen wurden Dankgottesdienste abgehalten.[665] Die Nachricht vom Friedensschluß am 30. Mai 1814 löste noch größere Siegesfeiern mit Böllerschüssen und Glockengeläut aus. Jäher Schrecken fiel aber auf diese Freude, als sich im März des folgenden Jahres die Nachricht verbreitete, daß der nach Elba verbannte Napoleon wieder an Frankreichs Südküste gelandet sei, in Eilmärschen nach Paris strebe, und daß alle französischen, ihm entgegengesandten Truppen zu ihm übergegangen seien. Mit einem bangen Seufzer hat damals der alte Pfarrer in Greven auf die frohe Siegesproklamation Schründers vom 10. April 1814 den lateinischen Spruch geschrieben: o pia desideria, quousque fallimini (o frommer Wunsch, wie bitter hast du uns enttäuscht)! Ja, fast schien es so, als ob alle Anstrengungen des gewaltigen Freiheitskampfes umsonst gewesen wären, denn mühelos brachte Napoleon in einem Siegeszug ohnegleichen ganz Frankreich wieder in seinen Besitz. Noch einmal mußte Preußen, das wie vorher, so auch jetzt wieder die Hauptlast des Kampfes auf sich nahm, alle Kräfte anspannen. Überall bildeten sich Vereine, die Geld und Sachwerte sammelten, um die Ausrüstung der freiwilligen Jägerformationen zu bewerkstelligen. Auch in Greven wurde ein solcher Verein von der Frau des Kaufmanns Schmerling im März 1815 gegründet, der in allerkürzester Zeit 204 Reichstaler zusammenbrachte. Dank der Tapferkeit der preußischen Truppen unter Blüchers Führung, die trotz des schweren Kampfes bei Ligny am 16. Juni doch noch am 18. Juni die siegreiche Entscheidung in der Schlacht bei Belle-Alliance erzwangen, war der Spuk des zweiten Napoleonischen Kaisertums schon nach hundert Tagen verflogen.*) Die Verbannung Napoleons nach dem Felseneiland St. Helena brachte Europa den so heiß ersehnten, bitternötigen und mit unsagbaren Blutopfern erkauften Frieden, und damit auch dem Königreich Preußen den endgültigen Besitz unserer westfälischen Heimat.[666]

---

*) Aus der Gemeinde Greven (rechts der Ems) nahmen 31 Landwehrmänner an dem Feldzug von 1815 teil (AAG IV b Nr. 2, 1), von denen sechs die Heimat nicht wiedersahen.

Verzeichnis derjenigen Militär-Personen aus dem Amt Greven, welche aus den spanischen und russischen Feldzügen nicht wieder heimgekehrt sind.

Nr.	Namen des Vermißten und seine Eltern	Die Zeit seines Abzuges aus d. Heimat	Name und Nr. des Regiments	Datum der letzten von ihm erhaltenen Nachricht	Anmerkungen*)
1.	Bölke, Joh. Bernd Jos. Eltern: Joh. Heinr. B. und Anna Mar. Westrup Grenadier	Im Febr. 1809	Artillerie	aus Düsseldorf 1812	Geboren 1789. Im Hospital zu Alexin (Rußland) gest.
2.	Perdekamp, Joh. Ferd. Heinrich. Eltern: Joh. Heinr. P. und Maria Christina Niesing Gemeiner	April 1807	in Berg. Infanteriediensten	aus Spanien 1810	Geb. 1790. Als Remplaçant in Mil. dienste getreten.
3.	Fremann, Joh. Bernd Heinr. Adolf. Eltern: Adolf Fr. und Anna El. Lanfers Gemeiner	Oktober 1811	12. franz. Kürassier-Reg.	aus Hannover 15. Sept. 1812	Geb. 1790. Laut Nachricht aus Hannover mit n. Rußland marschiert.
4.	Rieckermann, Herm. Heinr. Eltern: Joh. Henr. Aumann gnt. R. und Anna Maria Rieckermann Gemeiner	Mai 1813	27. franz. Inf.-Reg. 2. Komp. 5. Batl.	aus Würzburg 2. Aug. 1813	Geb. 1793.
5.	Bergfeld, Joh. Bernd Herm. Eltern: Joh. Herm. B. und Cath. El. Müllmann Gemeiner	20. März 1808	1. Berg. Lancier-Reg.	aus Wologda 4. Jan. 1815	Geb. 1787. Bedienter bey einer hohen Militärperson in Wologda.
6.	Elting, Bernd Wilh. Eltern: Joh. Bernd E. und Anna Lidwina Flede Gemeiner	30. Aug. 1811	129. Inf. Reg. Gren. Batln.	aus Wilna Okt./Nov. 1812	Geb. 1789
7.	Bücker, Joh. Gerh. Eltern: Joh. Theod. B. und Anna El. Struick Gemeiner	dsgl.	129. Inf. Reg.	April 1812 aus Neudresden, 6 Stunden vor der polnischen Grenze	Geb. 1790
8.	Teigeler, Joh. Gerh. Heinr. Eltern: Gerh. Heinr. T. und Anna Maria Unningkötter Gemeiner	dsgl.	ebd. 2. Batl. 4. Komp.	1812 im April a. Neudresden	Geb. 1790 Gest. im Hospital zu Smolensk
9.	Perick, Joh. Bernd Wilh. Eltern: Anton P. und Maria Ther. Tenbülte	Februar 1809	unbekannt	unbekannt	Geb. 1789
10.	Eilfing, Joh. Heinr. Wilh. Eltern: Joh. Wilh. E. und Anna Mar. Mügge Grenadier	dsgl.	Grenadier im 2. Batl. 3. Inf. Reg. d. Großherzogt. Berg	1812 14. Juli aus Tavierda in Spanien	Geb. 1789
11.	Brockötter, Joh. Heinr. E.: Georg Br. und Anna Maria Gertr. Lobbertmann	November 1812	unbekannt	es sind gar keine Nachrichten vorhanden	Geb. 1792 zu Gimbte
12.	Bücker, Joh. Bernd Heinr. E.: Joh. Georg B. und Anna Mar. Clara Brüning Sappeur	Februar 1809	2. Großherzogl. Berg. Inf. Reg., 2. Batl., 2. Komp.	28. Mai 1812 aus Bergen auf d. Insel Rügen	Geb. Greven 1783. Gestorben im Hospital zu Kaluga

Nr.	Namen des Vermißten und seine Eltern	Die Zeit seines Abzuges aus s. Heimat	Name und Nr. des Regiments	Datum der letzten von ihm erhaltenen Nachricht	Anmerkungen*)
13.	Linnenbanck, Franz Phil. E.: Joh. Heinr. L. und Anna El. Strumpf Husar	Oktober 1811	11. Franz. Kür. Reg., 4. Komp. (16. Division beym Depot in Arras in Frankreich Dep. Pas de Calais)	1. Dez. 1812 aus Arras	Geb. 1790. Im Hospital zu Usman gestorben
14.	Friedag, Joh. Bernd Heinr. E.: Joh. Gerh. F. und Anna Clara Laumann Jäger	Februar 1809	2. Großherzogl. Berg. Inf. Reg., 2. Batl., 2. Komp.	28. Mai 1812 aus Bergen auf d. Insel Rügen	Geb. 1789
15.	Ontrup, Bernd Herm. E.: Joh. Bernd O. und Anna El. Helmig Gemeiner	März 1812	unbekannt	Juni 1812 aus Mainz	Geb. 1791
16.	Pröbsting, Joseph. E.: Joh. Aug. Pr. und Anna Maria El. Schenckber	Februar 1809	Infanterie unbekannt	1812 im Aug. aus Düsseldorf	Geb. 1787. Mit nach Rußland marschiert
17.	Vennemann, Joh. Heinr. Jos. E.: Nicol. V. und Anna Cath. Huddelberg Gemeiner	26. Dez. 1806	33. leichte franz. Inf. Reg.	1812, 14. Dez. aus Stettin	Geb. 1786. Gestorben im Hospital zu Zaryzin
18.	Vennemann, Joh. Gerh. Eltern wie vor! Trainknecht	Oktober 1811	Franz. 14. Battr 6. Komp. Artillerie beim Train	1812 April aus Schlesien	Geb. 1790. In Leipzig im Hospital zurückgeblieben
19.	Meyer, Bernd Heinr. Gerh. E.: Gerh. Heinr. M. und Cath. El. Griepskamp Grenadier	30. Aug. 1811	129. Inf. Reg. (Grenadierkomp.)	1812 im Sept. aus Wilna	Geb. 1789. Steht bei der Deutschen Legion
20.	Plagge, Johann Bernd. E.: Bernd Herm. P. und Anna El. Vrercking	Oktober 1811	unbekannt	unbekannt	Geb. 1790
	Weitere Toten:				
	Theodor Dankelscheid Grenadier	?	Berg. Inf. Brigade		Gefallen in Spanien 1810
	Richer, Herm. Wilh.	4. März 1809	Berg. Inf. Brig. 2. Reg. 4. Batl., 1. Komp.		Gestorben 6. Febr. 1813 im Hospital zu Gironne
	Tote der Freiheitskämpfe:				
1.	Lachmann, Bernhard Soldat	?	?		Gestorben am 27. Juni 1815 im Hause des Conrad von der Leyen in Krefeld
2.	Kamp, Joh. Heinrich Wundarzt	?	?		Gestorben im Lazarett zu Münster
3.	Hagenstedt, Joh. Wilh.	?	?		Gestorben am 30. August 1815 im Hospital zu Dize. Geb. 8. 12. 1795

Nr. Namen des Vermißten und seine Eltern	Die Zeit seines Ab- zuges aus s. Heimat	Name und Nr. des Regiments	Datum der letzten von ihm erhaltenen Nachricht	Anmerkungen*)
4. Laumann, Bernhard Nik.	?	?		Gefallen bei Ligny 16. 6. 1815
5. Baumhove, Joh. Heinr.	?	?		Gestorben im Juli 1815 im Lazarett zu Versailles
6. Brinkkötter, Joh. Herm. H.	?	?		Gefallen bei Ligny am 16. 6. 1815

Im Jahre 1816 ließ der Bürgermeister durch den Maler Pieker in Münster eine Gedächtnistafel nach dem Vorbild der von diesem für die Stadt Münster angefertigten Tafel anfertigen, die in der Kirche zu Greven in einer großen Feierstunde am 4. Juli 1816 angebracht wurde.[667]) Die Tafel scheint nicht mehr vorhanden zu sein.

*) Textlich gekürzt!

14

Unter dem Preußischen Adler. Dorf und Amt seit 1814

Aolt-Greiwen iß nich mähr*)

De guedde aolle Tied
sin wie all längstens quiet,
wu't fröher in Greiwen wass,
gaff't noch manks grauten Spaß.
Män nu wätt alles nie,
män weet jä sölwst nich wie.
Den Solo häwwt se satt
un spieelt jetzt Skat.
Recht wiet to Fote gaohn,
sik diör de Büske schlaohn,
verwünnern, wu de Wait
un auk de Rogge steiht.
De Frau un Kinner all,
de funnen dran Gefall',
wenn Vadder Happen schlog
von'n sappet Toog.
Van Dage denkt kien Mensk mähr dran,
in't Wärtshues geiht nu Frau un Mann,
nao Schöneflieth geih't hen so flott,
sit't stundenlang bien Kaffeepott,
un auk bi Bönstrup's find man se
wahrhaftig all üm Uhr of twee.
Dann denkt man doch bi sik up Ähr:
Aolt-Greiwen iss nich mähr.
Wat wiäören de Wichter doch
natürlik fröher noch,
von Moden kenn'n se nix,
in Huse wäörn se fix.
Hüt sint's in stiewen Staot,
met ächter up lück Draoht,
de Männer makt se schüh,
dat döht dat Küh.
De Junges, dat iss wiss,
sint auk nicht mähr äs süss;
süss drunken's een Glas Beer,
män nu wull twee maol veer.

An Piepe un Taback
häww't se hüt kien Geschmack,
Sigarren schmökt de Häärn,
dat iss modern.
Iss Aobands Geschäft viäöbi
Geiht auk gliek loss de Suuperie.
Büs morgens drei, manks auk büs veer,
dao sittet se un suupet Beer,
un wätt de Bowle äs ansett't,
dann suupet auk de Wichter mett,
un dat – dat nennt se een Pläseer;
Aolt-Greiwen iss nich mähr.
Ach, fröher hadden wi
nao kiene Industrie,
se handeln blos met Haolt,
un Kaffee, Schmuggelsaolt.
Doch nu siet en'ge Jaohrn
iss dat hier anners waorn.
Wohenn man nu blos kick:
Fabrik! Fabrik!
Hanhoff u. Companie,
de Affallspinnerie,
un düsse vis à vis
de graute Sagerie.
An de Chassee dao steiht,
wenn man naot Daorp hen geiht,
ne nie Wiäwerie
un Giärberie.
Dött man in dat Daorp inrücken,
süht man links drei Spinnfabriken.
Glieks daobi met Emsigkeit
wärd der auk Sigarren dreiht.
Wät westlick de Kanaol äs baut,
Wät de Betrieb nao maol so graut.
Un immer grötter de Verkehr:
Aolt-Greiwen iss nich mähr.

v. F. u. O.

---

*) Das Gedicht stammt, wie die letzten Verse erkennen lassen aus der Zeit nach Gründung der Biederlackschen Abfallspinnerei (1889) und kurz vor Erbauung des Dortmund-Ems Kanals (1892 ff.). Beim Karnevalsumzug des Jahres 1893 wurde es bereits gesungen (AAG IVb Nr. 2, 1).

Greven als Preußisches Amt

Ein Jahrhundert friedlicher Entwicklung

Als die letzten französischen Beamten am 2. November des Jahres 1813 Greven fluchtartig verlassen mußten, ließen sie hinter sich ein Trümmerfeld zurück: leere Kassen, ausgeplünderte Scheunen und Ställe, einen ruinierten Kaufmannstand, ein verarmtes Bauernvolk, ungezählte verwaiste und ihres Ernährers beraubte Familien, kurz überall Not und Elend, Kummer und Tränen! Für die zurückkehrenden deutschen Beamten fürwahr keine kleine Aufgabe, hier wieder Ordnung zu schaffen, die größten Mißstände und die am schwersten drückende Not zu beseitigen und wieder frisches aufwärtsstrebendes Leben zu erwecken. Aber je größer die Aufgabe, um so größer war auch der Mut und der Arbeitswille dieser preußischen Beamten, an deren Spitze der bewährte, mit allen westfälischen Verhältnissen wohlvertraute Freiherr von Vincke als Oberpräsident Westfalens trat. Diesen Titel führte er allerdings erst seit dem 1. August 1816, seitdem auf Grund einer königlichen Verordnung vom 30. April 1815 an diesem Tage die Provinz Westfalen geschaffen worden war. Bis dahin hatte er als „Civilgouverneur" die provisorische preußische Verwaltung in den wiedereroberten Provinzen zwischen Weser und Rhein geleitet. Diese Übergangszeit diente vor allem der Wiederherstellung der alten preußischen Verwaltungsorganisation und ihrer Behörden.

Die beiden Kirchspiele Greven und Gimbte mit ihren Bauerschaften, die im alten fürstbischöflichen Stift Münster stets zum Amt Wolbeck gehört hatten, waren unter der französischen Fremdherrschaft dauernd hin und her geschoben worden (s. o. S 358). Der Zustand gegen Ende des Regimes war der gewesen, daß das Kirchspiel Greven rechts der Ems zum Oberemsdepartement des Kaiserreichs Frankreich gehört hatte, die linksemsischen Bauerschaften dagegen zum Lippedepartement und zwar zur Mairie Emsdetten.[668]) Das kleine Kirchspiel Gimbte gehörte gleichfalls zum Lippe-Departement, aber zur Mairie St. Mauritz. Das erste, was die preußische Behörde verfügte, war die Wiedervereinigung der so unnatürlich auseinander gerissenen Teile des alten Kirchspiels Greven zu einem Ganzen. Das geschah bereits zum 1. Januar 1815. Der Landrat war der Meinung, die Bauerschaften sollten wieder dahin, wo ihre Kirche stände. Der Hof des Schulten Farwick in der Bauerschaft Hüttrup war durch die französische Grenzziehung vom 2. 1. 1809 nach Ladbergen geschlagen worden, wo er ja auch den größten Teil seines Landes liegen hatte (s. o. S. 38). Vergeblich hatte sich der Schulte bereits im Jahre 1811 an den Präfekten des Oberemsdepartements gewandt. Er benutze die öffentlichen Anstalten in Greven, da ihm die Ladbergener nicht zugängig seien, „wenn ich nicht meine Religion verändern will". Es half nichts. Erst die preußische Verwaltung stellte am 11. 7. 1817 das alte Verhältnis wieder her.[669]) Das Kirchspiel Gimbte ist erst am 1. Januar 1821 dem neuen Amt Greven angegliedert worden.

Damit hatte das neue Amt einen Umfang erreicht, den es bis in die Gegenwart behalten hat. An Versuchen, Teile des Kirchspiels Greven dem Amt abzunehmen, hat es in späterer Zeit allerdings nicht gefehlt, und zwar betrafen sie fast immer die Bauerschaft Hembergen, die wegen der übergroßen Entfernung von der Grevener Kirche gerne nach Hembergen umgepfarrt werden wollte, wobei sie dann gleich auch aus dem Amt

Greven ausscheiden und dem Amt Emsdetten zugelegt zu werden wünschte.[670]) Im Jahre 1850 wurden diese Pläne von der Regierung endgültig abgelehnt.

Um die Jahrhundertwende hätte das Amt Greven dagegen fast einen großen Zuwachs bekommen, als man sich mit dem Gedanken trug, im Zuge der Vergrößerung des Stadtgebietes Münster das Amt Mauritz aufzulösen. Dabei sollte dann die Bauerschaft Gelmer der Gemeinde Gimbte angegliedert werden, während aus Sprakel, Aldrup und Sandrup eine neue Gemeinde gebildet werden sollte, die dann zwangsläufig auch dem Amt Greven zufallen mußte. Im Jahre 1899 blieben diese Pläne aber liegen, die Widerstände dagegen waren doch zu groß. Diese konnten auch 1923 nicht überwunden werden, als man den alten Plan noch einmal hervorholte.

Bis zum Jahre 1816 unterstand das Amt Greven zunächst noch dem Landrat in Tecklenburg, da dieser die Geschäfte in dem südlichen Teil des französischen Oberemsdepartements, in dem auch Greven lag, übernommen hatte. Erst bei der endgültigen Organisation der Provinz Westfalen am 1. August 1816 wurde Greven dem Landkreis Münster zugeschlagen.

Der König von Preußen ließ sich in den endgültig wiedergewonnenen Provinzen erneut huldigen. Zu der auf den 18. Oktober 1815 nach Münster einberufenen Erbhuldigung mußte auch der Bauernstand Deputierte, und zwar aus jedem Kreise einen, abordnen. Diese wurden von je zwei Vertretern der einzelnen Gemeinden gewählt. Als solche Wahlmänner der Gemeinde Greven wurden vom Gemeinderat der Adjunkt Johann Frey (Aldrup) und Gem.Rat Schulte Bernh. Topphoff gewählt (5. 10. 1815).*)
Der von den Franzosen zum Maire ernannte Franz Anton Schründer hat die Geschäfte des Bürgermeisters auch nach der Rückkehr der Preußen zunächst noch weitergeführt, war dann aber doch amtsmüde geworden und bat den Landrat von Tecklenburg am 20. 11. 1815 um die Entlassung aus seinem Amte.[671]) Durch die vielen Lasten und Sorgen die er in den sieben Jahren, in denen er dieses Amt bekleidet hatte, habe tragen müssen, sei seine Gesundheit nicht wenig angegriffen. Tatsächlich hat Schründer auch nur noch kurze Zeit gelebt (gest. 11. Juni 1821). Wegen seiner uneigennützigen Geschäftsführung in den schweren Jahren der Fremdherrschaft waren ihm Dorf und Kirchspiel zu großem Dank verpflichtet. Nicht nur hatte er bei der Erhebung der Steuern auf die ihm zustehenden Hebungsprozente stets verzichtet, sondern auch „für die bedeutenden Unkosten, welche er bey verschiedenen Gelegenheiten für die Gemeinde getragen, nirgends etwas berechnet, auch überall das Interesse derselben mit der größten Sorgfalt gesucht."[672])
Zu seinem Nachfolger hatte Schründer den bisherigen Steuereinnehmer Kock vorgeschlagen, der sich nach seiner Meinung durch seine Redlichkeit die Achtung und das Vertrauen der Gemeinde in hohem Grade erworben habe. Von der Regierungskommission daraufhin am 1. 1. 1816 ernannt, enttäuschte Kock die in ihn gesetzten Erwartungen, indem er im Frühjahr 1818 unter Zurücklassung von nicht unbeträchtlichen „Defekten" entwich. Daraufhin wurde der altbewährte Kaufmann Anton Joseph Arkenoe, der schon unter dem französischen Regime Beigeordneter (adjoint) des Maire Schründer gewesen war, am 7. 5. 1818 zum kommissarischen Bürgermeister und Amtmann ernannt.**)
Auch er hat das infolge der von Kock hinterlassenen Schulden nur noch schwieriger gewordene Amt nur wenige Jahre bekleidet. Erst nachdem 1825 der Rest dieser Schuld in Höhe von 378 Talern niedergeschlagen worden war, kehrten wieder normale Verhält-

---

*) Bei der Erbhuldigung für Friedrich Wilhelm IV. in Münster am 15. Oktober 1840 war Schulte Aldrup Deputierter des Landkreises Münster. Seine Wahlmänner aus dem Amt Greven waren (außer ihm selbst) Schulte Topphoff und Kaufhändler Arkenoe gewesen (AAG IV b Nr. 2, 1).

**) An Stelle des von der Amtsvertretung erbetenen Franz von Hülst, Ltn. der Landwehr.

nisse in der Amtsverwaltung Greven ein, denn auch dem Amtssekretär Tümler, der diesen Posten damals schon sechs Jahre bekleidete, hatte bis dahin nur ein ganz geringes Gehalt gezahlt werden können. Arkenoe verzichtete am 10. Mai 1825 auf sein Amt und empfahl als seinen Nachfolger nun den Mann, der fast fünfzig Jahre lang die Geschicke des Amtes leiten sollte, Friedrich Wilhelm Tümler.[673]) Die Bestätigung der Regierung ließ nicht lange auf sich warten, und am 25. September 1825 trat Tümler sein Amt an, mit einem Anfangsgehalt von 350 Talern im Jahre, also mit weniger als 90 Mark im Monat! Der junge, am 21. August 1794 als Sohn des Pächters der Eltingmühle in der Bauerschaft Schmedehausen geborene Amtsbürgermeister hatte schon eine bewegte Jugend hinter sich. War er doch im Jahre 1812 zusammen mit seinem alten Vater und seinem älteren Bruder von den Franzosen als Repressalie für einen auf französische Zollbeamte bei der elterlichen Mühle verübten Überfall nach Valenciennes verschleppt und dort zu dreieinhalb Jahren „Verbesserungshaus" verurteilt worden (s. o. S. 364). Nach seiner Begnadigung im Juni 1813 und seiner Heimkehr im Oktober dieses Jahres meldete er sich sogleich am 13. 12. 1813 bei den Freiwilligen Jägern, um die seinem Vaterlande und seiner Familie angetane Schmach zu rächen. Er kehrte als Leutnant aus den Freiheitskriegen zurück und übernahm dann am 1. Februar 1819 den Posten eines Sekretärs beim Amt Greven, um endlich 1825 dem abtretenden Arkenoe als Bürgermeister zu folgen.

Das halbe Jahrhundert, das er unermüdlich und mit nie erlahmendem Eifer an der Spitze des Amtes gestanden hat, ließ ihn die Entwicklung Grevens vom Handelsdorf zum Industrieort erleben, stellte ihn vor immer wachsende und neue Aufgaben. Seine ganze Liebe gehörte den Schulen, um deren Förderung er sich stets bemühte, wofür er dann auch manches Lob des Landrates erhielt. Weniger bekümmerte er sich um die Entwicklung des Grevener Verkehrsnetzes. Lange ist es daher wenig gut um die Straßen und Landwege im Amt bestellt gewesen. Er begann seinen Amtsbetrieb wie seine Vorgänger ganz klein und erledigte in seinem kleinen Amtsstübchen im „Hotel" Dercken zunächst alle Arbeiten selbst. Einen Gehilfen, einen Schreiber oder Sekretär hielt er vorerst nicht. Dafür war kein Geld da. Erst im Jahre 1855 wurde eine solche Stelle geschaffen, da der zunehmende Geschäftsverkehr des Amtes es unumgänglich nötig machte.*) Die meiste Arbeit machten natürlich die Angelegenheiten des Dorfes Greven, um die Bauerschaften brauchte Tümler sich zunächst nur wenig Sorgen zu machen, und nach Gimbte ging er nur jeden ersten Sonntag im Monat, um dort einen Nachmittag lang Sprechstunde zu halten.

Die ersten Jahre der neuen Preußischen Amtsverwaltung waren nicht leicht. Zu viele Wunden hatte die rücksichtslose und erpresserische französische Verwaltung dem Lande geschlagen, zu viele Lücken hatten die vielen Kriegsnöte gerissen. Dazu kam dann noch die Hungersnot der Jahre 1817/18, von der vor allem die ärmere Bevölkerung stark betroffen wurde. Nur durch die Schaffung eines Hilfsvereins, der im Dorf 455 Tlr. und im Kirchspiel dazu außer Kornspenden noch 267 Tlr. sammelte, war es möglich, der Not in etwa zu steuern und die Armen mit billigem Getreide zu versorgen. Statt des Marktpreises von 22, ja im Winter sogar von 28 Tlr. je Malter Roggen wurde den Armen das Korn zu 10—16, später zu 11-17 Tlr. gelassen, und auf diese Art und Weise 1347$^{1}/_{4}$ Scheffel Getreide zu verbilligten Preisen ausgetan. Das Korn wurde meist über Danzig gekauft, stammte also wohl aus Polen oder Rußland. Auch der König von Preußen beteiligte sich an den Spenden für die hungernde Bevölkerung in den westlichen Pro-

---

*) Schon vorher hatte Tümler gelegentlich einen Privatgehilfen beschäftigt, den er aber aus eigener Tasche bezahlen mußte. Der erste Amtsgehilfe wurde 1855 August Arend, dem dann 1867 Josef Koberg und 1868 Julius Rehfeld folgten (AAG IIa Nr. 3, 1).

vinzen seines Königreiches. Greven erhielt aus dieser Spende 160 Berliner Scheffel Roggen zu einem niedrigen Preise. Nach der Überwindung dieser Not ging es dann langsam wieder aufwärts. Jetzt fand man in Greven auch Zeit, sich mit der hohen Politik zu beschäftigen. Im Jahre 1822 begannen in Berlin die vorbereitenden Besprechungen zur Schaffung des Westfälischen Landtages, an der aus Greven Johann Christoph Biederlack lebhaften Anteil nahm. Zusammen mit siebzehn anderen Persönlichkeiten wurde er zum Vertrauensmann der Provinz Westfalen bestimmt. Bei dem hohen Ansehen, das er in weiten Kreisen der Provinz genoß, wundert es nicht, daß er zum ersten Landtag, der am 29. Oktober 1826 eröffnet wurde, für den Stand der Landgemeinden gewählt wurde. Neben der Hilfskasse, aus der notleidende Gemeinden unterstützt werden sollten, wandte er sein Interesse vor allem dem Kataster zu, das in den zwanziger Jahren ganz neu aufgebaut wurde. Bis dahin gab es, von vielen kleinen Einzelvermessungen abgesehen, ja noch gar keine genaue Vermessung des gesamten Grund und Bodens, was sich bei der Festsetzung der Grundsteuer als ein immer unerträglicherer Mißstand erwies. Gewiß hatten die Franzosen bereits mit der Aufstellung eines Grundkatasters begonnen, da sie aber zu einer genauen Grundvermessung nicht mehr gekommen sind, blieb ihre Arbeit Stückwerk und ungenau, wie ein Vergleich des französischen Katasters mit dem preußischen zeigt. Die neue preußische Vermessung und Landesaufnahme, die im Amt Greven 1828 zur Durchführung kam, bildete nicht nur die Grundlage für die Steuergesetzgebung des Staates in der Folgezeit, sondern auch die zuverlässigste Quelle für die Ermittlung aller alten Grenz- und Besitzverhältnisse. Für die Erforschung der Heimatgeschichte muß sie der Ausgangspunkt sein.

Im übrigen brachten die ersten Jahrzehnte der preußischen Herrschaft keine Ereignisse von großer Bedeutung für eine kleine, vorwiegend ländliche Gemeinde, wie Greven es damals noch war. Die stetige Entwicklung in Handel und Gewerbe, im Schul- und Kirchenwesen wurde bereits an anderer Stelle verfolgt. Im Dorf herrschte in den vierziger Jahren eine gewisse Spannung zwischen dem Amtsbürgermeister Tümler und dem Ortsvorsteher Ludwig Terfloth, der ihm den Vorwurf machte, die ganze Welt sei fortschrittlich, nur in Greven schlafe die Verwaltung.[674] Aber der Amtsbürgermeister sah wohl seine Aufgabe nicht so sehr in der einseitigen Förderung der kaufmännischen Bestrebungen und Interessen, wie beispielsweise der Terflothschen Bemühungen um die Emsschiffahrt, sondern mehr in der stetigen Hebung des kulturellen Standes der ihm anvertrauten Amtsbevölkerung. Doch war bis zur Jahrhundertmitte von einer aufwärtsstrebenden Entwicklung der Landbevölkerung noch nicht viel zu bemerken (s. o. S. 65 ff.).

Anders das Dorf Greven, das sich schon von jeher durch seine rege Kaufmannschaft von allen ähnlichen Dorfgemeinden abhob. Ihr lag auch die Behebung der „Verkehrsnot" am meisten am Herzen, und ihrer Initiative ist es zweifellos zu danken, wenn der Ausbau des Straßennetzes im Kirchspiel und Amt in Gang gebracht und immer aufs neue vorangetrieben wurde. So erklärt es sich denn auch zwangsläufig, daß die Eröffnung der Chaussee Münster-Greven am 26. November 1846 mit einer großen Jubelfeier in Anwesenheit des Landrates und aller Notabeln des Amtes feierlich begangen wurde, wie wohl sonst in ganz Westfalen kaum eine Straßeneröffnung gefeiert worden ist. Am Tage nach diesem großen Fest bedankte sich der Landrat schriftlich mit folgendem Loblied auf Greven: „Greven ist die größte, volkreichste, mächtigste Gemeinde, die Perle des Kreises Münster, ich möchte fast glauben, des Regierungsbezirkes. . . . Seit langer Zeit nimmt in unserem Münsterlande die Kaufmannschaft des Wigboldes Greven durch den Umfang ihrer Geschäfte und den Betrieb solcher Groß-Geschäfte . . . den ersten Rang ein." Besonders berühmt sei Greven noch wegen seiner Armenanstalt, die als Muster aller dergleichen Einrichtungen angesehen werde.[675] Die Kaufmannschaft hatte zur Zeit der

Postkutsche und des Fernlastwagens natürlich den eigentlichen Vorteil von dieser ersten großen Verbesserung der Wegeverhältnisse im Amt. Die ländliche Bevölkerung und die „kleinen Leute" im Dorf hatten keinen großen Nutzen davon, und der Amtmann Tümler, der mehr auf die Interessen dieser Kreise, denen er selbst entstammte, eingestellt war, brachte wie gesagt dem Verkehrswesen kein allzu großes Interesse entgegen.

Erst das Revolutionsjahr 1848[676]) brachte in die ruhige, etwas verschlafene Zeit neues Leben und neue Bewegung. Auf die im Februar 1848 ausgebrochene Revolution in Frankreich hin brach auch in Deutschland die politische Erregung sich in Unruhen Bahn. Nicht allein die großen nationalen Verfassungsfragen, sondern mehr noch die sozialen Probleme bewegten die Gemüter, besonders des kleinen Mannes und Arbeiters, und hier wieder in erster Linie der Weber, die durch die beginnende Mechanisierung der Fabriken ihre Existenz bedroht glaubten und nun in der Revolution das Allheilmittel gegen ihre Nöte sahen. So schlugen die Wellen der Revolution damals auch bis in die rein landwirtschaftlichen Dörfer des Münsterlandes, in denen zahlreiche Heuerlinge in der Heimweberei ihren Hauptlebensunterhalt fanden. Auch in Greven wurden die Gemüter nicht wenig erregt. Am Sonntag, dem 19. März 1848, hatte nach dem Bericht Tümlers im benachbarten Nordwalde, wo es damals auch zahlreiche Hausweber und Heimarbeiter gab, der „Litterat Freeling, Sohn des dortigen Kolonen gleich nach der Predigt auf dem Kirchhof daselbst der dort versammelten Volksmasse, nachdem das Signal durch zwei Pistolenschüsse gegeben, Anträge, wie solche bei den überall bewegten Zeiten jetzt an die Regierungen mehr gestellt werden, z. B. Abschaffung der Klassensteuer, Verminderung des Militärs, der Beamten, im ganzen dreizehn Artikel vorgelesen und hierdurch die Anwesenden zur Auflehnung gegen die bestehende Ordnung, auch zur Unterschrift aufzuregen versucht," jedoch, wie der Amtmann seinen Bericht zufrieden schließt, keinen Anklang gefunden![677]) Am nächsten Sonntag wollte derselbe Literat, wie dem Amtmann zugetragen worden war, auch in Greven auftreten, denn auch hier gab es zahlreiche Heimarbeiter und Tagelöhner, bei denen der Demagoge auf eine günstige Aufnahme seiner Propagandarede hoffen mochte. Amtmann Tümler fackelte aber nicht lange, sondern wollte den Freeling sogleich verhaften lassen. Offenbar hat der Revolutionsheld aus Nordwalde aber Wind davon bekommen und von seinem Besuch in Greven Abstand genommen; trotzdem kam es an diesem Tage, dem 24. März, noch zu Unruhen im Dorf. Wie der Polizeidiener berichtete, hatte der Kribbenmeister Dankelscheid, ein Ortsfremder, der im Zuge der Emskorrektion vor kurzem in Greven zugezogen war, sich „sehr mißfällig darüber geäußert, daß die extra Klassensteuer zu hoch stehe, dies unerlaubt sei, alle die Bauten an Schulen pp. nicht nötig, der Amtmann zu viel Gehalt beziehe, wir eines Landrates nicht bedürfen; ferner, daß die Gemeinde-Verordneten einen Zuschuß zum Bau der Chausseen übernommen, diese hauptsächlich den Kaufleuten zum Nutzen gereiche, und die geringere Klasse zu diesem Zuschuß nach ihrem Verhältnis zu viel beitragen müsse". Ein anderer wollte gehört haben, daß „wir einen Amtmann füglich entbehren könnten ... und daß es unrichtig sei, daß wir zum Nachtwächtergehalt beitragen müssen." Man sieht, hohe revolutionäre Ideale waren es nicht, mit denen diese Demagogen unter der Landbevölkerung hausieren gingen. Der Erfolg war denn auch danach! Trotz aller echten Not fielen auch die armen Heuerleute und Heimarbeiter in Greven auf dieses mehr als dumme Gerede landfremder und entwurzelter Elemente nicht herein. Auf höheren Befehl hin wurde indes auch hier eine Bürgerwehr gebildet, der zunächst alle Siebzehn- bis Sechzigjährigen, dann aber doch nur alle Vierundzwanzig- bis Fünfzigjährigen beitreten mußten. Vom Landrat wurden allgemeine Satzungen erlassen, durch die die Bildung der Bürgerwehr und ihre Gliederung geregelt wurde. Jede Gemeinde mußte einen Obristen wählen, dem in jeder Bauerschaft ein Hauptmann, ein bis zwei Leutnants und ein Feldwebel unterstellt wurden. Jede Bauerschaft wieder wurde in einzelne Korporalschaften (zu je sechs bis sieben Höfen) unter einem Unteroffizier aufgeteilt. Auf ein besonders bekanntzumachendes Signal hin mußte sich jeder mit einer Lanze (!) bewaffnet am Sammelplatz einfinden, auch sollten ständige Patrouillen eingerichtet werden. Säbel konnte der Landrat in der benötigten Masse nicht vermitteln, es sollte sich jeder zunächst mit einem ordentlichen Knüppel (!) bewaffnen. Am 13. August 1848 trat diese neu aufgestellte Bürgerwehr in Greven, die 340 Mann umfaßte – im Kirchspiel waren es 860 und in Gimbte 85 –, zum erstenmal an und marschierte im festlichen Aufzug mit Fahnen und unter Böllerschüssen zur Bleiche an der Ems. Anlaß zu diesem Festaufmarsch war die in Frankfurt auf der National-versammlung zustande gekommene Wahl des Erzherzogs Johann von Österreich zum Reichsverweser, woraus, wie man allgemein hoffte, eine baldige Einigung der deutschen Staaten zum einigen Deutschen Reich – das es ja nach dem Verzicht des Kaisers Franz auf die Kaiserkrone im Jahre 1805 nicht mehr gab –, erwachsen würde. Grund genug, diesen Tag festlich zu begehen. Die Ansprache, die damals der Amtmann Tümler an die festlich versammelte Menge hielt, ist bezeichnend für die damalige, hoffnungsselige Stimmung im deutschen Volke. Sie war kurz und enthielt nur folgende zwei Sätze: „Die in jeder Hinsicht so besonders glücklich zustande gebrachte Wahl eines Reichsverwesers in der Person des Erzherzogs Johann, kaiserliche Hoheit, hat die Bürgerwehr in Greven hier versammelt, demselben die gebührende Anerkennung freudigst darzubringen, zu-gleich in der freudigsten Hoffnung, daß durch diese Wahl die bisherige Zerrissenheit unsers theuren, teutschen Vaterlandes gänzlich aufhören und die so sehnlichst erwünschte Einheit desselben stets mehr befördert und gekräftigt werde. Unsere Gesinnung und Wünsche, welche wir für den deutschen Johann, Reichsverweser, hegen, werden wir ohne lange Reden und weitläufige Auseinandersetzungen kurz an den Tag legen, indem wir aus desfals voller Brust, aus Herzensgrund einstimmig rufen: Der deutsche Reichs-verweser, Erzherzog Johann lebe hoch, hoch, hoch."

Nachdem die versammelte Menge unter lautem Böllerschießen, Musik und Präsen-tieren das Lied „Was ist des Deutschen Vaterland" gesungen, verkündete Amtmann Tümler dann weiter: „den deutschen Johann wollen wir nun aus deutscher Brust beim deutschen Gerstensafte ferner hoch leben lassen, zu welchem Ende der Herr Kröger einige Anstalten bereits getroffen hat." Mit Hilfe dieser „Anstalten" wird das Fest wohl einen recht feucht-fröhlichen Verlauf genommen haben.

Von einer weiteren „Aktivität" der Grevener Bürgerwehr in der damaligen unruhigen Zeit wissen die Akten nichts zu berichten. Die große Revolution war damit in Greven beendet. Doch nein, es hatte sich im Dorf, wie der Amtmann schleunigst dem Landrat berichtete, ein Verein gebildet unter dem aufregenden Namen „Politischer Klub" aus etwa dreißig Mitgliedern bestehend. Er halte jeden Montag eine Versammlung ab und beschäftige sich mit Kommunalangelegenheiten! Seine Mitglieder hätten aber auf das Volksleben keinen Einfluß. In ihm trafen sich die gebildeten Kreise aus Dorf und Amt, um neben Kommunalangelegenheiten auch die brennenden politischen Tagesfragen zu besprechen.[678] Man suchte auch Verbindung mit dem „Centralverein für die Sache und Rechte der Preußischen Nationalversammlung und des Preußischen Volkes" in Münster zu gewinnen, zu dessen Gründung ein von der Polizei als „aufrührerisch" verfolgtes Plakat des Oberlandesgerichts-Referendars Hammacher v. 15. 11. 1848 aufgerufen hatte.*)

---

*) Die Polizei hatte in Greven vergeblich nach einem Exemplar des gefährlichen Plakates gesucht (LA Münster Nr. 1430).

Fl. Terfloth, Ign. Becker und Tierarzt Rieke wurden als Deputierte zur Gründungs-versammlung am 18. 11. im Vogelsangschen Saale zu Münster delegiert. Auch zu dem in Paderborn erstandenen Volksverein wurden Beziehungen angeknüpft. Doch erlahmte der erste Eifer bald, und wenn auch der am 27. 4. 1849 gestellte Antrag auf Auflösung des Klubs noch mit vier gegen drei Stimmen abgelehnt wurde, so ging ein ähnlicher Antrag drei Monate später (am 11. 7. 1849) durch. Der Sturm von 1848 war vorüber, die letzten Nachwehen verklungen.*) Schon im Jahre 1850 konnte der Amtmann an den Landrat berichten, daß es in Greven einen Arbeiterverein oder wie es im nächsten Jahre hieß, einen Gesangverein mit verkappten demokratischen Tendenzen nicht gab. Erst der im Jahre 1869 gegründete Kolpingsverein brachte wieder einen Zusammenschluß wenigstens von Teilen der werktätigen Bevölkerung, diesmal aber ohne jeglichen po-litischen Hintergrund. Der fehlte ebenso auch den seit der gleichen Zeit aufkommenden geselligen Vereinen wie etwa der „Concordia" (Gesangverein gegr. 1876), der „Cerevisia" (studentenbundähnlicher Junggesellenverein, gegr. 1878), der „Westfalia" (geselliger Verein, gegr. 1883) und anderen.

Ebensowenig gab es um die Mitte des vorigen Jahrhunderts politische Parteien im heutigen Sinne. Die Anteilnahme am Staatsleben und an der großen Politik im preußischen Landtag oder gar nur am westfälischen Landtag beschränkte sich auf wenige interessierte Kreise, auf die Kaufmannschaft im Dorf und zum Teil wenigstens auch auf die Landwirt-schaft, deren führender Kopf lange Jahre Schulte Höping-Aldrup war. Sonst erschöpfte sich das Interesse der Bevölkerung in den lokalen Belangen. Da gab es ja seit der Über-nahme der Regierung durch die Preußen sehr viel mehr Spielraum zum Austrag der verschiedenartigen Interessen. In der fürstbischöflichen Zeit waren die Kirchspiele sehr autokratisch von den Grundherren regiert worden, Greven vom Domkapitel als Inhaber des Gogerichtes tor Meest. Die Kirchspiele hatten überhaupt keine Selbstver-waltung. Sie bestanden als politische Gemeinden noch gar nicht. Das Dorf wurde zwar von den vier Rottmeistern vertreten, aber deren Selbstverwaltungsrechte waren doch nur gering (s. o. S. 246 ff.), und erst die französische Municipalitätsverfassung gab dem Kirchspiel (einschließlich Dorf) eine kommunale Selbständigkeit. Preußen hat diese Gemeindeverfassung weitgehend übernommen. Der ältere Gesamt-Gemeinderat, der bis zum Jahre 1841 die Interessen des ganzen Amtes, seit 1821 also auch die des „ein-gemeindeten" Kirchspiels Gimbte mitvertrat, umfaßte im Jahre 1816 im ganzen zwei-undzwanzig Mitglieder, dazu seit 1821 zwei für Gimbte.[679]) Sieben von den zweiund-zwanzig wurden vom Dorf Greven, die anderen von den Bauerschaften bestellt. Die Liste der ersten Gemeinderatsmitglieder des Amtes Greven nach den Freiheitskriegen (vom 7. Sept. 1816) enthält außer den beiden Beigeordneten A. J. Arkenoe und Joh. Christoph Biederlack folgende Namen:

1. Heinrich Becker, Kaufmann	für Greven
2. Bernhard Bröcker, Wirt	„ „
3. Christoph Hüsing, Eisenhändler	„ „
4. Franz Kellermann, Bäcker	„ „
5. Wilhelm Schmerling, Kaufmann	„ „
6. Mathias Terfloth, Knopfmacher	„ „
7. Bernhard Daldrup, Gewürzkrämer	„ „
8. Gerd Wilh. Hovest, Ackersmann	„ Wentrup
9. Caspar Sch. Drentrup, „	„ Pentrup

---

*) Auch eine Versammlung des Volksvereins in Greven am 18. März 1849, die meist von Hand-werksgesellen besucht wurde, verlief ruhig und ohne Störung (AAG IIa Nr. 3, 1).

10. B. Heinr. Wessel, Ackersmann		für	Hüttrup .
11. Joh. Heinr. Bettmann,	„	„	Schmedehausen
12. Philipp Borgling,	„	„	- „
13. Everh. Sch. Bockholt,	„	„	Bockholt
14. Bernd Topphoff,	„	„	„
15. Joh. Bd. Wiggering,	„	„	Fuestrup
16. Joh. Herm. Werning,	„	„	Guntrup
17. Joh. Wilh. Lutke Maestrup,	„	„	Maestrup
18. Caspar Temming,	„	„	Westerode
19. Arnold Hoemoet,	„	„	„
20. Bernd Schwartze,	„	„	„
22. Joh. Herm. Haskehoff,	„	„	Hembergen
21. Joh. Gerd Grotthoff,	„	„	Herbern
23. Joh. Bernd Fleige,	„	„	Gimbte
24. Schulte Nordhoff,	„	„	„

Später (1838) betrug die Zahl der Gemeindeverordneten nur noch zwanzig (dazu zwei Beigeordnete), von denen nur noch vier aus dem Dorf Greven stammten. Biederlack blieb bis zum Januar 1839 Beigeordneter, während dem Arkenoe im Februar 1822 bereits Josef Schulte Gronover folgte, der gleichfalls im Januar 1839 sein Amt niederlegte, es dann aber – wohl auf Drängen seiner Mitbürger – bis zum Januar 1844 beibehielt.[680]

Die neue Preußische Landgemeindeordnung vom Jahre 1841 krempelte dann die bestehenden Verhältnisse in Greven völlig um. Der bisherige Gemeinderat wurde zur Amtsversammlung, während das Dorf Greven jetzt eine eigene Gemeindevertretung erhielt. Die am 12. Dezember 1843 erstmalig gewählten Amtsverordneten Posthalter Tümler, Sch. Topphoff, Sch. Grotthoff und die am 10. Januar 1844 dazu gewählten Vertreter des Dorfes, Biederlack und Ludwig Terfloth sowie des Dorfes Gimbte, Große Laxten, wurden am 9. April 1844 zur ersten Amtsversammlung eingeführt. Die Amtsperiode der Verordneten betrug sechs Jahre, doch mußte alle drei Jahre die Hälfte von ihnen ausscheiden Sie konnten aber wiedergewählt werden. Der Amtmann führte den Vorsitz, und auch die Gemeindevorsteher von Greven und Gimbte gehörten kraft dieses Amtes zur Amtsversammlung, während die andern Vertreter von den Meistbeerbten der beiden Gemeinden gewählt wurden. Daneben bekam nach der Landgemeindeordnung aber auch jede Landgemeinde eine eigene Vertretung. Bis zum Jahre 1820 bestand das Amt Greven nur aus dem einen Kirchspiel Greven, das auch eine einzige Gemeinde bildete. Erst durch den Hinzutritt des Kirchspiels bzw. der Gemeinde Gimbte erhielt das Amt jetzt im Jahre 1821 zwei politische Gemeinden, Greven und Gimbte. Auf Grund der Landgemeinde-Ordnung vom 31. Oktober 1841 mußte das Dorf Greven aus der Gemeinde Kirchspiel Greven ausscheiden, da es die Voraussetzung zur Bildung einer eigenen Gemeinde, nämlich die Aufstellung eines eigenen Etats erfüllte. Zunächst wollte man in Greven von einer solchen Trennung nicht viel wissen, da ja, wie man betonte, Dorf und Gemeinde ohne feste Grenzen im Gemenge lägen. An den gesetzlichen Bestimmungen war aber nicht vorbeizukommen, und so wurde im Jahre 1834 zur Wahl der ersten Gemeindeversammlungen in den drei Gemeinden: Greven-Kirchspiel, Greven-Dorf und Gimbte geschritten. Das Gemeinderecht, d. h. das Wahlrecht zur Gemeindeversammlung besaßen nur die sogenannten Meistbeerbten, also die Gemeindemitglieder über vierundzwanzig Jahre, die ein eigenes Haus besaßen, wobei die Bauernhöfe der ersten, alle anderen Hausbesitzer der zweiten Klasse zugerechnet wurden. Auf Grund des Grundsteueraufkommens wurde die Zahl der einzelnen Gemeindevertretungen bestimmt, so daß auf das Kirchspiel Greven zwölf, auf das Dorf Greven acht und auf die kleine Gemeinde Gimbte, die nur fünfzehn Meistbeerbte aufzuweisen hatte, gleichfalls zwölf kamen. Am 23. Oktober 1843 wurden die ersten Gemeindevertreter des Dorfes Greven gewählt, und zwar waren dies Ludwig Terfloth, der zugleich Dorfvorsteher wurde, Heinrich Suer, Johann Temming, Adrian Hubers, Joh. Christoph Biederlack, Dr. Pröpsting, Bernhard Terfloth und Mathias Terfloth, die am 12. Dezember gleichen Jahres in ihr Amt eingeführt wurden. Groß war im Dorf das Interesse an dem neuen politischen „Spiel" offenbar nicht, denn von den achtundvierzig Wahlberechtigten der ersten Steuerklasse erschienen nur einundzwanzig zur Wahl! Ebenso war es in der Gemeinde Greven-Kirchspiel. Von den 187 wahlberechtigten Bauern erschienen am gleichen Tage sogar nur einundvierzig im Wahllokal, um die Kolonen Brinkmann, Drentrup, Wessel, Tümler, Janning, Topphoff, Werning, Maestrup, Thiemann, Sutthoff, Grotthoff und Haschhoff als Vertreter ihrer Bauerschaften zur Gemeindeversammlung zu wählen. In der kleinen Gemeinde Gimbte, die obwohl sie das in der Landgemeindeordnung vorgeschriebene Mindestsoll von dreißig Meistbeerbten nicht erreichte, am 12. Dezember auch ihre Gemeindevertretung wählte, konnten die fünfzehn Wahlberechtigten zwölf aus ihrer Mitte zu Gemeindeverordneten bestimmen. Es waren dies die Kolonen Albertmann, Averkamp, Sch. Bisping, Fleige, Hilmer, Gr. und Lütke Laxen, Sch. Northoff, Rosendal, Rotgermann, Saudmann, Stegemann und Wesselmann.

So gab es jetzt im Amt nicht weniger als vier Kommunalvertretungen! Dazu hatte natürlich auch jede der drei Gemeinden einen Vorsteher und darüber dann noch den Amtmann. Für Greven Dorf hatte man noch den alten Vorsteher Ludwig Terfloth, der erst bei der Neuwahl 1850 turnusmäßig ausschied und durch Biederlack ersetzt wurde. In der Außengemeinde Greven-Kirchspiel wählte man 1843 den Amtmann Tümler, den man auch im Dorf gerne gehabt hätte, doch war er vom Landrat nur für die Außengemeinde bestätigt worden. In Gimbte wurde Kolon Wesselmann der erste Gemeindevorsteher.

Bis zum Jahre 1850 nur hat sich diese Vielfalt der kommunalen Selbstverwaltung im Amt Greven gehalten. Die beiden Gemeinden Greven-Dorf und Greven-Kirchspiel beschlossen am 13. Juli 1850 die Wiedervereinigung der beiden Gemeinden, und da dies der Wunsch aller Teile war, versagte die Regierung in Münster dem Plan nicht ihre Zustimmung. Amtmann Tümler wurde jetzt einstimmig zum Vorsitzenden der wieder vereinigten Gemeindevertretung Greven, die sich aus acht Vertretern des Dorfes und zwölf der Bauerschaften zusammensetzte, gewählt.

Bei dieser Rückgliederung behielten die Dörfler das Recht, daß ihre acht Gemeindeverordneten in den Angelegenheiten des Dorfes mit einem eigenen Vorsitzenden gesondert beraten und beschließen durften. So behielt das Dorf seinen Ortsvorsteher Ludwig Terfloth, dem am 30. Juli 1850 Johann Christoph Biederlack folgte.

Trotz dieser Vereinfachung der kommunalen Selbstverwaltung blieb das Interesse der Bevölkerung an dieser politischen Selbständigkeit und Freiheit auch weiterhin minimal. Bei der ersten Ergänzungswahl von 1851 erschienen von 146 Wählern der drei Klassen fünfundzwanzig, zwei Jahre später von fünfunddreißig Wählern der beiden ersten Klassen zwölf. 1855, als wieder die dritte Klasse mitwählte, waren es von 131 gar nur dreizehn, die von ihrem Wahlrecht Gebrauch machten. 1859 kam von den sechs Wählern der ersten Klasse nur einer und von den fünfzehn der zweiten Klasse ganze drei, die der Amtmann dazu noch eigens holen lassen mußte![681] Das war dem Landrat denn doch etwas zu viel und er kassierte die Wahl. Die Regierung indes, an die sich der Amtmann beschwerdeführend wandte, erklärte die Wahl für gültig, da ein Formfehler nicht vorlag und die Wähler das Recht hätten, zu wählen oder zu Hause zu bleiben! Diese schlechte Wahlbeteiligung lehrt, daß es vor allem den breiten Massen der ländlichen

Bevölkerung noch völlig an politischer Schulung fehlte. Die Bauern – die besitzlose Klasse der Arbeiter und Handwerker, war politisch noch völlig rechtlos – waren es von jeher gewohnt, das zu tun oder zu lassen, was ihnen die geistliche und weltliche Obrigkeit in oder vor der Kirche zu tun und zu lassen vorschrieb. Daran hatte auch das Revolutionsjahr 1848 nichts geändert und erst die aufklärende Erziehungsarbeit der berufsständischen und politischen Organisationen (seit dem letzten Drittel des vorigen Jahrhunderts) haben darin einen grundlegenden Wandel geschaffen.*)

Ende der fünfziger Jahre setzte die Industrialisierung Grevens ein, die nach einigen Jahrzehnten die Trennung des Dorfes von den ländlichen Gemeindeteilen dann doch nötig machte. Die Interessen und Aufgaben des langsam zum Industrieort heranwachsenden Dorfes und die der ländlichen Bauerschaften liefen immer mehr auseinander. An den Aufgaben und stetig wachsenden finanziellen Sonderlasten des Dorfes konnten und wollten die Bauern nicht mehr teilhaben.

In ihrem ersten Gesuch vom Juli 1888[682]) gaben die ländlichen Teile der Gemeinde Greven an, daß das Dorf in den letzten Jahren immer mehr verstädtert sei und jetzt 7–8000 Mark jährlich allein für das Armenwesen benötige, während früher das Armenkapital voll ausgereicht habe, die sozialen Ausgaben zu decken. Zudem verlangten die Fabrikherren den Bau der Flutbrücke über die Ems vor dem Dorfe, während die Wünsche der Bauern nach Ausbau des ländlichen Wegenetzes keine Berücksichtigung fänden. Amtmann Zumloh konnte nicht umhin, das Gesuch der Bauern befürwortend weiterzuleiten. In seinem Begleitbericht an den Landrat gab er zu, daß man nicht verlangen könne, daß die Bauerschaften zu den im Dorf benötigten Anlagen beitrügen, von denen sie selbst keinerlei Nutzen hätten. Die daraufhin in die Wege geleitete und im Jahre 1891 durchgeführte Abstimmung über die Durchführung der Teilung des Kirchspiels in drei Gemeinden, nämlich Greven-Dorf, Greven rechts der Ems und Greven links der Ems, zeigt deutlich, daß die ländlichen Teile der Gemeinde die treibenden Kräfte waren; die Dorfbewohner dagegen, besonders die kleinen, waren gegen die Teilung, da sie nach Abgang der gutsituierten Bauern eine Zunahme der steuerlichen Belastung fürchteten. Für bzw. gegen die Teilung stimmten damals:

Gemeinde (nach der geplanten Teilung)	Anzahl der abgegebenen Stimmen						Grundbesitzfläche dieser Stimmen in ha			Von dieser Fläche gezahlte Grundsteuer in Mark		
	für	%	gegen	%	enthalten	%	für	gegen	enthalten	für	gegen	enthalten
Dorf Greven	49	11	380	85	19	4	133	251	34	810	1889	253
Greven rechts der Ems	265	80	56	18	6	2	4392	467	68	14521	1957	173
Greven links der Ems	307	76	86	21½	10	2½	7238	475	40	16875	781	87
	621	52,7	522	44,3	35	3	11789	1193	141	32207	4628	513

Von den abgegebenen Stimmen waren also nur 52,7 % für die Teilung der Gesamtgemeinde. Diese 52,7 % besaßen aber 89,8 % der gesamten Grundbesitzfläche im Kirchspiel, von denen sie 86,2 % der gesamten aufkommenden Grundsteuer entrichteten! So

---

*) Es war so vor allem in den ländlichen Gemeinden oft nicht leicht, geeignete und willige Kräfte zur Übernahme kommunaler Ämter zu finden. Politisch und kommunal interessierte Köpfe wie Schulte Althoff-Wiggering, Schulte Höping-Aldrup oder Gemeindevorsteher Gerdemann in Gimbte, den der Landrat 1887 als „sehr brauchbar" bezeichnete (LA Münster Nr. 180 I), u. a. waren damals noch selten.

gesehen, war der Anteil der für die Trennung des Dorfes von der übrigen Gemeinde Stimmenden ein ganz anderer, und die Mehrheit der Ja-Sager eine ganz überwältigende.

Auf Grund dieser Abstimmung wurde dann nach langen Verhandlungen, und nachdem der Kreisausschuß im Jahre 1892 seine Zustimmung gegeben hatte, die Trennung der Gemeinde Greven-Kirchspiel in die drei Gemeinden Greven-Dorf, Greven rechts bzw. links der Ems zum 1. Oktober des Jahres 1894 durchgeführt.

Von den rund 13054 Hektar des Kirchspiels bekam die neue Gemeinde Greven-Dorf 417, Greven rechts der Ems 7696 und Greven links der Ems 4941 Hektar mit 2650, 1680 bzw. 1370 Einwohnern.*) Dementsprechend wurden die neu zu wählenden Gemeindevertretungen für die beiden ländlichen Gemeinden auf je neun und für das Dorf auf zwölf Vertreter festgelegt. Auch die Vertretungen für die gemeinsame Amtsversammlung wurde jetzt neu errechnet, und zwar für das Dorf auf vier, für die beiden ländlichen Gemeinden Greven rechts und links der Ems auf je zwei und für Gimbte auf einen, dazu von Amts wegen die vier Gemeindevorsteher und der Amtsbürgermeister, so daß die neue Amtsversammlung seitdem aus vierzehn Mitgliedern bestand.[683])

Die Trennung des Dorfes von den ländlichen Gemeinden sollte nach den Wünschen und Plänen mancher Grevener nur der erste Schritt sein auf dem Wege, der das Dorf aus seiner ländlichen Sphäre herausführen und der enden sollte in der Erhebung Grevens zur Stadt! Allen Vorteilen steuerlicher Art zum Trotz, wollte man sich nicht mehr länger mit dem Vers hänseln lassen:

> „Die größte Stadt in Engelland
> ist London an der Themse,
> das größte Dorf im Münsterland
> ist Greven an der Emse."

Bereits in den zwanziger Jahren des 19. Jahrhunderts war Greven nahe daran gewesen, Stadt zu werden. Als im Jahre 1822 in Berlin Vorbesprechungen über die Einberufung der westfälischen Provinziallandstände gehalten wurden, gehörte zu den nach Berlin geladenen westfälischen Notabeln auch Johann Christoph Biederlack. Um diesem allseits angesehenen und erfahrenen Mann den Weg in die Ständevertretung zu öffnen, schlug man vor, Greven in ständischer Beziehung zur Stadt zu erheben.**) In der richtigen Erkenntnis, daß dadurch seinem Heimatort nur vermehrte Kosten beschert würden, wies Biederlack, sicherlich im Einvernehmen mit den Dorfvätern, den Vorschlag zurück.***)

---

*) Dazu zum Vergleich die Zahlen von 1939:

Gemeinde	Einwohner	Hektar
Greven-Dorf	8758	492
Greven r. d. Ems	2238	7878
Greven l. d. Ems	3943	5155
Gimbte	506	784
insgesamt	15445	14309

**) So berichtet E. Hüffer 1854 in seinem Nachruf auf Johann Christoph Biederlack (Hövel, Die Nachfahren des J. Ch. Biederlack, S. 11). Auch aus den Aufzeichnungen des Oberpräsidenten v. Vincke geht (nach freundlicher Mitteilung von Herrn OStudiendirektor Dr. Steffens) hervor, daß man für Westfalen vorgesehen hatte, 49 der bestehenden Titularstädte wegen ihrer Kleinheit aus dem Kreise derjenigen Städte, die Vertreter in den Landtag schicken sollten, ausscheiden zu lassen, dafür vier andere, bedeutende Orte ohne städtischen Rang in ständischer Hinsicht unter die landtagsfähigen Städte aufzunehmen. Auch wenn Vincke diese vier Orte nicht namentlich nennt, kann es keinem Zweifel unterliegen, daß Greven unter ihnen war.

***) Das ihm allseitig entgegen gebrachte Vertrauen berief ihn 1826 als Vertreter des vierten (Bauern-) Standes doch noch in den westfälischen Landtag. Erst seitdem die Vertreter des vierten Standes auch

Sechzig Jahre später ließ der schnelle Aufschwung, den das Dorf Greven infolge seiner blühenden Textilindustrie nahm, in den interessierten Kreisen der Bevölkerung selbst den Wunsch wach werden, daß Greven zur Stadt erhoben würde. In der Gemeindeverordnetenversammlung vom 4. April 1896 wurde beschlossen, deswegen bei der Regierung vorstellig zu werden.*) Auf Verlangen der Regierung mußte der Amtmann berichten, inwiefern sich in Greven ein städtisches Leben entwickelt habe, das diesen Wunsch des Dorfes als gerechtfertigt erscheinen ließ. In diesem interessanten Bericht schildert Roesdorff-Salm zunächst die industrielle Entwicklung Grevens in den letzten Jahren, dem er eine Liste der bestehenden industriellen Unternehmungen beifügt (s. o. S. 308), dann berichtete er über die Bevölkerungszunahme im Dorf, die im wesentlichen auch auf das Wachsen der Industrie zurückzuführen sei. An Schulen und öffentlichen Anstalten führt er neun Elementar-Schulklassen in vier Gebäuden auf, ferner die Rektoratschule mit vier Klassen und die höhere Mädchenschule, schließlich noch das Krankenhaus, dessen Vergrößerung gerade für das nächste Jahr vorgesehen sei. Mit Genugtuung konnte der Amtmann dann noch darauf hinweisen, daß Greven seit dem 1. April 1895 elektrisches Licht und Straßenbeleuchtung habe,**) ferner vergaß er auch nicht die hundert Mitglieder zählende Feuerwehr und die guten Chausseen nach auswärts zu erwähnen. Über das kulturelle Leben schreibt er dann schließlich:

„Der gesellige Verkehr in Greven ist ein lebhafter und findet namentlich Ausdruck in öfter stattfindenden Bällen und Concerten, außerdem im Winter in Liebhabertheatervorstellungen etc., welche von einheimischen Vereinen veranstaltet werden. Aus verschiedenen, namentlich patriotischen Anlässen, werden in Greven öfter größere Volksfeste gefeiert, so alljährlich ein glänzendes Kriegerfest, veranstaltet von dem aus 180 Mitgliedern bestehenden Kriegervereine, welches stets einen musterhaften Verlauf nimmt. Überhaupt findet die Veranstaltung jeglicher Art von Volksfesten von seiten der besser situirten Eingesessenen thatkräftige Unterstützung, auch mangelt es nicht an geeigneten Lokalen zur Abhaltung größerer Feste."***)

Tatsächlich brauchte bereits damals das Dorf Greven den Vergleich mit mancher münsterländischen Stadt nicht zu scheuen. Der Landrat selbst wies in seinem Gutachten an den Regierungspräsidenten darauf hin, daß beispielsweise die Stadt Telgte in der Zahl der Einwohner sowohl wie in der Steuerleistung von Greven längst überholt worden sei:

	Einwohner	Grundst.	Gebäudest.	Einkommenst.	Gewerbest.	Insgesamt
Greven	3630	845	3306	12975	5428	22545 M.
Telgte	2437	35	1568	7630	1547	11780 M.

diesem selbst angehören mußten (1837), schied Biederlack (1841) aus dem westfälischen Landtag aus (vgl. im einzelnen Hövel: Rheinisch-Westfälische Wirtschaftsbiographien IV, S. 16 f.).

*) Der wahre Grund war das Mißverhältnis der Vertretung in der Amtsversammlung, in der das Dorf nur fünf Stimmen, die Außengemeinden zusammen dagegen acht Stimmen hatten! Durch dieses Mißverhältnis würde das Dorf nie zu einem eigenen Vertreter im Kreistag gelangen (StAM, Reg. Münster, Präs. Reg. IV 17 Nr. 38; AAG IIb Nr. 5). Tatsächlich war denn auch nach dem Tode Biederlacks, der Greven im Kreistag 1879 bis 1883 vertreten hatte, in der Ersatzwahl zwar nicht einmal ein Grevener (Schründer) gewählt worden, bei der Neuwahl für die Session von 1884–1890 brachten dagegen die ländlichen Vertreter ihren Kandidaten, den bisherigen Stellvertreter Landwirt Gerdemann durch! (Amtsprotokolle 1879/84, AAG IIe Nr. 1, 1).

**) Die ersten dreizehn (Petroleum-)Straßenlaternen, von denen Fr. Biederlack allein zehn stiftete, erhellten seit dem Winter 1868/69 (bzw. 1869/70)die Dorfstraßen.

***) Er hätte auch die 1889 gegründeten „Kleine-Große Carnevalsgesellschaft" nicht vergessen sollen, die sich eifrig bemühte, nach Münsterer Vorbild einen städtischen Karnevalsbetrieb (mit Umzug), zu dem man sogar die 13er Kapelle heranholte, auf die Beine zu stellen! Kurz vor dem Weltkrieg gab es in Greven nicht weniger als 8 kirchliche und 59 (!) weltliche Vereine und Berufsverbände (Brinkmann, S. 47).

Die Aussichten für Greven, zur Stadt erhoben zu werden, waren gar nicht so schlecht, befürwortete doch selbst der Oberpräsident der Provinz das Gesuch beim Innenminister, „nachdem sich das eigentliche Dorf Greven allmählich zu einem lebhaften Industrieort mit städtischem Charakter und städtischen Bedürfnissen herausgebildet hat".[684]) Schließlich verlief die Aktion doch im Sande, da die Auseinandersetzung zwischen dem Dorf und den Außengemeinden wegen der bisher gemeinsamen Vermögensteile (Schulsozietät usw.) noch länger auf sich warten ließ. Höheren Orts war man zudem doch der Meinung, daß dem Dorf noch sehr viel fehle, um ein einigermaßen städtisches Gepräge zu gewinnen, wie beispielsweise Kanalisation, Wasserleitung und Gas. In absehbarer Zeit, so meinte man, hätte der Antrag kaum Aussicht auf Erfolg! Wahrscheinlich war für die Ablehnung auch der Umstand maßgebend, daß man nach der Stadtwerdung auf die Herauslösung der Stadt aus dem Amtsverband und auf die Bildung einer eigenen Verwaltung unter einem Bürgermeister abzielen werde, so daß es dann im alten Amtsbezirk zwei getrennte Verwaltungen, in der Stadt unter einem Bürgermeister – man dachte zur Verringerung der Verwaltungskosten einen begüterten Eingesessenen als Ehrenbürgermeister zu gewinnen – und für die Landgemeinden unter einem Amtmann geben würde.

Dabei war doch keineswegs zu verkennen, daß das Dorf und auch die ländlichen Gemeinden seit der Mitte des Jahrhunderts auf allen Gebieten gewaltige Fortschritte gemacht hatten. An die Stelle der kaum noch befahrbaren abgrundtiefen Landwege war ein fast alle Teile des Amtes erschließendes Netz von wohl ausgebauten Chausseen und festen Kommunalstraßen getreten, während im Dorf ebenso alle Straßen gepflastert und hochwasserfest gemacht worden waren. Der sprunghaften Entwicklung des Industrieortes hatte der Ausbau des Straßennetzes kaum folgen können. Unter seiner Planlosigkeit leidet der Ort noch heute. Auch im 19. Jahrhundert entwickelte sich der Ort zunächst immer weiter entlang den Hauptausfallstraßen des Dorfes, also entlang der Münsterstraße bis nahe vor die Schöneflieter Brücke und in die Lindersheide bzw. Wöste zu beiden Seiten dieser Straße. Ebenso aber auch entlang der Marktstraße bzw. Saerbecker Straße und in dem ganzen Raum zwischen dieser und der Ems. Hier wäre es fast zu einer neuen Schwerpunktbildung im Dorfbild gekommen, wenn der Plan eines großzügigen Ausbaues des Kaiser-Wilhelm-Platzes bzw. Prinzipalmarktes (!) im Niederort und die Verlegung der Amtsverwaltung und anderer öffentlicher Gebäude nach dorthin zur Durchführung gekommen wäre (1911). Die Amtsverwaltung hatte sich lange mit kümmerlichen Mietunterkünften behelfen müssen, bis 1874 in dem Heidelbergschen Hause, dann lange Jahre in einem leerstehenden Schulgebäude, schließlich von 1904-1927 in dem Winninghofschen Hause an der Martinikirchstraße.[685]) Die oben erwähnten Pläne für ein neues Amtsgebäude an der Kaiser-Wilhelm-Straße wurden vom Kreisausschuß nicht gebilligt. Sie waren wohl etwas zu großzügig gewesen. Zudem war die Meinung im Dorf selbst sehr geteilt, teils wegen der Kosten, die auf 126 000 Mark veranschlagt wurden, teils aber auch wegen der geplanten Verlegung des Amtsgebäudes und damit auch des Mittelpunktes der Kommunalverwaltung an den neuen „Prinzipalmarkt". Die heftige Pressekampagne, die mit zahlreichen Eingesandts und sogar mit Flugblättern arbeitete, trug letzten Endes wohl mit dazu bei, daß das Projekt fallen gelassen wurde. Auch der Ankauf eines Grundstückes an der Lindenstraße zerschlug sich (1912). So blieb man bei Winninghof, bis sich 1927 die Möglichkeit bot, das ehemalige Derckensche Hotel zu erwerben, in dem die mit ihren Aufgaben gewachsene Amtsverwaltung ein würdiges und ausreichendes Unterkommen fand.

Wie sehr der Aufgabenkreis der Amtsverwaltung in den hundert Jahren seit 1816 sich geweitet hatte, ergibt sich allein schon aus der Zunahme der Bevölkerung des Amtes in dieser Zeit. Eine Gegenüberstellung zeigt das:

Bauerschaft	1814	1831	1849	1864	1885	1895	1939
Greven-Dorf	979	1195	1410	1689	2116	3649	8758
Wentrup	245	228	227	297	537	287	483
Pentrup	156	148	176	159	161	194	234
Hüttrup	129	159	133	142	132	127	199
Schmedehausen	404	367	354	337	418	422	497
Fuestrup	130	141	145	153	155	192	174
Bockholt	181	180	217	211	229	212	275
Guntrup	127	119	147	151	149	161	177
Maestrup	185	173	155	180	207	171	195
Aldrup	192	200	225	233	286	299	481
Westerode	474	591	594	691	692	594	1010
Herbern	264	292	308	363	335	329	355
Hembergen	144	150	151	158	139	138	161
Gimbte	278	291	314	393	434	425	510
Reckenfeld	–	–	–	–			1921
	3888*)	4230	4571	5157	5990	7200	15420

Während sich die Bevölkerung des Amtes im Verlauf von hundert Jahren verdoppelte, stieg die Einwohnerschaft des Dorfes allein um fast das vierfache! In einzelnen Bauerschaften ist die Bevölkerung während der großen Auswanderungswellen der vierziger und der achziger Jahre vorübergehend sogar zurückgegangen, so besonders in Maestrup und in Schmedehausen, wo besonders viele kleine Kötter saßen, die in den schweren Notzeiten der Landwirtschaft gezwungen wurden, den Wanderstab zu ergreifen. Auf die Dauer überwog aber doch das natürliche Wachstum der ländlichen Gemeinden, wie es in den Zahlen von 1895 und 1939 zum Ausdruck kommt. Der besondere Zuwachs der Gemeinde links der Ems geht zum großen Teil zu Lasten der neuen Gemeinde Reckenfeld, die nach dem ersten Weltkrieg aus dem in den letzten Kriegsjahren in der Reckenfelder Heide errichteten Nahkampfmittel-Depot erwachsen ist. Rund 600 Morgen Land hatte man den umliegenden Bauern in Hembergen und Herbern enteignet, um dieses Sprengstofflager einrichten zu können. 30 km Geleise waren verlegt worden, 210 große Lagerschuppen errichtet, dazu 4 große Verwaltungsgebäude und noch 6 andere massive Gebäude aufgeführt, die jetzt nach dem verlorenen Krieg nutzlos zu verkommen drohten. Die Reichsverwaltung suchte für das ganze Objekt einen Käufer, konnte ihn aber lange nicht finden, bis im Jahre 1923 (nach „Demontierung" der kriegswichtigen Bahnanlagen) die Eisenhandels-Gesellschaft-Ost G. m. b. H. das Depot für 100000 Mark erwarb. Aus dem großen Geschäft wurde indes nicht viel. Die alten Eigentümer des Landes, denen man dieses zum Rückkauf anbot, wollten den geforderten Preis dafür nicht zahlen, konnten auch mit den aufstehenden Baracken nichts anfangen, die Siedlungsgemeinschaft „Rote Erde" lehnte den Ankauf des nur mit den allergrößten Kosten einigermaßen ausbaufähigen Geländes gleichfalls ab. So war die Gesellschaft schließlich froh, als die Regierung 1925 die aus Polen ausgewiesenen Optanten hier einwies: 14 Familien mit 64 Personen kamen Ende August als erster Schub in Hembergen an. Sie stammten aus Konitz, Strasburg, Wollnitz, Krojanken, Bahrendorf, Neugut, Kruez, Guesdan und Ludwigslust, aus den ehemals deutschen Gebieten, die durch den Versailler Vertrag an Polen gefallen waren, und hofften nach dem Verlust der alten Heimat hier eine neue zu finden. Es gelang

---

*) 1795 zählte man für das Kirchspiel Greven 3434, für Gimbte 273 Einwohner (StAM, Reg.-Kommission Münster Nr. 28).

indes nicht, diese Heimatlosen hier fest anzusiedeln. Viele waren den Anforderungen der Neusiedlung in keiner Weise gewachsen und verließen das ungastliche Schuppenlager, um im Industriegebiet lohnende Arbeit zu finden, die es in der Reckenfelder Heide nicht gab. Erst als seit 1927 in zunehmendem Maße Berginvaliden und Kriegsbeschädigte aus dem rheinisch-westfälischen Industriegebiet hierher kamen, um sich, gestützt auf ihre kleine Rente, hier wieder ein Stück ländliche Heimat zu schaffen, wie sie diese aus eigener Kindheit oder aus der Erinnerung ihrer Eltern her noch kannten, wuchs hier in der Heide eine neue Gemeinde auf, die zwar in ihren Bevölkerungselementen keineswegs aus einem Guß ist, aber doch langsam ein kräftiges und in seinen kommunalen Einrichtungen wie auch in den beiden christlichen Konfessionen und ihren Einrichtungen fest verankertes Gemeinwesen geworden ist. In der Textilindustrie des nahen Greven fand ein Großteil seiner arbeitsfähigen männlichen und weiblichen Bevölkerung eine lohnende und ausreichende Beschäftigung.

Doch wir haben der geschichtlichen Zeitfolge vorgegriffen und müssen noch einmal in die Mitte des 19. Jahrhunderts zurück, zum alten Amtmann Tümler. Dieser hatte am 13. Dezember 1863 sein goldenes Dienstjubiläum (vom Tage seines Eintrittes in das preußische Heer an gerechnet) begehen können. In einem großen Festakt, dessen Höhepunkt die Überreichung des Roten Adler-Ordens IV. Klasse durch den Landrat bildete, wurde es unter lebhafter Anteilnahme der ganzen Bevölkerung des Amtes gefeiert. Fast hätte Tümler auch noch das fünfzigjährige Jubiläum als Amtmann von Greven begehen können, indes ließen die Kräfte des bald Achtzigjährigen, besonders sein Gehör und die Handschrift, immer mehr nach, so daß die Regierung seine Pensionierung zum 31. Juli 1874 genehmigte.[686]) Es ist schwer, sich von dem eigenwilligen Mann ein rechtes Bild zu machen, dem es nicht darauf ankam, für Angelegenheiten, denen er kein Interesse abgewinnen konnte oder die er nicht für vordringlich hielt, wie etwa das Verkehrswesen, Ordnungsstrafen wegen Nichtbeachtung landrätlicher Vorschriften zu bezahlen, der andererseits mit ganzer Seele und vollstem Eifer sich den ihm am Herzen liegenden Aufgaben wie der Entwicklung des arg daniederliegenden ländlichen Schulwesens widmete. In dem Kräftespiel zwischen der konservativen ländlichen Bevölkerung und den aufstrebenden kaufmännischen Kreisen Grevens ausgleichend zu vermitteln, war gewiß nicht immer leicht, zumal seinem Herzen die Landbevölkerung, der er selbst entstammte, fraglos näherstand. Trotzdem fand seine unermüdliche, rastlose Tätigkeit, wie die Jubelfeier von 1863 zeigte, allgemeine Anerkennung und die Amtsvertretung bewilligte ihm als Dank einstimmig eine für damalige Zeiten hohe Pension.*)

Die Anforderungen der letzten Jahre waren nicht gering gewesen. Die Kriege von 1864 und 1866 berührten Westfalen und das Münsterland zwar nur ganz am Rande,**) wesentlich stärker und nachdrücklicher war die Wirkung und der Einfluß des deutsch-französischen Krieges von 1870/71. Der Krieg gegen Frankreich war in weiten Kreisen der Bevölkerung populär und festigte die „preußische" Gesinnung der Münsterländer. In seinen Vierteljahrsberichten weiß der Amtmann die Begeisterung seiner Amtseingesessenen nicht genug zu loben. „Die Taten der deutschen Heere werden mit Interesse verfolgt und der Staatsbehörde großes Vertrauen geschenkt." Nach dem Friedensschluß

---

*) Von 700 Tlr. im ersten, 650 im zweiten und 600 in den folgenden Jahren (StAM, Reg. Münster, Präs. Reg. IV 17 Nr. 39).

**) Über den Feldzug gegen Dänemark und die Erstürmung der Düppeler Schanzen sowie den Übergang nach Alsen hat einer der Grevener Teilnehmer, Bernhard Halstrup (gest. 1926) ein Tagebuch hinterlassen, aus dem Auszüge in den „Münsterl. Nachrichten" vom 13. Febr. 1938 mitgeteilt sind. In den westfälischen Regimentern dienten eine ganze Anzahl aus Dorf und Kirchspiel Greven. Halstrup nennt u. a. Terfloth, Bönstrup, Sutthoff, Grube, Leusmann, Mennig, Horstmann, Eistrup und Nientied.

notiert er dann: „Der eingetretene, so günstige Friede erfüllt die Bewohner mit erhöhter Achtung gegen die Staatsregierung."[687]) Man sieht, mit welcher Aufmerksamkeit man von seiten der Behörden die Stimmung der Bevölkerung beobachtete und verfolgte, war man sich der „neuen Provinzen" doch noch keineswegs so voll und ganz sicher!*) Die Lasten und Opfer, die Greven 1870 zu tragen hatte, waren nur gering. Vereinzelt gab es Einquartierung, so im September 1870, als das Westfälische leichte Feldartillerie-Regiment Nr. 7 nach Greven kam und bis zum 1. Dezember hier blieb. Fühlbar wurde für die Landbevölkerung die Einberufung der jungen Mannschaft in dem dadurch entstehenden Mangel an landwirtschaftlichen Arbeitern. Den Heldentod fürs Vaterland starben aus dem Amt Greven sieben Soldaten.**) Die bei Kriegsausbruch durch die Besorgnis um den Ausgang des Krieges ins Stocken geratene Wirtschaft erholte sich rasch.

Dann kam der Kulturkampf, in dem sich im katholischen Münsterland die Stimmung der Bevölkerung gegen die preußische Regierung rasch wieder verschlechterte (s. o. S. 161 ff.)***) Als Amtmann Tümler am 31. 7. 1874 in den Ruhestand trat, stand der Kampf gerade auf dem Höhepunkt. Greven bekam nun natürlich einen evangelischen Amtmann, Heinrich von Pöppinghausen, bislang Amtmann im benachbarten Tecklenburg.****) Als er nach Greven kam, war er zwar schon zweiundsechzig Jahre alt, doch kannte man damals eine gesetzliche Dienstzeitbegrenzung noch nicht. Um seinen gesteigerten Aufgaben gerecht werden zu können, erhielt er 1875 einen zweiten Beigeordneten in der Person des Gastwirtes Dercken. Als nun der erste Beigeordnete, Kaufmann Franz Biederlack 1883 starb, wünschte die Amtsvertretung, daß Dercken erster und Kaufmann Felix Becker zweiter Beigeordneter werden sollten. Doch war Dercken dem Landrat zu „ultramontan" und auch zu alt, so daß Kaufmann Becker erster Beigeordneter wurde. [688]) Erst mit dreiundsiebzig Jahren trat Amtmann von Pöppinghausen am 1. 10. 1885 in den Ruhestand. Leicht wird er es in den unruhigen Jahren des Kulturkampfes nicht gerade gehabt haben. Auch die schweren Krisenjahre der Landwirtschaft werden ihm manche Sorge bereitet haben. Sein kommissarischer Vertreter wurde am 23. August 1885 der Leutnant a. D. Edgar von Gersdorf, der am 1. Oktober eingeführt wurde. Da für die Verwaltung der Amtsbürgermeisterstellen keine großen Vorkenntnisse erwartet und verlangt wurden, benutzte man diese mit Vorliebe zur Versorgung ehemaliger Soldaten im Offiziersrang. Ihre Hauptaufgabe war es, ihren Untertanen unbedingten Gehorsam gegen die Staatsgewalt beizubringen! Nach wenig mehr als einem halben Jahr verließ von Gersdorf

---

*) Das hatten auch die vielerlei von oben gelenkten Festfeiern bei Regierungswechseln, Geburtstags- und anderen Festen im Königshause und bei sonstigen Anlässen nicht bewirken können. Darüber dürfen auch die schwungvollen und begeisterten Festberichte der Amtmänner (AAG IVb Nr. 2, 1) nicht hinwegtäuschen. Die wahre Gesinnung der ländlichen Bevölkerung zeigte sich deutlicher, als bei Gelegenheit der Durchreise des Königs 1842 Reiterkorps gebildet werden sollten zur Begleitung der königlichen Equipage auf der Chaussee von Telgte (über Münster) bis Hamm. Die Bauern des Amtes lehnten eine Beteiligung mit der durchsichtigen Begründung ab, daß die Tour für ihre Pferde zu anstrengend sei! Bei der Einholung des Bischofs zur Firmung 1860 waren dagegen 170 Reiter zur Stelle (AAG IVb Nr. 2, 1). Am Jubiläumsfackelzug vor dem König in Münster am 18. Oktober 1865 beteiligten sich aus dem Amt etwa 200 Personen, an der Demonstration vor dem Bischof am 4. März 1874 mindestens 650, wenn nicht gar 800/900 Grevener (ebd. und o. S. 162).

**) Ant. Eistrup, (Maestrup), Gerh. Holländer (Aldrup), Wilh. Issing (Greven), Heinr. Peterskötter (Schmedehausen), Heinr. Schürmann (Herbern), Martin Schlautmann (Wentrup), Ant. Stienemann (Aldrup). 1864 war Herm. Janning (Bockkolt), 1866 Ludw. Becks (Greven) gefallen.

***) Zur Teilnahme am Festdiner zur Sedanfeier in Münster meldete sich aus Greven 1874 und 1876 trotz offizieller Einladung niemand (AAG IVb Nr. 2, 1).

****) Geb. 1813, 1830–49 im preuß. Heer, dann Gutsverwalter, seit Jan. 1865 Amtmann in Tecklenburg, gest. 14. Juli 1893 in Münster.

Greven, um Amtmann in Recklinghausen zu werden. Greven bekam jetzt zum erstenmal seit dem Kulturkampf wieder einen katholischen Amtmann und dazu einen in der Verwaltungspraxis bereits bewährten Mann, denn August Zumloh war seit 1881 in gleicher Stellung in Herten tätig gewesen. Kommissarisch wurde er am 2. März 1886 bestellt und einen Monat später eingeführt. Er gewann rasch das Vertrauen der Bevölkerung, so daß die Amtsvertretung unter Hinweis auf seine Erfolge bei der Errichtung der Handwerkerfortbildungsschule und der Handwerkerinnung (1886) schon bald auf seine definitive Anstellung drängte. Sie erfolgte jedoch erst am 18. 3. 1887.[689]) Am 1. April 1896 ließ sich Amtmann Zumloh, der seit längerem kränkelte, in den Ruhestand versetzen.*) Ihm folgte Hermann J. K. Roesdorff-Salm, ein vornehmer Herr aus Süddeutschland (Ittendorf), natürlich auch ein ehemaliger Offizier, diesmal sogar ein Oberstleutnant a. D., aber auch ein eifriger und strebsamer Beamter.[690])

In all diesen Jahren hatte das Amt eine ruhige stetige Entwicklung genommen. Die Notjahre der Landwirtschaft waren seit der Einführung der Schutzzölle (s. o. S. 67) überwunden und auch die Industrie hatte die Kinderkrankheiten der Gründerjahre gut überstanden und entwickelte sich in steter Blüte aufwärts (s. o. S. 305). Das Dorf nahm jetzt immer mehr städtische Allüren an (s. o. S. 387). Im Dorf erschien seit 1904 dreimal wöchentlich eine eigene Zeitung, die „Grevener Nachrichten" (Verlag Ziock und Bendel) in Verbindung mit den „Emsdettener und Nordwalder Nachrichten" bzw. dem „Borghorster Volksfreund" (eingegangen 1921). Der 1908 gegründete Verkehrsverein brachte 1910 sogar ein Adreßbuch für das Amt Greven heraus,**) in dessen zahlreichen Geschäftsannoncen, Polizeiverordnungen und Vereinsnachrichten sich der halbstädtische Charakter Grevens zu dieser Zeit deutlich widerspiegelt. Von dem Wandel auf dem Nahrungsmittelmarkt, vom Übergang der gehobenen Bürgerschicht von der Selbstversorgung mit landwirtschaftlichen Produkten zum Kauf auf dem Wochenmarkt war bereits die Rede (o. S. 288). Die zunehmende Verstädterung des geistigen und kulturellen Lebens zeigt die dem Adreßbuch von 1910 beigegebene Liste von nicht weniger als 67 Vereinen geselliger, kirchlicher, sportlicher oder berufsgenossischer Art.

Auch die Amtsverwaltung hielt mit dieser Entwicklung gleichen Schritt. Aus dem bescheidenen Amtsstübchen des alten Tümler waren jetzt schon mehrere Diensträume in der neuen Schule hinter der Marktstraße geworden und aus der einen Schreibkraft, die man dem sparsamen Tümler 1855 förmlich hatte aufdringen müssen, waren 1896 schon drei geworden. Das elektrische Licht hatten die sparsamen Amtsvertreter ihrem Amtmann 1895 zwar noch einstimmig abgeschlagen, das war nach ihrer Meinung noch zu viel des Guten! Er bekam es erst 1908. Dafür erhielt der Polizeidiener Landsmann im nächsten Jahr das erste Amtsfahrrad und, was wichtiger war, der Amtmann im Jahre 1898 den ersten Amtssekretär (Winters). Nachdem dann noch 1904 im neuen Amtsbüro im Winninghofschen Hause ein Telefonanschluß gelegt und 1909 sogar eine Schreibmaschine neuesten Modells (Adler) angeschafft worden war, war damit die höchstmögliche Modernisierung der Verwaltung erreicht. Amtmann Roesdorff-Salm starb am Silvesterabend des Jahres 1910. Schon am 29. April des gleichen Jahres hatte Dr. Rudolf Caldemeyer (bislang Amtmann in Lienen) die Vertretung für den kranken Amtmann übernommen. Ein Jahr später wurde dann aber Amtmann Bernhard Hueske (geb. 1876; seit 1906 Amtmann in Vorhelm) nach Greven berufen und am 7. Mai 1911 in sein Amt eingeführt. Er ging mit seinen Amtseingesessenen schweren Jahren entgegen. Nach

---

*) Er starb in Münster am 7. März 1911.
**) Gedruckt in der 1904 von Theodor Cramer gegründeten Druckerei. Ein „Grevener Geschäftsanzeiger" erschien dann wieder seit 1929 vierzehntäglich im Verlag von Fr. Segger.

wenigen Jahren schon brach der erste Weltkrieg aus, der bald immer schärfer sowohl in das Leben des Einzelnen als auch des ganzen Amtes eingriff. Die Unterstützung der Familien der zum Heere eingezogenen Soldaten erforderte von den Gemeinden große Summen. Die Schuldenlast des Dorfes, die 1913 noch 217 000 Mark betragen hatte, stieg durch diese und andere Kriegsausgaben bis 1920 auf 522 000 Mark. Das Haushaltsdefizit, das durch direkte Steuern gedeckt werden mußte, erhöhte sich bis 1918 auf 192 000 Mark, bei zunehmender Inflation dann in den nächsten Jahren auf 264 000 (1919), 682 000 (1920), 1 490 000 im Jahre 1921! Die 1916 eingeführte Zwangsbewirtschaftung aller Lebensmittel und vieler anderer Waren machte die Einrichtung neuer Büroräume für die Bezugscheinstellen (z. T. in der alten Schule am Kirchplatz) und die Einstellung zahlreicher Hilfskräfte nötig. Erheblich waren auch die Blutopfer, die von den einzelnen Gemeinden des Amtes fürs Vaterland gebracht werden mußten. Aus Greven-Dorf fielen allein 169 Männer, dazu waren noch 20 Vermißte zu beklagen. Aus Greven rechts der Ems blieben auf dem Felde der Ehre 55, aus Greven links der Ems 39 Soldaten. Vermißt wurden hier 11 bzw. 7 Männer. Gimbte hatte 7 Gefallene zu beklagen. Insgesamt kehrten von den aus dem Amt in den Krieg Gezogenen 308 Väter und Söhne nicht mehr heim. Für sie alle wurden im Jahre 1922 an der Kirchhofsmauer in Greven und auf dem Friedhof in Gimbte würdige Denkmäler errichtet.

Völlig zerrüttet wurde die wirtschaftliche Lage Grevens durch das jahrelange Stillliegen der Textilindustrie.[691]) Wenn diese auch zum Teil auf Kriegswirtschaft umgestellt worden war, so war das doch kein vollwertiger Ersatz für das bisherige Produktionsprogramm. Bei der Firma Schründer-Söhne wurde so ein Gefangenenlager geschaffen, in der Bleicherei Stroh zu Pferdefutter aufgeschlossen, während in einem anderen Betrieb Holzschuhe gefertigt wurden. Die Drehbänke der Spinnereien wurden zur Granatendreherei verwandt. Auf dem Lande wurde der Arbeitermangel durch kleine Gefangenenkommandos in etwa wieder ausgeglichen, aber je länger der Krieg dauerte, um so unzulänglicher wurden alle diese Behelfmaßnahmen. Gelang es auch trotz des verlorenen Krieges die Textilwirtschaft infolge des großen Warenmangels rasch wieder in Gang zu bringen, so erschwerte doch die Inflation die wirkliche Erholung und Kräftigung von Wirtschaft und Handel. Und so führte die künstliche Blüte der zwanziger Jahre nur zu rasch hinüber in die Jahre schwerer wirtschaftlicher Depression, auf deren fruchtbarem Nährboden die Sumpfblüte des Nationalsozialismus verderbnisbringend emporschießen konnte.

Nicht nur wirtschaftlich brachten Kriegs- und Nachkriegsjahre dem Amt Schwierigkeiten über Schwierigkeiten. Die kommunistischen Unruhen führten auch in Greven im Jahre 1919 zur Bildung einer Sicherheitswehr, die der bisherige Leiter der Einwohnerwehr, Korvettenkapitän Dr. Stieler übernahm.[692]) Die Führung im Dorf Greven übernahm im Januar des folgenden Jahres der Gastwirt Arnold Theißing, im ganzen Amt der Amtmann. Im Dorf betrug die Stärke der Sicherheitswehr 300, in Greven rechts der Ems 195, in Greven links der Ems 180 und in Gimbte 78 Mann. Das bedrohliche Übergreifen der Spartakus-Unruhen auf das Münsterland blieb schließlich doch aus, daher erlahmte der erste Eifer gar bald, zumal auch sonst nichts passierte. Erst Anfang 1920 nahm das Banden- und Überfallwesen wieder derart zu, daß man ernstlich an eine Reorganisation dachte, doch kam es nicht mehr dazu, da durch einen Erlaß des damaligen Innenministers Severing die Auflösung aller Heimwehren verfügt wurde. Noch lange machten alliierte Kontrollkommissionen Jagd auf die Waffenbestände dieser und ähnlicher Organisationen im Lande, und nicht wenig Aufregung gab es, als im Juni 1921 bei dem Bauer Tidde-Hesselmann in Hembergen 300 Gewehre durch eine solche Kommission beschlagnahmt wurden!

Die politische Haltung der Bevölkerung blieb von allen Unruhen der Zeit fast unberührt. Die führende Stellung der Zentrumspartei konnte so auch bis 1933 nicht erschüttert werden. Das zeigen nicht nur die Statistiken der Reichs- und Landtagswahlen, sondern fast noch eindringlicher auch die Kampfabstimmungen der zwanziger Jahre, wie die Volksentscheide von 1926 über die Fürstenvermögen, von 1928 über den Panzerkreuzer, von 1929 über das sogenannte Freiheitsgesetz und von 1931 über die Auflösung des Preußischen Landtages, bei denen die Beteiligung gleich Null war.[693] Für das Panzerkreuzerverbot wurden nur in der neuen Siedlung Reckenfeld neun Eintragungen gebucht, für das Freiheitsgesetz gegen den Young-Plan stimmten von 7362 Stimmberechtigten nur im Dorf Greven neun und in Reckenfeld sechs Personen, in den Bauerschaften niemand! Für die Auflösung des Preußischen Landtages – die erste große Machtprobe der Nationalsozialisten in Preußen! – stimmten am 9. August 1931 im ganzen Amt von rund 7500 Stimmberechtigten nur 140 Personen, davon 82 in Greven-Dorf und 43 in Greven links der Ems (Reckenfeld), im ganzen also noch keine 2 %!

Die ablehnende Haltung der christlichen Bevölkerung beider Konfessionen gegenüber allen radikalen und betrügerischen Parolen dokumentiert sich hier eindeutig. Erst die zunehmende Arbeitslosigkeit*) seit dem Ende der zwanziger Jahre und die dadurch hervorgerufene allgemeine verzweifelte Stimmung des ganzen Volkes führte dann immer mehr Kreise der Arbeiterschaft und des Bürgertums dem Nationalsozialismus in die Arme, der dem kritiklosen Volk eine goldene Zukunft versprach. Trotzdem verhielt sich der weitaus größte Teil der Bevölkerung des Amtes bis zur letzten freien Reichstagswahl des Jahres 1933 der braunen Partei gegenüber ablehnend, und Hitlers Anhängerschaft ist im Amt Greven bei freier Wahl nie über einen Prozentsatz von 16 von 100 hinausgekommen (5. März 1933).

In all' den langen und schweren Jahren, von 1910 bis 1934, die an Schwierigkeiten während des Weltkrieges und den noch schlimmeren Jahren hinterher, als durch Inflation und Krisenjahre Greven völlig daniederlag, alle voraufgehenden Jahrzehnte weit in den Schatten stellten, hat Amtmann Hueske in unermüdlicher Arbeit Freud und Leid mit seinen Amtseingesessenen geteilt, bis ihn die nationalsozialistische Flut im Jahre 1934 hinwegspülte. Nur wenige Jahre hat er den unverdienten Abschied überlebt (gest. 1937).

---

*) Von 22 am ersten Januar 1930 stieg die Zahl der von der Wohlfahrt unterstützten Erwerbslosen binnen Jahresfrist auf 107 und bis zum Ende des Jahres 1931 gar auf rund 200. Der Höchststand wurde im Februar 1933 mit 516 Erwerbslosen erreicht.

15

Die Burg Schöneflieth *)

Gar mancher Wanderer, der auf der von Münster herkommenden Straße an der Gartenwirtschaft Hesselmann (Helmer) vorbei über die neue Emsbrücke Greven zustrebt, achtet kaum auf jenen kleinen, aus einer Niederung aufragenden, ummauerten Hügel rechts der Straße, wenige Schritte vor jener Wirtschaft. Und doch knüpft sich eine reiche geschichtliche Vergangenheit an diese zum größten Teil eingeebneten Gräben und an dieses verfallene Gemäuer, denn hier stand einst eine der mächtigsten Burgen des Münsterlandes, die während des Mittelalters und noch bis ins 17. Jahrhundert hinein eine wichtige Rolle in der Kriegs- und Landesgeschichte des Fürstbistums Münster gespielt hat.

Die Einheimischen kennen sie noch gut, die alte Burg Schöneflieth, und wenn der Fremde kaum ihren Namen weiß und ohne ortskundige Hilfe die alte Burgstätte nicht zu finden vermag, so wissen sie ihm um so mehr Geschichten und Sagen von ihr zu erzählen. Freilich nur Sagen, die sich von der geschichtlichen Wahrheit schon weit entfernt haben. Und doch hat die Sage von der Zerstörung der Burg Schöneflieth, die in mancherlei Abwandlung heute noch jedes Grevener Kind zu erzählen weiß, ihren geschichtlichen Kern treu durch die Jahrhunderte hindurch bewahrt. Denn diese Zerstörung der Burg Schöneflieth hat, wie sich aus urkundlichen Quellen nachweisen läßt, tatsächlich einmal, und wie gleich hinzugefügt sei, nur einmal stattgefunden und zwar bereits im 13. Jahrhundert! In späterer Zeit ist von einer solchen Zerstörung nirgends, in keiner Urkunde und in keiner Chronik die Rede, so daß sich die im Volke getreulich aufbewahrte Sage nur auf jene um 1270 geschehene Zerstörung der Burg beziehen kann.

Sie lautet folgendermaßen:[694]) „Der Herr von Schönebeck (zu Schöneflieth) war ein

*) Die Abb. 29 zeigt die Burg Schöneflieth nach einer Federzeichnung des Heinrich von Trier auf einer Karte der freien (Wild-)Kammer des Amtes Wolbeck vom Jahre 1603 (StAM, Kartensammlung Reg. Bez. Münster Nr. 821).

großer Nimrod (Jäger). Da er nun auch sonntags häufig in die benachbarten Waldungen ging um zu jagen, so geschah es oft, daß er zu spät in die Messe kam. Er hatte deswegen seinem Burgkaplan den Befehl gegeben, mit der Messe so lange zu warten, bis er von seinen morgendlichen Jagdausflügen zurückgekehrt sei. Allein der Geistliche kümmerte sich nicht darum, sondern begann zur festgesetzten Zeit. Der Ritter drohte ihn umzubringen, wenn er nicht seinen Willen erfüllen werde, aber der Priester ließ sich auch durch Drohungen nicht beirren. Als nun eines Morgens der Priester wieder, ohne auf den Ritter gewartet zu haben, die heilige Handlung beginnt, kommt plötzlich beim Beginn der Wandlung der Ritter zurück. Kaum sieht er wieder seinen Befehl mißachtet, da erfaßt ihn ein unbändiger Zorn. Er ergreift voll Wut seine Waffe und streckt den Priester vor dem Altare zu Boden. Diese Tat aber ruft die Einwohner von Greven zur Rache auf. Sie verjagen den Priestermörder, der jetzt unstet umherirren muß, die Burg aber, in der diese Untat geschehen, zerstören sie so, daß kein Stein auf dem andern bleibt.“

Eine andere Fassung der Sage bietet das folgende Gedicht von E. Marcus:[695])

... Wie einst eine schimmernde Feste hier stand,
die blickte gar trotzig hinaus in das Land
zum Schrecken der Bauern und Bürger.
Des harrte ein trauriges, schauriges Los,
den von Schöneflieth fing der Ritter Boos,
der mitleidlose Würger.

Den Priester, gebeugt von der Jahre Last,
den hat der Ritter ingrimmig gehaßt;
der hatte noch jüngst sonder Zagen
das Jagen ihm während der Messe verwehrt,
dieweil es die Andacht der Gläubigen stört –
Der Ritter verlachte die Klagen!

Am Tage Johannis, im finsteren Tann,
da trifft er den wehrlosen Gottesmann,
der die Zehrung zum Kranken will tragen.
Mit frevelndem Spott er den Priester versehrt;
und als der mit ernsthaften Worten ihm wehrt,
da hat ihn der Unhold erschlagen.

Wie todeswund dann auf dem Rasen er ruht,
da flucht er dem Bösen in heiliger Wut,
ihm und seinem ganzen Stamme.
Das Wappen zerbrochen, geächtet, in Not,
so soll Euch erjagen ein ruhmloser Tod,
die Burg verfalle der Flamme!

Die ruchlose Seele, sie finde nicht Rast,
sie jage dahin in wild fliehender Hast,
unstet ob allen Landen!
Und wenn sich der Sankt Johannstag jährt,
die verdammte Seele zur Stätte sich kehrt,
wo einst diese Veste gestanden!

Des grausen Spruches der Ritter nur lacht,
er murmelt und wendet sich wieder zur Jagd:
mir macht das Gewäsch keine Sorgen;

mir blühen sechs Söhne voll Kraft und voll Mark
und eine Tochter; ich fühle mich stark,
mein Stamm ist noch gut geborgen.

Er reitet und jagt durch den todstillen Wald,
wo kein Vögleinslied, kein Hifthorn erschallt,
nur ein Sturm erbraust in den Lüften;
ein Weinen und Wimmern geht durch die Natur,
in Ängsten verkriecht sich die Kreatur,
ein Stöhnen dringt aus den Klüften.

Der Ritter Boos jagt über Binsen und Rohr,
er hat für die warnenden Stimmen kein Ohr.
Wo die einsamen Föhren ragen,
da ward er gerichtet durch Gottes Hand,
dort die entseelte Hülle man fand
von des Himmels Feuer erschlagen.

Die Söhne lebten in Haß und Streit,
sie liebten alle dieselbe Maid,
die schöne Hilda von Detten.
Die hatte die sechs Junkerlein alle betört
und keinen von ihnen in Liebe erhört,
sie schmachteten in ihren Ketten.

Bis in Eifersucht und in wilder Brunst,
entflammt und geschürt durch des Bösen Kunst,
sechs scharfe Schwerter sich trafen.
Ein sechsfacher Todesschrei gellt übers Feld,
sechs Brüder selbander zu Tode gefällt,
auf grünem Anger schlafen.

Gunhilde, die Schwester, die liebliche Maid,
ward von einem fahrenden Spielmann gefreit.
In fernem Land bei der Linde,
aus einem Leben voll Schmach und voll Not
erlöste die Ärmste barmherzig der Tod,
dort ruht sie mit ihrem Kinde.

Der Bürger und Bauern erbitterter Troß
zerstörte die Zwingburg, das gräfliche Schloß
und schleifte die Zinnen und Mauern.

Der Wanderer ängstlich die Stätte mied,
von der einst drohte die Burg Schöneflieth –
Hier webt ein spukhaftes Schauern . . .

Hier ist also der Totschlag an dem Geistlichen in einen ganz anderen Zusammenhang gerückt, darüber hinaus aber auch noch das schaurig-traurige Ende der sechs Söhne und der einzigen Tochter Gunhilde des wilden Ritters Boos von Schöneflieth geschildert, das indes in der geschichtlichen Überlieferung keine Stütze findet als eben nur die, daß der Ritter Dietrich von Schönebeck, genannt von Schöneflieth, der Held der Sage sowohl wie auch der Geschichte, zwar tatsächlich sechs Söhne hatte, daneben aber auch drei Töchter und zahlreiche Enkel und Nachkommen!

Doch genug der Sagen, die geschichtlich verbürgte Wahrheit von der Burg Schöneflieth und ihren Bewohnern ist auch ohne sie interessant genug.

Über die Anfänge, die Entstehung der Burg, schweigen allerdings auch die geschichtlichen Quellen. Der Name der Burg taucht erstmalig in einer Urkunde aus dem Jahre 1257 auf,[696] und zwar als Beiname des Ritters Dietrich von Schönebeck, dessen Familie zu den ältesten und edelsten Geschlechtern des Landes gehörte und unter den Dienstmannen des Bischofs von Münster eine gewichtige Rolle spielte. So vor allem jener Dietrich von Schönebeck selbst, der von 1253 bis 1293 häufig in den Urkunden der Münsterschen Bischöfe genannt wird, und der, wie aus einer solchen von 1269 hervorgeht, auf dem castellum dictum Sconenvlete, also auf der Burg Schöneflieth, wohnte.[697] Daraus erklärt sich dann von selbst, daß er sich gelegentlich, aber durchaus nicht immer, auch nach diesem seinem Wohnsitz nur einfach „de Sconenvlete", „von Schöneflieth" nannte. Auch für die Entstehung des Burgnamens gewinnt man aus dieser Tatsache willkommene Aufklärung. Für einen Herrn „von der schönen Beke" (Bach) lag der Gedanke nahe, seine Burg an der „schön fließenden" Ems nun auch „Schonevliete" zu nennen!

Dietrich von Schönebeck genannt von Schöneflieth, war ein mächtiger Mann. Er besaß nicht nur reiches Eigengut und eine große Gefolgschaft, sondern daneben auch die bedeutende Freigrafschaft über fünfzehn Kirchspiele in der Umgebung Münsters, darunter auch in Greven und Gimbte.[698] So nimmt es nicht wunder, daß er, gestützt auf diese Macht, es wagen konnte, sich an der Ems, an dem so wichtigen Übergang über diesen Fluß eine feste Burg aus Steinen zu erbauen, von der aus er nicht nur seine Gerichtshoheit in der Freigrafschaft ausübte, sondern wohl auch manche Gewalttat an seinen hörigen Bauern, an reisenden Kaufleuten und einsamen Wanderern beging. Es war damals die „kaiserlose, die schreckliche Zeit", das sogenannte Interregnum, in der sich fremde Fürsten um den verwaisten Kaiserthron des Deutschen Reiches zankten, eine traurige Zeit, in der Gewalt vor Recht ging, in der die Unsicherheit in Stadt und Land überhand nahm und Straßenräuber und Strauchritter Leben und Gut jedes Einzelnen bedrohten. Das Unglück wollte, daß gerade damals auch die Bischöfe und Landesherren von Münster nicht jene Tatkraft bewiesen, deren eine solch rechtlose Zeit wohl bedurft hätte. Gegen die immer hemmungsloser und gewalttätiger auftretende Ritterschaft des Landes waren sie machtlos. So konnte es auch nach dem Tode des Bischofs Gerhard (gest. 11. 8. 1272) sogar geschehen, daß im Streit und Hader der großen Familien des Landes der bischöfliche und landesherrliche Stuhl bis zum Sommer des Jahres 1275 fast drei Jahre lang unbesetzt blieb. Wohl rief man 1273 den Grafen Otto von Tecklenburg als Stiftsverweser ins Land, aber dadurch machte man doch nur den Bock zum Gärtner, denn die Tecklenburger Grafen hatten sich von jeher als gewalttätige Herren aufgespielt. Dazu war es nur ein Teil der Stiftsstände gewesen, die den Grafen herbeigeholt hatten,[699] und diese Parteienwirtschaft verschärfte nur die Gegensätze zwischen den

Adelsgeschlechtern und vermehrte so die Unsicherheit und Rechtlosigkeit in Stadt und Land. Erst der tatkräftige, 1275 zum Bischof bestellte Everhard von Diest stellte Ruhe und Ordnung im Bistum wieder her. Er zerstörte die Raubburgen auf dem Lande, von denen in den mittelalterlichen Chroniken allerdings nur eine namentlich genannt wird, nämlich Haus Langen im Kirchspiel Westbevern.*) In dem Sühnevertrag, den Ritter Hermann von Langen am 21. August 1276 mit dem Bischof abschließen mußte,[700]) gibt dieser selbst zu, daß von seiner Burg aus Raub, Brand und Landfriedensbruch verübt worden sei. Zu den vielen anderen Burgen, die der Bischof nach Aussage der Chroniken außerdem noch gebrochen haben soll, hat auch die Burg Schöneflieth gehört, denn auch sie lag im Frühjahr des gleichen Jahres in Trümmern! Was im einzelnen der Anlaß zur Zerstörung der Burg gewesen ist, wissen wir nicht. Dietrich von Schönebeck hatte sich in den vorhergehenden Jahren zweifellos an den dauernden Fehden und Raubzügen des landgesessenen Adels beteiligt, und als einer der mächtigsten unter ihnen mag er es arg genug getrieben haben. Daß ein Priestermord, wie die Sage es will, das Maß des Zornes des neuen Landesherrn zum Überlaufen brachte, ist gut möglich. Jedenfalls war es des Ritters Gewalttätigkeit und Zügellosigkeit, die den Bischof zum Einschreiten zwang. War doch schon die Erbauung der Burg Schöneflieth selbst ein gesetzloser Gewaltakt gewesen. Das Burgenbauen war ein altes königliches Vorrecht, das erst im Jahre 1232 an die einzelnen Landesherren, hier also an den Bischof von Münster, übergegangen war. Abgesehen von den großen Grafengeschlechtern, wie den Tecklenburgern und Ravensbergern, die ja auch Landesherren waren, durfte keiner sich ein festes Haus mit Mauern und Gräben bauen, wenn er nicht dazu die Genehmigung des Landesherrn erhalten hatte. Und die war gewiß nicht so leicht zu haben, denn eine feste Burg in der Hand eines mächtigen Ritters war für den Landesherrn immer eine Bedrohung, eine Gefahr zudem für das ganze Land, und es bedurfte bei den primitiven Kriegsmitteln jener Zeit immer eines verhältnismäßig großen Aufwandes, um ein solches Raubnest zu brechen. Dietrich von Schönebeck wird daher auch kaum eine Genehmigung seines Landesherrn oder auch nur des Domkapitels zu Münster, von dem er seine gesamten Besitzungen in den Kirchspielen Greven und Gimbte zu Lehen trug, zum Burgenbau an einer so wichtigen Stelle erhalten haben. Nur wird der schwache Bischof und das noch schwächere Domkapitel den übermächtigen Vasallen an seinem Vorhaben nicht haben hindern können. Um den mehr als unbequemen Mann ein für allemal matt zu setzen, zwang Bischof Everhard ihn 1276, alle seine Lehen, die er vom Domkapitel hatte, d. h. die Amtshöfe Aldrup, Dahl und Vadrup mit allen zugehörigen Höfen und Liegenschaften, die ihm das Domkapitel gegen gewisse Dienste überlassen (= geliehen) hatte, ferner die Zehnten zu Drentrup, Hembergen, Guntrup, Sprakel, Aldrup, Brintrup und Wichtrup, schließlich auch den Hügel, auf dem die Burg Schöneflieth gestanden hatte, dem Domkapitel gegen einen Pfandschilling von 250 Mark zurückzugeben.[701]) Damit war ihm für immer die Möglichkeit genommen, die Burg Schöneflieth wieder aufzubauen, denn das Geld war schnell vertan, und die Beschaffung der großen Pfandsumme auch für einen großen Grundherrn in der damaligen bargeldarmen Zeit schier eine Unmöglichkeit. Tatsächlich sah sich Dietrich von Schönebeck nach der vorgesehenen Einlösefrist von drei Jahren genötigt, den Abtretungsvertrag mit dem Domkapitel zu verlängern. Wenig später hatten die Domherren den seines Burgsitzes beraubten Ritter so weit, daß er sich zum endgültigen Verkauf seiner Lehen bereit fand. Am 25. Januar 1284 verzichtete er

---

*) In den Chroniken wird diese Zerstörung von Haus Langen zwar dem Bischof Gerhard (1261 bis 1272) zugeschrieben (MGQu. I S. 34), doch ist dies eine Verwechslung mit seinem Nachfolger, wie der Sühnevertrag von 1276 zeigt.

endgültig auf alle oben genannten Lehen des Domkapitels gegen eine einmalige Abfindungssumme von 425 Mark.[702]) In einem Zusatzvertrag vom gleichen Tag[703]) wurde ihm noch zugebilligt, daß er die Steintrümmer auf dem Burghügel abfahren lassen dürfe, doch mußte er sich verpflichten, auch die Wallhecke rund um denselben auszuroden, damit die Trümmer nicht Räubern und anderem Gesindel als Unterschlupf dienten.

Das war das Ende der Schönebecker Herrlichkeit auf der Burg Schöneflieth. Die Familie schied damit auch als Großgrundherr in den Kirchspielen Greven und Gimbte aus. Aber auch die Burgstätte verschwindet zunächst aus der Geschichte, und es ist ungewiß, wann das Domkapitel zu Münster die Burg wieder aufgebaut hat. Da diese im liber Rotgeri, dem ältesten erhaltenen Güterverzeichnis des Domkapitels aus der Zeit um 1330,[704]) noch nicht genannt wird, kann sie erst nach diesem Zeitpunkt wieder errichtet worden sein, jedoch auch nicht viel später, denn seit der 2. Hälfte des 14. Jahrhunderts wird sie wieder erwähnt.*) Der Besitz und die Erhaltung der Burg war jetzt dem Domkapitel so wichtig geworden, daß es seit 1371 jeden neuen Dompropst auf die Wahrung und Sicherung derselben eidlich verpflichtete. Die Nähe der Stadt Münster, die günstige Lage an der von hier ab schiffbaren Ems, die reichen Zolleinnahmen und die nicht geringen Einnahmen aus dem „Beifang" (s. u. S. 406 ff.) lassen in der Tat die Wichtigkeit der Burg erkennen. Vor allem in unruhigen Zeiten war sie ein willkommener Zufluchtsort der Domherren, und so kann man es wohl verstehen, wenn der Domdechant Dietrich Franzois im Jahre 1433 voll stolzer Zufriedenheit eine Urkunde datierte: „in castro up den Schonenvlete, Monasteriensis diocesis, ad capitulum Monasteriensis ecclesie pertinenti, in quo pro tempore residentiam facimus," zu deutsch: „auf der Burg Schöneflieth im Bistum Münster, die dem Domkapitel zu Münster gehört, und auf der wir zur Zeit residieren"![705])

Eine beliebte Residenz[706]) blieb die Burg Schöneflieth noch lange bis weit ins 18. Jahrhundert hinein, und der Preis, um den die Domherren nach dem Tode des jeweils letzten Inhabers das Recht zum dauernden Bewohnen des Hauses und zum Genuß der damit verbundenen Einkünfte aus dem Beifang erwarben, wurde immer höher. Schon im Jahre 1546 zahlte der Domherr Dietrich von der Recke nach dem Tode des Domkellners Melchior von Büren 1000 Goldgulden für die Option des Hauses Schöneflieth, wir würden sagen für die Pachtung und weiterhin noch 50 Gulden jährliche Miete. Sein Nachfolger, der Domküster Bitter von Raesfeld, zahlte im Jahre 1570 die gleiche Summe, ebenso im Jahre 1581 der Dompropst Goswin von Raesfeld. Als dieser aber am 16. Januar 1586 starb, mußte sein Nachfolger, der Dompropst Ludeke Nagel bereits 100 Gulden jährliche Miete bezahlen. Seit dem 17. Jahrhundert betrug der Mietpreis dann konstant 125 Taler.**)

---

*) Noch im Jahre 1385 war man offensichtlich mit dem Ausbau der Burg beschäftigt, da man damals Geld aufnahm ad structuram castri Sconenvlete, d. h. also zum Nutzen des Baues auf unserer Burg Schöneflieth (StAM, Urk. Domvikare Münster Nr. 102).

**) Die Inhaber des Hauses Schöneflieth waren:
-1505 Johann von Brunkhorst und Batenburch, Dompropst
1505–1521 Dietrich Schade, Domdechant
1521–1546 Melchior von Büren, Domkellner
1546–1569 Dietrich v. d. Recke, Domkellner
1570–1581 Bitter von Raesfeld, Domküster
1581–1586 Goswin von Raesfeld, Domdechant
1587–1611 Ludeke Nagel, Dompropst
1611–1643 Dietrich von Plettenberg, Domkellner
1643– Adolf Heinrich Droste
-1650 Heinrich von Plettenberg

Um Ostern 1650 wurde für kurze Zeit sogar Christoph Bernhard von Galen, Münsters berühmtester Bischof in der Vergangenheit, Inhaber des Hauses Schöneflieth, allerdings nur bis zu seiner Wahl zum Bischof am 14. November des gleichen Jahres, denn da mußte er auf seine Dompräbende verzichten und damit auch auf das Haus Schöneflieth. Seit dem Ende des 17. Jahrhunderts wurde es dann immer mehr üblich, daß die Domherren, die in den Besitz der alten Burg gekommen waren, nicht mehr ständig hier wohnten, sondern nur die Einkünfte des Hauses Schöneflieth bezogen und nur gelegentlich, vor allen Dingen zur Zeit der Jagd hierher kamen. Die Folge war, daß das Haus immer mehr verfiel, da die Besitzer keine Lust hatten, viel Geld für große Reparaturen auszugeben. Die Akten sind seit dem Ende des 17. Jahrhunderts voll von Klagen über den schlechten baulichen Zustand der Burg. Zunächst waren es die Söldnerscharen des Dreißigjährigen Krieges, die den Gebäuden übel mitgespielt und alles mitgenommen hatten, was nicht niet- und nagelfest war. Aber noch größer war der Schaden, den der Domküster Edmund von Brabeck, der am 11. 2. 1651 dem zum Bischof erhobenen Christoph Bernhard von Galen als Besitzer der Burg folgte, durch seine Nachlässigkeit anrichtete. Der Unwille des Domkapitels und der Stiftsstände gegen ihn wurde so groß, daß ihm 1669 die Burg abgenommen und dem Domherrn Korff-Schmising übergeben wurde. Ganze zwei Jahre hintereinander war Brabeck nicht auf Schöneflieth gewesen! Aber der Bau bot den großen Herren wohl nicht mehr die Bequemlichkeiten, die sie von ihren prächtigen Stadtwohnungen in Münster und sonstwo gewohnt waren. So blieben sie immer häufiger von Schöneflieth fort und das Ende vom Lied war, daß gegen Ende des 18. Jahrhunderts die Burg abbruchreif war.[707]) Hauptschuld trug allerdings der schlechte Baugrund, der gegen die ständigen Überschwemmungen und Unterspülungen der nahen Ems wohl nicht genügend gesichert worden war. Bereits im Jahre 1778 mußte der Turm oder die Kommandantenwohnung auf der Vorburg abgebrochen werden. Den alten Zollturm jenseits der Straße nach der Emsbrücke zu kaufte im Jahre 1806 der Kaufhändler Arkenoe aus Greven auf Abbruch für 410 Taler, den daran anstoßenden Torbogen an der Brücke der Wirt Hesselmann zur gleichen Zeit für ganze 5 Taler. Bei der Besichtigung, die 1808 der Versteigerung der restlichen Burggebäude auf Abbruch vorausging, stellte sich schließlich heraus, daß eigentlich nur noch die Keller ziemlich gut im Stande waren. Im Herrenhaus sah es sonst schlimm aus. Die obere Etage und der Kornboden waren vollkommen verwüstet, nichts mehr heil, nicht weniger als 170 Fensterscheiben fehlten, alles Holz war durch und durch verfault, die erste Etage gleichfalls in einem ganz miserablen Zustande, wenn auch noch nicht direkt vom Einsturz bedroht. In der Außenwand mindestens sieben große Risse, in die man die Hand legen konnte! Nur das sogenannte Bauhaus oder Schmiemanns Wohnung auf der Vorburg war in hinreichend gutem Zu-

1650	Christoph Bernhard von Galen	
1651–1669	Jobst Edmund von Brabeck,	Domdechant
1669–1684	Mathias Korff-Schmising,	Domküster
1684–1700	Dietrich Anton von Velen	
1700–1721	Friedrich Christian von Plettenberg,	Domdechant
1721–1732	Franz Ludolf Jod. von Landsberg,	„
1732–1748	Friedr. Christian J. von Galen,	„
1748–1761	Franz Egon von Fürstenberg,	„
1761–1770	Franz Christoph von Hanxleden,	„
1770–1774	Kaspar Ferd. Droste zu Füchtorf,	„
1774–1779	Franz Karl von Landsberg,	„
1780–1799	Konstantin Ernst v. Droste-Hülshoff,	„
1800–1802	Ferd. August Spiegel zum Desenberg	„

stand. Ebenso die große, etwa 25 m lange Brücke (Damm), die von dem oberen Burgplatz in den Garten führte und die erst im Jahre 1733 Meister Johann Wenning für rund 840 Taler nach einem Entwurf des Generalmajors von Corfey neu gebaut hatte (Abb. 32).

Obwohl die Ruine allen zur Last fiel, fand sich doch zunächst niemand, der auf den ersten Versteigerungsterminen im August und September 1808 ein der französischen Liquidationskommission genügendes Angebot zu machen imstande war. Ein Kaufmannskonsortium aus Greven, an der Spitze Joh. Christoph Biederlack,*) bot schließlich für das Baumaterial der Burg mit dem an dieser haftenden Kirchensitz in der Pfarrkirche zu Greven 2400 Taler, doch wurde dies abgelehnt, da angeblich bereits ein Gebot von 3000 Talern vorlag. Die Verhandlungen zerschlugen sich wieder und es dauerte noch bis zum Jahre 1812, bis mit den Grevener Kaufleuten der Kaufkontrakt zustande kam. In wenigen Monaten wurden dann die Gebäude bis auf die Grundmauern abgetragen und zum Teil für Ausbesserungsarbeiten an der Kirche in Greven wiederverwandt. Die letzten Ziegelsteine der Brücke wurden 1843 für den Kirchturmbau in Gimbte erworben. Um ein paar Fuder Hau- und Ziegelsteine und einige Dutzend gute Balken ist so ein ehrwürdiges Denkmal heimatlicher Vergangenheit und Geschichte sinnlos der Spitzhacke geopfert worden.**)

Damit waren die letzten Spuren der ehemaligen Burg Schöneflieth vom Erdboden verschwunden. Der Abbruch ist um so bedauerlicher, als sich bislang eine gute Abbildung der Burg nirgends hat nachweisen lassen; ebensowenig auch ein Grundriß, aus dem die Verteilung der einzelnen Gebäude und der Befestigungsanlagen der Burg hervorginge.***) Von einzelnen Teilen lediglich, wie vom Herrenhaus und von der Brücke liegen Pläne in den Bauakten vor, die wenigstens einen ungefähren Eindruck von dem Aussehen derselben vermitteln und die Rekonstruktion der ganzen Anlage mit einiger Sicherheit ermöglichen(vgl. Abb. 30). Aus dem Urkataster von 1828 geht die äußere Situation der Burg hervor. In einer langgezogenen Lake, einem toten Emsarm, war die Burg angelegt worden. Durch einen kleinen, künstlich offen gehaltenen Graben zur Ems hin war die Lake, die in ihrer ganzen ursprünglichen Ausdehnung heute noch gut zu erkennen ist, stets ausreichend mit Wasser gefüllt. Zur Frühlingszeit, wenn durch die Eis- und Schneeschmelze die Wasser der Ems hoch und höher stiegen, stieg auch in der Gräfte der Burg das Wasser beängstigend hoch und richtete immer wieder neue und schwere Schäden an Mauerwerk und Fundamenten an. Die alte Burg des Ritters Dietrich von Schönebeck hatte auf einem von einer dichten Wallhecke umgebenen Burghügel gestanden, die spätere domkapitularische Anlage stand auf zwei Inseln.

Der Zugang erfolgte von der Nordseite her über den Vorplatz, der auch rings von Wasser umgeben und nur über eine Zugbrücke zugänglich war. Auf diesem Vorplatz (auch Unterplatz genannt) lag rechter Hand vom Torgebäude das sogenannte Bauhaus, das große Wirtschaftsgebäude, das zwei große Toreinfahrten hatte und gut 30 m (106 Fuß) lang bzw. 14 m (45 Fuß) breit und gut 5 m (16 Fuß) hoch war. Es war ein Neubau aus den Jahren 1708/09 und daher um 1800 noch gut im Stande, so daß es zunächst vom Abbruch ausgenommen wurde. Es nahm die ganze rechte Seite des Vorplatzes ein. Auf der anderen Seite lagen vorne neben der Einfahrt ein kleinerer Turm und anschließend weitere

---

*) Es waren neben J. Chr. Biederlack Anton Josef Arkenoe, Wwe. Klüter und Wwe. J. B. Terfloth (AAG Ie 19).

**) Allein der Erlös aus dem Verkauf des anfallenden alten Holzes (die Käufer waren in der Hauptsache Holzhändler) soll das Doppelte des Kaufpreises betragen haben!

***) Die oben Abb. 29 wiedergegebene Darstellung der Burg auf einer Karte des Heinrich von Trier von 1603 (StAM, Kartensammlung Reg. Bez. Münster Nr. 821) kann auf Genauigkeit keinen Anspruch erheben. Es ist aber das einzige bislang bekannt gewordene Bild der alten Burg.

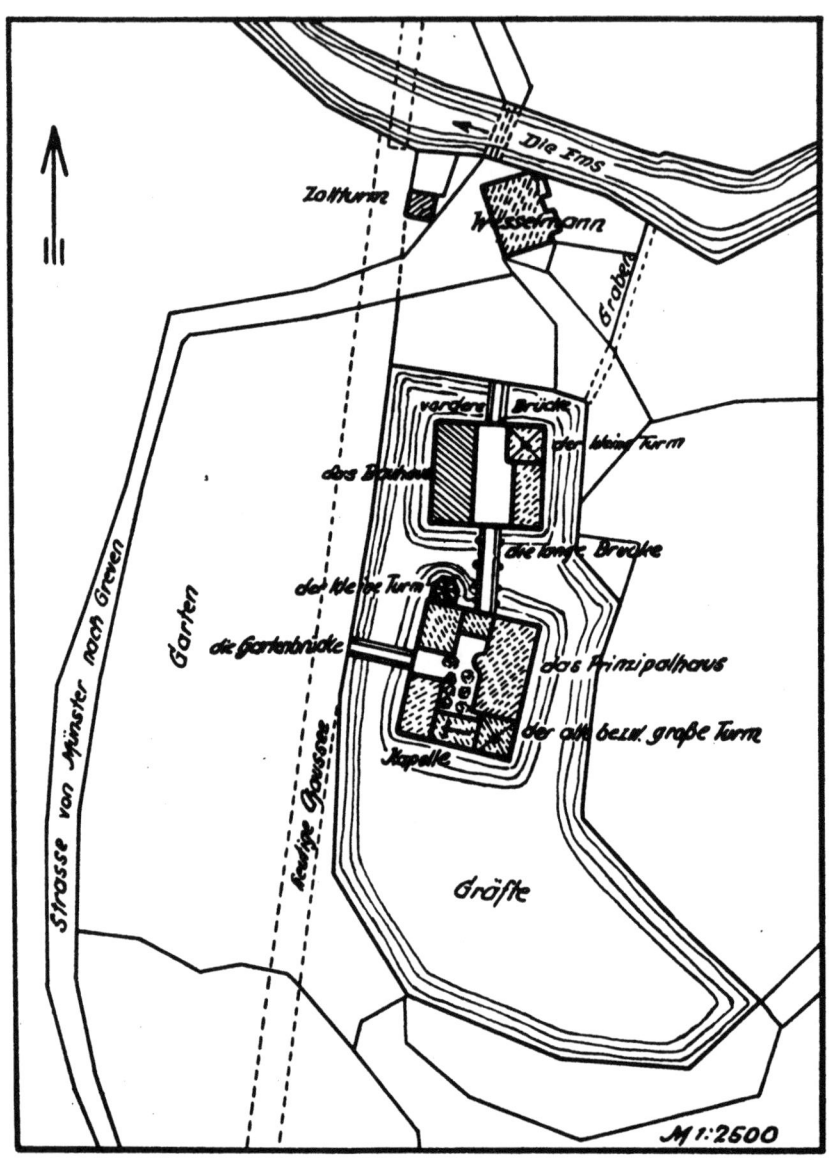

Abb. 30. Die Burg Schöneflieth. Lageplan nach dem Urkataster von 1828.
Grundriß der Burggebäude rekonstruiert

Wirtschaftsgebäude, darunter auch eine Schmiede. Nach dem Tode des letzten Burg-
kommandanten, dem der Turm als Wohnung gedient hatte (1774), mußte dieser wegen
seiner Baufälligkeit mit den anschließenden Bauten niedergelegt werden.

Über eine 88 Fuß, also etwa 24 m lange, auf steinernen Pfeilern ruhende Brücke,
deren letztes Glied als Zugbrücke gearbeitet war, gelangte man auf den oberen Haus-

platz. Von dieser Brücke hat sich in den Akten eine Zeichnung erhalten,[708]) die vermutlich von dem Architekten Petrus Pictorius stammt, der 1682 einen Kostenanschlag zur Wiederherstellung der baufällig gewordenen Brücke aufgestellt hat. Auf ihr ist auch ein kleines Stück der Burggebäude zu sehen und ein kleiner achteckiger Treppenturm in der Nordwestecke der Burg (Tafel XIV, 2). Die Zeichnung ist aber nicht nach der Natur, sondern nur nach dem Gedächtnis gezeichnet worden, denn nach einer maßgetreuen Aufmessung des „Prinzipalhauses" aus dem 18. Jahrhundert befand sich der hübsche Renaissanceerker nicht über der Durchfahrt, sondern ein gutes Stück links davon, und zwar schon im Erdgeschoß ansetzend! Auch ist die Zeichnung des Giebels falsch, da das Prinzipalhaus gerade hier nach der Vorder- und Schauseite einen schönen Giebel hatte. Man tut also gut daran, diese Zeichnung von 1682 nur für die Brücke und allenfalls noch für den achteckigen Treppenturm als maßgebend zu betrachten. Betrat man durch die schmale Einfahrt den inneren Hausplatz, so hatte man zur Linken das Hauptgebäude, das mehr erwähnte Prinzipalhaus vor sich. Über dieses Gebäude sind wir verhältnismäßig gut unterrichtet, da von ihm nicht nur ein genauer Grundriß (Abb. 31),[709]) sondern auch die Akten über seine Erbauung in den Jahren 1562 bis 1564 vorliegen.[710]) Das damals völlig neu errichtete Gebäude war 136 Fuß lang und 50 Fuß breit, also etwa 40 mal 17 m groß. Das obere Geschoß war außer über eine neben der Toreinfahrt befindliche Treppe auch durch einen in der Mitte des Gebäudes befindlichen sogenannten „Wendelstein" (Treppenturm) von 60 Stufen erreichbar. Die Ziegelsteinmauern des Hauses waren unten 4, oben nur noch 2$\frac{1}{2}$ Fuß, also etwa 1,20 bis 0,80 m dick. Der Treppengiebel nach vorne an der Schauseite nach der Grevener Seite hin, war nach „italienischer Art", also offenbar aus dicken gebuckelten Quadern, 50 Fuß breit und 38 Fuß (= 14 m) hoch aufgeführt. Ob die auf der Grundrißzeichnung des Erdgeschosses von 1774 dargestellte innere Raumeinteilung des Hauses noch dem ursprünglichen Zustand von 1562/64 entspricht, darf bezweifelt werden. Wenigstens ein Teil der dünnen Zwischenwände wird jüngere Zutat sein. Das aus dem Jahre 1581 stammende Nachlaßinventar des damals verstorbenen Domküsters und Inhabers des Hauses Schöneflieth, Bitter von Raesfeld,[711]) nennt als Hauptraum des Hauses den großen Saal, zweifellos im ersten Stock gelegen, daneben noch zahlreiche andere Räume wie die Stube, zwei Saalkammern (mit Windfang), des Doktors Stube, des Herrn (Domküsters) Gemach, seine Schlafkammer, des Kammerjungen Kämmerchen, die Rüstkammer und viele andere Räume noch, von denen es nicht

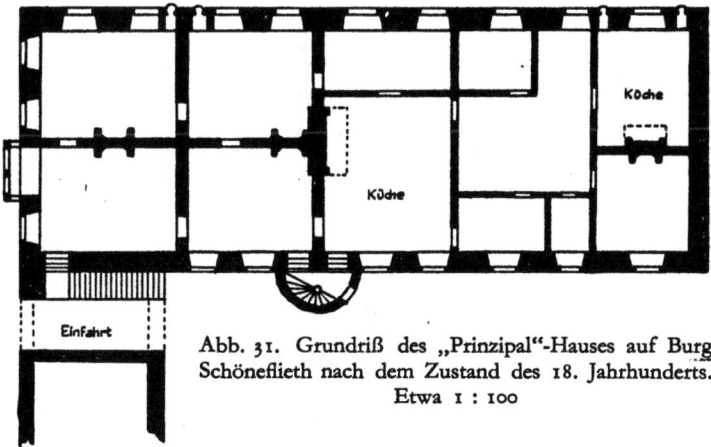

Abb. 31. Grundriß des „Prinzipal"-Hauses auf Burg Schöneflieth nach dem Zustand des 18. Jahrhunderts. Etwa 1 : 100

feststeht, ob sie alle im Prinzipalhaus gelegen haben. Mehrere von ihnen lagen gewiß in den anderen Gebäuden der Burg. An der Rückseite des Burghofes, auf dem sechs alte Linden im Sommer kühlenden Schatten gewährten, stand hinter dem Prinzipalhaus der „hintere", große Turm, auch der alte Turm genannt, 24 Fuß im Quadrat, teilweise aus Ziegelsteinen gemauert, dessen Dicke verschieden mit 6 bzw. 8–12 Fuß angegeben wird. In seinen unteren Räumen wurde er als domkapitularisches Gefängnis für das Gogericht tor Meest benutzt. Nach der kleinen Zeichnung aus dem Jahre 1603 (Abb. 29) muß er eine beträchtliche Höhe gehabt haben. An ihn angelehnt stand offenbar die gleichfalls im 16. Jahrhundert (1574) neuerrichtete Burgkapelle, während die ältere Kapelle nach mittelalterlicher Art neben der Toreinfahrt gelegen hatte. 1774 war die Kapelle abbruchreif, desgleichen der dem Herrenhaus gegenüberstehende Flügel, während der Eckturm damals noch stehen gelassen wurde. Die „olde Kapelle" diente 1581 bereits als Lagerraum, in dem Flachs, Kerzen, Pökelfleisch und andere nützliche Dinge aufbewahrt wurden. Zwischen den Gebäuden auf der rechten Hofseite führte eine Brücke über den Burggraben, der hier etwa 80 Fuß (= 24 m) breit war, hinüber in den Garten. Ursprünglich war es nur ein einfacher Holzsteg gewesen, der aber zu Beginn des 18. Jahrhunderts so morsch und zerfallen war, daß man sich zum Neubau entschließen mußte. Um unnötige Kosten zu sparen, beschloß man, einen Damm durch den Graben aufzuschütten – mit der kriegerischen Tüchtigkeit der Burg war es sowieso nicht mehr weit her, – und nur das letzte Stück von etwa zehn Fuß baute man als Zugbrücke. Der Entwurf für den Neubau, der im Jahre 1735 ausgeführt wurde, stammte aus der Feder des Generalmajors von Corfey (Abb. 32).[712]) Die Seiten des Dammes wurden von Bruchsteinen und Ziegelsteinen auf-

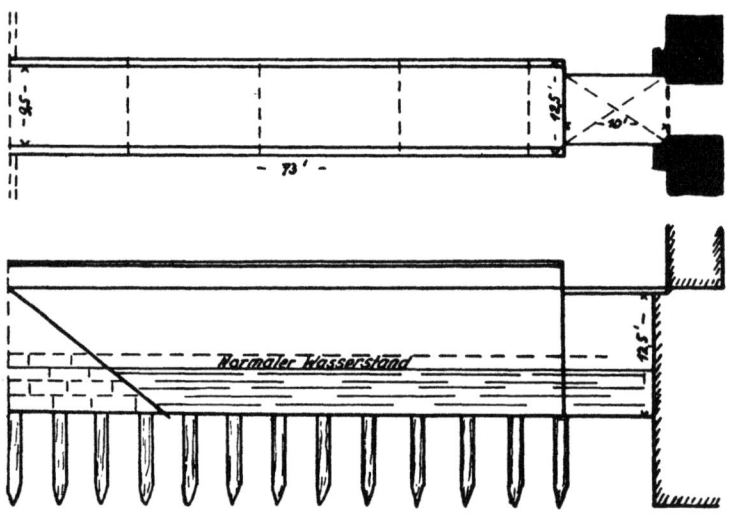

Abb. 32. Die Gartenbrücke zu Schöneflieth

gemauert. Auf der Gartenseite schloß ein einfaches Gatter, an der Burgseite ein von zwei barocken Pfeilern gebildetes Tor im Zuge der hier nur knapp ein Meter hohen mit Kanonen bewehrten Burgmauer, die Brücke ab (Abb. 33). Vor dem 16. Jahrhundert war die Burg gewiß nur ein schlichter Bau. Erst durch den Neubau, den der reiche und kunstsinnige Domkellner Dietrich von der Recke aufführen ließ, bekam die Burg ein prächtiges Aussehen. Das neue, 1562/64 erbaute Herrenhaus (Prinzipalhaus) mit seinem

13 Meter hohen Treppengiebel, der auf dem mehrerwähnten kleinen Bildchen (Abb. 29) deutlich hervortritt, und mit dem Renaissanceerker an dieser Giebelwand muß einen recht gefälligen Eindruck gemacht haben. Das wenig später erbaute Amtshaus in Lüdinghausen mag im Aussehen dem Prinzipalhaus der Burg Schöneflieth am nächsten kommen.

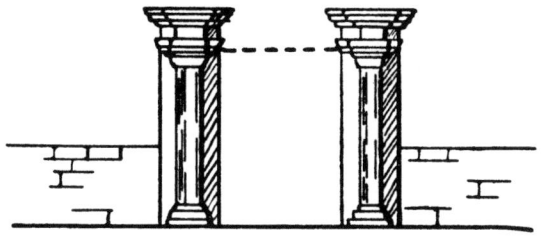

Abb. 33. Das Gartentor zu Schöneflieth

Über diesen Neubau des „Herrenhauses" haben sich unter den Akten des Domkapitels die Lohngeldregister „uber den tymmer des huses Schoynflette" erhalten. Der eigentliche Baumeister war der Steinhauermeister Albert Reining (auch Beldensnider genannt) aus Münster, von dem wohl der Riß und die Planung des Gebäudes stammen. Am 17. Mai 1562 begann ein Meister Gerd mit sieben Mann die Maurerarbeit, die bis ins Jahr 1564 hinein dauerte, wenngleich auch schon im Herbst 1563 das Dach gezimmert werden konnte. Meister Albert Reining arbeitete mit seinem Sohne noch das ganze Jahr 1564 hindurch am Giebel. Die Kosten für den Bau waren nicht gering. Holz und Steine kosteten das Domkapitel nichts, da sie aus eigenen Forsten und aus eigenen Steinbrüchen in den Baumbergen gewonnen wurden.*) Auch die 500000 Ziegelsteine, die angeblich auf den Bau verwandt wurden, kosteten nur den Arbeitslohn, da man sie in einem sogenannten Feldbrand mit eigenem Lehm backte. Der Arbeitslohn verschlang dagegen große Summen. 1562, als die Arbeit begann, brauchten nur erst rund 252 Taler an Lohngeldern gezahlt zu werden, im nächsten Jahre mußten aber schon etwa 1100 Taler und 1564 wieder über 1054 Taler, im ganzen also 2389 Taler 6 Schillinge und 8 Pfennige für Lohn aufgewendet werden. Dazu kamen dann noch erhebliche Ausgaben für Blei, das aus Soest, für Eisen, das aus Soest und Dortmund geholt wurde usw. Gearbeitet wurde nach damaligem Brauch vom Frühjahr bis in den Spätherbst (meist vom Sonntag Lätare (3. Sonntag vor Ostern) bis in die 20. Woche nach Trinitatis, also bis in den Anfang des Monats November. Die Berechnung des Lohnes war sehr verschieden. Meister Albert Reining bekam natürlich den höchsten Tagessatz, nämlich vier Schillinge, sein Sohn nur die Hälfte. Der Maurermeister bekam 3 Schillinge und seine Knechte, deren Zahl zwischen vier und acht schwankte, wieder nur die Hälfte. Daneben erhielten aber alle Bauarbeiter des Tages drei Mahlzeiten frei, von denen der Rechnungsführer je zwei zu 8 Pfennigen und die dritte zu 6 Pfennigen rechnete. Viele Feiertage unterbrachen die Arbeit, so wurde beispielsweise in der Karwoche nur dreieinhalb Tage und in der Osterwoche auch nur vier Tage gearbeitet. Auf Grever Markt wurde natürlich auch gefeiert. Trotzdem ging der Bau flott voran und war in drei Jahren fix und fertig. Allerdings ging dieser Zeitgewinn ganz offensichtlich auf Kosten der Sicherheit des Baues. Das Fundament, das wegen der ständigen Unterspülungsgefahr durch die jährlichen Hochwasser der nahen Ems besonders gut hätte gesichert werden müssen, erwies sich als so wenig tragfähig, daß sich bereits im 17. Jahrhundert Stütz- und Sicherungsarbeiten als notwendig erwiesen, die aber nicht verhindern konnten, daß das stolze Gebäude bereits nach gut 200 Jahren abbruchreif war!**)

---

*) Für Einzelheiten, besonders für die Eckquadern (arthstein), sowie für die untersten Lagen des Treppenturmes wurden vierzig Fuder des härteren Riesenbecker Sandsteines gekauft.

**) Schon 1616 war der Giebel am Prinzipalhaus so ausgewichen, daß er durch 4 Pfeiler und einen Anker bis zum hintersten Turm gesichert werden mußte (StAM, DK, Pr. Bd. 11 zum 30. 12. 1616).

Der Erbauer dieses in seiner Größe und Ausstattung prächtigen und imposanten Gebäudes, der „Domkerner" (= Domkellner) Dietrich von der Recke sollte nicht lange Freude an seinem Werke haben; er starb bereits wenige Jahre nach Fertigstellung desselben im Jahre 1570. Als sein Nachfolger, der Domküster Bitter von Raesfeld im Jahre 1581 mit seinem gesamten Hausgesinde (sechzehn Personen) in seinem Stadthause in Münster an der dort grassierenden Pest verstarb, wurde im Auftrag des Domkapitels ein genaues Inventar seiner gesamten Verlassenschaft aufgenommen. Dieser Bestandsaufnahme lassen sich neben Einzelheiten über die verschiedenen Teile und Wohnräume der Burg auch schätzenswerte Angaben über die Inneneinrichtung dieser Räume entnehmen, die erkennen lassen, wie komfortabel man bereits damals zu wohnen verstand. In den einzelnen Zimmern und Kammern des Herrenhauses fanden sich herrlich geschnitzte Möbel mit den Wappen des letzten und vorletzten Hausherrn, reiche Gewänder aus Seide und Pelz, große Vorräte an Leinen und Flachs. Gar anheimelnd und wohnlich muß es in den reich ausgestatteten, ringsum getäfelten oder mit Leder- und Seidentapeten bespannten Stuben gewesen sein. Große Kamine sorgten für die nötige Wärme in den kalten Wintermonaten. Die Wände waren mit Bildern und Kupferstichen von Kaisern und Päpsten, ja mit Porträts des Hausherrn selbst geschmückt. Es fehlte auch nicht an schönen flandrischen Gobelins und Teppichen. Alte Wandkarten und Regale voller Bücher zeugten von den weitgespannten Interessen des Verstorbenen. Sogar Musikinstrumente, ein Virginal (eine Art von Guitarre) und ein Clavicordium (der Vorgänger unseres Klaviers!) hatte der vielseitig interessierte und gebildete Domherr in seinem Besitz gehabt. Da werden an den langen Winterabenden beim wohlig knisternden Kaminfeuer die Wände von Lachen und Fröhlichkeit geklungen haben, zumal der selige Domküster auch über einen großen Vorrat an goldenen und silbernen Trinkbechern und Humpen und gewiß auch über den dazu gehörenden Vorrat an Bieren und Weinen verfügte. Er war aber auch ein frommer Mann, denn er hatte statt der verfallenen alten Kapelle im Torhaus eine neue errichten lassen (1574), die er mit den nötigen Kultgegenständen und Geräten ausstattete, worunter wieder als Ausdruck seiner Vorliebe für die Musik eine damals noch seltene kleine Orgel, ein sogenanntes Positiv mit zwei Blasbälgen, wie es im Inventar heißt, besonders auffällt. Seine Nachfolger haben nicht so viel für die Kapelle getan, denn es heißt, Christoph Bernard von Galen habe erst wieder für die würdige Ausstattung der Burgkapelle auf Haus Schöneflieth gesorgt und sie mit den nötigen Einkünften versehen. Die hundert Taler, die Bitter von Raesfeld 1574 zur Ausstattung der Burgvikarie zu Ehren des Hl. Paulus gestiftet hatte, genügten zweifellos nicht, den Burgkaplan finanziell sicherzustellen. Christoph Bernhard gab weitere fünfhundert Taler dazu (1652). Im 18. Jahrhundert hat aber offensichtlich kein ständiger Geistlicher mehr auf der Burg gewohnt und den Gottesdienst wahrgenommen. Die Folge war, daß die Kapelle, wie das gleichfalls lange Jahre leerstehende Herrenhaus, verwahrloste und verfiel, so daß sie 1774 abgerissen werden mußte. Was noch an kirchlichen Geräten vorhanden war, wurde der Kirche in Greven überwiesen. Neben ein paar zum Teil von den Motten zerfressenen kirchlichen Gewändern war nur noch ein silberner Kelch von einigem Wert vorhanden.

Um den Inhabern des Hauses Schöneflieth die Mittel in die Hand zu geben, auf der Burg leben zu können und diese auch in Stand zu halten, dazu bedurfte es eines umfangreichen wirtschaftlichen Rückhaltes. Die Grundlage dazu bot der Beifang mit seinen zahlreichen Rechten und Einkünften (s. o. S. 192).

An der Spitze des Wirtschaftsverbandes desselben stand der uralte Schultenhof Aldrup. Zu ihm gehörten zahlreiche Bauernhöfe in den umliegenden Bauerschaften, im ganzen rund vierzig, die in drei Ämtern zusammengefaßt waren und außer ihren wöchentlichen Hand- und Spanndiensten an den Schulten zinsen und zehnten mußten. Diese

Abgaben der Bauern betrugen um 1400 rund 24 Mark an Geld ohne die Zehntabgaben an Korn und Vieh und ohne die ungewissen Gefälle an Auffahrten, Gewinn- und Sterbfällen. Ende des 15. Jahrhunderts wurden die Gesamteinkünfte aus dem officium (= Amt) Aldorpe auf rund 73 Mark berechnet.*)

Wichtiger als diese reinen Geldeinnahmen waren die sonstigen nutzbaren Rechte des Hauses Schöneflieth und seine Eigenwirtschaft. Die letztere war wohl in der Lage, die zahlreichen Menschen, die zur Dienerschaft und zum Gefolge des residierenden Domherrn gehörten, zu ernähren und zu unterhalten, denn wie das im Jahre 1616 über die Wirtschaft aufgestellte Inventar erweist, fehlte es auf dem Hause an nichts. Dieses für die landwirtschaftlichen Verhältnisse jener Zeit so aufschlußreiche Verzeichnis[713]) sei im folgenden im Auszug mitgeteilt:

Zum Hause Schönefleth gehören nachfolgende Stücke:

erstlich das Gebeuw am Ober- und Niderplatz, das Zehendthaus vor dem Niderplatz, item eine Schoppe bei dem Zehendthaus, item das Fischhaus oder Schlachthaus an der Embse, item der Schafstall im Hagen.

an Graß:

Umb das Haus Schonefleth in der Lack (= Lake), am hindersten Winckel, an Rößmans Ortchen und sonsten zusamen gesucht, machen 6 fuder Heuwes.

item in der Fredewische acht Schepfl Grases.

an Holtz:

umb das Haus Schonefleth seient 2 Hagens undt umb die beiden Winckel mit Eichen-Beumen ohngefer (für) 10 Schweine Mast, wen fulle Mast ist.

item in der Hasekenauw 6 Schweine Mast.

item an Schulte Borckerdings Hause die halbe Mast, seint die Beume verhauwen und hat man sich nichts darauf zu verlaßen.

item in der Fredewische ist auch Buchenholtz, kan hirnechst Mast geben.

item die Wrechten (= Hecken) geben Brandtholtz, muß aber viel zugekauft werden.

item die Zarenweiden an der Embse colligiren (sammeln) die Korbmacher van Detten (= Emsdetten) und geben darfür Wannen oder Korbe, wie man sich mit inen vergleichet.

An Hüneren: 70 (72)**)

Dienste: ... (hier werden die zum Beifang gehörenden Höfe genannt. Es waren dies in Aldrups Amt: (außer dem Schulten Aldrup selbst) Rösmann, Holländer, Rickermann, Stienemann, Tüning, Frede, Vegesack, (Middel-)Wichtrup, Rottmann, Bernemann, Wannigmann, Stegemann, Tiemann, alle in der Bauerschaft Aldrup, ferner Wilmer Ksp. Altenberge, Rößmann Ksp. Nienberge und Robert im Ksp. Überwasser oder Nordwalde.

Zum Amt Averkamp gehörte zunächst der Hof Averkamp in Gimbte selbst, ferner die Höfe Große Laxen, Albertmann, Rosendael, Wesselmann, alle in Gimbte, Over-

---

*) Dazu kamen im 17. Jahrhundert noch rund 150 Tlr. jährlich an Accise (Bier- und Branntweinsteuer), 200 Taler an Dienstgeldern aus den Kirchspielen Altenberge, Nienberge und Nordwalde, rund 150 Taler Einnahme aus dem Zoll und aus der Überfahrt an der Schiffahrt, sowie von den bei Schönefliech anlegenden Pünten und schließlich noch etwa 50 Taler jährliche Überschüsse aus der Mühle beim Schultenhof Aldrup! Die Gesamteinkünfte aus dem Beifang schwankten zwischen 1300 und 1400 Talern.

**) An sonstigem Vieh zählte das Inventar von 1581 auf 21 Milchkühe, 1 Sterke, 1 Bulle, 8 Rinder von 2 Jahren, 8 Saugkälber, 4 dreijährige Sterken, 37 Schweine, 100 Vaselschafe, 28 alte Euwen, 5 Zehntkälber, 3 Wagenpferde, 14 Butte, noch 2 Kühe und 2 Zehntfohlen. In der Räucherkammer hingen damals 30 Seiten Speck und 36 Schinken, 26 Stücke Ochsenfleisch und ferner noch 27 Käse!

mann, Bsch. Maestrup, Waulichmann, Bsch. Guntrup, Ebbichmann, Bsch. Maestrup, Elverich, Bsch. Guntrup, Wesselmann, Bsch. Bockholt, Gerdemann und Wißmann ebenda.

Zum Amt Drentrup gehörten folgende Höfe: Steggemann, Schlautmann, Konermann, Mennigmann, Winkelmann (tom Winkel), Feddermann, alle in der Bauerschaft Wentrup, Theißmann, Kokenbrink, Gr. u. Kl. Glanemann, Lobbertmann in der Bauerschaft Pentrup, Gr. und Kl. Sundrup, Önigmann, Lütke Drieling, Wessels, Flerkötter in der Bauerschaft Hüttrup, ferner Bövemann und Albachten im Dorf Greven, Schulte Sutthoff, Lowe (wüst), Hermeler, und Möllmann in der Bauerschaft Westerode.

Schefferei:

Uber 200 Schaffe kan man am Hause Schönefleth nicht halten. (Die Aldruper müssen aber die Rehebrede am Klaterberg alle 3 Jahre 9 Jahre lang dresch liegen lassen laut Vertrag von 1576, ebenso die Gimbtischen den Reutermersch nach der Embse; die Grevischen müssen den Grevermersch bei der Lindersheide alle 3 Jahre 3 Jahre lang dreisch liegen lassen.)

Axisen:

Schipman bei der Schiffbrugken hat zum hohesten bei meiner Zeit des gantzen Jars Axisen conduciret vor 16 Marck.

Wichtrup. Dieser Krug ist bei meiner Zeit nicht im Schwang.

Kock zu Gimbt hat bei des saligen Hern Dhumbcusters Raßfelts Zeiten jarlichs geben 7 Marck, $7^1/_2$ Schilling, verweigert ietziger Zeit so viel zugeben.

Vegesack hat in kurtzen Jahren keine Wirtschaft wegen Unfeligkeit (= Unsicherheit) gehalten.

Notandum, das ohne Vorwissen eines Ambthern zur Schonefleth keine Wahr, (= Ware) sei holtz oder was es will die Embse vor Schonefleth her auf und abgefuret wirdt. Item daß keine Habiche im Gimbtischen Hassel ohn Vorwissen undt Belieben eines Hern oder Inhaber des Hauses Schonefleth ausgehoben werden ...

Wichtiger als die „Ackernahrung" im eigenen Betrieb werden den Besitzern von Haus Schöneflieth die damit verbundenen Jagd- und Fischereiberechtigungen gewesen sein, die nicht nur zum Zeitvertreib der Schloßbesitzer und ihrer Gäste, sondern weit mehr noch zur Verpflegung der zahlreichen Hausbewohner unerläßlich waren.

Wieweit der Besitzer von Schöneflieth jagdberechtigt war, weiß das Inventar von 1616 nicht zu sagen, da die Erbstände des Stiftes Münster, wozu ja auch jeder Domkapitular gehörte, im Prinzip das Jagdrecht im ganzen Stift für sich beanspruchten. Ein ausschließliches Recht zur Jagd auf alles Wild, so, daß niemand anders dort mitjagen durfte, beanspruchte der Besitzer von Haus Schöneflieth für den Beifang, also für das Kirchspiel Gimbte, ferner für die Bauerschaften Aldrup, Westerode (halb), Bockholt und Fuestrup. Einzelne waren von diesem Jagdverbot im Beifang allerdings ausgenommen, so durfte der Drost zu Wolbeck, wenn er zweimal im Jahr seine Meute zur Jagd nach Schulte Bisping im Kirchspiel Altenberge schickte, auf dem Durchzug einen „Strich" durch den Beifang machen; „es pflegen aber," wie es im Inventar heißt, „gemelten Drosten Jeger aus Discretion, wenn sie den Beifang (be)rühren, die Hunde aufzukoppeln." Von den Junkern zu Harkotten und den Schenking zu Bevern heißt es ebenda, daß sie die Gerechtigkeit haben, „einmal (im Jahr) bei Gras und einmal bei Stroh, d. h. einmal im Frühling und einmal im Herbst, das Gogericht Meest mit einer Jacht zu visitiren. Alsdan pflegen sie wol durch den Beifang die Hunde laufen zu lassen." Doch dürfen sie, ebensowenig wie alle anderen, die im Beifang jagen dürfen, „anders keine Hunde und Winde (Windspiele) gebrauchen als sie selbst speisen und ihnen zugehorig sein". Gar eigentümlich

berührt uns die Nachricht des mehrerwähnten Inventars von 1616, daß auch den Fleisch-
hauern von Münster zweimal im Jahr eine eintägige Jagd im Beifang gestattet war! So
war es den armen Städtern, soweit sie keine Beziehungen zu Jagdberechtigten hatten,
wenigstens dann und wann möglich, einmal einen Hasenbraten oder gar ein Wildhuhn
auf den Sonntagstisch zu bekommen!

Ebenso wichtig und ertragreich war für den Herrn auf Schöneflieth das Fischerei-
recht auf der Ems.*) Dieses Recht begann nach der Aussage des 1616 über achtzig Jahre
alten, ehemaligen langjährigen Fischers auf Schöneflieth:

an Mulmans Hause (Möllmann), nicht weit unter der A; da die A in die Embse fleußet, findet
man Pöste oder Pfele und vestigia einer verfallenen Muhlen. Daselbst endiget sich die Gerechtigkeit
der Fischerei zum Hause Schöneflieth, jedoch ist von alters und jetzt noch breuchlich, daß im Früling
undt bei Sommerzeiten durch die Diener zur Schonefleth von Winckelmans Hause anfahendt bis jener-
seit Heimberg (Hembergen) an die Mullenpfäle ein, zwei oder dreimal nach Gefallen Kurbe und Fucken
gezogen und nach dem Hause Schonefleth gefurt werden. Von gedachten Mülmans Hause der Embs-
strom hinauf erstreckt sich die Gerechtigkeit des Fischens bis Averkamps Schluse hart bei den Gimp-
tischen Hassel, und obwol die Gimbtischen ein Theil vor diesem angeben, das nur an die Reuterforth
zu fischen, sich vom Hause Schonefleth gebüren soll – ist ohngefer ein Wurf wegs oder einen Kamp
zurück, – hat man sich doch daran nicht gekeret. Von Averkamps Schlusen fehet (fängt) des Hern zu
Steinfurt Fischerei an und endiget sich mittwegs an des Bröckers Muhlenkempen, da die dieselben
durchgeschlagen; nechst bei Gimbte hat vormals eine Weide gestanden, ist jetziger Zeit mit dem Embs-
ufer eingesunken, kan noch zur Zeit gesehen werden; von hirab verfolgt sich die Fischerei ans Haus
Schonefleth gehörig ohn einigen Underscheit bis uber die Wiggeringkbrucken jegen Affhuppen Hof,
von welchem eine geringe Bach in die Embse fleußet, und alda wider der terminus (Grenze), da man
gekeret hat. Etzliche aber vermeinen, die Fischerei soll sich strecken biß an den Kinderkolck, da sich
der Beifanck endiget, welches die Herren zu S. Georg (in Münster!) wol widersprochen haben.

Die Fischerei auf der A erstreckt sich von Schlupmans Hause, woselbst eine kleine Bach in
die A fleußet, und die A hinab bis an Mulmans (Möllmann) Hause, da die A in die Embse fleußet."

Auf den beschriebenen Fluß- bzw. Bachstrecken durfte niemand anders als der
Schönefliethische Fischer seinem Handwerk nachgehen. Daß die Bauern allen Verboten
zum Trotz doch immer wieder an verbotener Stelle fischten, so besonders die Grevener
in der Peterslake und in der Luiken Lake, im Dummer und in der Gessincklake, lauter
toten Emsarmen und Überschwemmungswiesen des Flusses, nimmt nicht wunder.
Schon 1561 gab es einen großen Streit zwischen mehreren Dorfbewohnern, namentlich
Johann Wrede, Christian Becker, Bernhard Nordendorp, Johann Kommes d. Jüngeren,
Hermanns Sohn u. a. mit dem Schönefliethischen Fischer, der weiter die Ems abwärts
fischen wollte, als ihm zustand. Unterhalb Molmans Haus gehörte die Fischerei auf der
Ems nach dem bischöflichen Amtshaus Bevergern und in den Laken beim Dorf, besonders
in der Peterslake (rund um den Kälberkamp) bis an die Weiden vorm Dorf fischten von
altersher die Grevener, wenn das Hochwasser der Ems sich wieder verlaufen hatte. Solange
der Fischer mit dem „Fischschep" über die Zäune auf den Weiden hinwegfahren konnte(!),

---

*) Das Fischrecht auf der Ems von Möllmann die Ems abwärts, hatte der Landesherr seit dem
16. Jahrhundert ständig dem jeweiligen Domdechanten verliehen (StAM, Fst. Münster, Hofkammer
XVII i Nr. 5). Der Domdechant verpachtete es meist an einen Eingesessenen des Dorfes Greven,
zuletzt im Jahre 1802 an den Kaufhändler Kohaus für 40 Taler (StAM, DK Münster, Domdechanei V
Nr. 25). Das bischöfliche Fischrecht auf der Ems von Greven bis Rheine ging auf eine Schenkung der
Grafen von Cappenberg (von 1127?) zurück (WUB II Nr. 200). Im 15. Jht. trug es Gerhard von Biller-
beck vom Bischof zu Lehen (schip unde schipvort uppe der Emese, vgl. Urkunde vom 2. 6. 1446,
StAM, Dep. Haus Diepenbrock, Urk. Nr. 256). Das Domkapitel besaß auch in der Meestheide beim
Kötter Semesdiek und bei der Gronenburg ausgedehnte Fischteiche und Entenfänge, deren Reste im
Gelände noch gut zu erkennen sind. Über die Zeit dieser Anlagen (17. Jht.?) verlautet nichts weiter.

durfte dagegen nur der Landesherr fischen lassen. Durch die alte Ems hatten sich die Dörfer bereits damals einen Damm gebaut, der ihre Gärten vor dem Hochwasser der Ems schützen sollte und den sie auch für ihre Prozession, die sogenannte „hillige Dracht" und auch sonst als Weg benutzten. Von da beanspruchten sie in der hier beginnenden Peterslake das Fischrecht. Ob die Gildemeister des Dorfes 1561 mit ihrem Anspruch durchgedrungen sind, verraten die Akten nicht. Streit mit dem Schönefliethischen Fischer gab es auch später noch oft. Heimlich entleerte Fischreusen, ausgerissene Pfähle in den Abschlußschleusen der Laken gaben den Besitzern von Schönflieth immer wieder Anlaß zu gerichtlicher Klage. Der Fischreichtum der Ems lockte zu sehr, als daß nicht die angrenzenden Bauern und Dörfller immer wieder nach der verbotenen Frucht, genauer gesagt nach den verbotenen Leckerbissen angelten. Ergab doch im 16. Jahrhundert ein einziger Fischzug in einer der genannten Laken oft genug 200 bis 300 große, mehrpfündige „Breseme" (= Brassen)!

Fügen wir noch hinzu, daß das Fischrecht vom Kirchhof zu Gimbte an „in Sotemans Reuterfahrt bis an Rotgermans Kamp beneden das Hasselt in der Ems, ferner in der sogenannten Mollemanslake oder Mollenstede genannt, in Bispings und Gerdings Kempe schießend, ferner in der Gellenbecke und im Beverkolk" dem Kapitel St. Mauritz vor Münster zustand, das es 1633 an den Herrn von Lethmate verpachtet hatte, so sind damit alle „Fischherren" auf den Gewässern der beiden Kirchspiele Greven und Gimbte genannt. Den Löwenanteil besaß zweifellos der Besitzer des Hauses Schönflieth!

Die Burg Schönflieth war indes nicht nur ein angenehmer Landsitz und bequemes Jagdschloß, ihr eigentlicher Zweck war ursprünglich ein anderer und wichtigerer gewesen. Schon ihr Erbauer, der gewalttätige und mächtige Ritter Dietrich von Schönebeck, genannt von Schönflieth, hat sich diese Stelle an der Ems nicht etwa deshalb ausgesucht, weil er von hier aus bequem seine Angelplätze am Fluß und die Wildwechsel in den benachbarten Wäldern erreichen konnte. Schon für ihn war die Straße über den Fluß die Hauptsache. Hier gab es immer reiche Möglichkeiten, einen Fischzug zu machen, nicht unter den armen Fischlein der Ems, sondern unter den reichbeladenen Krämerkarren der reisenden Kaufleute aus dem benachbarten Münster, die hier über die Ems mußten, wollten sie den Grevener Markt besuchen. Für die Benutzung der Furt wird er ihnen schon damals einen Zins abgenommen haben. Die klugen Domherren von Münster werden bald erkannt haben, daß es töricht gewesen war, die Burg Schönflieth dem Erdboden gleichzumachen. Die Gelegenheit, von den auf der Heerstraße daherziehenden Kaufleuten und Reisenden zum Unterhalt von Brücke und Straße einen Zoll zu erheben, war nirgends günstiger. Offenbar ist der Gedanke an die Ausnutzung dieser bereits im 14. Jahrhundert vorhandenen Brücke als Zollstätte die Haupttriebfeder für die Wiederaufbauung der alten Feste gewesen. Noch dem Ende des 14. Jahrhunderts (1399?) gehört eine Zollrolle an, in der genau verzeichnet worden ist, was von den einzelnen Passanten der Brücke gefordert werden sollte. Das interessante Schriftstück[714] ist in niederdeutscher Sprache verfaßt und lautet:

Aldus sal men holden Bruggenghelt ton Schonenvlete:

1) Ton eyrsten en juwelich hof unde hues, belegen in den kerspelen to Greven unde to Zoerbeke, deme dat ghedelih is, sal gheven van al den ghene, de in der were wonachtych syn (d. h. die einen vollen Hof besitzen) to eynen gansen jare twe schepel roggen, unde eyn juwelich kote in den twen kerspelen eyn schepel roggen in der selven wyse, Monster mate (nach Münsterschem Maß); unde dit korn zal men gadderen (sammeln) van zunt Michaele to der elvendusent meghede daghe (= 21. Okt.).

2) Vort eyn juwelich mensche to voet sal gheven eynen veyrlinch (= $\frac{1}{4}$ Pfennig).

3) Vort eyn juwelich mensche myt enen unbeslagenen peirde sal gheven eynen hellynch (= $\frac{1}{2}$ Pfenning).

4) Vord eyn juwelich mensche myt enen beslagenen peirde sal gheven eynen pennynch.
5) Vord eyn unbeslagen kare eynen penninck.
6) Eyn unbeslagen wagen twe pennynge.
7) Vord eyn beslagen kare sal geven alzo menigen pennynch als der perde an ghaet.
8) Vord eyn beslagen wagen sal gheven vyf pennynge.
9) Vordmer eyns kopmans perd, dat ledich gheyt, eynen pennynch.
10) Vortmer eyn vulwassen rynd eynen hellynch.
11) unde eyn halffwassen rynt eynen veirliynch.
12) Vord eyn zwyn enen veirlynch.
13) Vord eyn molt (= Dutzend) schap eynen hellynch.
14) Vord eyn halff molt schaep eynen veirlynch.

Der Zollrolle angehängt ist eine Liste von Höfen, die offenbar damals zum Hause Schöneflieth gehörten, mit Angabe der Roggenabgabe, die sie zur Unterhaltung der Schönefliethischen Brücke zu leisten hatten. Es sind, von einigen Ausnahmen abgesehen, fast die gleichen Höfe, die 1616 die drei Ämter Aldrup, Drentrup und Averkamp bildeten (siehe oben):

Beneke Bovynch (Bövemann, Dorf Greven)	2 Scheffel Roggen	
Johan Albachte (ebd.)	2 ,,	,,
Hinrich Drentorp (Drentrup, Bsch. Wentrup)	2 ,,	,,
Hinrich ton Wynkele (ebd.)	2 ,,	,,
Herman Vederman (Feddermann ebd.)	2 ,,	,,
Albert Herscopynch (ebd. wüst)	2 ,,	,,
Hinke Grypeskamp (Griepskamp ebd.)	1 ,,	,,
Herman Menekynch (Mennigmann, ebd.)	2 ,,	,,
Bertolt ton Loe (Lohmann, ebd.)	2 ,,	,,
Wessel Lubertynch (Lobbertmann, Bsch. Pentrup)	2 ,,	,,
Johan Wanekeman (Wenningmann Bsch. Hembergen)	2 ,,	,,
Johan to Wynkele (Winkelmann, Bsch. Wentrup)	2 ,,	,,
Sculte to Borchardinch (Sch. Borcherding, Bsch. Schmedehausen)	2 ,,	,,
Johan Werninch (Werning, Bsch. Guntrup)	2 ,,	,,
Stine Mantroyt (?)*)	1 ,,	,,
Herman Overman (Overmann, Bsch. Maestrup)	1 ,,	,,
Zeghebert ton Zuthove (Sutthoff, Bsch. Westerode)	2 ,,	,,
Johan Blomenbergh (Blomberg, Bsch. Westerode; gehörte der Johanniterkommende Burgsteinfurt!)	2 ,,	,,
Sculte to Bunstorpe (Sch. Bönstrup, Bsch. Wentrup)	2 ,,	,,
Albert to Bunstorpe (wüst)	2 ,,	,,
Sculte to Maestorpe (Sch. Gr. Maestrup, Bsch. Maestrup)	2 ,,	,,
Herman to Edestorpe (Eistrup, ebd.)	2 ,,	,,
Johan tor Steghe (Stegemann, Bsch. Wentrup)	2 ,,	,.
Sculte to Aldorpe (Sch. Pellengahr-Höping, Bsch. Aldrup)	2 ,,	,,
Rolof de Hollender (Holländer ebd.)	2 ,,	,,
Diderich Wredynch (Frede ebd.)	2 ,,	,,
Johan Tuneman (Tuning ebd.)	2 ,,	,,

*) Wohl der Kotten Stroethmann in Guntrup.

Johan Styneman (Stienemann ebd.)	2 Scheffel Roggen
Sculte van der Teelt (Sch. Tortilt, Bsch. Westerode)	2 „ „
Johan Streveke (Streveke ebd.)	1 „ „
Herman ton Rodde (Rottmann, Bsch. Aldrup)	2 „ „
Stegemann to Brynctorpe (Stegemann, Bsch. Aldrup)	2 „ „
Hinrich Veghezach (Vegesack, ebd.)	1 „ „
Lambert Hake (wüst)	2 „ „
Herman to Wychtorpe (Mittel-Wichtrup ebd.)	2 „ „
Bertolt ton Tye (Tieman ebd.)	2 „ „
Bate Tunemans (Thünenkötter ebd.)	4 Pfennige
Tor Loghe (Laumann ebd.)	2 Scheffel Roggen

So angenehm die Einnahmen aus dem Brückenzoll für den Besitzer des Hauses Schöneflieth waren, so unangenehm und drückend erschienen sie den davon Betroffenen. Das waren in der Hauptsache die Kaufleute der Stadt Münster. Als nun gar Kaiser Karl V. dem Domkapitel am 28. Mai 1521 durch ein feierliches Privileg gestattete, die Zollsätze zu erhöhen, um aus den so vermehrten Einnahmen die Gerichtskosten in den domkapitularischen Gogerichten bestreiten und Wege und Stege besser unterhalten zu können, wuchs der allgemeine Unwille zu einem förmlichen Aufruhr der Münsteraner an, der aber keinerlei Erfolg hatte, ebensowenig wie jener im Februar des Jahres 1534 gemachte Versuch, die Burg Schöneflieth zu überrumpeln. Der damalige Inhaber, der Domkellner Melchior von Büren, hatte Wind von dem geplanten Unternehmen bekommen und sich hinreichend mit bischöflichem Geschütz und Mannschaft wohl versehen, so daß die aufrührerischen Münsteraner mit einer langen Nase und kalten Füßen wieder abziehen mußten.

Neuen Streit gab es, als im Jahre 1582 die Bürger Münsters zur Förderung ihres auswärtigen Handels „eine schifforth uf der Emese" einrichteten, „daß sie konthen midt punthen von Rine (Rheine) abfahren bis uf Greven an das Haus Schonnefliete." Der damalige Inhaber des Hauses Schöneflieth, der Dompropst Goswin von Raesfeld, glaubte sich hierdurch in seinem Zollrecht geschädigt und verlangte auch von den nur bis an die Schönefliether Brücke fahrenden Pünten ein Zollgeld. Einzelne der Püntenfahrer erklärten sich auch hierzu bereit wie etwa jener Hermann Picker, der 1583 eine Pünte zwischen Rheine und Schöneflieth auf der Ems verkehren ließ (s. o. S. 290). Andere wiederum weigerten sich, und so kam es zu einem endlos langen Prozeß zwischen der Stadt Münster, die sich ihrer Bürger annahm, und dem jeweiligen Inhaber des Hauses Schöneflieth, der noch um die Mitte des 17. Jahrhunderts nicht beigelegt war! Mit dem Flößholz auf der Ems war es ähnlich. War es zunächst noch zollfrei gewesen, so verlangte der Herr zu Schöneflieth jetzt auch von den Flößern eine Abgabe, die gewiß nicht ganz unberechtigt war, da es oft genug vorkam, daß die zu Tal gehenden Flöße die Brückenpfeiler beschädigten. Die gewitzigten Floßknechte waren aber, wie ein Aktenstück aus dem Jahre 1736 zeigt, um einen Ausweg nicht verlegen. Um die paar Groschen Zollgeld zu sparen, scheuten sie nicht die große Mühe, das Holz oberhalb der Schöneflieth auf Wagen umzuladen, es dann auf dem Landwege um die Zollstätte herumzufahren und unterhalb derselben wieder zu Wasser zu lassen! Der Floßverkehr auf der Ems an der Schöneflieth war stets nur minimal (S. o. S. 296 ff).

Seitdem das Brückenholz immer knapper und die Arbeitslöhne immer höher wurden, deckten die Zolleinnahmen kaum noch die Reparaturkosten an der Schönefliethschen Brücke. Vollends als im Dreißigjährigen Krieg die Brücke bald von den Kaiserlichen, bald von den Schweden verbrannt und abgebrochen wurde, um dem Feind das Nachrücken zu erschweren. Auch das Zollhaus war vor 1637 in kurzer Zeit bereits zweimal abgebrannt, so daß sich das Domkapitel nicht mehr in der Lage sah, die Erneuerungskosten allein zu tragen, zumal die Kommandanten von Haus Schöneflieth zwar von jedem Wagen, der die Brücke passierte, 9 Schillinge erhoben, von dem vereinnahmten Geld aber nichts abführten! Schließlich kam es dann mit den Soldaten auf der Burg zu einer Einigung, derart, daß sie in Zukunft an Stelle der nicht wieder besetzten Zöllnerstelle von jedem Wagen 6 Schillinge erheben durften und davon dann auch die Brücke unterhalten sollten. Bei diesem Satz blieb es dann vorläufig trotz aller Proteste der Stadt Münster, die sich durch die Höhe des Zollsatzes zum höchsten beschwert fühlte. Mit Recht hielt ihr 1637 aber der damalige Domkellner vor, daß sie selbst ja auch die Accise (Steuer-)sätze von Jahr zu Jahr erhöhe, beispielsweise jetzt für ein Ohm Branntwein 5 Taler statt früher 2, und vom Bier statt früher $1^1/_2$, jetzt sogar 5 Taler nehme.

Als dann wieder friedlichere Zeiten ins Land zogen, bestellte das Domkapitel wieder einen Zolleinnehmer, so 1764 Heinrich Wilhelm Maestrup, dessen Tochter Clara dann N. Hesselmann heiratete und nach dem Tode ihres Mannes den Brückenzoll bis zu dessen Aufhebung am 1. Oktober 1847 verwaltete.*) Bei der Erneuerung des Pachtvertrages am 25. 3. 1825 mußte sie statt der bisherigen 40 Taler jetzt 60 Taler Pacht bezahlen, dazu dann wie von alters her, 3 Malter, 3 Scheffel Roggen.

Die Zollsätze waren 1764 neu festgesetzt worden wie folgt:

Jede Person zahlte 1 Heller,
Pferd, Ochs oder Kuh 2 Pfennige,
Schwein oder Schaf 1 Pfennig,
ein Wagen mit 4 Pferden 4 Pfennige,
ein Karren mit 3 Pferden 2 Pfennige,
ein Malter Korn 1 Pfennig.
Freie Passage hat nur der fürstliche Hofstaat, die Geistlichkeit und das Zehntkorn.

Witwe Hesselmann wußte 1820 noch folgende Einzelheiten, die sie von ihrem verstorbenen Vater gehört hatte, zu berichten: Bei der Erbauung der Neuen Brücke bei Greven im Jahre 1777 sei die Pacht zunächst auf 20 Taler herabgesetzt worden, später aber wieder erhöht worden (offenbar weil die Benutzung der Schönefliethischen Brücke trotz der zweiten Brücke nicht zurückgegangen war). Den Brückenzoll lösten die meisten Bauern der Umgebung mit einem oder zwei, drei, ja auch mit sechs, einige aber nur mit einem halben Scheffel Roggen nach alter Gewohnheit ab. Die Einwohner von Greven und die Heuerleute zahlten von jedem Haus 6 Pfennige, die am Tage nach Grever Markt eingesammelt wurden. Im ganzen kämen dadurch etwa 2 bis $2^1/_2$ Taler auf. Die zwölf Bauern des Kirchspiels Gimbte müßten ums andere Jahr einen Tag dem Zolleinnehmer pflügen helfen, die etwa zwölf bis vierzehn Kötter dieses Kirchspiels einen Tag arbeiten oder statt dessen $3^3/_4$ Groschen zahlen. Dafür hätten sie dann freie Passage. Generell frei von jedem Brückenzoll waren nach ihrem Bericht der Hofstaat, das Domkapitel, die Eigenbehörigen und Pächter, wenn sie Zehntkorn fuhren, ferner die Pfarrer und Küster zu Greven und Gimbte, ebenso der Pfarrer von Nienberge; dann alle Fuhren zu der Mühle in Aldrup und die Bauern Albachten, Naendrup im Dorf Greven, Bönstrup, Gr. Maestrup, Overmann, Konermann, Rickermann und Baumann; endlich alle Fuhren im Herren-

---

*) Wohl seit dem 17. Jht. betrieb der Zollerheber an der Brücke auch eine Gastwirtschaft, die 1765/66 in ihrem Schild (der kriegerischen Burg zum Trotz) eine „Taube" führte (Münsterländer Heimatkalender 1940, S. 92). 1616 wird die Gastwirtschaft noch nicht genannt (s. o. S. 408).

dienst und schließlich alles Militär. Daß die Post gleichfalls ein Brückengeld nicht zu zahlen brauchte, versteht sich von selbst.

Am 1. 10. 1847 erlosch dann nach rund fünfhundertjährigem Bestehen die Zollstelle an der Schönefliethischen Brücke, da von jetzt ab Chausseegeld erhoben wurde. Im Laufe des Jahres 1848 wurde von den Bauern die Naturalabgabe abgelöst.

Über dieser wirtschaftlichen Bedeutung der Burg Schöneflieth und ihrer Zollstätte an der Embrücke sei nicht vergessen, daß sie im Laufe der Jahrhunderte auch eine sehr gewichtige politische Rolle gespielt hat. Haus Schöneflieth war eine der stärksten und festesten Burgen im Stift Münster. Dem Domkapitel, als Besitzerin der Burg, lag daher die Sorge um diese stets sehr am Herzen, und jeder neue Dompropst wurde ausdrücklich auf die gewissenhafte Wahrung der Burg verpflichtet. Das war auch wohl nötig, denn in den Streitigkeiten, die bei jeder neuen Bischofswahl zwischen den Ständen des Stiftes ausbrachen, kam es darauf an, daß die Burgen des Landes nicht in die verkehrten Hände gerieten, wodurch leicht die Bischofswahl einen unerwünschten Ausgang nehmen konnte. Wer die Burgen des Stiftes in der Hand hatte, konnte den Frieden diktieren und ebenso auch den neuen Herrn bestimmen. So geschah es beispielsweise im Jahre 1451, als Graf Johann von Hoya sich eines großen Teils des Stiftes, unter anderem auch der Burg Schöneflieth bemächtigte, um dadurch die Wahl seines Bruders Erich zum Bischof von Münster zu erzwingen. Daß die Münsteraner in ihrem Zorn über den erhöhten Brückenzoll 1534 einen Überfall auf die Burg planten, wurde schon berichtet; gegen das feste Haus waren sie machtlos. Das sollten gegen Ende des Jahrhunderts auch die spanischen Raubscharen erfahren, die 1589 beim Überfall auf Greven auch die Burg Schöneflieth zu nehmen versuchten, wohin sich einige Bürger des Dorfes und Kaufleute mit ihrer wertvollsten Habe geflüchtet hatten. Die vom Gografen und den domkapitularischen Soldaten verteidigte Burg, vermochten die ohne Artillerie anrückenden Reiterscharen nicht zu nehmen. Auch 1598 warb das Domkapitel ein Rott Soldaten unter Führung eines Rottmeisters (der sich später Kommandant nannte) zur Verteidigung der Burg an. Gegen eine Kriegsmacht wie die des tollen Herzogs Christian von Braunschweig, der am 3. August 1623 mit seinem Heer vor Schöneflieth erschien und Einlaß begehrte, war diese kleine Schar von dreißig Mann natürlich machtlos. Sie kapitulierte sang- und klanglos. Aber am nächsten Tage bereits mußte Christian die Burg wieder räumen, da ihm der kaiserliche Generalissimus Tilly nahe auf den Fersen war, so nahe, daß die in Greven einmarschierende kaiserliche Vorhut noch die Hörnersignale der abrückenden braunschweigischen Nachhut hören konnte! Es gelang Tilly dann ja auch, den Braunschweiger noch am gleichen Tage bei Stadtlohn zu stellen und vernichtend zu schlagen. Für Haus Schöneflieth waren der 3. und 4. August 1623 ebenso wie für Greven (s. o. S. 237), schwarze Tage. Alles nur irgendwie Brauchbare hatten die Braunschweiger mitgenommen. Das wenige, was sie in der Hast liegen lassen mußten und nicht mehr zerschlagen konnten, werden gewiß die kaiserlichen Soldaten haben mitgehen heißen! Die Besatzung der Burg wurde meist von einheimischen Bauern- und Dörfersöhnen gebildet, die, wie die Schatzungsregister des 16. und 17. Jahrhunderts erkennen lassen, dafür von der Monatsschatzung befreit waren. Sie waren beileibe nicht alle ständig auf dem Hause, sondern nur im Notfalle rückten sie mit Muskete und Hellebarde bewaffnet ein, um das Haus gegen räuberische Überfälle usw. zu schützen. Nur der Kommandant wohnte ständig dort und einige Veteranen.

Der erste „Rottmeister" auf Haus Schöneflieth, der in den Akten begegnet, war Heinrich von Dockum, den einer seiner eigenen Soldaten, Heinrich von Hagen mit Namen, am 10. Oktober 1598 im Streite erschlug. In den ersten Jahrzehnten des 17. Jahrhunderts, während des Dreißigjährigen Krieges, befehligten nacheinander die Offiziere Vierfuß,

Nacke und Lawurte die kleine Besatzung.[715]) Nach Kriegsende erscheint in den Rechnungen des Kirchspiels Greven bis 1656 der Obristleutnant Schnelle als Kommandant von Schöneflieth, der nebenbei auch Amtsführer war (s. o. S. 254). Sein Nachfolger wurde vermutlich ein Hauptmann Lappe, der mit seiner Frau in der Grevener Kirche begraben lag, wie Pfarrer Holstein in seinem Kirchenlagerbuch von 1672 zu berichten weiß, ohne jedoch hinzuzufügen, wann er gestorben ist. Zu Beginn des 18. Jahrhunderts war Hauptmann Dreckzeler (1706) und nach ihm Hauptmann Seidelitz (Seelitz) Burgkommandant, (gest. 1737) dem (bis 1752) Leutnant Johann Georg Stelderen folgte.[716]) Der letzte Kommandant von Schöneflieth war schließlich Hauptmann Cäsar, der am 10. Juli 1774 starb. Nach seinem Tode wurde die Stelle nicht wieder besetzt. Die ganze Garnison des Hauses Schöneflieth stand damals bereits seit langem auf dem Aussterbeetat. Im Jahre 1730 war es noch eine stattliche Schar gewesen, der die Hut der einst wichtigsten domkapitularischen Feste anvertraut gewesen war. Neben dem Kommandanten bestand sie aus einem Wachtmeister (Johann Brunot), einem Fourier (Friedrich Pape), Feldscher (Franz Ferdinand Schammü), einem Korporal (Joh. Ernst Zumdiek), einem Tambour (Joh. Heinrich Menke) und 24 Gemeinen.*) Diese waren noch aktive Soldaten, seit der Mitte des 18. Jahrhunderts wurden dann nur noch Invaliden nach Haus Schöneflieth kommandiert. So lagen in den siebziger Jahren noch manche jener Soldaten, die um 1730 aktiv gedient hatten, immer noch als Invaliden dort! Von ihnen waren wirklich keine Heldentaten mehr zu erwarten, zumal man ihnen im Jahre 1769 auch die Hauptwehr der alten Burg, ihre Kanonen genommen und als Alteisen für 235 Taler verkauft hatte. Sie hausten zum Teil mit ihren alten Weiblein zusammen und manche von ihnen waren so invalid, daß sie ihre rostigen Musketen kaum noch halten konnten. Schon 1748 mußte ihr Kommandant fast ständig das Bett hüten. Auch der Invalide Becker hat die letzten vier Jahre seines Lebens (gest. 1776) gleichfalls im Bett zugebracht. Der letzte Korporal B. P. Terfloth, der ständig in Greven wohnte, hatte die Gewehre seiner Leute nach dorthin mitgenommen, damit sie auf Haus Schöneflieth nicht gänzlich verrosteten! Wie die Burg, so verfiel langsam, aber sicher auch ihre Garnison. Die Zahl der Veteranen wurde nicht mehr ergänzt und so bestand die Schar im Jahre 1770 nur noch aus Kapitain, Wachtmeister, Korporal, Feldscher und 13 Mann,**) die nach dem Tode des letzten Kommandanten im Jahre 1774 von dem Wachtmeister Goswin Schmitz geführt wurden. Ständig sank die Zahl weiter: 1772 auf zwölf, 1774 auf elf, im nächsten Jahre auf zehn, 1776 auf neun, 1779 auf sieben Mann. Die Letzten sind erst nach der Jahrhundertwende gestorben.[717])

Die kriegerischen Zeiten der alten Burg waren im 18. Jahrhundert längst dahin. Nach dem Aufkommen der Artillerie und deren immer weiter fortschreitenden Vervollkommnung war das unmittelbar an der Straße und nicht durch weitläufige Wallanlagen und Gräben geschützte Schloß militärisch wertlos geworden. So hat es denn auch im Siebenjährigen Krieg keine Rolle mehr gespielt. Als die Franzosen das alte Stift zertrümmerten, fielen auch die Mauern der alten Burg Schöneflieth für immer. Bei der Errichtung der Demarkationslinie gegen Frankreich (s. o. S. 348) haben noch einmal preußische Husaren des Generals Blücher für kurze Zeit ihr Quartier auf Haus Schöneflieth genommen. Es war dies im Juli des Jahres 1800, als die Eskadron des Obristwachtmeisters von Lentulus hier einrückte. Der Führer der Schwadron, Rittmeister Graf von Sparr logierte

---

*) An Sold bekam der Kommandant 10 Taler monatlich, der Wachtmeister 3, der Korporal $2^1/_2$ und alle anderen 2 Taler. Die Invaliden bekamen später nur noch $1^1/_2$ Taler Monatssold (StAM, DK IV A Nr. 20, 3).

**) Der letzte Feldscher der Schar, Arnold Machzum, war am 2. Mai 1775 gestorben.

sich allerdings wohlweislich (mit Frau und Personal) beim Schulten Aldrup ein. Für einen preußischen Offizier bot die Ruine schon kein würdiges Quartier mehr! Seine Husaren haben sich aber in dem alten Gemäuer mehrere Tage umgesehen und werden sich über die vergangene und von den Motten zerfressene Herrlichkeit nicht wenig mokiert haben.

Wie die ganze Fürstenherrlichkeit des 18. Jahrhunderts von dem Sturmwind der Französischen Revolution förmlich umgeblasen wurde, so bedurfte es auch nur eines Schlages eines französischen Auktionshammers, um das alte Gemäuer der altehrwürdigen Burg Schöneflieth zum völligen Einsturz zu bringen.

16

Lebendige Zeugen der Vergangenheit.
Baudenkmäler in Stein und Holz. Vom Kunstschaffen unserer Vorfahren

Was der kunstsinnige Eifer und das handwerkliche Können unserer Vorfahren geschaffen hat, ist zum größten Teil dem Zahn der Zeit zum Opfer gefallen. Brände, von denen Greven mehr heimgesucht worden ist als die meisten anderen Orte des Münsterlandes, und andere Naturkatastrophen haben das ihrige dazu beigetragen, zu vernichten, was für Jahrhunderte geschaffen schien. Trotzdem haben wir in den Kirchenbauten in Greven und Gimbte noch wichtige Zeugnisse altdeutscher Kunst, und in ihnen ruhen noch manche Stücke, die von dem hohen kunsthandwerklichen Können früherer Jahrhunderte künden.

a) Die Kirche in Greven

Die Mutterkirche in Greven hat sich vielerlei Um- und Anbauten gefallen lassen müssen, bis sie die Form erhielt, in der sie sich heute zeigt. Die ständig wachsende Zahl der Gläubigen machte immer wieder eine Vergrößerung der Kirche notwendig. Wann das erste fränkische Holzkirchlein einem ersten Steinbau weichen mußte, ist nicht bekannt. Der Turm, der in seinem unteren Teil noch der romanischen Kunstepoche angehört, ist vielleicht der letzte Rest dieser ersten Steinkirche in Greven, vielleicht gehört er aber auch schon zu einem zweiten Bau, der, wie man aus Einzelformen seiner romanischen Reste schließen möchte, gegen Ende des 12. Jahrhunderts errichtet worden sein muß. Zwei Meter stark sind die Mauern des Turmes in seiner unteren Hälfte! So verstehen wir es, daß er allen Stürmen und Bränden getrotzt hat. Ein wehrhafter Recke, der in Notzeiten, wenn die Kirchenburg die letzte Zufluchtsstätte der bedrängten Dorfbewohner geworden war, den Verteidigern Kraft und Rückhalt zum allerletzten Aushalten geben konnte. Ob es wohl jemals dazu gekommen ist? Die an der Südseite in das untere Turmgewölbe führende rundbogige Tür ist ursprünglich. Den Zutritt zu den oberen Geschossen vermittelt eine vom Kircheninnern zugängige bequeme in die Nordwand eingebaute, breite romanische Treppe. Auch das erste Obergeschoß des Turmes hat noch ein romanisches Steingewölbe. Vielleicht diente der Raum einst als Kapelle. Das oberste Geschoß, die Glockenstube, stammt in seiner heutigen Form erst aus gotischer Zeit. Denn hier sind die Fenster nicht mehr rundbogig geschlossen, auch fehlen hier die Zwischensäulen mit den verzierten Basen, wie sie die Fenster ein Stockwerk tiefer noch haben. Die großen Schallöcher sind vielmehr spitzbogig und mit Maßwerk verziert, das allerdings im Laufe der Jahrhunderte zum größten Teil herausgebrochen und verlorengegangen ist. Die Erhöhung des Turmes bzw. die Wiederherstellung des obersten Geschosses in gotischer Form fällt zeitlich gewiß zusammen mit dem Neubau der Kirche selbst, der vermutlich in die Jahre um 1500 zu setzen ist. Die mehrfachen Brände der Folgezeit haben ihm aber noch böse mitgespielt. So waren bei dem Fleckensteinschen Einfall im Jahre 1622 Turm und Kirchendach ein Raub der Flammen geworden. Schulte Temming, der damals Kirchenprovisor war, hat in seinem Rechnungsbuch genau verzeichnet, wieviel Kupfer von den verbrannten Dächern am 21. Januar 1623 an den Münsterer Kupferschmied verkauft worden sind. Es waren über 50 Zentner!*) Im Jahre 1642 beim Einfall der Weimarischen Truppen gingen mit dem ganzen Dorf wiederum Kirche und Turm in Flammen auf. Lange Jahre blieb die Ruine notdürftig mit Stroh gegen Schnee und Regen abgedeckt stehen. Es fehlte das Geld, um die schweren Schäden des Brandes wieder auszubessern, zumal auch erst die Kirche selbst wieder hergerichtet werden mußte. So war der Turm noch im Jahre 1656 „schwer beschädigt", wie es in dem damaligen Visitationsbericht heißt. Zwei Jahre später vermachte Pfarrer Schmedding der Kirche eine Summe zur Wiederherstellung des Turmes. In den nächsten Jahren ist dann die Reparatur durchgeführt worden, und seitdem hat der Turm die charakteristische Spitze, die noch heute, weit sichtbar, das Ortsbild von Greven beherrscht.

Von dem romanischen Kirchenbau selbst ist nichts mehr erhalten, da er gegen Ende des 15. Jahrhunderts für die große Gemeinde zu klein geworden war und einem Neubau weichen mußte.**) Die im Jahre 1499 aufgezeichneten Vermächtnisse für Pfarre und Kirche waren zum Teil bestimmt pro fabrica ecclesiae, also für die Bauhütte der Kirche. Ebenso auch eine Schenkung der Margaretha Bonse und ihres Sohnes von fünf Äckern beim Eistruper Baum in der Bauerschaft Maestrup aus dem Jahre 1501: „to behoef des timmers und tor luchtinge des hilligen Sacraments in der kerken to Greven (s. o. S. 140)".***) Die Häufung solcher Schenkungen gerade in diesen Jahren läßt erkennen, daß man damals Geld für den Kirchenbau benötigte. In die gleiche Zeit weisen auch die spätgotischen Formen der Fenstermaßwerke und Gewölbe. Dieser Bau, der also zu Beginn des 16. Jahrhunderts fertig geworden sein wird, hat im wesentlichen unverändert bis um die Jahrhundertwende gestanden. Viele alte Grevener werden ihn in dieser alten Form, ohne den großen Anbau, dem das alte Chor zum Opfer fiel, noch gekannt haben (Tafel XVI u. XVI). Dort, wo heute das große Querschiff beginnt, waren damals die Seitenschiffe zu Ende, und durch eine gerade Wand abgeschlossen, während sich an das Mittelschiff das etwas schmälere Chor, das in einem 5/8 Abschluß endete, anlehnte, wie der Plan (Abb. 34) zeigt:

Die Kirche hatte nur einen Eingang von der Südseite her, zu dem eine steinerne Treppe hinaufführte (s. o. S. 87). Ursprünglich wird es auch auf der Nordseite der Kirche einen Eingang gegeben haben, doch hat man diese Tür wohl aus Sicherheitsgründen zugemauert.****) Das alte zerfallene Portal wurde 1868/69 von dem Steinmetzmeister Barrick in Münster erneuert.

---

*) „Item zu wissen, daß in diesem Jahre (= 1623) am 21. Januar Johann zu Wederden, Bürger und Kupferschmied zu Münster auf dem Spiekerhof zwischen den Brücken unserm Pastor und den Provisoren der Kirche abgekauft das Kupfer, so leider von dem verbrannten Turm und der Kirche ist aufgesammelt. In meiner Anwesenheit ist es abgeliefert und gewogen. Das Kupfer, das in Packen geschlagen, hat gewogen 4495 Pfund, item das kleinere, so in Tonnen geschlagen, 633 Pfund."

**) Am Turm ist unter dem heutigen Kirchendach der Ansatz des alten romanischen Daches noch erkennbar. Der First lag etwa 2 m tiefer als heute.

***) Bereits 1487 nahmen die Kirchenvorsteher gegen eine Rente von eineinhalb Gulden ein Kapital von 30 Gulden auf, „de vort to nutte und orbeer erer kercken und kerspels gekart weren" (DAM, DomA Msc. 24 Bl. 159), doch ist hier noch nicht vom „timmer", vom Kirchenbau die Rede.

****) Auch die Sakristei war ursprünglich nur vom Kircheninnern aus zugänglich. Zweifellos war auch das eine Sicherheitsmaßnahme! Erst im Jahre 1674 ließ Pfarrer Holstein eine Tür mit Treppe durch die Außenmauer der Sakristei zum Pastorat hin brechen. Es ist dies die auf Abb. 34 dargestellte Tür und Treppe an der Sakristei.

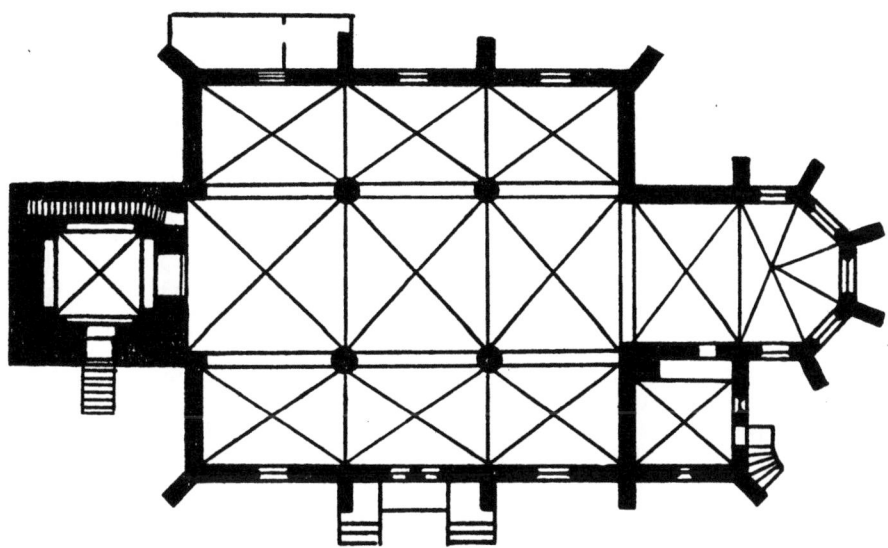

Abb. 34. Grundriß der alten Kirche in Greven (nach der Zeichnung in den Bau- und
Kunstdenkmälern der Provinz Westfalen, Kreis Münster-Land, bearb. v. A. Ludorff
— Münster 1897 — S. 65) Etwa 1 : 400

Bereits im 17. Jahrhundert hatte man über Platzmangel in der Kirche zu klagen.
„Aus Noth wegen Vielheit der Menschen" wurde deshalb im Jahre 1666 die Orgelbühne
erweitert, so daß auf ihr 174 Männer Platz finden konnten.[718] Das reichte fürs erste, zumal
die Berufung eines zweiten Kaplans im Jahre 1676 eine dritte Sonntagsmesse ermöglichte.
Erst die sprunghafte Zunahme der Grevener Bevölkerung im 19. Jahrhundert ließ dann
auf einmal die Kirche wieder zu klein werden. Im Jahre 1850 tauchte so zum erstenmal
der Plan auf, sie durch einen Anbau zu vergrößern. Es dauerte dann aber doch noch
rund 40 Jahre, bis dieser Plan in die Wirklichkeit umgesetzt werden konnte. Ein von dem
Architekten Behnes in Osnabrück 1880 ausgearbeiteter Plan[719] kam nicht zur Durchführung. Erst 1890 wurde mit dem Erweiterungsbau nach den Plänen des Architekten
Hertel begonnen, so daß bereits am 4. Juni 1892 die feierliche Einweihung stattfinden
konnte. Eine an der Ostseite des Chores angebrachte Inschrift hält die Erinnerung an
die Vergrößerung der Kirche fest: „Aedes haec sacra S. Martini B. Schmeinck parrocho
per architectum Hertel amplificata est annis 1890–1892." Die Notwendigkeit des Umbaues
wird niemand bestreiten können, ebensowenig wird man leugnen, daß der neue Teil
der Kirche sich dem alten, stehengebliebenen in Form und Maßen anpaßt. Trotzdem
ist die Harmonie des alten Gebäudes gestört, das Anheimelnde und Traute des früheren
Gotteshauses unwiederbringlich verloren. Wie ganz anders stellte sich die alte Kirche
mit ihrem teils mit Blei oder Kupfer, teils mit Pfannen gedeckten, hohen Kirchendach,
dem kleinen altersschwachen Chortürmchen, dem backsteingeflickten Mauerwerk, dar!
Und dann erst das Innere! Von der alten Ausmalung aus gotischer Zeit war schon früh
nicht viel mehr vorhanden, seitdem die Kirche in den trüben Kriegszeiten von den
durchziehenden Truppen als Magazin und Pferdestall mißbraucht worden war. Auch
die „Illumination" (Ausmalung) des Chores durch Meister Balthasar im Jahre 1627
wird der zügellosen Soldateska zum Opfer gefallen sein. Da es an Geld fehlte und es
damals auch nicht mehr Mode war, die Kirchen auszumalen, begnügte man sich damit,

die Kirche alle zwanzig oder dreißig Jahre neu weißen zu lassen. Solche „Ausmalungen" erwähnen die Kirchenrechnungen zu den Jahren 1657, 1677 (durch die Meister Johann Alerding und Gerd Lodde) und öfters. Noch im Jahre 1821 „schmückte" ein kunstsinniger Meister aus dem benachbarten Rheine die ganze Kirche mit Tünche. Allerdings zog er noch ein paar grüne Leisten durch diese weiße Kahlheit und marmorierte die Wände bis zur Höhe der Bänke, damit die Kirchgänger mit ihren Mänteln nicht seinen kostbaren Kalkbewurf aus der Kirche schleppten.

Glücklicherweise sind wenigstens einige alte Ausstattungsstücke der Kirche erhalten geblieben. Die alten Barockaltäre sind allerdings verschwunden. Sie waren nach dem großen Brand von 1642 beschafft worden. Der Hauptaltar wurde 1655 am 4. April von Christoph Bernhard von Galen, dem streitbaren Bischof von Münster selbst geweiht, wie aus der noch vorhandenen Weiheurkunde hervorgeht:

Anno domini 1655 die 4. mensis Aprilis nos Christopherus Bernardus, dei et apostolicae sedis gratia episcopus Monasteriensis, sacri Romani Imperii princeps etc. consecravimus altare hoc in honorem S. Martini et reliquias de sancta cruce, S. Nicolao confessore et pontifice et S. Lucia virgine et martyre in eo inclusimus et singulis Christifidelibus hodie unum annum et in die anniversario consecrationis huiusmodi ipsam visitantibus quadraginta dies de vera indulgentia in forma ecclesiae consueta concessimus.

zu deutsch:

Im Jahre des Herrn 1655, am 4. April haben wir, Christoph Bernhard, von Gottes Gnaden und des Römischen Stuhles Verleihung, Bischof von Münster, Fürst des Heiligen Römischen Reiches, diesen Altar zu Ehren des Hl. Martin geweiht und Reliquien vom Hl. Kreuz, vom Hl. Bekenner und Bischof Nikolaus und von der Hl. Lucia in ihm eingeschlossen. Allen Christgläubigen verleihen wir am heutigen Tage einen Ablaß von einem Jahre und beim Besuch der Kirche am Jahrestag der Einweihung einen solchen von 40 Tagen nach dem Brauche der Kirche.

Zu beiden Seiten dieses Hochaltars, über dessen Aussehen und kunstfertigen Meister wir gerne etwas mehr wüßten, standen zwei Engelsfiguren mit Leuchtern, für die der Vogt Nikolaus Warburg testamentarisch 3 Pfund Wachs jährlich stiftete. Da aber die „Jungens" nicht sorgsam genug mit den Leuchtern umgingen, ließ schon Pfarrer Holstein die Engel wieder fortnehmen.

Im Jahre 1804 waren die Altäre so baufällig geworden, daß man sie entfernen mußte. Der Hauptgrund allerdings, weshalb man sie gerne los sein wollte, war der, daß „sie in einem grotesken, für unsere Zeit nicht passenden Geschmack" erbaut waren, wie der damalige Pfarrer Pröbsting in einem Bericht an seine vorgesetzte Behörde schrieb.[720]

So verkaufte man sie für rund 90 Taler auf Abbruch, und da man nicht Geld genug besaß, um neue Altäre machen zu lassen, erwarb man auf der Versteigerung des Inventares der aufgehobenen Minoritenkirche in Münster deren „hübsche" Altäre. Für den Hauptaltar, der für die Grevener Kirche etwas umgeändert werden mußte, bezahlte die Gemeinde 306 Taler; die beiden anderen bekam sie für 69 Taler, 27 Gr. dazu. Bei dieser Gelegenheit entfernte man auch die alte Kanzel. Aus dem aufgehobenen Kloster Varlar bekam man eine neue.

Wie die alte Kanzel ausgesehen hat, erfahren wir nicht. Sie hat nicht immer am ersten Pfeiler links vor dem Chore gestanden. Im Jahre 1679 wurde sie mitten in die Kirche gestellt, wohl damit die hinten in der Kirche (auch damals schon!) unterm Turm stehenden Männer das Evangelium und die Predigt besser zu hören bekämen. Doch hat sich der neue Brauch, scheint's, nicht bewährt, denn der Predigtstuhl kam bald (1704?) wieder an die alte Stelle.

Viel Kummer hatten die Grevener mit ihrer Orgel. Nach dem großen Brand von 1642 hatte die Kirche zwar eine neue bekommen, doch war man mit dem Werk des

Meisters Smidt nicht sehr zufrieden, denn bereits 1656 bei der großen Visitation war sie nicht mehr intakt.[721]) Nach Art der alten Orgeln wurde sie durch große Flügel geschlossen, die meist mit Gemälden geziert waren. 1656 waren diese Flügel gerade beim Maler. Bereits 1680 mußte sie wieder repariert werden. Der Soldat (!) und Meister Bernhard Quadenbaum besorgte dies für 10 Taler. Er hatte viel Zeit, denn er ließ es sich ein ganzes Vierteljahr lang im Pfarrhaus bei freier Kost und Verpflegung gut gehen! Doch war auch seine Arbeit gut, denn der aus Münster eigens herbeigeholte Domorganist Raban Werneking, der die Orgel „probierte", hatte nichts an dem wiederhergestellten Werk zu erinnern. Hundert Jahre später wurde dieses Kunstwerk vom „Donner" erschlagen. Die beiden Meister Bernhard und Friedrich Heilmann aus Herbern und Ahlen reparierten sie im Jahre 1763 für nicht weniger als 28 Pistolen, die Pistole zu 13 Taler, 9$^1/_3$ Schilling gerechnet. Nach einem weiteren „Neubau" durch die Gebrüder Vornwege im Jahre 1780 und nach weiteren Reparaturen durch Meister Franz Pohlmann aus Warendorf im Jahre 1842 und Josef Laudenbach aus Dülmen im Jahre 1874 war die Orgel dann so verbraucht, daß sie nach der Erweiterung der Kirche 1892/93 durch eine ganz neue, die dem erweiterten Kirchenraum entsprach, ersetzt werden mußte. Die Kosten wurden aus einer Stiftung der Witwe Bahlmann, die auch ihr Haus an der Kirchstraße Nr. 5 der Kirchengemeinde für eine neue Kaplanei vermachte, gedeckt.

Zwei Stockwerke über der Orgelbühne liegt im Turm die Glockenstube. Von den alten, zum Teil künstlerisch sehr wertvollen Glocken haben die Notzeiten in Vergangenheit und Gegenwart, dann der bis ins 20. Jahrhundert lebendige Unverstand und Geschäftssinn nichts übriggelassen. Was würden uns diese alten Zeugen Grevener Geschichte nicht alles erzählen können, besonds die große Salvatorglocke von 1628, die den Weimarischen Brand von 1642 überdauert hat. Wieviel Elend und Not, wieviel Freud und Leid hat sie den Grevenern in den 300 Jahren ihres Daseins dort oben auf dem Turm nicht eingeläutet, angefangen von den Notzeiten des Dreißigjährigen Krieges bis in die nicht minder kummervolle Gegenwart. Mit welchem Jubel wird sie den Westfälischen Frieden eingeläutet haben, wie oft hat sie mit ernstem Ton den Tod des Landesherrn, des Bischofs von Münster, oder auch des Kaisers betrauert. Wie oft hat sie in Kriegs- und Hungersnöten die Dorfbewohner und Bauern zu Bittgebeten und Prozessionen eingeladen, wie oft zum Totengeleit eines verstorbenen Gemeindemitgliedes gerufen. Wie viele Siegesfeiern hat sie schon in frohem Festgeläut mit ihren Gefährten vom hohen Turm ins weite Land hinaus verkündet!

Zum Gedächtnis an diese alten Zeugen Grevener Geschichte sollen wenigstens ihre Inschriften hier festgehalten werden.[722])

Dem großen Brand, der im Jahre 1622 Dorf und Kirche verzehrte, scheint auch das alte Geläut der Kirche, wenigstens zum Teil zum Opfer gefallen zu sein, so daß sich die Gemeinde genötigt sah, neue Glocken zu beschaffen. Trotz der Not der Zeit war das nötige Geld bald gesammelt, so daß gegen Ende des Jahres 1628 der Guß vonstatten gehen konnte. Als Glockengießer hatte man einen der bekannten und berühmten lothringischen Meister gewonnen, die damals ganz Deutschland durchwanderten. Das Geläute, das Meister Blasius Hemony 1628/29 für Greven lieferte, muß von ausnehmender Schönheit und Klangfülle gewesen sein. Die einzige davon bis 1922 erhalten gebliebene Glocke bekam neben einem schönen Fries von Cherubsköpfen die Inschrift:

Jesus salvator mundi miserere nobis. Anno domini 1628 (Jesus, Erlöser der Welt, erbarme dich unser. Im Jahre des Herrn 1628).

Dahinter standen noch die Buchstaben B. H. M. F., die aufzulösen sind: Blasius Hemony me fecit (hat mich gemacht). Die Glocke, deren Ton Max Geisberg 1917 als „ungewöhnlich klangschön" bezeichnete (das rettete sie damals vor der Ablieferung!), hatte unten einen Durchmesser von 1,38 m und den Ton D, dazu ein Gewicht von ungefähr 35 Zentnern. Leider ist diese kostbare Glocke 1922 ohne Sinn und Verstand (dazu ohne Genehmigung des Konservators) bei der Anschaffung eines neuen Geläutes eingeschmolzen worden.

Außer dieser großen und schönen Glocke hat Meister Hemony noch zwei weitere Glocken für Greven gegossen, eine auf die Namen Anna, Catharina, Antonia, die noch im Jahre 1628 fertig wurde, und eine zweite auf den Namen der Muttergottes, die die Jahreszahl 1629 trug, also erst zu Beginn des nächsten Jahres gegossen worden ist. Beide Glocken sind schon lange nicht mehr vorhanden. Die Marienglocke wurde 1777 von Christoph Fricke in Gütersloh umgegossen. Sie erhielt damals die Inschrift:

> sanCta DeI genItrIX VIrgo MarIa protege CLIentes greVonIenses (Heilige Gottesmutter Maria, beschütze Deine Grevener Pflegebefohlenen).

Die Jahreszahl ergibt sich aus den groß geschriebenen lateinischen Buchstaben, die ja zugleich auch Zahlzeichen sind. Aber auch Meister Frickes Werk hat nicht lange gehalten. Bereits 1840 zersprang sie wieder und wurde durch den französischen Glockengießer Jean Baptist Du Bois, der damals viele Glocken in Westfalen geliefert hat, umgegossen. Sie bekam jetzt die Inschrift:

> MarIa ChrIstI DeI genItrIX, sanCta VIrgo pro paroChIa greVonIensI enIXe ora (Maria Gottesmutter, heilige Jungfrau, flehe inständig für das Kirchspiel Greven).

Auch hier ergeben die groß geschriebenen Buchstaben das Jahr des Gusses: 1841. Gar prächtig hat der Meister die Inschriftzeile am Halse oben mit einem Fries von Akanthusblättern und unterhalb mit einer Weinlaubranke geschmückt. Auch die Klangborte trug ein zierliches Ornamentband, das aus Rosen gebildet wird. Oberhalb der Klangborte über einem weiteren, aber schlichteren Ornamentband stand dann noch in französischer Sprache:

> fondue par J. B. Du Bois (gegossen durch J. B. Du Bois).

Auch diese Glocke, die mit ihren rund 28 Zentnern einen unteren Durchmesser von 127 cm hatte, rettete im Jahre 1917 ihre Schönheit vor der Ablieferung, aber 1922 wurde sie gleichfalls bedenkenlos geopfert (Tafel XV 3).

Die dritte Glocke des Meisters Hemony, die die Namen Anna, Catharina, Antonia trug, war Ende des 18. Jahrhunderts noch vorhanden, muß dann aber bald darauf umgegossen worden sein, da sie später nicht mehr erwähnt wird. Vermutlich wurde sie von der 1793 durch den Meister Johann Hermann Maerkel zu Warendorf gegossenen kleinen Glocke, die heute im Dachreiter hängt, abgelöst. Diese, nur 47 cm im Durchmesser haltende Glocke hat als einzigen Schmuck eine aus Naturblättern gebildete Blattranke.

Im Jahre 1677 hingen sechs Glocken auf dem Turm, von denen 1685 Pfarrer Holstein eine, „so keine Resonnantz gehabt", wie er in der Kirchenrechnung dieses Jahres schreibt, abnehmen und umgießen ließ. Da er über 400 Pfund neue Glockenspeise selbst dazugab, konnte der Meister, dessen Name leider nicht genannt wird, gleich zwei neue Glocken daraus machen, die auf die Namen Nikolaus und Barbara, bzw. auf den Namen des Kirchenpatrons S. Martin, geweiht wurden. Beide Glocken sind heute nicht mehr vorhanden. Die Martinsglocke wurde bereits 1777 durch Meister Christoph Fricke neu gegossen. Die Glocke, deren Gewicht damals auf 1908^1/$_2$ Pfund angegeben wurde, trug die Inschrift:

beate MartIne epIsCope InCoLIs GreVonIae degentIbVs sVbVenI (Hl. Bischof Martin, komm den Einwohnern Grevens zur Hilfe).

Auch hier ergeben die lateinischen Großbuchstaben das Jahr des Gusses 1777. Nicht viel länger als die Marienglocke des Gütersloher Meisters hielt diese Martinsglocke. Bereits 1861 zersprang sie. Den Neuguß besorgte jetzt die Firma Petit und Edelbrock in Gescher. Statt der bisherigen kleinen, nur 18 Zentner wiegenden Glocke wurde jetzt eine große Glocke gegossen, die an Größe alle auf dem Turm vorhandenen Glocken übertraf. Sie wog nicht weniger als 34^1/$_2$ Ztr. und hatte einen unteren Durchmesser von 141 cm (mit dem Ton D). Auch sie wurde wieder auf den Namen des Kirchenpatrons geweiht und erhielt die Inschrift:

sanCte MartIne, preCare pro nobIs et soLVe DefVnCtos (Hl. Martin, bitte für uns und erlöse die Verstorbenen).

Das Chronistichon ergibt das Jahr des Gusses: 1862. Oben am Halse zierte die Glocke ein doppelter Fries. Auf dem Mantel befand sich an der einen Seite das Bild des Hl. Bischofs und Kirchenpatrons Martin, darunter die obige Inschrift, auf der entgegengesetzten Seite der Name der Firma Petit und Edelbrock. Die Klangborte zeigte nur einige, schlichte Riemen als Schmuck.

Da diese Glocke nicht das nötige Alter besaß, das sie vor der Beschlagnahmung hätte retten können, mußte sie im Sommer 1917 ihren luftigen Sitz verlassen, um der Rohstoffnot des Vaterlandes geopfert zu werden. Zugleich mit ihr mußten noch zwei weitere Glocken abgeliefert werden, die im Jahre 1903 von der gleichen Firma geliefert worden waren. Diese beiden auf den Namen der Hl. Maria und des Hl. Josef geweihte Glöckchen wogen bei einem Durchmesser von nur 57 bzw. 45 cm 115 bzw. 44 kg. Am 27. August 1917 verließen die Glocken Greven, um in der Bleihütte Call (Eifel) eingeschmolzen und für Heereszwecke verarbeitet zu werden. Da beim Zusammenbruch von 1918 viele Tausende von Glocken in den Sammellagern noch unzerschlagen vorhanden waren, hoffte man auch in Greven, leider aber vergeblich, auf eine Rückkehr der alten Glocken. Sie waren schon längst verarbeitet.

Im Jahre 1922 bekam die Grevener Kirche drei neue Glocken von der Firma Petit und Edelbrock in der Tonfolge c, d, e (Gewicht: 2514, 1718 und 1179 kg), die auf die Namen Salvator, Martin und Maria geweiht wurden. Die größte mit einem Durchmesser von 156 cm trug die Inschrift:

Salvator dicor, salvandos congrego promptos.

Die Martinsglocke mit einem Durchmesser von 140 cm zierte der Vers:

Mars prius aes dempsit vibratum flamine tela Martino haec sancto sit reparata.

Die Marienglocke mit einem Durchmesser von 124 cm trug den Spruch:

Gottes Ehre will ich singen,
zu Mariens Lob erklingen,
Trost betrübten Christen bringen.

Diese Glocken sind alle, zusammen mit der letzten noch übriggebliebenen älteren Glocke im Dachreiter, die 1793 Meister Maerkel in Warendorf gegossen hatte,*) dem zweiten Weltkrieg zum Opfer gefallen (1942). Wäre man 1922 nicht so töricht gewesen, die beiden kostbaren und unter Denkmalschutz stehenden Glocken von 1628 und 1641 weg-

---

*) Sie hatte einen Durchmesser von 47 cm, ein Gewicht von etwa 60 kg und den Ton c; dazu zierte sie die Inschrift: Joannes Hermannus Maerckel me fecit Warendorpii anno 1793.

zugeben, dann besäße Greven noch heute zwei schöne Glocken und brauchte sich nicht mit einer (aus Raesfeld) geliehenen Glocke zu behelfen.*) Ein Schildbürgerstreich, der Greven nicht nur zwei wertvolle Kunstwerke, sondern auch das Geläute gekostet hat!

Bevor wir den Turm verlassen, werfen wir noch einen Blick auf die kunstvolle Turmuhr, die in vielen Jahren den Grevenern die einzige Zeitmesserin war, bis ihr in der Post- und Bahnhofsuhr ernsthafte Konkurrentinnen entstanden, die mittlerweile ihrerseits auch wieder durch die Zeitangabe des Radios verdrängt worden sind. Aber auch heute noch wirft der Vorübergehende gern einen forschenden Blick nach oben, wo die goldenen Zeiger ihren eiligen, nimmermüden Lauf vollenden, und lauscht dem weithin schallenden Stundenschlag der Glocken. Schon im 16. Jahrhundert hatte Greven eine solche Turmuhr, die allerdings 1613 so hinfällig war, daß „Meister Johann der Uhrwerker" (aus Münster?) sie erneuern mußte. Über 100 Jahre tat sie jetzt wieder Stunde um Stunde, Tag für Tag ihren Dienst. Dann konnte sie nicht mehr. Wind und Wetter, Regen und Schnee hatten ihrem Äußeren so zugesetzt und auch das eigentliche Werk so zerschlissen, daß die Gemeinde trotz der hohen Kosten sich zur Erneuerung entschließen mußte. Mit Bedacht ging man zu Werke.[723]) Damit der Ton der Schlagglocke besser zu hören sei, sollte „an selbigen Turm ein klein Klöckschen mitm Abtag (Abdach, vorspringende Dachhaube), worauff der Hamer schlägt", gemacht werden, und damit die Dörfler ihre Kirchenuhr nicht nur hören, sondern auch sehen konnten, sollte „ingleichen ein groß Sievertblatt nach den Dorf hinan und endlich in der Kirche oben den Orgel ein klein Sievertblatt gehangen und gestellet werden." Letzteres Ziffernblatt sollte wohl den Pastor von einem Indielängeziehen seiner Sonntagspredigt abhalten! Das neue Werk lieferte der Uhrmacher Münnich (wohl aus Münster), in die andere Arbeit teilten sich eingesessene Handwerkermeister. Meister Duffhues lieferte die neuen Ziffernblätter, das Vergolden der Ziffern und Zeiger besorgten Meister Bornefeld und Johann Deichmann. Der Grevener Uhrmacher machte den Anker für die Uhr und übernahm die Pflege derselben, wofür ihm aus dem Dorfsäckel 5 Taler jährlich vergütet wurden. Beim Anbringen der Ziffernblätter fiel der Gehilfe Gerhard Schraders vom Turm, doch ohne sich das Genick zu brechen. Chirurg Kommes flickte ihn für acht Taler wieder zusammen. Aber auch das neue Werk hatte seine Mucken. 1773 mußte der Meister Korves aus Senden sie schon wieder reparieren. Als dann um die Mitte des 19. Jahrhunderts die Grevener Bürger sich über die Ungleichheit der Uhrzeiten an Kirche, Post und Bahnhof zu beschweren Anlaß fanden, war nicht das Werk, sondern der mit der Wahrung desselben beauftragte Küster schuld an dem unregelmäßigen Lauf der Uhr. Seitdem sie elektrisch betrieben wird, sollen diese Klagen aber wohl ein Ende gefunden haben.

Aber auch schon in früheren Zeiten hat man der Turmuhr nicht unbedingt vertraut, denn man suchte sich bereits zu Beginn des 17. Jahrhunderts für alle Fälle durch eine Sonnenuhr gegen gar zu wilde Sprünge der Turmuhr zu schützen. Am linken Strebepfeiler am südlichen Aufgang zur Kirche von der Münsterstraße her hat der Steinmetzmeister B. W. (Bernhard Wennemar?) 1616 eine schöne Sonnenuhr angebracht, auf der in einem nach oben offenen Halbkreis von links nach rechts die Zahlen 6 bis 12 und 1 bis 4, also die Tagesstunden von morgens 6 Uhr bis nachmittags 4 Uhr eingemeißelt ind. Der darüber eingelassene, im Winkel von etwa 50 Grad abwärtsgeneigte eiserne Stab gab dann durch seinen Schatten die astronomisch richtige Ortszeit an. Leider ist der Stab heute abgebrochen, so daß die schöne alte Uhr – über dem Stab steht die Jahreszahl 1616 und die Buchstaben B. W. – den Grevenern die heiteren Stunden des Lebens – bei den „bedeckten", den trüben schweigt sie sich sowieso klug aus – nicht mehr anzeigen

---

*) Inzwischen hat die Kirche 1949 bereits wieder ein neues Geläute bekommen.

kann. Sie wäre wohl wert, wieder instand gesetzt zu werden. 1826 hat man dies offenbar mit untauglichen Mitteln schon einmal vergebens versucht, wie die über der Uhr angebrachte Inschrift RENOV. 1826 bezeugt.

An sonstigen Kunstschätzen ist die Grevener Kirche nicht gerade⁰ reich. Im Turm unten hält man vergeblich nach einem alten romanischen oder einem figurengeschmückten gotischen Taufstein Ausschau. Die „Weimarischen" haben auch mit dem alten Stück ihren Mutwillen getrieben, den Rest besorgte das Feuer, das ihn sprengte. Daher ließ Pfarrer Holstein ihn von seiner alten Stelle am Chor wegschaffen (er gewann dadurch Platz für vier Bänke à fünf Personen) und durch einen wandernden Steinmetz, Meister Johann aus der Schweiz (!), im Jahre 1680 für 16 Taler und sechs Wochen (!) freie Kost einen neuen anfertigen. Dieses einzige noch erhaltene alte Ausstattungsstück der Grevener Kirche fand sich zum Blumentopf degradiert im Krögerschen Garten wieder (Tafel XV, 2). Der zylinderförmige Stein ist ganz schlicht gehalten und zeigt nur an der einen Seite in Perlschrift die Buchstaben I H S, darum im Kreise: ANNO 1680. Schon um seines Alters willen verdiente der Stein eine würdigere Aufstellung.

Der neugotische Taufstein soll das Geschenk eines Ferd. Hermeler sein.

Von dem alten Bilderschmuck der Kirche ist nichts geblieben. Allerdings heißt es schon 1656 anläßlich der Visitation, daß die Kirche keine alten und berühmten (und vor allem keine wundertätigen) Bilder und Statuen besäße. Derartige Kunstwerke waren wohl ein Raub des großen Brandes von 1642 geworden. Doch stand noch im Jahre 1674 eine alte Statue des Kirchenpatrons, des Hl. Martin in der Kirche, die Pfarrer Holstein damals neu bemalen ließ. Sie ist heute nicht mehr vorhanden, ebensowenig wie die vier Bilder (Statuen) der Heiligen Ignatius, Franz Xaver, Franziskus und Antonius, vor denen Pfarrer Holstein 1681 je zwei Leuchter aufstellen bzw. anbringen ließ.

Alle diese barocken Bildwerke, die wegen ihres „grotesken" Geschmackes dem 19. Jahrhundert nicht mehr zusagten, fielen, sofern sie überhaupt die Säuberungsaktion des Pfarrers Pröbsting von 1804 überstanden haben, dem puritanischen, neugotischen Großreinemachen des Jahres 1870 zum Opfer. Mit lakonischer Kürze vermerkt zu diesem Jahr der Amtmann Tümler in seinem Zeitungsbericht: „In der Kirche wurden die alten Statuen entfernt."*)

Auch die Kirchengeräte haben im Laufe der Jahrhunderte zahlreiche Einbußen erlitten. Die zuchtlosen Gesellen der im Dreißigjährigen Kriege häufig Greven passierenden Truppen werden alles, was nicht rechtzeitig geflüchtet werden konnte, haben mitgehen heißen. 1631 wurde in die Kirche eingebrochen und die Monstranz geraubt. Spielende Kinder fanden sie stückweise im Reckenfelde wieder. Der enttäuschte Dieb mochte die sicher nicht aus Edelmetall bestehenden Stücke, erbost über seinen Mißerfolg, wieder weggeworfen haben. Ein Goldschmied in Telgte flickte das mißhandelte Gerät wieder notdürftig zusammen.

Eine große Kostbarkeit dagegen war ein alter Kelch, der heute nicht mehr in Greven vorhanden ist, ein frühgotischer Kelch, vermutlich aus der 2. Hälfte des 13. Jahrhunderts. Schaft und Kuppe (das eigentliche Gefäß) sind in späterer Zeit ergänzt und zeigen keine weiteren Verzierungen, auf dem Fuß ist auch nur ein schlichtes Weihekreuz eingraviert. Um so kostbarer ist der Knauf gestaltet. Der Wulst ist mit Blüten und spitzzackigen Blättern geschmückt, dazwischen sind kunstvoll eingefaßte Edelsteine eingelassen. Auf fünf vorspringenden Rauten ist in Schmelztechnik (sog. Niello) je eine Lilie, wie wir

---

*) Von der neugotischen Ausstattung der Kirche verdient einzig der linke Seitenaltar genannt zu werden. Er zeigt im Mittelteil eine große Statue des Hl. Josef und zu beiden Seiten Szenen aus dem Leben des Nährvaters Jesu von der Hand des Bildhauers Heinrich Brey (Geldern) aus dem Jahre 1909.

sie aus dem Wappen des französischen Königshauses kennen, dargestellt. Der kostbare Kelch ist uns ein Zeugnis mehr für die Bedeutung und die Wohlhabenheit Grevens im 13. Jahrhundert!*)

Davon zeugen auch die sonst noch erhaltenen Reste der mittelalterlichen Ausstattung des Kirchenschatzes und der Paramentenkammer. Vor allem letztere birgt noch ein paar wunderschöne und überaus kostbare Stücke alter Textilkunst, so eine samtene Kasel, die reich mit Engeln und stilisierten Blumen geschmückt ist. In Renaissanceformen gearbeitet, gehört sie wohl noch dem 16. Jahrhundert an. Ein ganz ähnliches Stück im Diözesanmuseum zu Köln wird dort sogar auf „um 1500" datiert und als englische Arbeit bezeichnet. Die Kreuzbalken sind in Plattstickerei gearbeitet und zeigen oben ein kleineres Kreuz mit dem Kruzifixus, zu beiden Seiten einen anbetenden Engel. Unter dem Kreuzbild steht unter einem Architekturbogen ein männlicher Heiliger mit einer Palme in der Hand, noch tiefer, wieder unter einem ganz ähnlichen Bogen eine Figur in der geistlichen Tracht des 16. Jahrhunderts. Vermutlich ist dies der Stifter und zugleich wohl auch der erste Besitzer der Kasel. Wer dies gewesen ist, läßt sich mit Sicherheit nicht mehr entscheiden, auch nicht mit Hilfe der beiden Wappenscheiben, die nachträglich zu beiden Seiten des Kreuzesstammes aufgenäht sind. Das linke (vom Beschauer aus gesehen) zeigt in stilisierter Form ein Eichblatt mit zwei Eicheln und dazwischen die Buchstaben R. R., das andere Wappenschildchen zeigt eine Hausmarke. Daß die Kasel ursprünglich für Greven gearbeitet worden ist, möchte man kaum annehmen, da dann doch wohl der Hl. Martin, Grevens Patron, unter dem Kreuze stände, und nicht der Heilige mit der Palme (Stephanus oder Laurentius?). Auch passen die Buchstaben R. R. auf keinen der Grevener Pastöre. So bleibt uns der hochherzige Schenker des kostbaren Gewandes einstweilen noch unbekannt.**) Das gleiche gilt auch von den beiden, nicht minder kostbaren und noch älteren Levitenröcken aus herrlichem Goldbrokat. Sie sind in der noch heute üblichen Form mit je zwei gestickten 11 cm breiten Borten (Stäben) geschmückt, die jedesmal vier Heiligenbilder übereinander zeigen. Die Kostüme dieser Heiligen weisen deutlich auf die 2. Hälfte des 15. Jahrhunderts hin. Der Schild des Hl. Georgs, des Drachentöters, zeigt ein Kreuz, das Wappen des Erzbistums Köln. Dorther werden die beiden kostbaren Paramente also gekommen sein, zumal Köln wegen seiner Seiden- und Bortenstickerei während des ganzen Mittelalters berühmt war. Wer diese schönen Gewänder, wozu eigentlich noch ein entsprechender Chormantel gehört, der aber nicht mehr vorhanden ist, gestiftet hat, wissen wir nicht, vielleicht sind sie ein Vermächtnis des Pfarrers Johann Bisping, der ja im letzten Drittel des 15. Jahrhunderts in Greven gewirkt hat. Pfarrer Holstein erwähnt in seiner Kirchenrechnung die Schenkung eines Levitenrockes durch den 1684 gestorbenen Domküster zu Münster, Mathias v. Schmising, Herrn zu Schönevlieth, doch kann das kaum eines der beiden spätgotischen Stücke sein, da diese ja sehr viel älter sind. Der Domküster vermachte der Kirche in Greven noch mehrere Meßgewänder, die sich aber nicht erhalten haben, sie sind wohl im Dienste der Kirche verschlissen. Erhalten hat sich dagegen ein anderes Stück aus dem 18. Jahrhundert, das uns wegen seines eingestickten Wappens interessant ist. Es zeigt nämlich den Kranich der Familie Biederlack. Es ist ein Meßgewand, das der Kaplan Johann Ferdinand Biederlack in Greven (gest. 1724) testamentarisch der Kirche in Greven

---

*) Eine Würdigung des Kelches bietet M. Lippe, Frühgotische Kelche in Westfalen: Westfalen, Mittl. d. Landesmuseums der Prov. Westfalen 16. Jg. (Münster 1931) S. 76 ff., bes. S. 79 (mit Abb. 34).

**) Die Hausmarke gehört der Familie Uphaus, aus der Johann gegen Ende des 16. Jhts. und dessen Sohn Bitter zu Beginn des 17. Gografen tor Meest waren. Die hier und im folgenden genannten Paramente befinden sich heute im Diözesanmuseum in Münster.

vermachte. Da dieses Gewand in letzter Zeit morsch geworden ist, hat man die gestickte Borte mit dem Wappen auf ein neues übertragen.

Bevor wir die Kirche verlassen, werfen wir noch einen Blick auf die in und an derselben befindlichen Grabdenkmäler. Es sind nur wenige, die dem Zahn der Zeit widerstanden haben und dem Reinigungsdrang des 19. Jahrhunderts nicht zum Opfer gefallen sind. In der Kirche selbst liegt nur noch im nördlichen Seitenschiff der Grabstein des Kaplans Johann Ferdinand Biederlack (vor dem östlichen Beichtstuhl). Der schlichte Stein zeigt nur das in Bronze gegossene Wappen der Familie (einen Kranich), darüber einen Kelch als Zeichen der priesterlichen Würde des Verstorbenen. Unter dem Wappen steht die heute leider nur noch zum Teil erhaltene Inschrift R(everendus)D(ominus) J(oannes)F(erdinandus) Biederlaak, hic sacellanus (Der hochwürdige Herr Joh. Fr. Biederlack, hier Kaplan).

In der dunklen Nische des Kircheneingangs an der Nordseite der Kirche hängt ein Denkstein eigener Art (Tafel XIV, 1). Er zeigt Christus am Ölberg, dem ein aus den Wolken sich herabneigender Engel den Leidenskelch reicht. Die barocke, durch einen Baum im Hintergrund noch belebte Darstellung ist von hohem künstlerischen Wert und besonderem Reiz. Auf der Inschrifttafel unter dem Bild lesen wir:

> Philippo Becker Elisabethae Husing conjugibus proles superstites hoc poni fecerunt. Anno 1689.

Zu Deutsch:

> Den Eheleuten Philipp Becker und Elisabeth Hüsing haben die nachgelassenen Kinder diesen Denkstein setzen lassen im Jahre 1689.

Im Turm hängt dann noch ein sehr schönes Barockepitaph, mit einer Darstellung Christi am Kreuze, den beiden Schächern zu beiden Seiten und Maria und Johannes unter dem Kreuze. Die sehr bewegt und lebhaft gearbeiteten schönen Figuren sind nicht als Relief gearbeitet, sondern stehen als vollplastische Figuren auf dem Sockel. Unter diesem steht auf einer von zwei beflügelten Engelköpfen beseiteten Tafel (Kartusche) folgende Inschrift (vgl. Tafel XVIII, 3):

> Der Ehrbare Jürgen Holling, welcher allhier zu Greven im Jahr 1700 am 29. Novembris gottsehlig im Herren verschieden, hatt dieses Epitaphium Gott dem Herren zu Ehren setzen lassen, dessen Seel Gott genedig sey.

An der Nordseite des Turmes ist noch ein kleineres Epitaph eingemauert, das gleichfalls Christus am Kreuze zeigt und wohl noch dem 17. Jahrhundert angehört. Es ist aber leider durch Wind und Wetter derart verwittert, daß die darunter eingemeißelte Inschrift nicht mehr zu lesen ist, so daß wir den Verstorbenen, zu dessen Andenken das Denkmal gefertigt worden ist, nicht mehr feststellen können (jetzt entfernt). Vielleicht war es das Grabmal des bekannten und um Greven so verdienten Vogtes Nikolaus Warburg, der am 29. Februar 1672 starb, vir integri saeculi (ein volles Jahrhundert alt), wie Pastor Holstein in seinem Kirchenregister vermerkt, der Gründer des nach ihm benannten Armenhauses. Er wollte testamentarisch in der Kirche begraben werden. Da sein Testament aber erst 6 Wochen nach seinem Tode eröffnet wurde, konnte dieser Wunsch nicht mehr erfüllt werden, da er inzwischen bereits auf dem Friedhof bei der Kirche beerdigt worden war.

Andere Grabdenkmäler, von denen wir urkundlich noch wissen, sind längst nicht mehr vorhanden und verschwunden. Wenn wir von den Geistlichen absehen, die, soweit sie in Greven gestorben sind, sicherlich auch in der Kirche zur letzten Ruhe bestattet worden sind,*) so sind allein zur Zeit des Pfarrers Holstein, der selbst, wie er in seinem Rechenschaftsbericht schreibt, „zwei epitaphia von 250 Talern in die Kirche gegeben", in der Kirche begraben worden: Hauptmann Lappe, Kommandant auf dem Hause Schöneflieth mit seiner Frau, ferner ein Kind des Rittmeisters Wietzen (wohl auf der Schöneflieth), schließlich noch der Obristwachtmeister (Adolf) Schwering, der wie wir aus anderen Quellen wissen, Amtsführer des Kirchspiels Greven gewesen ist und im Jahre 1689 starb (s. o. S. 254). Auch seine Frau ist nach Pfarrer Holsteins Angabe in der Kirche begraben worden. Schließlich wird auch die als Wohltäterin der Grevener Kirche bereits einmal (o. S. 147) genannte Odilie von Plettenberg, Stiftsfräulein zu Hohenholte, eine Schwester des Domherrn zu Münster und Inhaber des Hauses Schöneflieth, ein schönes Grabdenkmal in der Grevener Kirche bekommen haben.

Von all dieser Pracht und Herrlichkeit ist nichts mehr vorhanden. Doch hat dafür die Kirche ein anderes Kunstwerk erhalten, das durch seine Schönheit alle anderen weit in den Schatten stellt. Es ist die Kreuzigungsgruppe, die heute an der Ostseite der Kirche zum Markt hin steht. Der edle Gesichtsausdruck des leidenden Christus und der unter seinem Kreuze stehenden Muttergottes und des Hl. Johannes, der wundervolle Schwung und Faltenwurf der Gewänder zeigt auf den ersten Blick, daß wir es hier mit dem Werk eines großen Künstlers zu tun haben. Weder am Bildwerk selbst noch in den Akten findet sich ein Hinweis auf ihn, doch wird man die Gruppe aus stilistischen Gründen wohl dem bekannten und berühmten Philipp Mauritz Gröninger zuschreiben dürfen. Wer dieses schöne Kunstwerk gestiftet hat und wo es ursprünglich gestanden hat, ist nicht bekannt. Auf der wohl kaum noch ursprünglichen Sockelplatte steht heute nur noch das Datum der Stiftung 1724 und am unteren Rande derselben dann die Nachricht von der Wiederherstellung und Aufstellung an seinem jetzigen Ort: transl(atum) et renov(atum) 1776 curante fratre B. Essing Grev (oniense) – hierher gebracht und erneuert auf Veranlassung von Bruder (?) B. Essing im Jahre 1776**) (Tafel XVIII, 1).

b) Die Kirche in Gimbte

Der alten Kirche in Gimbte ist es weit schlimmer ergangen als ihrer größeren Schwester in Greven, sie ist nicht erweitert und umgebaut, sondern völlig niedergelegt und ganz neu gebaut worden. Von der alten Kirche ist nur der Turm in seinen zwei unteren Geschossen erhalten geblieben. Er ist vielleicht nicht ganz so alt wie sein größerer Kollege in Greven, doch wird er immerhin in seinen romanischen Resten nicht gar zu weit von seinem 750jährigen Jubiläum entfernt sein. So, wie der Turm sich heute zeigt, hat er allerdings nicht immer ausgesehen. Der heutige Haupteingang an der Ostseite ist ganz neu und zweifellos erst beim Neubau des Kirchenschiffes vor rund hundert Jahren durch die fast zwei m dicke Mauer durchgebrochen. Der ältere Eingang lag genau wie in Greven an der Südseite, wo die vermauerte schmucklose Türöffnung noch vorhanden ist.***) Vermutlich gehört sie dem 16. Jahrhundert an. Auch die Fenster des zweiten Geschosses (das erste

---

*) Pfarrer Holstein erwähnt in seinem Lagerbuch den vor dem Altar liegenden Grabstein eines Geistlichen, auf dem er aber nur noch die Worte: vicecuratus huius ecclesiae entziffern konnte. So muß es ungewiß bleiben, wer hier begraben lag.

**) Bernhard Essing war einer der letzten Fraterherren in Münster. Bei der Aufhebung des Fraterherrenhauses bzw. beim Abbruch der Kirche im Jahre 1776 wird er für die Überführung der schönen Gruppe von Münster nach Greven gesorgt haben.

***) Auf zwei Steinen im Türbogen steht links das Wort Nomen und rechts die Buchstaben W. M. Was das bedeuten soll und welcher Zeit diese Schriftzeichen angehören, ist ungewiß, vielleicht dem 16. Jht.

hat nur ganz schmale Schlitze) lassen in ihrer Schmucklosigkeit – die Kapitelle der schlanken Säulchen zeigen nur andeutungsweise und ganz schematisch sogenannte Kelchblattform – keine eindeutigen Schlüsse auf ihre Entstehungszeit zu. Das oberste Geschoß ist ganz neu, es ist erst im Anschluß an den Kirchenneubau in den Jahren 1841–1845 aufgesetzt worden, wozu der Rest an Steinen, die von der Ruine Schöneflieth noch übriggeblieben waren, gebraucht wurden. Ursprünglich hat der Turm ein solches zweites Obergeschoß nicht gehabt; das ergibt sich deutlich aus der auf dem Kirchenboden zu erkennenden Ansatzstelle des ersten romanischen Kirchendaches, dessen First ursprünglich 20 cm unter dem Sims der Fenster im zweiten Geschoß lag. Der Turm kann deshalb nicht höher gewesen sein, da dann die Symmetrie des Baues gestört worden wäre. Erst bei einem späteren Umbau, bei dem das Kirchendach 1,90 m höher gezogen wurde, ist dann auch wohl der Turm etwas erhöht worden, damit diese Symmetrie gewahrt blieb. Bei diesem Umbau, der wahrscheinlich schon im Mittelalter, vielleicht schon im 14. Jahrhundert gleichzeitig mit dem gotischen Neubau des Chores stattfand, mußten dann die Fenster des alten Glockengeschosses bereits zu einem Drittel zugemauert werden, bei einer weiteren Dacherneuerung, bei der der Dachfirst wieder um 2 m höher zu liegen kam, dann ganz. 1841–45 hat man den Turm, der für die neue, hohe Kirche viel zu klein war, um 20 Fuß, also fast 6 m erhöht.[724])

Sein alter Charakter als Wehrturm ist noch gut zu erkennen. Die südliche Eingangstür in den Turm ist nicht ursprünglich, sondern wird erst in späterer, ruhiger gewordener Zeit eingebrochen worden sein. Der unterste, gewölbte Raum in ihm war zur Kirche hin offen und diente gewiß als Aufbewahrungsraum für Waffen und Geräte, vielleicht auch als Sakristei. In die oberen Geschosse führte, wie im Grevener Kirchturm, nur eine schmale in der Nordwand des Turmes ausgesparte Treppe, die in der Höhe des Gewölbes durch eine heute nicht mehr vorhandene starke Eichenbohlentür gesperrt werden konnte. Das Loch in der Wand, in das ein mächtiger Balken als Riegel hinter die Tür geschoben wurde, ist noch heute zu sehen.

In dem uralten, aus mächtigen Eichenbalken gezimmerten Glockenstuhl hängen heute keine alten Glocken mehr. Nach dem ersten Weltkrieg, in dem die Gemeinde auch eine Glocke fürs Vaterland hatte opfern müssen, bekam die Kirche ein ganz neues Geläute, das wieder dem zweiten Weltkrieg zum Opfer gefallen ist. Doch seien von den früheren Glocken wenigstens die Inschriften hier festgehalten.

Die älteste Glocke, von der wir wissen, war im Jahre 1656 von Johann Paris gegossen worden, wie aus ihrer Inschrift hervorgeht:

> Ad majorem dei omnipotentis et sancti Johannis baptisti patroni ecclesiae Gimbtensis gloriam et honorem. Gerhard Stulenius Pastor, Herman S(chulte) Bisping Berndt Grote Laxzen provisor(es). Anno 1656. (Zur größeren Ehre und Ruhm des allmächtigen Gottes und des Hl. Johann des Täufers, des Patrons der Gimbtener Kirche. Gerhard Stule, Pastor, Hermann Schulte Bisping und Bernd Grote Laxten, Kirchengeschworene. Im Jahre 1656).

Auf der Rückseite der Glocke war nichts weiter als ein Kreuz eingeritzt. Sie hatte einen unteren Durchmesser von 0,83 m, ein Gewicht von 308 kg und den Ton h.

Ihre kleinere Schwester hatte der fürstlich Münsterische Stück (= Kanonen)-Gießer Johann Schweys im Jahre 1731 gegossen. Aus einem alten damals zersprungenen Glöcklein von gut 4 Zentner Gewicht fertigte er durch Zugabe von neuer Glockenspeise eine schlichte 0,73 m Durchmesser haltende Glocke von 221 kg, die mit ihrem Ton cis gut zu der größeren Glocke von 1656 gepaßt haben wird. Die älteren Gimbter werden sich ihres Tones vielleicht noch entsinnen. Sie trug nur eine ganz kurze Inschrift:

Soli Deo gloria. S. Joannes. Johan Schweys me fecit Monasterii Ao 1731. (Gott allein die Ehr. Sankt Johannes. Mich machte Johann Schweys in Münster im Jahre 1731).

Wie die Kirchenrechnung berichtet, kostete der Umguß nur knapp 75 Taler, da der Meister die alte Glocke in Zahlung nahm.

Die größte der Gimbtener Glocken, deren Alter und Meister wir aber nicht kennen, ist im Jahre 1836 zersprungen. Den Neuguß vertraute man dem damals in Westfalen viel beschäftigten Franzosen Dubois (und seinem Geschäftspartner Boitel) an, der ja auch in Greven eine Glocke geliefert hat. Am 21. September 1836 schloß man mit ihm einen Kontrakt, und schon einen Monat später hing die neue Glocke im Turm! Mit ihren 452 kg war sie zwar erheblich leichter geraten als ihre Vorgängerin, die 1023 Pfund gewogen hatte, doch paßte sie kontraktmäßig gut im Ton zu den beiden anderen vorhandenen Glocken. Auch diesmal waren die Kosten nicht übermäßig groß (92 Taler, 19 Groschen, 8 Pfennig), da der Meister auch jetzt wieder die alte Glocke in Zahlung nahm. Die Inschrift der 91 cm im Durchmesser haltenden Glocke ist nur z. T. überliefert:

> ... Tümler Bürgermeister et Johannes Baptista Richters Pastor. Boitel et Dubois me fecerunt anno 1836.

Auch in Gimbte hat die Neuerungssucht über das Kunstverständnis gesiegt. 1921 wurden die drei vorhandenen Glocken ohne Rücksicht auf ihren Kunstwert eingeschmolzen und gegen ein neues Geläute im Dreiklang fis, a, h eingetauscht. Die größte Glocke im Gewicht von 822,5 kg und mit einem Durchmesser von 111 cm trug die Inschrift:

> Mein Mund den Allerhöchsten preist,
> Den Vater, Sohn und Heilgen Geist,
> Nach Kriegsnot, da es Gott gefallen,
> Uns in die Hände unserer Feinde zu übergeben.

Die zweite (Gewicht 460 kg, Durchmesser 92 cm) zeigte den Vers:

> Maria, Jungfrau rein,
> Laß groß und klein dir anbefohlen sein.
> Unter dem Pfarrer· Bernh. Wesselmann
> und dem Bischof Johannes Poggenburg.

Die kleinste (Gewicht 309,5 kg, Durchmesser 81 cm) trägt den Spruch:

> Hl. Johannes, Gottesgnad,
> Führe Gimbte auf des Glaubens Pfad.

Nur diese letzte hat den zweiten Weltkrieg überstanden. Die beiden andern mußten 1942 abgegeben werden.

Die Kirche selbst ist in den Jahren 1836 bis 39 ganz neu errichtet worden.[725]) Der Grund für diesen völligen Neubau lag einmal in der Baufälligkeit der alten Kirche, dann aber auch in den beschränkten Raumverhältnissen derselben. Die Baufälligkeit war hervorgerufen worden durch die früher nahe an der Kirche vorbeifließende Ems, die gerade an dieser Stelle eine große Schleife bildete und bei Hochwasser die Fundamente der Kirche, besonders des Chores durch das steigende Grundwasser unterspülte und auswusch. Zu spät hat man dieses Übel durch Abdämmen der Emsschleife (im Jahre 1814) zu beseitigen versucht. Beim winterlichen Hochwasser trat die Ems doch wieder in ihr altes Bett und setzte so ihr Zerstörungswerk fort. Immer wieder suchte man sich mit Zuschmieren der an den Wänden auftretenden Risse und Spalten zu helfen; 1821 mußten die ausweichenden Chorwände mit Balken abgestützt und das Meßglockentürmchen auf dem Chor abgetragen werden. Einen Winter lang half man sich so, dann war aber die Gefahr so gestiegen, daß noch mitten im Winter, im Februar 1822 das Chor niedergelegt werden mußte. Das Kirchenschiff wurde durch eine provisorische Mauer waagerecht abgeschlossen und der Hochaltar vor diese neue Wand gerückt. Dadurch war der Platz in der Kirche sehr eng geworden. In der letzten Zeit hatte dieser sowieso nur knapp gereicht, und das auch nur unter Zuhilfenahme der Sakristei, in der während des Gottesdienstes etwa 25 Personen sich aufhielten, während das alte Schiff etwa 325 bis 340 Menschen hatte fassen können. Dazu kamen dann noch rund 60 Plätze auf der Orgelbühne. Für die 285 Seelen der Gemeinde Gimbte hätte dieser Raum also wohl auch weiter noch gereicht, da sich aber fast ebenso viele Eingesessene von Sprakel und Gelmer nach Gimbte in die Kirche hielten, herrschte jetzt nach Wegnahme des Chores während des sonntäglichen Hochamtes eine drangvolle Fülle. Ein Grundriß der alten Kirche hat sich in den Akten (Abb. 35)[726]) erhalten. Er läßt erkennen, wie klein in der Tat die alte Gimbter Kirche gewesen ist! Sie bestand nur aus zwei schmalen Jochen und einem ebenso kleinen Chor im 5/8-Schluß, d. h. seine Wände wurden aus den fünf Seiten eines Achteckes gebildet. Das Schiff der Kirche war nur 20 Fuß (= gut 5 Meter) breit und ganze $31^1/_2$ Fuß (= etwa 10 m) lang! Es war also noch nicht 1 m breiter als der 23 Fuß im Quadrat messende Turm. Pfarrer Richters gibt in seinen Aufzeichnungen im Kirchenbuch die Höhe der alten Kirche mit etwa 15 Fuß (knapp 5 m) an und macht dazu die wichtige Bemerkung, daß die Kirche von der nämlichen Art wie der Turm gewesen sei. Es war also noch der alte romanische Bau aus der Zeit um 1200 (?) mit vier schmalen, rundbogigen Fenstern. Nur das Chor gehörte der gotischen Zeit an, dem 14. oder 15. Jahrhundert (s. o. S. 429). Wohl zur gleichen Zeit wurde das bis dahin mit einer flachen Balkendecke versehene Kirchenschiff eingewölbt. Die Jochbögen traten kräftig hervor, besonders der Bogen, der Kirchenschiff und Chor voneinander schied.

Die Sakristei entstammt wohl nicht dem Mittelalter, denn sie war, wie es in den Akten über den Abbruch der alten Kirche heißt, aus Ziegelsteinen erbaut. Ursprünglich scheint in den Landkirchen ein solcher Raum überhaupt gefehlt zu haben, vielleicht wurde das untere Turmgemach dazu benutzt.

Wenn es auch aus kunstgeschichtlichen Gründen zu bedauern ist, daß die alte Kirche in Gimbte fallen mußte, so bleibt zu bedenken, daß es auch ohne den baulichen Zerfall infolge der Raumnot doch einmal zu einem Neubau gekommen wäre, da die Erweiterung solch alter Kirchen mit ihren schweren und dicken Mauern – auch die Mauerstärke der kleinen Gimbter Kirche betrug 3 Fuß, also fast 1 m! – schwierig und kostspielig war. Das war denn auch der Grund, weshalb man in Gimbte vor gut hundert Jahren – wenn denn schon einmal gebaut werden mußte – einstimmig für einen völligen Neubau war, von dem nur der in seinem Mauerwerk durchaus gesunde Turm ausgenommen werden sollte. Es vergingen aber noch Jahre, bis alle Hindernisse überwunden waren. Durch einen Feldbrand beschaffte man sich bereits 1833 90000 Ziegelsteine (von denen nachher 13500 ungebraucht liegenblieben), doch konnte erst im Jahre 1836 mit dem Werk begonnen werden. Den Plan, der allerdings mehrfach umgeändert werden mußte, lieferte der Baukondukteur Oncken aus Münster. Zur Grundsteinlegung am 14. Juni 1836 kam der Landrat, Graf Schmising, persönlich nach Gimbte. Für die Gemeinde war dieser Tag so ein wirklicher Festtag, denn gar zu lange hatte man sich mit der notdürftig geflickten und abgestützten alten Kirche behelfen müssen. Die Ausführung des Baues lag in den Händen bewährter einheimischer Meister: die Maurerarbeit hatte Meister Vennemann aus Greven, die Steinhauerarbeiten Meister Berg aus Brochterbeck übernommen, in das Schlosser-, Anstreicher- und Zimmermannswerk teilten sich die Meister Müller, Leyermann aus Greven und Teigeler aus Saerbeck. Im Rohen wurde der Bau noch

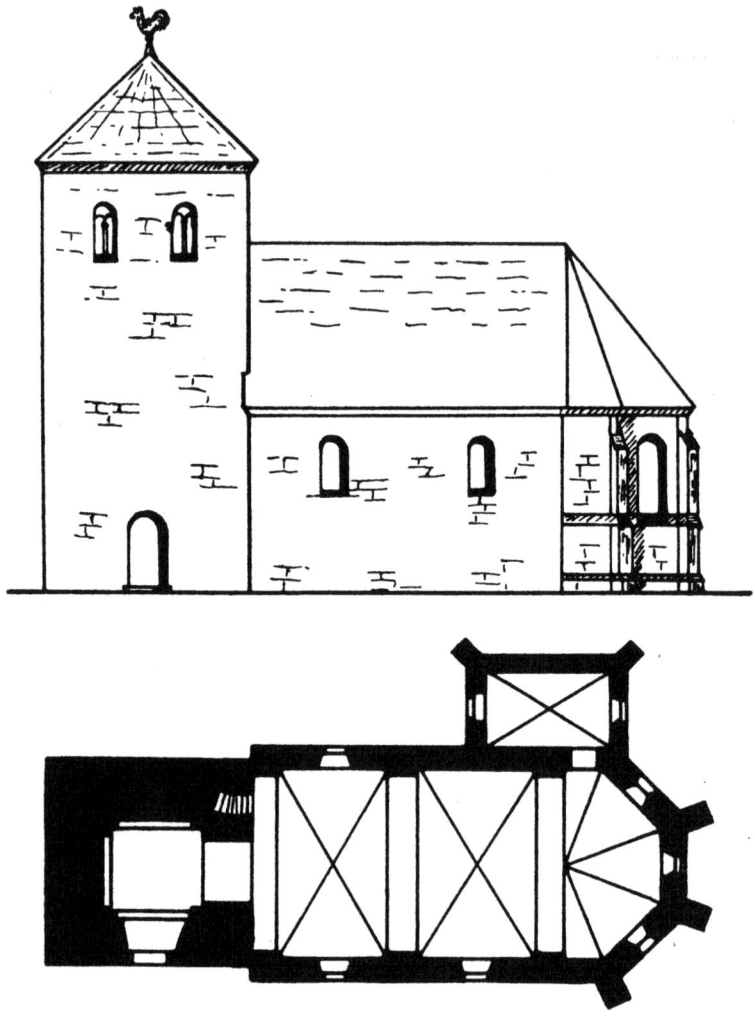

Abb. 35. Die alte 1836 abgebrochene Kirche in Gimbte.
Rekonstruierte Ansicht und Grundriß

1836 fertig, doch fand die Einweihung erst am 22. November 1837 statt.*) Der schlichte anspruchslose Bau ist ein echtes Kind seiner Zeit. Ein nüchterner, aber gut proportionierter Raum mit flacher Holzdecke mit großen weiten Fenstern ohne jeglichen Schmuck, so baute man eben vor hundert Jahren, als man durch den Kaltwasserguß der Französischen Revolution und die ihr folgenden schweren Kriegsnöte aus der unwahren und spielerischen Rokokoschwärmerei wachgeschreckt worden war. Gefühlsmäßig liegt uns diese Bauweise heute weniger, damals fand man sie schön, so schön, daß alle Kirchenbauinteressenten

---

*) Bis dahin behalf man sich kümmerlich unter dem auf die bloße Erde gestellten Dach der alten Kirche.

nach Gimbte und Milte (Kr. Warendorf), wo zu der gleichen Zeit eine ganz ähnliche Saalkirche gebaut wurde, pilgerten, um sich an den neuen Kunstwerken zu erbauen! Zugute halten muß man der Gimbter Kirche, daß die an sich guten Raumverhältnisse durch die wenig schöne, unruhige Ausmalung viel verloren hat. Voll Freude über das gelungene Werk ließ der damalige Pfarrer über die beiden Eingangstüren an der Nord- und Südseite des Kirchenschiffes je zwei Sprüche anbringen, die er wohl seiner eigenen Muse abgerungen hatte. Sind es so auch keine klassischen Strophen geworden, seine Bauern haben sie gewiß verstanden und hoffentlich sich auch zu Herzen genommen. Heute sind die Verse derart verwittert, daß sie nur aus allernächster Nähe von der schwankenden Leiter aus zu entziffern waren; der lateinische Spruch über der Nordtür, der von Wind und Wetter ganz besonders mitgenommen ist, ließ sich auch so nicht mehr enträtseln.

Über der südlichen Tür steht links von einem gleicharmigen, mit Ähren und Trauben geschmückten Kreuz der Spruch:

> Gott gieß Deinen Segen aus
> Über dieses Gotteshaus.
> Laß uns hierin kennen lernen,
> Zu erfüllen Deine Lehren.
> Und so geführt von Deiner Hand
> Geht's ins wahre Vaterland.

Auf der anderen Seite des Kreuzes heißt es dann noch:

> Durch Kraft und Gottes Gnade
> Die Kirche ist gebauet
> im Jahre 1836 W (?). B. V.

Die Jahreszahl steht zwar unter den drei Buchstaben W B V, doch weist eine Hand von der vorhergehenden Zeile auf sie hin, der Text ist also in der angegebenen Reihenfolge zu lesen. Was die drei Buchstaben W. B. V. heißen sollen, ist nicht ganz sicher. Das W scheint verunglückt, es sieht fast wie ein M aus, so vermute ich, daß sich hinter diesen Buchstaben der Name des Baumeisters verbirgt, so daß sie zu lesen wären:

> M(eister)B(ernhard?) V(ennemann).

Über der nördlichen Eingangstür stehen zwei Sprüche, ein lateinischer rechts und ein deutscher links. Von dem lateinischen ließen sich nur noch wenige Worte entziffern:

> Hanc aedem . . . agnoscimus
> . . . lagio nec sacrum
> tuum (?) lumen inquinatus
> cui mens alter adstet cum fla-
> gellis punies dente deus.

An der Deutung dieser dunklen Worte mag sich ein anderer versuchen. Der deutsche Spruch lautet:

> Mein Haus ist ein Bethaus
> Gott, erhöre deren Flehen,
> Die in diese Kirche gehen.
> Verleih dem Frommen Deine Huld,
> Vergib dem Sünder seine Schuld.

Auch er zeugt mehr von dem frommen Sinn denn von der poetischen Ader seines Ur-hebers. Wir lassen's dabei bewenden und werfen rasch noch einen Blick in die Kirche selbst, um die Zeugnisse prächtiger alter Handwerkskunst zu bewundern, die sich in bemerkenswerter Anzahl hier erhalten haben. Der Hochaltar kann zwar nicht entzücken, er ist nur ein recht mäßiges Kunstwerk in neubarockem Stil (mit Drehtabernakel), das Pfarrer Richters 1836 bei dem Tischlermeister Froning in Münster bestellte, doch stammt angeblich der Entwurf von Oncken, der auch den Kirchenplan gefertigt hatte (s. o. S. 429).[727]) Das große Gemälde über dem Altar ist wohl älter und scheint eine Kopie nach einer Darstellung der Geburt Christi von Murillo (?) zu sein. Pfarrer Richters bekam es von einem Notar Deiters in Münster geschenkt. Kunstwerke eigener Art und Prägung sind die beiden Seitenaltäre, die beide auf das Jahr 1699 datiert sind und auch beide von demselben Mann nach Gimbte gestiftet worden sind, wie die Inschriften unter den beiden Tafeln zeigen. Die Tafel über dem Altar auf der Evangelienseite zeigt in flachem Relief den Martertod des Hl. Stephanus. Auf dem rechts im Hintergrund dargestellten Stadttor die Jahreszahl 1699. Der schöne Renaissancerahmen zeigt reiche Blumen- und Fruchtgirlanden und zu beiden Seiten je eine vollplastische Heiligenfigur, hier St. Bernhard und St. Antonius. Die Inschrift unter der Tafel lautet:

Ad dei gloriam et honorem sancti Stephani
protomartyris Bernardus Gerdeman
summae aedis et ad sanctum Mauritium vicarius
et cellerariae majoris sacellanus poni curavit
anno domini 1699
(Zum Ruhme Gottes und zur Ehre des Hl. Stephanus
des Erzmärtyrers ließ Bernhard Gerdemann,
Vikar am hohen Dom und an St. Mauritz,
sowie Sacellan der Domkellnerei (diesen Altar)
im Jahre des Herrn 1699 setzen.)

Der Altar auf der Epistelseite zeigt in ganz derselben Manier den Hl. Evangelisten Johannes, wie er auf der Insel Patmos sein Evangelium schreibt. Ein Adler hält ihm dabei das Tintenfaß. Die Umrahmung der Bildtafel ist genau die gleiche wie bei dem Stephanusaltar, nur daß hier die Figuren zu beiden Seiten St. Joseph und St. Maria darstellen. Auch die Inschrift unter dem Bilde ist wörtlich dieselbe wie dort, nur daß an die Stelle des sancti Stephani protomartyris hier sancti Joannis Evangelistae getreten ist.

Außer diesen beiden Altären in ihren Spätrenaissanceformen, deren Meister leider nicht bekannt ist, verwahrt die Kirche noch eine Reihe von Plastiken und Statuen von zum Teil beachtlichem Kunstwert, von denen nach Aufzeichnungen im Pfarrarchiv drei im Jahre 1858 aus dem hohen Dom, fünf weitere im Jahre 1860 von dem durch seine nachmalige „Entrümpelung" von St. Lamberti in Münster wenig rühmlich bekannt gewordenen, damals noch in St. Ägidi amtierenden Pfarrer Kappen erworben sind. Zwei Engelstatuetten auf der Orgelempore stammen angeblich aus St. Martini in Münster. Ebendaher soll auch die große, lebendige und vollplastische Darstellung der Taufe Christi über dem (1846 angekauften) Chorgestühl auf der Epistelseite stammen, die wohl ins 18. Jahrhundert zu setzen ist.*) In der jetzt zugemauerten Nische der südlichen Eingangstür hat unter einer aus dem 18. Jahrhundert stammenden Auferweckung des Lazarus eine ausdrucksvolle Pietà, ein Kunstwerk aus der Renaissance, Platz gefunden (das von den Jungfrauen auf der Prozession nach Telgte mitgetragen wird),**) zu deren Seiten,

---

*) Aus St. Martini stammt vielleicht auch die sehr schöne Reiterstatue des Hl. Martin, die früher eine Zierde der Kirche in Gimbte, heute beim Bauer Ahlert in Kinderhaus zu sehen ist.

**) Eine kleine Barock-Pietà von hohem Wert steht auch im Pfarrhause. Ein angeblich von Achter-

aber höher an der Wand, zwei Statuen einer weiblichen Heiligen (links) und des Hl. Eustachius mit einer Hirschkuh (rechts), letztere vor allem ein gutes Handwerksstück aus der Zeit um 1500. Über der nördlichen Tür hat eine weniger gute Kreuzigungsgruppe aus dem 18.(?) Jahrhundert Platz gefunden, beseitet von den Statuen des Hl. Johann Nepomuk und des Hl. Franz Xaver aus etwa der gleichen Zeit. In der Sakristei verwahrt man zudem noch das wunderschöne Prozessionskreuz und die nicht minder kostbare Johannes-Schüssel, einen hölzerner Teller aus spätgotischer Zeit mit dem Kopf des Hl. Johannes des Täufers. Von den aus dem im Jahre 1811 aufgehobenen Kapuzinerkloster in Münster erworbenen Paramenten hat sich offenbar nichts erhalten.*) Ebensowenig auch von den alten Kultgeräten. 1732 hatte der Goldschmied Heinrich Hartleif im Auftrage des Dechanten Terhorst von St. Mauritz einen silbervergoldeten Kelch für die Kirche in Gimbte geliefert. 1751 schenkte der Kanonikus Ortmann eine aus Silber und Kupfer gefertigte und vergoldete Monstranz, und 1754 derselbe ein silbervergoldetes Kreuz. Alle diese Kostbarkeiten fielen 1796 einem gemeinen Kirchendiebstahl zum Opfer.**) Beachtlich ist auch der schöne Renaissanceleuchter mit der hübschen Adlerbekrönung und nicht minder auch der alte romanische Taufstein unter dem Turm, dessen schlichte Bandornamentik und Arkadenreihe aber offenbar in späteren Jahrhunderten einmal nachgezogen und überarbeitet zu sein scheint.

Draußen mahnt die spätgotische Sonnenuhr an der Südseite des Kirchenschiffes an die schnell dahin schwindende Zeit. Noch nachhaltiger ist die Predigt, die das 1918 errichtete Gedächtniskreuz auf dem Friedhof in seiner schlichten, aber eindringlichen Monumentalität über die Vergänglichkeit alles Irdischen hält. Unterstrichen wird diese Mahnung durch die Sockelplatten des Kreuzes, die aus alten Grabsteinen, deren Buchstabenreste auf das 16. Jahrhundert weisen, gebildet ist. Die Gräber, die sie einst deckten, und die Toten, die einst unter ihnen ruhten, sind längst verschollen und vergessen.

Von dem frommen Sinn unserer Vorfahren zeugen nicht nur die alten Kirchen***) des Landes mit ihren reichen Schätzen, sondern fast noch mehr die meist nur schlichten und anspruchslosen Wegekreuze und Bildstöcke, die sich noch heute bei manchem Bauernhause und hier und da an der Landstraße und verschwiegenen Feldwegen finden lassen. Von den unmittelbar in und um Greven stehenden bzw. vorhanden gewesenen Kapellchen und Wegekreuzen war bereits die Rede (o. S. 155). Der schönste Bildstock im Kirchspiel steht in der Meestheide, nicht weit vom ehemaligen Schultenhof Ostenfelde entfernt, von einem Sohne dieses Hofes, dem Pastor in Nordwalde, Caspar Ostenfelde im Jahre 1719 gestiftet (Tafel XVII).****) Auf der Vorderseite zeigt der Stein eine Darstellung der Hl. Familie auf der Flucht nach Ägypten, auf der Rückseite die Kreuzigung

---

mann, der einst in Gimbte die Schulbank gedrückt hatte, geschnitztes Kreuz bewahrt das Pfarrheim, wohin auch ein auf dem Orgelboden gefundenes recht gutes Gemälde des 18. Jahrhunderts, die Geschichte vom Zinsgroschen darstellend, Aufstellung gefunden hat.

*) Auch die beiden Kirchenfahnen, die 1766 der Maler J. H. Danelett d. Ä. in Münster lieferte, sind längst verschlissen. Die eine zeigte auf blauem Grund auf der einen Seite die Hl. Dreifaltigkeit, auf der anderen ein Vesperbild, die andere auf weißem Grund den Kirchenpatron St. Johann bapt. bzw. die Muttergottes. Der Preis für beide Fahnen betrug 29 Taler.

**) Ein neues Ziborium lieferte noch im gleichen Jahre der Goldschmied Diening in Münster. Die jetzt im Besitz der Kirche befindliche Monstranz von 1640 schenkte im Jahre 1839 der Dechant von St. Mauritz, von Ascheberg. Auch der gotische Kelch wird ein Geschenk aus dem 19. Jht. sein.

***) Auf eine eingehende Schilderung der neueren Kirchenbauten des 19. und 20. Jhdts. muß hier verzichtet werden.

****) Auch im Kirchspiel Gimbte hat 1698 der Bauer Averkamp ein Kreuz an den Prozessionsweg setzen lassen (Kirchenrechnung von 1698).

Christi. Auf dem Sockel ist die Madonna der sieben Schmerzen dargestellt, dazu Glaube, Hoffnung und Liebe. Über dem Bild der Vorderseite sind zwei Wappen und auf der Rückseite an der gleichen Stelle die Namen der Stifter, unten am Sockel das Jahr der Errichtung des Steines eingemeißelt:

Casparus Oestenfeldt, Pastor in Nortwalde
Jobst Heinricus Oestenfeldt, Anna Cat., Eheleuthe.
Anno 1719, den 27. Juni.

Auf der linken Schmalseite steht unter den drei Namen Jesus, Maria, Joseph der Spruch:

Von Gottes Zorn befreiet mich,
Für einen bösen Todt bewahret mich,
Zum Reich des Himmels begleitet mich. Amen.

Entsprechend steht auf der rechten Seite:

Jesus, Maria, Joseph
Von Schuldt und Sünden
Wölt mich entbinden,
Für Teufels Wüten
Wolt mich behüten,
In guten Wercken
Meine Selle stercken. Amen.

Die andern Bildstöcke in den beiden Kirchspielen sind bei weitem nicht so reich mit Bildwerk und Inschriften geschmückt. Meist zeigen sie auf schlichtem Sockel oder in einem kleinen Häuschen nur das Bild des Gekreuzigten oder eine Pietà, so auf Gronovers Bild von 1776 an der Kreuzung der Rheineschen Landstraße mit der Nordwalder Chaussee, so der Bildstock von 1766 an der Chaussee von Greven nach Sprakel bei Kl. Wichtrup, bei Janning in Pentrup und am Klaterberg im Kirchspiel Gimbte (beide aus der Mitte des 18. Jahrhunderts.*) Ein besonders schönes Kruzifix aus der Zeit um 1500 (?) steht in einer kleinen Nische bei Hilgenbrink (Königskötter), nicht weit von dem oben genannten großen Bildstock von 1719 in der Meestheide (Tafel XVIII, 2). Woher dieses alte Kreuz stammt, ist nicht bekannt. Sicher ist nur, daß es nicht schon seit viereinhalb Jahrhunderten hier steht. Manch altes Bild haben sich die Bauern bei der neugotischen Säuberungsaktion in ihrer Pfarrkirche im vergangenen Jahrhundert mit nach Hause genommen und ihm aus alter Anhänglichkeit eine letzte Zuflucht auf oder an ihrem Hofe geboten. So mag auch das gotische Kreuz bei Hilgenbrink aus einer Kirche stammen, vielleicht sogar aus der Grevener.

Die alte Sitte der Landbevölkerung, Höfe und Feldwege mit Kreuzbildern, Heiligenhäuschen und Bildstöcken zu schmücken und so Haus und Hof sichtbar unter den Schutz des Göttlichen Erlösers und seiner Heiligen zu stellen, ist im Münsterland auch heute noch nicht ausgestorben. In Feld und Wald findet man wieder künstlerisch beachtenswerte Wegekreuze, die den christlichen Charakter des Landes und seiner Bewohner bekunden. Daneben allerdings auch noch manch wenig schöne Gipsfigur, die mehr von der gläubigen Frömmigkeit des Stifters als von echtem handwerklichen Können und Kunstverständnis zeugt. Unweit der Gronenburg in der Bauerschaft Westerode steht ein schönes, von Schulte Josef Gronover 1835 gestiftetes Kreuz, ein sehr beachtliches aus jüngster Zeit in der Bauerschaft Herbern beim Soestkotten (Beckermann),

---

*) An das beim Hof Nettmann in Westerode stehende Kreuz knüpft eine Sage von einem gewalttätigen Kosaken aus den Freiheitskriegen an, die in den Heimatklängen Nr. 2 mitgeteilt ist.

das zugleich ein Erinnerungsmal für vier im ersten Weltkrieg gefallene Söhne dieses Hofes ist.

Mit den Zeugnissen bäuerlicher Kultur könnte man bei systematischer Sammlung sicherlich ein ganzes Buch füllen. In einer Heimatgeschichte darf aber trotz aller Zufälligkeit und Lückenhaftigkeit des Materials doch wenigstens ein Hinweis auf sie nicht fehlen, um zur Sammlung und Pflege dieser im Zeitalter der Technisierung des täglichen Lebens hoffnungslos dem Untergang geweihten alten Zeugen vom handwerklichen Können unserer Vorfahren anzuregen und zu mahnen.

Ganz aus Steinen gebaute Häuser gab es vor hundert Jahren weder auf dem Lande noch auch im Dorfe Greven selbst. Hier ist das vielleicht noch aus dem Ende des 17. Jahrhunderts stammende Wohnhaus des Hofes Bövemann an der Münsterstraße (Nr. 18) eines der ältesten erhaltenen überhaupt, wenn es auch schon lange kein Strohdach mehr trägt und auch im Innern die alte Raumeinteilung nicht mehr zeigt, da es schon seit vielen Jahren nicht mehr als Bauernhaus dient (Tafel XX, 1). So wie dieses Haus sahen einst alle Häuser im Dorf aus, und viele alte Grevener werden noch wissen, daß auch die Häuser der wohlhabenden Fabrikanten und selbst das Pfarrhaus nicht anders gebaut waren. Die beiden im Winkel der Martinikirchstraße (Nr. 9 und 11) liegenden Fachwerkhäuser und das Bild des alten Biederlackschen Hauses (Tafel XX, 2) vermögen eine Vorstellung von dem früheren Aussehen Grevens zu geben.*) Der Hoek hat in einzelnen Häusergruppen das alte Gesicht des Dorfes besser bewahrt.**) Einzelne seiner Häuser und Scheunen reichen gewiß noch in die ersten Zeiten der Dorferweiterung (s. o. S. 106 f.) zurück. So sicherlich die alte Scheune am Ende des Hoeks (alte Nr. 32, heute Hinterhaus zu Münsterstr. Nr. 40). die über dem Torbogen die Inschrift trägt:

HINDERICH MAESTRUP -IHS- ELISABETH ECKERS 1672.**)

Im Kirchspiel steht das älteste Bauernhaus wohl auf dem Hofe Bettmann in der Bauerschaft Schmedehausen. Grundriß und Querschnitt dieses Hauses (Abb. 36 und 37) zeigen den klaren, übersichtlichen Aufbau des westfälischen Bauernhauses, der einer langen Erklärung nicht bedarf. Der Vorderteil des Hauses dient dem Vieh und seiner Wartung, der hintere Teil, das „Küchenfach" bzw. das „Kammerfach" dem Menschen, der über beide hinweg gehende Bodenraum zur Aufbewahrung der Ernte. Bemerkenswert auf der Diele ist der nur noch selten anzutreffende „Küenig", ein mit Pferden zu betreibendes Göpelwerk aus Holz zum Antrieb der Hausmühle, des „Spitzdüorskers" (Tafel XIX, 2). Der Balken über der „Niendör" bei Bettmann trägt die Inschrift:

GODT BEWARE DIS HAUS FOR ALLE UNGLUCK -IHS- UND SEGNE DISE SO DAR INNEN WOHNEN / UND ALLE DIE GODT DARUM BITTEN. M. BEREND LOCHTEFELT / ANNO 1681 DEN 30 JULY.

Hier nennt sich also auf dem Torbalken noch nicht, wie sonst fast immer, der Besitzer des Hofes, sondern der Zimmermann, der das Haus baute. Heute sind die Fachwerkbauten auch auf dem Lande bereits weitgehend durch massive Steinbauten ersetzt worden,

---

*) Das bekannte Bild, das der Maler Palmes von der Marktstraße nach der Erinnerung gemalt hat und ebenso eine kindliche Bleistiftzeichnung, die Konditor Blanke, Martinikirchstraße Nr. 10, von der 1897 abgerissenen Häusergruppe an der Ecke der Bergstraße besitzt, zeigen gleichfalls noch den alten Fachwerkcharakter des Dorfes. (vgl. auch Tafel XXI, 1 und 2).

**) Vgl. Cordes, Der Hoek und seine Bewohner. Die Lesung der Jahreszahl zu 1612 ist irrig. Zu Beginn des 17. Jhts. gab es im Hoek noch keine Häuser (s. o. S. 106). Heinrich Maestrup kommt zudem in den Schatzungsregistern des Dorfes erst seit 1669 vor. Er wohnte an der Kirchstraße (Nr. 103, heute Nr. 4).

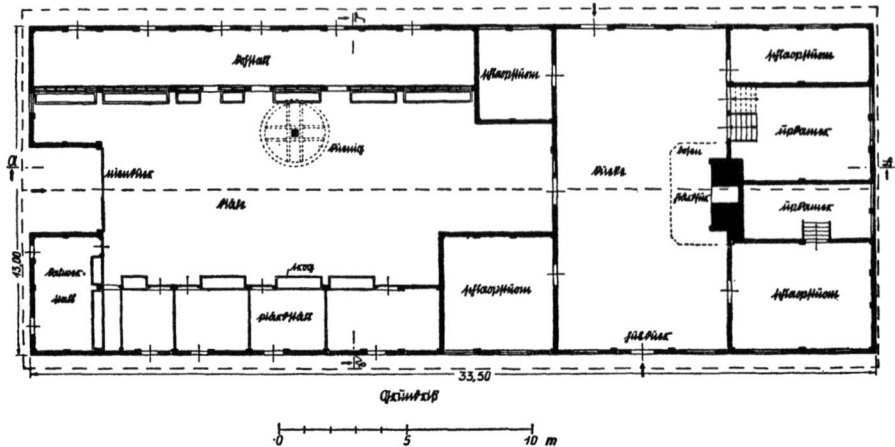

Abb. 36. Grundriß des Hofes Bettmann in Schmedehausen von 1681

und nur noch wenige Häuser zeugen von der Kunstfertigkeit unserer Zimmerleute in vergangenen Zeiten. Auch von der Wehrhaftigkeit unserer alten Schultenhöfe hat sich kaum mehr als hier und da eine halb zugeschlickte Gräfte erhalten. Von den alten Wällen und breiten Gräben, von den steinernen Torbauten und Speichern sind nur noch kümmerliche Reste zu sehen. Einzig bei Schulte Pellengahr-Höping in Aldrup ist das Obergeschoß des alten wehrhaften, mit Schießscharten von 1547 bzw. 1594 wohlversehenen Torgebäudes (auf neuem Untergeschoß von 1850) erhalten (Tafel XIX, 3 und 4).

Die solide, deftige Bauweise des Bettmannschen Bauernhauses zeugt in seiner weiträumigen Anlage auch für den behäbigen Wohlstand dieses Hofes, der mit seinen 126 Morgen (nach dem Stand des Urkatasters) keineswegs zu den größten gehörte, und daher gut als ein allgemein gültiges Beispiel nicht nur seiner Zeit, sondern auch für die Bau- und Lebensweise unserer Bauern in früheren Jahrhunderten gelten kann.

Von diesem Lebensstil sei hier noch kurz die Rede. Die wenigen erhalten gebliebenen Zeugnisse bäuerlicher Kultur des 16. und 17. Jahrhunderts lassen den damaligen Hochstand desselben nur noch erahnen. Die Gerichtsprotokolle dieser Zeit runden aber das aus ihnen zu erschließende Bild recht plastisch ab.

Die wirtschaftlich günstige Zeit des 16. Jahrhunderts brachte Wohlleben, ja geradezu Luxus und Reichtum aufs Land, damit aber auch Lockerung der guten, altväterlichen Sitten und Gebräuche. Um diese zu schützen, erließen die Bischöfe von Münster immer wieder Verordnungen und Gesetze, die dem Bauern genau vorschrieben, wieviel Gäste er zu den verschiedenen Festen einladen durfte, welchen Aufwand seine Frau und seine Töchter in Kleidung und Schmuck treiben durften usw. Die Übertretungen bzw. deren Bestrafung durch den Gografen füllen viele Spalten in den alten Gerichtsprotokollen. Die „Gästeordnung" war schnell überschritten, denn wer wollte jedesmal die Nachbarn und Freunde genau zählen, die sich zum Feste einfanden? Was machte schon der Taler aus, den man zur Strafe an den Gografen zahlen mußte. So sind die Verstöße gegen die Gästeordnung überaus zahlreich; zahlreich aber auch die Verstöße gegen die Kleiderordnung, die vom Landesvater gegen Putzsucht und übertriebene Eitelkeit der ländlichen Evastöchter erlassen worden waren. In der „Gemeinen Landordnung", die Bischof Johann von Münster im Jahre 1571 neu verkündet hatte, heißt es (S. 21 f.) ausdrücklich, daß „kein Bawrsperson auf dem Lande einiche Clenodien von Golt oder was vergultet ist, es weren Ringe, Gurtel, Hauptbinden oder Schnüre von gezogen Golt, silberen Schennen oder Scheiden, desgleichen Kragen oder Ermel vom Sammet und Seyden und wes dergleichen mehr were, an ihrem Leib nit tragen, noch umb oder an haben, sonder sich mit gemeinem Wandt, und doch zum hochsten an statt eines Ehrenkleides mit zimblichen Englischen Wandt nach eines jeden Gelegenheit settigen lassen. Aber die Fuecken (Mäntel), wem die zu tragen gepüren, sollen allein mit Wandt oder Arnisch gefutert werden". Das war gewiß sehr landesväterlich, ja geradezu puritanisch streng gedacht, und so nimmt es nicht wunder, wenn Frauen und Mägde, die Schultentöchter sowohl wie die weniger bemittelten mehr denn einmal mit diesen Verordnungen in Konflikt gerieten. So heißt es, um nur einen der vielen Bruchfälle dieser Art anzuführen, im Gogerichtsprotokoll von 1609/10, daß unter anderen auch Stotbroicks Tochter „triepen Mauwen (Ärmel), einen silbernen Lidt(= Glieder-)gurtel und einen siedtwercks (seidenen) Kragen mit sammeter Kordi (Kordel) besetzt gedragen (hat), derhalben selbige auf einen Reichstaler (Strafe) angeschlagen." Ähnlich wurde damals auch die Lutke Finkenbrinksche bestraft, weil sie wider die Ordnung einen Kragen „mit Sammet besetzt" getragen hatte, ebenso die junge Große Sudendorpsche, Lysenhermans Tochter, die Wedemhovesche mit ihrer Tochter und noch manche andere. Der Dreißigjährige Krieg machte diesem, nach der Meinung des besorgten Landesvaters übertriebenen

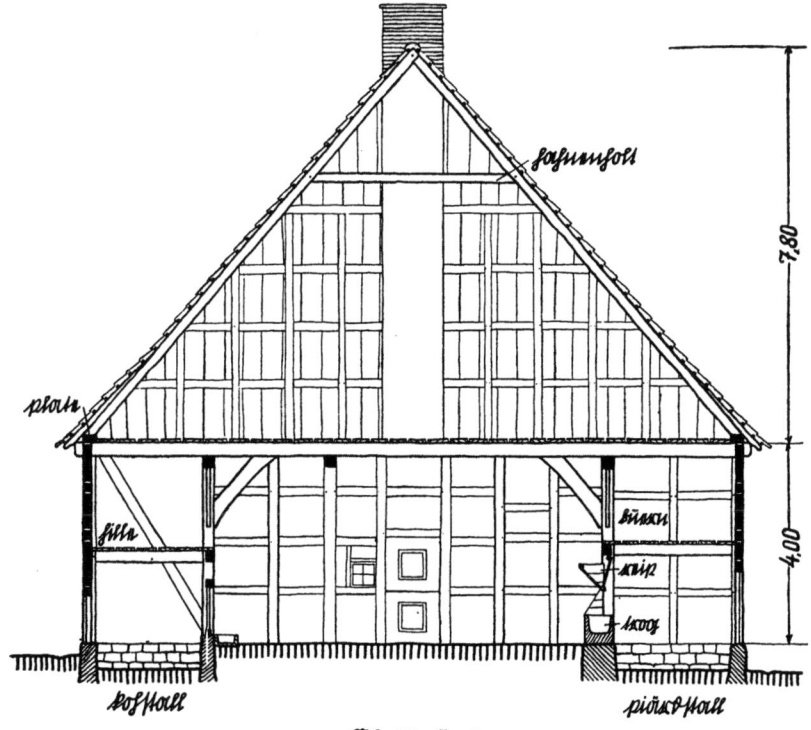

Abb. 37. Querschnitt des Hofes Bettmann in Schmedehausen von 1681
(halber Maßstab des Grundrisses)

Luxus von selbst ein Ende. In den Protokollen der späteren Zeit finden sich keine Verstöße dieser Art mehr. Und doch wäre es falsch, anzunehmen, es habe seitdem einen bäuerlichen Wohlstand nicht mehr gegeben. In der Kleidung ist allerdings der vor dem Dreißigjährigen Krieg getriebene Luxus später wohl nicht wieder erreicht worden. Die „Erinnerungen", die um 1860 der alte Kötter Johann Budde gnt. Hilgenbrink in die leeren Blätter eines alten Buches eintrug, lassen dies erkennen. Bei seiner „ersten Denkungsart" (um 1800 bzw. zur Franzosenzeit) kannte man noch keine Stiefel (also nur Holzschuhe), keine langen Hosen, keine Überröcke, keinen blauen Kittel und keine Mütze (Kippe), sondern nur einen runden oder dreieckigen Hut. „Von Manteln, Mortungen, Mantillien, Oberhemden, Schemiskes, Frauenhüten, Umschlagtüger wußte man nicht zu sagen"! Zum Sonntag zog aber wenigstens der Schulte und der besser gestellte Bauer zur schwarzen Kniehose mit langen Strümpfen die Schnallenschuhe mit silbernen oder doch wenigstens versilberten Spangen an, dazu den langen schwarzen oder braunen Rock und nahm aus der Lade das schwere mit Silber beschlagene Gebetbuch unter den Arm.*) Die „Meersche" hat zur Kirche sicherlich einen „bomsidenen" Rock statt des alltäglichen Wollrockes angezogen, mit dem sich die kleinere Bäuerin und Köttersfrau auch am Sonntag wird haben behelfen müssen. Im Ganzen wird die Landbevölkerung den um 1600 herrschenden Wohlstand bis ins 19. Jahrhundert nicht wieder erreicht haben. Erst 1764 und wieder 1765 wurden landesherrliche Edikte gegen den übertriebenen Kleiderluxus in Stadt und Land erlassen, die erst 1791 aufgehoben worden sind.[728]
Gab es in bezug auf den Luxus nach dem Dreißigjährigen Krieg nichts mehr zu strafen, so ging es doch schon wenige Jahre nach dem entsetzlichen Kriege auf Kindtaufen, Brautwerschaften und Hochzeiten wieder recht hoch her. Es scheint, als ob sich der in den langen, entbehrungsreichen Kriegsjahren aufgestaute Lebensdrang mit Gewalt wieder Bahn schaffen wollte. Ähnliches haben wir ja nach den beiden Weltkriegen des 20. Jahrhunderts zur Genüge miterlebt. Im Dorf Greven wurde beispielsweise 1659/60 Ferdinand Veltmann in Strafe genommen, weil er an drei Tagen hintereinander 120, 180 und 170 Gäste auf der Hochzeit gehabt hatte. War dies auch einer der reichen Krämer im Dorfe, so ließen sich doch auch die Bauern, ja selbst die kleinen Kötter nicht lumpen und luden je nach Vermögen ihre ganze Nachbarschaft ein. So Wrede im Dorf an zwei Tagen je 70 Personen, so Overmann 80 bzw. 70 Gäste, so der Reckenfelderbäumer 54 und 40 Hochzeitsgäste, denen er 4 Tonnen Bier vorsetzte, und viele andere noch. Wenn auch das Bier und der Branntwein nicht mehr in solchen Strömen floß wie vordem, so brachte doch auch jetzt noch der Alkohol dem Gografen viel Arbeit, aber auch viele harte Taler ein!
Von dem behäbigen Wohlstand wenigstens der Schulten und besser gestellten Bauern im 17. und 18. Jahrhundert zeugen aber auch noch die vielen schönen Truhen und der sonstige Hausrat, der sich auf manchem Bauernhof noch heute findet.**) Bei Schulte Pellengahr-Höping kann man die Entwicklung der bäuerlichen Truhen vom 17. bis zum 19. Jahrhundert an einigen sehr schönen Beispielen studieren (Tafel XXII, 1). Leider haben sich viele Bauern von gewissenlosen Aufkäufern die schönsten Truhen und Schränke und sonstige Erzeugnisse ländlicher Handwerkskunst für billiges Geld abschwatzen oder gegen seelenlose Fabrikmöbel eintauschen lassen. So trifft man diese alten, kostbaren Bauernmöbel

---

*) Bei Schulte Pellengahr-Höping in Aldrup stehen noch heute drei derartig mit schwerem Silber beschlagene Gebetbücher von 1715, 1742 und 1745 im Schrank (Tafel XXV, 1).
**) Auch im Dorf hatte jeder seine Truhe. Eine sehr schöne von 1714 (heute nicht mehr in Greven) bilden die Bau- und Kunstdenkmäler des Kreises Münster, Tafel 47, ab, eine solche von 1719 aus Biederlackschem Besitz Hövel S. 13. Im Hause Martinikirchstraße 10 stehen im Keller (!) nicht weniger als vier Truhen des 16. (?) bis 18. Jhts, die älteste angeblich von 1441!

nur noch selten. Einen sehr schönen Schrank, der möglicherweise noch dem 16. Jahrhundert angehört, besitzt Schulte Farwick in Hüttrup (Tafel XXIV, 1), einen nicht minder ansehnlichen von 1662 Schulte Hanhoff in Herbern (Tafel XXIV, 2). Wie wohnlich es in den mit solchen Möbeln ausgestatteten Bauerndielen und -stuben war und auch heute noch ist, zeigt die Diele bei Pellengahr-Höping. Auch im Dorf war man ähnlich eingerichtet. Der Schankraum bei Winninghoff, der im wesentlichen noch den Zustand von 1674, also nach dem großen Brande (o. S. 242) zeigt, hat mit seiner schönen Vertäfelung und dem alten Hausrat nichts von seiner alten Gemütlichkeit eingebüßt.*) Neben dem zahlreichen Zinnzeug, das ja leider vielerorts in die Metallspenden der beiden Weltkriege gewandert ist, kann man hier auch einen der früher beliebten Bronze- bzw. Messingmörser bewundern, den früher nicht nur Krämer und Apotheker, sondern auch die Hausfrau kaum entbehren konnte.**)

Ebenso nur noch in Resten findet man heute die Zeugen eines alten, seit dem 16. Jahrhundert bezeugten Brauches. Zu Hochzeiten schenkte man sich früher vielfach eine Wappenscheibe, in Glas gebrannt, die man dann in der guten Stube oder sonstwo ans Fenster hängte. Eine köstliche Reihe (15 Stück!) solcher Scheiben, alle mit der Jahreszahl 1674 versehen, also zu einer Hochzeit dieses Jahres gestiftet, besitzt noch heute Schulte Große Maestrup (Tafel XXIII). Mit viel Liebe und Glück hat der Besitzer sie durch alle Fährnisse der Zeit hindurchgerettet und als kostbaren Schmuck in die Fenster seiner großen Diele wieder einsetzen lassen. Ähnlicher Art, aber etwas jünger, sind auch die im alten Speicher bei Schulte Pellengahr-Höping in Aldrup eingesetzten Wappenscheiben (Tafel XXIII).***) Der Brauch war weit verbreitet, nur die Zeugen desselben sich bei der Zerbrechlichkeit des Materials in den seltensten Fällen erhalten. Das haben ist auch aus dem Grunde bedauerlich, weil diese Scheiben die vielfach einzigen Zeugen für die bäuerlichen Wappen sind. Jeder Bauer hat in früheren Zeiten, wenn auch nicht ein Wappen, so doch zum mindesten eine Haus- bzw. Hofmarke gehabt, mit der er sein Vieh und seinen Hausrat kennzeichnete. Die Schulten führten wohl meist richtige Wappen wie die bereits genannten Scheiben und auch die Wappensteine bei Schulte Pellengahr-Höping (Tafel XIV, 3) erkennen lassen. Der schöne Becher aus dem Besitz der Schultenfamilie Temming in Westerode zeigt gleichfalls zwei alte Schultenwappen (Tafel XXV, 2). Auch die Dorfbewohner standen hierin den großen Bauern nicht nach. Auch sie besaßen ein „Merk", mit dem sie ihre Kaufurkunden und Verträge unterschrieben und mit dem besonders die Kaufleute ihre Warensendungen kennzeichneten. Das Testament des alten Grevener Vogtes Nikolaus Warburg von 1660 [729]) unterschrieben fünf Grevener Bürger: Heinrich Wessels, ... Nientied, Heidenreich Klein, Johann Biderlake und Andres zur Schmeden. Jeder von ihnen setzte zur Unterschrift auch sein „Merk". Vielfach war dies nur ein aus den beiden Buchstaben des Namens zusammengezogenes Monogramm, vielfach aber doch auch eine echte alte Hausmarke. [730])

Ein letztes Zeugnis für die Kulturhöhe des gehobenen Bauernstandes im 17. und 18. Jahrhundert geben die alten Anschreibebücher, die sich noch auf manchem Bauernhof

---

*) Auf der Kaminvertäfelung steht die Inschrift: ANNO 1674 AN GADES SEGEN IST ALLES GELEGEN. Das alte steinerne Wirthausschild über der Tür zeigt neben dem goldenen Stern die Jahreszahl 1674, stammt also auch vom Neubau nach dem Brande von 1674.

**) Einen weiteren Grevener Mörser von 1572 mit der Inschrift: MYN HAPE STEIT ALLEIN IN GODT. INT JAER ONS HEREN 1572 beschreiben die Bau- und Kunstdenkmäler des Kreises Münster-Land S. 66 und Tafel 47.

***) Von 1701. Reste von weiteren im Hause. Auch im Hause Martini-Kirchstraße 10 und bei Biderlacks sind noch alte Hochzeitsscheiben von 1696 und 1732 zu sehen.

finden. Das älteste erhaltene ist wohl das vom Schultenhof Temming stammende Lagerbuch von 1609 (Tafel XXV, 3), das nicht nur die Tüchtigkeit des Schulten in seiner Wirtschaftsführung erkennen läßt, sondern zugleich auch lehrt, daß er besser schreiben konnte als viele Dorfschulmeister des 19. Jahrhunderts! Er war darin aber keine Sondererscheinung. Auch die andern Schulten führten solche Anschreibebücher, in denen sie nicht nur Buch über ihre eigene Wirtschaft führten, sondern vor allen Dingen die Abgaben und Leistungen der ihnen unterstehenden Höfe ihres Amtes (s. o. S. 194 ff.) verzeichneten.*) Auch hierin waren aber die Schulten den andern Bauern und Dorfbewohnern überlegen. Denn noch im frühen 19. Jahrhundert vermochten nur erst sehr wenige von diesen ihren Namen zu schreiben. Die drei Kreuze in der Unterschrift statt des Namens verschwinden erst sehr viel später aus den Akten.

*) Ein Anschreibebuch von 1660 ff. besitzt Schulte Farwick in Hüttrup, ein sehr interessantes und kulturgeschichtlich wertvolles aus dem Anfang des vorigen Jahrhunderts Schulte Jochmaring in Schmedehausen.

Die Bauernhöfe des Amtes Greven

Dem folgenden Verzeichnis liegt im wesentlichen ein Schatzungsregister von 1664 zugrunde, das neben der Qualität auch die Grundherren der Höfe angibt. Die Reihenfolge derselben wurde allerdings nach einem Register von 1800 (ebd., Fst.Münster, Kirchspielssachen B I Nr. 2 Bd. 4. für das Ksp. Greven bzw. B I Nr. 1 für das Ksp. Gimbte) gewählt, das der heutigen Bauerschaftsfolge besser entspricht. Es bietet auch manche, seit 1664 eingetretenen Veränderungen im Besitzstand der Höfe. Da die Qualitätsangaben des Schatzungsregisters von 1664 durch die schlechte wirtschaftliche Lage jener Zeit beeinflußt sind, werden zum Vergleich ältere Angaben von 1536 und 1589 nach den Steuerlisten dieser Jahre beigegeben. Die den Namen der Höfe in () beigesetzten Namen bieten die Form derselben nach dem ältesten Schatzungsregister von 1498/99. Jahreszahlen ohne Quellenangabe weisen auf die Steuerlisten des betreffenden Jahres hin, die o. S. XVII f. Anm. 2 verzeichnet sind. „Um 1370" bezieht sich auf das älteste Lehnsregister des Bischofs Florenz (von Wevelinghoven) von Münster (StAM, Msc. VII Nr. 401). Die Größenangaben von 1828 sind den Mutterrollen des Urkatasters entnommen (Kreisverwaltung Münster, Katasterarchiv). Dabei gilt 1 Morgen = $2^1/_2$ Scheffel oder 180 Quadratruten (1 Scheffel = 72 Quadratruten). Die geschichtlichen Angaben zu den einzelnen Höfen erstreben keineswegs Vollständigkeit, sie sollen nur erste Hinweise auf Vorkommen und Besitzgeschichte geben. Dabei sind die z. T. unrichtigen Angaben bei Brinkmann, Geschichte des Amtes Greven: Adreßbuch für den Amtsbezirk Greven (Greven o. J., um 1911), S. XX ff. und bei A. Weskamp in der geschichtlichen Einleitung zu A. Ludorff, Die Bau- und Kunstdenkmäler des Kreises Münster-Land (Münster 1897), S. 54 und 60 ff. stillschweigend berichtigt.

Eine Erklärung der Abkürzungen findet man o. S. IX f.

Bauerschaft Aldrup

1. **Schulte Aldrup** (Sch. Aldorp), heute Sch. Pellengahr-Höping.
   Erbe, 1828: 243 Morgen, 103 Ruten.
   Grundherr: Domkapitel zu Münster.
   Die curtis Alethorpe wird bereits 1196 als Amtshof des domkapitularischen Beifangs Schöneflieth erwähnt (WUB II Nr. 550, vgl. auch CTW II, S. 177ff.). Zu diesem Amt gehörten drei Unterämter (precepta): Gimbte, Hembergen und Drentrup. Das Hofgericht, die „hyensprache", wurde alljährlich am Sonntag Judica (vierzehn Tage vor Ostern) auf dem Schultenhof gehalten (CTW II, S. 179).
   Bis um die Mitte des vorigen Jahrhunderts besaß der Hof noch ein wehrhaftes, mit Schießscharten versehenes Torgebäude, von dem Reste des Holzwerkes zum Neubau eines Speichers verwandt wurden, während zwei Inschriftsteine mit den Jahreszahlen 1547 und 1595 (letzterer mit dem alten Schultenwappen) in die Hofmauer eingelassen sind. Wall und Gräfte zeigt noch der Plan aus dem Jahre 1708 (s. o. S. 37 Abb. 11). Die zum Hof gehörende Wassermühle wird erstmalig 1560/70 erwähnt (StAM, Fst. Münster, Hofkammer XXI Nr. 1).

2. **Frede** (Wrede)
   Halberbe (1536 und 1589 Erbe), 1828: 124 M., 103 R.
   Grundherr: Domkapitel zu Münster.

Der Hof gehörte im 14. Jht. dem Erbmann Bischoping (CTW II, S. 177), vielleicht als Lehen des Grafen von Tecklenburg, der 1553 als Grundherr genannt wird. 1562 war Frede bereits im Besitz des Domkapitels (StAM, Msc. I Nr. 52 Bl. 115). Im 14. Jht. und noch 1412 hieß der Hof ten Brinke (CTW II, S. 177 und 224), doch kommt in der Schönefliether Zollrolle von etwa 1400 bereits der Name Wredynch vor (s. o. S. 411), der dem Hof seit 1467 ständig anhaftet (StAM, DK Münster, DKelln. Pr. v. 1467 Bl. 9vf.). 1714 wußten die umliegenden Bauern noch, daß der Hof nach dem Besitzwechsel einen Teil seines Landes an das Haus Schöneflieth verloren hatte (StAM, Dep. Bentlage 1 II, Greven Nr. 13).

3. Rickermann (Rickerman)
Halberbe (1536 und 1589 Erbe), 1828: 90 M., 38 R.
Grundherr: Domkapitel zu Münster.
Der Hof hieß 1284 und noch im 14. Jht. Richardinc (WUB III Nr. 1239 und CTW II, S. 178). Er unterstand damals bereits dem Amt Aldrup.

4. Rottmann (Rotman), heute: Albertmann
Halberbe (1536 Kötter, 1589 Erbe), 1828: 88 M., 131 R.
Grundherr: Domkapitel zu Münster.
In den Heberegistern des Domkapitels aus dem 14. Jht. kommt der Name noch nicht vor, wohl dagegen in der Schönefliether Zollrolle von etwa 1400 (s. o. S. 412). Der Name deutet auf eine jüngere Rodung hin. 1677 galt der Hof als Pferdekötter.

5. Hollender (Hollander), heute Rickermann
Halberbe (1536 und 1589 Erbe), 1828: 81 M., 131 R.
Grundherr: Domkapitel zu Münster.
Der Hof, zum Amt Aldrup gehörig, hieß im 14. Jht. Holendere (CTW II, S. 178), was vielleicht als Herkunftsbezeichnung für einen (aber nicht unbedingt den ersten) Inhaber gelten darf.

6. Stienemann (Styninck bzw. Styneman), heute Sender
Halberbe (1536 und 1589 Erbe), 1828: 74 M., 103 R.
Grundherr: Domkapitel zu Münster.
Der Name dieses gleichfalls dem Amtshof Aldrup unterstehenden Hofes lautete im 14. Jht. noch Christinenhove (CTW II, S. 178).

7. Thünemann (Tunninck)
Pferdekötter (1536 und 1589 Erbe), 1828: 46 M., 159 R.
Grundherr: Domkapitel zu Münster.
Im 14. Jht. hieß dieser zum Amt Aldrup gehörende Hof noch Tuneman (CTW II, S. 178), also der Hof am Zaun?

8. Vegesack (Vegesack), heute Jochmaring
Halberbe (1536 und 1589 Erbe), 1828: 70 M., 26 R.
Grundherr: Domkapitel zu Münster.
Der Hof, dem Domkapitel eigenbehörig, hieß Ende des 14. Jhts. Vogelerse, 1412 dann Brunsman, zwischendurch, in der Schönefliether Zollrolle von etwa 1400 aber auch schon Vegezach (s. o. S. 412), wie er dann seit 1467 ständig genannt wurde (CTW II, S. 178, 197 bzw. StAM, DK, DKelln. Pr. 1 Bl. 9vf.). Der Bauer ist wohl schon im 14. Jht. zum Wirtschaftsbetrieb übergegangen, in dem die Wanderer ihren Sack (Geldbeutel) leerfegten! Die Angabe des Schatzungsregisters von 1553, daß der Hof dem Stift Nottuln gehöre, beruht auf einem Irrtum (vgl. auch StAM, Dep. Bentlage 1 II, Greven Nr. 25).

9. Große Wichtrup (Hinrik Wichtorp)
Halberbe (1536 und 1589 Erbe), 1828: 99 M., 144 R.
Grundherr: Überwasserstift zu Münster.
Der Hof ist identisch mit dem domus Wesseli to Wichthorpe, das 1267 der Erbmann Gottfried Bischoping dem Bischof von Münster zu Lehen auftrug (WUB III Nr. 790) und 1322 als Hochzeitsgut der Christine B. an den Erbmann Johann Sinnige fiel (WUB VIII Nr. 1620). 1337 verkaufte dieser den Hof dem Überwasserstift zu Münster (StAM, Urk. Überwasser Nr. 62/63). Mit den Besitzungen des 1773 aufgehobenen Stiftes kam der Hof, der in den Schatzungsregistern vereinzelt auch Ber-Wichtrup genannt wird, an die Universität zu Münster. 1684 durfte Große Wichtrup in „Heimans Garten" wieder

einen Kotten mit 5 Scheffelsaat Land ansetzen, den das Ehepaar Mencke beziehen sollte (StAM, StFA, Universität X E Nr. 9), doch ist über das Schicksal dieses Kottens nichts weiter bekannt.

10. **Mittelwichtrup** (Johan Wichtorp)
   Halberbe (1536 und 1589 Erbe), 1828: 79 M., 41 R.
   Grundherr: Domkapitel zu Münster.
   Der zum Amt Aldrup gehörende Hof erscheint in den domkapitularischen Registern des 14. Jhts. nur unter dem Namen Wichtorpe (CTW II, S. 178, vgl. auch III, S. 97).

11. **Lütke Wichtrup** (Johan Wichtorp?), heute Wegmann
   Pferdekötter (1536 Kötter), 1828: 59 M., 4 R.
   Grundherr: Landesherr (Hofkammer).
   Der Kotten ist vor 1498 nicht nachweisbar. Nach Aussage des Hermann Wichtorp alias Cordes von 1606 stand auf seinem Grund und Boden seit etwa vierzig Jahren ein Kotten (StAM, Fst. Münster, Hofkammer VIII i Nr. 185). Wenn das richtig ist, dann kann dieser Kotten natürlich nicht mit dem 1498 (und noch 1536) genannten dritten Wichtorp identisch sein. Das müßte dann ein Altenteiler eines der beiden Wichtrup-Höfe gewesen sein. Da der Cordes-Hof gleichfalls ein landesherrlicher Eigenbehöriger war (s. u.), wird Lütke Wichtrup von diesem Erbe angesetzt worden sein. Zeitweise muß der Kötter eine Gastwirtschaft betrieben haben. 1616 war sie aber schon nicht mehr „im Schwange". (s. u. S. 408).

12. **Laumann** (Logerman bzw. Logeman)
   Halberbe (1536 und 1589 Erbe), 1828: 284 M., 30 R.
   Grundherr: von Ketteler.
   Der Hof tor Loge gehörte im 14. Jht. dem Erbmann Bernhard Stevening (CTW II, S. 178) und noch 1568 seinem Nachkommen Kord Stevening zu Möllenbeck (A. von Ketteler zu Harkotten, III, Urk. Nr. 418). Über die Familie von der Tinnen (1603) gelangte er dann 1718 an die von Ketteler zu Harkotten.

13. **Bernemann** (Berndinck), heute Thüning
   Halberbe (1536 und 1589 Erbe), 1828: 144 M., 85 R.
   Grundherr: Domkapitel zu Münster.
   In den Registern des Domkapitels aus dem 14. Jht. heißt dieser Hof noch Grotoem, in einem solchen von 1467 dann Grotoem anders Berndinck. Wenig später (?) hat sich der Hof durch die Einverleibung des wüstgewordenen halben Erbes, Hakenhus genannt, vergrößert, für das er (1610) die Pacht mitbezahlte (StAM, DK Münster, DKelln. Hebereg. Nr. 26). Daraus erklärt sich der Unterschied in der Morgenzahl zu den andern Höfen in Brintrup.

14. **Steggemann** (Stegeman), heute: Stegemann
   Halberbe (1536 und 1589 Erbe), 1828: 124 M., 176 R.
   Grundherr: Domkapitel zu Münster.
   Der Hof, zum Amt Aldrup gehörig, hieß im 14. Jht. noch tor Styge, also nach seiner Lage an der Stiege, an der Rheineschen Landstraße (CTW II, S. 178).

15. **Lobbertmann** (Lobbertinck bzw. Lubbertinck), heute Schlautmann
   Pferdekötter (1536 und 1589 Erbe), 1828: 66 M., 19 R.
   Grundherr: 1664 Klute, 1800 Oberkriegskommissar Lipper.
   Dies war wohl der Hof in Brinctorpe, den 1312 Ritter Hermann von Schonebeck dem Bischof von Münster zu Lehen auftrug (WUB VIII Nr. 722). Er war jedenfalls der einzige Hof in Brintrup, der nicht dem Domkapitel gehörte. 1545 vererbte Arnd von Drolshagen den Hof an Bernd von Warendorf (StadtA Münster, Test. Nr. 91). Später kam er an die v. Kleyhorst. In der Erbteilung von 1572 fiel er dem Heinrich v. Kleyhorst (StAM, Erbmänner v. Kleyhorst, Urk. v. 1572) zu. Wie und wann er dann in den Besitz der Münsterer Ratsfamilie Klute gelangte (vor 1645, Testament des Lukas Klute, StadtA Münster, Test. Nr. 498), ließ sich nicht mehr ermitteln, ebensowenig, wann er von dieser an die Lipper kam.

16. **Wannigmann** (Wannekeman), heute: Stegemann
   Pferdekötter (1536 und 1589 Erbe), 1828: 85 M., 60 R.
   Grundherr: Domkapitel zu Münster.

In den Registern des Domkapitels erscheint der Hof Wannekeman erstmalig 1412 als abgabenpflichtig an das Amt Aldrup (CTW II, S. 187). Der Kotten dürfte demnach erst im Laufe des 14. Jahrhunderts gegründet worden sein. Der Hof besteht heute nicht mehr, das Land hat meistenteils der
Nachbar Steggeman erworben. Ob in dem Namen unser „wanken" in der alten Bedeutung = wandern,
umhergehen (als Geist umgehen!) steckt, läßt sich schwer sagen. Mit „Wanne" hat der Name dagegen
wohl nichts zu tun. Vielleicht steckt auch das alte wenneke, wanke = grober Kittel, Rock darin?

17. **Tiemann** (Thyeman)
Pferdekötter (1536 und 1589 Erbe), 1828: 75 M., 29 R.
Grundherr: Domkapitel zu Münster.
Der Hof kommt unter diesem Namen bereits in der Schönefliether Zollrolle von etwa 1400 vor
(s. o. S. 412); er ist identisch mit der Sepelshove to Brinctorpe, die in den domkapitularischen Registern
des 14. Jhts. genannt wird (CTW II, S. 178 und 225; dazu StAM, DK, DKelln. Pr. Bd. I Bl. 9 v.).
Der Hof ist um 1880 parzelliert, der letzte Besitzer nach Amerika ausgewandert.

18. **Möllmann** (Moleman), heute: Waltermann, Mühlenstraße
Pferdekötter (1536 Erbkötter, 1589 Halberbe), 1828: 24 M., 96 R.
Grundherr: Domkapitel zu Münster.
In den domkapitularischen Registern des 14. Jhts. wird der Kotten noch nicht genannt. 1467 mußte
Heinrich Molenhove für die Auffahrt auf den Kotten 15 Schillinge zahlen (StAM, DK, DKelln. Rech-
nungen Nr. 1 Bl. 32v). Auch 1553 und 1677 wird er nur als Kötter bezeichnet. Die Mühle, der er seinen
Namen verdankt, bestand um 1560 schon seit langem nicht mehr (s. o. S. 409).

19. **Rößmann** (Rosinck bzw. Roseman), heute: Weiligmann
Pferdekötter (1536 Erbkötter, 1589 Halberbe), 1828: 33 M., 85 R.
Grundherr: Domkapitel zu Münster.
Auch dieser Kotten kommt in den Registern des 14. Jhts. noch nicht vor, ist also auch erst im 15 Jht.
gegründet worden.

20. **Thünenkötter** (1499 Tuninck)
Brinksitzer (1536 und 1589 Kötter), 1828: 19 M., 103 R.
Grundherr: Domkapitel zu Münster.
Bereits in der Schönefliether Zollrolle von etwa 1400 kommt Bate Tunemans vor (s. o. S. 412).
Nach dem Register von 1677 war der Kotten der Domkellnerei eigenbehörig (StAM, DK, H. Schöne-
flieht B Nr. 7), später (1800) war er frei.

21. **Börger,** heute: Telgmann
Brinksitzer (1589 Kötter), 1828: 14 M., 164 R.
Grundherr: Domkapitel zu Münster.
Der Kotten fehlt noch 1553, ist dagegen wohl identisch mit dem 1568 und 1589 genannten Hermann
up der Heide.

22. **Danzenbörger,** heute: Bruns
Brinksitzer (1589 Kötter), 1828: 14 M.
Grundherr: Domkapitel zu Münster.
Erstmalig 1589 genannt. Er hatte sein Land mit Zustimmung der Hausleute von Brintrup vom
„gemeinen Feld" bekommen (StAM, Dep. Bentlage 1 IV, Greven Nr. 4).

Folgende für die Bauerschaft Aldrup bezeugten Höfe lassen sich nicht mit Sicherheit mit einem
der vorgenannten gleichsetzen:

- **Kord** (zu) Wichtrup
Erbe (1536 und 1589 Erbe, 1606 Halberbe)
Grundherr: Landesherr (Hofkammer)
Dieses Erbe wird nur in den Schatzungsregistern von 1498/99, 1536, 1568 u. 1589 als bewohnt, um
1670 dagegen als wüst bezeichnet (StAM, DK, H. Schöneflieth B Nr. 9). Es ist wohl ein Opfer des
Dreißigjährigen Krieges geworden. Bis 1606 heißt der Hof Cords Johan (StAM, Fst. Münster, Hof-
kammer X Nr. 11). Er gehörte zum Amt des landesherrlichen Schulten Bisping-Nordwalde (StAM,

Fst. Münster, Hofkammer VII Nr. 97 und Hofrolle 17. Jht. im Besitz des Heimatvereins Nordwalde). Einen Teil des Ackerlandes hat sicherlich der gleichfalls landesherrliche Kötter Lütke Wichtrup übernommen (s. o. Nr. 11).

- Albert **Greve**
  Kötter (1553)
  Grundherr: ?
  Dieser 1498 genannte Kotten (1553 Elze Greve) ist vielleicht mit dem nur 1568 genannten Johann upm Roevekamp bzw. mit Börger identisch, der ja erst nach 1553 auftaucht.

- **Fynhagen** (Fythagen)
  Kötter (1563)
  Grundherr: ?
  Die Schreibweise Fythagen von 1498 ist ein Versehen, im Register von 1499 steht richtig Fynhagen. Nach 1570 (StAM, DK, DKelln. VI Nr. 193) kommt der Name nicht mehr vor. Sollte der Kotten mit dem landesherrlichen Kotten Lütke Wichtrup identisch sein, dann wäre der 1498 genannte (zweite) Johann Wichtrup nur ein Leibzüchter eines der beiden anderen Höfe gewesen.

- **Hake**
  Halberbe ?
  Grundherr: Domkapitel zu Münster.
  Der in den domkapitularischen Registern des 14. und 15. Jhts. genannte Hof (CTW II, S. 178,225 und StAM, DK Münster, Msc. VII Nr. 808 d) war 1498 bereits wüst. Sein Land hat Bernemann unter den Pflug genommen, der später (1610) für ihn die Pacht mitbezahlte (s. o. Nr. 13).

Bauerschaft Westerode

23. **Schulte Tertilt** (Sch. thor Tilt), heute: Lukas-Perdun
    Erbe, 1828: 210 M., 142 R.
    Grundherr: Domkapitel zu Münster.
    Der domkapitularische Hof Tileth kommt bereits 1265 vor (WUB III Nr. 744, vgl. auch CTW II, S. 63 ff.). Der Hof war früher von Wall und Gräfte umgeben (StAM, DK, DKelln. Heberegister Nr. 1, Bd. 2, S. 534 von etwa 1670).

24. **Frede** (Wrede) heute: Vrede
    Erbe, 1828: 154 M., 4 R.
    Grundherr: Stift Metelen.
    In den Protokollen des Stiftes wird dieser Hof im Gegensatz zum gleichnamigen Hof im Dorf Greven der „große" Wrede genannt. 1366 verpfändete Ludike Valke eine Rente aus Wreden hus in Holtebedorpe (A. v. Galen zu Assen). 1400 erwarb Metelen die Vogtei über den Hof vom Grafen von Tecklenburg (StAM, Urk. Grfsch. Tecklenburg Nr. 158, vgl. auch CTW VII, S. 48). Das Eigentumsrecht hatte es wohl schon vorher (von der Familie Valke?) erworben.

25. **Holtrup** (Holtendorp), heute: Wiggering-Holtrup
    Erbe, 1828: 342 M., 57 R.
    Grundherr: Domvikarien Münster.
    Der Hof Holtebedorpe wurde 1379 auf Grund einer testamentarischen Schenkung des Priesters Konrad von Holtebedorpe einer am St. Walburgisaltar im Dom zu Münster neugegründeten Vikarie überwiesen, nachdem bereits 1367 alle auf dem Hof lastenden Renten der Erbmänner von dem Busche abgelöst worden waren (StAM, Msc. VII Nr. 806 d und Urk. Domvikarien Nr. 78 und 94). Der Hof war also alter Freibesitz, sicherlich der Erbmänner von dem Busche.

26. **Schulte Ostenfelde (Homoet-)** (Sch. ten Ostenvelde), heute: Holle
    Erbe, 1828: 307 M., 27 R.
    Grundherr: Domkapitel zu Münster.
    Der bischöfliche Ministerial Sigwin von Ostenfelde schenkte im Jahre 1177 die curia in Hostenvelde mit vier zugehörigen Erben dem Domkapitel (WUB II Nr. 387). Später im 14. Jht. bildete diese Grundherrschaft eine domkapitularische Obedienz (CTW II, S. 36). 1907 ist der schöne Hof parzelliert worden und besteht nur noch zum Teil (Holle).

27. **Brüggemann** (Bruggeman), heute: Leissing-Brüggemann
Erbe, 1828: 156 M., 35 R.
Grundherr: v. Korff zu Harkotten.

Im Jahre 1346 versetzt Bischof Ludwig von Münster dem Ritter Everhard von Korff neben anderen Gütern auch das Bruggehus im Ksp. Greven (INA II 2, S. 91 Nr. 19). Das Pfand ist niemals wieder eingelöst worden. Eine Rente aus dem Hof verkaufte 1559 Jost v. Korff dem Martinistift in Münster (StAM, Msc. I 73 Bl. 25v).

28. **Westmann** (Westman), heute: Mertens
Erbe, 1828: 118 M., 112 R.
Grundherr: Jgf. Grüter zum Uhlenkotten.

1481 gehörte das Westhus dem Erbmann Heinrich Rensing (StAM, Msc. I 82, S. 798), später dann der Familie Herding, aus der Margaretha H. 1580 den Hof ihrer Großnichte Ursula Herding vermachte, die ihn ihrerseits ihrem Schwesterkind Johann Grüter zum Uhlenkotten vererbte (Ketteler, Das Münstersche Geschlecht Herding, Münster 1926, S. 76 und StadtA Münster, Test. Nr. 595 und 609 von 1626 und 1657). Im Jahre 1800 gehörte der Hof zum Executorium von der Tinnen.

29. **Ausmann** (Ostman)
Erbe, 1828: 127 M., 29 R.
Grundherr: Graf von Bentheim-Tecklenburg.

Der Hof ist identisch mit dem (namenlosen) Hof in Berchdorp, den 1295 der Edelherr Balduin von Steinfurt dem Hesseldom im Ksp. Nordwalde schenkte (INA I 4, S. 30 Nr. 2) und der später dann auf dem Erbwege an die Grafen von Bentheim-Tecklenburg-Steinfurt fiel.

30. **Friedag** (Frygdach), heute Laumann-Friedag
Halberbe (1536 und 1589 Erbe), 1828: 94 M., 89 R.
Grundherr: Stift Freckenhorst.

1339 heißt der Hof bereits Vrydages hus to Berghtorp (A. v. Ketteler zu Harkotten, I Urk. v. 30. 1. 1339). Da dies der einzige Hof des Stiftes in dieser Nachbarschaft war, ist Friedag identisch mit dem im ältesten Heberegister Freckenhorsts genannten Hof Aldikos in Bergthorpa (s. o. S. 195, vgl. auch CTW III S. 91). Im 13. Jht. hieß der Hof noch Thethart in Berictorpe (StAM, Msc. VII 1311c).

31. **Hermeler** (Hermeler), heute: Jarvers
Halberbe (1536 und 1589 Erbe), 1828: 62 M., 21 R.
Grundherr: Domkapitel zu Münster.

Der Hof Hermaninch in Berchtorpe gehörte im 14. Jht. zum Amt Nordwalde des Domkapitels (CTW II, S. 202).

32. **Schulte Temming** (Sch. Temmynck)
Erbe, 1828: 301 M., 114 R.
Grundherr: Propst zu Varlar.

Im Jahre 1230 übertrug der Edle Ludolf von Steinfurt der Johanniterkommende in Burgsteinfurt die curtis Temminc, die er kurz zuvor von dem Edlen von Volmarstein erworben hatte (WUB III Nr. 404, INA I 4, S. 179 Nr. 41), 1332 verkaufte die Kommende den Schultenhof dem Propst zu Varlar (INA I 4 S. 54 Nr. 4 und S. 221 Nr. 165). Um 1890 wurden Teile des Hofes parzelliert, der Rest von 202 Morgen 1917. Heute erinnern nur noch die alten Gräften an den schönen Hof. Die heute gleichfalls nicht mehr existierende Mühle wird 1560/70 genannt (StAM, Fst. Münster, Hofkammer XXI Nr. 1).

33. **Schulte Westerode** (Sch. Westerodt)
Erbe, 1828: 80 M., 13 R.
Grundherr: v. Mevordt zu Herzhaus.

Zu der Schultenqualität dieses Hofes in früheren Zeiten vgl. o. S. 38. Im Schatzungsregister von 1674 wird der Hof nur als halbpflügig bezeichnet. Im 15. Jht. war er im freien Besitz der Erbmänner v. Kleyhorst (Msc. I 57 zu 1496 und 1509), wechselte dann noch mehrfach den Besitzer, bis er 1552 an die Familie von Mevordt (Medevort) gelangte (DAM, Kopiar der Fraterherren 2 Bl. 517, vgl. auch Brinkmann, S. XXI).

34. Naber (Westerrodt), heute: Richter
Halberbe (1536 und 1589 Erbe), 1828: 59 M., 22 R.
Grundherr: v. Mevordt zu Herzhaus.
Sicherlich ist der Hof ein alter Ableger des Hofes Sch. Westerode und daher auch mit dem im Schatzungsregister von 1498/99 aufgeführten zweiten Hof Westerodt identisch. Der Name Naber (Nachbar) erscheint erst in den Registern des 16. Jhts. (1536 u. ö.). Wegen der Abstammung der Grevener Fabrikantenfamilie Biederlack von diesem Hof vgl. o. S. 91.

35. Blomberg (Blomenberg bzw. Blomeberg)
Halberbe (1536 Erbe, 1589 Halberbe), 1828: 42 M., 86 R.
Grundherr: Johanniterkommende Burgsteinfurt.
Schon um 1280 wird Blomberch als domus = Hof erwähnt (Niesert, Münst. Urk. Sammlg. V, S. 105). Seit dem Mittelalter hatte der Besitzer von Blomberg umfangreiche Ländereien eines, dem Martinistifte in Münster gehörenden und wüst gewordenen Hofes in der Nachbarschaft Stumpendorpe gepachtet und war dadurch leistungsmäßig den Erben gleich geworden. Erst 1675/76 nahm das Stift diese Ländereien zurück und setzte darauf einen eigenen Kötter an (1800 Blombergs Hove und später dann Stumpe genannt). Mit den Höfen der Nachbarschaft Bergdorpe zahlte Blombergskotten (!) um 1600 den Zehnten an den Schulten Temming (nach einem Lagerbuch von 1609 im Besitz des Sch. Hanhoff-Temming in Herbern). Ob die Wirtschaft des Blomberg über das 17. Jht. zurückreicht, ist fraglich.

36. Stumpe (–), heute: Albacht
Kötter, 1828: 97 M., 100 R.
Grundherr: St. Martinistift in Münster.
Seit wann der dem Martinistift in der Nachbarschaft Stumpendorpe gehörende Hof wüst war, wissen wir nicht. Blomberg mußte die Ländereien desselben, die er (nachweislich seit dem 16. Jht.) in Pacht hatte, 1675/76 zurückgeben (s. o.). 1689 setzte das Stift auf diesem Land einen neuen Kötter Heinrich Hark, als Zeitpächter an (StAM, Reg. Münster, Domänenreg. B XI 50 Nr. 28 und St. Martini Nr. 16a), 1800 hieß der neue Kotten noch Blombergshove, 1838 und später noch Stumpendorfer Hove, schließlich dann abgekürzt Stumpe. 1844 ging der Hof, der mittlerweile auf 162 Morgen angewachsen war, für 2500 Taler in das Eigentum des bisherigen Pächters über.

37. Wierlemann (Wedelinck bzw. Wedelman) heute: Epping-W.
Erbe, 1828: 292 M., 98 R. (davon 100 M. Holz).
Grundherr: von Mevordt zu Herzhaus.
1433 und noch 1488 gehörte das Erbe Weddelinch als freier Besitz dem Erbmann Godeke Brockmann (StAM, Msc. VII Nr. 1016 Bl. 13 und ebd., Urk. Stadt Münster Nr. 87), 1552 und noch 1562 dann der Familie von Tilbeck (A. Welbergen, Urk. Nr. 117 und StAM, Fam. A. Erbmänner Stevening Urk. von 1562). Seit dem 17. Jht. besaßen ihn die von Mevordt zu Herzhaus.

38. Nettmann (Netteman), heute: Hufelschulte
Erbe, 1828: 346 M., 24 R.
Grundherr: Domkapitel (Domburse) zu Münster.
Seit 1428 läßt sich Nettemans hus im Besitz der Domburse nachweisen (StAM, DK, DBurse, Urk.). Den Zehnten von einem Hause in Nethe (wohl Nettmann) erwarb 1219 das Martinistift in Münster von dem Ritter Gottfried von Schonebeck, einem tecklenburgischen Lehnsmann (WUB III Nr. 139).

39. Lengermann (Lengerman), heute: Bönstrup
Erbe, 1828: 136 M., 119 R.
Grundherr: v. Mevordt zu Herzhaus.
1433 und 1476 gehörte der Hof Lengerinch als freies Eigengut dem Erbmann Godeke Brockmann (StAM, Msc. VII Nr. 1016 Bl. 13 und VI Nr. 74 Bl. 85), 1552 und 1555 dem Erbmann Johann Tilbeck (A. Welbergen, Urk. Nr. 117 und StAM, Urk. Erbmänner Tilbeck). Bald darauf wird v. Mevordt zu Herzhaus auch diesen Hof an sich gebracht haben.

40. Schulte Sutthoff (Sch. ten Suthove bzw. Zuthoff)
Erbe, 1828: 268 M., 178 R.
Grundherr: Domkapitel zu Münster.

Die curtis to Nette, que Suthof dicitur, tauschten 1284 Ritter Heinrich von Schollbruch und die Gebrüder von Bramhorn dem Domkapitel zu Münster gegen drei andere Höfe ein (WUB III Nr. 1248). Seitdem blieb der Schultenhof im Besitz desselben (CTW II, S. 243). Die Bezeichnung als Schultenhof schwankte (ebd.).

41. Laue (Lowe)
Halberbe (1536 und 1589 Erbe), 1828: 157 M., 31 R.
Grundherr: Domkapitel zu Münster.
In den Registern des Domkapitels aus dem 14. Jht. kommt der Hof unter diesem Namen noch nicht vor, er hieß damals noch Holtwisch und gehörte zum Oblegium Ostenfelde (CTW II, S. 136).

42. Beulligmann (1499 Bolikeman), heute: Kajüter
Erbe, 1828: 64 M., 18 R.
Grundherr: Domkapitel zu Münster.
Im 14. Jht. heißt der Hof lateinisch mansus Baldekini, also der Hof des Baldekin (Balduin), 1412 Bolckinc (CTW II, S. 123 und CTW III, S. 96). Er gehörte zum Amt (Oblegium) Gronover.

43. Hawest (Hovestat), heute: Waltermann
Halberbe (1536 und 1589 Erbe), 1828: 106 M., 54 R.
Grundherr: Domvikarien zu Münster.
Der im Jahre 1297 genannte Hof in Stumpendorpe (WUB III Nr. 1564), der der Marien-Magda-lenen-Vikarie gehörte, muß Hawest (= Hofstätte) gewesen sein, da kein anderer Hof im Kirchspiel dieser Vikarie zinspflichtig war (vgl. auch StAM, DK, I R VIII).

44. Meiermann (Megerman)
Halberbe (1536 und 1589 Erbe), 1828: 137 M., 57 R.
Grundherr: Domkapitel zu Münster.
Der Hof Megerinc gehörte bereits im 14. Jht. zum Oblegium Gronover (CTW II, S. 123). Auch gehörte er zu den namentlich nicht genannten Höfen dieses Amtes, deren Zehnten 1219 das Martinistift in Münster von dem Ritter Gottfried von Schonebeck erwarb (WUB III Nr. 139).

45. Hark (Haderich), heute: Hohenkirch
Halberbe (1536 und 1589 Erbe), 1828: 99 M., 50 R.
Grundherr: Domkapitel zu Münster.
Auch der mansus (Hof) Hadewerci gehörte bereits im 13. und 14. Jht. zum Oblegium Gronover (CTW II S. 123 und WUB III Nr. 139). Hinter dem Namen verbirgt sich der alte Vorname Hadewerk.

46. Schulte Gronover (Sch. Gronover)
Erbe, 1828: 478 M., 68 R. (davon 104 M. Wald).
Grundherr: Domkapitel zu Münster.
Der Amtshof, die curtis Gronovere (= das grüne Ufer) wird bereits 1219 als domkapitularischer Besitz erwähnt (WUB III Nr. 139). Damals erwarb das Martinistift in Münster von dem Ritter und tecklenburgischen Dienstmann Gottfried von Schonebeck den Zehnten über die curtis Gronovere und 4 (?) zugehörige Höfe. Nach einem Zehntregister von 1574 (StAM, Msc. I 72 Bl. 156 ff.) waren dies die Höfe Meiermann, Hark, Deipenbrock und Ausmann. Zum Schultenhof gehörte im Mittelalter der Holtkotten (CTW II, S. 126: Holtcote; urkdl. noch 1412 ton Holtkoten, CTW III, S. 98), der nach einer Aufzeichnung von 1624 (StAM, DK, Obl. Gronover Nr. 81) bereits lange wüst war, ja auch im Schatzungsregister von 1498/99 bereits nicht mehr genannt wird. Er lag südlich des Schultenhofes hinterm Busch gegenüber dem Hof Hark, wo der Flurname Holtkotten noch heute an ihn erinnert. Schulte Gronover war seit alters (erblicher) Bauerrichter von Westerode. Auf den Gründen des Schulten-hofes errichtete der Domherr Wilhelm von Elverveld um 1620 ein kleines Jagdhaus (Entenfang), die Gronenburg. 1793 wurde das baufällige Gebäude wieder abgerissen und das Gelände dem Schulten zurückgegeben (Akten im Besitz des Schulten Gronover und AAG Ie Nr. 24).

47. Strewick (Streveke)
Pferdekötter (1536 Kötter, 1589 Halberbe), 1828: 106 M., 161 R.
Grundherr: Buck zu Wilkinghege.

Der um 1400 in der Schönefliether Zollrolle erstmalig genannte Streveke-Kotten war 1477 im Besitz der Erbmänner Buck, kam dann 1584 in der Erbteilung an Katharina Buck, Witwe des Erbmannes Johann Stevening zu Wilkinghege und von den Stevenings dann später in bürgerliche Hände (StAM, Urk. Altertumsverein Münster). 1800 war der Steuer-Rezeptor Lohkamp Besitzer des Kottens.

48. Bietmann (Byteman), heute: Stemping
Pferdekötter (1536 Kötter, 1589 Halberbe), 1828: 38 M., 100 R.
Grundherr: v. Mevordt zu Herzhaus.
Vor 1498 läßt sich dieser Kotten nicht nachweisen. Von welchem der Mevordtschen Hofe er abgeteilt worden ist, steht nicht fest.

49. Gröver (ter Grove), heute: Hegemann
Pferdekötter (1536 Kötter, 1589 Halberbe), 1828: 34 M., 85 R.
Grundherr: Johanniterkommende zu Burgsteinfurt.
Vermutlich ein Ableger des Schultenhofes Temming, da er mit ihm den gleichen Grundherrn hatte. 1553 und 1568 hieß er Grovemann.

50. Steggemann (–), heute: Zweihaus
Tagelöhner (1536 Kötter, 1589 Pferdekötter), 1828: 23 M., 57 R.
Grundherr: keiner.
Da der Kotten 1498/99 noch nicht genannt wird, ist er wohl erst im 16. Jht. in der gemeinen Mark angesetzt worden.

51. Bietenkötter (–), heute: Niehoff-Ernsting.
Kötter (1536 Kötter, 1589 Pferdekötter), 1828: 4 M., 136 R.
Grundherr: keiner.
Auch dieser Kotten kommt vor 1536 unter diesem Namen nicht vor.

52. Hilgenbrink (–), heute: Königskötter
Kötter (1589 Kötter), 1828: 13 M., 51 R.
Grundherr: Domkapitel zu Münster.
Da der Kotten erst seit 1568 nachweisbar ist, hat er sich wohl erst kurz zuvor auf dem Leibzuchtslande des Hofes Holtrup (vgl. StAM, DK, DKelln. Pr. Bd. 3 Bl. 12) angesiedelt. Vielleicht erinnert der Name an die nahe Gerichtsstätte des Gogerichtes zur Meest.

53. Raumann (Rodeman)
Pferdekötter (1536 Kötter, 1589 Halberbe), 1828: 65 M., 1 R.
Grundherr: v. Mevordt zu Herzhaus.
Der Kotten ist im Mittelalter vom Schultenhof Westerode abgeteilt worden, mit dem er zusammen 1545 von Reinhard von Echten an Heinrich Droste-Hülshof verkauft wurde, der ihn sieben Jahre später wieder an Kleyhorst v. Mevordt weiter verkaufte (Brinkmann, S. XXI), doch wird 1581 die Witwe des Johann von Althaus zu Nordwalde als Besitzerin des Roemanskotten bezeichnet (StAM, Fam. A. v. Althaus). 1595 trug Johann von Mevordt der verwitweten Gräfin von Schaumburg und Gemen das freie Gut Roeman zu Lehen auf. Seitdem ging der Hof von der Herrschaft Gemen zu Lehen (StAM, Dep. von Landsberg-Velen, Akten Gemen A XXXIII Nr. 1). Die abseitige Lage des Hofes wie auch sein Name kennzeichnen ihn als einen jüngeren Rodehof.

54. König (Konynch)
Kötter (1589 Pferdekötter), 1828: 6 M., 148 R.
Grundherr: Domkapitel zu Münster.
Er ist gleichfalls einer von den wenigen Kotten, die bis ins Mittelalter zurückreichen. Nach einem Heberegister aus dem 18. Jht. gehörte Koningskotten zum Hof Nettmann (StAM, DK, DBurse, Hebereg. Nr. 11, S. 95).

55. Eickeler (in der Eicken), heute: Bals
Kötter (1536 Kötter, 1589 Pferdekötter), 1828: 10 M., 134 R.
Grundherr: v. Mevordt zu Herzhaus.
1536 und 1589 heißt der Kotten „in den Ekele". Da er „Nachbar" des Schulten Westerode war

und noch ist, wird er auch von diesem Hof angesetzt sein. Im Schatzungsregister von 1499 heißt er abweichend Hert.

56. Klaskötter (–), heute: Berkenheide
Brinksitzer (1536 Kötter, 1589 Pferdekötter), 1828: 15 M., 26 R.
Grundherr: Domkapitel zu Münster.
Der der Domküsterei eigenbehörige Kotten erscheint in den Schatzungsregistern erstmalig 1536 als Claeshinrik (vgl. CTW II, S. 82), 1568 heißt er nur Clauwes.

57. Deipenbrock (Depenbrock)
Brinksitzer (1536 Kötter, 1589 Halberbe), 1828: 58 M., 96 R.
Grundherr: St. Martini Münster.
Dieser Kotten ist offenbar auf dem Lande des bereits im 13. Jht. wüsten Stumpendorfshofes entstanden, dessen andere Ländereien an Blomberg verpachtet waren (s. d.). Im 17. Jht. durfte er Pferde halten (StAM, DK, Markensachen Nr. 24).

58. Ortkötter (–)
Brinksitzer (1589 Pferdekötter), 1828: 2 M., 115 R.
Grundherr: Domkapitel zu Münster.
Der 1589 „vor dem orde“ genannte Kotten gehörte zum Schultenhof Gronover.

59. Lehmkuhl (–), heute: Fieke
Brinksitzer (1589 Pferdekötter), 1828: 7 M., 168 R.
Grundherr: Domkapitel zu Münster.
Der 1568 erstmalig als Leimkule erscheinende Kotten gehörte gleichfalls zum Oblegium Gronover, ob zum Schultenhof selbst oder zu Meiermann oder Hark steht dahin.

60. Veldkamp (–)
Brinksitzer (1589 Pferdekötter), 1828: 17 M., 91 R.
Grundherr: Domkapitel zu Münster.
Auch dieser erstmalig 1568 genannte Kotten gehörte zum Schultenhof Gronover.

61. Flutenkötter (–), heute: Kröger-Jauer
Brinksitzer (1589 Pferdekötter), 1828: 6 M., 159 R.
Grundherr: Domkapitel zu Münster.
Dieser zum Schultenhof Gronover gehörende Kotten hieß 1589 Johann vor dem Scheven nach seiner Lage unmittelbar vor der Fußbrücke über die Ems am Dorf Greven (vgl. S. 270 ff.).

62. Geisenkötter (–), heute: Niehues
Brinksitzer (1589 Pferdekötter), 1828: 13 M., 128 R.
Grundherr: Johanniterkommende Burgsteinfurt.
1568 hieß der Kotten Giesenhenrich, 1589 Geisenbernd. Da der Hof 1677 ausdrücklich als Steinfurter Eigenbehöriger bezeichnet wird, muß er trotz seiner entfernten Lage auf Land des Hofes Blomberg bzw. Sch. Temming angebaut worden sein (StAM, DK, H. Schöneflieth B Nr. 7).

Es fehlen wegen ihrer Schatzungsfreiheit eine ganze Reihe von Köttern in den Registern des 17. und 18. Jhts.

– Semesdiek (–)
Fischer, 1828: 17 M., 147 R.
Grundherr: Domkapitel zu Münster.
Das Fischerhaus an den domkapitularischen Teichen in der Meestheide heißt 1664 Simmelers Dyeck (= Teich). Die Anlage der Teiche und damit auch des Fischershauses geht wohl nicht über das 16. Jht. zurück.

– Kerstingskötter (–)
Kötter (1589 Pferdekötter), 1828: 4 M., 124 R.
Grundherr: v. Mevordt zu Herzhaus.
1589 heißt der Kotten Kerstien up dem Rovekamp, 1664 dann bereits Kersteinskötter. Er gehörte zum Schultenhof Westerode.

- **Kemperskötter** (–)
Kötter, 1828: 5 M., 93 R.
Grundherr: v. Mevordt zu Herzhaus.
Auch dieser Kotten, der erstmalig 1664 genannt wird, gehörte zum Schultenhof Westerode.

- **Nabersbäumer** (–)
Kötter, 1828: 3 M., 62 R.
Grundherr: v. Mevordt zu Herzhaus.
Der Name dieses Kottens zeigt schon an, daß er zum Hof Naber gehörte. Der Name findet sich erstmalig im status animarum von 1749.

- **Lengerbäumer** (Lengermannsbäumer), heute: Wiefel
Kötter, 1828: 9 M., 98 R.
Grundherr: v. Mevordt zu Herzhaus.
Nach seinem Namen kann dieser Kötter nur zum Hof Lengermann gehört haben. Er gehört sicherlich auch erst ins 18. Jht.

- **Boekhörsterkötter** (–), heute: Hüsing
Kötter, 1828: 15 M., 24 R.
Grundherr: keiner.
Dieser Kotten wird erstmalig 1664 genannt. Er ist vielleicht identisch mit dem Kotten Albert Laerheide, der 1589 erwähnt wird.

- **Decker**
Kötter, 1828: 39 M., 16 R.
Grundherr: Domkapitel zu Münster.
Johann Heinrich Decker hat sich 1768 auf einem brachliegenden Kamp des Schulten Tertilt angesiedelt (vgl. o. S. 40 f.).

- **Berkemeier**, heute: Kleimann
Kötter, 1828: 16 M., 90 R.
Grundherr: Domkapitel zu Münster.
Dieser Kotten ist wohl identisch mit dem 1782 erwähnten Kotten des Schulten Tertilt, der im Status animarum als Tieltkötter bezeichnet wird.

- **Luchtenkötter,** heute: Borgmeier
Kötter, 1828: 18 M., 138 R.
Grundherr: ?
Dieser Kotten, im Status animarum L. alias Strietmann genannt, gehörte entweder zu Holtrup oder zu Frede.

- **Untiedt**
Kötter, 1828: 25 M., 22 R.
Grundherr: ?
Auch dieser Kotten, im Status animarum von 1749 Jochmaring alias Untiedt (Schmied) genannt, gehörte zu Holtrup oder Frede, in deren Nähe er auch gelegen ist.

- **Schwarte,** heute: Lengermann
Wirtschaft, 1828: 14 M., 29 R.
Diese Wirtschaft am Max-Clemens-Kanal verdankt ihre Entstehung dem Kanal (gebaut 1725/26).

Im Schatzungsregister von 1498/99 werden noch folgende Schatzungspflichtige genannt, die nicht mit einem der oben genannten Kotten identifiziert werden können:
- Elze Kypes cum filia (als arm bezeichnet) wohl nur Einwohnerin bei einem Bauer.
- Wedelinck (senior), wohl nur der Leibzüchter zu Wierlemanns Hof.
- Gildekamp cum uxore, vielleicht ein Kötter auf dem zum Schultenhof Temming gehörenden Gildekamp. Er wird nur 1499 genannt.
- Westerodt senior, wohl nur der Leibzüchter des Schultenhofes Westerode.

Bauerschaft Herbern

63. Schulte Grothof (Sch. Grotenhove), heute Sch. Grotthoff
Erbe, 1828: 331 M., 36 R.
Grundherr: Kerkering zur Borg.

Die curtis to Herbede war um 1370 ein bischöfliches Lehen des Ritters Dietrich von Schönebeck, dem sein Sohn (?) Johann von Sch. als Lehnsträger folgte (StAM, Msc. VII Nr. 401 Bl. 19). Wann er (vor 1664) an die Familie Kerkering zur Borg gekommen ist, steht dahin. Bereits im 14. Jht. mußte er von gepachtetem Lande dem Domkapitel einen Zins zahlen (CTW II, S. 133). Damals schon hieß der Hof magna domus (= Grotenhus), 1517 dann Hagedorn ton Grotenhove (StAM, Urk. Erbm. Travelmann). Sch. Grothof war Bauerrichter in Herbern.

64. Schulte Hanhof (Sch. Honhove)
Erbe, 1828: 355 M., 73 R.
Grundherr: Johanniterkommende zu Burgsteinfurt.

Im Jahre 1161 überließ Bischof Friedrich von Münster dem Kloster Cappenberg die curtis in Herebedde, die sein Lehnsmann Otto diesem verkauft hatte (WUB II Nr. 324). Ursprünglich hatten die Grafen von Cappenberg den Hof, als sie der Welt Lebewohl sagten und in das von ihnen gegründete Kloster Cappenberg eintraten, dem Bischof vermacht. Bischof Ludwig überließ Cappenberg 1171 auch den Zehnten über die curtis in Herbedde (INA Bb. 3, S. 4 Nr. 30, vgl. WUB III Nr. 139 v. 1219). Daß diese curtis des Klosters Cappenberg mit dem Schultenhof Hanhof identisch ist, darf man vielleicht daraus schließen, daß ein in der Nähe (in der Bauerschaft Westerode) gelegenes Grundstück noch im 16. Jht. die Kappenberch hieß (StAM, Msc. I 72 Bl. 74). Cappenberg muß den Hof später an die Grafen von Dale verkauft haben, denn 1282 überließ Graf Otto von Dale die curia Honhof mit zwei zugehörigen Erben Swinehus und Hemberghe dem Bischof von Münster (WUB III Nr. 1158). Der Bischof überließ den Hof als Lehen dem reichen Münsterer Bürger Heinrich Rike, der ihn dann an den Ritter Gerhard von Weddern verkaufte (1294), der ihn aber gleich wieder an die Johanniterkommende weiterverkaufte (WUB III Nr. 1499). Den Zehnten gab der Schulte dem Stift Überwasser in Münster (1384, CTW III, S. 39).

65. Scherphues (Scherpehues bzw. Scarpehues)
Erbe, 1828: 152 M., 134 R.
Grundherr: Von der Tinnen.

Der Hof Scharpehus ist seit etwa 1370, zusammen mit dem Asbroke (das Waldstück heißt noch heute so) als ein bischöfliches Lehen der Erbmännerfamilie Travelmann nachweisbar, von der er 1648 an die von der Tinnen und 1718 dann an die von Ketteler zu Möllenbeck fiel (INA II 2, S. 67). Der Name rührt vielleicht daher, daß der Hof scharf vor dem (Ost-)Wind liegt!

66. Rickermann (Rickerdinck bzw. Rickerman), heute: Bockel-Rickermann
Halberbe (1536 und 1589 Erbe), 1828: 102 M., 30 R.
Grundherr: St. Ägidi in Münster.

Der Hof gehörte ursprünglich zum Hofesverband des Schulten Gerling (s. d.). 1547 besaß ihn die Familie von Merveldt (StAM, Urk. St. Ägidi Nr. 171a) und 1642 ging er mit dem Schultenhof Gerling in den Besitz des Klosters über (ebd. Nr. 362, 367 und Akten Nr. 47). In dem Namen steckt natürlich der Vorname Richard.

67. Brockmann (Brockman), heute: Brockmann-Thüning
Halberbe (1536 und 1589 Erbe), 1828: 206 M., 72 R.
Grundherr: v. Kerkering zur Borg.

Um 1370 und noch 1472 war der Hof ten Broke ein bischöfliches Lehngut der Familie Travelmann (StAM, Urk. Fst. Münster Nr. 2025). Vor 1370 war wohl Konrad von dem Broke Lehnsträger des Hofes (StAM, Msc. VII 401 Bl. 20 und 20v). 1426 war Bruno von Borchorst vom Bischof von Münster mit dem Hof in dem Broke belehnt worden (StAM, Msc. VII 403 Bl. 17), doch verzichtete Bruno 1427 auf diese wohl nicht ganz rechtmäßige Belehnung (ebd. Urk. Fst. Münster Nr. 1377).

68. Grabbe (Grabbe)
Halberbe (1536 und 1589 Erbe), 1828: 77 M., 12 R.
Grundherr: Droste zu Möllenbeck.

Auch Grabbenhus war um 1370 ein bischöfliches Lehen des Erbmann Johann Buck als Nachfolger des Conrad von der Wieck, 1401 und 1426 des Claus Buck (StAM, Msc. VII Nr. 402 Bl. 3 und 403 Bl. 19v). Über die Familie Travelmann (1490, INA II 2, S. 67) kam der Hof dann an die Droste und von diesen 1718 (?) an die Ketteler, die ihn noch 1800 besaßen. Der Hof wurde nun 1890 parzelliert.

69. Westrup (Westendorp)
Halberbe (1536 und 1589 Erbe), ⅟828: 68 M., 175 R.
Grundherr: Domkapitel zu Münster.
In den Registern des Domkapitels aus dem 14. Jht. kommt der Hof unter diesem Namen noch nicht vor. Er gehörte wohl zum Wirtschaftsverband des Schulten Eilfing, der ja gleichfalls dem Domkapitel zustand (s. d.). Vermutlich war er schon früh zu Lehen ausgetan.

70. Mersmann (Merschman)
Halberbe (1536 und 1589 Erbe), 1828: 134 M., 142 R.
Grundherr: von der Wieck.
Schon um 1370 war das Merschus bischöfliches Lehen des Adolf von der Wieck, von dessen Nachkommen den Hof erst im 18. Jht. an die Grafen v. Plettenberg zu Nordkirchen kam (StAM, Fst. Münster, Lehen Nr. 71,5; die Lehnsurkunden seit 1437 im A. des Grafen v. Kerßenbrock auf H. Brincke). Zu dem Hof gehörte seit dem 15. Jht. das Markenrichteramt in der Herberner Mark. Ein zugehöriger Kotten (1422) war im 17. Jht. bereits seit langem wüst, sein Land teilten sich (1654) Mersmann und der Wieskötter.

71. Ansmann (Anseman)
Halberbe (1536 und 1589 Erbe), 1828: 94 M., 149 R.
Grundherr: Domkapitel zu Münster.
Im 14. Jht. hieß dieser Hof noch Albert. Bereits damals war er Eigentum der Domküsterei (CTW II, S. 81), doch hatte die Familie Bischoping gewisse (Lehns-)Rechte an dem Hof, auf die Arnd Bischoping 1446 verzichtete (StAM, Urk. Fst. Münster Nr. 1585).

72. Waltermann (Wolterman)
Halberbe (1536 und 1589 Erbe), 1828: 91 M., 106 R.
Grundherr: Landesherr (Hofkammer).
Die landesherrlichen Höfe im Ksp. Greven unterstanden dem alten Hofesverband des Schulten Bisping zu Nordwalde, der seinerseits der Hofkammer verantwortlich war (StAM, Fst. Münster, Hofkammer VII Nr. 97 und ein vom Schultenhof stammendes Msc. im Besitz des Heimatvereins Nordwalde von 1608 bzw. 1574). Waltermann galt zu Beginn des 17. Jhts. nur als Pferdekötter (StAM, Dep. Bentlage i II B Nr. 31) bzw. als Halberbe (1606, ebd. Fst. Münster, Hofkammer X Nr. 11).

73. Schulte Gerling (Sch. Gerlinck)
Erbe, 1828: 180 M., 24 R.
Grundherr: St. Ägidi in Münster.
Im Jahre 1371 verkaufte der Ritter Friedrich von Rheine, ein Lehnsmann des Bischofs von Münster, aus seinem Lehngut Gherlekingh eine Rente an das Ägidikloster in Münster (StAM, Urk. St. Ägidi Nr. 141). 1418 war der Gherlinchof Besitz des Dietrich von Wulfen (ebd. Nr. 171a), dessen Nachkomme Dietrich von W. ihn noch 1454 besaß (DA Münster, Msc. 24 Bl. 133). 1474 verkaufte Claus von Drunthem eine Rente aus Gerlynks Hof (ebd., Urk. Stadt Münster Nr. 80). 1500 belehnte der Bischof von Utrecht (!) den Heinrich Monnik mit dem Hof to Gerlink (StAM, Urk. Fst. Münster Nr. 2619), 1580 die Provinz Overyssel die Kinder des verst. Gerhard von Welefeld zu Diepenbrock. 1547 war der Gerlinchof mit den Höfen Rykerman, Reesmann und Geesman (Rickermann, Reismann und Geßmann) dann im Besitz der Familie von Merveldt (StAM, Urk. St. Ägidi Nr. 171a). Anna von Merveldt vermachte dann 1642 die Höfe Gerling und Rickermann dem Ägidikloster (ebd. Nr. 362, 367 und Akten Nr. 47).

74. Geßmann (Gesseman), heute: Voß-Geßmann
Halberbe (1536 und 1589 Erbe), 1828: 110 M., 99 R.
Grundherr: Vogt Warburg in Greven.
1547 war Geesman (1543 Gessinck genannt; A. Ketteler z. Harkotten, III Nr. 277) mit Sch. Gerling, Rickermann und Reismann im Besitz der Familie von Merveldt, wohl als Erbe der Wulfen (s. o. Nr. 73),

die ihn zusammen mit Reismann um die Mitte des 17. Jhts. an den Grevener Vogt Nikolaus von Warburg verkaufte (StAM, St. Ägidi-Münster Nr. 47), der beide Höfe dem von ihm gegründeten Armenhaus vermachte (1672, s. u. S. 182).

75. Gilhaus (Gildehues)
Erbe, 1828: 116 M., 163 R.
Grundherr: Dr. Römer und Grüters Erben.
Der Hof war ein altes bischöfliches Lehngut, das um 1370 Albert Rodenlewen (nach Verzicht des Heinrich Warendorf) und Adolf von der Wieck beanspruchten. Beide waren angesehene Münsterer Bürger und Erbmänner. Als älteste Lehnsträger haben demnach wohl die Erbmänner Warendorf zu gelten, die 1426 auch wieder im Besitz des Hofes waren (StAM, Urk. Fest. Münster Nr. 1939). Nach den jüngeren Lehnsakten gehörte zu diesem Lehen auch der Zehnte von den Höfen Rickermann, Geßmann, Waltermann und Westrup (ebd., Fst. Münster, Lehen Nr. 73). Im Jahre 1588 wurde Johann Bischopink zu Enkingmühle als letzter Erbmann mit diesem Zehnten und dem Gildehaus in Herbern vom Bischof nach dem Tode seines Vaters Johann belehnt. Von seinen Erben kaufte 1627 Dr. Johann Römer, Stadtrichter in Münster den halben Hof. Nach seinem Tode im Jahre 1641 wurde sein Sohn Dr. Johann Römer damit belehnt, derselbe, den das Schatzungsregister von 1665 als Mitbesitzer nennt. Die andere Hälfte verkaufte 1657 Bertold Bischoping zu Getter an Dr. Heerde-Grüter (gewesener Grutherr der Stadt Münster), dessen Erben 1665 im Schatzungsregister genannt werden (StAM, Fst. Münster, Lehen Nr. 73). Der Name des Hofes leitet sich davon ab, daß bei oder auf seinem Hofesgrund das Gildehaus stand, jenes Haus, in dem sich die Nachbarschaften bzw. die Bauerschaft Herbern zu ihren Versammlungen zusammenfanden.

76. Renger (Renger bzw. Rengerman), heute: Schulze Roberg
Pferdekötter (1536 u. 1589 Erbe), 1828: 66 M., 14 R.
Grundherr: Landesherr (Hofkammer)
Vor 1498 läßt sich der Hof nicht nachweisen. Auch bei der Aufnahme des Hofeskatasters im Jahre 1625 wird er als Kotten bezeichnet. Damals besaß er auch nur 5 Maltersaat Land (StAM, Dep. Bentlage 1 II B. Nr. 30). Der Hof gehörte zum Amte des Schulten Bisping zu Nordwalde (StAM, Fst. Münster, Hofkammer VII Nr. 97 und Msc. im Besitz des Heimatvereins Nordwalde). Ein „Renger" ist ein mutwilliger Bursche (= Range).

77. Gerbert (Gerbert)
Halberbe (1536 und 1589 Erbe), 1828: 119 M., 84 R.
Grundherr: Landesherr (Hofkammer)
Auch dieser Hof läßt sich vor 1498 nicht nachweisen. Im Lagerbuch der bischöflichen Höfe von 1606 heißt es von ihm, daß er „dabevor zum Gildehaus genannt" worden und daß er ein Halberbe sei. Im Dreißigjährigen Krieg war er so gut gestellt, daß er der Bauerschaft 1633 90 Taler und im folgenden Jahr sogar 100 zur Abtragung der Kontributionsschulden vorstrecken konnte. Dafür bekam er den Wickenkamp an der Ems zum Pfand. Der langjährige Streit um die Abtragung der Schuld wurde erst 1714 dahin beigelegt, daß die Bauerschaft dem Gerbert einen Zuschlag von 11 Scheffelsaat in der gemeinen Mark überließ (StAM, Dep. Bentlage 1 II B Nr. 33a).

78. Schulte Eilfing (Sch. Elffing)
Erbe, 1828: 220 M., 71 R.
Grundherr: Domkapitel zu Münster.
In den Registern des 14. Jhts. kommt der Hof unter diesem Namen noch nicht vor, vielleicht ist er aber identisch mit dem dort genannten domus episcopi in Herbeden, also dem Hof des Bischofs (CTW II, S. 40). 1442 verkaufte das Domkapitel den Hof Elfkinck an den Erbmann Sander Cleihorst, dessen Nachkomme bzw. Erbe Johann von Meverden ihn 1531 wieder an den Domkellner Melchior von Büren verkaufte, der ihn dann testamentarisch (1555) der Domkellnerei vermachte (StAM, DK, DKelln. A VI Nr. 208).

79. Rölver (Welver bzw. Rolever), heute Knaup-Holtmann
Pferdekötter (1536 Kötter, 1589 Halberbe), 1828: 34 M., 92 R.
Grundherr: Johanniterkommende zu Burgsteinfurt.
Der Kotten ist zweifellos vom Schultenhof Hanhoff gegründet, mit dem er den gleichen Grundherrn

hat. Er ist daher auch wohl identisch mit der casa (= Kotten) Druginch, die schon um 1300 als Besitz der Kommende im Ksp. Greven erwähnt wird (Niesert V, S. 105). Im Schatzungsregister von 1498 ist der Name verschrieben, das von 1499 gibt die richtige Form. So hieß der Kotten auch noch 1553. Es steckt wohl der Vorname Rolf (Rudolf) darin.

80. Jervert (Jerwert), heute Knaup-Jervert
Brinksitzer (1589 Halberbe), 1828: 25 M., 8 R.
Grundherr: Johanniterkommende zu Burgsteinfurt.
Für diesen Kotten gilt das gleiche wie für Rölver.

81. Horstmann (Horstman), heute: Gerdemann-Horstmann
Pferdekötter (1536 Kötter, 1589 Halberbe), 1828: 82 M., 54 R.
Grundherr: von der Tinnen.
Der Hof ter Horst war um 1370 ein bischöfliches Lehen des Lubbert tom Dyke, 1412 des Johann Burman und 1426 des Wessel Burman (StAM, Msc. VII 402 Bl. 13 und 403 Bl. 17, vgl. ebd. Urk. Fst. Münster Nr. 1935 von 1465). 1478 verkaufte dann Bernd Vorhelm gnt. Buerman dem Lubbert Travelman den Hof Horst in der Bauerschaft Hembergen (!; A. v. Ketteler zu Harkotten, III Nr. 120). Das kann nur der Hof Horstmann in Herbern sein, der später den von der Tinnen und seit 1728 den von Ketteler gehörte.

82. Walterskötter (–)
Brinksitzer (1536 und 1589 Kötter), 1828: 5 M., 33 R.
Grundherr: von der Tinnen.
Da dieser Kotten, der im Schatzungsregister von 1498 fehlt, 1553 Wolter in dem Broiche heißt, ist er gewiß auch identisch mit dem Broeckkaten, der bereits 1426 als bischöfliches Lehen der Familie Travelmann genannt wird und von dieser 1646 an die von der Tinnen und 1728 an von Ketteler kam. Er ist natürlich von einem der Kettelerschen Höfe in Herbern angesetzt worden, und da kommt wegen seiner Lage nur der Hof Scherphues in Frage.

83. Wullenkötter (–), heute: Röhring
Brinksitzer (1589 Kötter), 1828: 3 M., 178 R.
Grundherr: keiner.
Der Kotten erscheint erstmalig 1589 als Wellen-Martin und ist wohl nicht lange vorher auf freiem Markengrund angesiedelt worden. Für die Nutzung der Mark mußte er der Bauerschaft gewisse Abgaben leisten, um die im 17. Jht. ein heftiger Streit entbrannte (s. o. S. 226). 1800 wird der Wirt Cramer in Greven als Grundherr des Kottens angegeben.

84. Bösenborg (–), heute: Bösenberg
Brinksitzer, 1828: 11 M., 48 R.
Grundherr: keiner.
Dieser 1568 erstmalig als Boesenberch erwähnte Kotten ist wohl erst um die Mitte des 16. Jhts in der Mark angesetzt worden. Da der Besitzer 1665 als domkapitularischer Eigenbehöriger bezeichnet wird (sein Grund und Boden war damals aber frei), so muß er später auch diesen dem Domkapitel zu eigen übertragen haben.

85. Wieskötter (Wischman)
Brinksitzer (1589 Halberbe), 1828: 13 M., 43 R.
Grundherr: von der Wieck.
Das Wischus (de koten to Herbeden) ist seit 1422 als Zubehör des Hofes Merßmann bezeugt (StAM, Msc. VII Nr. 402 Bl. 22, Lehen des Engelbert von der Wieck nach dem Tode seines Vetters Adolf; vgl. auch o. Nr. 70). Im 17. Jht. war er vorübergehend wüst, wurde dann aber nach dem Dreißigjährigen Krieg als Brinksitzer neu aufgebaut. Ob der Kotten mit dem Wischus, das 1472 der Erbmann Heinrich Rensink besaß (DA, GV Hdschr. 23 Bl. 64), identisch ist, bleibt ungewiß, da dieses angeblich in der Bauerschaft Westerode lag, wo es aber einen solchen Hof nicht gab.

86. Micheel (–)
Brinksitzer (1589 Kötter), 1828: 33 M., 76 R.
Grundherr: Domkapitel zu Münster.

Der 1498/99 und 1536 noch fehlende Kotten heißt 1568 Michel upr Landwer. Er wird in der Zwischenzeit von dem Hof Westrup oder vom Schultenhof Eilfing, die allein in der Bauerschaft dem Domkapitel gehörten, in der Mark angesetzt worden sein.

87. Heukenkamp (–, 1499 Hokenkamp), heute: Schwering
Brinksitzer (1589 Halberbe), 1828: 21 M., 9 R.
Grundherr: Domkapitel zu Münster.

Der Kotten stand ursprünglich auf freiem Markengrund und mußte für denselben der Bauerschaft jährlich einen Zins geben, um den im 17. Jht. ein heftiger Streit entbrannte, der 1657 zuungunsten der Kotten H., Timmerkotten, Micheel und Wullenkotten ausging (s. o. S. 226). An der Gründung dieses Kottens war vielleicht auch einer der beiden domkapitularischen Höfe beteiligt.

88. Reckenfelderbäumer (Bomer)
Brinksitzer (1536 Kötter, 1589 Halberbe), 1828: 35 M., 164 R.
Grundherr: Landesherr (Hofkammer).

Dieser Kotten hatte seinen Namen davon, daß er den Schlagbaum an der Rheineschen Landstraße in der großen Kirchspielslandwehr schließen und öffnen mußte. Sein Land hatte er aus der gemeinen Mark, doch war 1535 Johann Boemer „an den Reckenfelder Bomen up der Lantfert" ein Eigenbehöriger des Erbmannes Lubbert Stevening, den dieser damals der Domkellnerei überließ (StAM, Urk. Erbmänner Stevening). Im 17. Jht. stritt sich der R. mit der Hofkammer um die Freiheit seines Kottens, den diese als landesherrliche eigenbehörige Stätte in Anspruch nahm. Aus den Zeugenaussagen ergab sich, daß er bis dahin immer als schatzfrei behandelt worden war (doch wird er bereits 1532/33 als landesherrlicher Eigenbehöriger geführt; StAM, Amt Wolbeck, Rechnungen Nr. 9 Bl. 35v). Der Streit blieb in der Schwebe, bis sich 1736 der damalige Inhaber der Stätte der Hofkammer doch zu eigen gab (StAM, Dep. Bentlage 1 II B Nr. 55).

89. Timmerkotten (–), heute: Afhüppe
Brinksitzer, 1828: 15 M., 151 R.
Grundherr: Domkapitel zu Münster.

Auch dieser 1568 erstmalig als Timmer-Johann bezeugte Kotten mußte der Bauerschaft für die Nutzung der Mark jährlich eine Abgabe entrichten. Er ist wohl auch erst im 16. Jht. angesetzt worden. 1800 wird der Kaufmann Schründer in Greven als Grundherr angegeben.

Im Schatzungsregister von 1498 werden noch folgende Schatzpflichtige genannt, die nicht ohne weiteres mit einem der obigen Höfe in Verbindung gesetzt werden können:

– Hasse Gremme (pauper)

– Elze Rengerinck

– Johann Ysfordt
Es waren wohl nur Einwohner oder Leibzüchter auf einem der größeren Höfe (Renger u. a.).

– Lowe
Kotten (?)
Grundherr: Johanniterkommende zu Steinfurt (?)
Nach einer Notiz im Anschreibbuch des Sch. Temming von 1613 gehörte der Lokotten zum Schultenhof Hanhoff. Er wird auch schon 1539 als Pächter von Land, das dem Rickermann gehörte, erwähnt (StAM, DK, DKelln., Heberegister Nr. 50). Später scheint er eingegangen zu sein.

– Beckermann (Soestkötter), heute: Beckermann
Kotten, 1828: 9 M., 141 R.
Grundherr: Domkapitel zu Münster (?)
Im Jahre 1766 wurde Johann Hermann Soest als domkapitularischer Jäger und Schütze im Gogericht tor Meest angestellt mit dem Recht, überall im domkapitularischen Gebiet jagen, fischen und sich einen Vogelherd halten zu dürfen. 1779/80 kaufte er von der Bauerschaft ein Stück Markengrund und setzte einen Kotten darauf. Über die Dankelscheids (gnt. Soest) kam der Kotten dann an die Familie Beckermann (nach Papieren auf dem Hofe).

Bereits im 15. Jht. wüst war in der Bauerschaft Herbern die

- **Tüninckhove** (–)
  Erbe (?)
  Grundherr: Landesherr (Hofkammer).
  Die Tunemanshove wurde 1447 von Gerhard von Billerbeck dem Landesherrn zusammen mit dem Naendorf-Erbe im Dorf Greven zu Lehen aufgetragen (StAM, Msc. VII Nr. 403 Bl. 71 und Urk. vom 11. 4. 1447 im A. Haus Ruhr). Im Schatzungsregister von 1498/99 fehlt der Hof bereits, war also damals schon wüst. 1574 hatte Naendorf von der Hofkammer ein Grundstück, genannt die Tuninckhove, zur Pacht von gut 3 Maltersaat (StAM, Msc. VII Nr. 440 D und VII Nr. 51 Bl. 37v), nach Ausweis einer Karte von etwa 1780 (ebd., Kartensammlung Reg. Bez. Münster Nr. 200 und 201) in der Bauerschaft Herbern an der Ems (östlich vom Hof Geßmann). Hier muß demnach der Hof gelegen haben. Nach einer Aufzeichnung von 1561 war das Grundstück vorher vom Hof Geßmann genutzt worden (StAM, Fst. Münster, Landesarchiv 359 Nr. 6).

Bauerschaft Hembergen

90. **Tomdiek** (Schulte ton Dyke)
Erbe, 1828: 108 M., 85 R.
Grundherr: von der Tinnen zu Ebeling.
Der Hof (curtis) ton Dyke war bereits um 1370 ein bischöfliches Lehngut des Erbmann Gottfried Travelmann, dessen Nachkommen ihn bis 1648 behielten. Damals fiel er durch Erbschaft an Rudolf von der Tinnen, der 1646 Richmot, die Erbtochter des Lutbert Tr. geheiratet hatte (A. v. Ketteler zu Harkotten III, Urk. Nr. 725). Mit den v. d. Tinnenschen Gütern kam der Hof dann 1728 an die von Ketteler. Dem Schulten ton Dyck überließen 1477 die Bauerschaften Herbern und Hembergen den Lobbertskamp. Dafür mußte er den Dieksbaum in der Landwehr wahren und unterhalten (ebd. Nr. 118). Schulte Tomdiek war Bauerrichter von Hembergen.

91. **Focke** (Volckerman)
Pferdekötter (1536 und 1589 Erbe), 1828: 64 M., 100 R.
Grundherr: Überwasserstift zu Münster.
Der Hof Volckerinck war um 1370 ein bischöfliches Lehngut des Wilkin von Depenbrock, Burgmanns zu Bevergern, 1426 des Kerstien Cleyvorn, 1433 des Mais Kerkering (StAM, Msc. VII Nr. 404 Bl. 17 und 30). 1499 besaß ihn der Erbmann Godike Brockmann (A. v. Heeremann-Zuidwijk zu Surenburg Urk. Nr. 348), der ihn wohl bald darauf an den Rentmeister Ocke zu Rheine verkaufte, der ihn bereits wieder 1509 dem Überwasserstift zu Münster überließ (StAM, Urk. Überwasser Nr. 266). Als Nachfolgerin des Stiftes war 1800 die Universität in Münster Grundherr des Hofes. 1674 wird Focke (1536 auch Volker genannt) als Halberbe bezeichnet. Das war wohl seine richtige Qualität, da er 1782 nur gut 6 Maltersaat Land hatte, von denen nur 8 Scheffelsaat auf den beiden Eschen lagen (StAM, StFA, Universität X E Nr. 4).

92. **Eskemann** (Eskeman)
Erbe, 1828: 71 M., 98 R.
Grundherr: Domkapitel zu Münster, Domthesaurar.
Der Inhaber dieses alten domkapitularischen Hofes hieß im 14. Jht. Esselinus (CTW II, S. 81). Aus diesem alten Vornamen ist also der Hofesname entstanden. 1446 verzichtete der Erbmann Arnd Bischoping zugunsten der Domküsterei auf gewisse (Lehns-?) Rechte an Essekincks Hof (StAM, Urk. Fst. Münster Nr. 1585).

93. **Eschmann** (Esscheman), heute: Häder
Halberbe (1536 und 1589 Erbe), 1828: 103 M., 7 R.
Grundherr: von der Tinnen.
Um 1370 war der Hof to Essekinch ein bischöfliches Lehngut des Adolf von der Wieck. 1426 bis 1467 war das Eschhues dann im Besitz der Familie von Travelmann (StAM, Msc. VII Nr. 403 Bl. 20v), 1648 gehörte es den von der Tinnen und seit 1728 dann den von Ketteler.

94. **Reißmann** (Resinck bzw. Reysschemansche), heute: Ahmann
Halberbe (1536 und 1589 Erbe), 1828: 45 M., 153 R.
Grundherr: Nikolaus Warburg, Vogt zu Greven.

Der Hof R. gehörte mit den Höfen Rickermann und Geßmann in Herbern zum alten Wirtschafts-verband des Schultenhofes Gerling (s. o. Nr. 73). 1547 waren diese Höfe im Besitz der Familie von Merveldt (StAM, Urk. St. Ägidi Münster Nr. 171a). Bald nach 1632 kam Reißmann mit Geßmann durch Verkauf an den Vogt Warburg, der sie dann testamentarisch dem von ihm gegründeten Armen-haus in Greven vermachte (s. o. Nr. 74). Der Hof wurde infolge Bankrotts 1832 parzelliert und in drei Fußkotten zerteilt (AAG IIp Nr. 3,1).

95. Engberding (Engelbertinck), heute Hovest-Engberding
Halberbe (1536 und 1589 Erbe), 1828: 76 M., 6 R.
Grundherr: von der Wieck.
Unter den von der Wieckschen Lehnsgütern aus der Zeit um 1370 fehlt der Hof noch. Er läßt sich vor 1498 nicht nachweisen. Vielleicht ist der Hof identisch mit Nygehus to Hembergen, mit dem 1426 Woldyke, die Witwe des Bruns von Drehusen vom Bischof belehnt wurde (StAM, Msc. VII Nr. 403 Bl. 20v), da ein solcher Hof in Hembergen weiter nicht nachweisbar ist und die Namen der anderen für diese Zeit bereits festliegen. Wann er in bürgerliche Hände übergegangen ist, steht nicht fest, 1800 besaß ihn Dr. Hane.

96. Brinkmann (Brinckman), heute: Isfort
Halberbe (1536 und 1589 Erbe), 1828: 48 M., 156 R.
Grundherr: Johanniterkommende zu Burgsteinfurt.
Dieser Hof ist identisch mit dem Hof (domus) Hemberge, das im Jahre 1282 mit dem Schultenhof Hanhoff zusammen aus dem Besitz des Grafen von Dale an den Bischof von Münster überging, von diesem dann an den Erbmann Heinrich Rike, von diesem an den Ritter Gerhard von Weddern und von diesem schließlich 1294 an die Kommende verkauft wurde (WUB III Nr. 1158 und 1499). Der Name Brinchus erscheint schon im ältesten Einkünfteverzeichnis der Kommende bei Niesert (Münst. Urk. Sammlg. V S. 105) aus der Zeit um 1300.

97. Hesselmann (Hesselinck bzw. Hesselman)
Halberbe (1536 und 1589 Erbe), 1828: 46 M., 146 R.
Grundherr: Domkapitel zu Münster.
Der Hof Hesselinch wird bereits im 14. Jht. als Besitz des Domkapitels aufgeführt (CTW II, S. 178. 197. 224). Er war offenbar der Haupthof des Unteramtes Hembergen im Amt Aldrup.

98. Hilmer (1499 Hilmer)
Halberbe (1536 und 1589 Erbe), 1828: (?)
Grundherr: Junker Buck.
Den Hof Hilmerinch verkaufte 1417 Odela, Witwe des Erbmann Albert Voß an den Erbmann Gerwin Buck (StAM, Dep. Altertumsverein Münster, Urk.). 1507 wird der Erbmann Godeke Dusaes als Besitzer des Hofes genannt (StAM, Urk. Erbmänner Dusaes), doch gehörte er 1665 wieder den Bucks. Wann er dann an die Kerkerings zu Stapel gefallen ist, die 1800 als Grundherren genannt werden, ließ sich nicht feststellen. Im Schatzungsregister von 1498 fehlt der Hof wohl nur versehentlich, 1568 wird er Hilleman genannt. 1678 sollte von dem Hof ein Kotten in der Mark, aber jenseits der Amts-grenze (nach Bevergern zu) angesetzt werden (StAM, DK III C Nr 16). Weshalb der im Kirchspiel Hembergen gelegene Hof in allen älteren Schatzungsregistern stets zur Bauerschaft gleichen Namens im Kirchspiel Greven gerechnet wird, ist unklar. Vielleicht hat er ursprünglich hier gelegen und ist erst später (zu welcher Zeit ist allerdings unbekannt) ins Kirchspiel Hembergen verlegt worden.

99. Wennigmann (Wennelinck), heute: Gripskamp
Halberbe (1536 und 1589 Erbe), 1828: 79 M., 69 R.
Grundherr: Domkapitel zu Münster.
Der Hof Wannekinch kommt bereits in den ältesten Einkünfteverzeichnissen des Domkapitels aus der ersten Hälfte des 14. Jhts. vor (CTW II, S. 224). Bereits 1553 kommt die Schreibweise Wenneke-man vor. Ein wenneke, wanke war ein grober Kittel (Rock). Vielleicht trug ein Besitzer des Hofes einmal einen solch auffallenden Kittel, daß der Name an ihm und seinen Nachkommen hängenblieb.

100. Schulte Haschhof (Sch. Askinchoff), heute: Autmaring-Haschoff
Erbe, 1828: 94 M., 124 R.
Grundherr: St. Ägidi in Münster.

460

Der Schultenhof Haschhof, der in den domkapitularischen Registern des 14. Jhts. Hassekenhof genannt wird (CTW II, S. 177), ist identisch mit der namenlosen curtis in Hembergen, die 1245 von dem Ritter Hermann von Lare dem Stift St. Ägidi in Münster verkauft wurde (WUB III Nr. 446), wozu der Bischof von Münster als Lehnsherr des Hofes seine Einwilligung gab. In dem Namen steckt offensichtlich der Frauenname Haseke (Verkleinerung von Hedwig). Zu dem Schultenhof gehörten 1793 zwei Kötter, Mollmann hinter dem Hof (in der Leibzucht) und Brand vor dem Hof (im Ksp. Hembergen); ferner der Kotten Holscher im Ksp. Hembergen (StAM St. Ägidi, Akten Nr. 56).

101. Overmann (Overman)
Halberbe (1536 und 1589 Erbe), 1828: 55 M., 96 R.
Grundherr: Stift Metelen.

Im Jahre 1383 verkaufte Sweder von Lare die Vogtei über den Hof Overinch an das Stift Metelen (INA I, 2, S. 96 Nr. 87, vgl. auch CTW VII, S. 58). Die Tatsache, daß diese Vogtei im Besitz der Familie von Lare war, die 1245 den Schultenhof Haschhof an St. Ägidi verkauft hat, deutet darauf hin, daß Overmann ursprünglich wohl zum Wirtschaftsverband dieses Schultenhofes gehört hat. Wann und von wem Metelen den Hof selbst erworben hat, ist unbekannt, jedenfalls vor 1383, vielleicht schon um 1245? Der Hof ist 1887 aufgeteilt worden.

102. Häder (Herdersche, 1499 Herder)
Halberbe (1536 und 1589 Erbe), 1828: 70 M., 55 R.
Grundherr: Domkapitel zu Münster.

Der Hof wird in den Registern des Domkapitels aus dem 14. Jht. nur als Hof in Hemberghe, aber bereits als Zubehör der Obedienz Ladbergen, die auch 1800 Grundherr des Erbes war, genannt (CTW II, S. 69). Erst 1493 taucht der Name Herderinck auf (StAM, Urk. Fam. A. v. d. Heyden).

103. Heitmann (Heytman)
Pferdekötter (1536 Kötter, 1589 Halberbe), 1828: 75 M., 28 R.
Grundherr: von der Tinnen.

Bereits 1426 wird der Heitkotten (Heetkaten) als ein bischöfliches Lehen der Travelmanns genannt. Er teilte später das Schicksal der anderen Höfe dieser Familie (Sch. Tomdiek und Eschmann s. o. Nr. 90 und 93). Von einem der beiden wird er auch spätestens zu Beginn des 15. Jdts. in der Mark angesetzt worden sein.

104. Gremme (Gremme)
Kötter (1536 desgl., 1589 Halberbe), 1828: 103 M., 124 R.
Grundherr: von der Tinnen.

Auch der Gremmenkotten läßt sich seit 1467 als bischöfliches Lehen der Erbmännerfamilie Travelmann nachweisen. Auch er teilte das Schicksal des Grundbesitzes dieser Familie (s. o. Nr. 90). Im ältesten Lehnsregister von etwa 1370 werden Heitmann und Gremme noch nicht genannt. 1568 heißt er Grimman.

105. Dertwinkel (–), heute: Reinermann
Brinksitzer (1589 Kötter), 1828: 13 M., 97 R.
Grundherr: keiner.

Der Kotten fehlt noch in den älteren Schatzungsregistern, ist also wohl erst zu Beginn des 16. Jhts. in der gemeinen Mark angesetzt worden. 1568 heißt er Bertwinchell, doch dürfte das ein Schreibfehler sein.

Das Schatzungsregister von 1499 nennt dann noch einen

– Albert Greve, der aber sonst nicht unterzubringen ist, vermutlich auch nur ein Einwohner eines der größeren Höfe war.

Bauerschaft Wentrup

106. Heckmann (Heckeman), heute: Leusmann
Halberbe (1536 und 1589 Erbe), 1828: 93 M., 82 R.
Grundherr: von der Tinnen zu Ebeling.

1411 gehörte das Heckehus to Winkele dem Erbmann Heinrich von dem Busche (DA Münster,

GV Msc. 23 Bl. 46v). 1586 galt es als Stamm- und Manngut der Familie von der Wieck (StAM, Fst. Münster, Lehen Nr. 71, 5), aber bereits 1609 war der Hof im Besitz des Egbert Travelmann zu Ebeling (A. v. Ketteler zu Harkotten III, Urk. Nr. 622), von dessen Nachkommen er dann vor 1664 an die von der Tinnen und 1728 an die v. Ketteler kam.

107. Johann to Winkel (Johann Wynckell), heute: Topphoff-Winkelmann
Erbe, 1828: 113 M., 60 R.
Grundherr: Freckenhorst und v. Münster zu Vortlage.
Der Hof (1665 als Middelwinkel bezeichnet) ist identisch mit dem im ältesten Freckenhorster Heberegister aus der Mitte des 11. Jhts. genannten Hof des Alverik van Winkila (CTW I, S. 48). 1339 heißt er noch einfach dat hus to Winkele, seit dem Ende des 14. Jhts. dann Ludike to Winkel (CTW I, S. 163, vgl. auch StAM, Freckenhorst, Urk. Nr. 132a). Seit mindestens der gleichen Zeit war der Hof im Lehnsbesitz der Familie von Münster zu Vortlage (bei Lengerich) (vgl. StAM, Msc. VII Nr. 1016 Bl. 123v, DAM, GV Msc. 252 Bl. 9v und StAM, Freckenhorst, Urk. Nr. 432a). Vorübergehend (1664 und bis 1684) war ein Dr. Albert Bockhorst Besitzer des Hofes, doch nach seinem Tode wurde wieder Arnold Hermann von Münster mit demselben belehnt, seit 1749 dann Mitglieder der Familie von Steding zu Stedingsmühle (ebd.).

108. Bruggewinkel (Johan Wynkel junior), heute: Winkelmann
Erbe, 1828: 113 M., 21 R.
Grundherr: Domkapitel zu Münster.
Auch dieser Hof erscheint im 14. Jht. noch unter dem einfachen Namen to Wynkel (CTW II, S. 178), erst das Schatzungsregister von 1665 bringt den neuen Namen. Den Zehnten über beide Höfe to Winkele erwarb 1219 das Martinistift in Münster von dem Ritter Gottfried von Schonebeck, der ihn vom Grafen von Tecklenburg zu Lehen trug (WUB III Nr. 139).

109. Tegeder (Tegeder), heute: Schürhoff-Schulze Grotthoff
Erbe, 1828: 241 M., 131 R.
Grundherr: Landesherr (Hofkammer).
Im Jahre 1346 versetzte Bischof Ludwig von Münster dem Ritter Everd Korff u. a. das Erbe Tegeder (INA II, 2, S. 91 Nr. 19), doch muß er ihn bald wieder eingelöst haben, da um 1370 der Hof (Tegederinc) bischöfliches Lehen des Bernhard Tegerinc war. Der Hofbesitzer war einer der vier Tegeder (Zehnteinsammler) des bischöflichen Amtshofes Schulte Bisping-Nordwalde (StAM, Fst. Münster, Hofkammer VII Nr. 97 und Msc. des Heimatvereins in Nordwalde). Als solcher hatte er nach einem Bericht von 1652 in alter Zeit eine eigene Mühle „auf der Tegedersbeke an seiner Bruggen auf dem Saerbeckischen Wege" (StAM, Fst. Münster, Landesarchiv 359 Nr. 31). Für den Landesherrn mußte der Tegeder einen Gaul (Amtsklepper für Botenritte) halten (ebd., Hofkammer X Nr. 11). Tegeder war Bauerrichter von Wentrup und wurde (wohl deshalb) seit dem 18. Jht. auch als Schulte bezeichnet (AAG II 1 Nr. 5 und 5a).
1472 versetzte der Bischof den Hof an das Kloster Herzebrock (StAM, Urk. Fst. Münster Nr. 2029), doch löste er ihn später wieder ein.

110. Feddermann (Vedderman)
Halberbe (1536 und 1589 Erbe), 1828: 90 M., 50 R.
Grundherr: Domkapitel zu Münster.
Im ältesten Register des Domkapitels zu Münster aus der ersten Hälfte des 14. Jhts. heißt der Hof bereits Vedderinch (CTW II, S. 224). Es verbirgt sich dahinter entweder unser „Vetter" oder die „Feder".

111. Brinkmann (Brinckman), heute: Schulze Gerling-Twenhöven
Halberbe (1536 und 1589 Erbe), 1828: 125 M., 136 R.
Grundherr: Freckenhorst und v. Münster zu Vortlage.
Dieser Freckenhorstsche Hof wird im ältesten Heberegister aus dem 11. Jht. noch nicht genannt, ist also vermutlich jünger. Er ist aber identisch mit „Holleken hus to Wenekinctorpe", das 1339 zum Amt Jochmaring gehörte (A. v. Ketteler zu Harkotten, I Urk. von 1339), das schon 1348/55 Wenekinctorpe vel (oder) Brinke, 1496 dann Brinchus heißt (StAM, Msc. VII Nr. 1311, DAM, GV. Msc. 252 Bl. 9v). Der Hof war im 16. Jht. im Besitz der Münsterer Familie Herding (Ketteler, S. 75), später dann mit Johann to Winkel (s. o. Nr. 107) zusammen Lehnsbesitz der von Münster zu Vortlage.

Mit beiden Höfen belehnte 1802 die Äbtissin Max von Ketteler (A. v. Ketteler zu Harkotten, I VII M Nr. 2a).

112. Brüning (Brunynck)
Erbe, 1828: 172 M., 30 R.
Grundherr: Runde zu Milte.
1420 war der Hof Brunynck im Besitz des Erbmannes Alf von der Wieck (StAM, Msc. VII Nr. 1016 Bl. 96v), 1580 dann des Cord Stevening zu Möllenbeck (A. v. Ketteler zu Harkotten, III Urk. Nr. 504). Doch wird er 1586 noch als Stamm- und Manngut der Familie von der Wieck bezeichnet (StAM, Fst. Münster, Lehen Nr. 71,5). Er war jedenfalls alter Erbmännerbesitz.

113. Konermann (Konemann), heute: Rüscher-Konermann
Erbe, 1828: 161 M., 51 R.
Grundherr: Domkapitel zu Münster.
Im ältesten domkapitularischen Güterverzeichnis aus dem 14. Jht. heißt der Hof noch Konrading (CTW II, S. 178). Damit ist die Ableitung von dem Rufnamen Konrad gegeben. Der Hof gehörte damals bereits zum Unteramt Drentrup des Amtes Aldrup. Seit 1219 zahlte der Hof den Zehnten, den bislang der Ritter Gottfried von Schonebeck vom Grafen von Tecklenburg zu Lehen getragen hatte, an das Martinistift in Münster (WUB III Nr. 139). Im 16. Jht. zahlte er den doppelten Zins, da er das Land des wüst gewordenen Hofes Herschaping mit unter den Pflug genommen hatte (StAM, Msc. VII 72 Bl. 156 zu 1574).

114. Feldhove (Velthove)
Halberbe (1536 und 1589 Erbe), 1828: 87 M., 39 R.
Grundherr: Freckenhorst u. v. Korff-Schmising.
Der Hof heißt 1339 Velthus (A. v. Ketteler zu Harkotten, I Harkotten, Urk. v. 30. 1. 1339). Er hat ursprünglich mit dem Hof Havestadt einen großen Hof gebildet, der bereits im 11. Jht. unter dem Namen Meinciko als Freckenhorster Hof erscheint (CTW I, S. 48). Die Teilung muß also zwischen 1050 und 1339 erfolgt sein, wobei Havestadt offenbar auf der alten Hofstätte sitzenblieb. Gegen Ende des 14. Jhts. war die Velthove zeitweise wüst und das Land an Veddermann verpachtet (CTW I, S. 154 und 166).

115. Rotgermann (–), heute: Hegemann
Pferdekötter (1589 Halberbe), 1828: 64 M., 79 R.
Grundherr: v. Kukelsheim zu Nevinghof.
Die Rotgerinckhove (die im Schatzungsregister von 1498 wohl nur fehlt, weil der Hof damals wüst war) war im Jahre 1423 noch freies Eigen des Erbmannes Johann Prumbom (StAM, Msc. VII Nr. 1002, S. 183). Im 18. Jht. gehörte der Hof noch zu Gut Nevinghof, ist dann aber im Konkurs desselben von 1781 verkauft worden, wohl damals bereits an den Grevener Kaufmann Schründer, der 1800 als Besitzer desselben bezeichnet wird.

116. Mennigmann (1499 Mennekeman), heute: Janning
Halberbe (1536 und 1589 Erbe), 1828: 86 M., 165 R.
Grundherr: Domkapitel zu Münster.
Der Hof Menekynch erscheint erstmalig in der Schönefliether Zollrolle von etwa 1400. Er wird 1412 zum domkapitularischen Amt Aldrup gerechnet (CTW II, S. 197). Im Register des 14. Jhts. fehlt er dagegen (ebd., S. 178).

117. Schlotmann (Sloetman), heute: Schlautmann
Pferdekötter (1536 und 1589 Erbe).
Grundherr: Domkapitel zu Münster.
Bereits 1412 heißt der Hof Slotman (CTW II, S. 197), also der Hof am „slote" (= Graben). Auch dieser Hof wird in den Registern des 14. Jhts. noch nicht erwähnt. Möglicherweise sind die beiden Höfe Mennigmann und Schlotmann erst später in den Besitz des Domkapitels gelangt.

118. Havestadt (Hovestat), heute: Schulte Varendorf
Halberbe (1536 und 1589 Erbe), 1828: 86 M., 93 R.
Grundherr: Freckenhorst u. v. Korff-Schmising.

Johans hus to Hovestat gehörte bereits 1339 zum Amt Jochmaring (A. v. Ketteler zu Harkotten, I Harkotten, Urk. v. 30. 1. 1339) und hat gewiß ursprünglich mit Velthove einen großen Hof gebildet, der mit dem Hof des Meinciko identisch ist, den Freckenhorst im 11. Jht. in der Bauerschaft Wentrup besaß (CTW I, S. 48). Die Teilung der beiden Höfe ist wohl erst im 13. oder 14. Jht. erfolgt, da das Stift noch im 13. Jht. in Wentrup erst einen Hof sein eigen nannte (StAM, Msc. VII 1311e). Bei derselben ist Havestadt offensichtlich auf der alten Hofstätte dieses Hofes sitzengeblieben, während Velthove in die Feldmark hinaussiedelte. 1389 versetzte Hermann Korff den Hof tor Havestat als ein freies Erbgut an den Erbmann Johann Stevening (A. v. Kerckerinck, Haus Borg, Urk. v. 2. 10. 1389, vgl. auch A. v. Ketteler zu Harkotten, I Nr. 77), doch ist dieser unter falschen Voraussetzungen zustande gekommene Kauf zweifellos wieder rückgängig gemacht worden, da der Hof im Besitz von Freckenhorst geblieben ist.

119. **Griepskamp** (Grypskamp), heute: Horstmann
   Pferdekötter (1589 Halberbe), 1828: 71 M., 117 R.
   Grundherr: Provisoren zu Überwasser.
   Nach der Schönefliether Zollrolle von etwa 1400, zahlte Hinke Grypeskamp nur 1 Scheffel Roggen. (s. u. S. 411). Er galt also damals schon als Halberbe bzw. Pferdekötter. Den Hof erbte 1504 Dietrich von Langen von seinem verstorbenen Vater Lambrecht (A. v. Heeremann-Zuidwijk zu Surenburg, Surenburger Kopiar, S. 19). 1527 verkaufte ihn Herbord von Langen dem Johann Herding in Münster (ebd., Urk. Nr. 240) zusammen mit den Höfen Forsthove, Hovemann, Glanemann, Reismann und Budde in Schmedehausen bzw. Hüttrup. Die Höfe Glanemann und Griepskamp fielen 1580 an Heinrich Herding (aus dem Nachlaß seiner Großtante Margarethe Herding, vgl. Ketteler, S. 75), dessen Sohn(?), Bürgermeister Johann Herding in Bocholt, den Hof zusammen mit Glanemann (s. u. Nr. 133) und Brinkmann (Ksp. Saerbeck) an Johann Pöpping in Münster verkaufte (StAM, Studienfonds Münster, Universität IV L 1, Notiz von 1672). Pöpping (gest. 1641) vermachte die drei Höfe der Überwasserkirche zu Münster zur Unterhaltung einer steinernen Laterne auf dem Überwasserfriedhof (Stadtarchiv Münster, Testamente Nr. 1365)

120. **Koep** (Copp), heute: Topphoff-Kaup
   Erbe, 1828: 122 M., 154 R.
   Grundherr: Domkapitel zu Münster, Obedienz Lembeck.
   Aus einer Stiftung des verstorbenen Domherrn Dietrich von Büderich erwarb das Domkapitel einen Hof in Bönstrup, mit dem es 1347 die Einkünfte der Obedienz Lembeck vermehrte (StAM, Urk. Fst. Münster Nr. 581b). Das muß der Hof Koep sein, da dieser später stets als Zubehör dieser domkapitularischen Obedienz galt (CTW II, S. 67 Anm. 1). Von wem der Hof 1347 (oder kurz vorher) angekauft worden ist, wird in der betr. Urkunde leider nicht gesagt. 1539 wird das Erbe ausdrücklich Kopbunstorp genannt (StAM, Msc. I 52 Bl. 9v). Kop ist natürlich Verkleinerung für Jakob.

121. **Schulte Bönstrup** (Sch. Bonstorp)
   Erbe, 1828: 185 M., 50 R.
   Grundherr: Dr. Berning in Münster.
   Von diesem Hof, der ein alter Freckenhorster Lehnshof war, stammte ein Rittergeschlecht, das bis 1339 Inhaber des Amtes Jochmaring war, dieses dann aber in dem genannten Jahr an die von Korff verkaufte (A. v. Ketteler zu Harkotten, I Urk. v. 30. 1. 1339). Das Geschlecht führte einen Sparren im Wappen. Die letzte des Geschlechtes, Jungfer Lysa, war Stiftsfräulein in Freckenhorst (1450–1469). 1436 war der Hof to Bunstorpe im Lehnsbesitz des Godert Horstele und seines Sohnes Heinrich (StAM, Msc. VII Nr. 1016 Bl. 36v), bis 1464 dann im Besitz des Münsterer Bürgers Dietrich Grave, seitdem der Familie Peick. 1579 ging er an Paul von Mevordt über, von dem ihn 1604 Peter Berning in Münster kaufte. Nach dem Tode des Propstes Johann B. in Heiligenstadt, des Letzten seines Geschlechtes, wurde dessen Neffe (?) Lothar Franz von Horn belehnt, den das Schatzungsregister von 1800 noch als Besitzer des Hofes nennt, obschon er bereits 1795 gestorben und ihm als Lehnsträger Franz Erwin Klinckhardt in Duderstadt gefolgt war (StAM, Freckenhorst Akten II Nr. 209 und Urk. Nr. 280). Der schöne Hof, vermutlich identisch mit dem Hof des Azeko, den Freckenhorst im 11. Jht. in Bönstrup besaß (CTW I, S. 48), wurde 1870 parzelliert (AAG, IIp 3,1). Der heutige Hof Bönstrup an der Straße von Greven nach Schmedehausen ist ein jüngerer Kotten, der dem Pastorat in Greven gehörte (Brinkmann, S. XXIII).

122. **Stegemann** (Stegeman)
Halberbe (1536 und 1589 Erbe), 1828: 77 M., 139 R.
Grundherr: Domkapitel zu Münster.
Der Hof tor Stege (also an der Stiege, am Wege) kommt bereits in den ältesten Registern des Domkapitels aus dem 14. Jht. vor (CTW II, S. 178). Er gehörte damals bereits zum Unteramt Drentrup des Amtes Aldrup.

123. **Verspoel** (–)
Brinksitzer (1589 Halberbe), 1828: 23 M., 158 R.
Grundherr: Domkapitel zu Münster.
Der Kotten, der vermutlich vom Hof Koep angesetzt worden ist, dürfte daher auch mit dem im Schatzungsregister von 1498 genannten Coep senior identisch sein. Der Name Ferschepoel erscheint erstmalig im Register von 1553. 1536 heißt er dagegen noch Johann Koep.

124. **Laumann** (Loman), heute: Beckermann
Kötter (1536 Kötter, 1589 Halberbe), 1828: 43 M., 150 R.
Grundherr: Domkapitel zu Münster.
Der in den domkapitularischen Registern des Mittelalters fehlende Kotten wird in der Schönefliether Zollrolle von etwa 1400 bereits genannt (s. u. S. 411). Nach dem Schatzungsregister von 1665 hielt er zwei Pferde. Er hatte seit 1615 das Land des wüst gewordenen Albertinghofes unter, der dem Stift Metelen gehörte, von diesem aber 1669 an das Domkapitel verkauft wurde (s. u.).

125. **Bröcker** (–), heute: Voßkort
Brinksitzer (1536 Kötter, 1589 Halberbe), 1828: 33 M., 139 R.
Grundherr: v. Lutten zu Langen.
Der Broicker erscheint erstmalig 1536 unter diesem Namen. Ob er identisch mit dem Kötter Holtwisch ist, der nur 1498/99 genannt wird, steht dahin. Ebenso ungewiß ist, von welchem Hof er in der gemeinen Mark angesetzt worden ist, da der Junker Lutten sonst nicht weiter als Grundherr in einer der benachbarten Bauerschaften vorkommt, doch heißt es 1716, daß die Brocköttersche in fundo Metelensi, also auf dem Grund und Boden des Stiftes Metelen, wohne (StAM, Dep. Bentlage, 1 II B Nr. 15). Danach wäre der Kotten von dem wüsten Hof Alberting (s. u.) abgeteilt worden.

126. **Lochtefeld** (–), heute: Wietheger
Brinksitzer (1536 Kötter), 1828: 12 M., 154 R.
Grundherr: Domkapitel zu Münster.
Auch dieser Kotten fehlt noch im Schatzungsregister von 1498/99 und kommt erst 1536 unter seinem heutigen Namen vor. Da er der Domkellnerei eigenbehörig war (1665), ist er vielleicht vom Stegemannshof angesetzt worden.

Im Schatzungsregister von 1498 werden dann noch einige Altenteiler und Kötter (?) genannt, die mit einem der obigen nicht gleichgesetzt werden können, so
– Heinrich **Bonstorp** (zweimal)
– **Brunynck**
– **Holtwisch**
– **Velthove**

Wegen seiner Schatzfreiheit wird in den Registern nicht genannt der
– **Liesenkötter**, heute: Drunkemühle
Brinksitzer, 1828: 6 M., 67 R.
Grundherr: Pastorat zu Greven.
Nach dem Lagerbuch der Grevener Kirche von 1672 ist „der mehrer Theil dieses Kottens von der Mark vor und nach mit guten Willen (der Markgenossen) zugeschlagen, ein geringer Theil von Stegemans Immenkämpken (genommen)." Entsprechend heißt er 1568 auch Immekamp! Der Kotten ist wohl erst im 16. Jht. errichtet worden (vgl. o. S. 141 f.).

Im Mittelalter hat es in der Bauerschaft Wentrup noch drei weitere Höfe gegeben:

– **Alberting**
Erbe
Grundherr: Stift Metelen.

Im Jahre 1337 überließ Graf Nikolaus von Tecklenburg dem Stift Metelen u. a. die Vogtei über die Stiftsgüter im Kirchspiel Greven und zwar in Hüttrup und Overbeke (Niesert, Münst. Urk. Sammlg. IV, S. 272 ff. Nr. 77). Overbeke dürfte der Hof sein, der um 1400 in der Schönefliether Zollrolle (s. u. S. 411) und noch im 17. Jht. Albert(ing) genannt wird, aber bereits gegen Ende des 15. Jahrhunderts wüst war, da er in den Schatzungsregistern von 1498 und 1499 nicht mehr genannt wird. Das Land des wüsten Hofes hatten die umliegenden Bauern in Pacht, besonders der Lokotten (Laumann), ferner Mennigmann, Mittelwinkelmann und Verspoel. Noch 1615 wurde die Albertinghove vom Stift Metelen (stückweise) zu Gewinn ausgetan (AA Metelen, Lagerbuch des Stiftes). Weiter standen auf dem Grund dieses Hofes die beiden Kotten Lehmkuhl und Bröcker (StAM, Dep. Bentlage 1 II B Nr. 15 von 1668/69). Der Hof lag wohl in der Nähe des Lokottens. 1669 verkaufte Metelen die Gründe der beiden wüsten Höfe Alberting und Wegkhove (letzterer in Hüttrup, s. u. S. 472), die von den domkapitularischen Eigenbehörigen Lohmann und Onichman gebraucht wurden (StAM, DK Münster, DKelln. A VI Nr. 224).

– **tor Wechle**, Arndes hus
Erbe
Grundherr: v. Korff.

Auch in der Nachbarschaft Bönstrup hat es im 14. Jht. noch einen weiteren Hof gegeben, den 1376 die von Korff besaßen (StAM, Urk. Fst. Münster Nr. 860). Später verlautet nichts mehr von ihm. Möglicherweise war dies der Hof des Azeko, den Freckenhorst hier um 1050 besaß (CTW I, S. 48), es würde dann aber der Schultenhof Bönstrup in der Heberolle fehlen, was nicht gut denkbar ist. Vielleicht war Arndes hus tor Wechle ein Ableger des Schultenhofes? Noch heute erinnert möglicherweise der alte Flurname „Wort" (Flur 18 Parzelle Nr. 177) an diesen längst verschwundenen Hof.

– **Herschaping**
Erbe
Grundherr: St. Martinistift in Münster.

Im Jahre 1343 verkaufte der Knappe Ludwig von Münster dem Martinistift den Hof Herscapinch im Kirchspiel Greven, Bauerschaft Wentrup mit einem Kotten (quadem casa) als „eyn dorslacht eyghen" für 63 Mark damaliger Währung (StAM, Msc. I Nr. 71 Bl. 91). Der in der Schönefliether Zollrolle von etwa 1400 noch genannte Hof (s. u. S. 411) ist im 15. Jht. wüst geworden, da er im Schatzungsregister von 1498/99 nicht mehr erscheint. Im 16. Jht. zahlte der Nachbar Konermann für den wüsten Hof, dessen Land er offenbar unter den Pflug genommen hatte, den Zehnten an St. Martini (s. o. Nr. 133). Aus dieser Vereinigung der beiden Höfe erklärt sich dann auch die Größe des Hofes Konermann im Urkataster von 1828. Was aus dem 1343 erwähnten Kotten geworden ist, steht dahin.

Bauerschaft Pentrup

127. **Drentrup** (Drentorp), heute: Langkamp
Erbe, 1828: 223 M., 31 R.
Grundherr: Domkapitel zu Münster.

Der Hof Drenctorpe war bereits im frühen 14. Jht. der Amtshof des Unteramtes Drentrup (des Amtes Aldrup). Zu seinem preceptum (= Amt) gehörten um 1400 nicht weniger als 21 Höfe (ebd., S. 197). Den Zehnten in Drentrup trug 1276 der Ritter Dietrich von Schonebeck vom Domkapitel zu Lehen (WUB III Nr. 990).

128. **Suvelhaeke** (Suvelhake), heute: Suvelack
Halberbe (1536 und 1589 Erbe), 1828: 116 M., 52 R.
Grundherr: Bosendrupf zu Münster.

Vor 1498 läßt sich dieser Hof nicht nachweisen. Er ist offenbar schon früh in bürgerliche Hände gelangt. Ob er etwa ein alter Freihof war? 1800 wird Demoiselle Zurmühlen als Besitzerin des Hofes genannt.

129. **Hölscher** (Holscher), heute: Naendorf
Halberbe (1536 und 1589 Erbe), 1828: 109 M., 141 R.
Grundherr: Domkapitel zu Münster, Oblegium Smalamt.
Schon in der ersten Hälfte des 14. Jhts. gehörte ein Hof in Drentrup zum Smalammet des Dom-
kapitels (CTW II, S. 132). Kein Zweifel, daß dies der Hof Hölscher ist. Vor 1498 kommt er allerdings
unter diesem Namen noch nicht vor.

130. **Hovestadt** (Hovestat)
Pferdekötter (1536 und 1589 Erbe), 1828: 70 M., 12 R.
Grundherr: Domkapitel zu Münster.
Das Erbe Hovestadt gehörte bereits um 1400 zum Unteramt Drentrup des domkapitularischen
Amtes Aldrup (CTW II, S. 197). Der Hof ist ein Ableger des alten Haupthofes Drentrup. Man möchte
annehmen, daß er auf der alten Hofstätte desselben sitzt, doch ist dies nicht eben wahrscheinlich, da
Drentrup wohl von jeher die günstige Lage, die er heute noch hat, gehabt hat. Noch um 1670 gab
Hovestadt den Zehnten an Drentrup und war außerdem mit ihm zusammen Botheuer (StAM, DK
Münster, DKelln. Heberegister Nr. 45 Bl. 62v). Damit ist die Abteilung von dem Haupthof der Nach-
barschaft erwiesen.

131. **Große Glanemann** (Gerd Glane)
Halberbe (1536 und 1589 Erbe), 1828: 133 M., 114 R.
Grundherr: Domkapitel zu Münster.
Die beiden Höfe to Glane wurden im Mittelalter stets nur durch die Vornamen ihrer Bebauer
unterschieden. Nur das Register von 1800 nennt diesen Hof Große-Rotger Glane. Nach den Registern
des frühen 14. Jhts. besaß das Domkapitel zunächst nur einen Hof to Glane (CTW II, S. 178) und erst
seit Beginn des 15. Jhts. dann zwei (ebd., S. 197). So muß man annehmen, daß Middel-Glane erst im
14. Jht. von Große Glane abgeteilt worden ist. Ähnlich wie Hovestadt besaß Middel-Glane 1828 auch
nur etwa 70 M. Land gegenüber rund 130 bzw. 230 der beiden Haupthöfe. Zu dem Hof gehörte im
16. Jht. offenbar (vorübergehend) noch ein kleiner Kotten, den 1568 Lucke tor Glaen innehatte. Später
erscheint er nicht mehr.

132. **Middel-Glane** (Gerd Glane), heute: Mussing
Halberbe (1536 und 1589 Erbe), 1828: 73 M., 143 R.
Grundherr: Domkapitel zu Münster.
Der Name Middel-Glane erscheint erstmalig im Schatzungsregister von 1536. Wie gesagt, erscheint
der zweite domkapitularische Hof to Glane erstmalig 1412 (CTW II, S. 197). 1844 wanderte der Be-
sitzer des Hofes nach Amerika aus (AAG IIp Nr. 3, 1).

133. **Lütke Glane** (Johan Glane), heute: Adrian
Pferdekötter (1536 dsgl., 1589 Erbe), 1828: 104 M., 60 R.
Grundherr: Provisoren der Überwasserkirche zu Münster.
Auf diesen Hof bezieht sich vermutlich eine Notiz im Lehnsregister der Edlen von Steinfurt von
1319, nach der Ritter Gerhard von Wüllen mit einem Hof tor Glane im Ksp. Greven belehnt war
(K. G. Döhmann, Das älteste Lehenbuch der Herrschaft Steinfurt = Beiträge zur Gesch. d. Stadt
u. Grfsch. Steinfurt III, Münster 1906, S. 13). Von den von Wüllen muß der Hof dann an die Familie
von Langen gekommen sein. 1505 erbte den Hof Glanemann Dietrich von Langen von seinem verstorbenen Vater Lambert (A. Surenburg, Surenburger Kopiar, S. 19), der selbst bereits vor 1483 als
Besitzer von Gerds erve tor Glane bezeichnet wird (StAM, Stadt Münster Urk. Nr. 26). Mit den
anderen von Langenschen Höfen gelangte er 1527 an die Familie Herding (ebd., Urk. Nr. 240). Noch
1580 besaß ihn Heinrich Herding (Ketteler, S. 75), dessen Sohn Johann ihn an Johann Pöpping,
Bürger zu Münster, verkaufte. Dieser vermachte den Hof (1641) der Überwasserkirche (vgl. o. Nr. 119).
Wenn dieser Hof wirklich nur ein Kötter war, dann muß er sich weiteres Land eines vielleicht wüst
gewordenen Freckenhorster Hofes in Glane dazugewonnen haben, von dem in späterer Zeit nichts
mehr verlautet (s. u.).

134. **Albertmann** (Albertinck)
Halberbe (1536 und 1589 Erbe), 1828: 156 M., 103 R.
Grundherr: Johanniterkommende zu Burgsteinfurt.

Im Jahre 1287 überließ der Edelherr Simon zur Lippe seinem Lehnsmann Gottfried Bischop(ing) einen Hof in Pentrup, den der verstorbene Albert bebaut hatte, zur freien Verfügung (INA I 4, S. 202 Nr. 107). Wenig später muß der Hof in den Besitz der Kommende gelangt sein, da er im ältesten Einkünfteverzeichnis derselben aus der Zeit um 1300 als domus Eylardi de Pencdorpe bereits genannt wird (Niesert V, S. 105). 1317 überwies der Komtur den Hof der Armenstiftung der Kommende (WUB VIII Nr. 1143). Nur selten kann man das Werden unserer Hofnamen zeitlich so genau festlegen, wie bei diesem Hof. Es unterliegt keinem Zweifel, daß der 1287 als bereits verstorben erwähnte Bauer Albert seinem Hof den Namen gegeben hat, auch wenn er um 1300 noch einmal nach dem derzeitigen Inhaber benannt wird.

135. Theismann (Teysinck)

Halberbe (1536 und 1589 Erbe), 1828: 164 M., 88 R.
Grundherr: Domkapitel zu Münster.
In den ältesten Registern des Domkapitels aus dem 14. Jht. heißt der Hof Thesinch (CTW II, S. 197). Er gehörte zum Unteramt Drentrup des Amtes Aldrup.

136. Wermelt (Wermert)

Halberbe (1536 und 1589 Erbe), 1828: 119 M., 135 R.
Grundherr: Domkapitel zu Münster, Oblegium Kasamt.
Zum officium caseorum (Käse-Amt) des Domkapitels gehörte bereits im 14. Jht. der Hof des Thidericus in Penctorppe (CTW II, S. 138). Daß dies der Hof Wermelt ist, unterliegt keinem Zweifel. Das Kasamt geht auf eine Stiftung des Bischofs Egbert von Münster (1127–1132) zurück (MGQu. I, S. 17). Bereits Amtmann Tümler rechnet in seiner Ortschronik (AAG Ie Nr. 23) den Hof Wermelt zu dieser Stiftung, zweifellos zu Recht.

137. Löbbertmann (Lobbertinck)

Halberbe (1536 und 1589 Erbe), 1828: 101 M., 174 R.
Grundherr: Domkapitel zu Münster.
Dieser Hof hieß im 14. Jht. und noch 1412 Morre oder Murre (CTW II, S. 178 und 197), doch kommt der neue Name Lubertynch auch schon in der Schönefliether Zollrolle von etwa 1400 vor (s. u. S. 411). Lubbertinck kommt natürlich von dem Vornamen Lutbert. Murre bedeutet Schlamm.

138. Marquart (Marquart), heute: Benning

Halberbe (1536 und 1589 Erbe), 1828: 91 M., 22 R.
Grundherr: Syndicus Bisping.
Den Hof Marckwordinch erbte 1504 aus dem Nachlaß seines verstorbenen Vaters Lambert von Langen zur Surenburg Dietrich von Langen (A. Surenburg, Surenburger Kopiar, S. 19). 1527 kam er dann wohl auch an die Familie Herding und dann 1785 aus der Diskussion des Hauses Herding an den Münsterschen Vizekanzler Ignaz von Zurmühlen (nach Akten im A. H. Ruhr b. Bösensell), der auch noch 1800 als Besitzer desselben bezeichnet wird.

139. Kokenbrink (Kokenbrinck)

Halberbe (1536 und 1589 Erbe), 1828: 130 M., 2 R.
Grundherr: Domkapitel zu Münster.
Wie alle domkapitularischen Höfe in dieser Bauerschaft, gehörte auch Kokenbrinch bereits im 14. Jht. zum Unteramt Drentrup des Amtes Aldrup (CTW II, S. 178). Was der Name besagen soll, steht dahin. Im Schatzungsregister von 1568 wird er (fälschlich) sogar Kesenbrinch geschrieben.

140. Lehmkuhl (–)

Brinksitzer (1589 Halberbe), 1828: 27 M., 93 R.
Grundherr: Domkapitel zu Münster.
Erst 1589 kommt der Kotten unter diesem Namen vor. Vermutlich ist er aber mit dem Kotten Drendorp von (1498) und dem Stegemertin von 1536 bzw. 1553 identisch. Ein 1554 zum Hof Sundrup in Hüttrup gehörender Kotten Lehmkuhl kann wohl kaum mit diesem gleichgesetzt werden (StAM, Msc. I 52 Bl. 67v). Auch mit dem gleichnamigen Kotten in der Bauerschaft Wentrup darf er nicht verwechselt werden.

141. **Strotmann** (Strotman), heute: Lehmkuhl
   Brinksitzer (1589 Kötter), 1828: 21 M., 175 R.
   Grundherr: Domkapitel zu Münster.
   Dieser Kotten gehörte vielleicht zum Hofe Hovestadt, da er diesem nach einem Kataster aus dem Ende des 17. Jhts. sein Kontingent leisten mußte, ohne daß gesagt würde, worin dieses bestand (StAM, DK, DKelln. Heberegister Nr. 45 Bl. 62v).

142. **Vennemann** (–), heute: Topphoff
   Brinksitzer (1589 Halberbe), 1828: 37 M., 49 R.
   Grundherr: Domkapitel zu Münster.
   Zu welchem der domkapitularischen Höfe in Pentrup dieser erstmalig 1589 genannte Kotten gehörte, ließ sich nicht mehr ermitteln. Da er an der Landstraße liegt, mag er mit dem 1536 und 1553 genannten Stege-Mertin (1568 Stegehenrich) identisch sein, dessen Name auf diese Lage an der (jüngeren) Saerbecker Stiege hinzuweisen scheint.

143. **Hoftjohann** (Daelman)
   Pferdekötter, 1828: 78 M., 174 R.
   Grundherr: Stift Metelen.
   Der ältere Name dieses Kotten (Dalmann) kommt nach 1539 (CTW VII, S. 58) nicht mehr vor. 1568 heißt der Kotten offenbar Johann Schmeick, seit 1589 dann Hoftjohann. Der jüngere Name (= Gehöft?) sowie die Größe des Kottens führen zu der Vermutung, daß Dalman ursprünglich ein altes Vollerbe war. Möglicherweise ist er nach langem Wüstliegen als Kotten neu angesetzt worden.

Von den im Schatzungsregister von 1498 genannten Bauern in Pentrup bleibt einzig Aleke Teysinck (1499 Aleke Gremme genannt) übrig, die nicht mit Sicherheit mit einem der späteren Kotten gleichgesetzt werden kann. Vermutlich gehörte der Kotten zum Hof Theismann und ist mit dessen Leibzucht an der Saerbecker Landstraße (bei Vennemann-Südhof) identisch. 1536 wird der Kotten der Gremmeschen noch erwähnt.
– Einen Hof in Pentrup (Boio van Peingtharpa) besaß das Stift Freckenhorst bereits im 11. Jht., der noch 1339 als dat hus to Penctorpe genannt wird (CTW I, S. 49 und A. v. Ketteler zu Harkotten I, Urk. v. 1339). Im 12. Jht. mußte der Hof an die Hofküche der Äbtissin einen Käse liefern (ebd., S. 94). Später kommt dieser Hof unter den Freckenhorster Besitzungen nicht mehr vor (vgl. ebd., S. 143 ff.). Mit einem der domkapitularischen Höfe in der Nachbarschaft Pentrup (nur diese kommt in Frage) kann er nicht identisch sein, da diese Höfe alle bereits im 14. Jht. vorkommen (s. o.). Vermutlich darf man ihn mit dem Hof Marquart gleichsetzen, über dessen ältere Geschichte keine Nachrichten vorliegen. Wahrscheinlich haben die von Langen den Hof ursprünglich von Freckenhorst zu Lehen getragen, dieses Verhältnis dann aber im Laufe der Zeit verdunkelt.
– Auch in Glane besaß Freckenhorst im 11. Jht. einen Hof (Saleko, CTW I, S. 48), der im 12. und noch im 14. Jht. dem officium speciale (Sonderamt) der Äbtissin abgabenpflichtig war (ebd., S. 85 und 145). Später wird er nicht mehr genannt. Vielleicht ist dieser Hof mit Lütke Glane identisch. Dann würde es sich auch bei diesem Hof um ein verdunkeltes Freckenhorster Lehen handeln.

Bauerschaft Hüttrup

144. **Jochmaring** (Jockmer), heute: Milskemper
   Halberbe (1536 und 1589 Erbe), 1828: 111 M., 18 R.
   Grundherr: Stift Freckenhorst bzw. Korff-Schmising zu Tatenhausen.
   Da Lütke Jochmaring der einzige Hof war, den das Stift Freckenhorst in der Nachbarschaft (nicht Bauerschaft Hüttrup) hatte, muß er mit dem Hof des Dudo in Huthingtharpa gleichgesetzt werden, der in der ältesten Heberolle aus dem 11. Jht. genannt wird (CTW I, S. 48). 1339 hieß der Hof noch einfach das hus to Hottinctorpe, Ende des 14. Jhts. dann Juckmar tor Lynden (ebd., S. 163 und 166).

145. **Große Sundrup** (Kerstien Sudentorp)
   Halberbe (1536 und 1589 Erbe), 1828: 200 M., 2 R.
   Grundherr: Domkapitel zu Münster.
   Im 14. Jht. besaß das Domkapitel nur erst einen großen Hof Sudendorp, der zum Unteramt Dren-

trup gehörte (CTW II, S. 178). Das war natürlich Große Sundrup. Lütke Sundrup muß also erst nach Aufstellung der ältesten Register der domkapitularischen Güter abgeteilt worden sein.

146. Lütke Sundrup (Hinrik Sutendorp), heute: Schlautmann
Halberbe (1536 und 1589 Erbe), 1828: 108 M., 69 R.
Grundherr: Domkapitel zu Münster.
Erstmalig 1412 wird Sudendorp parva (= klein) als ein zum Unteramt Drentrup gehörender domkapitularischer Hof erwähnt (CTW II, S. 197). Er wird also wohl erst im 14. Jht. von Große Sundrup abgeteilt worden sein.

147. Wessel (Dencklinctorp), heute: Lukas
Halberbe (1536 und 1589 Erbe), 1828: 131 M., 92 R.
Grundherr: Domkapitel zu Münster.
Den Beweis, daß Wessel mit dem alten Hof Denklingtorp identisch ist, s. o. S. 17. Bereits im 14. Jht. besaß das Domkapitel diesen Hof (CTW II, S. 178). Den neuen Namen bekam der Hof erst in der Mitte des 16. Jhts.

148. Hausmann (Husman), heute: Huesmann
Halberbe (1536 und 1589 Erbe), 1828: 114 M., 104 R.
Grundherr: Freckenhorst und Korff-Schmising.
Im 11. Jht. bereits besaß Freckenhorst in Thankilingtharpa zwei Höfe, Wizel und Ammoko (CTW I, S. 48). Im 13. Jht. wurden beide von Albrant und Gerebracht bebaut (StAM, Msc. VII Nr. 1311c), 1339 werden sie genannt Detmares hus und Barvoten hus to Denkelinctorpe (A. Harkotten I, Harkotten Urk. v. 1339). Auch Ende des 14. Jhts. waren beide Höfe noch im Besitz der Abtei (CTW I, S. 166), zu einer Zeit also, als der Hof Wessel bereits als domkapitularischer Hof genannt wird (s. o.). Es hat also ursprünglich neben Wessel und Hausmann noch einen dritten alten Hof in dieser Nachbarschaft gegeben, der nicht mit dem domkapitularischen Fleerkotten identisch sein kann. Im Urkataster von 1828 findet sich noch die Bezeichnung Worte (gegenüber Wessels Hof auf der anderen Seite der Straße), die wahrscheinlich die Erinnerung an diesen verschwundenen zweiten Freckenhorster Hof wach hält. Es ist daher ungewiß, welcher von den beiden um 1050 genannten Bauern, Wizel oder Ammoko den Hausmannshof untergehabt hat. Der Name Huseman findet sich seit 1467 (StAM, DK, DKelln., Rechnungen Bd. 1 Bl. 32).

149. Fleerkötter (Flederkotte), heute: Beckersjürgen
Pferdekötter (1536 Kötter, 1589 Halberbe), 1828: 77 M., 128 R.
Grundherr: Domkapitel zu Münster.
Schon 1412 wird die Vlederhove in Denkelinctorpe als Besitz des Domkapitels genannt (CTW II, S. 203). 1467 hieß der Hof Bernd ton Vlederkotten (StAM, DK, DKelln., Rechnungen Bd. 1 Bl. 32). Der Hof ist zweifellos von dem Haupthof (Wessel) abgeteilt worden.

150. Große Drieling (Hinrick Drylinck), heute: Topphoff
Halberbe (1536 und 1589 Erbe), 1828: 126 M., 162 R.
Grundherr: v. Kukelsheim zu Nevinghof.
Hinkenhus to Drilingen war noch 1423 freies Eigen des Münsterer Erbmannes Hinrik Prumbom (StAM, Msc. VII Nr. 1002, S. 183), Später gehörte der Hof zum Gut Nevinghof, das 1575 Heinrich von Warendorf dem Lubbert Travelmann vermachte, von dessen Erben es dann 1629 an die von Kukelsheim fiel. 1781 kam Nevinghof an Fr. W. Heeremann, doch war Drielings Hof wohl schon vorher verkauft worden. 1800 galt ein Herr Plagge als Besitzer desselben.

151. Lütke Drieling (Herm. Drylinck)
Halberbe (1536 und 1589 Erbe), 1828: 119 M., 162 R.
Grundherr: Domkapitel zu Münster.
Der Hof Drylinch war schon im 14. Jht. im Besitz des Domkapitels (CTW II, S. 179). Er gehörte wie alle Grevener Höfe des Kapitels zum Amt Aldrup, und zwar zum Unteramt Drentrup. Auf seinem Grund stand im 18. Jht. ein Kotten, Kampjohann genannt (StAM, DK, DKelln. NR III Nr. 5), über dessen fernere Geschicke nichts bekannt ist.

152. **Schulte Farwick** (Sch. Wewarck bzw. Varwerck)
Halberbe (1536 und 1589 Erbe), 1828: (in Hüttrup) 14 M., 33 R.; 134 M., 164 R. in Ladbergen!
Grundherr: Domkapitel zu Münster.
Bereits 1217 war dieser Hof (predium quod dicitur Vorewerc) in Ladbergen (!) ein domkapitularisches Lehngut des Ritters Friedrich von Schonebeck (Osnabr. Urk. Buch II Nr. 86). Seit dem 14. Jht. war er aber wohl wieder in eigener Verwaltung des Kapitels bzw. der Domkellnerei (CTW II, S. 196 u. ö.). Er gehörte damals zum sogen. Smalamt und lag auch noch im Ksp. Ladbergen (ebd., S. 133). Über seine Umpfarrung ins Ksp. Greven (nach 1400?) vgl. o. S. 38.

153. **Onnigmann** (Onekeman)
Halberbe (1536 und 1589 Erbe), 1828: 137 M., 32 R.
Grundherr: Domkapitel zu Münster.
Im 14. Jht. gehörte dieser Hof bereits zum domkapitularischen Unteramt Drentrup (CTW II, S. 178 bzw. 197) und hieß auch damals schon Unekinch bzw. Onekinch (vgl. auch CTW III, S. 101), was wohl auf einen alten Vornamen Unniko zurückgehen dürfte.

154. **Baumann** (Bouman bzw. Boweman)
Halberbe (1536 und 1589 Erbe), 1828: 72 M., 130 R.
Grundherr: v. Kukelsheim zu Nevinghof.
Auch des Boumans hus war 1423 noch freies Eigen des Erbmannes Johann Prumbom (StAM, Msc. VII Nr. 1002, S. 183). Auch dieser Hof dürfte beim Konkursverkauf des Gutes Nevinghof 1781 in Privathand gekommen sein. 1800 war Pastor Schmitz zu Wettringen Besitzer desselben. Vor 1859 wurde der Hof parzelliert. 31 Morgen erwarb Hölke, die restlichen 41 Lütke Jochmaring (AAG IIp Nr. 3, 1).

155. **Reismann** (Reysinck bzw. Reysman), heute: Koch
Erbe, 1828: 107 M., 151 R.
Grundherr: Syndicus Droste
Im Jahre 1378 trug Wigger von Bramsche seinen freien Hof Resinch dem Grafen von Tecklenburg zu Lehen auf (INA I 4, S. 239 Nr. 248). 1410 gehörte der Hof schon dem Lambert von Langen (StAM, Msc. VII Nr. 1002, S. 12), dessen Nachkomme Herbord ihn 1527 zusammen mit dem Buddenkötter an Johann Herding zu Münster verkaufte (A. Surenburg, Urk. Nr. 240), dessen Nachkomme Dr. Hermann Heerde ihn noch 1585 besaß (A. Haus Ruhr, Urk. von 1585). Von der (bürgerlichen) Familie Droste gelangte der Hof dann (im 18. Jht.?) an die Familie von Hamm, die noch 1800 als Besitzer genannt wird.

156. **Bockeljürgen** (–), heute: Gerlemann
Pferdekötter (1589 Halberbe), 1828: 52 M., 178 R.
Grundherr: Domkapitel zu Münster.
Der 1498 noch nicht genannte Kotten ist sicherlich identisch mit dem 1568 und 1589 genannten Merten up dem Bockholte. Er gehörte wohl zum Hof Wessel oder zu einem der beiden gleichfalls domkapitularischen Höfe Sundrup.

157. **Holcke** (–), heute: Freiherr von Heeremann
(Kotten), 1828: 69 M., 39 R.
Grundherr: Domkapitel zu Münster.
Dieser Kotten, der in allen älteren Schatzungsregistern noch fehlt, ist offenbar auf dem Lande angesetzt, das einst zu einem wüsten Hof Wegkhof des Stifts Metelen gehört hat, und das dieses Stift 1669 an das Domkapitel zu Münster verkaufte (StAM, DK, DKelln. A VI Nr. 224). Benutzt wurde es schon vorher von Onnigmann (ebd.). In der Nähe dieses Hofes verzeichnet das Urkataster von 1828 noch eine „alte Wort" (westlich am Wege). Hier mag dieser Hof gelegen haben, zu dessen Bewirtschaftung Onigmann dann den Kotten Holck angesetzt hat.

158. **Benning** (–), heute: Brinkkötter
Brinksitzer (1589 Kötter), 1828: 11 M., 173 R.
Grundherr: keiner.
Der Kotten, der erstmalig 1568 als Benninckkotter erwähnt und 1665 Bennenkotter genannt wird, lag auf Freckenhorster Grund (1665) und gehörte daher zum Hof Lütke Jochmaring.

159. **Budde** (Budde), heute: Wigger
Brinksitzer (1536 Kötter, 1589 Halberbe), 1828: 65 M., 60 R.
Grundherr: Bürgermeister Herding zu Münster.
Der 1498 fehlende, 1499 dagegen genannte Kotten gehörte zum Hof Reismann, dessen Schicksale er bis ins 17. Jht. hinein geteilt hat (s. o. Nr. 155 und StadtA Münster, Test. Nr. 682), nur wird 1800 Geh. Rat Forkenbeck als sein Besitzer angegeben.

Im Schatzungsregister von 1498 wird dann noch genannt:

– **Elverick** (Elmerck)
Eine Verwechslung mit dem Hof Elverick in der Bauerschaft Guntrup liegt nicht vor, da dieser dort auch genannt wird. Ob hier etwa der alte Metelensche Hof gemeint ist? Der hieß allerdings 1669 nach seiner Lage am Wege Wegkhof (s. o. Nr. 157), während er im Jahre 1337 nur schlicht der Hof in Hotinktorpe genannt wurde (CTW VII, S. 46), dagegen 1539 im ältesterhaltenen Güterverzeichnis des Stifts überhaupt nicht mehr erwähnt wird (ebd., S. 58).
Die 1499 dann noch genannten Bowemann senior und Husman (arm), sowie der nur 1568 vorkommende Wessels Hermann waren wohl nur Altenteiler der gleichnamigen Höfe, Baumann, Hausmann und Wessel.

– **Hövenkämper**, heute: Große Sundrup
Kotten (1665 Leibzüchter), 1828: 36 M., 102 R.
Grundherr: Freckenhorst und Korff-Schmising.
Dieser, in den ältesten Schatzungsregistern fehlende Kotten kommt erstmalig 1589 als Hovenkamp vor, später heißt er auch Hovenkotter (1665). Da zu Jochmaring bereits der Bennenkotter gehörte, ist Hövenkämper sicherlich von dem anderen Freckenhorster Hof, Hausmann, angesetzt worden, und zwar im 16. Jht. Möglicherweise ist er mit dem 1536 genannten, sonst nicht unterzubringendem Kotten Hoikenberch identisch.
Außer dem Metelenschen Hof Weghof ist auch in der Nachbarschaft Drieling offenbar ein Hof wüst geworden, und zwar schon sehr früh. In dem Einkünfteverzeichnis des Überwasserstiftes aus der Zeit um 1200 wird Land in Thrilicgen erwähnt, von dem das Stift Pacht erhob (CTW III, S. 15). Der zugehörige Hof existierte damals schon nicht mehr. Das Land desselben haben sich dann offenbar Gr. und Lütke Drieling geteilt.

Bauerschaft Schmedehausen

160. **Schulte Jochmaring** (Sch. Jockmer)
Erbe, 1828: 407 M., 145 R. (davon 244 M. Holz)
Grundherr: Freckenhorst und Korff-Schmising.
Der Amtshof Jochmaring des Stiftes Freckenhorst kommt in der Heberolle aus der Mitte des 11. Jhts. bereits unter dem Namen Jecmari vor (CTW I, S. 46 ff.). Der Name leitet sich wohl von der kleinen Anhöhe (Joch) her, die aus dem umgebenden Sumpf (mar) herausragt und den Hof mit seinem Esch trägt. Bis zur Aufhebung des Stiftes blieben die Herren von Korff-Schmising mit der Vogtei des Amtes belehnt (StAM, Urk. Freckenhorst Nr. 328 von 1527 ff.).

161. **Untied** (Untyt)
Halberbe (1536 und 1589 Erbe), 1828: 103 M., 96 R.
Grundherr: v. Ense.
Der Bauer Bernhard tor Untid wird bereits in einem Freckenhorster Register von 1352 erwähnt (StAM, Msc. VII Nr. 1311). Mit dem Hof wurde 1415 Arnd von der Striket geheten Fenyn, 1426 dann Sander Fenyn vom Bischof belehnt (StAM, Msc. VII Nr. 402 Bl. 15 und Nr. 403 Bl. 22). 1496 war der Erbmann Heinrich Schenking im Besitz des Hofes (StAM, DK, DBurse, Rechnungen Nr. 1). Wie dieser dann über die von Ense (1664/65) an die von Schmising-Kerßenbrock (1800) gelangt ist, steht nicht fest.

162. **Schulte Borcharding** (Sch. Borchordinck), heute Sch. Bisping-Borgling
Erbe, 1828: 185 M., 160 R.
Grundherr: Domkapitel zu Münster.

Der Hof Borcharinch war 1385 noch im (freien) Besitz der Familie von Bönstrup, die ihn damals an den Weihbischof von Münster, Wennemar von dem Stade versetzte (INA II 2, S. 140 Nr. 96). 1391 verkaufte ihn dann Johann Stevening, ein Münsterer Erbmann, der ihn wohl geerbt, oder von dem Weihbischof eingelöst hatte, an Hunold von Lethmate (ebd. Nr. 98), dessen Sohn (?) Johann den Hof noch 1407-1408 besaß (A. Haus Lohburg, Abt. Haus Langen bzw. DAM, GV Msc. 252 Bl. 19). 1424 kam der Hof dann an die Familie Bischoping und von ihr später an die Kerkerings (Brinkmann, S. XXIII). 1468 machte Beleke Kerkering eine Rentenstiftung aus dem Hof Borgerdynck an Kloster Vinnenberg (CTW V, S. 154 und StAM, DK, DKelln. B Nr. 23). Da Christian Kerkering sich den Wiedertäufern anschloß (er wurde bekanntlich Rat des Königs Johann von Leiden), beschlagnahmte Bischof Franz 1534 seine Besitzungen, darunter auch den Hof Borchardinck und überließ ihn dem Domkellner Melchior von Büren, der ihm 500 Goldgulden zum Kampf gegen die Wiedertäufer gegeben hatte (StAM, DK, DKelln. A VI Nr. 202). Dieser vermachte seinerseits den Hof 1555 testamentarisch der Domkellnerei (ebd.). Zur Schultenqualität des Hofes s. o. S. 37 ff.

163. Hövelmann (Hovelinck bzw. Hovelman), heute: Hemker
Erbe, 1828: 127 M., 175 R.
Grundherr: Freckenhorst.
Der Hof gehörte zwar sicherlich zu den acht im 11. Jht. bereits bezeugten Höfen des Freckenhorster Amtes Jochmaring (CTW I, S. 48), doch kommt er vor 1498 unter seinem heutigen Namen noch nicht vor. 1339 heißt er noch Odinch (A. von Ketteler zu Harkotten, I, Urk. v. 1339).

164. Niehues (Nyhues), heute: Krüker
Halberbe (1536 und 1589 Erbe), 1828: 82 M., 81 R.
Grundherr: von Ense.
Den Zehnten von dem Hof Nigenhus bezog das Überwasserstift in Münster bereits 1278 (WUB III Nr. 1055, vgl. auch CTW III, S. 39). Da der Hof zu Beginn des 13. Jhts. noch nicht als Zubehör des Schultenhofes Maestrup erwähnt wird (vgl. CTW III, S. 15), wohl dagegen 1339 (StAM, Urk. Überwasser Nr. 64), wird er im 13. Jht. neu angesetzt worden sein. Daß der Hof jünger ist als die umliegenden Nachbarhöfe, bezeugt schon sein Name. Wann und wie er an die von Ense gelangt ist, ließ sich nicht mehr ermitteln. 1800 war Schmising-Kerßenbrock Grundherr des Hofes.

165. Wichmar (Wichman)
Halberbe (1536 und 1589 Erbe), 1828: 107 M., 92 R.
Grundherr: Domkapitel zu Münster.
Der Hof Wychmanninch gehörte zum Schultenamt des domkapitularischen Brockhofes vor Münster, den der Ritter Hermann von Münster 1324 dem Domkapitel zu Münster aufließ (WUB VIII Nr. 1811). Seitdem erscheint er auch in den Registern des Domkapitels (CTW II, S. 214 u. ö.). 1553 heißt er auch Wychmerynch. Es steckt ein alter Vorname Wichmann oder Wichmar in dem Namen.

166. Huckenbeck (Hukenbecke)
Halberbe (1535 und 1589 Erbe), 1828: 66 M., 70 R.
Grundherr: Freckenhorst und Korff-Schmising.
Der Hof heißt bereits im 13. Jht. und 1339 Hukenbeke (StAM, Msc. VII Nr. 1311c und A. Harkotten I, Urk. v. 30. 1. 1339), 1568 (wohl nur irrtümlich) Hasenbeck. Welcher von den acht Freckenhorster Höfen des 11. Jhts. das war, ist nicht bekannt. Da Huckenbeck stets an der Spitze derselben genannt wird, wäre das der Azeko der alten Heberolle (CTW I, S. 48). Um 1830 (?) wurde der Hof von dem Besitzer der Eltingmühle, Tümler, aufgekauft (AAG IIp Nr. 3, 1).

167. Rehorst (Rehorst), heute: Schulze Beckendorf
Halberbe (1536 und 1589 Erbe), 1828: 89 M., 155 R.
Grundherr: Freckenhorst und von Ense.
Dieser Hof gehörte nicht zum Amt Jochmaring, sondern zum Sondergut der Äbtissin. Als solcher kommt er bereits im 14. Jhr. vor (vgl. CTW I, S. 163). Später war es dann zu Lehen ausgetan. 1511 trug ihn (zusammen mit Betting) der Erbmann Johann Schenking zu Dülmen zu Lehen (StAM, Msc. I 94, S. 141). Von dieser Familie ging der Hof dann später in den Besitz der von Schmising-Kerßenbrock, die ihn noch um 1800 vom Stift zu Lehen trugen.

168. Brüggemann (–), heute: Stegemann
Halberbe (1589 Erbe), 1828: 69 M., 48 R.
Grundherr: Freckenhorst und Korff-Schmising.

Auch dieser Hof gehört sicherlich zu den acht Freckenhorster Höfen des 11. Jhts. (CTW I, S. 48),
auch wenn sich nicht sagen läßt, welcher der in der Heberolle genannten Bauern diesen Hof bebaute.
1339 hieß der Hof bereits vor der Brughen (A. Harkotten, I, Urk. v. 1339), 1388 dann dat Bruggehus
(ebd. Urk. Nr. 75). Seit dem Ende des 14. Jhts. und offenbar bis ins 16. Jht. hinein war der Hof wüst
und das Land der Brugghove an den Nachbar Weilichmann (Welkeman) verpachtet (StAM, Freckenhorst I Nr. 148 und CTW I, S. 153). In den Schatzungsregistern fehlt der Hof 1489/99 und noch 1553,
erst 1589 wird er wieder genannt, ist also erst in der Zwischenzeit neu besetzt worden.

169. Weiligmann (Weylkeman bzw. Weylikeman), heute Rosendahl
Halberbe (1536 und 1589 Erbe), 1828: 91 M., 134 R.
Grundherr: Freckenhorst und Korff-Schmising.

Im 11. Jht. noch nach dem Vornamen des Bauern benannt, erscheint er 1339 bereits und noch
1418 unter dem Namen Welekinch, seit 1439 als Welkeman (StAM, Freckenhorst I Nr. 148). Seit dem
Ende des 14. Jhts. hatte Weiligmann das Land des wüsten Hofes Brüggemann in Pacht (s. o.).

170. Austrup (Ostendorp), heute: Spieker.
Halberbe (1536 und 1589 Erbe), 1828: 102 M., 139 R.
Grundherr: Freckenhorst und Korff-Schmising.

Auch dieser Freckenhorster Hof ist im 11. Jht. noch namenlos, heißt dann aber 1339 bereits Ostendorpe (nach seiner Lage im äußersten Osten der Bauerschaft), 1348/55 auch thor Ostene (A. Harkotten,
I Urk. v. 30. 1. 1339 und StAM, Msc. VII 1311).

171. Bettmann (Boteman bzw. Betteman)
Erbe, 1828: 126 M., 120 R.
Grundherr: Freckenhorst und von Ense.

Der Name dieses Freckenhorster Hofes findet sich bereits in der Heberolle aus der Mitte des
11. Jhts. in der urtümlichen Form seines damaligen Besitzers Bettikin (CTW I, S. 48). 1339 heißt er
dann Betekinch, 1349/55 Bettinc und Ende des 14. Jhts. schon Betteman (StAM, Msc. VII Nr. 1311
und CTW I, S. 163). Die Form Boteman des Schatzungsregisters von 1498 ist dagegen durch Schreib-
oder Lesefehler entstellt. Auch dieser Hof ist offenbar früh vom Stift zu Lehen ausgetan. 1511 trug
ihn gleichfalls Erbmann Johann Schenking zu Lehen (s. o. Nr. 167), dessen Nachkommen ihn dann
über die von Ense (1665) an die Schmising-Kerßenbrock brachten (1800).

172. Vorsthove (Vorsthove), heute: Bettmann
Halberbe (1536 und 1589 Erbe), 1828: 141 M., 139 R.
Grundherr: Dr. Bochorst.

Dies ist der einzige Hof in der östlichen Hälfte der ausgedehnten Bauerschaft Schmedehausen, der
nicht dem Stift Freckenhorst gehörte. 1291 war Gotfridus de Vorsthove noch einer der letzten Frei-
schöffen am Grevener Freistuhl (Osnabr. Urk. Buch IV Nr. 324). Um 1370 ging der Hof bereits vom
Bischof zu Münster zu Lehen. Ritter Herbord von Langen war damals Lehnsträger desselben. Sein
Nachkomme Herbord von Langen verkaufte 1527 den Hof mit den Höfen Hovemann, Griepskamp,
Reismann und Budde an Johann Herding in Münster (A. Surenburg, Urk. Nr. 240). Über die Familie
Bochorst (1665) gelangte der Hof dann schließlich an Bürgermeister Detten von Münster, der 1800
als Besitzer desselben genannt wird.

173. Baumhove (Bomhove)
Halberbe (1536 und 1589 Erbe), 1828: 168 M., 155 R.
Grundherr: Freckenhorst und Korff-Schmising.

Auch dieser Hof gehörte zu den Freckenhorster Höfen des 11. Jhts. (CTW I, S. 48), doch kommt
er erst 1339 unter dem neuen Namen Bomhus vor (A. Harkotten, I Urk. v. 30. 1. 1339, ebenso auch
1388, ebd. Urk. Nr. 75). Aus dem Hof ton Bome besaß der Ritter Hermann von Bissendorf eine Eigenbehörige, die er wohl durch Tausch erworben hatte und 1389 an das Überwasserstift in Münster weiter-
gab (CTW III, S. 92). Ende des 14. Jhts. hatte Baumhove das Land des wüsten Gunnigmannhofes in
Pacht (s. u.).

174. Gunnigmann (–)

>fehlt 1665 (1536 und 1589 Erbe), 1828: 125 M., 36 R.
>
>Grundherr: Freckenhorst und Korff-Schmising.

Dies war der letzte der alten Freckenhorster Höfe in der Bauerschaft Schmedehausen, der erstmalig 1339 als Gunnekinck erscheint (A. Harkotten, I Urk. v. 1339). Seit dem Ende des 14. Jhts. war der Hof wüst und das Land an Bomhove verpachtet (CTW I, S. 154). Erst 1515 wurden beide Höfe wieder getrennt (A. Harkotten I, Urk. Nr. 343). Aus diesem Grunde fehlt der Hof im Schatzungsregister von 1498/99. 1536 und 1553 wird er wieder als Gunekeman in den Listen geführt.

175. Hovemann (Hoveman)

>Halberbe (1536 und 1589 Erbe), 1828: 105 M., 113 R.
>
>Grundherr: Witwe Herding zu Hiltrup.

Nach dem ältesten Güterverzeichnis des Domkapitels von etwa 1330 gehörte der Hof ton Hovele in Smedehusen dem Ritter Alexander von Langen (CTW II, S. 101). Man sollte meinen, das wäre Hövelmann, doch war dieser Eigenbehöriger des Stiftes Freckenhorst (s. o. Nr. 163). Will man nicht an einen Schreibfehler (ton Hovele statt ton Hove) denken, so bleibt noch die Möglichkeit des Tausches. 1504 erbte Dietrich von Langen den Hof von seinem verstorbenen Vater Lambrecht (A. Surenburg, Surenburger Kopiar, S. 19). 1527 verkaufte Herbord von Langen auch den Hovemannshof an Johann Herding in Münster (s. o. Nr. 172). Unter den Lehngütern der von Langen um 1370 wird Hovemann noch nicht gennant. Von der Familie Herding gelangte der Hof schließlich (1800) an den Geh. Rat Forkenbeck.

176. Bergfeld (Berchfelt), heute: Everding.

>Erbe, 1828: 158 M., 157 R.
>
>Grundherr: Landesherr (Hofkammer).

Wahrscheinlich ist dieser Hof identisch mit dem predium (Gut), das das Kloster Leeden in der Grafschaft Tecklenburg im Jahre 1246 von dem Ritter Lubbert von Bevern erwarb (Osnabr. Urk. Buch II Nr. 473). 1440 erscheint erstmalig der Eigenname des Hofes in der Form Berecfelde, 1444 als dat hus to Berchvelde (Stadtarchiv Rheine, Urk. II Nr. 19 u. 21). 1476 verkaufte das Kloster den Hof an Lambert von Langen (ebd., Urk. III Nr. 23) zusammen mit dem Schultenhof Große Maestrup. Lambert verkaufte den Hof noch im gleichen Jahre an den Münsterer Amtmann Johann Grüter, der den Schultenhof 1487 dem Armenhospital in Rheine schenkte, während er den Hof Bergfeld wohl zur gleichen Zeit (?) der fürstlichen Hofkammer überließ. Kolon Bergfeld war 1802 Bauerrichter von Schmedehausen (AAG IIi Nr. 47).

177. Schulte Elting (Sch. Elekinck), heute: Linus Schulte Jochmaring

>Erbe, 1828: 149 M., 114 R.
>
>Grundherr: von Ense.

Die curia Elekinch gehörte 1341 dem Ritter Franko von Bissendorf (StAM, StFA, Gymnasium III 15 C Nr. 7), der ihn 1354 dem Sweder von Münster verkaufte (A. von Papen zu Antfeld, Urk. Nr. 179; vgl. Westfäl. Adelsblatt Jg. 5, S. 145). 1496 besaß ihn der Erbmann Johann Schenking (DAM, Msc. 25 Bl. 84v). Wie und wann der Hof an die von Ense und von diesen an die v. Korff-Schmising (1800) gelangt ist, steht dahin, ebenso, ob er altfrei oder etwa beschöfliches Lehngut war. Doch ist über ein solches Lehnverhältnis nichts mehr festzustellen.

178. Hegemann (Hege bzw. ter Hege)

>Brinksitzer (1536 Kötter, 1589 Halberbe), 1828: 82 M., 65 R.
>
>Grundherr: Freckenhorst und v. Korff-Schmising.

In den älteren Freckenhorster Registern wird der Kotten noch nicht genannt. Zweifellos gehört er aber zum Schultenhof Jochmaring (nach Akten im Besitz des letzteren). Der Name Hegemann erscheint bereits 1568.

179. Dabeck, heute: Plagemann

>Brinksitzer (1665), 1828: 17 M., 134 R.
>
>Grundherr: Freckenhorst und v. Korff-Schmising.

Auch dieser, 1568 erstmalig erwähnte Kotten, ist nach den Akten des Schulten Jochmaring von diesem angesetzt worden.

180. Strump (–)

Brinksitzer (1589 Halberbe), 1828: 30 M., 134 R.

Grundherr: Domkapitel zu Münster.

1568 wird erstmalig Strumpjohan im Schatzungsregister erwähnt. Er gehörte wohl zu Schulte Borgling, mit dem er den gleichen Grundherrn gemeinsam hatte.

181. Flogemann (ten Floge), heute: Alfons Berkenheide

Brinksitzer (1536 Kötter, 1589 Halberbe), 1828: 65 M., 168 R.

Grundherr: Freckenhorst und v. Korff-Schmising.

Nach den Akten im Besitz des Schulten Jochmaring mußte der Kotten den Gewinn an diesen zahlen, stand also wohl auf dessen Grund und Boden. 1498 heißt er noch Gerd vor der Hecke, 1499 dann Gerd ten Floge, 1536 gar Vluch-Gerd (1568 die Floegele).

182. Hölscherklas (–)

Brinksitzer (1536 Kötter, 1589 Halberbe), 1828: 80 M., 21 R.

Grundherr: Freckenhorst u. v. Korff-Schmising.

Auch dieser seit 1536 nachweisbare Kotten gehörte nach der gleichen Quelle zum Schultenhof Jochmaring.

183. Hagensterdt (–)

Brinksitzer (1589 Halberbe), 1828: 132 M., 76 R.

Grundherr: Domkapitel zu Münster.

Nach den Akten des Domkapitels (StAM, DK, DKelln. B 23) gehörte dieser, erstmalig 1568 als Hagenstert auftauchende Kotten zum Schultenhof Borgling.

184. Spaenkotten (–), heute: Wauligmann

Brinksitzer, 1828: 25 M., 28 R.

Grundherr: Domkapitel zu Münster.

Zu welchem Hof dieser erst 1665 in den Schatzungsregistern genannte Kotten gehörte, läßt sich nicht mehr feststellen. Offenbar hat im 16./17. Jht. das Domkapitel einer ganzen Reihe von siedlungslustigen Häuslingen die Ansiedlung in der Schmedehausener Mark gestattet, ohne daß dabei einer der domkapitularischen Althöfe mitgewirkt hat.

185. Kemperskotten (–), heute: Martin Berkenheide

Kötter, 1828: 17 M., 136 R.

Grundherr: Domkapitel zu Münster.

1629 heiratete Johann Brinkmann von Ladbergen auf Hovelmans Kotten oder Kampershaus auf Schulte Borchardings Grund (StAM, DK, DKelln. Pr. Bd. 3 Bl. 12). Auch dieser Kotten gehörte sicherlich zu den erst im 16. Jht. angesetzten Neubauern.

186. Potgerd (–)

Brinksitzer, 1828: 45 M., 50 R.

Grundherr: Domkapitel zu Münster.

Dieser Kotten erscheint bereits 1568 als Potgert. Er ist 1896 der Anlage des Dortmund-Ems-Kanals zum Opfer gefallen.

187. Rotland (–), heute: Schäpermeier und Frische

Brinksitzer (1536 Kötter, 1589 Halberbe), 1828: 21 M., 58 R.

Grundherr: Domkapitel zu Münster.

Der Kotten Rotland gehörte nach dem domkapitularischen Wechselbuch (1550) zum Schultenhof Borgling (StAM, Msc. I 52 Bl. 53).

188. Bornemann (Borneman)

Brinksitzer (1589 Halberbe), 1828: 19 M., 37 R.

Grundherr: Freckenhorst und v. Korff-Schmising.

Zu welchem der in der Achterhoek gelegenen Freckenhorster Höfe dieser, noch dem 15. Jht. angehörende Kotten gehört hat, verraten die Akten nicht.

189. Averhaus (Overhues)
Brinksitzer (1536 Kötter, 1589 Halberbe), 1828: 14 M., 161 R.
Grundherr: Domkapitel zu Münster.
Auch bei diesem Kotten ist es ungewiß, von welchem Hof er angesetzt worden ist.

190. Gerstenkamp (Gerstkampe), heute: Reinker
Pferdekötter (1536 Kötter, 1589 Halberbe), 1828: 79 M., 43 R.
Grundherr: Lethmate zu Langen.
Dieser noch ins Mittelalter zurückreichende Kotten gehörte zweifellos zum Schultenhof Borgling, der ja um 1400 im Besitz der von Lethmate zu Langen war (s. o. Nr. 162). Beim Verkauf des Schultenhofes 1424 an die Bischopings ist der Kotten offensichtlich nicht mit übergeben worden und beim Haus Langen geblieben. Damit ist auch erwiesen, daß er vor 1424 gegründet worden sein muß. 1800 war der Kotten im Besitz des Frhrn. von Beverförde-Werries.

191. Peterskotten (–), heute: Weddehage
Brinksitzer (1589 Halberbe), 1828: 17 M., 53 R.
Grundherr: Freckenhorst und v. Korff-Schmising.
Dieser, erstmalig 1568 genannte Kotten (Petershus) gehörte nach einer Aufzeichnung von 1626 zum Erbe Bettmann (StAM, Freckenhorst II Nr. 238).

192. Broekkötter (–)
Brinksitzer (1589 Halberbe), 1828: 21 M., 101 R.
Grundherr: Freckenhorst und v. Korff-Schmising.
Zu welchem der Freckenhorster Höfe dieser erstmalig 1589 unter diesem Namen erscheinende Kotten gehört hat, ist wieder ganz ungewiß. Vielleicht ist er identisch mit dem 1568 genannten Bittinckjohann. Er würde dann natürlich zum Hof Bettmann (Betting) gehören.

193. Heidkötter (Johann Vorsthove)
Brinksitzer (1589 Halberbe), 1828: 17 M., 63 R.
Grundherr: Dr. Bochorst.
Da der Kotten 1665 den gleichen Grundherrn hatte wie Kolon Forsthove, hat er zweifellos zu diesem Erbe gehört. Dafür spricht auch seine Lage jenseits des Forsthove-Esches. Im Schatzungsregister von 1498/99 erscheint er noch als Leibzüchter (?) dieses Hofes. 1768 war er bereits in den Besitz des Kirchspiels Greven übergegangen, von dem er 1843 seine Gefälle abgelöst hat.

194. Dertenkötter (Hoveman)
Brinksitzer (1589 Kötter), 1828: 17 M., 84 R.
Grundherr: Witwe Herding zu Hiltrup.
Nach dem Schatzungsregister von 1665 war der Dertenkötter, der 1568 die Derth (1589 Dert) heißt, persönlich zwar frei, doch gehörte der Grund und Boden seines Kottens zu Hovemann, der noch 1800 als Grundherr des Kottens angegeben wird.

195. Kordskötter (–), heute: Kamp
Kötter (1536; 1589 Halberbe), 1828: 17 M., 136 R.
Grundherr: Witwe Herding zu Hiltrup.
Auch dieser Kotten gehörte zum Hovemann-Erbe. 1568 heißt der Kotten Cordeshuis, 1553 Cord Gerstkamp. Er ist dann gewiß auch identisch mit dem 1536 genannten Peter Gerstkamp. Wahrscheinlich ist der Kotten mit dem zweiten Hovemann von 1498/99 identisch! 1768 gehörte der Cordeskötter zu den 4 Kirchspielskotten (AAG II g Nr. 12). 1781 stritten sich das Domkapitel und das Kirchspiel Greven um den Besitz (StAM, Fst. Münster, Kirchspielssachen II 19a, S. 234).

196. Arndskötter (–), heute: Josef Berkenheide
Kötter (1536; 1589 Halberbe), 1828: 31 M., 35 R.
Grundherr: Landesherr (Hofkammer)
Der 1568 erstmalig als Arndshermann erwähnte Kotten gehörte zum Erbe Bergfeld (StAM, Amt Wolbeck, 1806). 1553 und 1536 hieß der Kotten noch Arnd up der Heide. Sicherlich ist er auch identisch mit der 1498 genannten Elze Berchfelt (statt deren 1499 Hermann B.).

197. **Krone** (1499 Krone), heute: Hukenbeck
Brinksitzer (1536 Kötter, 1589 Halberbe), 1828: –
Grundherr: Freckenhorst und v. Korff-Schmising.

Daß diese Wirtschaft an der alten Osnabrücker Landstraße uralt ist und bereits im Mittelalter eine Rolle gespielt hat, wurde an anderer Stelle gezeigt (o. S. 267). Bereits 1484 erscheint sie unter dem Namen Landskrone, den sie von ihrem Wirtshausschild, einer Krone, führte.

198. **Möllerarnd** (–), heute: Anton Bisping.
Brinksitzer 1665, 1828: 17 M., 123 R.
Grundherr: von Ense.

Dieser Kotten gehörte seines Grundherrn wegen zu Untied oder Niehaus. 1800 war v. Schmising-Kerßenbrock im Besitz desselben.

199. **Horstmann** (Horstmann)
Pferdekötter (1536 Erbkötter, 1589 Halberbe), 1828: 79 M., 148 R.
Grundherr: von Ense.

1354 wurde das Horsthus zusammen mit Schulte Elting verkauft (s. o. Nr. 177). Der Kotten ist demnach von diesem Hof abgeteilt worden. 1800 war er gleichfalls im Besitz des v. Schmising-Kerßenbrock.

200. **Möllerbernd** (–), heute: Schröder
Brinksitzer (1589 Kötter), 1828: 5 M., 78 R.
Grundherr: von Ense.

Für diesen Kotten gilt das gleiche wie für die beiden voraufgehenden. Bernd Moller wird erstmalig im Schatzungsregister von 1568 erwähnt.

Wegen seiner Schatzungsfreiheit fehlt in den meisten Schatzungsregistern die

– **Eltingmühle** (de molner to Elekinck), heute: Wieskamp
Mühle, 1828: 6 M., 148 R.
Grundherr: Domkapitel zu Münster.

Die sicherlich dem hohen Mittelalter angehörende Mühle kommt vor 1498/99 nicht vor. Seit dem 17. Jht. ist sie Pachtgut des Domkapitels (StAM, DK III C Nr. 25). 1560/70 gehörte die Mühle der Witwe des Adrian von Ense (StAM, Fst. Münster, Hofkammer XXI Nr. 1), 1675 besaßen sie die von Diepenbrock auf Haus Mark (StAM, Dep. Altertumsverein Münster, Msc. 386, 1).

Von den sonst im Schatzungsregister von 1498/99 genannten zur Kopfsteuer veranschlagten Personen lassen sich folgende nicht ohne weiteres unterbringen:

– **Westerodt**, Margareta

– **ten Brincke**, Johan. Da er immerhin für drei Personen über 12 Jahre Schatz zahlt, hat er offensichtlich einen eigenen Hausstand bzw. Kotten gehabt. Mit welchem der oben genannten er gleichgesetzt werden kann, steht dahin.

– **ter Horst**, Hinrick, wohl Leibzüchter zu Horstmann (1499 wird er nicht mehr genannt).

– **Untyd**, Ludike, wohl Leibzüchter auf Untieds Hof

– **Kleyne**, Johan, vielleicht Knecht auf Schulte Borglings Hof, da er direkt hinter diesem aufgeführt wird

– **Akolck**, Herman

– **Nyhues**, Cort, wohl Leibzüchter auf Niehues Hof

– **Borne**, Johan (nur 1499), wohl Altenteiler bei Bornemann

– **Follen**, Johan

Bauerschaft Fuestrup (Bestrup)

201. **Schulte Wiggering** (Sch. Wiggerinck), heute: Schulze Althoff
Erbe, 1828: 274 M., 40 R. (davon 84 M. Heide).
Grundherr: v. Harde zu Wilkinghege und v. Buck zu Grevinghof.

Um 1370 war die curtis Wigherinc bereits ein bischöfliches Lehen des Erbmannes Heinrich Warendorp. Der Zehnte über den Hof Wicghering war dagegen schon 1341 im Besitz des Johann Droste gnt. Dekenbrock (StAM, Urk. St. Ägidi Münster Nr. 92). Heinrich Warendorps Nachkomme Heinrich besaß den Hof noch 1467 (ebd., Fst. Münster Urk. Nr. 1939). Im Jahre 1477 war er aber bereits an die Familie Buck übergegangen (ebd. Urk. Altertumsverein Münster). 1491 behauptete Gerwin Buck zwar, das Erbe Wyggerinck sei sein freies Eigen (DAM, DA Msc. 25 Bl. 69v), aber auch später noch ist die Lehnsqualität des Hofes nie bestritten worden. 1584 teilten sich Hermann Kerkering und Katharina Buck den Nachlaß des Hermann Buck (StAM, Urk. Altertumsverein v. 2. 10. 1584). Dabei bekam jeder eine Hälfte des Schultenhofes Wiggering. Seitdem blieb der Hof im gemeinsamen Besitz der Nachkommen dieser beiden (StAM, Fst. Münster, Lehen Nr. 100). Das waren 1665 v. Harde zu Wilkinghege und v. Buck zu Grevinghof, 1800 die Familien von Hanxleden und v. Wiedenbrück. Die Ablöse der gutsherrlichen Gefälle kostete den Besitzer 1836/37 fast genau 3500 Taler.

202. **Roer** (Lobbertinck bzw. Lubbertinck), heute: Schulte Bispink
Halberbe (1536 und 1589 Erbe), 1828: 225 M., 86 R.
Grundherr: Landesherr (Hofkammer).
Der Name Roer kommt im Schatzungsregister von 1498/99 noch nicht vor, doch wird ein Hermann Roder (Redder) bereits gegen Ende des 14. Jhts. erwähnt, der damals das Land seines Nachbars, des Freckenhorster Hofes Lienemann in Pacht hatte (CTW I, S. 166 und 163). 1498/99 hatte den Hof ein gewisser Johann Lobbertinck (1499 Lubbertinck) unter, der bei der Schatzerhebung offenbar seinen Hausnamen, nicht aber seinen Hofnamen wie allgemein üblich angegeben hat. Seit 1536 wird der Hof aber wieder Roir genannt. In den dreißiger Jahren des vorigen Jahrhunderts wanderte der damalige Besitzer Sieveneck nach Amerika aus (AAG IIp Nr. 3, 1).

203. **Johanning** (Johanninck), heute: Groß-Joanning
Erbe, 1828: 326 M., 15 R.
Grundherr: Domkapitel zu Münster.
Der Hof Johanninch wird bereits in den domkapitularischen Registern des 14. Jhts. als zum Unteramt Lengerich (Ksp. Handorf) des Amtes Brockhof (vor Münster) gehörig erwähnt (CTW II, S. 170. 172. 174). Den Zehnten von diesem Hof bezog im 14. Jht. das Überwasserstift in Münster (1384, CTW III, S. 39).

204. **Schulte Terborg** (Schulte ter Borch)
Erbe, 1828: 215 M., 33 R.
Grundherr: Lic. Holthaus.
Die beiden Schultenhöfe Terborg und Berning waren 1481 im Besitz der Familie Warendorp (A. Surenburg, Urk. Nr. 348). 1558 belehnte Jaspar Korff gnt. Schmising den Lambert Holthuis alias Schmithaus mit dem Hof ter Borg (StAM, Urk. Altertumsverein) und 1609 verkaufte Wilbrand Korff-Schmising den Hof dem Lambert Holthaus zu eigen (ebd.). Wie und wann die Korffs den Hof erworben haben, ist unbekannt. 1800 waren die Gebr. Scheffers im Besitz desselben.

205. **Schulte Berning** (Schulte Berndinck), heute: Ludger
Erbe, 1828: 196 M., 105 R.
Grundherr: Lic. Holthaus.
Der Hof hat im Mittelalter offenbar stets das Geschick des Schulten Terborg geteilt (s. d.). Er muß auch um die gleiche Zeit an Licentiat Lambert Holthaus verkauft worden sein wie dieser, denn 1655 war Holthaus auch bereits im erblichen Besitz von Sch. Berning (A. v. Ketteler zu Harkotten III, Urk. Nr. 750). Auch diesen Hof besaßen 1800 die Gebr. Scheffers.

206. **Lienemann** (Lynman bzw. Lindeman), heute: Tiemann
1665 verarmt (1536 und 1589 Erbe), 1828: 127 M., 3 R.
Grundherr: Freckenhorst und v. Korff-Schmising.
Da die Abtei Freckenhorst zu allen Zeiten stets nur einen Hof in der Bauerschaft Fuestrup besessen hat, so muß Lienemann mit dem Hof des Manniko in Vuclastharpa identisch sein, den die Freckenhorster Heberolle aus der Mitte des 11. Jhts. nennt (CTW I, S. 47). Noch 1339, 1348–1355 und gegen Ende des 14. Jhts. wird der Hof nur als dat hus to Vogelstorpe bezeichnet (ebd. A. Harkotten, I, Urk. v. 30. 1. 1339 und StAM, Msc. VII 1311). Gegen Ende des 14. Jhts. hatte der Nachbar Roer das Land des wüst gewordenen Hofes unter (CTW I, S. 163 und 166).

207. Sandmann (Santman)
Halberbe (1536 und 1589 Erbe), 1828: 154 M., 31 R.
Grundherr: Domkapitel zu Münster, Michaelskapelle.
Bereits im 14. Jht. wird ein Hof in Vugelstorpe zum Oblegium Gronover gerechnet (CTW II,
S. 124), doch bezog dieses Amt aus dem Hof offenbar nur eine Rente (Zehnten?), denn nach einer
Urkunde von 1379 verkaufte damals der Erbmann und Münsterer Bürger Wilhelm von dem Busche
dem Priester der Michaelskapelle Conrades hues thon Zande (StaM, Msc. VII Nr. 807a Nr. 5). Im
16. Jht. lag dieser Hof lange wüst und sein Land wurde von Kolon Westrup mit bebaut (ebd. und
DK Münster, I R XXXVI, IV Nr. 4 und Produkte Nr. 27). Sandmann war 1802 Bauerrichter von
Fuestrup (AAG IIi Nr. 47).

208. Brunsmann (Brunseman)
1665 arm (1536 und 1589 Erbe), 1828: 154 M., 35 R.
Grundherr: Domkapitel zu Münster.
In den ältesten Registern des Domkapitels aus dem 14. Jht. heißt dieser gleichfalls zum Unteramt
Lengerich des Amtes Brockhof gehörende Hof bereits Bruneshove (CTW II, S. 174 u. ö.), also Hof
des Bruno. Den Zehnten leistete Hermann to Brunshus 1384 an das Überwasserstift in Münster (CTW
III, S. 39).

209. Westrup (Westendorpe), heute: Hohenlüchter
Halberbe (1536 und 1589 Erbe), 1828: 160 M., 5 R.
Grundherr: Domkapitel zu Münster.
Bereits im 14. Jht. hieß der Hof Westendorp (CTW II, S. 171 ff.). Auch er gehörte zum Unteramt
Lengerich des Domkapitels.

210. Leusmann (Lousinck bzw. Losemann)
Halberbe (1536 und 1589 Erbe), 1828: 154 M., 25 R.
Grundherr: Domkapitel zu Münster.
In den domkapitularischen Registern des 14. Jhts. erscheint dieser ebenfalls zum Unteramt Lengerich
gehörende Hof unter dem Namen Lutzinch (CTW II, S. 170 ff.). Es verbirgt sich darunter wohl der
Vorname Lutzo o. ä.

211. Henriehmann (Hinrekinck)
fehlt 1665 (1536 und 1589 Erbe), 1828: 201 M., 144 R.
Grundherr: Domkapitel zu Münster.
Neben Johanning, Brunsmann und Leusmann der 4. Hof in der Bauerschaft Fuestrup, der zum
Unteramt Lengerich gehörte und als solcher bereits im 14. Jht. als Hinrekinch erwähnt wird (CTW II,
S. 170 ff.). Im Schatzungsregister von 1665 fehlt er, ist dagegen im Personenschatz von 1664 als Henrich-
man aufgeführt.

212. Wenniker (Wenneker), heute: Wendker
Brinksitzer (1536 Kötter), 1828: 19 M., 109 R.
Grundherr: v. Harde zu Wilkinghege (und Buck zu Grevinghof).
Der Kotten gehörte unzweifelhaft zum Schultenhof Wiggering, mit dem er 1665 die gleichen
Grundherren hatte (s. o. Nr. 201). 1800 hatte er angeblich keinen Gutsherrn.

213. Heidphilipp (–), heute: Heitmann
Brinksitzer (fehlt 1536, 1589 Kötter), 1828: 31 M., 139 R.
Grundherr: keiner.
Der Kotten erscheint erstmalig 1568 und dann wieder 1589 als Heitjakob. Er ist wohl erst im Laufe
des 16. Jhts. in der Mark angesiedelt worden.

214. Stapelkotten (–), heute: Stallmeier
Brinksitzer, 1828: 22 M., 163 R.
Grundherr: Domkellnerei.
Nach dem Register von 1800 gehörte der Kotten zum Hof Westrup. In den Registern des 16. Jhts.
wird er noch nicht genannt, doch erscheint bereits 1498 ein zweites Ehepaar Westendorp, das wohl
die Leibzucht des Westruphofes bewohnte. Im 16. Jht. hatte der Kotten offensichtlich noch einen

anderen Namen. 1536 und 1553 wird nämlich noch ein Johann Roeß erwähnt, der sonst nicht unterzubringen ist, desgleichen 1568 ein Lo-Berndt. Hinter beiden Namen verbirgt sich offenbar der spätere
Stapelkotten.

215. Heidhoff (–)
Brinksitzer (1536 Kötter, 1589 Halberbe), 1828: 69 M., 61 R.
Grundherr: Domkapitel zu Münster.

Nach einer Klage von 1712 gehörte das Land dieses Kottens ursprünglich zu Johanning (AAG IIg
Nr. 13). Von diesem Hof ist er also, vermutlich zu Beginn des 16. Jhts. angesetzt worden. Alle 6 Jahre
mußte Heidhoff die ganze Bauerschaft als Entgelt für die Erlaubnis zur Nutzung der gemeinen Mark
traktieren (ebd.).

216. Thieskötter (–), heute: Sandmann
Brinksitzer (1589 Halberbe), 1828: 30 M., 162 R.
Grundherr: Domkapitel zu Münster.

Für diesen Kotten gilt das gleiche wie für den Heidhof. Er kommt erstmalig 1568 als Teiß vor.
Das ist eine Verkleinerung für Mathias. Der Kotten ist daher identisch mit dem 1553 und 1536 genannten
Bruns-Mathias bzw. mit dem Matheus Brunseman von 1499! Folglich ist der Kotten ein Ableger des
Hofes Brunsmann.

217. Beckerskotten (–), heute: Niemann
Brinksitzer (1536 Kötter, 1589 Halberbe), 1828: 9 M., 144 R.
Grundherr: Domkapitel zu Münster, Domthesaurar.

Da die Domküsterei keinen Hof in der Bauerschaft Fuestrup besaß, ist unklar, von welchem Hof
der Kotten angesetzt worden ist. Vielleicht von Sandmann? (vgl. CTW II, S. 82 Anm. 7).

Im Schatzungsregister von 1498/99 werden noch genannt:
- Kotte, Johann
- Hovestat, Hermann
- ten Varwercke, Margareta
- Wiggert, Aleke
Bei allen diesen handelt es sich wohl nur um Altenteiler oder Wirtschafter auf einem der großen Höfe.

Bauerschaft Bockholt

218. Schulte Bockholt (Schulte Bocholt), heute: Schulze Bolte
Erbe, 1828: 498 M., 176 R. (davon 60 M. Holz).
Grundherr: Domkapitel zu Münster (Domburse).

Die curia Bocholte juxta Emesam (an der Ems) war im 14. Jht. ein großer Amtshof des Domkapitels
(CTW II, S. 100), zu dem mehrere der Bockholter Höfe gehörten. Nach Aussage des ältesten Güter-
verzeichnisses des Domkapitels aus der Zeit um 1340 hatte das Kapitel den Hof von Gerwin Rike,
Erbmann und Bürgermeister von Münster (im 13. Jht.) käuflich erworben (CTW II, S. 126). Den
Zehnten leistete Schulte Bockholt an das Ludgeristift in Münster (CTW V, S. 77 von 1320). Nach dem
Schatzungsregister von 1665 und noch 1802 war der Schulte zugleich auch Bauerrichter der Bauerschaft
(AAG IIi Nr. 47).

219. Wiesmann (Wissinck)
Pferdekötter (1536 und 1589 Erbe), 1828: 68 M., 74 R.
Grundherr: Domkapitel zu Münster.

Der Hof Wissinch gehörte im 14. Jht. zum preceptum (Unteramt) Gimbte des domkapitularischen
Amtes Aldrup (CTW II, S. 178). Um 1570 war Wissing in der Mark vollberechtigt (StAM, DK Münster,
DKelln. Hebereg. Nr. 45 Bl. 64v), nach einer Aufzeichnung von 1678 allerdings nur auf der Bockholter
Woeste (ebd., Markensachen Nr. 24 f), nicht dagegen in der Fuestruper Heide, wo man ihn seit dem
Dreißigjährigen Krieg nur „tolerierte" (ebd., DKelln. Pr. Bd. 9 Bl. 106 f. von 1680). Der Hof war
demnach doch wohl jünger als die Nachbarhöfe in der Bauerschaft. 1834 wurde er parzelliert (z. T. von
Johann Christoph Biederlack aufgekauft), doch blieb ein Kotten stehen (AAG IIp Nr. 3 Bd. 1 und
LA Münster Nr. 918). Das meiste Land erwarb Schulte Bockholt (Weskamp, S. 61).

220. **Johanning** (Johannynck), heute: Nahrup
Halberbe (1536 und 1589 Erbe), 1828: 141 M., 101 R.
Grundherr: Landesherr (Hofkammer).
Der Hof wird erstmalig 1472 erwähnt, als der Bischof ihn aus Finanznot an Kloster Herzebrock versetzte (StAM, Urk. Fst. Münster Nr. 2029). Das Pfand wurde aber wieder eingelöst und der Hof gehörte später zum Amt des landesherrlichen Schulten Bisping in Westbevern, an den Johanning auch das Heergewedde (das beste Pferd) im Todesfalle liefern mußte (StAM, Fest. Münster, Hofkammer VIIIi Nr. 113 und X Nr. 11). 1606, bei der Aufnahme der Liegenschaften des Hofes, wurde der Hof als Halberbe gewertet (ebd.).

221. **Gerdemann** (Gerdinck bzw. Gerdeman)
Halberbe (1536 und 1589 Erbe), 1828: 143 M., 156 R.
Grundherr: Domkapitel zu Münster.
Der Hof Gerdinch to Bocholte gehörte bereits im 14. Jht. zum Amt Aldrup bzw. zu dessen Unteramt Gimbte (CTW II, S. 178).

222. **Wesselmann** (Wesselinck bzw. Wesselman)
Erbe, 1828: 143 M., 3 R.
Grundherr: Domkapitel zu Münster.
Auch dieser Hof gehörte bereits im 14. Jht. zum Amt Aldrup (CTW II, S. 178). Er hieß damals wie 1498 bereits Wesselinch.

223. **Schmemann** (–), heute: Börnemann
Erbe, 1828: 83 M., 109 R.
Grundherr: Domkapitel zu Münster.
Der Hof Schmedinch (also = Schmiede) gehörte im 14. Jht. zum domkapitularischen Krankenamt (CTW II, S. 44). Gegen Ende des 15. Jhts. war der Hof offenbar wüst, da er im Schatzungsregister von 1498/99 fehlt. Seit 1536 erscheint er aber wieder in den Listen. 1800 war der Domdechant Eigentümer des Hofes.

224. **Henrichmann** (Hinrekinck)
Erbe, 1828: 206 M., 145 R.
Grundherr: Domkapitel zu Münster (Domburse)
Dieser Hof gehörte bereits im 14. Jht. zum officium (Amt) Bockholt und hieß damals noch domus Johannis, Hof des Johann (CTW II, S. 100). Erst später, seit dem 15. Jht., nahm er seinen heutigen Namen an. 1800 wurde der Hof von der Domburse verwaltet.

225. **Horstmann** (Horstman), heute: Bokel
Halberbe (1536 und 1589 Erbe), 1828: 119 M., 169 R.
Grundherr: Domkapitel zu Münster (Domburse)
Auch dieser Hof gehörte bereits im 14. Jht. zum Amt des Schultenhofes Bockholt (CTW II, S. 100). Er hieß damals bereits Horstemannes hues. 1827 erwarben die Grevener Kaufleute B. und L. Terfloth. den Hof und machten daraus eine Branntweinbrennerei (AAG IIp Nr. 3, 1 und LA Münster Nr. 918), Auf dem Lande des Hofes wurden zwei Kotten angesetzt, B. Möller (heute Averbeck) und Dinkels.

226. **Wedemhove** (Wedemhove), heute: Beuing Volbert
Halberbe (1536 und 1589 Erbe), 1828: 128 M., 47 R.
Grundherr: Domkapitel zu Münster, Obl. Stodtbrock.
Dieser Hof hieß im 14. Jht. noch ter Horst (CTW II, S. 145). Er gehörte bereits damals zum Oblegium Stodtbrock. Seit dem 15. Jht. saß auf ihm ein Schultensohn Wedemhove, (ebd.) dessen Name den alten Hofnamen verdrängt hat.

227. **Schulte Tophoff** (Sch. Topeshoff bzw. Toppeshoff), heute Schulte Schleithoff-Topphoff
Erbe, 1828: 920 M., 173 R. (davon 270 M. Holz).
Grundherr: Überwasserstift zu Münster.
Zu den ältesten Ausstattungsstücken des 1040 gegründeten Stiftes gehörte eine curia in Bocholte (CTW III, S. 10 u. ö. bzw. WUB III Nr. 1142 und Nr. 1518). Diese führte in den Registern seit dem Ende des 14. Jhts. den Namen Toppeshof (ebd. S. 39 und 90 von 1386). Top ist = Spitze, äußerstes

Ende, also der Hof im äußersten Winkel der Bauerschaft. Das entspricht der tatsächlichen Lage des Hofes. Auf die Größe desselben bereits im hohen Mittelalter deutet die hohe Abgabe von 9 Malter Korn im 14. Jht. hin (CTW III, S. 39). Als Nachfolgerin des 1773 aufgehobenen Stiftes war die Universität Münster Grundherrin des Hofes (1800).

228. Klostermann (ten Cloester)
Halberbe (1536 und 1589 Erbe), 1828: 190 M., 16 R.
Grundherr: Domkapitel zu Münster, Obl. Gronover.

Das Closterhus schenkte im Jahre 1280 der Edelherr Balduin von Steinfurt dem Domkapitel zu Münster (WUB III Nr. 1095). Der Ritter Dietrich von Schonebeck verzichtete zur gleichen Zeit auf den Zehnten über den Hof. Vermutlich ist der Hof identisch mit dem namenlosen Hof in Bocholte, der einst dem Überwasserstift gehört hatte, diesem dann wohl durch seine Vögte, die Edelherren von Steinfurt entfremdet wurde (vgl. CTW III, S. 39). Daher mag dann auch der Name des Hofes rühren.

229. Holtmann (Holteman)
Halberbe (1536 und 1589 Erbe), 1828: 160 M., 48 R.
Grundherr: Domkapitel zu Münster (Domburse).

Im 14. Jht. besaß das Domkapitel ton Holte zwei Höfe, nämlich domus Thetmari und Kindermannes, die beide zum Amt Bockholt gehörten (CTW II, S. 100). Einer von beiden ist offenbar später eingegangen oder beide sind zusammengelegt, denn später bestand nur noch das eine Erbe Holtmann.

230. Wiemeler (Wymeler)
Brinksitzer (1536 und 1589 Kötter), 1828: 26 M., 22 R.
Grundherr: keiner.

Der Kötter war 1665 persönlich frei, sein Grund gehörte aber dem Überwasserstift zu Münster. Der Kotten stand also auf dem Grund und Boden des Schultenhofes Topphoff, was die Akten im Besitz des Schulten bestätigen. 1870 ist der kleine Hof parzelliert worden (AAG IIp Nr. 3,1).

231. Woestmeier (–)
Brinksitzer (1536 und 1589 Kötter), 1828: 13 M., 140 R.
Grundherr: Domkapitel zu Münster.

Zu welchem der domkapitularischen Höfe dieser Kotten gehört hat, ließ sich nicht mehr ermitteln, vielleicht zum Schultenhof Bockholt?

232. Berkemeier (Berkenheyde), heute: Vogelsang
Kötter (1589 Halberbe), 1828: 114 M., 114 R.
Grundherr: keiner.

Da der Grund und Boden dieses Kottens, dessen Besitzer persönlich frei war, 1665 dem Schulten Topphoff zugeschrieben wurde, ist die Herkunft desselben klar. Er ist vom Schultenhof in dessen privaten Mark angesetzt worden. Durch die Teilung dieser Mark ist er auch zu seinem für einen Kotten unverhältnismäßig großen Grundbesitz gelangt. Da er 1498 nicht genannt wird (wohl dagegen 1499), so ist er vielleicht mit dem im Schatzungsregister von 1498 unmittelbar nach dem Schulten aufgeführten Heinrich ter Lippe identisch, der sonst nicht unterzubringen ist.

Bauerschaft Guntrup

233. Laumann (Loman)
Halberbe (1536 und 1589 Erbe), 1828: 149 M., 91 R.
Grundherr: Bisping zu Ostenhove.

Im Jahre 1278 schenkte der Domdechant Bertram von Osnabrück dem Domkapitel zu Münster u. a. auch den Zehnten über den Hof Lo bei Maestrup, den er von dem Ritter Hermann von Langen erworben hatte (WUB III Nr. 1055). Den Hof Lo selbst verkaufte 1283 der Erbmann Johann Ubbenberg an das Martinistift in Münster, wozu der Bischof von Münster als Lehnsherr seine Einwilligung gab (ebd. Nr. 1226). 1291 besaß das Stift den Hof (Lohus) noch (ebd. Nr. 1438), später muß es ihn aber wieder abgestoßen haben, da er sich bereits um die Mitte des 15. Jhts. im erblichen Besitz zweier Familien befand. 1458 und noch 1488 besaß die eine Hälfte des Hofes to luttike Loe Erbmann Heinrich Rensink zu Warendorf (StAM, Msc. VII Nr. 1002, S. 297 und 258), während über die andere Hälfte 1458 Erbmann Hermann Vaget, 1471 Johann de Voget, und 1488 und noch 1502 Lucke Vagets und ihre Kinder verfügten (ebd. und Stadtarchiv Rheine, Urk. III Nr. 35). Der Anteil der Familie Vaget kam durch das Testament der Ilse Vagedes 1540 an ihren Vetter Hermann Bischoping (StadtA Münster, Test. Nr. 444), war aber bereits 1580 im Besitz der Erbmännerfamilie Buck (ebd., S. 258). 1665 waren beide Hälften offenbar wieder vereint, da im Schatzungsregister dieses Jahres nur Bisping zu Ostenhove als Besitzer angegeben wird. 1799 soll das Kloster zu Welver Grundherr von Laumann gewesen sein. Wie dieses entlegene Kloster (Kr. Soest) an den Hof gelangt sein könnte, ist nicht bekannt. Im Jahre 1800 war ein Herr Hassenkamp Grundherr.

234. Raetwech (Raetwech), heute: Howe
Halberbe (1536 und 1589 Erbe), 1828: 101 M., 127 R.
Grundherr: Domvikarien zu Münster.

Im Jahre 1474 wurde im Dom zu Münster am St. Peteraltar eine neue Vikarie aus einer Stiftung des verstorbenen Domherrn Heinrich Franzois gegründet (StAM, Domvikare Urk. Nr. 173). Zu dieser Stiftung gehörte auch der Hof Raetwech, der nach dem Wortlaut der Urkunde damals zu Behuf der Stiftung angekauft worden ist. Von wem, wird leider nicht gesagt. Nach dem Schatzungsregister von 1665 war Raetwech Bauerrichter von Guntrup. 1834 wanderte der damalige Besitzer des Hofes nach Amerika aus; der Hof wurde 1835 parzelliert und auf seinem Grund vier (Fuß-)Kötter angesetzt (AAG IIp Nr. 3,1 und LA Münster Nr. 918).

235. Lippmann (ter Lippe bzw. Lipman), heute: Markfort
Pferdekötter (1536 und 1589 Erbe), 1828: 68 M., 169 R.
Grundherr: Freckenhorst und v. Korff-Schmising.

Da die Abtei Freckenhorst zu allen Zeiten nur einen Hof in der Bauerschaft Guntrup besessen hat, muß Lippmann mit dem Hof des Ibikin in Hgumorodingtharpa in der ältesten Freckenhorster Heberolle von etwa 1050 identisch sein (CTW I, S. 47). In der Aufstellung der zum Amt Jochmaring gehörenden Höfe Freckenhorsts von 1339 fehlt der Name des Hofes noch (A. Harkotten I, Urk. v. 30. 1. 1339), doch verbirgt er sich wohl hinter der dort genannten Hadewerkeshove, die anderwärts nicht unterzubringen ist. In dem Einkünfteverzeichnis von 1348–55 (StAM, Msc. VII Nr. 1311) hat der Hof in Gomordinctorpe keinen Eigennamen. 1802 war Lippmann Bauerrichter von Guntrup (AAG IIi Nr. 47).

236. Eiligmann (Eylikeman)
Halberbe (1536 und 1589 Erbe), 1828: 94 M., 41 R.
Grundherr: v. Bisping zum Dael und Nünning.

Vielleicht ist dieser Hof identisch mit jenem Hof in Huttincdorp, den die Edelherren von Steinfurt 1293 von der Johanniterkommende in Burgsteinfurt im Tausch gegen andere Güter erhielten (INA I, 4, S. 202 Nr. 108; die Lagebezeichnung Hüttrup ist möglicherweise nur eine Verwechslung statt Guntrup). 1384 war der Hof Eylhardinch ein Bentheimer Lehen des Erbmanns Berthold Bischoping (ebd., S. 96 Nr. 33). Die Bentheimer könnten den Hof von den Steinfurtern durch Erbgang erworben haben. Von der Familie Bischoping gelangte der Hof dann an die Erbmänner Grael, aus der 1566 Heinrich Grael als Besitzer desselben genannt wird (StAM, Urk. Erbm. Grael). Offenbar war der Hof aber damals schon ein Lehngut des Ägidiklosters in Münster, doch ist völlig ungewiß, wann dasselbe den Hof erworben hat (die Lehnsakten des Klosters über den Hof sind nicht mehr vorhanden). Die alte Namensform Eylhardinch erklärt den Hofnamen als Ableitung von dem Rufnamen Eilhard.

237. Richter (Richter)
Halberbe (1536 und 1589 Erbe), 1828: 168 M., 118 R.
Grundherr: Witwe Buck zum Brock und Kerkering.

Dieser Hof war noch 1547 im alleinigen Besitz der Erbmänner v. Stevening (StAM, Urk. Altertumsverein Münster). Durch Erbgang (vor 1653) ist der Besitz an Richters Hof dann geteilt worden. 1661 besaßen die Stevenings zu Wilkinghege nur noch das halbe Erbe (ebd.; vgl. auch A. Harkotten III, Urk. Nr. 744). 1800 waren v. Hövel zu Ruhr und Vikar Kösters (in Münster?) Besitzer des Hofes.

238. Wauligmann (Wolt- bzw. Waltman), heute: Albacht
Halberbe (1536 und 1589 Erbe), 1828: 131 M., 160 R.
Grundherr: Domkapitel zu Münster.

Der Hof hieß ursprünglich Glodinc und zahlte zu Beginn des 14. Jhts. jährlich 5 Malter Roggen an die Obedienz St. Blasii im Dom (CTW II, S. 35). Seit dem Ende des gleichen Jhts. wurde der Hof Woltman genannt und unterstand dem Unteramt Gimbte des domkapitularischen Amtes Aldrup (CTW II, S. 178 u. ö.). Statt der 5 Malter brauchte Wauligmann später nur noch 2 zu geben (StAM, DK Münster, Obedienzen I Nr. 9 b).

239. Werning (Werninck)
Halberbe (1536 und 1589 Erbe), 1828: 146 M., 153 R.
Grundherr: Domkapitel zu Münster.

Die Domküsterei besaß bereits 1225 in Guntrup einen, damals noch namenlosen Hof (WUB III, Nr. 212). Nach den jüngeren Registern handelt es sich dabei um den Hof Werning (CTW II, S. 81, Anm. 3). Der Name erscheint erstmalig um 1400 in der Schönefliether Zollrolle (s. u. S. 411).

240. Elverich (Elverick bzw. Elverck)
Halberbe (1536 und 1589 Erbe), 1828: 84 M., 100 R.
Grundherr: Domkapitel zu Münster.

Der Hof Elverinck gehörte im 14. Jht. bereits zum Unteramt Gimbte des domkapitularischen Amtes Aldrup (CTW II, S. 178 u. ö.). In dem Namen steckt wohl ein Rufname Elverick o. ä. Im Jahre 1865 wurde der Hof von einem der damals in Westfalen ihr Unwesen treibenden Güterhändler aufgekauft und parzelliert (AAG IIp Nr. 3,1) und später mit Werning vereinigt (Weskamp, S. 61).

241. Wieskötter (–), heute: Schlautmann
Brinksitzer (1589 Halberbe), 1828: 17 M., 32 R.
Grundherr: Domkapitel zu Münster.

Für die Ansetzung dieses Kottens kommt nur einer der beiden domkapitularischen Höfe Wauligmann und Elverich in Frage. Der Kotten kommt zuerst 1568 als Wißhermann vor.

242. Stroetmann (–)
Brinksitzer (1589 Halberbe), 1828: 14 M., 58 R.
Grundherr: Domkapitel zu Münster.

Bereits in der Schönefliether Zollrolle von etwa 1400 erscheint ein Kotten Mantroyt (s. u. S. 411), der möglicherweise mit Strothmann identisch ist. Er müßte dann nur zeitweise wüst gewesen sein. Der Name Strothmann erscheint erstmalig im Schatzungsregister von 1568. Möglicherweise gehörte der Kotten zum Hof Werning, mit dem er zusammen in der Zollrolle steht. Vor 1768 wurde der damals wüste Kotten vom Domkapitel dem Kirchspiel Greven überlassen (AAG IIg Nr. 12). Erst 1883 löste der damalige Pächter die Rechte des Kirchspiels ab (StAM, Reg. Münster, Präs. Reg. IV 17 Nr. 40).

243. Vennemann (–)
Brinksitzer (1589 Kötter), 1828: 15 M., 120 R.
Grundherr: Domkapitel zu Münster.

Auch für diesen Kotten ließ sich der alte Stammhof nicht mehr ermitteln. Er ist wohl erst im Laufe des 16. Jhts. entstanden.

244. Bergkötter (–), heute: Klostermann
fehlt 1665 (1536 und 1589 Kötter), 1828: 26 M., 64 R.
Grundherr: Domkapitel zu Münster (Domküsterei).

Dieser Kotten gehörte zum Hof Werning, mit dem er den Grundherrn, den Domküster, gemein hatte. 1536 hieß er Borchkotten, 1589 Berchhenrich. Da im Register von 1498 neben dem Kolon Werning noch ein zweites Ehepaar Werning genannt wird, darf man in ihm wohl die ersten Besitzer des Werningschen Kottens sehen.

245. Gellenbeck (Gelenbecke)
fehlt 1665 (1536 und 1589 Kötter), 1828: 20 M., 40 R.
Grundherr: Domkapitel zu Münster (Domküsterei).

Auch dieser Kotten scheint in Vorzeiten vom Hofe Werning angesetzt worden zu sein, da er gleichfalls der Domküsterei zinspflichtig war.

246. Wortkötter (–)
Brinksitzer (1589 Halberbe), 1828: 28 M., 134 R.
Grundherr: Buck zu Grevinghof und Kerkering zur Borg.

Dieser Kotten ist vom Erbe Richter angesetzt worden. Er dürfte auch identisch sein mit dem 1531 erwähnten Stüvekenkotten des Erbmanns Hermann Buck (StAM, Urk. Altertumsverein Münster). Erstmalig wird er als Wordtkotten 1567 im Testament der Anna von Warendorf, Witwe des Johann Bischoping erwähnt (StadtA Münster, Test. Nr. 723). 1701 war er schon seit langem stückweise verpachtet, 1720 noch einmal besetzt, seit 1764 wieder wüst und wurde dann dem Kirchspiel Greven überlassen, das 1800 als Grundherr genannt wird (AAG IIg Nr. 12).

Im Schatzungsregister von 1498/99 werden noch ein paar Altenteiler genannt, die ihren Namen nach zu einem der gleichnamigen Althöfe gehörten

- **Elverick,** Wessel
- **Waltman,** Albert
- **ter Lippe** bzw. Lipman, Laurentius

Nur dieser letzte scheint einen eigenen Haushalt gebildet zu haben, da er drei Personen versteuern mußte, zumal Lypman de olde noch 1536 als Kötter bezeichnet wird. Später wird der Kotten aber nicht mehr erwähnt. Die beiden anderen waren wohl nur Altenteiler der gleichnamigen Erbe.

Bauerschaft Maestrup

247. Schulte Heinrich Maestrup (villica to Mastorp bzw. Sch. Johan M.), heute: Schulze Große Maestrup
Erbe, 1828: 241 M., 15 R.
Grundherr: Hospital zu Rheine.

Die beiden Schultenhöfe in Maestrup wurden früher stets nur durch die Vornamen ihrer Besitzer unterschieden. Im Jahre 1277 verkaufte der Ritter Hermann von Langen die ihm eigentümlich gehörende curtis in Mastorpe dem Kloster Leeden in der Grafschaft Tecklenburg (INA I, 4, S. 354 Nr. 1). 1444 versetzte Kloster Leeden den Hof zusammen mit dem Hof Bergfeld in Schmedehausen an den Knappen Kord Grotehus und verkaufte ihn dann endgültig 1476 an Lambert von Langen, der den Kaufbrief aber einen Tag später dem Johann Grüter, bischöflichen Rentmeister in Rheine, übergab. Dieser vermachte den Hof 1487 dem Hospital in Rheine (Stadtarchiv Rheine, Urk. I Nr. 21 und III Nr. 23 bis 27).

248. Schulte Melchior Maestrup (Aleke bzw. Sch. Hinrik to Mastorp), heute: teilweise Bettmann
Erbe, 1828: 405 M., 32 R.
Grundherr: Überwasserstift zu Münster.

Der zweite Schultenhof zu Maestrup gehörte zu den ältesten Ausstattungsstücken des 1040 gegründeten Überwasserstiftes (CTW III, S. 9 f. u. ö.). Er war ein Amtshof des Stiftes, zu dem der Meinhardinghof im Dorf Greven und Busch in Eistrup gehörten (ebd., S. 15). Die Vogtei über diese Grundherrschaft trugen vom Stift die Edlen von Steinfurt zu Lehen, die ihrerseits damit die Ritter von Scholden (Schale) belehnt haben (K. G. Döhmann, Das älteste Lehenbuch der Herrschaft Steinfurt, S. 16). Der Schulte war 1802 Bauerrichter von Maestrup (AAG IIi Nr. 47). Der Schultenhof ist um 1905 parzelliert worden.

249. Hellmann (Helleman)
Erbe, 1828: 168 M., 63 R.
Grundherr: Bischoping.

Im Jahre 1390 verkaufte der Knappe Gerd von der Darlage die Hellehove im Ksp. Greven an die von Korff (A. Harkotten I, Urk. Nr. 78). Wie der Hof dann an die Erbmänner Bischoping und von diesen (?) dann an das Kohues-Armenhaus in Münster kam, das 1800 als Grundherr des Hofes bezeichnet wird, ist unbekannt.

250. Overmann (Overman), heute: Schulze Große Maestrup
Erbe, 1828: 205 M., 72 R.
Grundherr: Domkapitel zu Münster.

Der Hof ton Overe gehörte bereits im 14. Jht. zu den Gütern des Domkapitels, die dem Amt Aldrup unterstanden (CTW II, S. 178). Ursprünglich hat es offenbar zwei Höfe ton Over gegeben, da auch Freckenhorst einen solchen sein eigen nannte (s. u.).

251. Ebbigmann (Ebbekeman)
Pferdekötter (1536 Erbe, 1589 Halberbe), 1828: 58 M., 109 R.
Grundherr: Domkapitel zu Münster.
Auch der Hof Ebbekinch gehörte 1412 zum Amt Aldrup (CTW II, S. 225). Im 14. Jht. fehlt er
dagegen noch. Da er 1412 nur die Hälfte der Abgaben eines Erbes zahlte, war es stets nur ein Halberbe
bzw. Pferdekötter, wofür auch sein geringer Landbesitz spricht, der um 1670 nur mit 9 Malter, 7
Scheffelsaat angegeben wird (StAM, DK, DKelln., Heberegister Bd. 45 Bl. 64). Der Hof ist daher wohl
auch erst im Mittelalter, vielleicht erst im 14. Jht. gegründet worden.

252. Lippmann (ter Lippe), heute: Gerling
Halberbe (1536 und 1589 Erbe), 1828: 96 M., 106 R.
Grundherr: Freckenhorst und v. Korff-Schmising.
In Maestrup besaß Freckenhorst bereits im 11. Jht. zwei Höfe des Fadiko und des Thiederik
(CTW I, S. 47). Ende des 13. Jhts. und im 14. Jht. dagegen drei (CTW. I, S. 163 und 166), außer Lippmann
und Lammertmann (s. u.) auch noch einen Hof ton Overe (to Novere), der auch im 13. Jht. als Elveric
to Overe bezeugt ist (StAM, Msc. VII Nr. 1311c). Dieser ist im 14. Jht. offenbar wieder eingegangen,
vermutlich infolge der Verlagerung der Ems, deren große Schleife (1934 durchstochen) wohl erst im
Laufe des Mittelalters sich so weit nach Norden vorgearbeitet hat. Ende des 14. Jhts. hatte bereits Cord
tor Lippe das Land des wüst gewordenen Hofes to Novere in Pacht (CTW I, S. 163 und 166).

253. Lammertmann (Lambertinck)
Halberbe (1536 und 1589 Erbe), 1828: 74 M., 83 R.
Grundherr: Freckenhorst und v. Korff-Schmising.
Einer der beiden um 1050 bereits genannten Freckenhorster Höfe ist mit diesem Hof identisch.
Ende des 13. Jhts. heißt er bereits Lambracht (StAM, Msc. VII Nr. 1311c). Da Lippmann und Lammertmann unmittelbar nebeneinander liegen, haben beide zusammen vielleicht ursprünglich den einen der
in Maestrup gelegenen Höfe des Stiftes Freckenhorst gebildet (der andere wäre dann der später wüst
gewordene Hof ton Overe). Dafür würde auch sprechen, daß in den bereits mehrfach genannten Urkunde
von 1339 über die zum Amt Jochmaring gehörenden Höfe (A. Harkotten I, Urk. v. 30. 1. 1339) nur
dat hus to Mastorp und als nächstes dat hus to Overe genannt werden (ebenso auch im Einkünfte-
register des Stifts von 1348–54, StAM, Msc. VII 1311), was diesem ursprünglichen Verhältnis entsprechen würde. Die Teilung der beiden Höfe dürfte demnach im 14. Jht. erfolgt sein. Im Einkünfte-
register von 1348-55 erscheinen neben dem Hof zu Mastorpe einmalig 1349 Arnd upr lantwere und
Margarete Brokersche, während vom Hof Overe seit 1351 keine Abgaben mehr geleistet werden.

254. Busch (Busch), heute: Austermann
Erbe, 1828: 110 M., 99 R.
Grundherr: Überwasserstift zu Münster.
Dies ist der Hof in Edestharpe, der bereits im 12. Jht. zum Amtshof Maestrup des Stiftes gehörte
(CTW III, S. 15 u. ö.). Bereits 1339 heißt der Hof dat Buschus (StAM, Urk. Überwasser N. 92), 1427
ton Bussche (CTW III, S. 101). Später hatte Busch den größten Teil des Landes des parzellierten
Meinhardinghofes im Dorf Greven unter (StAM, St. F. A., Universität X E Nr. 2).

255. Becker (Beckerinck)
Halberbe (1536 und 1589 Erbe), 1828: 54 M., 89 R.
Grundherr: Domkapitel zu Münster, Oblegium Schwienhorst.
Zu dem Amt Schwienhorst (in Telgte) des Domkapitels gehörte der Hof Becker im 14. Jht. noch
nicht (vgl. CTW II, S. 56). Vermutlich hat das Kapitel den Hof erst später erworben, vielleicht von den
von Bissendorf, die hier noch einen Hof (Eistrup) besaßen, den sie auch im 14. Jht. abgestoßen haben
(s. u. Nr. 258). Der nur kleine Hof Becker könnte sehr gut von diesem Hof abgeteilt worden sein,
allenfalls auch von Rickermann.

256. Wigger (Wigger)
Halberbe (1536 und 1589 Erbe), 1828: 49 M., 69 R.
Grundherr: Freckenhorst und v. Korff-Schmising.
In Eistrup besaß Freckenhorst bereits um 1050 einen Hof, den Lieviko bebaute (CTW I, S. 47).
Im 14. Jht. erscheint dann erstmalig der neue Name Wigheres hus (A. Harkotten I, Urk.v. 30. 1. 1339).

Im 13. Jht. hatte der Hof noch schlicht Ludolf to Odestorpe (statt Edestorpe) geheißen (StAM, Msc. VII Nr. 1311c). Wigger ist offenbar Verkleinerungsform für Wilkin. So wird nämlich der Hof 1380 auch einmal genannt (CTW III, S. 87). Zeitweise war der Hof auch wüst (woraus sich vermutlich sein geringer Landbesitz erklären dürfte), denn Ende des 14. Jhts. hatte Busch in Eistrup das Land desselben in Pacht (CTW I, S. 166).

257. Rickermann (Rickerdinck bzw. Rickerman)
Halberbe (1536 und 1589 Erbe), 1828: 65 M., 70 R.
Grundherr: Armen zur Wieck.

Vermutlich ist dieser Hof identisch mit dem Hof to Edestorpe, den 1381/82 der Münsterer Erbmann Bertold Hüsing besaß (CTW III, S. 87). Wie und wann er dann an das Armenhaus tor Wieck in der Stadt Münster gelangt ist, ließ sich nicht mehr ermitteln. 1800 galt das Armenhaus im Honekamp als Besitzer des Hofes.

258. Eistrup (Eystorp), heute: Stegemann
Halberbe (1536 und 1589 Erbe), 1828: 75 M., 106 R.
Grundherr: Pastor in Greven.

Da dieser Hof 1344 noch im Besitz des Franko von Bissendorf war, der damals die Eigenbehörigen des Hofes an Gerhard von Langen verkaufte (INA II, 2, S. 129 Nr. 25), muß Pfarrer Johann Ule von Greven, der den Hof 1372 seiner Kirche bzw. seinen Amtsnachfolgern vermachte, ihn wenig später (oder zur gleichen Zeit?) erworben haben. Er hieß damals Alberting.

259. Fremann (–), heute: Bösenberg
Brinksitzer (1536 Kötter, 1589 Halberbe), 1828: 10 M., 164 R.
Grundherr: Domkapitel zu Münster.

Erstmalig wird 1536 die Wredemannsche in Maestrup erwähnt. Der Kotten kann wohl nur zu einem der beiden domkapitularischen Höfe Overmann oder Ebbigmann gehört haben.

260. Plugge (Plugge), heute: Austrup
Brinksitzer (1589 Halberbe), 1828: 13 M., 9 R.
Grundherr: Domkapitel zu Münster.

Auch dieser Kotten gehörte vielleicht zu einem der beiden genannten domkapitularischen Höfe, doch haben sich auch Kötter, die auf dem Grund und Boden anderer Grundherren angesiedelt hatten, später dem Domkapitel zu eigen geben müssen, wie das folgende Beispiel des Baumkötter zeigt.

261. Baumkötter (–)
Brinksitzer (1536 und 1589 Kötter), 1828: 5 M., 171 R.
Grundherr: Domkapitel zu Münster.

Nach einer Aufzeichnung von 1562 ist der „Boemkotten" während der Münsterschen Belagerung (1534/35) auf des Schulten Martin Maestrup Grund und Boden (Überwasser) errichtet worden (StAM, Freckenhorst II Nr. 212a). 1553 hieß er Boemjohan, 1568 Boembernd, 1665 dann Baumhenrichkötter. Der 1498/99 genannte Kötter Everd Mastorp ist möglicherweise schon ein Vorläufer dieses Kottens, anderenfalls nur ein Altenteiler eines der beiden Schultenhöfe.

262. Schraend (Schrant), heute: Recker
Brinksitzer (1536 Kötter, 1589 Halberbe), 1828: 7 M., 11 R.
Grundherr: Domkapitel zu Münster.

Von welchem Hof dieser Kotten angesetzt wurde, ist völlig unklar.

263. Brinkbernd (–), heute: Brinkkötter
Brinksitzer (1536 und 1589 Kötter), 1828: 5 M., 54 R.
Grundherr: Pastor zu Greven.

Der Kotten ist gewiß vom Hof Eistrup, der ja dem Pastorat zu Greven eigen war, angesetzt worden. Die Brinkesche wird erstmalig 1536 erwähnt.

In den Schatzungsregistern von 1498/99 werden noch eine ganze Reihe von Altenteilern und Einzelpersonen genannt, die nur schlecht unterzubringen sind:

– Mette ten Slote (nur 1498)

- Gese Mastorp mit ihrem Sohn und Cort Sch. Mastorp mit seiner Frau, beide sicherlich zu einem der Schultenhöfe gehörend
- Hinrick tor Lippe (bzw. Lipman) mit seiner Frau und
- Lipman junior (nur 1498), gehören beide zum Hof Lippman
- Johan Logerinck mit Frau
- senior Overman (nur 1499)
- Heinrich Bosinck

Greven-Dorf

264. **Bövemann** (Bosinck)
Erbe, 1828: 83 M., 10 R.
Grundherr: Domkapitel zu Münster, Domkellnerei.
Der Hof wird erstmalig in der Schönefliether Zollrolle von etwa 1400 erwähnt (s. o. S. 411). Etwa 1905 hat der letzte Besitzer die Landwirtschaft aufgegeben.

265. **Wrede** (Wrede)
Erbe, 1828: 112 M., 54 R.
Grundherr: Stift Metelen.
Richert de Wrede wird 1487 als Kirchenvorsteher in Greven erwähnt (DAM, DA, Msc. 24 Bl. 159). In der sehr schlechten Überlieferung des Stiftes Metelen kommt der Hof gar erst 1539 vor (CTW VII, S. 58; im Register dazu fälschlich nach Altenberge verlegt). Zur Geschichte des Hofes s. o. S. 73 ff. 1904 wurde der Hof parzelliert. An der Stelle des Hofes steht heute das Gertrudenstift.

266. **Voß** (Voes, Voss), heute: Weiligmann-Voß
Erbe, 1828: 84 M., 49 R.
Grundherr: Domkapitel zu Münster, Domkellnerei.
Der Bauer dictus (genannt) Voes in Greven und sein Haus werden erstmalig in einem Freckenhorster Register (StAM, Msc. VII Nr. 1311) zum Jahre 1355 genannt. Zur Geschichte des Hofes s. o. S. 73 ff.

267. **Albachten** (Albachten), heute: Berkemeier gnt. Albacht
Erbe, 1828: 49 M., 66 R.
Grundherr: Domkapitel zu Münster, Domkellnerei.
Hermann de Albachte, der 1372 eine Urkunde des Grevener Pfarrers Johann Ule bezeugt, ist der erste bekannte Träger dieses Namens (INA II 2, S. 35 Nr. 6). Der Hof hat mit dem jenseits der Königstraße gelegenen Beckermann ursprünglich einen Vollhof gebildet. Der letzte Besitzer hat 1927 einen Hof in Guntrup übernommen (s. o. Nr. 238) und das Land in Greven verpachtet. Vgl. im einzelnen o S. 78 ff.

268. **Beckermann** (Becker, Beckering), heute: Beuligmann gnt. B.
Halberbe, 1828: 34 M., 169 R.
Grundherr: Domkapitel zu Münster, Oblegium Averholthusen.
Im ältesten Einkünfteverzeichnis des Domkapitels aus der Zeit um 1340 heißt der Hof bereits Beckerinc (CTW II, S. 141). Zur Geschichte desselben s. o. S. 75 ff. 1925 hat der letzte Besitzer den Hof einige Hundert Meter die Königstraße hinaus verlegt.

269. **Naendorf** (Nordendorp)
Erbe, 1828: 66 M., 65 R.
Grundherr: Landesherr (Hofkammer).
Hermanns hove to Nordendorpe in Greven wurde 1447 von Gerhard von Billerbeck dem Landesherrn zu Lehen aufgetragen, zusammen mit Tunemans hove (in Herbern, s. o.; StAM, Msc. VII Nr. 403 Bl. 71 und A. Haus Ruhr, Urk. v. 11. 4. 1447). Er hatte beide zuvor käuflich erworben, von wem, wird leider nicht gesagt. Zur Geschichte des Hofes s. o. S. 76 ff.

270. **Pastorat**
Erbe, 1828: 117 M., 149 R.
Grundherr: Pfarrer zu Greven.

Zur Geschichte des Pfarrhofes, der noch 1580 des Pfarrers „Gehöfte" genannt wurde, s. o. S. 87 ff. Von seinem Lande sind, vermutlich über den Nienberger Kaland (s. u. S. 90 f.) Teile an die Pfarre Nienberge gekommen, die 1828 23 M., 142 R. groß waren.

Weitere Höfe lassen sich für Greven aus den Akten erweisen. Sie sind im Laufe des Mittelalters wüst geworden.

– **Meinharding.** Dieser Hof gehörte bereits Ende des 12. Jhts. dem Überwasserstift zu Münster (CTW III, S. 5), wurde zu Beginn des 13. Jhts. bereits parzelliert und zu Hausgrundstücken aufgeteilt und das Land verpachtet. Der Name lautete 1339 Menhardinchove, 1359 Meynhardinchove und 1384 Menhardinch (StAM, Urk. Überwasser Nr. 64 und 92, CTW III, S. 39). S. im einzelnen o. S. 75 ff.

– **Johanning.** Das Domkapitel zu Münster, Oblegium Gronover, besaß in Greven noch im 14. Jht. zwei Höfe, die damals aber bereits wüst waren (CTW II, S. 123). Einer davon hieß Johanninch (domus Johannis; ebd. Anm. f.). Zur Lage und Geschichte der Höfe vgl. o. S. 73 ff.

– (ohne Namen). Von dem zweiten Hof des Obleguims Gronover, der gleichfalls in der ersten Hälfte des 14. Jhts. bereits wüst war, hat sich der Name nicht erhalten (CTW II, S. 123). Vgl. o. S. 73 ff.

Was von den zahlreichen „Kotten" zu halten ist, die seit dem 16. Jht. in Greven vielfach genannt werden, wurde o. S. 100 ff. gezeigt. Es läßt sich keiner von ihnen bis ins Mittelalter zurück verfolgen. Die bereits im ältesten domkapitularischen Register von etwa 1340 genannte Mühle in Greven (CTW II, S. 123) ist offenbar bereits um 1500 wüst geworden (s. o. S. 75).

Kirchspiel Gimbte

1. **Schulte Bisping** (Bispinck), heute: Spielbrink gnt. Schulze Bisping
   Erbe, 1828: 153 M., 127 R.
   Grundherr: Überwasserstift zu Münster (und Graf von Tecklenburg).
   Aus Gimmethe verzeichnet bereits die älteste Aufzeichnung über die Einkünfte des Überwasserstiftes aus dem Ende des 11. Jhts. gewisse Einnahmen (CTW III S. 9). Es ist das die curia Gimmethe des 12. Jhts. (ebd. S. 15 und 41). Der Name des Hofes verrät, daß er vordem dem Bischof von Münster gehört hat, der ihn 1040 dem von ihm gegründeten Stift geschenkt hat. Der Mitbesitz der Edelherren von Steinfurt und später der Grafen von Tecklenburg (als deren Erben) erklärt sich aus den Vogteirechten derselben über die Güter des Stiftes. Im Jahre 1800 waren die Universität zu Münster als Nachfolgerin des 1773 aufgehobenen Überwasserstiftes und der Vizekanzler Zurmühlen, der die Rechte des Grafen von Bentheim-Tecklenburg an sich gebracht hatte, die Grundherren des Hofes.

2. **Große Laxen** (Laxsten)
   Erbe, 1828: 86 M., 40 R.
   Grundherr: Domkapitel zu Münster, Domkellnerei.
   Der Hof in Lacseten bzw. Laecsten kommt bereits in den ältesten domkapitularischen Registern des 14. Jahrhunderts vor (CTW S. 192, 203 u ö.). Er gehörte zum Wirtschaftsverband (Amt) des Schulten Dahl (Ksp. Altenberge).

3. **Lütke Laxen** (Laxten)
   Erbe (1536 Halberbe), 1828: 74 M., 124 R.
   Grundherr: Überwasserstift zu Münster.
   Der Hof in Laxethen gehörte mit zu den ältesten Ausstattungsstücken des 1040 gegründeten Stiftes (CTW III S. 15 u. ö.). Die Unterscheidung in Groß und Klein L. kommt erstmalig 1468 vor (CTW III S. 41). Die grundherrlichen Rechte des Stiftes gingen an die Universität über.

4. **Schulte Nordhof** (Northoff), heute: Nordhoff
   Erbe (1536 Halberbe), 1828: 102 M., 63 R.
   Grundherr: Jesuiten zu Münster.
   Im Jahre 1195 verkaufte der Edle Berner von Elen dem Stift Clarholz seine curia in Gimbte mit allem Zubehör (das waren nach einer päpstlichen Bestätigung von 1231 zwei Höfe und eine Mühle) (StAM, StFA, Gymnasium III 15 C Nr. 7). Das ist der Nordhof, der unter diesem Namen (Noirthoff)

allerdings erstmalig 1369 erscheint (ebd.) und den das Stift 1581 an Dr. Dietrich von Schelver, Kanzler des Bischofs von Münster, verkaufte. Nach dessen Tod (1607) vermachte seine Witwe (gest. 1636), nachdem der einzige Sohn dem Jesuitenorden beigetreten war, ihren ganzen Besitz diesem Orden (ebd. II 3 A Nr. 1 ff.). Die zum Schultenhof gehörende Mühle wird nur 1226 und 1231 erwähnt, ist dann offenbar bald eingegangen; sie lag auf dem Mühlenkamp, der im 16. Jht. zum Erbe Bröcker gehörte (ebd. III 15a). Außerdem gehörten zum Hof die beiden Kötter Schrörs und Kock. Haus und Hof waren 1571 noch durch „umbgehenden Graben" geschützt. Es gehörten damals etwa 10 Malter Saatland dazu (ebd. 15 f Nr. 9). Schulte Nordhof war bereits im 16. Jht. ständiger Bauerrichter von Gimbte (ebd.). Nach Aufhebung des Jesuitenordens (1773) unterstand der Hof (1800) der Exjesuitenkommission.

5. Albertmann (Albertinck)
Halberbe (1536 Erbe), 1828: 112 M., 97 R.
Grundherr: Domkapitel zu Münster, Domkellnerei.
Der Hof Albrinc (Albrandinch) gehörte bereits im 14. Jht. zum Unteramt Gimbte des domkapitularischen Amtes Aldrup (CTW II S. 178). Albrand war ein alter Vorname. Gegen Ende des 17. Jhts. hatte der Hof etwa 25 Maltersaat Land und war in der Mark vollberechtigt (StAM, DK, DKelln. Hebereg. Nr. 1 Bd. 1, S. 195 ff. und Bd. 45 Bl. 22v).

6. Rosendahl (Rosendael)
Halberbe (1536 Erbe), 1828: 91 M., 95 R.
Grundherr: Domkapitel zu Münster, Domkellnerei.
Auch der Hof Rosendahl gehörte bereits im 14. Jht. zum gleichen Amt Aldrup und Unteramt Gimbte (CTW II S. 178). Auch Rosendahl hatte gegen Ende des 17. Jhts. etwa 27 Maltersaat Land und war gleichfalls mit vollem Anteil an der gemeinen Mark berechtigt (StAM, DK, DKelln., Heberegister Nr. 1 Bd. 1 S. 213 und Bd. 45 Bl. 24). Die auf „den Delken" gestandene Leibzucht war 1671 vor 5–6 Jahren eingestürzt und mittlerweile völlig vom Erdboden verschwunden (ebd.).

7. Hilmer (Hilmer)
Halberbe (1536 Erbe), 1828: 79 M., 43 R.
Grundherr: Goddert Travelmann zu Alvinghof.
Der Hof Hilmer ist vermutlich identisch mit dem Hof Nyemanninch, den um 1370 Wilhelm von Depenbrocke, 1426 Kerstien Cleyvorn und 1433 Mas Kerkering vom Bischof zu Lehen trugen (StAM, Msc. VII 401, 403 Bl. 17 und 30). Seit 1470 trägt der Hof dann seinen heutigen Namen (StAM, Urk. Überwasserstift Münster Nr. 207). 1532 war der Hof Hilmerinck im Besitz der Erbmännerfamilie Travelmann (A. Harkotten I, Urk. Nr. 224, vgl. auch StAM, StFA, Gymnasium III, 15 F, Nr. 9 von 1581). Mit dem Besitz des Hauses Alvinghof gelangte der Hof dann an die v. und z. Mühlen auf H. Ruhr, Bösensell (1800).

8. Röttgermann (Rotgermans)
Halberbe (1536 Erbe), 1828: 97 M., 37 R.
Grundherr: Überwasserstift zu Münster.
Bereits im 12. Jht. gehörten zur curia in Gimmethe des Stiftes vier weitere Höfe (CTW III S. 15). Einer von ihnen war Rötgermann, der aber erst gegen Ende des 14. Jhts. unter dem Namen Rotgherinch in den Registern des Stiftes erscheint (ebd. S. 41). Auch dieser Hof ging nach Aufhebung des Stiftes im Jahre 1773 an die Universität über.

9. Bröker (Broker), heute: Beckmann
Halberbe (1536 Erbe), 1828: 62 M., 132 R.
Grundherr: Jesuiten zu Münster.
Der Hof, der noch gegen Ende des 16. Jhts. mehrfach nur als Kotten bezeichnet wird, teilte zu allen Zeiten das Schicksal des Schultenhofes Nordhoff. Da er bei dem Verkauf dieses Hofes 1195 noch nicht genannt wird, wird man annehmen dürfen, daß er damals noch nicht bestand und erst nachher gegründet worden ist. Dafür spricht nicht nur der geringe Umfang seines Saatlandes, sondern auch die Tatsache, daß er den Molenkamp unter hatte, auf dem im 13. Jht. die Mühle des Nordhofes gestanden hatte. Vermutlich ist er also erst nach dem Eingehen dieser Mühle gegründet worden. Zum Hof gehörten gegen Ende des 16. Jhts. zwei Kotten, die Leibzucht (auch Baptistkotten genannt) und der Franz- bzw. Thomaskotten. Der 1664 als Backhäusler bezeichnete Leibzuchtskotten besaß 1828

3 M., 173 R. Land. Er war 1800 schatzfrei. 1800 war die Exjesuitenkommission Grundherrin des Hofes Bröker.

10. Wesselmann (Wesselman)
Halberbe (1536 Erbe), 1828: 51 M., 40 R.
Grundherr: Domkapitel zu Münster, Domkellnerei.
Der Hof ist in den domkapitularischen Registern des 14. Jhts. unter diesem Namen noch nicht bezeugt. Er scheint aber mit dem dort als zum Amt Aldrup gehörig genannten Hof Lofblesere identisch zu sein, zumal dieser auch nur den halben Satz der Vollerben zahlt, was auch der Größe seines Saatlandes entsprechen würde (CTW II S. 178). Gegen Ende des 17. Jhts. war er auch nur als Halberbe in der Mark berechtigt (StAM, DK, DKelln., Heberegister Nr. 1 Bd. 1 S. 188 und Bd. 45 Bl. 21v).

11. Averkamp (Overkamp)
Halberbe (1536 Erbe), 1828: 129 M., 157 R.
Grundherr: Domkapitel zu Münster, Domkellnerei.
Der Hof stand an der Spitze des Unteramtes Gimbte des Amtes Aldrup und gehörte entsprechend bereits im 14. Jht. zum domkapitularischen Besitz im Kirchspiel Gimbte (CTW II S. 178, 225). Er zeichnete sich auch vor den anderen Höfen durch seine Größe aus.

12. Stegemann (Stegeman), heute: Wißmann
Halberbe (1536 Erbe), 1828: 44 M., 174 R.
Grundherr: Domkapitel zu Münster, Obl. Gronover.
Bereits in der ersten Hälfte des 14. Jhts. gehörte zum Oblegium Gronover ein Hof in Gimbte, dessen Namen aber erst die jüngeren Register des 15. und 16. Jhts. nennen (CTW II S. 124 und 127). 1412 und noch 1553 hieß der Hof in der gewiß ursprünglichen Form tor Steghe (CTW III S. 96), damit die Lage des Hofes an der Landstraße, an der Stiege dartuend. Der Dompropst Bernd von Münster, der 1553 als Besitzer des Hofes genannt wird, war der derzeitige Inhaber des Oblegiums Gronover.

13. Gerdemann (Gerdeman)
Halberbe (1536 Erbe), 1828: 53 M., 147 R.
Grundherr: Überwasserstift zu Münster.
Auch dieser Hof gehörte zweifellos zu den vier Höfen, die im 12. Jht. als Zubehör des dem Überwasserstift gehörenden Bispinghofes in Gimbte erwähnt werden (CTW III S. 15). Gegen Ende des 14. Jhts. heißt er Gherdinch to Vleghenhus (1384, ebd. S. 41). Merkwürdigerweise scheint der Name Fleige gewandert zu sein. Wird hier im 14. Jht. Gerdemann mit dem Vlegenhus gleichgesetzt, so ist der Name dieses Hofes auf die alte Huvinghove übergegangen, deren Name seitdem verschwindet (s. u.). Wie das möglich war, ist völlig unklar, zumal beide Höfe keineswegs der gleichen Grundherrschaft unterstanden. 1800 unterstand der Hof der Exjesuitenkommission.

14. Sautmann (Soetman)
Halberbe (1536 Erbe), 1828: 52 M., 53 R.
Grundherr: Kloster Niesing zu Münster.
Die Zoethove gehörte 1483 dem Erbmann Heinrich Kleihorst (StAM, Msc. VI Nr. 74 Bl. 77v). Vermutlich ist sie identisch mit der Bra(n)kinchove zu Gymmete, die Ende des 14. Jhts. und noch 1412 die Witwe des Erbmannes von Klanctorp besessen hatte (CTW II S. 171 und 213). 1511 verkaufte Sander Kleihorst den Hof an das Niesingkloster (Mariental) zu Münster (StAM, Msc. VI Nr. 74 Bl. 117v).

15. Fleige (Vlege), heute: Bruns
Halberbe (1536 Erbe), 1828: 64 M., 1 R.
Grundherr: St. Martinistift in Münster (Vikarie St. Jakob).
Im Jahre 1332 vermachte der Erbmann Goswin von Klanctorp u. a. 100 Mark zur Stiftung einer Vikarie in St. Martini. Mit dieser Summe haben seine Testamentsvollstrecker im nächsten Jahre von dem Erbmann Wessel von der Tinnen die Huvinchove im Ksp. Gimbte erworben (StAM, Msc. I Nr. 71 S. 142, Stadtarchiv Münster, Urk. XIII Nr. 56 und INA Beib. III S. 20 Nr. 136). Nach den jüngeren Registern von St. Martini aus dem 16. Jht. (StAM, Msc. I Nr. 71) war dies der Hof Fleige. Zu ihm gehörte offenbar auch ein Kotten, des Vryen havestat genannt, und beim Kirchhof in Gimbte gelegen, den 1335 Pfarrer Gerhard Buchte von Everswinkel der gleichen Vikarie an St. Martini vermachte. Er hatte ihn von den von Schönebeck erworben, die vermutlich also auch die Vorbesitzer

der Huvinchove gewesen sind. Dann dürfte dieser Hof auch mit jenem identisch sein, den Dietrich von Schönebeck erbaut und 1284 von dem Verkauf seiner Besitzungen an das Domkapitel ausnahm (WUB III Nr. 1239), vielleicht weil er auf den dabei gelegenen Obstgarten nicht verzichten wollte.

16. **Koek** (Kock), heute: Wassmann
Kötter (1536 Kotten).
Grundherr: keiner.

Der 1664 angeblich keiner Grundherrschaft unterworfene Kotten, hatte aber seinen Grund und Boden vom Schultenhof Nordhoff in Erbpacht (StAM, StFA, Gymnasium III, 15 F, Nr. 9). Die Hausstätte lag auf der „Knechtebrede" gegenüber des Schulten Bisping Hof. So hatte 1537 der damalige Schulte Nordhoff dem Hermann ton Aldenhove den Kotten auf 21 Jahre eingetan, desgleichen der Propst von Clarholz (als Grundherr des Schultenhofes) 1570 der „Kokeschen" auf 10 Jahre und zuletzt 1580 dem Arnd Kock auf 20 Jahre. Inzwischen hatte Dr. v. Schelver den Nordhof mit allem Zubehör gekauft (s. o. Nr. 4) und verlangte nun 1601, daß Kock sich nach Ablauf dieser 20 Jahre ihm zu eigen geben sollte. Er ist aber doch wohl nicht mit seiner Forderung durchgedrungen, da der Kotten ja im Schatzungsregister von 1665 wieder als frei bezeichnet wird. Bereits 1616 führte Kock eine Gastwirtschaft (s. o. S. 408).

17. **Schräder** (–)
Kotten (1553 Kotten), 1828: 4 M.
Grundherr: Jesuiten zu Münster.

Auch dieser Kotten stand auf dem Grund und Boden des Schultenhofes Nordhoff. Nach einem Bericht von 1593 hatte des damaligen Besitzers Bernd Schrörs Großvater von dem derzeitigen Schulten Bernd Nordhoff erstmalig „wegen Schwagerschaft" auf des Schulten Leibzinsgrund einen Kotten bauen dürfen. Da der Kotten im Schatzungsregister von 1536 noch nicht genannt wird, wohl dagegen 1553 (Scroder), fällt seine Gründung in die Zwischenzeit. Die Lage des Kottens wird 1581 als „bei des Pastors Weinhoffe" angegeben, was natürlich als Wedmhof zu lesen ist. Der Kotten liegt tatsächlich in der Nähe des Pastorats. 1800 unterstand der Kotten der Exjesuitenkommission.

18. **Beulichmann** (–)
Kotten, 1828: 3 M., 170 R.
Grundherr: Domkapitel zu Münster.

Nach dem Schatzungsregister von 1664 war der Kötter zwar dem Domkapitel eigenbehörig, doch gehörte nach einer anderen Aufzeichnung aus dem Ende des 17. Jahrhunderts sein Grund und Boden zum Hof Fleige (StAM, DK, DKelln., Heberegister Bd. 45 Bl. 24). So wird man annehmen dürfen, daß er mit dem 1536 genannten Kotten der olden Vlegeschen identisch ist und vermutlich auch mit der 1335 an St. Martini vermachten „Vryenhavestat" (s. o. bei Fleige).

19. **Feldkamp** (–), heute: Gerdemann
Kotten (1536 Kotten), 1828: 3 M., 39 R.
Grundherr: Domkapitel zu Münster.

Nach dem gleichen Heberegister der Domkellnerei aus dem Ende des 17. Jhts. gehörte dieser Kotten zum Erbe Rosendahl (vgl. auch StAM, StFA, Gymnasium III, 15 F, Nr. 9 von 1599). Er kommt unter seinem neuen Namen bereits seit 1536 vor.

20. **Bömer** (–)
Brinksitzer (1536 Kotten), 1828: 1. M., 23 R.
Grundherr: Domkapitel zu Münster.

Nach dem Heberegister der Domkellnerei von 1671 gehörte der Kotten, der erstmalig 1536 genannt wird, offenbar zu Averkamps Hof (StAM, DK, DKelln. Heberegister Nr. 1 Bd. 1 S. 217).

21. **Poggenkötter** (–), heute: Müllmann
Kotten
Grundherr: Domkapitel zu Münster.

Nach den Akten des Oblegium Gronover (StAM, DK, Obl. Gronover Nr. 81) gehörte dieser Kotten zu Stegemanns Hof.

22. Niehüser (–)

Brinksitzer, 1828: 2 M., 50 R.

Grundherr: keiner.

Da der Name in allen älteren Registern des 16. Jhts. noch nicht erscheint, dürfte Niehüser wohl erst im 17. Jht. in der gemeinen Mark angesetzt worden sein.

23. Thomaskotter (–), heute: Thomas.

Brinksitzer: 1828: 12 M., 68 R.

Grundherr: Jesuiten zu Münster.

Dieser Kotten gehörte zum Hof Bröcker. Im 16. Jht. hieß er noch Franzkotten. Nachdem aber 1599 die ganze Familie an der Pest gestorben war, setzte sich der neue Name, der noch 1599 zwischen Bitter Franz und Bitter Thomas geschwankt hatte, durch (StAM, StFA, Gymnasium III, 15 F, Nr. 9). 1800 unterstand der Kotten der Exjesuitenkommission.

24. Fischer (–), heute: Wesselmann

–, 1828: 19 R. (dazu neu 17 M., 173 R.!).

Grundherr: Domkapitel zu Münster.

Der domkapitularische Fischer, der sich seit 1536 nachweisen läßt (Albert Gerdinck, Vischer), war steuerfrei. Nach dem Urkataster betrieb er keine Landwirtschaft, sondern hatte nur einen Garten. 1671 mußte er dem Schulten Bisping 2 Apfelbäume halten (StAM, DK, DKelln. Heberegister Nr. 1, Bd. 1 S. 217). Er ist daher sicherlich identisch mit dem 1570 erwähnten Appelskotten (ebd. DKelln. VI Nr. 193).

Außer dem o. Nr. 9 genannten Leibzüchter Bröker waren 1800 auch die beiden auf Pastoratsland sitzenden Neusiedler des 18. (?) Jhts. Heidhoff und Winters (Heimann) schatzfrei. Dafür mußten sie dem Pfarrer einen mäßigen Grundzins zahlen (PfA Gimbte).

Untergegangen ist im Kirchspiel Gimbte der

– Grevinghof (–)

Erbe, 1828: 15 M., 118 R.

Grundherr: St. Martini in Münster.

Es ist nicht überliefert, wann dieser Hof an das Martinistift in Münster gekommen ist. Es wäre denkbar, daß er ein Ableger der 1330/33 dem Stift geschenkten Huvinghove war (s. o. Nr. 15). Da er bereits in den Schatzungsregistern von 1498/99 nicht mehr genannt wird, muß er vorher schon wüst geworden sein. Sein Land war unter die Bauern Gimbtes pachtweise ausgetan. 1582 waren es noch etwa 52 Scheffelsaat (StAM, Msc. I Nr. 73 Bl. 214; vgl. auch ebd. Reg. Münster Domänen-Reg. B XIII 7 Nr. 29). Das Urkataster verzeichnet als staatlichen Domänenbesitz für die Greivinghove nur noch 15 M., 118 R. Über die Lage des Hofes ist nichts bekannt.

Es gehörte zu ihm einst auch ein Kotten, der im 16. Jht. (1570) nacheinander Hülsbernd, Hundefengerskotten (1582) und schließlich 1617 Pelckingskotten genannt wird (ebd. und StAM, DK, DKelln. VI Nr. 193). Er ist später nicht mehr nachzuweisen.

Was A. Weinrat, Ein Gimbter Erbhof und das eiserne Halsband im Friedenssaal (Münst. Anzeiger vom 12. 2. 1939) über einen Erbhof des Rittergeschlechts von Gimbte im gleichnamigen Kirchspiel schreibt, den dann 1491 Gisela von Gimbte an Lambert von Oer verkauft haben soll, ist pure Phantasie und entspricht nicht den wirklichen geschichtlichen Tatsachen, die H. Offenberg in seiner aktenmäßigen Darstellung der berühmten Halsbandgeschichte eingehend geschildert hat (WZ 55. Bd. – Münster 1897 – I S. 136 ff.). — Zweifellos stammt das Rittergeschlecht von Gimbte von hier, doch ist es bereits seit dem 13. Jht. nach Nienborg verzogen, wo es Burgmannendienste auf der fürstbischöflichen Landesburg leistete. Mit Besitz in Gimbte ist das Geschlecht überhaupt nicht mehr zu belegen, so daß es ein müßiges Beginnen wäre, einen der Gimbtener Höfe als Stammsitz des Geschlechtes ermitteln zu wollen.

Anmerkungen

1) Die Darstellung stützt sich weitgehend auf Chr. Albrecht, Aus Westfalens Vorzeit = Westfälische Kunsthefte VII (Dortmund 1938), K. Hucke, Zur Vorgeschichte des oberen Emsgebietes: Heimatbuch Telgte (Telgte 1938), S. 150 ff., A. Stieren, Vorgeschichtliche Volks- und Stammesverhältnisse im Raum Westfalen: Der Westfälische Erzieher 3 (1935) S. 327 ff. und die verschiedenen Forschungsberichte von L. Hoffmann in Westfälische Forschungen I–III (Münster 1938–1940). Die seit 1936 (bis 1948) gemachten Bodenfunde sind jetzt verzeichnet in: Bodenaltertümer Westfalens VII, hrsg. von A. Stieren (Münster 1950). – Die im folgenden gemachten Angaben über Funde aus dem Bereich des Amtes Greven sind, soweit nicht eine besondere Quelle angegeben ist, den Fundakten des Museums für Vor- und Frühgeschichte in Münster entnommen. – **2)** Abgebildet bei Hucke im Heimatbuch Telgte Tafel I (hinter S. 152) Nr. 6. – **3)** Hucke S. 154. – **4)** Auf der Übersichtskarte sind die ⸱ bekannten Landwehren, soweit möglich, eingetragen. Zur Landwehr des Dorfes Greven vgl. S. 83 ff. – **5)** Die nach Möglichkeit und Bedarf in der Höfeliste S. 443 ff. erklärt werden sollen. – **6)** INA II 2 S. 35 Nr. 6. Vgl. o. S. 489. – **7)** H. Schneider, Die Ortschaften der Provinz Westfalen bis zum Jahre 1300 = Münster.Beiträge z. Gesch.Forschung III, 12 (Münster 1936) S. 4. – **8)** Schneider S. 5. – **9)** Urk. A. Harkotten I (nicht in INA II, 2 S. 70). Die Angaben bei Schneider S. 11 gehen fehl. – **10)** CTW I S. 48 und 49 II S. 202 und III S. 91. – **11)** CTW I S. 48 und 49, StAM, DK Münster, Markensachen Nr. 24. – **12)** WUB I Nr. 103 b (Schneider S. 11). – **13)** StAM, Fst. Münster, Landesarchiv Nr. 361, Nr. 12 und 44 ff. Auch in den alten Grenzbeschreibungen des Schönefliether Beifangs und des Gogerichts tor Meest aus dem 16. und 17. Jahrhundert findet sich dieser alte Name noch (s. S. 112). – **14)** CTW III S. 10, Schneider S. 19. – **15)** Die Belege bei Schneider S. 20. – **16)** Jellinghaus, Die westfälischen Ortsnamen nach ihren Grundwörtern 3. Aufl. (Osnabrück 1923) S. 38. – **17)** WUB III Nr. 236, vgl. auch Schneider S. 25. – **18)** CTW I S. 48 f., II S. 133 u. ö.; StAM, Fst. Münster, Landesarchiv 487 Nr. 1, ad 1 und 5 bzw. 361, Nr. 1. Der Name hing im 16. Jahrhundert nur noch dem Hof Wessel an. – **19)** WUB III Nr. 990. – **20)** A. Tibus, Gründungsgeschichte der Stifter, Pfarrkirchen, Klöster und Kapellen im Bereiche des alten Bistums Münster (Münster 1867/85) S. 272. – **21)** Jellinghaus S. 56, Tibus S. 269 f. – **22)** CTW III S. 15. – **23)** CTW I S. 47 u. ö. – **24)** CTW I S. 47 u. ö., Schneider S. 48. Im 14. Jahrhundert lautete der Name Vugelstorpe (CTW II S. 124 und 126). – **25)** Die Belege bei Schneider S. 51. – **26)** Jellinghaus S. 9, vgl. auch F. Cramer, Älteste westfälische Fluß- und Ortsnamen, besonders im Münsterland: WZ 87 (Münster 1920) S. 8. – **27)** CTW II S. 225. – **28)** Schneider S. 52. – **29)** Vgl. Schneider S. 54. 1276 lautete der Name Cummerdincthorpe (WUB III Nr. 990). – **30)** WUB III Nr. 446, Schneider S. 61. – **31)** Vgl. Schneider S. 62. – **32)** Jellinghaus S. 14. – **33)** StAM, Msc. VII Nr. 806 d. – **34)** StAM, Fst. Münster, Amt Wolbeck, Rechnungen 1 ff. und AA Metelen, Urk. vom 14. 9. 1585. – **35)** Schneider S. 71. – **36)** WUB I Nr. 103 b, vgl. auch Schneider S. 81. – **37)** In der Freckenhorster Heberolle des 11. Jahrhunderts; vgl. Schneider S. 88. Ebd. weitere Belege aus jüngerer Zeit. – **38)** Vgl. Jellinghaus S. 5. – **39)** WUB III Nr. 139 und 1248. – **40)** Jellinghaus S. 9. – **41)** Die Belege bei Schneider S. 106. – **42)** Jellinghaus S. 5. – **43)** INA I 1 S. 20 Nr. 32/33. – **44)** Jellinghaus S. 146. – **45)** Schneider S. 117. – **46)** Um 1330 in dem ältesten Einkünfteverzeichnis des Münsterer Domkapitels, CTW II S. 294. – **47)** WUB III Nr. 1564. Der Name des 1689 neu angesetzten Kötters Stumpe erinnert heute noch an die alte Siedlung. – **48)** Jellinghaus S. 162. – **49)** Die Belege am vollständigsten bei Schneider S. 139. – **50)** WUB III Nr. 403. Das im Werdener Urbar genannte Westerroda gehört nicht hierher. – **51)** Erstmalig im Schatzungsregister von 1498 erwähnt. – **52)** Der Hof Westrup in der Bauerschaft Fuestrup liegt ganz am Westrand derselben, so daß sich der Name hier wohl nur auf diesen Hof selbst bezieht. – **53)** WUB III Nr. 790. – **54)** Schneider S. 144. – **55)** Die Karte (Abb. 4) ist einer Zusammenstellung des Landeskulturamtes in Münster entnommen. – **56)** Die Einzelheiten über die Grevener Marken o. S. 59 ff. – **57)** StAM, DK, Markensachen Nr. 24 c. – **58)** So beispielsweise 1609/10 im Protokoll des Gogerichts tor Meest. Entsprechend heißen die Bauerschaftsabteilungen (= Nachbarschaften) mancherorts auch „Fastavend". – 59) Nach einer jüngeren Abschrift im PfA Gimbte. – 60) Nach der Mutterrolle von 1831 (LA Münster. Katasterarchiv). – 61) Schon das älteste Einkünfteverzeichnis des Stiftes aus dem Ende des 12. Jhts. nennt Einkünfte aus Gimmethe und 5 zugehörigen Höfen (CTW III S. 9). – 62) Abschrift der ungedruckten Urkunde im StAM, StFA Münster, Gymnasium III 15, C 7. – 63) StAM, Fst. Münster, Lehen Nr. 54. – 64) Die Einzelheiten zur Entwicklung des Dorfes o. S. 73 f. – 65) StAM, DK, H. Schöneflieth E Nr. 10. – 66) StAM, DK, Markensachen Nr. 24. – 67) WUB III Nr. 139 und Nr. 1248. – 68) StAM, Reg. Münster, Schulreg. I Nr. 379 (1896). – 69) Nach einer Aufstellung von 1685 (StAM, Fst. Münster, Landesarchiv 487 Nr. 43). Es fehlt in ihr der auch heute nicht mehr als Schultenhof gewertete Hof Tomdiek in Hembergen, der aber eine alte curtis war (s. o. S. 458 Nr. 90). – 70) Über die Organisation solcher „Ämter" s. o. S. 194 f. In der Höfeliste (S. 443 ff.) auch die Belege zu den Einzelangaben des folgenden Abschnittes. – 71) Von der „Borghardinck-Mark" hat sich ein Grenzbegang (Schnadzug) von 1570 erhalten (StAM, DK, H. Schöneflieth E Nr. 2), in dem der Eltingmühlenbach noch „Schmehehuiser Beke" heißt. – 72) StAM, DK, Markensachen Nr. 24b. – 73) StAM, DK, Produkte II Nr. 270. Die acht Kötter waren Beulichmann, Fischer, Pogge, Bömerskotter, Veltkamp, Kock, Thomaskötter und Schräder. – 74) StA Münster, St. Martini-Münster, Akten Nr. 16a. – 75) Ebd., Dep. Bentlage 1, II, Ksp. Greven Nr. 25. – 76) Nach einer Aufzeichnung von 1781 im Besitz des Schulten Topphoff. – 77) StAM, Fst. Münster, Geh. Rat, Schatzungssachen II. – 78) StAM, Fst. Münster, Kirchspielsrechnungen B I Nr. 1. – 79) StAM, DK III C Nr. 26/27. – 80) StAM, DK III B Nr. 17. – 81) StAM, Freckenhorst II Nr. 232e und ebd., DK, Markensachen 24. – 82) AAG II 1 Nr. 5a. – 83) StAM, DK, Markensachen Nr. 24. – 84) StAM, Reg. Münster, Dom. Reg. B XIII 7 Nr. 43. – 85) AAG II 1 Nr. 5. – 86) Über die Höfe der Domkellnerei liegen im StAM drei Bände mit genauen Katasteraufnahmen aus dem Ende des 17. Jhts. vor (StAM, DK, DKelln., Heberegister Nr. 1 Bd. 1 bis 3). Die Wiedergabe einer Aufnahme des Schultenhofes in Aldrup aus dem Jahre 1708 (Abb. 11) gibt einen guten Eindruck von dem Wert dieser Aufnahmen. – 87) AAG Ie Nr. 20. – 88) AAG Ie Nr. 24. – 89) AAG IIIa Nr. 6. – 90) Auch bei der Aufnahme des Urkatasters (1828) klagte man im Kirchspiel Greven über die zu hohe Einschätzung besonders in Westerode (StAM, Reg. Münster, Domainenreg. B XI 50 Nr. 28). – 91) AAG Ie Nr. 11. – 92) StAM, Dep. Bentlage 1 II Greven Nr. 8. – 94 Im Besitz des Sch. Eilfing-Herbern Bl. 57. – 95) StAM, Fst. Münster, Landesarchiv 361 Nr. 2. Aus dem ganzen 17. Jht. ließ sich kein ähnliches Register aufspüren. – 96) StAM, DK, Markensachen 24h. – 97) Ebd. – 98) Ebd., Fst. Münster, Geh. Rat, Schatzungssachen II, Generalstatus von 1763/64. – 99) AAG Ie Nr. 19. – 100) StAM, Fst. Münster, Hofkammer III Nr. 9. – 101) AAG Ie Nr. 19. – 102) Vgl. E. Hövel, Vom Reisigen Stalle des Rates zu Münster: Unsere Heimat, Beil. z. Münsterischen Anzeiger 4. Jg. (1929) Nr. 7, S. 51. – 103) Die Zahlen von 1756 und 1764 nach dem Generalstatus im StAM, Fst. Münster, Geheimer Rat, Schatzungssachen II, die des 19. Jhts. im AAG Ie Nr. 19 und 15. Bd. 1 bis 4. – 104) StAM, DK, H. Schöneflieth K. Der Rest bestand zumeist aus Buchen. Fast jedes Jahr wurde aus den Waldungen des Hauses Schöneflieth Holz verkauft (ebd., DK, Neuere Reg. II Nr. 9). – 105) Ebd., DK, Markensachen Nr. 24h. – 106) Ebd., Dep. Bentlage 1 II B Greven Nr. 20. – 107) StAM, DK, DKelln. Pr. Nr. 10 Bl. 96v. – 108) Ebd., Fst. Münster, Kirchspielssachen II Nr. 19a, S. 215. – 109) Nach einem Aktenstück im Besitz des Schulten Schleithoff-Topphoff in Bockholt. – 110) AAG II 1 Nr. 10 und 11. Einiges auch im StAM, Reg. Münster, Domainen-Reg. B XIII Fach 7 Nr. 43. Ein wichtiger, zusammenfassender Bericht über das Grevener Markenwesen aus der Feder des J. Chr. Biederlack von 1828 im LA Münster Nr. 422. – 111) StAM, DK, DKelln. Pr. Nr. 9 Bl. 109. – 112) StAM, DK Münster, Markensachen Nr. 24. Bei der Markenteilung wollten die Bauern dem preußischen Fiskus als Nachfolger der bischöflichen Hofkammer markenrichterliche Befugnisse nur in der Kroner Heide zugestehen (StAM, Reg. Münster, Domainen-Reg. B XIII 7, Nr. 43). – 113) AAG Ie Nr. 24. Ebd II 1 Nr. 1 ff. die Akten über die einzelnen Marken und ihre Teilungen. – 114) AAG II 1 Nr. 61 und 63. – 115) Scotti II Nr. 434. – 116) AAG II 1 Nr. 5. Hieraus auch die folgenden Angaben. – 117) AAG II 1 Nr. 5. – 118) AAG II 1 Nr. 62 und IIp Nr. 8. – 119) Ebd. II 1 Nr. 13. – 120) StAM, Reg. Bez. Münster, Dom. Reg. Münster B I 41 Nr. 27. – 121) Vgl. Frhr. Kerckering zur Borg, Beiträge zur Geschichte des Westfälischen Bauernstandes (Berlin 1912), S. 858 ff. – 122) Die Einzelheiten in der Höfeliste, S. 443 ff. – 123) Dies und das folgende nach AAG II 1 Nr. 48 Bd. 1 und 2. – 124) Vgl. Schleh, Denkschrift zum 100jährigen Bestehen des landwirtschaftlichen Hauptvereins für den Regierungsbezirk Münster (o. O. u. J., um 1920). – 125) StAM, DK,

DKelln., Heberegister 1. Bd. 1 S. S. 182. – **126)** Weitere Einzelheiten über die Ems beim Dorf Greven o. S. 69 ff. – **127)** StAM, Fst. Münster, Hofkammer XVIIi Nr. 5, Bericht des fürstlichen Oberfischers Johann Peter Becker vom Jahre 1746. Die Menningslake wurde vereinzelt auch Luiken-Lake genannt nach dem Besitzer des Hauses Nr. 80 (heute Nr. 4) am Niederort an der Nordseite des Platzes (vgl. den Ortsplan), so beispielsweise 1561 (StAM, DK, H. Schöneflieth D). – **128)** StAM, Fst. Münster, Hofkammer XVIIi Nr. 5. – **129)** CTW II S. 123. – **130)** StAM, DK, Obl. Gronover maius Nr. 3. – **131)** Ebd., DKelln. Heberegister 1 Bd. I S. 182. – **132)** PfA Greven, Lagerbuch der Kirche von 1672. – **133)** StAM, DK, Obl. Gronover maius Nr. 76. – **134)** Katharina ter olden molen, Einwohnerin des Dorfes Greven (1499 dagegen nur K. ter molen), s. o. S. 75. „Gronovers Mühle in Greven" wird auch 1537 (März) und noch 1565 erwähnt. (StAM, Fst. Münster, Geistl. Hofgericht, Protokolle Bd. 1 und Alter Dom Münster, Akten IIb Nr. 8). – **135)** Vgl. CTW III S. 15: Curia Marstorpe habet 2 mansos, unus est Edestharpe, . . . alius est Graven. Die Eintragung wird in den Anfang des 12. Jahrhunderts verlegt (ebd. S. 5). – **136)** CTW II S. 10. Noch 1359 bekannte der Knappe Johann von Schale, der von der Äbtissin zu Überwasser den Amtshof Maestrup zu Lehen trug, dieser von den aree (= Hausstätten) des Meinhardinghofes im Dorf jährlich auf Michaelis 11 Schillinge schuldig zu sein (StAM, Urk. Überwasser Nr. 92). – **137)** StAM, StFA Universität, X E 10 und XIV H und I. Zwei Bände die Jahrgänge 1414–1460 enthaltend, die bereits früher in den Besitz der Universitätsbibliothek zu Münster geraten waren, sind leider mit zahlreichen anderen Schätzen derselben ein Opfer des Bombenkrieges geworden. – **138)** Diese Bezeichnung findet sich noch im Urkataster von 1828. – **139)** StAM, DK Münster, DDechanei II D IX 9/10. 1529 ist von einem „spiker yn synen (des Pfarrers) hoff und by syner wonunge" die Rede (StAM, Msc. I 22 Bl. 76). – **140)** StAM, Fst. Münster, Hofkammer VII Nr. 51 Bl. 37 v (1574) und VIIIe Nr. 131. Im Jahre 1742 war er aber in der Dorfmark zu Hude und Weide berechtigt wie jeder Dorfeinwohner (ebd.). – **141)** Ebd. Sein Land auf den Eschen scheint Naendorf im Laufe der Zeit durch Kauf und Tausch erworben zu haben, so nachweislich im 16. Jahrhundert durch Tausch mit Albachten und 1777 durch Tausch mit der Gemeinde gegen ein Stück Land, das die Gemeinde zur Auffahrt zur neuen Brücke benötigte (StAM Fst. Münster, Hofkammer VIIIe Nr. 131). – **142)** Vgl. CTW VIII S. 43 ff. – **143)** MGQ I S. 349. Ebd. S. 15 auch die falsche Gleichsetzung mit Greven und der Hinweis auf den letzten Herrn von Greven. – **144)** R. Kötzschke, Die Urbare der Abtei Werden = Publ. d. Ges. f. rhein. Gesch. XX, Rheinische Urbare 2 (Bonn 1906) S. 63. Es geht nicht an, in diesen Namen bereits Anklänge an die späteren Höfenamen Wrede, Bövemann und Naendorf finden zu wollen, so verlockend dies auch wäre. Bis ins späte Mittelalter hinein wechseln die Namen der Höfe noch stets nach dem Namen des jeweils aufsitzenden Bauern. – **145)** StAM, Fst. Münster, Hofkammer VII Nr. 51 (1574). – **146)** Vgl. Brinkmann S. II. – **147)** Erstmalig im Register des Überwasserstiftes von 1440, Universitätsbibliothek Münster, Handschrift 145 Bl. 142v. Das nächst ältere Register von 1414 enthält die Einnahme noch nicht! Für die spätere Zeit vgl. CTW III, S. 40 Anm. 10 von S. 39. – **148)** StAM, Fst. Münster, Hofkammer VIIIe Nr. 131a. Der Goldschmidtsche Damm am Rande des Niederorts ist auf dem Urkataster von 1828 noch gut zu erkennen (vgl. Abb. 21). – **149)** StAM, Fst. Münster, Hofkammer VIIIe Nr. 131. – **150)** StAM, Fst. Münster, Kirchspielssachen II 19a S. 261. – **151)** AAG Id 17. – **152)** In den Schatzungsregistern von 1499, 1538 und 1553 wird ein Bewohner (seit 1589 dann zwei) „vor der Hecke" genannt. – **152a)** AAG II g Nr. 20ª. – **153)** DAM, GV Msc. 115 Bl. 322 von 1764. Als durch die Verlegung des Friedhofs in die Lindersheide im Jahre 1811 das Beinhaus überflüssig wurde, benutzte man es (seit 1818) als Spritzenhaus (AAG IIh 11). Nach der Verlegung desselben in das ehemalige Armenhaus am Kirchplatz (s. u.) wurde das Beinhaus abgerissen. – **154)** StAM, DK III C Nr. 25. Und dabei war dieser Bau schon einmal, im Jahre 1719 um ein Fach erweitert worden (s. o. S. 317)! – **155)** DAM, GV, Greven A 7. – **156)** MGQ. VII S. 133. Im Schatzungsregister von 1568 (StAM, Msc. Altertumsverein 107c) werden die beiden „Bewohner" des Kirchhofs noch nicht genannt. Sie haben sich also offenbar kurze Zeit später hier eingenistet! Dieser Speicher ist dann gewiß auch identisch mit dem, den 1605 nach Ausweis der Kirchenrechnung Johann Lücke bewohnte, und den zwei Jahre später Meister Heinrich Tüning neu aufzimmerte. – **157)** StAM, Msc. I 22 S. 72. – **158)** StAM, Fst. Münster, Kirchspielssachen II 19a S. 259 (1791) bzw. DK III C 25 (1784). Pfarrhaus und Kaplanei, beides alte Fachwerkbauten, wurden 1890 abgerissen (AAG I d Nr. 16). – **159)** Kirchenrechnung von 1679 und StAM Fst. Münster, Kirchspielssachen II 19a S. 79 (1721). – **160)** „Bis an das Küchenwerk" heißt es 1712 (StAM, Fst. Münster, Kirchspielssachen II 19a S. 33). –

161) StAM, DK, DDechanei IX Nr. 10. – **162)** StAM, StFA Münster, Urk. Gymnasium Nr. 67. – **163)** Das Grundstück Nr. 100 hatte die Äbtissin nach dem Brand von 1673 zurückgenommen und einem neuen Mieter, Franz Hüsing eingetan. Deshalb mußte sich der Pfarrer nach einem neuen Haus für die Armenstiftung umsehen. Die Kosten für den Neubau betrugen über 276 Taler (PfA Greven, Kirchenrechnungsband, S. 58). – **164)** LA Münster Nr. 265. – **165)** StAM, Urk. StFA, Gymnasium Urk. Nr. 67. – **166)** PfA Greven, Registrum obventionum von 1662 B. 52. – **167)** StAM, DK III C Nr. 25 bzw. Fst. Münster, Kirchspielssachen II Nr. 19a S. 29 zu 1710. – **168)** AAG IIe Nr. 3, 1 (1852), Nr. 5, 4 (1883) und IIk Nr. 34. – **169)** Ebd., IIa Nr. 5, 3. – **170)** StAM, DK II C Nr. 25. – **171)** Die Darstellung folgt im einzelnen den Akten des Überwasserstiftes zu Münster im StAM, besonders den Wortgeld- und Zehntregistern, die eine fast lückenlose Zusammenstellung der Hausbesitzer dieser Häuser seit dem Ende des 14. Jhts. gestatten (StAM, StFA, Universität X E Nr. 10aa XIV E, Rechnungen A 1 ff. – **172)** A. Schulte, Alte Münsterländer Gasthausnamen, Münsterländer Heimatkalender 1940 S. 92. – **173)** StAM, StFA, Universität, Rechnungen A 1 Jg. 1532. – **174)** StAM, StFA Münster, Universität IV M Nr. 8 zum Jahre 1574. – **175)** INA II 2 S. 35 Nr. 6 und WZ 49. Bd. (Münster 1891) I S. 156. – **176)** StAM, DK, DKelln., Heberegister 1 Bd. I S. 180. – **177)** Ebd. DKellnpr. Bd. 8 Bl. 31. – **178)** StAM, DK, DKelln. 23 B. – **179)** StAM, DK, DKelln., Heberegister Nr. 1 Bd. I S. 186. – **180)** Ebd. DK, DKelln. A VI Nr. 199c. – **181)** Ebd. DKellnpr. Bd. 5 Bl. 36 – **182)** StAM, DK, DKelln. B 23a. – **183)** Ebd. – **184)** StAM, DK, DKellnpr. Bd. 10 Bl. 29v. – **185)** Notariatsprotokoll des Christoph Bernhard Kroeß (StAM, Fst. Münster Notare Nr. 1). – **186)** Die Darstellung folgt den in Anm. 171 genannten Quellen. – **187)** Münsterländer Heimatkalender 1940 S. 92. – **188)** Ebd. Bereits in der Kirchspielsrechnung von 1675 wird Anton Wessels als Wirt bezeichnet. – **189)** StAM, DK, Obl. Gronover maius Nr. 76. – **190)** WUB III Nr. 1480. – **191)** WUB III Nr. 216. – **192)** WUB II Nr. 355. – **193)** Osnabrücker Urk. Buch II Nr. 406. Daß die Edlen von Steinfurt ihren Vergleich ausgerechnet in Greven schlossen, hat gewiß seinen Grund darin, daß sie hier auf dem Besitz des Überwasserstiftes, dessen Vogtherren sie waren, in einem der Häuser am Kirchplatz bei ihrem Untervogt absteigen konnten, und zudem Greven den anderen Verhandlungspartnern aus Nord und Süd gleich bequem am Wege lag. – **194)** J. Bauermann, Das Erfurter Bruchstück einer Amtsrechnung des Emslandes für das Jahr 1318: WZ 90 (Münster 1934) I, S. 155ff., bes. S. 169. – **195)** WUB III Nr. 936 von 1273. – **196)** MGQ I S. 82, wo auch die Drucke der verschiedenen Verträge zu diesem Frieden nachgewiesen sind. – **197)** Ebd. S. 131. Die Angabe ist natürlich maßlos übertrieben. – **198)** Weitere Einzelheiten über den Markt s. S. 278ff. – **199)** MGQ I S. 220. – **200)** StAM, Fst. Münster, Landesarchiv 487 Nr. I Bd. 1 Bl 40vf. und 2. Bl. 43f. – **201)** AAG IIi Nr. 15. – **202)** StAM, DK, Obl. Gronover maius Nr. 66. – **203)** StAM, Fst. Münster, Hofkammer VIIIe Nr. 131. – **204)** StAM, DK, Obl. Gronover maius Nr. 76. – **205)** MGQ III S. 82. – **206)** StAM, DK, Obl. Gronover maius Nr. 36. – **207)** StAM, Freckenhorst Akten I Nr. 210. – **208)** Vgl. StAM, DK, DKelln. B 23a und A VI Nr. 199a. – **209)** PfA Greven, Nachtrag zum Lagerbuch von 1672. Ettmann mußte von dem Grundstück eine jährliche Pacht von 1 Taler, 7 Groschen zahlen. Zu Beginn des 19. Jahrhunderts kam das Haus in den Besitz des Caspar Gerhard Terfloth. – **210)** StAM, DK, Obl. Gronover maius Nr. 56 und Nr. 80. – **211)** StAM, DK, Obl. Averbolthusen Nr. 72. – **212)** Er war später (1705) Führer im Kirchspiel Nordwalde, lebte aber im Dorfe Greven (Protokollbuch des Notars Chr. B. Kroeß, StAM, Fst. Münster, Notare Nr. 1 zum 16. 2. 1696 und 26. 9. 1705). – **213)** StAM, DK, Obl. Gronover maius Nr. 3. – **214)** Die Nachrichten über diese Häuser sind zwei Aufzeichnungen vom 11. 11. 1618 und 4. 7. 1621 im Metelenschen Lagerbuch (von 1607–1621) im Pfarrarchiv zu Metelen entnommen. – **215)** StAM, DK, DKelln. Bd. 5 Bl. 35. – **216)** Ebd. Bd. 9 Bl. 188. Das kleine Nebenhaus ist nach Ausweis der Schatzungslisten um 1720 wieder verschwunden und erst um 1760 wieder von neuem errichtet worden (Nr. 7, heute Münsterstraße Nr. 11). – **217)** StAM, StFA, Universität X E Nr. 7. – **218)** Münsterländer Heimatkalender 1940 S. 92. – **219)** StAM, DK, DKelln. Heberegister Nr. 1 Bd. I S. 171. – **220)** Ebd. Bd. 5, Jg. 1654/59 Bl. 11. – **221)** Ebd. Bd. 5, Jg. 1662/64 B. 52v. – **222)** StAM, Fst. Münster, Notare Nr. 1. – **223)** Oben S. 88. Der Bericht der Rottmeister StAM, DK Münster III C Nr. 25. – **224)** Eine Verkaufsurkunde von 1707 befindet sich abschriftlich im LA Münster Nr. 421, eine zweite von 1708 im PfA Gimbte. – **225)** Münsterländer Heimatkalender 1940 S. 92. – **226)** AAG Va Nr. 1, 2. – **227)** StAM, Fst. Münster, Kirchspielssachen II Nr. 19a S. 90. – **228)** StAM, Fst. Münster, Kirchspielssachen II Nr. 19a S. 116. – **229)** Ebd. S. 144. – **230)** 1605 zählte man dagegen 57 Häuser (StAM, DK III B Nr. 17, 12). – **231)** DAM, Hdschr. Nr. 150 Bl. 304ff. –

232) AAG IIf Nr. 3. – 233) Herrmann-Schründer S. 44. – 233a) StAM, DK, III C Nr. 13. Abgedruckt bei F. Philippi, Landrechte des Münsterlandes = Veröff. d. Hist. Komm. f. Westfalen, Westfälische Landrechte I (Münster 1907) S. 188 ff. – 234) StAM, DK III B 1; vgl. Philippi, Landrechte, S. 193 f. – 235) StAM, DK, DDechanei I C Nr. 16. – 236) StAM, DK, DDechanei I C Nr. 16 und H. Schöneflieth B Nr. 10 und Nr. 12. – 237) StAM, DK, H. Schöneflieth B Nr. 5. – 238) Vgl. Westfalia sacra I (Münster 1948) S. 31. – 239) StAM, DK, DKelln. A VI Nr. 218 bzw. Urk. St. Aegidi Münster Nr. 270a. – 240) Ebd., Dep. Landsberg-Velen, Msc. Nr. 36. – 241) StAM, Fst. Münster, Hofkammer X Nr. 11 (von 1606). – 242) Die Nachrichten über den Kaek in Greven entstammen den Gogerichtsprotokollen dieser Jahre. – 243) StAM, StFA. Universität X E Nr. 10. – 244) StAM, Fst. Münster, Hofkammer VIII e Nr. 7. – 245) Vgl. B. Messing, Das domkapitularische Gefängnis Hellenburg bei Münster: WZ. Bd. 82 (Münster 1924) S. 157 ff. – 246) Vgl. dazu im einzelnen Philippi, Landrechte, S. 1 ff. – 247) Scotti II Nr. 441. – 248) So die Angaben im Schatzungsregister von 1665. In Guntrup war 1802 Zeller Lippmann Bauerrichter. (Die Angaben von 1802 nach AAG II i Nr. 47). – 249) StAM, DK, DDechanei IX Nr. 10 und o. S. 88. – 250) Vgl. o. S. 89. Die Erwähnung von 1653 im StAM, Dep. Altertumsverein Münster Msc. 370 Bl. 155 v, jene von 1715 in der Dorfsrechnung dieses Jahres. – 251) WUB III Nr. 1202. – 252) WUB II Nr. 355. – 253) Osnabr. Urk. Buch III Nr. 324 und Nr. 326. Schon 1229 tritt in einer Freigerichtsverhandlung „bei den Schuren" (apud horrea) vor Münster ein Freischöffe Sichebodo de Smidehusen auf (WUB III Nr. 159). – 254) StAM, Fst. Münster, Hofkammer X Nr. 11. – 255) Niesert, Münst. Urk. Sammlung II Nr. 70. – 256) StAM, DK, DKelln. A VI Nr. 199a. – 257) WUB I Nr. 355. – 258) WUB III Nr. 1142. – 259) MGQ IV S. 28. – 260) Ebd. Bd. VII S. 134. – 261) Den Nachweis hat im einzelnen Tibus S. 66 erbracht. Vgl. auch Börsting-Schröer, Handbuch des Bistums Münster (Münster 1946) S. 154. – 262) Sie wird 1193 zum erstenmal erwähnt (WUB II Nr. 531). Zur Entstehungsgeschichte der Kirche vgl. Tibus S. 453 ff. und Börsting-Schröer, I S. 200. – 263) Tibus S. 478. – 264) Es sind dies die Höfe Heidemann, Althoff (Wiggering), Bisping, Terborg, Wentker, Berning und Sandmann (DAM, GV, Westbevern A Nr. 3; StAM, Reg. Münster, Kirchenreg. I 75 Nr. 1; AAG Id Nr. 7). – 265) CTW III S. 9, 15 und 18 – 266) Vgl. WUB II Nr. 103 b, Börsting-Schröer, Handbuch I S. 50. – 267) Börsting-Schröer, Handbuch I S. 159. – 268) WUB II Nr. 388 (von 1177). – 269) WUB VIII Nr. 794. – 270) WUB III Nr. 1202. – 271) MGQ I S. 131. – 272) Vgl. Tibus S. 466 ff., und Börsting-Schröer, Handbuch I S. 151 f. – 273) AAG II C Nr. 4. – 274) MGQ VII S. 134. – 275) DA Münster, GV, Greven A Nr. 8 bzw. Hembergen A 9. – 276) Zum folgenden vgl. AAG II C 4. Wegen Hilmer ebd. II C 1 und 4; StAM, Reg. Münster, Kirchenreg. I 75 Nr. 1. – 277) WUB II Nr. 355. – 278) WUB III Nr. 453. – 279) INA I 4 S. 354 Nr. 1, WUB III Nr. 1223 und Osnabr. Urk. Buch IV Nr. 324. – 280) WZ 49 (Münster 1891) I S. 154. – 281) StAM, Urk. Marienfeld Nr. 629, Freckenhorst Nr. 117. – 282) 1337–1350 (Urk. von 1337 im AA Wolbeck bzw. StAM, Msc. I 1 S. 288 Nr. 30). – 283) StAM, Msc. I Nr. 1 S. 258 Nr. 17, INA II 2 S. 35 Nr. 6. – 284) StAM, Urk. Freckenhorst Nr. 176. – 285) WZ 49 I S. 155 f. – 286) StAM Msc. VII 1021. – 287) Ebd. Msc. I 65. Erich von Hoya unterschrieb im Jahre 1451 mit vielen anderen Geistlichen und Laien des Bistums Münster die sogenannte „suspensio animarum", eine Protestschrift gegen den vom Papste 1450 mit dem Bistum Münster providierten Walram von Mörs (J. Hansen, Westfalen und Rheinland im 15. Jahrhundert, II: Publikationen aus den Preußischen Staatsarchiven Bd. 42 (Leipzig 1890) S. 112. – 288) StAM, Urk. Überwasser Nr. 124 und Aufzeichnung im Pfarrarchiv Greven nach einem alten Kirchengradual. – 289) StAM, Msc. I 22 S. 76 bzw. DA Münster, DomA Hdschr. IX A 2 Bl. 36 v. – 290) Osnabr. Urk. Buch IV Nr. 324. – 291) INA II 2 S. 35 Nr. 6. – 292) StAM, Fst. Münster, Offizialatspr. vom März 1537. – 293) Ebd. StFA Münster, Rechnungen A Jg. 1540 Bl. 409. – 294) WUB VIII Nr. 794. Zur Datierung vgl. Westfalia sacra I (Münster 1948) S. 13 Anm. 67. – 295) DAM, GV, Msc. Nr. 24 Bl. 159 (1487), PfA Greven nach einem Auszug aus einem alten Kirchengradual (1499) und StAM, StFA, Universität X E Nr. 2 (1501). – 296) DAM, GV, Greven A Nr. 8 (1681). – 297) StAM, Fst. Münster, Kirchspielssachen II 19a, S. 7, 149 und 162. Nur von 1795–1797 war Schulte Jochmaring noch einmal für kurze Zeit 3. Provisor (ebd. S. 287 und 296). – 298) Ebd. S. 56 f. – 299) Soweit nicht eine Quelle besonders angegeben ist, baut die folgende Darstellung auf den Lagerbüchern des Pfarrarchivs, die sich gegenseitig ergänzen, auf. – 300) Münsterländischer Heimatkalender 1940 S. 92. Die Urkunden von 1570 und 1576 sind heute im Besitz der Familie Cramer. – 301) Nach einer Abschrift im Lagerbuch des PfA Greven von 1672 S. 65 ff. – 302) Einzelne dürftige Hinweise auf Schen-

kungen früherer Zeit s. S. 140 und S. 418. – **303)** StAM, DK Münster I K, B Nr. 32, Bl. 5. – **304)** AAG I D 11. – **305)** Vgl. Münsterische Heimatblätter II (1915), S. 144. – **306)** StAM, Fst. Münster, Landesarchiv 518/519 X 46. Ebd. 44 die fast gleichlautenden Bekenntnisse des Goldschmiedes Johann Lucas. – **307)** StAM, Msc. I 24 Bl. 120. – **308)** PfA Greven, Lagerbuch von 1672, S. 181: qui in extremis suos coram se vocari fecit eosque serio monuit, ut constantes manerent in fide, quam ille vitae suae tempore praedicasset . . . – **309)** Nach einer Abschrift im Lagerbuch des Pfarrers Schmedding im PfA Greven S. 65 ff. Erst im Jahre 1784 wurden die lateinischen Gesänge und Choräle durch eine bischöfliche Verfügung abgeschafft. – **310)** DAM, Hdschr. Nr. 27 Bl. 92. – **311)** Die Anfänge der evangelischen Gemeinde werden o. S. 179 ff. geschildert. – **312)** Das folgende nach den (leider) ungeordneten Akten des PfA Greven. – **313)** DAM, GV, Greven A Nr. 11 und 12, StAM, Reg. Münster, Kirchenreg. I 75 Nr. 4. – **314)** Vgl. auch den status ecclesiae von 1772 (?) im DA Münster, Msc. 115 Bl. 334 v. – **315)** StAM, Kartensammlung Reg. Bez. Münster Nr. 6. – **316)** So auf einer Karte von den Grundstücken des Hofes Kaup-Bönstrup aus dem Jahre 1786 (StAM, Kartensammlung Reg Bez. Münster Nr. 392). – **317)** DAM, GV, Greven A Nr. 9. – **318)** Das folgende nach den Kirchenrechnungen und Akten des Pfarrarchivs. – **319)** Vgl. H. B ö r s t i n g, Münsterländische Kreuztrachten: Aus westfälischer Geschichte, Festgabe für Anton Eitel (Münster 1947) S. 87 ff. – **320)** DA Münster, Generalvikariatsarchiv, Hdschr. 115, 116, 116a, 124, 125, 129 und 133. Sie enthalten die Protokolle der Sendgerichte von 1723, 1749, 1751, 1755, 1764, 1768, 1771, 1779, 1787, 1788, 1790 und 1798. – **321)** DAM, GV, Hdschr. 115 Bl. 332. – **322)** Zum folgenden vgl. AAG Id Nr. 10, 1 und 2. – **323)** Eine brauchbare Liste der Pfarrer findet sich im PfA Greven, Lagerbuch von 1672, S. 181 ff. Sie ist im folgenden benutzt, aber aus anderen Quellen ergänzt. – **324)** DAM, DomA Hdschr. IX A 2 Bl. 36 v. – **325)** Vgl. das Visitationsprotokoll von 1571, MGQ VII S. 66 Anm.e. – **326)** DAM, DomA, IX A 2 Bl. 27 v. – **327)** DAM, DomA IX A 2 Bl. 50. – **328)** DAM, DomA, Hdschr. 27 Bl. 21 f. – **329)** DAM, GV Hdschr. 24 Bl. 131 v. – **330)** StAM, Fst. Münster, Landesarchiv 361 Nr. 13. – **331)** DAM, GV Hdschr. 27 Bl. 20. – **332)** StAM, StFA, Universität X E Nr. 2 vom 10. 7. 1594. – **333)** StAM, StFA, Universität IV 1 Nr. 47. – **334)** Auskunft über seine Stiftungen, aber auch über seine Familie und Verwandtschaft gibt sein Testament im DA, GV Greven A Nr. 10. – **335)** StAM, Reg. Münster, Kirchenreg. I 75 Nr. 1 und DAM, GV Greven A Nr. 10. – **336)** Ebd. – **337)** StAM, Reg. Münster, Kirchenreg. I 75 Nr. 1. – **338)** AAG Id Nr. 1, 1. – **339)** Hierzu und zum folgenden vgl. AAG Id Nr. 1, 1 und DAM,GV, Greven A Nr. 10. – **340)** AAG Id Nr. 35. – **341)** LA Münster Nr. 1139 Bd. 3. – **342)** LA Münster Nr. 1339 Bd. 3. – **343)** Die Quellen zu den folgenden Listen bilden im wesentlichen die Unterlagen des DA für das geplante Pfarrerbuch des Bistums Münster und die Akten des PfA Greven. – **344)** StAM Fst. Münster, Notariatsmatrikel Bd. 1 ff. – **345)** Die Zusammenstellung fußt auf den Akten des Pfarrarchivs, des StAM, DK, Domdechanei II D IX Nr. 9 und 10 u. a. In den Häuserlisten von Überwasser (vgl. Anm. 171) kommen im 15. und 16. Jahrhundert noch manche „Küster "vor, doch sind sie in die Liste nicht mit aufgenommen worden, da es nicht feststeht, ob bei ihnen die Berufsbezeichnung nicht schon zum Familiennamen geworden ist. – **346)** Das folgende nach den Akten des PfA Greven. – **347)** StAM, DK, H. Schöneflieth G Nr. 1. – **348)** DAM, GV, Gimbte A Nr. 10 und StAM, Reg. Münster, Kirchenreg I. 69 Nr. 2 – **349)** StAM, Überwasserstift Münster, Urk. Nr. 120. – **350)** Ebd. Nr. 207. – **351)** DA Münster, GV, Gimbte A Nr. 10. – **352)** AAG I D 22, 1 Bd. 2. Diesen Akten ist auch das folgende über den Neubau der Kirche entnommen. – **353)** Über den alten und neuen Kirchenbau und seine Ausstattung wird o. S. 417 ff. im einzelnen berichtet. – **354)** WUB III Nr. 1142. Ohne Namensnennung wird der Pfarrer von Gimbte auch in einer Urkunde von 1293/94 erwähnt (ebd. Nr. 1484). – **355)** INA II 2 S. 38 Nr. 5. – **356)** WZ 49 I S. 154 und o. S. 138. – **357)** WZ 49 I S. 155. – **358)** StAM, Fst. Münster, Landesarchiv 518/519, Ludgeri Nr. 149 und DAM, GV, Everswinkel A Nr. 18. – **359)** StAM, Überwasserstift Münster, Urk. Nr. 376. – **360)** MGQ VII S. 127. DAM, DomA, Hdschr. Nr. 27 Bl. 133. – **361)** StAM, StFA., Gymnasium 15 f. und 19. – **362)** DAM, GV, Everswinkel A Nr. 18. – **363)** StAM, StFA XIV Universität B Nr. 4 Bl. 180 und 185. Es heißt da: „was ermael eyn rych pastoer gewest in Freslandt". Um so mehr versteht man, daß ihm die kleine Pfarrstelle in Gimbte nicht zusagte! **364)** DAM, GV, Everswinkel A Nr. 18. – **365)** Ebd., Gimbte A Nr. 7 bis 10. – **366)** Er war aus Rheine gebürtig (ebd. Nr. 10). – **367)** Allein 300 Taler für die Pfarre, 200 für die Kirche (DAM, GV, Gimbte A Nr. 10). – **368)** Auch er vermachte Kirche und Pastorat mehrere 100 Taler (ebd. A Nr. 10). – **369)** B r i n k m a n n S. XX. – **370)** Sein Grabstein nennt nur Geburts- und Sterbetag. – **371)** Das folgende nach DAM, GV, Gimbte A Nr. 11 und 12. – **372)** Er starb 1834 als Pfarrer im benachbarten Kinderhaus. – **373)**DAM,

GV, Gimbte A Nr. 2. – 374) StAM, Reg. Münster, Kirchenreg. I 177 Nr. 1. – 375) DAM, GV, Greven A Nr. 20. Nach Backmanns Wunsch sollte es eine sogen. Blutsvikarie werden (wie die Joh. Nepomuk-Vikarie in Greven) für Mitglieder und Nachkommen seiner Familie. – 376) LA Münster Nr. 597. – 377) AAG II m Nr. 2, 1. – 378) Die folgende Darstellung beruht auf den Akten im StAM, Reg. Münster, Kirchenreg. I Nr. 177, 1, LA Münster Nr. 597 und AA Greven Id Nr. 1. – 379) DAM, GV, Greven A Nr. 21. – 380) DAM, GV, Greven A Nr. 23. – 381) StAM, DK, H. Schöneflieth H. – 382) StAM, Msc. II 38 S. 113. Das folgende nach Aufzeichnungen im PfA Greven. – 383) Vgl. DAM, GV, Greven A Nr. 2 und StAM, StFA Universität V E Nr. 10. Er zog wenig später nach Münster. – 384) Juden hat es in Greven zu keiner Zeit gegeben (AAG Id Nr. 37, 1 und 2). – 385) So schon nach dem Visitations-protokoll von 1656. – 386) Im Status animarum von 1749 (DA, GV, Hdschr. 150 Bl. 304ff.) sind mehrere solcher conversi verzeichnet. – 387) Zum folgenden die Akten im AAG Id Nr. 8. – 388) Warum Klüsener erst 1842 in der Statistik als evangelischer Neubürger in Greven erscheint, entzieht sich der Feststellung. Zur Geschichte seiner Apotheke s. o. S. 190 f. – 389) AAG Id Nr. 8. – 390) AAG Id Nr. 2 und 8. Zum folgenden vgl. auch die kleine Schrift (von Sup. Int. Brune, Emsdetten): „Die evangelischen Kirchengemeinden Emsdetten und Greven" (Essen o. J. [1932]), die ausführlicher, als es hier geschehen kann, die Entwicklung der Gemeinde schildert. Für die Frühzeit bietet das o. aus den Akten des Amtsarchivs Mitgeteilte jedoch einige Ergänzungen. – 391) AAG Id Nr. 10, 2. – 392) Das folgende nach der genannten Schrift S. 14 ff. – 393) Das folgende nach den Akten des PfA, des StAM, DK Münster, Neuere Reg. II Nr. 8 und des DAM, GV, Greven A Nr. 18. – 394) Diese Angaben sind wie das folgende den Kirchspielsrechnungen der genannten Jahre und dem Protokollband der Rechnungs-ablage entnommen (StAM, Fst. Münster, Kirchspielssachen II A Nr. 19a Bl. 87, 107 und 145. – 395) AAG II n Nr. 7, desgl. ebd. II n Nr. 1 bis 4 und 12. – 395a) AAG II n Nr. 2 und Herrmann-Schründer S. 52ff. – 396) AAG II n Nr. 16 und 17. – 397) Vgl. Herrmann-Schründer S. 54f. – 398) Zum folgenden vgl. Herrmann-Schründer S. 83ff. – 399) Nach Akten des PfA Greven. – 400) AAG II n Nr. 11 und StAM, Reg. Münster, Kirchenreg. I 75 Nr. 10. – 401) StAM, Fst. Münster, Hofkammer VIII e Nr. 131. – 402) Ebd., Fst. Münster, Notare Nr. 1. – 403) Das folgende nach den Akten des AAG IV p Nr. 2, LA Münster Nr. 1026 und StAM, Oberpräsidium Nr. 817. – 404) CTW III S. 15. – 405) StAM, StFA Münster, Gymnasium III 15 C 7. – 406) INA I, 4 S. 354 Nr. 1. Von den Zeugen der Urkunde, die vermutlich alle Freie oder Ministerialen waren, gehören Hermann de Herbeden (Herbern) und Gerhard de Winkele nach Greven. – 407) 1291 (Osnabr. Urk. Buch IV Nr. 324 und 326). – 408) J. Niesert, Beiträge zu einem Münsterischen Urkundenbuch II (Münster 1823) S. 70. – 409) Die Unterlagen für die folgende Statistik bietet die o. S. 443 ff. abgedruckte Höfeliste. – 410) Die Beispiele sind einem Lagerbuch des Stiftes Metelen entnommen (DAM, GV, Hdschr. Nr. 189 Bl. 102, 16 und 25 v). Vgl. auch u. S. 200. – 411) CTW J S. 46ff. – 412) A. Harkotten I (v. Ketteler), Nr. 11. – 413) Ebd. Nr. 342 und StAM, Freckenhorst Akten II Nr. 232a. – 414) CTW III S. 9ff. – 415) WUB III Nr. 1480. – 416) StAM, Überwasser, Urk. Nr. 64 und Nr. 92. – 417) Vgl. CTW II S. 123ff. – 418) Vgl. CTW I S. 196 und StAM, Dep. Bentlage 1 II B Nr. 55. – 419) WUB III Nr. 1055. – 420) Ebd. Nr. 990. – 421) Ebd. Nr. 112 und Nr. 139. – 422) StAM, Dep. Bentlage 1 II B Nr. 33. – 423) CTW I S. 191. – 424) StAM, DK Münster, DKellnpr. Bd. 10 Bl. 186 v (1709). – 425) AAG II p Nr. 3, 1. – 426) StAM, StFA, Rechnungen A I Jg. 1540 und 1555. – 427) StAM, StFA, Universität X E Nr. 8. Eben-dorther sind auch die anderen Aktenstücke über den Topphoff entnommen. – 428) StAM, Dep. Bentlage 1, IV Greven Nr. 1. – 429) StAM, DK Münster, DKelln. Pr. Bd. 3 Bl. 7. – 430) StAM, DK, Obl. Gronover maius Nr. 21a. – 431) StAM, DK, Obl. Gronover maius Nr. 80. Die Urkunde ist zugleich ein gutes Beispiel für die Art und Weise, wie durch die Unterbringung von Familienmitgliedern in Neben- und Hinterhäusern neue Wohnstätten entstanden. – 432) StAM, StFA, Universität XIV A Nr. 1. – 433) StAM, Fst. Münster, Hofkammer VIII e Nr. 131. – 434) Das folgende nach StAM, Fst. Münster, Hofkammer VIII e Nr. 7 und Amt Wolbeck unverz. Akten von 1631. – 435) Das folgende nach StAM, StFA Universität X E Nr. 5 h. – 436) StAM, Fst. Münster, Hofkammer VIII e Nr. 131. – 437) Nach einem Akten-stück im Besitz des Schulten Farwick. – 438) AAG IV b Nr. 3 a. – 439) Anschreibuch im Besitz des Sch. Jochmaring, Bsch. Schmedehausen. – 440) WUB II Nr. 444. – 441) StAM, Fst. Münster, Landesarchiv 361 Nr. 13. – 442) StAM, Fst. Münster, Hofkammer III Nr. 2. Die Aufstellung stammt zwar aus dem Amt Strom-berg, die Verhältnisse im Kirchspiel Greven werden aber kaum anders gewesen sein. – 443) Nach einem alten Anschreibungsbuch im Besitz von Schulte Jochmaring, Schmedehausen. Er vermerkt dazu, daß diese Löhne noch 1852 gezahlt worden, von da ab langsam gestiegen seien. – 444) Ebenda. –

445) AAG II 1 Nr. 44. – 446) StAM, DK Marken Nr. 24a. – 447) Das folgende nach den Kirchspielsrechnungen und dem Protokollbuch über die Rechnungslage des Kirchspiels (StAM, Fst. Münster, Kirchspielssachen II Nr. 19a). Weitere Akten im AAG II 1 Nr. 2, 4, 5, 10 und 11; bzw. LA Münster Nr. 417 und 422. – 448) LA Münster Nr. 417, AAG II 1 Nr. 10 und 11. – 449) MGQ VI S. 924 und 945. – 450) WZ 19. Bd. (Münster 1859) I S. 200. – 451) Ebd., StFA Münster, Universität X E Nr. 10. – 452) StAM, Fst. Münster Landesarchiv 381 Nr. 2. – 453) S. im einzelnen o. S. 280ff. Das folgende nach MGQ III, S. 112ff. – 454) Dies und das folgende nach den Protokollen des Domkapitels (StAM, DK Münster, Pr. Bd. 2, 4 und 5; vgl. auch ebd. III C Nr. 6, 2). – 455) StAM, St. Mauritz, Akten G Nr. 8. – 456) Nach den Landtagsakten im StAM, Pr. Bd. 30. – 457) Vgl. WZ 13 (Münster 1852) S. 125. Nach einem Bericht des Zellers Naendorf war die „von den Fleckensteinschen Kriegsvolk geschehene Feuersbrunst" in Greven am 14. April (StAM, Fst. Münster, Hofkammer VIIIe Nr. 131). – 458) StAM, Fst. Münster, Landesarchiv, Militaria Nr. 674. Hierzu und zum folgenden vgl. A. Weskamp, Das Heer der Liga in Westfalen (1622/23), Münster 1891, S. 109 und 294ff. – 459) Weskamp S. 309 und 311. – 460) Weskamp S. 355. Von Raub und Plünderung bei diesem Durchzug hört man nichts. – 461) StAM, Fst. Münster, Hofkammer VIIIe Nr. 131. – 462) Ebd., DK, Haus Schöneflieth H. – 463) StAM, DK II C Nr. 2. – 464) Nach Akten im Besitz des Schulten Pellengahr-Höping zu Aldrup bzw. StAM, Dep. Bentlage 1, II Greven Nr. 1. – 465) StAM, Freckenhorst II Nr. 240 und Dep. Bentlage 1 II B Nr. 31. – 466) Die Angaben über die Kontributionen und Schatzungen nach den Schatzungslisten und Kirchspielsrechnungen der betreffenden Jahre. – 467) Das folgende nach den Kirchspielsrechnungen. – 468) StAM, Dep. Altertumsverein Münster, Msc. Nr. 370 Bl. 107v und 120. – 469) Ebd., Fst. Münster, Notare Nr. 1 (Protokollbuch des Notars Kroeß aus Greven). – 470) Die folgende „Kriegsgeschichte" des 18. Jhts. ist im wesentlichen auf den Kirchspielsrechnungen von Greven und Gimbte aufgebaut. – 471) StAM, DK IV B Nr. 63 und IV A Nr. 24. – 472) StAM, Fst. Münster, Ritterschaft Nr. 94. – 473) WZ 37 (Münster 1879) I S. 24. – 474) StAM, Fst. Münster, Hofkammer VIIIe Nr. 131 zum Jahre 1570: Rotger Komnes, Vogt und Frone! – 475) AAG IIa Nr. 1a. – 476) StAM, Fst. Münster, Kirchspielssachen II 19a, S. 53. Einen Streitfall zwischen beiden Vögten wegen einer Strafverfügung gegen einen Grevener Bürger von 1681 im StAM, DK, DKelln. Pr. Bd. 9 Bl 109. – 477) Die Liste ist im wesentlichen zusammengestellt aus den Erwähnungen in den Kirchspielsrechnungen, aus den Akten im StAM, DK III C und aus dem Protokollband der Rechnungsprüfungen ebd., Kirchspielssachen II Nr. 19a. – 478) StAM, DK, DKelln. VI Nr. 225. – 479) 1692 und 1693 (Protokolle des Notars Chr. B. Kroeß, StAM, Fst. Münster, Notare Nr. 1). – 480) Die Quellen für die folgenden Listen bilden im wesentlichen das Protokollbuch über die Rechnungslegung der Kirchspielsrechnung im StAM, Fst. Münster, Kirchspielssachen II 19a. – 481) Urkunde vom 5. 3. 1708 im Pfarrarchiv Gimbte. – 482) Scotti II Nr. 464. – 483) AAG IIa Nr. 21 und IIf Nr. 2. – 484) StAM, Fst. Münster, Kirchspielssachen II Nr. 19a S. 318. Als „gewöhnlicher Gebrauch" galt bei allen dem Domkapitel unterstehenden, siegelführenden Behörden das Bild des Hl. Paulus, des Patrons des Münsterer Domes. – 485) StAM, Dep. Altertumsverein Münster Msc. Nr. 173. – 486) Das folgende nach StAM, DK, Produkte I D Nr. 22. – 487) StAM, St. Mauritz Akten G Nr. 8 (1669). – 488) Zur Organisation der Kirchspiele vgl. H. Ohde, Verfassungs- und Verwaltungsgeschichte der Unterbehörden des Erbfürstentums Münster Diss. Münster (Hildesheim 1910) S. 18f. und S. 38ff. – 489) Die Grevener Kirchspielskonventionen seit 1702 im StAM, Fst. Münster, Kirchspielssachen II 19a. Für Gimbte vgl. ebd., Kirchspielsrechnungen B I Nr. 1 (1704 und 1739ff.). – 490) StAM, DK, DKelln., Neuere Reg. III Nr. 20; vgl. ebd., Dep. Altertumsverein Münster, Msc. Nr. 173. – 491) StAM, DK, DKelln., Neuere Reg. III Nr. 13. – 492) Nach einer Urkunde von 1774 im Besitz des Schulten Gronover. – 493) StAM, DK, H. Schöneflieth, Rechnungen. – 494) Vgl. o S. 70f. Im Jahre 1804 stand in der Schlinge schon kein Wasser mehr (AAG IIi Nr. 60). – 495) LA Münster Nr. 831, AAG If Nr. 7 und IIk Nr. 26. – 496) Zum folgenden die Akten im LA Münster Nr. 831, AAG If Nr. 8 und IIi Nr. 16. – 497) AAG If Nr. 8 und LA Münster Nr. 830. – 498) AAG If Nr. 8. – 499) Die Akten hierzu StAM, Fst. Münster, Landesarchiv 53 Nr. 9, Urk. Münster Nr. 4480 und im A. von Galen zu Schwarzengraben. Vgl. W. Rave, Die Geschichte des westfälischen Geschlechtes Rave (Münster 1948) S. 85ff. – 500) StAM, DK, H. Schöneflieth K Nr. 10. Der zunehmenden Verwilderung der Emspünterei suchte der Landesherr vergeblich durch Verordnungen zu steuern (Scotti II Nr. 471 von 1769). – 501) StAM, Fst. Münster, Hofkammer XVIIIi Nr. 18. – 502) A. Biederlack in Greven, Gutachten vom 23. 7. 1835. – 503) A. Biederlack in Greven. Vgl. auch AAG If Nr. 6, 1 und 2. – 504) Nach einer Statistik im AAG IIk Nr. 10, 1. – 505) AAG IIa

Nr. 5 Bd. 3 und 4. – **506)** Das folgende nach H. Knüfermann, Geschichte des Max-Clemens-Kanals im Münsterland (Hildesheim 1907). – **507)** AAG If Nr. 5a, 1. – **508)** Ebd. If Nr. 4. – **509)** Das folgende nach AAG Ib Nr. 4, 1. – **510)** Das folgende nach AAG IIi Nr. 1, 1 (1805) und Nr. 14. Eine genaue Karte der Rheineschen Landstraße von 1783 im StAM, Kartensammlung Reg.Bez. Münster Nr. 498. – **511)** Vgl. AAG IIi Nr. 1, 1. – **512)** 1765/66 (Münsterländer Heimatkalender 1940 S. 92). – **513)** AAG IIk Nr. 20, 2. – **514)** Vgl. AAG IIi Nr. 18. – **515)** StAM, Urk. Fst. Münster Nr. 2837. – **516)** Dieses und das folgende nach den Akten StAM, DK Münster, Neuere Reg. II Nr. 28. Die Einnahmen von der Brücke in Gelmer verzeichnen Jahr für Jahr die Domkellnereirechnungen. Seit 1646 hören sie ganz auf. – **517)** AAG IIk Nr. 12, 1. Pläne dazu im StAM, Kartensammlung Reg.Bez. Münster Nr. 909/913). – **518)** StAM, StFA, Gymnasium III 15 C Nr. 7 (1341) und ebd. DK, Neuere Reg. II Nr. 27 (1791). Es bleibt auch unklar, woher Franko von Bissendorf seine Rechte an dem genannten Weg ableitete. – **519)** AAG IIk Nr. 2. – **520)** StAM, Fst. Münster, Hofkammer XVIIIi Nr. 5. – **521)** Münsterländer Heimatkalender 1940 S. 92. – **522)** WUB VIII Nr. 1127. – **523)** StA Münster, DK, DKelln. Rechnungen Bd. 1 Bl. 54v. 1804 gab es in Schmedehausen zwei Wirtshäuser, von denen Wüller (Sandfort) die Tradition der alten Landskrone fortsetzte. Die andere betrieb Tümler in der Eltingmühle. – **524)** Münsterländer Heimatkalender 1940 S. 92. – **525)** StAM, DK Münster, H. Schöneflieth, Rechnungen und Münsterländer Heimatkalender 1940 S. 92. – **526)** StAM, DK, Neuere Reg. II Nr. 26 und DKelln. A VI Nr. 200h (1616). Die Bauakten des 19. Jahrhunderts (zum Teil aus dem AAG stammend) im Besitz des Schulten Pellengahr-Höping zu Aldrup. – **527)** StAM, DK Münster, H. Schöneflieth K. Ebd. F Nr. 1 mehrere Zeichnungen der Umflutbrücke. – **528)** Konstruktionszeichnungen der alten Brücke haben sich im StA Münster, Kartensammlung Reg.Bez. Münster Nr. 928 erhalten. – **529)** Das folgende nach AAG IIi Nr. 15. – **530)** AAG IIk Nr. 3. – **531)** StAM, DK, H. Schöneflieth K Nr. 9. – **532)** Zum folgenden die Akten im StAM, DK, Neuere Reg. II Nr. 1 und 26. – **533)** StAM, DK, Neuere Reg. II Nr. 26. – **534)** StAM, DK III C Nr. 25. – **535)** AAG II k Nr. 2. – **536)** Ebd. IIk Nr. 5, 2. – **537)** StAM, Fst. Münster, Hofkammer VIIIe Nr. 131a und ebd., Dep. Bentlage 1 V, I Nr. 125. – **538)** Zum folgenden die Akten im StAM, DK, Neuere Reg. II Nr. 26 und AAG IIk Nr. 6. – **539)** Zum folgenden Absatz vgl. AAG IIk Nr. 10, 1. – **540)** Das folgende nach AAG Ib Nr. 3, 1 und 2 und StAM, Reg. Münster, Präs. Reg. I Nr. 28 und 29. Vgl. auch Herrmann-Schründer S. 58ff. – **541)** AAG Ib Nr. 3, 1. – **542)** Cordes S. 18. – **543)** AAG Ib Nr. 3, 1. – **544)** Herrmann-Schründer S. 61f. – **545)** Ebd. S. 61. – **546)** Die Grundlage für dieses Kapitel bildet, soweit nicht im einzelnen die Quellen genannt werden, die Darstellung von W. Herrmann und H. Schründer, Greven an der Ems. Wirtschaftsgeschichte eines westfälischen Dorfes (Münster 1938). – **547)** Urk. v. 14. 3. 1629 im AA Wolbeck. Die Angabe Lambertus (= 25. 8.) bei Herrmann-Schründer, S. 16 beruht auf einem Irrtum. Die Kirche hat sich dem neuen Termin angepaßt und feierte (nach den Visitationsprotokollen des 17. und 18. Jahrhunderts das Dedikationsfest (Kirchweih) am letzten Sonntag im August! **548)** StAM, StFA, Rechnungen A I Bd. 1 Bl. 16, 42, 65 und öfters. – **549)** StAM, DK, H.Schöneflieth C Nr. 2. – **550)** Herrmann-Schründer, S. 18 und Protokolle des Beifangs Schöneflieth von 1583. – **551)** StAM, Causae civiles Nr. 141. – **552)** StAM, DK, H. Schöneflieth B Nr. 9 Jg. 1583/84 Bl. 5. – **553)** StadtA Borken R Nr. 1 von 1484 und 1499. – **554)** MGQ III, S. 104ff., vgl. auch Herrmann-Schründer, S. 16ff. – **555)** Vgl. Herrmann-Schründer, S. 16 Anm. 37. Davensberg 1579 (StAM, Dep. Haus Venne Urk. Nr. 430), Tecklenburg 1631 (A. Haus Mark, Urk. Nr. 120), Schüttorf Grfsch. Bentheim) 1615 (Stad-A Schüttorf, Urk. bb Nr. 7). – **556)** MGQ VI, S. 676. – **557)** Scotti II Nr. 364 und Herrmann-Schründer, S. 21f. – **558)** StAM, Fst. Münster, Cabinettsreg. P XXXIII A Nr. 2. – **559)** Nach den Visitationsakten dieses Jahres im DA Münster, GV, Hdschr. 115 Bl. 328 (1768) und Bl. 340 (1771). – **560)** Hierzu und zum folgenden die Akten im AAG IVo Nr. 14,1. – **561)** Herrmann-Schründer, S. 14. – **562)** Fr. von Klocke, Westfalen und der deutsche Osten (Münster 1940), S. 56, G v. Detten, Die Hanse der Westfalen (Münster 1897), S. 101. – **563)** H. Bremer, Haus Welbergen. Aus der Geschichte einer münsterländischen Wasserburg (1932), S. 37 Nr. 74. – **564)** StAM, DK, H. Schöneflieth, Rechnungen, Jg. 1581. – **565)** StAM, Fst. Münster, Hofkammer VIIIe Nr. 131 und VIIIi Nr. 185, ebd., DK, Obl. Gronover maius Nr. 36 (zu 1611) und ebd. StFA, Universität X E Nr. 2. – **566)** MGQ III, S. 82f. – **567)** StAM, DK, Obl. Gronover maius Nr. 81. – **568)** Das folgende wieder nach Herrmann-Schründer, S. 26ff. – **569)** StAM, DK III C Nr. 25. – **570)** Urk. vom 8. 3. 1682 im Archiv Biederlack. – **571)** Dorfrechnung von 1718 bzw. StAM, DK, DKelln. Pr. Bd. 10 Bl. 286v. – **572)** A. Schulte, Die Mitglieder der „Westphaalschen Bos" in Haarlem

1720 bis 1743: Beiträge zur Westfälischen Familienforschung Bd. I (Münster 1938), S. 161 ff. – **573)** StAM, DK, DKelln. B Nr. 23. – **574)** Die Berufsangaben von 1664 nach dem Schatzungsregister, die von 1749 nach dem Status animarum, die von 1804 nach der „Nachweisung" der auf dem platten Lande vorhandenen Kaufleute und Krämer, Handwerker, Branntweinbrenner, Brauer, Bäcker und Schlächter, StAM, Kr. u. Dom. Kammer Münster 12 Nr. 14. Eine ähnliche Aufstellung von 1803 ebd. Domainenreg. Münster A I 7 Nr. 4. Die Angaben von 1846 im AAG I e Nr. 12. – **575)** Nach dem Auszug bei Herrmann-Schründer, S. 48. Dazu der ein Jahr ältere Bericht des preußischen Kriegskommissars Kurlbaum über die wirtschaftlichen Verhältnisse in Greven, StAM, Reg. Münster, Domainenreg. A I Fach 7 Nr. 5. – **576)** StAM, DK, H. Schöneflieth K Nr. 10 bzw. AAG II k Nr. 10, 1. – **577)** StAM, DK, H. Schöneflieth, Rechnungen. Die Saison reichte durchweg von Oktober bis Februar. – **578)** AAG IIa Nr. 5, 2. – **579)** Cordes, S. 13 ff. – **580)** Nach den Vierteljahrsberichten des Amtmanns zum 12. 1. 1853. – **581)** AAG IIi Nr. 16. – **582)** AAG I e Nr. 19 und 12. – **583)** StAM, Reg. Münster, Domainenreg. A I 7 Nr. 5. – **584)** AAG I e Nr. 19. – **585)** Nach den Zeitungsberichten des Amtmanns (AAG IIa Nr. 5, 2). – **586)** StAM, Reg. Münster, Präsidialreg. IV 17 Nr. 38. – **587)** AAG I e Nr. 18, 2. – **588)** AAG I e Nr. 18, 2. – **589)** MGQ VII, S. 134. – **590)** Die Unterlagen für die folgende Liste enthalten meist die Kirchspielsrechnungen zu den angegebenen Daten und Jahren. – **591)** StAM, DK Münster, DKelln VI 225. – **592)** Als solcher wurde er 1690 bestätigt (StAM, Fst. Münster, Notarsmatrikel Bd. 2 Bl. 77v). – **593)** StAM, Fst. Münster, Notarsmatrikel Bd. 2. S. 160v. – **594)** DAM, GV, Msc. 115 Bl. 316 (Synodalprotokoll). – **595)** Ebd. Bl. 318 und ebd. Akten Greven A 17. – **596)** Nach den Schulakten im PfA Greven. Nach dem Visitationsprotokoll von 1779 beherrschte er die lateinische Sprache, war also vermutlich auch ein Theologiestudent! – **597)** PfA Greven. – **598)** StAM, Fst. Münster, Kirchspielssachen II Nr. 19a, S. 268, 270, 278. – **599)** Auch die Angaben der folgenden Liste sind meist den Kirchspielsrechnungen entnommen. – **600)** Scotti I Nr. 167 § 23. – **601)** Das folgende nach StAM, Fst. Münster, Kirchspielssachen II Nr. 19a, S. 270 ff. – **602)** AAG IIh Nr. 18. – **603)** Die Darstellung fußt auf den Schulakten im AAG II h Nr. 18–28, bzw. im StAM, Reg. Münster, Schulreg. 170 Nr. 1–15. – **604)** Vgl. Scotti I Nr. 167. Diese Ordnung wurde 1693 und nochmals 1739 erneuert und in Einzelheiten ergänzt (ebd. Nr. 214 und 351). – **605)** Vgl. hierzu A. Schröder, Overberg und Fürstenberg in ihrer Bedeutung für die geistige Hebung der ländlichen Bevölkerung, Diss. Münster (Gütersloh 1937) = Münstersche Beiträge, 3. Folge, hrsg. v. A. Eitel, Heft 15. – **606)** Die Schulordnungen seit 1776 bei Scotti II Nr. 501, 515, 534 und 566. – **607)** AAG IIm Nr. 4, 1. Auch die beiden Hilfsgeistlichen Frenking und Rademacher waren nach Ansicht des Weihbischofs Droste-Vischering nicht für den Schuldienst geeignet (Schreiben von 1809 an den Maire Schründer, AAG IIm Nr. 2, 1). – **608)** Dieser große und für die Grevener Schulgeschichte sehr wichtige Bericht im AAG IIm Nr. 2, 1. – **609)** AAG IIh Nr. 18. – **610)** Ebd. – **611)** Hierzu die Akten im StAM, Reg. Münster, Schulreg. I 170 Nr. 18 bis 20 und im AAG IIm Nr. 7, 8, 39 und 56. – **612)** Heimatbuch Telgte (Telgte 1938), S. 196. – **613)** Im Besitz des Schulten Pellengahr-Höping zu Aldrup. – **614)** Ebd. – **615)** Zeitungsbericht des Amtmannes im AAG IIa Nr. 5 Bd. 5. – **616)** Die weiteren Geschicke der Schule (seit 1933) schildert eingehend der Beitrag von Oberstudienrat Sprenger in der inzwischen erschienenen kleinen Festschrift „Stadt Greven" (Greven 1950), S. 36 ff. – **617)** Das folgende nach StAM, Reg. Münster, Schulreg. I 170 Nr. 16–17a und AAG IIm 9, 10 und 42. – **618)** Beschlossen in der Amtsvertretung am 23. Nov. 1874, in Kraft getreten am 1. Januar 1876 (AAG IIe Nr. 1, 1). – **619)** Die Schicksale der Grevener Volksschulen in der jüngsten Vergangenheit schildert Rektor Klegraf in der Festschrift zur Stadtwerdung, S. 48 ff. Die dort gebotene ältere Grevener Schulgeschichte benutzte dagegen das Manuskript meiner obigen Darstellung. – **620)** AAG IIm Nr. 17 und StAM, Reg. Münster, Schulreg. 170 Nr. 21 und 22. – **621)** Das folgende nach StAM, Reg. Münster, Schulreg. I 208a Nr. 1 und AAG IIh Nr. 17, 1 und 2, 31, 1 und 2, 32 und IIm Nr. 20 und 49. – **622)** StAM, St. Mauritz-Münster G Nr. 8. Er mußte dafür der Kirche jährlich ein Pfund Wachs zahlen. – **623)** StAM, St. Mauritz-Münster G Nr. 8. – **624)** StAM, Reg. Münster, Schulreg. I 59 Nr. 1 und AAG IIh Nr. 35, 1 und 2 bzw. IIm 21, 22 und 49a. – **625)** Nach einer Schuldurkunde vom 19. Jan. 1800 in der Schulchronik, S. 108. – **626)** Die Akten über diese Schule im StAM, Reg. Münster, Schulreg. I 420 Nr. 1 und 2, sowie im AAG IIh Nr. 39, 1 und 2, IIm Nr. 51. – **627)** Nach der Schmedehausener Schulchronik. – **628)** StAM, Reg. Münster, Schulreg. I 379 Nr. 1 (Pentrup) und 498 Nr. 1 (Wentrup) und AAG IIh Nr. 40 und IIm 50 (Pentrup) bzw. IIh Nr. 41 (Wentrup). – **629)** AAG IIh Nr. 36. – **630)** StAM, Dep. Bentlage 1, II Greven Nr. 25. – **631)** Zum folgenden StAM, Reg. Münster, Schulreg. I 170, 14; 218, 1 bis 3 und

AAG IIh Nr. 38,1 und 2. – **632)** DAM, GV Msc. 115 Bl. 342. – **633)** Im Besitz des Schulten Eilfing, Herbern. – **634)** StAM, Reg. Münster, Schulreg. I 516 Nr. 1 und AAG IIh Nr. 42 und IIm Nr. 52. – **635)** AAG IIh Nr. 37,1 und 2. – **636)** Das folgende nach StAM, Dep. Altertumsverein Münster Msc. 378. – **637)** Die Originalbriefe Blüchers im AAG Va Nr. 1, 1. – **638)** Bei Brinkmann, S. IX Anm. 9 Nr 2. Einen fünften Brief Blüchers vom 12. August 1803 s. o. S. 354. – **639)** StAM, Fst. Münster, Cabinettsreg. M XVI Nr. 14. – **640)** StAM, DK, DDechanei I C Nr. 16. – **641)** AAG IIa Nr. 1. – **642)** Ebd. Ie Nr. 23 und C. v. Olfers, Beiträge zur Geschichte der Verfassung und Zerstückelung des Oberstiftes Münster (Münster 1848), S. 103. – **643)** AAG Ib Nr. 3,1. – **644)** AAG IIa Nr. 1. – **645)** S. o. S. 345. Zum folgenden die Akten im AAG Va Nr. 7,1. – **646)** Das folgende nach AAG Va Nr. 1,1. – **647)** Zum folgenden die Akten im AAG Va Nr. 1,2. – **648)** AAG IIa Nr. 2. – **649)** Das folgende nach AAG IIi Nr. 17. – **650)** AAG II Nr. 5,1. – **651)** AAG IIf Nr. 3 und IIIa Nr. 12. – **652)** AAG IIf Nr. 3. – **653)** AAG Va Nr. 1,2. – **654)** AAG Va Nr. 1,2. Das Kommando an der Steinernen Schleuse lag abwechselnd bei Blomberg bzw. Schwartze im Quartier. Ein ähnlicher Posten wurde damals vorübergehend auch bei der Eltingmühle eingerichtet. – **655)** AAG Va Nr. 1,2. – **656)** AAG IIa Nr. 8,1. Wegen der Gendarmerie-Kaserne vgl. ebd. Va Nr. 1,2. – **657)** AAG Va Nr. 11. – **658)** AAG IVa Nr. 1a. – **659)** Das folgende nach Va Nr. 8. – **660)** AAG Va Nr. 9. – **661)** AAG Va Nr. 14. – **662)** AAG Va Nr. 8. – **663)** AAG Ie Nr. 23. Vgl. auch M. Schründer, S. XV. – **664)** Das folgende nach AAG Va Nr. 1 und 3 ff. – **665)** Eingehende Berichte über die verschiedenen Feiern im AAG IVb Nr. 2,1. – **666)** Das folgende Verzeichnis der im Dienste Napoleons und in den Freiheitskriegen gefallenen und vermißten Soldaten aus dem Amt Greven ist den amtlichen Erkundungen des Amtsbürgermeisters aus dem Jahre 1817 (AAG Va Nr. 13), weiteren Amtsakten (AAG Va Nr. 14 und IVb Nr. 2,1) und den amtlichen Verlustlisten (veröffentlicht im Amtsblatt der Regierung Münster Jg. 1819, 1820 und 1828) entnommen. Die Todesnachricht über den in Spanien gefallenen Grenadier Theodor Dankelscheid findet sich AAG Va Nr. 8. – **667)** AAG IVb Nr. 2,1 und Va Nr. 16. – **668)** Zum folgenden vgl. AAG IIc Nr. 3 und StAM ‚Kreis Warendorf, I Landratsamt I Nr. 1. – **669)** Nach den Akten im Besitz des Schulten Farwick und im AAG IIc Nr. 3. – **670)** AAG IIc Nr. 4. – **671)** Hierzu und zum folgenden AAG IIa Nr. 8,1 und 16, dazu LA Münster Nr. 180 I. – **672)** StAM, LA Tecklenburg, Akten ohne Signatur. – **673)** AAG IIa Nr. 8 und StAM, Reg. Münster, Präs. Reg. IV 17 Nr. 39. – **674)** AAG IIb Nr. 1,1. – **675)** Das Schreiben des Landrates im Archiv Biederlack, Greven. – **676)** Zum folgenden vgl. AAG IVa Nr. 2. – **677)** AAG IIa Nr. 3,1. – **678)** Das folgende nach den Akten des Klubs im Besitz des Schulten Gronover-Westerode. – **679)** Dies und das folgende nach AAG IIc Nr. 8. – **680)** Zum folgenden vgl. AAG IIb Nr. 1,11 und IIe Nr. 1,2,3 und 6. – **681)** StAM, Reg. Münster, Präs. Reg. IV 17 Nr. 39. – **682)** Das folgende nach AAG IIc Nr. 7,8 und 9. – **683)** AAG IIc Nr. 7. Die Zahl der Amtsverordneten des Dorfes stieg 1910 auf sieben. – **684)** StAM, Oberpräsidium Nr. 2333 Bd. V vom 13. 8. 1893. – **685)** AAG IIh Nr. 2. – **686)** StAM, Reg. Münster, Präs. Reg. IV 17 Nr. 39 und AAG IIa Nr. 8. – **687)** AAG IIa Nr. 5,4. – **688)** AAG IIe Nr. 2 und LA Münster Nr. 180 I. – **689)** LA Münster Nr. 180 I und AAG IIa Nr. 8,3. – **690)** Das folgende nach den Amtsprotokollen, AAG IIe Nr. 2 und 3. – **691)** Vgl. Herrmann-Schründer, S. 100f. – **692)** AAG IVa Nr. 3. – **693)** Ebd. Ia Nr. 4. Auch das erste Auftreten des Nationalsozialisten in Greven am 25. 7. 1930 wurde von der Bevölkerung kaum beachtet (ebd. IVa Nr. 6). – **694)** Die Sage ist hier nach der von B. Brinkmann gegebenen Fassung wiederholt (vgl. Unsere Heimat, Blätter f. d. Münsterland und die angrenzenden Gebiete, 1914 Nr. 22, S. 258). – **695)** Ebd., S. 261. Die einleitenden Verse über den alten Schäfer, der die Sage als Zweites Gesicht erlebt, sind hier fortgelassen. – **696)** WUB III Nr. 618. – **697)** INA Beibd. I 2, S. 111 Nr. 41. – **698)** Vgl. o S. 129. Der heute verschwundene Stammsitz des Geschlechtes lag angeblich in der Bauerschaft Schönebeck auf der Grenze der Kirchspiele Roxel und Altenberge. – **699)** WUB III Nr. 936. – **700)** WUB III Nr. 994. – **701)** WUB III Nr. 990. Die Kaufkraft des Geldes war damals unvergleichlich höher als heute. Für 30–40 Mark kaufte man im 13 Jahrhundert einen vollständigen Bauernhof! – **702)** WUB III Nr. 1238. – **703)** Ebd. Nr. 1239. – **704)** CTW II, S. 3 ff. – **705)** StAM, Urk. Fst. Münster Nr. 1433. – **706)** Für die folgende Schilderung bilden die Akten im StAM, DK, H. Schöneflieth und DK, Neuere Reg. II Nr. 1–7 die Grundlage. Sie werden daher nicht mehr für jede Einzelheit gesondert zitiert. – **707)** Das folgende nach StAM, DK, Neuere Reg. II Nr. 4. – **708)** StAM, DK. H. Schöneflieth K Nr. 8. – **709)** StAM, DK, Neuere Reg. II Nr. 7 von 1774. – **710)** StAM, DK, H. Schöneflieth C Nr. 2. – **711)** Ebd. – **712)** StAM, DK, Neuere Reg. II Nr. 3. – **713)** StAM, DK Münster, H. Schöneflieth A 1. – **714)** StAM, Msc. II Nr. 23 Bl. 4vf. – **715)** Sie werden in dieser Reihenfolge in einem Bericht des Domkellners aus dem Jahre 1637 genannt (StAM, Fst. Münster, Landesarchiv Nr. 23, 1). Vierfuß war 1624 noch kaiserlicher Leutnant (WZ 18 I S. 26f.). – 716) StAM, Dep. Altertumsverein Msc. Nr. 137. – 717) StAM, DK, Domdechanei I C Nr. 16. – 718) Diese und die im folgenden ohne weitere Quellenangaben gemachten Mitteilungen über die Innenausstattung der Grevener Kirche im 17. und 18. Jahrhundert sind den Kirchenrechnungen der betreffenden Jahre oder dem Register der Kirche von Pfarrer Holstein im PfA Greven entnommen. – 719) StAM, Reg. Münster, Kirchenreg. I 75 Nr. 3. – 720) StAM, Reg. Münster, Kirchenreg. I 75 Nr. 2. – 721) Nach R. Schulze, Das Minoritenkloster zu Münster 1618/1648: Westfalia Sacra Bd. II (Münster 1950) S. 260 Anm. 52 stammte diese Orgel aus der Minoritenkirche. Demnach dürfte Meister Smidt sie nur in der Grevener Kirche neu aufgestellt haben. Das würde auch erklären, wieso sie nach so kurzer Zeit schon wieder reparaturbedürftig war. – 722) Das folgende nach den Akten des PfA Greven und den Bau- und Kunstdenkmälern des Kreises Münster-Land S. 66 – 723) StAM, Fst. Münster, Kirchspielssachen II 19a S. 78 und die Kirchspielsrechnung dieses Jahres. – 724) Die Bauakten im AAG I d Nr. 23 (mit Plänen). Zu den Fenstersteinen des damals neu gebauten Turmgeschosses sind zwei alte Grabkreuze des 18. Jahrhunderts verwandt worden. – 725) Die Darstellung folgt den Akten des AAG I d Nr. 22 Bd. 1 und 2, StAM, Reg. Münster, Kirchenreg. I 69 Nr. 1 und den Aufzeichnungen des Pfarrers Richters im Kirchenbuch (vgl. Heimatklänge Nr. 8, 1930). – 726) AAG I d Nr. 22 Bd. 2. Der fehlende Chor ist nach den Angaben der Akten ergänzt! – 727) AAG I d Nr. 22 Bd. 1. – 728) Vgl. auch G. Stolte-Adelt, Wegbilder der Barockzeit im Münsterland, Diss. Münster (Wattenscheid 1936) S. 47f. – 729) StAM, DK, Neuere Reg. II Nr. 8. – 730) Die Geschichte der Wandlungen des Biederlackschen Wappens siehe E. Hövel, Geschichte der Stammlinie Biederlack S. 27ff. Das nicht minder interessante Wappen der Familie Schründer behandelt Hövel bei M. Schründer und P. Fahle, Beiträge zur Geschichte des Geschlechtes Schründer S. III ff.

Berichtigungen und Nachträge

S. 82 Z. 4 von unten: Der Name des 1298 in Greven auftretenden Freischöffen Gottsch. Funder (Osn. UB IV Nr. 324) lehrt, daß schon damals die Fußbrücke über die Ems bei Greven bestand, denn Funder heißt nichts anderes als Schemm, Steg. – S. 156 Z. 27: Es gab in Greven auch noch eine 1703 (?) gegründete Gebetsbrüderschaft zum Hl. Geist, deren (von 1703–1789 reichendes) Statutenbuch sich im A. Biederlack fand. Ihre 53 Mitglieder (diese Zahl durfte nicht überschritten werden) pflegten neben der Fürbitte und Sorge für die verstorbenen Mitglieder auch die Geselligkeit mit Königsschießen (!) Festessen und Tanz. – S. 339 Z. 28 statt Wallerskotten lies Wü... – S. 435 Z. 31: Das „rote (hölzerne) Kreuz" stand am Albachtenesch am Weg nach Maestrup, ein anderes, nach dem der „Kreuzacker" benannt war, am Marktesch. Beide, im Kirchenlagerbuch von 1637 erwähnt, waren vielleicht Vorläufer der Stationskreuze. – S. 437 Z. 11: Der Torbalken zeigt die Jahreszahl 1683. Ebd. Z. 16: Doch baute sich Fr. A. Schründer im 2. Jahrzehnt des 19. Jhts. an der Marktstraße Nr. 17 nach Plänen des Architekten Reinking ein Steinhaus im klassizistischen Stile. Die vielen Umbauten lassen die einstige Schönheit des heute noch stehenden Hauses nur noch erahnen. – S. 443 Z. 22: Die 1800 noch nicht schatzpflichtigen und ebenso die nach 1800 angesetzten Neubauerstellen sind in dieser Liste nicht berücksichtigt. Die heutigen Besitzernamen werden der Amtsverwaltung Greven verdankt — S. 463 Nr. 117: Schlotmann besaß 1828 61 M., 178 R. Land. – S. 466 Z. 12: Der Hof Herschaping kommt noch 1412 vor (A. Haus Ruhr, Urk. v. 4. 5. 1412). Ebd. wird auch schon der Hof Naendorf (S. 489 Nr. 269) als Nordendorpe erwähnt. – S. 495 Anm. 48a) Vgl. Anm. 71. – S. 504 Anm. 577a) Vgl. Heimatklänge Nr. 6. – S. 505 Anm. 648a) AAG II a Nr. 3 Bd. 1.

Register

Um das Register zu entlasten, sind die vielfach nur in einem Buchstaben abweichenden Formen der alten Eigennamen unberücksichtigt geblieben. Auslaufendes ch, ck, gh, gk, Doppelkonsonanten ll, nn, tt sind nicht in das Register aufgenommen worden, desgleichen nicht der Wechsel zwischen d und t (Feld – Velt), i und y usw. So erscheinen z. B. Alberdynck, Wynckell nur als Alberting, Winkel. e und i als Dehnungsvokale sind gleichfalls nicht ausgeworfen (Koep = Kop, Oistman = Ostman usw.).

Wo nicht eigens angegeben, beziehen sich die Amtsbezeichnungen Pf. (Pfarrer), L. (Lehrer), R. (Rottmeister), V. (Vikare, Kapläne) stets auf Greven, DH (Domherr) Dompropst, Domdechant usw. auf Münster.

A b k ü r z u n g e n: B. = Bauerschaft; DH. = Domherr; Em. = Erbmann; F. = Führer; H. = Hof; h. = heute; He. = Hembergen; K = Küster; Kr. = Kreis; Ksp. = Kirchspiel; L. = Lehrer(in); M. = Meister; Pf. = Pfarrer; R. = Rottmeister; s. = sein(e); Sch. = Schulte; Schme. = Schmedehausen; V. = Vikar; We. = Westerode.

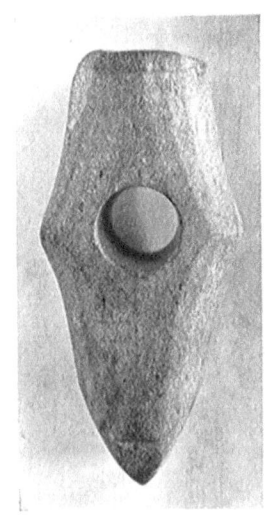

Tafel II, 1. Streitaxt aus Felsgestein (zu S. 6)
2. Urne vom Marktesch bei Greven (zu S. 10)
3. Unberührtes Hügelgrab bei Bockholt (zu S. 4)

Tafel IV, 1. Obere Marktstraße in Greven (nach einem Gemälde von Palmes, das den Zustand von etwa 1883 darstellt) (zu S. 108)

Tafel IV, 2. Untere Marktstraße um 1900 (zu S. 108)

Tafel V, 1. Der Marktplatz in Greven von der Kirchstraße her um 1900 (zu S. 89)

Tafel V, 2. Der Niederort in Greven um 1900. Im Hintergrund links die Vereinsbrauerei (zu S. 108)

Tafel VI, 1. Pfarrer Steenberg von Greven (zu S. 163)
2. Pfarrer Schmiesing von Greven (zu S. 180)
3. Pfarrer Bolsmann von Gimbte (zu S. 174)
4. Pfarrvikar Mellage von Schmedehausen (zu S. 177)

Tafel VII, 1. Schützenkette von Aldrup
2. Schützenkette von Gimbte
3. Der Vogel und die beiden ältesten Schildchen der Grevener Schützenkette (zu S. 227)

Tafel VIII, 1. Die alte Rheinesche Landstraße bei Aldrup („Aldruper Schlucht") (zu S. 264)

Tafel VIII, 2. Die Emsbrücke bei Greven, erbaut 1885, gesprengt 1945 (zu S. 272)

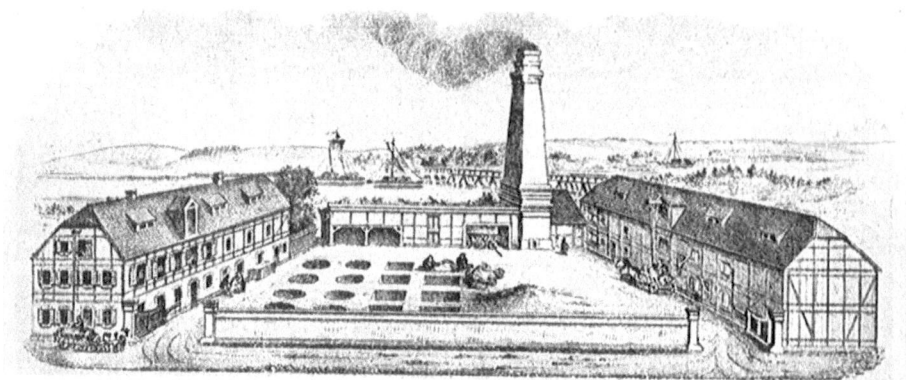

Tafel IX, 1. Die Gerberei und Dampfmühle von B. Schründer Söhne um 1855 (zu S. 301)

Tafel IX, 2. Die Grevener Baumwollspinnerei um 1890 (zu S. 304)

Tafel X, 1. Die Abfallspinnerei von Biederlack und Temming 1890 (zu S. 305)

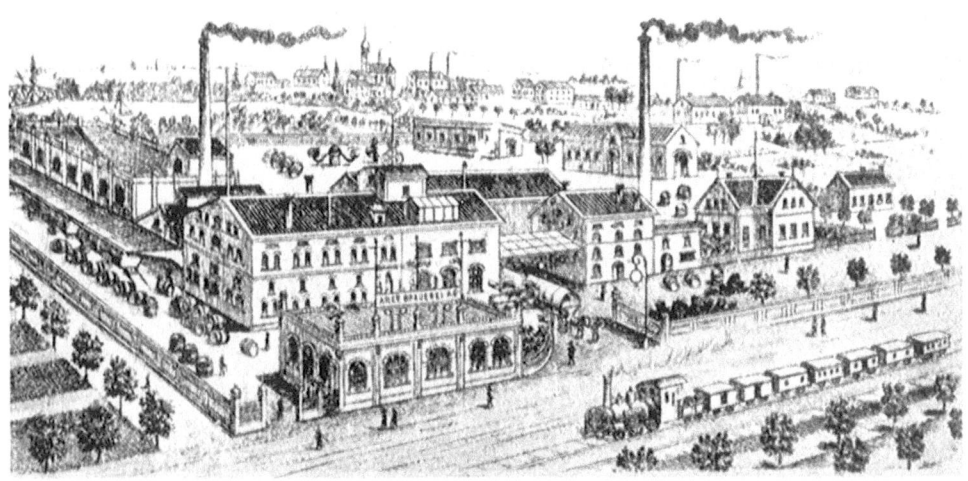

Tafel X, 2. Die Adlerbrauerei um 1900 (zu S. 307)

Tafel XI. Die vier Gründer der Grevener Baumwollspinnerei von 1855 (zu S. 301)
1. Johannes Becker   2. Franz Biederlack
3. Anton Schründer   4. Josef Schründer

Tafel XII. Grevens Amtmänner (zu S. 381 ff.)

1. Tümler (1826—1874) 2. v. Pöppinghausen (1874—1885)
3. Zumloh (1886—1896) 4. v. Roesdorff-Salm (1896—1910)

Tafel XIII, 1. Johann Christoph Biederlack († 1854) (zu S. 276)
2. Amtmann Hueske (1911—1934) (zu S. 392)
3. Ludwig Terfloth († 1887) (zu S. XVI)
4. Anton Rieke (1826—1875) (zu S. XVI)

Tafel XIV, 1. Epitaph Becker in der Kirche zu Greven (zu S. 427)
2. Alte Bauzeichnung von Haus Schöneflieth von 1682 (zu S. 403)
3. Türsturz von 1599 auf dem Hofe Schulte Pellengahr-Höping (Aldrup) mit dem
   Wappen des Schulte zu Aldrup (zu S. 441)

Tafel XV, 1. Die alte Kirche zu Greven 1889 (zu S. 418)
2. Der Taufstein von 1680 (zu S. 425)
3. Die Glocke von 1841 (zu S. 422)

Tafel XVI. Das Innere der alten Kirche zu Greven 1889 (zu S. 418)

Tafel XVII. Vorder- und Rückseite des Bildstockes in der Meestheide von 1719 (zu S. 435)

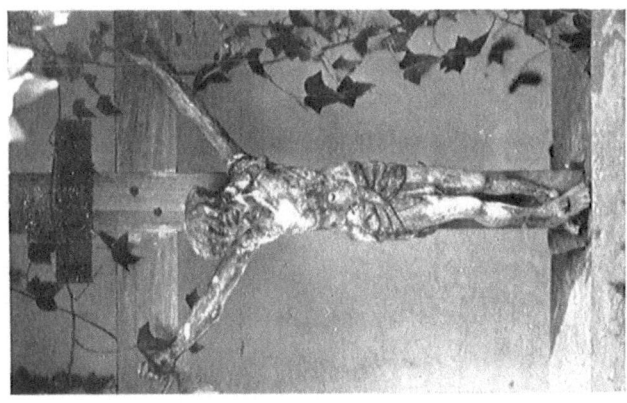

Tafel XVIII, 1. Die Kreuzigungsgruppe von Philipp Mauritz Gröninger hinter der Kirche zu Greven von 1724 (zu S. 428)

2. Das Kreuzbild beim Kötter Hilgenbrink in der Meestheide (zu S. 436)

3. Das Epitaph Holling im Turm der Grevener Kirche von 1700 (zu S. 427)

Tafel XIX, 1. Der Hof Bettmann in Schmedehausen von 1681
(zu S. 437). Die Giebelwand ist erneuert

Tafel XIX, 2. Die Tenne bei Horstmann in Schmedehausen mit
dem „König" (zu S. 437)

Tafel XIX, 3. Der alte Oberteil des Torhauses bei
Schulte Pellengahr-Höping in Aldrup (zu S. 438)
Tafel XIX, 4. Eine der alten Schießscharten vom
gleichen Torhaus (zu S. 438)

Tafel XX, 1. Das Biederlacksche Wohnhaus in Greven an der Martinikirchstraße aus dem Ende des 17. Jahrhunderts (zu S. 437)

Tafel XX, 2. Das alte Wohnhaus des
Hofes Bövemann in Greven an der
Münsterstraße von 1683 (zu S. 437)

Tafel XXI, 1. Das Haus des Philipp Bücker an der Martinikirchstraße, Rückseite an der Lake
(zu S. 437)

Tafel XXI, 2. Das Haus mit den sieben Giebeln im Hoek (zu S. 437)

Tafel XXII, 1. Die Diele bei Schulte Pellengahr-Höping in Aldrup (zu S. 440)

Tafel XXII, 2. Der alte Schankraum bei Winninghoff in Greven (zu S. 441)

Tafel XXIII, 1, 2, 5 und 6. Wappenscheiben von 1674 auf der Diele bei Schulte Große Maestrup in Maestrup, 3 und 4 Wappenscheiben von 1701 im Oberbau des ehemaligen Torhauses bei Schulte Pellengahr-Höping in Aldrup (zu S. 441)

Tafel XXIV, 2. Schrank von 1662 bei Schulte Temming-Hanhoff in Herbern (zu S. 441)

Tafel XXIV, 1. Alter Schrank bei Schulte Farwick in Hüttrup (zu S. 441)

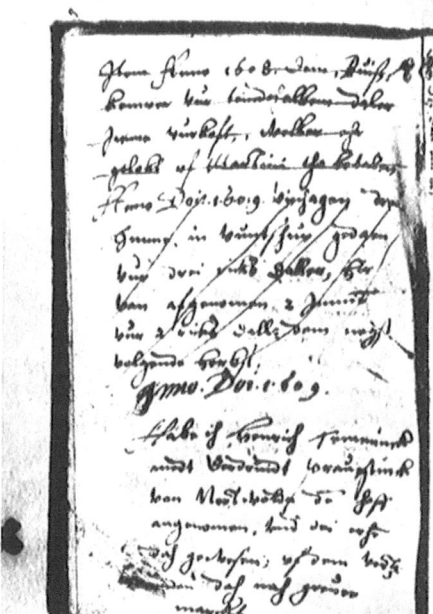

Tafel XXV, 1. Silberbeschlagene Gebetbücher bei Schulte Pellengahr-Höping in Aldrup (zu S. 440)
2. Silberbecher mit dem Wappen des B. Berning-Schulte Temming von etwa 1703 (zu S. 441)
3. Seite aus dem Anschreibebuch des Schulte Temming von 1609 (zu S. 442)
4. u. 5. Zwei Wappenscheiben von 1674 auf der Diele bei Schulte Gr. Maestrup in Maestrup (zu S. 441)